Philipp Gassert
Kurt Georg Kiesinger

PHILIPP GASSERT
Kurt Georg Kiesinger
1904–1988

Kanzler zwischen den Zeiten

Deutsche Verlags-Anstalt
München

Bibliographische Information Der Deutschen Bibliothek
Die Deutsche Bibliothek verzeichnet diese Publikation
in der Deutschen Nationalbibliographie; detaillierte
bibliographische Daten sind im Internet über
http://dnb.ddb.de abrufbar.

Diese Ausgabe wurde auf chlor- und säurefrei gebleichtem,
alterungsbeständigem Papier gedruckt.

1. Auflage
Copyright © 2006 by Deutsche Verlags-Anstalt GmbH, München,
in der Verlagsgruppe Random House GmbH
Alle Rechte vorbehalten
Lektorat: Ulrich Volz, Stuttgart
Gestaltung und Satz: DVA/Brigitte Müller
Gesetzt aus der Minion und der Stone Sans
Reproduktionen: Die Repro GmbH, Ludwigsburg
Druck und Bindearbeit: Friedrich Pustet, Regensburg
Printed in Germany
ISBN 10: 3-421-05824-5
ISBN 13: 978-3-421-05824-9

www.dva.de

Für Kirsten

Inhalt

9 EINLEITUNG: KANZLER ZWISCHEN DEN ZEITEN

21 ANFÄNGE 1904–1940
Herkunft und frühe Prägung 21 | Kriegsjugend und »verkehrte Welt« 30
Katholisches Lehrerseminar in Rottweil 39 | Studium in Tübingen und
Berlin 47 | Askania 59 | Der Eintritt in die NSDAP 69 | Rechtslehrer im
»Dritten Reich« 88

105 VOM NATIONALSOZIALISMUS ZUR DEMOKRATIE 1940–1949
Ins Auswärtige Amt 105 | Konflikt mit dem Propagandaministerium 115
Das nationalsozialistische Europa 129 | Deutsche Auslandspropaganda 141
Resistenz und Kriegsende 149 | Lager 74 160 | Entnazifizierung 176
Erziehung zur Demokratie: Neuanfänge in Würzburg und Tübingen 190
CDU-Landesgeschäftsführer in Württemberg-Hohenzollern 201

212 PARLAMENTARIER IN DER ÄRA ADENAUER 1949–1958
Mißglückter Auftakt auf der Bonner Bühne 212 | Ein kommender deutscher
Politiker 219 | Demokratie und Vergangenheitsbewältigung: Das Anliegen
in der Politik 226 | Rechtspolitiker: Bundesverfassungsgerichtsgesetz und
Vermittlungsausschuß 237 | Goslar: Eine zweite Entnazifizierung? 243
Experte für Propagandafragen: Parteiarbeit im Vorstand der CDU 256
Agent Gebhard Müllers im Bundestag: Die Südweststaatsgründung 263
Der Weg in den Westen: Die doppelte zeitgeschichtliche Dimension der
Außenpolitik 276 | Der Kampf um den Wehrbeitrag: Von der historischen
zur aktuellen Bedrohung 283 | Vorsitzender des Auswärtigen Ausschusses:
Politik als Beruf 289 | Gescheiterte Kandidaturen 298 | Im Dauerclinch mit
Adenauer: Gemeinsame Außenpolitik 310

327 MINISTERPRÄSIDENT VON BADEN-WÜRTTEMBERG 1958–1966
Kandidatur 327 | Wieder entnazifiziert 333 | Ministerpräsident 336
Der Primat der Integrationspolitik 340 | Ein Staatsbewußtsein für

Inhalt

Baden-Württemberg 345 | Konstanz oder die konservativen Anfänge eines Reformjahrzehnts 353 | Kleine Koalition 1960 358 | Das zweite Kabinett Kiesinger 370 | Bonner Karrierehoffnungen 375 | Die *Spiegel*-Affäre 381 Der gescheiterte Hausmachtplan 387 | Föderalismus und Demokratie 393 Moderne Zeiten: Der reformierende Konservative 399 | Konservative Modernisierung: Der gerettete Bodensee 407 | Hochschulgründerzeit 413 Auf dem Zenit: Wahl und Regierungsbildung 1964 424 | Hohe sechziger Jahre 432 | Stuttgarter Nebenaußenpolitik 442 | De Gaulle und das deutschfranzösische Koordinatorenamt 457

469 KANZLER DER GROSSEN KOALITION 1966–1969

Zwei Wege ins Kanzleramt 469 | Die vierte Entnazifizierung 480 | Kanzlerkandidat 492 | Regierungsbildung 498 | Große Koalition: Nationale Konzentration? 516 | Der Kanzler in seinem Amt 527 | Die Einheit, Europa: Mit Charles de Gaulle 541 | Deutschlands Ort in der Welt neu fixieren: Europäische Friedenspolitik 551 | Ein Sommer des Mißvergnügens: Kreßbronn 564 | Was ist Anerkennung? Die jugoslawische Frage 580 | Wende der Großen Koalition: Rom, Nürnberg, die Wahlrechtsreform 592 | »1968« 615 Vergangenheit als politisches Instrument 631 | Eine Ohrfeige und ihre Folgen 648 | Prag und die Grenzen gemeinsamer Ostpolitik 660 | Kanzlerdämmerung und Präsidentschaftskrise 681 | Wahlkampf 1969, Ende und Bilanz der Großen Koalition 698

717 ELDER STATESMAN 1969–1988

Abschied vom Kanzleramt 717 | Gegen sozial-liberale Ostpolitik und um die Nachfolge in der Union 730 | Geschichte 738

745 BILANZ: 25 THESEN ÜBER KIESINGER

758 DANK
761 ANMERKUNGEN
865 VERZEICHNIS DER ABKÜRZUNGEN
866 QUELLEN UND DARSTELLUNGEN
886 PERSONENREGISTER
896 BILDNACHWEIS

Einleitung:
Kanzler zwischen den Zeiten

Kaum einen Monat agierte Kurt Georg Kiesinger im Kanzleramt, da meldete sich Anfang Januar 1967 aus seinem Baseler Exil Karl Jaspers zu Wort. In einem Interview mit dem Fernsehmagazin »Panorama« meinte der Philosoph, ein »alter Nationalsozialist« an der Spitze des Bundeskabinetts sei nicht nur ein »Affront gegenüber dem Ausland«, sondern auch »eine Beleidigung gegenüber der Minderzahl der Deutschen [...], die den Nationalsozialismus immer gehaßt haben und noch hassen«.[1]

Jaspers sah die düstere Prognose bestätigt, die er ein Jahr zuvor in seinem aufsehenerregenden Buch *Wohin treibt die Bundesrepublik?* aufgestellt hatte. Darin hatte er das Fortwirken ehemaliger Nationalsozialisten als »ein Grundgebrechen der inneren Verfassung der Bundesrepublik« bezeichnet. Die prekäre innere und äußere Lage Westdeutschlands führte er darauf zurück, daß es den »500.000 Unbelasteten«, die während des Nationalsozialismus »stets ihr klares Urteil bewahrt« hätten, nach 1945 nicht gelungen sei, die Führung in Politik und Gesellschaft zu ergreifen. Vielmehr hätten ehemalige Nationalsozialisten nach einer gewissen Schamfrist »wirksam und maßgebend« den Wiederaufbau betrieben und dadurch »die freie Gestaltung unseres Staates« beeinträchtigt. Die Unbelasteten seien »beiseite gedrängt [worden] oder mußten dulden, daß ihre Freiheitsidee nicht verwirklicht, sondern stillschweigend bekämpft wurde«.[2]

Jaspers' Angriff auf den Bundeskanzler blieb nicht unwidersprochen. Etwa eine Woche nach dem Panorama-Interview schrieb ihm ein alter Bekannter, der Mediziner Karl Heinrich Bauer. Mit Bauer, dem ersten Nachkriegsrektor der Heidelberger Universität, verband Jaspers die Erfahrung der nationalsozialistischen Diktatur und eine alte, »auf vielen gemeinsamen Erlebnissen basierende Freundschaft aus der Zeit nach dem großen Umbruch 1945«. Wie Jaspers nahm Bauer für sich in Anspruch, »jener Minderzahl der Deutschen« anzugehören, die sich unzweideutig gegenüber dem Regime verhalten hätten. Anders als Jaspers fühlte er sich aufgerufen, Kiesinger zu verteidigen.

Bauer warf Jaspers vor, er habe Kiesinger Unrecht getan, als er ihn unter die »alten Nazis« reihte. Er, Bauer, halte Kiesinger »für einen Mann, der wohl geirrt, aber doch durch 20 Jahre täglicher Leistung bewiesen hat, daß ihm das

Schicksal der Bundesrepublik nach seinen Qualitäten und Leistungen anvertraut werden darf. K. ist eine integre Persönlichkeit. [...] Er weiß von der Macht weisen Gebrauch zu machen und durch großen persönlichen Charme manche Schwierigkeit auszuschalten [...]. Es steht ihm ein großes Wissensgut gerade über die letzten Grundlagen der Demokratie zur Verfügung. Er gehört unbestreitbar zu der Kategorie von Menschen, denen man verzeihen muß, will man ihnen nicht Unrecht tun.«[3]

Bauer war nicht der einzige, der befremdet auf Jaspers harsches Urteil über Kiesinger reagierte. Der Diplomat und Schriftsteller Erwin Wickert, ein Jaspers-Schüler, war im Zweiten Weltkrieg als deutscher Rundfunkattaché in Shanghai und Tokio formal Kiesingers Untergebener im Auswärtigen Amt gewesen, woraus sich später eine persönlich-politische Freundschaft entwickelte. Seinem alten Lehrer Jaspers schrieb Wickert nach Basel, daß er dessen Urteil »für ungerecht, simplifiziert und falsch« halte. Jaspers werde mit der Auffassung von dem »Affront«, den die Ernennung eines »alten Nazis« zum Bundeskanzler bedeute, »weder Herrn Kiesinger noch der Situation gerecht«.

Für ein Urteil über Kiesinger sei nicht relevant, meinte Wickert, »ob er die Mitgliedskarte der NSDAP besaß oder nicht, sondern wie er dachte und wie er handelte. Und darüber scheint mir, nach allem, was ich weiß, kein Zweifel möglich zu sein. Sind die Vorwürfe, die einige schäbige Denunzianten aus Kiesingers Abteilung im Auswärtigen Amt während des Krieges der SS gegenüber erhoben und die der ›Spiegel‹ kürzlich veröffentlichte, nicht ein entscheidenderes Dokument als die NSDAP-Mitgliedskarte?« Viele Nichtparteimitglieder seien ideologisch verbohrtere Nazis gewesen als mancher, der 1933 eingetreten sei. Man müsse den Kritikern »das Wesen eines totalitären Staates schildern und ihnen sagen, daß Kiesinger sich auch hinter [sic] diesem System ehrenhaft benommen und sich bemüht hat, auch unter den damaligen Bedingungen das Rechte zu tun«.[4] Während Bauer also für Kiesinger das »Recht auf politischen Irrtum« (Kogon) in Anspruch nahm und Kiesingers demokratische Läuterung nach 1945 in den Vordergrund stellte, hob Wickert darauf ab, daß Kiesinger, nachdem er anfänglich geirrt, sich unter den Bedingungen des totalitären Staates doch »ehrenhaft benommen« hätte.

Mit seiner Attacke auf Kiesinger hatte Jaspers medienwirksam auf eine Tatsache aufmerksam gemacht, die in den späten sechziger Jahren noch nicht als Allgemeingut akzeptiert wurde, jedoch von der historischen Forschung mittlerweile gründlich herausgearbeitet worden ist: Die frühe Bundesrepublik, wie übrigens auch die frühe DDR, verband eine hohe personelle Kontinuität mit dem verflossenen »Dritten Reich«. Die Führungsschicht des 1949 gegründeten westdeutschen Teilstaates entstammte weit überwiegend dem Kreis der damals so genannten Ehemaligen, das heißt, es handelte sich um Personen, die in vergleichbarer Funktion schon vor 1945 tätig gewesen waren. Das galt ganz besonders für die Justiz, in der ein sehr hoher Prozentsatz ehemaliger NS-Richter nach 1945 Recht sprach, aber auch für die Wirtschaft, die Schulen und Universitäten, Presse und Rundfunk, das Militär und die Polizei. Auch die hohe Bürokratie – d. h. die Ministerien in Bund und Ländern und das Korps der Staatssekretäre – war stark mit ehemaligen Nationalsozialisten durchsetzt.[5]

Das Auswärtige Amt, dem Kiesinger 1940 bis 1945 kriegsdienstverpflichtet angehört hatte, setzte wie kein zweites Ministerium diese personellen Traditionen fort. Dort war der relative Anteil ehemaliger NSDAP-Mitglieder 1952 sogar höher als vor 1945. Das hatte mit der Pensionierung einer älteren, noch nationalkonservativ geprägten Generation von Diplomaten zu tun, die im ersten Nachkriegsjahrzehnt durch jüngere, erst in den dreißiger Jahren in eine berufliche Laufbahn eingetretene und daher altersbedingt stärker belastete Mitglieder ersetzt wurden.[6] Nach 1949 standen weite Bereiche gesellschaftlicher Verantwortung ehemaligen Emigranten kaum offen, dafür durchweg Hitlers Eliten, die seit jeher Teil jener Volksgemeinschaft gewesen waren, die personell den NS-Staat getragen hatte und nun auch die Bundesrepublik trug. Es gab nur eine signifikante Ausnahme: die Politik selbst. Hier hatten, mit einem Wort des Freiburger Historikers Ulrich Herbert, die Alliierten »ganze Arbeit« geleistet. Die politische Führungsschicht des NS-Staates hatte in der Nachkriegszeit in der ersten Reihe der Politik keine Zukunft.[7]

Angesichts dieser – in der westdeutschen Öffentlichkeit im Laufe der sechziger Jahre zunehmend kontrovers diskutierten – Frage der Elitenkontinuität vom Reich zur frühen Bundesrepublik sah Jaspers keinen Grund, sein Urteil über Kiesinger einzuschränken oder gar zu revidieren. Er wolle der Deutung seiner Äußerung als »apodiktisch und ungerecht« nicht widersprechen, schrieb er an seinen Schüler Willi Emmer, der ähnlich wie Bauer und Wickert reagiert und Jaspers zugleich dessen eigene Schwäche im Angesicht der nationalsozialistischen »Machtergreifung« 1933 vorgehalten hatte. »Vollendete Sorgfalt einschränkender hin- und herwendender Urteile pflegt nicht zu wirken«, meinte Jaspers. Er urteile nicht über den »ganzen Menschen« Kiesinger, sondern allein »über Handlungen, Verhaltensweisen, Aussagen«. So habe sich Kiesinger »bei dem Erwerb der Rundfunksender in Nord-Frankreich der Methoden der Arisierung bedient«.[8] Auch Bauer gegenüber steckte Jaspers nicht zurück. Er habe zwar persönlich nichts gegen den Kanzler, von dem er »nur Gutes höre«. Es sei jedoch unstrittig, »daß Kiesinger Nationalsozialist war«. Ehemalige Nationalsozialisten müßten in der Rolle, »die sie bei uns spielen dürfen«, soweit beschränkt sein, »daß sie unter keinen Umständen die Bundesrepublik repräsentieren«. Er und Bauer seien in einer grundlegenden Frage ganz unterschiedlicher Meinung, und diese »Differenz geht sehr tief«.[9]

Jaspers ging es folglich um die Frage individueller Schuld und Verantwortung angesichts einer möglichen Mittäterschaft Kiesingers im NS-Regime, wovon er, anders als Wickert, offenkundig überzeugt war. Zugleich machte er auf das weit über die Person des dritten Kanzlers hinausweisende Problem der politischen Signalwirkung der Wahl eines »Ex-PGs« in eines der höchsten Ämter der Bundesrepublik aufmerksam. Das bedeute, wie Jaspers in seiner *Antwort* an seine Kritiker klarstellte: »Nunmehr gilt es als gleichgültig, einst Nationalsozialist gewesen zu sein.« Schließlich wertete Jaspers die Wahl Kiesingers auch als Symptom einer drastischen Fehlentwicklung seit 1945. Die auf schwachen Füßen stehende demokratische Kultur der Bundesrepublik sei mit der Bildung der Großen Koalition endgültig dahin. Nur die »politisch uneinsichtigen Deutschen« würden Westdeutschland noch als eine Demokratie bezeichnen. Die Bildung der Großen Koalition habe die parlamentarische Opposition sinnlos gemacht und stelle den entscheidenden Schritt zur »Politiker-Diktatur« dar.[10]

Mit letzterer Prognose erwies sich der Philosoph als wenig hellsichtiger Analytiker. Die Demokratie war zwischen 1966 und 1969 nicht in Gefahr. Dennoch illustriert sein Standpunkt eindrücklich die erstaunlich nervöse Stimmung, die noch Ende der sechziger Jahre in der Bundesrepublik herrschte, als eine von Diktatur, Weltkrieg und Völkermord tief traumatisierte Gesellschaft nur vordergründig zur Normalität gefunden hatte.[11] Vor diesem Hintergrund wird Jaspers' Reaktion verständlich, zumal die Große Koalition mit dem als NS-Gesetze diffamierten Projekt der Reform des inneren Notstandes viele Intellektuelle in einen permanenten Alarmzustand versetzt hatte. Als nicht untypischer Repräsentant der kritischen Intelligenz der sechziger Jahre interpretierte Jaspers Kiesingers Kanzlerschaft als symbolischen Schlußstrich unter den Nationalsozialismus. Sie schien das Tüpfelchen auf dem »i« der Elitenrestauration zu bedeuten.

Entgangen war Jaspers, daß jene um 1905 geborene, hochbelastete Generation Kiesingers in den späten sechziger und frühen siebziger Jahren die Altersgrenze erreichte und das Personalproblem sich just in dem Augenblick entschärfte, als die Skandalisierung ihrem Höhepunkt zustrebte. Ebenso übersahen die Kritiker, was Bauer in seiner Apologie nahelegte: daß Kiesingers ambivalente Erfahrungen vor 1945 ihn nicht nur emphatisch für die demokratische Reorientierung eintreten ließen, sondern gegen alle totalitären Anfechtungen endgültig immunisierten.

Eine politische Biographie des dritten Kanzlers der Bundesrepublik Deutschland wird sich mit der Frage auseinandersetzen müssen, ob Jaspers und andere recht hatten, als sie Kiesinger unter die alten Nazis rückten, oder ob eher Wickert zuzustimmen ist, der diesen Vorwurf für einen groben Fehler, ja, im Falle der zu Berühmtheit gelangten Angriffe von Beate Klarsfeld, für »eine niederträchtige Beleidigung« hielt.[12] Tatsächlich hatte das von Jaspers zur Begründung seiner Angriffe gegen Kiesinger ins Feld geführte Arisierungsgeschäft weder stattgefunden, noch war Kiesinger an den Planungen dafür beteiligt gewesen, wenn er auch davon vermutlich Kenntnis hatte. Bei genauer Lektüre des entsprechenden Dokuments wäre es Jaspers aufgefallen. Er verließ sich jedoch in seinem Urteil auf einen im Januar 1967 in den *Blättern für deutsche und internationale Politik* publizierten Artikel, in dem Kiesinger als »Schreibtischtäter« und Drahtzieher eines Arisierungsgeschäfts denunziert worden war und in dem ihm Äußerungen eines anderen zugeschrieben wurden.[13]

Pikanterweise war der Autor dieses Artikels, Friedhelm Baukloh, kein Linker, wie der Publikationsort nahelegt, sondern der langjährige Kulturredakteur der katholischen, CDU-nahen Zeitung *Echo der Zeit*, der Anfang 1967 zum *Spiegel* gewechselt war. Er galt als Journalist, der Kiesingers Konkurrenten um das Kanzleramt, Gerhard Schröder, freundlich gesinnt war.[14] Baukloh wiederum stützte sich auf das noch unveröffentlichte Manuskript eines Buches von Reimund Schnabel, einem ehemaligen Mitarbeiter des Bayerischen Rundfunks, der sich in den sechziger Jahren in die DDR abgesetzt hatte und der nun sein Werk über den gewerkschaftseigenen Wiener Europa-Verlag lancierte.[15] Der kritische Intellektuelle Jaspers bediente sich also der Darstellung eines CDU-Dissidenten, der sich auf ein Produkt Ostberliner Propaganda stützte, das aus politischen Gründen ein Zerrbild des historischen Kiesinger zeichnete.

Was auch immer an den Vorwürfen gegen Kiesinger zutraf oder nicht und wie komplex sich die Hintergründe im einzelnen gestalteten: In seiner Zeit und seither im kollektiven Gedächtnis gilt Kiesinger, neben Globke, Lübke und Oberländer, als eine paradigmatische Figur, an der sich das Fortwirken nationalsozialistisch belasteter Eliten in der frühen Bundesrepublik schlaglichtartig aufzeigen läßt. Daher stellt sich die angesichts fehlender, eindeutig historischer Maßstäbe nicht leicht zu beantwortende Frage, wie er im Vergleich zu anderen westdeutschen Spitzenpolitikern abschnitt, die ebenfalls keine hochrangigen NS-Funktionäre gewesen waren, aber doch auch, meist als Soldaten, im Dienst des NS-Regimes gestanden hatten.

Mit der rühmlichen Ausnahme von Willy Brandt war unter den ersten Bundeskanzlern und Bundespräsidenten kein einziger, der Deutschland nach 1933 verlassen hatte und darob nicht Kompromisse geschlossen hätte. Für Kiesingers Karriere wäre es im Rückblick vermutlich das Beste gewesen, er hätte Deutschland, wie er es Mitte der dreißiger Jahre tatsächlich beabsichtigte, den Rücken gekehrt. Nur: Als Remigrant hätte er es wohl kaum an die Spitze seiner Partei gebracht. Insofern ist außer Brandt nur Adenauer von dem generellen Befund der Involvierung mit dem Regime auszunehmen. Als führender Zentrumspolitiker der zwanziger Jahre wurde Adenauer vom NS-Regime als Gegner wahrgenommen und verfemt, wodurch er zu einem gefährdeten Personenkreis gehörte.[16]

Schon bei Theodor Heuss wird es kompliziert. Zwar gehörte der angesehene Liberale später ins Umfeld des südwestdeutschen Widerstands. Doch stimmt der Reichstagsabgeordnete Heuss, mit allen inneren Vorbehalten, im März 1933 dem sogenannten Ermächtigungsgesetz zu, dem vielleicht wichtigsten frühen Schritt zur Konsolidierung der Herrschaft Hitlers.[17] Ludwig Erhard war als Wirtschaftsexperte in Beraterstäben des »Dritten Reiches« tätig.[18] Heinrich Lübke war zwar als Gegner des Regimes 20 Monate eingekerkert worden, zeichnete dann aber als Mitarbeiter der Baugruppe Schlempp in Peenemünde und weiteren Orten für die Beschäftigung von Zwangsarbeitern und KZ-Häftlingen mitverantwortlich.[19] Der einer jüngeren Generation als Kiesinger und Lübke zugehörige Walter Scheel wurde Oberleutnant der Luftwaffe und 1942 Mitglied der NSDAP.[20] Karl Carstens, der als Leutnant bei der Flakartillerie seinen Kriegsdienst leistete, hatte, nach eigener Aussage, »unter Druck«, einen Antrag auf Mitgliedschaft gestellt[21], während Helmut Schmidt als Offizier »widerwillig und doch pflichtgetreu« in der Wehrmacht diente.[22]

Zugespitzt läßt sich formulieren, daß sie alle, ob freiwillig oder, und das sei betont, unfreiwillig, dem säkularen Verbrechen den Rücken freihielten. Selbst im Falle von Gustav Heinemann, dem dritten Bundespräsidenten, der zu den führenden Mitgliedern der Bekennenden Kirche gehörte, ist zu konstatieren, daß er, sicher gegen seinen Wunsch, als Bergwerksdirektor die deutschen Rüstungsanstrengungen unterstützte.[23] Interessant ist der Fall des Bundeswirtschaftsministers Karl Schiller, der als NSDAP-Mitglied und Vordenker der NS-Arbeitsmarktpolitik neben dem Kanzler als das am stärksten nationalsozialistisch belastete Mitglied des Kabinetts der Großen Koalition galt.[24] Er spielte im Bundestagswahlkampf 1969 auf seiten der SPD eine zentrale Rolle, ohne daß seine NS-Vergangenheit in nennenswertem Umfang angesprochen worden wäre. Bis heute wurde Schiller nicht in die Ahnengalerie der Globke, Oberländer, Lübke, Kiesinger eingereiht. Auf die Einseitigkeit ihrer Kampagne gegen Kiesinger angesprochen, meinte Beate Klarsfeld im Dezember 1968: »Ich würde mich schrecklich freuen, wenn jemand auch mal den Professor Schiller ohrfeigen würde. Das ist auch so ein Sozialist, der aus dem Nationalsozialismus gekommen ist.«[25]

Vermutlich wußte es Karl Jaspers nicht, doch viele Angriffe auf Kiesinger hatten eine parteipolitische und eine innerparteiliche Dimension. Im Rahmen einer *politischen* Biographie gilt es nachdrücklich darauf hinzuweisen. Die erste größere Kontroverse um Kiesingers Vergangenheit brach bezeichnenderweise auf dem Gründungsparteitag der Bundes-CDU in Goslar 1950 aus, als Kiesingers Kandidatur für das Amt des CDU-Generalsekretärs von innerparteilichen Gegnern Adenauers, als dessen »junger Mann« er galt, mit geschichtspolitischen Argumenten gestoppt wurde. Dieses Muster setzte sich an weiteren Stationen seiner politischen Laufbahn fort, wenn sie auch niemals die gleiche Intensität und öffentliche Resonanz erreichten wie schließlich die Angriffe der Jahre 1968/69, als die außerparlamentarische Protestbewegung im Zenit stand. Es war auch kein Zufall, daß die ersten kritischen Stimmen, die Anfang November 1966 Zweifel an Kiesingers Eignung zum Bundeskanzler weckten, nicht von der kritischen Intelligenz stammten, auch nicht aus der DDR, sondern aus den eigenen Reihen. Dagegen hielt sich der künftige Koalitionspartner, die SPD, auffallend zurück. Vergangenheit, das war eben immer auch ein *politisches* Thema in einem sehr elementaren Sinne, nämlich Instrument des Machtkampfes.

Es liegt also nahe, in den Kontroversen um Kiesinger mehr als ein Fallbeispiel einer geschichtskulturellen Selbstverständigung zu sehen. Der Fall Kiesinger wirft auch die Frage nach den politischen Motiven der außerparlamentarischen Kritiker der sechziger Jahre auf, denen es neben Vergangenheitsbewältigung vermutlich auch um Tagespolitik ging. Insofern greift diese Untersuchung den von dem Heidelberger Zeithistoriker Edgar Wolfrum geprägten Begriff der Geschichtspolitik auf und erweitert ihn um einen machtpolitischen Aspekt. Während unter Geschichtspolitik die öffentliche Konstruktion von Geschichtsbildern und die damit einhergehende Auseinandersetzung um westdeutsche Identität verstanden wird, geht es hier um mehr.[26]

Sicher: Skandale und Kontroversen gehören zu den gängigen Formen gesellschaftlicher Selbstverständigung über die Geschichte. Doch eine Politikerbiographie wird als zentralen Aspekt »Intrige« zur Sprache bringen. Letztere liegt quer zur Geschichtspolitik: Sie ist Teil geschichtspolitischer Auseinandersetzungen um den Nationalsozialismus, weil bei derartigen Anlässen evozierte Geschichtsbilder Rückschlüsse auf das historische Selbstverständnis der jeweiligen Sprecherinnen und Sprecher erlauben. Doch sie geht über Geschichtspolitik im engeren Sinne hinaus, weil der machtpolitisch instrumentelle Umgang mit der Vergangenheit seiner eigenen Logik folgt, der Logik des Machtkampfes. Er muß daher nicht einer politisch-pädagogischen oder identifikatorischen Zielprojektion verpflichtet sein. Dies ist mit »Vergangenheit als Instrument« gemeint.

EINLEITUNG

Weil Geschichtsbild und historischer Befund in aller Regel auseinanderklaffen, ist es sinnvoll und lohnend, sich in dichter Beschreibung biographisch mit Kiesingers Werdegang bis 1945 zu befassen – zumal mit seiner Sozialisation im gesellschaftlichen Vorfeld des politischen Katholizismus, seinem Eintritt in die NSDAP 1933, seiner Dienstverpflichtung ins Auswärtige Amt 1940, in dem er 1943 stellvertretender Abteilungsleiter wurde. Wo er vor 1945 gestanden, in welcher Weise er durch Handeln und Unterlassen in die Verbrechen des NS-Regimes verwickelt gewesen war – diese Frage bewegte nicht nur prominente Kiesinger-Kritiker wie Böll, Grass, Jaspers und Klarsfeld. Auch Kiesingers Freunde und Kollegen fragten sich manchmal verunsichert, ob etwas an den Vorwürfen »dran« sein könnte. Ja, Kiesinger selbst trieb dieses Problem bis ins hohe Alter um. Er fragte sich, ob er sich »recht« verhalten hatte.[27] Noch beim Verfassen seiner Erinnerungen *Dunkle und helle Jahre* wurde er nicht allein von einer Tendenz zur Rechtfertigung gegenüber anderen motiviert, sondern von dem persönlichen Drang, sich immer wieder neu Klarheit über sein damaliges Handeln zu verschaffen.

So wichtig der Aspekt der NS-Vergangenheit dieses Kanzlers zwischen den Zeiten ist, so ist und bleibt er eben nur ein – wenn auch zentraler – Bezugspunkt seiner Biographie. Gleichsam die andere Seite der Medaille stellt der demokratische Aufbau der ersten beiden Nachkriegsjahrzehnte dar, dem er sich, beginnend mit seiner Internierung in einem amerikanischen Lager 1945/46, verschrieb, als er in der von ihm aufgebauten Lagervolkshochschule mit seinem von der Besatzungsmacht geförderten demokratischen Reorientierungsstreben auf wenig Sympathie unter seinen Mithäftlingen traf. Als junger CDU-Landesgeschäftsführer in Südwürttemberg ab 1948 setzte er sein demokratisches Bemühen in der politischen Bildung und der Jugendarbeit fort. Seine Abgeordnetenlaufbahn im frühen Bundestag ab 1949 kann geradezu als Einübung in einen demokratischen Stil gelesen werden. Seine frühen Reden bewegten sich samt und sonders im Spannungsfeld von Bewältigung deutscher Vergangenheiten und demokratischer Gestaltung der Gegenwart, als die Demokratie gerade erst Wurzeln in Westdeutschland zu schlagen begann. Dem Ministerpräsidenten ab 1958 diente sein hohes Amt als ein Podium, von dem aus die demokratischen Qualitäten der föderalen Ordnung im Bundesstaat zu predigen und zu preisen er nicht müde wurde. Und als Kanzler ab 1966 hielt er vor der nervös in Erinnerung gehaltenen Weimarer Erfahrung das aus der Krise geborene, pragmatische Zusammenstehen der beiden großen Parteien für den Ausweis der Reife der bundesdeutschen Demokratie – und nicht ihrer Unreife, wie die kritischen Intellektuellen fürchteten.

Was aber war unter Demokratie in diesem Zusammenhang überhaupt zu verstehen? Ralf Dahrendorf, in den sechziger Jahren ein junger Soziologie, mit dem den Ministerpräsidenten Kiesinger ein Verhältnis wechselseitiger Wertschätzung verband[28], sah in der Demokratie mehr als das reibungslose Funktionieren parlamentarischer Institutionen. Er fragte sich in seinem wichtigen Buch *Gesellschaft und Demokratie in Deutschland*, wie letztlich die Gesellschaft beschaffen sein müsse, damit in ihr die demokratischen Institutionen wirksam werden würden. Kiesinger hatte dieses Buch, von dem ihm der aufstrebende Professor ein Exemplar widmete, »oft mit großer Zustimmung, manchmal mit Widerspruch« gelesen, wie er 1965 Dahrendorf schrieb.[29] Der Schlüsselbegriff, den Reformer wie Dahrendorf und Jürgen Habermas in die Debatte warfen, lautete »Partizipation«. Sie wollten die Gesellschaft insgesamt demokratischer machen.[30]

Demgegenüber hob der in Weimar sozialisierte, konservative Christdemokrat Kiesinger, bei aller Grundsympathie für das von Dahrendorf vertretene Anliegen, auf eine ältere, am Gemeinwohl orientierte Tradition ab. Den Hauptzweck des Staates sah Kiesinger, in der Nachfolge seines akademischen Lehrers Rudolf Smend, in einer die Einzelinteressen auf das Ganze hin integrierenden Rolle – während er das atlantische Modell einer Konkurrenz- und Konfliktdemokratie skeptisch beäugte. Bei dem auf Konsens geradezu abonnierten Kiesinger war der alte Dualismus von Staat und Gesellschaft noch deutlich erkennbar, wogegen der vom anglo-amerikanischen Verständnis herkommende Dahrendorf anschrieb. Bemerkenswert daran ist, daß konservative und liberale Reformer wie Kiesinger und der junge Dahrendorf in den hohen sechziger Jahren, als die Bildungsreformpolitik in Baden-Württemberg dynamisch voranstrebte, in der Praxis eng kooperierten, wenn auch ihr Bündnis kurz darauf zerbrach. Wo also sind konservative Reformer – oder reformierende Konservative, was den Sachverhalt in Kiesingers Fall besser trifft – innerhalb der dynamischen sechziger Jahre zu verorten? Welche Kosten verursachte die Unruhe um 1968, wenn sich Männer wie Kiesinger und Dahrendorf plötzlich in politisch entgegengesetzten Lagern fanden und das Reformwerk auch deshalb unvollendet blieb? Es scheint, daß die damals geschlagenen Wunden bis heute nicht völlig vernarbt sind.

Als paradigmatische Figur des demokratischen Übergangs steht Kiesinger im mehrfachen Sinne zwischen den Zeiten. Sein Lebensweg überwindet die Epochenschwelle zwischen der ersten und der zweiten Hälfte des katastrophalen deutschen Jahrhunderts. Er steht für den Übergang vom alten zum neuen Deutschland vor und nach 1945 und die diesen Übergang begleitenden Kontinuitäten und Brüche. Zugleich stand der von dem Bochumer Zeithistoriker Frank Bösch einmal treffend als »moderner Mann aus vergangenen Tagen«[31] bezeichnete Kiesinger in der Geschichte seiner Partei wie auch des westdeutschen Teilstaates für den Übergang von der Ära Adenauer zur

EINLEITUNG

sozial-liberalen Bundesrepublik, deren Inkubationsphase die erste Große Koalition 1966 bis 1969 bildete.

Schon zuvor hatte er sich als Grenzgänger etabliert: Als parlamentarischer Außenpolitiker und Debattenstar der CDU der fünfziger Jahre war er früh für die politische Westbindung eingetreten, als diese Haltung noch nicht konsensfähig geworden war. Dann aber, als die Westintegration Mitte der fünfziger Jahre institutionell vollzogen und durch Wahlen plebiszitär auch abgesichert worden war, forderte er als einer der ersten in der Union vehement eine ostpolitische Neuorientierung. Als Ministerpräsident stand er zwischen dem alten badischen und württembergischen Südwesten, dem er zu einer gesamtstaatlichen Identität verhalf. Als reformierender Konservativer war er für das Neue durchweg aufgeschlossen, doch er blieb vorsichtig, als sich in den hohen sechziger Jahren ungeahnte Spielräume für die Politik eröffneten.

Andererseits: Kiesinger, der archetypische Grenzgänger und Vermittler, der sich wie kein zweiter Politiker seiner Generation als Mann des Ausgleichs zwischen den Parteien und den Parteiungen verstand, polarisiert in der Erinnerung. Darin liegt eine starke Ironie. Adenauer und Brandt rissen in ihrer Zeit tiefe Gräben auf. Heute stehen sie fast über den Parteien, sind als Gründer und Umgründer der Republik allseits akzeptiert und umworben, sind Ikonen der historischen Identifikation der Deutschen. Daß bei Kiesinger im Rückblick die positiven Ansatzpunkte zu fehlen scheinen, die über den Makel seiner Biographie würden hinwegsehen helfen, hat auch damit zu tun, daß sich mit Kiesingers Kanzlerschaft kein konkretes Projekt verbindet: Konrad Adenauer steht für die Integration der Bundesrepublik in die westeuropäisch-atlantische Gemeinschaft, die er gegen innere Vorbehalte weiter Teile der westdeutschen Bevölkerung durchzukämpfen vermochte; Willy Brandt für die endgültige Anerkennung der durch den Zweiten Weltkrieg geschaffenen Lage, der sich ebenso viele Deutsche heftigst verweigerten; Helmut Kohl ist der Kanzler der glücklich vollendeten Einheit, die von den Ostdeutschen gewollt und von den Westdeutschen hingenommen wurde; der Weltökonom Helmut Schmidt hat sich als Kämpfer gegen Terrorismus und für den NATO-Doppelbeschluß Nachruhm erworben; selbst der als Kanzler gescheiterte Ludwig Erhard beansprucht als Genie des Augenblicks und Vater des Wirtschaftswunders einen festen Platz im deutschen Gedächtnis.

Der vergessene dritte Kanzler hingegen kämpft mit dem Manko, daß ihm außerhalb Baden-Württembergs, wo er einen großen Namen besitzt, die geschichtsmächtige Lobby fehlt.[32] Für die CDU war die erste Große Koalition der Auftakt zu einer 13jährigen Phase auf den harten Bänken der Opposition, während für die SPD die Jahre 1966 bis 1969 nur das Vorspiel zu noch größeren Taten bildeten. Auch kämpft Kiesinger mit dem in der historischen Erinnerung weitergetragenen Problem, daß in einem Kabinett mit zwei annähernd gleich starken Partnern der Kanzler mehr *primus inter pares* als in den für das westdeutsche politische System sonst üblichen kleinen Koalitionen ist. Nur in letzteren kann der Regierungschef seine Richtlinienkompetenz nach außen hin deutlich sichtbar wahrnehmen. Und schließlich war die Große Koalition rückblickend ein innenpolitisches Bündnis. In einem solchen kann der Kanzler der Republik seinen Stempel weniger deutlich aufdrücken als in Phasen außenpolitischer Richtungsentscheidungen.

Dem Kanzler der ersten Großen Koalition fehlte, wie de Gaulle es einmal sagte, jene *grande querelle*, die einem Staatsmann erlaubt, über sich hinauszuwachsen.[33] Dies empfand Kiesinger deutlich. Seinen Freunden Erwin Wickert und Günter Diehl gestand er im Juli 1967, es sei zwar ganz gut, »dem Volk zu sagen, es gehe allmählich wieder aufwärts, man solle Schulen bauen, Straßen, Schwimmbäder und andere kommunalpolitische Vorhaben verwirklichen, aber man brauche ein Projekt, das die Phantasie beflügele«.[34] Hätte ihn der Bundestag im Oktober 1969 wiedergewählt, er hätte die Ostpolitik erneut zum Thema seiner Kanzlerschaft gemacht – wie er es seit der Jahreswende 1966/67 versucht hatte. Doch Kiesinger hätte das tiefsitzende Mißtrauen seiner Partei gegenüber einem außen- und deutschlandpolitischen Kurswechsel vermutlich nicht überwinden können. Dennoch: Daß er politisches Gespür für große Fragen besaß, hatte er als Ministerpräsident von Baden-Württemberg bewiesen. Als Integrator des Landes, als Quasi-Staatsoberhaupt seines südwestdeutschen Sprengels, als Bildungspolitiker und als einer der frühen Protagonisten des Umweltschutzes hatte er die südwestdeutsche Landespolitik dominiert wie kein zweiter. Er galt unter den Ministerpräsidenten seiner Zeit als herausragende Figur.

Damit klingen zwei selten gewürdigte Dimensionen der Geschichte der alten Bundesrepublik an, deren Bedeutung es im Rahmen einer Kiesinger-Biographie herauszuarbeiten gilt: Konfession und Landsmannschaft, denn in Zeiten, in denen es keine Diskussion um eine Frauenquote gab, allenfalls »die« Frau auf dem sicheren Listenplatz, wurden nicht allein in Baden-Württemberg Personalentscheidungen nach konfessionellem und landsmannschaftlichem Proporz gefällt. Kiesinger, darin beleibe nicht der einzige aus der politischen Führungsschicht des alten Weststaates, war stark von seiner Konfession und seiner regionalen Identität geprägt, so daß er nach zwei Jahrzehnten in Berlin 1947/48 den Neuanfang bewußt in seiner schwäbischen Heimat suchte.

Insofern beschränkt sich diese Biographie nicht auf die Konflikte um seine Vergangenheit. Das wäre historisch unangemessen. Er aber kämpfte zeitlebens mit diesen Schatten. Er stellte *cum grano salis* sein Leben unter das Motiv der doppelten Vergangenheit, mit einer scharfen Zweiteilung in der Mitte: »Jeweils 40 zu 40 Jahre etwa«, meinte er 1984 auf dem Empfang, den ihm sein christdemokratischer Nachfolger Helmut Kohl zu seinem 80. Geburtstag im Bonner Konrad-Adenauer-Haus ausrichtete: »Die erste Hälfte war verdüstert und überschattet, ja, wie mit Mehltau bedeckt von den furchtbaren geschichtlichen Ereignissen. [...] Danach, die zweite Hälfte meines Lebens, der Neubeginn nach dem Zweiten Weltkrieg, der Aufbau der Bundesrepublik Deutschland, die Anbahnung, so mühselig sie auch war und ist, der Einigung Europas, sozialer Fortschritt in nie gekanntem Ausmaß, [...] das ist eine gewaltige Sache, und nie vorher in der deutschen Geschichte hat es eine so großartige Aufbauphase gegeben wie nach dem Zweiten Weltkrieg.«[35]

Diese Lebensgeschichte, die im April 1904 in einer kleinen Stadt auf der Schwäbischen Alb begann und die quer durch die Höhen und Tiefen des deutschen 20. Jahrhunderts bis in das Bonner Bundeskanzleramt führte, wird im folgenden erzählt.

Anfänge 1904–1940

Herkunft und frühe Prägung

In den *Dunklen und hellen Jahren*, seinen Erinnerungen, hat Kurt Georg Kiesinger seiner Vaterstadt Ebingen ein literarisches Denkmal gesetzt. Hier kam er am 6. April 1904 »nachmittags um acht und ein Viertel Uhr« im Haus Kronenstraße – heute Museumsstraße – Nr. 5 zur Welt.[1] Wie so vieles aus der Welt des jungen Kiesinger ist auch dieses Haus längst verschwunden. Getroffen von einer Bombe im Zweiten Weltkrieg, wurde es später abgerissen.

Das Ebingen seiner Jugend, so Kiesingers eigene Darstellung, habe noch das Bild »eines geruhsamen Handwerker- und Bauernstädtchens« geboten, in dem man bei gutem Wetter »Zimmerleute, Schreiner, Schmiede, Flaschner, Sattler, Seiler, Drechsler, Schuster, Küfer und am Bach die Gerber bei der Arbeit« sah. Auch »einige Bauernhöfe fanden sich noch im Städtchen verstreut. Rinder- und Pferdegespanne bewegten sich gemächlich durch die Gassen«. Doch das romantische Bild täuschte, wie Kiesinger nicht hinzuzufügen vergißt, »denn Ebingen war schon in meiner Kindheit ein emsiger Fabrikort, in dem viele Schornsteine ihre Rauchfahnen über das von steilen Wald- und Felsenhängen umfangene Tal hin sandten. Baumwollwebereien und -spinnereien, Samtfabriken, Maschinen- und feinmechanische Betriebe [...] beschäftigten einige tausend Arbeiter aus der Stadt und aus den umliegenden Dörfern.«[2]

Tatsächlich hat die württembergische Stadt Ebingen (der Hauptort des heutigen Albstadt) in den Jahrzehnten vor dem Ersten Weltkrieg eine rasante Entwicklung durchlaufen. Starke Zuwanderung und Geburtenüberschüsse hatten die Einwohnerzahl innerhalb von nur dreißig Jahren annähernd verdoppelt. Bei Kiesingers Geburt lebten in Ebingen knapp über zehntausend Menschen, davon etwa 17 Prozent Katholiken, die vor allem aus dem überwiegend katholischen preußischen Regierungsbezirk Hohenzollern in das altwürttembergische und daher protestantisch geprägte Ebingen eingewandert waren. Angelockt wurden die Migranten von der aufstrebenden Industrie, insbesondere der Textilfabrikation, deren dynamische Entwicklung sich in der Statistik der Gewerbesteuereinnahmen widerspiegelt, die sich von 1890 bis zum Vorabend des Ersten Weltkrieges mehr als vervierfachten.[3] Es war eine Welt, in der sich wachsender Wohlstand mit großen Hoffnungen paarte, in der die Villen der Ebinger Arbeiter-Industriellen an der Bitzer Steige den Hang hinaufkletterten und in den innerstädtischen Wohnquartieren die Häuser Stock um Stock wuchsen.[4]

Kiesingers Großvater väterlicherseits war einer jener Arbeitssuchenden, die von der rauhen Alb hinunter ins Tal der Schmiecha nach Ebingen zogen. Er war Maurer und stammte aus dem Weiler Michelfeld in der Nähe des Dörfleins Hossingen an der Leiter, in dessen Umgebung sich die Kiesingers seit dem ausgehenden 16. Jahrhundert nachweisen lassen. Vorübergehend stellten sie sogar die Vögte des Ortes, wobei dieses Amt später an das den Kiesingers versippte Geschlecht der Eppler überging. Ihm entstammt auch der Entwicklungshilfeminister der Großen Koalition und zeitweilige baden-württembergische SPD-Landesvorsitzende Erhard Eppler, mit dem Kiesinger also weitläufig verwandt gewesen ist.[5]

Auch Kiesingers Vater Christian wurde am 10. September 1876 in Michelfeld geboren, wuchs jedoch in Ebingen auf. Wie sein Sohn besaß er eine poetische Ader. Noch in hohem Alter veröffentlichte er in der Lokalpresse Gedichte.[6] Gerne wäre Christian Kiesinger Lehrer geworden. Doch die Verhältnisse in der armen Älblerfamilie erlaubten nicht mehr als eine kaufmännische Ausbildung. Immerhin: Christian Kiesinger wurde zunächst Geschäftsführer einer kleinen Korsettfabrik, später Angestellter in der Ebinger Textilindustrie. Damit war der Übergang in das aufstiegsorientierte Kleinbürgertum geglückt.

Im November 1902 heiratete Christian Kiesinger Dominika Grimm, eine Bierbrauer- und Bauerntochter aus Bubsheim auf dem Großen Heuberg. Sie war als Hauswirtschaftshilfe bei der Familie von Christian Kiesingers Arbeitgeber untergekommen.[7] Ihr Vater Josef Grimm hatte es trotz Realteilung in harter Arbeit zu einem eigenen Hof gebracht und, nachdem er eine Weile durch die Welt gewandert war, Genovefa, geborene Häring, geheiratet. Die Härings waren eine begabte Familie, von denen Kiesinger viel mitbekam. Ihre Mitglieder haben es als katholische Priester und Ordensleute zu einigem Ansehen gebracht. Bernhard Häring, ein Vetter Kiesingers, war einer der führenden Moraltheologen der Nachkriegszeit und ist als einer der Konzilsväter des Zweiten Vatikanum in die Geschichte eingegangen.[8]

Die Bubsheimer Welt, vor allem die Großmutter Genovefa Grimm, hatte es Kiesinger angetan. Die »Ahne« übte einen deutlich spürbaren Einfluß auf den jungen Kiesinger aus. Auf dem Heuberg habe er sich »ganz und gar verzaubert« gefühlt.[9] Genovefa Grimm sei »eine bemerkenswerte Frau« gewesen. Mit ihrem Enkel wollte sie hoch hinaus: »Während ich zu Hause nur geringe Ermunterung für hochfliegende Pläne und kaum anspornendes Lob für meine Leistungen in der Schule fand, war sich die Ahne sich sicher, daß ich es in meinem Leben weit bringen werde. Sie hätte auch mich gern auf der theologischen Laufbahn gesehen, nicht nur, weil sie fromm war, sondern weil für sie der priesterliche Beruf höchsten Rang besaß«. Da der junge Kiesinger partout nicht Priester werden wollte, »dachte die Ahne an eine politische Laufbahn, die mich, wie sie es auch im Dorf verkündete, einmal an die Spitze des Landes bringen werde«.[10]

In Bubsheim erlebte Kiesinger eine ganz andere katholische Religiosität als in der Ebinger Diasporagemeinde. Die Auseinandersetzung mit seiner Großmutter Genovefa ließ ihn sein bikonfessionelles Erbe erfahren. Diese ebenso fromme wie streitbare Katholikin beschäftigte sich intensiv mit religiösen Fragen. »Ihr zwar katholisch getaufter, aber in einer evangelischen Umgebung aufwachsender Enkel, welcher ihre Disputierlust geerbt hatte, liebte es zum Vergnügen des Großvaters, Öl ins Feuer zu gießen. Für die Ahne gab es zum Beispiel keinen Zweifel über das jenseitige Schicksal Martin Luthers; er war mit Gewißheit in der Hölle. Dem widersprach ich zu ihrem Kummer mit immer neuen, listig herbeigeholten Argumenten. In solchen Fällen appellierte sie an die höhere Instanz der Söhne des heiligen Benedikt. Wie nachdenklich kam sie von einer ihrer Wallfahrten nach Beuron zurück! Ihr Beichtvater hatte sie nämlich darüber belehrt, daß Gottes Güte alle Menschenvernunft übersteige, weshalb es wohl möglich sei, daß er auch seinen irrenden Sohn, den Dr. Martin Luther, in sein himmlisches Reich aufgenommen habe.«[11]

Das Besondere an Kiesingers Herkunft ist also deren doppelte konfessionelle und, *cum grano salis*, auch landsmannschaftliche Prägung. Ungewöhnlich für die damalige Zeit, gehörten seine Eltern verschiedenen Religionsgemeinschaften an, wenn auch Mischehen unter den Ebinger Katholiken aufgrund eines starken männlichen Überhangs relativ häufig waren. Der Fall der Eltern Kiesinger stellte jedoch eine kuriose Ausnahme von der Ausnahme dar, weil unter den Ebinger Mischehen weit überwiegend der männliche Teil der katholische war.[12] Doch hier war die väterliche Seite altwürttembergisch-protestantisch, der Vater ein strenggläubiger Methodist, dessen tägliche Lektüre bis ins hohe Alter die Bibel blieb. Er sei in einer »nüchternen, pietistisch durchmischten evangelischen Atmosphäre« aufgewachsen, die, so Kiesinger, auch auf den dortigen Diasporakatholizismus abgefärbt habe.[13]

Die Sommerferien verbrachte er eben ab seinem neunten Lebensjahr bei der Familie von Genovefa Grimm, die in den neu-württembergischen, ehemals vorderösterreichischen und damit katholischen Gebieten südwestlich von Ebingen lebte, wo sich die dialektale Färbung schon dem Alemannischen zuzuneigen beginnt.[14] So hatte er einerseits das Vorbild der väterlichen Familie vor Augen, an deren Konfession ihn die »freiere Atmosphäre« anzog – seinen Freiheitsdrang betonte er zeitlebens –, während er andererseits im Protestantismus »den Reichtum und die Schönheit der katholischen Liturgie« vermißte – hier fand sein ästhetisches Bedürfnis Nahrung. Von evangelischer Seite habe er das klassische Deutsch aus der abendlichen Lesung der Lutherbibel mitgenommen, von katholischer Seite die Spiritualität, wie sie im barocken Lebensgefühl der oberschwäbischen Architektur zum Ausdruck kommt. Er empfand es als Fügung, daß sein schwäbisches Erbe die konfessionellen und stammesgeschichtlichen Gegensätze seiner Heimat überbrückte. Daher bezeichnete er sich als »evangelischen Katholiken«.[15]

Kiesingers Mutter war schon ein halbes Jahr nach seiner Geburt gestorben. Dies sei ein großes Unglück für sein junges Leben gewesen.[16] Zunächst wurde der kleine Kiesinger zu den Großeltern Grimm nach Bubsheim gebracht, wo die Eltern geheiratet hatten. Ein Jahr später trat der Witwer Christian Kiesinger erneut in den Stand der Ehe. Wiederum heiratete er katholisch und mußte zum zweiten Mal vor Stadtpfarrer Fleck in Ebingen den Revers über katholische Trauung und Kindererziehung unterzeichnen.[17] Seine zweite Frau, Karoline Victoria Pfaff, war eine Tochter des Ebinger Wirts vom Gasthaus »Zum Fuchsen« aus erster Ehe. Sie überwarf sich wegen dieser Mischehe mit ihrem Vater.

Warum heiratete Christian Kiesinger erneut katholisch? Vielleicht fühlte sich der pflichtbewußte Mann an den bischöflichen Dispens aus erster Ehe gebunden und an das Versprechen, seinen erstgeborenen Sohn im katholischen Glauben zu erziehen. Jedenfalls ging das Paar im Kloster Beuron die Ehe ein, einem Zentrum der katholischen Volksfrömmigkeit in der Region zwischen Heuberg und Bodensee, das auch nach seiner Auflösung im Kulturkampf der 1870er Jahre für die Katholiken in Hohenzollern, Baden und Württemberg als Stätte geistlicher Zuflucht diente, wozu auch die Trauung einer Mischehe zählte.[18] Der Vater und seine Braut holten den kleinen Kurt auf dem Weg zur Trauung bei den Großeltern in Bubsheim ab und vertrauten ihn der Wirtin des Gasthauses »Zur Sonne« in Beuron an, worauf diese trocken bemerkte: »Und 's Kindle hent ihr glei dabei!«[19]

Der Familie Christian Kiesinger und Karoline geb. Pfaff wurden zwischen 1906 und 1916 noch sieben weitere Kinder geboren: 1906, als die junge Familie vorübergehend nach Schramberg im Schwarzwald zog, wo Christian Kiesinger in der Uhrenfabrik der Gebrüder Junghans Arbeit gefunden hatte, wurde Maria, die älteste Schwester geboren. Maria verstarb bereits Anfang 1907, nachdem die Familie, »von Heimweh geplagt«, nach Ebingen zurückgekehrt war. Kiesinger erinnert sich, mit »welchem Schrecken« er als Dreijähriger beobachtete, »wie man, offenbar um die Krämpfe [der fiebrigen Erkrankung Marias] zu lösen, das winzige Körperchen unter einen kalten Wasserstrahl hielt. Ich blickte aus dem Fenster unserer neuen Wohnung in den verregneten Hof, als die Eltern, das weiße Särgchen in den Armen meines Vaters, in eine schwarze Kutsche stiegen, die sie, wie ich wußte, zum Friedhof bringen würde. Dort, so hatte ich es von anderen Kindern gehört, würde das arme Schwesterchen in ein ›Grabloch‹ versenkt werden.« Das Bild dieses »finsteren Verlieses« geisterte wohl noch lange durch die Träume des sensiblen Knaben.[20]

In schneller Folge kamen sechs weitere Halbgeschwister Kurt Georg Kiesingers zur Welt: Seine Brüder Ernst (1907), Wilhelm (1910), Karl Christian (1912) und die Schwestern Maria Anna (1908), Karoline Viktoria (1911) und Luise Emilie (1916).[21] In seinen Erinnerungen erwähnt er außer der verstorbenen Maria nur Ernst.[22] Zu den anderen Geschwistern besaß er keine engen Bindungen, vermutlich weil er mit fünfzehn Jahren die Familie verließ. Mit seinen katholischen Vettern, mit denen er auf dem Heuberg die Sommer verbrachte, korrespondierte er auch in späteren Zeiten. Der Kontakt zu seinen Halbbrüdern hingegen ist abgebrochen.

Über seine Familiengeschichte war der junge Kiesinger lange im unklaren gelassen worden. Erst im Alter von acht oder neun Jahren lüftete die Mutter eines Schulkameraden das Geheimnis. Das habe ihn damals nicht betroffen gemacht, während sein Bruder Ernst unter der Vorstellungen gelitten habe, daß sie nur Halbgeschwister gewesen seien. Die zweite Frau seines Vaters – das Wort Stiefmutter habe ihm zeitlebens widerstrebt –, habe ihn nie fühlen lassen, daß er nicht ihr eigenes Kind gewesen sei. Er »schulde ihr, die schließlich in den schlimmsten Kriegsjahren, ohne ihren Mann, eine Schar von sieben unmündigen Kindern zu betreuen hatte, tiefen Dank. Was ich aber in meiner leiblichen Mutter verloren hatte, begann ich erst zu spüren, als ich in meinem neunten Lebensjahr zum ersten Mal in ihre Heimat kam.«[23] Kiesinger hebt diese Gleichbehandlung ausdrücklich hervor. Von seinem Vater, den er ob seiner geraden, tapferen, gläubigen Art verehrte, hatte er die Sensibilität und das Sprachgefühl. Dennoch wandte er sich seiner katholischen Verwandtschaft zu, die ihm zu einer starken emotionalen Bindung verhalf.[24] Vielleicht verbarg sich dahinter der Wunsch nach Annäherung an seine verstorbene Mutter.

Die für ihn zentrale Idee der Synthese, der Drang nach Überwindung der Gegensätze, sah der spätere Kanzler der Großen Koalition ganz dezidiert in seiner *Schwäbischen Kindheit* angelegt. Als er 1964 zum ersten Mal seine Jugenderinnerungen unter diesem Titel veröffentlichte, stellte er die familiäre Ökumene noch ganz bewußt in den Dienst der baden-württembergischen Integrationsidee. Entsprechend hat er sein Leben auch in späteren Zeiten stilisiert. Ein Korn Wahrheit liegt dennoch darin, denn die *Ideen vom Ganzen* prägten sein Selbstverständnis und waren insofern geschichtsmächtig. So verstand es Kiesinger, überall in seiner Jugendbiographie Anknüpfungspunkte für eine »Synthese« zu finden. Dazu leistete auch die Topographie seiner Vaterstadt Ebingen wie selbstverständlich einen Beitrag. Denn Ebingen liegt hart an der großen europäischen Wasserscheide, die, vor knapp zweitausend Jahren von einem Römerkastell bewacht, die Einzugsgebiete von Rhein und Donau trennt. Ehrfürchtig staunend habe er, als Kind darin vom Vater unterwiesen, in dem benachbarten Albdorf Tieringen vor den Häusern gestanden, »über deren Dachfirste die Europäische Wasserscheide lief, so daß die Regenflut durch die eine Dachrinne zur Nordsee, durch die andere zum Schwarzen Meer hin enteilte. Unter einem solchen Dach hätte ich gar zu gern gewohnt, und eigentlich wünsch ich mir's noch heute.«[25]

Der freie Blick hinunter zur Donau und zum Schwarzen Meer auf der einen und zum Rhein und zur Nordsee auf der anderen Seite wurde jedoch durch die politische Entwicklung der einhundert Jahre vor Kiesingers Geburt empfindlich gehemmt. Die schwäbische Heimat war trotz napoleonischer Flurbereinigung ein von mäandernden Grenzen stark fragmentierter Raum. Als Folge der Staatenbildung im frühen 19. Jahrhundert lag das altwürttembergische Ebingen eingekeilt zwischen badischen und hohenzollerschen Landen. Wanderte man fünf Kilometer Luftlinie nach Osten, erreichte man in Straßberg schon das erste preußische Dorf, fünf Kilometer nach Süden überschritt man auf dem Heuberg die Grenze nach Baden. Wollte man nach Norden, in die Universitätsstadt Tübingen oder in die königliche Residenz nach Stuttgart, dann mußte man hinter Onstmettingen preußisches Territorium queren. Für ein aufgewecktes Kind wie Kiesinger dürfte das jeweils unterschiedliche Klima in diesem Dreiländerwinkel spürbar gewesen sein.[26] Sein Vater habe ihm aus dem Schatz des angelesenen Wissens die historischen und kulturellen Zusammenhänge erklärt. Und in der Tat: In der mündlichen Tradition leben bis heute die Schmugglergeschichten fort. Trotz Zollverein und Bismarckscher Reichsgründung wurde die Grenze als lästig empfunden.[27]

In Ebingen wurde Kiesinger nicht nur mit einer Gemengelage konfessioneller und regionaler Loyalitäten konfrontiert, sondern auch recht hautnah mit den Problemen der modernen industriellen Welt. Er habe in seiner Jugend Freundschaften mit Arbeiterkindern wie mit den Söhnen der Fabrikanten gepflegt, meinte Kiesinger, als ihm 1969 seine Heimatgemeinde die Ehrenbürgerwürde verlieh: »Ich habe mit ihnen gespielt, mit ihnen meine Gedanken ausgetauscht und bin von ihren Eltern eingeladen worden; heute am schlichten Tisch des Arbeiters, morgen in der Villa des Fabrikanten – ›in der Villa‹, hat man damals gesagt. So habe ich sehr früh und sehr gründlich die sozialen Unterschiede, aber auch die Nöte und Probleme aller Schichten kennengelernt. Das war ja eine Zeit, in der die soziale Frage noch keineswegs voll ausgekämpft war. Diese ersten zehn Jahre meines Lebens bis zum ersten Weltkrieg lagen im Licht des Friedens, aber ich erinnere mich doch an manchen Besuch in mancher Fabrik, wo mir das Leben des Arbeiters doch hart erscheinen mußte, wo die Arbeitsbedingungen noch ganz andere waren als heutzutage. Wenn ich etwa an die Färberei denke, einen großen Betrieb hier, in der einer meiner Schulfreunde sein Leben lang gearbeitet hat in dampfenden Schwaden – man konnte, wenn man hineinkam, den einzelnen gar nicht erkennen. Er ist auch mit 55 Jahren an der Schwindsucht gestorben. Das waren noch harte Bedingungen.«[28]

Was ist an der frühen Kenntnis der sozialen Frage Stilisierung, was gelebte Erfahrung? Tonangebend war in Ebingen die protestantische Kaufmannselite, während der Katholizismus, dem Kiesinger kraft Taufe angehörte, ein Unterschichtenphänomen blieb. Allerdings bildete sich trotz beträchtlicher sozialer Unterschiede an dem bedeutenden Standort der Textilindustrie kein ausgesprochen proletarisches Milieu heraus. Dazu war die Stadt zu klein und zu stark in das ländliche Umfeld integriert. Viele der Industriellen waren erst in ihrer Generation aus einfachen Verhältnissen in harter Arbeit aufgestiegen. Die Arbeiter blieben über längere Zeit Nebenerwerbsbauern oder wurden in einer Art Verlagssystem zuhause beschäftigt, so daß auch in der Arbeiterschaft das kleinbürgerliche Element überwog.[29] Viele Arbeiter stimmten, wenn sie als Katholiken nicht zum Zentrum tendierten,»freisinnig«, wählten also die liberale Volkspartei, obwohl die Sozialdemokratie seit der Aufhebung der Sozialistengesetze 1890 in Ebingen starken Aufwind erhielt. Dennoch blieb das Städtchen, wie überhaupt das ganze Oberamt Balingen, eine Hochburg des Liberalismus und entsandte bis zum Ersten Weltkrieg den Stuttgarter Rechtsanwalt Conrad Haußmann in den Reichstag, dessen Sohn Wolfgang dann in Stuttgart Justizminister unter Ministerpräsident Kiesinger wurde. Da Kiesingers Familie das liberale Blatt, den *Neuen Albboten* las, gehörte wohl auch der Vater zu den Wählern der Volkspartei.[30]

Ein *homo novus*, wie viele Spitzenpolitiker der alten Bundesrepublik, entstammte Kiesinger einem aufstiegsorientierten, kleinbürgerlichen Milieu. Wenn er Beobachtern späterer Jahre wie der letzte Repräsentant des guten schwäbischen Bildungsbürgertums erschien, dann war dieser Habitus eher angenommen als in die Wiege gelegt. Christian Kiesinger verfügte nur über einen beschränkten Bücherschatz, wobei den jungen Kiesinger eine illustrierte Prachtausgabe zu Schillers 100. Geburtstag besonders beeindruckte.

Außer mit der Lutherbibel sei er vor allem mit Schiller aufgewachsen: »Ich beschaute erst die Bilder und las dann alles, und alles mehrere Male, so daß ich lange Strecken auswendig konnte.«[31]

Daneben fanden sich in Vaters Bücherschrank die bekannten Sagen und historischen Erzählungen aus der schwäbischen Welt, aber auch naturkundliche Arbeiten sowie die Werke der pietistischen Theologen und Prediger, die Kiesinger als prägend für die religiöse Grundstimmung in Württemberg empfand, darunter »neben den Predigten des ehrwürdigen Goßner einen vergilbten Band von Schriften des Johann Michael Hahn, jenes merkwürdigen schwäbischen pietistisch-theosophischen Theologen, der im Jahre 1819 starb und dessen Gemeinde, die Michelianer, heute noch unter den Stillen im Lande lebt«[32]. Das war die Tradition der »großen Schwaben« eben nicht. In dem Industriestandort Ebingen fehlte selbst der Anflug eines akademisch gebildeten Publikums, da die Beamten, die »gebildeten Stände«, jenseits der Paßhöhe in der Oberamtstadt Balingen saßen, wo es Verwaltung und Schulen gab.

Eine allmähliche Besserung der wirtschaftlichen Verhältnisse der Familie Kiesinger läßt sich daran ablesen, daß es, nach mehrmaligen Umzügen in verschiedene Mietswohnungen, 1911 gelang, etwas außerhalb der damaligen Stadtgrenze ein eigenes Haus zu bauen. Das Haus im Raidental stand damals noch allein in einer weiten Wiesenlandschaft, in der »weit und breit kaum ein anderer Dachfirst zu erblicken war«. Sein Vater, »der diese Stadt und diese Landschaft tiefer erlebte als mancher andere«, habe ihn »die Natur dieser Landschaft kennen gelehrt, so wie er es verstand«. Noch der Kanzler nutzte jede sich bietende Gelegenheit, um in diese von ihm geliebte Landschaft zurückzukehren, die ihm einen sehr eigenen »Kraftquell« bot: »Die tiefen, kühlen Buchenwälder, die Wachholderheide, die ragenden Felsen über dem Tal, die Mörike in seinem ›Besuch in Urach‹ so wunderbar besungen hat – das alles ist mir bis zu dieser Stunde teuer geblieben. Ich kann mir gar nicht anders denken, als auch heute noch die freien Stunden, die ich habe, in heimischer Landschaft zu verbringen.«[33] Im Alter sinnierte Kiesinger dann, daß die Landschaft allein durch ihre geologische Gestalt, ihr Licht und ihre Luft, durch »ihre Farben und Formen und die ihr eigentümlichen Pflanzen und Tiere« den Menschen präge.[34]

Der Einzug in das Haus im Raidental wurde von einem denkwürdigen Ereignis überschattet, das in keiner Ebinger Chronik fehlt. Wie die Erscheinung des Halleyschen Kometen wenige Jahre zuvor wurde es von den Frommen als ein Zeichen künftigen Unheils gedeutet. Vom 16. auf den 17. November 1911 erschütterte ein Erdbeben der Stärke 8 ganz Süddeutschland. Obwohl das Epizentrum weiter südlich in den Alpen lag, war Ebingen bei weitem am stärksten betroffen. Unter dem Datum des folgenden Tages wird im *Neuen Alb-Boten* berichtet: »Eine Nacht des Schreckens liegt hinter uns. Der größte Teil der Einwohnerschaft hatte sich zur Ruhe niedergelegt, sich wohl geborgen fühlend hinter Mauer und Tür, denn: ›Mein Haus ist meine Burg‹. Da, um 1/2 11 Uhr, ein mächtiger Stoß, der die Häuser in ihren Grundfesten erschütterte. Die Fenster klirren, Teile der Gipsdecke springen ab, die Porträts an den Wänden geraten ins Wanken, Gläser und Geschirr schmettern zu Boden, der Ofen zittert und wankt, das ganze Haus droht in sich zusammenzubrechen, seine Bewohner unter den Trümmern zu begraben. Und mit der furchtbaren Erschütterung ein Aufflammen draußen in dunkler Nacht, als ob das Firmament in Flammen stünde – dann ist alles wieder still [...]. Aber in die Gemüter ist ein tödlicher Schreck gefahren. Die Leute sind aus dem Fenster gesprungen und vom Fenster zu den Kleidern und von den Kleidern zu den Kindern, die friedlich in ihren Betten schlummern. Man wirft sich in die Kleider, reißt die Kleinen aus den Betten, hüllt sie in warme Tücher und flieht ins Freie, das nackte Leben zu retten.«[35]

Auch Kiesingers Familie war ins Freie geflohen. Sie saßen auf den Kisten, »die noch vom Umzug umherlagen, unter einem klaren Sternenhimmel, während sich in kurzen Abständen mit anschwellendem Grollen die Erde bewegte und die Kisten sich mit uns wie auf Wasserwogen hoben und senkten. Aus der Nacht kam von irgendwoher ein Schrei: ›Schrecklich, schrecklich, bist Du, Herr Gott Zebaoth!‹ Dann flammten auf den Wiesen im Tal viele Feuer auf; um sie versammelten sich die aus der Stadt geflüchteten Menschen und sangen, während das Erdbeben weiterrollte, fromme Choräle. Ich erwartete den Untergang der Welt und blickte suchend zu den Sternen auf, wo bald das flammende Zeichen des Kreuzes erscheinen musste.«[36]

Hier paart sich pietistische Erwartung des nahen Endes mit nervöser Zukunftsangst. Schon früh mischen sich in das scheinbare Idyll dissonante Geräusche. Denn Kiesinger hat in der *Schwäbischen Kindheit*, das wird oft übersehen, nur in oberflächlicher Betrachtung ein beschauliches Leben in friedlicher Weltabgewandtheit im schönsten Eichendorff-Ton geschildert. Natürlich, es gibt eine klappernde Mühle, einen rauschenden Bach, eine Postkutsche, die mit »hurtigem Hufgeklapper«, den Postillon hoch auf dem Bock, hinunter ins »grüne Bäratal« rattert. Auch hier wiederum gilt: Zum Idyll geraten vor allem jene Strecken, auf denen Kiesinger die Verhältnisse am Sitz der katholischen, mütterlichen Verwandtschaft schildert, wo er, aufgeklärt über seine Herkunft, seit dem Sommer 1913 seine Ferien verbrachte.

Dies sind die einschlägigen Szenen, die später Rudolf Augstein zu Gelächter reizten: In der Anhauser Mühle, in der seine Taufpatin Magdalena mit Mann und Kindern lebte, lief »bei Tag und Nacht das Mühlenwerk und spie aus barocken Löwenmäulern Mehl und Grieß in die Truhen. Nachts drang das gedämpfte Geräusch der Mühle und des Baches in die Kammern und sang uns wunderbar in den Schlaf. Von Zeit zu Zeit ertönte die Glocke eines leeren Mahlgangs, die den Müller oder seinen Knecht zum Einschütten des Kornes rief, welches im trüben Schein einer Laterne geisterhaft vor sich ging. Die Kinder schliefen auf knisternden Strohsäcken, die mit Leintüchern und riesigen Federbetten bedeckt waren. An schweren Eisenhaken hingen von der Kammerdecke, vor den Mühlenmäusen geschützt, die geräucherten Speckseiten und Schinken, und durch ein winziges Fenster in der tiefen alten Mauer lugte die heimelig-unheimliche einsame Nacht.«[37]

Der Ton wird härter, wenn Kiesinger seine Kriegskindheit zu schildern beginnt, die seinen weiteren Weg überschattet. War der junge Kiesinger nur in seiner katholischen Umgebung auf dem Heuberg ganz »bei sich«, hat er von dort seinen spürbaren Hang zum Idyll mitgenommen? Kam der antreibende Stachel aus Ebingen, aus dem evangelisch-pietistischen Erbe? Das klingt stereotyp nach Max Weber, dessen berühmte Abhandlung über »Die protestantische Ethik und der Geist des Kapitalismus« Kiesinger für bare Münze nahm: In seiner Heimat habe man evangelische von katholischen Dörfern daran unterschieden, daß die katholischen fast nur »altersbraune, die meisten evangelischen neue Ziegeldächer« zeigten und vor allem »die Schornsteine kleiner Fabriken«.[38] Vielleicht aber war die Wahrnehmung protestantischer Kargheit und katholischer Lebensfreude sehr viel elementareren Erfahrungen während des Ersten Weltkrieges geschuldet, als sich der mächtig aufschießende Junge nur noch bei der bäuerlichen Verwandtschaft auf dem katholischen Heuberg so richtig sattessen konnte. Zu Hause mußte er von 1915 an hungern, konnte die Mutter doch die sieben Mäuler im Krieg nicht mehr stopfen.

Kriegsjugend und »verkehrte Welt«

Die unbeschwerte Herumstreifen in den Ebinger Gassen hatte schon mit der Einschulung ein jähes Ende gefunden. An seine Grundschulzeit hat sich Kiesinger höchst ungern erinnert und ihr nur eine einzige Seite seiner Memoiren gewidmet. Er wurde nach Ostern 1910 in der katholischen Volksschule Ebingen eingeschult, die 1891 als katholische Konfessionsschule gegründet und 1900 in städtische Trägerschaft übernommen worden war. Die Schule war in dem mächtigen Fruchtkasten des Herzogs Christoph aus dem 16. Jahrhundert untergebracht, einem Lagerhaus, das, seinem ursprünglichen Zweck entfremdet, mehr schlecht als recht als Kinderaufbewahrungsanstalt diente. Alte Fotos lassen erahnen, in welch erbärmlichem Zustand sich das Gebäude in Kiesingers Jugendzeit befand. In einem oberamtsärztlichen Bericht werden die katastrophalen Verhältnisse geschildert, unter denen der junge Kiesinger schreiben, lesen und rechnen lernte. Das Gebäude war für Schulzwecke auf die Dauer nicht sonderlich geeignet, Kindern und Lehrern wurden schwere gesundheitliche Schäden vorhergesagt.[39]

Nicht allein die äußerlichen Verhältnisse behinderten ein gedeihliches Bildungserlebnis. Auch über die Lehre an der Volksschule weiß Kiesinger nichts Gutes zu berichten. Er sei »in die Hände einiger Prügelmeister« gefallen. Kiesinger war in die Klasse des von ihm namentlich nicht genannten Unterlehrers Kneer gekommen, den er im Rückblick für »vier dumpfe, unglückliche Jahre« hauptverantwortlich machte. Dieser Mann sei ein Sadist gewesen. Selbst kleine Vergehen habe er mit »Tatzen« bestraft, »heftig schmerzenden Hieben auf die Handflächen, die mit einem Bambusrohr ausgeführt wurden«.[40] Insgesamt 32 Jungen und 27 Mädchen litten mit Kiesinger. Nur der Religionsunterricht, den Stadtpfarrer Fleck am Montag und Donnerstag persönlich erteilte, habe ihn fasziniert. »So stark erprobte sich die kindliche Phantasie an der biblischen Erzählung, so reich erschuf sie sich das Bild der biblischen Menschen und Landschaften, daß ich noch heute die Bibel nicht aufschlagen kann, ohne daß jene lieblichen und mächtigen Bilder wieder emporsteigen aus ihrem verborgenen Grund«, so der Ministerpräsident 1964.[41]

Nachdem er die Volksschule absolviert hatte, passierte Kiesinger im Herbst 1913 die Aufnahmeprüfung für die einzige weiterführende Bildungsanstalt am Ort, die Realschule, die in einem 1900 vollendeten Neubau untergebracht war. In dem Rektor der Schule, Kiefner, fand Kiesinger seinen ersten wichtigen Förderer. Er habe sich seiner »in ganz besonderer Weise angenommen und die besonderen Begabungen, die er bei mir zu entdecken glaubte, liebevoll gefördert«. Vor allem habe er sein Selbstbewußtsein geweckt, ihn »ermuntert und ermutigt, meinen Weg weiterzugehen«.[42] Nur einmal habe ihn Kiefner, der seine Deutschaufsätze gelobt hätte, »fast leidenschaftlich« zurechtgewiesen, als er den in der katholischen Morallehre gebräuchlichen Ausdruck man solle »sich abtöten« verwendete. In der altwürttembergisch-protestantischen Anstalt mit einem nur zehnprozentigen Anteil katholischer Schüler grenzte dieser Ausflug in die katholische Moraltheologie an ein Sakrileg.[43]

Kiesinger war ein mittelprächtiger Schüler. Entgegen der in den *Dunklen und hellen Jahren* aufgestellten Behauptung, er habe in seinen ersten Jahren in den allgemeinen Noten für »Aufmerksamkeit, Fleiß und Betragen [...] mit einem in der Schule vielleicht kaum wieder erreichten Rekord am tiefsten Punkt« gelegen[44], zeigen die Einträge in der Schüler- und Zeugnisliste des Reformrealprogymnasiums Ebingen, daß er, mit Ausnahme des sechsten

Schuljahrs (der 2. Klasse der Realschule), für »Fleiß«, »Aufmerksamkeit« und »Verhalten« überwiegend gute bis sehr gute Zensuren erhielt. Seine allgemeine Begabung qualifizierten die Lehrer als Mittelmaß. Gut bis sehr gut schnitt Kiesinger im Religionsunterricht ab. Auch in Deutsch, Geschichte und Erdkunde zeigte er gute Leistungen von meist »6« oder »7« auf der damaligen Notenskala, die von »8« (»Sehr gut«) bis »1« (»Ganz ungenügend«) reichte. Mittelmaß auch in den Fremdsprachen, deutliche Schwächen im Rechnen sowie in Algebra und Geometrie, wo er durchschnittlich eine »2« erreichte, einmal sogar nur eine »1«. In der Summe bewegte sich Kiesinger innerhalb seiner Klasse auf einem mittleren Niveau leicht über dem Durchschnitt. Nur im ersten Realschuljahr stand er an dritter Stelle, sonst meist an Position 9, 10 oder 11. Sein Abgangszeugnis im Juli 1919 weist ihn mit einem Schnitt von 4,6 als Nr. 9-11 der 23 verbliebenen Schüler aus.[45]

Ein Jahr nach dem Wechsel auf die Realschule nahm mit dem Doppelmord von Sarajewo die Urkatastrophe des 20. Jahrhunderts (G. F. Kennan) ihren Lauf. Von dieser geschichtlichen Entwicklung sollte sich Kiesingers Biographie nicht mehr lösen. Wie ein Schlag habe der Krieg seine gewohnte Welt geändert, vor allem nachdem der Vater 1915 zum Dienst eingezogen worden war. Das Essen wurde knapp, die Kleidung schlecht, Heizmaterial fehlte. Ohne den kleinen Hausgarten hätte es übel um die Kiesingers gestanden. Von nun an dominieren Schilderungen bitterer Not, der unglaublichen Härte des Lebens in den Kriegsjahren und der »verkehrten Welt« der unmittelbaren Nachkriegszeit, der Hyperinflation der Weimarer Jahre bis zur Stabilisierung 1923/24.[46] Während der kommenden acht Jahre, die gesamte Phase seiner Adoleszenz inbegriffen, hat Kiesinger über die längste Zeit gehungert. 1919 wäre er um ein Haar der Grippewelle zum Opfer gefallen, die mehr Menschenleben forderte als das blutige Schlachten an der Front und dennoch aus dem kollektiven Gedächtnis fast völlig verschwunden ist. Kiesinger erschien es im Rückblick, als hätten die Abergläubigen des Jahres 1910 recht behalten: »Krieg, Hunger und Pest waren über die Welt gekommen.«[47]

Mit der Erfahrung von Krieg und Nachkriegszeit ist neben Religion, Landsmannschaft und sozialer Herkunft eine vierte, entscheidende Prägung angesprochen: Kiesingers Zugehörigkeit zu einer bestimmten Altersgruppe, zu den Kriegskindern des Ersten Weltkrieges. Er wurde in eine Generation hineingeboren, die in der historischen Forschung seit einigen Jahren Furore macht: die im ersten Jahrzehnt des 20. Jahrhunderts geborenen, im Ersten Weltkrieg aufwachsenden Jugendlichen, die 1914 noch von der nationalistischen Welle der Kriegsmobilisierung miterfaßt wurden, jedoch nicht mehr »zum Einsatz« kamen. Ihre einschneidende Erfahrung war ein Nichterlebnis, die ausgebliebene »Bewährung« in den »Stahlgewittern« der Schützengräben, über die Ernst Jünger und Erich Maria Remarque so wirkmächtig berichtet haben. Das unterschied diese jungen Männer deutlich von wenig älteren Persönlichkeiten wie eben Jünger (geb. 1898) oder Gebhard Müller (geb. 1900), die das Fronterlebnis noch hautnah mitbekommen hatten. Am Ende des Krieges war Kiesinger 14 Jahre alt, zu jung, um eingezogen zu werden, doch alt genug, um Krieg und Nachkriegszeit mit erwachendem politischen Bewußtsein zu erleben.

Wie der Freiburger Historiker Ulrich Herbert in seinen Untersuchungen zu Werner Best, dem späteren zweiten Mann im Geheimen Staatspolizeiamt des »Dritten Reiches«, sowie der Hamburger Historiker Michael Wildt in seiner monumentalen Studie über das »Führerkorps« des Reichssicherheitshauptamtes herausgearbeitet haben, kompensierten die prototypischen Vertreter der Kriegsjugend die entgangene Bewährung auf dem »Feld der Ehre« mit um so härterem nationalen Radikalismus. Nach der Enttäuschung über die Niederlage im Ersten Weltkrieg vernichtete die Erfahrung der Nachkriegs- und Inflationsjahre die geistigen und materiellen Grundlagen jener bürgerlichen Werte- und Gesellschaftsordnung, die im Kaiserreich die Maßstäbe noch hatte setzen können. Im Unterschied zur Frontgeneration fehlte den jungen Radikalen jener skeptische Selbstzweifel, den die vom Kriegserlebnis gezeichneten Älteren aus den Schützengräben mitgebracht hatten. Es war diese völkisch und dann nationalsozialistisch radikalisierte Kriegsjugend des Ersten Weltkrieges, die nach Hitlers »Machtergreifung« ihre Chance erhielt, den Sicherheits- und Vernichtungsapparat des NS-Regimes aufbaute, dort die Schlüsselpositionen in der zweiten Reihe unmittelbar hinter dem etwas älteren Personal der nationalsozialistischen Spitzenpolitiker besetzte und schließlich in Osteuropa im Zweiten Weltkrieg das Genozid an den europäischen Juden und anderen rassisch und ethnisch verfolgten Gruppen organisierte.[48]

Es wird noch zu zeigen sein, *dies* ist erklärungsbedürftig im Rahmen einer Kiesinger-Biographie, warum er, der es später zu hohen Ämtern brachte, der uns als junger Mann immer wieder in der Position des Anführers begegnet, in einer Horde von Schülern auf den Gassen von Ebingen, als Fähnleinführer einer Pfadfindergruppe am Lehrerseminar in Rottweil, als zweimaliger Senior seiner studentischen Verbindung in Berlin und als Korporationsführer der Askania nach 1933, warum ausgerechnet Kiesinger, der zeitlebens sein Licht nicht unter den Scheffel stellte, entgegen einer weit verbreiteten Annahme im Dritten Reich *keine* große Karriere machte und die Chancen *nicht* ergriff, die ihm die nationalsozialistische »Machtergreifung« bot. Denn in seinen frühen Schriften finden sich für seine Generation durchaus typische Reaktionen auf die Umwertung aller Werte in der Kriegs- und Nachkriegszeit: »Hunger, Bedrücktheit, hohles Pathos und geistige Öde: Das grausame Erlebnis der Kriegskindheit und der Inflationsjugendjahre. Das heißt: Chaos, Umsturz aller Werte, ungeheuerliche Katastrophe in der Welt der Erzieher. Helden von gestern wurden die Narren von heute, das Heilige wurde verächtlich, das Erhabene gering.« So faßt der 24jährige Kiesinger 1928 die Grunderfahrung seiner Generation zusammen.[49]

Im Krieg drehte sich alles ums Essen. Nachdem die anfängliche Begeisterung gewichen war, drückte der Mangel, die Verschlechterung auch der Qualität der Nahrungsmittel, um so schlimmer. Das war eine universale Erfahrung, die Kiesinger mit seinen Altersgenossen teilte. Das Essen, so berichtete der zwei Jahre jüngere Golo Mann, habe ganz im Mittelpunkt der Alltagserfahrung gestanden. Wie der großbürgerliche Altersgenosse aus München, so war auch der Kleinbürgersproß aus Ebingen für allerhand Verrichtungen rund um das Sammeln von Eßbarem eingespannt.[50] Die Brüder Kurt und Ernst Kiesinger wurden zum Ährenlesen auf die Felder oder zum Pflücken von »Laubheu« (Buchenblättern) in den Wald geschickt. Kleider und Schuhe zerschlissen, denn »Ersatz« wurde nicht nur bei der Nahrungsaufnahme sondern auch bei der Kleidung groß geschrieben. Wie ein Ertrinkender habe er sich an die Hoffnung auf den militärischen Sieg geklammert, von dem allein er sich Besserung der Lebensumstände erhoffte: »Man konnte ja täglich schwarz auf weiß, wenn auch auf immer schlechterem Papier, neue Siegesmeldungen von allen Fronten lesen. [...] Aber wenn wir, hinter einer schwarz-weiß-roten Fahne herziehend, mit schrillen Kinderstimmen jenes ›Haltet aus, haltet aus im Sturmgebraus!‹ sangen, das in einem Kriegslied aufgekommen war, dann begegneten uns immer häufiger die Blicke trauriger Frauen.«[51]

Natürlich war der junge Kiesinger strikt national und ein begeisterter Monarchist – was in Württemberg mit einer nicht nur parteipolitisch liberalen Haltung zu vereinbaren ist. Der fragliche Monarch war denn auch nicht Kaiser Wilhelm II., sondern der Stuttgarter König gleichen Namens, vom Volk der »Herr König« genannt, der in der Landeshauptstadt noch heute mit einem Denkmal verewigt ist, das ihn mit seinen beiden Spitzerhunden beim Spaziergang durch die Straßen zeigt. Selbst der spätere sozialdemokratische Landtagspräsident Wilhelm Keil ließ sich zum 25. Regierungsjubiläum des Königs aus, daß, wenn morgen in Württemberg die Monarchie abgeschafft würde, der König selbst die besten Chancen hätte, als republikanischer Präsident an die Spitze des Landes gewählt zu werden.[52] Auch in Ebingen war man gut württembergisch und erst in zweiter Linie kleindeutsch-preußisch. So widmete denn der junge Kiesinger nicht dem Berliner Kaiser, sondern eben dem Stuttgarter König eine Elegie, als dieser 1921, wenige Jahre nach seiner Abdankung im November 1918, in Bebenhausen verstarb.[53]

Kiesingers frühe dichterischen Versuche – es sind die ältesten von ihm erhaltenen Texte – sind Bewältigungsversuche dieser Erfahrung der Kriegs- und Nachkriegszeit. Eines der ersten Gedichte, »Jahreswende«, das der 17jährige am 31. Dezember 1921 im *Neuen Alb-Boten* – also dem bereits erwähnten liberalen Blatt – unterbrachte, nahm direkt zur politischen Situation in der frühen Weimarer Republik Stellung, über der der nicht eingestandene militärische Zusammenbruch vom Oktober 1918 wie ein Damoklesschwert hing.[54]

In martialischen Worten prangert Kiesinger die ihn zutiefst empörende Ungerechtigkeit der Versailler Ordnung an – auf die er das Wort »Frieden« nicht anwenden will, weil der Sieger auf »Deutschlands Rücken« Reparationen häufe und die »Heuchelei« des Völkerbundes den Feinden doch nur ermögliche, »bald hier, bald dort ein Stück von deutschem Gut« wegzureißen. Auch der Bruderkrieg im Inneren wird bedauert – 1921 hatte es separatistische Aufstände in Hamburg und Mitteldeutschland gegeben, im August war Matthias Erzberger ermordet worden, im Herbst war es zu Konflikten zwischen Bayern und dem Reich gekommen –, ohne daß sich der Schüler nun explizit die Dolchstoßlegende zu eigen gemacht hätte. Das unterscheidet den 17jährigen Kiesinger von den jungen Radikalen à la Best, die um diese Zeit in den Abwehrkämpfen gegen den Separatismus im Rheinland und in der Pfalz oder in den Freikorps im Osten ihre ersten Sporen verdienten. Kiesinger rief nicht zu Revolution oder Gegenrevolution auf. Schicksalsergeben wartete er auf das »heiß ersehnliche Morgenrot«.

Auch die folgenden frühen Gedichte sind samt und sonders auf die politische Situation gemünzt: »In trüber Zeit« verbindet in der Form eines Gebets die Frühlingssehnsucht mit der Hoffnung auf politische Besserung und endet ebenso pathetisch wie das erste mit »Herr [...] Zünd' uns bald das Morgenrot«.[55] Etwas hoffnungsvoller dann das dritte politische Gedicht »Die werdende Welt«, das im April 1922 erschien, als sich Kiesinger mit dem Neuen abzufinden scheint:

> Das Neue wächst, das Alte bricht
> Die Welt erhält ein neu Gesicht,
> Die Zeit geht wuchtig weiten Schritt;
> Wer Bessres will geht rüstig mit [...][56]

In einem Brief an die Eltern aus dem Katholischen Lehrerseminar in Rottweil, in das er 1919 eingetreten war, nahm Kiesinger die Situation fast schon mit Galgenhumor: »Im übrigen geht's hier mit der Kost auf der schiefen Ebene abwärts und mit dem Hunger daran aufwärts. Die Geldentwertung macht tollere Sprünge als jemals und wenn's so weiter geht – prost Mahlzeit!«[57] Trotz der schwieriger werdenden Verhältnisse äußerte sich der junge Gele-

An der Jahreswende.

Das alte Jahr steht an den Marken seiner Tage,
Aus dunklem Dämmern schon das neue winkt,
Auf tausend bleichen Lippen bebt die bange Frage:
„Ob uns das neue Jahr die Besserung bringt?"

Zum Achtenmal schon ist's, daß uns zur Jahreswende
Die trübe, bange Frage nimmer läßt;
Zwar ist der Krieg, der uns so hart bedrängt, zu Ende,
Doch bracht es uns kein frohes Friedensfest.

Die Feinde reißen ja an unseres Reiches Enden
Bald hier, bald dort ein Stück vom deutschen Gut,
Wir aber sitzen, machtlos, mit gebundnen Händen,
Und nutzlos trank die Erde deutsches Blut!

Und Milliarden häufen sie auf Deutschlands Rücken,
Die sollen schmälern unser täglich Brot,
Die sollen jeden echten, deutschen Mann erdrücken,
Der aufrecht schreiten will durch Nacht und Not.

Und Frieden heucheln sie mit Völkerbundsgeprahle,
Doch! Die den Frieden fordern, sperrt man aus,
Die hält man ängstlich unter stets gezücktem Stahle,
Wie Raubzeug eingeengt in's eigne Haus . . .

Und während draußen unsrer Feinde Rotten lauern
Und uns entsaugen unser Mark und Blut,
Bringt uns der Bruder in den eignen Mauern
Um Fried' und Freud', um karges Hab und Gut!

Weh Euch! Die ihr des Vaterlandes Elend nützet,
Weh Euch! Ihr ruft ja selbst die Schreckenszeit,
Da Sitt' und Recht vor blinder Wut euch nimmer schützet,
Weh Euch! Wenn sich erhebt das große Leid . . .

So stehen wir, in Nacht und Graus gestürzt und klagen,
Und müssen's machtlos tragen — tragen — tragen . . .
Das Auge starrt . . . die bleiche Lippe zuckt in bangem Zagen . . .
Oh heiß ersehnliches Morgenrot, wann wirst du tagen?

Kurt Kiesinger.

genheitsdichter in der Silvester-Ausgabe des *Neuen Alb-Boten* am 30. Dezember 1922 »Zum neuen Jahr« weniger markig als ein Jahr zuvor, obwohl seine persönliche wirtschaftliche Lage prekär geworden war. Fast scheint es, als hätte sich Kiesinger mit den politischen Unruhen abgefunden. Dem neuen Jahr gab er folgenden dichterischen Versuch mit auf den Weg:

> Du gabst uns nicht, was wir erträumt,
> Den Frieden, der wie Frühlingssonne scheint;
> Du hast dich zornig wider uns gebäumt,
> Drum sei Dir keine Träne nachgeweint!
>
> Doch Du, o neues, jugendstarkes Jahr,
> Bist Du der Arzt, der alle Wunden heilt?
> Bist Du der Last des bleichen Elends bar,
> Das tausendfüßig mit uns abwärts eilt?[58]

Noch einmal bäumte sich Kiesingers trotziger Patriotismus auf, als bei der Requirierung des Wagenparks der Firma Krupp in Essen im März 1923 dreizehn passiven Widerstand leistende Arbeiter von französischen Truppen erschossen wurden. Daraufhin wurden Gustav Krupp von Bohlen und Halbach und sieben Werksdirektoren von einem französischen Militärgericht zu hohen Gefängnisstrafen verurteilt, während die für das Massaker verantwortlichen Soldaten straffrei ausgingen. Das Urteil löste helle Empörung in Deutschland aus. Kiesinger stimmte in den Aufschrei trotziger Kampftexte ein, die überall im Reich erschienen. In keinem seiner patriotischen Jugendgedichte hat er einen derartig aggressiven Ton angeschlagen wie hier:

> Drum heraus aus der Brust, du rasender Schrei,
> Vorbei mit dem knirschenden Schweigen, vorbei!
> Den Frevel, den Frevel ertragen wir nicht,
> Wir donnern die Rache Dir grell ins Gesicht:
> Die Schale der Greuel, sie rinnt einmal voll,
> Dann zittre, du Wüterich, vor berstendem Groll!«[59]

Im Falle Kiesingers blieb dieser Aufschrei ohne konkrete Folgen. Er blieb in der sicheren Verwahrung des Katholischen Lehrerseminars in Rottweil. Auch hatten das politische Chaos und mit ihm die nationale Erregung 1923 ihren Höhepunkt erreicht. Der Widerstand der Reichsregierung gegen die französisch-belgische Rheinlandbesetzung heizte die Geldentwertung an; im Oktober wurde schließlich der Ausnahmezustand über das Reichsgebiet verhängt, die galoppierende Inflation erreichte ihren Zenit, mit dem Hitler-Putsch in München vom 8./9. November war der politische Gipfelpunkt der

Krise erreicht, kurz danach wurde mit der Ausgabe der Rentenmark die Stabilisierung der Währung eingeleitet.

Es scheint, daß Kiesinger sich von der vaterländischen Larmoyanz löste. Der Tonfall hellte sich auf. Ein neuerliches Gedicht zur »Jahreswende«, das am 31. Dezember 1923 im *Neuen Alb-Boten* erschien, macht klar, daß vor dem Wanderer zwar noch »ein hartes Felsenstück« liegt, jedoch der Gipfel in greifbare Nähe rückt.[60] Trauerte Kiesinger der alten Ordnung nicht mehr allzu heftig hinterher? Richtete er seinen Blick auf das Neue, das sich nach schmerzlichen Geburtswehen durchzusetzen begann? In den Gedichten des Jahres 1924 wird das altbekannte Thema »Sehnsucht« ohne den früheren expliziten politischen Bezug variiert. In der relativen Abgeschiedenheit des Rottweiler Lehrerseminars entwickelte sich Kiesinger zum religiösen Sucher. Politisch tendierte er nicht zu den Radikalen, sondern zu den Parteien der Weimarer Koalition, allerdings zu den »Freisinnigen« und nicht, wie es sich für einen katholischen Seminaristen eigentlich gehörte, zur Zentrumspartei.[61] Der »evangelische Katholik« blieb ein Grenzgänger, stand politisch der väterlichen Seite näher, also dem protestantischen Bürgertum.

Kiesinger wurde in Rottweil auch deshalb nur partiell ins Zentrumsmilieu absorbiert, weil er, wie viele katholische Altersgenossen, unter den Einfluß der katholischen Jugendbewegung geriet, die auf Distanz zum althergebrachten Verbandskatholizismus hielt und einen patriotischen, romantischen Idealismus pflegte. Bezeichnenderweise trat er 1921 dem »Bund Neudeutschland« bei, dessen lokale Gruppe am Seminar in Rottweil er bald leitete. 1923 wurde er sogar zum Gauschriftwart für Württemberg gewählt.[62]

Der Bund Neudeutschland stand unter der Leitung von Jesuitenpatres, was der gut nationalen Haltung seiner jugendlichen Mitglieder keinen Abbruch tat. Als der »Ruhrkämpfer« und spätere »Blutzeuge« der NS-Bewegung, Albert Leo Schlageter, von den Franzosen standrechtlich erschossen wurde, trauerten ihm die Seminaristen wie einem neuen Andreas Hofer nach.[63] Ein Ereignis blieb Kiesinger besonders im Gedächtnis haften: Ein Ausflug auf die Höhen des Schwarzwaldes, bei dem die »jungen Herzen« ihren patriotischen Gefühlen freien Lauf ließen, als sie unten in der badischen Rheinebene, bei Offenburg und Appenweier, die französischen Besatzungstruppen erblickten. Jenseits des Rheins leuchteten die Türme der »deutschen Stadt« Straßburg. Kiesinger und seine Freunde stimmten die »Wacht am Rhein« an. Anfang der fünfziger Jahre sollte Kiesinger in der Parlamentarischen Versammlung des Europarats auf dieses Erlebnis zurückkommen, als er seine damaligen Gefühle mit dem ihn optimistisch stimmenden Willen der Nachkriegsjugend verglich, unter die deutsch-französische Erbfeindschaft einen Schlußstrich zu ziehen.[64]

Katholisches Lehrerseminar in Rottweil

Die Genese der politischen Welt des jungen Kiesinger ist seiner Biographie ein wenig vorausgeeilt. Im Juli 1919, einen Monat nach der Unterzeichnung des Versailler Vertrages, hatte der 15jährige Kiesinger die Abschlußprüfung der Realschule bestanden. Doch der noch »Einjährigenexamen« genannte Abschluß hatte mit dem Untergang der Monarchie seine Bedeutung verloren. Das Privileg, das Reserveoffizierspatent mit einem einjährigen Wehrdienst zu erlangen, war hinfällig geworden. So stand Kiesinger vor allem der Weg als Geistlicher oder Lehrer offen, den klassischen Aufstiegsmöglichkeiten für begabte Jugendliche aus wirtschaftlich schwachen Verhältnissen. Da Kiesinger nicht Geistlicher werden wollte – das hatte er der Heuberger Ahne unmißverständlich klar gemacht –, blieb nur der Lehrerberuf. Von dem Vorschlag des Vaters, sich dem einträglichen Amt des württembergischen Notars zuzuwenden, wandte er sich mit Grausen ab. Bei dem Besuch des Ebinger Notars sei ihm Fausts Klage in den Sinn gekommen: »Beschränkt von diesem Bücherhauf, den Würme nagen, Staub bedeckt [...].« Sobald der wohlwollende Mann auf das Haus der Eltern einschwenkte, »um mir, von meinem Vater eifrig unterstützt, zuzureden, in die Lehre bei ihm einzutreten, dann lief ich, wann immer ich ihn rechtzeitig erspäht hatte, eilig durch die Wiesen davon«.[65]

Kiesinger wählte die Freiheit. »Ein Tor zur Welt« überschreibt er das Rottweiler Kapitel, wo er in die Enge und klösterliche Abgeschiedenheit des ehemals Königlich-Württembergischen Katholischen Lehrerseminars geriet. Im Herbst 1919 begann er dort als Internatsschüler die sechsjährige Lehrerausbildung zu absolvieren. Das Seminar war 1913 gegründet worden und wurde von Anton Moosbrugger geleitet, der 1918 den geistlichen Leiter der Anstalt abgelöst hatte. Kiesinger charakterisiert ihn als einen liberalen Pädagogen, sein Freund und Klassenkamerad Adalbert Neuburger nennt ihn einen »frei- und feinsinnigen, geistreichen, humorvollen Philologen mit einer erstaunlichen Einfühlungsgabe in junge Menschen«, »großherzig und gütig; der rechte Mann auf dem rechten Platz«.[66]

Zufällig hatte Kiesinger von der Möglichkeit der Lehrerausbildung in Rottweil erfahren, und sein Vater war zunächst auch bereit, die insgesamt zehntausend Mark für die Internatsausbildung aufzubringen, wohl weil er sah, daß sich für seinen Sohn die Chance eröffnete, der ihm selbst verschlossen geblieben war. Vor die Aufnahme in das Seminar stellte der württembergische Staat eine Aufnahmeprüfung, die Kiesinger als 16. von 73 Kandidaten bestand, was außer ihm selbst nur neun weiteren Kandidaten mit Realschulabschluß glückte. Alle anderen kamen von Gymnasien oder aus sogenannten

Aspirantenanstalten, wo sie eigens für die Aufnahmeprüfung gedrillt worden waren. So gesellte sich Kiesinger den insgesamt 276 Schülern des Katholischen Lehrerseminars hinzu, von denen etwa 180 auch Kost und Logis im Hause erhielten.[67]

»Es gibt Städte, die man wie ein Fest betritt; Rottweil ist eine solche Stadt.« Kiesingers dritter Nachfolger als Ministerpräsident von Baden-Württemberg hält dies für einen der schönsten Sätze, die je über seine Heimatstadt geschrieben worden ist.[68] Den jungen Kiesinger, der außer Ebingen nur den Heuberg kannte, beeindruckte Rottweil wie ein kleines Weltzentrum von Geist und Kultur. Das Lehrerseminar sah eine reglementierte, strikt religiöse Erziehung vor, mit Morgengebet, Frühstück und Schülermesse, festen Studienzeiten auch nach dem Unterricht, zu denen sich die Seminaristen an ihren Arbeitstischen oder in den Musikzellen zum Üben aufhalten mußten. Dennoch fand er viel Zeit zum Lesen, verschlang in den sechs Internatsjahren ganze Bibliotheken.[69]

Anders als Ebingen birgt die ehemalige Freie Reichsstadt mit ihren großen und bedeutenden Kirchen viele Zeugnisse alter Architektur. Vor allem das Heilig-Kreuz-Münster, in dem die Seminaristen sonntäglich Orgel spielten und vierstimmig sangen, hatte es mit seinen Gemälden und seiner Plastik Kiesinger angetan. Rottweil war mit seinem Gymnasium, dem Lehrerseminar, einem Konvikt zur Ausbildung katholischer Geistlicher, weiteren Schulen, zwei Gerichten, dem Landratsamt, dem Kreiskrankenhaus und einer ganzen Reihe von unteren Behörden eine richtige Beamtenstadt, in der es von einer bildungsbürgerlichen Klientel nur so wimmelte: »Studienräte und Gymnasialprofessoren, Geistliche, Richter und Verwaltungsbeamte, Rechtsanwälte und Ärzte und deren Familien bildeten eine breite Schicht der Bürgerschaft, zu welcher sich die in einer solchen Stadt tätigen Handwerker und Geschäftsleute hinzugesellten.«[70]

Angestachelt von der reichsstädtischen Atmosphäre hatte Kiesinger sein erstes großes Bildungserlebnis. Er gründete einen philosophisch-literarischen Zirkel, den er und seine Kollegen nach der germanischen Frühlingsgöttin »Ostara« nannten. Es wurden Fichtes *Reden an die Nation* gelesen, über Kants kategorischen Imperativ diskutiert, sich mit der Theosophie Rudolf Steiners beschäftigt. Besonders beeindruckte Nietzsche, dessen Herrenmoral des Übermenschen auf die Seminaristen die Attraktion verbotener Früchte ausübte.[71] So ging mit dem Bildungserlebnis eine Krise des Glaubens einher. Angestachelt durch Nietzsche, sei er, so zwischen 16 und 17 Jahren, Atheist gewesen, wie Kiesinger als Bundeskanzler gestand. Das war das zweite Rottweiler Jahr. Ein verständnisvoller Religionslehrer habe ihm damals gesagt, »der Ordnung halber müßte ich eben doch täglich in die Messe gehen, aber ich könnte ja in einem entsprechenden Einband währenddessen Goethes Faust lesen. Nach einem Jahr sprächen wir uns dann wieder.«[72] Vom religiösen Zweifel drang nur wenig nach draußen – eine in literarische Form gekleidete Absage an Gott hätte selbst der liberale *Neue Alb-Bote* kaum publiziert.

Am 24. Dezember 1923, die atheistische Phase war bereits überstanden, veröffentlichte Kiesinger eine »Zum Christfest« betitelte politische Weihnachtspredigt, in der die Auseinandersetzung mit Nietzsche anklingt: »Man mag Christ sein oder Nichtchrist, man mag sich zur biblischen Kunde stellen wie man will: Ein aufrichtiger Sinn wird sich der erdumspannenden Bedeutung des christlichen Gedankens nicht verschließen können. Und *wäre* das Christentum tatsächlich das Menschenwerk, als das es von so manchem Modernen bezeichnet werden möchte, so wäre es trotzdem, allein seines großen Inhalts wegen, würdig und wert, schlechthin *die* Religion der Menschheit zu sein.« Auch die politischen Erfahrungen des zurückliegenden Jahrzehnts sprächen nicht gegen die christliche Botschaft, sondern für die Feststellung, daß die »›Poesie im Menschen‹ eben doch zu übermächtig ist, als daß sie lediglich durch eine reine Vernunftreligion, durch eine intellektualistische Moral zu bändigen wäre«. Aus dieser ästhetizistischen Religiosität heraus lehnte der 19jährige »ideale Verbrüderungsbestrebungen« wie den Völkerbund ab: »Ein dauernder Erdenfriede wird nicht in Parlamenten grundgelegt werden, nein im Herzen ungezählter Einzelner muss der Friedenswille in unermüdlicher Kleinarbeit aufgebaut werden.« Dazu bedürfe es nun einmal der Institution des Christentums, das über allem »Völkergetriebe stehend, unerschütterlich an ewigen Gesetzen festhält«.[73]

Die religiöse Suche ist das Hauptmotiv in einer zu Weihnachten 1924 erschienen Anthologie mit dem bezeichnenden Titel *Die Wallfahrt zu Gott*. Kiesingers Förderer Friedrich Haux hatte das Manuskript, das zuvor von zwei Verlagen abgelehnt worden war, auf eigene Kosten drucken lassen. Dafür berappte er 275 Goldmark. Kiesinger widmete es Haux und verteilte es an Freunde und Bekannte.[74] Kiesinger stellte sich in eine lange literarische Tradition. Von Stefan George stammt eine Anthologie *Pilgerfahrt*, der zweite Teil von Rilkes *Stundenbuch* ist mit »Von der Pilgerschaft« überschrieben.[75] Die vaterländischen Töne, so der Albstadter Archivar und Kiesinger-Experte Peter Thaddäus Lang, waren verstummt. An Stelle der Kriegsfolgenbewältigung trat die »Suche nach Gott«, wobei das allgegenwärtige Sehnsuchtsmotiv die Schnittmenge zwischen der religiösen und der patriotischen Phase der Kiesingerschen Dichtkunst bildet. Naturbetrachtung und Naturerfahrungen fließen in die romantische Suche nach Gott mit ein.

In dieser Anthologie beschreitet Kiesinger einen spirituellen Weg von der Frage »Wer bist Du, Gott?« – in dem Aufschrei gipfelnd »Du aber schweigst«

– über das sich mehrfach wiederholende »Suchen nach dem Glück«, bis hin zu dem letzten Gedicht des ersten Teils der Anthologie, in dem Kiesinger Nietzsches Wort »Es ist kein Gott« aufnimmt, um vorhersehbar zu dem Ergebnis zu gelangen, daß es ohne Gott eben nicht geht. Der Text spannt den Bogen von dem durch Nietzsche inspirierten Zweifel zurück in den Schoß der Religiosität:

> Ich habe in meinem Herzen gesagt: Es ist kein Gott!
> Und ich ließ meinen Weg und ging mit dem Trott
> Der Menge die breite Bahn.
> Ich machte mir meinen erklügelten Plan
> Und sprach: Ich will mein Leben leben,
> Es soll mir all seine Güter geben;
> Ich will das Übel mit Gleichmut ertragen,
> Dem nicht zu Erreichenden will ich entsagen;
> Ich will um mein Leben schachern und sorgen,
> Nicht Jenseitshilfe will ich mir borgen,
> Sagen will ich mir immerzu:
> Du bist dein Gott und dein Himmel bist du!
>
> Am Tage hab ich es prahlend gesagt...
> In dunkler Nacht hab ichs heimlich geklagt
> Und hab es heiß in die Kissen geweint:
> Du Tor hast dein Leben zu tragen gemeint,
> Und hast dich gebrüstet und trugst dich zur Schau,
> Und fühltest im tiefsten Grunde genau,
> Daß deine Seele zu Grunde geht
> Ohne den Gott, den sie verschmäht...[76]

Am Ende der »Wallfahrt« gelangt Kiesinger, beeindruckt von der Volksfrömmigkeit in der »Bauernkirche« – vielleicht hatte er Bubsheim vor Augen: »Ihr traut auf Gott und laßt ihn willig schalten« – über das Erlebnis Gottes in der Natur – »Ich fühl es tief: In diesen Stunden / Hat mich ein Großes überwunden« – in dem vorletzten Gedicht, das den sinnigen Titel »Sonntag« trägt – zu einem feierlichen Glaubensbekenntnis:

> Dies ist der große Feiertag,
> Geheimnisvoll der Welt bereitet:
> Fernhin im Glanze schweigt das Land,
> Und Gottes Mantel, blaugebreitet,
> Hält feierlich den Raum umspannt.

In grünen Tälern hör ich Glocken beten
Und Orgeln rauschen ihren vollen Gruss:
Nun will auch ich vor den Gewaltgen treten,
Den ich nicht fassen kann, doch den ich glauben muss![77]

Von den literarischen Qualitäten seiner jugendlichen Dichtereien war der alte Kiesinger nicht mehr allzusehr überzeugt. Zwar hielt er sich für ein wenig besser als Immanuel Geibel, mit dem ihn Karl Jaspers einmal verglich.[78] Doch hat er nur ein oder zwei Gedichte des Zitierens für wert befunden. Gewiß halten diese Verse den Vergleich mit ihren Vorbildern nicht aus – Kiesinger nannte vor allem Georg Trakl, Hugo von Hoffmannsthal, aber auch Gottfried Benn, denen wohl die Zeitgenossen Stefan George und Rainer Maria Rilke an die Seite zu stellen wären.[79]

Sieht man über die formalen und sprachlichen Mängel großzügig hinweg, so ist biographisch doch aufschlußreich, in welche Richtung sich Kiesinger entwickelte: Er bewegte sich in einem von religiöser Suche geprägten Ambiente – wie in dem unveröffentlichten, expressionistischen Rhapsodenzyklus »Der Tänzer« noch deutlicher wird –, und er beschäftigte sich mit der deutschen Sprache, wobei er vielleicht doch ein wenig mehr als das durchschnittliche Sprachvermögen eines Gymnasiasten an den Tag legte. Vor allem aber scheint der Erfolg sein Selbstwertgefühl gekräftigt zu haben: Nachdem sein erstes Gedicht nur unter den Initialen »KK« abgedruckt worden war, scheute er sich fürderhin nicht, seine Gedichte unter seinem vollen Namen, Kurt Kiesinger, damals noch ohne den »Georg«, zu bringen.

Sein Sprachtalent nutzte Kiesinger, um seinen knappen Etat aufzubessern. Im Schlafsaal des Seminars erzählte er nach Bettruhe gegen »kleine nahrhafte Honorarvorschüsse« seinen Mitschülern Geschichten, angelesene oder selbst erfundene, »die ich, bewährten Mustern folgend, mit ›Fortsetzung folgt‹ an der spannendsten Stelle abbrach, den Schluß für den kommenden Abend in Aussicht stellend«.[80] Wie ein Komödiant verstand er es, seine Mitschüler durch die Nachahmung der Stimmen der Professoren zu unterhalten. Eines Abends spielte er die Rolle des Direktor Moosbrugger, der sich über den unbotmäßigen Schüler Kiesinger ausließ. Während sich seine Zuhörer vor Lachen bogen, »erscholl eine Donnerstimme aus dem Dunkel: ›Halten Sie den Mund!‹ [...] Eine gewaltige Gestalt füllte den Türrahmen zum Schlafsaal: Rektor Moosbrugger. Aber der falsche Rektor – dessen Nachtlager so weit von der Tür entfernt war, daß er nicht wußte, was vor sich ging – ließ sich nicht beirren. Er dachte, ein anderer ›Rektor‹ habe ihm geantwortet – und so rief er mit Stentorstimme zurück: ›Ja, halten Sie den Mund!‹ [...] Ein erbittertes mitternächtliches Streitgespräch hob an. Keiner der beiden wußte, mit wem er es nun eigentlich zu tun hatte. Was immer der wirkliche Rektor sagte – der falsche faßte es als Parodie auf. Schließlich beendete Moosbrugger erbost den Disput zur Geisterstunde, indem er krachend die Tür zuwarf.«[81]

Kiesingers rhetorische Fertigkeiten ließen den Deutschlehrer der Anstalt, Josef Karlmann Brechenmacher auf ihn aufmerksam werden. Brechenmacher war ein Pädagoge von Rang, der später sogar Ehrensenator der Universität Tübingen wurde und Kiesingers literarische Abende förderte. Auch fand Kiesinger Kontakt zu den Herausgebern der *Schwarzwälder Bürgerzeitung*, zwei Brüdern Rothschild, die in ihrer Zeitung Gedichte und Kleinprosa Kiesingers abdruckten, gelegentlich sogar Theaterkritiken und Sportreportagen.[82] Als Sportreporter ließ sich Kiesinger 1924 zu einer ausführlichen theoretischen Betrachtung der Vorzüge des Handballsports gegenüber dem Fußballspiel verleiten.[83] Auf manche seiner damals veröffentlichten Theaterkritiken war der Essayist Kiesinger noch in späteren Jahren stolz. Die Quintessenz einer Besprechung des dichterischen Werkes von Gerhart Hauptmann zitierte er noch als Bundeskanzler mit Behagen: »Gerhard Hauptmann ist keiner der Granite, an denen die Jahrhunderte vergeblich nagen.«[84]

Der wortgewandte Kiesinger erfreute sich bald eines guten Rufs im Rottweiler Bürgertum – vor allem unter den Damen der Gesellschaft, die ihn unter ihre Fittiche nahmen. Kiesinger gab ein Beispiel seiner Hartnäckigkeit und setzte in seinem letzten Jahr durch, was außer ihm sonst kaum jemand glückte: extern zu wohnen. Die Gattin eines der leitenden Männer der Rottweiler Pulverfabrik habe sich seiner angenommen, nachdem er ihr seinen lang gehegten Wunsch anvertraut hatte, »der Enge des Internats, wo wir Zwanzigjährigen immer noch um halb zehn abends in die Schlafsäle wandern mussten, zu entfliehen und die Erlaubnis zu erhalten, in der Stadt zu wohnen, wie es diejenigen Seminaristen durften, die in Rottweil zu Hause waren«. Kiesinger trat so energisch auf, daß ihm nach mehrmaligen vergeblichen Versuchen schließlich im letzten und 6. Jahr des Seminars dieses Privileg widerstrebend gewährt wurde. »Nun konnte ich nachts, wenn meine Freunde im Seminar in den Betten lagen, noch lesen, schreiben, sinnieren, soviel ich Lust hatte.«[85] Der liberale Moosbrugger, der mit dem freiheitsliebenden Seminaristen seine liebe Müh' und Not hatte, begründete seinen Schritt vor den anderen Seminaristen mit dem Argument, der Kiesinger sei eben etwas Besonderes. Die Freiheit hatte jedoch ihren Preis: Kiesinger wurden von dem verärgerten Lehrerrat im Oktober 1924 die Stipendien gestrichen.[86]

Soll Moosbrugger schon orakelt haben, daß aus Kiesinger »einmal was werde«[87], so trug Friedrich Haux Sorge, daß es tatsächlich dazu kam. Haux war ein Schulkamerad seines Vaters. Der geschäftsführende Gesellschafter eines großen Ebinger Unternehmens, der Württembergisch-Hohenzollerischen Trikotwarenfabriken (Wühotri), hat Kiesinger gewissermaßen entdeckt. Um seine Ausbildung in Rottweil zu finanzieren, hatte Kiesinger im Sommer nach seinem vierten Rottweiler Jahr bei der Wühotri gearbeitet. Damit wiederholte er ein Experiment, das schon im vorangegangenen Sommer notwendig geworden war, als Kiesinger von der Stuttgarter Schulbehörde eine Ausnahmegenehmigung zur Verlängerung der Sommerferien erwirkte, um sich das Schulgeld zu erarbeiten. Sein Vater konnte angesichts der Inflation für das Schulgeld nicht länger aufkommen.[88] Nachdem die Kultusbehörde die entsprechende Genehmigung erteilt hatte, klapperte Kiesinger eine Reihe von Unternehmen ab, bevor es ihm schließlich gelang, in der väterlichen Firma eines Schulfreundes, Theodor Groz & Söhne, dem weltweit führenden Nadelfabrikanten, Arbeit zu finden. Mit einer Barschaft von zehntausend Papiermark kehrte er am Ende der Sommerferien 1922 nach Rottweil zurück – umgerechnet fünf Dollar für drei Monate Arbeit. Es steht zu vermuten, daß in seiner damaligen wirtschaftlichen Bedrängnis ein Motiv für sein späteres bildungspolitisches Engagement zu sehen ist.

Haux war auf Kiesinger aufgrund eines Gedichtes im *Neuen Alb-Boten* aufmerksam geworden, mit dem der Werkschüler seine Erfahrung in der industriellen Arbeitswelt in Reime umgesetzt hatte. Das Gedicht trägt den Titel »Aufbruch«, die nach Peter Thaddäus Lang »kräftigste und ausdrucksstärkste Passage«, die Kiesinger je glückte. Dem hätte Kiesinger vermutlich beigepflichtet. Als einziges selbstverfaßtes Poem hat er es in seinen Lebenserinnerungen zu zitieren für würdig empfunden:

> Und der Ekel ward in mir groß:
> Ringe, raffe, reiße dich los!
> Los von der Stadt, der toten Kaserne,
> Wo die Sirenen Kommandos brüllen
> Menschenmaschinen die Säle füllen
> Und Geschwüre: Gebrechen und Laster
> Eitern über asphaltenem Pflaster ...[89]

Haux störte der maschinenstürmerische Tonfall nicht. Er selbst hatte sich emporgearbeitet. Nach dem Volksschulabschluß war er vom Lehrling zum Direktor aufgestiegen. 1911 übernahm er gemeinsam mit einem Freund eine Textilfabrik. Diese habe er, laut einem Nachruf, in »rastloser Arbeit« zur »stolzen Höhe der heutigen WüHoTri« emporgeführt. Politisch stand Haux der demokratischen Sache nahe. Ihn machte seine soziale Einstellung unter den Arbeitern beliebt. Diesen sei er »mit einem hohen Maß von fachlichem Können und unermüdlicher Arbeitskraft« vorangegangen.[90] Ein Freund der Literatur und ein begeisterter Anhänger des technischen Fortschritts, wurde

Haux durch seinem Beruf nicht völlig ausgefüllt. Deshalb förderte er jüngere, begabte Menschen, darunter auch einen anderen Ebinger, der sich dem Flugzeugbau verschrieben hatte.[91] Kiesinger war also nicht der einzige, der von Haux' Großzügigkeit profitierte, aber er wurde seine wichtigste Entdeckung. Haux sprach den jungen Mann an der Maschine an und lud ihn zum Abendessen. Daraus entspann sich eine Freundschaft. Der 47jährige Direktor wurde für Kiesinger ein zweiter Vater.

Haux erlaubte Kiesinger, anstatt an der Maschine zu stehen, zunächst seine Bibliothek zu ordnen. Auch brachte er ihn mit moderner Malerei in Berührung, vor allem den Werken des Ebinger Spätimpressionisten und Professors an der Stuttgarter Kunsthochschule, Christian Landenberger, dem Kiesinger eines seiner Feuilletons widmete. Von politischem Interesse ist der Vergleich, den Kiesinger zwischen Landenberger und dessen heute sehr viel höher geschätzten Konkurrenten Max Liebermann zog. Dabei offenbart Kiesinger einen deutschtümelnden, antimodernistischen Kunstgeschmack. Sowohl Liebermann als auch Landenberger seien Impressionisten, begründete Kiesinger keck seine Präferenz. Darüber hinaus hätten sie jedoch nur wenige Gemeinsamkeiten: »Liebermann: der Virtuose, der Unpersönliche, Undeutsche; Landenberger: der Heimatverwurzelte, der feinsinnige Schwabe, der im besten Sinne deutsche Maler. [...] Nirgends etwas, das dem Wesen des Künstlers nicht entspräche, nirgends ein Zugeständnis für den modischen Sensationalismus, nirgends Krankhaftes, Brüchiges, Dekadentes.«[92]

Noch vor dem Ende der Sommerferien machte Haux Kiesinger das folgenreiche Angebot, ihm finanziell über die beiden letzten Rottweiler Jahre hinwegzuhelfen. Haux soll schon damals angedeutet haben, daß er und Kiesinger gemeinsam überlegen sollten, ob er nach dem Ende der Ausbildung in Rottweil, statt Lehrer zu werden, nicht ein Hochschulstudium beginnen sollte.[93] Da sich die Weimarer Republik stabilisierte und Kiesinger dank Haux nicht mehr auf Ferienarbeit angewiesen war, war er von einem Tag auf den anderen von seinen wirtschaftlichen Sorgen befreit: »Ich litt keinen Hunger mehr und konnte mich endlich auch anständiger kleiden.«[94] Haux finanzierte Kiesingers Studium noch über seinen Tod 1928 hinaus. Zugleich wies er ihm in seiner Studien- und Berufswahl dreimal die entscheidende Richtung: 1925, als er ihn aufforderte, nach Tübingen an die Universität zu gehen; 1926, als er den Wechsel nach Berlin befürwortete; und schließlich 1928, als er Kiesinger in seinem Entschluß bestärkte, von der Philologie zur Jurisprudenz zu wechseln.

Diese schicksalhafte Begegnung ermöglichte Kiesinger, seinen Neigungen auf den Grund zu gehen. Haux erkannte, was schon Rektor Moosbrugger aufgefallen war, daß Kiesinger den Rahmen sprengte, den ihm Herkunft und

Ausbildung setzten. Am 5. September 1928 besuchte Haux Kiesinger bei einer Geschäftsreise dann schon in Berlin. Es war ihre letzte Begegnung. Haux starb auf dem Rückflug nach Süddeutschland. Kiesinger hatte ursprünglich mitreisen sollen, das Angebot jedoch mit einer kleinen Notlüge abgelehnt, weil er seine Verlobte nicht in Berlin zurücklassen wollte. Haux, so schreibt Kiesinger, habe wohl eine Ahnung seines nahen Todes gehabt: »Er erschien mir merkwürdig erregt zu sein. In unserem Gespräch erwähnte er Ereignisse aus seinem Leben, Sorgen und Probleme, wie er es nie zuvor getan hatte. Ich wurde von seiner Unruhe angesteckt und machte mir Sorgen um ihn.«[95] Am folgenden Tag, bei klarer Sicht und herrlichem Herbstwetter, stürzte die Lufthansa-Maschine von Erfurt nach München nordöstlich von Nürnberg ab. Haux, der Pilot – ein berühmter Jagdflieger des Ersten Weltkriegs – und ein weiterer Passagier waren auf der Stelle tot. Ein Defekt am Propeller wurde später als Unglücksursache identifiziert.[96]

Noch als Kind war Kiesinger in das Rottweiler Lehrerseminar eingetreten. Als junger Mann verließ er es mit der Abschlußnote »Gut« in der Tasche. Am 6. April 1925 war er 21 Jahre alt geworden und damit wahlberechtigt. Von seinem Wahlrecht machte er bei der Reichspräsidentenwahl nach dem Tode Friedrich Eberts im Sommer 1925 zum ersten Mal Gebrauch. Er stimmte dabei nicht für den von der Weimarer Koalition aufgestellten Zentrumspolitiker Wilhelm Marx, den auch die Liberalen und die Sozialdemokraten stützten, sondern votierte für Hindenburg, den die Rechte aufgestellt hatte.[97] Der kaiserliche Feldmarschall und sogenannte »Sieger von Tannenberg« spielte eine desaströse Rolle in der deutschen Geschichte. Er hatte die Niederlage im Ersten Weltkrieg mitzuverantworten und, um die eigene Haut zu retten, die Dolchstoßlegende mit in die Welt gesetzt. Er war es, der Hitler im Januar 1933 die Macht überantwortete. Vielleicht um erneut seine Unabhängigkeit zu beweisen, identifizierte sich Kiesinger mit dem nationalkonservativen Lager.[98]

Studium in Tübingen und Berlin

Seinen Alterssitz Tübingen zählte Kiesinger zu den vier Städten im alten Württemberg, die schon seine »Bubenphantasie« bewegt hätten. Stuttgart sei die Residenz gewesen, Ulm die Stadt mit dem höchsten Kirchturm der Welt, Friedrichshafen der Ort, wo man die Zeppeline baute, und Tübingen das altwürttembergische Athen, »eine Hochburg des Geistes, wie einer meiner Lehrer sie ehrfürchtig nannte«. Vor allem der Neckar hatte es dem landschaftsbewußten Kiesinger angetan, als er die Universitätsstadt nach dem

Krieg kennenlernte: »Nur wer die Alb und ihre Wasserarmut kennt, wird die Faszination begreifen, mit der ich zum ersten Mal den vielbesungenen Fluß und die darauf gleitenden Boote betrachtete.«[99] Ehrfürchtig, wie es sich für einen begabten Älbler gebührt, schritt das Erstsemester über die »ausgebeulten Treppenstufen« der Alten Aula über dem Neckar neben der Stiftskirche, über die schon »Hegel, Schelling, Hölderlin und Mörike und viele andere berühmte Söhne des Landes gestiegen waren« – und jetzt, mit Verlaub, auch Kiesinger.[100]

Kiesinger hatte Glück, weil die Republik den Zugang zur Universität erleichterte, um die Bildungschancen ihrer Bürger zu steigern. An sich stellte der Rottweiler Abschluß keine Hochschulzugangsberechtigung dar. Doch die Kultusbehörde erlaubte seit 1919 den erfolgreichen Absolventen des Rottweiler Lehrerseminars, sofern sie mit der Note »Gut« abgeschlossen hatten, ein Studium der Pädagogik an der Tübinger Landesuniversität. Wer sich hier und in der anschließenden Praxis bewährte, der konnte Rektor oder Schulrat werden. Dieses Ziel haben einige von Kiesingers Klassenkameraden erreicht. Mancher stieg in der Phase der Bildungsexpansion der sechziger Jahre sogar zum Professor an den Pädagogischen Hochschulen des Landes auf, darunter Kiesingers Freund Adalbert Neuburger, der es zum Rektor der Pädagogischen Hochschule Schwäbisch Gmünd brachte. Kiesinger hatte andere Pläne, schrieb sich aber dennoch mit der laufenden Nr. 67 als »stud. paed« für das Wintersemester 1925/26 ordnungsgemäß an der Eberhard-Karls-Universität in Tübingen zum Studium ein, nachdem er bei dem Holzhändler Josef Philipp in der Karlsstraße Nr. 9 Unterkunft gefunden hatte.[101]

Mit der Immatrikulation hatte Kiesinger mehr erreicht, als sein Vater für sich selbst je zu hoffen gewagt hätte. Sein Großvater war noch einfacher Arbeiter gewesen. In der dritten Generation stand die Familie Kiesinger an der Schwelle zum akademisch gebildeten Bürgertum. Die Chance zum Universitätsstudium hätte Kiesinger wohl nicht gehabt, wenn er mit Haux nicht einen Mäzen gefunden hätte. Glück im Unglück bedeutete aus Kiesingers Sicht auch der Umstand, daß der württembergische Staat vorübergehend keine Lehrer einstellte und er und seine Kollegen sich nach anderen Möglichkeiten umsehen mußten. Das habe ihn weiter nicht angefochten, wie sich Kiesinger rückerinnernd zum freischwebenden Intellektuellen stilisiert. Es sei ihm gerade recht gewesen: »Nachdem einer ringt, / Also ihm gelingt / wenn Manneskraft und -hab' / ihm Gott zu Willen gab.« Den Goethe-Vers habe er sich frisch immatrikuliert in sein (leider verschollenes) Tagebuch notiert.[102]

Bei aller ostentativer Wertschätzung für die »Hochburg des Geistes« war Tübingen doch nur eine Durchgangsstation. Kiesinger zog es in die Metropole des Reiches, die in den zwanziger Jahren ihre aufregende kulturelle

Spätblüte erlebte. Dabei kam ihm eine weitere Neuerung der Revolution von 1918/19 zugute: die Möglichkeit, mittels einer Ergänzungsprüfung das Abitur nachzuholen, denn außerhalb Württembergs nutzte die Immatrikulation zum Studium der Pädagogik nichts. So bereitete er sich auf das Abitur vor und belegte nach Ausweis seines Studienbuchs ein mäßiges Programm von zwölf Semesterwochenstunden. Unter anderem hörte er zwei Einführungen in die deutsche Literaturgeschichte bei dem Germanisten Hermann Schneider sowie Kollegs über »Walther von der Vogelweide« und »Faust«. Außerdem war er nebst einer pädagogischen Pflichtveranstaltung in Einführungen in die Philosophie und in die englische Novelle eingeschrieben.[103] Viel Zeit blieb Kiesinger selbst für dieses relativ lockere Programm vermutlich nicht. Das Kolleg über Walther von der Vogelweide enttäuschte den angehenden Dichter ohnehin – zuviel trockene Gelehrsamkeit und philologisches Stubenwissen.[104]

Außergewöhnlichen Eindruck auf Kiesinger hinterließ der baltendeutsche Historiker Johannes Haller. Ursprünglich Mediävist, muß Haller ein mitreißender akademischer Lehrer gewesen sein, der sich vor dem Hintergrund der deutschen Niederlage im Ersten Weltkrieg der Zeitgeschichte zuwandte und die Politik der Nachfolger Bismarcks kritisierte. Sein 1923 erschienenes Hauptwerk, *Die Epochen der deutschen Geschichte*, übte großen Einfluß jenseits der Fachwissenschaft aus. Für den nationalkonservativen Haller war der Bismarcksche unitarische Machtstaat der Maßstab aller Dinge. Folgerichtig wurde das »Dritte Reich« von ihm später als Rückkehr »zu den ruhmreichen Zeiten des mittelalterlichen Kaisertums« freudig begrüßt.[105] In seine Kritik bezog Haller auch die jüngere Generation mit ein, die sich, so Kiesinger, diesen Schuh aber nicht anziehen wollte: »Wir hatten uns nichts vorzuwerfen, hatten kein schlechtes Gewissen und waren durchaus bereit, dem geschlagenen und gedemütigten Vaterland wieder auf die Beine zu helfen.« Kiesinger erwähnt auch, daß Haller gern eine Strophe des »schwäbischen Barden« Johann Georg Fischer zitierte, wo der Ruf nach dem »Führer« erklang: »Komm Einzger, wenn du schon geboren, / Tritt auf, wir folgen deiner Spur. / Du letzter aller Diktatoren, / Komm mit der letzten Diktatur!« Im Rottweiler Seminar hätten er und seine Freunde dieses Gedicht gelegentlich zitiert, »ohne uns viel dabei zu denken. Aber wenn da nach einem Mann aus Millionen gerufen wurde, mußten wir es dann nicht als einen Ruf nach einem Diktator verstehen, der Deutschland aus der Misere des Weltkrieges und seiner Folgen herausführen sollte?« – so fragte sich Kiesinger im Rückblick nachdenklich.[106]

Hauptsächlich bereitete sich Kiesinger auf das Ergänzungsabitur vor, das ihm das Tor nach Berlin öffnete. Er wählte Englisch und Latein als Prüfungsfächer, wobei er im Lateinischen von Grund auf anfangen mußte. Im Rückblick zweifelte Kiesinger, ob er diese Aufgabe bewältigt hätte, hätte nicht

Haux die Rolle des schlechten Gewissens übernommen. Er zählte sich nicht zu den »fleißigen Büfflern, die viele Stunden über ihren Büchern sitzen konnten, aber ich hatte mir vorgenommen alles daran zu setzen, um das Vertrauen, das mir Friedrich Haux geschenkt hatte, nicht zu enttäuschen.« Die Ausgaben für privaten Nachhilfeunterricht scheuend, kaufte er sich einige Lehrbücher, versuchte sich in der Karlstraße an Caesars *De Bello Gallico*, dann an Livius und Cicero, zuletzt Tacitus. Den Abiturstoff Latein hatte er am Ende seines ersten Studienjahres noch nicht bewältigt, so daß er die Sommerferien durcharbeiten mußte. Anfang Oktober wurde am Stuttgarter Friedrich-Eugen-Gymnasium das externe Ergänzungsabitur abgenommen, das Kiesinger mit knapper Not bestand – als einer von nur sieben unter 45 Kandidaten. Neuburger, sonst stets der Primus, fiel durch, weil es ihn bei der Englischprüfung kalt erwischte.

Kiesingers Briefwechsel mit seinem Busenfreund Neuburger zeigt einen jungen Mann, den es als Bohemien nicht am Schreibtisch hält. Im typisch »unbeschwerten« Tonfall der damaligen Studentengeneration klagt er Neuburger, daß er sich eine tüchtige Portion Langweile wünsche, um in die Bahn eines ordentlichen Philologiebeflissenen gezwungen zu werden. Die Weihnachtsferien in Ebingen hätten mit allerhand Ablenkungen aufgewartet: »Es sind da schwarze, braune und blonde Mägdelein, mit denen ein ordentlicher Studiker und Christenmensch nun nach reichlich langer Abstinenz wieder das Tanzbein schwingen darf...«[107]

In den Briefen an Neuburger taucht erstmals auch »ein wenig Verlangen« nach dem Jura-Studium auf, »wenn ich eine so prachtvoll aufgebaute Cicero-Rede lese«. An Cicero beeindruckten ihn weniger dessen Rechtskenntnisse als dessen forensische Gaben. Cicero nachfolgen, das hieß für den jungen Kiesinger »große Dinge reden; [...] durch Einsetzung einer ganzen Persönlichkeit, durch Temperament und Intelligenz ungeheure Wirkungen hervorrufen«. Ein deutscher Cicero, ein Volksredner mit durchgreifender Wirkung zu werden, träumte davon schon der 21jährige Kiesinger?

Wenn er Tübingen auch bald den Rücken kehrte, so wurden dort jedoch wichtige Weichen gestellt. In Rottweil war er als gemäßigter Konservativer mit nationalem Einschlag und gemischtkonfessionellen Elternhaus dem politischen Katholizismus eher ferne gestanden, wie seine Wahlentscheidung für Hindenburg zeigt. Nun aber bewegten ihn Freunde zum Eintritt in die Alamannia, einer katholischen Studentenverbindung, die zum Kartell-Verband der deutschen katholischen Studentenvereine (KV) gehörte. Wie der konkurrierende »Cartell-Verband« (CV) war der KV nicht schlagend, trug aber im Unterschied zu den CV-Verbänden, auch keine Farben.[108] War der Eintritt in die Alamannia auch persönlich motiviert, so deutete er schon ein wenig in Richtung Politik. Der Alamannia entstammten viele Württemberger Zentrums- und später auch CDU-Politiker, darunter der Rottweiler Rechtsanwalt und Landtagsabgeordnete Lorenz Bock, dessen Söhnen Kiesinger Nachhilfeunterricht erteilte und der zum Eintritt in die Alamannia drängte.[109] Nach dem Krieg wurde Bock erster Staatspräsident von (Süd-)Württemberg-Hohenzollern. Als er 1947 plötzlich verstarb, stand mit Gebhard Müller ein weiterer Alamanne als Nachfolger bereit, der Kiesinger 1947/48 den Weg in Politik ebnen sollte.

Die Alamannia galt unter den katholischen Verbindungen als liberal, reformorientiert und kritisch gegenüber der kirchlichen Hierarchie und einem auf Rom ausgerichteten, ultramontanen Dogmatismus. Seit 1903 verlangte sie von ihren Mitgliedern soziales Engagement. 1906 hatte sie den »Saufzwang« abgeschafft. In den zwanziger Jahren stand sie wie die weit überwiegende Mehrheit der katholischen Studentenverbände auf der Seite der Republik. Ihre Mitglieder bekannten sich als Vernunftrepublikaner zum Weimarer Staat.[110] Mit seinem Eintritt hatte Kiesinger ein passives Bekenntnis zur Republik abgelegt und klaren Abstand zu konservativem oder radikal völkischem Gedankengut gezeigt. Dessen ungeachtet wurde in den katholischen Korporationen der zeittypische, modernisierungskritische Duktus gepflegt: Krieg und Nachkriegszeit hatten eine Bewußtseinskrise ausgelöst, die als eine der tieferen Ursachen des Untergangs der Demokratie ab 1930 gilt.[111] Wie dünn die demokratische Tünche auch bei der Tübinger Alamannia trug, zeigt die Entwicklung 1933. Kiesinger war längst in Berlin, als die Alamannia als »Vorort«, d. h. die im Verband geschäftsführende Verbindung, die Gleichschaltung des KV betrieb.[112]

Von seinem Eintritt in die Alamannia erhoffte sich Kiesinger, nach eigener Aussage, geistige Anregung und Gespräche über die Fakultätsränder hinweg. Wie es in der Natur der Sache liegt, erlitt er darob eine herbe Enttäuschung. Das Gros seiner Bundesbrüder war weniger an intellektuellen Höhenflügen als an gemütlichen Bierabenden interessiert. Dennoch fand Kiesinger eine Anzahl Gleichgesinnter vor, die »Gruppe Geist« (im Gegensatz zur »Gruppe Bier«), denen er sich anschließen konnte. Als einer ihrer Exponenten wurde er in seinem zweiten Semester zum »stellvertretenden Erstchargierten« gewählt, ein für einen »Fuchs« ungewöhnlich schneller Aufstieg.[113] Allerdings wird man Kiesingers Rolle auch nicht überbewerten dürfen. Die Reformdiskussion war in der Alamannia seit langem im Gang. Über die Liberalisierung des Comment und das Ende des Trinkzwangs wurde im KV schon seit zwei Jahrzehnten gestritten. Wäre Kiesinger nicht ein berühmter Mann geworden, er hätte in den Annalen der Alamannia wohl kaum eine Fußnote hinterlassen.

In biographischer Hinsicht ist der Eintritt in die Alamannia in mehrfacher Hinsicht wichtig. Zum einen gelangte Kiesinger damit in den KV. In dessen Berliner Filiale, der Askania, sollte er ab 1926 eine umstrittene Rolle spielen. Sein Schritt in die NSDAP 1933 wird dadurch miterklärt. Auch das Wiederanknüpfen und der Eintritt in die Politik erfolgte nach 1945 über das Netzwerk des KV. Zugleich klärte sich Kiesingers politischer Standpunkt. Indem er sich in Tübingen und später in Berlin der »Gruppe Geist« anschloß, stellte er sich in die Tradition eines liberalen und nationalen, also nicht primär nach Rom hin orientierten Katholizismus. Kiesinger wollte modern, aufgeschlossen und fortschrittlich erscheinen. Als »evangelischer Katholik« stand er dem Papst und dem kirchlichen Lehramt distanziert, aber doch ohne ostentative Distanzierung gegenüber. Ähnlich hielt er es mit dem Zentrumsmilieu, mit dem er, ohne sich dort heimisch zu fühlen, auch nicht brach. »Kiesinger suchte sich einen politischen Ort zwischen den etablierten Lagern, der ihm ein Höchstmaß an autonomer Offenheit eintrug«, so schätzt der Münchener Historiker Michael Hochgeschwender den Verbindungsstudenten ein.[114] Kiesinger, so scheint es auch, verstand sich früh als Modernisierer, jedoch nicht als umstürzender Revolutionär.

Außer dem Eintritt in die Alamannia fällt in das Tübinger Jahr eine weitere wichtige Entscheidung. Gemeinsam mit Haux war Kiesinger 1925 Gast im Haus des Privatbankiers Binder an der Stuttgarter Weinsteige gewesen, wo er den etwas älteren Sohn der Familie, Paul Binder, kennenlernte. Dieser war gerade aus Dijon zurückgekehrt, wo er an der Universität ein Lektorat in deutscher Sprache innegehabt hatte. Er riet Kiesinger, seine Nachfolge anzutreten, was sich Kiesinger wegen seiner ungenügenden Französischkenntnisse nicht zutraute. Kiesinger unterhielt sich mit Binder auch über seine Berufsperspektiven. Er gedachte damals, es »weiter mit der Muse zu halten, ohne jedoch auf eine öffentliche Laufbahn zu verzichten. Ihr skeptisch-wohlwollender Kommentar zu diesem, für deutsche Verhältnisse prometheischen Unterfangen, ist mir noch wohl in Erinnerung«, schrieb er an Binder nach dem Krieg 1947.[115] Binder hielt einen solchen Versuch von vornherein für zum Scheitern verurteilt: »So etwas gebe es zwar in Frankreich – er nannte Paul Claudel –, aber in Deutschland würde ein solcher Versuch tödlich enden.«[116]

Nun: Dichtung und Politik verbinden – darauf also zielte Kiesinger ab, wenn er sich auch für die aktuelle Politik nur mäßig interessierte. Daß es ihm die kleine Schwester der Poesie, die Rhetorik, angetan hatte, klingt in dem »Cicero-Brief« an Neuburger an. Daß es nicht beim Dichten blieb, sondern etwas Handfesteres wurde, dafür sorgte der Feuilleton-Redakteur des *Stuttgarter Neuen Tagblatts*, Wilhelm Günzler. Dieser war auf Kiesingers Gedichte im *Neuen Alb-Boten* aufmerksam geworden und lud ihn nach Stuttgart ein. Kiesinger fragte ihn selbstbewußt, ob er beim Dichten bleiben solle. Günzler war ein kluger Mann. Er hatte sich ein Bild von Kiesingers Dichtkunst gemacht und das eine oder andere in seiner Zeitung abgedruckt. Er gab Kiesinger zu verstehen, »daß ein großer lyrischer Dichter zu den verletzlichsten Kreaturen gehören müsse, der aus dem Leiden an der Welt seine Gedichte schaffe. Aber ich könne es ja erproben, doch ich müsse mir unbedingt daneben ein strenges Studium vornehmen, keinesfalls Philologie.«[117]

An diese Worte erinnerte sich Kiesinger vielleicht, als er sich, nach Lehr- und Wanderjahren quer durch die verschiedenen Philologien, am Theater satt gesehen hatte und sich entschied, in alter Schwaben-Manier etwas »Rechtes« zu machen. Wahrscheinlich hatte Kiesinger gemerkt, daß er vom Dichten nicht leben konnte, zumal er allem Anschein nach mit seinen Arbeiten in Berlin nirgendwo reüssierte. Er nahm also das Jurastudium auf, was ihn sofort in eine tiefe Depression stürzte. Er überwand diese Stimmung auf charakteristische Weise, nahm sich Zeit und fuhr für einige Wochen allein nach Italien. Das vermittelte ihm nicht nur ein überwältigendes Bildungserlebnis. Unter der südlichen Sonne taute die Seele des lyrischen Dichters auf. Er fand, so beschreibt er sein neapolitanisches Damaskus-Erlebnis – Tocqueville und Goethe standen Pate –, auf ausgedehnten Wanderungen auf Sizilien und Capri den nötigen Abstand und rang sich zu dem Entschluß durch, das Jurastudium, koste es, was es wolle, bis zum Examen durchzuziehen.[118]

Ob Marie-Luise Schneider etwas mit dieser Entscheidung zu tun gehabt hat? »Ein Dichter kommt mir nicht ins Haus«, soll ihr Vater, Peter Schneider, ein wohlsituierter Rechtsanwalt und Notar in Karlshorst bei Berlin, ausgerufen haben, als er nach einigen Monaten zum ersten Mal von dem jungen Studenten hörte, der sich Hals über Kopf in seine 18jährige Tochter verliebt hatte.[119] Die 1908 geborene Abiturientin hatte Kiesinger 1927 auf dem Rosenmontagsball der Askania im damaligen Landwehrcasino am Zoologischen Garten kennengelernt. Er war als Troubadour erschienen, sie als eine schöne Eisfee, »unter deren weißer Lockenperücke zwei große dunkle Augen hervorblickten, gegen die es schlechterdings keine Abwehr gab. In einem Anfall rosigen Wahnsinns machte ich der Schönen noch am selben Abend einen Heiratsantrag, und sie nahm ihn, offenbar in ähnlicher Gemütsverfassung, ohne sich zu zieren an.«[120]

Seiner zukünftigen Frau widmete der 23jährige Kiesinger ein handschriftliches Bändchen rührender Gedichte mit dem Titel »Du«. Eines der Gedichte verewigt die Verlobungsszene, die von den Askanen – das Paar hatte den ersten Preis für die Kostümierung gewonnen – auch fotografisch festgehalten worden ist. Hier ist es zur Veröffentlichung freigegeben:

Die Eisfee

Als Du in Deiner schlanken Kühle
In jenen Saal tratest, wusste ich,
– abtuend Narrheit, Tanz und Weines Schwüle –
dies ist die Frau, bewahrt und königlich.

Mein Schicksal zog in die Sekunde,
wie lang gerüstet, strahlend ein:
hier glitt das Wort aus meinem Munde,
und ich gestand Dir alles ein.[121]

Marie-Luise Kiesinger, geborene Schneider, besaß zeitlebens die Gabe, ihren Gatten aus den luftigen Höhen der politischen und poetischen Phantasie in die harte Realität zurückzuholen. Sie nahm Kiesingers cholerisches Temperament mit stoischer Ruhe und einer Portion Humor. »Eine stille Schönheit, die er vor uns Studenten ängstlich verbarg«, nennt sie einer von Kiesingers Schülern.[122] Liebenswürdig, preußisch diszipliniert vor allem, eine Dame im Hintergrund, die dem aufgeregten Kurt Georg die Bühne überließ, ihn aber doch in lebensentscheidenden und familiären Fragen zu lenken wußte. Auf Fotografien umspielt ihre Lippen ein leicht amüsiert wirkendes Lächeln. Sie wußte ihren Mann zu nehmen, dessen Vorliebe für die Dichtung sie nicht teilte. Dennoch ließ sie sich von ihm zum Studium der Philologie überreden, nachdem sie zunächst zwei Semester Medizin studiert hatte. Sie bereitete sich auf ein Leben an seiner Seite vor, ohne sich je mit seiner Wanderlust abzufinden, welche sie dem Journalisten Günter Müggenburg gegenüber trocken kommentierte: »Die Bedeutung von frischer Luft wird stark überschätzt.«[123] In der Familie Kiesinger wird noch heute die Geschichte kolportiert, wie Marie-Luise Schneider zu einer Faltbootpartie auf dem Wannsee mit Stökkelschuhen und einem großen Hut erschien. Sie blieb sie selbst, wenn sie auch ihrem Kurt zuliebe auf das Wasser ging.

Alles in allem besaß Kurt Georg Kiesinger sehr traditionelle Vorstellungen von Ehe und Partnerschaft sowie der Arbeitsteilung der Geschlechter. Er wußte das historisch und anthropologisch zu begründen. Von den gesellschaftlichen Tendenzen zur Emanzipation völlig unbeeindruckt, erörterte er öffentlich noch 1964, ob nicht die Kosten der Angleichung der Sphären von Mann und Frau die Gewinne überwögen: »Ich frage mich manchmal«, so schrieb er in den *Ideen vom Ganzen*, »ob unsere Mädchen und Frauen in dieser Welt nicht besser fahren, denn sie sind, wenn sie keine Männerberufe ausüben, den Sachzwängen weniger ausgesetzt; ihre Welt ist weniger verfremdet und hält sich eher heil. Es wäre wert, darüber gründlich nachzudenken, denn mir scheint, daß bei aller Gleichberechtigung der Geschlechter die Werkstatt des *homo faber* wie sein Feierabend zuwenig Platz für das heilsame Wirken der Frau hat. Ihr selbst geht es dabei nicht gut, und die Männer fahren noch schlechter; am schlechtesten, wenn sie gar nicht mehr spüren, was ihnen und der ganzen Kultur unseres Volkes dabei entgeht. Mir fällt ein Wort Immanuel Kants ein: die Frau solle sich in der Politik zurückhalten, damit sie imstande sei, dieser die übergroße Wichtigkeit zu nehmen, welche ihr die Männer im Leben beilegen. Das gilt für die anderen männlichen Lebensbereiche ebenso. Ich möchte beileibe nicht mißverstanden werden: mir liegt nichts ferner, als die Frauen zum Strickstrumpf zurückzurufen; sie sollten ganz im Gegenteil mit ihren eigentümlichen Gaben und Kräften am Gewebe einer Kultur mitwirken, für welches die Männer allein die Kraft offenbar nicht mehr aufbringen.«[124]

Als familiärer Traditionalist hielt Kiesinger die Trennung der Sphären für richtig und geboten. In seinem privaten Lebensumständen zeigt sich sein konservativer Zuschnitt deutlicher als in der Politik. Marie-Luise Kiesinger trug das mit. Beide fanden sich in ihrer Orientierung an der Kernfamilie. Indem sie ihrem Mann einen sehr privaten Raum schuf, übernahm sie eine wichtige Funktion in seiner Politikerkarriere, wie überhaupt die wenigsten politischen Laufbahnen in Kiesingers Generation ohne »die Frau« so recht vorstellbar sind. Auch war Kiesinger ein rechter Familienmensch. In seine Kinder und Enkel war er regelrecht vernarrt – vor allem in die weibliche Seite. Die »Fröschle«-Geschichten sollten in den späten sechziger Jahren die Boulevard-Presse ausgiebig beschäftigen. Vielleicht suchte er auszugleichen, was ihm selbst in Kindheit und Jugend abgegangen war. Denn der junge Kiesinger war in Ebingen in einer nüchternen Atmosphäre aufgewachsen, in der er unter sechs Geschwistern nicht immer die nötige medizinische und persönliche Anteilnahme fand. Er war eine Welt großer Härten gewesen, in der man die Zähne zusammenbiß.

Dem jungen Glück, das wird in den *Dunklen und hellen Jahren* nur angedeutet, stellten sich beachtliche Hürden in den Weg. Der Saarländer Peter Schneider hatte seine Frau Barbara, eine waschechte Bajuwarin, während des Studiums in München kennengelernt. Dort wurden Marie-Luise und ihre ältere Schwester Margarete, später Auer, geboren. Den Verlobungsbeschluß nahm Peter Schneider mit äußerster Skepsis zur Kenntnis. Seine Tochter hatte zu diesem Zeitpunkt noch nicht einmal ihr Abitur gemacht; der Schwiegersohn *in spe* wies keinerlei bürgerliche Existenzberechtigung vor. Obwohl er ein überbordendes Selbstwertgefühl an den Tag legte, wirkte er so abgerissen und mager, daß seine künftige Schwiegermutter im Familienkreis den Stoßseufzer losließ: »Er muß sich halt noch zammwachsen!«[125] So schickte denn der widerstrebende Peter Schneider seine Tochter im März 1928, nach dem Abitur, ein halbes Jahr nach Dublin, während Kiesinger allein nach Italien fuhr, um seine Lebenspläne zu bedenken. In Irland sollte Marie-Luise als höhere Tochter Englisch lernen. In Wahrheit dachte Peter Schneider wohl daran, die Liebe der beiden jungen Menschen zu testen, die sich lange Zeit nur heimlich hatten treffen können. Die Beziehung überlebte alle Anfechtungen; Weihnachten 1932 heirateten Kurt und Marie-Luise Kiesinger. Der sehnliche Kinderwunsch wurde ihnen lange Zeit nicht erfüllt. Die Tochter Viola kam erst im Juni 1940 zur Welt, der Sohn Peter zwei Jahre später im April.[126]

Am 11. Dezember 1926 hatte sich Kiesinger an der Philosophischen Fakultät der Friedrich-Wilhelms-Universität (der heutigen Humboldt-Universität) zu Berlin immatrikuliert. Nach einem Semester, am 9. Mai 1927, wechselte er nach Ausweis des Kontrollbuchs der Universität zu den Juristen.[127] Da er im Februar 1927 Marie-Luise Schneider getroffen hatte, liegt es nahe, diesen von Günzler und Haux so dringend nahegelegten Schritt durch die neue persönliche Bindung mitinitiiert zu sehen. Zwar studierte Kiesinger nach der Verlobung mit seiner zukünftigen Frau ein weiteres Jahr wenig zielorientiert vor sich hin. Nach dem Tode von Haux und nachdem er den Dichter in Italien gelassen hatte, warf er sich wild entschlossen auf die Examensvorbereitung. In einem dreiviertel Jahr eignete er sich den Stoff für das Staatsexamen an, zu dem er sich nach der Minimalstudienfrist von sechs Semestern meldete. Bei seiner Vorbereitung auf das Examen festigte sich eine Einsicht, aus der er kurze Zeit später eine Berufsperspektive entwickelte: Ihm sei bald aufgefallen, daß es sich kaum gelohnt hätte, die Vorlesungen zu besuchen. In Lehrbüchern sei alles schwarz auf weiß besser nachzulesen gewesen.[128] Die Geschäftsidee des Repetitoriums war geboren.

Das Rechtsstudium in Berlin, aber nicht nur dieses, litt schon damals unter dem sattsam bekannten Problem der Vermassung. Das führte zu einer ersten Diskussion über die Universitätsreform, die jedoch aufgrund der Weltwirtschaftskrise und der anschließenden nationalsozialistischen »Machtergreifung« in ihren Anfängen stecken blieb.[129] Kiesinger mußte in den Vorlesungen des berühmten Sachenrechtlers Martin Wolf stehen, da die Plätze nicht ausreichten. Da er auf die Fragen des zierlichen Professors, der die Studierenden mit der Präzision seiner Ausführungen in seinen Bann schlug, mehrfach die richtige Antwort wußte, war der »Herr am Fenster«, wie Wolf den Studenten titulierte, dem ganzen Hörsaal bekannt. Unter den übrigen Rechtslehrern hebt Kiesinger in seinen Erinnerungen noch Hans Peters, Heinrich Triepel, Hermann Heller und vor allem Rudolf Smend hervor, der dem Referendar sein juristisches Spezialgebiet näher bringen sollte, die Geschichte des öffentlichen Rechts unter besonderer Berücksichtigung der Entwicklung der rechtsstaatlichen Idee im 19. Jahrhundert. Denn Kiesinger hoffte, im Anschluß an das 2. Staatsexamen über Robert von Mohl zu promovieren, einem schwäbischen Rechtsgelehrten und liberalen Politiker des 19. Jahrhundert, der als einer der Wegbereiter des modernen Rechtsstaates gilt.130

Die Entscheidung für Smend als akademischem Lehrer erlaubt es, Kiesingers Standort an dieser Station seiner Biographie noch einmal zu taxieren. Gehörte Peters zu den konservativ-nationalen Autoren unter den Weimarer Staatsrechtlern, ist auch der als Spezialist für das Völkerrecht bekannt gewordene Triepel, über den sich Kiesinger lobend äußert, zu den antiparlamentarischen Kräften zu rechnen. Heller hingegen stammte aus einer jüdischen Familie und war als überzeugter Sozialdemokrat ein Außenseiter unter den Staatsrechtslehrern der Weimarer Republik.131 Smend wiederum, der nach dem Krieg zum Vordenker des Grundgesetzes *avant la lettre* und Verteidiger der Weimarer Ordnung avancierte, hatte eine verfassungsrechtliche Integrationslehre entwickelt, die auf die staatsrechtlichen Überlegungen Kiesingers deutlich abgefärbt hat. Nach Smend ist der Staat nicht als solcher vorgegeben. Vielmehr konstituiert er sich erst durch den Prozeß einer Integration des einzelnen in diesen Staat, wobei der Staat umgekehrt diese Integrationsfunktion letztlich gewährleisten muß. Die Grundrechte werden in dieser Theorie weniger als individuelle Freiheits- und Abwehrrechte *gegen* den Staat verstanden, wie im klassisch liberalen und westlichen Verständnis. Vielmehr stellen sie eine objektive Werteordnung und ein Vehikel der Integration der Bürger *hin* zum Staat dar.132

Wie den seines Erz-Antagonisten Carl Schmitt wird man auch den Denkansatz von Kiesingers Lehrer Smend als antipluralistisch charakterisieren müssen. Damit mußte, bei aller auch bei Smend unverkennbar kritischen Distanz zur Weimarer Verfassung, zunächst keine grundsätzliche Ablehnung einer demokratischen und republikanischen Ordnung einhergehen. Während Schmitt in den späten zwanziger Jahren seine Begriffe auf ein polemisches Freund-Feind-Schema zuspitzte, zielte Smend auf einen harmonischen Normalzustand ab, was den jeweils bestehenden Zustand quasi legitimierte. Der Stuttgarter Historiker Frieder Günther hat es auf die Formel gebracht, daß es Schmitt um die Verschärfung von Konflikten ging, während Smend deren Auflösung und Überwindung anstrebte.133 Auch vom Persönlichkeitsbild her paßte Kiesinger übrigens gut zu Smend, da beide stark auf Ausgleich bedachte Persönlichkeiten waren und ihre mangelnde Entscheidungsfreude in ihrem jeweiligen Umfeld als sprichwörtlich galt.134

Wie schon bei der Immatrikulation in Berlin und dem Wechsel des Studienfaches von der Philologie zur Jurisprudenz waren einige Stolpersteine beiseitezuräumen, die Kiesinger der deutsche Kulturföderalismus in den Weg legte. Um überhaupt immatrikuliert zu werden, mußte Kiesinger, dessen nachgeholtes Abitur zum Quereinstieg in Württemberg, aber nicht zum Studium an der Berliner Universität berechtigte, eine Ausnahmegenehmigung des preußischen Kultusminister Carl Heinrich Becker erwirken.[135] Ähnlich erging es ihm, nachdem er sich im März 1930 zum 1. Staatsexamen gemeldet hatte. Er wurde in das preußische Justizministerium gerufen, wo ihm ein »wohlwollender Ministerialrat« auseinandergesetzt habe, »daß ich mir zwar den Luxus einer Berliner Prüfung leisten könnte, aber ich dürfe keinesfalls mit einer Übernahme in den preußischen Vorbereitungsdienst rechnen«. Auch würde ihm seine Berliner Prüfung in Württemberg nichts nützen. Wolle er in Stuttgart seinen Vorbereitungsdienst ableisten, müsse er dort sein Examen wiederholen. Allerdings ließ ihn der Ministerialrat schließlich doch passieren, so daß er zur Prüfung in Berlin antrat.[136]

Während Kiesinger sich in Examensnöten befand, geriet die deutsche Politik in immer ärgere Turbulenzen, beginnend mit dem Auseinanderbrechen der Großen Koalition unter Reichskanzler Hermann Müller – dem letzten sozialdemokratischen Regierungschef vor Willy Brandt. Die Weltwirtschaftskrise und die wechselnden Notverordnungsregime, zuletzt unter den Reichskanzlern Brüning, von Papen und Schleicher, führten zum Ende der Demokratie. Im Sommer 1930 schrieb Kiesinger seine Hausarbeit für das 1. Juristische Staatsexamen. Die schriftliche Prüfung fiel in die Tage der vorgezogenen Reichstagswahlen vom 14. September 1930, die den Nationalsozialisten einen überraschenden, gewaltigen Erfolg bescherten. Die NSDAP verbesserte sich von 12 auf 107 Sitze. Aus einer Splittergruppe wurde die zweitstärkste Fraktion. Da die KPD in den folgenden Jahren ebenfalls zulegte, war eine reguläre Regierungsbildung bald nicht mehr möglich. Kiesinger schloß das Examen mit der mündlichen Prüfung im Frühjahr 1931 »mit der damals seltenen zweithöchsten Note« ab.[137]

Damit erlosch die Hilfe der Familie Haux, in Teilen eine verzinsliche Darlehensschuld, deren Rückzahlung Kiesinger im Rahmen seiner wirtschaftlichen Möglichkeiten freigestellt war.[138] Kiesinger war mittellos, an eine Heirat mit Marie-Luise Schneider war nicht zu denken. Vor ihm lagen dreieinhalb Jahre unvergüteten juristischen Vorbereitungsdienstes einschließlich des 2. Staatsexamens. Zwar war ihm seitens der Juristischen Fakultät eine Stelle als Assistent versprochen worden, doch es dauerte, bis diese Stelle wieder besetzt werden konnte. Verschiedene Tätigkeiten, unter anderem als Übersetzer beim Scherl-Verlag, zerschlugen sich.

Der Zufall brachte Kiesinger auf die Spur: Ein Student, der seinem glänzenden Examen beigewohnt hatte, fragte Kiesinger, ob er nicht Nachhilfe für angehende Examenskandidaten geben könnte. Aus dem Referendar mit wissenschaftlichen Ambitionen wurde ein außer-universitärer Rechtslehrer. Fast zwanzig Jahre lang, bis Anfang 1950, sollte er seinen Lebensunterhalt durch diese private Lehrtätigkeit verdienen. Zuvor sollte ihm das Repetitorium das Überwintern im »Dritten Reich« erleichtern. Zugleich hat es 1940 seine Entscheidung für das Auswärtige Amt mitbedingt. Kiesinger begann sich also sein Geld als Repetitor zu verdienen, während er am Amtsgericht in Köpenick sein Referendarsausbildung aufnehmen konnte.[139]

Askania

Die Askania, der Kiesinger im Wintersemester 1926/27 beigetreten war, besaß im KV einen guten und schon damals recht alten Namen. Sie war aus dem 1853/54 gegründeten »Katholischen Leseverein« hervorgegangen, in dem sich Studenten aus dem Rheinland und Westfalen zusammengeschlossen hatten, die sich in der »großen, damals schon durchweg glaubenslosen Einöde der Hauptstadt« als Katholiken isoliert fühlten.[140] Als die älteste Verbindung des KV hatte die Askania in der Geschichte des Verbandes eine hervorragende Rolle gespielt. Zu ihren Gründern gehörte der spätere Reichskanzler Georg von Hertling, der als junger Mann mit einer zündenden Rede auf dem Katholikentag in Frankfurt am Main 1863 nicht nur die Autonomie der Studentenverbände gefordert, sondern mit der Katholizität das maßgebliche Prinzip begründet und damit der Interkonfessionalität eine deutliche Absage erteilt hatte.[141] In der Folge des Kulturkampfes wurden die Korporationen zu Vorfeldorganisationen des politischen Katholizismus. 1881 hatte sich der »Leseverein« so weit dem Status einer Studentenverbindung angenähert, daß seine studentischen Mitglieder (die »Aktivitas«) den ursprünglichen Namen »Leseverein« als »philiströs« empfanden und eine Namensänderung durchsetzten. Sie erinnerten mit »Askania« an die Einführung des Christentums in Brandenburg durch den Askanier »Albrecht der Bär« – das maximale Zugeständnis an die preußische Tradition, das sich ein katholischer Verein wie die Askania erlaubte.[142]

Diese Tradition lastete übermächtig auf der Askania. Zwar gehörte der politische Katholizismus zu den eindeutigen Gewinnern der Revolution von 1918/19, weil die Weimarer Reichsverfassung mit ihren Religionsartikeln 135-141, die später auch ins Grundgesetz übernommen wurden, die religiösen Freiheiten garantierte, für die das Zentrum im Kaiserreich so lange gekämpft hatte.[143] Dennoch tat sich die Katholische Kirche schwer mit der Republik. Auch der Korporationsbetrieb spielte sich nur scheinbar wieder in den gewohnten Formen ein. Die vom Fronterlebnis gezeichneten älteren Studenten hielten Distanz zum unbeschwerten Studentenleben.[144] Wirtschaftliche Probleme brachten das Bürgertum in Bedrängnis. Kiesingers Erfahrung als Werkstudent war, wenn auch nicht typisch für einen Askanen, so doch keine Seltenheit mehr. So fand das »äußere Brauchtum mit seinen starren Formen und dem Bierkomment« Kritik, wie Leo Bestgen, einer der von Kiesinger ausdrücklich erwähnten Reformer, Mitte der 1920er Jahre über das studentische Leben in der Askania urteilte. Zum Verdruß der Alten Herren hätten Kneipen seltener stattgefunden. In den Vordergrund seien Vortragsabende getreten: »Dieses geistige Ringen strahlte stark in die langen Debatten des Konvents hinein, bei denen es darum ging, den neuen Ideen im studentischen und persönlichen Leben reale Gestalt zu verleihen.«[145]

Diese Reformdiskussion kennen wir bereits von der Alamannia. Auch in Berlin schloß sich Kiesinger mit Verve dem Reformflügel an, als dessen Sprecher er bald fungierte. Auch hier firmierten die Reformer unter dem halb scherzhaften Titel »Gruppe Geist«, der auch hier die Traditionalisten der »Gruppe Bier« entgegenstanden, zu denen die überwiegende Zahl der Alten Herren (»Philister«) rechnete, deren Einflußmöglichkeiten auf die Aktivitas jedoch begrenzt waren. Freilich ergehen sich die älteren Festschriften der Askania über diese internen Diskussionen bestenfalls in Andeutungen; auch Kiesingers Rolle wird, wenn überhaupt, nur im Vorübergehen gestreift, obwohl sich die Askanen sonst sehr viel auf ihre prominenten Bundesbrüder und Ehrenphilister zugute halten, von denen es mit Hertling, Marx, Adenauer und Kiesinger immerhin vier in das Amt eines deutschen Regierungschefs brachten.

Die prominente Rolle Kiesingers in diesen Reformdebatten haben seine Freunde erst später aufgedeckt: Otmar Emminger zum einen, der in der Zeit der Großen Koalition dem Präsidium der Bundesbank angehörte und in der Ära Schmidt zum Bundesbankpräsidenten aufstieg. Er war zum gleichen Zeitpunkt wie Kiesinger in die Askania eingetreten und mit ihm lebenslang befreundet. Sein Vater, Erich Emminger, war Reichsjustizminister im ersten Kabinett Marx gewesen und saß für die Bayerische Volkspartei im Reichstag. Er gehörte zu den Alten Herren der Askania. Der jüngere Emminger bezeichnet Kiesinger als die »überragende Persönlichkeit« der Askania der späten zwanziger Jahre.[146] Kiesinger sei der »geistige Motor« der Askania gewesen, so ein anderer enger Freund, der Kunstmaler Egbert Lammers, dessen Vater Aloys Lammers, der erste katholische Staatssekretär im Preußischen Kultusministerium, ebenfalls zu den führenden Philistern der Askania gehörte.[147] Kiesinger sei stets an vorderster Front mit von der Partie gewesen, wenn nächtelang über Verbandsfragen und die aktuelle Politik gestritten wurde, so

Egbert Lammers Ende der sechziger Jahre gegenüber dem Journalisten Klaus Hoff: »Kiesinger wurde mehr und mehr zum Mittelpunkt. Dabei halfen ihm seine glänzende Rhetorik, seine Gabe, Jüngere führen zu können, und sein schon damals phänomenales Wissen, das er nur so aus dem Ärmel zu schütteln brauchte.«[148]

Worum ging es? In einer Rede während des 75. Stiftungsfest der Askania Ende Mai 1928 verteidigte Kiesinger seine Konzeption: »Die Entwicklung, die kurz nach dem Kriege begann, irgendwie aus der Jugendbewegung hervorquellend, offensiv katholisch, kurz modern Katholizismus und Zeitoffenheit wurde fortgesetzt. Man wollte die, wenn man so will, ›geistige‹ Korporation. Schlagworte, gewiß!, aber weiß man schon, was dahinter ist: Verteidigung? Sie könnte sich erübrigen, denn jede Generation lebt unter ihrem eigenen Gesetz. Bündig dies: Wir wollen kein Bierstudententum. Unsere Abende sind uns für Pappenheimer und Bierjungen zu kostbar. Man kann dafür andere Formen geselliger Vereinigung finden, ohne Debattier- und Ästhetenclub zu werden. […] Unsere Füchse sollen nicht mit Commentkram und Brimborium erzogen werden. Draußen liegt die Riesenstadt, rauchen Schlote, kommen rote Arbeiterumzüge, wird im Reichstag gekämpft, warten Museen, Bibliotheken, Theater, welch ein Forum, Brennpunkt des Geistes. Man kann sich nicht entziehen. Diese Stadt lockt, aber sie ist heidnisch. Wir sind katholisch, aber nicht rückständig. Wir wollen die Synthese. Darum halten wir Auslese.«[149]

Aus heutiger Sicht klingt das keinesfalls revolutionär, wenn auch der Begriff »Auslese« vor 30 Jahren ein peinliches Gefühl weckte, sollte doch dann der Elite-Gedanke als hoffnungslos antiquiert gelten. Kiesinger schnitt alte Zöpfe ab, ohne mit der Tradition zu brechen. Er sah sich als Modernisierer auf dem Mittelweg gegen das bloße »Bierstudententum«. Er hoffte, den durch den Verband vorgeschriebenen, vorübergehenden Zuzug von anderen KV-Verbindungen zur Askania zu begrenzen, um seinen Plan einer katholisch geprägten Elitekorporation zu verwirklichen. Sein Vorbild dafür fand er im Bund Neudeutschland und der Jugendbewegung. Die Askania sollte etwas Besonderes werden, was die auswärtigen »Zugvögel«, die für ein oder zwei Semester in der Reichshauptstadt studierten, erschwerten. Durch sie sei die Askania zu einer »Art Wanderherberge ohne eigenes Gesicht« geworden.[150]

Die Reformen zielten nicht zuletzt auf den äußeren Stil. In dem jüngeren Lammers fand Kiesinger einen Verbündeten. Dieser entsprach als angehender Künstler so gar nicht dem Typus des Korporierten. Ihn hatte Kiesinger bewußt »gekeilt«, also geworben. Kiesinger, Lammers und Emminger begannen, die Prinzipien der katholischen Studenten modern umzudeuten. Die

»Gruppe Geist«, so Lammers, habe eine Art »Klubidee« verwirklicht. Neben dem Kneipsaal sei ein Klubzimmer eingerichtet worden, in dem man trinkend und diskutierend locker zusammensaß, statt einem strengen Trinkcomment zu folgen. Auch die Kneipen änderten ihren Charakter. Es wurde nicht mehr im romantischen »Wichs« mit Barett und Schläger chargiert, »sondern im eleganten Frack mit Zerevis (kleines Käppi) und Couleurband«.[151] Zugleich sollte das Korporationsleben inhaltlich durch Vorträge von Repräsentanten der Kirche, des hohen Beamtentums, des katholischen Geisteslebens und der Politik bereichert werden.

Daran, wie auch an der äußeren Umgestaltung des Askanenhauses in der Englischen Straße, störten sich die Traditionalisten: Als er in die Askania eingetreten sei, so Kiesinger, hätten sich »neben dem mit neugotischen Möbeln ausgestatteten Kneipsaal noch einige Speibecken« gefunden, »wo sich diejenigen erleichtern konnten, die zuviel Bier getrunken« hätten. Diese »Relikte aus Auerbachs Keller« seien bald beseitigt worden. Ein Druck von Kokoschkas »London Bridge«, ein Stück aus dem Repertoire der klassischen Moderne, habe von nun an die Blicke der eintretenden Besucher empfangen, »von denen freilich noch manche der alten Umgebung nachtrauerten«.[152]

Die Konflikte innerhalb der Askania kulminierten um das 75. Stiftungsfest im Mai 1928. Dieses fand in Kreisen des politischen Katholizismus große Beachtung und gilt bis heute als der Höhepunkt der Vereinsgeschichte. Reichskanzler a. D. Wilhelm Marx war es gelungen, den damaligen Apostolischen Nuntius in Berlin, Eugenio Pacelli, den späteren Papst Pius XII., als Festredner zu gewinnen. Zugleich erklärte sich Pacelli bereit, Ehrenmitglied der Askania zu werden. Dieser Vorschlag war durchaus nach dem Geschmack der Reformer, die jedoch nicht nur Pacelli, also den Vertreter der katholischen Hierarchie, sondern auch den »Großstadtapostel« Carl Sonnenschein als Ehrenmitglied vorschlugen und damit einen völlig entgegengesetzten Exponenten des damaligen Katholizismus. Auch darüber kam es zu heftigen Diskussionen, von denen nur wenig in den Annalen der Askania überliefert ist. Da Kiesinger als rhetorisches Wunderkind auf allen Damenfesten und sonstigen geselligen Veranstaltungen der Askania die Begrüßungsreden hielt, übernahm er trotz seiner exponierten Stellung als Reformer die Funktion des Protokollchefs, begrüßte den Nuntius an seinem Fahrzeug, geleitete ihn in den Rheingoldsaal am Potsdamer Platz, um ihn anschließend wieder hinauszugeleiten. »Es lief wie am Schnürchen«, hat ein Bundesbruder später gemeint, der schon damals große Bewunderung für das repräsentative Geschick des späteren Kanzlers gehegt haben wollte.[153]

Der Name des Berliner Studentenseelsorgers Sonnenschein gibt einen weiteren Hinweis auf den politischen und weltanschaulichen Standort des jungen Kiesinger. Den sozialpolitisch engagierten Studentenseelsorger hatte Kiesinger als Delegierter auf der 53. Vertreterversammlung des KV in Fulda im Jahre 1927 kennengelernt, wo ihn die Festpredigt Sonnenscheins im Dom faszinierte. Der erste Satz Sonnenscheins: »Legt eure Barette ab, stellt euere Hellbarden in die Ecke«, habe ihn aufgerüttelt: »Ein Katarakt einander jagender beschwörender Appelle« stürzte auf die Studenten nieder. Sonnenschein beschwor seine Zuhörer, die in »vollem Wichs« erschienen waren – in Samtjacken, weißen Hosen und Stulpenstiefeln, die Schläger an der Seite – doch von der falschen Studentenromantik abzulassen und sich der Wirklichkeit der Großstädte zu stellen. Das Leben der Arbeiter hatte Kiesinger zwar in Ebingen kennengelernt, aber in Berlin? Gemeinsam mit Otmar Emminger ging er einige Tage später zu Sonnenschein, der enthusiastisch reagierte: »Sie kommen! Sie kommen!«[154] Durch Sonnenschein vermittelt, fanden einige Begegnungen zwischen Askanen und Mitgliedern eines katholischen Arbeitervereins im Wedding statt. Daß die Kommunikation zwischen den »Arbeitern der Stirn« und denen der »Faust« nicht völlig reibungslos verlief, deutet Kiesinger in seinen Erinnerungen an: »Aber wir zeigten auf beiden Seiten guten Willen und gaben uns Mühe, einander näherzukommen.«[155]

Sonnenschein war innerhalb des politischen Katholizismus eine umstrittene Figur. Es ist schon bezeichnend, daß sich der 23jährige Kiesinger auf seiner Suche nach der Synthese von diesem sozialen und religiösen Erweckungsprediger faszinieren ließ, dessen Sprache ihm viel zeitgemäßer erschien als alles andere, was er sonst unter Katholiken hörte. Nun war in Weimar sozialpolitisches Engagement keineswegs mit einer politischen Linksorientierung identisch. Politisch betrachtet stand Sonnenschein deutlich »rechts«, im nationalen, zunehmend rechtskatholischen Lager. Der Erste Weltkrieg war von ihm als der große Erzieher »zum sozialstudentischen Ideal« gepriesen worden. Er rechtfertigte die deutschen Eroberungspläne, weil die Deutschen »von der Vorsehung gesetzt« worden seien, »das Menschentum in Europa zum Siege zu führen«. Als Kämpfer für einen flämischen Separatismus floh er nach dem Krieg aus dem von belgischen Truppen besetzten Mönchengladbach und setzte in Berlin seine Arbeit im »Sekretariat Sozialer Studentenarbeit« (SSS) fort, wo Kiesinger ihn schließlich traf. Über die Sozialarbeit hinaus hatte Sonnenschein Pläne in der Politik. Ende der zwanziger Jahre verfolgte er den Plan, aus dem Zentrum eine interkonfessionelle christlich-demokratische Partei zu machen, ein Projekt, das vermutlich – wir wissen es nicht – auf die Sympathien des jungen Kiesinger traf. Im Februar 1929 starb der rastlose Sonnenschein, 53jährig, an einem Nierenleiden.[156]

Kiesinger äußert sich in seinen Erinnerungen zu diesen politischen Aspekten der Arbeit von Sonnenschein nicht. Selbst aus einfachen Verhältnissen stammend, hielt er die soziale Studentenarbeit für das Gegebene, wie überhaupt der Ausgleich der Klassengegensätze für ihn einen hohen Stellenwert besaß. Kiesingers Rede vor dem Askanenkonvent des Mai 1928 verrät mit ihrer Forderung nach »Synthese« und dem »Hinaus« der Akademiker in die Gesellschaft, bis hinein in Vokabular und Bilderhaushalt (»rauchende Schlote«, »rote Arbeiterumzüge«) deutliche Anklänge an Sonnenschein. In ihren damaligen Gesprächen, so Egbert Lammers, hätten politische Ereignisse wachsenden Raum neben Kunst und Kultur gewonnen: »Die Bildungsreise, die Kiesinger und ich gemeinsam durch die sogenannten ›Goldenen Zwanziger‹ unternommen hatten, ging jedoch zu Ende.« Die Politik habe »immer stärkere Anziehungskraft auf Kiesinger« gewonnen: »Unterhaltungen über die Tagespolitik, Informationen aus erster Hand, Schilderungen der handelnden Personen, ihrer politischen Motive durch meinen Vater mögen Kiesingers politisches Interesse verstärkt haben. Wenn wir uns dann über die Zukunft Deutschlands heißredeten und er an mich die Frage stellte, ob ich bei meinem politischen Interesse nicht auch in die Politik gehen wollte, konnte ich ihm nur antworten: ich sei ein Maler.«[157]

Wollte Kiesinger 1928 wirklich in die Politik? Liegt hier eine Erklärung für seinen späteren Eintritt in die NSDAP vor? Vielleicht spielte er mit dem Gedanken. Wohin er sich genau orientierte, verrät Lammers nicht. Weitere konkrete Anhaltspunkte fehlen. Als Mitglied der Askania hatte er, wie schon zuvor in der Alamannia im beschränkteren Württemberger Rahmen, Kontakt zu führenden Zentrumspolitikern, ohne daß der Funke übersprang. Mit Konrad Adenauer, dem Kölner Oberbürgermeister und Präsidenten des Preußischen Staatsrates, machte er schlechte Erfahrungen. Adenauers Neffe Kurt war Askane wie Kiesinger, und so kam der schon in den zwanziger Jahren hochberühmte Politiker einmal bei einer Parlamentarierkneipe 1927 auf das Haus in der Englischen Straße. Als Senior der Askania neben Adenauer plaziert, konnte Kiesinger dem steinernen Gast nur wenige Worte entlocken.[158] Intensiv waren die Gespräche mit Egberts Vater, Staatssekretär Aloys Lammers, und mit dessen Bruder Clemens, der dem Altherrenverein der Askania 1928 bis 1931 vorstand. Auch den alten Emminger hat Kiesinger privat wohl des öfteren getroffen. 1927 wurden die Askanen unter dem Seniorat Kiesingers von Reichskanzler Marx in dessen Palais in der Wilhelmstraße empfangen. Von diesem Besuch blieb bei Kiesinger hängen, daß er auf Bismarcks altem Stuhl sitzen durfte und mit welcher Hochachtung Marx von dem ihm in den Reichspräsidentenwahlen 1925 überlegenen Hindenburg gesprochen haben soll.[159]

Kiesingers weitere Rolle in der Askania ist undurchsichtig. In der Festschrift zum 100jährigen Jubiläum der Askania 1953 wird schamhaft angedeutet, daß es nach dem 75jährigen Stiftungsfest 1928 zu einigen »Überspannun-

gen« gekommen sei: Doch »wer wollte es dem jugendlichen Eifer verübeln?«
Clemens Lammers wird mit dem Diktum zitiert, man habe »beobachtet,
gewarnt, aber nach Möglichkeit auch unterstützt und ermuntert. In grundsätzlicher Beziehung sei sich der Vorstand darüber einig gewesen, daß jede
Überspannung des Auslesegedankens sowohl nach dem ersten [Religion],
wie nach dem dritten Prinzip des Verbandes [Freundschaft] zu verurteilen
sei.«[160] Intern äußerte der ältere Lammers seinen Unmut deutlicher. In
einem Schreiben an den Vorort des KV, die Ottonia in München, stellte er
fest, daß der Vorstand des Philistervereins beständig Grundsatzdebatten mit
der Aktivitas der Askania führe. Angesichts der Autonomie der Aktivitas in
der Aufnahmepolitik hätten entsprechende Beschlüsse nicht genügt, »um
den aufgetauchten Überspannungen des Korporationsprinzips zu begegnen«. Einige der Alten Herren drohten mit Austrittserklärungen. Würden die
Streitfragen nicht bereinigt, müsse man über die Suspendierung der Askania
und eine Neugründung mit willigeren Aktiven nachdenken.[161]

Hatten sich die jungen Askanen, und mit ihnen Kiesinger, von ihren Wurzeln im politischen Katholizismus zu weit entfernt? Nach Lammers' Schreiben zu urteilen, ging dieser Generationskonflikt sehr tief und quer durch die
Familien.[162] Der Haushistoriker der Askania, Michael F. Feldkamp, unterstreicht in der Askanen-Festschrift zum 150jährigen Bestehen 2003, daß seit
dem Wintersemester 1929/30 nicht nur das Prinzip der »Freundschaft«, sondern auch das alte KV-Prinzip der »Religion« völlig vernachlässigt worden
sei. Anfang 1931 hätte bei der Askania »vielfach religöser Idealismus neben
größtem Skeptizismus« geherrscht, wobei sich die religiösen Skeptiker
durchzusetzen begannen. Die Askania war im KV-Verband isoliert.[163] Allerdings war Kiesinger zu diesem Zeitpunkt bereits aus der Aktivitas ausgeschieden, wenn er auch, so Egbert Lammers, unverdrossen weiter für seine Ziele
kämpfte.[164]

Nur: trat Kiesinger nun eher vermittelnd zwischen Aktivitas und Alten
Herren auf oder blieb er exponierter Vertreter des Reformflügels? Alles deutet darauf hin, daß er sich im Überbrücken der Gegensätze versuchte. Nach
dem Ausscheiden Kiesingers aus der Aktivitas übernahm eine neue Generation in der Askania das Ruder. Der führende Kopf war Franz Josef Spahn, der
die Askania dem Einfluß seines Vaters Martin Spahn öffnete, einem tief gläubigen, stark national orientierten ehemaligen Zentrumsabgeordneten, der
seit 1924 für die Deutsch-Nationale Volkspartei (DNVP) im Reichstag saß und
als einer der wichtigsten Brückenbauer vom Katholizismus zum Nationalsozialismus gilt. Die Herausforderung des Nationalsozialismus begann sich Anfang der dreißiger Jahre in den katholischen Verbindungen und insbesondere
bei der Askania bemerkbar zu machen.[165]

Der dramatische Rechtsruck, der innerhalb der Aktivitas ab 1930/31 zu verzeichnen ist, dürfte Kiesinger wohl kaum verborgen geblieben sein. Er selbst hat nach eigener Aussage einmal Spahns politisches Kolleg in Buckow besucht, wo dieser seine rechtskatholischen Ideen vermittelte.[166] Aufhorchen läßt auch die Tatsache, daß Kiesinger noch im Sommer 1930 dem Vorwurf aus den Kreisen der Alten Herren entgegengetreten war, die Askania verstoße gegen das Prinzip der »Freundschaft«. Beschwichtigend verwies er auf die Aufnahme einiger Studenten aus der Rheno-Bavaria München. Nun war aber ausgerechnet die Rheno-Bavaria diejenige unter den KV-Verbindungen, die sich wie die Askania schon vor 1933 stark deutsch-national exponierte und daher zu den Außenseiterinnen im KV gehörte. Ihre führende Köpfe sollten ab 1933 eine ausschlaggebende Rolle bei der Selbstgleichschaltung des KV spielen.[167] Eines ist deutlich: die Weltwirtschaftskrise und das rasche Aufblühen des Nationalsozialismus spaltete die Korporationen, wobei der Bruch überwiegend *zwischen* den Generationen verlief. Blieben die meisten Alten Herren dem Zentrum treu – der ältere Spahn war absoluter Außenseiter –, öffneten sich die aktiven Studenten rasch der nationalen und bald auch nationalsozialistischen Sache. Der Aufstieg der NSDAP war auch in eine Revolte der Jüngeren gegen die Älteren eingebettet.

Unklar ist, wo genau Kiesinger in dieser Konfliktzone zu verorten ist. Allem Anschein nach vermied er es, sich festzulegen. Er war nun »Alter Herr«, aber als einer der jüngeren Alten Herren kein Zentrumsmann und Verbandskatholik. Im Sommer 1931 wurde Kiesinger, vielleicht als Kompromißkandidat, zum 2. Beisitzer des Philistervereins gewählt. Martin Spahn hatte sein Amt zur Verfügung gestellt, weil er die zentrumsgeleitete Politik der Alten Herren gegenüber der Aktivitas nicht mittragen wollte.[168] Wie noch des öfteren in seinem Leben saß Kiesinger als Grenzgänger und Vermittler zwischen den Stühlen. Innerlich stand er dem traditionellen Verbandskatholizismus fern. Aber er blieb mit Clemens Lammers und den Altvorderen im Gespräch. Auch war er nicht eindeutig dem jungkonservativen Milieu zuzuordnen. Die Kiesingerschen Reformversuche in der Askania hatten sich grundsätzlich von dem unterschieden, was ab 1931 ohne seine Mitwirkung geschah. Die Ära Kiesinger war eher »unpolitisch« gewesen; sie hatte auf den äußeren Rahmen und die Festigung des inneren Zusammenhalts in einer Elitekorporation abgezielt. Die jüngste Generation hingegen suchte die Askania an den rechtskatholischen Zirkel um Spahn heranzuführen. Dem hatten Kiesingers Experimente unwillentlich den Weg bereitet, weil sie die schon vorhandenen Gräben zu den konfessionellen und parteipolitischen, also zu den Zentrums-Traditionen, vertieften. So war der intergenerationelle Zusammenhalt längst brüchig geworden, als die scharf rechtskatholisch orientierte Fraktion um Spahn auf den offenen Bruch mit dem Altherrenzirkel zusteuerte und die Askania in das deutsch-nationale Fahrwasser brachte.

Tendenziell gehören die Reformer im KV seit 1930 dem deutsch-nationalen Spektrum an, während die Traditionalisten fest im »Zentrumsturm« standen. Allerdings wurde im Zentrum selbst heftig darüber gestritten, bis zu welchem Grade man sich auf eine Zusammenarbeit mit Hitler einlassen konnte, dessen Partei über eine Sperrminorität im Reichstag verfügte.[169] Vermutlich war Kiesinger tatsächlich nur das »Weltkind in der Mitten«. Darin lag ein Stück Tragik, denn vermittelnde Positionen bereiteten indirekt dem schließlich obsiegenden »Dritten Reich« den Weg. War Kiesinger auch im fraglichen Zeitraum weder völkisch noch nationalsozialistisch angekränkelt, so hat er derartige Tendenzen eben auch nicht so nachdrücklich bekämpft wie einige der älteren Philister. Sicher: 1931 konnte niemand eine Entwicklung vorhersehen, die viele Modernisierer der zwanziger Jahre, sei es in der Sozialpolitik, der Wirtschaft, der Technik oder der Wissenschaft, schließlich ein Bündnis mit dem Nationalsozialismus eingehen und sich vom NS-Staat vereinnahmen ließ.[170]

Was genau Kiesinger in den kritischen Jahren 1931/32 dachte und tat, wir wissen es nicht. Aus der Zeit vor 1933 ist nur eine einzige Stellungnahme zur politischen Situation überliefert, ein schon im Dezember 1928 in der *Germania*, dem Organ des Zentrums, veröffentlichter Essay. Unter dem Titel »Jugend 1928« suchte er den Standort seiner Generation zu bestimmen und setzte sich dabei kritisch mit dem politischen Katholizismus auseinander. Der Artikel läßt deutlich erkennen, warum Kiesinger keinen rechten Zugang zu politischen Parteien fand. Er machte dieses Unbehagen, im heutigen Jargon würde man von »Politikverdrossenheit« sprechen, an den Erfahrungen seiner Generation fest. Als das verbindende Element zwischen einem »Neuköllner Arbeiterjungen« und einem »oberschwäbischen Bauernsohn« sah er das »grausame Erlebnis der Kriegskindheit« an. Seine Generation schien ihm indifferent, ohne Ideale, unhistorisch, »skeptisch gegenüber dem Pathos der Erzieher«, als wäre sie »vom Himmel gefallen«. Seine Altersgenossen würden sich von den politischen Parteien eher mitnehmen als anregen lassen. Sie wären unruhig und wüßten doch nicht, »welche Heiligen und Helden« sie wählen sollten. Ungefestigt und verwirrt, wie die Jugend 1928 nun einmal sei, fragte sich Kiesinger, woher sie die Kraft ziehen würde, »gegen ihre ganze Zeit zu stehen?«[171]

Auf der Suche nach dem Projekt für sich und seine Generation wurde Kiesinger vorerst nicht fündig. Er sah ihre Stunde noch kommen, auch in der Kirche: »Kein Zweifel: sie ist da, man kann sie in den Kirchen finden, Proletarier und Studenten, Bauernsöhne und Großstadtkinder. Welche Möglichkeit einer Gemeinschaft, welche Hoffnung künftiger Dinge! [...] Es ist Leben da, diese Jugend liebt und begreift die Kirche, ihre Unerschütterlichkeit erregt, ihre Größe begeistert sie. Auch die Abgewandten, Entflohenen und Entfernten sehen auf und horchen hin. Wenn irgendwo, dann ist hier etwas im Werden, auch diese Knaben werden Männer, vielleicht brauchen sie nur eins, um sich zurechtzufinden: Zeit. [...] Wer weiß, wie diese Zwanzigjährigen in zwanzig Jahren handeln werden? Niemand hat das Recht, sich mit einem Achselzucken abzuwenden. Man muß nur Geduld haben und den Glauben, daß das Angesicht der Welt sich immer wieder ungeahnt erneuert.« Fast prophetisch wirkt dann der Satz: »Und bei all dem ist nichts entschieden: Täglich kann das alte Übel, kann die neue schlimmere Katastrophe kommen.«[172]

Das »Angesicht der Welt«, von dem der 24jährige Kiesinger spricht, sollte sich innerhalb kürzester Zeit mit umstürzender Radikalität verändern. Auch die »schlimmere Katastrophe« als der Erste Weltkrieg war nicht mehr allzu fern. Es ist jedoch auch erwähnenswert, was nicht in dem zitierten Artikel in der *Germania* steht: Der Ruf nach dem Führer, der 1928 im jungkonservativen Spektrum überall erschallte – Moeller van den Bruck, sein Tübinger Lehrer Haller und andere Ideologen hatten es längst vorgesagt –, erklingt bei dem randständigen Katholiken Kiesinger nicht. Kiesinger legte in seiner generationellen Selbstverortung nicht einmal eine besonders nationale Haltung an den Tag. Vielmehr spricht aus den Zeilen in der *Germania* Orientierungslosigkeit, der er mit der Attitüde des »Unpolitischen« begegnet, was seit Thomas Mann bekanntermaßen eine nicht weniger politische Haltung ist. Dennoch: Hätte die Weimarer Republik mehr Zeit gehabt und mit vergleichbaren wirtschaftlichen und politischen Erfolgen aufwarten können wie die spätere Bundesrepublik, aus moderaten, skeptisch-distanzierten Vernunftrepublikanern und Nationalisten wie Kiesinger wären vielleicht schon früher überzeugte Demokraten geworden.

Weimar hat diese Chance nicht gehabt. Mit der akzelerierenden Endkrise der Republik drehte sich das politische Karussell immer rasanter. Die Berufung des Zentrumspolitikers Heinrich Brüning zum Reichskanzler durch Hindenburg hatten Kiesinger, Egbert Lammers und viele Askanen mit den größten Hoffnungen verknüpft: »Mit großer Erwartung und Bewunderung begleiteten wir daher den Versuch des Reichskanzlers Heinrich Brüning, die Dinge in den Griff zu bekommen, vor allem mit Hilfe seiner erfolgreichen Außenpolitik. Seine Glaubensüberzeugung, seine persönliche Integrität und Anspruchslosigkeit und der Einfallsreichtum seiner Außenpolitik, das internationale Ansehen und Vertrauen, das er sich erworben hatte, ließen hoffen. Wir waren daher fassungslos, als der Reichspräsident von Hindenburg ihn entließ.«[173] Auch Kiesinger schreibt, daß in der Askania »noch nie so hoffnungsvoll über einen Politiker gesprochen worden« sei, der Kiesinger eben nicht als ein klassischer Vertreter des in seinen Augen abgewirtschafteten politischen Katholizismus erschien.[174]

In den *Dunklen und Hellen Jahren* erweckt Kiesinger den nicht ganz unzutreffenden Eindruck, sein Berliner Großstadterlebnis sei kein überwiegend politisches, sondern ein überwältigendes kulturelles gewesen. Es mag stimmen, daß er Politik mit einer »ziemlich hochnäsigen intellektuellen Attitüde« beiwohnte, wenn ihn an einer Rede Breitscheids im Reichstag vor allem das vollendete Stilgefühl dieses Politikers beeindruckte. In den Plenarsaal des massigen Wallot-Baus hätten ihn vor allem die Lesungen wie die Gerhart Hauptmanns aus seinem »Till Eulenspiegel« oder Thomas Manns aus dem Manuskript von »Josef und seine Brüder« gezogen.[175] Die Berliner Theaterszene habe ihn fasziniert, wo der Ruhm Max Reinhardts alle anderen überstrahlte und wo er in der Loge des alten Lammers, die dem Kultur-Staatssekretär im Preußischen Staatstheater am Gendarmenmarkt zur Verfügung stand, schon einmal eine Hamletpremiere mit Fritz Kortner und Elisabeth Bergner erlebte.[176]

Es war das pulsierende, kulturell aufregende Berlin der *roaring twenties*, von dem der dritte Bundeskanzler als junger Mann aufgesogen wurde, der lieber auf Bälle, Gesellschaften und ins Theater als zu politischen Kundgebungen ging. Das unterschied ihn deutlich von seinen späteren Partnern in der Großen Koalition, Herbert Wehner und Willy Brandt, die sich bereits als politische Aktivisten ihre Sporen verdienten. Kiesinger hatte weder parteipolitisch noch milieuspezifisch betrachtet zum Zentrum oder zu einer anderen Partei gefunden, obwohl er als KVer in das Vorfeld des politischen Katholizismus rekrutiert worden war. Dennoch, soviel bleibt festzuhalten, die Politik stand ihm seit seinem Cicero-Brief vom Winter 1925/26 als berufliche Möglichkeit vor Augen und hatte ihn in ihren Bann zu schlagen begonnen. Vorerst aber war daraus kein praktischer Schritt erwachsen.

Der Eintritt in die NSDAP

Mit dem Nationalsozialismus war Kiesinger vor 1933 demnach ebensowenig in engere Beziehung gekommen wie mit der Politik als solcher. Als seine »erste Begegnung« mit Hitler schildert er, wie er in den Frühjahrssemesterferien 1926 auf dem Marktplatz in Ebingen einen ehemaligen Rottweiler Mitseminaristen traf, einen Müllersohn aus Nusplingen namens Kleiner, der, wie ein Traumwandler aus München kommend, von Hitler erzählte. Dort habe er eine Rede des »Führers« gehört und aus diesem Glücksmoment heraus sich entschlossen, zu Fuß »durch deutsches Land« nach Hause zu wandern. Zugleich prophezeite er Kiesinger, Hitler werde »der nationale Erlöser des deutschen Volkes« werden. Ihm, Kiesinger, sei ungeachtet seiner nationalen Grundstimmung die Begegnung »befremdlich, ja leicht unheimlich« erschienen. Kleiner habe »wie berauscht« oder »fiebrig erregt« gewirkt, während er sich für seine Person nicht habe vorstellen können, daß ihn irgendeines Menschen Rede »je so überwältigen« würde: »Merkwürdigerweise empfand ich auch – damals wie später – keinen Wunsch, Hitler zu sehen oder zu hören, um hinter das Geheimnis dieser unheimlichen Wortgewalt zu kommen.« Einige Jahre später, erinnert sich Kiesinger, habe er ein gleiches Erlebnis mit zweien seiner Bundesbrüder, Ferdinand von Schönberg und Franz-Josef Spahn, gehabt. Beide habe er nach einer Rede Goebbels' im Sportpalast 1932 in einem ähnlichen Trancezustand erlebt wie Kleiner.[177]

Seit dem Beginn seiner Referendarszeit im März 1931 hatte Kiesinger die Bekanntschaft einiger Mitglieder des preußischen Adels gemacht. Auf seiner ersten Station in Köpenick lernte er Ulrich Graf Finckenstein kennen, der ihn mit auf das Gut seiner Familie nach Trossin nahm. Das empfand der einfache Älbler-Sohn Kiesinger als eine Auszeichnung. Er war von den Verhältnissen auf dem Rittergut der Familie Finckenstein sichtlich beeindruckt.[178] Durch Finckensteins Vermittlung erhielt Kiesinger Zugang zu dem berühmtberüchtigten, hochreaktionären Herrenklub in der Stresemannstraße, dem einflußreichen Zentrum der national-konservativen Opposition. Es schmeichelte dem sich zunehmend elitär gebärdenden Kiesinger, Mitglied dieser exklusiven Veranstaltung geworden zu sein. Doch die ebenso selbstbewußt wie laienhaft auftretenden Großgrundbesitzer, Industriellen, Intellektuellen und Politiker des aristokratischen Herrenklubs sollten im Zuge der Ernennung Hitlers zum Reichskanzler noch eine verhängnisvolle Rolle spielen.[179]

Kiesinger schreibt, er habe bei seiner Einführung in den Herrenklub im Oktober 1931 diese von hohen Offizieren und Politikern aus altem und neuem Adel besetzte Organisation als zwar nicht republikanisch aber doch eher auf eine Eindämmung des Nationalsozialismus ausgerichtet empfunden.[180] Das mag stimmen. Immerhin war Hindenburg, eigentlich der Exponent des erzreaktionären, preußischen Junkertums, mit der zähneknirschenden Unterstützung der demokratischen Parteien vom Zentrum bis hin zur Sozialdemokratie 1932 als Reichspräsident gegen seine eigenen Leute wiedergewählt worden. Kiesingers Optimismus nach dem Sieg Hindenburgs über Hitler im April 1932 soll so groß gewesen sein, daß er bei einem Besuch in Rottweil Lorenz Bock und seinen alten Lehrern versicherte, die Nazis würden bestimmt nicht »kommen«.[181]

Der Sturz Brünings am 30. Mai 1932 war, wie gesagt, ein Schock. Zu seinem Nachfolger wurde der Rechtsaußen unter den Zentrumspolitikern, der hochkonservative Westfale und eingeheiratete Saarländer Franz von Papen ernannt, der prompt seinen Parteiaustritt erklärte. Auf die gemäßigte Phase des Präsidialsystems unter Brüning folgte das halbautoritäre Regieren unter Papen, der sich nur noch auf Hindenburg und dessen ostelbische und militärische Hintermänner stützen konnte.[182] Der neue Reichskanzler rekrutierte Mitarbeiter aus dem KV und aus dem jungkonservativen Milieu, darunter auch zwei aus der Gruppe der deutschnationalen Rheno-Bavaren, Wilhelm Freiherr von Ketteler und Friedrich Carl von Savigny. Ersterer kam im Gefolge des »Röhm-Putsches« 1934 zu Tode, letzterer stieg im April 1933 zum persönlichen Referenten Papens auf. Er wurde 1933 zum eigentlichen Drahtzieher im Berliner KV und setzte dessen Gleichschaltung durch.[183] Kiesinger hingegen lehnte das Angebot Papens zur Mitarbeit ab. Nicht weil ihm und Finckenstein die Ausführungen des neuen Kanzlers mißfallen hätten, sondern weil er diesem Manne die Kraft nicht zugetraut hätte, »die Dinge in Deutschland zu wenden«.[184]

Wiederum läßt sich nicht eindeutig bestimmen, wie stark Kiesinger in dieser turbulenten Endphase der Weimarer Republik in diese rechtskatholischen Netzwerke integriert war. Vermutlich schreckte er aus persönlichen Gründen vor dem schon länger diskutierten Schritt in die Politik zurück. Er war 28 Jahre alt und damit beschäftigt, sich eine berufliche Basis zu schaffen. Der Vorbereitungsdienst als Referendar und das Repetitorium absorbierten seine Energien. Über Neujahr 1933 fuhr das frisch getraute Ehepaar Kiesinger – sie hatten am 24. Dezember 1932 geheiratet – nach Garmisch-Partenkirchen in die Flitterwochen. Man nimmt es Kiesinger ab, daß er zu diesem Zeitpunkt »die politische Entwicklung nur oberflächlich« verfolgte, da ihn seine Arbeit bis tief in die Nächte hinein beanspruchte und er »im übrigen durch die Vorbereitung für die Gründung eines eigenen Hausstandes von den öffentlichen Ereignissen abgelenkt« worden sei.[185] Außerdem schien die größte Gefahr vorerst gebannt. Bei den Reichstagswahlen am 6. November 1932 hatte die NSDAP empfindliche Einbußen erlitten. Papen trat am 17. November als Reichskanzler zurück und wurde durch General von Schleicher ersetzt.

»Überraschung« lautet das Stichwort, unter das Kiesinger seine Reaktion auf die Ernennung Adolf Hitlers zum Reichskanzler am 30. Januar 1933 stellt. Damit hatte er so wenig gerechnet wie viele andere, die sich im nachhinein an diesen Moment erinnern. Sebastian Haffner hat beispielsweise geschrieben, daß er nach einem ersten »eisigen Schreck« das Ganze abgeschüttelt habe, »versuchte nachzudenken, und fand in der Tat viel Grund zur Beruhigung. Am Abend diskutierte ich die Aussichten der neuen Regierung mit meinem Vater, und wir waren uns einig darüber, daß sie zwar eine Chance hatte, eine ganz hübsche Menge Unheil anzurichten, aber kaum eine Chance, lange zu regieren.«[186]

Die große Mehrheit glaubte an *business as usual*. Wenige stellten sich vor, daß die verfassungsmäßige Ordnung innerhalb kürzester Zeit endgültig aus den Angeln gehoben und Hitler sich zum Diktator aufschwingen würde. Regierten die Nationalsozialisten? So fragte Haffner. Und Kiesinger hätte ihm vermutlich beigepflichtet. Im neuen Kabinett waren die Vertreter der NSDAP in der Minderheit. Sie »einzurahmen« und zu »zähmen«, hielt eben jener Papen für möglich, dem Kiesinger ein gutes halbes Jahr zuvor die Wende nicht zugetraut hatte: »Man spekulierte, daß die Nationalsozialisten sich entweder die revolutionären Hörner abstoßen und zu sachlicher Mitarbeit bereit sein würden« oder daß sie in der Regierungsverantwortung mit unpopulären Entscheidungen konfrontiert, »die Masse ihrer Anhänger bald verlieren würden«.[187]

Aber warum trat Kiesinger dann eben genau dieser Partei Adolf Hitlers bei, von der er erwartete, sie würde sich in der Regierungsverantwortung verschleißen? Unterstützte er damit nicht, was er abzulehnen betonte? Hätte er in dieser Situation nicht dem Zentrum, also einer demokratischen Partei, oder wenigstens der DNVP beitreten müssen, um dem Rahmungskonzept zum Erfolg zu verhelfen? Hielt er Widerstand für zwecklos? War er also der Dynamik der »nationalsozialistischen Revolution« im ersten Ansturm erlegen?

In den späten sechziger Jahren, als Kanzler Kiesinger im Mittelpunkt öffentlicher Kontroversen um seine NS-Vergangenheit stand, waren Antworten oft schnell bei der Hand. Beate Klarsfeld schreibt, Kiesinger habe »am 1. März 1933 – wenige Stunden nach dem Reichstagsbrand, dem Signal zur Vernichtung aller demokratischen Kräfte Deutschlands – den Weg zur Hitlerpartei« gefunden.[188] Abgesehen davon, daß das Datum nicht stimmt, hält Klarsfeld Kiesingers Aussage, er sei nicht aus Opportunismus und auch nicht aus Begeisterung in die Partei eingetreten, für vorgeschoben – ohne allerdings den Beweis des Gegenteils anzutreten. In ihren elf Thesen zu Kiesinger stellt Klarsfeld fest, daß dieser sich »weder innerlich noch organisatorisch von der in Nürnberg als verbrecherisch eingestuften Organisation« löste.[189] Daran ist richtig, daß Kiesinger, wenn er auch erst im Juni 1934 seine Mitgliedsbeiträge zu zahlen begann, bis zum bitteren Ende Mitglied der NSDAP blieb. Für die »Aktion Demokratischer Fortschritt« (ADF), eine von Ostberlin unterstützte linksradikale Gruppierung, für die Klarsfeld 1969 im gleichen Wahlkreis wie Kiesinger zum Bundestag kandidierte, stand fest, daß er »überzeugtes NSDAP-Mitglied gewesen war«.[190]

Eindeutig auch das Verdikt der DDR-Propaganda, wonach Kiesinger, »unmittelbar nachdem Hitler im Auftrage des deutschen Monopolkapitals die Macht an sich gerissen hatte«, in die Partei eingetreten sei. »Der Pg mit der Mitgliedsnummer 2 633 930 war ein aktiver Nazi von Anfang an. Er verband sich mit dem Regime auf Gedeih und Verderb, weil er im Hitlerfaschismus jene Macht erblickte, die am rücksichtslosesten ohne Skrupel gegen all das vorgehen würde, was er selbst auf den Tod haßte: das schwer kämpfende werktätige Volk, den Kommunismus und den ersten sozialistischen Staat, die Sowjetunion. Dieses Motiv war noch ausgeprägter als sein karrieristischer Ehrgeiz.«[191]

Nun: Die Aussage, daß Kiesinger seinem Haß auf das »werktätige Volk« freien Lauf gelassen hätte, wird man getrost dem Papierkorb überantworten können. Aber daß Kiesinger mit seiner Verteidigungsstrategie, »Exzesse verhüten zu wollen«, nicht nur in seiner Zeit als aktiver Politiker, sondern auch *ex post* nicht durchdringen kann, zeigt die den gegenwärtigen Konsens wohl repräsentierende Darstellung des Leiters der Redaktion Zeitgeschichte des ZDF, Guido Knopp, und seiner Mitarbeiterin Ricarda Schlosshan, die Kiesingers Apologie für »reichlich konstruiert« halten und meinen, daß Kiesinger von »der ersten Begeisterungswelle für das neue Regime mitgetragen worden« sei.[192]

Leider wird die Antwort auf diese Frage, die wie ein Schatten auf Kiesingers politischem Lebensweg nach 1945 liegt, nur dürftig ausfallen können. Es gibt praktisch keine zeitgenössischen Quellen, die es dem Historiker erlauben, selbstsicher ein klares Urteil zu fällen. Außer dem offiziellen Datum des Parteieintritts, dem 1. Mai 1933, das sich aus den bürokratischen Prozeduren des Aufnahmeverfahrens in die NSDAP erklärt[193], weil die Partei ihre Mitglieder zu bestimmten Stichtagen »einstellte« bzw. der 1. Mai das Ausschlußdatum der ab diesem Zeitpunkt greifenden Mitgliedersperre war, fehlen in den vorhandenen Quellen sämtliche Anhaltspunkte über den exakten Zeitpunkt und die Motive von Kiesingers Schritt. Es bleibt nichts anderes übrig, als seine späteren Äußerungen gewissenhaft zu interpretieren und kritisch in ihren Kontext zu stellen, um zu versuchen, dem Mann in der historischen Situation einigermaßen gerecht zu werden.

In den *Dunklen und hellen Jahren* wie in allen anderen späteren Rechtfertigungsschriften hat Kiesinger immer wieder nachdrücklich betont, er habe sich von dem nationalen Glücksrausch des Februars 1933 nicht mitreißen lassen. Er sei nicht aus Begeisterung in die Partei eingetreten. Wenige Tage nach der Ernennung Hitlers zum Reichskanzler sei er mit Finckenstein noch einmal im Herrenklub gewesen, wo sie den Schriftsteller Hans Blüher getroffen hätten, der sich auf dem Nachhauseweg zu ihnen gesellt und »plötzlich von Hitler zu schwärmen« begonnen habe. »Wir verabschiedeten uns bald von ihm und fragten uns beim Gang Unter den Linden befremdet und bedrückt, welche Art von unheimlicher Magie eine solche Berückung bewirken konnte.«[194] Wenn er tatsächlich skeptisch bis ablehnend reagierte, also von dem nationalen Taumel und der Euphorie über die »Regierung der nationalen Erhebung« Ende Januar 1933 nichts wissen wollte, was dann, in aller Welt, war sein Motiv für den Eintritt in die NSDAP?

Nicht alle Ziele der Nationalsozialisten habe er für verwerflich gehalten, soviel hat Kiesinger stets zugegeben. Das *konnte* man zu diesem Zeitpunkt vermutlich noch sagen, auch wenn die programmatischen Äußerungen führender Nationalsozialisten nichts an Deutlichkeit zu wünschen übrig gelassen hatten und Hitler, bei aller taktisch bedingten Zurückhaltung, mit seiner antisemitischen Einstellung eigentlich nicht hinter dem Berg hielt. Ihn habe das »Ziel der Volksgemeinschaft« beeindruckt »und das Versprechen, die wirtschaftliche Not zu beenden, sowie der Wunsch, Deutschland aus der Stellung eines Parias unter den europäischen Völkern« herauszuführen, verteidigt sich Kiesinger.

Gewiß: Der Begriff der »Volksgemeinschaft« war noch nicht in das Exklusivvokabular der Nationalsozialisten übergegangen, sondern fand auch unter republikanisch gesinnten Kräften Verwendung, die die innere »Zerrissenheit« des deutschen Volkes beklagten. Ein Bekenntnis zur »Volksgemeinschaft« Anfang 1933 ist daher nicht automatisch als Indiz nationalsozialistischer Gesinnung zu werten. Tatsächlich hatte Kiesinger ja, wie bereits deutlich wurde, die konfessionellen, politischen und sozialen Schranken seiner Welt als hemmend empfunden. Nun trug gerade diese Schimäre der »Volksgemeinschaft« das große Versprechen in sich, die Kiesinger und seine Generation beengenden Milieu- und Standesgrenzen zu sprengen. Hier bot sich die Chance, etwas von dem zu verwirklichen, wofür er in der Askania gekämpft und sich im Umfeld von Carl Sonnenschein in der sozialen Studentenarbeit engagiert hatte. Heute wissen wir, daß dies eine große Illusion gewesen ist. Denn der Nationalsozialismus verstand es, diese Hoffnung auf eine umfassende Erneuerung für seine Ziele zu nutzen. Er war eben keine reaktionäre Bewegung im herkömmlichen Sinne, wie man in den sechziger Jahren glaubte. Der Nationalsozialismus entfaltete, wie der Politikwissenschaftler Christian Graf von Krockow einmal geschrieben hat, eine »Dynamik zur Modernität«, die gerade auf die Reformer der zwanziger Jahre in hohem Maße anziehend wirkte.[195]

Dies erklärt vielleicht, warum Kiesinger, auch wenn er nach eigener Aussage auf Hitlers Ernennung zum Reichskanzler ohne Begeisterung reagierte, in der nationalsozialistischen »Machtergreifung« doch eine positive Möglichkeit erblickte. Natürlich ist damit die Frage nicht beantwortet, ob man um dieser Integrationsleistung willen, die nur kontextungebunden und isoliert betrachtet einiges für sich hat, den totalitären Aspirationen der NSDAP seine Stimme und seine Unterstützung leihen durfte. Denn das nationalsozialistische Verständnis der »Volksgemeinschaft« – dies wußte Kiesinger, wie seine nachträglichen Aussage beweist, er habe mäßigend wirken wollen – schloß die Juden und andere Minderheiten *per definitionem* aus.[196] Durfte man, um die Frage mit Kiesinger ein wenig anders zu wenden, den Teufel mit dem Beelzebub austreiben?[197] Seine Antwort ist typisch für Versuche der Nachkriegszeit, diese Unterschätzung der nationalsozialistischen Ideologie sich selbst und anderen faßbar zu machen:

»Ich hatte nach den schockierenden Erfolgen der Nationalsozialisten bei den vergangenen Reichstagswahlen zum erstenmal gründlicher über den Antisemitismus nachgedacht. Der Judenhaß, der in der Propaganda der Nationalsozialisten zum Ausdruck kam, war mir so fremd und unbegreiflich, daß ich ihn als eine vulgäre Abseitigkeit empfand, welche mich zwar anwiderte, die ich aber nicht als eine ernstzunehmende Gefahr betrachtete, weil ich mir nicht vorstellen konnte, daß das deutsche Volk dafür anfällig war. Auch die Juden, die ich in Berlin kannte, mein jüdischer Hausarzt, meine jüdischen Professoren und Ausbildungsrichter, viele meiner Referendar-Kollegen in Köpenick, mein jüdischer Staatsanwalt, schienen sich keine großen Sorgen zu machen.«[198] Das klingt abstrakt apologetisch, weil es vom Wissen um das Endergebnis gefärbt ist. Andererseits paßt diese Aussage in das Bild, das sich die Forschung von der Reaktion vieler jüdischer und nichtjüdischer Deutscher auf Hitlers Ernennung macht, wenn auch andere, wie etwa Albert Einstein, die Gefahr klar erkannten.[199]

Nur, steht diese vermeintliche oder tatsächliche, bewußte oder unterbewußte Ausblendung der NS-Rassenideologie nicht in einem inneren Widerspruch zu der gleichzeitigen Behauptung, er habe »das wenige Gute« in den Zielen der NSDAP »zu bewahren und das viele Schlechte darin zu bekämpfen« versucht?[200] Er habe, so schreibt Kiesinger an anderer Stelle, vor allem gegen »diese Rassenpropaganda« wirken wollen: »Es mußte doch in dieser großen Partei genug Menschen geben, die vernünftig genug waren, diesen Unsinn abzulehnen, und die ihren Einfluß geltend machten, dagegen anzugehen!« Unterhaltungen mit seinem Studienfreund Oswalt von Nostitz, einem Großneffen des Reichspräsidenten, hätten ihn von der Richtigkeit seines Schrittes überzeugt.[201] Aber wie wollte er »Schlimmeres verhüten«, wenn er andererseits das innere Wesen des Nationalsozialismus gar nicht erkannt hatte und einem Irrtum erlag?

Weil Kiesinger sich und der Welt, auch seiner Familie, seinen Enkeln und Kindern, etwas erklären wollte, was ihm selbst nachträglich als ein Rätsel erschien, verstrickte er sich fast zwangsläufig in Widersprüche; angesichts der katastrophalen weiteren Entwicklung haftete jedem Versuch einer Rationalisierung der damaligen Schritte etwas Künstliches an. Seine Hinwendung zum Politischen, d. h. den Eintritt in die NSDAP, suchte Kiesinger im April 1984 dem Journalisten Hubert Locher vom Südwestfunk in einem lebensgeschichtlichen Interview folgendermaßen zu erläutern: Es müsse »aus dem *Widerstand* gegen den Nationalsozialismus« erklärt werden. »Wenn, was in der Erinnerung immer sehr schwer ist festzustellen, es einen Moment gab, wo ich ganz genau wußte, daß man damit nur den Teufel mit dem Beelzebub austreibt, dann war es der Röhm-Putsch und was damals geschah, wo Freunde, Nahestehende usw. umgebracht wurden. Der Versuch war ganz einfach der jugendlich-törichte – wie man hinterher sieht – zu unterminieren, Gegenkräfte zu sammeln, und zwar nicht von außerhalb, sondern von innerhalb. – Aber nach '34 wußte ich, daß das nicht möglich war.«[202]

Hier wie in den *Dunklen und Hellen Jahren* hebt Kiesinger – und dies ist stets sein *erstes* und wichtigstes Argument gewesen – darauf ab, er habe abmildernd wirken wollen, ja tendenziell auf Resistenz und Widerstand gegen den Nationalsozialismus hingearbeitet. Es sei ihm darum gegangen, »*von innen heraus* auf eine Wende ihrer Ideologie«, das heißt der NSDAP, hinwirken zu wollen.[203] Aber selbst wenn man diese Argumentation der mäßigenden Einflußnahme für stichhaltig erachtet, wird immer ein Rest des Zweifels übrig blieben, ob er und seine Freunde wirklich so konsequent subversiv zu handeln glauben konnten wie er – der Welt, sich selbst, seiner Familie – im Nachhinein glauben machte. Es hat ihm keine Ruhe gelassen. Er mußte sich stets verteidigen, weil er seinen damaligen Irrtum lebenslang als schlimmen Makel empfand.[204]

In dem zitierten Interview mit dem Südwestfunk von 1984 taucht ein *zweites* Motiv auf, das in den publizierten Erinnerungen keine Rolle spielt. Sein Handeln sei überhaupt ein Versuch gewesen, »den Totalitarismus aus unserem Lande fern zu halten. Die erste Abwehr galt dem Kommunismus, sechs Millionen Kommunisten damals, nicht? Die vermeintliche oder scheinbar Hinwendung zum Nationalsozialismus hatte, wenn sie überhaupt ein solches Motiv hatte, das, zu helfen, nicht wahr, daß dieser – man muß sich erinnern, das war ja noch ein stalinscher Kommunismus – daß der nicht über unser Land kam.« Das Motiv des Antikommunismus klingt überzeugend, wenn man das damals weitverbreitete, natürlich höchst subjektive antikommunistische Empfinden der bürgerlichen Eliten nicht für völlig vorgeschoben erachtet (und Kiesinger als Parteigänger des Herrenklubs hatte davon sicher eine kräftig Dosis eingesogen). Immerhin hatte die KPD in den Reichstagswahlen stark zugelegt, was viele konservative Kritiker zusätzlich gegen die Republik mobilisierte. Doch da Kiesinger den Hinweis auf den Antikommunismus hypothetisch formulierte, ist darin vermutlich kein entscheidendes Motiv für den Eintritt in die NSDAP zu sehen.

Zum *dritten* ist Kiesingers Umfeld zur Erklärung des Parteieintritts heranzuziehen. Darin liegt aus der Sicht des Historikers wohl der eigentliche Grund. Denn was Kiesinger ein wenig bemüht für sich in Anspruch nahm, wurde ihm und seinen Freunden vom Zentrum quasi vorexerziert. Dieses verhandelte nach dem 30. Januar mit Hitler über einen Einstieg in die Koalition – auch wenn Hitler sich nur zum Schein auf diese Gespräche einließ. Am 5. Februar hatte der Vorsitzende der Zentrumsfraktion im Reichstag, der Prälat Ludwig Kaas, auf einer internen Sitzung erklärt:»Das Lebensprinzip der Deutschen Zentrumspartei ist das Prinzip der aufbauenden Mitte, die abweist alle, die stören und zerstören, und in sich und um sich sammelt, die Nation und Volk zusammenfügen wollen.« Selbst nach dem Reichstagsbrand vom 27. Februar, als der offene Terror gegen die Linke, aber auch gegen das Zentrum längst eingesetzt hatte, hielt die Deutsche Zentrumspartei in Teilen an dem Prinzip der nationalen Sammlung fest.[205]

Schon bald zweifelten führende Zentrumspolitiker am Überleben ihrer Partei und setzten ihre ganze Hoffnung auf das Konkordat zwischen Deutschland und dem Heiligen Stuhl. Dieses sollte die kirchlichen Institutionen garantieren, bevor es zu einem neuen Kulturkampf à la Bismarck kam – was damals viele Katholiken von Hitler befürchteten. Die Demokratie als Staatsform wurde nach jahrelanger Präsidialherrschaft im konservativen und katholischen Spektrum kaum mehr verteidigt. Vielmehr ging das Leben seinen unwirklich-normalen Gang – vorausgesetzt man war kein Jude, Sinti und Roma, Homosexueller oder politischer und sonstiger verfolgter Gegner der Nazis. »Allenfalls schüttelte man den Kopf über das etwas sinnlos anmutende Gejubel der Nazis.« Es war diese Ruhe, die seltsame Kontinuität des Alltags, so Theodor Eschenburg, die vielen erlaubte, mit Hitler und dem Nationalsozialismus zu paktieren.[206]

Die von den Ereignissen des Frühjahr 1933 völlig überraschten Jungen, so eine Verteidigungsschrift Kiesingers aus dem Jahre 1947, hätten in den Hochschulkämpfen der Jahre vor 1933 gegen den »von einem sehr großen Teil der Studenten- und Jungakademikerschaft vertretenen überhitzten Nationalismus und gegen den aufkommenden Nationalsozialismus die Stellung gehalten«. Nun hätten sie sich von der älteren Generation »geradezu im Stich gelassen« gefühlt. Die Älteren, so Kiesinger etwas ungnädig, hätten sich auf »ruhigere Positionen« zurückziehen können oder wären im »schlimmsten Falle zwangspensioniert« worden. »Wir Jungen hingegen hatten Beruf und Leben vor uns und gedachten nicht so ohne weiteres zu resignieren. Wir liefen von einem zum anderen unserer Alten Herren, […] ohne gewöhnlich etwas anderes als Bestürzung und Ratlosigkeit« vorzufinden. Einige hätten zu »radikaler Distanzierung« geraten, andere dazu, in die Partei einzutreten, um »die dort vorhandenen christlichen und rechtsstaatlichen Strömungen gegen die Radikalen« zu unterstützen: »Versucht auf diese Weise vor allem unsere christlichen Verbände vor der Auflösung zu retten, sie sind die einzige Position, die uns geblieben ist.« Die christlichen Akademikerverbände, so fährt Kiesinger fort, hätten, »geschützt durch das Konkordat«, eine »außerordentlich wichtige Rolle im Kampf gegen alle radikale Tendenzen des neuen Staatswesens« spielen können.[207]

Wie kompliziert sich die Entwicklung darbietet, unterstreicht die Tatsache, daß ausgerechnet Reichskanzler a. D. Wilhelm Marx, der Vorsitzende des »Philisterausschusses«, d. h. der Dachorganisation aller Altherrenverbände im KV, der als führender Zentrumspolitiker von den Nazis nichts Gutes zu erwarten hatte, seiner drohenden Kaltstellung im Verband dadurch zuvorkam, daß er auf der entscheidenden Tagung in Boppard am 22. und 23. April 1933 den Antrag auf die Aufhebung der Unvereinbarkeit von Mitgliedschaft in NSDAP und KV stellte. Die führenden Vertreter des KV waren sich einig, daß der »politische Katholizismus alter Prägung« sich überlebt hatte und es neue Formen zu finden galt.[208] Nach dem Protokoll faßte Marx die Haltung des Verbandes dahingehend zusammen, »daß wir auf nationalem Boden stehen blieben, die Regierung anerkennten und ihr unsere loyale Unterstützung zukommen ließen für das allgemeine Wohl des Volkes, unter voller Berücksichtigung und Wahrung unseres weltanschaulich-religiösen Standpunktes«.[209]

In den Wahlen vom 5. März 1933 erzielte die NSDAP 43,9 Prozent der Stimmen und konnte gemeinsam mit der DNVP (8%) eine parlamentarische Regierung bilden. Damit war die NS-»Machtergreifung« plebiszitär ratifiziert, Hitler quasi wiedergewählt worden, wenn er auch ein noch besseres Ergebnis erhofft hatte. Auf die Wahl folgte die »Revolution« mit all ihren »unschönen Begleiterscheinungen« bis hin zum Auftauchen uniformierter SA-Horden auf den Gerichten, um diese von »jüdischem Einfluß« zu säubern. Die terroristische Natur des Regimes offenbarte sich schnell. Kiesinger dürfte mit diesen Entwicklungen unmittelbar konfrontiert worden sein, da das Gesetz über die »Wiederherstellung des Berufsbeamtentums« vom 7. April 1933 die Entlassung mißliebiger Elemente und, per Arierparagraph, auch der Juden aus dem Justizdienst ermöglichte und die Rechtsreferendare unter Anpassungsdruck setzte.[210]

Es nutzte dem Zentrum nichts, daß es in den März-Wahlen noch einmal leicht zugelegt und einen Einbruch der NSDAP in seine traditionellen Hochburgen verhindert hatte. Als Hitler auf der ersten Sitzung des Reichstags in der Kroll-Oper am 23. März die Kirchen mit dem Angebot überraschte, ihre Rechte zu respektieren, und zugleich das lang ersehnte Reichskonkordat in Aussicht stellte, brachen die Dämme. Fünf Tage später antwortete der verunsicherte Episkopat mit einer Erklärung, in der zwar die frühere Verurteilung »bestimmter religiös-sittlicher Irrtümer« der Nationalsozialisten noch einmal bekräftigt wurde, jedoch angesichts der (sich nur zu bald als verlogen herausstellenden) Zusicherungen Hitlers dem Reichskanzler »das Vertrauen« ausgesprochen und die früheren »Verbote und Warnungen« als hinfällig bezeichnet wurden. Auch gute Katholiken durften nun in die NSDAP. Die geistlichen Oberhirten vergaßen in ihrer Erklärung vom 28. März nicht, ihre Schäflein »zur Treue gegenüber der rechtmäßigen Obrigkeit und zur gewissenhaften Erfüllung der staatsbürgerlichen Pflichten« zu ermahnen.[211]

Ausgehend von den Aktivitäten der Rheno-Bavaren, mit Savigny und Ketteler als den Hauptprotagonisten, machte die Selbstgleichschaltung des KV rasche Fortschritte. Der Verband, so der Schriftführer der *Akademischen Monatsblätter*, Götz Freiherr von Pölnitz, dürfte sich nicht in eine »Ressentiment-bedingte Opposition gewisser alter Leute« drängen lassen, aber auch nicht »durch irgendwelche konjunkturfreudige Elemente zu irgendwelchen Maßnahmen hinreißen« lassen, »die letzten Endes zu seinem Untergang führen«.[212] Worum es bei dieser Selbstgleichschaltung ging, zeigt die Aussage Savignys, der die Aufgabe des Katholizismus schon 1926 nicht mehr in einem »politischen Katholizismus« parteimäßiger Prägung erblickt hatte, und der nun, im April 1933, darauf hoffte, daß »seine geistig bewegten Kräfte die grundsätzlichen Linien katholischer Gesellschaftslehre dauernd herausarbeiten«.[213] Im Klartext: Der KV konnte im »nationalen Staat« als gesellschaftliche Organisation noch eine Rolle spielen, während der politische Katholizismus ausgespielt hatte; eine Haltung, die Kiesinger teilte.[214]

Anfang Mai, das Zentrum hatte dem »Ermächtigungsgesetz« zugestimmt und befand sich auf dem Weg zur Auflösung, machte sich Hitler daran, den Einfluß der Gewerkschaften, aber auch der katholischen Vorfeldorganisationen zurückzudrängen. Die Amtskirche akzeptierte dies mit dem Reichskonkordat vom Juli 1933, wenn auch vielleicht aus der Erkenntnis heraus, daß die meisten katholischen Organisationen zu diesem Zeitpunkt bereits zerschlagen worden waren oder sich in schwerer Bedrängnis befanden. Es gab nicht mehr viel zu retten. Für eine Garantie kirchlicher Institutionen und der Bekenntnisschulen – auch dieses Versprechen wurde später gebrochen –, verschaffte die katholische Kirche Hitler einen innen- und außenpolitischen Prestigegewinn, der auf die Masse der deutschen Katholiken Eindruck machte. Es wurde von vielen als ein Freibrief empfunden, sich willig in den »nationalen Staat« einzuordnen. Die Kirche verzichtete auf politische Aktivitäten des Klerus und nahm die Auflösung aller katholischen Organisationen hin, soweit sie nicht unmittelbar religiösen, kulturellen oder karitativen Zwecken dienten.[215]

Ganz ähnlich verlief die Entwicklung in der kleineren Welt der katholischen Korporationen. Kiesinger schreibt in seiner Apologie aus dem Jahre 1947 – was er in seinen Erinnerungen übrigens nicht erwähnt –, daß er nach dem »Umsturz« noch einmal die Leitung der Askania übernommen habe.[216] Tatsächlich wurde er auf Vorschlag von Savigny, der Marx inzwischen im Vorsitz des Altherrenverbandes beerbt hatte, von dem von der Tübinger Alamannia gestellten »Führer« des gesamten KV, Konstantin Hank, zum »Korporationsführer« der Askania ernannt.[217] Im folgenden Wintersemester wählte sich Kiesinger einige Bundesbrüder zu Mitarbeitern, unter denen sich auch die Namen einiger Reformer der zwanziger Jahre finden.[218] »Heute wissen wir«, so die Askanen-Festschrift 1953, »daß mit der NSDAP kein Kompromiß möglich war. Nicht die schlechtesten Männer versuchten ihn, nicht aus Liebedienerei, sondern weil sie glaubten, den rollenden Wagen der Nemesis noch aufhalten zu können. Wir müssen deshalb jenen Männern, die damals die Geschicke des Kartellverbandes leiteten, zubilligen, daß sie im guten Glauben gehandelt haben.«[219]

Wenn auch die Quellen keine Auskunft über die Gründe von Kiesingers Ernennung zum Korporationsführer geben, so kam er vermutlich erneut als Kompromißkandidat in diese Position. Er war für die in der Zentrumstradition verwurzelten Alten Herren akzeptabel, aber er besaß wohl auch das Vertrauen der deutsch-national bis völkisch gesinnten Aktivitas. Er schien den Ausgleich zwischen den vom Nationalsozialismus infizierten jüngeren Mitgliedern und den Altvorderen zu ermöglichen.[220] Denn die Aktivitas hatte sich gleich zu Beginn des Sommersemesters mit Eifer auf ihre Pflichterfüllung gegenüber dem »neuen Staate« geworfen. Franz Josef Spahn, den Kiesinger im Rückblick als »praktizierenden Nationalsozialisten« bezeichnet, kam zu dem Schluß, daß es die Aufgabe des KV sein würde, »junge Menschen von starker Persönlichkeit heranzubilden, die berufen sein könnten, als Führer im nationalsozialistischen Reich dem Wohl des deutschen Volkes zu dienen und den jungen Menschen katholisches Geistesgut mitzugeben, damit sie auch für die Kirche Wertvolles leisten können«.[221]

Damit war der berühmte »Brückenbau« zwischen rechtskatholischem und völkischem bzw. nationalsozialistischem Verständnis der »Machtergreifung« vollzogen. Diesen hat sich auch Kiesinger weitgehend zu eigen gemacht. Das zeigt ein Text, der erst in jüngster Zeit wieder aufgefunden wurde. Als frisch eingesetzter »Führer der Askania« veröffentlichte Kiesinger im September 1933 einen mit »Schicksalsstunde« überschriebenen flammenden Aufruf. Diesen Text haben die älteren Festschriften der Askania konsequent verschwiegen, weil er peinliche Erinnerungen für Kiesinger und seine Verbindung weckte. Hier befleißigte sich Kiesinger eines deutschtümelnden und mit einer völkischen Begrifflichkeit durchsetzten Vokabulars, das nach 1945 nicht mehr satisfaktionsfähig war. Erst heute ist es möglich, in Kreisen des KV offen darüber zu sprechen. In der jüngsten Festschrift der Askania zum 150jährigen Jubiläum wird auf Kiesingers Aufruf ausführlich eingegangen. Da es sich um den einzigen erhaltenen längeren Text Kiesingers aus der Phase der »Machtergreifung« handelt, wird er hier in voller Länge abgedruckt.[222]

Fortes in fide!

Askanenblätter

Berlin, am 22. September 1933

Schicksalstunde.

„Wir sollen ein Volk werden!" Novalis.

Die Frage beim Erscheinen dieser Blätter gilt der Zukunft der katholischen akademischen Korporation. Wird sie vor dem gewaltigen Sturm unserer völkischen Erhebung bestehen? Hat sie ein geschichtliches Recht auf Weiterbestand, und wird sie einem jungen Geschlecht noch als sinnvolle und notwendige Form einer Gemeinschaft erscheinen können?

Niemand, es sei denn der unsterbliche Vereinsmeier, wird sich dem zwingenden Ernst dieser Fragen verschließen können. Wir wollen nicht von den Erinnerungen leben, die Tausenden von uns das Bild der katholischen Korporation teuer machen: Keine schöne Erinnerung könnte es rechtfertigen, um ein Gebilde zu kämpfen, das nach dem Gebot der Geschichte zu sterben hat. Wir wissen, daß das Schicksal der katholischen Studentenkorporation eng verflochten ist mit dem Schicksal der studentischen Korporation überhaupt, wennschon wir nicht glauben möchten, daß es notwendig das ihm verbundene sei. Die letzte Entscheidung des Kampfes liegt in der Hand des Führers der Nation. Die wirkliche Entscheidung wird aber schon vorher gefallen sein: Der Spruch des Führers wird nur die Feststellung eines Todes oder die Bestätigung eines Lebendigen sein.

Die Vollendung der Einheit des deutschen Volkes ist der Sinn des gegenwärtigen geschichtlichen Geschehens und die Hoffnung aller Deutschen. Volkwerdung heißt das Erlebnis des jungen Geschlechts, und hier sieht es eine geschichtliche Aufgabe. Ist damit unsere Frage nicht schon beantwortet? Kann man nach dieser Erkenntnis noch von der Notwendigkeit der katholischen Korporation zu sprechen wagen? Es möchte scheinen, als ob wir damit zur unverantwortlichen Absonderung aufriefen und zur Verletzung des einzigen, großen Gebotes dieser Schicksalsstunde. Wir aber, des ungeheuren Ernstes der Entscheidung bewußt, antworten: Gerade um der Erfüllung der Einheit willen wollen wir die katholische Studentenkorporation.

Eine der harten Wirklichkeiten, mit denen das deutsche Volk sich abzufinden, der deutsche Staatsmann zu rechnen hat, ist die weltanschauliche Gespaltenheit des deutschen Volkes. Wir haben zu bittere Erfahrungen aus Jahrhunderten deutscher Geschichte, als daß wir die drückende Wucht dieses Schicksals vergessen könnten. Dieses Schicksal kann nicht von utopistischen Träumen weggeträumt, von schulmeisterlichen Federn weggeschrieben, von blinden Gesetzen verboten, oder durch die Schärfe des Schwertes bezwungen werden. Es muß vom deutschen Menschen erfüllt sein. Solche Erfüllung heißt nicht lahmer Kompromiß. Sie heißt aber gewiß nicht Verewigung des Haders der Konfessionen. Sie heißt deutsches Volk. In den Stunden der größten Not war diese Erfüllung da. So hat es denn auf den flandrischen Feldern keinen konfessionellen Partikularismus gegeben, und die in der Dolomitenhölle ultra montes schauten, haben es in einem gemeinsamen Willen getan. So hämmerten man denn in Herzen und Gehirne der Deutschen das Bewußtsein der immerwährenden Not, der Not des Mittelvolkes. Hier klingt der härteste Befehl zur Einigung. Wer wird ihm versagen? Der Feigling wird sich ihm versagen und das gottverlassene Ich, das nichts opfern kann, weil es nichts kennt, was eines Opfers würdig ist. Wer aber wird dem Befehle lieber folgen, als der, dessen Glauben irdisches Glück nicht als höchstes Ziel, das Opfer als Gottes liebstes Geschenk, die todgetreue Erfüllung der irdischen Aufgabe als göttlichen Auftrag kennt? Wir sind überzeugt, daß die letzte Währung unseres Volkes aus der Kraft des Glaubens kommen wird. So hören wir für den katholischen, deutschen Menschen die Schicksalsstunde schlagen, und wir hoffen, er, der gläubige und treue, der durch jahrhundertelange zwiespältige Geschichte verwirrte, verzagte und gehemmte, wird nun durch Blut und Glauben emporgerissen zur großen, gemeinsamen, fruchtbaren völkischen Tat.

Diesem Ziele hat an Deutschlands hohen Schulen die katholische Studentenkorporation zu dienen. Sie wird ihre Mitglieder nicht der Gemeinschaft des Volkes entfremden, sondern sie lehren, dem Volke in Liebe und Treue zu dienen.

Kurt Kiesinger, Führer der Askania.

Gewiß: Kiesinger suchte in dieser Phase der Konsolidierung der NS-Herrschaft den Beweis anzutreten, daß die katholische Korporation im »neuen Staat« noch eine Aufgabe hatte und daher nicht aufgelöst werden durfte. Dennoch legte er deren Schicksal ganz in die Hand »des Führers der Nation«, womit er ein zentrales nationalsozialistisches Ideologem akzeptierte, wie er überhaupt in dieser Verteidigung der katholischen Korporation im »Dritten Reich« mit Versatzstücken aus der NS-Terminologie jonglierte. Die »Machtergreifung« wurde in metahistorische Kategorien gefaßt, er sah sie als Ziel der Geschichte. Das ordnete auch die Korporationen mit aller Deutlichkeit in den nationalsozialistischen Staats- und Gesellschaftsverband ein. Ja, Kiesinger erwartete von den religiösen Menschen einen besonderen Beitrag zur Überwindung der Gegensätze in einer »Volksgemeinschaft« und steigerte sich schließlich zu der Aussage: »So hören wir für den katholischen deutschen Menschen die Schicksalsstunde schlagen, und wir hoffen, er, der Gläubige und Treue, der durch jahrhundertelange zwiespältige Geschichte Verwirrte, Verzagte und Gehemmte, wird nun durch Blut und Glauben emporgerissen zur großen gemeinsamen, fruchtbaren völkischen Tat.«

»Blut und Glauben«, ist das die Synthese, in welche die KV-Reformen mündeten? Es ist verführerisch, eine gerade Linie von den Diskussionen der zwanziger Jahre zum Jahr 1933 zu ziehen. Natürlich läßt sich auch Kiesingers erschreckend klingender Text in zwei Richtungen interpretieren: Zu seiner Verteidigung ließe sich sagen, daß er den aus seiner Sicht nicht völlig aussichtslosen Versuch unternahm, mit terminologischen Anleihen aus dem Wörterbuch der »nationalsozialistischen Revolution« das Schäflein der Askania ins Trockene zu bringen und die Existenzberechtigung der katholischen Korporation im »Dritten Reich« zu begründen. Dies setzte zumindest rhetorische Zugeständnisse an die neue politische Wirklichkeit voraus. In der Sache versprach dieser Akt opportunistischer Anverwandlung an die völkische Terminologie, daß gewisse Freiräume für religiös gebundene Organisationen außerhalb der Kirche offen gehalten wurden, welche er tendenziell als im Gegensatz zur NS-Ideologie stehend begreifen konnte – wenn er auch in der »Schicksalsstunde« ostentativ das genaue Gegenteil behauptete.

Umgekehrt wird man kritisch fragen können, ob hier die Anpassung nicht zu weit getrieben wurde, ob es nicht besser gewesen wäre, wenn schon nicht zu protestieren, weil dies aussichtslos war und mit Gefahr für Leib, Leben und Gut hätte einhergehen können, so doch wenigstens zu schweigen? Es scheint, daß Kiesinger in diesem Artikel, den er unter ein vielsagendes Motto des romantischen Dichters Novalis stellte, dem »Führer« Adolf Hitler, an dem ihn doch nach eigener späterer Aussage so gar nichts angezogen hatte, recht unterwürfig beggnete, wenn er ihm allein durch seinen »Spruch« die

»Entscheidung« darüber zubilligte, »die Feststellung eines Todes oder die Bestätigung eines Lebendigen« zu treffen, also das letzte Wort über den Erhalt oder die Auflösung der Korporationen zu sprechen. Andererseits konnte der direkte Rekurs auf den »Führer« im »Dritten Reich« stets auch dazu dienen, sich von dem Vorwurf der Dissidenz freizusprechen, wenn man bestimmte Aspekte der NS-Herrschaft kritisieren wollte: Der »Führer« wußte halt einfach nicht, was seine »Hintermänner« taten.

Es kommt aber noch ein weiteres hinzu, was die Vermutung, Kiesinger habe sich, »um Schlimmeres zu verhüten«, nur äußerlich angepaßt, doch erheblich strapaziert: Den *Askanenblättern* vom 22. September lag ein Fragebogen bei, welcher der Feststellung der »arischen« Abstammung der Mitglieder der Askania diente. Aktivitas und »Alte Herren« wurden nicht nur aufgefordert, über ihr vereinsinternes Engagement Auskunft zu erteilen, Angaben über Militärdienst, Frontkämpferstatus und Kriegsauszeichnungen zu machen sowie über die Mitgliedschaft in NSDAP (mit Mitgliedsnummer), SA, SS oder Stahlhelm. Sie wurden auch gefragt, welcher »Konfession« sie und ihre Vorfahren drei Generationen zurück angehörten.[223] Das war der berüchtigte »Ariernachweis«, den zu führen der Gesamtverbandsführer Hank am 22. Juli 1933 von allen KV-Angehörigen verlangte. Es war die Aufgabe des jeweiligen Korporationsführers, dieses und die übrigen Bestimmungen, vor allem das »Führerprinzip« und das Bekenntnis zum »großdeutsch-völkischen Gedanken«, in der jeweiligen Verbindung durchzusetzen.[224] Bis zum 15. Oktober war der Fragebogen ausgefüllt an Korporationsführer Kiesinger an dessen Privatanschrift in der Bleibtreustraße Nr. 46 in Berlin-Charlottenburg zu schicken.

Anscheinend war *dieser* Schritt, auf den andere katholische Verbindungen verzichteten, ohne die vorherige Einwilligung Kiesingers eingeleitet worden, der recht verärgert reagierte. In der folgenden Ausgabe der *Askanenblätter* findet sich der entschuldigende Hinweis: »Infolge eines bedauerlichen Mißverständnisses wurde die Fassung des Fragebogens dem Korporationsführer, der sein Amt von heute auf morgen antreten mußte, erst *nach* Versendung desselben bekannt gegeben.«[225] Worauf speziell sich Kiesingers Kritik bezog, ist nicht bekannt. Ob das Verlangen nach dem »Ariernachweis« rückgängig gemacht worden ist oder nicht, ist ebenfalls unklar. Jedenfalls kann Kiesinger für diesen Fragebogen, der auf ein hohes Maß an Identifizierung mit den rassenpolitischen Zielen der NS-Ideologie schließen läßt, nicht direkt persönlich verantwortlich gemacht werden. Allerdings nahm er dies auch nicht zum Anlaß, unter Protest von seinem Amt als Korporationsführer zurückzutreten.

Der Korporationsführer, so heißt es in einem zum Ende des Wintersemesters 1933/34 veröffentlichten Bericht, habe es als seine »vornehmlichste Aufgabe« angesehen, »Alte Herren und Aktive einander näherzubringen, damit sie zu fruchtbarer *Zusammen*arbeit gelangen«. Durch die Einführung des Führerprinzips seien »alle Reibungsflächen« beseitigt worden, »die sich früher aus der dem aktiven Konvent zustehenden Aufnahmebefugnis« ergeben hätten. Hatten also die Reformer obsiegt? Kiesinger stellte befriedigt fest, daß es über das Aufnahmeverfahren »keine Auseinandersetzungen mehr« gäbe. Das »Führerprinzip« trug Früchte: »Eine Meinungsverschiedenheit zwischen Philistertum und Aktivitas ist nicht denkbar, da beide dem Korporationsführer unterstehen, der durch seine Entscheidungen den Willen der Gesamtaskania zum Ausdruck bringt.«

Damit war die Geschlossenheit in der Askania per Führerprinzip äußerlich wiederhergestellt. Aber um welchen Preis? Schon am 31. Januar 1934 war durch eine Erklärung des Verbandsführers Hank auch das Konfessionsprinzip abgeschafft worden. Das war ein klarer Bruch mit der Tradition und mit dem ersten Prinzip »Religion«. Zusammen mit den beiden anderen Prinzipien »Wissenschaft« und »Freundschaft« wurden es durch die Trias »Gott, Volk, Reich« ersetzt. Austritte folgten, die Selbstauflösung ganzer Vereine, weil viele Mitglieder sich durch den neuen KV nicht mehr vertreten sahen. Kiesinger konstatierte, daß die Aufgabe des konfessionellen Prinzips die Askania auf einen »völlig neuen Boden« stelle. Er bitte die »lieben Bundesbrüder«, »die kommende Entwicklung in Ruhe abzuwarten und der Korporation die Treue zu halten«. Als abwiegelnder Vermittler hatte er den radikalen Kräften der Gleichschaltung und Nazifizierung wenig entgegenzusetzen.

Die Auflösung des Kartellverbandes zog sich einige Jahre hin. Im November 1935 wurden 106 Verbindungen durch das Regime verboten, doch bis 1938 existierten die Altherrenvereine. Als Korporationsführer sammelte Kiesinger noch einige Jahre die Mitgliedsbeiträge ein und trat 1936 dem Gerücht entgegen, Askania habe sich aufgelöst.[226] Als aktiver Verein führte die Askania ein Schattendasein. Ab und an gab es im Haus in der Englischen Straße Nr. 13 noch recht gut besuchte Veranstaltungen, die »sich auch eines regen Zuspruchs uns nahestehender Kreise erfreuten«.[227] Die Alten Herren pflegten ihre Kontakte, die Askanen-Burgunden GmbH wurde erst am 23. Oktober 1941 aufgelöst. Das Eigentum am Gebäude ging sogar erst 1944 an den NS-Altherrenbund der Deutschen Studenten e.V. in München über.[228]

Den formellen Eintritt in die NSDAP, über den keine anderen Quellen als Selbstzeugnisse vorliegen, hat Kiesinger übrigens auf charakteristisch indirektem Wege vollzogen. Der elitäre junge Referendar war sich zu schade, vor Parteibüros Schlange zu stehen wie die vielen »Märzgefallenen«. Schließlich sei einer seiner Schüler eingesprungen, der ihn seit einigen Wochen zum Parteieintritt drängte. Mit dem Argument, die Partei »brauche unabhängige

Männer wie mich«, habe er Kiesinger überzeugt: »Ich gab mir einen Ruck und willigte ein.« Das sei noch vor dem Reichstagsbrand am 27. Februar 1933 erfolgt, dessen unmittelbarer Zeuge Kiesinger wurde, weil er mit seiner jungen Frau an einem Ball in einem Hotel in der Nähe teilnahm. In den achtziger Jahren wollte Kiesinger seine damalige Entscheidung als »absurd« erscheinen. Man wird dies als ein spätes Eingeständnis eines politischen Irrtums lesen können: »In die NSDAP nicht aus Begeisterung oder aus Opportunismus einzutreten, sondern in der Hoffnung, darin von innen heraus auf eine Wende ihrer Ideologie hinzuwirken, das mußte genauso erfolgreich sein, wie den Teufel zur Taufe bekehren zu wollen.«[229]

Wie also ist Kiesingers Eintritt in die Partei zu werten? Was ist von seiner konsequent wiederholten Behauptung zu halten, er sei »nicht aus Begeisterung« und »nicht aus Opportunismus« eingetreten? Natürlich reicht der formale Akt des Parteieintritts schwerlich aus, ihn im ideologischen Sinne als Nazi dingfest zu machen, wie es kritische Intellektuelle in den sechziger Jahren versuchten. Sebastian Haffner, etwas jünger, aber Jurist wie Kiesinger, hat in einer 1939 bereits im Exil veröffentlichten Deutung Hitler-Deutschlands die Frage gestellt, woran der typische Nazi zu erkennen sei. Sicher nicht, gab sich Haffner die Antwort, »daß er eine Hakenkreuzfahne aus seinem Fenster hängt. Heute tut das jeder in Deutschland. Es bedeutet nichts. Er ist auch nicht daran erkennbar, daß er Mitglied irgendeiner NS-Gliederung oder der Partei ist. Jeder, der eine Familie hat, für die er sorgen muß, und es sich nicht leisten kann, seine Arbeit zu verlieren, ist in der einen oder anderen nationalsozialistischen Organisation.« Ein »echter Nazi« war für Haffner letztlich der, der sich zum Antisemitismus bekannte und der »dieser allgemeinen und permanenten sadistischen Orgie vorbehaltlos zustimmt und sich daran beteiligt«.[230]

Legt man Haffners Kriterien zugrunde, so fehlten in Kiesingers Falle die typischen Attribute des Nazis. Nicht daß Kiesinger sich während der »Machtergreifung« nicht *politisch* angepaßt hätte. Aber mit dem Stigma des Nazis, der ja doch ein ideologisches Bekenntnis vor allem zu den rassepolitischen Zielen des Nationalsozialismus voraussetzt, und mit dem Klarsfeld, die Studentenbewegung und die DDR-Propaganda, wenn auch in unterschiedlicher Akzentuierung operierten, ist der historische Sachverhalt kaum hinreichend erfaßt. Als Parteimitglied war Kiesinger im formellen Sinne Nationalsozialist. Das sagt aber deshalb nur wenig über seine Motive und seinen ideologischen Standpunkt aus, weil umgekehrt nicht jedes Nicht-Mitglied der NSDAP kein Nazi oder kein Anhänger und Förderer des NS-Regimes war. Im Gegenteil, nicht wenige Nicht-Mitglieder, ja sogar Persönlichkeiten, die sich in weit höherem Maße als Kiesinger als aktive Gegner des Nationalsozialismus empfanden, waren Stützen des Regimes, und teilten dessen politische Grundannahmen.

Wenn Kiesinger später für sich in Anspruch genommen hat, weder aus Opportunismus noch aus Begeisterung in die NSDAP eingetreten zu sein, so ist daran zunächst richtig, daß ihm aus seinem Parteieintritt keinerlei *persönliche* Vorteile erwachsen sind. Die Mitgliedschaft hat ihm nicht als Sprungbrett zu einer Karriere im NS-Staat gedient. Mit »karrieristischem Ehrgeiz«, wie mancher Kritiker später behauptete, hatte der Eintritt in die NSDAP nichts zu tun. Den Vorwurf des *politischen* Opportunismus, verstanden als Anpassung und Selbstgleichschaltung, wird man Kiesinger demgegenüber nicht ersparen können, mochte es auch nicht zu seinem Selbstbild passen, weil er sich stets als freiheitsliebend und unabhängig verstand – und tatsächlich zeitlebens eine heftige Abneigung gegen ihn persönlich einengende Kollektive hegte.

Als Deutungsmöglichkeit ist Opportunismus demnach keinesfalls auszuschließen. Denn Kiesinger hat seinen Schritt, gutgläubig vielleicht, im Interesse einer mäßigenden Mitwirkung im katholisch-konservativen Sinne unternommen. Ihm ging es darum, mitzutun und allenfalls indirekt dagegenzuhalten. Darauf läßt sich ohne negatives Werturteil der Begriff des politischen Opportunismus und der Selbstgleichschaltung anwenden. Im Kern bringt die Einschätzung von Kiesingers altem Weggefährten Günter Diehl diese Ambivalenz recht gut zum Ausdruck, wonach Kiesingers Verhalten typisch für das »ungezählter junger Deutscher« gewesen sei, »die keine überzeugten Nationalsozialisten waren, aber in der Vorstellung lebten, mitmachen zu sollen, um den Nationalsozialismus vor Exzessen zu bewahren«.[231]

Was die von Kiesinger ebenfalls in Abrede gestellt Begeisterung angeht, so ist der Appell des 29jährigen Kiesinger an die Askanen vom September 1933 aufschlußreich. Nachdem das Regime seine Machtbasis schon weitgehend konsolidiert hatte, paßte sich Kiesinger in der »Schicksalsstunde« dem völkischen Sprachstil stark an. Er akzeptierte in seiner Verteidigung der Rolle der katholischen Korporation im »Dritten Reich« zentrale Elemente der NS-Ideologie (wie das »Führer-Prinzip«). Fairerweise ist auch hier hinzuzufügen, daß es Kiesinger mit seinem Aufruf zu einer Synthese von »Blut und Glauben« letztlich um die Rolle des *katholischen* Elements im »neuen Staate« ging. Um der Autonomie der Korporationen willen hatte er sich sehr weit vorgewagt. Glaubte er wirklich, daß das »Gute« an der Bewegung auf diese Weise zu fördern war? Was Hitler in demagogischer Manier über das Christentum sagte, ließ eine solche Möglichkeit immerhin offen.

Man wird aus diesem Eintritt in die NSDAP auch einen resignativen Ton heraushören können. Wenn Kiesingers Darstellung zutrifft, ein Schüler habe die »Anmeldung« bei der Partei quasi *für ihn* übernommen, so würde dies eine Interpretation stärken, wonach Kiesinger sich mit haarsträubender Blauäugigkeit von der NSDAP kooptieren ließ. Denn der Parteieintritt wirkt trotz der darin zum Ausdruck kommenden politischen Anpassung ein wenig rätselhaft vor dem Hintergrund, daß Kiesinger vor 1933 keinerlei Anzeichen einer Affinität zur NS-Ideologie verraten hatte. Er hatte einen modernen, weltoffenen Katholizismus, wenn auch mit gut nationaler Haltung vertreten. Aber das hatte sich durchaus im Rahmen des damals (auch international) Üblichen und Akzeptablen bewegt. Vor 1933 hatte Kiesinger mit hoher Wahrscheinlichkeit mit den Nazis nichts am Hut gehabt. Und dennoch erlag er Anfang 1933 dem Sog ihrer Revolution.

Es fehlten schlichtweg die positiven Bindungs- und Abwehrkräfte, die ihm den fatalen Schritt in die NSDAP von vornherein unmöglich gemacht hätten. Aufgrund seiner Sozialisation als »evangelischer Katholik« und als Mitglied der Generation der Kriegskinder war ihm die kritische Distanz zum Zentrum quasi in die Wiege gelegt. Der archetypische Grenzgänger Kiesinger hatte im politischen Katholizismus keinen festen Halt gefunden. Einschränkend hierzu: Vermutlich hätte er auch als unerschütterlicher Zentrumsmann ein politisches Konzept einer »Einrahmung« und »Bändigung« des Nationalsozialismus vertreten. Im Endergebnis wäre es auf dasselbe hinausgelaufen. Nur hätte es den Kiesinger von *nach 1945* nicht mit dem Stigma der NS-Parteimitgliedschaft belastet. Seine persönliche Prägung durch Herkunft, Generation und Landsmannschaft, wozu sein selbstgestellter Anspruch als Reformer trat, hatte ihn für die Sireneklänge der Nationalsozialisten anfälliger gemacht als andere, denen ihre Milieubindungen einen derartigen Schritt verwehrten.

Das ist natürlich kein Ruhmesblatt – vor allem, wenn man drei Jahrzehnte später dafür als Bundeskanzler Rede und Antwort stehen muß. Es waren durchaus nicht verabscheuenswürdige Motive, die den jungen Kiesinger zum Eintritt in die NSDAP bewegten. Damit ist manches erklärt, wenn auch nichts entschuldigt. Das hat Kiesinger besser als jeder andere gewußt. Zeitlebens verspürte er den Drang, sich verteidigen und erklären zu müssen. Zu schnell und zu irrig war er auf den nationalsozialistischen Wagen aufgesprungen. Statt wie bisher in der (partei-)politischen Passivität zu verharren, hatte er in seinem beschränkten Wirkkreis dem Nationalsozialismus die Konsolidierung seiner Machtbasis mitermöglicht und die Selbstgleichschaltung seiner katholischen Korporation mitverantwortet. Ob und inwiefern Kiesinger dies im »Dritten Reich« erkannte, davon handeln die folgenden Seiten.

Anfänge 1904–1940

Rechtslehrer im »Dritten Reich«

Der 28jährige Kiesinger war also in die NSDAP eingetreten, zwar nicht aus eindeutigem ideologischem Bekenntnis, so doch in dem illusionären Glauben, die Nazi-Partei von innen heraus in einem deutsch-nationalen bzw. katholisch-konservativen Sinne beeinflussen zu können und etwas von dem reformerischen Geist in die Tat umzusetzen, der ihn in den zwanziger Jahren beflügelt hatte. Dem ideologisch überhöhten Ziel der »Volksgemeinschaft« gab er eine katholische Deutung. In der Hauspostille seiner Verbindung, den *Askanenblättern*, fanden deutlich Überlegungen Raum, die auf einen Brückenschlag zwischen rechtskatholischem Gedankengut und NS-Ideologie abzielten. Vor diesem Hintergrund wird der Schritt in die Partei Hitlers als Versuch der anpassenden Schadensbegrenzung und opportunistischen Anverwandlung angesichts einer scheinbar unabwendbaren »Machtergreifung« aus der Erfahrung der Krisen und Zusammenbrüche der späten Weimarer Jahre nachvollziehbar.

Selbstverständlich schafft das eine grobe Illusion nicht im Nachhinein aus der Welt. Zu seiner Verteidigung führte Kiesinger später an, daß selbst erfahrene Politiker im Frühjahr 1933 geglaubt hätten, Hitler »einrahmen« und »zähmen« zu können. Auch Männer wie Theodor Heuss von der Deutschen Staatspartei oder Jakob Kaiser vom Zentrum stimmten am 23. März 1933 für das »Ermächtigungsgesetz« und räumten damit aus Feigheit oder Fraktionsdisziplin dem »Führerstaat« eine weitere Hürde aus dem Weg – obwohl sie dann zu den Gegnern Hitlers und des Nationalsozialismus gehörten. Auch er habe an die Möglichkeit einer Beeinflussung und den schließlichen Sieg der gemäßigten und rechtsstaatlichen Kräfte geglaubt, so entschuldigt Kiesinger seinen folgenschweren Schritt im Rückblick 1947.[232]

Was auch immer Kiesinger zu seinem Eintritt in die NSDAP bewog, er tat in der Folgezeit etwas, was als bewußte Revision seiner Fehleinschätzung des Nationalsozialismus gewertet werden kann. Das mag ihn in den Augen kritischer Nachgeborener sogar ein wenig auszeichnen. Denn nach dem »Röhm-Putsch« vom Juni 1934, den Hitler zur Abrechnung mit seinen innerparteilichen Gegenspielern und alten Konkurrenten auch aus dem nationalkonservativen Lager inszenierte, zog Kiesinger Konsequenzen und verzichtete auf eine Laufbahn als Richter und damit als Beamter. Das wollte schon etwas heißen, wenn man aus einem aufstiegsorientierten, kleinbürgerlichen Milieu wie Kiesinger stammte und in knapp dreißig Lebensjahren angesichts katastrophaler Verhältnisse für junge Juristen auf dem Arbeitsmarkt keine wirtschaftlich gesicherte Stellung errungen hatte.[233] Er schuf sich eine private Nische, wie Günter Gaus dies später einmal hinsichtlich der DDR-

Gesellschaft formulierte, suchte sich als Unpolitischer fern vom Staat einzurichten.

Auch hier gilt die Einschränkung, daß nur sehr wenige Primärquellen vorliegen, die unmittelbaren Aufschluß über Kiesingers damaliges Handeln geben. Die Darstellung muß sich weitgehend auf Traditionsquellen stützen, also auf Erinnerungen und nach 1945 angefertigte Darstellungen, die im Bewußtsein des Judenmords und der »deutschen Katastrophe« von 1945 geschrieben worden sind. Sie können daher nicht den gleichen Quellenwert beanspruchen wie zeitgenössische Aussagen und Zeugnisse. Langwierige Anfragen und Recherchen in den einschlägigen Archiven haben leider nur wenige verwertbare Resultate zutage gefördert. So hat sich Kiesingers Tätigkeit als Rechtsanwalt am Berliner Kammergericht in der schriftlichen Überlieferung fast überhaupt nicht niedergeschlagen. Die zwei dokumentierten Fälle seiner rechtsanwaltlichen Tätigkeit sind jedoch dazu geeignet, Kiesingers eigene Aussagen eher zu stützen als zu widerlegen. Erst mit Kiesingers Eintritt ins Auswärtige Amt 1940 sprudeln die Quellen wieder reicher, weil er sich ab diesem Zeitpunkt als Teil eines großen Apparats fassen läßt.

Kiesingers Weg zu Rechtsstaatlichkeit und schließlich auch zur Demokratie beginnt – so paradox dies zunächst klingen mag – 1934. Man muß sich das einschneidende Ereignis dieses zweiten Jahres der »nationalsozialistischen Revolution« vor Augen führen, das auch Kiesinger aufwachen ließ: Die »Niederschlagung« des Röhm-Putsches in der »Nacht der langen Messer« vom 30. Juni auf den 1. Juli 1934. In dieser »deutschen Bartholomäusnacht« (so der verkrachte Nationalsozialist Otto Straßer) entledigte sich Reichskanzler Adolf Hitler nicht nur der innerparteilichen, nationalrevolutionären Konkurrenz in der obersten SA-Führung. Zugleich wurden viele intellektuelle *fellow travellers* der frühen dreißiger Jahre aus dem rechtskatholischen und konservativ-revolutionären Lager ermordet oder kaltgestellt.

Sie hatten 1932/33 ein Zweckbündnis mit Hitler geschlossen und schon zuvor im Verein mit Kommunisten und Nationalsozialisten den Untergang der Republik kräftig herbeigeredet. Nun aber drohten sie Hitler ebenso gefährlich zu werden wie der SA-Führer Ernst Röhm und seine Braunhemden, die sich die »permanente Revolution« auf die Fahnen geschrieben hatten. Ende Juni 1934 trennten sich die Wege. Bis dahin hatte man vielleicht glauben können, es wäre möglich, das Regime im deutsch-nationalen oder katholisch-konservativen Sinne zu lenken. Nach dem »Röhm-Putsch« war diese Illusion endgültig zerstoben; Hitler hatte alle Brücken hinter sich abgebrochen und mit dem bisher gepflegten »taktischen Imperativ der strikten Legalität« gebrochen.[234] Das Recht auf politischen Irrtum war danach nur schwerlich in Anspruch zu nehmen.

Der konservative Gegenstoß ging von der Marburger Rede aus, die einer der Vordenker der Konservativen Revolution, Edgar J. Jung, verfaßte und die Vizekanzler Papen am 17. Juni 1934 in Marburg vor Studenten hielt. Darin hatte Hitlers Bundesgenosse vom 30. Januar 1933 unmißverständlich und in einer bis dahin im »Dritten Reich« nicht gehörten Weise gegen die Gleichschaltung der Presse gewettert und hatte indirekt die Auflösung der NSDAP gefordert, deren »Byzantinismus« ihm unerträglich erschien. Zugleich verteidigte er den Widerstand kirchlicher Kreise, weil »politische Eingriffe in den religiösen Bezirk« zu einer Ablehnung eines »widernatürlichen Totalitätsanspruchs« führen müßten, und prangerte zahlreiche Fehlentwicklungen an: »Einmal muß die Bewegung zu Ende kommen, [...] mit ewiger Dynamik kann nicht gestaltet werden. Deutschland darf nicht ein Zug ins Blaue werden, von dem niemand weiß, wann er zum Halten kommt. [...] Der Staat ist die alleinige Macht und der letzte Garant für das, worauf jeder Staatsbürger Anspruch hat: auf eiserne Gerechtigkeit. [...] Die Regierung ist wohl unterrichtet über all das, was an Eigennutz, Charakterlosigkeit, Unwahrhaftigkeit, Unritterlichkeit und Anmaßung sich unter dem Deckmantel der deutschen Revolution ausbreiten möchte. [...] Das deutsche Volk weiß, daß seine Lage eine ernste ist, es spürt die Wirtschaftsnot, es erkennt genau die Mängel mancher aus der Not geborenen Gesetze, es hat ein feines Gefühl für Gewalt und Unrecht, es lächelt über plumpe Versuche, es durch eine falsche Schönfärberei zu täuschen.«[235]

Natürlich ging es dem konservativen Papen-Kreis nicht um eine Rekonstruktion der Republik. Eher suchten Papen und Jung den Nazis die Kontrolle über den staatlichen Apparat zu entwinden und ihr ursprüngliches Ziel zu verwirklichen: ein autoritäres Regime ohne Parteien, aber eben auch ohne die NSDAP. Mancher hoffte sogar auf die Wiedereinführung der Monarchie. Aus dieser Perspektive kritisierte Papen, der damals noch das Ohr Hindenburgs zu besitzen glaubte, einen innen- und außenpolitisch angeschlagenen Hitler. Doch der erste mutige Schritt blieb ohne die notwendigen Konsequenzen. Der entschlußlose Papen hatte der kriminellen Energie Hitlers nur wenig entgegenzusetzen. Das Fanal verpuffte, weil Papen den todkranken Hindenburg nicht auf seine Seite brachte, weil ihm der Rückhalt in der Bevölkerung fehlte, weil die Generalität sich vor dem Bürgerkrieg fürchtete und weil Hitler der letzteren mit Röhm und der SA den vermeintlich gefährlicheren Gegner nahm. Die Führer der Reichswehr paktierten mit Hitler, weil er ihr militärisches Machtmonopol wiederherzustellen schien. Im Endeffekt war Hitlers Macht gefestigt, während mit Gestapo und SS »gefährlichere und taktisch klügere Rivalen«, so der Münsteraner Historiker Hans-Ulrich Thamer, an die Stelle der Braunhemden rückten.[236]

Nach anfänglichem Zögern ließ Hitler mit unerbittlicher Härte zuschlagen. Jung wurde am 25. Juni 1934 verhaftet, der Vizekanzler setzte sich vergebens für die Freilassung seines Mitarbeiters ein. Am 30. Juni erfolgte die blutige Abrechnung sowohl mit der SA als auch mit den konservativen Oppositionellen. Nicht nur Röhm und die oberste SA-Führung wurden zur Strecke gebracht, zahlreiche andere Gegner Hitlers wurden gejagt und liquidiert. Jung wurde in einem Wäldchen bei Oranienburg hingerichtet, ebenso der Pressesprecher Papens, Herbert von Bose. Ehemalige Parteirivalen außerhalb der SA wie Gregor Straßer ließ Hitler aus dem Weg schaffen und mit Reichskanzler a. D. Kurt von Schleicher und dessen Frau seinen unmittelbaren Vorgänger erschießen. Ein weiteres Opfer war der Leiter der Katholischen Aktion im Bistum Berlin, der Ministerialdirektor Erich Klausener, der an seinem Schreibtisch im Reichsverkehrsministerium ermordet wurde und zu dem engeren katholischen Umfeld gehörte, in dem sich auch Kiesinger bewegte.[237] Mit Hitlers erfolgreichem Schlag war der letzte Versuch der konservativen »Eindämmung« gescheitert.[238]

Papens Rede hatte Kiesinger mit großer Aufmerksamkeit verfolgt.[239] Die blutige Abrechnung des 30. Juni hatte nachhaltigen Eindruck auf ihn gemacht. Der Reichskanzler legalisierte diesen selbst nach der damaligen Gesetzeslage illegalen Akt unter Rekurs auf höhere Gewalt als ein Gebot der »Staatsnotwehr«. Dafür fand er nicht nur im Reichstag stürmischen Applaus. Prominente Staatsrechtler wie Carl Schmitt traten mit nachträglichen Rechtfertigungen eilfertig zur Seite.[240] Angesichts der Unpopularität der SA empfand die Bevölkerung diesen Schritt wohl als einen Befreiungsschlag. Hitler war unstrittig populär. Nach dem Motto »Wo gehobelt wird, da fallen Späne«, war Hitlers Rede im Reichstag durchaus nach dem Geschmack des »gesunden Volksempfindens«, wie es die Nazis nannten. Es war einer jener Momente, in denen es Hitler gelang, sich die Bewunderung der Massen zu erobern und sich geradezu mit ihnen zu »vermählen«.[241]

Kiesinger und seine Frau hatten den Samstagnachmittag des 30. Juni mit ihren Freunden Alfred und Ruth Makowski-von Grimm an der Havel zugebracht, wo sie in einem Bootshaus ein Ruderboot liegen hatten. Im kleinen Fiat der Makowskis waren sie abends stadteinwärts unterwegs und sahen »mit Erstaunen und wachsendem Unbehagen Polizei rechts und links am Straßenrand, mit kurzen Abständen in Linie aufgebaut, Sturmriemen heruntergelassen. Im Radio hörte man dann nach und nach Einzelheiten über den sogenannten Röhm-Putsch. Man war bedrückt.«[242]

Während die meisten Deutschen eher erleichtert auf den Röhm-Putsch reagierten, waren Kiesinger und seine Freunde nach ihrer Darstellung desillusioniert: »Wenn ich bis dahin noch einen Funken Hoffnung gehabt haben sollte, daß das nationalsozialistische Regime sich vielleicht doch noch zum Besseren ändern könne, so wurde er durch diese allen rechtstaatlichen Verfahren Hohn sprechende Bluttat restlos ausgelöscht. Hitler hatte sich endgültig als blutiger Diktator entlarvt. Von nun an war mir klar, daß ich in Zukunft jeden Kontakt zu Vertretern dieses verbrecherischen Regimes sorgfältig meiden mußte.«[243] Für Kiesinger als Juristen war das Procedere Hitlers besonders einschneidend. Auch zeigte er eine nicht untypische Reaktion in jenen rechtskatholischen Kreisen, die sich auf einen Pakt mit dem Nationalsozialismus eingelassen hatten und denen sich nun Hitlers wahres Gesicht zu enthüllen schien. Kaum jemand unter den Katholiken wagte jedoch nach diesem Massaker das Schweigen zu durchbrechen. Schon gar nicht die Bischöfe.[244]

Kiesinger stellte im nachhinein fest, daß er nun von seinem »humanitären Optimismus« losgekommen sei, der es ihm zuvor »fast unmöglich« gemacht hätte, »meinen Zeitgenossen die Greuel zuzutrauen, die unter Hitler und Stalin, oder wo sonst immer, begangen wurden. Ich erinnere mich an die Darstellung eines britischen Autors über die Verfassung seines Landes, wo er schrieb, das Londoner Parlament könne theoretisch ein Gesetz beschließen, daß alle blauäugigen Kinder getötet werden müßten. Aber, so fügte er beschwichtigend hinzu, in England werde so etwas nie geschehen. So ähnlich hätte ich es vor 1933 auch von unserem Land und unserem Volk gesagt, und ich hätte jeden für verrückt erklärt, der uns vorausgesagt hätte, was sich zwischen 1933 und 1945 in Deutschland ereignen würde. Ich hätte es freilich besser wissen müssen, aber der Glaube an die Güte oder wenigstens die Gutmütigkeit der Menschen hat sich lange bei mir behauptet, vielleicht, weil mir, von wenigen Ausnahmen abgesehen, kaum wirkliche Bösewichter begegnet waren.«[245] Darin wird man ein verklausulierte Eingeständnis eines Fehlers lesen können, was ihm als Politiker so leicht nicht gefallen sein kann.

Während Hitler seine Macht Stück für Stück konsolidierte, befand sich Kiesinger noch mitten im juristischen Vorbereitungsdienst. Die jungen Juristen seien etwas hilflos ihrer Zeit gegenübergestanden, meinte er im Rückblick Anfang der fünfziger Jahre.[246] Da Gerüchte umliefen, die Juristen würden gezwungen, in eine NS-Organisation einzutreten – von seiner Parteimitgliedschaft hatte Kiesinger nichts mehr gehört –, meldete er sich im Frühjahr 1934 mit seinen Freunden Oswalt von Nostitz und Alfred Makowski zum NSKK, dem Nationalsozialistischen Kraftfahrerkorps. Das galt damals als ein gangbarer Ausweg, um sich weiteren Ansprüchen des Regimes zu entziehen.[247]

Doch das ganze paramilitärische Gehabe beim NSKK empfand Kiesinger als blödsinnige Zeitverschwendung. Nach dem Röhm-Putsch habe er sich mit einer fadenscheinigen Begründung schnell wieder aus dem NSKK herausgewunden.[248] Als sinnlose Schikane betrachtete er auch das Referendarslager in Jüterbog, das angehenden Juristen vor ihrer letzten Staatsprüfung noch den »richtigen charakterlichen Schliff« geben sollte. Diese Erfahrung motivierte ihn später, den Wehrdienst möglichst zu umgehen. Er könne sich »noch heute« nicht vorstellen, so Kiesinger in den achtziger Jahren, daß die für das Lager zuständigen Verantwortlichen an den »haarsträubenden Unsinn« geglaubt hätten, der den Referendaren im Rahmen der weltanschaulichen Schulung zugemutet worden sei. »Man wollte sich einen verächtlichen Spaß mit uns erlauben und uns Studierte demütigen. Hätten wir geahnt, welch blutiges Unheil sich aus diesen Anfängen entwickeln würde, dann hätten wir sie kaum mehr als lächerlich empfunden.«[249]

Im Oktober 1934 bestand Kiesinger sein 2. Staatsexamen glanzvoll wiederum mit »gut«. Vom Vizepräsidenten des Kammergerichtes soll ihm daraufhin das ehrenvolle Angebot unterbreitet worden sein, »ein halbes Richterdezernat« mit der Leitung der Referendarkurse zu verbinden. Er habe gefürchtet, dadurch in »schwere Gewissenskonflikte« gestürzt zu werden, weil die Justiz eine hohe Konformität gegenüber dem Regime verlangte. Deshalb lehnte Kiesinger dieses attraktive Angebot ab und streckte seine Fühler in die Wirtschaft aus. Bei Siemens und bei der Viktoria-Versicherung schien er zunächst Erfolg zu haben. Dennoch schlug er beide Angebote aus. Dabei spielte vermutlich auch eine Rolle, daß man bei Siemens auf Kiesingers Nichtmitgliedschaft in der Standesorganisation der Juristen im »Dritten Reich«, dem Bund Nationalsozialistischer Deutscher Juristen (dem späteren Nationalsozialistischen Rechtswahrerbund, NSRB) aufmerksam geworden war.[250]

Die strikte Einordnung in die Hierarchie eines Großunternehmens paßte ihm ohnehin nicht. Als privater Rechtslehrer war er sein eigener Herr. Sein »altes Freiheitsbedürfnis«, der Wunsch, niemanden über sich zu haben, habe den Ausschlag gegeben. So unterrichtete er sein Repetitorium und ließ sich zugleich als Rechtsanwalt am Kammergericht nieder, dem für Berlin zuständigen Oberlandesgericht. Das habe in seiner Heimatstadt »viele Leute« enttäuscht, »die von mir eine große Karriere erwarteten« und nun davon sprachen, »daß ich mich mit juristischem Nachhilfeunterricht durchs Leben schlüge«. In Ebingen wich er neugierigen Fragen »so gut ich konnte« aus. »Nur meinem Vater schilderte ich meine Situation und legte ihm die Gründe für meine Zurückhaltung dar. Ich freute mich, daß er sie zu billigen schien.«[251]

Auch in diesem Falle spricht einiges dafür, daß Kiesinger tatsächlich bewußt auf eine Laufbahn als Richter im Staatsdienst verzichtete und daß er sich dieses Argument nicht erst im nachhinein zurechtgelegt hat. Diese Entscheidung entspricht seinem Charakterbild. Schon in Rottweil im Lehrerseminar, danach in seinen studentischen Verbindungen wie als Rechtsstudent gegenüber seinen Professoren, später im Auswärtigen Amt, selbst im Internierungslager und schließlich im frühen Bundestag, war er habituell und von seinem geistigen Zuschnitt her eine Persönlichkeit, die Aufmerksamkeit zu erregen geeignet war und diese von seinen Mitmenschen auch ganz unverblümt einforderte. 1934 hätte ihm dank seiner Examina die Tür zu einer glänzenden Karriere im NS-Staat offen gestanden. Die zahlreichen frischexaminierten Jungjuristen, deren materielle Not gegen Ende der Weimarer Republik zu starkem Konkurrenzdruck geführt hatte, fanden überall in den aufblühenden Bürokratien des »Dritten Reiches« gute Stellungen. Die NS-Polykratie, so der Bielefelder Historiker Hans-Ulrich Wehler, bot »ein weites Betätigungsfeld für ehrgeizige und gesinnungstreue Rechtsexperten«.[252] Da die NS-Machthaber die junge juristische Elite für ihre Ziele kooptierten, hätten Kiesinger 1934 im NS-Staat wohl alle Türen und Möglichkeiten offengestanden.[253]

Von der NSDAP hatte Kiesinger seit seinem Eintritt in die Partei Anfang 1933 nichts mehr gehört. Da er sich, nach eigener Aussage, nicht persönlich bei seiner Ortsgruppe angemeldet hatte, sei seine Mitgliedschaft erst nach anderthalb Jahren »bei den Ortsgruppenherrschern« aktenkundig geworden. Dann sei es jedoch »mit vollem Geschütz gegen den ›Drückeberger‹ gegangen«, wie Kiesinger 1947 konstatierte. Insbesondere sein damaliger Zellenleiter, »ein halbverrückter Fanatiker«, habe ihn drangsaliert, wo er nur konnte, und beständig versucht, »mir die lästigsten Arbeiten und Ämtchen aufzunötigen«.[254] In seinen Erinnerungen schreibt Kiesinger, dieser Zellenleiter, ein »braununiformierter, gestiefelter Parteifunktionär«, habe ihn irgendwann 1934 angesprochen und ihm heftige Vorwürfe gemacht, »ich hätte seit fast zwei Jahren keine Mitgliedsbeiträge für die NSDAP gezahlt. Ich konnte ihm entgegnen, daß ich nach meiner Anmeldung zur Mitgliedschaft im Februar 1933 nie wieder etwas von der Partei gehört und daher geglaubt hätte, mein Aufnahmeantrag sei verlorengegangen oder abschlägig beschieden worden.« Schließlich habe sich der Zellenleiter mit dieser Erklärung zufriedengegeben und ihn ermahnt, in Zukunft pünktlich seinen Beitrag zu zahlen.

Obwohl Kiesinger in seinen Erinnerungen kein genaues Datum für das Rendezvous mit dem gestiefelten Parteifunktionär angibt, wird das Faktum der verzögerten Mitgliedschaft und der nicht persönlich vorgenommenen Anmeldung durch die Karteikarte des ehemaligen Berlin Document Center (heute im Berliner Bundesarchiv) bestätigt. Tatsächlich zeigt die Zellenkartei der Ortsgruppe Berlin-Charlottenburg, daß Kiesinger erst am 1. Juni 1934 an die Parteizelle »überwiesen wurde« und daß er seinen Mitgliedsbeitrag von 80 Pfennigen erst ab Juni 1934 entrichtete – teilweise aber auch nicht, in den Monaten November und Dezember 1934 unterblieben die Zahlungen – sowie zur »Hilfskasse« der NSDAP noch einmal 30 Pfennige pro Monat beitrug. Darin erschöpfte sich zunächst Kiesingers Parteiengagement. Auch für die Zeit nach 1936 sind keine Zahlungen belegt.[255]

Kiesingers Parteieintritt wurde demnach erst in der nervösen Stimmung des Juni 1934 parteiamtlich sanktioniert, als nach der »Marburger Rede« alles auf ein reinigendes Gewitter wartete. Kiesinger war klar, daß er die Gelegenheit zum Absprung verpaßt hatte. Er habe auf den ostentativen Austritt verzichtet, zunächst, weil er die Referendarsausbildung noch nicht abgeschlossen hatte, dann, um seine private Lehrtätigkeit nicht zu gefährden.[256] Auf der anderen Seite schreckte Kiesinger davor zurück, wie er in seiner Rechtfertigungsschrift aus dem Jahre 1947 sehr deutlich herausarbeitet, sich nach den Morden des 30. Juni 1934 in anderer Weise stärker an das Regime zu binden. Er weigerte sich, wie bereits erwähnt, dem NSRB beizutreten, der Standesorganisation der Anwälte im »Dritten Reich«.[257] Auf dieses Faktum habe er »zwangsläufig« mit der Versendung »jedes Briefbogens« und jedes Schriftsatzes aufmerksam gemacht, weil er das Standeszeichen der Anwälte im NSRB, ein Schwert mit Waage und Hakenkreuz, nicht in seinem Briefkopf getragen habe. Weil die Rechtsanwaltschaft im »Dritten Reich« durchaus nicht als freier Beruf gegolten habe, sondern als öffentliches Amt, »das einem gerade in politischer Hinsicht sehr strengen Disziplinarrecht« unterworfen war, hätte er aufgrund der mit der Nichtzugehörigkeit zum NSRB »zwangsläufig verbundene Nichtausübung der von den Mitgliedern des NSRB geforderten öffentlichen Rechtsberatung« disziplinarrechtlich belangt werden können. »Daß mir in dieser Hinsicht nichts passierte, war reiner Zufall.«[258]

Wie hoch war das Maß an Nonkonformität, das Kiesinger mit seinem Nichteintritt in den NS-Rechtswahrbund bewiesen hat? Während seines Entnazifizierungsverfahrens stellte Kiesinger fest, daß für den Anwalt nicht die Zugehörigkeit oder Nichtzugehörigkeit zur Partei entscheidend gewesen sei, sondern die Mitgliedschaft bzw. Nichtmitgliedschaft im NSRB.[259] Mit seinem Verzicht, die Insignien des NSRB in seinem Briefkopf zu führen, habe er seine Distanz zum Regime herausgestellt, während in die Partei bis zur Aufhebung der Mitgliedersperre 1937 ohnehin niemand habe eintreten können – das also auch nicht erwartet worden sei. Albrecht Pünder, ein Neffe Klauseners und Schüler Kiesingers, macht darauf aufmerksam, daß sein Vater Werner Pünder, der im Auftrag der Familie Klausener das Deutsche Reich und Adolf Hitler höchstpersönlich beim Kammergericht verklagte, Mitglied des NSRB gewesen sei. Daß Kiesinger mit seinem »jüdisch klingenden« Namen darauf verzichtet habe, zeuge von Mut.[260] Wie auch immer, es brachte mit Sicherheit wirtschaftliche Nachteile mit sich, weil Kiesinger aufgrund der Nichterwähnung im Mitgliederverzeichnis des NSRB Mandate entgingen.[261]

Als zweiten Grund für seinen Nichtaustritt aus der Partei gibt Kiesinger an, daß er diesen faktisch im Zuge seiner Auswanderung habe vollziehen wollen. Um dieses Projekt nicht zu gefährden, sei er vorerst Parteigenosse geblieben. Einer seiner Schüler, Volker Koch-Weser, habe ihm einen konkreten Vorschlag zur Emigration gemacht, da er gewußt habe, daß Kiesinger der Situation in Deutschland entfliehen wollte. Volker Koch-Wesers Vater Erich, als ehemaliger Reichsminister der DDP und sogenannter »Halbjude« im »Dritten Reich« gefährdet, hatte sich im November 1933 gemeinsam mit dem ehemaligen Zentrumsabgeordneten Johannes Schauff, der 33 Jahre später bei der Bildung der Großen Koalition eine wichtige Rolle spielen sollte, und dem ehemaligen Reichskommissar für die Ostgebiete, Hans Schlange-Schöningen, nach Brasilien aufgemacht, um dort die Voraussetzungen für die Ansiedlung von Regime-Gegnern im Urwaldgebiet von Paraná zu schaffen.[262] Tatsächlich brachten es Schauff und einige andere der etwa 80 Siedlerfamilien, alles entweder verfolgte Juden oder sonstige Hitler-Gegner, nach einigen Jahren sehr harter Aufbauarbeit als Kaffeepflanzer zu Wohlstand im brasilianischen Urwald. Kiesinger scheint ernsthaft über eine Auswanderung nachgedacht zu haben. 1936 hatte er eine ausgiebige Besprechung mit Erich Koch-Weser, wobei sich jedoch herausstellte, daß er den erforderlichen Mindesteinsatz von zwanzigtausend Reichsmark an Devisen nicht aufbringen konnte.[263]

Im Falle Kiesingers, der oder dessen Familie ja, im Unterschied etwa zu Haffner, nicht zum unmittelbar gefährdeten Personenkreis gehörten, läßt sich konstatieren, daß der verspürte Druck einfach nicht hoch genug war, um eine Entscheidung für die Auswanderung zu erzwingen. Die wirtschaftlichen Aussichten des Emigrantenschicksals waren alles andere als berückend. Ein allgemeines, gerade auch politisch bestimmtes Mißvergnügen an den Verhältnissen im »Dritten Reich« reichte wohl in den wenigsten Fällen aus, um Heimat, Familie und Sprache hinter sich zu lassen. Auch Kiesingers Schwiegereltern wollten ihn und seine Frau bei ihrem Auswanderungsplan finanziell nicht unterstützen, weil »sie ihre Tochter nicht nach Übersee ziehen lassen wollten, ohne zu wissen, ob sie sie wiedersehen würden«.[264] Da Kiesinger auch als Hauslehrer bei der Familie Koch-Weser im Gespräch war, ist nicht ersichtlich, ob die mangelnde Finanzkraft oder eine gesundheitliche Beeinträchtigung nach einem Unfall beim Schwimmen im Sommer 1937 den Auswanderungsplan letztlich vereitelten.[265]

Wenn Kiesinger die politische Entwicklung auch nicht behagte, so ging er doch nicht direkt dagegen an – was unter den Umständen in seiner Position weder aussichtsreich noch ehrenrührig war. Er setzte sich ab in die innere Emigration. Wenn der Eindruck nicht trügt, dann wollte er hauptsächlich in Ruhe gelassen werden, arrangierte sich widerwillig, aber loyal unterhalb der Ebene der politischen Mitwirkung und suchte mit einem Minimum an Anpassung durchzukommen. Auch dies war vermutlich keine untypische Erfahrung für die Mehrheit der Deutschen in dieser Zeit. In Kiesingers Fall sind die Jahre von 1934 bis 1939 diejenigen in seinem Leben, in denen er der Politik am fernsten stand, in denen er sich seiner jungen Frau und seinen engen Freunden widmete, in denen er ein relativ unbeschwertes Privatleben führte.[266] Er unternahm Ausflüge in die Mark Brandenburg, Reisen in den Harz, den Schwarzwald, die Alpen, an den Bodensee und an die Ostsee nach Usedom. Hier zog er sich im Sommer 1937 beim Schwimmen im Meer jene mit Kopfschmerzen, Müdigkeit und bleierner Gliederschwere einhergehende Herzirritation zu, die, später als Römheldsche Krankheit diagnostiziert, ihn jahrzehntelang plagte. Erst im hohen Alter ließen ihn seine Herzbeschwerden los.[267]

Allerdings wurde es zunehmend schwieriger, sich den Ansprüchen des Regimes zu entziehen. In seiner Rechtfertigungsschrift von 1947 verweist Kiesinger auf den Umstand, daß nach dem Tode seines ursprünglichen Zellenleiters, den er mit »Gott sei Dank« kommentiert, ein unter ihm im selben Haus wohnender Landgerichtsdirektor Zellenleiter geworden sei; dessen Kassenwart wiederum sei der Vorsitzende der Ortsgruppe des NSRB gewesen. »Beides waren zwar ruhigere Männer, aber meine Position war ihrer beruflichen Stellung wegen noch heikel genug.« Er habe einen »ewigen Kleinkrieg« mit diesen Männern geführt, unter denen auch seine Frau stark gelitten habe, die »in die NS-Frauenschaft gezwungen werden sollte«.[268]

In das Umfeld dieser Konflikte gehört auch Kiesingers vermutlich unfreiwillige Ernennung zum »Blockwart«, die 1939 oder 1940 erfolgt sein muß. Diese hat mit Ausnahme der Erinnerungen von Erwin Wickert in der Literatur bisher keine Spuren hinterlassen, vermutlich weil dieses Faktum in der NSDAP-Mitgliederdatei im ehemaligen Berlin Document Center nicht verzeichnet ist.[269] Der einzige zeitgenössische Hinweis auf dieses Amt findet sich denn auch in einem Personalfragebogen, den Kiesinger 1943 im Auswärtigen Amt ausfüllte, wo er, der als einer galt, der »Ärger mit der Partei« gehabt hatte[270], von sich aus unter der Rubrik »bisherige Ämter« ausfüllte, daß er »Blockleiter« gewesen sei.[271]

Was genau hatte es mit diesem »Blockwart«, so lautet die korrekte Bezeichnung, auf sich, der in den öffentlichen Kontroversen um Kiesingers NS-Vergangenheit erstaunlicherweise nie eine Rolle spielte? Darüber fehlen klare Informationen. Wickert, in den vierziger Jahren formell Kiesingers Untergebener im Auswärtigen Amt und ihm und Günter Diehl seit den fünfziger

Jahren freundschaftlich verbunden, tauschte sich mit Kiesinger über dieses Thema im November 1966 aus, nachdem Kiesingers Konkurrent um das Amt des Bundeskanzlers, Bundesaußenminister Schröder, von dem inkriminierenden Eintrag im Personalfragebogen Wind bekommen hatte und Kiesinger mit seiner Personalakte aus dem Archiv des Auswärtigen Amtes konfrontierte. Wickert zufolge habe Kiesinger ihm damals erzählt, er habe im Auswärtigen Amt durch seinen Persönlichen Referenten eine Zeitlang die Mitgliedsbeiträge einsammeln lassen.[272]

Kiesinger selbst hat das Faktum in seiner Kanzlerzeit nicht verschwiegen: In einem Akt geschichtspolitischer Vorneverteidigung kam er im Juli 1968 darauf zu sprechen, als er während eines Verfahren gegen einen der ehemaligen »Schreibtischtäter« des Auswärtigen Amtes vor Hunderten von Zuhörern, darunter nicht wenige Journalisten, öffentlich aussagte, daß er »Blockwalter« gewesen sei, ohne daß dieser Tatbestand anschließend von der Presse und von Kiesingers Gegnern aufgegriffen worden wäre. Offensichtlich wurde Kiesinger Verteidigung als stichhaltig akzeptiert: Er habe, als er eines Tags nach Hause gekommen sei, einen Stapel Formulare vorgefunden, aus denen hervorgegangen sei, daß er *in absentia* zum »Blockwalter« ernannt worden sei. Man habe ihn, den »Drückeberger«, als so viele zur Front eingezogen worden seien, zu einem stärkeren Engagement angehalten. Es sei ihm jedoch gelungen, diese Ernennung nach einigen Wochen wieder rückgängig zu machen.[273]

1938, mit 34 Jahren, so schreibt Kiesinger in seinen Erinnerungen, sei er sich vorgekommen »wie eine Kreatur, die man in einem Käfig gefangen hält«.[274] Er befand sich in einer tiefen persönlichen Krise. Er war gesundheitlich angeschlagen, die »Machtergreifung« hatte seine elitären Pläne und hochfliegenden Karriereträume vereitelt. Der Nationalsozialismus hatte ihn in die Nische des Privatiers und Repetitors gezwungen. Er mußte sich die Sticheleien seines Zellenleiters gefallen lassen. Und der Ausweg nach Brasilien hatte sich als nicht gangbar erwiesen. Zugleich hatte er als Strafverteidiger einen drastischen Eindruck von den Methoden des NS-Staates erhalten. Im September 1935 hatte er die Verteidigung von Mathias Blasius übernommen, einem Prokuristen der Hausbank mehrerer katholischer Ordensgemeinschaften, der wegen eines Vergehens gegen das Devisengesetz von der Gestapo festgesetzt worden war. Blasius' ursprünglicher Anwalt, ein ehemaliger Zentrumsmann, hatte das Mandat niedergelegt. Weil Kiesinger aufgrund seiner NSDAP-Mitgliedschaft über einen gewissen Schutz verfügte, übernahm er Blasius' Verteidigung und erreichte nach einem halben Jahr dessen Freilassung.[275]

Wirklich schockierend war der Fall seines Schülers Ernst Wolf, der in Briefen an einen ehemaligen Lehrer Klage über den Unrechtscharakter des NS-

Regimes geführt hatte und daraufhin von der Gestapo verhaftet worden war. Auch für diesen Weg in die Prinz-Albrecht-Straße, wo sich das Hauptquartier der Gestapo befand, mußte sich Kiesinger ein Parteiabzeichen borgen.[276] Nach dem dritten Besuch erreichte Kiesinger die Freilassung von Wolf aus den Kellern des Prinz-Albrecht-Palais. Wolf war von der Gestapo gefoltert worden und hatte sich am Tag vor Kiesingers drittem Besuch die Pulsadern aufgeschnitten. Da sich Kiesinger dafür verbürgte, daß Wolf kein »Antinazi« sei, sondern als großer, blonder, blauäugiger Mann ein Musterexemplar der »oft unbändigen« nordischen Menschart, gab ihn der zuständige Beamte zur Bewährung frei. Kiesingers Mandant hatte Glück gehabt, denn er hatte ursprünglich in einem Schauprozess gegen Thomas Mann als Zeuge auftreten sollen. Das Verfahren gegen Mann wurde jedoch aus politischen Gründen niedergeschlagen.[277]

Kiesingers beruflicher Schwerpunkt vor 1940 lag nicht auf seiner Praxis als Rechtsanwalt, sondern in seiner privaten Rechtslehrertätigkeit. Als Repetitor ging es Kiesinger in erster Linie darum, ein solides rechtspraktisches Können zu vermitteln, wobei weite Bereiche vor allem des Bürgerlichen Rechts sich im »Dritten Reich« ja durchaus in den gewohnten Bahnen bewegten. Hier hatte Kiesinger relativ leichtes Spiel, wenn er sich auch über die Dimensionen der gewandelten Rechtspraxis keine Illusionen machte.[278] Da es in erster Linie um die Vorbereitung auf das Staatsexamen ging und Kiesinger davon lebte, daß er seine Schüler mit guten Noten durch das Examen brachte, wurde mit der von ihm entwickelten Methode der Examensstoff systematisch durchgeackert und dabei selbstverständlich auch das gewandelte nationalsozialistische Staats- und Verwaltungsrecht.

Gewiß: hier wird wiederum ein Moment der Anpassung deutlich, mochte Kiesinger es auch verstanden haben, seine »wahre« Anschauung durchblicken zu lassen. Als guter Pädagoge motivierte er seine Schüler, die für ihren »Meister« später durchs Feuer gingen. Es habe Kiesinger widerstrebt, so schreibt Jürgen Arndt, in den siebziger Jahren Senatspräsident am Kammergericht, im Gegensatz zu den üblichen Repetitorien »seine Hörer dadurch zu demütigen, daß er ihnen ihre Wissenslücken allzu drastisch vor Augen führte«. Allerdings habe sich der »Meister« als recht dünnhäutig erwiesen, »wenn wir uns im Stadium der Fortgeschrittenen [...] erdreisteten, seinen Auslegungen [...] zu widersprechen. Dann kam bei ihm ein schwäbischer Dickschädel zum Durchbruch, der es zwecklos erscheinen ließ, fürderhin wider den Stachel zu löcken.«[279]

Wenn Kiesinger im Bürgerlichen Recht in den eingefahrenen Bahnen weitermachen konnte, dann war die Situation im Staats- und Verwaltungsrecht delikater. So habe er abgelehnt, die Nürnberger Gesetze und die dadurch eingeführten Straftatbestände zu behandeln. In einem vervielfältigten Skript zum Bürgerlichen Gesetzbuch benutzte Kiesinger die offizielle Sprachregel: »Die nat.soz. Revolution bringt die rassengesetzliche Rechtslehre ›zur Geltung‹: Das Recht dient zur Erhaltung der rassisch-völkischen Werte.« Auffällig ist, daß er »zur Geltung« in Anführungszeichen setzte, die Geschichte des BGB überhaupt nur sehr knapp skizzierte und im allgemeinen Teil seiner Ausführungen zur Rechtsfähigkeit eine Distanzierung von der Verneinung des Gleichheitsgrundsatzes im »Dritten Reich« unterzubringen verstand: »Rechtsfähig ist jeder Mensch, auch Verunstaltete, nicht Lebensfähige. Rechtlose (Sklaven, Unfreie) gibt es nach geltendem Recht nicht, ebensowenig zum Teil Rechtlose, Halbfreie (wie z. B. die Liten des germanischen Rechts).«[280] Angesichts der Tendenz im NS-Staat, »unwertes Leben« dem Euthanasieprogramm zu überantworten sowie ethnische und religiöse Minderheiten in rechtsfreie Räume zu stoßen, wird man die Wendung Kiesingers gegen das »germanische Recht« schon als Indiz rechtsstaatlicher Gesinnung und unterschwelliger Kritik an der NS-Rechtslehre lesen können.

Welche Mittel und Wege besaß Kiesinger, um seine Distanz zur herrschenden Ideologie zum Ausdruck zu bringen? Seine Schüler haben dies mehrfach beschrieben, am eindrucksvollsten Martin Hirsch, der von 1961 bis 1971 für die SPD als Rechtsexperte im Bundestag saß und schließlich Richter am Bundesverfassungsgericht wurde. In seinen Erinnerungen an einen »Großen Rechtslehrer« hat er das von Kiesinger geübte Verfahren, das stark auf Mimik und Modulation der Stimme setzte, am Beispiel der in der NS-Zeit eingeführten weltanschaulichen Verläßlichkeitsprüfung dargestellt. Im juristischen Staatsexamen wurde der ideologische Lackmustest von einem Beigeordneten abgenommen, den die Kandidaten spöttisch den »Völkischen Beobachter« nannten. Dieser stellte eine eigene Klausur und saß bei der mündlichen Prüfung als Beisitzer im Hintergrund.

Vorübergehend war, so Hirsch in der Festschrift zu Kiesingers 80. Geburtstag 1984, vom Reichspropagandaministerium die Sprachregelung eingeführt worden, daß »Karl der Große« nicht mehr »Karl der Große«, sondern »Karl der Sachsenschlächter« heiße. Diese Regelung war für den weltanschaulichen Teil des Examens verbindlich, der vor allem historische Stoffe abprüfte. Kiesinger, so Hirsch, habe mit dem ihm eigenen Mienenspiel seinen Studenten »diesen Blödsinn« beigebracht. Als ein Jahr später aus »Karl dem Sachsenschlächter« wieder »Karl der Große« wurde, geriet einer seiner Examenskandidaten in Not, der den plötzlichen Wechsel der Sprachregelung nicht mitbekommen hatte: »Dies war natürlich für Kiesinger in seiner Eigenschaft als Repetitor peinlich, aber wir, die wir mit ihm die Naziideologie ablehnten, konnten aus seiner Reaktion, seinem Mienenspiel, der Art seines Berichts über den Vorfall sofort tiefinnerliche Befriedigung über die in diesem Vorgang liegende ungeheuerliche Blamage der Nazimachthaber erkennen.«[281]

Der Tenor vieler Berichte über Kiesingers Lehrtätigkeit in Berlin weist in die gleiche Richtung. Nirgendwo wird Kiesinger zugebilligt, er habe Widerstand im engeren Sinne geleistet. Aber daß er einen subtilen Kontrapunkt zur herrschenden Ideologie setzte, wird ebenso sichtbar. Als privater Rechtslehrer ließ er partielle Illoyalität und Unangepaßtheit erkennen. Er bewegte seine Studenten zum kritischen Denken. Ernst Wolf meint, daß gerade die »Ausklammerung des Politischen« sehr viel wirksamer gewesen wäre als Ansprachen zur Politik, die ohnehin kaum wahrhaftig sein konnten, es sei denn, man wollte, wie er selbst, gleich in einem Gestapo-Keller verschwinden. Kiesinger habe sich deutlich von NS-Kronjuristen wie Reinhard Höhn, Ernst Rudolf Huber und Carl Schmitt unterschieden, die Wolf zur gleichen Zeit an der Friedrich-Wilhelms-Universität hörte: »Es konnte aber nicht ausbleiben, daß Kiesingers politische Einstellung bei entsprechenden Gelegenheiten schlagartig erkennbar wurde. So bemerkte er anläßlich der Besprechung eines mietrechtlichen Falls, in dem der Vermieter den Mieter schikaniert hatte: ›Aber natürlich ist das heute bei uns ganz anders. Der gemeinschaftsbewußte nationalsozialistische Vermieter ist Tag und Nacht um Treue und Fürsorge für seinen Mieter bemüht.‹ Die Verhöhnung der nationalsozialistischen Ideologie konnte nicht überhört werden.«[282]

Seine Schüler empfanden deutlich, daß Kiesinger mehr als schwer zu entschlüsselnde Andeutungen riskierte. Sie mahnten ihn, nicht ganz so rückhaltlos scharf zu sprechen, sondern vorsichtiger zu sein, und wandten sich dabei wohl auch an seine Frau.[283] Diejenigen unter seinen Studenten, denen er wirklich vertraute, lud er zu sich nach Hause in seine Wohnung ein. Dort bildete sich so etwas wie ein literarisch-politischer Salon, ohne daß dieser nun bewußt antinazistisch ausgerichtet gewesen wäre. Jürgen Arndt berichtet, daß sie Stefan George, Ernst Wiechert, aber auch die nach 1933 erschienen Werke von Thomas Mann gelesen hätten.[284] Martin Hirsch meinte in einem Zeitungsinterview im Dezember 1969, also nach Kiesingers Ausscheiden aus dem Kanzleramt, daß sein ehemaliger Lehrer von ihm »jeden Persilschein« bekommen würde. Von Kiesinger ins Vertrauen gezogen, habe er mit diesem an manchen Abenden in seiner Berliner Wohnung zusammengesessen und »weiß Gott antinazistische Gespräche« geführt.[285]

Überhaupt stammt von Hirsch der vermutlich eindrucksvollste »Persilschein«, der Kiesinger je ausgestellt worden ist, auch deshalb, weil er nicht ganz ohne Zwischentöne ist: »Es mag sein, daß Kiesinger damals im Gegensatz zu mir gehofft haben mag, das Naziregime könne doch erträglicher werden oder gar sich selbst kurieren können. Vielleicht war dies der große Irrtum seines Lebens, der ihn dann während des Krieges zu seiner Tätigkeit im Auswärtigen Amt veranlaßt hat. Sicher aber ist, ein ›Nazi‹ war Kurt Georg Kiesinger ganz gewiß nicht. Er hat den Nationalsozialismus, wenn auch aus ganz anderer Sicht, genauso verachtet wie ich. Es mag sein, daß manche Politiker von Zeit zu Zeit eine Ohrfeige verdienen. Kurt Georg Kiesinger hat seine Ohrfeige eindeutig zu Unrecht bekommen.«[286]

Bei aller Staats- und Führervergottung und teils konsensualer, teils widerwilliger Anpassung der Deutschen im »Dritten Reich« – man wird die Bedeutung solcher Freiräume nicht unterschätzen dürfen, wie sie nicht primär Verfolgte und Ausgegrenzte nach wie vor für sich in Anspruch nehmen konnten. Gewiß, viele Deutsche, vor allem die Eliten in Wirtschaft, Politik, Kultur und Verwaltung, arbeiteten dem »Führer« willig entgegen, wie es der britische Historiker Ian Kershaw in Anschluß an die damalige Terminologie treffend formuliert.[287] Sicher ist auch die nationalsozialistische Herrschaft vor 1938/39 keine »totale« gewesen, was Unangepaßtheit erleichterte. Eine gewisse Normalität des Alltags war für diejenigen, die keine jüdischen Eltern oder Großeltern hatten oder in sonstiger Weise aus politischen, religiösen, ethnischen oder Gründen der sexuellen Orientierung verfemt und verfolgt wurden, über weite Strecken der sogenannten Friedenszeit vor Ausbruch des Zweiten Weltkrieges die überwiegende Erfahrung. Dahinter verbirgt sich indes ein moralisches Dilemma, weil die Mehrheitsgesellschaft das schweigende Opfer der ausgegrenzten Minderheiten, wenn nicht in allen Fällen zustimmend akzeptierte, so doch hinnahm.

Natürlich fragten sich hinterher viele Menschen wie Kiesinger, die nicht aktiv gegen das Regime angegangen waren, was sie letztlich hätten tun können. Vielleicht war es dieser Schein der Normalität, der in den Schilderungen von Kiesingers Schülern durchdringt, der eine der größten Herausforderungen und Gefahren des Nationalsozialismus bedeutete. Der Alltag waren für die meisten nicht die großen Haupt- und Staatsaktionen oder die permanente marktschreierische Mobilisierung der »Volksgemeinschaft«. Vielmehr ließ das »Dritte Reich« den »Volksgenossen« ihre Freiräume, sofern sie sich still verhielten. So wurde der einzelne im kollektiven Sinne mitverantwortlich und mitschuldig, ohne aber individuell belangt werden zu können. Dies war das Problem, das sich auch mit der Entnazifizierung nach 1945 stellte und wofür dann keine richtige Lösung gefunden worden ist. Zum Teil geängstigt, zum Teil einfach träge, verschlossen viele Deutsche (und nicht wenige Nicht-Deutsche) schlicht die Augen. Im Lichte der historischen Kenntnis wirken daher auch die Schilderungen der Schüler Kiesingers und seiner selbst aus den »friedlichen« dreißiger Jahren, in denen immer wieder unbeschwerte Alltags- und Urlaubserlebnisse angesprochen sind, so unwirklich.[288]

Kiesinger lehnte es ab, »dem Führer entgegenzuarbeiten«. Auch tröstete er sich vielleicht, daß sich weite Bereiche des Rechts »immer in den Gleisen der überlieferten Judikatur« bewegten. Allerdings wußte er nur zu gut, daß das Recht in Theorie und Praxis zunehmend als Vollstreckung des »Willens des Führers« verstanden wurde und daß dessen ideologische Grundlage einer abstrusen Rassentheorie die nationalsozialistische von allen anderen zeitgenössischen Diktaturen in Europa unterschied. Was er nach seiner Desillusionierung durch den »Röhm-Putsch« tat, war allenfalls ein stiller Protest. Er selbst hat sein Verhalten mit der Formulierung entschuldigt: »Man treibt immer mit dem Strom, auch wenn man gegen ihn schwimmt.«[289]

In einem Interview für die Festschrift seines Schülers Martin Hirsch, die von dem SPD-Politiker Hans-Jochen Vogel herausgegeben wurde, suchte er sein Dilemma noch einmal auf den Punkt zu bringen: »Eines der wenigen von mir geliebten Bücher, die ich vor der Zerstörung des Krieges retten konnte, ist Erik Wolfs Werk ›Große Rechtsdenker der deutschen Geistesgeschichte‹. Es ist 1939 in erster, 1944 in zweiter Auflage erschienen. Erik Wolf war damals Professor des Rechts an der Universität zu Freiburg im Breisgau. Von der ersten bis zur letzten Seite war dieses in den dunkelsten Jahren erschienene Buch zwar kein lauthals hinausgeschriener, aber intensiver Protest gegen den Ungeist jener Zeit. Am Ende des Buches, wo er seine Abhandlung über Otto von Gierke beschloß, rief er als Vermächtnis des großen Rechtsdenkers dessen Mahnung in Erinnerung: ›Hochzuhalten das Banner der Rechtsidee im Kampf gegen ihre Zersetzung durch die Ideen des Nutzens und der Macht, treu zu wahren den Gedanken, daß des Rechts Grund und Ziel die Gerechtigkeit ist.‹«[290]

Am 3. September 1939 begann mit dem deutschen Überfall auf Polen der Zweite Weltkrieg. Viele in Kiesingers Freundeskreis erwarteten ein schnelles Ende des Krieges. Kiesinger blieb skeptisch und zeigte keinerlei Hurra-Patriotismus. Als einziger habe er auf dem Gegenteil bestanden, als sie glaubten, der Krieg sei an Weihnachten zu Ende, schreibt Ruth Makowski-von Grimm: »In fünf Jahren sprechen wir uns wieder!« habe Kiesinger gesagt. Da habe er noch ein Jahr zuwenig gerechnet. Er sei wie »gelähmt gewesen« in diesen Wochen. »Die Erinnerung an den Ersten Weltkrieg, an jene Jahre, die jetzt noch wie mit widerlichem Schimmel überzogen in meiner Erinnerung hafteten, an die Toten, die Verwundeten und Verkrüppelten, an die Armut, den Hunger, das Elend und endlich den Zusammenbruch quälte mich. Das alles sollte nun wiederkommen, vielleicht noch schrecklicher als einst. Ich wartete in tiefer Depression ab, was geschehen würde.«[291]

Viele Deutsche haben das damals so ähnlich empfunden. Sie waren, zwanzig Jahre nach dem Ende des Ersten Weltkrieges, für den Zweiten nicht bereit.[292] Mit Kriegsbeginn schickte Kiesinger in einer ersten Reaktion das Repetitorium nach Hause. »Zunächst war es so, daß ich mir sagte, daß es jetzt aus ist; ich war auch so deprimiert, so niedergeschlagen, daß ich einfach aufhörte.«[293] Er rechnete damit, eingezogen zu werden. Weil er einem älteren Jahrgang angehörte, ließ sich die Wehrmacht Zeit damit. Kiesinger wurde zur Musterung befohlen. Dann geschah lange nichts. Vorübergehend kam es in seinem Repetitorium sogar noch einmal zu einem »Massenbetrieb«. Nach dem Feldzug in Polen – Hitler hatte sich im Westen vorübergehend zum »Sitzkrieg« entschieden – wurden viele seiner Schüler für einige Monate auf Examensurlaub in die Heimat geschickt. Kiesinger half, den Stoff in kürzester Zeit durchzupauken.[294] Während sich an der deutsch-französischen Grenze die Truppen kampflos gegenüberstanden, keimte in seiner Familie und in seinem Freundeskreis immer wieder die Hoffnung auf, der Krieg würde »wie das Hornberger Schießen enden, so wenig Anlaß wir auch zu einem solchen Optimismus hatten«.[295]

Vom Nationalsozialismus zur Demokratie
1940–1949

Ins Auswärtige Amt

Am 9. April 1940, dem Tag des deutschen Angriffs auf Norwegen und Dänemark, begann Kiesingers Tätigkeit im Auswärtigen Amt. Dieser Wechsel markiert einen Wendepunkt auf seinem Lebensweg. Hier liegen, im weitesten Sinne, die Anfänge seiner *politischen Biographie.* Bis zu diesem Zeitpunkt hatte Kiesinger sich von der praktischen Politik eher ferngehalten, läßt man die Verbindungen der Askania in das Milieu des politischen Katholizismus und die rechtskatholische Annäherung an die NS-Volksgemeinschaft im Jahr 1933 beiseite. Der Krieg zwang ihn, die Nische zu verlassen, wenn er sich auch auf charakteristische Weise seine Freiräume zu wahren verstand: Den Repetitor führte er im Nebenberuf fort. Am frühen Morgen, vor Dienstantritt zwischen 7 und 9 Uhr, unterrichtete er weiterhin seine Studenten. Das hatte er sich so ausbedungen.

Wie kam es, daß Kiesinger, der sich als Rechtslehrer den Ansprüchen des Regimes einigermaßen zu entziehen verstanden hatte, sich ins Auswärtige Amt verpflichten ließ und damit gewissermaßen in den Dienst der nationalsozialistischen Sache? Nun, es war Krieg und wie so oft spielten der Zufall und persönliche Kontakte eine Rolle. Karl-Heinz Gerstner, ein ehemaliger Schüler, hatte Kiesinger beim Bridge-Spiel von seiner Tätigkeit in einer Unterabteilung des Auswärtigen Amtes erzählt, Kult R, was für »Kulturabteilung, Rundfunk« stand, zu diesem Zeitpunkt noch eine kleine Verästelung in der wild wuchernden Kulturabteilung des Auswärtigen Amtes.[1]

Gerstner war eine etwas undurchsichtige Gestalt. Der uneheliche Sohn des für internationale Wirtschaftsfragen zuständigen Botschafters Ritter, ging er 1941 als verbeamteter Legationssekretär nach Paris. Dort erfreute er sich der besonderen Gunst des NS-Botschafters Heinrich Abetz. Im Geheimen wirkte er jedoch in einer kommunistischen Widerstandsorganisation mit und warnte die französische *Résistance* vor Aktionen der deutschen Besatzungsmacht. Nach dem Krieg, 1951, meldete er sich bei Kiesinger in Bonn. Die alten Duzfreunde korrespondierten noch einmal kurz miteinander: »Ich freue mich natürlich«, schrieb Kiesinger zurück, »daß Du die Katastrophe überstanden hast, wenn es mir auch schwerfällt, mich in Deine politischen Überzeugungen hineinzudenken. Ich bin aber gewiß, daß wir beide dem Frieden dienen wollen.«[2] Daran suchte Kiesinger im Dezember 1967 noch einmal anzuknüpfen, als er hoffte, über Gerstner einen unauffälligen Kontakt zur DDR-Führung zu finden.[3]

Es war also ein Kommunist, der Kiesingers Verpflichtung ins Auswärtige Amt anregte. In der DDR machte Gerstner später Karriere, wurde ein hochangesehener Journalist und Fernseh-Kommentator, der es bis zum Chefreporter der *Berliner Zeitung* und zum Moderator der Fernsehsendung »Prisma« brachte. Er war gemeint, als Kiesinger bei seiner Vernehmung im Prozeß gegen ein früheres Mitglied des Auswärtigen Amtes 1968 etwas kryptisch von der »hochgestellten ostdeutschen Persönlichkeit« sprach, die ihm den Weg ins Auswärtige Amt geebnet hätte.[4]

Was auch immer Gerstners Motive gewesen sein mögen, Kiesinger war interessiert. Gerstner und ein weiteres Mitglied der fröhlichen Bridge-Runde, die Archivarin von Kult R, Frau Dr. Lang-Kraucher, eine österreichische Journalistin, die bis dahin in Paris tätig gewesen war und später eine Liaison mit Kiesingers Vorgesetztem, dem Unterabteilungsleiter Rühle, einging, nutzten ihren Einfluß, um Gerd Rühle und den stellvertretenden Leiter von Kult R, Dr. Hans Heinrich Schirmer, auf den tüchtigen Juristen und Repetitor Kiesinger aufmerksam zu machen.[5]

Einen Tag vor Kiesingers 36. Geburtstag, am 5. April 1940, rief ihn Schirmer zu einem Vorstellungsgespräch ins Auswärtige Amt. Der Repetitor begab sich in das Dienstgebäude von Kult R, die nicht am traditionellen Sitz des Auswärtigen Amtes in der Wilhelmstraße residierte, sondern in der Kronenstraße hinter dem Gendarmenmarkt und, nachdem dieses Quartier später ausgebombt worden war, in die Saarlandlandstraße Nr. 60 (nach dem Krieg wie bis 1935 Stresemannstraße) in der Nähe des Anhalter Bahnhofs verlegt wurde.[6] Ob Schirmer schon bei diesem ersten Gespräch die Karten so freimütig auf den Tisch legte, wie Kiesinger in seinen Erinnerungen behauptet, läßt sich bezweifeln. Dazu war der stellvertretende Abteilungsleiter wohl schon zu gewitzt, wie der Kiesinger eng verbundene spätere Regierungssprecher der Großen Koalition, Günter Diehl, meint.[7]

Schirmer jedenfalls suchte einen Rechtsanwalt mit Fremdsprachenkenntnissen. Mit beidem konnte Kiesinger aufwarten. Verbürgt ist, daß sich beide Männer auf Anhieb verstanden. Ihre Freundschaft überdauerte die Jahrzehnte. 1949/50 sollten sich beide in Bonn wiedertreffen, wo Kiesinger seinem alten Freund die Tür zum Bundespresseamt öffnete. Dort stieg Schirmer rasch zum Leiter der Auslandsabteilung auf. Von Kiesinger mit einem »wunderschönen Zeugnis für die Entnazifizierung« versehen, glückte ihm dann der Sprung zurück ins Auswärtige Amt. Auch in den folgenden Jahren war Kiesinger stets zur Stelle, wenn Schirmers Karriere stockte. So im Herbst 1954, als seine Versetzung an die Deutsche Gesandtschaft in Washington an seiner umstrittenen Tätigkeit als NS-Studentenschaftsführer in England 1933/34 scheiterte und an seiner Dienstzeit im Propagandaministerium, wo Schirmer vor seinem Wechsel ins Auswärtige Amt 1939 gearbeitet hatte.[8]

Schirmer wurde in der Bundesrepublik ein enger politischer Berater Kiesingers. Als der Ministerpräsident nach seinem Wechsel vom außenpolitischen Informationsfluß abgeschnitten war, trafen sich beide Männer von Zeit zu Zeit zum Wandern, sprachen über alte Zeiten und Interna aus dem Außenamt.[9] Im November 1966 gehörte Schirmer zum Fähnlein der vier oder fünf Aufrechten, die dem wegen seiner NS-Vergangenheit ins Gerede gekommenen Kanzlerkandidaten den Rücken gegen alle Anfeindungen stärkten. Auch dank der Unterstützung von Schirmer, Diehl, Sonnenhol, Wickert und einiger anderer blieb Kiesinger im November 1966 bei seinem Entschluß, das Kanzleramt anzustreben. 1967 war Schirmer dann in geheimer Mission für Kiesinger nach Moskau unterwegs, 1968 jedoch ließ ihn Kiesinger nach Australien gehen, obwohl er ihn lieber bei der UNO gesehen hätte. Die Vergangenheit warf lange Schatten auf das Kanzleramt, die Öffentlichkeit begann sich für die Seilschaft aus dem Ribbentrop-Ministerium zu interessieren. Es sah danach aus, als hätte sich eine alte Clique aus der Wilhelmstraße im Palais Schaumburg eingenistet.[10] Unter Kiesingers Nachfolger Brandt sollte Schirmer dann seine Karriere ehrenvoll als Deutscher Botschafter in Wien beenden.[11]

Doch zurück ins Jahr 1940. Ohne sich lange mit Formalitäten aufzuhalten (»Politisch liegt doch nichts gegen Sie vor?«), machte ihm Schirmer ein Angebot. Das kam buchstäblich in letzter Minute; Kiesinger nahm mit Handkuß an. Den Gestellungsbefehl hatte er bereits in der Tasche, am 7. April hätte er sich im Wedding zur schweren Artillerie melden müssen. In der Tat, so recht kann man sich den herzkranken, militärischem Gehabe eher abholden Kiesinger bei den Soldaten nicht vorstellen, wenn auch andere *diese* Wahl nicht hatten. Dennoch soll er in seinem Fatalismus der Musterungskommission im Herbst 1939 sein gesundheitliches Handicap verschwiegen haben.[12]

Der Dienst an der Waffe, auch wenn er in der Schreibstube abgeleistet worden wäre, hielt für den 36jährigen Kiesinger keine Attraktion bereit. Das unterschied ihn zu diesem Zeitpunkt doch von manchem jüngeren Mann, der die soldatische Bewährung suchte. Kiesinger, so sein Schüler Albrecht Pünder zur Verteidigung seines Lehrers, sei sicher froh gewesen, daß er nicht an die Front mußte: »Ich mein', wer wollte denn gerne schießen und erschossen werden. Wir, wir jungen Kerle waren so verrückt, großen Teils. Aber das war ja doch schon ein erfahrener Mann, der war froh, daß er statt dessen die Dienstverpflichtung ins Auswärtige Amt haben konnte«.[13] Daß es Jahrzehnte später als weniger ehrenrührig gelten sollte, den Dienst mit der Waffe geleistet zu haben als den »Ersatzdienst« im Auswärtigen Amt, das kam Kiesinger 1940 wohl nicht in den Sinn.

Nun bot sich ein willkommenes Schlupfloch. Der Ausbruch des Krieges, meinte Kiesinger in einer 1947 verfaßten Verteidigungsschrift, habe für ihn persönlich, »wie für so viele, eine Katastrophe« bedeutet. Er sei noch immer »ernstlich krank« gewesen, »wenn auch auf dem Wege der Besserung«. Seine Frau habe das erste Kind erwartet (Viola kam im Juni 1940 zur Welt). Die Einziehung seiner Studenten zum Kriegsdienst »drohte mich sofort brotlos zu machen«. Dies alles sei durch das Gefühl »des furchtbaren Unglücks, welches der Krieg für Millionen Menschen bringen musste«, überschattet gewesen: »An Hitlers Sieg konnte und wollte ich nicht glauben, aber ebenso wenig konnte ich eine vernichtende Katastrophe für das deutsche Volk wünschen«.

Die Hoffnung, so stellte Kiesinger nachträglich seine Motivlage dar, daß es im Verlaufe des Krieges »den regimefeindlichen Kräften, insbesondere den Gegnern in der Wehrmacht und in der Beamtenschaft« möglich sein würde, »die Naziherrschaft zu brechen und einen erträglichen Frieden zu schließen«, habe ihn mitinspiriert. Viele Anti-Nazis hätten auch auf das Auswärtige Amt geblickt, das, neben der Wehrmacht, noch immer als eine »Hochburg der ›Reaktion‹« gegolten habe.[14] Ob diese nachträgliche, in Kenntnis des 20. Juli getroffene Aussage nun Kiesingers tatsächlichem Informationsstand 1940 entsprach oder nicht: Mit seiner Einschätzung lag er partiell richtig, denn in der Tat gehörten nationalkonservative Zirkel im Auswärtigen Amt und in der Wehrmacht zu den wenigen, die, obwohl sie als Teil des Regimes dessen Politik zunächst gestützt hatten, allein halbwegs mit Aussicht auf Erfolg Hitler zu stürzen versuchen konnten.[15]

Kurzum, Kiesinger wurde vom Wehrdienst freigestellt und kam als »Wissenschaftlicher Hilfsarbeiter« (WHA) kriegsdienstverpflichtet ins AA. Hinter »WHA« verbirgt sich die traditionelle Bezeichnung für vorübergehend Angestellte im Höheren Auswärtigen Dienst. Schon im Ersten Weltkrieg hatte das AA solche »Wissenschaftlichen Hilfsarbeiter« beschäftigt, darunter auch Kiesingers einstigen Berliner Lehrer und späteren Tübinger väterlichen Freund, Eduard Spranger. Das waren Experten, die, ohne die Diplomatenschule durchlaufen zu haben, vorübergehend den Karrierediplomaten durchaus vergleichbare Aufgaben wahrnahmen. 1939/40 wurden Dutzende solcher WHAs vom Auswärtigen Amt rekrutiert, vor allem in den von Ribbentrop neu eingerichteten, »aktivistischen« Abteilungen, Presse, Information und Rundfunk.¹⁶ Kiesinger Status war daher nicht außergewöhnlich und stand seiner Beförderung bis zum stellvertretenden Abteilungsleiter nicht im Weg.

Der Vorteil bestand vermutlich darin, daß er sich alle Optionen offenhielt und weiterhin seine Kurse unterrichten konnte. Bis zuletzt strebte er jedenfalls keine Übernahme in das Beamtenverhältnis an, was z.B. Schirmer, Gerstner und Diehl erreichten. Dennoch wurde später die Frage aufgeworfen, ob sich der Bundeskanzler aus »karrieristischen und finanziellen Gründen« in seiner außeretatmäßigen Position nicht sehr viel besser gestellt hätte als seine verbeamteten Kollegen, deren Laufbahn durch das Korsett der Planstellen behindert worden sei.¹⁷ Dagegen ließe sich einwenden, daß unter Ribbentrop oder Goebbels ein irregulär schneller Aufstieg an einer fehlenden Planstelle nicht scheitern mußte. Außerdem wurden mit Rücksicht auf die zur Wehrmacht Eingezogenen nur wenige WHAs zu Beamten auf Lebenszeit ernannt. Im Falle der Rundfunkpolitischen Abteilung wäre eine solche Ernennung vor dem 1. April 1943 ohnehin nicht in Frage gekommen. Bis zu diesem Zeitpunkt wurden ihre Mitarbeiter aus dem Kriegskostensonderfonds vergütet, erst danach aus dem ordentlichen Haushalt des AA. So verharrte Kiesinger, trotz seiner Ernennung zum stellvertretenden Abteilungsleiter, bis zuletzt in der Angestellten-Tarifgruppe II.¹⁸

Er habe schnell gemerkt, daß er mit Kult R eine gute Wahl getroffen hatte, so Kiesinger in seinen Erinnerungen. Nachdem er sich in seiner kleinen Abteilung umgesehen habe, sei ihm schnell deutlich geworden, daß unter seinen Kollegen »nur wenige wirkliche Nazis« gewesen seien: »Die Mehrzahl waren Leute die – fast alle, wie ich, nur Kriegseinsatz leistend – dem System mit größter Reserve gegenüber standen.« Als er zum ersten Mal seine neue Dienststelle im Funkhaus in der Masurenallee betreten habe, sei er dort drei Zensuroffizieren der Kriegsmarine vorgestellt worden. Diese hätten aus ihrem Herzen keine Mördergrube gemacht. Sie hätten sich »auf das höchste besorgt und erbittert über dieses ›va-banque-Spiel‹ geäußert« (gemeint war der Angriff auf Norwegen und Dänemark), Hitler als »einen verzweifelten Hasardeur« bezeichnet, und »als die Rede auf die unheilvolle Tätigkeit des Propagandaministers kam, rief der alte Korvettenkapitän P., obwohl er mich erst seit einer Viertelstunde kannte: ›Es ist eine Schande für die ganze deutsche Wehrmacht, daß sich kein junger Offizier findet, der diesen Kerl über den Haufen schießt‹«.¹⁹

Seine neuen Kollegen hatten Gründe, auf Goebbels zu schimpfen. Der eine namens Kunsti war früher Intendant des Wiener Rundfunks gewesen. Ihn hatte der Propagandaminister aus dem Amt gejagt. Der Korvettenkapitän Paetzold war ein Seeheld des Ersten Weltkrieges, der in der Zwischenkriegszeit die Osiandersche Buchhandlung in Tübingen geleitet und später Verlagsdirektor bei Langen-Müller geworden war. Als der Verlag in das parteieigene Eher-Imperium übernommen wurde, verlor er seine Stellung. Auch die größere Kulturabteilung, der Kult R anfangs noch zugeordnet war, galt zu diesem Zeitpunkt noch nicht gerade als eine Kerntruppe des Nationalsozialismus. An ihrer Spitze stand Fritz von Twardowski, einer der wenigen »linken« Weimarer Diplomaten, der sich Anfang der fünfziger Jahre ebenfalls in Bonn einstellen sollte und unter Adenauer kurzzeitig das Bundespresseamt leitete, in einer Phase, als dort auch Kiesingers ehemalige Kollegen Schirmer, Köster und Diehl anheuerten und er selbst als Leiter dieser Behörde ins Gespräch kam.[20]

Innerhalb von Kult R wurde Kiesinger zur »Verbindungsstelle der Abteilung Kult R zur Reichsrundfunkgesellschaft« (bürokratisches Kürzel: VAA-RRG) abgestellt, wo er als Kompagnon Georg von Lilienfeld beigesellt wurde. Dieser stammte aus baltischem Adel und übernahm kurze Zeit später das Nordamerikareferat von Kult R.[21] Lilienfeld hatte in den USA studiert, war mit einer Amerikanerin verheiratet und sollte wie Diehl und Schirmer Kiesinger ein Leben lang die Treue halten. Im Spätjahr 1966 war Lilienfeld auf Posten, als sich die Kontroverse um Kiesingers NS-Vergangenheit in den USA dramatisch zuspitzte. Als der Gesandte an der Deutschen Botschaft in Washington orchestrierte er die Kampagne zur Verteidigung des Kanzlerkandidaten der CDU/CSU. In der Funkverbindungsstelle folgte ihm bald Kajus Köster nach, dessen Vater Adolf Köster in Weimar ein prominenter sozialdemokratischer Politiker gewesen war. Nach dem Kriege zunächst Senatsdirektor in Hamburg, dann Sekretär beim Parlamentarischen Rat, gelangte der junge Köster wie Schirmer und Diehl über das Bundespresseamt in das Auswärtige Amt zurück und blieb mit Kiesinger über die Jahre verbunden.[22]

Daß Lilienfeld und die drei OKW-Zensoren das militärische Ausgreifen nach Nordeuropa für eine Narretei hielten, muß nicht als Ausdruck einer antinazistischen Haltung gewertet werden. Es waren allenfalls Ansatzpunkte, aus denen sich über die Jahre Resistenz, vielleicht sogar Widerstand entwickelte. Die anfängliche Aufgabe war jedenfalls, den amerikanischen Rundfunkkorrespondenten auf die Finger zu sehen, die bis 1941 über das europäische Kriegsgeschehen direkt aus der Reichshauptstadt *live* in Amerikas Wohnstuben berichteten. Dabei mußten nicht nur die Texte vorher zensiert, sondern deren allabendliche Verlesung über den Kurzwellensender überwacht werden, damit der Korrespondent nicht von dem vereinbarten Wortlaut abwich.[23] Das erforderte Fingerspitzengefühl, zumal die anfangs sehr großzügig gehandhabte Zensur im Laufe des Jahres 1940/41 verschärft wurde. Immer öfter mißlang es, die Manuskripte der Radioberichte dergestalt zu »frisieren«, daß sie keinen Anstoß bei übergeordneten Dienststellen erregten.[24]

INS AUSWÄRTIGE AMT

Erneut sammelte Kiesinger Lebenserfahrung als »Vermittler« in einer heiklen Situation. Die Korrespondenten entwickelten Geschick im Umgang mit der Zensur, indem sie allgemein zugängliche, an entlegenen Orten publizierte Informationen kombinierten. So warf Kiesingers Vorgesetzter als Leiter der Funkverbindungsstelle, Markus Timmler, dem amerikanischen CBS-Korrespondenten William L. Shirer im September 1940 vor, Ausschnitte aus deutschen Zeitungen unsachgemäß aneinanderzureihen sowie sich eines ironischen und sarkastischen Tonfalles zu bedienen. Damit würde alles, »selbst die OKW-Berichte«, in Zweifel gezogen.[25] Da Kiesinger und seine Kollegen stets unter Zeitdruck entscheiden mußten, ob ein Bericht politisch korrekt abgefaßt worden war oder nicht, kam es immer wieder zu Konflikten mit übergeordneten Stellen, die mit der Arbeit der Zensoren unzufrieden waren.[26] Umgekehrt drohten die Korrespondenten mit dem Abbruch der Sendungen, was dem »Dritten Reich« außenpolitischen Schaden zugefügt hätte.[27]

Die Zensoren waren gegenüber den Amerikanern also in keiner sehr starken Position. Das Auswärtige Amt besaß ein Interesse an einer ungestörten Berichterstattung, weshalb vieles unbeanstandet passieren konnte. Umgekehrt hätten die Amerikaner versucht, die Zensoren nicht allzusehr in Verlegenheit zu bringen, so Kiesinger. Manches sei informell vorher abgeklärt worden, auch weil sich das Auswärtige Amt nach dem Vorbild des »Promi« (wie das Propagandaministerium im Jargon abgekürzt wurde) zu Kriegsbeginn eine eigene Pressekonferenz geschaffen hatte, auf der den Journalisten ohne Vorzensur die Tendenz ihrer Berichte eingeschärft wurde.[28]

Alles in allem entwickelte sich ein recht ordentliches Arbeitsverhältnis zwischen Zensoren und Korrespondenten. Beiden Seiten war klar, daß sie innerhalb eines sehr begrenzten Spielraums operierten. In seinem 1968 erschienenen Buch *Which way Germany* hat der ehemalige CBS-Korrespondent Harry Flannery daran erinnert, daß sein Kollege Shirer sich »sehr lobend« über den jungen Zensor Kiesinger geäußert habe.[29] Es war ein Geben und Nehmen, wie eine Aufzeichnung Kiesingers illustriert: Der Gesandte Schmidt, der inoffizielle Sprecher des AA, habe die amerikanischen Rundfunkberichterstatter getadelt, weil sie in ihrer Berichterstattung einen falschen Eindruck von seinen Äußerungen auf der Pressekonferenz vermittelt hätten. Schmidt bat die Korrespondenten, sich möglichst selten auf den »Spokesman« des AA zu beziehen, sondern sich mit allgemeinen Wendungen wie »Die Wilhelmstraße sagt« zu begnügen – wohl um nicht selbst in die Schußlinie zu geraten. Gegenüber Kiesinger drohte Schmidt, bei einem Zuwiderhandeln künftig die amerikanischen Korrespondenten von der Pressekonferenz auszuschließen. Daraufhin versicherte ihm Kiesinger, daß »von seiten der Zensur das Entsprechende veranlaßt« würde und daß die amerikanischen Berichterstatter »die Anregung sicherlich beherzigen« würden. Tatsächlich habe er bei den Korrespondenten »bereitwilligstes Verständnis« gefunden.³⁰

In Kult R faßte Kiesinger schnell Fuß. Mitte Mai, sechs Wochen nach seinem Eintritt ins Auswärtige Amt, wurde er als der für die »politisch einwandfreie Durchführung« verantwortliche Begleiter mit auf eine Informationsfahrt zu zwei Gefangenenlagern geschickt. Nach Abschluß der Reise berichtete Kiesinger dem AA, daß die Gefangenen in guter Stimmung gewesen wären und sich zwanglos vor dem Mikrophon geäußert hätten. Leider hätten die zuständigen Offiziere der Wehrmacht aus Unkenntnis der Besonderheiten des Rundfunks wenig Verständnis dafür aufgebracht, daß es notwendig sei, »den Sprechern eine gewisse Freiheit in der Fühlungnahme mit den Gefangenen zu gestatten, um wirkungsvolle Berichte zustande zu bringen«. Es sei ihm, Kiesinger, jedoch gelungen, das anfängliche Mißtrauen der Lagerleitung abzubauen und »zu einem befriedigenden Übereinkommen« zu gelangen. Auch künftig müßten politische Begleiter – lies: ein Mitglied des AA – mit auf diese Fahrten geschickt werden. Das Feld dürfe nicht der vom Propagandaministerium abhängigen Reichsrundfunkgesellschaft (RRG) überlassen werden. Nur diplomatisch versiertes Begleitpersonal sei geeignet, den militärischen Behörden Vertrauen einzuflößen und die ausländischen Korrespondenten dahingehend zu beeinflussen, daß »sie in dem Verkehr mit den Gefangenen gewisse Grenzen nicht überschreiten«.³¹

Die Korrespondentenreisen galten als ein besonders wirkungsvolles Instrument deutscher Auslandspropaganda. Kult R regte 1940 mehrere solcher Reisen an, darunter eine nach dem Ende der Kampfhandlungen im Westen nach Belgien und Frankreich. Kiesinger wurde als einer der beiden außenpolitischen Begleiter ausersehen, die Leitung hatte der zuständige Mann von der RRG. Zum ersten Mal in seinem Leben fuhr Kiesinger nach Frankreich. »Auf den Spuren der Wehrmacht«, über Lüttich und Löwen, reiste die Gruppe zunächst nach Brüssel. Am Strand von Dünkirchen verschafften sich die Reporter einen Eindruck vom Kriegsgeschehen. Bei ihrem überstürzten Rückzug hatten die Briten und ihre Verbündeten ihr gesamtes Material zurückgelassen, als sie in kleinen Booten über den Kanal setzten.

Dann ging es auf von Granaten- und Bombentrichtern übersäten Landstraßen nach Paris. In Versailles wurde der Spiegelsaal als der Ort des »Schanddiktates« von 1919 besichtigt. Anschließend bugsierte der bildungsbeflissene Kiesinger die Gruppe nach Chartres, »um die herrliche Kathedrale zu sehen«. In Paris wurde er von Abetz in ein Gespräch im Garten der Deutschen Botschaft verwickelt. Man sei sich einig gewesen, so Kiesinger später, mit Frankreich eine Versöhnung anzustreben. In Berlin, so Abetz, säßen die

»schlimmeren Gaullisten«. Der designierte Botschafter spielte darauf an, daß viele Mitglieder der deutschen Führung ebensowenig auf einen Ausgleich mit Frankreich erpicht waren wie der Führer des »Freien Frankreich«, Charles de Gaulle.[32] Die Reise endete in Straßburg, wo Kiesinger die »Gelegenheit nahm«, einen »allgemeinen kurzen Vortrag über die Geschichte Elsaß-Lothringens zu halten«, der von den Teilnehmern der Reise »dankbar begrüßt« worden sei.[33]

Der triumphale Sieg über Frankreich hatte Hitler auf den Höhepunkt seiner Macht geführt. Das grub im Inneren nicht nur der militärischen Opposition das Wasser ab.[34] In nicht einmal sechs Wochen hatte Hitler erreicht, was dem kaiserlichen Deutschland in vier blutigen Kriegsjahren nicht gelungen war: Frankreich war überrannt und gedemütigt, der Kontinent von starken militärischen Gegnern entblößt. Noch auf den Kriegsbeginn im September 1939 hatten große Teile der deutschen Bevölkerung mit Skepsis, ja Angst reagiert. Viele Menschen dachten, zwei Jahrzehnte nach seinem Ende, an den Ersten Weltkrieg, wie auch Kiesinger im Einklang mit der herrschenden Stimmung im Winter 1939/40 für seine Person berichtet hat.[35]

Von der begeisterten Erleichterung über den militärischen Triumph im Westen hat sich Kiesinger vermutlich anstecken lassen; vielleicht weil er hoffte, der Krieg sei damit zu Ende. Seinem Abschlußbericht zufolge war Sinn und Zweck der Reise nach Belgien und Frankreich, den Hörern erstens einen Eindruck von der »unwiderstehlichen Kraft der deutschen Waffen im Kriege« zu geben, also der militärischen Überlegenheit der deutschen Kriegsmaschinerie. Zweitens sollte das auswärtige Publikum über »Haltung und Leistung des Siegers während des Krieges und nach Beendigung der Kampfhandlungen« informiert werden. Das richtete sich gegen die britische Rundfunkpropaganda über bestialische deutsche Verbrechen, wie sie im Ersten Weltkrieg in Belgien verübt worden waren. Er wollte den Korrespondenten vermitteln, daß so etwas 1940 nicht passierte. Zu diesem Zeitpunkt entsprach dies noch weitgehend den historischen Tatsachen, wenn auch gleichzeitig in Polen und später dann in Frankreich derartige Greueltaten verübt worden sind. Ihren Zweck erreichte die Reise seinem Bericht zufolge vollkommen: Die Reportagen über die Spuren des Krieges würden ganz eindeutig von der Überlegenheit der deutschen Waffen im Kriege und von »Haltung und Leistung« des Siegers zeugen, vom Auftreten »des deutschen Soldaten in Frankreich«, der von ihm »überall geleisteten Aufbauarbeit« und »den außerordentlichen Leistungen der NSV [Nationalsozialistischen Volkswohlfahrt] bei der Betreuung der Bevölkerung und der heimkehrenden Flüchtlinge«.

Kiesinger wäre kein guter Mitarbeiter *seines* Ministeriums gewesen, wenn er diesen Bericht nicht dazu genutzt hätte, dem Gegner im »Promi« gleich nebenbei an den Karren zu fahren: Die Vertreter von Kult R hätten während der gesamten Reise in Einzelgesprächen »in unaufdringlicher Weise die wichtigsten Gesichtspunkte« mit den Radiokorrespondenten erörtert. Dabei hätten sie jedoch die Erfahrung gemacht, daß die stets eifersüchtig auf ihre Kompetenzen pochende RRG die Korrespondenten völlig sich selbst überlassen hätte. Angesichts des unterschiedlichen Bildungsstandes der Sprecher, denen z.T. die notwendigen geschichtlichen und geographischen Kenntnisse gefehlt hätten, hätte dies sich »besonders ungünstig bei den Berichten über Löwen, Versailles, Straßburg und das Elsaß auswirken können«. Ein guter Teil des schließlichen Erfolgs der Reise sei daher auf die von den Vertretern des Auswärtigen Amtes geleistete gute Arbeit zurückzuführen gewesen.[36]

Jeder, der einmal einen Bericht für die Akten verfaßt hat oder sich mit Berichten in Akten beschäftigt, weiß, daß der eigene Beitrag tüchtig hervorgekehrt werden muß. Dies trifft auch für Kiesingers Reisebeschreibung zu. Daß diese Reise, wie es in propagandistischen Darstellungen der sechziger Jahre heißt, unter der Leitung Kiesingers gestanden hätte, wird schon durch den Wortlaut seiner Darstellung widerlegt. Auch Beate Klarsfelds Schluß, Kiesinger habe sich als »Reisender in NS-Angelegenheiten« in Belgien und Frankreich getummelt, geht aus der Aufzeichnung nicht hervor.[37] Kiesinger leistete »prodeutsche Aufklärungsarbeit« im beschriebenen Sinne, indem er die »tadellose Haltung« der deutschen Soldaten lobte und die offenkundige militärische Überlegenheit des »Dritten Reiches« herausstellte. Das tat er von einem »nationalen Standpunkt« aus, was sich kritisch bewerten läßt, jedoch nicht dazu taugt, ihn zur Schlüsselfigur des Propagandaapparates hochzujubeln.

Der DDR und einigen von ihr inspirierten westdeutschen Kritikern reichten die gegebenen Fakten indes nicht. Im Dezember 1968 ließ die Staatliche Archivverwaltung der DDR eine Schrift vorbereiten, um sich für den propagandistischen Kampf gegen den westdeutschen Kanzler zu rüsten, sollte dieser die Wahl 1969 gewinnen. In dieser Schrift ist davon die Rede, daß Kiesinger schon zu Beginn seiner Karriere eine wichtige »Kontrollfunktion« im Großdeutschen Rundfunk ausgeübt habe, um dort die Linie des Auswärtigen Amtes durchzusetzen. In den unmittelbaren Kontext des von Kiesinger verfaßten Berichts wurden indirekte Zitate aus der Straßburger Rede eingeflochten – ohne daß diese irgendwo nachgewiesen worden wären. Während der Rede, so die von der DDR zurückgehaltene Darstellung der Staatlichen Archivverwaltung, habe Kiesinger die Heimkehr des Elsaß in das Reich historisch hergeleitet, die deutsche militärische Vormachtstellung als die »Wirklichkeit Europas« bezeichnet und schließlich gegen die »Pseudofreiheit« der Französischen Revolution gewettert, die »große kulturelle Werte« Europas vernichtet habe (letzteres eine noch in den fünfziger Jahren gängige, »abendländische Sicht« der Revolution). Der fabrizierte Bericht gipfelte in der Behauptung, daß während der Rede Kiesingers die Propagandastaffel der Wehrmacht die Glocken des Straßburger Münsters habe läuten lassen.[38]

Konflikt mit dem Propagandaministerium

Die historische Wirklichkeit ist wie immer komplexer. Günter Diehl hat einmal spöttisch bemerkt, es sei nicht so klar gewesen, gegen wen der Krieg in Kult R eigentlich geführt worden sei.[39] In dem zitierten Reisebericht klingt an, daß die Funkverbindungsstelle in einen permanenten Kleinkrieg mit der dem Propagandaministerium unterstellten RRG verwickelt war: Daher die Sticheleien des Repetitors, nahm doch die RRG die organisatorische und inhaltliche Verantwortung für die Fahrt nach Frankreich in Anspruch. Das brachte nur ein weiteres Mal auf den Punkt, wovon in Kult R (wie im AA überhaupt) ohnehin jeder überzeugt war: Die Mitarbeiter Goebbels' (und sein ganzes Ministerium) seien schlicht unfähig, eine dem deutschen außenpolitischen Interesse entsprechende Auslandspropaganda zu treiben. Statt dessen trage das »Promi« die schlimmsten Nazi-Thesen nach außen, wo sie nicht nur das deutsche Ansehen beschädigten, sondern sich für die psychologische Kriegsführung als kontraproduktiv erweisen würden.

»Unser Ziel war«, so Kiesinger mit dem besseren Wissen des Jahres 1947, »bis zu dem erwarteten Sturz des Regimes, so viel wie möglich das Unheil, das die lügnerische und hetzerische Auslandspropaganda Goebbels' anrichten konnte, zu verhindern und an ihrer Stelle auf einen den wahren Interessen des Deutschen Volkes und der Europäischen Völkerfamilie dienenden objektiven Auslandsdienst zu drängen.«[40] Wie aber glaubte Kiesinger eine derartige Gratwanderung vollbringen zu können? Und worum handelte es sich bei dieser Unterabteilung Kult R, diesem »Schlinggewächs an der vom Propagandaministerium verteidigten Fassade des Auslandsrundfunks«, wie es Kiesinger bildhaft umschreibt, in die er nun eingetreten war, anstatt für »Führer, Volk und Vaterland« das Leben auf dem Schlachtfeld zu riskieren?

Dazu ist es nötig, ein wenig weiter auszuholen. Die erbitterten Fehden unter Hitlers Paladinen waren mehr als die übliche Rivalität konkurrierender Machtzentren. Sie waren systemimmanenter Ausdruck der »polykratischen« Machtstruktur des »Dritten Reiches«, in der sich, in einem darwinistischen Kampf aller gegen alle, die NS-Größen samt ihrer Apparate in Hitlers Namen bekriegten – mit dem erklärten Ziel, sich dem »Führer« gegenüber möglichst vorteilhaft zu positionieren. Dem waren diese Machtkämpfe recht, verhinderten sie doch das Aufkommen eines ernsthaften Konkurrenten. Doch selbst innerhalb dieser »autoritären Anarchie«, wie ein ehemaliger Mitarbeiter des Auswärtigen Amtes das NS-Herrschaftssystem gleich nach dem Kriege nannte[41], war die Fehde zwischen Propagandaminister Goebbels und Außenminister Ribbentrop ein Kapitel für sich. Die beiden Minister verwickelten sich in ein phantastisches Gespinst an Eifersüchteleien und Intrigen, wovon eine üppige Memoirenliteratur zu berichten weiß. Auch Kiesinger, der nun qua Amtes daran beteiligt war, hat dem grotesk anmutenden Machtkampf zwischen beiden ein eigenes Kapitel seiner Erinnerungen gewidmet.[42]

Als Kiesinger seinen Dienst in Kult R antrat, hatte Ribbentrop, von dem der Flüsterwitz kursierte, er wolle dem AA die Reichsbahn einverleiben, weil diese Fahrkarten ins Ausland verkaufe[43], schon eine Weile versucht, seinem Erzrivalen Goebbels die Zuständigkeit für die Auslandspropaganda abzujagen. Ribbentrop suchte damit eine Entscheidung Hitlers aus der Frühzeit des »Dritten Reiches« zu revidieren, nach der die Auslandsinformation, das Nachrichtenwesen und die Aufklärung sowie das Kunst-, Film- und Sportwesen per »Führer-Verordnung« dem neu errichteten Reichsministerium für Volksaufklärung und Propaganda (RMVP) zugeschlagen worden waren. Damit war kurz nach der »Machtergreifung« eine traditionell zum Auswärtigen Amt gehörige Kompetenz dieser Bastion der konservativen Eliten entzogen worden, welcher unter der Ägide des noch von Reichskanzler von Papen 1932 berufenen Außenministers Konstantin Freiherr von Neurath die Mitwirkung am außenpolitischen Entscheidungsprozeß praktisch völlig entglitt. Als nun im Frühjahr 1938 mit Joachim von Ribbentrop ein Parteimann an die Spitze der Wilhelmstraße trat, suchte dieser dem AA seinen angestammten Platz in der Hierarchie der Ämter wiederzugeben und die Nebenaußenpolitik älterer und Hitler näherstehender Nazi-Größen wie Göring, Goebbels und Himmler einzuschränken.[44]

In der Sache war es keine abwegige Idee, die Auslandspropaganda in das Auswärtige Amt zurückzuholen. Goebbels traf innen- und außenpolitische Sprachregelungen jeglicher Art ohne große Rücksichtnahme auf das diplomatische Geschehen. Vorstellungen und Wünsche des Auswärtigen Amtes wurden meist nur dann berücksichtigt, wenn sie von Ribbentrop oder von Staatssekretär Weizsäcker persönlich an Goebbels herangetragen wurden.[45] Daher entschloß sich Ribbentrop, der sich im Frühjahr 1939 der besonderen Gunst Hitlers erfreute, innerhalb des AA eine Art Propagandaministerium im Miniaturformat aufzubauen. Dazu gehörte Kult R, das Rundfunkpolitische Referat der Kulturabteilung, das Mitte 1941 aus dieser ausgegliedert und zu einer Rundfunkpolitischen Abteilung (»Ru«) verselbständigt, wenn auch erst 1943 etatisiert wurde.[46] Kult R wilderte auf dem vom »Promi« bis dahin vernachlässigten Gebiet des Auslandsrundfunks und suchte Goebbels' außenpolitische Wirksamkeit zu begrenzen. In die Leitung dieses neuen Referats (bzw. der Abteilung) wurde ein loyaler Parteigenosse berufen, der Vortragende Legationsrat (später Gesandte 1. Klasse) Gerd Rühle, der bislang Twardowskis Stellvertreter gewesen war.

Der eigentliche Macher war also Rühle, ein Uralt-Nazi mit der Mitgliedsnummer 694 und Träger des Goldenen Parteiabzeichens, von dem der britische Historiker Paul Seabury schreibt, er sei in der Partei so etwas wie ein »Mädchen für alles« gewesen.[47] Herausgeber einer pedantischen »Chronik des Dritten Reiches«, Reichstagsabgeordneter von 1935 bis 1939, ein hoher Funktionär des NSRB, war der nur 166 cm große Schwabe ein Altersgenosse Kiesingers, der im Auswärtigen Amt auf ein politisches Abstellgleis geraten war.[48] Seinem Stellvertreter Kiesinger fühlte sich der »alte Kämpfer« später verpflichtet, als dieser ihn vor einer Intrige des Unterstaatssekretärs Luther bewahrte und auch ansonsten geschickt im Minenfeld des Konfliktes mit dem RMVP manövrierte. Kiesinger zufolge sei Rühle »alles andere als der unkultivierte, engstirnige, brutale Nazityp« gewesen, sondern ein »feinnerviger, gebildeter und humaner Beamter, der gerade deshalb von den brutalen Systemgrößen des Amtes, die ihn als einen ›Schwächling‹, jedenfalls aber als eine ärgerliche Ausnahme von der Norm betrachteten«, angefeindet und schikaniert worden sei.[49] Rühle sei ihm als ein Mann von angenehmen, bürgerlichen Umgangsformen erschienen, wie Kiesinger in seinen Erinnerungen schreibt. Er habe ihn nicht so recht als nationalsozialistischen Überzeugungstäter qualifizieren können, weil Rühle ihm einiges habe durchgehen lassen, »was einem ideologischen Fanatiker nicht gefallen hätte«.[50]

Doch bürgerlicher Habitus und nationalsozialistische Glaubensstrenge sind keine natürlichen Gegensätze. Im Gegenteil: Viele der großen Mörder waren ausgesprochen kultivierte, hochgebildete Menschen, was die Härte der von ihnen verantworteten genozidalen Praxis nicht minderte.[51] An der loyalen, nationalsozialistischen Haltung Rühles bestehen wenige Zweifel. Seine SS-Akte charakterisiert ihn als »zielbewußt, ehrgeizig« und »weltanschaulich klar«.[52] 1948 suchte Rühle Kiesinger noch einmal in Tübingen auf und verteidigte den Massenmord an den Juden im nachhinein. Zu diesem Zeitpunkt war Rühle ein gebrochener Mann. Die Rückkehr in die bürgerliche Wohlanständigkeit war ihm mißglückt. Dreimal war er aus einem amerikanischen Internierungslager entkommen, war ständig unter fremdem Namen auf der Flucht und wurde von seinen alten Kameraden aus der Rundfunkabteilung in wechselnden Verstecken untergebracht. Kiesingers Freund und Kollege Kurt Mair widmete Rühle 1949 einen Nachruf: Dieser habe »seelisch unter den schrecklichen Folgen« sehr gelitten, »die das einst von ihm mit Begeisterung und in gutem Glauben verfochtene Regime unserem Volke und der übrigen Welt auferlegte«. Im Juni 1949 nahm sich der krebskranke, auch in seiner Privatsphäre unglückliche Rühle in Innsbruck das Leben.[53]

Ribbentrop hatte Rühle beauftragt, mit Kult R ein Instrument zur direkten Einflußnahme auf die Sendungen des Auslandsrundfunks zu schaffen. Das war Goebbels selbstverständlich nicht verborgen geblieben. Schon ein Jahr vor Kiesingers Eintritt ins Auswärtige Amt war der schwelende Konflikt der beiden Minister zu einem Kleinkrieg eskaliert. Im Juni 1939 war es sogar zu handgreiflichen Auseinandersetzungen gekommen, als Goebbels die von Rühle ins Berliner Funkhaus an der Masurenallee entsandten Mitglieder von Kult R aus ihren Diensträumen »exmittieren« ließ. Da die Außenamtsmitarbeiter sich weigerten, das Feld zu räumen, gingen Goebbels' Leute zur »Belagerung« über. Wenig zimperlich befahl Ribbentrop seiner SS-Leibgarde einen »Gegenschlag«: Als diese Anstalten machte, die Inneneinrichtung zu demolieren, trat Himmler auf den Plan, der Ribbentrops Prätorianern mit einem Verfahren vor einem SS-Ehrengericht drohte. Der Streit wurde auf der ministeriellen Führungsebene mit Depeschen von höchster Dringlichkeit und Geheimhaltungsstufe fortgesetzt. Nachdem es im September 1939 zu einem weiteren »Gefecht« im Funkhaus kam, suchte Hitler eine endgültige Klärung herbeizuführen. Goebbels wurde in das »Führerhauptquartier« eingeflogen, um sich mit dem dort antichambrierenden Ribbentrop zu einigen. Beide Herren befahl Hitler in ein Abteil seines Sonderzuges, mit der Maßgabe, nicht eher wieder aufzutauchen, bis sie einen Kompromiß gefunden hätten.[54]

Der daraufhin erlassene »Befehl des Führers« vom 8. September 1939 begrub den Streit nur vorläufig. Dem Außenminister wurde die Richtlinienkompetenz für die gesamte Auslandspropaganda zugestanden. Ein stumpfes Schwert, wie sich bald zeigte: Um seine Richtlinienkompetenz auszuüben, mußte Ribbentrop auf den Apparat des Propagandaministeriums zurückgreifen, so daß sich der »Führerbefehl« in der Praxis zu seinen Ungunsten auswirkte. Denn Ribbentrop war gehalten, seinem Rivalen Goebbels alle Wünsche und Anregungen »wenn irgend möglich persönlich« bekanntzumachen. Gleichzeitig mußte das Propagandaministerium nur solche Weisungen unverändert übernehmen, die vom Außenminister persönlich oder seinem Staatssekretär gezeichnet worden waren.[55] Für die tägliche Routinearbeit, die ja nicht von Ribbentrop oder seinem Stellvertreter erledigt werden konnte, enthielt der »Führerbefehl« keinerlei institutionelle Garantien. Es hing vom Verhandlungsgeschick der Mitarbeiter des AA ab, den Einfluß der Wilhelmstraße geltend zu machen. Strukturell war die Position des Auswärtigen Amtes also die schwächere. Dies war der Stand, als Kiesinger Anfang April 1940 in Kult R eintrat.[56]

Unter den Auspizien dieses Machtkampfes zwischen Ribbentrop und Goebbels stand Kiesingers Dienstzeit im Auswärtigen Amt. Der interne Konflikt war die prägende, seine Arbeitskraft weitgehend absorbierende Dimension seiner Tätigkeit. Daher also war Schirmer so darauf erpicht gewesen, einen geschickten Unterhändler in die Funkverbindungsstelle bei der RRG zu holen, die, wie gesagt, im »Haus des Rundfunks«, im Schatten des Funkturms an der Masurenallee im westlichen Charlottenburg logierte. Dort also waren Kiesinger und seine beiden Kollegen der vorgeschobene Außenposten des Außenamtes. Leiter der Funkverbindungsstelle und Kiesingers unmittelbarer Chef war zunächst Dr. Markus Timmler, der im Frühjahr 1941 zum Verbindungsmann der gesamten Rundfunkabteilung beim Reichsaußenminister befördert wurde. Kiesinger wurde sein Nachfolger.[57]

Obwohl das Auswärtige Amt kein direktes Weisungsrecht gegenüber der RRG besaß, hatte sich eingebürgert, außenpolitische Direktiven und Sendetexte aus den Länderreferaten von Kult R direkt in die entsprechenden Redaktionen der RRG zu geben. Diesen Informationsfluß kanalisierte die Funkverbindungsstelle. Nach Möglichkeit sollte sie Differenzen klären, bevor diese zum Konflikt auf »höchster Ebene« eskalierten. Dazu wurden die vom Auswärtigen Amt festgelegten außenpolitischen Sprachregelungen auf der täglichen Redaktionssitzung im Funkhaus von den Mitarbeitern der Funkverbindungsstelle bekanntgegeben. Zur Orientierung dienten die rundfunkpolitischen Weisungen des Ministers, die diplomatische Berichterstattung über die Wirkung der Auslandssendungen sowie weiteres von der Abteilung selbst gesammeltes Material. Zum zweiten oblag der Funkverbindungsstelle die bereits erwähnte Vorzensur der Radioberichte amerikanischer Journalisten. Drittens war sie zuständig für Verhandlungen mit der RRG über Sendungen und Sendezeiten sowie über Sonderaktionen wie die Übertragung von Hitler-Reden ins Ausland oder Erklärungen der Reichsregierung. Viertens war die Funkverbindungsstelle bei der Auswahl fremdsprachiger Rundfunksprecher behilflich und übermittelte Wünsche der diplomatischen Vertretungen in den jeweiligen Ländern.[58]

Unterhandeln, beraten, vermitteln, informieren – so läßt sich die Tätigkeit Kiesingers in der Funkverbindungsstelle charakterisieren. Wer möchte, findet hier eine Fingerübung für den »wandelnden Vermittlungsausschuß«. Sprengstoff sollte im Vorfeld entschärft werden, ohne daß die Funkverbindungsstelle selbst politische Entscheidungen traf. Die Hauptschwierigkeit bestand nach Kiesingers Auffassung in der Tatsache, daß sich der Apparat »nicht unter Kontrolle des AA« befand und man auf den guten Willen von

RRG und Kurzwellensender (KWS, quasi die Auslandsabteilung der RRG) angewiesen war. Die »errungene Einflußmöglichkeit [sei] durch vorsichtige Arbeit auf Grund persönlichen Kontakts und dauernder Kompromißlösungen« erreicht worden. »Das Erreichte ist aber jeden Augenblick gefährdet, wenn bei anderen Stellen kein guter Wille oder [...] Wechsel an leitender Stelle. Auf die Dauer unerträglich.«[59]

Diese bürokratische Asymmetrie spiegelt sich in den Routinen seiner anfänglichen Tätigkeit wider. Die Akten von Kult R bzw. der Rundfunkpolitischen Abteilung sind für die Jahre 1940/41 weitgehend erhalten, so daß wir Kiesinger bei seiner alltäglichen Arbeit über die Schulter blicken können, die Linie des AA in den Propagandaapparat einzuspeisen bzw. umgekehrt Kult R über Wünsche der RRG zu unterrichten. Das meiste ist nicht im geringsten spektakulär. Nur gelegentlich finden sich Angelegenheiten von handfestem militärischem oder politischem Charakter, beispielsweise am 26. März 1941, als die RRG von Kiesinger informiert wurde, daß das militärische Operationsgebiet um England erweitert worden sei und die auf See befindlichen Schiffe rechtzeitig zu benachrichtigen wären. Meist leitete Kiesinger solche Informationen weiter, ohne sie selbst zu kommentieren.[60]

Das Personal der Funkverbindungsstelle fand über das Jahr zu einer erträglichen, wenn auch prekären Balance im Verhältnis zu den Kollegen vom Rundfunk, die durch neue Differenzen stets bedroht war. So ging es am 10. Juli 1940 um die weltbewegende Frage, ob von persischen Sendungen Schallplattenaufnahmen gemacht werden sollten oder nicht. Am 30. August 1940 verfaßte Kiesinger eine Aufzeichnung über einen Streit mit dem Intendanten des Kurzwellensenders, Raskin, ob die Mitglieder der RRG selbständig Kontakt zu Ausländern aufnehmen dürften oder ob sie dazu der Vermittlung des Auswärtigen Amtes bedurften. Viel hing von den beteiligten Persönlichkeiten ab. Entwickelte sich unter Raskin die Zusammenarbeit halbwegs gedeihlich, so sollte sich dieses im Herbst 1940 schlagartig ändern, als der Intendant bei einem Flugzeugabsturz ums Leben kam.[61] Das brachte Kiesinger auf die glorreiche Idee, dem Propagandaministerium ein Außenamtsmitglied als Nachfolger Raskins schmackhaft zu machen. Weil der Intendant des Kurzwellensenders mehr oder weniger in eigener Verantwortung schaltete und waltete, sei es für die Durchsetzung der außenpolitischen Zielvorstellungen des AA von entscheidender Bedeutung, eine dem Auswärtigen Amt wohlgesonnene Person zu installieren.[62]

Doch Kiesinger machte die Rechnung ohne den Wirt. Der von Goebbels nominierte Nachfolger Raskins, Dr. Anton Winkelnkemper, war alles andere als dem Auswärtigen Amt gewogen. Schon am 23. Oktober 1940 kam es zu einem erneuten gewaltigen Krach zwischen Kult R und den Leuten des

RMVP. Reichsintendant Glasmeier, der oberste Chef der RRG – übrigens eine wichtige Figur bei der Gleichschaltung des KV 1933 –, informierte Timmler, daß die Verbindungsstelle vom Haus des Rundfunks direkt in die Auslandsabteilung des RMVP versetzt werden sollte. Die Sprachregelungen und »Talks« des AA sollten künftig den Umweg über die RMVP-Auslandsabteilung nehmen. Die Mitglieder von Kult R würden von den täglichen Besprechungen im Funkhaus ausgeschlossen und nicht mehr an der Zensur der amerikanischen Journalisten beteiligt.[63]

Damit stand zum dritten Mal seit 1939 ein »Kampf um das Funkhaus« bevor. Am 27. November 1940 um 15.50 Uhr erschien ein Beauftragter des Reichsintendanten, um Timmler, Kiesinger und Köster zu eröffnen, daß sie ihre Büros unverzüglich zu räumen hätten. Seiner Aufzeichnung zufolge weigerte sich Timmler unter Verweis auf den »Führerbefehl« vom 8. September 1939. Dann bleibe nichts anderes übrig, als die Möbel gewaltsam aus dem Zimmer entfernen zu lassen, habe der Gesandte des Reichsintendanten erwidert. Das solle er besser bleiben lassen, habe Timmler dagegen gehalten. Es handele sich sonst »um Hausfriedensbruch und einen Gewaltakt«, mit gravierenden rechtlichen Konsequenzen für die dafür zuständigen Personen und Stellen. Wenige Minuten später hätten sich fünf kräftige Möbelpacker daran gemacht, das Mobiliar und die Akten der Funkverbindungsstelle auf den Flur zu schaffen, wo sich eine schaulustige Menge versammelt hatte. Um 16.30 Uhr sei alles restlos ausgeräumt gewesen, sogar das Telefon, wie Kiesinger nicht zu erwähnen vergißt. Während Timmler zur Berichterstattung zurück ins Amt eilte, hielten Kiesinger und Köster die Stellung. Schließlich saßen beide »auf dem Linoleumfußboden in dem kahlen Gelaß und warteten auf die kommenden Dinge«.[64]

Wie schon bei früheren »Belagerungen« setzte Ribbentrop seine Leibgarde in Bewegung, deren Befehlshaber v. Künsberg sich angeblich »mit vorgehaltenem Revolver« zu Kiesinger und Köster »durchgekämpft« haben soll. Im Namen des Reichsaußenministers überbrachte er den Befehl, sich »jedem gewaltsamen Versuch einer Exmittierung« zu widersetzen. Kiesinger und Köster hatte er einen »Freßkorb« mitgebracht. Sie sollten so lange wie möglich in den Räumen verharren, damit die Mitarbeiter der RRG sie nicht »besetzen« könnten. Nach neuerlichen Verhandlungen auf »höchster Ebene« befahl Hitler zunächst die Wiederherstellung des alten Zustandes. Als Kiesinger sich jedoch am 3. Dezember in sein Büro im Funkhaus begeben wollte, wurde er von einer Wache erneut daran gehindert. Trotz »Führerbefehls« wurde das Hausverbot aufrecht erhalten.[65]

Dieses neuerliche »Indianerspiel« veranlaßte den Rechtsanwalt Kiesinger, für seinen Abteilungsleiter ein hochnotpeinliches Gutachten zu verfassen, in dem er mit advokatischem Scharfsinn die »vollkommene Verkennung der Rechtslage« durch den Reichsintendanten haarklein zu beweisen trachtete. Demnach hätte Glasmeier selbst dann nicht die Räumung gewaltsam durchsetzen dürfen, wenn er dazu berechtigt gewesen wäre. Auch in einem privatrechtlichen Mietverhältnis dürfe der Mieter trotz Kündigung nicht mit roher Gewalt aus seiner Wohnung entfernt werden. Vielmehr müsse der Vermieter auf Räumung klagen. Die Aktion des Reichsintendanten erfülle daher den Tatbestand der Nötigung und des Hausfriedensbruchs. Dagegen sei das »Recht auf Notwehr« gegeben.[66]

In seinem Gutachten beließ es Kiesinger nicht bei einer privatrechtlichen Argumentation. Er brachte das schwerere Geschütz des »nationalsozialistischen Staatsrechts« gegen den rabiaten Reichsintendanten in Stellung: Die Mitarbeiter der Funkverbindungsstelle hätten »öffentliche und hoheitliche Funktionen« ausgeübt. Daher habe sich Glasmeier nicht nur Nötigung und Hausfriedensbruch, sondern eine »schwerste Amtspflichtverletzung« zuschulde kommen lassen. Es sei »ein anerkannter Grundsatz des nationalsozialistischen Staatsrechts, daß in einem Streitfall mit einem Hoheitsträger diesem gegenüber unter keinen Umständen, auch nicht von seiten eines anderen Hoheitsträgers, Gewalt gebraucht werden darf«. Vielmehr hätten beide Parteien zunächst bei ihrer höchsten vorgesetzten Dienststelle vorstellig zu werden, die sich dann zu einigen gehabt oder wiederum die Entscheidung einer übergeordneten Instanz hätten herbeiführen müssen, »in vorliegendem Falle also des Führers«. Daher habe Glasmeier »die Reichsinteressen auf das Schwerste« geschädigt. Um sich in Besitz ihrer Räume zu setzen, wären die Mitarbeiter von Kult R zur Selbsthilfe berechtigt gewesen und dazu, jeden Widerstand »mit Gewalt zu brechen«.

Mit dieser frappierenden Exegese »nationalsozialistischen Staatsrechts« gewappnet, nahmen Kiesinger und seine Kollegen nebst ihren beiden Sekretärinnen die Räume im Funkhaus vorübergehend wieder in Besitz. Doch die zugrundeliegende politische und rechtliche Problematik ließ sich nicht wegdiskutieren: Der »Führerbefehl« vom 8. September 1939 gab Goebbels eindeutig recht. Die Verbindungsmänner waren an das Propaganda*ministerium* abzustellen, nicht an die nachgeordnete RRG. Über diesen Schwachpunkt der Argumentation war sich Kiesinger durchaus im klaren.[67] Die Präsenz der Funkverbindungsstelle vor Ort, bzw. der »Verbindungsstelle im Funkhaus«, wie sie bald offiziell genannt werden mußte, war allein aus der Praxis begründet und aus dem »Führerbefehl« nicht abzuleiten. Was die Interpretation des »Führerbefehls« vom 8. September anging, zog Ribbentrop den Kürzeren. Es sei ihm klar gewesen, schreibt Kiesinger, »daß diese Groteske, in die Kajus Köster und ich geraten waren, kein gutes Ende nehmen würde«.[68] Und in der Tat: Am Ende trug Goebbels den Sieg davon. Im April 1941 wurde die zu diesem Zeitpunkt bereits unter der Leitung Kiesingers stehende Funkverbindungsstelle in eine Verbindungsstelle direkt beim Propagandaministerium umgewandelt.[69]

An der täglichen Arbeit änderte sich zunächst nur wenig. Nach wie vor saß Kiesinger im Funkhaus an der Masurenallee, nahm an der Zensur der amerikanischen Korrespondenten teil und hielt die Kommunikation in beide Richtungen am Laufen. Nach wie vor suchten er und seine Kollegen, die außenpolitischen Leitlinien des AA durchzusetzen. Nur mußte im Falle von Konflikten direkt mit der Auslands- und Rundfunkabteilung des RMVP verhandelt werden und nicht mehr mit den entsprechenden Abteilungen der RRG.[70] Das verlängerte die Wege und verschärfte das bürokratische Hick-Hack.

Gleichzeitig begann das Auswärtige Amt, den Schauplatz des Kompetenzkonflikts ins nationalsozialistisch besetzte Europa zu verlagern. Im Februar 1941 war im neutralen Zürich eine Holding gegründet worden, die Interradio AG, mittels derer Kiesingers Kollege Kurt Alexander Mair, der Leiter des Referates »A« (Rundfunkeinsatz und Internationale Rundfunkbeziehungen) und der eigentliche Motor der außerdeutschen Expansion von Kult R, für das AA klammheimlich Sender im Ausland erwarb. Im Mai 1941 dämmerte Goebbels, daß Ribbentrop hinter seinem Rücken ein eigenes Sendernetz auf dem Balkan aufzubauen begonnen hatte. Goebbels kochte vor Wut, als es Mair glückte, dem »Promi« mit tatkräftiger Unterstützung des deutschen Militärbefehlshabers in Serbien den Sender Belgrad »vor der Nase« wegzukaufen: »Ich werde mir das nicht mehr gefallen lassen«, diktierte Goebbels in sein Tagebuch.[71]

Mairs Geheimmission auf dem Balkan brachte das Faß zum Überlaufen. Im Mai sickerte durch, daß Mair sich zum Erwerb eines Senders auch in Rumänien aufhielt. Daraufhin protestierte der zuständige Referent des RMVP, Regierungsrat Knochenhauer, bei Kiesinger in dessen Eigenschaft als Verbindungsmann der Rundfunkabteilung. Etwas scheinheilig fragte Kiesinger zurück, ob derartige auswärtige Unternehmungen nicht in die Zuständigkeit des Auswärtigen Amtes fielen? Sein Gegenüber kündigte ihm an, sein Ministerium werde in nun eine grundsätzliche Entscheidung »durch die obersten Stellen« herbeiführen.[72]

In einem geharnischten Schreiben an den Chef der Reichskanzlei, Lammers, beschwerte sich Goebbels über die Vorgehensweise Ribbentrops, der unter »Ausschaltung bzw. Umgehung meines Ministeriums« im Ausland einen Sender nach dem anderen unter seine Kontrolle bringe: »Gilt der Führerbefehl vom 8. 9. 1939 noch?« – »Ist die Propaganda Sache des Reichsministeriums für Volksaufklärung und Propaganda oder des Auswärtigen Amtes?«

Sei es gerechtfertigt, »trotz des täglich zunehmenden Personal- und Materialmangels neben dem schon bestehenden, in 8jähriger mühevoller Aufbauarbeit errichteten Apparat des Reichsministeriums für Volksaufklärung und Propaganda, [...] noch einen Apparat des Auswärtigen Amtes aufzubauen, der nach Lage der Dinge nur darin bestehen kann, dem in meinem Ministerium vorhandenen Konkurrenz zu machen, sinnlos Geld, Personal und Material zu vergeuden und mir und meinen Mitarbeitern die Arbeitsfreude zu verderben? Heil Hitler! Gez. Dr. G.«[73]

Die Verhandlungen zogen sich einige Monate hin. Am 22. Oktober 1941 unterzeichneten Goebbels und Ribbentrop ein umfassendes Arbeitsabkommen, das den gesamten Komplex der Zusammenarbeit – oder besser: Konkurrenz – der beiden Ministerien völlig neu aufrollte, darunter, als ein Thema unter anderen, die wichtige Frage der »Rundfunkbeziehungen«. Dieses Abkommen verschlechterte die Position des Auswärtigen Amtes erheblich. Das im »Führerbefehl« vom 8. September 1939 stipulierte Weisungsrecht des Außenministers in Fragen der Auslandspropaganda fiel weg. Der Rundfunkabteilung des AA blieb nur das Recht, die Richtlinien des Außenministers dem RMVP »bekanntzugeben«; eigene Texte durften nur in den wenigen Fällen verfaßt werden, in denen »am Wortlaut ein außenpolitisches Interesse besteht«. Ohne Gegenleistung des RMVP wurden die bisher in alleiniger Verantwortung betriebenen Auslandssender und der von Mair schon 1940 zur Beobachtung des ausländischen Rundfunks geschaffene Sonderdienst Seehaus in die Interradio AG eingebracht, die als eine gemeinsame Holding beider Ministerien mit Sitz in Berlin neu gegründet wurde. Allein die getarnte Beeinflussung ausländischer Sender stand weiter in Verantwortung des AA, wurde jedoch »im Benehmen« mit dem RMVP ausgeübt.

Auch Kiesingers Status wurde nun formalisiert. Das Abkommen sah insgesamt vier Verbindungsmänner des Auswärtigen Amtes zum Propagandaministerium vor: Außer einem »Hauptverbindungsmann«, dem Gesandten Ewald Krümmer und dessen Stellvertreter Gerhard Kreuzwendedich Todenhöfer, dem späteren engen Freund Kiesingers in Tübingen, die an den sogenannten »Ministerkonferenzen« Goebbels' teilnahmen und denen es oblag, »auf allen Gebieten der Zusammenarbeit die außenpolitischen Richtlinien des Auswärtigen Amtes zu vertreten«, wurde noch ein zweiter Verbindungsmann speziell für Rundfunkangelegenheiten eingesetzt – das war Kiesinger. Drittens gab es einen Verbindungsmann für kulturelle und propagandistische Fragen, den Journalisten Dr. Karl Megerle, sowie viertens einen für Reiseangelegenheiten, der sich mit Paß- und Visafragen befaßte.[74]

Nach dem Krieg wurde des öfteren behauptet, Kiesinger sei *der* Verbindungsmann »zwischen Ribbentrop und Goebbels« gewesen. An praktisch allen Stationen seiner politischen Karriere sollte dieser Vorwurf eine Rolle spielen: 1950, als er von Adenauer zum Generalsekretär der Bundes-CDU nominiert wurde; 1958, als die Wahl zum Ministerpräsidenten bevorstand; und 1966, als es um das Kanzleramt ging. Aus dem Arbeitsabkommen vom 22. Oktober 1941 geht indes hervor, daß Kiesinger der *fachlich* zuständige Verbindungsmann zwischen der Rundfunkabteilung und den entsprechenden Abteilungen des Propagandaministeriums war – »auf Referentenebene«, wie Kiesinger als Zeuge in dem erwähnten Prozeß vor dem Frankfurter Schwurgericht im Juli 1968 meinte. In entsprechender Funktion wurde er später von seiner Abteilung auch zum Verbindungsmann zu anderen Ministerien und Dienststellen gemacht (etwa dem Amt Rosenberg und der Reichspost). Vor allem aber übte er eine analoge Funktion im Verkehr mit dem Seehaus und der Interradio aus. All dies ging organisch aus seiner bisherigen Tätigkeit als Leiter der Funkverbindungsstelle hervor und stellte *eo ipso* keine »Beförderung« dar. Was dies mit einer besonderen Gunst von Goebbels oder Ribbentrop zu tun hatte, ist nicht ersichtlich. Daher bedeutete es für den Kiesinger der vierziger Jahre doch ein wenig zuviel der Ehre, ihn als »Koordinator zwischen Nazi-Ministerien« zu bezeichnen, wie es im DDR-Jargon heißt.[75]

Was exakt Kiesingers Aufgaben als Verbindungsmann von »Ru« zum »Promi« gewesen sind, läßt sich einem längeren Vermerk Rühles entnehmen, den dieser noch während der schwebenden Verhandlungen über das Abkommen vom 22. Oktober anfertigen ließ. Darin wurde Kiesingers Aufgabenbereich als der eines Feuerwehrmanns definiert, der immer dann in Aktion zu treten hatte, wenn es in der tagtäglichen Arbeit Reibereien zwischen den korrespondierenden Länderreferaten der beiden Ministerien gab und dadurch »grundsätzliche bzw. generelle Fragen« berührt wurden. Die konkreten Probleme hatte er dann mit dem entsprechenden Referenten der Auslandsabteilung des RMVP, Weyermann, zu besprechen, wenn es um Inhalte ging, oder mit dessen Kollegen in der Rundfunkabteilung, Knochenhauer, im Falle technischer Fragen: »Kommt Dr. Kiesinger nicht zum Ziel oder ist die Frage an sich schon bedeutungsvoller, so wird sie von mir oder meinem Vertreter mit dem jeweils zuständigen Abteilungsleiter, Hunke oder Diewerge, direkt besprochen.«[76] Die wichtigen Themen behielt sich Abteilungsleiter Rühle also selbst vor.

Auch aus den erhaltenen Aufzeichnungen Kiesingers vom Frühsommer 1941 läßt sich erkennen, daß es sich bei den von Kiesinger übernommenen »grundsätzlichen bzw. generellen« Fragen durchweg um organisatorische Dinge handelte, die sofort Rühle vorgetragen werden mußten, wenn sie eine Kompetenzfrage berührten.[77] Was die ohnehin sehr geringe Bandbreite der Propaganda anging, war für inhaltliche Fragen Krümmer als Hauptverbindungsmann bzw. Megerle zuständig, der, anders als Kiesinger, dem Stab Ribbentrops direkt angehörte. Das deckte sich mit einer generellen Tendenz im Amt, angesichts kriegsbedingt schrumpfender Betätigungsfelder alle auch nur halbwegs relevanten propagandistischen Vorgänge im persönlichen Stab des sich meist in unmittelbarer Nähe des »Führerhauptquartiers« aufhaltenden »RAM« (Reichsaußenministers) zu konzentrieren.[78]

Damit ist nicht gesagt, daß Kiesinger ein ganz kleines Rädchen oder Subalternbeamter im Auswärtigen Amt gewesen wäre, wie es in wohlmeinenden Verteidigungsschriften heißt.[79] Der spätere Bundeskanzler war sich im Amt seines Wertes bewußt. Er vermittelte mit »Takt und Gespür« zwischen den Fronten und brachte es »aufgrund der geistigen Kraft seiner Persönlichkeit« – so Mair in einem für Kiesingers Entnazifizierung verfaßten Zeugnis – schnell zu Ansehen in seiner Abteilung.[80] Dafür spricht unter anderem, daß er nicht nur als Nachfolger Timmlers Anfang 1941 mit der Leitung von Referat »F« (der Funkverbindungsstelle) beauftragt wurde, sondern daß er um diese Zeit an länger gedienten Mitarbeitern der Abteilung vorbei die Verantwortung für Referat »B«, »Allgemeine Propaganda, Koordinierung der Arbeit der Länderreferate«, zusätzlich erhielt.[81]

Ein Jahr nach seinem Eintritt als Wissenschaftlicher Hilfsarbeiter war Kiesinger also in eine vermittelnde und koordinierende Funktion in »Ru« hineingewachsen, ohne daß er die Oberaufsicht über einzelne Länderreferate ausgeübt hätte. Meist ging es darum, den Sachverstand der jeweiligen Referate für bestimmte Propagandaaktionen zu bündeln, etwa im Falle der Übertragung von »Führerreden« oder bei der propagandistischen Begleitung wichtiger politischer Ereignisse wie dem Überfall auf die Sowjetunion im Juni 1941. Da Kiesinger entsprechende Vorschläge der Länderreferate dem jeweiligen Gegenüber in der Reichsrundfunkgesellschaft bzw. im Propagandaministerium zur Kenntnis zu bringen hatte, machte er am 23. Juli auch den Vorschlag, die Verbindungsstelle aufzulösen und seinem neuen Referat »B« zuzuschlagen. Eine klare Scheidung der Aufgaben sei in der Praxis nicht möglich. Da Kiesinger bereits beide Referate leitete, ist darin kein originärer Machtzuwachs zu sehen.[82]

Die weiteren Stationen von Kiesingers Laufbahn im Auswärtigen Amt sind schnell beschrieben: Im Januar 1942 wurde Mair zum Vorstandsvorsitzenden der Interradio gewählt. Es ist denkbar, aber nicht sicher, daß Kiesinger bereits zu diesem Zeitpunkt zusätzlich zu seinem bisherigen Referat »B« auch Mairs altes Referat »A« übernahm, mit der Zuständigkeit für internationale Rundfunkbeziehungen, Rundfunkrecht und technische Rundfunkangelegenheiten.[83] Da das operative internationale Rundfunkgeschäft in die Interradio verlagert worden war, lag es nahe, beide Grundsatzreferate zusammenzulegen. Damit war Kiesinger in eine Schlüsselstellung innerhalb seiner, in ihren Zuständigkeiten jedoch bereits deutlich reduzierten Abteilung direkt unterhalb der Abteilungsleiterebene eingerückt.

Zugleich sorgte Mair in seiner neuen Position dafür, daß sein Duz-Kamerad Kiesinger in den Aufsichtsrat der Interradio entsandt wurde, um dort gemeinsam die Stellung gegen das Goebbels-Ministerium zu halten.[84] Es lag auf der Hand, Kiesinger auch zum Verbindungsmann »für die laufende Arbeit« von Interradio und Rundfunkabteilung zu ernennen, hatte die Interradio doch die meisten Aktivitäten mitgenommen, die zuvor in die Zuständigkeit der Rundfunkreferate gefallen waren. Kiesinger war im Verkehr mit der »Leitung der Interradio« (sprich Mair) für die »Vermittlung der allgemeinen außenpolitischen Propagandarichtlinien« zuständig sowie für sich daraus ergebende Streitfragen.[85] Auch das entsprach ziemlich exakt dem Geist und dem Buchstaben des Arbeitsabkommens vom 22. Oktober und Kiesingers bisheriger Verwendung als Verbindungsmann zur Reichsrundfunkgesellschaft und Propagandaministerium.

Der ewigen Intrigen überdrüssig, ließ sich Schirmer, bis dahin stellvertretender Abteilungsleiter, Anfang 1943 zur Wehrmacht versetzen. Kiesinger wurde sein Nachfolger, behielt jedoch die Leitung der Referate »A« und »B« sowie die Verbindungstätigkeit zu Propagandaministerium und Interradio bei.[86] Er habe die Geschäfte des Stellvertreters übernommen, so Kiesinger in seiner Rechtfertigung 1947, »ohne jedoch offiziell in diese Position berufen zu werden oder die damit verbundenen Vollmachten zu erhalten. Ich blieb vielmehr wissenschaftlicher Hilfsarbeiter der Angestellten-Tarifgruppe II. Die Stellung des stellvertretenden Abteilungsleiters blieb also in Wirklichkeit frei. Mein Einspringen erfolgte, nachdem der keineswegs nazistische Stellvertreter [Schirmer] eingezogen worden war, lediglich um das Hereinschieben eines aktiven Nationalsozialisten zu verhindern im Interesse meiner bisherigen Arbeit.«[87]

Nach dem Geschäftsverteilungsplan des Auswärtigen Amtes war Kiesinger freilich eindeutig der stellvertretende Abteilungsleiter. Das sahen auch seine Untergebenen so.[88] In einer leider nur als Fragment überlieferten Darstellung seiner Tätigkeit, die er im August 1946 für das amerikanische Justizministerium anfertigte, stellte Kiesinger fest, daß sich sein Abteilungsleiter Rühle, der »sich personalpolitisch überhaupt nicht um Parteizugehörigkeit u. dgl. kümmerte«, ja »mit (bewußter oder unbewußter) Vorliebe Nicht-PG's oder jedenfalls keine wirklichen Nazis zu seinen engeren Mitarbeitern« gewählt habe, ihn, Kiesinger, als überzeugten Katholiken Mitte 1943 »für den Rest des Krieges in die Wahrnehmung dieses Postens ohne Übernahme in das Beamtenverhältnis berufen« habe. Es sei Rühle darum gegangen, von diesem Posten einen »fremden Aufpasser« fernzuhalten. Rühle habe ihm ausdrücklich gesagt, »er könne seine Arbeit mit niemandem teilen, das heißt er wollte keinen wirklichen Vertreter mit Titel und Rang, wie dies in den anderen Abteilungen üblich war«.[89]

Trifft Kiesingers rückblickende Darstellung zu? Formal betrachtet nahm Kiesinger als stellvertretender Abteilungsleiter »eine wichtige Funktion« ein. Diese Charakterisierung stammt von Günter Diehl, dem keinerlei negative Voreingenommenheit gegenüber Kiesinger unterstellt werden kann und der mit der Situation in »Ru« aus der Binnensicht intim vertraut war. Kiesinger war der einzige WHA, der es im Zweiten Weltkrieg zum stellvertretenden Abteilungsleiter im Range eines Ministerialdirigenten brachte.[90] Als solcher war er altgedienten Diplomaten vorgesetzt. Nach damaligen und heutigen Maßstäben bekleidete er eine Position direkt unterhalb der politischen Führungsebene. Von dem stellvertretenden Abteilungsleiter wurde »eine sehr genaue Kenntnis der gesamten Abteilung, des Personals und der Arbeitsmethode« verlangt, wie es in einer Darstellung der Tätigkeit seines Vorgängers heißt. Der Nachfolger Schirmers »müßte daher von diesem selbst in längerer Übergangszeit (etwa 3-4 Wochen) sorgfältig eingearbeitet werden«.[91]

Im alten Auswärtigen Amt vor Ribbentrop waren die Abteilungsleiter und ihre Stellvertreter so etwas wie Halbgötter gewesen, die man den jüngeren Attachés aus der Ferne zeigte. Allerdings hatte Ribbentrops Personalpolitik in der traditionsreichen Außenbehörde kein Stein auf dem anderen gelassen. Was für die großen und wichtigen Abteilungen gleichwohl noch eine gewisse Geltung besaß, traf auf die Rundfunkabteilung eher nicht zu. Noch unter Neurath wäre der Aufstieg eines Seiteneinsteigers wie Kiesinger undenkbar gewesen. So glückte dies bezeichnenderweise nur in einer randständigen Abteilung, deren Aufgabenfeld aufgrund interner Umstrukturierungen 1943 zugunsten der Interradio und des RMVP dezimiert worden war. Kiesinger selbst hat in seiner Aufzeichnung aus dem Internierungslager zusätzlich betont, daß der Schwerpunkt der Auslandspropaganda des Auswärtigen Amtes traditionell bei der Presse- und Nachrichtenabteilung gelegen und insbesondere »Ru« keinen Einfluß auf die Nachrichtenpolitik des »Dritten Reiches« besessen habe. Im Laufe des Krieges sei »die ohnehin geringe Bewegungsfreiheit der Abteilung durch den Stab des Ministers, Propagandaausschüsse und Länderkomitees im AA weitgehend eingeengt« worden.[92]

Man wird also Kiesingers Stellung auch nicht überbewerten dürfen, obwohl sein Aufstieg mit einem Zuwachs an Kompetenzen und Verantwortung verbunden war. Ende der sechziger Jahre, als Kiesinger Kanzler war, hat der verständliche Drang, seine Rolle im Auswärtigen Amt so wichtig wie nur möglich zu machen, zu allerhand Übertreibungen und Fehlschlüssen geführt. Seine Abteilung wurde in »Dokumentationen« ost- und westdeutscher Provenienz zu einer Schaltzentrale des NS-Propagandaapparates aufgebauscht. Heute, sechzig Jahre nach dem Ende des Zweiten Weltkrieges und über drei Jahrzehnte nach dem unruhigen »'68«, ist eine nüchterne Betrachtung von Kiesingers Rolle im Auswärtigen Amt angebracht, zumal die Geschichte der NS-Auslandspropaganda mittlerweile historisch gut aufgearbeitet ist.

Letztlich standen Kiesingers multiple Verbindungstätigkeit und die Kumulation von Zuständigkeiten in seiner Hand in umgekehrt proportionalem Verhältnis zu den Möglichkeiten seiner Abteilung. Insofern kann man Kiesingers raschen Aufstieg zum »Dirigenten« eher als Indiz der schrumpfenden Bedeutung der von ihm stellvertretend geleiteten Einheit lesen als umgekehrt. Wäre die Rundfunkpolitische Abteilung so wichtig gewesen, wie später behauptet wurde, dann wäre Kiesinger wohl nicht an die zweite Stelle gerückt. Interne Umstrukturierungen, die Gründung der Interradio und die Zentralisierung der propagandistischen Arbeit im »Führungsstab RAM«, hatten »Ru« fast obsolet werden lassen. Der tatsächliche Betrieb lag bei der RRG und stand damit inhaltlich vorwiegend in Verantwortung des Propagandaministeriums. Daß es mit »Ru« nicht mehr weit her sein konnte, unterstreicht ironischerweise ein Vermerk des Ministerialdirektors im RMVP, Hans Fritzsche, vom November 1944. Darin unterbreitete er im Rahmen der Mobilmachung für den »totalen Krieg« und der Konzentrierung der Kräfte Goebbels den Vorschlag, Kiesinger in die stellvertretende Leitung des Auslandsrundfunks zu berufen, weil er »in seinem jetzigen Aufgabenbereich nur zu einem Bruchteil ausgelastet wäre«.[93]

Das nationalsozialistische Europa

Wie aber stand es um die inhaltliche Seite der NS-Auslandspropaganda, an der mitgearbeitet zu haben Kiesinger später zum Vorwurf gemacht wurde? Dazu zurück ins Jahr 1941, als die deutschen Armeen fast ganz Europa überrannt hatten. Die Wehrmacht stand kurz vor Moskau und in Afrika. Von Griechenland bis Norwegen hielt sie die meisten Länder besetzt. Das »Kampfmittel Rundfunk« fand bei diesem Eroberungszug vielfältige Anwendung. Im Krieg gegen Frankreich hatte Goebbels mit einer »Zersetzungskampagne« bemerkenswerte Erfolge erzielt. Während des Feldzuges auf dem Balkan im Frühjahr 1941 war es dann dem Außenamt vorübergehend gelungen, dem Propagandaministerium den Rang abzulaufen und, im engen Zusammenspiel mit der Wehrmacht, sich die Kompetenz für die psychologische Kriegführung zu sichern, um seinerseits den Gegner in einer »Verwirr- und Greuelpropagandakampagne« mürbe zu machen. Dies hatte, wie erwähnt, Goebbels auf den Plan gerufen, der danach die Beschneidung der Kompetenzen von »Ru« erreichte.[94]

Hatte Kiesingers Hauptsorge bis dahin dem Kampf um die innere »Rundfunkhoheit« gegolten, so ging es nun gegen den äußeren Feind. Die »Feindstaaten« unternähmen die größten Anstrengungen auf dem Gebiet der Radiopropaganda, heißt es in der von Kurt Mair verfaßten Denkschrift zur Gründung der Interradio, um »im Wege des Rundfunks die Weltöffentlichkeit gegen das deutsche Volk und seine Führung aufzustacheln, fremde Völker zu Vorspanndiensten für die Feindmächte zu veranlassen und in die totale Kriegführung einzubeziehen«.[95] Ein mit atemberaubender Geschwindigkeit zusammengerafftes Imperium sollte mittels wirtschaftlicher und kultureller Penetration konsolidiert werden. Film und Funk spielten dabei eine gewichtige Rolle, wobei »Medienexperten« wie Kiesinger und Mair mit ihren konzeptionellen Überlegungen Politik und Militär meist noch einen Schritt voraus waren.

Schon im Frühjahr 1941, wenige Monate vor dem deutschen Überfall auf die Sowjetunion, und ein halbes Jahr vor der Kriegserklärung Hitlers an die USA, begannen Mitarbeiter von »Ru« Überlegungen für eine künftige »europäische Rundfunkordnung« anzustellen. Goebbels hingegen bezog noch im September 1942 scharf gegen das »neue Europa« Stellung.[96] Auch das Auswärtige Amt als solches begann erst nach der Wende von Stalingrad konkrete Europa-Entwürfe zu erarbeiten, als sich der »Endsieg« in ungewisse Zukunft zu verflüchtigen begann. Im Unterschied zu nationalkonservativen Europa-Varianten sah jedoch Ribbentrops Vorschlag eines Europäischen Staatenbundes keine Abstriche an der Zielprojektion eines großgermanischen Reiches vor. Um die psychologische Wirkung eines Plans besorgt, der keinerlei Autonomie der darin zusammengeschlossenen europäischen »Partner« vorgesehen hätte, unterband Ribbentrop eine allzu intensive Europa-Debatte. Sein Projekt war ohnehin zum Scheitern verurteilt, da Hitler seine Mitwirkung verweigerte.[97]

Dennoch lohnt sich ein Blick auf diese scheinbar folgenlose Europa-Diskussion. Wie viele andere begann sich Kiesinger im Zweiten Weltkrieg erstmals intensiv mit Europa auseinanderzusetzen. Diese geographisch nur halbwegs eindeutig umrissene Vokabel erlaubte einen neuerlichen Brückenbau zwischen nationalkonservativen sowie konservativ-revolutionären Vorstellungen auf der einen und rassistischen Europa-Konzepten des Nationalsozialismus auf der anderen Seite. Weil die nationalsozialistische Ideologie kein geschlossenes Weltbild vermittelte, konnten zwischen 1933 und 1945 konservative Ordnungsvorstellungen, zu denen auch der Reichs-Begriff zählte, neben Vorstellungen von einem europäischen Rasseimperium existieren. Wer sich in den dreißiger und vierziger Jahren mit einer Neuordnung des europäischen Raums befaßte, darunter auch einige Mitglieder der Rundfunkpolitischen Abteilung, der mußte also nicht notwendig den Begriff der Rasse zur zentralen Ordnungskategorie erheben.[98] Allerdings waren die Übergänge zwischen den Konzeptionen fließend, auch weil sie mehr oder weniger die gleiche Terminologie verwendeten. Daher existierte schon Mitte der dreißiger Jahre im »Dritten Reich« eine Vielzahl von Europaentwürfen, die sich, so der Kölner Historiker Jürgen Elvert, »begrifflich kaum, inhaltlich jedoch erheblich voneinander unterschieden«.[99]

Seit dem Frühjahr 1941 befanden sich »Ru« und »Promi« in einer Art konzeptionellen Wettstreit um die künftige »europäische Rundfunkordnung«. Der rundfunkpolitische Vordenker des AA war Kurt Alexander Mair, der sich nicht nur als fähiger Manager erwies, sondern, mit Blick auf die Konjunktur des Europagedankens nach 1945, als ein Mann mit politischem Weitblick. Der 1902 in Tirol geborene, bereits 1957 verstorbene Mair war 1935 aus beruflichen Gründen nach Stuttgart gekommen, wo er die Leitung des Schweizer Hallwag-Verlages übernommen hatte. Nach dem Krieg wurde er Inhaber des Geographischen Verlags, der noch heute seinen Namen trägt und durch die Herausgabe des *Shell-Atlas* bekannt geworden ist. In das Auswärtige Amt war Mair wie einige andere Mitglieder von Kult R über die österreichische Verbindung gekommen, zu der auch die Archivarin Lang-Kraucher gehörte. Von hier aus soll es gegen Ende des Krieges einen losen Kontakt zu österreichischen Widerstandszirkeln um den späteren Tiroler Landeshauptmann Karl Gruber gegeben haben, dem Kiesinger später in Gestalt des Außenministers seines Landes wiederbegegnete.[100]

Mair geriet bei diversen Gelegenheiten mit dem NS-Staat in Konflikt. 1944 wurde er sogar aus der Partei ausgeschlossen. Seit 1938 Mitglied der NSDAP, war er nach dem Urteil des früheren Hohenheimer Historikers Willi A. Boelcke »nie ein überzeugter Nationalsozialist«. Als Organisator von hohen Graden habe er sich zur *persona gratissima* Rühles gemacht.[101] Mair und Kiesinger ergänzten sich prächtig: Mair imponierte Kiesingers rednerische Gabe, letzterer bewunderte das Organisationstalent seines Freundes. Mit Mairs Hilfe meisterte Kiesinger die Hürden des Entnazifizierungsverfahrens und erreichte die begehrte Einstufung als Entlasteter, ohne die seine Nachkriegskarriere empfindlich gehemmt worden wäre. In diesem Entnazifizierungskartell hatte Kiesinger zuvor Mairs politische Überprüfung mit einem langen »Persilschein« und einem Auftritt vor der Stuttgarter Spruchkammer gestützt. Seinem »lieben Freund Kurt« blieb Kiesinger auch in den fünfziger

Jahren eng verbunden. Beiden Männern bereitete es dann Sorge, daß sich in der deutschen Öffentlichkeit ein »gewisser Chauvinismus« breit zu machen begann. Er solle sich in seinem unermüdlichen Eintreten für Europa nicht »irre« machen lassen, schrieb Mair an Kiesinger während des Streits um die Europäische Verteidigungsgemeinschaft 1954.[102]

Bis auf eine kurze Aufforderung Mairs, Kiesinger möge doch bei Gelegenheit ein seit längerer Zeit gegebenes Versprechen einlösen und vor den Mitarbeitern der nachrichtenpolitischen Abteilung der Interradio seine »Grundgedanken über die nachrichtenpolitischen Rundfunksendungen« darlegen, finden sich in den Archiven nur sehr spärliche Hinweise auf Kiesingers Haltung in dieser frühen »Europa-Diskussion«. Daß Kiesinger die schriftlich überlieferten Gedankengänge Mairs mehr oder weniger geteilt haben dürfte, verdeutlichen die *Hellen und Dunklen Jahre*. Dort berichtet Kiesinger über eine Intervention bei dem Verbindungsmann des AA bei Hitler, Walter Hewel, die er und Schirmer gemeinsam unternommen hätten. Sie hätten den »Führer« 1941 auf die Diskrepanz zwischen der propagandistisch verkündeten »neuen Ordnung« und der tatsächlichen Politik vor Ort aufmerksam machen wollen. Da waren die beiden Rundfunkdiplomaten wohl dem berühmten Hitler-Mythos aufgesessen – oder suchten sie ihn sich zunutze zu machen? –, wonach der »Führer« gar nicht wisse, wie seine Satrapen in der Besatzungsherrschaft wüteten. Ihm sei damals aufgefallen, so rückblickend Kiesinger, daß von der nationalsozialistischen Herrschaft keinerlei »Heilsbotschaft« für die europäischen Völker ausgegangen sei. Im Unterschied zu den Idealen Amerikas, aber auch zur kommunistischen Ideologie habe der deutschen Auslandspropaganda das positive Leitmotiv gefehlt. Wie sollte sie ohne dies Sympathie und vielleicht sogar Zustimmung wecken? Allein die Angst vor Stalin habe die Europäer zusammengeschweißt. Das habe auf Dauer nicht gutgehen können. Das Deutsche Reich solle eine Politik »für seine europäischen Nachbarn verkünden, nach der sich jedes Land seine innere Ordnung nach eigenem Gutdünken geben könne. Dafür könne Deutschland eine Garantie abgeben, wenn die anderen europäischen Länder bereit seien, gemeinsam mit Deutschland den Kommunismus zu bekämpfen.«[103]

Wenn auch nicht ganz so prononciert wie in der rückerinnernden Schilderung lassen sich vergleichbare Gedankengänge in der aufwendig gestalteten Denkschrift finden, die Mair zur Gründung der Interradio im November 1941 vorlegte. Darin hob Mair auf die Nachkriegsplanung ab. Der Rundfunk werde nach dem Kriege die Aufgabe haben, »fremde Völker für die Neuordnung unter deutscher Führung und für ein europäisches Gemeinschaftsgefühl« zu gewinnen, wobei er besondere Hoffnungen auf die Jugend setzte.[104] Aber nicht nur das Denken, auch die Praxis begann sich schon zu

»europäisieren«. In den von Kiesinger und seiner Abteilung mitorganisierten Ringsendungen erprobten die Rundfunkpropagandisten Frühformen der »Eurovision«.[105] Das Personal der Rundfunkanstalten würde ohnehin immer dasselbe bleiben. Worauf es hier ankommt: Als geographischer und politischer Referenzpunkt wurde »Europa« für weite Teile der deutschen Eliten zum ersten Mal eine erlebte Realität.

Auf dem Höhepunkt des Zweiten Weltkrieges bemächtigten sich die Nationalsozialisten des Europagedankens, den Jahre zuvor längst verfemte Figuren wie Richard Coudenhove-Kalergi zu popularisieren gesucht hatten. Das NS-Europa entsprang weit überwiegend einem vordergründigen Machtinstinkt und war in diesem Sinne tatsächlich »nur Propaganda«. Dennoch wurde damit eine schillernde Begrifflichkeit neu akzentuiert, die nach 1945 als demokratisch geläutertes Versatzstück wiederkehrte. Bis in die Wahl der Mittel und auch die Wortwahl hinein lassen sich Kontinuitäten ausbuchstabieren: Wirtschaftliche Integration, Kulturpolitik und Fokus auf die Jugend, wobei sich an letzteres besonders unapologetisch wieder anknüpfen ließ.

Im Zweiten Weltkrieg begann sich die europäische Landkarte in den Köpfen festzusetzen. Plötzlich befanden sich Millionen deutscher Männer (und nicht wenige Frauen) an Orten, die sie in den meisten Fällen nicht einmal vom Hörensagen gekannt hatten. Zum ersten Mal seit seiner italienischen Reise 1926 hielt sich Kiesinger im Sommer 1940 wieder außerhalb der Grenzen Deutschlands auf, als er mit den Rundfunkberichterstattern nach Belgien und Frankreich fuhr. Weitere Reisen folgten, so u. a. nach Polen in ein Lager sowjetischer Kriegsgefangener. Diehl lernte Kiesinger auf Reisen nach Sarajewo und Vichy persönlich kennen, Sonnenhol, der bei der FDP und im Entwicklungshilfeministerium eine wichtige Figur wurde, auf der ersten Reise nach Paris.[106] Im Sommer 1942 führte ihn eine Reise nach Bukarest, wo er als Vertreter seiner Abteilung einer der ersten internationalen Fernsehübertragungen beiwohnen konnte. *En passant* vermittelte diese Reisetätigkeit einen handfesten Eindruck von den politischen, sozialen und kulturellen Verhältnissen auf dem Balkan (bis hin zu der Erfahrung, daß sich den Kauf einer Fahrkarte erspart, wer dem Schaffner ein paar Lei in die Hände drückt). Kiesinger wäre nicht Kiesinger gewesen, wenn ihn diese Dienstreisen in das nationalsozialistisch besetzte Europa nicht zu dem einen oder anderen touristischen Ausflug animiert hätten, bis hin zu Wanderungen in Siebenbürgen und Besuchen bei der schwäbischen »Verwandtschaft« im Banat.[107]

Auf sehr eigentümliche Weise entprovinzialisierte die Tätigkeit in der Rundfunkpolitischen Abteilung. Der Rundfunk, das Seehaus und die Interradio in Königs Wusterhausen waren ein globaler Mikrokosmos, in dem sich Menschen aus aller Herren Länder tummelten. Ende 1940 sendete der Auslandsrundfunk in 23 Sprachen, 1944 hatte die RRG insgesamt 47 Sprachredaktionen. Der dem RMVP unterstellte Deutsche Europasender strahlte Programme in 29 Sprachen in alle Welt.[108] Kiesinger kam nicht nur mit den amerikanischen Korrespondenten in Berührung, sondern auch mit Arabern, Indern, Maghrebinern und Menschen aus ganz Europa. Viele dieser ausländischen Mitarbeiter der RRG und des Seehauses waren gestrandete Existenzen oder tragische Figuren, darunter der mit Kiesinger befreundete Max Otto Koischwitz, ein Deutsch-Amerikaner, der als Professor für deutsche Literatur am Hunter College der Columbia University gelehrt hatte und sich bei Kriegsbeginn aus deutscher Loyalität und Antipathie gegenüber Roosevelt, den Juden und den Briten gegen die USA und für die Rundfunkpolitische Abteilung entschieden hatte. Er sollte diesen Schritt zutiefst bereuen. Frau und Kind fielen einem Bombenangriff zum Opfer, zugleich war Koischwitz in eine private Affäre und berufliche Wirren verstrickt. 1944 beging er Selbstmord.[109] Er war mit dem Wechsel des Kriegsglücks in eine Sackgasse geraten, aus der es kein Entrinnen mehr gab.

Es klingt wie untergründige Ironie, wenn biographische Abrisse, die beispielsweise aus Anlaß von Kiesingers Wahl zum Vorsitzenden des Auswärtigen Ausschusses im Dezember 1954 erschienen, ganz unschuldig davon sprechen, er habe seine »diplomatischen Lehrjahre« nach 1939 im Auswärtigen Amt absolviert und dort, wie es einmal in der *Westdeutschen Allgemeinen* hieß, die »Methoden und Formen der Außenarbeit« gewissermaßen aus dem »ff« kennengelernt.[110] Daran ist etwas Richtiges: Es schärfte Kiesingers internationalen Horizont, wenn ihm tagtäglich die Abhörberichte des Seehauses auf den Schreibtisch flatterten. In Kiesingers Dienstzimmer im Auswärtigen Amt habe es ausgesehen wie in einer Redaktionsstube, schilderte ein zwischen 1936 und 1945 (als Neutraler) in Berlin akkreditierter irischer Journalist im November 1966 die Szenerie: Weiße, rote, grüne und blaue Papiere türmten sich auf, der Muret-Sanders, ein deutsch-englisches Wörterbuch, war stets in Reichweite, der Repetitor perfektionierte seine Fremdsprachenkenntnisse, vor allem Englisch, Französisch, aber auch Spanisch und Russisch (der einzige Beleg übrigens, daß Kiesinger mehr als nur rudimentäre Kenntnisse auch dieser Sprache besessen hätte). Für Kiesinger, so sein irisches Gegenüber, seien die fünf Jahre im Auswärtigen Amt keine verschwendete Zeit gewesen: »Im Gegenteil. Er erwarb solide Kenntnisse der auswärtigen Beziehungen, mehr als die meisten seiner damaligen deutschen Mitbürger. Er perfektionierte seine Kenntnisse mehrerer Fremdsprachen: ein weiterer Vorteil. Und indem er Tag für Tag die Nachrichten der B.B.C. studierte, fand er sich in die englische politische Mentalität hinein.«[111]

Das war allerdings kein harmloses Spiel, in das Kiesinger da hineingeraten war. Im Namen dieses »neuen Europa« kam eine mörderische Politik ethnischer Säuberungen in Gang, die ohne Beispiel in der Geschichte des zivilisierten Westens ist. Ganz Europa sollte »judenfrei« werden. Das Auswärtige Amt war mit seiner Abteilung Deutschland unmittelbar in die »Endlösung« verwickelt. Als koordinierende Instanz besaß es im Verhältnis zu den Verbündeten eine zentrale Aufgabe.[112] Mit Zuckerbrot und Peitsche wurden die deutschen Satelliten dazu gebracht, »ihre« Juden für die rassepolitischen Ziele Hitlers und des »Großdeutschen Reiches« freizugeben, um sie nach Treblinka, Sobibor, Auschwitz und die anderen Orte der Vernichtung zu schicken.

Mit dieser Politik war Kiesinger eindeutig nicht befaßt. Auch seine Propagandatätigkeit diente nicht der Implementierung des Holocaust. In den Quellen findet sich kein einziger Hinweis, daß er mit der Abteilung Deutschland in mehr als nur oberflächlicher Weise Berührung gehabt hätte. Diese logierte in einem anderen Gebäude und stimmte ihre geheimen Aktivitäten vermutlich kaum mit der für die »Judenpolitik« irrelevanten Rundfunkabteilung ab. Alle Versuche sind daher gescheitert, Kiesinger in die Nähe von »Schreibtischtätern« wie Adolf Eichmann zu rücken.[113] Auch über die persönliche Freundschaft zur Gerhard Kreuzwendedich Todenhöfer, der aus der Abteilung Deutschland in das sogenannte Sonderreferat Krümmer gewechselt war, wo ihn Kiesinger schließlich kennenlernte, läßt sich Kiesinger nicht in eine Tatgemeinschaft mit dem NS-Vernichtungsapparat bringen. Kiesingers »Beitrag zum Holocaust« entspricht qualitativ dem vieler anderer, darunter nicht weniger deutscher Spitzenpolitiker der Nachkriegszeit in Ost und West, die als Offiziere der Wehrmacht an der Ostfront diesem säkularen Verbrechen den Rücken freigehalten haben, ob sie es wollten oder nicht.

Mit Arisierungen, also der wirtschaftlichen Ausbeutung und Enteignung der jüdischen Opfer, ist Kiesinger in einem Falle indirekt in Berührung gekommen. Ende 1943 suchte sich die Interradio mit Hilfe einer von ihr beeinflußten französischen Gesellschaft in den Besitz eines Privatsenders namens Radio Cité in der Nähe von Paris zu setzen, dessen Aktien teilweise Juden gehörten bzw. aufgrund vermuteter »Scheingeschäfte« Nichtjuden übertragen worden waren. Als Mitglied des Aufsichtsrates der Interradio wurde Kiesinger über das geplante Geschäft informiert, ohne daß er von sich aus aktiv geworden wäre oder sich überhaupt daran organisatorisch beteiligt hätte. Die DDR-Schlagzeile »Kiesinger betrieb mit Eifer und Umsicht die Arisierung des französischen Senders Radio Cité« gehört in das Reich der historischen Legenden.[114]

Ebenso unseriös wie als Rufmordkampagne effizient war die Anfang 1967 aufgestellte Behauptung der westdeutschen *Blätter für deutsche und interna-*

tionale Politik, Kiesinger habe dafür gesorgt, daß diese Arisierung »vollzogen« worden sei, und dabei »so wenig Hemmung wie irgendein anderer Schreibtischstratege des nationalsozialistischen Feldzuges gegen das Judentum« gezeigt.[115] Historisch ist an dieser diffamierenden Darstellung eigentlich nur von Belang, daß sie dem Philosophen Karl Jaspers erlaubte, seine heftigen, mit zweierlei Maß messenden Attacken auf Kiesinger vom Januar 1967 nachträglich vor sich und der Welt zu rechtfertigen.[116]

Allen anderen Behauptungen zum Trotz hat Kiesinger in dem gesamten Komplex Radio Cité keine aktive Rolle gespielt, sondern wurde durch den Generalsekretär der Interradio, Aigner, in einem »eingehenden Vortrag über die Zusammenhänge« über die rechtlichen Details des geplanten Handels unterrichtet. Als Mitglied des Aufsichtsrates der Interradio gab er daraufhin zu Protokoll, daß die Rundfunkabteilung dem geplanten Erwerb von Radio Cité »wohlwollend« gegenüberstünde. Im Klartext: Kiesinger gab sein Placet zu einem Geschäft, das die vermutete Enteignung jüdischen Vermögens in Kauf genommen hätte. Nur: zustande gekommen ist Handel nicht, weil sich die Interessenlage der französischen Partner verschob. Die geplante Arisierung unterblieb.

Ob sich Kiesinger der tatsächlichen Bedeutung seiner prinzipiellen Zustimmung zum Erwerb von Radio Cité bewußt war, läßt sich im Nachhinein kaum mehr festzustellen. Es ist ein Detail, gewiß, aber nicht ohne Bedeutung, weil ohne dieses Hinnehmen und Gewährenlassen die kleineren und die größeren Verbrechen nicht hätten geschehen können. Umgekehrt sollte der Vorgang Radio Cité im Kontext von Kiesingers Agieren im Auswärtigen Amt nicht überbewertet werden. Es war, so bitter dies klingt, eine von vielen organisatorischen Fragen, mit denen sich die deutschen Rundfunkbürokraten um diese Zeit beschäftigten. Erst im nachhinein, in der Erinnerung und in Kenntnis der größeren Implikationen, wird die moralische Problematik deutlich, die zeitgenössisch, wie gesagt, im konkreten Fall folgenlos blieb.[117]

Das alles sehen wir heute zu Recht im Lichte des Holocaust, der sich nicht ereignet hätte, wenn nicht Millionen Menschen den Mord in der einen oder anderen Form hingenommen hätten, darunter nicht wenige, die aktiv Widerstand leisteten und aus Abwägungsgründen zu Komplizen wurden. Das wirft moralische und historische Fragen von großer Tragweite auf, weil sie ein ganzes Volk in Schuld und Verantwortung nehmen, jedoch individuell nur schwer zurechenbar sind.

Aber was überhaupt war den Zeitgenossen über die »Endlösung« bekannt, was konnten sie über den Judenmord wissen? Was war dagegen zu unternehmen? Was wußte und tat Kiesinger? Mit der ersten und zweiten Frage haben sich seit Jahrzehnten ganze Heerscharen von Historikern beschäftigt. Danach steht zweifelsfrei fest, daß auch unter den totalitären Bedingungen im Staat Hitlers sehr weitreichende Informationen über das tatsächliche Schicksal der Juden und der übrigen Opfergruppen wie der Sinti und Roma zu erlangen waren und daß es Möglichkeiten gab, den Opfern zu helfen. Tatsächlich erfuhren viele Menschen in der einen oder anderen Form vom Holocaust und verdrängten das Unfaßbare nicht selten.[118]

Hingegen wußten außerhalb des sehr engen Kreises der unmittelbar Verantwortlichen nur sehr wenige über die tatsächlichen Dimensionen dieses Menschheitsverbrechens Bescheid. Der gesamte Komplex wurde vom NS-Regime mit strikter Geheimhaltung umgeben und mit Sanktionen bis hin zur Todesstrafe bedroht. Es überstieg schon damals die Vorstellungskraft der meisten Zeitgenossen, die Opfer eingeschlossen, daß im Namen einer Ideologie in der Mitte Europas Millionen nur so hingeschlachtet wurden. Helmut Schmidt, Offizier an jener Ostfront, in deren rückwärtigem Gebiet sich das große Morden abspielte, wußte bis zum Ende nichts.[119] Dennoch gab es im Reich mehr als anekdotische Informationen. Es begann mit dem Abtransport jüdischer Deutscher vor den Augen ihrer Mitbürger. Es folgten Erzählungen von Fronturlaubern und Angehörigen der SS, aber auch von Mitarbeiter der Firmen, die wirtschaftliche Interessen in den Lagern verfolgten (wie die I.G. Farben), bis hin zu den Bauarbeitern und Ingenieuren, die sich an der Konstruktion der Konzentrationslager und Mordfabriken beteiligten. Unvorstellbar grauenvolle Details drangen ins Bewußtsein der Menschen, nicht immer akkurat, aber in der Tendenz eindeutig.[120]

Das eine oder andere kam auch Kiesinger zu Ohren. Im Sommer 1941 habe ihn Schirmer im Treppenhaus der Saarlandstaße voller Entsetzen angesprochen: Ein ehemaliger Fahrer der Abteilung, der sich auf Fronturlaub befand, habe erzählt, wie »Einheiten der Partei« in Polen oder der Ukraine Tausende von Juden – Männer, Frauen, Greise und Kinder – zusammengetrieben, erschossen und in von den Opfern ausgehobenen Gräbern verscharrt hätten. Aufgrund dieser Schilderung habe er zum ersten Mal von den Greueltaten erfahren. Er sei daraufhin zu seinem Abteilungsleiter Rühle gelaufen, der ihm auch nichts Genaueres habe sagen können, außer daß es sich vermutlich um Übergriffe von Sondereinheiten gehandelt hätte. Rühle habe sich nicht vorstellen können, »daß solche Dinge mit der Billigung des Führers geschähen«.[121] Der Hitler-Mythos tat seine Wirkung oder wurde von Rühle geschickt eingesetzt.

Später habe er bewußt miterlebt, wie eine in seinem Haus in der Bleibtreustraße wohnende Familie abgeholt und deportiert worden sei. Spätestens zu diesem Zeitpunkt, so Kiesinger, sei der Verdacht nicht mehr von der Hand zu weisen gewesen, »daß da etwas nicht stimmt, daß da nicht nur evakuiert und deportiert wird, sondern mehr geschieht«. Bis zum Ende des Krieges habe sich dieses Bild dann »ganz deutlich« eingestellt.[122] Seinem frommen Vater habe er bei einem seiner Besuche in Ebingen davon berichtet. Der aufrechte Pietist habe tief bedrückt gemeint, »die Deutschen würden diese Verbrechen büßen müssen, die Ermordung der Juden vor allem, denn diese gehörten ja zum auserwählten Volk«.[123]

Als Bundeskanzler hat es Kiesinger nicht abgestritten, mehr als nur allgemein unbestimmtes Wissen von den Verbrechen gehabt zu haben, die da im deutschen Namen begangen wurden. Es wäre auch höchst unglaubwürdig gewesen: So war Kiesinger berechtigt, ausländische Sender privat zu Hause abzuhören. Schüler berichten, daß er von diesem Privileg auch tatsächlich Gebrauch machte.[124] Überdies war Kiesinger durch die Abhörberichte des Seehauses über die alliierte Berichterstattung informiert, die sich dem Thema zunächst in sehr zurückhaltender Weise widmete. Doch im Dezember 1942 strahlte die BBC, auch in ihrem deutschsprachigen Dienst, wiederholt eine Erklärung aus, in der die »bestialischen Vernichtungsmethoden« aufs Schärfste verurteilt und den Verantwortlichen schwerste Strafe in Aussicht gestellt wurden.[125]

Goebbels reagierte in seinen Ministerkonferenzen auf diese »verstärkte Agitation der Engländer über Judengreuel im Osten«. Er halte es für an der Zeit, etwas dagegen zu unternehmen: »Dieses Thema sei zwar recht heikel, und wir sollten uns auf die Polemik am besten nicht einlassen, dafür aber die Greuel der Engländer in Indien, im Iran und in Ägypten besonders herausstellen.«[126] Dabei erging auch die Aufforderung an das Auswärtige Amt, die britische Propaganda mit entsprechendem »Geschrei« zu konterkarieren. Dies sei die beste Möglichkeit, »von dem leidigen Judenthema herunterzukommen«.[127] Zwar nahm Kiesinger an Goebbels' Ministerkonferenzen nicht teil, doch ist davon auszugehen, daß ihm als Verbindungsmann von »Ru« die Reaktion des Propagandaministers und die zugrunde liegenden Berichte im britischen Rundfunk zur Kenntnis kamen. Denn das AA wurde in Goebbels' Weisung direkt angesprochen.[128]

Goebbels wußte, wovon er sprach. In sein Tagebuch diktierte er am 27. März 1942, daß die Juden aus dem Generalgouvernement nach Osten abgeschoben würden: »Es wird hier ein ziemlich barbarisches und nicht näher zu beschreibendes Verfahren angewandt.«[129] Daraus, wie auch aus anderen Indizien, läßt sich nun aber gerade *nicht* der Schluß ziehen, daß Kiesinger *dienstlich* über Ausmaß und Ziel des Holocaust informiert gewesen wäre. Nur auf *diese* Fragestellung kam es der Verteidigung an, als Kiesinger am 4. Juli 1968 unter einer recht fadenscheinigen Begründung und mit Hilfe eines prozessualen Tricks als Entlastungszeuge im Prozeß gegen zwei ehemalige »Schreibtischtäter« des Auswärtigen Amtes, Adolph-Heinz Beckerle und Fritz-Gebhard von Hahn, vor dem Frankfurter Schwurgericht aussagen mußte. Die Verteidigung wollte die Täter von dem Vorwurf entlasten, über das tatsächliche Schicksal von einigen Tausend deportierten bulgarischen Juden Bescheid gewußt zu haben. Das hätte die Anklage der Beihilfe zum Mord entkräftigt. Mußte Kiesinger als stellvertretender Abteilungsleiter nicht besser Bescheid wissen als die beiden Angeklagten, die doch nur »kleine Rädchen« im AA gewesen wären, so argumentierten die Verteidiger?

Vermutlich, mit Sicherheit wird es sich das bis zum Auftauchen eines Dokumentes, das von ihm persönlich abgezeichnet worden wäre, nicht sagen lassen, hat Kiesinger tatsächlich keinen offiziellen Text zu Gesicht bekommen, aus dem sich eine korrekte und umfassende Information über den Holocaust hätte ableiten lassen. Sein Abteilungsleiter Rühle hatte seit dem Dezember 1941 – damals gehörte Kiesinger aber noch nicht zur Führungsspitze der Abteilung – über die Erschießung von Juden in den besetzten sowjetischen Gebieten durch die sogenannten Einsatzgruppen des SD Kenntnis. Allerdings war spätestens im Mai 1943, dies haben die gründlichen Untersuchungen von Hans-Jürgen Döscher ergeben, unter den verantwortlichen Beamten des Auswärtigen Amtes allgemein bekannt, daß die Juden systematisch »mittels Gas« vernichtet wurden.[130] Aber dieses Wissen stammte eben nicht aus offiziellen Dokumenten des Auswärtigen Amtes, worauf es in der besagten Zeugenaussage angekommen wäre. Insofern war Kiesingers Behauptung eines *dienstlichen* Nichtwissens formal korrekt.

Wäre es allein um historische oder gerichtliche Wahrheitsfindung gegangen, dann hätte Kiesinger vor dem Frankfurter Schwurgericht erst gar nicht aussagen müssen. Seine prominente Stellung machte ihn jedoch zu einem geeigneten Objekt für die Verteidigung, weil das dem Prozeß eine sensationelle Wendung gab.[131] Denn an sich war Kiesingers Aussage für die Urteilsfindung völlig unerheblich, hatte doch der Angeklagte Fritz-Gebhard von Hahn bereits bei einer Vernehmung im Jahre 1962 zugegeben, daß er ausländische Meldungen über die Vernichtung der Juden für glaubwürdig gehalten und sie auch zur Grundlage amtlicher Entscheidungen gemacht hatte. Tatsächlich wurde von Hahn zu acht Jahren Gefängnis verurteilt, ohne daß Kiesingers Aussage ins Gewicht gefallen wäre.[132] So sagte Kiesinger wahrheitsgemäß unter Eid aus, daß er kein *dienstliches* Wissen über den Holocaust besessen, jedoch, auf anderem Wege sehr wohl von den Judenmorden erfahren hatte, wenn auch eher anekdotisch. Nachdem er die Informationen über den Holocaust zunächst nicht an sich herangelassen habe, »aus dem einfachen Grunde, daß es einem unvorstellbar war, daß so etwas geschehen könnte«, habe er im Laufe des Krieges »den Eindruck gewonnen, daß da tatsächlich etwas nicht stimmen könnte, etwas dran sein könnte«. Kiesinger hat also nach eigenem Bekunden Kenntnis von den Vernichtungsaktionen gehabt.[133]

Eine Würdigung von Kiesingers Aussage vor dem Frankfurter Schwurgericht müßte also auf dieses Eingeständnis Bezug nehmen.[134] Das war verglichen mit anderen nicht wenig, in der aufgeheizten Atmosphäre des Jahres 1968 aber offensichtlich nicht genug. Auch behauptete Kiesinger *nicht*, wie ihm gleich nach seiner Zeugenaussage unterstellt wurde, die Juden wären seiner damaligen Meinung zufolge »nur« nach Osten deportiert worden. Er sei sich bewußt gewesen, daß sie dort in großer Zahl getötet würden.

Erstaunlicherweise fand dieses Zugeständnis Kiesingers in der zeitgenössischen Berichterstattung keine Resonanz. Die Presse konzentrierte sich auf Kiesingers Schilderung seines Werdegangs und auf die Aussage, er habe »dienstlich« von der »Endlösung« nichts gewußt, ja diesen Begriff nicht einmal gekannt.[135] Gerade das linksliberale Medienspektrum bewies hier eine hohe vergangenheitspolitische Voreingenommenheit. Das alles bot Material, das im Bundestagswahlkampf 1969 gegen den amtierenden Bundeskanzler vorgebracht werden konnte. War es ein Zufall, daß nicht gleich nach Kiesingers Zeugenaussage im Juli 1968, sondern erst kurz vor der Wahl, im September 1969, eine durch die Broschüre der »Aktion Demokratischer Fortschritt« angeregte Anzeige gegen Kiesinger erfolgte, dieser habe im Prozeß gegen Gebhard von Hahn unter Eid wissentlich falsch ausgesagt?

Diese Anzeige verdeutlicht, daß sich in den geschichtspolitischen Kämpfen der späten sechziger Jahre die Extreme manchmal berührten. Eine der Anzeigen stammte von einem ehemaligen Mitarbeiter des Seehauses, Dr. Wilhelm Duwe, der in das Umfeld der »Kameradenhilfe« um dem Alt-Nazi Best gehörte, das sich von Kiesinger mehr Gefügigkeit angesichts der »drohenden Prozeßwelle« gegen ehemalige NS-Täter erhoffte – doch von dem in der »Verjährungsfrage« aus der Sicht der »Ehemaligen« viel zu »nachgiebigen« Kanzler nicht genug hatte erreichen können. Diese und andere Anzeigen führten zu langwierigen, mit erheblichen Kosten für die Staatskasse verbundenen Ermittlungen gegen Kiesinger wegen dessen angeblicher Falschaussage vor dem Frankfurter Schwurgericht. Erst im Mai 1971 wurden die Ermittlungen mit einer ausführlichen Begründung sang- und klanglos eingestellt.

Aber Duwe ließ nicht locker und suchte sich prominente Hilfe erneut am anderen Ende des politischen Spektrums. Im Februar 1972 legte er Beschwerde gegen den Einstellungsbeschluß der Bonner Staatsanwaltschaft beim Generalstaatsanwalt in Köln ein. Diese Beschwerde war ebenso gut getimt wie die ursprüngliche Anzeige. Sie erfolgte neun Monate nach dem Einstellungsbeschluß auf dem Höhepunkt des Kampfes um die Ostverträge, als Kiesinger als Vertreter seiner Fraktion im Bundestag das Mißtrauensvotum gegen Willy Brandt begründete. Diesmal ließ sich der »Ehemalige« Duwe von Otto Schily helfen, der es als »APO-Anwalt« und Verteidiger von Andreas Baader und Ulrike Meinhof zu einiger Berühmtheit gebracht hatte und 1998 im Kabinett von Bundeskanzler Schröder Innenminister werden sollte. Am 25. April 1972 wies die Kölner Generalstaatsanwaltschaft auch diese Beschwerde als unbegründet zurück.[136]

Deutsche Auslandspropaganda

In den späten sechziger Jahren ging es um mehr als historische Aufarbeitung. Es wird noch zu zeigen sein, wie sehr Kiesingers Vergangenheit als Instrument in tagespolitischen Machtkämpfen diente, wovon auch die eigenen Parteifreunde regen Gebrauch machen sollten. Insofern sind viele der in Kiesingers Kanzlerzeit getroffenen Feststellungen mit Vorsicht zu genießen – wie auch Kiesingers Verteidigungsstrategie stets Rücksicht auf die aktuelle politische Situation nahm. Wie aber stellte sich der Kiesinger des Zweiten Weltkrieges zum Antisemitismus, der ja zu den erklärten Kernbeständen der NS-Ideologie gehört und die deutsche In- und Auslandspropaganda durchdrang? Und welche Gedanken hat er sich zur deutschen Auslandspropaganda gemacht?

Im September 1941 schlug Rühle Reichsaußenminister Ribbentrop insgesamt zwölf Leitsätze »für eine aktive deutsche Propaganda« vor, wobei er sich auch zweier explizit antisemitischer Thesen bediente: »Der Jude Roosevelt erstrebt die jüdische Weltherrschaft« (Leitsatz 5) und »Deutschland kämpft für soziale Gerechtigkeit gegen jüdisch-plutokratische Ausbeutung« (Leitsatz 10). Kiesinger erhielt eine Abschrift dieses Schreibens, in dessen »Erläuterungen« weitere antisemitische Details zu finden sind.[137] Ob die Ausarbeitung von Ribbentrop angefordert worden war und ob und in welcher Weise Kiesinger an ihrer Erarbeitung mitgewirkt hat, ist unbekannt. Aber auch ohne direkten Bezug läßt sich allgemein konstatieren, daß die deutsche Auslandspropaganda mit antisemitischen Versatzstücken in unterschiedlicher Intensität und Färbung operierte und daß Kiesinger daran kraft Amtes beteiligt war.

Die zwölf Leitsätze waren innerhalb des Auswärtigen Amtes nicht unumstritten, wobei sich die Kritik nicht auf den antisemitischen Gehalt, sondern auf die Opportunität der konkreten Thesen richtete. So riet der frühere deutsche Botschafter in Washington, Hans Dieckhoff, am 9. Oktober 1941 dringend davon ab, bei deutschen propagandistischen Aktionen Amerikaner als Juden zu bezeichnen, die »nicht einwandfrei Juden sind. Würden wir von amerikanischen Persönlichkeiten, wie z. B. Roosevelt, behaupten, daß sie Juden sind, obwohl jeder Amerikaner weiß, daß dies nicht wahr ist, so würden wir die ganze Stoßkraft unserer anderen, richtigen Behauptungen über die Judenherrschaft in USA schwer beeinträchtigen.« Anschließend führte Dieckhoff die Namen von Persönlichkeiten aus Roosevelts näherer Umgebung auf, die tatsächlich Juden waren.[138]

Die Anregungen Dieckhoffs für eine »gemäßigt« antisemitische Propaganda in die USA wurden offensichtlich befolgt. Die Standardthesen, die Ribbentrop nach der deutschen Kriegserklärung an die USA im Dezember 1941 anordnete, bezeichnen Roosevelt als »Exponent des Weltjudentums«, der von vielen jüdischen Beratern umgeben sei: »Den Juden Baruch, der schon Wilson in den Weltkrieg trieb, nennt Roosevelt seinen Freund und Meister.«[139] Das entsprach der Linie, die auf einer Besprechung der Rundfunkpolitischen Abteilung des AA mit der Auslandsabteilung des »Promi« am 15. Dezember, vier Tage nach der deutschen Kriegserklärung an die USA, verabredet worden war und an der auch Lilienfeld und Kiesinger teilnahmen. Einer Aufzeichnung Kiesingers zufolge wurden als Leitgedanken unter anderem herausgestellt, daß nicht das amerikanische Volk, sondern Roosevelt angegriffen, daß die inneren Gegensätze in den USA geweckt werden sollten und dem amerikanischen Volk beizubringen war, daß es einem unbesiegbaren Europa gegenüberstand. »Es herrscht Einmütigkeit darüber, daß bei der Durchführung dieser Propaganda die große Primitivität des amerikanischen Hörers und seine Unwissenheit in europäischen Dingen zu berücksichtigen sind. Andererseits macht es die amerikanische Mentalität notwendig, die Propaganda so zu gestalten, daß der amerikanische Hörer die zu erstrebenden Schlußfolgerungen auf Grund des Gehörten selbst zieht.« Als ein antisemitisches Element in diesen Leitgedanken findet sich zur Erläuterung des ersten Punktes das Beispiel: »Roosevelt und die Juden«.[140]

Kiesinger wirkte demnach im Amt an der Verbreitung antisemitischer Hetzpropaganda mit. In seinen Verteidigungsschriften nach 1945 legte er jedoch großen Wert darauf, daß er diese verhindern wollte.[141] Wie läßt sich das miteinander vereinbaren? Nun kamen derartige Sprachregelungen zweifellos von »allerhöchster Stelle«. Frontal war dagegen nichts auszurichten, das sagte sich vermutlich auch der stellvertretende Leiter der Rundfunkpolitischen Abteilung im Auswärtigen Amt – jedenfalls ohne Gefahr, seine Stellung zu verlieren und zur »Bewährung« an die Front geschickt zu werden. In den Archiven sucht man daher vergeblich nach einer Aufzeichnung, in der er direkt ablehnend zur inhaltlichen Gestaltung der NS-Propaganda Stellung genommen hätte. Angesichts der politischen Wirklichkeit in einem totalitären System wäre das auch nicht zu erwarten.

Was Kiesinger zur deutschen Auslandspropaganda formuliert hat, bewegt sich innerhalb der »üblichen Bahnen« und der damals gängigen Wortwahl. So gab er beispielsweise auf einer Sitzung des Nordamerika-Komitees, einer Art Fachausschuß der beteiligten Ministerien und Ämter für die Amerika-Propaganda, im August 1943 die Anregung, die Verwendung von Phosphor-Bomben durch die amerikanische Luftwaffe durch »Schilderung der ungewöhnlich grausamen Angriffsweise« anzuprangern.[142] Als nach dem Überfall auf die Sowjetunion im Juni 1941 der nationalsozialistische Rassekrieg in eine neue Phase trat, gab Kiesinger praktische Anregungen zur »rundfunkpropagandistischen Auswertung des europäischen Freiheitskampfes gegen den Bolschewismus« – was auch hier wie stets im Licht der Auseinandersetzungen mit dem »Promi« interpretiert werden muß und dem Amt Rosenberg, das für die Ostpropaganda zuständig war.[143] Immerhin: Ungeachtet der terminologischen Zugeständnisse an den »Zeitgeist« fehlt das Adjektiv »jüdisch« vor Bolschewismus, wie es sich in den entsprechenden Anweisungen der Wehrmacht für die Handhabung der Propaganda im Fall »Barbarossa« nachweisen läßt.[144] Ob dies bewußt geschah? In dieser Aufzeichnung Kiesingers kommt jedenfalls das Wort »Jude«, »antijüdisch« oder selbst »Führer« nicht vor. Das spricht nicht gerade dafür, ihn als radikalen Auslandspropagandisten zu porträtieren.[145]

Möglich ohne größeres persönliches Risiko war allenfalls der Versuch einer Abmilderung antisemitischer Propagandathesen, die Kiesinger aus außenpolitischen Überlegungen heraus ohnehin für nicht besonders zweckmäßig hielt. Die wichtigste Quelle hierzu – das einzige Originaldokument aus der Zeit des Zweiten Weltkrieges, das detaillierten Aufschluß über Kiesingers Einstellung zum Antisemitismus bietet – ist die seit langem bekannte Denunziation Kiesingers durch Ernst Otto Doerries, der als Chef vom Dienst und Leiter der Nachrichtenzentrale zu seinen engsten Mitarbeitern in der Rundfunkpolitischen Abteilung gehörte, wo Doerries ebenfalls als Wissenschaftlicher Hilfsarbeiter seinen Kriegsdienst ableistete. Seine Aussagen ließ sich Doerries in einem Gespräch mit zwei Offizieren des Reichssicherheitshauptamtes durch seinen »Kameraden« Dr. Hanns-Dietrich Ahrens bestätigen, der als Nachfolger Lilienfelds das Amerikareferat der Rundfunkabteilung leitete.

Aus dieser Denunziation geht hervor, daß Kiesinger »nachweislich« die antijüdische Aktion der deutschen Auslandspropaganda hemme. Unter anderem habe Kiesinger »Störmeldungen« um die Person Henry Fords zur »Belebung der antijüdischen Aktion« behindert, die Durchführung einer Aktion »Offener Brief der europäischen Jugend an Roosevelt mit dem Angebot der Übernahme der europäischen Juden«, das Zustandekommen einer grundsätzlichen Sprachregelung »Judenbrücke New York-Moskau« usw., usw. Auch habe Kiesinger dem Deutsch-Amerikaner Koischwitz beigepflichtet, der auf einer Sitzung gesagt hätte: »Schon das Wort Rasse würde genügen, uns um den letzten Hörer in den USA zu bringen, so sehr gilt es als nazistisch verseucht.« Von Doerries gefragt, woher es wohl komme, daß sich so wenige deutsche Publizisten leidenschaftlich der antijüdischen Frage widmeten, gab Kiesinger zur Antwort: »Wenn Sie daran denken, wie diese Frage politisch von uns behandelt worden ist, dürfen Sie sich nicht wundern, daß geistige Menschen sich ihr fernhalten!« Schließlich wurde Kiesinger bezichtigt, bei anderer Gelegenheit seine Genugtuung darüber zum Ausdruck gebracht zu haben, daß auch der Ministerialdirektor im Propagandaministerium, Hans Fritzsche, nichts von den »antijüdischen Heißspornen« halte, und »empfahl mir, dessen Rundfunkgespräche daraufhin zu prüfen, ob antijüdische Äußerungen darin seien«.[146]

Kiesingers kritische Bemerkungen zur NS-Propaganda dürfen nicht als Ausdruck einer offenen Widerstandshaltung überinterpretiert werden, wie dies vor dem Hintergrund der Angriffe auf seine Person in den späten sechziger Jahren manchmal geschah. Zum Zeitpunkt seiner Kandidatur zum Amt des Bundeskanzlers, im November 1966, diente Kiesinger dieses Dokument, das er bis zu diesem Zeitpunkt nicht gekannt hatte, zur Entkräftung der Vorwürfe gegen seine Person. Dies war seine vierte »Entnazifizierung« und wie in allen früheren Entnazifizierungen konnte der Vorwurf der NS-Täterschaft nur durch den Beweis des Gegenteils entkräftet werden, was geeigneterweise mit einer »Widerstandstätigkeit« zu belegen war.

Sachlicher Hintergrund der Doerries-Denunziation war eine interne Auseinandersetzung um die Propagandastrategie Richtung USA und die Opportunität antisemitischer Sendungen. Kiesinger kämpfte für eine gemäßigte Linie und suchte modifizierend »auf Grad und Form der Auswertung der antijüdischen Propagandasendungen« Einfluß zu nehmen, wie der vermutlich bewußt untertreibende Ahrens gegenüber der Staatsanwaltschaft Bonn in dem von Duwe angestrengten Meineidsverfahren gegen Kiesinger 1969 zu Protokoll geben ließ.[147] Doch was als Auseinandersetzung um inhaltliche Nuancen und Zweckmäßigkeitsüberlegungen in der Gestaltung der Propaganda begann, hob Doerries auf eine gefährliche politische Ebene, indem er Kiesinger eine »liberalistische Gesinnung« attestierte. Das hätte in der radikalisierten Endphase des »Dritten Reiches« nach dem 20. Juli 1944 tödlich enden können, weil das Regime zunehmend irrational auf den leisesten Dissens reagierte; vor allem wenn darin Zweifel an dem »fanatischen Willen« zum Durchhalten aufschienen.

Vermutlich fühlten sich die Mitarbeiter Doerries und Ahrens, deren unversöhnlicher Nazismus (»*irreconcilable Nazism*«) die amerikanische Militärregierung aufgrund dieses Dokuments im November 1945 für eindeutig erwiesen hielt[148], persönlich von dem »Dirigenten« Kiesinger zurückgesetzt. Aus der Doerries-Denunziation selbst, aus den Angaben von Ahrens gegenüber der Bonner Staatsanwaltschaft 1969 und aus der Aufzeichnung eines Gesprächs, das Doerries und Ahrens 1967 führten, läßt sich ableiten, daß Kiesinger, dem später als Ministerpräsident und Kanzler durchaus der Ruf anhaftete, ein anspruchsvoller und schwieriger Vorgesetzter zu sein, eine »unkameradschaftliche Haltung« zum Vorwurf gemacht wurde.[149]

Was auch immer die Motive für die Denunziation gewesen sein mögen, Doerries nahm den internen Streit zum Anlaß, um seinen Vorgesetzten Kiesinger beim SD anzuschwärzen. Danach verschwindet die Angelegenheit im Dunkel der Geschichte. Aus den Akten läßt sich der weitere Vorgang nicht vollständig rekonstruieren. Sicher ist nur, daß der Chef des SS-Hauptamtes, der SS-Obergruppenführer Berger, dem Reichsführer-SS Heinrich Himmler schon am 4. November eine Mitteilung machte, die wohl mit der Doerries-Denunziation zusammenhängt. Am 20. November übersandte Berger an Himmler die auf den 7. November datierte Niederschrift Doerries' nebst einem sogenannten »Wer-kennt-wen-Schema«, in dem die dienstlichen und privaten Beziehungen des in der Denunziation genannten Personenkreises aufgehellt werden. Warum die Denunziation erst auf den 7. November datiert ist und was Berger schon zuvor in diesem Zusammenhang an Himmler schrieb, bleibt unklar. Ob und wie der Reichsführer-SS reagierte, wissen wir ebenfalls nicht. Jede Aussage wäre reine Spekulation.[150]

Der konkrete Vorwurf der »Hemmung der antijüdischen Aktion« bezog sich auf den Plan Ribbentrops, einen Sender zu errichten, der Tag und Nacht nichts anderes zu tun gehabt hätte, als der Weltöffentlichkeit antijüdische Parolen einzuhämmern. Dieses aberwitzige Projekt war ganz aus dem Geist des Nationalsozialismus und nach dem Geschmack des Reichsaußenministers. Er entsprang dem in der »Kampfzeit« entwickelten, mechanistischen Selbstverständnis der NS-Propagandisten, eine unentwegte Wiederholung der immergleichen Thesen würde am Ende das Publikum auch von den größten Absurditäten überzeugen. Das hielt Kiesinger »für dilettantischen Unsinn«. Die Durchführung dieses Plans, heißt es in den *Dunklen und hellen Jahren*, hätte wohl die gegenteilige Wirkung erbracht. Um Ribbentrops Idee zu konterkarieren, habe er Rühle vorgeschlagen, gegenüber Ribbentrop das Argument zu gebrauchen, das »jüdische Problem liege in jedem Land anders und könne daher nur nach Ländern variiert, also, wenn überhaupt, durch den bestehenden Auslandsrundfunk behandelt werden«. Damit drangen

Kiesinger und Rühle allerdings nicht durch, denn der Plan eines »jüdischen Geheimsenders« stammte von einem der einflußreichsten Amerikaspezialisten des »Dritten Reiches«. Er war dem Außenministerium vom Leiter des Amerika-Komitees, dem Reiseschriftsteller Colin Ross, »eingeblasen worden«, der sich in Amerika-Angelegenheiten der besonderen Wertschätzung Adolf Hitlers erfreute.[151]

Als Ribbentrop merkte, daß die Stimmung im AA für seinen Plan ungünstig war, befahl er die zuständigen Mitglieder seines Ministeriums auf sein Schloß Fuschl im Salzkammergut, wo er ganz in der Nähe von Hitlers Berghof residierte. Eine drei Dutzend Männer umfassende Delegation wurde von Ribbentrop auf der Terrasse des unwirklich in scheinbar tiefstem Frieden liegenden Schlosses empfangen – so jedenfalls schildert Kiesinger die Situation. Er sei Zeuge einer unglaublichen Szenerie geworden. Ein »tobender Minister« habe »mehrere Stunden lang, mit der Faust auf den Tisch schlagend, seinen Untergebenen Unfähigkeit und Laxheit vor allem in der Propaganda gegen die Juden« vorgeworfen.

Niemand habe es gewagt, Ribbentrop zu widersprechen. Schließlich sei er, Kiesinger, mit seiner »Variationstheorie« herausgerückt. Einige der »alten Hasen des Amtes« hätten ihn mitleidig angeblickt. Mit plötzlich ruhiger Stimme habe ihm Ribbentrop die Frage gestellt, ob er Mozarts Klaviervariationen kenne. Als Kiesinger mit den Schultern zuckte, habe sich der Minister erneut in »heftige Erregung« gesteigert: »›Mozart konnte variieren. Meine Herren können es nicht!‹ Und weiter tobte der erstaunliche Furor eines Mannes, der sich offensichtlich nicht mehr unter Kontrolle hatte.« Am Ende habe er, Kiesinger, sich durch einen Zwischenruf Luft zu machen gesucht, der jedoch »in der Suada des Ministers« untergegangen sei. Da sah sich Kiesinger von zwei Männern untergefasst und im Laufschritt eine Strecke weit entführt. Für eine Schrecksekunde glaubte er, verhaftet worden zu sein. Es waren nur Timmler und Megerle, die ihn vor einen Unbesonnenheit hätten bewahren wollen. Am nächsten Tag nahm ihn der Chefdolmetscher des Auswärtigen Amtes, der Gesandte Paul Schmidt, ein Stück weit in seinem Wagen mit. Er, Kiesinger, solle sich die Dinge nicht so zu Herzen nehmen. »Er betrachte alles, was geschehe, wie ein Bühnenstück, bald als Tragödie, bald als Komödie, aus der Zuschauerloge und denke sich seinen Teil dabei.« Seinen Plan sollte Ribbentrop nicht mehr verwirklichen.

Kiesingers Ausführungen über diesen internen taktischen Dissens über die Zweckmäßigkeit der deutschen Auslandspropaganda finden Rückhalt in einem weiteren zeitgenössischen Dokument, das erst jüngst wieder aufgetaucht ist. In einer Aufzeichnung vom Mai 1943 setzte sich Kiesinger für eine effektivere Gestaltung der Rundfunkpropaganda ins Ausland ein, um die

Bevölkerung in den »Feindländern« gegen die »Kriegspolitik der Regierungen und herrschenden Kliquen [sic]« aufzuwiegeln. Er sprach sich insbesondere für die Beibehaltung diskursiver Elemente in der Auslandspropaganda aus. Während Ribbentrop das Rundfunkprogramm auf den Antisemitismus auszurichten gedachte, wollte Kiesinger neben reinen Propaganda- und Nachrichtensendungen auch Gespräche, Kommentare und Glossen weiterführen: »Die Propaganda kann nicht auf Erörterung und Argumentation verzichten, ohne sich um einen hervorragenden Teil ihrer Wirkung zu bringen. Die wichtigsten Propagandathemen, wie Judenfrage, Kriegsschuldfrage, Weltgefahr des Bolschewismus, lassen sich nachrichtenmäßig nur zu einem gewissen Teil auswerten.« Würde sich die Propaganda dieser Mittel begeben, entspräche das einer Selbstbeschränkung der Wehrmacht auf eine einzige Waffengattung, beispielsweise die Artillerie. Gerade dem »aktivistischeren Teil der Bevölkerung« des Auslandes müßten »Argumente und Parolen geliefert werden. Ohne diese wäre die Propaganda nach den Feindländern nicht durchschlagend.«[152]

In seiner Stellung hat Kiesinger also an einer qualitativen Verbesserung der deutschen Rundfunkpropaganda ins Ausland mitgearbeitet, was letztlich der deutschen Kriegsführung mittelbar zugute kam. Das konnte er ohne weiteres aus einer »nationalen Perspektive« tun. Das vorstehend zitierte Dokument muß nicht als Indiz einer hochideologischen, nazistischen Gesinnung gelesen werden. Dennoch: Wie ist ein solches Verhalten vor dem Hintergrund der NS-Verbrechen bewerten? Welches sind die Maßstäbe? In den sechziger Jahren, vielleicht bis heute, galt Kiesingers »Ersatzdienst« bei Ribbentrop als die weniger ehrenvolle Alternative als der Dienst an der Waffe. Letzterer, zu dem Millionen eingezogen wurden, wurde als unfreiwillig von der westdeutschen öffentlichen Meinung lange Zeit akzeptiert, während eine Dienstverpflichtung ins Auswärtige Amt nach konventioneller Ansicht auf einen höheren Grad der Mitwirkung und Identifikation mit den Zielen des NS-Staates schließen ließ. Wäre Kiesinger nicht als »Drückeberger« in Berlin geblieben, sondern als hochdekorierter Held aus der Kriegsgefangenschaft heimgekehrt, diese Frage hat Günter Diehl einmal aufgeworfen[153], vielleicht hätte sich dann, auch bei annähernd gleich hohem Grad der Belastung, das Problem seiner Vergangenheit in den fünfziger und sechziger Jahren nicht in gleicher Schärfe gestellt?

In dieser Zeit wurde noch zwischen »sauberer« Wehrmacht und NS-infizierter »Etappe« getrennt, die für die »Exzesse« des Krieges hauptverantwortlich gemacht wurde. Noch heute klingt diese volksgemeinschaftliche Interpretation, die zwischen »Führer«, »Regime«, »Apparat« einerseits sowie »Soldaten« und »Bevölkerung« andererseits unterscheidet, in Leserbriefen zum Thema Kiesinger nach.[154] In den sechziger Jahren machten dann jüngere Männer wie Heinrich Böll oder Günter Grass, aus ihrer Sicht völlig zu Recht und ummittelbar einsichtig, den Kanzler der Großen Koalition dafür mitverantwortlich, daß sie die »Scheiße des Krieges« voll auszubaden gehabt hatten.[155] Sie sahen sich als Opfer der Generation um Kiesinger, die nicht genügend Rückgrat gezeigt hatte. Überdies erinnerte sein Aufstieg zum Bundeskanzler die Welt an die Schande des »Dritten Reiches«. Die Scharten, die der Krieg geschlagen hatte, schrieb sich Böll von der Seele: »Natürlich war Herr Kiesinger nie ›ordinär‹, er war ein feiner Mann, er faßte alles mit Glacéhandschuhen an – und so hinterließ er sehr wenig Fingerabdrücke.«[156]

Diese Äußerungen sind charakteristisch für die erinnerungspolitischen Stellvertreterkonflikte der sechziger Jahre, als Kiesinger in seinem hohen Amt aufgrund seines Werdegangs die langen Schatten des »Dritten Reiches« quasi personifizierte. Charles de Gaulle hat einmal gesagt, daß Hitlers Reich ein totalitärer Staat gewesen sei, in dem von einem gewissen Lebensalter an alle Deutschen in der einen oder anderen Form mit dem Nationalsozialismus verhaftet gewesen seien.[157] Wie groß das relative Ausmaß von Kiesingers Mitschuld gegenüber dieser allgemeinen Mitwirkung tatsächlich gewesen ist? Man wird um eine Abwägung nicht herum kommen, doch letztlich kann Wissenschaft keine kategorischen Antworten geben. Im »Grau-Grau« der Geschichte fällt ein eindeutiges Urteil schwer. Denn welches Kriterium jenseits strafrechtlich relevanter Tatbestände, die im Falle Kiesingers nicht ersichtlich sind, erlaubt es selbstsicher, *seine* Mitarbeit in einer Berliner Behörde *eo ipso* als Indiz einer stärkeren Belastung anzusehen als den Kampf vieler Wehrmachtsoffiziere, die der Hölle an der Ostfront ausgeliefert waren? Beides diente den Kriegsanstrengungen des »Dritten Reiches«.

Im Grunde waren die großspurigen Propagandakampagnen von Kiesingers Abteilung ebenso sinnlos wie der ganze Kompetenzkonflikt mit dem Propagandaministerium. Als Mitglied des Aufsichtsrates der Interradio erhielt Kiesinger 40 Reichsmark monatlicher Entschädigung (zuzüglich zu seinem Gehalt von zuletzt 805,85 RM).[158] Wofür erhielt er dieses Geld? Wenn die Protokolle der Interradio-Aufsichtsratssitzungen ein annähernd zuverlässiges Bild zeichnen, dann verpulverte ein gutes Dutzend hochrangiger Ministerialen seine Energien in internen Kabalen. Das war systembedingt; der Nationalsozialismus lebte von seiner hypertrophierten Bürokratie und seinen polykratischen Kämpfen. Die grandiosen Pläne für eine europäische Kulturpropaganda nach dem Kriege kamen derweil aus den Kinderschuhen nicht heraus. Die militärischen Niederlagen bereiteten dem Höhenflug der Interradio ein jähes Ende. Sie begann sich aufzulösen, bevor der Aufbau so richtig begonnen hatte. Im Mai 1943 befand sich außer den beiden Stationen in

Jugoslawien nur noch Radio Monte-Carlo auf Sendung; alle anderen Projekte waren entweder auf Eis gelegt oder gar nicht in Angriff genommen worden. Bis zum Ende des Krieges sollte das Seehaus die einzige funktionstüchtige Abteilung der Interradio bleiben.[159]

Resistenz und Kriegsende

Während sich die Rundfunkpolitische Abteilung ihren bürokratischen Leerläufen hingab, versank die Reichshauptstadt in Schutt und Asche. In den Jahren 1943/44 wurde das Regierungsviertel südöstlich des Brandenburger Tors durch einen Luftangriff nach dem anderen zerstört. Wenige der Traditionsgebäude an der Wilhelmstraße waren noch intakt. Hitlers pompöse Neue Reichskanzlei wurde zertrümmert. Auch das etwas weiter entfernte Quartier der Rundfunkpolitischen Abteilung in der Saarlandstraße wurde von einer Bombe getroffen. »Ru« zog wieder in das Mietshaus in der Kronenstraße, gleich hinter dem Gendarmenmarkt. Wie durch ein Wunder blieb Kiesingers Wohnung in der Bleibtreustraße unversehrt. Im Sommer 1943 floh Marie-Luise Kiesinger mit den beiden 1940 und 1942 geborenen Kindern Viola und Peter zu den Großeltern nach Ebingen. Dort konnte Kiesinger seine Familie noch zweimal besuchen. Auf immer abenteuerlicheren Wegen gelangte er 1944 nach Süddeutschland. Offiziell war er zu Verhandlungen über einen französischen Sender ins benachbarte Sigmaringen entsandt. Die Vichy-Regierung hatte sich nach der alliierten Invasion in die ehemalige Hohenzollernsche Residenzstadt begeben, wohin auch einige Mitglieder der Deutschen Botschaft Paris flohen, darunter Diehl, Gerstner und Lilienfeld (letzterer zum Rundfunk-Attaché avanciert), und den »diplomatischen Betrieb« aufrechterhielten.[160]

Obwohl die Realität des Krieges in Gestalt der Roten Armee immer näher rückte und Berlin im Januar 1945 in Reichweite der russischen Geschütze lag, lief Kiesingers Repetitorium weiter. Jeden Morgen um sieben traf sich in Kiesingers Dienstzimmer ein kleiner, handverlesener Kreis von einem Dutzend Studenten – Kriegsversehrte, Kinder von ausländischen Diplomaten, Frauen, andere, die noch studieren durften. Für den »geradezu rührenden Betrag« (Pünder) von monatlich 30 Reichsmark lauschten die Schüler den Ausführungen des »Meisters«. Albrecht Pünder schildert, wie er zum ersten Mal in den dunklen Raum mit dem provisorisch geflickten Fenster trat und Kiesinger von seinem Freund Hans-Hugo Krüger vorgestellt wurde: »Ich hatte ihn mir nach den Erzählungen nur geistig groß, körperlich aber – ich weiß nicht warum – klein vorgestellt. Warum fühlte ich mich auf einmal so frei? Da war zunächst das Atmosphärische, das man nur spürt, aber nicht erklären kann. Und dann sein freundliches, offenes Lächeln; sein gütiger, anständiger, geistesausstrahlender Blick; das Fehlen des Parteiabzeichens am Revers seines Straßenanzugs; das ›Guten Tag, Herr Pünder!‹ statt des ›Heil Hitler, Herr Leutnant!‹. [...] Mit Wärme sagte Kiesinger, er freue sich, daß ich den Weg hierher gefunden habe, sprach mit Hochachtung von meinem Vater und meinem Onkel und erzählte mir, wie er sie kennengelernt habe.«[161]

Pünder entstammte, wie viele von Kiesingers Schülern, einer »anrüchigen Familie« aus dem Umfeld des katholischen und national-konservativen Widerstandes des 20. Juli. Er war ein Neffe von Kiesingers Bekannten Klausener, der im Gefolge des »Röhm-Putsches« im Sommer 1934 ermordet worden war. Ein Bruder seines Vaters, Hermann Pünder, war der frühere Leiter der Reichskanzlei unter Brüning und sollte nach dem Krieg Oberdirektor der Verwaltung der Bizone in Frankfurt werden. Er war nach dem 20. Juli inhaftiert und nach Italien verschleppt worden, wo ihn die Amerikaner befreiten. Ihm, der zu den Alten Herren der Askania gehörte, begegnete Kiesinger 1949 im Bundestag wieder. Gemeinsam rückten sie mit der ersten deutschen Delegation in die Parlamentarische Versammlung des Europarats in Straßburg ein.

Ein anderer Kiesinger-Schüler war Mario Mössinger, der Neffe des vom Volksgerichtshof zum Tode verurteilten und in Plötzensee hingerichteten ehemaligen preußischen Finanzministers Popitz, den der Widerstandskreis um Carl Goerdeler und General Ludwig Beck als Kultus- oder Finanzminister vorgesehen hatte. Auch Hans-Hugo Krüger war der Sohn eines aus der Beamtenschaft ausgestoßenen Staatssekretärs. Seinem Freund Albrecht flüsterte er ins Ohr: »Wir sind ein ganz reaktionärer Haufen da« – das waren in der herrschenden Terminologie alle bürgerlichen, also liberalen, konservativen und nationalen Gegner der Nazis.

Hinzu stieß im Herbst 1944 der schwerverwundete Axel von dem Bussche. Gestützt auf seinen Freund Graf Mattuschka und einen weiteren Mitschüler quälte er sich jeden Morgen die Treppe zu Kiesingers Zimmer hinauf. Wie Stauffenberg und andere jüngere Offiziere hatte er ein Attentat auf Hitler geplant. Bei einer Präsentation neuer Uniformen der Wehrmacht hatte er sich selbst mitsamt dem Diktator in die Luft sprengen wollen. Höhere Gewalt verhinderte den Anschlag: Hitler hatte Glück, weil die Veranstaltung wegen eines Luftangriffes vertagt werden mußte. Wie ein Dutzend andere Pläne mißlang auch dieser Versuch zum Tyrannenmord.[162] Dem Kanzler Kiesinger schickte der dankbare Schüler Bussche 1967 ein Blatt mit Auszügen aus seinen Erinnerungen: »Kiesinger empfing mich zur Vorstellung: noch mehr Jüngling als heute, hellwach und springlebendig. Bei meinem Zutrauen zu gebildeten Schwaben lief das Gespräch leicht. Er sagte, daß ich als

Kriegsversehrter in vier Semestern den Referendar machen könne, sofern ich regelmäßig von sieben bis neun Uhr früh bei ihm erschiene und dann vier bis fünf Stunden am Tag nach seinem Plan arbeite. Es sei überflüssig, Vorlesungen zu hören. Ich sagte ohne Bewertung, daß ich Carl Schmitt hören wolle, vielleicht sei dies bald nicht mehr möglich. Er sagte dann, daß ich mir die Frage, ob der Krieg noch vier Semester dauern würde, allerdings selbst beantworten müsse.«[163]

Wenn in Berlin alle Jurastudenten Kiesinger den »Meister« nannten, dann schwang darin ein Stück Ironie mit, denn Kiesinger liebte es, seinen Unterricht geradezu zu zelebrieren. Zehn, zwölf Schüler saßen in dieser düsteren Endphase des Zweiten Weltkrieges zu seinen Füßen, auf Stühlen, vom Flur hereingeholt und um seinen Schreibtisch gruppiert. Es machte ihm offenbar Spaß, er brauchte die Abwechslung und den intellektuellen Abstand, jeden Morgen zwei Stunden zu unterrichten: »So, wie ein Eisläufer seine Figuren dreht. Oder ein Musiker sein Solo spielt – in der Nuance lag sein Geheimnis. Ich verstand überhaupt nichts – weder vom Monolog noch von den Fragen und Antworten. Aber die Darbietung rechtsstaatlichen Handwerkszeugs [...] war die Sache wert: ein intellektuelles Ping-Pong-Spiel«, schreibt von dem Bussche: »Wir fragten uns, warum ein Mann in diesem ungemütlichen Winter zwei bis drei Stunden Schlaf opfere. Wir waren der Meinung, er unterrichte, um sich intellektuelle Ausgleichübungen und juristische Exerzitien zu verschaffen. Um des eigenen inneren Gleichgewichtes willen.«

Die Signale waren subtil und nicht ohne weiteres zugänglich. Man mußte schon zwischen den Zeilen lesen. Andererseits: Wieviel Mut gehörte dazu, nach dem 20. Juli vom Widerstandsrecht zu reden, angefangen mit Thomas von Aquin? Fragen, auf die schlüssige Antworten fehlen, weil die heutige Vorstellungskraft angesichts der Situation versagt und die meisten Aussagen ohnehin erst im nachhinein getroffen worden sind. Ob eine solche Äußerung Konsequenzen hatte oder nicht, war situationsabhängig. Für Kiesingers Schüler, gleich welcher politischen Couleur, stand jedenfalls immer fest, daß Kiesinger für sie eindeutig ein Anti-Nazi gewesen war und dies auch habe erkennen lassen.

Pünder vergleicht Kiesingers Technik mit der von Werner Bergengruen, dem konservativen, aus dem Baltikum stammenden Schriftsteller, der in seinem Schlüsselroman *Der Großtyrann und das Gericht* die Anklage gegen die Diktatur in die Renaissance verlagert. Auch er habe seine Beispiele aus dem Mittelalter oder der Antike gewählt. Oder er habe den berühmten »Zigeuner-Fall« zum besten gegeben: Da war einer in der ersten Instanz abgeblitzt, der eine Gewerbekonzession nicht erhielt, weil er »Zigeuner« gewesen sei. Erst in der zweiten Instanz habe er Recht bekommen. Ohne daß es hätte gesagt werden müssen, habe man darin einen Hinweis auf die Judengesetzgebung lesen können. Oder: Die Nazis hätten 1934 den »Rechtsgrundsatz« des »gesunden Volksempfindens« eingeführt. Wie laute die alte Regel seit der Römerzeit: *Nulla poena sine lege* – keine Strafe ohne Gesetz? Daraus sei im Dritten Reich geworden: »Kein Verbrechen ohne Strafe«. Was ein Verbrechen sei, das sage dem Richter das »gesunde Volksempfinden«. Der nationalsozialistische Staat habe die abendländische Rechtstradition auf den Kopf gestellt. Das dürfe man aber in der Prüfung auf keinen Fall sagen. Wenn einer das mitgehört hätte, so Pünder, dann hätte der gewitzte Repetitor behaupten können, er habe seine Studenten nur auf die Examina vorbereitet.[164]

Man habe Kiesinger sofort angemerkt, so Pünder in einem Zeitzeugeninterview für das ZDF, daß er »durchdrungen war von wahrem Recht und wahrer Gerechtigkeit und daß er zutiefst verabscheute, daß das Recht in Deutschland dermaßen mit Füßen zertreten wurde«. Das Ende der Rechtsstaatlichkeit und deren Wiederherstellung in der Nachkriegszeit war ja eine der Brücken, über die viele, Kiesinger eingeschlossen, später vom Nationalsozialismus zur Demokratie gewandert sind. Intellektuell ließ Kiesinger ein »resistentes Potential« erkennen, womit ein widerspenstiges Verhalten bezeichnet wird, das nicht eigentlich in aktiven, politischen Widerstand im Sinne des Tyrannenmords mündete.[165] Die eng um den Schreibtisch des Meisters gerückten Schüler fühlten sich bei Kiesinger »wie in einer Oase. Man lernte das juristische ›Handwerkszeug‹ und das wahre Recht erstklassig«, meinte Pünder im Rückblick zu Krüger.[166]

Um punkt neun war Schluß. Dann verschwand der »Meister«, um, wie von dem Bussche und seine Freunde spekulierten, die Nachrichten und Kommentare der Außenwelt zu verarbeiten: »Wir haben uns oft überlegt, wie Kiesingers täglicher Pressevortrag, der wohl im Propagandaministerium zu halten war, ablief. [...] Wir vermuteten, daß die Zuhörer Kiesingers forensischer Gabe [...] wohl nicht folgen konnten. Wir waren überzeugt, daß die Propagandisten für seine Feinheiten ›keine Antenne‹ hätten [...]. Die uns allmählich vertraute Kunst des Auslassens und der dann folgenden nüchternen Trockenheit mit einem kleinen Lächeln sei ›denen dort‹ sicherlich nicht verständlich. Die hatten ja keine Ohren zu hören. Wir hatten sie natürlich.«[167]

Auch in der Rundfunkpolitischen Abteilung scharten sich einige Unzufriedene um Kiesinger. Den sicheren Untergang vor Augen, wurde das Regime für die Mehrheit der Deutschen erst jetzt gefährlich. Bislang hatte es »nur« »die Juden«, politische Gegner und andere »Randgruppen« getroffen. Nun begann der Nationalsozialismus zunehmend die deutsche Bevölkerung zu terrorisieren und wandte sich verstärkt auch gegen die einstigen national-konservativen Bundesgenossen. Mit dem 20. Juli trennte sich die Spreu vom

Weizen – so jedenfalls erschien es den Hundertprozentigen, die ihren Glauben bis zuletzt bewahrten. Zu letzterem zählte nach Lage der Dinge der stellvertretende Leiter der Rundfunkpolitischen Abteilung ganz offensichtlich nicht. Ihm hing ja der Ruf an, mit der Partei nicht auf dem allerbesten Fuß zu stehen.[168]

Nach einer Besprechung, wenige Tage nach dem 20. Juli, sei er auf einem der Korridore des »Promi« von dem hohen HJ-Funktionär und führenden NS-Parteipropagandisten, SS-Brigadeführer Karl Cerff, angegangen worden: »Sie beobachte ich schon seit langem. Sie haben noch nie das Parteiabzeichen getragen. Sie sind auch einer jener Herren des Auswärtigen Amtes, denen wir das Handwerk legen werden.«[169] Die Doerries-Denunziation vom November 1944 unterstellt sogar, Kiesinger sei in ein Netzwerk von Beziehungen zu anderen Persönlichkeiten aus dem Propaganda- und Informationsapparat eingebunden gewesen, die allesamt der Sabotage der »antijüdischen Kampagne« verdächtigt wurden – auch mit dem Ziel, über eine Verständigung mit den Westmächten den Krieg möglichst schnell zu beenden (wohl um möglichst viel von der Substanz des Reiches zu retten).[170]

Daß er dennoch nicht zu »dem engsten Aktionskreis der Leute des 20. Juli« im Auswärtigen Amt gehört habe, so Kiesinger in seiner Verteidigungsschrift 1947, sei darauf zurückzuführen gewesen, daß ihm, abgesehen von seiner Position als Quereinsteiger und Wissenschaftlicher Hilfsarbeiter, die »mir bekannten Oppositionellen des Amtes zu ›borussisch‹ waren, um es kurz zu sagen. Ich achtete manche dieser Männer hoch, insbesondere stand mir der charaktervolle von Haeften nahe. Aber ihre Konzeption einer Welt, in die immer noch von ferne die friderizianischen Trommeln dröhnten, war mir fremd. Ich hatte ihre Art in meinen Berliner Jahren, insbesondere ihr tragisches Mißverhältnis zwischen Wollen und Vollbringen, die falsche Einschätzung der eigenen Möglichkeiten, zu gut kennengelernt, um das Vertrauen zu völligem Kontakt aufzubringen. Leider gab mir die Entwicklung recht.«[171] Eine Verbindung zu den Akteuren des 20. Juli hatte Kiesinger also nicht, auch nicht zu Hans-Adam von Trott zu Solz, mit dem er dienstlich zu tun hatte. Diesen habe er nach seinem Auftreten »für einen besonders fanatischen Nationalsozialisten gehalten«.[172]

Als eine Brutstätte des Defätismus galt der Sonderdienst Seehaus des Auswärtigen Amtes, der aufgrund des Arbeitsabkommens zwischen Propagandaministerium und Auswärtigem Amt ebenfalls der Interradio einverleibt worden war. Mair hatte dessen Autonomie jedoch wahren können, angeblich, weil Kiesinger seine schützende Hand darüberhielt. Das Seehaus habe dazu gedient, sich »der geistigen Bevormundung durch das Propagandaministerium« zu widersetzen, so Mairs Aussage während Kiesingers Spruchkammerverfahren 1947.[173] Daran ist richtig, daß Goebbels Anfang 1942 gegen eine »allzu leichtsinnige Handhabung der Verteilung des Nachrichtenmaterials« bei Hitler intervenierte. Denn das Seehaus brachte Hunderte von gebundenen Exemplaren von Abhörberichten auf den grauen Nachrichtenmarkt, die offiziell als »Greuelpropaganda« deklariert, den Eingeweihten doch ein recht zutreffendes, von den Wehrmachtberichten abweichendes Bild der militärischen Lage vermittelten. Einer dieser Bände war unachtsam in einem der Hauptquartiere liegen geblieben, was Hitler aufgeschreckt hatte. Ende Januar 1942 wurde der Bezieherkreis der Abhörberichte stark eingeschränkt. Dennoch ließ sich bis zum Ende des Zweiten Weltkrieges der Informationsfluß aus dem Seehaus nicht völlig unterdrücken.[174]

Qualifiziert diese nachrichtendienstliche Tätigkeit das Seehaus schon zum »Sabotage-Club« oder zur verkappten »Widerstandszelle«?[175] 1947 hat Kiesinger in seinem eigenen Spruchkammer-Verfahren sowie als Entlastungszeuge für Kurt Alexander Mair in dessen Entnazifizierung behauptet, er und seine Partner hätten eine »weit verzweigte und außerordentlich erfolgreiche Widerstandsarbeit« geleistet.[176] Daß Kiesinger den Ehrentitel des Widerstandskämpfers für sich und seine Freunde in Anspruch nahm, klingt in den Ohren der Nachwelt wie eine Anmaßung. In seinen Erinnerungen sollte er davon auch wieder abrücken.[177] Das Entnazifizierungsverfahren legte jedoch den Beklagten eine bestimmte Verteidigungsstrategie nahe. Um entlastet zu werden, mußten nicht nur Widerstandshandlungen glaubhaft versichert, sondern zugleich der Nachweis konkreter Nachteile erbracht werden.[178] Um einer für seine weitere Laufbahn eventuell schädlichen Kategorisierung als »Mitläufer« zu entgehen, sollten Kiesinger und Mair nach 1945 ihr resistentes Verhalten in die Nähe des Widerstandes rücken.

Mit Resistenz ist ein schwieriger analytischer Begriff angesprochen, der ein aus unterschiedlichen Motiven gespeistes Verhalten unterhalb der Ebene des förmlichen politischen Wiederstands bezeichnet, das von »loyaler Widerwilligkeit« über »soziale Devianz«, »unangepasstes Verhalten«, »partiellen Dissens« bis zur »Opposition« reichen kann. Es liegt in der Natur einer diktatorischen Herrschaft, daß die Übergänge fließend sind und unpolitische partielle Nichtanpassung in politischen Widerstand umschlagen kann.[179] So gelang es Kiesinger und seinen Freunden in der Rundfunkpolitischen Abteilung und im Seehaus, gefährdeten Personen Unterschlupf zu bieten, darunter anerkannten Gegnern des NS-Regimes wie dem (eher konservativen) schwäbischen Schriftsteller Otto Rombach, mit dem Kiesinger in alter Tradition sogar literarische Abende veranstaltet haben soll.[180] Auch der spätere Landrat von Ingolstadt, der Novellist Gerhard Kramer, wurde dem Zugriff der Partei entzogen und leitete das Lektorat des Seehauses.

Da sich das Seehaus außerhalb des Dunstkreises der Ministerien an der Peripherie draußen am Wannsee befand, gelang es Mair und Kramer, eine Zahl von »antifaschistischen Mitarbeitern« für das Seehaus zu verpflichten. Nach dem Kriege erklärte sich der von den Amerikanern als »aktiver Antifaschist« kategorisierte Kramer die fehlenden Eingriffsmöglichkeiten der Gestapo mit der Tatsache, daß außerhalb des Seehauses letztlich niemand die Arbeit dieser als »technisch« qualifizierten Institution so recht verstanden habe. Gleichwohl haben führende Repräsentanten des NS-Regimes das Seehaus als eine nützliche Institution empfunden. Goebbels eigener Informationsstand – selbst der Hitlers – über die ausländische öffentliche Meinung war letztlich ein Produkt der Abhörberichte des Seehauses, wenn auch Goebbels' »Tagebuch« von Diatriben gegen das Seehaus nur so strotzt. Mair, der 1944 wegen »parteischädigenden Verhaltens« in die Schußlinie geriet, leistete eben vorzügliche Arbeit in der Vermittlung »unverfälschter Nachrichten«.[181]

Nach dem Fehlschlag des Stauffenbergschen Attentats begann Mair gegenüber Kramer und Kiesinger den Gedanken einer breiten »Sammlung« von Männern zu ventilieren, darunter auch solchen, »die im öffentlichen deutschen und europäischen Leben rühmlich bekannt waren«, um das Ende des Regimes zu beschleunigen »bzw. nach dessen Verschwinden dem deutschen Volk auf dem Weg zur Demokratie behilflich zu sein«.[182] Das war fraglos auch ein Versuch, sich gegenüber den Amerikanern als unbescholtenes Blatt zu positionieren. Dabei wirkt das rückblickend 1947 gefundene Wort »Demokratie« in bezug auf die Situation 1944/45 etwas deplaziert. Eher entspricht die Motivlage der Mairschen subkutanen Sammlungsbewegung der nationalkonservativer Zirkel, die in relativer Unkenntnis der alliierten Nachkriegsplanung noch an eine Rolle Deutschlands nach dem Abgang Hitlers glaubte.

Er und seine Freunde seien Patrioten gewesen, die den Sieg Hitlers nicht hätten wünschen können, so der Kiesinger von 1947: Sie hätten in einem schweren Gewissenskonflikt gestanden, weil sie »auf die Katastrophe des deutschen Volkes« nicht hätten hinarbeiten können. Mit der möglichst unverfälschten Weitergabe von Informationen und einer »Behinderung der Übertragung nazistischer Rundfunkmethoden in den Bereich des Auslandsrundfunks« sei eine Möglichkeit diesseits des Hochverrates gefunden worden.[183] Entsprechende Anklänge finden sich auch in der Doerries-Denunziation, derzufolge Kiesinger das »Durchhaltevermögen« des deutschen Volkes mit dem Satz bezweifelte: »Da schätzen Sie aber die Leidensfähigkeit des deutschen Volkes hoch ein.« Bei anderer Gelegenheit soll Kiesinger gesagt haben, daß es ein Fehler sei, »das Schicksal des deutschen Volkes mit dem

Ausgang eines Krieges zu identifizieren. Die Geschichte beweist, daß das falsch ist.«[184]

Die schemenhafte Mairsche Sammlungsbewegung entzieht sich weitgehend der historischen Rekonstruktion. Sie ist eher als Planspiel für den Tag »X« zu werten. In erster Linie kam es wohl darauf an, individuell einen Gesprächsfaden zu den Westalliierten zu knüpfen, um mit möglichst geringen weiteren Verlusten aus dem Krieg herauszukommen. Das legen, neben der Doerries-Denunziation, auch die Spruchkammerverfahren gegen Kiesinger und Mair nahe, die die »Widerstandtätigkeit« insgesamt nur wenig konkretisieren. Man wird also in den Überlegungen Kiesingers und seiner Freunde *eo ipso* nicht den Ausdruck einer Widerstandshaltung sehen können, zumal selbst hochrangige Paladine wie Himmler und Göring in der Endphase des Krieges Verbindungen zu den Westmächten zu etablieren suchten. Deshalb wurden sie zu guter Letzt von Hitler sogar noch aus der Partei ausgestoßen. Auch handelte Kiesinger, wie die Doerries-Denunziation andeutet, wenigstens im stillschweigenden Einverständnis mit dem Leiter der Rundfunkabteilung des Propagandaministeriums, Hans Fritzsche, der als einer der wichtigsten Männer in Goebbels' Apparat an dessen Stelle im Nürnberger Hauptkriegsverbrecherprozeß angeklagt werden sollte.[185]

Von Fritzsche habe sich Kiesinger in die Leitung des dem »Promi« unterstehenden Auslandsrundfunks berufen lassen, so Doerries' Behauptung, sollte »Ru« den Rationalisierungs- und Totalisierungsmaßnahmen zum Opfer fallen. Dieser vorübergehend ins Auge gefaßte Schritt wurde von Goebbels befürwortet (»Ja, bei AA ausscheiden, Dr. G«), nachdem Kiesinger dem Propagandaminister von Fritzsche und Winkelnkemper als eine »hochqualifizierte Kraft«[186] empfohlen worden war und als ein »guter Organisator und Menschenführer mit fester nationalsozialistischer Weltanschauung«.[187] Der von seinem Konkurrenten hochbelobigte Kiesinger begründete seine Absicht, zur RRG zu wechseln, mit den Worten, daß es »sehr wichtig sei«, in »entscheidender Stunde über dieses Instrument zu verfügen«. Das paßt in die Mairsche Sammlungsbewegung. Umgekehrt bestärkte es die beiden Denunzianten in ihrer Auffassung, daß es Kiesinger um einen »Ausgleich um jeden Preis mit der angloamerikanischen Welt« gehe, und zwar nicht aus wenig lauteren machtpolitischen Motiven, sondern aufgrund einer »liberalistischen Gesinnung«, die »bewußt oder unbewußt den Radikalismus der nationalsozialistischen Weltanschauung« ablehnt.[188]

Mehr als zwanzig Jahre später hat Doerries seine Aussage vom November 1944 ausdrücklich bestätigt. Er stellte dies in dem bereits erwähnten, 1967 aufgezeichneten Gespräch mit seinem ehemaligen Kollegen Ahrens fest, der sich wie Doerries von dem »unkameradschaftlichen« Kiesinger schlecht behandelt sah. Auch die Authentizität der von ihm verfaßten Denunziation bejahte Doerries im Dezember 1967, obwohl es nicht auf Dienstbogen niedergeschrieben worden war, sondern auf einfachem Schreibmaschinenpapier, und auch keinen Eingangsstempel oder sonstige bürokratische Vermerke trägt. Doerries war noch in den späten sechziger Jahren von der Richtigkeit seines damaligen Handelns überzeugt.[189]

Auch Ahrens, mittlerweile zum »Public Relations«-Berater avanciert und eine wichtige Figur in Werner Bests »Kameradenhilfe«, sah sich nach wie vor als Opfer des mittlerweile zum Bundeskanzler aufgestiegenen Kiesinger. Dieser habe gemeinsam mit seinem deutsch-amerikanischen Freund Otto Koischwitz 1943/44 ein Intrige gegen ihn angezettelt. In der Rundfunkpolitischen Abteilung habe sich Kiesinger mit einem engeren Kreis von Vertrauten umgeben, zu dem er, Ahrens, keinen Zugang besessen hätte. Auch habe der spätere Kanzler, so Ahrens 1967, in seiner Eigenschaft als Dirigent der Abteilung klare Anweisungen für die Auslandspropaganda verhindert. Ihn und Doerries habe damals »das Gefühl eines gemeinsam erlebten Befehlsnotstandes verbunden«. Weil sie nicht die »Verhinderung klarer Weisungen« geduldet hätten, »die uns damals auf dem Gebiet der Auslandsinformation und der Anstrengungen, den Krieg trotz aller Rückschläge zu gewinnen, wichtig erschienen«.[190]

Empört über die steile Karriere ihres früheren Kollegen, suchten einige der ehemaligen Untergebenen Kiesingers, darunter auch der von Doerries 1944 ins Vertrauen gezogene Ahrens, Kiesinger *ex post* in den Geruch des Landesverrates zu bringen.[191] Kiesinger wurde von der altnazistischen Rechten der Vorwurf gemacht, sich in der Endphase des Krieges, aber auch nach 1945, »unkameradschaftlich« verhalten zu haben. Die Anzeige von Duwe wegen Meineides im Wahlkampf 1969 wurde bereits erwähnt. Als Plattform der Anklage diente den Kiesinger-Gegnern aus Kreisen der »Ehemaligen« u. a. der *Spiegel*. Rudolf Augstein, bei der Auswahl seiner Informanten wenig zimperlich, ließ die tendenziösen Aussagen des Altnazis Ahrens passieren, obwohl der von zwei *Spiegel*-Mitarbeitern unfreiwillig zur Quelle gemachte amerikanische Staatsanwalt Victor C. Woerheide schriftlich bei Augstein gegen die Behauptung protestierte, er habe Ahrens beigepflichtet. Vielmehr hielt Woerheide Ahrens für »nicht ganz verläßlich« und als einen »auf gewisse Dinge versessenen Fanatiker«.[192] Das kümmerte Augstein und seine Redakteure jedoch nicht. Pünktlich zu den Koalitionsverhandlungen Anfang Oktober 1969 erschien ein Bericht, der aus den angeblichen Ungereimtheiten in Kiesingers Biographie als Quintessenz die Frage folgerte, »ob das Rätsel Kurt Georg Kiesinger noch erträglich ist«. Der Autor Gerhard Mauz schrieb Kiesinger unter anderem die Aussage zu, er habe nur deshalb die Arbeit in der

Rundfunkpolitischen Abteilung so lange ausgehalten, weil er »in einer Verbindung mit dem Vatikan gestanden« habe und »dessen Geheimagent gewesen« sei.[193]

Was steckte hinter dieser angeblichen »Agententätigkeit« Kiesingers für den Vatikan? Der *Spiegel*-Story von 1969 zufolge entstammt diese Formulierung einer 20seitigen Aufzeichnung, die Kiesinger 1946 während seiner Internierung in Ludwigsburg auf Bitten Woerheides angefertigt hatte. Diese wiederum lag Kiesingers Untergebenem Ahrens, Doerries' Ko-Denunziant, während dessen eigenen Verhörs durch Woerheide vor. Der amerikanische Staatsanwalt suchte nach Zeugen für die von der US-Regierung angestrengten Hochverratsprozesse gegen amerikanische Staatsbürger, die, wie Otto Koischwitz, im Dienst der NS-Propaganda gestanden hatten. In dieser, nach wie vor verschlossenen Aufzeichnung soll Kiesinger neben seiner Arbeit im Auswärtigen Amt auch seinen persönlichen Hintergrund diskutiert haben.[194] Weil er anders als Ahrens in den Bostoner *treason trials* nicht als Zeuge zum Einsatz kam, wurde seine Aufzeichnung nicht zu den Gerichtsakten gegeben. Kiesinger soll Woerheide seine Verbindungen zu kirchlichen Kreisen dargestellt haben und die damit einhergehende angebliche »Widerstandstätigkeit« gegen Ende des Zweiten Weltkrieges.[195]

Tatsächlich hat dieser, bei der Entnazifizierung Mairs erstmals »aufgedeckte« Komplex einer versuchten antinazistischen »Sammlung« gegen Kriegsende in Kiesingers Entnazifizierung eine gewichtige Rolle gespielt und schließlich zu dessen völliger Entlastung geführt. Die Spruchkammer hielt es für erwiesen, daß Kiesinger nach dem »Zusammenbruch der Aktion vom 20. Juli 1944 an einer erneuten Sammlung von Gegnern des Regimes, insbesondere unter Einbeziehung hoher kirchlicher Persönlichkeiten, mitgearbeitet« habe. Als Ziel dieser Aktivitäten wurde »eine Ablösung der nat.soz. Machthaber, eine Bekämpfung der nat.soz. Ideologie und eine baldige Beendigung des wahnsinnigen Krieges« konstatiert. Zwar seien die Verhandlungen, so die Spruchkammer, in erster Linie von Mair geführt worden, doch habe Kiesinger »beratend und aktiv an dieser Aktion« teilgenommen: »Es kann kein Zweifel bestehen, daß sämtliche Beteiligte im Falle der Entdeckung der Aktion mit einem Todesurteil zu rechnen hatten.«[196]

Mair und Kiesinger war von Kramer empfohlen worden, für ihre »Sammlungsbewegung« Verbindung zu geistlichen Würdenträgern aufzunehmen, darunter zum Leiter des Evangelischen Außenamtes in Berlin, Bischof Theodor Heckel, dem katholischen Berliner Bischof Kardinal Graf Preysing, dem Methodistenbischof Melle und dem Kardinal Michael von Faulhaber in Freising, den Mair noch im April 1945 in München besuchte.[197] Auch zu dem Schweizer Geschäftsträger in Berlin, Zehender, suchte Mair Kontakt, um die

»internationalen Möglichkeiten dieser Aktion zur Beseitigung des nationalsozialistischen Regimes« zu besprechen.[198] Über diese Episode geht Kiesinger in den *Dunklen und hellen Jahren* hinweg.

Die in Kiesingers Entnazifizierung erwähnten geistlichen Würdenträger waren denn auch alles andere als lupenreine Antifaschisten. Heckel, der Auslandsbischof der evangelischen Kirche, hatte sich nach 1933 als überaus staatstreu erwiesen und gehörte zu den Deutschen Christen. Er bekämpfte die Bekennende Kirche und soll 1936 Dietrich Bonhoeffer denunziert haben.[199] Sein Stellvertreter im Kirchlichen Außenamt, Eugen Gerstenmaier, hat über Heckel geschrieben, dieser habe bis weit in den Krieg hinein Widerstand grundsätzlich abgelehnt, »weil er an der Wiederherstellung der ›Weimarer Zustände‹ kein Verlangen hatte«.[200] Auch Michael Kardinal Faulhaber war zu Beginn des »Dritten Reiches« dem Nationalsozialismus mit hoher Toleranz, ja Sympathie begegnet.[201] Er hatte zu den führenden Vertreter des »Brückenbaus« gehört. Erst 1938 zeigte er sich ernüchtert. Am Ende des Krieges wandten sie sich offensiver gegen das Regime. Dazu gehörte sicher auch Mut, vor allem im Falle von Mair und Kiesinger, die des Schutzes der kirchlichen Hierarchie entbehrten. Doch es war zu spät. Es gab nichts mehr abzuwenden, die vielbeschworene »deutsche Katastrophe« (Meinecke) hatte ihren Lauf längst genommen. Womöglich spielt Kiesinger darauf an, wenn er schreibt, er habe sich »immer wieder vorgeworfen, noch nicht genug gewagt zu haben«.[202]

Nun, im März/April 1945, suchte jeder sich selbst zu retten. Es galt, der Roten Armee zu entkommen und unter die Fittiche der Westalliierten zu schlüpfen. Die Rundfunkpolitische Abteilung, die 1943 teilweise nach Schlesien verlagert worden war, wurde Anfang Januar 1945 komplett nach Bad Berka in Thüringen evakuiert. Nur ein kleiner Stab, darunter Rühle und Kiesinger, blieb in Berlin zurück. Anfang April verließen auch die beiden Abteilungsleiter die Reichshauptstadt. Kiesinger ließ sich von Rühle an das Ausweichquartier der RRG im niederbayrischen Landshut kommandieren, wo er die Verbindung der Abteilung zum Rundfunk weiter aufrechterhalten sollte. Rühle flog in Hitlers »Alpenfestung«. Er glaubte noch nicht an das Ende des Krieges. In Tirol wurde er von den Amerikanern verhaftet.[203]

Mair hatte sich ebenfalls rechtzeitig nach Süddeutschland abgesetzt. Das mit der Interradio vereinigte Seehaus wurde in das württembergische Schloß Oberlauterbach im Kreis Rottenburg bei Tübingen verlegt.[204] Von dort fuhr Mair noch am 20. April zu Kardinal Faulhaber nach München, um das Volk »in der Schicksalsstunde« des Zusammenbruchs des »Dritten Reiches« »vor dem Absturz auf dem Wege einer allgemeinen Revolution zurückzuhalten« und »dem Chaos auch in moralischer Hinsicht« entgegenzutreten.

Mair war nicht unterzukriegen. Der amerikanischen Militärregierung legte er im Juni 1945 eine längere Denkschrift vor. Sein großzügiges Angebot, auf der Grundlage des Seehauses gemeinsam mit UPI oder AP eine deutsche Nachrichtenagentur zu gründen, lehnten die Amerikaner jedoch dankend ab. Wie Kiesinger verschwand Mair zunächst einmal in einem Internierungslager.[205]

Kiesinger machte sich am Tag seines 41. Geburtstages, dem 6. April 1945, mit einem Lastwagen der Rundfunkpolitischen Abteilung auf den Weg nach Süden. Nur ein schmaler Korridor trennte noch die sowjetischen und amerikanischen Truppen. Rühle hatte ihm zwei Wochen Urlaub gewährt, damit er seine Familie in ein sicheres Quartier verbringen konnte. Auf dem Weg nach Landshut legte Kiesinger einen Abstecher nach Treuchtlingen in der Nähe von Ansbach ein. Dort hatte Marie-Luise Kiesinger mit den Kindern Viola und Peter sowie ihren Eltern Unterschlupf gefunden, nachdem die Industriestadt Ebingen zum wiederholten Ziel von Bombenangriffen geworden war, die unter anderem auch Kiesingers Geburtshaus in der Kronenstraße zerstörten.[206] Am 8. April traf Kiesinger bei seiner Familie ein. Es war der dritte Geburtstag seines Söhnchens Peter.

Doch Treuchtlingen lag als Bahnknotenpunkt ebenfalls im Visier amerikanischer Bomber. Kiesinger suchte seine Familie aus der Schußlinie zu bringen und fand in dem benachbarten Weiler Zwerchenstraß ein neues Quartier. Vor Tiefffliegern in Straßengräben und Gebüschen Schutz suchend, zog er einen Handkarren mit den nötigsten Habseligkeiten mehrfach auf der Landstraße zwischen Treuchtlingen und Zwerchenstraß hin und her. Nachdem er seine Familie auf einem Bauernhof untergebracht hatte, machte er sich befehlsgemäß auf den Weg an seinen Bestimmungsort Landshut. Das schien ihm das Vernünftigste zu sein, marodierten doch in der Umgebung SS-Patrouillen, die fahnenflüchtige Soldaten kurzerhand an den nächstgelegenen Bäumen aufgeknüpft hatten.[207]

LAGER 74

Im Ausweichquartier der RRG in Landshut hatte der Stab des deutschen Kurzwellensenders im Tanzsaal des Gasthauses »Goldene Sonne« noch einmal eine primitive Anlage installiert, um einen notdürftigen Sendebetrieb bis nach Ostasien aufzunehmen.[208] Unterwegs dahin hatte er die »gespenstische Rede des Propagandaministers« zu Hitlers 56. Geburtstag gehört. In den Wäldern begegnete er versprengten Truppenteilen auf dem Rückzug, während sich Angehörige des »Volkssturms« an die »Front« begaben. Zwei Tage benötigte er bis nach Landshut. Von dort floh er mit drei anderen Mitgliedern seiner Abteilung weiter nach Süden. In Benediktbeuern, einem Flecken in der Nähe von Bad Tölz, war die Reise zu Ende. Kiesinger war an einer schweren Grippe erkrankt und bettlägerig. Er konnte weder vor noch zurück. Am 30. April schleppte er sich auf das Rathaus der kleinen Gemeinde, um sich Lebensmittelkarten zu besorgen. Er lief einer amerikanischen Patrouille geradewegs in die Arme. Kiesinger wurde verhaftet, in einer Scheune eingesperrt und verhört. »Automatischer Arrest« lautete die Begründung.[209]

Ohne Schaden an Leib und Leben war Kiesinger durch das Nadelöhr vom Krieg zum Frieden gekommen. Die Haft begann. Als einfaches Parteimitglied und kriegsdienstverpflichteter WHA wäre er nicht notwendig unter eine der Kategorien des »Automatischen Arrests« gefallen. Dieser erfaßte die Amtsträger der NSDAP und ihrer Gliederungen bis herab zum Ortsgruppenleiter, die Mitglieder der SS, des Reichssicherheitshauptamtes, des Sicherheitsdienstes, der Gestapo sowie alle höheren Polizeioffiziere, Offiziere der Waffen-SS und der SA, sowie die höheren Beamten vom Range eines Ministerialrates aufwärts. Auch die Richter und Ankläger des Volksgerichtshofes, die Beamten in der deutschen Besatzungsherrschaft und die Generalstabsoffiziere waren automatisch zu verhaften sowie »Nazis und Nazi-Sympathisanten in wichtigen und Schlüsselstellungen, auf Reichs- und Gauebene in öffentlichen und wirtschaftlichen Organisationen; [...] in der Industrie, dem Finanzwesen, der Erziehung, dem Gerichtswesen, der Presse, dem Verlagswesen und anderen Institutionen, die Nachrichten und Propaganda verbreiten. Bis zum Beweis des Gegenteils ist allgemein anzunehmen, daß alle in derartigen Stellungen Nazis oder Nazi-Sympathisanten sind«[210]; schließlich waren auch solche Personen zu verhaften, die ein Sicherheitsrisiko darstellten oder individuell verdächtig geworden waren.

Von der monolithischen Qualität des NS-Staates überzeugt, hatten die amerikanischen Nachkriegsplaner die Arrestkategorien sehr breit angelegt. Bis Mitte Juli 1945 wurden etwa 70.000 Personen interniert, davon 45 % Parteifunktionäre, 29 % aus den paramilitärischen Organisationen wie SA und SS, 15 % Gestapo und SD sowie 11 % »Kriegsverbrecher und andere«.[211] Gegen Ende des Jahres war die Zahl der Internierten in der US-Zone auf knapp 120.000 Personen angewachsen. Dem standen gerade einmal 2.000 Mitglieder des Counter Intelligence Corps (C.I.C.) gegenüber, des Geheimdienstes der amerikanischen Armee.[212] Jedenfalls warf die massenhafte Internierung für das C.I.C. gewaltige logistische Probleme auf. Viele der Betroffenen warteten über Monate, zum Teil Jahre, bis sie verhört wurden und es zu einem Verfahren kam. Zugleich dämmerte der Militärregierung schon im Oktober

1945, daß sehr viele »nominelle Nazis« festgenommen worden waren. Der »Automatische Arrest«, so der Jenaer Historiker Lutz Niethammer in seiner grundlegenden Untersuchung zur Entnazifizierung bereits Anfang der siebziger Jahre, stellte eine »massenhafte Diskriminierung« dar, die sich zwar aus den »Werwolf«-Ängsten der amerikanischen Armee erklären läßt, jedoch in bezug auf die Entnazifizierung und Demokratisierung nach 1945 einen problematischen Präzedenzfall setzte.[213]

Kiesingers Verhaftung ist wohl eher den Umständen als einer klaren Schuldvermutung zuzuschreiben. Man vergegenwärtige sich die Situation zum Zeitpunkt seiner Verhaftung in Benediktbeuern: Eben noch hatten die letzten Trupps der Wehrmacht den Ort verlassen, da wurde Kiesinger in ziviler Bekleidung aufgegriffen. Er legitimierte sich mit seinem Rechtsanwaltsausweis. Ansonsten hüllte er sich in Schweigen. Ließ ihn das nicht suspekt erscheinen? Gefragt, warum er nicht Soldat gewesen sei, habe er geantwortet, er sei krank. Auch das klang vermutlich nicht sehr vertrauenserweckend: In seinen Erinnerungen erwähnt Kiesinger, daß ein Arzt (»ein Mann im weißen Kittel«) dem C.I.C. die ortsansässigen Nazis ausgedeutet und auf eine Gruppe von SD-Mitarbeitern aufmerksam gemacht habe, die im örtlichen Lazarett Unterschlupf gefunden hätten. Er und seine Kollegen seien ebenfalls für Mitglieder des SD gehalten worden, wie ihm bei seinem ersten Verhör im November 1945 auch bestätigt worden sei.[214]

Am Tag nach seiner Verhaftung wurde Kiesinger weiter nach Westen verfrachtet. Nach einer Irrfahrt kreuz und quer durch Württemberg gelangten er und seine Kollegen in eines der großen Lager auf den Rheinwiesen bei Ludwigshafen. Dort fanden sich, im Nieselregen unter freiem Himmel, Tausende in Stacheldrahtkäfigen zusammengesperrt, den berühmt-berüchtigten *Cages*, welche die amerikanische Armee eilends errichtet hatte, um der Flut der Internierten Herr zu werden. Im Matsch standen die Männer Rücken an Rücken – bis sie vor Müdigkeit und Hunger zu Boden sanken. Kiesinger hatte eine Decke gerettet, auf der er und seine Kollegen Platz nehmen konnten. In der Nacht gruben sich die Männer primitive Schlaflöcher in den sandigen Boden, die auf Befehl des Kommandanten am Morgen wieder zugeschüttet werden mußten. Von Hungerphantasien geplagt, dachten alle nur an Essen. Innerhalb des Stacheldrahtverhaus herrschte Anarchie: Diebe schlichen sich an die Schlafenden heran, um diesen ihre letzten Habseligkeiten zu entwenden.

Die Rechtlosigkeit ließ Kiesinger schnell die Anonymität des namenlosen Lagerinsassen aufgeben. Auf Diebstähle reagierten die Gefangenen mit Lynchjustiz, vor allem wenn es um Lebensmittel ging. Mit Gleichgesinnten improvisierte der geübte Jurist ein Lagergericht. Er habe darauf geachtet,

»daß die prozeßrechtlichen Formen streng eingehalten wurden«. Kein zu Unrecht Beschuldigter habe verurteilt werden sollen. Die Verfahren hätten entweder mit Freispruch oder Entzug des Essens geendet, »was unter den gegebenen Umständen eine empfindliche Strafe« war.[215] Als die Lagerleitung erfuhr, daß er englisch sprach, wurde er vom Kommandanten zu einem der »Dolmetscher vom Dienst« ernannt. Auch sein Kollege Herbert Schroeder, der an der Johns Hopkins University in Baltimore studiert und in der Auslandsredaktion des Kurzwellensenders gearbeitet hatte – in den sechziger Jahren begegnet er uns dann als deutscher Botschafter in Tansania – wurde Dolmetscher. Außerdem wurden beide zu Beauftragten des kontrollierenden Offiziers und hatten für Ordnung und Sauberkeit zu sorgen. Beide Funktionen brachten die wesentliche Vergünstigung mit sich, im überdachten Küchenbereich in der Nähe des Tors übernachten zu dürfen und größere Essensrationen zu erhalten.

Was tun in einem Lager, in dem es außer dem Kampf um das tägliche Stückchen Brot und gegen die Unbill des Wetters eigentlich nichts zu tun gibt? Die größte Herausforderungen ist weder ständiges Antreten noch das Herumkommandiertwerden – diesen Eindruck vermitteln nur Spielfilme –, sondern die unendliche Langeweile vor dem Hintergrund eines ungewissen Schicksals. Die Lagerinsassen hatten viel Zeit und wenige Möglichkeiten. Die einen übten sich im Gesang, die anderen in Fremdsprachen, die dritten spielten Karten oder Schach, die vierten hielten Vorträge. Kiesinger kehrte zu seiner ältesten Liebe zurück, der Poesie. Wort um Wort, Zeile um Zeile, Vers um Vers habe er den Schatz an auswendig gelernten Gedichten gehoben. Ein paar Takte Goethes ritzte er in eine Blechbüchse ein, von der Silhouette des am Horizont bläulich schimmernden Odenwalds animiert: »Und wenn mich am Tag die Ferne / Luftiger Berge sehnlich zieht, / Nachts das Übermaß der Sterne / Prächtig mir zu Häupten glüht – / Alle Tag' und alle Nächte / Rühm' ich so des Menschen Los; / Denkt er ewig sich ins Rechte, / Ist er ewig schön und groß.« Weimarer Klassik, Innerlichkeit und Lagerleben – eine Kostprobe der deutschen Erfahrung im 20. Jahrhundert.

An Kiesingers Bericht über seine Lagerzeit fällt auf, daß er schnell Kontakt zu seinen amerikanischen Aufsehern fand und diese regelmäßig als Fürsprecher gewann. Ein Farmer aus Montana habe ihm zur Auswanderung nach Amerika zugeredet; ein amerikanischer Sergeant habe Briefbögen und Umschläge verschafft, so daß er seiner Familie ein erstes Lebenszeichen schicken konnte. Drei Exemplare eines identischen Briefes seien drei aus dem Lager entlassenen Soldaten mitgegeben worden. Einer von ihnen, der in der Nähe von Zwerchenstraß wohnte, habe den Brief bei Marie-Luise Kiesinger abgeliefert. Den Rest seiner Ersparnisse, 4.000 RM, den er noch bei sich getragen habe, habe er mit Hilfe des amerikanischen Sergeanten über eine befreundete Heidelberger Apothekersfamilie an seine Frau transferiert.[216] Ähnlich gut stellte sich Kiesinger an seiner übernächsten Station mit den wachhabenden Offizieren und dem C.I.C.-Personal im Lager 74 in Ludwigsburg-Oßweil, wo seine Odyssee durch das System der Internierungslager im Juli 1945 ihr Ende fand.

Von Rheingönnheim bei Ludwigshafen war Kiesinger zuvor noch in ein Massenlager in der Nähe von Heilbronn verlegt worden. Unter freiem Himmel nächtigend, zog er sich in dem naßkalten Klima eine Blasenentzündung zu. Wiederum fand er einen Fürsprecher, diesmal den deutschen Lagerarzt: Für einige Tage durfte er ins Lazarett. Das bedeutete ein Dach über dem Kopf, auf das der Regen prasselte, ein behagliches Feldbett und vor allem: »vorzügliche Kost«. Das gute Leben unter ärztlicher Aufsicht genoß Kiesinger. Aber die selige Ruhe fand ein jähes Ende, als er mit einer Gruppe von SD-Mitgliedern unter schwerster Bewachung nach Ludwigsburg gebracht wurde: »Was haben Sie nur angestellt?« habe ihn der Lagerarzt gefragt: »Sie sollen nach Ludwigsburg ins Zuchthaus kommen.« Die Behandlung gleich nach dieser neuerlichen »Verhaftung« bezeichnete Kiesinger als eine der entwürdigendsten Erfahrungen seines Lebens. »An den Tag der Einlieferung« wolle er sich nicht mehr erinnern, meinte auch einer der alten Lagerkameraden, der sich in den frühen fünfziger Jahren wieder bei Kiesinger meldete.[217] In der Tat war das C.I.C. nicht zimperlich, Prügeleien, Folterungen, selbst Todesfälle soll es gegeben haben. Es sei jedoch auf seiner Kennkarte etwas vermerkt gewesen, was ihn persönlich vor physischer Gewalt verschont hätte.[218]

Am 16. Juli 1945 wurde Kiesinger in das Lager Nr. 74 in einer ehemaligen Flak-Kaserne in Ludwigsburg-Oßweil überstellt, wo er die restlichen vierzehn Monate seiner Haft bis zur Entlassung am 17. September 1946 verbrachte.[219] Die Kaserne war relativ modern und erst 1936 vom Reichsarbeitsdienst erbaut worden. Allerdings war die ursprüngliche Einrichtung demoliert, weil die Kaserne bombardiert worden war und vorübergehend als »Russenlager« gedient hatte. Die ersten Internierten war daher mit Aufräum- und Reparaturarbeiten beschäftigt. Zum größten Teil waren sie in festen Gebäuden untergebracht.[220]

Allerdings hatte das Lager, dessen bauliche Kapazität nur 3.200 Internierte betrug[221], anfangs mehr als 7.000 Insassen und war damit hoffnungslos überbelegt. Die Lagerleitung wich auf Zelte sowie Keller- und Speicherräume aus. Das führte zu »untragbaren hygienischen und sanitären Verhältnissen«, die »eine Auflockerung« notwendig machten, so daß zusätzlich Holzbaracken gebaut werden mußten. Für durchschnittlich 75 Internierte stünde »ein Klosettsitz« zur Verfügung, sowie 4 Wasch- und Brauseräume für das gesamte

Lager, hieß es in einem internen Bericht. Jedem Internierten, so rechneten die deutschen Lagerstatistiker aus, stünden an Wohnraum 4,3 cbm zur Verfügung bei einer Grundfläche von 1,4 qm. Drei Schlafdecken sorgten auf den Holzbetten (ohne Matratzen) für einen geringfügigen nächtlichen Komfort.[222] Er sei mit zwölf Mann auf eine Stube gekommen, erinnert sich Kiesinger, die in sechs Etagenbetten nächtigten, je drei an jeder Wand des schlauchartigen Zimmers aufgestellt: »Elf Männer schnarchten Stunde für Stunde um die Wette, jeder auf seine individuelle Art [...] Ich brauchte mehrere Wochen, bis ich daran gewöhnt war und endlich zum ruhigen Schlafen kam.«

Nach ihrer sozialen Herkunft überwogen unter den Ludwigsburger Lagerinsassen die Beamten und Angestellten. Von den etwa 7.700 Lagerinsassen waren 35 % der offiziellen Statistik zufolge Beamte, 21,5 % Büroangestellte, 13,9 % Freiberufler, 10,4 % Landwirte und 14,9 % Handwerker. 48,5 % von ihnen war zwischen 41 und 50 Jahren alt, also Angehörige von Kiesingers Generation.[223] Seine Mithäftlinge, deren Anzahl Kiesinger in seinem um die Zeit der Entlassung im September 1946 verfaßten Bericht zu hoch auf etwa 10.000 schätzt, seien zum größten Teil »kleine Amtsträger der Partei« gewesen sowie »Akademische Beamte, die wegen ihrer Staatsstellung oder ihrer Parteimitgliedschaft« interniert worden seien.[224] Unter seinen elf Stubenkameraden hätten sich außer ihm selbst nur noch zwei weitere Akademiker befunden, die anderen seien einfache Leute gewesen. Keiner, so Kiesinger in seinen Erinnerungen, habe einer »Kampforganisation« des Regimes angehört: »Nur ein Invalide, der an Krücken ging, gab mir den Eindruck eines fanatischen Nationalsozialisten.« Die meisten seien einfache Parteimitglieder gewesen.[225]

Warum aber befand sich dann Kiesinger überhaupt in der Gesellschaft Tausender kleinerer oder größerer Nazis? Auf diese Frage wußte er selbst lange Zeit keine schlüssige Antwort. Eine definitive Aussage zu den Umständen seiner Verhaftung und Internierung wird auch mittels der in den Archiven zugänglichen Informationen – und das sind nach wie vor die verläßlichsten Quellen – nicht möglich sein. Kiesingers Internierungsakte muß als verloren gelten, obwohl doch die amerikanische Militärregierung ein Interesse an ihm als hochrangigem Mitglied des Auswärtigen Amtes hätte haben müssen. Im April 1946 klagte der politische Berater der amerikanischen Militärregierung, Robert Murphy, daß neun Zehntel der führenden Propagandisten des »Dritten Reiches« am Ende des Zweiten Weltkrieges wie vom Erdboden verschluckt worden wären. Das hielt Murphy für einen ziemlichen Skandal. State Department und Militärgeheimdienste hätten versagt.[226]

Wenn es im Falle der übrigen Verschollenen so lief wie bei Kiesinger, dann ist das nicht weiter überraschend. Von keiner der einschlägigen *Interrogation*

Missions des amerikanischen Außenministeriums und der Armee wurde er verhört. Es fehlt nach wie vor jeder gegenteilige Anhaltspunkt in den kilometerlangen Beständen des amerikanischen Nationalarchivs. In einer umfangreichen Kartei, in der alle von der amerikanischen Armee befragten Personen verzeichnet sind, fehlt Kiesingers Name. Ein eigenes Unterverzeichnis dieser Kartei über die befragten Mitglieder des Auswärtigen Amtes listet zahlreiche Personen aus Kiesingers Umgebung auf, u. a. die Namen von Ahrens, Dieckhoff, Krümmer, Rühle und Schirmer. Vom »Dirigenten« Kiesinger fehlt jede Spur.[227] Warum?

Auszuschließen ist mit an Sicherheit grenzender Wahrscheinlichkeit, daß die Kiesinger betreffenden Akten aus dem Verkehr gezogen worden sind, nachdem er Bundeskanzler geworden war. Derartige Verschwörungstheorien haben etwas Verführerisches, und sie standen in den späten sechziger Jahren hoch im Kurs. Das setzt aber voraus, daß jemand erstens ein Motiv hatte und zweitens in der Lage war, die kaum überschaubaren Bestände der amerikanischen Armee und Besatzungsmacht systematisch zu säubern – was jedem, der sich einmal im Bermuda-Dreieck der National Archives in College Park auf die Suche nach Akten gemacht hat, als ein Ding der Unmöglichkeit erscheint. Außerdem war die amerikanische Regierung im November 1966 selbst brennend an Kiesingers *war time record* interessiert, nachdem ihn die Union zum Kanzlerkandidaten gemacht hatte.

Damals suchte das State Department der Geschichte von Kiesingers Internierung und Entnazifizierung auf den Grund zu gehen. Heraus kam eine Fehlanzeige: Schon Ende 1962 oder Anfang 1963 hatte das State Department eine Anfrage zu dem damaligen Ministerpräsidenten Kiesinger an das Dokumentationszentrum der amerikanischen Armee in Kansas City geschickt, ohne Erfolg. Kurze Zeit später waren die Akten in Kansas City durch einen Brand vernichtet worden. Als dann nach Kiesingers Nominierung die erhalten gebliebenen, sogenannten »VIP-files« in Kansas City noch einmal durchforstet wurden, fehlte jegliche Spur. Hingegen war Kiesingers Vergangenheit aus Anlaß seiner ersten Amerikareise als Abgeordneter 1954 nur anhand der BDC-Akten, d. h. der NSDAP-Mitgliederdatei, routinemäßig überprüft worden und nicht anhand der Überlieferung amerikanischer Stellen. Weder damals noch 1966 war Kiesingers »Fragebogen« auffindbar (und er ist bis heute nicht wieder aufgetaucht).[228]

Kiesinger erklärte sich seine Internierung damit, er sei als SD-Agent verdächtigt worden. Dieser Verdacht einer versehentlichen Verhaftung habe sich Anfang November 1945 erhärtet, als er, nach sieben ungewissen Monaten, zu seiner ersten Befragung durch das C.I.C. gerufen worden sei.[229] Er habe im Laufe der Vernehmung den ihn verhörenden jungen Offizier gefragt, ob »ich wegen meines Kriegsdienstes im Auswärtigen Amt arretiert worden sei«. Der C.I.C.-Offizier habe erwidert, daß er davon noch gar nichts wisse. Dies sei der Grund seiner Internierung nicht, sondern Kiesinger werde der Kollaboration mit dem SD verdächtigt. Deshalb sei er in Benediktbeuern angezeigt und verhaftet worden. Sein namenloser Befrager, so Kiesinger weiter, habe ihm schließlich erklärt, daß erstens das SD-Verdachtsmoment ausgeräumt werden müsse. Dies könne nur in Berlin erledigt werden. Er werde sich, auch diesen Offizier zog Kiesinger auf seine Seite, persönlich darum bemühen – sagte es und fuhr tatsächlich nach Berlin. Zum zweiten müsse er die bisher von Kiesinger verschwiegene und in seinen Unterlagen nicht verzeichnete Tatsache melden, daß er Mitarbeiter des Auswärtigen Amtes gewesen sei. Kiesingers Kriegsdienst falle zwar nicht unter den Automatischen Arrest, es sei jedoch möglich, »daß ich als *material witness*, als Zeuge in Verfahren gegen amerikanische Staatsbürger, die deutsche Propagandadienste geleistet hätten, aussagen müßte«.[230]

Lange Wartezeiten auf das erste Verhör waren wohl an der Tagesordnung, wenn dies auch in Kiesingers Falle ein wenig überrascht. Seit September oder Oktober 1945 nahm er Aufgaben in der deutschen Lagerleitung wahr und leitete seit dem 1. Oktober 1945 ein Kulturreferat.[231] Hätte sich nicht das C.I.C. für die Vergangenheit des »Kulturdezernenten« des Lagers 74 interessieren müssen? Ganz offensichtlich tat es das aber nicht, vielleicht weil Kiesingers Tätigkeit zunächst unter die Verantwortung der von den Insassen gebildeten, deutschen Lagerleitung fiel.[232] Tatsächlich besaßen die an ehemaligen Mitgliedern des AA und des deutschen Rundfunkapparates interessierten amerikanischen Stellen keinerlei Informationen über die *whereabouts* des stellvertretenden Abteilungsleiters, wie aus einer Aufstellung vom Juni 1945 deutlich wird (als sich Kiesinger bereits in amerikanischer Gewahrsam befand). Dort heißt es, er sei zum letzten Mal am 15. April in Landshut gesichtet worden.[233] Bei der Vernehmung eines seiner Kollegen Ende November wird er mit unvollständigem Vornamen (Georg) genannt, wobei letzteres mit einem Fragezeichen versehen ist.[234]

Der Unmut nicht nur Kiesingers über die langen Wartezeiten war beträchtlich, wenn sich auch die wenigen C.I.C.-Offiziere – wie übrigens nach der Übergabe des Lagers in deutsche Obhut im Februar 1947 auch die zuständigen deutschen Stellen – sehr bemühten, mit dem Verhör Zehntausender von Internierten voranzukommen. Das bedeutete jedoch, daß sich viele, wie Kiesinger, ungerecht behandelt fühlten. Die Ungewißheit drückte auf die Stimmung, wie ein Untersuchungsbericht der amerikanischen Militärregierung konstatierte. Umgekehrt hatten die Amerikaner selbst jedes Interesse, die Entnazifizierung möglichst schnell in Gang zu bringen[235], denn der anfängliche Katzenjammer drohte in Anklage umzukippen, wie ein Brief an den 1947 bereits entlassenen »Kamerad Kiesinger« verdeutlicht. Demnach würde in der deutschen Presse herausgestellt, daß »nur die wirklichen Kriegsverbrecher zur Rechenschaft gezogen werden sollten und die ›anderen‹ beschleunigt zur Entlassung kommen sollten. In Wahrheit sind die meisten noch nicht einmal vernommen, die Vernommenen nicht behandelt, die wenigen Behandelten im Urteilsspruch nicht anerkannt, Anerkannte nicht entlassen. Eine grobe Sichtung, die erkennen ließe, daß man *ehrlich* bestrebt wäre, nach dem Gewicht auszusondern und eine wirkliche ›Entlassung‹ vorzunehmen, findet nicht statt.«[236]

In seinem Entlassungsgesuch vom Juni 1946 führte Kiesinger den Nachweis, daß er zu Unrecht verhaftet worden sei. Später sprach er lapidar davon, er sei in »Gefangenschaft« aufgrund seines Kriegsdienstes gelangt.[237] Dabei erstaunt aus heutiger Sicht, wie selbstverständlich Kiesinger, wie übrigens das Gros seiner Landsleute, sich subjektiv als Opfer des Regimes empfand: Er habe »mehr als viele Deutsche« unter dem NS-Regime gelitten. Er habe »unter Aufopferung meines Berufes« gegen den Nationalsozialismus gekämpft, begründete Kiesingers seinen Antrag auf Entlassung. Obwohl er »weit ab von jeder Art Militarismus« gestanden habe, werde er seit dem 1. Mai in Haft gehalten. Es folgte eine Darstellung der Gründe für den Eintritt in die NSDAP, der beruflichen Einschränkungen der folgenden Jahre, des Verzichts auf die ursprünglich erstrebte Beamtenlaufbahn, welche Nachteile der Nichteintritt in den Rechtswahrerbund mit sich gebracht hätte und welcher Natur seine Tätigkeit im Auswärtigen Amt gewesen sei.[238]

Zugleich bemühte sich Kiesinger um ein halbes Dutzend entlastender Zeugnisse, im Volksmund »Persilscheine« genannt, die seine Behauptung stützen sollten, er sei »stets ein Gegner des Nationalsozialismus gewesen«. Marie-Luise Kiesinger nahm Kontakt zu Verfolgten des NS-Regimes wie Ernst Wolf und seinem Rottweiler Lehrer Josef Karlmann Brechenmacher auf. Als Dolmetscherin und Sekretärin war sie mittlerweile bei der Militärregierung in Scheinfeld beschäftigt.[239] Als Frau und Mutter flehte sie den Lagerkommandanten an, doch den Gefangenen Nr. 4146 endlich zu entlassen: »[For] a whole year my children and I are waiting for the returnal of my husband for we can not imagine any reason which may keep him so long. I beg to decide his case as soon as possible that he may at least return to his family. [...] We need him so urgently after having lost our home and for building up a new existence.«[240]

Daß die Familie auf den Vater und Ehegatten wartete, lag nicht allein an der Überforderung der Lagerbehörden, sondern hatte ursächlich mit Kiesingers Tätigkeit im Auswärtigen Amt zu tun. Die Journalistin Margret Boveri geht in ihrem 1956 erschienenen Buch *Verrat im 20. Jahrhundert* kurz auf die erwähnten Prozesse gegen amerikanische Kollaborateure in deutschen Diensten ein. Sie porträtiert dort vier »kleine Leute aus USA«, Robert Best, Herbert John Brugman, Douglas Chandler und Mildred Gillars (»Axis Sally«), die wegen ihrer Tätigkeit für den deutschen Rundfunk von der amerikanischen Armee in Deutschland verhaftet und in Boston bzw. in Washington vor Gericht gestellt worden waren.[241] Best, vor dem Krieg ein Kollege von William L. Shirer, sowie Chandler wurden zu lebenslangem Gefängnis verurteilt. Gillars und Brugman kamen mit kürzeren Haftstrafen davon. Auch der 1944 verstorbene Kiesinger-Freund Otto Koischwitz gehörte zum Kreis dieser Hochverräter. Als Zeugen der Anklage wurden etwa 20 von Kiesingers ehemaligen Mitarbeitern in die USA verbracht, denen wir bereits begegnet sind, darunter Lilienfeld (in seiner Eigenschaft als ehemaliger Leiter des USA-Referates von »Ru«), Winkelnkemper sowie Ahrens, der Ko-Denunziant von Doerries.[242]

Zur Vorbereitung der Hochverratsprozesse hatte das amerikanische Justizministerium im Januar 1945 eine Delegation von drei Staatsanwälten, Samuel C. Ely, Victor C. Woerheide und Clyde C. Gooch nach Europa geschickt, wo sie im ehemaligen Deutschen Reich, aber auch in Frankreich, Österreich, Luxemburg, der Schweiz, Großbritannien und Italien umfangreiche Recherchen anstellten.[243] Die Nachforschungen, die sich auf einen Kreis von insgesamt 75 verdächtigen Personen erstreckten, dienten nicht allein der Vorbereitung der Anklage gegen Amerikaner im Dienste der deutschen Propaganda. Dies war eigentlich nur die Spitze des Eisberges. Vielmehr interessierten sich die amerikanischen Staatsanwälte für alle möglichen potentiell hochverräterischen Aktivitäten wie die illegalen Wirtschaftskontakte amerikanischer Firmen ins »Dritte Reich« oder geheimdienstliche Tätigkeiten im Auftrag des Feindes. Es dauerte also eine Weile, bis Woerheide und seine Kollegen sich im Dokumentationszentrum der Amerikanischen Armee in Berlin kundig gemacht hatten und Woerheide schließlich zu Kiesinger nach Ludwigsburg vordringen konnte. Noch Mitte August 1946 hatte der Staatsanwalt, nachdem seine Washingtoner Vorgesetzten schon zwei Monate zuvor ungeduldig seine Rückkehr angemahnt hatten, ein Telegramm an das Department of Justice geschickt: »Unfinished business of treason mission in Germany. List of important officials who have first hand knowledge of facts relative to above.«[244]

Vermutlich hat Woerheide kurz danach Kiesinger getroffen. In den *Dunklen und hellen Jahren* gibt Kiesinger an, er sei wenige Wochen nach dem Verhör durch Woerheide in die Freiheit entlassen worden. Dieser habe ihn in Ludwigsburg empfangen und sich nach Best, Chandler, Gillars und den übrigen Angeklagten erkundigt. Er, Kiesinger, habe ihm nur wenig sagen können. Er sei mit den genannten Personen kaum in Berührung gekommen. Einzig mit dem verstorbenen Koischwitz habe er näheren Umgang gepflegt, weil nur dieser Angestellter des Auswärtigen Amtes und sein direkter Untergebener gewesen sei. Er habe, so schreibt Kiesinger weiter, um Verständnis für Koischwitz gebeten. Dies sei jedoch »am harten Urteil Mr. Woerheides« abgeprallt. Überdies sei er von Woerheide über die Arbeit des Auslandsrundfunks und der Rundfunkpolitischen Abteilung befragt worden.[245] Woerheide war mit Kiesinger offensichtlich zufrieden. Wie kooperationswillig Kiesinger über die Arbeit seiner Abteilung, die NS-Propaganda im allgemeinen sowie seinen persönlichen Werdegang Auskunft gegeben habe, stellte Woerheide mehr als zwanzig Jahre später anerkennend heraus, als er Kiesinger über einen befreundeten Regensburger Anglistik-Dozenten wissen ließ, wie wenig er die Darstellung des *Spiegel* über Kiesingers Rolle als »Geheimagent des Vatikan« goutiere.[246]

Für Kiesingers Weg zur Demokratie ist seine Lagerzeit in mehrfacher Hinsicht bedeutungsvoll. Zum einen zwang ihn die Haft, sich mit seiner eigenen Vorgeschichte auseinanderzusetzen. Aus den überlieferten Dokumenten läßt sich gut ablesen, wie Kiesinger seine Erlebnisse ordnete, wie er sich in Hinblick auf die Entnazifizierung zu positionieren hoffte, was er aus seinem Vorleben vor 1945 für erwähnenswert hielt und was er wegließ. Mehr oder weniger legte sich Kiesinger jetzt seine Geschichte zurecht, stellte sich Fragen und gab sich Antworten, mit denen er späteren Angriffen begegnete. Die argumentative Struktur späterer Verteidigungsschriften ähnelt stark der der frühesten Quelle, dem Entlassungsgesuch aus dem Internierungslager. Dieses nahm die eigentliche Entnazifizierung 1947/48 und alle weiteren »Entnazifizierungen« quasi vorweg: Unter Erklärungszwang stellte er klar, warum er 1933 in NSDAP und 1940 ins Auswärtige Amt eingetreten war. Daß beide Schritte letztlich aus Gegnerschaft zum Nationalsozialismus unternommen worden seien, erschien ihm von Anfang an als die vielversprechendste Verteidigungsstrategie.

Zum zweiten erfolgte in der Internierung die Reorientierung hin zum demokratischen und rechtsstaatlichen Wiederaufbau nach 1945. Darüber hatte sich Kiesinger zwar schon seine Gedanken im »Dritten Reich« gemacht, in erster Linie aber doch an eine Wiederaufrichtung der Herrschaft des Rechts gedacht, soweit die Zeugnisse seiner Schüler hier Anhaltspunkte bieten. In der Gefangenschaft hätten »trotz der widrigen äußeren Umstände« günstige Bedingungen geherrscht, »die sonst fast immer fehlen: Zeit und Muße zum Reden, Hören, Durchdenken und Diskutieren«, meinte er in seinem Ende 1946 verfaßten Bericht über seine Zeit im Lager. Genau dies habe er mit seinen Mitgefangenen von Anfang an systematisch betrieben, wobei die Lagerinsassen nach ihrer politischen Gesinnung in drei Fraktionen zerfallen wären: »Eine nicht unbeträchtliche Anzahl überzeugter Anhänger des demokratischen Rechtsstaates«, zu denen er sich selbst zählte, »eine starke Gruppe starrer Nationalsozialisten« und »eine große Zahl schwankender Gemüter«.[247]

Die »allgemeine Haltung« im Lager charakterisierte Kiesinger als von »einer gewissen Märtyrerstimmung« geprägt. Vielen seiner Mithäftlinge sei es schwer gefallen, »zu ihrer augenblicklichen Lage Distanz zu gewinnen und eine durch die Mißlichkeiten des eigenen Schicksals nicht allzu sehr getrübte politische Besinnung durchzuführen«. Die meisten, so Kiesinger über seine Mitgefangenen, hätten die Einstellung gepflegt, doch nur »das Beste« gewollt zu haben und nun für ihren einstigen »Idealismus« bestraft zu werden. »Bei Rückblicken auf das Geschehene« habe daher nicht so sehr der Wunsch dominiert zu schildern, »wie es eigentlich war, als eine historisch verbrämte Apologie des eigenen Verhaltens vorzunehmen«. Jeder, der in diese Kerbe geschlagen hätte, habe im Lager Anklang gefunden. »Viele gerade der Ehrlichsten und Besten empfanden Kritik am jüngst Vergangenen wie das Wühlen in einer offenen Wunde. Ein irregeleiteter Patriotismus ließ sich leicht durch das von den Unentwegten ausgegebene Schlagwort vom ›Beschmutzen des eigenen Nestes‹ gegen jede kritische Betrachtung absperren.« Auch sei die deutsche und ausländische Publizistik, »die ins Lager drang«, alles andere als eine erfolgreiche Werbung für die Demokratie gewesen, da sie mit »ressentimentgefüllte[r] Unsachlichkeit« jede »demokratische Bemühung im Lager« diskreditiert habe.

Von dieser Situation allgemeiner Orientierungslosigkeit und Verunsicherung, in der sich Selbstmitleid mit trotzigem Beharren auf der grundsätzlichen Richtigkeit der vom Nationalsozialismus vertretenen Weltanschauung paarte, fühlte sich Kiesinger anscheinend herausgefordert. Nun ist aus vertraulichen Berichten der amerikanischen Militärregierung bekannt, daß sich die Selbstverwaltung der Lager nach innen auf wohlorganisierte Zirkel ehemaliger SS-Mitglieder stützte. Ähnlich wie unter den Kriegsgefangenen in amerikanischer Obhut wurde die »öffentliche Meinung« in den Internierungslagern von der Ideologie des eben verflossenen »Dritten Reiches« dominiert. Diese noch nicht reformierten Nazis gaben wohl auch in Ludwigsburg-Oßweil den Ton an und suchten diejenigen ihrer Lagergenossen mundtot zu machen, die, wie Kiesinger, mit dem C.I.C. kooperierten.[248] Etwas kryptisch erwähnt Kiesinger in seinem Bericht, daß seine anfänglichen Versuche, durch Vorträge in Sinne einer »rechtsstaatlich-demokratischen Aufklärungs- und Erziehungsarbeit zu wirken«, zunächst mißglückt seien und er sich erst nach »Hunderten« von Einzelgesprächen »über den einzuschlagenden Weg klar« geworden sei.[249]

Vermutlich sahen seine Mitgefangenen in Kiesinger einen politischen Konjunkturritter, der sich der neuen Zeit schnell anpaßte. Wie schon bei früheren Gelegenheiten scharte er einen Kreis von Vertrauten um sich, mit denen er »eine Art Volkshochschule für Politik und Staatsbürgerkunde« aufgebaut haben soll. Es sei ihm darum gegangen, in das »wild aufschießende Vortragswesen«, das allerhand nationalistische, pseudoreligiöse und okkultistische Blüten trieb, etwas Ordnung zu bringen. Als Ziel dieser Staatsbürgerkunde nannte Kiesinger, »die ideellen und geschichtlichen Grundlagen des demokratischen Rechtsstaates aufzuzeigen und daran anschließend aus der Fülle der modernen rechtsstaatlichen Wirklichkeit das Wichtigste zu vermitteln«. Darstellerisch habe er einen mittleren Weg zwischen »flachem Popularisieren« und »abschreckender Fachgelehrsamkeit« gewählt; es habe gegolten, »den überzeugenden, menschlich werbenden Ton zu finden, unter Verzicht auf billige rhetorische Mätzchen, Aufquirlung allzeit bereiter Ressentiments und sonstige propagandistische Requisiten. Es war zunächst einfach ein Kampf um Vertrauen, in dem wir erfreulicherweise ständig an Boden gewannen.«

In einer verschollenen Lagerchronik, die ein Mithäftling dem Journalisten Klaus Hoff 1967 zur Verfügung stellte, hat Kiesinger wohl noch ausführlicher über die praktischen Schwierigkeiten nachgedacht, die sich der »Lagerhochschule« in den Weg gestellt hätten. Anfänglich habe jede Baracke für sich gelebt, es habe an Büchern, Papier, Schreibzeug, Tafeln, Kreide, Noten und Musikinstrumenten gemangelt.[250] Zuerst im Keller, dann auf dem Dachboden sei ein Vortragsraum eingerichtet wurden, von wo der Blick über die weite Neckarlandschaft schweifte. Kiesinger nannte diese Veranstaltung den »Ludwigsburger Fensterblick«. Fachleute der unterschiedlichen Provenienzen hätten mit Bezug auf die vor ihnen liegende Landschaft aus ihren jeweiligen Gebieten berichtet. Dazu steuerte Kiesinger nicht nur Staatsbürgerkunde und Jurisprudenz bei, sondern auch Gedichte, darunter erneut Selbstverfaßtes. Kiesinger habe das Kunststück fertiggebracht, so ein Mithäftling zehn Jahre später, »aus dem Gedächtnis (den meisten von uns versagte es fast ganz infolge der Unterernährung) vielerlei Gedichte, nicht zuletzt schwer zu behaltende Oden von Hölderlin zu rezitieren und damit sehr vielen von uns sehr viel zu geben, und ich bin Ihnen heute noch dafür dankbar«.[251]

Die Anhänglichkeit der ehemaligen Kameraden aus Lager 74 Bau B (oder Baracke 2 wie es in anderen Briefen heißt) an den »sehr verehrten Herrn Doktor«, »lieben Kamerad Dr. Kiesinger«, »lieben Kurt« usw. – der Doktortitel wurde ihm wie zuvor im Auswärtigen Amt routiniert zuerkannt, was auch im Bundestag viel geübte Praxis blieb, obwohl Kiesinger erst 1965 einen

Doktorgrad *honoris causae* erhielt – wuchs mit Kiesingers Prominenz, so daß sich ab Mitte der fünfziger Jahre viele seiner einstigen Mithäftlinge wieder häufiger bei ihm zu melden begannen. Zu den Treffen der früheren »Ludwigsburger« hielt Kiesinger jedoch bewußt Distanz – es waren mehr oder weniger Kameradschaftsabende der ehemaligen SS. Deutlich wird aus diesen Briefen, daß Kiesinger im Lager die Rolle eines »geistigen Führers« zuerkannt wurde. Sein staatsbürgerlicher Unterricht im Lager 74 nahm gleichsam den Faden vom Februar 1945 wieder auf, als er das Repetitorium in Berlin eingestellt hatte und aus der Stadt nach Süden geflohen war.

Leider vermittelt Kiesingers Bericht über die Bildungsarbeit im Ludwigsburger Lager 74 nur einen groben Überblick über die von ihm konzipierten Unterrichtseinheiten. Seine einführenden Vorträge hatten Themen zum Gegenstand wie »Die Würde des Menschen«, »Religion, Sittlichkeit und Recht« und »Über Demokratie«. Außerdem hielt Kiesinger eine achtstündige Vortragsreihe über die »Grundprobleme des Staates«. In Kiesingers privatem Nachlaß ist eine Sammlung loser Blätter überliefert, die einen Eindruck von seiner Lektüre in dieser Phase vermitteln, wobei diese Aufzeichnungen auch aus der Zeit unmittelbar nach dem Lager stammen könnten. So exzerpierte Kiesinger neben seinem Leib- und Magentheoretiker Alexis de Tocqueville vor allem Arbeiten von Helmut Schelsky, Alfred Weber, des amerikanischen Historikers Carl J. Becker, Jean-Jacques Rousseau, John Dewey, Friedrich Meinecke, Carl Schmitt und natürlich die Klassiker des Staatsdenkens und der Philosophie wie Montesquieu, Locke, Kant, Pascal usw. Dies sind die Stichwortgeber seiner späteren staatsphilosophischen Reden. Es scheint, daß Kiesinger in der »Laguniversität« nicht nur lehrte, sondern auch lernte und nebenbei seine Fremdsprachkenntnisse auffrischte, wovon Listen mit englischen und französischen Vokabeln zeugen.[252]

Die Kurse und Vortragsreihen fanden vermutlich zunächst im lockeren autonomen Rahmen der »innerdeutschen« Aktivitäten statt. Nach kurzer Zeit wurde Kiesinger jedoch vom C.I.C. in die Leitung der *special services*, d. h. der Bildungsarbeit, berufen. Er hatte nun eine Art »Volkshochschule« unter sich, mit eigenem Büro im Verwaltungstrakt des Lagers und mit dem Privileg, sich nach Beginn der Sperrstunde außerhalb der Baracke aufhalten zu dürfen. Das hat er zu langen nächtlichen Gesprächen mit dem evangelischen kirchlichen Obmann genutzt.[253] Kiesingers Engagement im Lager fügt sich überdies in die zeittypische Tendenz einer vorübergehenden Re-Christianisierung. Dies wird auch an seiner Mitarbeit in der katholischen Lagergemeinde deutlich sowie an der Bemerkung eines »Ludendorffianers«, der ihn nach einem Vortrag fragte, ob er im Auftrag der Katholischen Kirche spreche. Letzteres interpretierte Kiesinger als Indiz mangelnden Verständnisses seiner Mithäftlinge, daß er als Redner seine eigene, »hart errungene Überzeugung« zum Ausdruck bringe, während sie ihn stets als Vertreter einer Institution oder Macht sehen wollten.

»Christentum« und »Rechtsstaat«, in geringerem Maße der noch höchst deutungsoffene Begriff der »Demokratie«, waren für Kiesinger Brücken vom Nationalsozialismus in die gesellschaftliche Ordnung der späteren Bundesrepublik. Allerdings vermitteln Kiesingers Berichte nicht gerade den Eindruck, als hätte er sich stark biegen oder wandeln müssen. Er unterrichtete Verfassungsrecht, Politik und Geschichte, daneben juristische Fachkurse, sowie, was ihm »besondere Freude« gemacht habe, eine Studiengemeinschaft für Jugendliche, meist junge SS-Leute unter dreißig, die sich nach anfänglicher Skepsis »mit wahrem Heißhunger nach objektiver Darstellung« gesehnt hätten. In seinem Erfahrungsbericht überschlägt sich Kiesinger nachgerade: Er, der erfahrene Repetitor, habe die Jugendlichen sofort für sich eingenommen, indem er sie gebeten hätte, »mir um Himmels willen nicht auf's Wort [zu] glauben, sondern stets kritisch mitzudenken. [...] Der gute Willen, die Frische der Auffassung, die Freude an neuen Erkenntnissen und die Dankbarkeit für eine ehrliche Lehrbemühung waren so groß, daß ich es schmerzlich bedauerte, als meine Entlassung diesen Unterricht viel zu früh beendete.«[254]

Im Lager fand Kiesinger eine neue Aufgabe, die bei rechtem Licht betrachtet die alte war. Er schied mit einem weinenden und einem lachenden Auge, wobei ein wenig gegen die These vom »Bildungsurlaub« spricht, daß er Himmel und Hölle in Bewegung setzte, um entlassen zu werden. Jedenfalls war er im Lager zu einer Art Generalagent der demokratischen Reorientierung und »Umerziehung« avanciert. Er übte diesen Beruf so überzeugend aus, daß der Lagerkommandant, der C.I.C-Major Arvid P. Dahl, auf dem vorgedruckten Entlassungsformular zusätzlich »*He showed exceptional qualifications*« eintragen ließ. Zugleich erhielt Kiesinger ein Zeugnis, das ihn in höchsten Tönen lobte. Er habe das Zeugnis aufbewahrt, schreibt Kiesinger in seinen Erinnerungen, »weil der Kommandant genau den Punkt getroffen hat, auf den es mir in jenen Monaten hinter dem Stacheldraht angekommen war«. Das allerdings hätte dem Kommandanten nur schwerlich mißlingen können, denn Kiesinger hat ihm die Formulierungen des Zeugnisses wohl selbst nahegelegt. Beim Abschied habe der junge C.I.C.-Offizier, der den Verdacht der SD-Mitgliedschaft ausräumte, gesagt, was Kiesinger in seinen Erinnerungen stets gerne zitieren sollte: »Sie werden in diesem Lande noch eine wichtige Rolle spielen.«[255]

Am 17. September 1946 wurde Kiesinger ohne Entnazifizierung aus dem Lager entlassen. Das entsprach nicht dem üblichen Procedere, wonach automatisch Internierte im Lager selbst zu entnazifizieren waren. Die Umstände seiner Entlassung stützen mithin seine These, er sei aufgrund eines Zufalls in die Mühlen der Haft geraten und dann, obwohl der Ausgangsverdacht hinfällig geworden war, als potentieller Zeuge für die Hochverratsprozesse gegen amerikanische Kollaborateure festgehalten worden. In den Augen der Lagerleitung war Kiesinger also bestenfalls ein nomineller Nazi, zweifellos kein Sicherheitsrisiko oder Kriegsverbrecher, weil er unter den begrenzten Personenkreis fiel, der aufgrund einer internen Überprüfung durch das »Security Review Board« direkt aus der Lagerhaft in die Freiheit zurückkehrte. Anders als das Gros der Lagerinsassen, die sich als Belastete, Minderbelastete und Mitläufer im Lager selbst der Spruchkammer zu stellen hatten, sollte Kiesinger an seinem künftigen Wohnort entnazifiziert werden, was ihn vermutlich begünstigen würde.[256]

16 Monate nachdem er Zwerchenstraß verlassen hatte, um sich auf die Suche nach seiner Abteilung zu begeben, kehrte der auf 130 Pfund abgemagerte 190-Zentimeter-Mann zu seiner Familie zurück. Diese hatte in der Zwischenzeit in Scheinfeld in Mittelfranken ein neues Zuhause gefunden. »Na, Peterle«, sagte er zu seinem Sohn, als dieser dem schlaksigen Herrn in dem abgetragenen Soldatenmantel die Tür öffnete. »Oma, da ist ein Mann.« »Ah, Tutti«, rief Kiesingers Schwiegermutter aus, als sie ihn erblickte. Es war das klassische Heimkehrerschicksal, das er mit Millionen deutscher Männer teilte. Für Peter Kiesinger war es die erste bewußte Begegnung mit seinem Vater.[257] Marie-Luise Kiesinger war nach dem Einmarsch der amerikanischen Armee zunächst nach Treuchtlingen zurückgekehrt, wo sie als Übersetzerin für die Militärregierung arbeitete. Ihr fast siebzigjähriger Vater, Rechtsanwalt Peter Schneider, war dann als unbelasteter Jurist, von denen es nur wenige gab, noch einmal reaktiviert und zum Vorstand des Amtsgerichtes in Scheinfeld ernannt worden.[258]

Zum ersten Mal hatte Kiesinger Muße, sich seinen Kindern zu widmen, die ihn seit dem Weggang der Familie aus Berlin 1943 kaum gesehen hatten. Viola und Peter Kiesinger erinnern sich an die »Schokoladen-Rippchen«, die der Vater aus der Gefangenschaft mitbrachte, an Erzählungen aus der Bibel am Bett, an lange Spaziergänge mit Gedicht-Rezitationen und selbst erfundenen Geschichten, auf denen ein Stück Brot, eine Steckzwiebel und etwas Salz als Wegzehrung dienten. Aus Sicht der Kinder waren die Monate in dem Steigerwald-Städtchen Scheinfeld eine geradezu idyllische Zeit.[259] Lange währte das traute Familienleben indes nicht, denn Kiesinger, der sich zeitweilig als »Holzhacker« um Brennstoff bemühte[260], sah sich in den nächstgelegenen Universitätsstädten um, wo er sich im Frühjahr 1947 eine Existenz als Repetitor neu aufzubauen begann. Sein dringlichstes Anliegen aber war die Bereinigung seiner »politischen Vergangenheit«.

Entnazifizierung

Der erste Schritt war also, das Entnazifizierungsverfahren hinter sich zu bringen. Dessen ursprünglicher Sinn war gewesen, die kleinere Gruppe der auf einige Zehntausend geschätzten aktiven und einflußreichen Nazis aus dem öffentlichen Leben zu entfernen. Die vielen Millionen kleinen Nazis und Mitläufer sollten »mit einem Denkzettel« in ihren Stellungen belassen, wenn auch möglichst von Führungspositionen ferngehalten werden. Mit der Übergabe der Entnazifizierung in deutsche Hände im März 1946 änderten sich diese Ziele. Hatte ursprünglich, so der Jenaer Historiker Lutz Niethammer, »die Vorstellung bestanden, [...] das deutsche Haus solle einer gründlichen Säuberung, nämlich von den Nazis, unterzogen werden, wurde nunmehr der einzelne Nazi, sofern er sich nicht in der Wolle gefärbt erwies, von seiner braunen Tünche gereinigt und mit frischer weißer Weste in die Gesellschaft zurückgeschickt«. Das glückte in hohem Maße, weshalb der zeitgenössische Begriff der »Mitläuferfabrik« auch von der historischen Forschung übernommen worden ist.[261]

Nun haben historische Untersuchungen tatsächlich bestätigt, was in den sechziger Jahren noch als »DDR-Propaganda« abgetan wurde, aber heute von niemandem mehr ernsthaft bestritten wird: Die Führungseliten der frühen Bundesrepublik bis zum Einsetzen des Generationswechsels in den sechziger und siebziger Jahren waren sehr stark von nationalsozialistisch belastetem Personal durchsetzt.[262] In der Justiz, in der Wirtschaft, in Forschung und Lehre, auch in den Medien, sowohl im Rundfunk als auch in der Presse, aber selbst in der Lokal- und Landespolitik kehrten belastete Persönlichkeiten in entsprechende Positionen nach und nach zurück. Die hohe Personalkontinuität gilt insbesondere auch für die Beamten, wo das Auswärtige Amt zur *cause célèbre* dieser Elitenkontinuität geworden ist.[263] Selbst das Korps der Bonner Staatssekretäre, also die obersten Verwaltungschefs der Ministerien, war stark mit Experten durchsetzt, die schon im Dienste des »Dritten Reiches« gestanden hatten, wenn sie auch in aller Regel keine NS-Spitzenfunktionäre gewesen waren. Meist handelte es um jüngere Leute, die vor 1945 noch nicht in die oberste Führungsetage hatten aufrücken können. Dieser Trend zur Rehabilitierung und Entlastung wurde von der Bundesregierung bewußt gefördert und wird zumeist an dem sogenannten »131er«-Gesetz festgemacht, das »amtsverdrängten« Beamten und Angestellten des öffentlichen Dienstes den Weg zur Wiedereinstellung ebnete.[264]

Diese Elitenkontinuität hat der Entnazifizierung ihren schlechten Ruf miteingetragen. Dessen unbenommen gilt es in einer wichtigen Hinsicht das Bild der »braun« unterwanderten Republik zu differenzieren und einzuschränken. Entgegen der populären Vorstellung war die *politische* Elite der Bundesrepublik relativ frei von Funktionären der NSDAP. Bonner Regierungsämter wurden nur in ganz wenigen Ausnahmefällen von Persönlichkeiten besetzt, die mehr als nur im formalen Sinne Mitglieder der NSDAP gewesen waren. Die wenigen Ausnahmen wie beispielsweise Vertriebenenminister Theodor Oberländer bestätigen diese Regel. Während also in Bereichen der Gesellschaft nationalsozialistisch belastete Eliten nach dem Ende der Besatzungsherrschaft zurückkehrten, gilt dies ganz dezidiert nicht für die Bonner Politik. Hier hatten die Alliierten, mit einem gern zitierten Wort von Ulrich Herbert, »ganze Arbeit geleistet«.[265]

So recht scheint dieser relativierende Befund auf den »Fall Kiesinger« nicht zutreffen, da der dritte Kanzler ja nachgerade als Prototyp des zwielichtigen Fortlebens der NS-Eliten in der frühen Bundesrepublik gilt. Er war, wie wir gesehen haben, immerhin 1933 Mitglied der NSDAP geworden, aus der Partei nicht ausgetreten, dann im Zweiten Weltkrieg in einem wichtigen Ministerium gesessen und dort sogar zum stellvertretenden Abteilungsleiter avanciert. Und dann wurde er in Bonn ein bedeutender Politiker. Dem hätte Kiesinger natürlich entgegengehalten, daß er in den Grenzen seiner Möglichkeiten sich insgesamt anständig, ja resistent verhalten und daß sein formal hoher Rang im Auswärtigen Amt zur Überschätzung seiner Position verleitete. Im Lager habe er dann konsequent gegen das Selbstmitleid und Schlußstrichmentalität angekämpft und damit einer »sittlichen Fundierung« der Demokratie den Weg bereitet.

1946/47 jedenfalls wurde Kiesinger mit einem gerichtsförmlichen Verfahren konfrontiert, das ihn zwang, mit sich selbst und seiner Biographie ins Reine zu kommen. Das Ergebnis läßt sich an seinem Spruchkammerverfahren ablesen. Nachdem die Argumentation erst einmal zu Papier gebracht worden war, ist es dabei mehr oder weniger geblieben. Noch die im hohen Alter verfaßten Erinnerungen übernehmen Formulierung und Gedanken aus den Verteidigungsschriften der Jahre 1946/47, wenn er auch die Aussage später abschwächte, er habe im »Dritten Reich« Widerstand geleistet. Soweit war er 1946 noch nicht, was mit dem System der Entnazifizierung zu tun hat und seinem ganz dezidierten Willen, »sauber« zu erscheinen. Denn in einer *politischen* Säuberung gilt der Grundsatz *in dubio pro reo* nicht. Der Angeklagte war bis zum Beweis des Gegenteils schuldig. Die Umkehrung der Beweislast habe, so die Hannoveraner Historikerin Cornelia Rauh-Kühne, »zwangsläufig bei der Mehrheit der Angeklagten zu einer Haltung der Selbstrechtfertigung« geführt, »die der politischen Moral der Nachkriegsgesellschaft höchst abträglich sein musste«.[266] Wer nicht als Nazi dastehen wollte, mußte sich umso kräftiger auf seine Widerstandshandlungen verlegen.

Ähnliche Mechanismen waren bei allen späteren »Entnazifizierungen« Kiesingers am Werk – den bekannten Kontroversen um seine politische Vergangenheit, die an vielen Wegmarken seiner politischen Karriere wiederaufflackern sollten. Die argumentative Struktur des Pro und Contra entwickelte sich dabei stets analog zur ursprünglichen Entnazifizierung in den Jahren zwischen 1946 und 1948: Kiesinger wurde angeklagt, *er* besaß eine Bringschuld; *er* war, bis zum Beweis des Gegenteils »ein Mann mit Vergangenheit«. Das wirft die im Rahmen einer Biographie nicht abschließend zu beantwortende Frage auf, ob der anklagende Duktus, der damit einhergehende Denkstil und seine sprachlichen Konventionen nach 1945 eine mit Reue und Eingeständnis verbundene Thematisierung der eigenen Illusionen und Fehltritte erschwert, wenn nicht sogar unmöglich gemacht haben. Jedenfalls hat eine reflexartige Schuldvermutung bei den Belasteten die Neigung zur Selbstkritik nicht gerade gefördert – zumal dann, wenn sie wie Kiesinger im Rampenlicht standen und Bewältigung der Vergangenheit nur schwer von personalpolitischer Intrige und parteipolitischem Kalkül zu trennen war. Trotz großem Intellekt und Reflexionsvermögen würde sich Kiesinger von dieser Verteidigungshaltung nicht wirklich freimachen können.

Dabei war er sich seiner Sache zunächst erstaunlich sicher: Voll Optimismus sah Kiesinger einem raschen und problemlosen Entnazifizierungsverfahren entgegen. »Ich warte, mit Aussicht auf Entlastung, auf die Klärung meines politischen Status«, schrieb er Anfang Januar 1947 an seinen alten Bekannten Paul Binder nach Tübingen, mit dem er über einen Wiedereinstieg in die Lehre oder in die politische Bildungsarbeit korrespondierte.[267] War er sich nicht bewußt, daß sein Lebenslauf, was immer zu seiner Verteidigung gesagt werden konnte, in den Augen der Spruchkammer Fragen aufwarf? War er voreilig davon überzeugt, daß ihm nichts Belastendes vorzuwerfen war, abgesehen von einer generellen, alle Deutschen betreffenden politischen, moralischen und metaphysischen Schuld im Jasperschen Sinne? Ging er aufgrund dieser mentalen Disposition zu blauäugig in die Entnazifizierung? Schon am 10. Oktober 1946, einen Monat nach seiner Entlassung aus dem Internierungslager, schickte Kiesinger dem Öffentlichen Ankläger bei der Spruchkammer in Scheinfeld seinen Antrag auf Einreihung in die niedrigste Gruppe V, also der »Entlasteten«. Er bitte um beschleunigte Behandlung, weil er, wie sich aus seinem Antrag und den beigefügten Zeugnissen von erklärten Gegnern des Nationalsozialismus ergebe, »stets ein offener Widersacher der Natsoz. Gewaltherrschaft« gewesen sei und »dadurch schwere Nachteile erlitten« habe. »Da ich völlig mittellos bin, liegt mir sehr viel daran, einen meiner Vorbildung entsprechenden Beruf baldigst wieder ausüben zu können, wozu meine politische Rehabilitierung erforderlich ist.«[268]

Seinen Antrag stützte Kiesinger auf eine ausführliche Anlage zu seinem Meldebogen – eine Kurzfassung des berühmt-berüchtigten Fragebogens, den in der amerikanischen Besatzungszone alle Deutschen über 18 Jahre auszufüllen hatten.[269] Der Meldebogen verlangte Angaben zur Person, zum beruflichen Werdegang seit 1932 sowie zur Mitgliedschaft in NS-Organisationen und Verbänden. Zuwiderhandlungen oder falsche Angaben waren unter Strafe gestellt. Ausführlich schilderte Kiesinger die Stationen seit der Ausbildung im Katholischen Lehrerseminar in Rottweil. Auch Einzelheiten werden angesprochen, die er in den Erinnerungen übergeht, etwa daß er 1923 das Amt des Gauschriftwartes im katholischen Bund »Jungdeutschland« übernommen hatte, daß er nach der »Machtergreifung« noch einmal in die Leitung der Askania berufen worden war und über den Fortbestand der Verbände mit den Vertretern der Reichsregierung verhandelt hatte.

Relativ breit ging Kiesinger auch auf seine Tätigkeit als Anwalt und Repetitor ein. Stark hob er auf seinen Konflikt mit dem NS-Rechtswahrerbund ab. Den für die Einstufung als »Entlasteter« notwendigen Nachweis der »erlittenen Nachteile« suchte er in diesen ersten Schriftsätzen fast ausschließlich mit dem Nichteintritt in den NSRB zu führen und der damit verbunden Einschränkung seiner anwaltlichen Praxis. Dagegen fehlt die in der Personalakte des Auswärtigen Amtes erwähnte unfreiwillige Ernennung zum »Blockleiter«, wie überhaupt die Zeit im Auswärtigen Amt relativ knapp abgehandelt wird. Im wesentlichen beschränkte sich Kiesinger auf die Feststellung, im Amt »unter persönlichem Risiko« seiner rechtstaatlichen Gesinnung treu geblieben zu sein und Kontakt zu Kollegen wie Herbert Schroeder gehalten zu haben, die wiederum in »Verbindung mit aktiven Widerstandsgruppen« gestanden hätten. Seinen Widerstand im Auswärtigen Amt charakterisierte er also anfangs allenfalls als indirekt.[270]

Bei Eintritt in das Entnazifizierungsverfahren hielt sich Kiesinger also für so geringfügig belastet, daß ihm der »erlittene Nachteil« schon mit dem Verzicht auf eine Laufbahn als Hochschullehrer oder Richter sowie dem selbstauferlegten Rückzug in die Nische des Rechtsanwaltes und Repetitors ausreichend begründet zu sein schien. Dagegen verzichtet die eingehende Darstellung seines Werdeganges auf Hinweise auf die von Kurt Mair in Gang gesetzte »Sammlungsbewegung« nach dem 20. Juli 1944. Auch in drei am 19. Januar 1947 nachgeschobenen Aufzeichnungen »Mein Verhältnis zur NSDAP«, »Mein Kriegsdienst« sowie »Meine Tätigkeit seit dem Zusammenbruch« verliert Kiesinger darüber kein Wort. Nur seine Distanz zu den ihm zu »borussischen« Teilnehmern des 20. Juli erwähnt er kurz. Hingegen nimmt der Konflikt zwischen Auswärtigem Amt und Propagandaministerium breiten Raum ein, den er als Versuch charakterisiert, die Goebbelssche

Propaganda, die man auf die »kurze Formel ›Lüge und Hetze‹ bringen« könne, abzumildern. Auch spielte er seine Stellung als stellvertretender Abteilungsleiter herunter. Er habe das Amt praktisch nur als Platzhalter wahrgenommen. Über die Verhandlungen mit den »kirchlichen Würdenträgern« gegen Ende des Krieges, denen in seinem Wiederaufnahmeverfahren ein Jahr später eine zentrale Rolle zukam, schwieg sich Kiesinger anfänglich aus.[271]

Der Öffentliche Ankläger in der Kleinstadt Scheinfeld, für den der kürzlich aus dem Internierungslager zurückgekehrte Schwiegersohn des Oberamtsrichters vermutlich kein Unbekannter war, zeigte sich nicht sehr beeindruckt von den vorgebrachten Entlastungsgründen. Er nahm seine Aufgabe ernst und beantragte, Kiesinger in die Gruppe III (»Minderbelastete«) einzuordnen. »Minderbelastet« war nach Art. 11 »Befreiungsgesetz« (BefrG) derjenige, der prinzipiell zur Gruppe II der »Belasteten« gehörte, jedoch mildernde Umstände geltend machen konnte und »nach Bewährung in einer Probezeit seine Pflichten als Bürger eines friedlichen demokratischen Staates erfüllen wird«. Als Minderbelastet galt insbesondere, »wer, ohne Hauptschuldiger zu sein, zwar als Belasteter erscheint, aber eindeutig und klar erkennbar frühzeitig vom Nationalsozialismus und seinen Methoden abgerückt ist«.[272] Ja, die Anklage ging sogar von der grundsätzlichen Schuldvermutung aus, daß im Falle Kiesingers eine Einordnung in Gruppe II (»Belastete) gerechtfertigt gewesen wäre.

Damit wäre Kiesinger gemäß der Bestimmungen des Befreiungsgesetzes unter die NS-Aktivisten gefallen, die, so eines der Kriterien, »durch nationalsozialistische Lehre oder Erziehung die Jugend an Geist und Seele vergiftet« oder »im Dienste des Nationalsozialismus in die Rechtspflege eingegriffen« oder ihr »Amt als Richter oder Staatsanwalt politisch mißbraucht« hatten.[273] Weil er jedoch aus »innerer Opposition der NSDAP beigetreten« und »trotz formeller Mitgliedschaft Gegner des Nationalsozialismus« gewesen sei und »dadurch schwere ideelle und materielle Nachteile« erlitten habe, so der Öffentliche Ankläger, sei Kiesinger einer »milderen Beurteilung« für würdig zu befinden.[274] Entsprechend nahm Kiesinger Art. 39 Abs. II BefrG für sich in Anspruch, trotz NSDAP-Mitgliedschaft »nachweisbar« mit einer Widerstandsbewegung zusammengearbeitet zu haben oder Opfer und Gegner des Nationalsozialismus unterstützt und gefördert zu haben.[275] Im Klartext: Auch der Öffentliche Ankläger ging davon aus, daß Kiesinger in Distanz zum Regime gestanden, sich »widerständig« verhalten hatte. Dennoch sah er angesichts der klaren Bestimmungen des Gesetzes keine andere Möglichkeit als die Einordnung in die mittlere Kategorie III der »Minderbelasteten«.

Die Mitgliedschaft in der NSDAP wog also schwerer als alles andere. Mit Bezug auf die gesetzliche Lage und die von den Spruchkammern geübte Praxis spricht Niethammer daher von der »Entpolitisierung des ›formalbelasteten‹ Widerstandes«.[276] Das meint, daß diejenigen, die zwar »formal belastet« waren (also ehemalige Mitglieder der NSDAP), aber dennoch für sich in Anspruch nehmen konnten, Widerstand geleistet zu haben, Opfern geholfen oder selbst Opfer geworden zu sein – also sich nicht nur unangepaßt »passiv« verhalten hatten – den Spruchkammern *beweisen* mußten, durch ihr Verhalten *persönliche* Nachteile erlitten zu haben, wollten sie vollständig entlastet werden. Das brachte viele Angeklagte in Erklärungsnot, weil widerständiges bis unangepaßtes Verhalten, das sich zwangsläufig in der Illegalität abgespielt hatte, der Natur der Sache nach nicht aktenkundig geworden war. Bauten die Spruchkammern mit der fortschreitenden Dauer der Entnazifizierung vielen Belasteten nur allzu bereitwillig eine Brücke zum »Mitläufertum«, so war es fast unmöglich, Abweichungen von der Norm, partiell unangepaßtes oder begrenzt oppositionelles Verhalten entlastend geltend zu machen, solange damit kein beweisbarer materieller oder ideeller Nachteil verbunden war (z. B. Gestapo-Haft). So wurden auf der einen Seite Zehntausende von Parteiaktivisten als »Mitläufer« eingestuft und kamen mit einem blauen Auge davon. Dagegen war das Gütesiegel der »Entlastung« immer schwerer zu erreichen und alles andere als ein Automatismus.

Diese Erfahrung machte Kiesinger in der ersten Runde seines Entnazifizierungsverfahrens. Schon am 12. März 1947 erging der Spruch. Von Kiesingers Angebot, seinen Fall persönlich zu vertreten oder die von ihm benannten Zeugen zu befragen, hatte die Kammer keinen Gebrauch gemacht. Im schriftlichen Verfahren erging das Verdikt, er sei »Mitläufer«. Als Strafe wurde mit Rücksicht auf die Internierung und Kiesingers sonstige »tadellose Gesamthaltung« die Mindestgeldsühne von 50,– RM auferlegt. Zugleich hatte er die Kosten des Verfahrens zu tragen, dessen Streitwert bei 8.000,– RM lag. In der Begründung des Spruchs wird die Problematik des Verfahrens deutlich: So hielt die Spruchkammer Kiesingers Entlastungsgründe für stichhaltig und die Schuldvermutung der Anklage für restlos widerlegt. In Gruppe II der »Belasteten« fiel er daher nicht. Auch sah es die Kammer für erwiesen an, daß Kiesinger keines der Tatbestandsmerkmale der Tätergruppe III (»Minderbelastete«) erfülle. Ja, die Spruchkammer gestand Kiesinger sogar zu, daß er »nach dem Maß seiner Kräfte aktiv Widerstand gegen die nationalsozialistische Gewaltherrschaft geleistet hat«.[277]

Damit hatte er schwarz auf weiß: Er hatte Widerstand geleistet. Dennoch wurde er in der ersten Instanz förmlich als »Mitläufer« eingestuft. Dieser Spruchkammerbescheid sei, wie Kiesinger das Urteil im September 1947 interpretierte, »tatsächlich eine Entlastung«. Die Einstufung in Gruppe V sei lediglich »aus einem formalen, inzwischen von der ganzen Praxis einhellig fallengelassenen Grunde nicht« erfolgt. »Tatsächlich hätte mich die Kammer auch formal entlastet. Dann hätte aber der Öffentliche Kläger Berufung einlegen müssen, was endlosen Schwebezustand bedeutet hätte. Darum drängte ich nicht auf eine andere Einstufung und legte auf den Rat des Öffentlichen Klägers selbst Berufung ein, die ich jederzeit zurücknehmen kann, wenn mir die Wartezeit zu lang wird. Die Unvollkommenheiten des Gesetzes bedingen leider solche Dinge.«[278]

Beim Vorliegen einer »Formalbelastung« waren die Grenzen eben sehr eng gesteckt. Art. 13 BefrG erlaubte nur dann die »Entlastung«, wenn der erwiesene Widerstand auch Nachteile an »Gut, Freiheit und Leben« mit sich gebracht hatte. Das aber hielt die Scheinfelder Kammer, folgt man ihrer Begründung und nicht Kiesingers Interpretation, für nicht erwiesen. Es sei »dem Betroffenen zwar zuzugeben, daß er unter erheblichem persönlichen Risiko gehandelt hat, aber einen tatsächlich erlittenen, ins Gewicht fallenden Nachteil hat er nicht bewiesen. Die durch seine Weigerung, dem NS-Juristenbund beizutreten, allenfalls erlittenen beruflichen Beeinträchtigungen in seiner Eigenschaft als Rechtsanwalt, konnte er in wirtschaftlich befriedigender Weise in einer anderen juristischen Tätigkeit ausgleichen.«

Daran war richtig, daß der Repetitor Kiesinger sich eine berufliche Existenz geschaffen hatte, bei der er nicht schlecht verdiente, die ihn ausgefüllt und befriedigt hat. Nur, ging das nicht von einem ökonomischen Normalniveau aus und stellte den Versorgungsstandpunkt individuellen Entwicklungsmöglichkeiten voran, auf die Kiesinger eben verzichtet hatte? In Kiesingers Augen wertete die Spruchkammer die Tatsache ab, daß er keine Karriere in der Justiz, an der Hochschule oder in der Verwaltung gemacht hatte, denn den Kriegsdienst im Auswärtigen Amt stufte er offensichtlich nicht sehr hoch ein. Daß er in die Partei nicht aus Opportunismus sondern aus einer »oppositionellen Haltung« heraus eingetreten sei, aber dann nicht »mitgemacht« hatte, eine derartige Dialektik ließ die Spruchkammer als »erlittenen Nachteil« selbstverständlich nicht gelten.[279]

Es steht überdies zu vermuten, daß sich Kiesingers Drängen auf ein rasches Verfahren nachteilig ausgewirkt hat. Im ersten Jahr nach der im Frühjahr 1946 erfolgten Übergabe der Entnazifizierung in deutsche Hände nahmen die Spruchkammern ihre Aufgabe noch sehr genau. Erst ab der zweiten Jahreshälfte 1947 wurden mildere Urteile gefällt, erging immer öfter Gnade vor Recht. Rauh-Kühne hat dies auf die griffige Formel gebracht: »Wer spät kam, den belohnte das Leben.«[280]

Um sich von dem Makel des »Mitläufers« zu reinigen, legte Kiesinger sofort Berufung ein: »Für den mit den damaligen Verhältnissen vertrauten Juristen« – der Vorsitzende der Spruchkammer war Verwaltungsangestellter, die Beisitzer Schreinermeister und Hausmeister von Beruf – »sollte es meines

Erachtens nur des Hinweises bedürfen, daß die durch meine Weigerung, dem NSRB beizutreten, veranlaßte Streichung aus dem deutschen Rechtsanwaltsverzeichnis mir als Kammergerichtsanwalt, der auf Mandatsvermittlung durch andere Anwälte angewiesen war, erhebliche Ausfälle eintrug«. Daß ihm einträgliche Mandate aus diesem Grunde entgangen seien, dafür könne er keine Zeugen mehr beibringen. Doch der Beweis sei bereits »prima facie« erbracht: »So war es doch nun einmal nach der Lebenserfahrung von damals!« Im Unterschied zum Beamten sei für den Anwalt nicht die Zugehörigkeit oder Nichtzugehörigkeit zur NSDAP Ausdruck einer lauteren Gesinnung gewesen, sondern die Mitgliedschaft oder Nichtmitgliedschaft im Rechtswahrerbund.[281]

Seine Berufung gegen das Urteil der Spruchkammer gründete Kiesinger nicht allein auf die erlittenen wirtschaftlichen Nachteile, sondern führte nun eine Reihe »ideeller Nachteile« ins Feld, die ihm durch seinen »Widerstand in Frieden und Krieg« erwachsen wären. So läge doch die durch die »dauernde Gefährdung« hervorgerufene »übermäßige Nervenanspannung auf der Hand«. Dafür werde er noch einige Zeugnisse beibringen können, gehe doch die Praxis der Spruchkammern mit gutem Grund mittlerweile dahin, »die Übernahme derartiger Risiken schon an sich als einen Nachteil anzuerkennen«. Seinen Einspruch krönte er mit einem emotionalen Schlußplädoyer: Er »gehöre nun einmal nicht zu den Mitläufern, vom ersten Tage an nicht«. Da ihm die Sorge »um unseren werdenden demokratischen Staat wirklich am Herzen« liege und er sich »nicht Mitläufer schimpfen lassen« wolle, habe er sich »schweren Herzens« für das Berufungsverfahren entschlossen und die daraus resultierende Verzögerung auf sich genommen.

Erst jetzt, im Berufungsverfahren, zog Kiesinger sämtliche Register. Nun wurden die durch die angebliche Widerstandstätigkeit im Auswärtigen Amt erlittenen Nachteile detailliert begründet. Dabei kam Kiesinger der Zeitablauf zur Hilfe, hatte er doch in den Monaten seit seiner der Entlassung aus dem Lager erneut Kontakt zu seinen früheren Kollegen im Auswärtigen Amt gefunden. Seinem Antrag an die Berufungskammer in Ansbach legte er weitere aussagekräftige Zeugnisse bei. Darunter ein erweiterter »Persilschein« von Ernst Wolf, der als anerkanntes Opfer des Regimes mittlerweile Referent für das Hochschulwesen im hessischen Kultusministerium und Dozent an der Universität Frankfurt geworden war; einer seiner Studentin Gisela Bockelmann, deren Mann mittlerweile in Göttingen Jura lehrte; sowie einen seines ehemaligen Kollegen Kajus Köster, der es zum hamburgischen Senatsdirektor und Sekretär des Zonenbeirats der Bizone gebracht hatte. Alle drei untermauerten die Annahme einer »rechtsstaatlich-oppositionellen« Widerstandstätigkeit Kiesingers.

Damit trat die Tätigkeit im Auswärtigen Amt in Kiesingers Selbstdarstellung in den Vordergrund. Diese deutliche Akzentverschiebung gegenüber dem erstinstanzlichen Verfahren erklärte er damit, daß er anfangs nur wenige Belege habe beibringen können, weil er damals gerade erst »aus der Gefangenschaft« entlassen worden sei. Zugleich kam ihm die Rechtsprechung entgegen. Er vergaß nicht, die Berufungskammer Ansbach darüber aufzuklären, daß einem Erlaß des Bayerischen Ministeriums für Sonderaufgaben vom September 1947 zufolge auch derjenige »Nachteile« erlitten habe, »der bei der Entdeckung seines aktiven Widerstandes einer unmittelbaren Verfolgung ausgesetzt gewesen wäre … Tatbestände des aktiven Widerstandes sind z. B.: Aktive Teilnahme an einer Widerstandsbewegung, aktive Maßnahmen zum Schutz eines politisch, rassisch, oder religiös Verfolgten, Verbreitung antifaschistischer Schriften, Beeinflussung Untergebener im antifaschistischen Sinne, Sabotage nat.soz. Maßnahmen und Ziele u. ä.«[282]

Hätte Kiesinger 1947 die »Doerries-Denunziation« vorweisen können, nach damaliger Lesart ein sicheres Indiz für eine Widerstandstätigkeit, er wäre mit Glanz und Gloria entlastet worden. So aber sah sich Kiesinger zu einer Argumentation gezwungen, von der er weder in seinem Entlassungsgesuch aus dem Internierungslager noch in der Darstellung seines Werdeganges im erstinstanzlichen Entnazifizierungsverfahren Gebrauch gemacht hatte: »Ich darf für mich in Anspruch nehmen, durch meinen dreifachen, sich über die ganze Zeit der nat.soz. Gewaltherrschaft erstreckenden Widerstand und die damit in Kauf genommenen Risiken für Freiheit und Leben den Tatbestand des Art. 13 Befr.Ges. voll erfüllt zu haben. Sollte die Berufungskammer dennoch das beigebrachte Material für eine Einstufung in Gruppe 5 noch nicht für ausreichend halten, so bitte ich dringend um Ansetzung einer mündlichen Verhandlung, damit meine Zeugen Gelegenheit zu ausführlicher mündlicher Aussage bekommen, wozu sie sich ja erboten haben.«

Wie ein Löwe kämpfte Kiesinger, um sich von dem Ruch des Mitläufertums zu befreien. Die starre Auslegung des Befreiungsgesetzes hielt er für »grotesk«.[283] Er wollte sich nicht auf die gleiche Ebene stellen lassen wie die vielen »alten Kämpfer« und die große Masse der NS-Funktionäre, die von der wachsenden Nachsichtigkeit der Spruchkammern profitierten, während er als früh Entnazifizierter nur Nachteile hatte. In der Tat wehrten sich nicht wenige »Karteigenossen« gegen die restriktive Handhabung des Art. 13 BefrG. Aber nicht viele hatten damit so durchschlagenden Erfolg wie Kiesinger. »Belastete« und »Minderbelastete« wurden inzwischen recht großzügig zu »Mitläufern« gemacht. Zugleich wurde unangepaßtes Verhalten und Resistenz, ja aktiver Widerstand, ebenfalls als »Mitläufertum« verstanden.

Dieses wurde also dadurch im Rahmen der gesamten Entnazifizierung vergleichsweise abqualifiziert, sofern gravierende Nachteile oder Konsequenzen nicht nachgewiesen werden konnten (oder auch tatsächlich nicht erlitten worden waren).[284] Die gesellschaftliche Frustration über das Entnazifizierungsverfahren und wachsende Schlußstrichmentalität der Spruchkammern wirkte sich eindeutig zu Ungunsten des »formalbelasteten Widerstands« aus. Auch die politische Großwetterlage wandelte sich: Die Parteien dachten zunehmend an ihre Wähler, während die amerikanische Besatzungsmacht ihr Hauptaugenmerk von der Bewältigung des Nationalsozialismus auf die Auseinandersetzung mit der Sowjetunion verlagerte. So kam die sehr viel mildere Rehabilitierungspraxis des Jahres 1948 hauptsächlich den höherstufig Belasteten zugute, während Mitläufer »Mitläufer« blieben.[285]

Kiesinger deutliche Akzentuierung seiner »Widerstandtätigkeit« im Auswärtigen Amt ist daher partiell als Effekt der Entnazifizierung zu werten, weil innere Vorbehalte gegenüber dem Nationalsozialismus, der Konflikt mit dem NSRB, das »rechtsstaatliche Wirken« im Repetitorium und die partielle Illoyalität im Auswärtigen Amt für die erstrebte Entlastung nicht ausreichten.[286] Den Durchbruch für Kiesinger bewirkte das Entnazifizierungsverfahren gegen Kurt Mair vor der Spruchkammer Stuttgart IV (Bad Cannstatt), das umfangreiches Entlastungsmaterial generierte. Der ebenfalls »formalbelastete« Mair konnte einen recht eindrucksvollen Unschuldsbeweis führen, der auf Kiesinger abfärben und beiden die ersehnte Einstufung als »Nichtbelastete« erbringen sollte. Denn Mair nahm Kiesinger für die subversive Tätigkeit des Seehauses und die schattenhafte Aktion »zur Sammlung anti-nationalsozialistischer Persönlichkeiten« quasi in Mithaftung.[287]

Cum grano salis haben sich Mair und Kiesinger also gegenseitig entnazifiziert. Während Mair nicht unbedingt auf Kiesingers Aussage angewiesen gewesen wäre, sondern weitere Entlastungszeugen hatte, war Mairs Hilfe für Kiesingers Entnazifizierung ausschlaggebend. Ohne Mair wäre Kiesinger niemals entlastet worden. Schon für das erstinstanzliches Verfahren war Mair mit einem »Persilschein« zur Stelle gewesen, der jedoch nur mäßige Wirkung entfaltet hatte.[288] In der Zwischenzeit hatte auch Mair Erfahrung im Umgang mit der Entnazifizierung gewonnen und sich seine Argumente neu zurechtgelegt. Zunächst stützte Kiesinger Mairs Verteidigungslinie mit einer eindrucksvollen, siebenseitigen Eidesstattlichen Erklärung ab. Punkt für Punkt deklinierte Kiesinger die »weit verzweigte und außerordentlich erfolgreiche Widerstandsarbeit« durch, die Mair, aber damit natürlich auch er selbst, mit der durch die Rundfunkpolitische Abteilung initiierten »Brechung des Nachrichtenmonopols« des RMVP geleistet hätten. Allerdings ließ die Bad Canstatter Spruchkammer gegenüber Kiesingers Aussage Skepsis erkennen.

Eines ihrer Mitglieder notierte handschriftlich auf Kiesingers Erklärung »PG«, worauf ein anderer »ziemlich sicher PG« darüber schrieb.[289]

Für den Österreicher Mair, der erst 1938 in die NSDAP eingetreten und 1944 ausgeschlossen worden war, der hohe geistliche Würdenträger wie Kardinal Faulhaber als Fürsprecher hatte engagieren können und der sich deutlicher gegenüber dem »Promi« exponiert hatte als Kiesinger, endete das Entnazifizierungsverfahren mit einer glatten erstinstanzlichen Entlassung.[290] Nun schöpfte Kiesinger, der bei Mairs öffentlicher Verhandlung am 18. Dezember 1947 als Zeuge persönlich aufgetreten war, neue Hoffnung. Doch die Ansbacher Berufungskammer machte ihm zunächst einen Strich durch die Rechnung. Auf die Mitteilung, daß seine schriftliche Verhandlung am 4. Mai 1948 stattfinden würde, schickte Kiesinger ein neuerliches Entlastungszeugnis Mairs sowie die »aufschlußreiche Begründung« des Mairschen Spruchs nach Ansbach. Zugleich bat er ausdrücklich um ein mündliches Verfahren. Er dürfe für sich in Anspruch nehmen, »in vollem Umfang die Widerstandstätigkeit Kurt Mairs unterstützt zu haben. Ohne meine Hilfe und Rückendeckung hätte er sich nicht halten können.« Dies alles persönlich unter Eid zu bezeugen, wäre Mair gerne bereit. »Eine schriftliche Darstellung des Komplexes« würde hingegen »ein Buch erfordern«.[291]

Doch Kiesingers Verfahren stand zunächst »unter einem ungünstigen Stand«.[292] Die Berufungskammer sah nicht den geringsten Anlaß, den erstinstanzlichen Spruch zu revidieren. Vielmehr äußerte sie Zweifel an Kiesingers »Widerstandstätigkeit«. Warum? Einen formalen Hinweis bietet Kiesingers Antrag auf Wiederaufnahme seines Verfahrens vor der Spruchkammer in Scheinfeld, den er im August 1948 stellte: Danach habe in Ansbach »das wichtigste von mir vorgebrachte Entlastungsmaterial offensichtlich nicht« vorgelegen. Die dortige Kammer habe »ihre Entscheidung lediglich auf das schon in erster Instanz unterbreitete Material« gestützt.[293] Tatsächlich geht der ablehnende Spruch der Ansbacher Richter auf das Verfahren gegen Mair mit keinem Wort ein. Noch einmal wird deutlich, wie schwer – im Unterschied zur Herabstufung zum »Mitläufer« – die »Entlastung« zu erlangen war. Die Frage, ob Kiesinger überhaupt »aktiven Widerstand« geleistet hätte, ließ die Ansbacher Kammer dahingestellt. Schon den »erlittenen Nachteil« hielt sie nicht für stichhaltig erwiesen. Damit war die eine der zwei Voraussetzungen des Artikels 13 BefrG nach wie vor nicht erfüllt. Der »Mitläufer«-Spruch war mithin rechtskräftig.[294]

Kiesinger, so die Berufungskammer, behaupte zu Unrecht, er habe materielle Nachteile erlitten. Sein tatsächliches Gehalt als Repetitor sei »allgemein gesehen über, mindestens aber auf der gleichen Stufe« gestanden wie Gehälter, die er als »höherer Beamter in der juristischen Laufbahn nach seinem

Alter« hätte erzielen können. Auch stelle die Tatsache, daß er im Repetitorium einen rechtsstaatlichen Standpunkt vertreten habe, keine besondere Gefährdung dar: »Diese rein akademischen Ausführungen des Betr. bedeuteten selbst während der Gewaltherrschaft des Dritten Reiches keine direkte persönliche Gefährdung des Betr. Im schlechtesten Falle wäre ihm bei Bekanntwerden dieser Tatsache die Weiterführung seines Repetitoriums untersagt worden. Daß er in einem polit. Prozeß als Verteidiger aufgetreten ist, war seine Pflicht als zugelassener Rechtsanwalt und bedeutete ebenfalls nicht ohne weiteres eine Gefährdung seiner Person.« Schließlich hielt es die Berufungskammer auch für nicht erwiesen, daß Kiesinger durch seinen Nichteintritt in den NSRB eine »beträchtliche Einbuße seiner Praxis« erlitten habe. Diesen Nachweis sei Kiesinger »gänzlich schuldig geblieben. Seine allgemeinen Ausführungen hierzu vermochten in Hinblick auf die bekannte Bedeutungslosigkeit des NSRB vor allem in Anbetracht dessen, daß sich das rechtsschutzsuchende Publikum nicht um eine solche Mitgliedschaft, sondern vielmehr um das Ansehen, das ein Anwalt genoß, bekümmerte, nicht überzeugen.«

Obwohl die Ansbacher Richter partiell abweichendes Verhalten klein redeten und als rein »akademisch« privatisierten, erlaubten sie Kiesinger, eine selten genutzte Möglichkeit in Anspruch zu nehmen: Er durfte nach Art. 48 BefrG bei der Erstinstanz in Scheinfeld eine Wiederaufnahme des Verfahrens beantragen. Damit war Kiesinger aus dem Schneider: Denn die Scheinfelder Kammer schloß sich Kiesinger an, die Berufungskammer habe die im Stuttgarter Verfahrens gegen Mair neu aufgetauchten Entlastungsgründe nicht gewürdigt. Auf ihrer ursprünglichen Darstellung beharrend, daß Kiesinger »nach dem Maß seiner Kräfte aktiv Widerstand gegen die nationalsozialistische Gewaltherrschaft geleistet« habe, wenn er auch den Nachweis über erlittene Nachteile nicht vollständig habe führen können, erklärte die Scheinfelder Kammer das Wiederaufnahmeverfahren für zulässig. Damit hatte sich Kiesinger ein Schlupfloch geöffnet.[295]

Noch am selben Tag wurde Kiesinger in die Gruppe V (»Entlastete«) eingereiht. In vier Punkten hielt die Spruchkammer Scheinfeld seine Widerstandstätigkeit für erwiesen: Erstens durch seine Weigerung, in den NSRB einzutreten, zweitens durch seine Lehrtätigkeit als Repetitor, drittens durch sein Eintreten für vom Regime Verfolgte und viertens »durch seine ausgedehnte Widerstandstätigkeit während seiner Kriegsdienstverpflichtung im Auswärtigen Amt.« Den »anti-nationalsozialistischen Einfluß«, welchen Kiesinger auf seine Schüler ausgeübt habe, schätzte die Kammer »sehr hoch« ein, desgleichen sein Eintreten für Verfolgte des NS-Regimes und die Tätigkeit im Auswärtigen Amt. Was die von Mair und Kramer unter Kiesingers schützender Hand in die Wege geleitete »Sammlungsbewegung« anging, kam die Spruchkammer zu dem Ergebnis, daß »sämtliche Beteiligte im Falle der Entdeckung der Aktion mit einem Todesurteil zu rechnen hatten«.[296]

Kiesinger war also schlußendlich »entlastet«. Er hatte trotz allem Glück gehabt und ging mit einer »weißen Weste« aus der Entnazifizierung hervor. Einer gewissen Hartnäckigkeit hatte es dazu schon bedurft. Nun stellte die Spruchkammer fest, daß an der persönlichen Integrität der Zeugen und dem Gewicht ihrer Aussagen »kein Zweifel« bestünde, und kam zu dem Endresultat, daß Kiesinger aufgrund der Übernahme eines »großen persönlichen Risikos« die Voraussetzungen des Art. 13 BefrG voll erfülle. Es stehe fest, daß Kiesinger »vom Beginn des ›dritten Reiches‹ bis zu dessen Ende, seiner jeweiligen Stellung und seinen jeweiligen Möglichkeiten entsprechend, aktiven und wirksamen Widerstand gegen die nat.soz. Gewaltherrschaft nach dem Maße seiner Kräfte geleistet hat. Er hat durch diesen Widerstand nicht nur bewiesen, daß er ein mutiger und unentwegter Gegner des nat.soz. Regimes war, sondern er hat unter der Gefahr jederzeitiger Entdeckung auch das Risiko übernommen, Gut, Freiheit und Leben zu verlieren.«[297] Bei einer Gesamtzahl von 453.957 während der Entnazifizierung in Bayern unter die Lupe Genommenen gehörte Kiesinger zu der relativ kleinen Minderheit von 8.828 Personen (1,95 %), die in die Gruppe V (»Entlastete«) eingestuft wurden, während etwa die Hälfte als »Mitläufer« aus der Entnazifizierung hervorging und knapp 12 % als »Minderbelastete«.[298] Kiesinger war im wortwörtlichen Sinne entnazifiziert, ja, nach der in der Praxis mittlerweile erheblich aufgeweichten Terminologie des »Befreiungsgesetzes« so etwas wie ein Widerstandskämpfer.

Was ist von diesem Befund zu halten? Die Kehrtwende in Kiesingers Verfahren kommt auf den ersten Blick überraschend. Die Ansbacher Berufungskammer, der Hans Woller in seiner gründlichen Untersuchung zur Geschichte der Region Ansbach-Fürth in der Nachkriegszeit nicht nur keinen ausgesprochen Säuberungswillen sondern sogar Rehabilitierungsfreude attestiert[299], hatte doch in Kiesinger Falle den erstinstanzlichen Spruch aufrecht erhalten und sogar seine »Widerstandtätigkeit« in Frage gestellt? Die Tendenz zur Normalisierung individueller Schuld in einem allgemeinen Mitläufertum hatte sich in Kiesingers Falle negativ ausgewirkt, weil der erstinstanzliche »Mitläufer« in aller Regel keine Verbesserung seines Status mehr erreichen konnte. Mit der Entpolitisierung resistenten Verhaltens – Kiesingers partielles Löcken wider den Stachel war als politisch folgenlos abqualifiziert worden – ging Milde gegenüber stärker Belasteten einher. Hier zeigte die Scheinfelder Kammer eine größeren Willen zur Differenzierung, vermutlich weil Kiesinger an seinem Wohnort in Scheinfeld persönlich gut bekannt war. Von Anfang an hatten die Scheinfelder Richter Kiesinger eine »Widerstandshandlung« attestiert, jedoch den »erlittenen Nachteil« für nicht ausreichend begründet gehalten. Mit Bezug auf letzteres hatte das Stuttgarter Verfahren gegen Mair die Wende gebracht. Nun hatte Kiesinger die sehr viele Fragen offen lassende »Sammlungsbewegung« nach dem 20. Juli 1944 und die Verhandlungen mit hohen kirchlichen Würdenträgern in der Endphase des Krieges dank Mair zu seinen Gunsten ins Feld führen können.

Diese vollständige gerichtsförmliche Entlastung war in Hinblick auf Kiesingers politische Laufbahn wichtig, wenn auch der erste Schritt in die Politik, die Berufung zum Landesgeschäftsführer der CDU von Württemberg-Hohenzollern, schon am 6. April 1948, also noch vor der letzten Entscheidung, erfolgte. Mit dem Stigma des »Mitläufers« behaftet, wäre Kiesinger bei späteren Angriffen wegen seines Verhaltens im »Dritten Reich« die Grundlage seiner Verteidigungsstrategie entzogen worden. Selbstverständlich ist bei der Bewertung dieser positiven Klassifikation einschränkend zu fragen, ob nicht bei der im Sommer 1948 erfolgten Revision der erstinstanzlichen Entscheidung eine generelle Tendenz der Spruchkammern begünstigte, »klar Schiff« zu machen und die Entnazifizierung insgesamt abzuwickeln. Wurde Kiesinger belohnt, weil er schließlich doch noch »spät gekommen« war? Es gibt aber auch Gegenbeispiele.[300] Ob Peter Schneider als örtlicher Amtsrichter mit der Wiederaufnahme des Verfahrens seines Schwiegersohnes Kiesinger etwas zu tun gehabt haben könnte, ist rein spekulativ.[301] Plausibel ist die Annahme, daß sich Kiesingers Rechtskenntnis und seine Eloquenz zu seinen Gunsten auswirkten. Überhaupt waren Mitglieder der Elite bevorzugt, weil sie eine Verteidigungsstrategie aufzubauen verstanden, während weniger Geschickte davon überfordert waren.

Festzuhalten bleibt, daß Kiesinger erstinstanzlich als ein Mann anerkannt worden war, der »nach dem Maß seiner Kräfte aktiv Widerstand gegen die nationalsozialistische Gewaltherrschaft geleistet« hatte und dem in einem zweiten Schritt auch die »erlittenen Nachteile« bescheinigt wurden. Nach Maßstäben der gerichtsförmlichen Entnazifizierung trat er vollständig entlastet in die Politik der werdenden Bundesrepublik ein. Demgegenüber wird der Historiker den Begriff des Widerstandes auf Kiesingers Fall nicht anwenden können. Es bietet sich an, von abweichendem, partiell illoyalen, resistentem Verhalten zu sprechen, je nachdem, wie man die »Doerries-Denunziation« und Kiesingers Aktivitäten gegen Ende des Krieges einschätzt.[302] Viel mehr als das hatte Kiesinger anfänglich für sich auch nicht in Anspruch genommen. Der juristische Rigorismus des Entnazifizierungsverfahrens wie der moralische Rigorismus aller späteren »Entnazifizierungen« hatte ihn dann zu der Hilfskonstruktion einer »Widerstandstätigkeit« im Auswärtigen

Amt greifen lassen. *Aktiven* Widerstand mit dem klaren Ziel des politischen Umsturzes – mochte er diesen auch insgeheim gewünscht haben – hat Kiesinger nicht geleistet. Dies aber kann auch nicht der einzige Maßstab sein, um das Verhalten eines Menschen im »Dritten Reich« zu bewerten.

Erziehung zur Demokratie:
Neuanfänge in Würzburg und Tübingen

Der zähe Kampf gegen die Einstufung als »Mitläufer« findet seine Erklärung wohl nicht allein in einem persönlichen Wunsch nach gerechter Behandlung und Distanzierung von der Masse der sogenannten Mitläufer. Es hätte einen herben Rückschlag für Kiesingers berufliche Pläne bedeutet, an deren Verwirklichung er seit der Entlassung aus dem Internierungslager arbeitete. Kiesinger plante, sich der Erziehungsarbeit zu Rechtsstaatlichkeit und Demokratie zu widmen, wie schon in dem ersten Einspruch vor der Scheinfelder Kammer im April 1947 angeklungen: »Die Sorge um unseren werdenden demokratischen Staat [liegt mir] wirklich am Herzen [...] und da ich glaube (und wohl auch schon bewiesen habe), ein wenig mithelfen zu können, [möchte] ich mich nicht Mitläufer schimpfen lassen.«[303] Daher habe er sich »schweren Herzens« für das Berufungsverfahren entschieden, stellte doch Anfang 1947 das Kainsmal des »Mitläufers« noch ein echtes Hindernis für ein öffentliches Wirken dar. Doch genau das wollte er: die politische Bildungsarbeit, an der er im Lager 74 Geschmack gefunden hatte, in der Wiederaufbaugesellschaft fortsetzen.

Daß er als »Ex-PG« damit Schwierigkeiten bekommen würde, hatte ihm Anfang 1947 Paul Binder klargemacht, der mittlerweile Landesdirektor der Finanzen im Staatssekretariat von Württemberg-Hohenzollern geworden war – wie der Kern der späteren Landesregierung anfänglich hieß. An eine freundschaftliche Beziehung aus den zwanziger Jahren wieder anknüpfend – Binders Vater war ein Geschäftspartner von Friedrich Haux gewesen –, hatte sich Kiesinger am 2. Januar mit der Frage an Binder gewandt, ob dieser ihm in seiner württembergischen Heimat, »wo ich Land und Leute kenne«, nicht eine Möglichkeit eröffnen könne, »sei es an der Hochschule, sei es in einer verwaltenden Tätigkeit« etwas zum »Aufbau unseres neuen öffentlichen Lebens« beizutragen: Er sei sich »über die Schwierigkeit und die Problematik öffentlichen Wirkens heute klar«, dennoch sei er entschlossen, »mich für die endliche Verwirklichung des Rechtsstaates in unserem Lande mit Haut und Haar einzusetzen.«[304] Knapp zwei Wochen später kam es lapidar zurück: »Leider sehe ich aus den äußerlichen Gründen Ihrer Parteizugehörigkeit im

Augenblick nicht die Möglichkeit, von mir aus Ihnen die Aussicht auf eine Tätigkeit des öffentlichen Lebens an der Hochschule oder der Verwaltung hier in Südwürttemberg zu eröffnen.«[305]
Kiesinger ließ trotz dieser brüsken Auskunft den Kopf nicht hängen. Rasch orientierte er sich in verschiedene Richtungen, streckte seine Fühler außer nach Württemberg auch nach Norddeutschland aus, wohin ihn Köster holen wollte. Im Familienbesitz findet sich ein undatiertes Blatt aus jener Zeit, auf dem die Namen für ihn wichtiger Personen aufgelistet sind, darunter der von dem Busches, Kösters, des niedersächsischen Kultusministers Grimme (ein SPD-Politiker, der schon in der Weimarer Zeit dieses Ressort in Preußen innegehabt hatte), von Herwarths, der 1947/48 im Vorzimmer des Bayerischen Ministerpräsidenten saß und der später Protokollchef des Bonner Auswärtigen Amtes wurde, aber auch der Name eines gewissen »Dr. Schroeder, ObRegRat, Regierung Nordrhein-Westf«. Dies ist der erste Hinweis auf einen Kontakt zwischen Kiesinger und dem späteren Außenminister, seinem schärfsten Konkurrenten um das Bundeskanzleramt im Herbst 1966. Im März 1947 schrieb Kiesinger optimistisch nach Tübingen, daß sich seine persönlichen Angelegenheiten »wie erwartet günstig« entwickelten. Er bewerbe sich um die Zulassung als Rechtsanwalt in Bayern, »um wieder eine berufliche Basis zu haben. Manchmal juckts mich beträchtlich, lieber das wohlgenährte Dasein eines Bauernanwaltes zu wählen und öffentliche Sorgen öffentliche Sorgen sein zu lassen – aber der alte Schulmeister in mir läßt dann doch nicht locker.«[306]
Der »alte Schulmeister« wurde zunächst in Würzburg tätig, wo er auf Empfehlung des ihm aus dem Lager 74 vertrauten Erlanger Studentenpaters Franz Prinz zu Löwenstein-Wertheim-Rosenberg, einem alten KVer, der nach einer inopportunen Predigt als Lagergeistlicher Ende 1945 abgelöst worden war[307], nach Möglichkeiten für einen Neuanfang als Rechtslehrer sondierte. Er verwies Kiesinger nach Würzburg, wo ein starker Mangel an Lehrkräften herrschte. Dort halfen ihm der Dekan der Juristischen Fakultät, Wilhelm Laforet, dem Kiesinger zweieinhalb Jahre später im Rechtsausschuss des Bundestages wieder begegnete, sowie der Würzburger Landesgerichtspräsident Dr. Lobmiller, ein Schwabe aus Ravensburg. Beide begrüßten Kiesingers Initiative »für die geschundene Jugend«. Kiesinger fing erneut als Repetitor an, tagte zunächst in der Gastwirtschaft zum »Straußen«, dann zog er mit seinen Schülern in den Saal einer Gehörlosenschule um, die vorübergehend als Justizpalast diente und der ihm von Lobmiller zur Verfügung gestellt worden war.[308]
Daß Kiesinger so schnell reüssierte, hat mit außergewöhnlichen Rahmenbedingungen zu tun. Die zerstörte Würzburger Universität war personell

völlig unzureichend ausgestattet und mußte teilweise von Erlangen aus mitbetreut werden. Es fehlten auch die üblichen juristischen Hilfsmittel, Lehrbücher und Kommentare. Da ein Hörer für Kiesinger die Werbetrommel rührte und der alte Spruch sich schnell zu bewahrheiten begann: »Wer bei Kiesinger mitarbeitet, der macht ein ordentliches Examen«, nannte er schon bald wieder ein stattliches Repetitorium sein eigen. Alte Fotos zeigen den hochgewachsenen Rechtslehrer in einem Kreis von mehr als 50 Studentinnen und Studenten. 40,– Reichsmark betrug das monatliche Salär, das jedoch nur im Rahmen der jeweiligen wirtschaftlichen Möglichkeiten zu entrichten war, wobei Kiesinger von einigen sozial schwächer Gestellten zunächst weniger oder gar nichts verlangt habe.[309]

Kiesingers Repetitorium, meinte 1984 der ihm eng verbundene Schüler Konrad Stangl, der es in der Bundeswehr bis zum Luftwaffen-General brachte und dort vorübergehend Kiesingers Sohn Peter unter seine Fittiche nahm, sei kein Repetitorium im üblichen Sinne gewesen, sondern »Vortragsreihen« ergänzt durch Übungen. Kiesinger habe die außergewöhnliche Fähigkeit besessen, komplizierte Sachverhalte verständlich darzulegen. Seine besondere Spezialität sei gewesen, die Rechtsgeschichte als Teil der Geistesgeschichte darzustellen. Aus »seinem breiten Wissensfundus« heraus habe er »sich den auch damals brennenden Fragen junger Menschen« gestellt. »Er spürte kritisch und selbstkritisch den geistigen Strömungen der Jahrhunderte bis in ihre Wurzel nach und versuchte, in seinen Vorträgen über die geistesgeschichtliche Entwicklung des Naturrechts und des Rechtspositivismus, über Recht und Sittlichkeit, über das Widerstandrecht und seine Grenzen Antworten zu finden.« Angesichts der frischen Erinnerungen an die Diktatur »und die Grenzen menschlicher Widerstandskraft« sei es Kiesinger damals leichter gefallen, »den schmerzlichen und beschämenden Weg des eigenen Volkes« verständlich zu machen.[310]

»Bewältigung der Vergangenheit« war und blieb das Thema. Sicher diente das Würzburger Repetitorium nicht überwiegend der Reflexion über den deutschen Standort »nach der Katastrophe« (Kielmansegg), sondern der Einführung in die praktische Arbeit mit dem Recht. Sonst hätte Kiesinger wohl keinen Erfolg als Repetitor gehabt. So wurde das übliche Instrumentarium des bürgerlichen und des Strafrechts eingepaukt, das einem angehenden Rechts- oder Staatsanwalt oder Richter als Rüstzeug diente. Die Fälle waren unmittelbar aus dem Leben der Nachkriegszeit und zum Teil sogar noch des verflossenen »Dritten Reiches« griffen. Etwa ein Beispiel zum »Fringsen«: »A., der die strenge Winterkälte und den Mangel an Heizmaterial sehr schwer ertrug, kam auf den Gedanken, auf dem in der Nähe befindlichen staatlichen Güterbahnhof, wo öfters Kohlenzüge hielten, Kohlen zu entwenden.« Oder eine Frage zur Entnazifizierung: »Im Verlauf eines Kameradschaftsabends der SA erhielt der SA-Sturmführer B von dem Brigadeführer H den Befehl, an dem Abgeordneten Sch eine ›Abreibungskur‹ vorzunehmen« usw.[311]

Kiesingers Domäne, »unvergessen von allen Hörerinnen und Hörern« (Stangl) seien seine Einführungen in die Rechtswissenschaft und seine Vorträge über Staatsrecht und Verfassungsgeschichte gewesen. Hier wollte er einst promovieren. Die öffentlich-rechtlichen Dinge hätten sein »volles inneres Engagement« besessen. Bei seinen Ausführungen habe er »aus einer reichen und profunden Sachkenntnis souverän schöpfen« können. »Dieser Teil seines Kollegs, für den jungen Studenten ganz gewiss der bedeutendste, bildete für die meisten von ihnen eine Grundlage, ein geistiges Fundament, das ein ganzes Berufsleben lang standhielt und noch standhält«, so der dankbare Schüler ins einer Lobeshymne. Wenige handschriftliche Aufzeichnungen zu einer Vorlesung »Grundprobleme des Staates« sind überliefert. In der Einleitung heißt es, daß »Wesen, Zweck und Rechtfertigung« des Staates nur aus »realistischer Erfassung von Natur und Bestimmungsgrund d. Menschen« zu gewinnen sei. Eine »falsche Philosophie des Menschen« bedinge »eine falsche Staatsphilosophie und Politik«. Als Extrembeispiel führte Kiesinger die zu optimistische (Rousseau) und zu pessimistische Sicht (Hobbes) der menschlichen Natur an – auf diese, beiden Philosophen nicht wirklich gerecht werdende Dichotomie sollte er noch oft zurückkommen. Beide Extreme mündeten letztlich in Despotie: »Richtige Erkenntnis des Menschen« hingegen, führe zur »richtigen Behandlung der Probleme: Individuum und Gemeinschaft, Zwang und Freiheit, Autorität und Menschenwürde«.[312]

Die Geschichte diente Kiesinger in seiner Herleitung des Staates in der »abendländisch-amerikanischen Welt« großzügig als Steinbruch und »Erfahrungsquelle«. Hier taucht zum ersten Mal in seinen Aufzeichnungen ein deutlicher amerikanischer Akzent auf. Nachdem er im Rahmen seiner Vorlesung die »antiken Lösungen«, das Mittelalter und den Absolutismus abgehandelt hatte, kam er auf den »Kampf um die Freiheit« zu sprechen, den er in England und den USA beginnen ließ (»von den Kolonien bis zum amerikan. Freiheitskrieg: Wash. – Jefferson – Lincoln«), um sich dann über Frankreich der ambivalenteren kontinentaleuropäischen Entwicklung zuzuwenden: »Deutschland: Freiheitsstreben, Reaktion und Oktroyierung. Verfassungen. Die Revolution von 1848.«[313]

Der Schwerpunkt der Kiesingerschen Verfassungsgeschichte lag im 19. Jahrhundert, seiner eigentlichen »wissenschaftliche Domäne«.[314] In seinen Vorlesungen zum Verfassungsrecht ging es Kiesinger um die Entstehung des bürgerlichen Verfassungsstaates im 19. Jahrhundert und die Sicherung der

Freiheitsrechte. Seine Hörer erhielten eine gründliche Einführung in Begriffe, die 1947/48 wohl kaum als bekannt vorauszusetzen waren: Was sind Grundrechte, was ist Gewaltenteilung, was im Unterschied dazu unter den *checks and balances* der amerikanischen Verfassung zu verstehen? Was ist Gewerbefreiheit, was Selbstverwaltung seit Freiherr vom Stein? Und was ist Freiheit? Zu letzterem listete er zahlreiche Zitate auf. Zunächst Goethe: »Nach seinem Sinne leben ist gemein, der Edle strebt nach Ordnung und Gesetz.« Von Aristoteles, Solon, Spinoza geht es bis zu Art. 4 der Erklärung der Menschenrechte durch die Französische Nationalversammlung 1789. Ausführlich beschäftigte sich Kiesinger auf einem erhaltenen Blatt dieser fragmentarischen Vorlesungsskizze auch mit der »amerikanischen Demokratie«, wobei er sich auf die klassische Quellensammlung von Allan Nevins und Henry Steele Commager stützte, von der Militärregierung in deutscher Übersetzung in Zehntausenden von Exemplaren in Deutschland unter die Leute gebracht. Während Kiesinger sein Wissen über die amerikanische Demokratie bislang vor allem aus Tocquevilles Bericht geschöpft hatte, ging er nun auf die Quellen zurück.[315]

Wie schon zuvor in Berlin wurde auch das Würzburger Repetitorium ein durchschlagender Erfolg, wobei Kiesinger ab Mitte 1948 von Tübingen nach Würzburg pendelte. Die Liste der ehemaligen Schüler Kiesingers liest sich beeindruckend. Nicht wenige haben es über die Jahre als Landesgerichtsdirektoren und Oberlandesgerichtspräsidenten, Richter an obersten Bundesgerichten, in zwei Fällen sogar am Bundesverfassungsgericht, Staats-, Oberstaats- und Rechtsanwälte, Vorstandsmitglieder bedeutender Wirtschaftsunternehmen, Ministerialdirektoren und -dirigenten, Landräte, Stadtkämmerer und Oberbürgermeister, Professoren und Politiker zu Rang und Ansehen gebracht und als Mitglieder der westdeutschen Nachkriegselite auf einer mittleren bis gehobenen Ebene die Geschicke der Bundesrepublik mitbestimmt.[316]

Zweifellos schweißte die Erfahrung der unmittelbaren Nachkriegszeit mit ihren materiellen Nöten und Härten (wie schon zuvor unter politischem Vorzeichen die der NS-Herrschaft in Berlin) die Mitglieder des Repetitorium Kiesinger stärker zusammen, als dies unter normalen Umständen der Fall gewesen wäre. Daher ist es wohl auch kein Zufall, daß die ehemaligen Schüler in schwierigen vergangenheitspolitischen Lagen stets für ihren verehrten Lehrer in die Bresche sprangen. Auf sie konnte Kiesinger sehr viel zuverlässiger bauen als auf die sogenannten Parteifreunde. In seinem Selbstverständnis ist Kiesinger so sehr der Rechtslehrer geblieben, daß seine Schüler trotz ihrer beträchtlichen Zahl (in Würzburg allein etwa 2.000) auf eine bevorzugte Behandlung rechnen konnten, wenn sie sich persönlich oder brieflich an ihn wandten.[317] In späteren Jahren wurden die Treffen der ehemaligen Schüler in Würzburg, wo nicht nur die ganze höhere Justiz, sondern auch der Oberbürgermeister Klaus Zeitler (SPD) »von Kiesinger« stammte, zu Höhepunkten im Leben des Altkanzlers, der sich von seinen Schülern an runden Geburtstagen gebührend feiern ließ.

Doch Kiesinger zog es aus Franken nach Württemberg. Angesichts der allgemeinen Desorientierung wollte er in die schwäbische Heimat zurück, wo er über ein Netzwerk von Kontakten verfügte und sich angesichts der milderen französischen Entnazifizierungspraxis seine beruflichen Aussichten vermutlich günstiger entwickeln würden. Obwohl sich Binder anfänglich sehr bedeckt gehalten hatte, erhielt Kiesinger aufgrund der Fürsprache seines Ex-Kollegen Herbert Schroeder schon kurze Zeit später bei Binder in Tübingen einen Termin.[318] Mitte Februar 1947 fuhr er in das Land südlich der Autobahn Karlsruhe – Stuttgart – Ulm, welche mehr oder weniger als Demarkationslinie zwischen der Amerikanischen und der Französischen Besatzungszone diente. Während die Amerikaner ihre Anteile an den ehemaligen Ländern Baden und Württemberg zu dem neuen Land Württemberg-Baden mit der Hauptstadt Stuttgart vereinigten, hatten die Franzosen mit den beiden Ländern Südbaden mit der Hauptstadt Freiburg und Württemberg-Hohenzollern mit der Hauptstadt Tübingen zwei Rumpfstaaten geschaffen, die sich mit ihrer Existenz so recht nicht abfinden wollten.

Für die Reise in das kleine württembergische Land südlich der Autobahn hatte Kiesinger als noch nicht Entnazifizierter einen »Befreiungsschein« der Militärregierung zu beantragen.[319] Damit kehrte er zunächst in seine Vaterstadt Ebingen zurück, wo er seine Eltern »bei guter Gesundheit« antraf, während die Männer seiner zwei verheirateten Schwestern gefallen waren. Vor allem aber suchte er dort seinen ehemaligen Klassenkameraden Thomas Schwarz auf, den er bei seiner Reise nach Ebingen 1944 zum letzten Mal getroffen hatte. Der streng katholische Schwarz, der in der Zwischenkriegszeit dem Zentrum angehört hatte, spielte mittlerweile eine wichtige Rolle in der CDU und war zum stellvertretenden Bürgermeister von Ebingen ernannt worden. Als Mitglied der Beratenden Landesversammlung von Württemberg-Hohenzollern und direkt gewählter Abgeordneter im Landtag war er ein einflußreicher »Strippenzieher«, der u. a. anderem das Programm der Landespartei 1948 mitverfaßte. Bei ihm war Kiesinger an der richtigen Adresse, wenn er auf einen Einstieg in die Politik oder die politische Bildung hoffte.[320]

Thomas Schwarz brachte Kiesinger zur CDU. Gemeinsam fuhren sie nach Laupheim, wo sie Ulrich Steiner besuchten, der dort »im Stil eines wohlhabenden Gutsherrn« lebte. Der zum Protestantismus konvertierte Jude suchte in seinem »Laupheimer Kreis« Anregungen für den demokratischen

Wiederaufbau zu geben und machte sich, so Kiesingers Eindruck, Hoffnungen, in einer künftigen deutschen Außenpolitik eine Rolle zu spielen. Als evangelischer Christ war er für die von ehemaligen Zentrumspolitikern dominierte südwürttembergische Union ein überkonfessionelles Aushängeschild. Er stieg daher nicht nur zum Vorsitzenden seiner Fraktion im Bebenhausener Landtag sowie zum Vorsitzenden des Verfassungsausschusses auf, sondern, nachdem der CDU-Gründungsvorsitzende Franz Weiß Staatssekretär für Landwirtschaft und Ernährung geworden war, sogar zum kommissarischen Landesvorsitzenden seiner Partei. Seinen vielen Ämtern sah sich der kränkliche Steiner jedoch nicht gewachsen. Am 29. März 1947 wurde Kiesingers Bundesbruder aus der Alamannia, Gebhard Müller, zum ersten Landesvorsitzenden gewählt.[321]

Müller und Kiesinger hatten sich seit den Tübinger Tagen aus den Augen verloren. Müller war einige Jahre älter als Kiesinger und hatte daher schon nicht mehr der Aktivitas angehört, als Kiesinger zur Alamannia kam. Nun aber machte Kiesinger auf seiner Expedition nach Südwürttemberg Station bei dem prominenten Bundesbruder, der inzwischen zum Ministerialdirektor und faktischen Leiter der Landesjustizdirektion unter Carlo Schmid aufgestiegen war. Kurz danach rückte Müller in den Landtag ein, wurde CDU-Fraktionsvorsitzender und, nach dem Tod von Staatspräsident Lorenz Bock – ein weiterer alter Bekannter aus Alamannen-Tagen – im August 1948 Staatspräsident von Württemberg-Hohenzollern. »Ich freute mich, ihn nach vielen Jahren wiederzusehen«, schildert Kiesinger seinen ersten Besuch bei Müller, den er in der Justizdirektion in der Nauklerstraße »grimmig zwischen gewaltigen Aktenbergen« sitzen sah: »Ich fragte mich beklommen, ob ein einziger Mann es fertigbringen könne, so gewaltige Justizaktenberge aufzuarbeiten. Er hat es aber tatsächlich geschafft, denn der Justitia, der zeitlebens seine offene und heimliche Liebe galt, hatte er sich damals mit Haut und Haaren verschrieben.« Müller, so schließt Kiesinger seine Schilderung des gegenseitigen Verhältnisses, sei »an allem, was dann mit mir geschah, schuld, denn er meinte, ich käme gerade recht, um am Aufbau der CDU in dem neu gebackenen Muster-Stätle Württemberg-Hohenzollern als Landesgeschäftsführer mitzuarbeiten«.[322]

Der aktenfleißige Müller und der weniger aktenfreudige Kiesinger – dieser Gegensatz hat später in Stuttgart die Journalisten viel beschäftigt, nachdem Kiesinger Ministerpräsident geworden war. Das war freilich vorerst kaum vorstellbare Zukunftsmusik. Bei Kiesingers erstem Besuch war nicht einmal davon die Rede, daß Müller dem Repetitor ein Angebot gemacht hätte. Viel konnte Müller angesichts der Zuzugsbeschränkungen in die Französische Zone vorerst ohnehin nicht ausrichten: »Hoffnungslos, du kommst nicht in die französische Zone herein«, dämpfte er Kiesingers Erwartungen.[323]

Womöglich war Müller von der demokratischen Konversion seines Bundesbruders auch nicht ganz überzeugt. Noch war ja das Spruchkammerverfahren in Scheinfeld in der Schwebe. Der vorsichtige Müller, vermutet sein Biograph Frank Raberg, habe sich zunächst einmal gründlich über Kiesingers Verhalten im »Dritten Reich« informieren wollen, ehe er sich für ihn verwendete.[324]

Daher hielt sich Kiesinger zunächst an Paul Binder. Diesen scheint er für seinen Plan einer demokratischen Erziehungsarbeit gewonnen zu haben, die im Kern Theorie mit Praxis verband. Kiesinger wollte »der Staatsbürgerkunde die notorische Langeweile« nehmen und »den Schülern durch den Besuch von Fabriken, Handwerksstätten, Bauernhöfen, Rathäusern, Gerichten, sonstigen Behörden einen lebendigen Anschauungsunterricht« vermitteln. Paul Binder interessierte das sehr. Schon Ende Februar ließ er Kiesinger bitten, die »drei mit ihm besprochenen Arbeiten bis gegen Ende März fertigzustellen und sie ihm mit je zwei Durchschlägen zu übersenden«.[325] Anfang April berichtete Herbert Schroeder aus Karlsruhe, daß in Tübingen Kiesingers Sache »ausgezeichnet« stünde. Binder wolle Kiesinger »das ›*green light*‹ für Ihre Pläne der Erziehung zum Rechtsstaat [...] geben plus einen Etat von 50.000 Mk.« Der Repetitor müsse nur noch seinen Arbeitsplan vorstellen.[326]

Doch kaum hatte er Binder von der »geplanten Arbeit voll überzeugt«[327], erlitten seine Pläne Anfang Mai einen herben Rückschlag. Binder hatte sich mit kritischen Reden gegen die französische Besatzungsmacht ins Abseits katapultiert. Unter stärkstem Beifall hatte der Chef des Tübinger Finanzressorts in einer Wahlkampfveranstaltung Klartext mit den Franzosen geredet. Doch die *Sûreté* ließ nicht mit sich spaßen. Bei Nacht und Nebel floh Binder über die Grenze nach Stuttgart ins amerikanische Gebiet. Von dort reichte er seinen Rücktritt als Landesdirektor der Finanzen am 13. Mai schriftlich ein, um einer Entlassung durch den französischen Militärgouverneur zuvorzukommen. Am 18. Mai wurde Binder erneut in den Landtag gewählt, wurde dort Vorsitzender des Finanzausschusses und 1949 Mitglied des Parlamentarischen Rates.[328] Im Juni 1947 schrieb Binder noch einmal an Kiesinger, daß er dessen Bericht aus der politischen Erziehungsarbeit im Internierungslager »mit großem Interesse und mit großer Befriedigung« gelesen habe. Hoffentlich würden die Franzosen den Aufbau einer Staatsbürgerlichen Gesellschaft bald genehmigen.[329]

Kiesinger plante also eine Art institutionalisierte Staatsbürgerkunde, wobei er Kritik an der Organisationsform antizipierte. Seine Vorstellungen mögen dem einen oder anderen befremdlich erscheinen, »weil man über all die ›Orden‹ und ›Bewegungen‹ und ›Bünde‹ den Geschmack an simpleren Bezeichnungen verloren hat und deutsche Vereinsmeierei nun wirklich etwas philisterhaft Steriles hat. Die Methode der persönlichen Werbung und die praktische Arbeit werden aber dieses ›Geschmäckle‹ bald vertreiben.«[330] Als Zielgruppe hatte er erneut die jüngere Generation im Visier: »Die junge Generation *ist bereit zu lernen*! Man mache doch nicht den Fehler, sie zu früh in das politische Tagesgetriebe zu werfen oder sie durch eine verzettelte Routineschulung auf Demokratie zu drillen. Aber man lasse sie auch nicht allein, wie es leider meist geschieht. Die besten Männer der neuen deutschen Demokratie sind gerade genug, um ihnen Lehrer zu sein. Man sollte diese dringende Aufgabe selbst dann nicht vergessen, wenn man bis an den Hals in den Sorgen um die nackte Existenz des Volkes steht. Es hängt ja alles davon ab, ob wir in den kommenden Jahren eine junge Schicht politischer Zyniker und Krakeeler oder einen staatsbürgerlichen Nachwuchs mit gesundem politischen Urteil und krisenfester Treue besitzen.«[331]

Erziehung zur Demokratie war neben »Vergangenheitsbewältigung« das zweite Thema, dem auch sein Engagement im ersten Deutschen Bundestag nach 1949 im wesentlichen galt. Gegen die Demokratieskepsis der unmittelbaren Nachkriegszeit wandte sich Kiesingers »rechtsstaatlich-demokratische Aufbauarbeit«. Mit romantischem Idealismus dozierte er über die Lernbereitschaft der Jugend: »Sie drängen von sich aus zum Grundsätzlichen und fassen die vom Grundsätzlichen her dargebotene Lehre von der rechtsstaatlichen Demokratie frisch und lebendig auf. Bei ihnen vor allem liegt eine große Hoffnung und eine große Aufgabe.«[332] Sich selbst hielt er für den richtigen Mann zur rechten Zeit am rechten Ort. Gegenüber seinem ehemaligen Rottweiler Lehrer Karl Amann, der inzwischen ebenfalls in der Tübinger Staatskanzlei arbeitete und den Kontakt zu Müller vermittelt hatte, wußte sich Kiesinger entsprechend anzupreisen: »Ich gestehe, daß ich selbst am liebsten irgendwo, in der Stille sozusagen, die im Lager begonnene rechtsstaatliche Lehrarbeit fortgesetzt und weiterentwickelt hätte. Es ist absolutes pädagogisches Neuland und erfordert einige Qualitäten, die man weder was Ausbildung noch was Veranlagung betrifft, häufig beisammen findet. Warum nicht einmal neue Wege gehen? Was geschieht z. B. auf diesem Gebiet an der Lehrerbildungsanstalt? Warum es nicht einmal mit einem vierwöchigen Kurs bei den oberen Klassen dort versuchen? Ich bin des Erfolges sicher – und praktische Erfolge überzeugen mehr als alle Denkschriften!«[333]

Da Binder seinen einflußreichen Posten verloren hatte, wandte sich Kiesinger erneut an Müller. Der empfahl ihn den zuständigen Stellen als Leiter einer Heimvolkshochschule in dem alten Kloster Inzigkofen bei Sigmaringen.[334] Dies erwies sich erneut als Sackgasse, weil Inzigkofen in die Domäne Carlo Schmids fiel und zu den Prestigeobjekten der württembergischen Sozialdemokratie gehörte. Der zuständige Abteilungsleiter, so Rabergs Darstellung, habe eine heftige Abneigung gegen ehemalige Nationalsozialisten und restaurative Kräfte in der CDU gepflegt und hätte »sicher niemals die Leitung seines ›Lieblingskindes‹ in die Hände eines Mannes mit der Vergangenheit Kiesingers gelegt«.[335] Kiesinger erklärte sich seinen Mißerfolg damit, daß ein kommunistischer Offizier der Besatzungsmacht, »der noch einen zweiten Mann aus dem linken politischen Spektrum in der Leitung haben wollte«, seine Ernennung verhindert habe.[336]

Jedenfalls tappte Kiesinger monatelang im Dunkeln, ob und wie seine Aktien in Tübingen standen. Im August 1947 schickte er zwei Mahnbriefe an Müller, um von diesem fast flehentlich »einen kurzen Bescheid über den Stand meiner Angelegenheit« zu erbitten. Er habe »in der Hoffnung auf eine günstige Entwicklung der Dinge in Tübingen alle anderen Berufspläne zurückgestellt. Die Möglichkeiten, die sich mir inzwischen boten, wiesen alle nach Norddeutschland. Wenn irgend möglich, möchte ich aber in meine Heimat.« Er habe soeben von Köster die Aufforderung erhalten, »zu einer beruflichen Besprechung nach Hamburg zu kommen. Ich möchte aber die unbequeme und kostspielige Reise nicht unternehmen, wenn noch eine Aussicht in Tübingen entsteht. Selbstverständlich erwarte ich nicht eine garantierende Zusage; ein kurzer Zwischenbescheid, daß die Sache noch in Fluß ist, würde mir vollkommen genügen.«[337]

Müller ließ Kiesinger zappeln und antwortete nicht. Beunruhigt schrieb Kiesinger an Thomas Schwarz nach Ebingen, der sich darauf an Müller wandte: »Ich bekomme heute einen Brandbrief von meinem ehemaligen Jugendfreund Dr. Kiesinger. Er schreibt, daß er sich bereits zweimal schriftlich an Sie gewendet hätte, ohne eine Antwort bekommen zu haben. Wenn er als Nichteingeweihter darüber sehr erstaunt ist, so kann ich das begreifen, denn ich verstehe, wenn Sie dem derzeitigen Kabinett keine Personalvorschläge im Sinne Kiesingers machen wollen. Dumm ist, daß auch Dr. Binder auf totem Gleise ist. Vielleicht ist es am Besten, wenn Sie K. erschöpfende Aufklärung über die derzeitige Situation geben. Ich möchte ihn nicht ganz fallen lassen und für später als ›reserviert‹ behalten.«[338] Auf welche Situation exakt Schwarz anspielt, geht aus dem Schreiben nicht hervor. Waren erneut Bedenken wegen Kiesingers »politischer Vergangenheit« aufgetaucht? War die parteipolitische Positionierung von Inzigkofen das Hindernis? Vermutlich spielte Schwarz auch auf die Neubildung der Landesregierung an. Müller, der sich Hoffnungen auf das Amt des Ministerpräsidenten gemacht hatte, war nicht zum Zuge gekommen war, sondern hatte dem 17 Jahre älteren Bock den Vortritt lassen müssen.[339] Wenige Tage später führte Schwarz mit Müller ein aufklärendes Gespräch: »Kiesinger wird nun von Ihnen einen Bescheid bekommen, und damit ist dieser Fall erledigt.«[340]

Am 3. Oktober setzte Müller Kiesinger ins Bild – und er hatte erstaunlich gute Nachrichten parat. Leider ist ausgerechnet dieses Schreiben weder in Müllers noch in Kiesingers Nachlaß überliefert. Kiesinger dankte überschwenglich: »Ich hatte die Tübinger Pläne schon beinahe aufgeben wollen und bereitete mich ungern auf Norddeutschland vor, wohin mich einige Freunde schon seit dem Frühjahr ziehen wollen. Umso freudiger überraschte mich Dein Brief.« Inzigkofen war nach wie vor eine Option, da Kiesinger in seiner Antwort die Heimvolkshochschule nach wie vor eine »willkommene Aufgabe« erschien: »Ich bin überzeugt, dort etwas leisten zu können, für das mich Veranlagung und Lebenslauf geradezu vorbereiten. Jedenfalls wäre es eine gute Arbeit für die nächsten Jahre.« Doch Müller bot mehr als das. Er wartete mit zwei weiteren Vorschlägen auf, die der Repetitor mit »großem Interesse« zur Kenntnis nahm, »besonders das Landessekretariat«.[341] Es wurde Kiesingers Zukunft.

Nach dem Eintritt ins Auswärtige Amt 1940 stellt das Jahr 1946/47 einen weiteren wichtigen Wendepunkt auf Kiesingers Weg zur Politik dar. In Würzburg war ihm ein Neuanfang als Rechtslehrer geglückt, womit er sich eine wirtschaftliche Basis geschaffen hatte. Doch das Repetitorium zielte auf mehr als die Vermittlung von juristischem Handwerkszeug. Schon zuvor in Berlin, vor allem aber im Lager 74 hatte Kiesinger seine Berufung zum »politischen Erzieher« entdeckt. In seiner Bewerbung für die Leitung der Inzigkofener Volkshochschule stellte er deutlich heraus, wie sehr ihm die Ludwigsburger Studiengemeinschaft für die jüngeren Lagerinsassen »eine hohe Schule geworden« sei. Dort habe er verstanden, worauf es in der Demokratisierung ankomme. Deshalb habe er sich »um einen volkstümlichen, anschaulichen und interessierenden, das eigene Denken und das eigene Verantwortungsbewußtsein der Hörer anregenden Vortragsstil« bemüht, »ohne doch billiger Rhetorik und Flachheit Zugeständnisse zu machen«. Die Leitung einer Volkshochschule erschien ihm daher als die »logische Fortsetzung« seiner bisherigen Bemühungen: »Ich glaube nicht, daß unsere Demokratie – und mit ihr die Sicherung eines menschenwürdigen Daseins – ohne die lebendigste Teilnahme eines seines Wertes bewußten Volkes gesichert werden kann«. Nur »geduldige und fähige Vermittlung von Kenntnis und Verständnis ihrer Probleme wird ihr [der Demokratie] die nötige krisenfeste Treue sichern. Meine Erfahrungen haben mich, bei allem gebührenden Abstand vom humanitären Erziehungsoptimismus Rousseaus, zum Erziehungsoptimisten gemacht – wenn nun mit einer solchen Erziehung einmal ein Anfang gemacht wird!«[342] Erziehung zur Demokratie – es war das selbstgestellte Thema der »hellen«, der »zweiten vierzig Jahre«.

Vom Nationalsozialismus zur Demokratie 1940–1949

CDU-Landesgeschäftsführer in Württemberg-Hohenzollern

Wie sein Vorbild Paul Claudel hatte Kiesinger einst nach einer Verbindung von »Politik« und »Dichtung« gestrebt. Dann hatte er sich als Student in Tübingen mit Cicero dafür zu begeistern begonnen, als Volksredner auf hohem literarischen Niveau mit durchschlagender Wirkmacht die Massen hinzureißen. In der Askania hatte er dann als Reformer erste politische Erfahrungen gesammelt. Doch der Eintritt in die Politik war aus mangelndem Interesse und geringem Zutrauen zur Weimarer Republik unterblieben. Das »Dritte Reich« politisierte Kiesinger im eigentlichen Sinne, weil er nach den Erfahrungen von Diktatur, Krieg und Völkermord für sich nicht mehr die Attitüde des »Unpolitischen« in Anspruch nehmen konnte. Im Internierungslager deutete schon alles auf einen politiknahen Beruf hin, wenn der Schritt in die Praxis auch erst Herbst/Winter 1947/1948 vollzogen wurde, als ihm Gebhard Müller den entscheidenden Antrag machte, der Kiesinger zunächst nur als die zweitbeste Lösung erschienen war. So war der Weg in die Politik keineswegs zufällig, wenn auch nicht geplant. Daß er in der einen oder anderen Form politische Verantwortung übernehmen *wollte*, hatte er als persönliche Lehre aus der »deutschen Katastrophe« gezogen. Insofern hat sich Kiesinger tatsächlich bewußt für die Politik entschieden.[343]

Der konkrete Anstoß ging, wie gesagt, von Gebhard Müller aus, der ihm im Oktober 1947 den Vorschlag unterbreitete, für die CDU in Württemberg-Hohenzollern das »Landessekretariat« aufzubauen. Ohne konkrete Alternative, griff Kiesinger enthusiastisch zu.[344] Das Landessekretariat erlaubte die Rückkehr nach Schwaben, ließ die Weiterführung der Kurse in Würzburg vorerst zu und schien vielleicht sogar den Weg zu einer Hochschulprofessur in Tübingen zu ebnen.[345] Bevor er jedoch zum Landesgeschäftsführer berufen wurde, mußte er wegen seiner »politischen Vergangenheit« einen neuerlichen Offenbarungseid leisten. Noch als »Mitläufer« eingestuft, schickte er im Februar 1948 seinen erstinstanzlichen Spruchkammerbescheid sowie alle zusätzlichen Materialien, die er in der Zwischenzeit hatte auftreiben können, nach Tübingen.[346] Da die Entlastung erst im August 1948 erfolgte, verbürgte sich Müller bei der französischen Militärregierung dafür, daß Kiesinger »nicht durch sein Verhalten im Dritten Reich belastet war«.[347] Gleichzeitig beantragte Kiesinger die Zulassung als Rechtsanwalt beim Amts- und Landgericht Tübingen, die er am 8. Dezember 1948 auch tatsächlich erhielt.[348]

Mit Müllers Hilfe erhielt Kiesinger auch die Ausnahmegenehmigung zu dem ansonsten stark reglementierten Zuzug in die französische Besatzungszone. Das entsprechende Gesuch Kiesingers an den Bürgermeister von Rottenburg trägt alle Züge einer vorherigen Absprache. Es liest sich fast wie ein Bewerbungsschreiben: »Ich bin selbst gebürtiger Südwüttemberger, wo meine Vorfahren seit unvordenklichen Zeiten ansässig waren. Kriegszeit und Gefangenschaft haben mich viele Jahre von meiner Familie, die zur Zeit noch evakuiert in Mittelfranken lebt, getrennt. Um diesen Zustand zu beenden und mir die Möglichkeit einer geordneten Ausübung meines Amtes in meiner Heimat zu verschaffen, bitte ich die altehrwürdige Stadt Rottenburg, mit der mich seit meinen Schul- und Studienjahren vieles verbindet, um die Gewährung des Gastrechts in ihren Mauern.« Er beendete das Ansinnen auf Wohnungszuweisung mit dem Satz: »Wir möchten keine unbescheidenen Ansprüche stellen. Da wir aber vier Personen sind und ich selbst ohne einen Arbeitsraum wohl nicht auskommen werde, bitte ich um die Zuweisung einer Dreizimmerwohnung.« Gegenüber dem von hoher Stelle protegierten, bereits als Landesgeschäftsführer amtierenden und sehr selbstbewußt auftretenden Kiesinger ließ es der christdemokratische Bürgermeister von Rottenburg an einem faustdicken Kompliment nicht fehlen: »Befürwortet! Herr Kiesinger dürfte einmal eine politische Rolle spielen. Daher empfehle ich das Gesuch. R[ottenburg] 16.8.1948 gez. Schmid.«[349]

Kurz vor Weihnachten zog Familie Kiesinger tatsächlich nach Rottenburg. Die Stadtverwaltung hatte eine schöne Wohnung gefunden. Diese hatten ursprünglich die Franzosen beschlagnahmt gehabt, dann aber nicht benötigt: fünf Zimmer mit Bad – luxuriös für die damaligen Verhältnisse und größer als das alte Berliner Domizil in der Bleibtreustraße. Da die Familie Kiesinger über nur wenig eigenes Mobiliar verfügte – dieses war, wie übrigens auch Kiesingers Bibliothek, in Berlin zurückgeblieben und vernichtet worden –, wurden die Möbel zunächst vom Hauswirt gemietet. Damit trennten sich die Wege von Marie-Luise Kiesinger und ihren Eltern, die in Scheinfeld zurückblieben und kurze Zeit später nach Bad Windsheim zogen, wo Peter Schneider noch bis ins hohe Alter als Rechtsanwalt wirkte. Kiesinger war froh, seine Familie wieder bei sich zu haben, wenn auch den Kindern der Abschied von den Großeltern sehr schwer gefallen sein soll. Lange währte das Familienglück aber nicht. Denn Kurt Georg enteilte im September 1949 in den Bundestag. Die des örtlichen Dialekts nicht mächtige, als Quasi-Aussiedlerin auf massive Probleme stoßende Marie-Luise blieb dagegen in Rottenburg zurück.[350]

Sein Amt hatte Kiesinger bereits am 10. Juni 1948 angetreten, nachdem er am 6. April von Müller als Parteivorsitzendem zum CDU-Landesgeschäftsführer bestellt und vom Ravensburger Landesparteitag im Mai 1948 auch bestätigt worden war. Daß die Wahl trotz kleinerer Irritationen wegen Kiesingers NS-Vergangenheit einstimmig erfolgte, sah Kiesinger als »ein günstiges Vorzeichen«. Er versprach Müller, alles zu tun, was in seinen Kräften liege, »um das mir gezeigte Vertrauen zu rechtfertigen«.[351] Mitglied der CDU war Kiesinger vermutlich noch nicht, wenn auch der exakte Zeitpunkt des zweiten Parteieintritts seines Lebens, ganz wie im Falle des ersten, nicht festgestellt werden kann. Allerdings waren in der frühen Nachkriegszeit derartige informelle Arrangements gar nicht selten, wie auch Carlo Schmid in Tübingen quasi als SPD-Landesvorsitzender amtierte, bevor er dieser Partei überhaupt offiziell beigetreten war, und Ludwig Erhard erst kurz vor seiner Wahl zum Bundeskanzler der CDU beitrat.[352]

Die CDU in Württemberg-Hohenzollern hatte eine Professionalisierung ihrer Parteiarbeit dringend nötig. Zwar wurde das zu zwei Dritteln katholische Südwürttemberg mit seinen oberschwäbischen Zentrumshochburgen von der CDU politisch absolut dominiert. Doch organisatorisch befand sich die Partei in schlechter Verfassung. Trotz einer stattlichen Zahl von mehr als 300 Ortsverbänden war der Mitgliederstand gering, pro Ortsgruppe im Schnitt nicht einmal 13 Personen. Die südwürttembergische CDU bot das typische Bild einer Honoratiorenpartei, die in ihren Orts- und Kreisverbänden von ehrenamtlichen Mitarbeitern mehr schlecht als recht geführt wurde. Auch die Landesgeschäftsstelle in Tübingen war alles andere als ein professioneller Politikbetrieb. Sie verfügte über zwei hauptamtliche Kräfte, die den häufig wechselnden Landesgeschäftsführern zuarbeiteten.[353] Müller führte mehr als einmal Klage über den mangelnden Organisationsgrad einer Partei, die vor Kiesingers Einstieg weder ein Parteiblatt noch eine ordentliche Mitgliederbetreuung besaß.[354]

Auch die politische Ausgangssituation war recht kompliziert, als Kiesinger im Sommer 1948 nach Tübingen kam: Gebhard Müller wurde am 13. August zum Staatspräsidenten gewählt, nachdem Lorenz Bock wenige Tage zuvor plötzlich gestorben war. Zu diesem Zeitpunkt war der Konflikt zwischen der Landesregierung und der französischen Besatzungsmacht zu einer massiven Krise eskaliert.[355] Zugleich waren die Verhandlungen der drei südwestdeutschen Länder über einen Zusammenschluß ins Stocken geraten. Das war besonders mißlich für die Tübinger Regierung, denn der südwürttembergische Kleinstaat wurde von der Mehrheit seiner Bürger als ein künstliches, von der Besatzungsmacht oktroyiertes Gebilde empfunden. Demontage und Südweststaatsfrage waren die dominierenden Themen auf der Landesvorstandssitzung der CDU am 13. und 14. September, an der Kiesinger erstmals als Landesgeschäftsführer teilnahm.[356] In der ersten Nummer des von ihm begründeten »Informationsblatts« berichtete er über die Sitzung und lobte Müller in höchsten Tönen, weil dieser sowohl in der Demontagefrage als auch in der Frage der Neugliederung des Südwestens »das Menschenmögliche« unternommen habe.[357]

Was verstand Kiesinger nun unter Demokratie, für die zu arbeiten er sich geschworen hatte? Es scheint, daß der »evangelische Katholik« den Unionsgedanken einer interkonfessionellen christlichen Partei als *die* entscheidende politische Innovation der Nachkriegszeit schnell akzeptierte, zumal diese Programmatik sehr gut mit den von ihm gepflegten christlich-abendländischen Wertvorstellungen übereinstimmte. In der frühesten von ihm überlieferte Rede, die er auf einem Kongreß der Jungen Union in Aulendorf Ende August 1948 hielt, unterschied er zwischen zwei Typen der Demokratie: Zum einen die »wahre Demokratie«, in der die Rechte des sich aus eigener Überzeugung an das Gemeinwohl bindenden Individuums respektiert würden. Diese Grundhaltung verstand er als eine Fortentwicklung des bürgerlichen, liberalen Staats des 19. Jahrhunderts, den er zeittypisch christlich zu orientieren hoffte. Er tat dies in Abgrenzung von der seiner Meinung nach problematischen Tradition der französischen Jakobiner, die er in eine geistesgeschichtliche Linie von Rousseau über Marx bis Lenin stellte. Hier werde das Individuum dem Staat untergeordnet, der mit propagandistischen Mitteln an die »Massenhysterie« appelliere.[358]

Darin lag 1948 sicher kein allein antikommunistischer Reflex. Als geläuterter, christlicher Politiker positionierte sich Kiesinger gegenüber jeglichen Totalitarismen. Rückblickend verdammte er den Nationalsozialismus als Gegenwelt zum christlich-abendländischen Verständnis. Die »Machtergreifung« erschien ihm als »Aufstand der Massen« (Ortega y Gasset). Dem sollte das Mehrheitswahlrecht entgegenwirken, das in ideologischer Überhöhung sehr gut den katholisch-naturrechtlichen Vorstellungen mit ihrem Kult der »Persönlichkeit«, nicht des »Kollektivs« entsprach. Kiesinger war überzeugt, daß das Verhältniswahlrecht die Weimarer Demokratie geschwächt und das »Dritte Reich« mit ermöglicht hatte. Aus historischen Gründen käme für Deutschland nur Persönlichkeitswahl (*»le vote personnel«*) in Frage. Dies sei einer der Hauptunterschiede von Union und SPD.[359]

Das Mehrheitswahlrecht und eine naturrechtlich fundierte, elitäre Hochschätzung von »Persönlichkeit« stellte eine weitere Brücke dar, über die etliche konservative Christdemokraten vom »Dritten Reich« in die frühe Bundesrepublik schritten. Auch wirtschaftspolitisch begann Kiesinger in klarer Abgrenzung von der nationalsozialistischen »Zwangswirtschaft« zu argumentieren, aber zunehmend auch von dem Geschehen in der zukünftigen DDR. Wie die Entwicklung im sowjetischen Einflußbereich zeige, führe ein derartiges ökonomisches System zum »totalitären Staat, denn wer die Wirtschaft beherrscht, der wird auch Staat und Kultur beherrschen«.[360] Kiesinger vollzog die allgemeine Entwicklung rasch nach. Kurz nach seinem Amtsantritt als Landesgeschäftsführer im Juni 1948 wurde mit der Währungsreform die entscheidende Weiche in Richtung soziale Marktwirtschaft gestellt, während ältere, etwa im Ahlener Programm noch deutlich akzentuierte Konzepte eines »christlichen Sozialismus« zurückgedrängt wurden.

Dieser Übergang vom christlichen Sozialismus zur sozialen Marktwirtschaft war in dem stark von der christlichen Arbeitnehmerschaft geprägten südwürttembergischen CDU-Landesverband heftig umstritten. Der Gründungsaufruf der Partei hatte zweieinhalb Jahre zuvor nicht nur die Gemeinwohlorientierung der Erträge von »Arbeit und Besitz zur Linderung von Not und Elend« gefordert, sondern eine Verstaatlichung der Bodenschätze und eine Einschränkung der »Zusammenballung von Kapital in Syndikaten und Konzernen« angekündigt.[361]

Kiesinger gehörte zu den Kräften, die sich innerhalb der Landespartei für die soziale Marktwirtschaft einsetzten. Dazu organisierte er am Ende der Sommerpause 1948 eine Klausur im Kloster Beuron, auf der sich die CDU-Abgeordneten mit den Thesen der »Freiburger Schule« beschäftigten, die für eine möglichst staatsfreie, marktwirtschaftliche Ordnung plädierte. Bei Kiesinger fielen diese Argumente auf fruchtbaren Boden, wie seine frühen Reden zeigen. Ein wenig stilisiert wirkt demgegenüber die Aussage in seinen Erinnerungen, daß ihn erst Ludwig Erhards »kämpferische Beredsamkeit« von der Richtigkeit der sozialen Marktwirtschaft überzeugt habe, nachdem ihn noch eine Weile »immer wieder Zweifel über die Position der CDU beschlichen« hätten.[362]

»Persönlichkeitswahl«, soziale Marktwirtschaft, Kritik an der »Herrschaft der Massen« – dies sind zentrale programmatische Positionen, die christdemokratischen Politikern eine Distanzierung vom Nationalsozialismus ermöglichten, ohne sich mit der eigenen Stellung vor 1945 lange aufzuhalten. Im tiefen Süden wurde der Übergang zur Demokratie zusätzlich von einem antipreußischen Reflex gestützt. Die »freiheitlichen« Traditionen südlich der Mainlinie wurden bewußt den »obrigkeitsstaatlichen« Tendenzen der dominierenden, ehemals preußischen Macht im Reich gegenübergestellt.[363] Auch Kiesinger nahm für sich in Anspruch, schon als Student nicht der Ansicht »des von mir geschätztesten unter den lebenden deutschen Dichtern« gefolgt zu sein, »daß das deutsche Volk die politische Demokratie niemals wird lieben können, aus dem einfachen Grund, weil es die Politik selbst nicht lieben kann, und daß der vielverschriene ›Obrigkeitsstaat‹ die dem deutschen Volk angemessene, zukömmliche und von ihm im Grunde gewollte Staatsform ist und bleibt«. Was Thomas Mann gegen Ende des Ersten Weltkrieges in den berühmten *Betrachtungen eines Unpolitischen* geschrieben hatte, habe schon damals seiner Lebenserfahrung widersprochen. In seiner Vaterstadt Ebingen sei schon vor 1914 »leidenschaftlich für die politische Demokratie gekämpft« worden.[364]

Gewiss: Auch Kiesinger wollte die Schuld nicht allein bei den anderen sehen. Schließlich war Weimar nicht an den Preußen zugrunde gegangen, auch nicht allein an seiner mangelhaften Verfassung, sondern an der fehlenden inneren Bindung der Deutschen an die Demokratie. Weimar, so sollte Kiesinger ein Jahr später in seiner Jungfernrede im Bundestag sagen, habe schlicht die »Herzenswärme« seiner Bürger gefehlt.[365] In einem Anflug von Selbstkritik schloß er sich dabei nicht aus: Auch er habe zur »grauen Wirklichkeit unserer Republik [gemeint war Weimar] nur schwer ein unbefangenes Verhältnis« gefunden. Deshalb hätten zwar Verfassungen entworfen werden müssen, welche die Fehler von Weimar vermieden. Aber »Gedeih und Verderb des neuen demokratischen Staates würde nicht durch sie, sondern durch die Gesinnung und durch den standhaften Willen« entschieden.[366] Die Demokratie war für Kiesinger demnach kein formales Regelspiel, sondern setzte eine bestimmte Wertbindung voraus, die er für sich abendländisch-christlich füllte. Die politischen Gegner der CDU lebten noch im humanistischen Wunschdenken des 19. Jahrhunderts, es könne den »Himmel auf Erden« geben: »Dieser Glaube an den Menschen aber und seinen Fortschritt an Stelle des Glaubens an Gott sei deren großer Irrtum, der nie zum wahren Fortschritt führen könne.«[367]

Diese neue, im christlichen Geist zur Führung berufene Elite würde den Weg aus dem deutschen Jammertal weisen. In dieser christlich-konservativen Sicht hatten die Tendenzen der Moderne zu »Entkirchlichung« und »Nihilismus« und schließlich zum »Führerstaat« geführt. Den Sieg über den »Antichristen« Hitler hatten dementsprechend auch nicht die Alliierten, sondern die Christen erfochten. Dies stellt der Gründungsaufruf der südwürttembergischen Union in unvergleichlicher Manier heraus: »Am Kampf gegen das Christentum ist das 3. Reich, das wie das erste ein tausendjähriges werden sollte, nach nur zwölfjährigem Bestand zerschellt. Gottesentfremdung, Abfall vom Christentum sind die tiefsten Ursachen dieser größten Katastrophe der Menschheitsgeschichte. *Rückkehr zu Gott* und seinen Geboten ist die erste und wichtigste Voraussetzung für die Überwindung unserer seelischen und materiellen Not.«[368] Auch Kiesinger spannte den Bogen von den französischen Jakobinern zum Nationalsozialismus und hielt als essentielle Lehre aus der Vergangenheit fest, daß »die Irrlehre aus der Zeit der französischen Revolution, daß Politik nicht moralisch, sondern nur zweckmäßig sein müsse, [...] zum Grundsatz der Massen geworden [sei]. Diesem Nihilismus entgegenzutreten, sei Aufgabe des Christentums.«[369]

Ohne äußerliches Anzeichen von Selbstkritik stellte Kiesinger dem »naiven«, positiven Menschbild von Rousseau und Marx mit starkem Pathos die christliche Lehre von der Erbsünde entgegen: »Der Mensch sei und bleibe ein mit Erbfehlern behaftetes Geschöpf.« Daher hielt er die »Glaubenslosigkeit« für das »beunruhigendste Phänomen unserer Zeit«. In der Geschichte habe es immer »Brutalität« gegeben: »Aber brutal zu sein und doch dabei ein gutes Gewissen zu haben, sei unserem Jahrhundert vorbehalten. Dabei habe sich gezeigt, daß vielfach noch private Gewissensregungen vorhanden seien. Als Glied des Kollektivs aber hätten viele ohne die geringsten Gewissensbisse geraubt, gemordet, geplündert und geschändet.« Während seine offiziöse Biographie seinen Werdegang im »Dritten Reich« – wie allgemein üblich – glatt beschönigte[370], universalisierte und entkonkretisierte Kiesinger auf zeittypische Weise die deutschen Verbrechen. Deshalb hielt er nicht nur den Deutschen, sondern auch deren Nachbarn den Spiegel der Entkirchlichung vor. Anderen Völkern sei durch Propaganda ebenfalls das »Gewissen betäubt« worden. Den Abfall von Gott sah er als Ursache des (damals so noch nicht bezeichneten) Holocaust. Dieser sei die »Wurzel dieser Krankheit in der Seele des abendländischen Menschen«.[371]

Eine weitere ostentative Distanzierung von jeglichen Totalitarismen und damit dem »Dritten Reich« erlaubte das Eintreten für den Föderalismus, für den sich die amerikanische und französische Besatzungsmacht, wenn auch aus jeweils sehr unterschiedlichen Motiven stark machten. Erneut lag Kiesinger ganz auf der Linie Gebhard Müllers. Im März/April 1949 waren die Beratungen über das Grundgesetz in eine Krise geraten, weil die drei westlichen Alliierten die Vorschläge des Parlamentarischen Rates zum Länderfinanzausgleich und zur Stellung von Bundesrat und Bundestag als zu zentralstaatlich abgelehnt hatten.[372] Als die Alliierten jedoch am 22. April von ihren Forderungen abrückten, fühlte sich nicht nur der kompromißbereite Adenauer düpiert, sondern der ultra-föderalistische südwürttembergische CDU-Landesverband, der es in föderaler Glaubensstrenge ohne weiteres mit der bayerischen Schwester CSU aufnehmen konnte. Der 22. April sei ein wahrer Trauertag (»*une veritable journée de deuil*«) für die südwürttembergische Union, teilte Kiesinger dramatisierend einem französischen Besatzungsoffizier mit. Man verstehe nicht, warum sich die Franzosen auf einen Kompromiß mit der SPD eingelassen hätten. Die CDU habe »leidenschaftlich« für die föderalen Prinzipen gekämpft, »die auch die unsrigen sind«, und sich die Sache der Franzosen zu eigen gemacht. Man habe sich nicht so deutlich geäußert wie vielleicht wünschenswert, um nicht in den Ruf der »Kollaboration« zu kommen. Nun sei die Besatzungsmacht eingeknickt und der südwürttembergischen Union in den Rücken gefallen.[373]

Tatsächlich war die südwürttembergische CDU eine der kompromißlosesten Vertreterinnen einer föderativen Ordnung in der Bundesrepublik. Das Grundgesetz, so Kiesinger in einem Rundbrief an die Mitglieder des Landesvorstandes und die Kreisvorsitzenden, sei »keineswegs mit Begeisterung« aufgenommen worden und entspreche weder den kulturpolitischen noch den föderalistischen Vorstellungen der CDU.[374] Auch Müller sah im Grundgesetz überall Kompromisse von »schlechter Art«. Nur aus der Not stimme er persönlich zu, »um unter allen Umständen die unverzügliche Bildung einer einheitlichen deutschen Bundesverfassung und Bundesregierung« sicherzustellen. Ähnlich argumentierte Paul Binder, während Thomas Schwarz das Grundgesetz rundweg ablehnte: »Der föderative Aufbau des Staates, den wir auf Grund der Erfahrung der jüngsten Vergangenheit für erforderlich halten, ist in diesem Gesetz nicht gewährleistet.« Nur wenig mehr als die Hälfte der südwürttembergischen Landtagsabgeordneten stimmten schließlich für das Grundgesetz, darunter weniger als die Hälfte der CDU-Mitglieder. Ohne die Stimmen von SPD und DVP hätte das Grundgesetz in Württemberg-Hohenzollern keine Chance gehabt, während die CDU im Verein mit der KPD überwiegend dagegen stimmte.[375]

Kiesinger hat als CDU-Landesgeschäftsführer kräftig gegen das Grundgesetz polemisiert. Er hielt es, wie so vieles in Westdeutschland, für aus den »überlebten Anschauungen des 19. Jahrhunderts« hervorgegangen und für einen »lebensunfähigen Kompromiß auf vielen Gebieten«. Er sah das föderative Prinzip an allen Ecken und Enden durch die »Übermacht des Bundes« in Gesetzgebung und Verwaltung, vor allem aber in den Finanzartikeln, »verhängnisvoll gefährdet«. In einer die Mehrheitsmeinung der CDU-Landtagsfraktion zusammenfassenden Presseerklärung verstieg sich Kiesinger zu der Anklage, daß das Grundgesetz »den typischen Gefahren des 20. Jahrhunderts, Kollektivismus und Zentralismus [...] keine wirksamen Dämme« entgegensetzen würde, sondern durch »eine gefährliche Verwässerung des bundesstaatlichen Prinzips« noch begünstige: »Dies kann für die Zukunft für unser Volk verhängnisvoll werden.«[376]

Der dritte Bundeskanzler war demzufolge in seinen ersten politischen Anfängen ein ziemlich rabiater Kritiker des Grundgesetzes – wenn er sich auch damit in seinem Landesverband in bester Gesellschaft befand. Wie Müller war er Realpolitiker genug, um sich mit den neuen Tatsachen schnell abzufinden, nachdem das Grundgesetz ratifiziert worden war. Im Juli gab Kiesinger in Rottweil die Parole aus, nun müsse das Volk erst recht die CDU wählen, um eine Wiederholung der Weimarer Katastrophe zu verhindern. Es müsse »jeder Diktatur, von welcher Seite sie komme, der Weg versperrt werden«. Die CDU sei fest entschlossen, »den Gefahren mit allen Mitteln entgegenzutreten, die das Grundgesetz diesbezüglich in sich berge«.[377] Als Bundestagsabgeordneter, so Kiesinger in einem programmatischen Aufsatz über »Föderalismus und Zentralismus« in der CDU-nahen *Schwäbischen Zeitung*, werde er darüber wachen, daß die neue Verfassung im föderalistischen Sinne ausgelegt werde. Das »Dritte Reich« habe den Bundesstaat beseitigt. »Seine straff organisierte Einheit erschien vielen Deutschen als eine notwendige Konsequenz aus den trüben Erfahrungen unserer Geschichte.« Der Zentralismus, so Kiesinger, schaffe aber immer die Gefahren des »Mechanismus und Bürokratismus, der Entfremdung zwischen Regierung und Volk, des Versagens der Verwaltung, weil es unmöglich ist, die Dinge im großen Raum zu überschauen. Seine schlimmste Gefahr ist aber die Hybris der Macht, ihr Auswuchern, die Maßlosigkeit des Planens und Wollens, die Sprengung der eher lästigen Kontrollen – das politische Abenteuer, schließlich die Katastrophe.«[378]

Mit diesen kämpferischen, die parteipolitische Gegensätze durchaus akzentuierenden Reden wurde Kiesinger im Nu bekannt. Dank seiner rhetorischen Fertigkeiten erzielte er schnelle Erfolge, lenkte die Aufmerksamkeit auf sich und eroberte sein Publikum im Sturm. Im Rückblick wirkt seine Polemik geradezu atemberaubend: In Sack und Asche ging Kiesinger nicht, als er, nach Beginn des Bundestagswahlkampfes, in dem von ihm herausgegebenen »Informationsblatt« eine scharfe Attacke gegen den »Führer« der SPD, Kurt Schumacher, ritt, weil dieser die kulturpolitischen Ziele der Union angegriffen hatte: »Anscheinend fühlt sich die angeblich [sic] demokratische SPD in ihrer scharfen Ablehnung des Elternrechtes nicht sehr wohl. Sie mag im innersten Herzen erkennen, wie wenig sie damit demokratisch handelt, daß sie den Staatsbürgern eines der primitivsten Menschheitsrechte verweigert in der Hoffnung, einmal die Macht in die Hand zu bekommen und die Jugend im marxistischen Geiste erziehen zu können.«[379] Derselbe Kiesinger, der hier in Schwarz-Weiß-Manier seine katholische Klientel gegen die »gottlose« SPD mobilisierte, sollte sich kurze Zeit später im Bundestag den Ruf erwerben, ein auf Konsens und Kooperation abzielender Politiker zu sein – und im November 1966 gar Bundeskanzler einer großen Koalition werden.

Obwohl ihn die Arbeit als Landesgeschäftsführer sichtlich anfeuerte, wurde Kiesinger durch dieses Amt nicht wirklich ausgefüllt. Müller meinte im nachhinein vorsichtig, er und Kiesinger seien doch recht »verschiedene Naturen« gewesen.[380] Mit dem Näherrücken der Bundestagswahlen kam Kiesinger als potentieller Kandidat für den Bonner Bundestag ins Gespräch. Eine erste Anfrage erhielt er aus seinem Heimatwahlkreis Rottweil-Tuttlingen, zu dem auch Rottenburg gehörte.[381] Doch gegen den Landtagspräsidenten und Rottweiler Lokalmatador Karl Gengler hatte der reingeschmeckte

Kiesinger keine Chance. Die Kandidatur lehnte er mit der Begründung ab, er habe gerade begonnen, sich eine Existenz aufzubauen.[382]

Schließlich kam er aber doch noch in den Genuß eines sicheren Wahlkreises. In Ravensburg-Tettnang-Wangen blockierten sich drei Bewerber gegenseitig: Zum einen der Landwirt und Besitzer einer großen Molkerei, Oskar Farny, der schon vor 1945 Parlamentarier gewesen war; zum zweiten der Landwirtschaftsminister Franz Weiß und zum dritten der Kultminister Albert Sauer, der zugleich als Oberbürgermeister von Ravensburg amtierte.[383] Allerdings hatte Farny, wie Kiesinger als »Entlasteter« entnazifiziert, von 1933 bis 1945 bei der NSDAP-Reichstagsfraktion hospitiert. Daher konnte er erst nach mehreren vergeblichen Anträgen 1952 Mitglied der CDU werden. Farny ließ denn auch durchblicken, er habe kein Vertrauen in die feste Haltung der CDU und blieb der entscheidenden Sitzung fern.[384] Die Kandidaturen von Weiß und Sauer hintertrieb hingegen Müller, der nach langen Querelen mit der Besatzungsmacht sein Kabinett gerade frisch gebildet hatte und nicht auf einen seiner Minister verzichten wollte. Hier setzte Müller seinen nichtsahnenden Freund Kiesinger wie eine Schachfigur ein. Auf der entscheidenden Sitzung des Landesvorstandes in Sigmaringen brachte er Kiesinger als Kompromißkandidaten ein.[385]

Aus halber Verlegenheit wurde Kiesinger also auf den Schild gehoben. Müller wußte seinen Personalvorschlag sachlich gut zu begründen. Aus übergeordneten Gründen sei Kiesinger ein besonders geeigneter Bundestagskandidat. Weil Kiesinger zögerte, ließ Müller die Sitzung unterbrechen und bearbeitete ihn schließlich im kleinen Kreis.[386] Die Ravensburger, Tettnanger und Wangener hätten lieber einen Landwirt nach Bonn geschickt. Doch sie machten gute Miene zu diesem Spiel. Die Interessen der oberschwäbischen Bauern wären mit Bernhard Bauknecht, der im benachbarten Biberach kandidiere, und Franz Weiß, dem Kandidaten für Hechingen-Münsingen-Balingen, im Bundestag gut vertreten. Angesichts der außerordentlichen Bedeutung der Wahlen sei es wichtig, Persönlichkeiten »von Format« aufzustellen, die weltpolitisch beschlagen und in der deutschen Innenpolitik und Wirtschaft sachkundig wären: »Es hat also keinen Sinn, Durchschnittmenschen nach Bonn zu senden. Sie würden sich nicht durchsetzen und gegenüber der Fülle der Aufgaben versagen. Es müssen Menschen von hoher Qualität sein, die als Vertreter der Christlich-Demokratischen Union zugleich tief in der Verantwortung aus christlichem Gewissen verankert sind, die auch im Beruf und im persönlichen Leben unantastbar dastehen.«[387]

Kiesinger warf sich Anfang August in einen furiosen Kampf um die Stimmen in seinem Wahlkreis, der den ganzen südlichen Teil des Landes umfaßte. In nur zwei Wochen würde der Bundestag gewählt. Es wurde die kürzeste

Kampagne seiner politischen Laufbahn. Sie glich einem »Siegeszug« (Müller): Schon am 4. August war in der Ravensburger Ausgabe der *Schwäbischen Zeitung* zu lesen, daß andere Wahlkreise »den unseren um diesen Kandidaten beneiden«. 14 Tage lang war Kiesinger auf Achse, sprach in Wirtsstuben oder verräucherten Sälen, von der begeisterten Zustimmung seines Publikums hochgetragen. Der »Cicero« hatte seine Bestimmung gefunden. Oft habe er bis zu zwei Stunden gesprochen, berichtet Kiesinger, »um ja alles zu sagen, was ich auf dem Herzen hatte«.[388] Er habe »über die Ursachen des Zusammenbruchs der Weimarer Republik und den Aufstieg des Nationalsozialismus, den Weg Hitlers in den Zweiten Weltkrieg, über die Bedeutung des christlichen Sittengesetzes in der Verfassung und Politik, die Grundlagen der sozialen Marktwirtschaft und die Gefahren des von der SPD geforderten staatlichen Dirigismus« gesprochen, wie Müller aus eigener Anschauung ergänzte.[389]

In einer Selbstdarstellung der örtlichen CDU klingt das folgendermaßen: »In überzeugender Rede, frei und offen, mit dem sicheren Blick für das Wesentliche unserer Zeit, weitaufgeschlossen und voll Kraft, in der richtigen Erkenntnis der heute drängenden Grundprobleme überzeugte Kiesinger in den Versammlungen seine Zuhörer.«[390] Auch die Berichterstatter der französischen Sûreté zeigten sich von Kiesingers Wahlkampfmethoden beeindruckt. Um ja nichts schief gehen zu lassen, gab er die Parole aus: »Alle Christen am 14. August in die Wahllokale« (»*Tout ce qui est chrétien sera aux urnes le 14*«). Er rechne damit, so ein vor Selbstbewußtsein strotzender Kiesinger, am Wahlsonntag mehr als 70 Prozent der Stimmen zu erhalten.[391]

Parlamentarier in der Ära Adenauer
1949–1958

Missglückter Auftakt auf der Bonner Bühne

Am 14. August 1949 wurde in den drei westlichen Besatzungszonen der erste Deutsche Bundestag gewählt. Mit 139 Sitzen lag die CDU/CSU nur knapp vor der SPD, hatte jedoch fast die Hälfte aller Direktmandate erworben. Außer Südbaden, das die Christdemokraten komplett eroberten, den alten Zentrumshochburgen im Rheinland und in der Pfalz, weiten Teilen Bayerns – natürlich ohne das protestantisch geprägte Mittelfranken – erwies sich auch das tief katholische Oberschwaben als solide Bank für die Union. Kiesinger erzielte auf Anhieb ein höchst respektables Ergebnis: 75,2 Prozent der Stimmen im südwürttembergischen Wahlkreis 6 (Ravensburg-Tettnang-Wangen), das drittbeste Resultat im Bundesgebiet. Besser abgeschnitten hatte nur der christdemokratische Nachbar in Biberach, Bernhard Bauknecht. Der war, anders als Kiesinger, kein reingeschmeckter Parteifunktionär, sondern ein in der Region tief verwurzelter Landwirt. Bauknecht fuhr 82,0 Prozent ein, eine Höchstmarke, die bei keiner anderen Bundestagswahl mehr erreicht wurde. In Rottweil hingegen, wo Kiesinger ursprünglich hatte kandidieren wollen, kam Karl Gengler auf nur 50,5 Prozent für die CDU.

Wenn auch ganz Oberschwaben an die Christdemokraten fiel, war Kiesingers Wahlerfolg dennoch bemerkenswert. Gegenüber den letzten Landtagswahlen hatte er in seinem Wahlkreis noch einmal bis zu 7,6 Prozent für die CDU hinzugewonnen.[1] Gebhard Müller gratulierte Kiesinger mit den Worten: »Du selbst bist unsere besondere Hoffnung.«[2] Trotz vieler Direktmandate hatten nur dreizehn Unionskandidaten mehr als 55 Prozent erzielt; in der CSU kein einziger, noch war die Bayernpartei eine ernstzunehmende Konkurrenz.[3] Das westliche Deutschland hatte noch nicht zur Normalität späterer Wahltage gefunden, noch konkurrierten das Zentrum und andere konservative Gruppierungen mit der neu gegründeten Christdemokratie, noch gab es keine Fünf-Prozent-Klausel auf Bundesebene, die die Wähler zu den großen Parteien tendieren läßt, noch waren die späteren Bonner Protagonisten unbeschriebene Blätter. Wer wußte 1949 in Ravensburg oder Tettnang, wer Konrad Adenauer war? Der Staatspräsident, wenn man ihn kannte, hieß

Gebhard Müller – und der war katholisch und von der CDU. Es liegt ein Korn Wahrheit in der einprägsamen Formel eines renommierten Wahlforschers, 1949 sei die letzte Wahl von Weimar gewesen, 1953 die erste der Bundesrepublik.[4]

Noch entschied das »Gesangbuch« über die Parteiloyalität, was die FDP im protestantischen Altwürttemberg schon einmal über die 30-Prozent-Marke springen ließ, während die Union eine unangreifbare Bastion in katholischen Gebieten besaß. In Oberschwaben schickte der Geistliche das Wahlvolk zu Kiesinger, der seine Versammlung nach der sonntäglichen Messe gleich nebenan im Wirtshaus abhielt. Durch die massive Wahlwerbung von der Kanzel seien viele Menschen »dahingehend angeregt gewesen, daß sie wählen gingen«, wie der Ravensburger CDU-Kreisvorsitzende, der Rechtsanwalt Günther Grzimek, den Wahlkampf resümierte.[5]

Kiesinger hatte sich fast wider Erwarten als Publikumsmagnet entpuppt. Sicher, der Rottenburger Rechtsanwalt war ein Sohn Schwabens und hatte als Jugendlicher den Sommer auf der Heuberger Mühle verbracht. Aber er war auch der Berliner Repetitor, von dem man »kaum eine innere Beziehung zur bäuerlichen Bevölkerung« erwartete.[6] Dennoch hatte er im ländlichen Oberschwaben die Säle gefüllt. In Friedrichshafen am Bodensee, der einzigen Stadt mit nennenswerter Arbeiterschaft, war ihm das Kunststück geglückt, dem viel prominenteren Carlo Schmid den Rang abzulaufen. Kiesinger hatte, wie der Kreisverband stolz nach Tübingen berichtete, fünfhundert Menschen mehr in die Versammlung gelockt als der Landesvorsitzende der SPD und ehemalige Regierungschef von Württemberg-Hohenzollern.[7]

In Ravensburg war man mit Kiesinger zufrieden: »Ich glaube, daß es gut ist, ihn mit seinem großen Wissen, seinem Ausdrucksvermögen und seinen klaren Erkenntnissen in Bonn zu haben«, schrieb Grzimek an Müller.[8] Trotz der anfänglichen Bedenken wurde er dem katholischen Milieu gerecht. Im Eifer, so wird er sich später erinnern, habe er manchmal wie ein Prediger und nicht wie ein Wahlkämpfer gewirkt. In Bad Wurzach rührte sich nach einer Rede keine Hand zum Beifall, obwohl er sonst überall auf lebhafte Zustimmung stieß. Die Leute hätten ihm den Applaus versagt, weil er gesprochen habe wie in der Kirche, erläuterte ein Pater des dortigen Salvatorianer-Kollegs dem verdutzten Kiesinger die Situation.[9]

Obwohl er seinen Wahlkreis im Sturm erobert hatte, fuhr er zwei Wochen später mit einem etwas »bangem Gefühl« nach Bonn hinunter.[10] Da waren die historischen Belastungen des Bonner Experiments: Würde der zweite Versuch gelingen, in Deutschland eine Demokratie zu gründen? War Weimar nicht zugrunde gegangen, weil sich ein großer Teil des Bürgertums mit dem neuen Staat nicht habe abfinden können, wie er sich fragte.[11] Es gab noch andere Unwägbarkeiten: Mit 45 war er ein gestandener Mann, doch unter den 139 Unionsabgeordneten einer der jüngeren. Die führenden Männer, Konrad Adenauer von der CDU, Theodor Heuss von der FDP, Kurt Schumacher von der SPD oder der Bayer Fritz Schäffer hätten schon in Weimar hohe Ämter bekleidet und seien politisch einschlägig vorgebildet gewesen.

Jedoch war auch Kiesinger kein völlig unbeschriebenes Blatt. Als ehemaliger Senior der Askania war er mit dem politischen Katholizismus und dessen Exponenten im Reichstag eng vertraut. In Berlin hatte er die große Politik jahrelang aus nächster Nähe beobachten können, bis hinein in die Niederungen der Machtkämpfe zwischen Ribbentrop und Goebbels. Schon vor dem September 1949 hatte er seine Fühler in die werdende Bundespolitik ausgestreckt, als er als Landesgeschäftsführer an den Sitzungen des CDU-Presse- und Propagandaausschusses teilgenommen hatte.[12] Und vielleicht sinnierte Kiesinger im Stillen, welch unglaubliche Wende sein persönliches Schicksal erfahren hatte. Vor nicht einmal drei Jahren war er aus der Internierung entlassen worden war. Vor zwei Jahren hatte er sich hilfesuchend an Paul Binder und Gebhard Müller nach Tübingen gewandt; seine vollständige Entlastung und Entnazifizierung lag erst zwölf Monate zurück.

Anlaß zur Sorge bot auch das Naheliegende: die aktuelle politische Situation. Der gerissene Taktiker Adenauer hatte die Weichen gestellt, bevor sich die etwas langsameren Schwaben in das Spiel um die Macht einschalten konnten. Der aus Korntal bei Stuttgart stammende CDU-Abgeordnete Paul Bausch brachte es auf den Punkt: Eine alte württembergische Redensart laute, bevor der Schwabe das Wort »Wurst« aussprechen könne, habe der Preuße sie aufgefressen.[13] Am Rhein pfiffen es die Spatzen von den Dächern, daß alle wichtigen Entscheidungen gefallen waren, bevor sich die gewählten Repräsentanten des Volkes an den vorläufigen Sitz der Regierung begaben.

Am 20. August hatte sich der Rhöndorfer Alte mit Ministerpräsident Ehard arrangiert und die Bayern mit dem Versprechen auf Einfluß und Ämter aus der süddeutschen Phalanx herausgebrochen.[14] Auf der mythenumrankten Konferenz in Rhöndorf am darauffolgenden Tag hatte Adenauer als Vorsitzender der CDU in der Britischen Zone unmißverständlich seinen Anspruch auf das Kanzleramt angemeldet und seine Partei auf die kleine Koalition festgelegt. Die südwestdeutschen Vertreter hatten vergebens opponiert: In Tübingen und Stuttgart regiere man erfolgreich mit den »maßvollen Kräften« innerhalb der SPD. Vor allem: Man brauchte die Sozialdemokraten noch für die Südweststaatgründung.[15] Warum sollte das in Bonn nicht mehr gelten? Hatte es die CDU nicht Leuten wie Kiesinger und ihrem guten Abschneiden in der Französischen Zone zu verdanken, daß man auf Bundesebene knapp vor der SPD liege?[16]

Schon in Weimar hätten die Süddeutschen schlechte Erfahrungen gemacht, wie sich die ehemaligen Reichstagsabgeordneten unter ihnen erinnerten. Drohte eine erneute Majorisierung durch die Preußen? Um Adenauers Machtgelüste in die Schranken zu weisen, hatte sich am 19. und 20. August der Ellwanger Kreis süddeutscher Christdemokraten getroffen, zu dem auf Müllers Wunsch auch Bauknecht, der Balinger Abgeordnete und südwürttembergische Landwirtschaftsminister Franz Weiß und Kiesinger stießen.[17] Doch ohne den verhinderten Müller und dessen rheinland-pfälzischen Kollegen Altmeier formierte sich in Ellwangen die Opposition gegen Adenauer nicht. Auch eine nach dem Rhöndorfer Treffen eilig zusammengerufene Versammlung der gewählten württembergischen Abgeordneten blieb ohne greifbares Ergebnis.[18] Während Kiesinger und Müller dieser Versammlung am 29. August in Bebenhausen demonstrativ fernbleiben, suchte Franz Josef Strauß, der als CSU-Generalsekretär den Kontakt nach Tübingen hielt, die Württemberger auf die Rhöndorfer Linie einzuschwören. Es blieb bei unverbindlichen Absprachen, wie man Adenauer durch eine entsprechende Repräsentation im Fraktionsvorstand würde einhegen können.[19]

Diese südwestdeutsche Furcht, zu kurz zu kommen, war der Hintergrund eines rhetorischen Schlagabtauschs auf den ersten Sitzungen der CDU/CSU-Bundestagsfraktion. Am 1. September 1949 war diese zu ihrer konstituierenden Sitzung zusammengetreten. Der ehemalige Kölner Oberbürgermeister, Präsident des Preußischen Staatsrates und Präsident des Parlamentarischen Rats leitete als Alterspräsident souverän die erste Fraktionssitzung im Bonner Bürgerverein. Der alte Gremienfuchs hatte Vorsorge getroffen, jeden Anflug einer südwestdeutschen Fronde abzublocken. Die Schwaben wollten sich zusammensetzen, um sich während der Sitzung abzusprechen. Doch eine »ordnende Hand« hatte ihre Pläne durchkreuzt.[20] Die Volksvertreter fanden Namenskarten vor, die sie nach dem Alphabet plazierten. Als Sprecher der Württemberger verlangte Bausch eine landsmannschaftliche Sitzordnung. Diesen »Aufstand der Nationen« ironisierte Adenauer mit der Bemerkung, Bausch solle sich in Gottes Namen umsetzen, wenn er sich nur im Schoße seiner Stammesgenossen geborgen fühle. Man lege auf solche Äußerlichkeiten jedoch nicht zuviel Wert. Hinterher wolle (der Erzpietist!) Bausch vielleicht »mit den Frauen usw.« zusammen sitzen. Habe man sich erst einmal kennengelernt, werde sich alles weitere fügen.[21]

Alle Versuche der Süddeutschen, das Gespräch mit den »guten Leuten« in der SPD zu suchen, wurden abgeblockt. Auch Kiesinger sollte sich bald die realpolitische Einschätzung zu eigen machen, daß angesichts divergierender wirtschaftspolitischer Konzeptionen eine Große Koalition im Bund nicht funktionieren würde. Dennoch hoffte er aus übergeordneten, staatspolitischen Erwägungen auf eine Kooperation mit der SPD wenigstens in der Präsidentenfrage.[22] War eine große Koalition nicht zu erlangen, dann vielleicht eine Zusammenarbeit bei der Wahl des Staatsoberhauptes. Doch dieses Amt war längst Theodor Heuss, dem Vorsitzenden des prospektiven Koalitionspartners FDP, versprochen. Dagegen wandte sich Kiesinger: Der Bundespräsident müsse ein dem Parteienstreit entrücktes Staatsoberhaupt werden, kein ausgesprochener Parteipolitiker wie Heuss. Amt und Autorität des Bundespräsidenten nähmen andernfalls Schaden. Aus Tübingen sekundierte Müller mit dem formaljuristischen Argument, das Präsidialamt in den Koalitionsschacher mit der FDP mit aufzunehmen, widerspräche der Gewaltenteilung.[23] Dies war die Lage, als der Abgeordnete Kiesinger am 6. September 1949 zum ersten Mal auf der Bonner Bühne öffentlich das Wort ergriff.

Könnten nicht die beiden großen Parteien, so Kiesinger auf der 3. Fraktionssitzung im Bonner Bürgerverein, wenn schon nicht Koalitionspartner im Bund, so doch sich wenigstens bei der Wahl des Bundespräsidenten »in einer großen Geste zusammenfinden«[24]? Man lebe in einer Zeit, in der die Sache der Demokratie ein wahres Glücksspiel sei. 1919 sei mit einem »verhängnisvollen Optimismus« ans Werk gegangen worden. Jetzt spreche man leichtfertig von einer »konstruktiven Opposition«. Werde sich diese Hoffnung erfüllen? Werde eine ausgegrenzte SPD nicht in eine »furchtbare Verstrickung« hineinmanövriert? Sei gar eine Entwicklung wie in der sowjetischen Besatzungszone möglich, wo sich Kommunisten und Sozialdemokraten zusammengeschlossen hatten?

Noch mißtrauisch gegenüber den Bindekräften der Demokratie, stand Kiesinger der »Parteienhader« der Zwischenkriegszeit deutlich vor Augen. War nicht die Weimarer Koalition aus minderem Anlaß 1930 gescheitert, weil die Demokraten nicht mehr zusammengefunden hatten? Die zweite Demokratie müsse volkstümlicher werden, um nicht den Weg ihrer Vorgängerin zu gehen: »Was hat denn dieser neue Staat an integrierender Kraft schon? Wir haben keine Fahne, die die Sympathie des Volkes hat, wir haben keine Nationalhymne, wir haben keine Bundeshauptstadt, die dem Volk zusagt.« Welch »ungeheure Wirkung« hätte es im deutschen Volk gehabt, so Kiesinger, wenn es der kleinen Regierungskoalition gelungen wäre, sich wenigstens in der Frage des Bundespräsidenten auf einen gemeinsamen, wenn auch nicht notwendig sozialdemokratischen Kandidaten zu einigen.

Adenauer wurde ungeduldig. Schon zweimal hatte er den Jungparlamentarier zu bremsen versucht. Die Glocke schwingend, trachtete er Kiesinger das Wort endgültig abzuschneiden: Die Sache sei doch längst erledigt. Nein, nein, verteidigte sich Kiesinger. Im Saal begann es unruhig zu werden. Er habe zwei Tage lang zugehört, jetzt wolle er sprechen, und zwar zur Sache: Es sei vereinbart worden, daß kein Sozialdemokrat Bundespräsident werde. Darüber, ob nicht wenigstens der Versuch unternommen werde, einen gemeinsamen Kandidaten der »staatstragenden und staatserhaltenden Parteien« dem Volk »auszubieten«, sei noch nicht abgestimmt worden. Die Macht werde in Adenauers Händen liegen; man unterschätze aber nicht »die integrierende Kraft des kommenden Bundespräsidenten. Dieser Bundespräsident repräsentiert nun einmal das neue Deutschland. Auf ihn werden sich die Blicke unseres Volkes richten. Er darf eben nicht der einfache und einseitige Repräsentant seiner Schicht, seiner Klasse oder gar einer Partei sein.« Dann folgte, unter dem Beifall nicht weniger Abgeordneter, der legendäre Satz: »Heuss ist ein liebens- und ehrenwerter Mann. Für mich ist er ein liebenswerter Überrest des 19. Jahrhunderts. [...] Dieses 19. Jahrhundert ist überwunden. Wir schaffen es nicht, diese Demokratie zu bauen mit den Mitteln und nur mit den Männern des 19. Jahrhunderts.«

Kiesinger hat dies später dahingehend interpretiert, daß ihm Heuss, dessen antiklerikale Haltung unter frommen südwestdeutschen Christdemokraten Anstoß erregte, »wie ein Nachzügler jener liberalen Professoren der Paulskirche« erschienen sei, »denen ihre Revolution mißlungen war«. Adenauer hingegen wußte den »liebenswürdigen Überrest« geistesgegenwärtig auf sich selbst zu beziehen. »Sie betrachte ich nicht dazu«, verteidigte sich Kiesinger hilflos. Blitzschnell kam es von Adenauer zurück: »Sie meinen, ich wäre nicht liebenswürdig!« Das Protokoll verzeichnet Heiterkeit. In Zukunft, so schwor sich Kiesinger, werde er vorsichtiger sein. »Beschämt und voller Zorn« habe er das Haus des Bürgervereins verlassen. Adenauer habe ihn als Neuling bloßgestellt. Ein Stück Bewunderung »für den alten Fuchs« habe sich dann aber doch in den Ärger gemischt: »Wie souverän hatte dieser Greis die Szene beherrscht, die Abgeordneten nach seinen Plänen gelenkt und seine Gegner matt gesetzt!«[25]

Sowohl Heuss als auch Adenauer haben Kiesinger diesen Fauxpas verziehen. Der künftige Altbundespräsident sah in Kiesinger 1963 sogar seinen Wunschnachfolger. Zugleich hielt er Kiesinger, der, wie er selbst, nach einer Symbiose von Geist und Politik strebte, für geeignet, in Adenauers Fußstapfen zu treten.[26] Der Bundeskanzler *in spe* hat Kiesinger wohl als ein etwas ungestümes Nachwuchstalent betrachtet, dessen persönlichen und politischen Ehrgeiz es zu kanalisieren galt. Bald trug er ihm verantwortliche Positionen an und eröffnete ihm die Chance, seinen rhetorischen Überschwang im Plenum des Bundestages zum höheren Nutzen der CDU einzusetzen.[27]

Kiesingers abweichende Haltung von der von Adenauer definierten Parteilinie erklärt sich aus den spezifischen Bedürfnissen der württembergischen CDU. Angesichts der konfessionellen Spaltung der Wählerschaft schien die

Wahl von Theodor Heuss zum Bundespräsidenten eine deutliche Aufwertung der in protestantischen Gebieten gefährlich starken, in vielen Wahlkreisen der CDU sogar überlegenen FDP/DVP zu bedeuten. Der Rheinländer Adenauer hatte gut reden. Aus südwestdeutscher Sicht war es zwingend, den neckarschwäbischen Honoratiorenpolitiker Heuss als nationales Aushängeschild der FDP zu verhindern, wurden doch in den protestantischen Gebieten Altwürttembergs selbst auf dem Dorf die Liberalen gewählt. Es sei schön und gut, wie ein schwäbischer Bauer nach einer Rede einmal zu Kiesinger sagte, daß nach 400jährigem Bruderzwist nun Katholiken und Protestanten zusammenstünden: »Aber i trau' der Sach' nit«. Das Kürzel CDU sei von hinten her aufzulösen: »Und dennoch Centrum«.[28] Dieser Makel haftete der Union in den evangelischen Gebieten Württembergs und Badens noch lange Zeit an. Erst im Laufe der fünfziger und sechziger Jahre begannen sich auch in Baden-Württemberg die konfessionellen Trennlinien abzuschleifen.

Kiesingers Vorpreschen im Bonner Bürgerverein wirft aber auch ein Schlaglicht auf sein Bild der parlamentarischen Demokratie. Leitmotive seiner politischen Karriere klingen an: der Hang zum Grundsätzlichen; das Bedürfnis, gelegentlich von den pragmatischen Erfordernissen der Tagespolitik zu abstrahieren; der Wunsch, die Gegensätze zu überbrücken; aber auch: der Bau einer Demokratie in Deutschland, bei dem er eine Rolle zu spielen hoffte. Der politische Novize Kiesinger argumentierte mit den Erfahrungen der späten Weimarer Republik, dem Scheitern der Demokratie vor 1933. Aus dem Zerfall der Weimarer Koalition 1930 zog er den in den vierziger und fünfziger Jahren weit verbreiteten Schluß, der breite Konsens der Demokraten sei das beste Gegengift gegen alle Anfechtungen des Totalitarismus – obwohl man auch zu der umgekehrten Erkenntnis kommen kann, daß Große Koalitionen einer Radikalisierung an den Rändern Vorschub leisten. Demgegenüber bewegte sich Adenauer schon im Rahmen des vom Grundgesetz vorgezeichneten politischen Systems, das den Akzent auf die Regierung im Parlament legt und anders als in Weimar den Präsidenten als Zeremonienmeister sieht. Der Fraktion erteilte Adenauer denn auch erst einmal eine Nachhilfestunde in Realpolitik: »Wollen Sie für den Bundespräsidenten einen teuren Preis zahlen in der Form von Ministern?«[29]

War also Adenauers Demokratieverständnis »moderner« als das von Kiesinger? Zweifellos hatte der designierte Kanzler verstanden, worauf es in der Bonner Ordnung ankommen würde. Die Macht zu gewinnen, das ist nun einmal das Entscheidende auch in der Demokratie. Der Patriarch Adenauer orientierte sich an den Notwendigkeiten der Koalitionsarithmetik, während Nachwuchspolitiker wie Kiesinger auf den gemeinsamen Schatz an politischen Grundüberzeugungen pochten, den es über die Parteigrenzen hinweg zu hegen und zu pflegen gelte. Da wurde aber auch auf unterschiedlichen Ebenen Politik gemacht: Kiesinger, ohne Macht und Amt, schnitt Grundsatzfragen an, während Adenauer eine Koalition schmiedete. So war das unterschiedliche Politikverständnis wohl auch der Perspektive des jeweiligen Amtes geschuldet. Gleichwohl galt es schon bald als »echt Kiesinger«, den Dingen eine Wendung ins Grundsätzliche zu geben und an die Versöhnung der Gegensätze im Interesse des größeren Ganzen zu appellieren.

Ein kommender deutscher Politiker

Die ersten Bonner Anfänge sind Stoff für Legenden. Auf den Ansturm von etwa 400 Volksvertretern und einer noch größeren Anzahl von Beamten, Journalisten und Diplomaten war die beschauliche Universitäts- und Regimentsstadt nicht vorbereitet. Die Volksvertreter verteilten sich auf die Stadtteile, mieteten sich eine Bude, kamen als »möblierte Herrn« bei einer Wirtin unter und teilten sich, wenn es nicht anders ging, schon einmal ein Ehebett. Da gab es nur eines, urteilte Kiesingers Freund und zeitweiliger Hausgenosse Günter Diehl: »Zusammenrücken und bescheiden sein.«[30]

Über Bonn und dem Bundestag lag ein Hauch von Studentenleben. Auch Kiesinger mietete sich bei einer Kriegerwitwe und ihren Kindern ein, die ihm ein primitives Zimmer mit wackeligem Mobiliar zur Verfügung stellte, mit einem Bett, »in dem eine der Matratzen mir in den Rücken drückte«.[31] Bald darauf fand er mit seinem ehemaligen Vorgesetzten im Auswärtigen Amt, Hans Schirmer, eine gemeinsame Wohnung. Als Nachmieter wurde der Kriegerwitwe Diehl präsentiert, der Ende Februar 1950 seine Bonner Karriere im Bundespresseamt begonnen hatte und dem wir eine anschauliche Schilderung der ersten Bonner Bleibe des zukünftigen Kanzlers verdanken: »Wenn man das einzige Zimmer, mit seiner stark nordafrikanisch geprägten Ausstattung, in einem surrealistischen Film gezeigt hätte, so wäre dem Bühnenbildner ein Oscar sicher gewesen. [...] Waschschüssel und Wasserkanne standen auf einem schmiedeeisernen Dreibein, das in der Mitte, bevor es sich wieder spreizte, so zusammenlief, daß es die Seifenschale halten konnte. Das Ganze hatte Cachet und war nicht ungemütlich, wozu die Ottomane beitrug. WC auf der halben Treppe.«[32]

Das Parlament nahm seine Arbeit provisorisch unter beengten Verhältnissen auf. Die alte Pädagogische Akademie am Bonner Rheinufer war unter großer Eile hergerichtet worden. Die Unionsfraktion tagte im Bürgerverein, weil kein Raum im Bundeshaus die 139 Abgeordneten hätte aufnehmen können.[33] Der CDU/CSU standen sieben Räume für die Abgeordneten zur Verfügung, die sich bis zu 19 Mandatsträger nach Landsmannschaften teilten. Abgeordnete saßen in den Treppenhäusern, um ihre Plenarbeiträge vorzubereiten.[34] Die Ausschußvorsitzenden, zu denen ab Mitte 1950 auch Kiesinger gehörte, konnten ein eigenes Büro beanspruchen, waren aber gehalten, einen weiteren Kollegen mit aufzunehmen. Jahrzehnte später erinnerte sich der Altbundeskanzler im Gespräch mit seinem einstmaligen Stuttgarter Widerpart Alex Möller nostalgisch des »winzigen Büros«, das ihm die Fraktion nach einiger Zeit zur Verfügung stellte.[35]

Assistenten und Sekretärinnen gehörten lange Zeit nicht zur Standardausrüstung eines MdB. Während die Fraktionsführung über ein Sekretariat verfügte, mußten die Abgeordneten die tägliche Papierflut alleine bewältigen, »mußten sie ordnen, lesen, beantworten und aufbewahren. Keine Institution, kein Assistent, keine persönliche Sekretärin stand uns in den Zellen, in denen wir noch lange Jahre zu mehreren hausten, zur Seite. Alles, was zur Vorbereitung der Fraktion, ihrer Arbeitskreise, der Ausschüsse, für die Verhandlungen im Plenum, die Vorbereitung der Reden dort und, *last not least*, für die Arbeit im Wahlkreis und für die Reden landauf, landab erforderlich war, mußten die Abgeordneten allein leisten«[36] – es sei denn, sie bezahlten einen Mitarbeiter oder eine Mitarbeiterin aus ihrer Privatschatulle. Auch Kiesinger heuerte aus eigener Tasche eine Halbtagskraft an, Ursula Flick, die sich als eine »energische und tüchtige« Mitarbeiterin erwies. Noch als Bundeskanzler ließ er es sich nicht nehmen, für die Abgeordnete im niedersächsischen Landtag und spätere Oberbürgermeisterin von Osnabrück persönlich in den Wahlkampf zu ziehen.[37]

Wie Jahresringe schlagen sich die ungünstigen Arbeitsverhältnisse in der schriftlichen Überlieferung nieder: Kiesinger hat zu keinem Zeitpunkt seiner politischen Karriere eine ernsthafte politische Korrespondenz gepflegt oder sich Aufzeichnungen über wichtige politische Vorgänge gemacht. Er war zeitlebens ein Mann des gesprochenen, nicht des geschriebenen Wortes. Doch aus den ersten beiden Bonner Jahren ist so gut wie kein Dokument im schriftlichen Nachlaß Kiesingers überliefert. Erst nachdem Ursula Flick an seine Seite getreten war, kehrte ein Mindestmaß an bürokratischer Routine im Alltag des Abgeordneten ein, wurden Postein- und -ausgangsverzeichnisse angelegt und Durchschläge von Briefen abgeheftet.[38] Seit 1955 wurde der Posten der Sekretärin von der VWL-Studentin Gisela Schmoeckel versehen, die Ende 1956 aus gesundheitlichen Gründen bei Kiesinger ausschied und als Nachfolger ihren Ehegatten empfahl.

Reinhard Schmoeckel, der seit 1946 der CDU angehörte, hatte nach dem Abitur zunächst als Redakteur beim CDU-nahen *Westfalen-Blatt* in Bielefeld gearbeitet, seit 1952 in Bonn Rechtswissenschaft, Philosophie und Geschichte studiert und sein Jurastudium Anfang 1957 mit dem 1. Staatsexamen abgeschlossen. Von Januar 1957 bis Februar 1959 diente er Kiesinger als persönlicher wissenschaftlicher Assistent, seit Dezember 1957 in Nachfolge von Hans Albrecht Schwarz-Liebermann von Wahlendorf auch als Sekretär des außenpolitischen Arbeitskreises der Fraktion. Ab diesem Zeitpunkt wurde Schmoeckels Gehalt von der Fraktion bezahlt.[39] Kiesinger sollte er noch auf weiteren Stationen von dessen Laufbahn begleiten. Als dieser im November 1966 zum Bundeskanzler gewählt wurde, war Schmoeckel Mitarbeiter des Planungsstabes im Bundeskanzleramt. Von 1974 an bis zu dessen Tode diente er dem Altbundeskanzler als Persönlicher Referent, danach Altbundespräsident Carstens in gleicher Funktion. Schmoeckel war Herausgeber der Memoiren und Mitautor eines Buchs über die Große Koalition, das die Kanzlerzeit wesentlich aus Kiesingers Sicht beleuchtet. Er ist der Verwalter des schriftlichen Nachlasses.

Kiesinger hatte nicht allein Anlaß, über die ungünstigen Arbeitsbedingungen im frühen Bundestag zu klagen. Das Abgeordnetendasein war nicht ohne wirtschaftliche und persönliche Risiken.[40] Die Alters- und Hinterbliebenenfürsorge für Abgeordnete wurde erst von der Großen Koalition 1969 eingeführt. Die fehlende soziale Absicherung gerade auch der Familie soll mit den Ausschlag gegeben haben, 1958 dem Ruf nach Stuttgart zu folgen. Als verbeamteter Ministerpräsident konnte Kiesinger nach sechs Jahren eine staatliche Pension und familiäre Versorgungsansprüche geltend machen.

Wirtschaftliche Gründe bewogen Kiesinger auch, das Repetitorium bis zum Sommer 1950 fortzuführen, obwohl die hochgeschätzte Lehrtätigkeit eine enorme physische Belastung mit sich brachte. Ein Jahr lang pendelte Kiesinger nicht nur nach Rottenburg und in seinen Wahlkreis nach Oberschwaben, sondern im Dreieck auch noch nach Würzburg hin und her. Langfristig sollte sich das Repetitorium als unvereinbar mit den Aufgaben eines Abgeordneten erweisen.[41]

Subjektiv hat Kiesinger sein anfängliches politisches Engagement im Bundestag als wirtschaftliches Opfer empfunden: Als privater Rechtslehrer in Berlin hatte er in den dreißiger Jahren recht gut verdient und soll zeitweilig ein Einkommen erzielt haben, das dem eines IG-Farben-Direktors gleichgekommen sei.[42] Auch als Rechtsanwalt in Tübingen hätte er sich vermutlich besser gestellt denn als Abgeordneter im Bundestag. Ein wenig soll Kiesinger die wirtschaftliche Seite des Abgeordnetendaseins dadurch erleichtert worden sein, daß ihm, womöglich als Kompensation für entgangene Ministerämter, von Adenauers Freund und Finanzberater Robert Pferdmenges Beraterverträge zugeschanzt wurden. Diese waren angeblich so gut dotiert, daß Eugen Gerstenmaier im November 1958 darüber spekulierte, ob das Amt des Ministerpräsidenten für Kiesinger sich finanziell überhaupt lohnen würde.[43]

Wie sah es mit Kiesingers Stellung im frühen Bundestag aus? Wie zielstrebig betrieb er seinen Aufstieg in der Fraktion? In seinen Erinnerungen betont Kiesinger, er habe sich auf einen bescheidenen Platz »im parlamentarischen Fußvolk« eingerichtet und keineswegs daran gedacht, im Bundestag schnell Karriere zu machen.[44] Man geht nicht fehl, hinter dieser *captatio benevolentiae* ein gerütteltes Maß an Selbststilisierung zu vermuten. Auf seine Weise ehrgeizig und selbstbewußt, spielte er sich als Redner in der Fraktion nach vorne. Rasch stieg er in die Bonner Parlamentselite auf, die sich aus den ehemaligen Weimarer Abgeordneten und Staatssekretären rekrutierte, den früheren Mitgliedern des Parlamentarischen Rates und den führenden Abgeordneten der Länderparlamente, die zunächst die Ausschußvorsitze übernahmen, vor allem wenn sie bei der Kabinettsbildung nicht zum Zuge gekommen waren.[45] Aber Kiesinger war 1949, das wird oft unterschätzt, von Anfang an kein völliger Hinterbänkler: Er galt als der besondere Schützling von Gebhard Müller. Und er war als CDU-Landesgeschäftsführer unter den südwürttembergischen Vertretern der Wortführer.[46]

Auch seine politischen Erfahrungen und Netzwerke aus der Zeit vor 1945 halfen, in Bonn Fuß zu fassen. Dank seiner Sozialisation über das katholische Korporationswesen konnte er sich, bei aller Ambivalenz seiner Erfahrung im »Dritten Reich«, mittelbar dem resistenten katholischen Milieu zurechnen. Als *der* Berliner Repetitor war er unter Juristen eine bekannte Größe. Und vor allem stellte sich die alte Garde aus der Rundfunkpolitischen Abteilung in Bonn wieder ein. Kiesinger half kräftig nach, um den einstigen Kollegen den Weg zurück in die Ministerialbürokratie zu ebnen. Schon 1950 waren seine Hausgenossen Diehl und Schirmer, aber auch Sonnenhol und andere wieder auf Posten. Sie hielten Kiesinger mit Interna auf dem laufenden und arbeiteten ihrerseits an der Karriere ihres einstigen AA-Vorgesetzten: »Es war ein in mancher Hinsicht magischer wunderbarer Vorgang, daß wir uns mit Hans Schirmer, Georg Lilienfeld, Gert Spahn und anderen Freunden in Bonn wiedergefunden haben«, blickte Diehl im Jahr 1986 nostalgisch zurück: »Jedenfalls hat es jemanden gegeben, der mitspielte auf dem Brett.«[47]

Überdies hatte die denkwürdige Konfrontation mit Adenauer im Bürgerverein Kiesinger seinen Fraktionsgenossen empfohlen. Zwar konnte die Fraktion nur geringen Einfluß auf den Entscheidungsprozeß im Palais Schaumburg nehmen, insbesondere wenn es um außenpolitische Fragen ging.[48] Umgekehrt wahrte die Fraktion eifersüchtig ihre Prärogativen – entgegen der populären Vorstellung von der uneingeschränkten, autoritären Führungsmacht des Kanzlers.[49] Kiesinger hatte sich nicht allein als prononcierter Vertreter der südwestdeutschen Interessen profiliert, sondern auch als ein Mann mit Stehvermögen. Als nach der Wahl Adenauers zum Bundeskanzler der Fraktionsvorsitzende neu bestimmt werden mußte, entfielen überraschend zwei Stimmen auf Kiesinger, obwohl der sich weder beworben hatte, noch nominiert worden war. Gewählt wurde Heinrich von Brentano, ein Altersgenosse Kiesingers, der sich seine parlamentarischen Sporen als Gründervater der hessischen CDU und als führendes Mitglied des Parlamentarischen Rats schon vor dem September 1949 erworben hatte.[50]

Ein wichtiger Schritt auf der parlamentarischen Stufenleiter war Kiesingers Berufung in den Elfer-Ausschuß, dem fraktionellen Lenkungsgremium der Übergangszeit, das nach Adenauers Wahl zum Bundeskanzler die Personalentscheidungen traf. Seine Berufung verdankte Kiesinger seinem späteren Konkurrenten Gerhard Schröder, der ihn als südwestdeutschen Repräsentanten ins Spiel brachte.[51] So stieß Kiesinger zu einer Gruppe christdemokratischer Abgeordneter, die über die Besetzung des Fraktionsvorstandes und der Bundestagsausschüsse berieten und die Weichen für die kommende Legislaturperiode stellten. Da die Fraktion im großen und ganzen den Vorschlägen des Elfer-Ausschusses folgte, war es keine Überraschung, daß Kiesinger am 18. Oktober in den 23köpfigen Fraktionsvorstand gewählt wurde, dem er bis zu seinem Ausscheiden aus dem Bundestag im Januar 1959 angehörte.[52]

Zusammen mit Karl Gengler aus Rottweil, der als ehemaliger Landtagspräsident automatisch zum noch nicht sehr alten CDU-Urgestein gehörte, war Kiesinger der zweite Vertreter Württemberg-Hohenzollerns im Fraktionsvorstand, dessen Zusammensetzung sich in einer komplizierten Arithmetik landsmannschaftlicher, konfessioneller und sachlicher Gesichtspunkte ergab. Kiesinger, der später oft als »Politiker ohne Hausmacht« bezeichnet worden ist, konnte sich in dieser Phase noch auf ein loyales Netzwerk südwürttembergischer und südwestdeutscher Abgeordneter stützen. Dieses Netz sollte dann in den Querelen um den Südweststaat zerreißen.[53]

Als Mitglied des Fraktionsvorstandes, an dessen Sitzungen er im ersten Jahr regelmäßig teilnahm, war Kiesinger dem parlamentarischen Fußvolk entwachsen und besaß einen entscheidenden Informationsvorsprung vor den einfachen Abgeordneten. Der Vorstand war das parlamentarische *clearing house* der Union, er hielt den Kontakt zur Bundesregierung und kontrollierte die Fraktion. Umgekehrt brachte er die Interessen der Fraktion gegenüber der Bundesregierung zur Sprache.[54] Vor allem aber ebnete die Mitgliedschaft im Elfer-Ausschuß den Weg in wichtige Bundestagsausschüsse, den eigentlichen Arbeitsstätten des Parlaments, wo im kleineren Kreis, fraktionsübergreifend, die Sachfragen diskutiert werden. Hier etablierte sich der Prädikatsjurist Kiesinger, seinen Neigungen und seinem Beruf entsprechend, bald als einer der führenden Fraktionsjuristen. Kiesinger wurde in den Rechtsausschuß gewählt und gelangte als federführendes CDU-Mitglied in den nur in der ersten Legislaturperiode existierenden Ausschuß zum Schutze der Verfassung.[55]

Weil die CDU den Vorsitz im Rechtsausschuß den Sozialdemokraten überlassen mußte, fiel für Kiesinger zunächst nur ein stellvertretender Vorsitz ab.[56] Vorsitzender wurde Georg-August Zinn von der SPD, mit dem Kiesinger, nachdem Zinn 1950 zum hessischen Ministerpräsidenten gewählt wurde, ab Mai 1950 im Vermittlungsausschuß von Bundestag und Bundesrat eng zusammenarbeiten sollte. Als Sprungbrett in dieses eminent wichtige parlamentarische Gremium hatte Kiesinger die ordentliche Mitgliedschaft im Ausschuß für Geschäftsordnung und Organisation gedient[57], von wo er in den Unterausschuß gelangte, der die gesetzlichen Grundlagen des Vermittlungsausschusses erarbeitete.[58] Außerdem wurde Kiesinger für den in der Südweststaatsfrage federführenden Ausschuß für innergebietliche Neuordnung nominiert, als Statthalter Gebhard Müllers und der südwürttembergischen Interessen.[59] Mit diesen Mandaten war Kiesinger unter den sieben südwürttembergischen CDU-Abgeordneten der mit Abstand am prominentesten plazierte.[60]

Kiesinger begann als Rechtspolitiker, doch die Außenpolitik kam bald hinzu. Als stellvertretendes Mitglied (ohne Stimmrecht) im Ausschuß für das Besatzungsstatut und auswärtige Angelegenheiten, dem späteren Auswärtigen Ausschuß, dem er ab 1954 präsidierte, war Kiesinger von Anfang an in den außenpolitischen Diskussionsprozeß eingebunden. Es spricht für sein Ansehen in der Fraktion, daß er sofort als potentielles Vollmitglied des Auswärtigen Ausschusses gehandelt wurde.[61] Auf eine Mitgliedschaft in diesem prestigeträchtigen Gremium konnten sich eigentlich nur Abgeordnete mit einschlägiger Vorqualifikation Hoffnung machen – diese war im Falle des Ex-AA-Mannes Kiesinger womöglich sogar gegeben – oder mit guten parteipolitischen Verbindungen. Vielleicht hatte auch Adenauer seine Hand im Spiel, der beim Auswärtigen Ausschuß nichts dem Zufall überlassen haben soll und in Kiesinger wohl kaum einen Konkurrenten in diesem für seine Politik zentralen Gremium witterte.[62]

Daß es mit der Vollmitgliedschaft des Auswärtigen Ausschusses nicht auf Anhieb klappte, hing eng mit regionalen und konfessionellen Gesichtspunkten zusammen. Mit dem protestantischen Württemberger Eugen Gerstenmaier, dem südbadischen katholischen Rechtsanwalt Hermann Kopf und dem Heidelberger Rechtswissenschaftler Eduard Wahl waren die Südwestdeutschen überrepräsentiert. Kiesinger blieb nur ein stellvertretender Sitz, nachdem er in einer Kampfabstimmung Hans Schlange-Schöningen unterlegen war, der als ehemaliger Direktor der bizonalen Verwaltung für Ernährung, Landwirtschaft und Forsten, Weimarer Reichstagsabgeordneter und

Minister im Kabinett Brüning über die Anciennität verfügte, um »wie selbstverständlich« einen Sitz im Auswärtigen Ausschuß zu beanspruchen.[63] Nachdem Schlange-Schöningen, ein ehemaliges Mitglied derselben südamerikanischen Auswanderergruppe um Köster, der sich auch Kiesinger hatte anschließen wollen, als erster deutscher Generalkonsul (und späterer Botschafter) nach London weggelobt worden war, rückte Kiesinger im Juni 1950 als Vollmitglied nach.[64] Aufgrund anderer Verpflichtungen hat Kiesinger in der ersten Legislaturperiode jedoch nur an 59 der insgesamt 127 Sitzungen des Auswärtigen Ausschusses teilgenommen, weshalb Brentano Anfang 1952 vergeblich versuchte, Kiesinger zum Rücktritt zu bewegen.[65]

Kiesinger saß nun in drei, zeitweilig vier Ausschüssen und war Mitglied des Fraktionsvorstandes. Wenn auch nicht im engsten Führungszirkel um Brentano, gehörte er zu den Fraktionsmitgliedern, deren Urteil auf ihrem Gebiet etwas zählte.[66] Das wurde auch von außen so gesehen: Als nach dem Ausbruch des Koreakrieges der amerikanische Hochkommissar, John McCloy, einen handverlesenen Kreis von CDU-Abgeordneten zu sich auf den Petersberg bat, um sie nach ihrer Meinung über einen deutschen Wehrbeitrag zu befragen, gehörte Kiesinger zu den Geladenen.[67] Und vor allem wurde er von Adenauer gefördert. Kiesingers erste große Rede im Bundestag galt mit der »Petersberger Ouvertüre« (Waldemar Besson) dem ersten konkreten Schritt, den die Regierung Adenauer in der Außen- und Deutschlandpolitik unternahm. Daß der Kanzler ihn höchstpersönlich zu dieser Rede aufgefordert hatte[68], galt als besondere Auszeichnung, weil Adenauer gegenüber der Fraktion nur selten einen konkreten Redner-Wunsch äußerte. Kiesinger entledigte sich der Aufgabe mit Bravour und wurde im Juli 1950 mit der Entsendung in die Beratende Versammlung des Europarates belohnt.

Schon wenige Monate nach seinem Einzug in das Bonner Parlament war Kiesinger gut etabliert und erfreute sich wachsender Aufmerksamkeit. Im April 1950 bezeichnete ihn der Bonner Hofchronist Walter Henkels als einen »kommenden deutschen Politiker«. Dies ist eines der einflußreichsten Worte, die je über Kiesinger geschrieben worden sind. Als eine Art *self fulfilling prophecy* wurde Henkels' Diktum jahrzehntelang von den Journalisten zitiert: Wie schon zuvor seine Lehrer, dann der Kommandeur des Lagers 74 und der Bürgermeister von Rottenburg war sich auch Henkels sicher, einen Mann mit großer politischer Zukunft vor sich zu haben. Kiesinger sei gerade erst gewählt worden, schon werde es still im Parlament und auf der Tribüne, wenn der Präsident sage: »Das Wort hat der Abgeordnete Kiesinger.« Man werde sich Kiesingers Name merken müssen: »Sicher ist, daß Kiesinger eine Persönlichkeit von hohen Graden ist, über die noch oft zu sprechen sein wird.«[69]

Demokratie und Vergangenheitsbewältigung: Das Anliegen in der Politik

Die Ausschußmandate, Vorstandsmitgliedschaften und Entsendungen »nach Europa« sind der äußere Rahmen, in dem sich Kiesingers Laufbahn nun abspielte. Er hatte, worauf der Hofchronist Henkels verweist, mit zündenden Reden die Aufmerksamkeit der Kollegen und des Publikums auf sich gezogen. Dem oft gewürdigten Redner ist der Gesprächspartner an die Seite zu stellen; eine vielleicht sogar wichtigere Figur, da Kiesinger das Gespräch im kleineren oder mittleren Kreis kultivierte. Die größeren Gremien, die Fraktion und die Ausschüsse, waren sein Feld eigentlich nicht. Nicht von ungefähr schuf er als Bundeskanzler mit dem Kreßbronner Kreis einen Koalitionsausschuß jenseits des Kabinetts, den zu dominieren ihm leichter fiel als die größeren Runden. Und im Kanzleramt regierte er mittels »kleiner« und »großer Lage«, im Kreis seiner engsten Getreuen, zu denen, wie schon ab 1950, wieder Diehl und Schirmer gehörten.

In diesen kleinen Runden war Kiesinger schwer zu schlagen. Rhetorisch war in direkter Konfrontation kaum gegen ihn anzukommen, zumal er aufgrund seiner Körpergröße sein Gegenüber erdrückte. Zugleich kam die kleine Runde Kiesingers Denkstil entgegen. Dort konnte der Skeptiker seine Gedanken und Pläne ungeschützt ventilieren. Hier kam seine Beobachtungsgabe, sein impulsives Vorstellungsvermögen besser zur Geltung als auf der großen Bühne des Parlaments, wo polemisch über die Durchsetzung politischer Ziele gestritten wird und hypothetischen Szenarien nicht allzu tief auf den Grund gegangen werden sollte. Im Gespräch zu zweit, zu dritt, oft auch in freier Natur, in der Runde der Mitarbeiter und Kollegen, in Gremien und kleinen Unterausschüssen, war Kiesinger zu Hause. Schon bald sah man ihn in *ad hoc* zusammengerufenen Kommissionen und vertraulichen Runden sitzen, in denen er sein Geschick im Überbrücken der Gegensätze mit oder ohne Formelkompromiß übte.

Dies ist die Methode, doch was ist das Anliegen Kiesingers in der Politik? Henkels erklärte er: das Finden neuer Formen der Demokratie. Was meinte er damit, war doch die Nachkriegsdemokratie keine fünf Jahre alt? Nun, die verstaubten »Requisiten der parlamentarischen Demokratie« des 19. Jahrhunderts hielt er, der vor 1949 weder Amt noch Mandat besessen hatte, für antiquiert.[70] Die Jugend, damit meinte er die 20- bis 40jährigen, wolle eine, dieses Wort dürfe nicht mißverstanden werden, kontrolliert »autoritäre« Staatsführung. Er dachte an das Vorbild des amerikanischen Präsidenten, dessen Unabhängigkeit gegenüber dem Kongreß er bewunderte – in eigenartiger Verkennung der durch die Gewaltenverschränkung der *checks and balances* empfindlich behinderten Spielräume der amerikanischen Exekutive und der starken Stellung des westdeutschen Bundeskanzlers unter dem Grundgesetz.[71] Aber Kiesinger ging es nicht um eine Parlamentsreform oder eine wie auch immer geartete Amerikanisierung der westdeutschen Verfassungswirklichkeit: Er wollte eine starke, wehrhafte Demokratie, die allen totalitären Gefährdungen von links und von rechts trotzte.

Das positive Gegenstück zu dieser negativen Gefahrenabwehr bildete die Arbeit an der Verbreiterung des demokratischen Konsenses – teils durch das Instrument der politischen Bildung und die Erziehung der Jugend zur Demokratie, teils durch das Vorbild der Politiker, die mit dem unpopulären »Parteienhader« Schluß machen sollten. Kiesinger sah die Bonner Politik durchaus als Teil des Problems, wenn er in Anlehnung an Carl Schmitt über den »betrüblichen« politischen Stil des Bundestags lamentierte.[72] Seine Kollegen sollten nicht einseitige Partei- und Interessenstandpunkte verfolgen, nicht Ressentiments »aufquirlen« mittels »schrecklich vereinfachender« Schlagwörter, sondern die »Dinge aus der Verantwortung für das Ganze sehen«.[73] Wie schon zuvor im Lager 74 und dann in Südwürttemberg wollte Kiesinger zur Demokratie erziehen, wobei er es sich besonders angelegen sein ließ, die junge Elite zum vorbildlichen Handeln zu ermuntern und »durch die Tat zu überzeugen«.[74]

Dieses doppelte Anliegen, die Demokratie wehrhaft und zugleich »wirklich volkstümlich« zu machen, hat Kiesinger insbesondere im Ausschuß zum Schutz der Verfassung verfolgt. Dieser verstand sich sowohl als Institution zur Überwachung verfassungsfeindlicher Aktivitäten und Angriffe auf die freiheitlich-demokratische Grundordnung als auch als »Gewissen« der Bundesrepublik und »Volkshochschule« des Parlaments. Mit vorbeugenden, d. h. erzieherischen Maßnahmen sollte »die Sicherheit des demokratischen Staates und die Vertiefung demokratischen Gedankengutes« gewährleistet werden.

Um der Demokratie populären Rückhalt zu schaffen, bedurfte es auch einer emotionalen Komponente. War Weimar nicht am Vernunft-Republikanertum seiner allzu nüchternen Verteidiger zugrunde gegangen? Er selbst hatte seine Hand nicht für die Demokratie ins Feuer gelegt: Die erste Republik, so sagte sich Kiesinger vielleicht im Rückblick auf die eigene Haltung, habe der »Herzenswärme« ihrer Bürger entbehrt. Allein mit Strafgesetzen sei eine Demokratie nicht zu bauen.[75]

Um die Volkstümlichkeit der Demokratie und die nationale Symbolik drehte sich seine Jungfernrede am 20. Oktober 1949, bereits in der 12. Sitzung des 1. Bundestages. Das damals noch im Bundestag vertretene Zentrum hatte einen Gesetzesentwurf eingebracht, der die Beschimpfung der schwarz-rotgoldenen Flagge unter Strafe stellen und zugleich jegliche Diskussion über die Bundesfarben außerhalb des Parlaments unterbinden wollte. Auch der Werbung zu parteipolitischen Zwecken sollte die Flagge entzogen werden, was in der Unionsfraktion auf wenig Gegenliebe stieß. Als Lehre aus Weimar suchte das Zentrum jegliches Risiko zu unterbinden, »die Bundesfarben in ihrer Autorität auf Umwegen« herabzusetzen. Denn »Schwarz-Rot-Gelb« oder noch schlimmer: »Schwarz-Rot-Mostrich« war eine jener despektierlichen Formeln, mit denen die Feinde der Republik einst gegen den Weimarer Staat agitiert hatten. Erste Anzeichen einer Renaissance dieser republikfeindlichen Terminologie waren schon zu vernehmen.[76]

Gegenüber den vom Zentrum ins Spiel gebrachten Sanktionen zielte der konsensorientierte Kiesinger auf positive Integrationsmechanismen ab. Wer die Flagge verächtlich mache, der müsse bestraft werden. Auch gegen die kommerzielle Nutzung von Schwarz-Rot-Gold sprächen gewichtige Gründe. Aber sei es nicht kontraproduktiv, private Äußerungen und die Verwendung der Flagge in der politischen Propaganda bis hin zu den Parteitagen unter Strafe zu stellen? Man müsse die Flagge schützen, zugleich aber auf ihre symbolische Macht und integrativen Qualitäten bauen. Der Jungfernredner Kiesinger holte weit aus, um sein demokratisches Credo zu verkünden: Mit Sanktionen sei kein Staat zu machen. Bonn müsse die Menschen gewinnen, indem es an den Gefühlshaushalt appelliere: Es werde noch etwas dauern, bis die Bundesfarben »eines Tages wirklich unsere Farben sein werden« und »die Herzen der Menschen [...] höher schlagen, wenn die Fahne am Mast emporsteigt«. Die Politiker seien gefordert, »um möglichst rasch in unserem Volke jene Herzenswärme für unsere Flagge und unsere Farben zu wecken, die in allen Ländern der Welt für die Fahne der Nation eine Selbstverständlichkeit ist«.

Weimar, so Kiesinger, habe *auch* an der fehlenden patriotischen Begeisterungsfähigkeit seiner Bürger gekrankt. Den Verteidigern der alten Reichsflagge von Schwarz-Weiß-Rot schrieb er ins Stammbuch, daß Schwarz-Rot-Gold eine stolze Tradition besitze, daß die Flagge der 48er-Revolution »begleitet und getragen gewesen ist von der Liebe bedeutender, ehrenhafter, unser Volk wahrhaft liebender Männer und Frauen«. Gedankenlose Kaiserreichs-Nostalgiker vergäßen, daß Schwarz-Weiß-Rot zum Hakenkreuz mutiert worden war, während Schwarz-Rot-Gold »niemals über einer deutschen Katastrophe« geweht habe. »Geben wir doch«, Kiesinger steigerte sich in brausendem Crescendo, »dieser armen, gefährdeten Flagge, die so arm und gefährdet ist wie unser ganzer Staat und unser ganzes Volk«, jenen Kredit, den sie braucht, damit »sie wirklich und in Wahrheit die Flagge des Herzens der Deutschen werden kann!«[77]

Für heutige Ohren klingt Kiesingers Flaggenrede reichlich pathetisch. Seine Beschwörung des Aufbruchs zu neuen demokratischen Ufern erinnert in ihrem Duktus an ältere rhetorische Traditionen, wie überhaupt der frühe Bundestag äußerlich noch in die Zwischenkriegszeit gehört. In Stil und sprachlichem Ausdruck standen viele Politiker in Weimar bzw. im »Dritten Reich«. Doch trat Kiesinger mit seinem patriotischen Appell an die Gefühle der Menschen einem verbreiteten Mißtrauen gegen die Demokratie entgegen. Noch war diese im Sinne einer geistig-moralischen Orientierung nach Westen nicht fest in den Köpfen verankert – und nicht in den Herzen eingewurzelt, wie Kiesinger wohl gesagt hätte.

Nach vierjähriger Besatzungszeit war selbst im formal verfassungsrechtlichen Sinne Treue zum Staat alles andere als selbstverständlich. Als Mitglied des Verfassungsausschusses wußte Kiesinger, wovon er sprach, wenn er forderte, »jenen dreisten Kräften, die schon wieder allzu begehrlich ihr Haupt erheben«, auf die Finger zu klopfen: »Die Schlacht um diesen neuen demokratischen Staat wird nicht im parlamentarischen Raum gewonnen oder verloren«, sondern draußen im Volk, »wo die Kräfte der Demagogie durch Flüsterpropaganda, und nicht einmal durch Flüsterpropaganda, sondern schon wieder in der Presse und anderswo gegen diesen neuen Staat zu wühlen beginnen«.

Und in der Tat, es gab Anzeichen zur Sorge: Kiesinger war alarmiert, als der Abgeordnete Hedler von der Deutschen Partei (DP), immerhin Mitglied einer Regierungsfraktion, die Männer des 20. Juli als »Landesverräter« bezeichnete, die Schuld für den Ausbruch des Zweiten Weltkrieges »überstaatlichen Kräften« gab sowie Kurt Schumacher für seine »judenfreundliche« Haltung kritisierte. Auch wurde Hedler das (unbestätigte) Zitat zugeschrieben, man könne darüber geteilter Meinung sein, »ob das Mittel, die Juden zu vergasen, das gegebene gewesen ist [...]. Vielleicht hätte es auch andere Wege gegeben, sich ihrer zu entledigen.« Als Hedler Anfang 1950 von einem schleswig-holsteinischen Gericht, dem zwei ehemalige NS-Richter angehörten, in erster Instanz freigesprochen wurde, schlugen die Wellen der Empörung hoch. Die deutsche Justiz, so schrieb die Heidelberger *Rhein-Neckar-Zeitung*, habe ihre Bewährungsprobe nicht bestanden.[78]

Konservative Blätter, zu denen damals noch die *Zeit* gehörte, distanzierten sich zwar von Hedlers Äußerungen, hielten jedoch politisch inopportune Aussagen von rechts für kaum justiziabel. Auch Kiesinger war der Meinung, daß die Demokratie so etwas aushalten müsse, als der »Fall Hedler« kaum 24 Stunden nach dem Gerichtsurteil eine Bundestagsdebatte provozierte. Als Unionssprecher kritisierte er eine Erklärung der SPD, die eine Bestrafung der Richter wegen Rechtsbeugung verlangte. In den Grundsätzen sei er mit der

SPD zwar einig, »gegen das, was Sie dem Abgeordneten Hedler vorwerfen und in Ihrem Willen, gegen jene Kräfte [...] unbeugsam vorzugehen«. Doch moralische Verdammnis sowie politische Bekämpfung einerseits und strafrechtliche Verfolgung andererseits seien zweierlei Stiefel: Die SPD könne allenfalls eine Untersuchung verlangen, ob die Richter befangen gewesen seien. Emotionale »Richterschelte« schade dem Rechtstaat: »Wir haben, meine Damen und Herren, nicht nur eine Demokratie zu verteidigen, wir haben auch einen Rechtsstaat zu verteidigen.«[79]

Der erste Bundestag schuf Präzedenzfälle. Es lohnte sich, in Grundfragen tief einzusteigen: Über den Beratungen des Ausschusses zum Schutze der Verfassung und des Rechtsausschusses wehte ein Hauch von Akademie. Was das Verhältnis von Rechtsstaatlichkeit und Demokratie betraf, so räumte Kiesinger, bei aller prinzipieller Bejahung der Gleichrangigkeit und Reziprozität der beiden Staatsziele, im Zweifelsfall der Unabhängigkeit des Richterstandes einen höheren Wert ein als einer öffentlichen Willensäußerung der Volksvertretung. Sein Bekenntnis goß er in goldene Lettern: »Demokratie als Absolutum, ohne die Fundamente des Rechts, ist eine Barbarei«, erklärte er im März 1950 während einer Debatte über ein Gesetz zum »Schutz der Demokratie«.[80] Während dem Recht gewisse überpositive, im katholischen Milieu oft als naturrechtlich verstandene Eigenschaften zukommen, basiert der demokratische Entscheidungsprozeß letztlich auf zufälligen und damit auf von prinzipiell hinterfragbaren Mehrheitsverhältnissen abhängigen Wertentscheidungen. Aus Furcht vor der »Masse« (und damit der Mehrheit) wurde von Kiesinger der Vorrang des Rechts postuliert. Das hatte erneut mit Erfahrungen zwischen 1933 und 1945 zu tun. Damals hatte das katholische Milieu die Beseitigung des Rechtsstaates als gravierenderen Eingriff empfunden als die Abschaffung des Parlamentarismus.

Als Kiesinger am Tag seiner Jungfernrede ein vom Zentrum eingebrachtes Amnestiegesetz kritisierte, das »aus dem Eifer für die demokratische Idee und aus der Gegnerschaft gegen den Nationalsozialismus« begangene Taten straffrei stellen wollte, tat er dies nicht ohne den Hinweis, daß der Zentrumsvorschlag den Tatbestand der Gesinnungstäterschaft wiedereinführen würde, der »verdächtig an Methoden eines überwundenen Regimes« erinnere: »Wir haben damals ja erlebt, daß auch auf diese Weise Straftaten der Verfolgung entzogen werden sollten.« Es sei eine Sache, »wacher und aufmerksamer als nach 1919 die offenen und heimlichen Angriffe auf die Verfassung« zu beobachten und abzuwehren; eine andere, »die Methoden eines Regimes« nachzuahmen, »die uns wahrhaftig nicht Vorbild sein können«.[81] Kiesinger sprach ein tiefes Dilemma an: Wie verfährt eine Demokratie mit der millionenfachen personellen Hinterlassenschaft und den menschlichen, materiellen und moralischen Kosten einer Unrechtsherrschaft, die sich aufgrund ihres Ausnahmecharakters rechtsstaatlichen Instrumenten und Begriffen häufig entzieht? Dem Buchstaben des Gesetzes steht das legitime Bedürfnis nach Gerechtigkeit in einem überpositiven, moralischen und historischen Sinne entgegen, dem mit Paragraphen oft nur schwer Genüge getan werden kann.

»Wir sind natürlich nicht so ahnungslos, wie Sie glauben, und treffen sehr genau Feststellung über die öffentliche Meinung. Ich glaube nach unseren Beobachtungen nicht an ein Wiederaufleben des Nationalsozialismus, aber wir bleiben natürlich wachsam und wir sind auch nicht so untätig, wie es Ihnen scheint«, schrieb Kiesinger einer Wählerin, die dem Parlament eine zu laxe Haltung gegenüber Sammlungsbewegungen ehemaliger Nazis attestierte.[82] Kiesinger wußte, daß die »Ehemaligen« sich in Klübchen und Klüngeln zusammenrotteten. Eine Teilnahme an den Treffen seiner ehemaligen Ludwigsburger Mithäftlinge kam für ihn nicht in Frage, so sehr er es auch begrüßen würde, »manches Gesicht aus Camp 74 wiederzusehen [...]. Dabei kommt – ähnliche Beispiele beweisen das – nichts Gutes heraus. [...] Es besteht immer die Gefahr, daß unbelehrbare Fanatiker und Hysteriker dabei Unheil anrichten.«[83] Für einen gewählten Politiker war es ein erstrangiges Anliegen, jenen demokratischen Staat zu hegen und zu pflegen, dem er sein Mandat verdankte. Ein neues '33 zu verhindern, war ein Gebot der Selbsterhaltung. Nur was konnte dies, bezogen auf die alten Nazis, konkret heißen?

Wie dieser nazistische Bodensatz in die Republik integriert werden konnte, war eine der großen und nach wie vor kontrovers beurteilten Herausforderungen der frühen Bonner Demokratie.[84] Weimar und die NS-Machtergreifung warfen einen langen Schatten auf die Beratungen des Ausschusses zum Schutze der Verfassung. Dabei richtete sich das Interesse Kiesingers, wie vieler Intellektueller der frühen Bundesrepublik, stärker auf den Untergang der Demokratie vor 1933 und nicht auf die uns heute so bewegende Frage, wie ein säkulares Menschheitsverbrechen inmitten der deutschen Bevölkerung in Gang gesetzt werden konnte. Das Kind war in dieser Sicht 1933 in den Brunnen gefallen und nicht erst 1941.

Das hieß aber nicht, daß Kiesinger nun von vorneherein einen gnädigen Mantel des Vergessens über die Folgen der nationalsozialistischen Machtübernahme gebreitet hätte. In seinen frühen Reden ist der Holocaust präsent: Wer die *Stenographischen Berichte* des Deutschen Bundestages aufmerksam liest, der gewinnt nicht den Eindruck, daß im Bonner Parlament die Neigung vorgeherrscht hätte, den Nationalsozialismus »fast hermetisch zu beschweigen«, wie es in oberflächlicher Betrachtung erscheint.[85] Kiesinger suchte nach rhetorischen und politischen Strategien für den Umgang mit der nationalsozialistischen Erblast, die einen wichtigen, wenn nicht sogar den zentralen Bezugspunkt seiner politischen Selbstreflexion in dieser Frühphase darstellt.

Daß es einen Zusammenhang zwischen Schuldanerkenntnis und demokratischem Aufbau geben könnte, war in den Gründerjahren der Republik durchaus geläufig. Seit Karl Jaspers' Heidelberger »Vorlesungen über die geistige Situation in Deutschland« im Wintersemester 1945/46 scheint der demokratische Konsens der BRD mehr oder weniger darauf zu gründen. Weit auseinander gingen jedoch die Ansichten, wer, wofür und bis zum welchem Grade schuldig geworden war.[86] Ob es angesichts scharfer öffentlicher Distanzierung vom Nationalsozialismus auch einer ebenso öffentlichen Thematisierung der eigenen Rolle im Sinne der von Jaspers geforderten *mea culpa* bedurfte, stand auf einem völlig anderen Blatt. Kiesinger jedenfalls erweckte nicht den Eindruck, als ob er sich *persönlich* etwas vorzuwerfen gehabt hätte. Im Gegenteil: An der eigenen Rolle hob er hervor, daß er als Rechtsanwalt mit dem NS-Staat in Konflikt geratene Menschen verteidigt hatte.[87]

Umgekehrt äußerte er Verständnis für diejenigen unter den Juristen, die als Richter dem NS-Staat nicht im Namen eines »übergesetzlichen Rechtes« widerstanden hätten. Viele Richter, dies würden zukünftige »objektive Historiker« zu Tage fördern, hätten noch zu »verhältnismäßig später Zeit mit wirklichem Mut zum Recht aufrecht und unabhängig entschieden«.[88] Im März 1950 erinnerte Kiesinger daran, daß auf den demokratischen Zusammenbruch in den Jahren vor 1933 die Tatsache gefolgt sei, »daß Millionen Unschuldiger in diesem Volk gemordet wurden«. Angesichts der Scham über die »in deutschem Namen begangenen Verbrechen« und des Katzenjammers nach dem Nationalsozialismus ließen sich derartige Überlegungen nicht leicht in passende Worte fassen, wie der nebenstehende Ausschnitt aus einer Bundestagsrede Kiesingers illustriert.

Man habe sich einfach nicht vorstellen können, so Kiesinger auf dem Goslarer CDU-Parteitag Ende Oktober 1950, zu welch »schauerlichen Dingen« die Menschen fähig gewesen seien – was *en passant* ein Nichtwissen über das Ausmaß der Judenmorde implizierte, aber trotz aller Tendenz zu Selbstrechtfertigung das heikle Thema auch nicht völlig unter den Tisch kehrte. Zugleich wurde diese Teilanerkenntnis sofort scharf antikommunistisch umgebogen: »Und wenige Jahre danach hat das Unheil, das im Osten bereits gesiegt hatte, auch in unserem Vaterland sein Haupt erhoben; wenige Jahre danach rauchten in unserem Vaterland die Öfen, in denen Hunderttausende unschuldiger Menschen verbrannt wurden. Welche Phantasie eines geschichtlichen Propheten hätte das voraussehen können?«[89]

»In der Vergangenheit haben wir Dinge erlebt, von denen man fast nicht sprechen will, weil man glaubt, daß man in ein Pathos hineinkommen könnte, das unecht wirken könnte. Wir haben Dinge erlebt, die uns heute noch die brennende Scham ins Herz treiben, den tiefen Schmerz, die tiefe Trauer. Und wenn es heute in deutschen Landen wieder Menschen gibt, die, wenn es wahr ist, über dieses vergangene System urteilend, glauben sagen zu können: ›Die Judenfrage wurde nicht glücklich gelöst!‹ – jene Frage, bei der es sich darum handelt, daß Millionen Unschuldiger in diesem Volk gemordet wurden – dann heißt es allerdings: Alarm!«
Kiesinger im Deutschen Bundestag, 47. Sitzung, 16. März 1950, S. 1599.

Scham und ein Anflug von Reue über Nationalsozialismus sind das eine. Das andere ist die nähere inhaltliche Bestimmung des demokratischen Verfassungsstaates. Hier vertrat Kiesinger jene grundkonservative, katholisch-abendländische Auffassung mit semi-autoritären Zügen, die Adenauer so eingängig personifizierte. Der Kiesinger des frühen Bundestages war kein Mann eines *anything goes* moderner, pluralistischer Prägung. Den Mehrheitsgrundsatz wollte er als Spielregel akzeptieren, aber nicht als letztgültige Grundlage der Entscheidung: »Denn nie und nimmer hat in *allen* Dingen, die das Leben der Menschheit wirklich bestimmen, die Mehrheit recht (*Sehr gut*), sondern immer hat das ewige göttliche Gebot recht (*Beifall*).« Innerhalb der vom Grundgesetz vorgegebenen Ordnung sei eine Spannbreite abgegrenzt: Demokratie sei »vielleicht das meistmißbrauchte Wort unserer Zeit«, das »in den verschiedenen Köpfen recht verschieden« aussieht. Entscheidend sei daher die Herstellung »jenes ideologischen Existenzminimums«, das »wirklich das erzeugt, was die wirklichen Freunde der Demokratie in diesem Hause wollen, nämlich die begeisterte Zustimmung aller Freunde der Demokratie«.[90] Das Volk habe der CDU den Auftrag gegeben, keine sozialistische oder eine Volksdemokratie zu bauen, auch keine jakobinische nach den Grundsätzen der Französischen Revolution, sondern eine »nach demokratischen Grundsätzen aus christlicher Schau«.[91]

Was aber versteht sich nun wiederum unter dieser Demokratie »aus christlicher Schau«? Leicht machte es Kiesinger, dieser Meister der Exkurse, seinen Zuhörern nicht, die positiven Ziele seiner Weltanschauung zu identifizieren.[92] Zunächst fällt auf, mit welcher Leidenschaft Kiesinger, den der Karlsruher Historiker Hans-Otto Kleinmann einmal als den »letzten führenden Exponenten einer Politikergattung« bezeichnet hat, die »mit ihrer gemäßigtliberalen und juristisch-staatswissenschaftlichen Prägung« an den bildungsbürgerlichen Habitus der Professoren-Politiker der Frankfurter Paulskirche erinnert hätten[93], gegen die liberalen Vorläufer des 19. Jahrhunderts wetterte. In der legendären dritten Fraktionssitzung im Bonner Bürgerverein hatte er Heuss zum »liebenswürdigen Überrest des 19. Jahrhunderts« gestempelt. In einer Serie von Beiträgen zum »historischen Standort der CDU« rechnete er mit den großen politischen Bewegungen des 19. Jahrhunderts ab, dem Liberalismus und dem Marxismus, die er als reine Weltanschauungsparteien, als »müde gewordenes, greise gewordenes 19. Jahrhundert« denunzierte, den Herausforderungen der Gegenwart nicht mehr gewachsen. Beide Parteiungen verträten wesentlich Klassen- und Partikularinteressen und wären daher für die Katastrophen des 20. Jahrhunderts mitverantwortlich.[94]

Gegen diese Defizite der großen Ideologien des 19. Jahrhunderts stellte er selbstbewußt die CDU. Sie sei »die einzige politische Gruppe, die etwas Neues in diesem Lande« gebracht habe nach dem Zweiten Weltkrieg. Und selbstverständlich sei die CDU keine Klientel- und Interessenpartei. Der moralische und politische Führungsanspruch der CDU leite sich aus programmatischer Überwindung der sozialen und konfessionellen Gegensätze ab, der jahrhundertealten Wurzel aller Übel. Weil die CDU Schluß mache mit »verbrauchten Rezepten«, sei sie dazu aufgerufen, »das politische Schicksal unseres Volkes zu gestalten«.[95] Zum Glück hatte nicht nur der Weltgeist, sondern auch der Wähler den Christdemokraten dieses Mandat erteilt: Wie sein Idol Tocqueville, den er zum Ahnherrn der Christdemokratie in Europa erklärte und dessen nüchternes, weder pessimistisches (hobbesianisches) noch uneingeschränkt optimistisches (rousseausches) Menschenbild er in Grundsätzen teilte[96], ging es Kiesinger um die Einhegung der ambivalenten Folgen der Demokratisierung. Trotz seiner Skepsis habe sich Tocqueville »zur nüchternen und mutigen Bejahung der Demokratie« entschieden: »Nicht Abschaffung, sondern Bewältigung des demokratischen Phänomens« heiße die Losung.[97]

Kiesingers frühe Reden vermitteln den Eindruck, daß er eine Art Chefideologe der CDU zu werden beabsichtigte. Dieses Amt war in der CDU nicht vorgesehen, denn der auf die Wahlurne abzielende Pragmatismus galt schon zeitgenössischen Beobachtern als ihr eigentliches Programm.[98] Stellt diese pragmatische Wende des deutschen Konservatismus auch eine der wichtigsten Innovationen der Nachkriegszeit dar, so war die CDU in seinen Augen mehr als ein Kanzlerwahlverein. Kiesinger kritisierte die programmatische Bedürfnislosigkeit seiner Partei. Angesichts eines fundamentalen gesellschaftlichen Wandels hielt er tiefschürfende Grundsatzdebatten nicht für Zeitverschwendung. Doch der Kiesingersche Programmkonservatismus hatte es schwer in den fünfziger Jahren. So wurde dem von Kiesinger gemeinsam mit seinen Kollegen Wuermeling und Tillmanns mühselig formulierten Hamburger Parteiprogramm von Adenauer der entwaffnende Satz vorangestellt, das Programm der CDU sei nicht am »grünen Tisch« entstanden, »sondern aus den Erfahrungen einer vierjährigen Regierungsarbeit«, dem eigentlichen »Ausdruck des politischen Gestaltungswillens« der Union.[99]

Bei seinen programmatischen Gehversuchen schoß Kiesinger gelegentlich über das Ziel hinaus. Dies illustriert eine Episode vom Sommer 1950, als er sich in gefährliche, nicht rein ideengeschichtliche Nähe zu einem elitären Klüngel begab, der »Ersten Legion«, die sich als »eine organisierte militante Gemeinschaft der deutschen Männer der jüngeren und mittleren Generation« verstand, mit dem Ziel einer geistigen und sittlichen Erneuerung Deutschlands »auf dem Fundament der ewig gültigen Werte des Abendlandes«. Es handelte sich um einen jener geheimnisumwitterten Zirkel, die im süddeutschen Katholizismus wie Pilze aus dem Boden schossen. Der strikt nach dem »Führerprinzip« aufgebaute, von jüngeren Katholiken und Jesuiten ins Leben gerufene »christliche Orden« knüpfte an die Jugendbewegung der Zwischenkriegszeit an und verstand sich nach dem Vorbild des Reichsbanners Schwarz-Rot-Gold als republikanische Kampftruppe gegen jegliche »Wühlarbeit«, gegen »Marxismus« Moskauer Provenienz und gegen den »Nihilismus« gemeinschaftszerstörender Tendenzen der Moderne. Daher wollte die Erste Legion die »geistige und sittliche Haltung« nach »ewig gültigen Gesetzen« erneuern, die Korruption im öffentlichen Leben ausmerzen, den Klassenkampf, »durch eine gerechte soziale Ordnung« ersetzen und den Staat »innerhalb der ihm von Gott gezogenen Grenzen des Rechtes« stärken.[100]

Der Flirt mit dem autoritären Gedankengut der Legionäre, die sich zur antinazistischen Bürgerkriegsarmee im Wartestand hochstilisierten und deren erste politische Maßnahme eine Flugblattaktion gegen die neonazistische »Bruderschaft« war, eine Organisation ehemaliger SS-Leute und höherer Offiziere, ruft Erinnerungen an Kiesingers rechtskatholische Vergangenheit in den späten Jahren der Weimarer Republik wach. Das Ganze hatte in den von einer düsteren Endzeitstimmung geplagten Bonner Anfängen durchaus nichts Ungewöhnliches. Kiesingers Ruf nach dem »starken Staat«, nach dem Ausgleich der Gegensätze »im höheren Gemeinsam« des christlichen Glaubens, seine Ablehnung der Parteien »im alten Sinne«, sprich der Vertretung organisierter Interessenstandpunkte im Parlament, lag im Zuge der Zeit. Erneut brachen die Krisengefühle der klassischen Moderne durch, die sich angesichts des zivilisatorischen Debakels der NS-Herrschaft noch einmal verstärkten. Wie Weimar sehnte sich die frühe Bundesrepublik nach Ganzheit und Gemeinschaftserlebnis.[101]

Im übrigen hatte diese nebulöse Kampftruppe sehr viel Konkreteres im Sinn als einen wortreichen Kreuzzug für eine autoritäre »Demokratie der zehn Gebote« und gegen »zerklüfteten Parteienegoismus«. Die Erste Legion spielte eine höchst zwielichtige Rolle in Adenauers Kampf um die Kontrolle der CDU. Es ging auch darum, einen nach außen hin vom Bundespresseamt unabhängigen Propagandaapparat zu schaffen, um Adenauers innerparteilichen Widersachern mit nicht immer ganz feinen Methoden das Wasser abzugraben.[102] Hauptinspirator der Ersten Legion war denn auch der CDU-Generalsekretär in der Britischen Zone, Schmalz, der mit Adenauers Zustimmung agierte. Die Verbindung zwischen Kanzleramt und Erster Legion hielt Blankenhorn, einer der engsten Berater Adenauers. Zur Finanzierung wurden Industriespenden von Pferdmenges zuverlässig vermittelt. Und als eine seiner ersten Taten entfachte Schmalz eine schmutzige Kampagne gegen den nordrhein-westfälischen Ministerpräsidenten Karl Arnold, Adenauers schärfsten innerparteilichen Konkurrenten.[103]

Kiesinger, der nicht erst seit seinen Landesgeschäftsführertagen als Spezialist für politische Propaganda galt, war dem ganzen Unternehmen durch seine Kontakte zum Bundespresseamt verbunden, als dessen Leiter er für einige Zeit im Gespräch war und dessen ehemaliger stellvertretender Chef Böx, ein strammer und ehrgeiziger CDU-Mann, als Sprecher der Ersten Legion firmierte. Wie tief Kiesinger darin im einzelnen involviert gewesen ist, läßt sich aufgrund der lückenhaften Überlieferung nicht mehr feststellen. Jedenfalls kämpfte die Erste Legion für Adenauers personalpolitische Ziele, so auch gegen die Ernennung des Jakob Kaiser nahestehenden Otto John zum Chef des Bundesamtes für Verfassungsschutz in Köln, womit sich wiederum Kiesinger als Mitglied des Ausschusses zum Schutz der Verfassung befaßte.

Kein Wunder, daß der linke Flügel um Kaiser und die Berliner CDU als Antwort auf diese Intrige Adenauers auf dem Goslarer Bundesparteitag im Herbst 1950 eine scharfe Attacke auf Kiesinger ritt. Dort wurde Kiesinger denn auch als führendes Mitglied dieser Stoßtruppe Adenauer mit gezielten Hinweisen auf seine NS-Vergangenheit unmöglich gemacht. Angesichts eines Aufruhrs in der Presse sah sich Adenauer zum schnellen Einlenken gezwungen: 1951 distanzierten sich die demokratischen Parteien einhellig von der Ersten Legion. Kiesinger selbst gab dem CDU-Bundesvorstand die Empfehlung, die Verhältnisse in der Jungen Union zu überprüfen und allen Parteimitgliedern zu empfehlen, ihre Verbindungen zur Ersten Legion zu kappen. Der Spuk war ebensoschnell vorüber, wie er gekommen war.[104]

Rechtspolitiker: Bundesverfassungsgerichtsgesetz und Vermittlungsausschuss

Demokratie ist ein formalisierter Entscheidungsprozeß, dessen Grundregel lautet, daß die Mehrheit sich durchsetzt. Wenn Kiesinger in schönster naturrechtlicher Diktion dozierte, daß die Mehrheit »nie und nimmer« recht habe, wenn »das ewige göttliche Gesetz« involviert sei, dann suchte er in der Demokratie doch ein gewisses »ideologisches Existenzminimum«.[105] Konkreter Ausdruck dieser Haltung war Kiesingers erfolgreiches Bemühen um das Bundesverfassungsgericht, der wohl »originellsten und interessantesten Instanz« (Alfred Grosser) des Grundgesetzes, die so gut wie ohne Vorbild in der deutschen Verfassungsgeschichte ist.[106]

Der Parlamentarische Rat hatte die Ausgestaltung des Obersten Gerichts dem künftigen Bundesgesetzgeber überlassen und nur einige Mindestanforderungen formuliert, darunter einen Kompetenzkatalog, der hauptsächlich Streitigkeiten zwischen obersten Bundesorganen sowie Bund und Ländern betraf. Das für die rechtliche Entwicklung in der Bundesrepublik zentrale Institut der Verfassungsbeschwerde »von jedermann« war noch nicht vorgesehen, sondern wurde erst im Bundesverfassungsgerichtsgesetz eingefügt.[107] Alle Details, von der Wahl der Richter über die innere Organisation des Gerichts bis hin zu der zentralen Frage, welche Stellung es innerhalb des Systems der Gewaltenteilung einnahm, waren ausgeklammert worden.[108] Dies war die Aufgabe des Bundestages, der das Gesetz erst im Februar 1951 verabschiedete, weshalb sich das höchste deutsche Gericht erst zwei Jahre nach der Gründung der Bundesrepublik in Karlsruhe konstituieren konnte.

Angesichts dieser Lücke im konstitutionellen Gefüge der BRD empfanden sich die Autoren des Bundesverfassungsgerichtsgesetzes als verspätete Verfassungsväter. Wahrlich eine große Aufgabe für den federführenden Rechtsausschuß, in dem Kiesinger als einer der beiden Berichterstatter gemeinsam mit dem Abgeordneten Merkatz (Deutsche Partei) die Gesetzesentwürfe von SPD und Bundesregierung referierte. Sein Hauptverdienst sah er im Rückblick in der Vermittlung eines Kompromisses in der höchst umstrittenen Frage der Richterwahl – was für die meisten Politiker in der Tat der zentrale Gesichtspunkt war. Hier sollte sich zeigen, ob die Bonner Politik zu konstruktiven Lösungen bei der Ausgestaltung derjenigen Institution würde finden können, von der in letzter Instanz die Sicherung der durch das Grundgesetz geschaffenen Rechtsordnung abhängen würde.

Es ist erstaunlich, wie wenig präsent die Beratungen über das Bundesverfassungsgericht nicht nur den Zeitgenossen waren, sondern mit welcher Geringschätzung die Arbeit des Rechtsausschusses an einer der wichtigsten verfassungsrechtlichen Innovationen der frühen Bundesrepublik bis heute in der historischen Literatur gestraft wird – ganz im Unterschied zu den Veröffentlichungen der Verfassungsjuristen.[109] Für die sperrige verfassungsrechtliche Materie erwärmten sich in der Unionsfraktion nur wenige, als Kiesinger Anfang 1950 über den Stand der Verhandlungen referierte. Mit der bezeichnenden Ausnahme der Richterwahl und der Frage des Sitzes des Gerichts wurde die lästige Angelegenheit getrost den Spezialisten überlassen.[110]

Auch Kiesingers Diskussionsbeiträge im Rechtsausschuß konzentrierten sich auf die heftig umstrittenen Probleme der Zusammensetzung und inneren Organisation des Gerichts sowie auf die Wahl und Qualifikation der Verfassungsrichter. Anfangs hielt er das Verhältnis von Bundesrichtern und Nichtbundesrichtern sowie die formalen Anforderungen an das Richteramt für die wichtigsten Fragen. Die Einrichtung einer Verfassungsbeschwerde lag zunächst außerhalb seines Horizonts.[111] Kiesinger begrüßte es, »aus dem Stande der deutschen Rechtsanwaltschaft oder aus den Hochschulen« Mitglieder an das oberste Gericht zu entsenden und nicht allein Richter. Laien ohne jegliche juristische Ausbildung, wie sie der von Adolf Arndt mitkonzipierte Hessische Staatsgerichtshof kennt (und später das baden-württembergische oberste Gericht), lehnte Kiesinger ab.[112] Wenn im Verfassungsgericht »das Laienelement« überwöge, würde es unter Umständen »nicht mehr mit vollem Recht als ein Gericht« bezeichnet werden können.[113] Ins Verfassungsgericht müßten »Männer hineinkommen, die wissen, was Recht ist, und die dieses Gefühl und ihren Respekt für das Recht auch dann bewiesen, wenn eine Rechtsentscheidung ihnen in einem Einzelfalle einmal nicht genehm sei«. Auch dem Vorschlag der SPD, von den zehn ständigen Mitgliedern nur vier aus dem Corps der Bundesrichter zu wählen, zog Kiesinger den Regierungsentwurf vor, der von einer Parität ausging.[114]

Kiesinger betonte demnach den Gerichtscharakter des BVerfG – in Hinblick auf seine Akzeptanz im Volke. Andererseits war er sich natürlich bewußt, daß es im Verfassungsrecht keine klare Scheidung zwischen rechtlicher und politischer Sphäre gibt, weil Urteile über die Verfassungskonformität politischer Entscheidungen unmittelbar auf den politischen Prozeß zurückwirken. Insofern stand Kiesinger tendenziell auf der Seite der verfassungsrechtlichen Modernisierer und in kritischer Distanz zu der auf Montesquieu zurückgehenden Tradition einer strikten Gewaltentrennung. Den Hintergrund von Kiesingers Ausführungen stellten die Kontroversen der Zwischenkriegszeit über die Verfassungsgerichtsbarkeit dar, als Carl Schmitt prominent die Auffassung vertreten hatte, daß zwischen der juristischen und der politischen Sphäre strikt zu trennen sei und dem Verfassungsgericht als einem politischen Organ keine Gerichtsqualität zukomme.[115] Es waren solche, in der frühen BRD noch auf Resonanz stoßende Thesen, gegen die Kiesinger ansprach, wenn er das Bundesverfassungsgericht für keine politische Instanz hielt, sondern seine Aufgabe »im wesentlichen in der Rechtsfindung, vielleicht auch in der Rechtsschöpfung« sah.[116]

Wieder warf Weimar lange Schatten über die Beratungen des Bundestages. Kiesinger äußerte Zweifel an der Fähigkeit deutscher Richter, »in verfassungsrechtlichen Streitigkeiten ihren Mann zu stehen«. Er erinnerte an die Auseinandersetzungen um die Amtsenthebung der preußischen Regierung 1932, den »Preußenschlag« von Reichskanzler von Papen gegen die sozialdemokratisch geführte preußische Staatsregierung Braun. Damals hatte sich der Weimarer Staatsgerichtshof der Möglichkeit begeben, als »Hüter der Verfassung« dem Recht Gehör zu verschaffen.[117] Auch aus diesem Grunde suchte Kiesinger die judikative Kompetente des Verfassungsgerichts durch eine »Entpolitisierung« zu stärken. Das Verfassungsrichteramt sollte an qualitative Voraussetzungen gebunden und die Richter auf Lebenszeit gewählt werden, auch weil in der kontinentaleuropäischen Tradition die Unabhängigkeit der Richter traditionell durch deren Unabsetzbarkeit und Unersetzbarkeit gewährleistet würde.[118] Dies aber war gerade keine konservative, »demokratiefeindliche« Idee einer »reinen Justiz«[119], sondern das Gegenteil: Kiesinger betonte die Unabhängigkeit des Gerichtes von den übrigen Verfassungsorganen, um dessen Legitimität zu stärken. Daher machte er sich für die von der Bundesregierung vorgeschlagene Formulierung des §1 Abs. 1 des BVerfGG stark, wonach das Gericht »ein allen Verfassungsorganen gegenüber selbständiger und unabhängiger Gerichtshof des Bundes« sein solle.[120]

Ein zweites kritisches Problem betraf die Verfassungsbeschwerde. Kiesinger plädierte mit der konservativen Mehrheit anfangs dagegen.[121] Die Union hielt nicht viel von dem Vorschlag Adolf Arndts, das »lebendige Verhältnis des einzelnen zur Verfassung« zu fördern, indem man ihm die Möglichkeit einräumte, bei einer Verletzung seiner Grundrechte nach Karlsruhe zu gehen. Anders als der konservative »Staatsmetaphysiker« Merkatz[122] führte Kiesinger gegen die Verfassungsbeschwerde pragmatische Gründe ins Feld. Der bestehende Rechtsschutz sei ausreichend, die Gefahr einer Überschwemmung des Gerichts drohe. Anderseits kam die Verfassungsbeschwerde seinem Wunsch nach einer stärkeren Beteiligung der Bevölkerung am Verfassungsleben entgegen.[123] Ein auf Kiesingers Initiative gebildeter Unterausschuß einigte sich auf einen Kompromiß: Kiesingers Bedenken wurde Rechnung getragen, indem erst der Rechtsweg ausgeschöpft werden mußte, bevor Verfassungsbeschwerde erhoben werden konnte. Zugleich wurde auf Drängen

Arndts in Fällen von allgemeiner Bedeutung der direkte Weg nach Karlsruhe offengehalten.[124]

Eine dritte zentrale Streitfrage, in der sich Kiesinger stark engagierte, war der Modus der Richterwahl. Dies war der für alle Parteien politisch höchst relevante Punkt. Nach dem Regierungsentwurf sollten Bundestag und Bundesrat einen Wahlvorschlag mit zwei Dritteln der Stimmen erstellen; würde diese qualifizierte Mehrheit nicht erreicht, könnten die Richter in einem zweiten Wahlgang mit einfacher, unter Umständen sogar mit relativer Mehrheit gewählt werden.[125] Nach Auffassung der Opposition hätte dies das Gericht zu einem Spiegelbild der jeweiligen Mehrheit im Bundestag gemacht. Die Verhandlungen des Rechtsausschusses drohten zu scheitern, nachdem ein Antrag der SPD nach dem anderen niedergestimmt worden war. Die Sozialdemokraten drohten damit, die Beratungen platzen zu lassen.

Angesichts der überragenden Bedeutung des Bundesverfassungsgerichtsgesetzes mit gleichsam Verfassungsrang kam Kiesinger in diesem entscheidenden Moment der Opposition entgegen, indem er dieses Gesetz nicht mit einfacher Mehrheit durchzupeitschen versprach.[126] Nach altbewährter Methode wurde eine Annäherung im kleineren Kreise versucht. In einer dramatischen Abendsitzung am 12. Juli 1950 machte Kiesinger den Vorschlag, einen Unterausschuß des Rechtsausschusses von etwa sechs Mitgliedern zu bilden, »um für das Gesetz über das Bundesverfassungsgericht im Parlament eine möglichst große Mehrheit zu finden«. Nach einigem Hin und Her wurde Kiesingers Vorschlag akzeptiert. Kiesinger und Wahl von der CDU, Arndt und Zinn von der SPD, Merkatz von der DP sowie der rheinland-pfälzische FDP-Abgeordnete Fritz Neumayer wurden in diesen Unterausschuß berufen, der seine Beratungen unter Kiesingers Leitung im Oktober 1950 beendete.[127]

Da dieser entscheidende Unterausschuß keine Protokolle führte, läßt sich Kiesingers Anteil am Zustandekommen der entscheidenden Kompromißformel nicht exakt messen. Der Unterausschuß hatte ein beträchtliches Arbeitspensum zu bewältigen, da nicht nur die im Rechtsausschuß umstrittenen Fragen diskutiert werden mußten, sondern auch die verschiedenen Auffassungen der Länder im Bundesrat sowie die Vorstellungen der Bundesregierung mit denen des Bundestages unter einen Hut zu bringen waren.[128] Nach den Untersuchungen von Kiesingers Persönlichem Referenten Schmoeckel führten die Beratungen bald zu dem Ergebnis, daß weder die einfache Mehrheitswahl genügte noch die Verhältniswahl in Betracht käme.[129] Eine Wahl mit qualifizierter Mehrheit wurde verabredet, so daß die gewählten Richter sowohl das Vertrauen der Regierungsseite als auch der Opposition besäßen.[130]

Daß Kiesinger beim Zustandekommen des Kompromisses über die Richterwahl eine entscheidende Rolle spielte, geht aus dem Lob hervor, das Arndt seinem Kollegen in der abschließenden dritten Beratung des Gesetzes zollte: Kiesinger, so Arndt, habe in einem kritischen Augenblick der Diskussion die parteipolitischen Fronten entschärft, indem er »ein solches Gesetz ohne Mitwirkung der Minderheit zu verabschieden« für unmöglich erklärt habe. Damit habe er eine »demokratische Haltung bewiesen«, die eine »wirkliche Gemeinsamkeit in der Arbeit gewesen« sei: »Man hat, ohne daß der eine oder andere seine grundsätzlichen Standpunkte aufzugeben brauchte, so lange die gegenseitigen Erwägungen miteinander abgewogen, bis man hier zu einem gemeinsamen Werk gelangte.«[131]

So gern Kiesinger diesen Satz später zitierte, so sehr hatte sich doch zu diesem Zeitpunkt sein Interesse auf andere Gebiete verlagert. An Stelle des dauernd verhinderten oder erkrankten Kiesinger berichtete schließlich Eduard Wahl dem Rechtsausschuß über die Ergebnisse der Unterausschuß-Beratungen.[132] Mit seiner vermittelnden Haltung, »nach bestem Wissen und Gewissen abwägend«, sich sowohl gegen die Absichten der Regierung als auch gegen die »nur zögernd und unwillig einschwenkende Mehrheit seiner Fraktion« habe er sich in der eigenen Partei nicht nur Freunde gemacht, wie Kiesinger später stets resümierte. Tatsächlich wurde scharfe Kritik an Kiesinger laut, als im Sommer 1952 die Wiederbewaffnung der Bundesrepublik am Bundesverfassungsgericht zu scheitern drohte.[133] Dennoch wurde er als eines von fünf Mitgliedern der CDU/CSU in den Richterwahlausschuß für das Bundesverfassungsgericht gewählt. Dort spielte er in den ersten Legislaturperioden eine wichtige und aktive Rolle.[134]

Kiesingers randvoller politischer Terminkalender ließ wenig Raum für den Rechtsausschuß. Seit der zweiten Jahreshälfte 1950 wurde der Sechsundvierzigjährige zunehmend von der Außenpolitik absorbiert und machte in der Partei Karriere. Vor allem aber leitete er seit Januar 1950 die Sitzungen eines gemeinsamen Unterausschusses von Bundestag und Bundesrat, der über die Geschäftsordnung des künftigen Vermittlungsausschusses beriet. Da auch diese Verhandlungen hinter verschlossenen Türen geführt wurden, ist über Kiesingers konkretes Wirken ebenfalls wenig bekannt. Erneut spielte Arndt auf SPD-Seite die führende Rolle, während Kiesinger diesen Part für die CDU übernahm.[135] Schon im März wurde die »Vorläufige Geschäftsordnung« verabschiedet, die unter Kiesingers Ägide noch mehrfach überarbeitet wurde und ein Jahr später Permanenz erhielt.[136]

Kurz darauf wurde Kiesinger zum ersten Vorsitzenden des Vermittlungsausschusses gewählt; der niedersächsische Ministerpräsident Hinrich Kopf (SPD) zu seinem Stellvertreter. Eigentlich hätten sich beide Vorsitzende im vierteljährlichen Turnus abwechseln sollen. Da Kopf häufig erkrankt war, präsidierte meist Kiesinger, auch in der zweiten Legislaturperiode, als von der Bundesratsbank der hessische Ministerpräsident Georg-August Zinn (SPD) in das Amt des Mitvorsitzenden berufen wurde. In der dritten Legislaturperiode, in deren Mitte Kiesinger nach Stuttgart berufen wurde, gehört er dem Vermittlungsausschuß nicht mehr an, kehrte jedoch 1959 in seiner Eigenschaft als Ministerpräsident in dieses Gremium zurück.[137]

Der Ausschuß nach Artikel 77 GG, bald allgemein Vermittlungsausschuß genannt[138], der nach Kiesingers irrtümlicher Auffassung eine »völlig neue Institution in unserem parlamentarischen Leben« darstellte[139], unterscheidet sich von den übrigen Ausschüssen des Bundestages schon dadurch, daß er in der Verfassung ausdrücklich erwähnt wird. Außerdem vereinigt er als einziges stehendes parlamentarisches Gremium Mitglieder beider Häuser.[140] Die Schwierigkeit für den Vorsitzenden liegt darin – zu diesem Resümee kam der Staatsrechtler Wolf von der Heide mit Blick auf Kiesingers Vorsitz schon 1953 –, daß es nicht genügt, einen Antrag mit einer mehr oder weniger großen Mehrheit durch einen Ausschuß zu boxen. Die Verhandlungen müssen so lange in der Schwebe gehalten werden, bis sich die Durchsetzbarkeit eines Vorschlages abzeichnet.[141] Kiesinger hatte konsensorientiert auf möglichst breite Mehrheiten hinzuarbeiten. Sonst konnte er nicht mit der Annahme eines Vermittlungsvorschlages in beiden Häusern rechnen.

Kiesinger hat als erster Vermittlungsausschußvorsitzender in dieser Frühphase der Bonner Republik zweifellos stilbildend gewirkt. Er führte eine kollegiale Atmosphäre in diesem Gremium mit herbei, dessen Sitzungen von Spannungen und Schärfen relativ frei blieben. Dazu trug auch eine strikte Geheimhaltung bei, die in den fünfziger Jahren niemals durchbrochen wurde. Ganz im Sinne der Kiesingerschen »Politik jenseits der Parteistandpunkte« wurde relativ frei von öffentlichkeitswirksamen Animositäten diskutiert, weshalb auch »Persönlichkeit« noch eine »echte Wirkungschance« besäße, wie Kiesinger seine Arbeit befriedigt resümierte. Als er zu Beginn der zweiten Legislaturperiode erneut als Vorsitzender kandidierte, wurde er aufgrund seiner »vorbildlichen« Amtsführung ohne Diskussion gewählt.[142]

Nach sieben Jahren, Ende Juli 1957, schied Kiesinger aus dem Vermittlungsausschuß aus. Er blickte auf mehr als 130 erfolgreiche Vermittlungsverfahren zurück und nur ganz wenige Mißerfolge. Er glaubte es daher zu den »befriedigendsten Erfahrungen« seines parlamentarischen Lebens zählen zu können, daß er mit seinen Kollegen an »der Verlebendigung dieser Idee des Parlamentarischen Rates« habe mitarbeiten können und einer Institution, die »am grünen Tisch« von ihm mitausgedacht worden war, ihr Gepräge und ihre »Lebenskraft« verliehen zu haben.[143] Schenkt man Kiesingers Erinnerungen Glauben, so konnte es für einen demokratisch gewandelten Politiker kaum etwas Schöneres geben, als an dieser, das Konsensstreben der Nachkriegsjahrzehnte geradezu idealtypisch verkörpernden Institution mitgearbeitet zu haben, die ihm später als Kanzler zu seinem Spitznamen verhalf.

Goslar: Eine zweite Entnazifizierung?

Vorschußlorbeeren sind eine zweischneidige Sache in der Politik. Das richtige Wort, zum richtigen Zeitpunkt in der Presse kolportiert, kann eine Karriere beflügeln. In aller Regel aber wird, wer sich zu früh aus dem Fenster lehnt, den Konkurrenten im Kampf um einflußreiche Positionen unterliegen. Kiesinger hat diese Erfahrung mehr als einmal gemacht. Als Walter Henkels ihn Anfang 1950 als den »kommenden Mann« der CDU bezeichnete, werden dies einige Parteifreunde mit gemischten Gefühlen gelesen haben. Kiesinger wurde schnell für hohe und höchste Staatsämter gehandelt. Und dennoch dauerte es fast ein Jahrzehnt, bis er mit der baden-württembergischen Ministerpräsidentschaft ein solches tatsächlich errang. An fehlendem Selbstbewußtsein lag es nicht. Schon im April 1950 machte er sich Hoffnungen auf einen Staatssekretärsposten: »Du hast sicher schon gehört oder gelesen, daß ich zum Staatssekretär für das Auswärtige Amt vorgesehen sei«, schrieb er Kurt Mair nach Stuttgart: »Aber auch ich weiß davon nur aus der Presse.«[144]

Daß daraus nichts wurde, versteht sich fast schon von selbst. Allein die Vorstellung, Kiesinger könnte Staatssekretär werden, ließ Alarmglocken schrillen – und das nicht nur bei einigen Fraktionskollegen. Am 25. März 1950 veröffentlichten sowohl die *Neue Zeitung*, das Sprachrohr der Amerikanischen Hohen Kommission, als auch ein regionales KPD-Blatt, *Unsere Stimme*, fast identische Artikel, die sich anläßlich dieser Kandidatur mit Kiesingers NS-Vergangenheit etwas genauer beschäftigten: Kiesinger sei als strammer Parteisoldat 1940 in das Auswärtige Amt berufen worden und habe als Abgesandter Hitlers Mussolini bei einem Staatsbesuch an der deutschen Grenze empfangen. In Tübingen wurde die Attacke als Angriff auf Kiesingers Ziehvater Müller gewertet. Kiesingers Bonner Freunde eiferten sich über die Geschmacklosigkeit, daß die amerikanische Hohe Kommission gemeinsame Sache mit den württembergischen Kommunisten machte. Die Angriffe seien im übrigen durch den »Neid seiner Kollegen« hervorgerufen.[145]

Der Kandidat schäumte vor Wut und Empörung. Diese haltlosen Angriffe auf seine Person würden keinerlei Auswirkung auf seine Kandidatur für das

Amt das Staatssekretärs zeitigen, ließ er den Informanten der französischen Sûreté wissen. Seine Chancen stünden ebenso gut wie die seiner Konkurrenten von Brentano und Pfeiffer. Die Bringschuld liege bei der *Neuen Zeitung*, die ihre Verbindungen zu den Kommunisten werde aufklären müssen. Er werde sich bei der amerikanischen Hohen Kommission über den Redakteur beschweren. Leider sei der Autor des Artikels vermutlich Amerikaner, sonst würde er ihn verklagen. Im übrigen sei die Quelle der Gerüchte ein Ebinger FDP-Mann, dessen Namen er nicht enthülle.[146]

Dieser erste dokumentierte vergangenheitspolitische Angriff auf Kiesinger hat Schule gemacht. Hier sind bereits alle wichtigen Ingredienzien späterer Kontroversen vorbereitet: Zum einen wurden Angriffe auf Kiesinger oft auf Behauptungen oder Übertreibungen gestützt, wie das nicht-existente Foto zwischen Hitler und Mussolini, das als Legende durch die Nachkriegsgeschichte geisterte. Zum zweiten mischten bei derartigen Angriffen, aus welcher Ecke sie auch ursprünglich kamen, stets Parteifreunde Kiesingers mit. Anfang 1950 richtete sich das weniger gegen Kiesinger persönlich als gegen dessen putativen Herrn und Meister: Den Sack (Kiesinger) drosch, wer den Esel (Adenauer) meinte, wurde doch dem Kanzler bei der Besetzung von Schlüsselpositionen in seiner Umgebung der Vorwurf gemacht, er lasse zuviel Nachsicht gegenüber ehemaligen Nazis walten. Dies war nicht völlig verkehrt, diente aber nicht allein dem hehren Motiv der Vergangenheitsbewältigung. Als Hintermann der Angriffe vermutete Kiesinger denn auch den nordrhein-westfälischen Ministerpräsidenten Karl Arnold, der dem Kanzler wegen dessen Entourage am Zeug flicken wolle.[147]

Kiesingers Reaktionen folgten bis in die späten sechziger Jahre stets dem gleichen Muster. Er ging das Thema meist defensiv an. Vielleicht um sich nicht zusätzliche Angriffsflächen zu eröffnen, beschränkte er sich überwiegend darauf, falsche Behauptungen richtigzustellen. Womit er sich im Auswärtigen Amt beschäftigt hatte, ob und in welchem Maß er Schuld auf sich geladen, das legte er bis zum postumen Erscheinen seiner Erinnerungen nicht wirklich offen. So war das auch Anfang 1950, als die Rückkehr vieler ehemaliger Mitglieder der alten Wilhelmstraße in die neue Dienststelle für Auswärtige Angelegenheiten eine Adenauer-kritische Öffentlichkeit überlegen ließ, wo die Grenzen personeller Kontinuitäten lägen.[148]

Immerhin: Die erste Kontroverse um Kiesingers NS-Vergangenheit unterstreicht, daß der Neuling höherer Weihen für würdig befunden wurde. Im Herbst 1950 wurde er sogar als ein ernsthafter Kandidat für das Amt des Bundestagspräsidenten gehandelt, ohne daß seine Vergangenheit zur Sprache gekommen wäre. Diesmal war es das konfessionelle Handicap, das Kiesingers Aussichten auf das zweithöchste Staatsamt vereitelte. Schon im

Februar 1950 hatte Adenauer Kiesinger als einen »tragbaren Kandidaten« für die Nachfolge von Bundestagspräsident Köhler bezeichnet, mit dessen Amtsführung der Kanzler unzufrieden war.[149] Als Köhler im Oktober 1950 tatsächlich von seinem Amt zurücktrat, stand Kiesinger, neben sieben weiteren Kandidaten, auf der Vorschlagsliste der Fraktion.[150]

Die württembergischen Parteifreunde um Bernhard Bauknecht hätten Kiesinger gerne im Bundestagspräsidium gesehen. Doch der christdemokratische Konfessionsproporz verlangte angesichts des katholischen Bundeskanzlers nach einem protestantischen Bundestagspräsidenten. Der kurz zuvor zum Nachfolger des im Streit über die Wiederbewaffnung zurückgetretenen Gustav Heinemann ernannte (evangelische) Innenminister Robert Lehr setzte sich für Kiesinger ein, weil er ihn nicht nur als Redner schätzte, sondern für einen Protestanten hielt. Er habe »so vertrauenserweckend evangelisch« ausgesehen, würde er später seinen Irrtum entschuldigen.[151] Zunächst wurden drei profilierte Evangelische vorgeschlagen, der Oldenburger Oberkirchenrat Hermann Ehlers, der es tatsächlich wurde, der Direktor der Bethelschen Anstalten in Bielefeld, Johannes Kunze, und der Berliner Abgeordnete und Leiter des Zentralbüros Ost des Hilfswerkes der EKD, Robert Tillmanns.[152] Als es zwei Tage später zur Abstimmung ging, war Kiesinger wieder unter den Kandidaten. Das hatte wohl mit einem profunden Mißtrauen vieler Kollegen gegenüber den Protestanten zu tun, so kurz nach dem Paukenschlag von Heinemanns Rücktritt, als sich die Politik der Westbindung aus den Kreisen der ehemaligen Bekennenden Kirche um Martin Niemöller schärfster Kritik ausgesetzt sah.[153]

Als der Kandidat der Union am 13. Oktober 1950 nominiert werden sollte, sah es für einen Augenblick tatsächlich so aus, als liefe es auf Kiesinger hinaus. Das alarmierte Adenauer. Er bat Kiesinger aus dem Fraktionszimmer heraus: »Ich fand einen eilig zusammengerufenen Kreis von führenden Unionsleuten vor, die mich alle beschworen, auf meine Kandidatur zu verzichten, da die Partei um der konfessionellen Parität willen wie bisher ein evangelisches Fraktionsmitglied vorschlagen müsse.«[154] So kurz nach Heinemanns Rücktritt hätte ein katholischer Bundestagspräsident die protestantische Flanke der Union heftig ins Wanken gebracht. Kiesinger wäre es sicher geworden, meinte Adenauer eine Woche später, »wenn nicht in der Fraktion Übereinstimmung darüber bestanden hätte, daß der Bundestagspräsident evangelisch sein sollte«.[155]

Als guter Parteisoldat leistete Kiesinger Verzicht. Seine Freunde verübelten ihm das. Bauknecht habe voller Wut den Wahlzettel zerrissen und auf den Boden geworfen, wie Kiesinger berichtet. Ehlers wurde von der CDU nominiert, doch seine Kandidatur wurde bis zuletzt von einigen protestantischen

Fraktionsmitgliedern torpediert.[156] So verlangte Paul Bausch, der sich in evangelischen Kreisen starken Anfeindungen ausgesetzt sah, daß sich der protestantische Kirchenmann Ehlers öffentlich von seinem Freund Niemöller distanziere, der, in enger Verbindung zu Heinemann stehend, als einer der schärfsten und gefährlichsten Kritiker Adenauers galt.[157] Diese Reserven erklären die 59 ungültigen Stimmen, die der neue Bundestagspräsident im Plenum erhielt. Auch auf Kiesinger entfielen 55 Stimmen, obwohl er nicht mehr kandidiert hatte. Vermutlich stimmten einige Abgeordnete von FDP und DP für Kiesinger, weil sie den Anspruch der stärksten Fraktion auf das Präsidium zwar anerkannten, jedoch den offiziellen Kandidaten der Union wegen dessen Beziehungen zu Niemöller nicht mittragen wollten.[158]

Kiesingers politische Karriere entwickelte sich also im Kraftfeld des doppelten Erbes der Vergangenheit und der Konfession, zu denen als drittes die Landsmannschaft hinzuzuzählen ist. Beim Verzicht auf das Bundestagspräsidium hatte er Einsicht in die Notwendigkeit walten lassen. Seine Wahl hätte an die programmatischen Grundfesten der CDU gerührt, deren überkonfessioneller Charakter sich in der Besetzung höchster Staatsämter widerspiegeln mußte. Außerdem hatte Adenauer noch Pläne mit Kiesinger. Er wollte das Nachwuchstalent nicht in einer repräsentativen Funktion im Bundestagspräsidium verschleißen. Dort wäre seine parlamentarische Wirksamkeit arg beschnitten worden, wenn sich auch später zeigte, daß sowohl Ehlers als auch dessen Nachfolger Gerstenmaier als »politische« Bundestagspräsidenten in der Partei Gewicht besaßen.

Noch sah Adenauer in Kiesinger mehr als den Parlamentsdegen späterer Jahre, der von den Schalthebeln der Macht ferngehalten wurde. Als Redner im Plenum und Rechtsexperte in den Ausschüssen hatte sich Kiesinger bewährt. Schon wurde er von Adenauer auf kleinere Missionen geschickt.[159] Doch nun sollte der Abgeordnete, der sich mit der Ersten Legion erste, wenn auch zweifelhafte Sporen verdient hatte, Parteiorganisator werden. Am selben Tag, an dem Kiesinger auf das Bundestagspräsidium verzichtete, fand nachmittags im Adam-Stegerwald-Haus in Königswinter eine Konferenz der CDU-Landesvorsitzenden statt. Der Gründungskongreß der Bundespartei in der folgenden Woche in Goslar wurde vorbereitet, die Parteistatuten überarbeitet und natürlich die Verteilung der Vorstandsposten diskutiert. Dabei spielte Kiesingers Name eine gewichtige Rolle.[160]

Zunächst gelang es Adenauer, eine ursprünglich nicht vorgesehene Rede Kiesingers in das Goslarer Parteitagsprogramm einzuschieben. Dann wurde Adenauer plangemäß zum Vorsitzenden nominiert, zu seinem Stellvertreter Jakob Kaiser. »Namens der südwestdeutschen Landesverbände« brachte gleich anschließend der südbadische Abgeordnete Anton Hilbert, der kurze

Goslar: Eine zweite Entnazifizierung?

Zeit später auf der Seite der altbadischen Kiesinger-Antagonisten stand, Kiesingers Namen als den eines weiteren Stellvertreters ins Spiel. Noch stand ja die südwestdeutsche Hausmacht, die wenige Monate später an den Querelen um die Gründung des Südweststaates zerbrach. Der Hamburger CDU-Vorsitzende Scharnberg konterte mit dem Gegenvorschlag, sowohl Kiesinger als auch Friedrich Holzapfel – einen von Adenauer als gefährlich eingestuften Konkurrenten – zu stellvertretenden Parteivorsitzenden zu machen.

In diesem mit den Süddeutschen abgekarteten Spiel näherte sich Adenauer erst einmal indirekt der Sache: Angesichts seiner Belastungen als Bundeskanzler sei es doch notwendig, »ihm eine frische, junge Kraft« an die Seite zu stellen. Das ließ sich hören: Er dachte an niemanden anderen als Kiesinger. Holzapfel, ehemals CDU-Fraktionsvorsitzender im Frankfurter Wirtschaftsrat und Chef des Landesverbandes Westfalen, habe doch gerade erst abgelehnt, Bundesinnenminister zu werden. Nun sei er bereit, als »geschäftsführender Vorstand« einzutreten. Sodann müsse noch eine Frau in den engeren Vorstand; mit Jakob Kaiser als seinem Stellvertreter wären Sozialausschüsse und »Exil«-CDU berücksichtigt. Aber »die Jugend«, räsonierte Adenauer, würde doch ganz gut durch Kiesinger vertreten. Der könne als stellvertretender Vorsitzender gleich auch noch Hauptgeschäftsführer werden. Damit hätte Adenauer nicht nur seine Konkurrenten eingerahmt, sondern eine administrative Doppelspitze geschaffen, mit einem den Vorsitzenden in seiner repräsentativen Funktion entlastenden Stellvertreter Holzapfel und einem mit der Organisation beauftragten geschäftsführenden Stellvertreter Kiesinger, die sich gegenseitig kontrolliert hätten.

Adenauers Vorschlag, unter Berücksichtigung verschiedenster Gruppeninteressen die Stellvertreter- und Geschäftsführerposten gewissermaßen zu duplizieren, hätte kein arbeitsfähiges Gremium geschaffen. Sofort regten sich Zweifel. Wie würden Holzapfel und Kiesinger ihre Kompetenzen voneinander abgrenzen, fragte sich besorgt der Adenauer später so nahestehende Heinrich Krone. Zwei stellvertretende und zugleich geschäftsführende Parteivorsitzende, das wäre ein Novum in der Parteiengeschichte, meinte ein anderer Delegierter. Er wolle eine echte Entlastung des Vorsitzenden, insistierte Adenauer, ein »politischer Generalsekretär« müsse her, mit Autorität, kein abhängiger Angestellter, sondern einer, der herausgehoben wäre gegenüber der Partei.

Zugleich pochte »der Süden« auf eine angemessene Repräsentation. Vor allem der Badener Hilbert legte sich für seinen württembergischen Kollegen ins Zeug. In Süddeutschland wäre man keineswegs damit zufrieden, wenn Kiesinger nur Generalsekretär und einfaches Vorstandsmitglied, nicht Stellvertreter des Vorsitzenden würde. Nach einigem Hin und Her wurden schließlich unter dem Protest der süddeutschen Hausmacht Kiesingers und der ebenfalls Kiesinger unterstützenden Jugend Kaiser und Holzapfel als Stellvertreter nominiert sowie Kiesinger »als geschäftsführendes Vorstandsmitglied« und Generalsekretär. Adenauer hatte nur einen Teilsieg errungen. Seine stärksten innerparteilichen Widersacher wurden als Stellvertreter gewählt, der Generalsekretär nicht entsprechend aufgewertet. Kiesinger, der Personaldebatte zeitweilig fern geblieben, erklärte sich nach Rückfrage grundsätzlich einverstanden, erbat sich jedoch Bedenkzeit bis zum Beginn des Bundesparteitags in Goslar in der folgenden Woche.

Kiesinger hatte allen Grund, sich die Entscheidung nicht leicht zu machen. Unversehens war er in den Kampf um den Führungsanspruch in der CDU hineingeraten. Es wird ihm geschmeichelt haben, daß der Kanzler ihn ins Vertrauen zog und ihm ein wichtiges Amt beim Aufbau der Bundespartei antrug. Nun würde er eines der wichtigsten Parteiämter nach dem Vorsitzenden übernehmen können, wofür er sich als Landesgeschäftsführer in Tübingen bereits Schlüsselqualifikationen erworben hatte. Doch Kiesinger wußte, daß er nicht mit offenen Armen empfangen wurde. Vor allem die präsumtiven Stellvertreter Kaiser und Holzapfel und ihr Anhang in der Berliner, der norddeutschen und der Exil-CDU wehrten sich gegen einen Generalsekretär von Adenauers Gnaden.[161] Nahm Kiesinger das Angebot des Kanzlers ein wenig zu blauäugig an? Robert Pferdmenges, der vertraute Freund des Kanzlers, habe ihn gewarnt: »Tun Sie's nicht.« Wer den Kanzler treffen wolle, der werde Kiesinger schlagen.[162]

Und so kam es: Zunächst brachte eine geschickte Parteitagsregie Kiesinger um die Wirkung seiner wohlformulierten Rede. Sein Vorredner, der Münsteraner Althistoriker Hans Erich Stier, hatte so lange über den »Geschichtlichen Auftrag der CDU« gesprochen, bis Kiesinger, der als Generalsekretär *in spe* die praktischen Schlüsse aus dem Theoriereferat des Professors zu ziehen hatte, keine Zeit mehr verblieb. Der Parteitagspräsident, der Berliner Ernst Lemmer, entzog Kiesinger unter Mißfallensbekundungen der Adenauer-Leute das Wort, bevor er so richtig loslegen konnte.[163] Die gewagte, angesichts früherer Kiesinger-Reden aber nicht überraschende Formulierung, daß die Demokratie nicht mit den Requisiten des Parlamentarismus aus dem 19. Jahrhundert gebaut werden könne, sondern in einer »wahrhaft evolutionären Bewegung« das Überkommene sich an die Probleme der Zeit anpassen müsse, entfachte die Berliner Kritik erst recht.[164] Der in der Partei noch recht unbekannte Kiesinger habe einen schwachen Vortrag gehalten, mäkelte der stellvertretende Berliner Bürgermeister, Ferdinand Friedensburg, als Kiesinger auf der nachfolgenden Sitzung des Bundesparteiausschusses eigentlich gewählt werden sollte. Gegen diese Auffassung protestierten viele der übrigen Delegierten, die Kiesinger, nach dem Protokoll, auch recht ausgiebig Beifall spendeten. Kiesinger sei von Lemmer unfair behandelt worden.[165]

An sich war unstritten, daß die CDU einer schlagkräftigeren Organisation bedurfte und eines Generalsekretärs, um den Rückstand gegen die besser aufgestellte SPD zu verringern. Dazu diente schließlich die Gründung einer Bundespartei. Noch auf der Landesvorsitzenden-Konferenz am 11. September hatte Jakob Kaiser ein leistungsfähiges Generalsekretariat mit der Begründung gefordert, daß »die SPD in Bonn einen Bau mit 80 Räumen errichte, um dort ihr zentrales Parteisekretariat unterzubringen«[166]. Doch an einen Mann Adenauers in dieser verantwortlichen Position dachten die Berliner und die ostdeutschen Landesverbände nicht im Traum. Da der Kanzler schwer anzugreifen war, hielt man sich an dessen Kandidaten: »Mönchlein, Mönchlein, du gehst einen schweren Gang«, warnte ihn Heinz Lubbers, der Chefredakteur des *Deutschland-Union-Dienstes*, der Kiesinger noch aus den alten Zeiten im Auswärtigen Amt kannte, wo ihn der stellvertretende Abteilungsleiter vor dem Zugriff staatlicher Stellen in der Rundfunkpolitischen Abteilung in Sicherheit gebracht hatte.[167]

Die Angriffe hatten es in sich. In den *Dunklen und hellen Jahren* geht Kiesinger darüber hinweg, daß ihn Adenauers Gegner mit dem Argument seiner NS-Belastung abschießen wollten. In Berlin gäbe es erhebliche Bedenken gegen die vorgeschlagene Persönlichkeit, umkreiste Friedensburg vorsichtig den delikaten Punkt. Er wolle diese Bedenken »zwar heute nicht diskutiert wissen«, bat jedoch dringend um Vertagung der Wahl. Dagegen verwahrte sich Adenauer. Man könne die Karten offen auf den Tisch legen. Die Bedenken gegen Kiesinger seien kein Geheimnis. Sie richteten sich wohl auf die »politische Vergangenheit Dr. Kiesingers«, welche »durch offene Aussprache« längst geklärt worden sei. Er halte die Einwände zu Kiesingers Verhalten im »Dritten Reich« für nicht stichhaltig. Kiesinger sei auf »Anraten kirchlicher Stellen« 1933 in die Partei eingetreten, er habe jedoch bald eingesehen, daß eine loyale Zusammenarbeit mit den Nationalsozialisten unmöglich gewesen sei. Daher habe Kiesinger auch den Mut besessen, seinen »Austritt« aus dem NS-Rechtswahrerbund zu erklären. Aufgrund der drohenden Einberufung in die Armee sei er durch Freunde in das Auswärtige Amt verpflichtet worden. Heinz Lubbers habe auf der letzten Landesvorsitzendenkonferenz »aus intimer Kenntnis der Person und der Tätigkeit« Kiesingers erklärt, daß dieser »unter Gefährdung seiner eigenen Sicherheit zahlreiche Menschen vor dem Gefängnis und dem Konzentrationslager, viele sogar vor der Hinrichtung bewahrt« habe, darunter auch Lubbers persönlich.[168]

Die vergangenheitspolitisch verbrämten Angriffe auf Kiesinger gingen nicht allein Adenauer zu weit. Auch Brentano forderte, mit der neuerlichen

»Denazifizierung« Schluß zu machen. Die »persönliche Lauterkeit« Kiesingers stehe außer Zweifel. Er spreche für die Fraktion, wenn er erkläre, »daß Kiesinger eine der tüchtigsten und verantwortungsbewußtesten Kräfte der Fraktion sei«. Er werde »unersetzliche Dienste für die Partei leisten«. Daß Kiesinger ein schwacher Redner sei, hielt der dem liberalen Wirtschaftsflügel der Partei angehörende, im Gegensatz zu Kaiser und den Sozialausschüssen stehende spätere Bundesfinanzminister Franz Etzel für lachhaft. Er kenne Kiesinger »sehr intensiv« aus Großkundgebungen im Ruhrgebiet. Bei der Jugend erziele er große Erfolge. Zweifellos sei Kiesinger »eine der fundiertesten Persönlichkeiten« der CDU. Er besitze sehr wohl eine »sittliche Fundierung«. Das sei, »was man brauche«.

Die Berliner CDU wich vor dem Aufmarsch der Kiesinger-Lobbyisten nicht zurück. Johann Baptist Gradl, Vorstandsmitglied der Exil-CDU, wies den Vorwurf weit von sich, er strenge ein Entnazifizierungsverfahren gegen Kiesinger an. Es gehe um etwas anderes: Kiesinger sei in der ihm zugedachten Stellung »der allererste politische Repräsentant der Partei«. Es sei keine Frage der fachlichen Eignung und seiner Fähigkeiten, ob er des Generalsekretärs für würdig befunden werde. Man werde ihn als einfaches Mitglied des Vorstandes getrost zur konkreten Arbeit heranziehen können. Aber es sei doch etwas anderes, »ob man ihn zum Repräsentanten der Partei machen solle«.

Hier taucht zum ersten Mal ein Argument auf, das bei späteren Angriffen auf Kiesinger immer wieder eine wichtige Rolle spielte: Welchen Eindruck, fragte Gradl, werde wohl die Wahl Kiesingers im Ausland und in der sowjetisch besetzen Zone hinterlassen? Es sei ja nicht nötig, so überraschend schnell ein geschäftsführendes Vorstandsmitglied zu wählen. Der Vorstand könne die Geschäfte in seiner gegenwärtigen Zusammensetzung vorläufig weiterführen. Er beantrage daher die Vertagung der Wahl.

Damit war Adenauer nicht einverstanden. Die Kiesinger zugedachte Stellung sei »zwar wichtig, aber mehr intern«. Nach außen läge die Repräsentation der Partei schließlich beim Vorsitzenden und seinen beiden Stellvertretern. Der Hinweis auf das Ausland steche daher nicht. Im übrigen müsse er noch einmal betonen, daß Kiesinger keine »subjektive Schuld« treffe, daß er »unter Einsatz und Gefährdung seiner Person« gewirkt habe und daß sich dafür ein Zeuge im Saal befinde (nämlich Lubbers). Außerdem spreche für Kiesinger, daß er bei der Wahl des Bundestagspräsidenten 55 Stimmen erhalten habe, obwohl er nicht einmal nominiert worden sei. Vertage man jetzt seine Wahl, dann wäre man beim nächsten Mal auch nicht klüger.

Die Personaldebatte wogte hin und her. Weil Gradl sich beharrlich weigerte, seinen Vertagungsantrag zurückzuziehen, wurde dieser zunächst niedergestimmt. Dann schritt der Parteiausschuß zur Wahl. 39 Delegierte votierten für Adenauers Protegé, 18 dagegen, 16 enthielten sich der Stimme, zwei gaben ungültige Stimmen ab, einer stimmte für Ernst Lemmer. Kiesinger war mit der hauchdünnen Mehrheit von zwei Stimmen gewählt worden. Nahm er die Wahl an? Der Kanzler fragte erst gar nicht danach. Verärgert schwenkte er das Blatt mit dem Wahlergebnis hin und her: »Dat is jar kein Ergebnis« (das Ergebnis sei »absolut unerfreulich«, wie hochdeutsch im Protokoll nachzulesen ist).[169]

Der Kanzler nahm Zuflucht zur Bildung einer Kommission. Brentano, Gradl, Friedensburg, Kiesinger, der schleswig-holsteinische Vorsitzende Carl Schröter und der Regierungspräsident von Montabaur und zeitweilige kommissarische Geschäftsführer der CDU, Alois Zimmer, sollten versuchen, dieses »unerfreuliche Ergebnis aus der Welt zu schaffen und zu einer Einigung zu kommen«. Am folgenden Tag referierte ein nachdenklich gewordener Friedensburg über das Ergebnis: Man empfehle, Kiesinger in die Liste der Vorstandsmitglieder in alphabetischer Reihenfolge aufzunehmen und diese *en bloc* zu wählen, ohne daß irgendwelche Titel oder Aufgaben nach außen hin erkennbar würden. Es sei dann die Aufgabe des Vorstandes, seine Geschäfte zu verteilen. Kiesinger könne vom Vorstand mit entsprechenden Aufträgen betraut werden, eine endgültige Regelung werde erst auf der nächsten Sitzung des Parteiausschusses erfolgen.[170]

Oft wird der Vorgang in Goslar so dargestellt, als habe Kiesinger von sich aus das Handtuch geworfen. Mit einer Stimme (seiner eigenen) sei Adenauer zum Bundeskanzler gewählt worden; Kiesinger hätten zwei nicht zum Generalsekretär genügt.[171] Aus dem Protokoll wird ersichtlich, daß Adenauer seinen Kandidaten nicht im ersten Anlauf *coute qui coute* durchsetzen wollte. Mit der salomonischen Friedensburg-Lösung erklärte sich der Kanzler zunächst einverstanden. Er spielte auf Zeit. Das aber war Gradl unmittelbar einsichtig, der sich bis zuletzt dagegen wehrte, »*via facti*« einen Zustand »in Bezug auf das geschäftsführende Vorstandsmitglied« zu schaffen. Übrigens hat auch Kiesinger in seinen Erinnerungen behauptet, er habe gleich in Goslar auf das Amt verzichtet. Aufgrund der Quellen ist seine Darstellung zu bezweifeln, in der er den Vorwurf zu entkräften sucht, er habe in Goslar mangelndes politisches Stehvermögen bewiesen. Anders als Adenauer hätte er eine beträchtliche Mehrheit hinter sich gehabt, jedoch gegen starke Gruppierungen wie den Berliner Kreis sowie die evangelischen und norddeutschen Mitglieder, die hinter Holzapfel standen.[172]

Kiesingers Abhängigkeit von Adenauer wäre perfekt gewesen, hätte er die Wahl akzeptiert. Zwar konnte er sich noch auf die süddeutsche Hausmacht und die Junge Union stützen. Doch als ein Generalsekretär von Adenauers

Gnaden sah er sich nicht, wie er ein Jahr später, in anderem Zusammenhang, deutlich machte: »Dazu fühle ich mich nicht schwach genug«, reagierte er spitz auf eine Meldung, er würde vielleicht Außenminister.[173] Auch Adenauer habe die Unmöglichkeit eingesehen, der Partei einen Generalsekretär zu oktroyieren, so Kiesingers Erinnerung. Noch während des Parteitages, auf der Fahrt zu einer Betriebsbesichtigung in Helmstedt, habe er, Kiesinger, dem Kanzler seine Gründe dargelegt: »So kann ich's nicht machen, denn die Aufgabe ist so schwer, da muß ich die Partei wirklich voll hinter mir haben, nicht wahr, ich kann's nicht. Er hat's eingesehen. Ich hab' dann also verzichtet, und das war gut – ich wäre [...] in eine üble, nahezu aussichtslose Situation geraten. Bei allem, was mir dabei eingefallen wäre. Ich hätte es nicht leisten können.«[174]

Die Abfuhr von Goslar war eine Niederlage für Adenauer. Vorerst hielt dieser jedoch an seinen Personalplanungen fest. Anfang November 1950 stattete er Gebhard Müller in Tübingen einen Besuch ab, bei dem er auch auf Kiesingers Kandidatur zu sprechen kam. Diese sei an Kaiser gescheitert, der sich Nachfolge-Hoffnungen mache. Daher spekuliere Kaiser auf den Generalsekretärsposten. Er trete »jedem gefährlichen, d. h. nicht ihm gefügigen Bewerber mit allen Mitteln entgegen«. Er, Adenauer, halte Kaiser für »völlig ungeeignet«. Er wolle Kiesinger haben.[175] Die Berliner CDU habe Kiesingers Vergangenheit ins Spiel gebracht: Ob Müller seine Hand für Kiesinger ins Feuer lege? Er, Adenauer, benötige ein fundiertes Urteil. Es würde sich schon zeigen, ob Kiesinger tragbar sei oder nicht.[176]

Diese neuerliche »Fragebogenprostitution« sei peinlich und ärgerlich, wandte sich Müller handschriftlich an »Freund Kiesinger«. Doch »in diesem Fall mußt Du mir rasch das Gewünschte zukommen lassen, da meine Erinnerung an die Unterlagen, die Du mir vor Jahren gezeigt hast (Spruchkammerurteil etc.) in den Einzelheiten nicht mehr ganz zuverlässig ist«. Natürlich war Kiesinger an Aufklärung gelegen, obwohl Adenauer, der die Situation im KV 1933 ja genauestens kannte, von den Berliner Vorwürfen nicht sonderlich beeindruckt gewesen zu sein scheint.[177] Postwendend lieferte Kiesinger die erbetenen Materialien, woraufhin Müller sich bei Adenauer für Kiesinger verbürgte: Ein wenig distanziert fiel der »Persilschein« aber doch aus. Müller zog sich ganz auf Kiesingers Spruchkammerbescheid zurück. Aus erster Hand könne er, Müller, nichts über Kiesingers Berliner Zeit sagen. Man habe sich damals aus den Augen verloren. Doch kenne er Kiesinger seit 30 Jahren. Der sei, auch als Student, »ein überzeugter Vertreter christlicher Grundsätze« gewesen und habe »politisch immer in Gegnerschaft zum Nationalsozialismus« gestanden.[178]

Die Instrumentalisierung von Kiesingers Vergangenheit durch die Berliner CDU bietet eine plausible Erklärung für das vielbelächelte Einknicken nach

Goslar: Eine zweite Entnazifizierung?

Goslar. Es ging demnach nicht primär um die Unabhängigkeit von Adenauer, wie Kiesingers Erinnerungen nahelegen. Als ein dem Vorsitzenden direkt unterstellter Generalsekretär hätte Kiesinger ohnehin nur wenig Spielraum besessen. Hans Globkes Schicksal läßt erahnen, wie es Kiesinger hätte ergehen können, wenn er sich als »politisch belasteter« Kandidat in die Abhängigkeit des Kanzlers begeben hätte.[179]

Wenn also an dem im Zusammenhang mit der Goslarer Affäre erstmals kolportierten Wort Adenauers: »Sie haben eine zu dünne Haut, Herr Kiesinger«[180] etwas richtig war, dann wohl dies, daß Kiesingers Nerven blank lagen, wenn es um seine Vergangenheit ging. Er hielt sich für verwundbar, mochten die Vorwürfe auch aus seiner Sicht nicht stichhaltig sein: »Er wollte deshalb, so scheint es, nur mit breiter Zustimmung agieren. Von nun an zügelte er seinen Ehrgeiz, wurde vorsichtiger, er mußte fortan zum Jagen getragen werden«, meinte sein langjähriger Mitstreiter Günter Diehl.[181] Goslar war eine schockierende, ja eine der großen prägenden Erfahrungen seiner Laufbahn.

Vermutlich hat Kiesinger das potentielle Problem, das in seiner Vergangenheit schlummerte, unterschätzt. Sicher saßen bei Union und FDP ehemalige Mitglieder des Reichstags, die 1933 für das Ermächtigungsgesetz gestimmt und damit Hitler die Macht mitüberantwortet hatten, darunter auch Männer, die sich teilweise dem Widerstand oder wenigstens resistenten Zirkeln zurechnen konnten wie Krone und Kaiser (für das Zentrum), Lemmer, Heuss und Reinhold Maier (für die Deutsche Staatspartei) oder Fritz Schäffer (für die Bayerische Volkspartei).[182] In Kiesingers Wahrnehmung hatten ihn als jungen Mann ähnliche Gründe zum Eintritt in die NSDAP bewogen, die gestandene Zentrumspolitiker wie Kaiser zur Selbstentmachtung führten: nämlich Hitler einrahmen und mäßigen zu wollen.

Insofern empfand Kiesinger es als Doppelmoral, daß Leute wie Kaiser und Lemmer ihn nun wegen *seiner* »politischen Vergangenheit« anschwärzten, wo sie doch selbst im Glashaus saßen. In seiner persönlichen Mitverantwortung für die »Machtergreifung« und damit die »deutsche Katastrophe« hielt er sich wohl für geringfügiger belastet als diese ehemaligen Zentrumsabgeordneten, die zur Ausschaltung des Parlaments und zur Konsolidierung der NS-Herrschaft 1933 einen politisch relevanten Schritt unternommen hatten. Er war als ein sehr viel jüngerer Mann »nur« in die Gleichschaltung der katholischen Korporationen verstrickt gewesen. Daß Kaiser später von den Nazis tatsächlich verfolgt und eingesperrt werden sollte, ließ Kiesinger in bezug auf die Entscheidungssituation von 1933 vermutlich nicht gelten. Schließlich hatte er sich subjektiv darauf verständigt, Widerstand geleistet zu haben – und dies von der Scheinfelder Spruchkammer schwarz auf weiß bestätigt bekommen.

Tatsächlich hoben Gradl, Lemmer und Kaiser primär auf Kiesingers NSDAP-Mitgliedschaft ab und weniger auf dessen Mitarbeit im Auswärtigen Amt, was nach damaliger Auffassung als Kavaliersdelikt durchging. Nun sah sich Kiesinger von der Berliner CDU als Nazi an den Pranger gestellt. Einer Schlammschlacht wollte er sich nicht stellen: »Er habe es satt [...], angegriffen zu werden, obwohl er nur im Dienst der Sache arbeiten wolle«, erklärte er zwei Monate später vor dem Parteivorstand, nachdem Adenauer an seinen Plänen mit Kiesinger zunächst festgehalten hatte und dies neuerliche, erregte Diskussionen im CDU-Bundesvorstand provozierte, die in der Presse allmählich nachzuhallen begannen – wobei sich die *Neue Zeitung* erneut prominent beteiligte.[183]

Demnach ist Kiesinger nicht sofort in Goslar, sondern erst allmählich von seiner Kandidatur zum Generalsekretär abgerückt, als die Angriffe auf seine Person nicht abflauten und Kaisers Widerstand nicht zu brechen war. Am 5. Dezember kam der »Fall Kiesinger« im Bundesvorstand erneut auf die Tagesordnung. Wiederum plädierte der JU-Vorsitzende Majonica für Kiesinger als Generalsekretär, wiederum stellte Kaiser seine Haltung noch einmal unmißverständlich klar. Es liege »im Interesse der Partei und im wohlverstandenen Eigeninteresse Kiesingers«, wie er sich drohend vernehmen ließ, nicht auf dieser Wahl zu bestehen: »Wenn im Parteiausschuß der Name Kiesinger genannt werde, sei eine scharfe Diskussion nicht zu vermeiden.« Kiesinger sei nicht nur aus dem »Dritten Reich« vorbelastet, sondern werde in der Presse mit neofaschistischen Gruppen wie der Ersten Legion in Verbindung gebracht.

Nun also rächte sich das elitäre Geklüngel im Dienste Adenauers und der staatsautoritären Demokratie. Kaiser und seine Freunde hielten es »nicht für glücklich, wenn ein Mann in der vordersten Linie der Partei liege, der seit 1933 Pg. war und Funktionen im Dritten Reich ausgeübt habe«. Nun, zwei Monate nach Goslar, leistete Kiesinger Verzicht. Entnervt warf er das Handtuch: Er habe sich auf »dringende Bitten des Kanzlers zur Wahl gestellt«. Jetzt werde er in der Öffentlichkeit vorgeführt. »Er bitte darum, im Parteiausschuß nicht von ihm zu sprechen.« Adenauer, der sich auf einem Tiefpunkt seiner Stellung in der CDU angekommen sah, konnte nur noch resignierend mit der in »jeder Hinsicht denkbar günstigen« Auskunft Gebhard Müllers winken. Der Kanzler mußte sich damit abfinden, daß ein Fünfergremium, bestehend aus Kaiser, Holzapfel, Kiesinger, dem Bundesschatzmeister Bach und Zimmer die Parteiorganisation in die Hände nahm.[184]

Trotz dieser Kapitulation blieb Kiesingers Vergangenheit ein Thema, solange der Konflikt zwischen Kaiser und Adenauer weiterschwelte. Als im Oktober 1951, als Ersatz für die Generalsekretärslösung, ein geschäftsführendes Dreierkollegium installiert werden sollte, dem neben Kiesinger noch Robert Tillmanns und Franz-Josef Wuermeling angehörten, machte Kaiser »loyal darauf aufmerksam [...], daß gegen Kiesinger nach wie vor stärkste Bedenken bestünden. Kiesinger sei lange und an hoher Stelle Parteigenosse der NSDAP gewesen.«

Was folgte, war eine Wiederholung der Goslarer Debatte. Erneut wiegelte Adenauer mit gespielter Einfalt ab. Man müsse doch nicht auf der Vergangenheit eines Kandidaten herumreiten, der längst in den Vorstand gewählt worden sei. Wiederum zeigte sich Brentano über die Ausführungen Kaisers »erschüttert«. Man könne einen Menschen doch nicht »nach einem Fragebogen beurteilen«. Doch Kaiser konterte energisch: Für ihn bleibe es bei der grundsätzlichen Frage, »ob man frühere Pg's schon in die vorderste Linie der Partei stellen« dürfe. Adenauer müsse davon im Parteiausschuß »in der rechten Art« sprechen. Das schließlich wurde selbst dem Berliner Landesvorsitzenden und künftigen Berliner Bürgermeister Walther Schreiber zuviel. Für ihn zähle das pragmatische Argument, »die Arbeitspferde möglichst bald einzuspannen«. Die Parteiorganisation müsse ins Laufen gebracht werden. Kiesinger sei seit zwei Jahren Abgeordneter und könne daher in der Partei führend tätig sein: »Man mache sich lächerlich, wenn man heute über die politische Vergangenheit eines Menschen so urteile, wie es hier geschehen sei.«[185]

Aus der Goslarer Affäre, ein Mosaikstein in der Frühgeschichte der westdeutschen Auseinandersetzung mit dem Nationalsozialismus, lassen sich Aufschlüsse über Kiesingers politische Persönlichkeit gewinnen. Dieser war ebenso naiv wie selbstbewußt in die Kampfentscheidung um das Generalsekretariat gegangen (wie zuvor in die Kandidatur für das Amt des Bundestagspräsidenten). Doch mit der Hypothek der Vergangenheit, überhaupt der Art und Weise, wie in Bonn knallhart Politik gemacht wurde, kam er nicht zurecht. Seine Gegner wußten um diese Schwäche und nutzten sie gnadenlos aus. Ein halbes Jahr später – das Generalsekretariat war längst vergessen – machte Adenauers Staatssekretär, die »Bundeswühlmaus« Otto Lenz, Heinrich von Brentano dezent darauf aufmerksam, daß Kiesinger aus sachlichen Gründen nicht als »politischer Generalsekretär« der Partei tauge – auch wegen seiner »früheren Tätigkeit im Propagandaministerium«.[186] Und 1954, bei der ersten Kandidatur zum Amt des Ministerpräsidenten, waren die Altbadener mit dem vergangenheitspolitischen Argument flugs bei der Hand, 1958 war es der zukünftige Koalitionspartner SPD, 1966 zunächst die eigenen Leute und dann die kritische Öffentlichkeit.

Goslar zeigt, daß Anfang der fünfziger Jahre über einen »Fall Kiesinger« nicht nur hinter vorgehaltener Hand getuschelt wurde. Im Gegenteil: Kiesingers innerparteiliche Konkurrenten gingen recht offen zur Sache und scheuten entsprechende Begleitmusik in den Medien nicht. Keinesfalls wurde über die Vergangenheit Kiesingers ein gnädiger Mantel des Verschweigens und Vergessens gebreitet, wie in bezug auf die generelle Entwicklung immer wieder zu lesen ist.[187] Wenn das Ganze sich auch im Umfeld einer personalpolitischen Intrige abspielte, hat die Unionsführung doch die Vergangenheit eines der wenigen NS-Parteigenossen, der jemals in die oberste Führungsspitze der CDU gelangte, intern relativ offen thematisiert.

Dabei waren 1950 viele Argumente bereits präsent, die in den späten sechziger Jahren mit durchschlagender öffentlicher Wirkung gegen Bundeskanzler Kiesinger vorgebracht werden sollten. Weder damals noch später ging es um den objektiven Grad der Belastung Kiesingers – die Details waren weder Gradl, Lemmer noch Kaiser geläufig, so wenig wie in den sechziger Jahren Karl Jaspers oder Beate Klarsfeld diese kannten. Im Vordergrund stand die politische Signalwirkung, die die Betrauung eines Ehemaligen mit einem hohen Partei- bzw. Staatsamt besaß. Im Grundsatz sollte sich daran nichts ändern.

Experte für Propagandafragen: Parteiarbeit im Vorstand der CDU

Über das zwiespältige Verhältnis Adenauers zu Kiesinger nach Goslar ist viel gerätselt worden. Zunächst hatte Adenauer ganz offensichtlich Gefallen an dem überbordenden rhetorischen Talent seines Schützlings gewonnen, den er mit prominenten Reden und gemeinsamen Auftritten im Wahlkampf belohnte. Es kam vor, daß Adenauer aufgrund einer Verhinderung Kiesinger als Ersatzredner in einer wilden Jagd sich ablösender Fahrer vom Bodensee nach Bremen holen ließ oder ihm ein Flugzeug zu einer Wahlveranstaltung entgegenschickte.[188] Doch Adenauers große Hoffnungen wurden enttäuscht; sie beruhten auf einem Mißverständnis. Die in Goslar gescheiterte Einsetzung eines Generalsekretärs war und blieb ein häufig erwähnter »alter Lieblingswunsch« des Kanzlers, wie der Bochumer Historiker Frank Bösch meint: »Ich vermisse so sehr«, soll Adenauer mehrfach zu Globke gesagt haben, »daß ich keinen jüngeren Mann zur Verfügung habe, der mich ständig unterrichtet, unter Umständen auch eine eigene Initiative entwickelt, über die Arbeit in der Bundesgeschäftsstelle und die Arbeit in der Partei insgesamt«.[189]

Genau das aber war Kiesinger nicht; und er wollte es auch nicht werden. Adenauer benötigte zwei weitere Augen, Ohren und Hände, einen loyalen Parteiarbeiter, der vor allem eines nicht tun würde: Politik auf eigene Rechnung zu machen. Kiesinger sah sich gerne als der »junge Mann« der Partei – die Journalisten flüsterten es ihm ins Ohr. Doch wollte er sich dem Kanzler nicht einfach unterordnen. Er blieb, bei aller grundsätzlicher Übereinstimmung und bei aller – gelegentlich auch kritikloser – Bewunderung für den »Alten« auf seine Eigenständigkeit bedacht, wie etwa seine recht offenherzige Kritik am wirtschaftspolitischen Kurs der Bundesregierung im Frühjahr 1950 unterstreicht.[190] Sein Status als brillanter Querdenker machte ihn zu einem Aktivposten im Parlament. Dies untergrub Adenauers Wertschätzung für den *Redner* Kiesinger nicht. Doch es begrenzte dessen personalpolitische Pläne für Kiesinger. Als nach dem Wahlsieg 1953 Mitglieder der jüngeren Generation wie Strauß, Schröder und Tillmanns ins Kabinett aufrückten, blieb Kiesinger ohne Portefeuille im Parlament zurück.

Goslar war nur der erste Schritt in die Zweitklassigkeit. Kiesinger wurde weiter als Kandidat gehandelt, wenn es um Posten in Partei und Regierung ging. Ein Lehrstück war Kiesingers vergebliche Kandidatur als Chef des Bundespresse- und Informationsamtes im Herbst 1951. Adenauer hatte auch in dieser Personalsache unglücklich taktiert und, bis mit Felix von Eckardt der richtige Mann gefunden wurde, gleich mehrere Bundespressechefs verschlissen, darunter auch Fritz von Twardowski, den früheren Leiter der Kulturabteilung des Auswärtigen Amtes (und Kiesingers Chef bei dessen Eintritt in Kult R 1940). Kiesinger trat siegesgewiß auf, hielt die Sache im Prinzip für schon gelaufen und weckte damit den Machtinstinkt der Konkurrenz erst recht. Unter den Journalisten besaß er, wie so oft, einflußreiche Fürsprecher.[191] Doch warum ließ er sich in der Fraktion schon als »präsumtiver Bundespressechef feiern«, wie der bayerische Bevollmächtigte beim Bund etwas säuerlich nach München berichtete, bevor er sich mit Adenauer überhaupt ausgesprochen hatte?[192] Otto Lenz, der erste Staatssekretär des Bundeskanzleramtes, hintertrieb Kiesingers Kandidatur nach Kräften. Schon wurden Gerüchte laut, Kiesinger könne, mit *seiner* Erfahrung, eine Art demokratischer Goebbels werden. Ein Propagandaministerium, *horribile dictu*, sei dem Ausland, sechs Jahre nach dem Krieg, keinesfalls zuzumuten.[193]

Taktisch ungeschickt war Kiesinger vorgeprescht und hatte die halbe Fraktion gegen sich aufgebracht. Letztlich aber wurde aus dem Bundespressechef nichts, weil Kiesinger sich eben nicht als ein Subalternbeamter im Kanzleramt sah (darin Lenz ähnlich), sondern als ein Pressesprecher mit eigenständiger Kompetenz Politik machen wollte. Von Adenauer forderte er die Ernennung zum Parlamentarischen Staatssekretär. Das aber wollte der Kanzler nicht; es hätte einen Dauerkonflikt mit Lenz vorprogrammiert. Das neuerliche Scheitern wurde, »nach einer eingehenden Aussprache«, ohne Gesichtsverlust für Kiesinger mit der Begründung entkräftet, daß er nicht als

Sprecher einer Koalitionsregierung fungieren könne, wenn er gleichzeitig als geschäftsführendes CDU-Bundesvorstandsmitglied die Parteilinie in der Öffentlichkeit vertrete. Da Kiesinger auf sein Mandat nicht verzichten wolle und ihm die Politik am Herzen läge, sprächen sachliche Gründe für die Beschränkung auf die Parteifunktion.[194]

Im Oktober 1951 wurde, »unter großzügiger Auslegung der Satzung« (Bösch), der Vorschlag Adenauers verwirklicht, zur Vorbereitung der Bundestagswahlen 1953 ein geschäftsführendes »3-Männer-Kollegium« einzusetzen, dem außer Kiesinger noch die Abgeordneten Tillmanns und Wuermeling angehörten. Mit seinem Verlangen, die Mitglieder des Dreier-Kollegiums auf hauptamtlicher Basis einzustellen, setzte sich Adenauer jedoch nicht durch. Es blieb bei einem Ehrenamt, mit einem »Auslagenersatz« von immerhin 600 DM.[195] Das geschäftsführende Dreier-Kollegium, dessen Mitglied Kiesinger über alle Höhen und Tiefen hinweg bis 1960 offiziell geblieben ist, wurde strukturell nie in die Lage versetzt, den organisatorischen Aufbau der Bundes-CDU umfassend zu bewerkstelligen. Einerseits wachten die strikt föderalistisch gesinnten Landesverbände eifersüchtig über ihre Erbhöfe. Außerdem war Adenauer eher darauf erpicht, das Aufkommen eines zweiten Machtzentrums in der Partei zu verhindern, denn als moderner Parteiführer in die Geschichte einzugehen. Daher konzentrierten sich die drei geschäftsführenden Mitglieder auf ihre Aufgaben außerhalb der Parteiarbeit, da Tillmanns und später auch Wuermeling Minister wurden, während Kiesinger zum Vorsitzenden des Auswärtigen Ausschusses avancierte. Das war dem Kanzler recht. Globke konnte die innerparteilichen Fäden weiter aus dem Bundeskanzleramt spinnen.[196]

Kiesinger hielt diese Entwicklung der CDU zur Kanzlerpartei für einen »schwerwiegenden Fehler«.[197] Doch Adenauer dachte nicht im Traum daran, die mühselig konsolidierte Macht zu teilen. Er hielt das Dreier-Kollegium auf Distanz. 1951 brachte der Kanzler den Gedanken eines hauptamtlichen Bundesgeschäftsführers in Spiel. Mit Heinz Lubbers präsentierte er gleich einen Kandidaten, ohne sich mit den drei geschäftsführenden Vorstandsmitgliedern überhaupt abgesprochen zu haben. Das wollten sich Kiesinger und seine beiden Kollegen nicht bieten lassen. Mit Bruno Heck rekrutierte Kiesinger aus seiner Tübinger Umgebung einen Gegenkandidaten für das Amt des Bundesgeschäftsführers. Als Tillmanns den Vorschlag Heck im Bundesvorstand präsentierte, legte sich Adenauer quer.[198] Er weigerte sich rundweg, Heck überhaupt nur zu empfangen. Da der Vorstand geschlossen hinter Kiesinger, Tillmanns und Wuermeling stand, akzeptierte Adenauer zähneknirschend die Bildung einer Kommission, die Heck auf seine »Eignung« hin überprüfen würde. Dann verließ der Kanzler den Sitzungsraum. Heck wurde für vorzüglich geeignet befunden und in Abwesenheit Adenauers einstimmig gewählt. Dieser aufoktroyierte Bundesgeschäftsführer hatte gegenüber dem Parteivorsitzenden keinen leichten Stand. Von den Beratungen des geschäftsführenden Vorstandes blieb er ausgeschlossen. Lange Zeit hat Adenauer seinen Bundesgeschäftsführer überhaupt nicht getroffen.[199]

Dieses Schicksal teilte Heck mit dem geschäftsführenden Dreier-Kollegium, das, *cum grano salis*, als besserer Wahlkampfausschuß der Partei diente: »Wohl gab es vor und während den Wahlkämpfen aufmunternde Besprechungen und mahnende Karten- und Briefgrüße von ihm. Wenn wir dann mit geschwellter Brust nach einem Wahlsieg unserem Vorsitzenden eine intensivere Parteiarbeit und -organisation vorschlagen wollten, fanden wir nur kargen Zugang.«[200] Immerhin hatte Kiesinger mit Heck einen Mann in der Parteizentrale plaziert, der in den folgenden beiden Jahrzehnten eine wichtige Rolle beim Aufbau der Bundespartei spielte und in den frühen sechziger Jahren als einer der wenigen Schwaben von politischem Gewicht in Adenauers und Erhards Kabinetten saß. Heck hat den CDU-Parteiapparat überhaupt erst geschaffen, welcher bis dato nur in rudimentären Ansätzen existierte und 1953 einen Stab von nicht einmal 120 Mitarbeitern in der Bonner Nassestraße besaß. Das entsprach dem eines größeren Landesverbandes. In den sechziger Jahren, zum Teil unter Kiesingers eigenem Vorsitz zwischen 1967 und 1971, wurde Heck dann zum Motor des Umbaus der CDU vom »Kanzlerwahlverein« zur »modernen Volkspartei«.[201]

Anfangs beteiligte sich Kiesinger intensiv an der Arbeit des Dreiergremiums. Er kümmerte sich im Bundesvorstand um das, wofür er ausgewiesen war: die Partei nach außen hin darzustellen, sich um Fragen der damals umstandslos noch so genannten »Propaganda« zu kümmern: Öffentlichkeitsarbeit, politische Bildung und Jugendarbeit. Das lag in der Tradition der Tübinger Geschäftsführertätigkeit und seiner ersten Ausflüge in die Bonner Politik in den Jahren 1948/49. Gleich nach Goslar unterbreitete er in diesem Sinne einige Vorschläge zur Aktivierung der Parteiarbeit. Wie sein Vorstandskollege Zimmer an Adenauer berichtete, sollte die Arbeit mit der »jungen Generation« intensiviert, ein schlagkräftiger Presse- und Informationsdienst geschaffen, Fachausschüsse eingerichtet, die Europa-Arbeit auf eine neue Basis gestellt und eine umfassende Personalkartei von der CDU zuneigenden Politikern, Publizisten und Verwaltungsbeamten erstellt werden.[202] Vieles davon wurde in späteren Jahren umgesetzt, wenn auch Adenauer freundlich desinteressiert blieb.

Mustert man Kiesingers Beiträge zu den Bundesvorstandssitzungen durch – er war einer der weniger aktiven Redner –, so nahm er meist Stellung zu Fragen der »Propagandaarbeit«.[203] Er forderte Pressekarteien der CDU-nahen und der übrigen Journalisten (»eine schöne Kartothek, in der man genau finden konnte, wer in Deutschland die öffentliche Meinung auf dem Gebiet von Presse und Rundfunk macht« gehörte seiner Meinung nach in die »Idealvorstellung einer Geschäftsstelle«[204]), plante Pressetees für die »neutrale Presse«, kümmerte sich um die Errichtung von Pressebüros in den Landeshauptstädten, legte Kosten- und Einsatzpläne für den Bundestagswahlkampf vor und besprach den Einsatz von Werbemitteln.[205] Wichtig war Kiesinger sowohl die »geistige« als auch die »technisch-organisatorische« Ausrichtung, die »parteiideologische Fundierung« durch eine periodisch erscheinende Zeitschrift, »die auf höchstem Niveau Sinndeutungen unseres Wollens« gäbe, zugleich aber die Erarbeitung »redefertigen Materials«, den Aufbau von »Rednerstäben«, um in Universitäten, Jugend- und Frauenverbänden, kirchlichen Vereinen und berufsständischen Organisationen wirksam werden zu können. Auch wiederholte Kiesinger seine alte Forderung nach der Einführung eines staatsbürgerlichen Unterrichtes, wobei man »ruhig Männer des öffentlichen Lebens in den Schulen sprechen lassen« solle. Das barg allerdings die Gefahr, daß »auch andere Parteiangehörige in den Schulen zu Wort kämen, so daß vielleicht ein Konkurrenzkampf der Parteien entbrenne«.[206]

Im Juni 1952, der »Kampf um den Wehrbeitrag« eilte seinem Höhepunkt entgegen, trat Kiesinger vor die CDU-Landesgeschäftsführerkonferenz, um die Partei auf die kommenden Dinge vorzubereiten. Einen Hinweis auf »dieses berüchtigte Buch« – Hitlers *Mein Kampf* – konnte er sich durchaus nicht versagen. Eines könne man Hitler wahrlich nicht absprechen, daß »er einen gewaltigen propagandistischen Erfolg« erzielt habe. Der Führer der NSDAP habe »durchaus in richtiger, ganz primitiver Erkenntnis« gesehen, wie Kiesinger in direkter Anlehnung an die Sprache des »Dritten Reiches« dozierte, daß es in der politischen Überzeugungsarbeit auf das gesprochene Wort ankomme. Allerdings habe Hitler, hier sprach der ehemalige Rundfunkpropagandist, in erster Linie an die öffentliche Rede und weniger an das Radio gedacht. Auf die »breite Masse« wirke das Wort »nur noch in der knappsten Vereinfachung und Verbildlichung«. Er empfahl den Landesgeschäftsführern, sich mit der einschlägigen Literatur wie Gustav Le Bons *Psychologie der Massen* auseinanderzusetzen (von dem schon Hitler gelernt hatte). Dieses Buch »müßte jeder von uns auf seinem Bücherbord haben [...], eigentlich müßte die Partei dafür sorgen«. Zugleich warnte Kiesinger vor dem »Ansprechen der Ressentiments, dieser ganz billigen, oberflächlichen Gefühle – wir als Christen dürfen das nicht, wenn wir uns nicht selbst untreu werden wollen«. Die CDU-Politiker seien in ihrer Auseinandersetzung mit der SPD aufgerufen, die »Massen zu führen«. Die junge Generation aber wünsche den »sachlichen Vortrag«, der »nüchtern« und zugleich »leidenschaftlich« sei.[207]

In der Partei etablierte sich Kiesinger als Experte für Propagandafragen – in offensichtlicher Kontinuität zu seiner Beschäftigung vor 1945. Völlig unapologetisch schlug er vor, NS-Propagandatechniken für die christliche Demokratie nutzbar zu machen. Das provozierte in den fünfziger Jahren keinen Skandal. Die Pressearbeit, nicht allein der CDU, stand im Banne Hitlers und seiner Gehilfen, »Propaganda« war nun einmal »Propaganda« und wurde nicht euphemistisch als »Öffentlichkeitsarbeit« verbrämt. Angesichts seiner Lehrjahre im Auswärtigen Amt schätzte Kiesinger die Erfolgsaussichten der Presse- und Rundfunkarbeit skeptischer ein als die von ihrem Machbarkeitswahn besessenen NS-Propagandisten. Dabei stützte Kiesinger seine Skepsis ganz modern auf Umfragen des Allensbacher Instituts. Im »Jahrhundert des Bildes« (Kiesinger) habe das Wort seine »magische Kraft« verloren. Die CDU – das Fernsehen hatte kaum zu senden begonnen – werde ihre Aufmerksamkeit den illustrierten Zeitschriften zuwenden müssen.[208]

Als demokratischer Politiker war Kiesinger in hohem Maße medial orientiert, wobei seiner Meinung nach die »politisch aktiven und wirksamen Kräfte« der Presse eher zur SPD als zur CDU tendierten – ein altes Klagelied der Union. Die Lizenzierungspolitik der Alliierten habe die SPD bevorzugt. Die CDU müsse sich aber auch an die eigene Nase fassen, weil sie im Unterschied zur SPD eine »verhältnismäßig geringe Aktivität« bei der Verteilung von Lizenzen entfaltet habe. Die eigenen Leute arbeiteten nur zögerlich bei den Zeitungen mit. Weder in Bonn noch in den Landesverbänden würde »intimer Kontakt« zur Presse gepflegt: »Hier ist es vorgekommen in Bonn, daß die Journalisten hinter den Abgeordneten herlaufen, um gelegentlich bei Pressekonferenzen das eine oder andere zu erfahren. Der Kontakt muß ein gesellschaftlicher sein und ein sehr enger, ein Austausch von Meinungen.« Man werde sich stärker um die Journalisten kümmern, die »vielfach sehr guten Willen« hätten: »Wenn man sie aber immer allein laufen läßt, dann ist es nicht verwunderlich, daß sie schließlich nicht gerade immer zu unseren Gunsten schreiben.« In Stuttgart habe die CDU-Opposition dies mit einem Pressebüro vorexerziert, so »daß die Durchdringung der württembergisch-badischen Presse mit Material zu unseren Gunsten außerordentlich viel stärker ist als vorher. Es hat sich da klar erwiesen, daß man nur ein wenig arbeiten muß, einige fähige Leute dransetzen muß, und die Zeitungen haben sofort ein anderes Gesicht als vorher.«

Kiesingers zweite Spezialität war die Mitarbeit in Redaktionskomitees. Dies hatte er als Landesgeschäftsführer gelernt; nun übernahm er bei fast allen Bundesparteitagen und vielen Vorstandssitzungen diese Funktion. In solchen Situationen war der Stilist Kiesinger gefragt, der beispielsweise im März 1953 mit Tillmanns und Wuermeling am Entwurf des ersten Bundesparteiprogramms der CDU feilte. Kiesinger war für den außenpolitischen Teil des späteren »Hamburger Programms« zuständig, den Rest der Arbeit besorgte Tillmanns. Wie zu erwarten, gab es für den unter hohem Zeitdruck angefertigten Entwurf Kritik. Das von Tillmanns kompilierte Konzept war nach Addition sämtlicher Gruppeninteressen auf 24 Schreibmaschinenseiten angewachsen – keine leichtverdauliche Kost für Wahlkampfzwecke. Kiesinger kanzelte Tillmanns mit den Worten ab: »Das muß ganz neu gemacht werden.«[209] Da Adenauer sich so etwas wie die »Zehn Gebote« wünschte, mußten Kiesinger, Tillmanns und Wuermeling bis vier Uhr morgens einen erheblich gekürzten Entwurf erarbeiten, den Kiesinger dann dem Parteitag in Auszügen offiziell vorstellte und schließlich verkündete.[210] Es war eine der Großtaten des frühen Kiesinger: Mit Modifikationen blieb das Hamburger Programm 15 Jahre lang gültig. Erst 1968 wurde es, unter Kiesingers eigenem Parteivorsitz, durch das Berliner Programm ersetzt.[211]

Nach der Bundestagswahl 1953 zog sich Kiesinger aus der Parteiarbeit im Vorstand zurück. Er blieb ein gefragter Redner, der überregional in Wahlkämpfen brillierte. Auf Parteitagen gehörte er zu den Zugpferden der Union.[212] Doch es war Tillmanns, auf dessen Schultern zunächst die Hauptlast der Arbeit ruhte, wie Adenauer im Bundesvorstand im April 1956 schonungslos offen sagte, ohne daß er »einen der Herrn zu verletzen« beabsichtige.[213] Nach Tillmanns' Tod 1955 fiel Franz Meyers, dem späteren Ministerpräsidenten von Nordrhein-Westfalen, die Hauptverantwortung im geschäftsführenden Dreier-Vorstand zu.[214]

Zu diesem Zeitpunkt hatte Kiesinger das Interesse an der Parteiarbeit verloren. Er war längst *der* außenpolitische Experte der CDU und einer ihrer großen Europäer geworden. Ab dem September 1953 ergriff er im Bundesvorstand nur noch selten das Wort. Wenn, dann zu außenpolitischen Fragen und zum Verhältnis zur SPD, mit deren »gemäßigten Leuten« (Carlo Schmid und Fritz Erler) er ein »versöhnliches Gespräch« führen und einen »Bund schließen« wolle. Noch verfingen derartige Brückenbaukonzepte bei Adenauer nicht: Die SPD spiele radikale Opposition um jeden Preis, da könne man »mit Engelszungen reden, sie tun es einfach nicht! Erst wenn die nächste Bundestagswahl ihnen gezeigt hat – was wir hoffen –, daß die Mehrheit des deutschen Volkes eine solche Geschichte, wie die SPD sie macht, nicht will, dann kann die Scheidung der Geister in der SPD kommen.«[215] Ein Vorbote der Konflikte um die Gemeinsame Außenpolitik, mit der sich Kiesinger dann in der zweiten Hälfte der fünfziger Jahre in Szene setzte.

Selbstverständlich war Kiesingers Distanz zur Parteiarbeit nur relativ zu der von stärker engagierten Männern. Da Kiesinger auch als Parteiorganisator seine Meinung schriftlich darzulegen vermied, sind seine Aktivitäten hinter den Kulissen für die historische Forschung wenig transparent. Wie die erfolgreiche Rekrutierung Hecks unterstreicht, hat er punktuell spürbaren Einfluß ausgeübt. Auch später, als Ministerpräsident, spürte er bedeutende Nachwuchstalente wie Heiner Geißler, Erwin Teufel und Manfred Wörner auf. Als Bundeskanzler setzte er früh auf Helmut Kohl. Sowohl im Land als auch im Bund sollte er wichtige Anregungen zum Modernisierung der CDU geben, die unter seinen Nachfolgern praktisch umgesetzt wurden. Daher stellt Kiesinger in der Geschichte seiner Partei eine interessante Figur des Übergangs dar, weil er durchaus ein Gespür für die Erfordernisse einer modernen Volkspartei hatte, jedoch als Vorsitzender einen Führungsstil pflegte, der noch an den Kanzlerwahlverein der fünfziger Jahre erinnerte.[216]

Dank seiner Parteiämter gehörte er zu den informierten Leuten der CDU, mochte er sich auch von der engeren Parteiklüngelei zunehmend fernhalten. In der einen oder anderen Weise war Kiesinger in die meisten wichtigen Entscheidungen der CDU in den fünfziger Jahren involviert, inklusive der Bewältigung der prekären finanziellen Lage der Partei, die ein Jahrzehnt lang permanent vor dem wirtschaftlichen Kollaps stand und die sich dank der von Pferdmenges geschaffenen Fördergesellschaften nur kümmerlich über Wasser hielt.[217] Als Kiesinger im März 1988 starb, war er der einzige noch lebende Politiker, der seit 1950 ununterbrochen dem Bundesvorstand der CDU angehört hatte und über die längste Zeit auch dem 1962 geschaffenen Präsidium: Von 1950 bis 1960 war er eines der drei geschäftsführenden Bundesvorstandsmitglieder, in der Folgezeit war er als baden-württembergischer Ministerpräsident *ex officio* Mitglied im Bundesvorstand, dann von 1967 bis 1971 selbst Parteivorsitzender. Seit dem 19. Bundesparteitag in Saarbrücken 1971, auf dem Rainer Barzel zu seinem Nachfolger gewählt wurde, saß er als Ehrenvorsitzender mit Sitz und Stimme in allen weiteren Bundesvorständen und Präsidien.[218] Kiesinger war kein Parteikarrierist, dennoch wurde er Urgestein der CDU.

Agent Gebhard Müllers im Bundestag: Die Südweststaatsgründung

Im zweiten Bonner Jahr schwang in Kiesingers politischer Biographie das Pendel zu den landespolitischen Problemen zurück, bevor er sich dann ganz Europa und der Außenpolitik verschreiben sollte. Das vertrackte Problem der südwestdeutschen Integration hatte er gleichsam aus Tübingen mitgebracht. Auch in den kommenden beiden Jahrzehnten sollte seine politische Laufbahn zwischen Bund und Land oszillieren. Der »Kampf um den Südweststaat« gehört schon in die Vorgeschichte der Ministerpräsidentschaft, während derer Kiesinger dann einen erheblichen Beitrag dazu leistete, daß sich im Südwesten eine gesamt-baden-württembergische Identität herauszuschälen begann. Die rechtlichen Grundlagen für die Integration des Landes half er als Agent Gebhard Müllers im Bundestag in den Jahren zwischen 1950 und 1952 zu legen.

In Kiesingers Selbstverständnis spielte sein Engagement für den Südweststaat eine zentrale Rolle. Der oft bis an die Grenzen der Selbstverleugnung auf Vermittlung und Ausgleich bedachte Kiesinger erwies sich hier als ein Gesinnungspolitiker, der für seine politischen Überzeugungen einen Preis zahlte. Er isolierte sich deshalb innerhalb der Bonner Union, die überwiegend mit dem Anliegen der Wiederherstellung der ursprünglichen Länder Baden und Württemberg abzielenden Altbadener sympathisierte. Auch Adenauer sah das Südweststaatprojekt skeptisch, drohten doch angesichts der Länderfusion die knappen Mehrheitsverhältnisse im Bundesrat zu Ungunsten der Union zu kippen. Und in der Tat: Als im März 1952 der FDP-Politiker Reinhold Maier gemeinsam mit SPD und BHE gegen die CDU handstreichartig die erste baden-württembergische Landesregierung bildete, wurde Kiesinger in Bonn als Sündenbock an den Pranger gestellt.[219] Sein Eintreten für den Südweststaat bremste seinen kometenhaften Aufstieg im Bundestag spürbar ab. Erst ein halbes Dutzend Jahre später wurde er für die erlittene Unbill mit dem Amt des baden-württembergischen Ministerpräsidenten entschädigt.

Welches waren Kiesingers Motive in der Südweststaatsfrage? Erstens handelte er als gewählter Vertreter einer Region, die mit überwältigender Mehrheit für die Vereinigung der drei südwestdeutschen Länder war. Bei der »informatorischen Volksbefragung« vom 24. September 1950 hatten mehr als 90 Prozent in Südwürttemberg-Hohenzollern für den Südweststaat gestimmt. Müller und Kiesinger konnten sich auf ein breites Mandat *ihrer* Wählerschaft berufen.[220] Zweitens standen vor Kiesingers innerem Auge die künstlichen Grenzziehungen, die die napoleonische Flurbereinigung in seiner Heimat hinterlassen hatte. Auch hatte man sich in den katholischen Gebieten Oberschwabens lange Zeit nicht mit der Dominanz des protestantischen altwürttembergischen Staates abgefunden, der seine Herrschaft im frühen 19. Jahrhundert unter kulturkampfähnlichen Begleiterscheinungen angetreten hatte. Die Menschen fühlten sich in dem größeren Baden-Württemberg, das die Grenzen zwischen Schwarzwald, Donau und Bodensee relativierte, besser aufgehoben als in dem »historischen« Territorium Württembergs.[221]

Der dritte, ideologisch überhöhte Gedanke war Kiesingers föderale Konzeption, die, wie bereits deutlich wurde, in den Kontext der demokratischen

Reorientierung gehört. Der Südweststaat sei »um des Föderalismus willen in Deutschland notwendig«, wie Kiesinger Ende 1950 vor der südwürttembergischen CDU argumentierte.[222] Zur Erläuterung dieser scheinbaren Paradoxie knüpfte er an die klassischen Begründungen des Föderalismus an, vor allem an die Diskussionen der amerikanischen Verfassungsväter, vermittelt durch Tocqueville. Im *Federalist* hatten James Madison und Alexander Hamilton den modernen republikanischen Großflächenstaat gegen Montesquieus Auffassung verteidigt, wonach demokratische Herrschaft nur im überschaubaren Rahmen einer Stadtrepublik gedeihen könne. Dem hatten die amerikanischen Verfassungsväter die Verfallsgeschichte der italienischen und antiken Stadtstaaten entgegengehalten, deren Instabilität und Korruption, Anfälligkeit für Cliquenwesen und Tyrannei nur eine nach außen hin starke, föderative Republik mit Repräsentativsystem entgegenwirken könne. Erst in der großen Fläche würden sich die Gegensätze und Ambitionen der einzelstaatlichen Fraktionen und Gruppierungen austarieren.[223]

Zweifellos hatte Kiesinger eine Ader für das von Montesquieu inspirierte romantische Bild einer Marktplatzdemokratie *à la Suisse*. In zeittypischer Diktion beschwor er die »Gefahren der Massenwesens«, weil im Großstaat die Demokratie als Verband selbstverantwortlicher Staatsbürger nur schwer zu verwirklichen wäre; die Verhältnisse und die Menschen wären zu verschieden, die Probleme zu vielfältig und zu verworren, die Beziehungen zwischen Volk und Regierenden zu bürokratisch und zu anonym. Tocqueville und Jacob Burckhardt hätten die kleinen Staaten als »die Wiege der öffentlichen Freiheit« gepriesen und »voll böser Ahnung« auf das Heranwachsen der modernen »Groß- und Massenstaaten« geschaut. In den kleinen und mittleren Staaten, in Holland, Belgien, Skandinavien, der Schweiz, herrschten stabile demokratische Verhältnisse, »warum die ewige Unruhe in den Großstaaten Frankreich, Italien und Deutschland?« Doch bei aller Liebe zur überschaubaren Szenerie europäischer Kleinstaaten verschloß sich Kiesinger der nüchternen Einsicht nicht, daß es unter den modernen Verhältnissen keine Alternative zum Großstaat gäbe. Entscheidend sei eine bundesstaatliche Verfassung mit »alten, eigenwüchsigen« Ländern, deren »gesundes demokratisches Klima« sich auf den Bund übertragen würde. Kiesinger stellte sich auf die Seite des *Federalist*, daß die rechte bundesstaatliche Ordnung die Vorteile des großen Staates mit den Segnungen kleiner Republiken verbinde.[224]

Hinzu trat ein weiteres, in der zeitgenössischen Föderalismus-Debatte wichtiges Argument, daß die prästabilisierte Harmonie des Ganzen auch Funktion eines ausgewogenen Verhältnisses der Gliedstaaten zueinander sei. In Bonn habe sich gezeigt, daß die Vertreter der kleinen Länder sich nicht hätten durchsetzen können. Im südwestdeutschen Raum stecke »ein starkes

Potential für die deutsche Demokratie«, das besser zur Wirkung gebracht werden müsse. Man habe bis jetzt immer unter der »Kleinstaaterei gelitten« und die »typischen Tugenden der Enge entwickelt wie Zähigkeit, Sparsamkeit und Lauterkeit«.[225] Die kleinen Länder zersplitterten jedoch den Willen des Ganzen und züchteten »provinzielle Abhängigkeit«.[226] Man müsse, so Kiesinger in der ersten Lesung des 2. Neugliederungsgesetzes im Bundestag, den Föderalismus »gegen seine oft allzu eifrigen Freunde« schützen.[227] Die »heranwachsende Generation« lasse sich nicht mehr für einen Föderalismus gewinnen, der sich »in der Konservierung bestehender kleinstaatlicher Gebilde behagt«. Natürlich hätten die »oft verspotteten Staatsgebiete von Napoleons Gnaden« in den vergangenen 150 Jahren ein echtes Staatsgefühl entwickelt. Doch habe der Föderalismus nur dann eine Chance gegenüber zentralistischen und unitarischen Tendenzen, wenn es gelänge, »ein Land zu schaffen, das fähig ist, nicht nur in sich gesund und stark, sondern auch für den Bund gesund und stark zu handeln«.[228]

Es ging also auch um Einfluß im Bund und damit selbstverständlich in der Union. Es galt, der Zersplitterung der politischen Willensbildung im Südwesten entgegenzuwirken und eine Hausmacht für Bonn zu schaffen. Müller und Kiesinger wollten ein zweites Bayern oder Nordrhein-Westfalen aus der Taufe heben, das mehr Gewicht im Bund besaß als die drei einzelnen Länder.[229] Dabei spielten wirtschaftliche Gesichtspunkte mit. Es sei nicht denkbar, so Müller vor der Landes-CDU, daß die finanzschwachen Länder auf Dauer von den finanzkräftigeren Ländern alimentiert würden, ohne daß letztere Einfluß auf die innere Verwaltung der Schwächeren ausüben würden.[230] Aufgrund der Erfordernisse einer modernen Verwaltung sei die politische Machtbalance von Bund und Einzelstaaten auch eine Frage wirtschaftlicher Leistungsfähigkeit.[231] Südbaden und Württemberg-Hohenzollern erschienen als kaum lebensfähige Gebilde, die angesichts ihrer Abhängigkeit von den Geberländern den Föderalismus eher zu untergraben als zu stärken geeignet wären. Hinzu trat Kiesingers weitsichtige Auffassung, daß nur starke Länder in einem sich fester zusammenschließenden Europa eine »beachtliche Rolle« spielen könnten.[232]

Wie alle Befürworter und Gegner des Südweststaats hat Kiesinger die Geschichte für seine politische Konzeption kräftig bemüht. Der Südweststaat knüpfe an die verschüttete vornapoleonische Tradition an. Man müsse sich gegen jeden Versuch zur Wehr setzen, »mit Zirkel und Lineal willkürlich neue deutsche Länder zu bilden«. Zugleich sei Verständnis dafür aufzubringen, daß die Verschmelzung beider Länder keineswegs eine »unorganische Lösung« darstelle, sondern »eine Lösung im Sinne der besten Tradition dieses Raumes«. Württemberg und Baden besäßen eine 150 Jahre alte staatliche Tradition. Die Geschichte des Südwestraums gehe jedoch weit hinter den Reichsdeputationshauptschluß von 1803 zurück. Dies habe die Bevölkerung seines oberschwäbischen Wahlkreises erkannt, die zu den stärksten Befürwortern der Vereinigung gehöre: »Den Allgäuer Bauern und den Friedrichshafener Arbeitern kann man wahrhaftig nicht vorwerfen, daß sie nach badischen Reichtümern schielen. Hier lebt vielmehr eine Tradition, die älter ist als die württembergische und die badische Tradition und die zurückgeht auf die große alte Tradition des Bodenseeraums vor 1800, des Raumes von der heutigen östlichen württembergischen Grenze bis über den Schwarzwald hinunter zum Rhein. [...] Sie wollen ganz einfach das Neue, weil es das ehrwürdig Alte ist.«[233]

Kiesingers Einsatz für den Südweststaat beleuchtet die Bonner Dimension eines zentralen Kapitels der südwestdeutschen Landesgeschichte. In verschiedenen Publikationen hat er später darauf aufmerksam gemacht, daß der »in mancher Hinsicht entscheidende Abschnitt des Kampfes [...] im Bundestag ausgetragen« worden sei.[234] Da sprach er *pro domo*, aber nicht ohne Berechtigung. Denn die südwestdeutschen Landesregierungen hatten seit 1947 zäh und ergebnislos miteinander gerungen. Erst als die Befürworter der Neugliederung den Kampf auf die bundespolitische Ebene verlagerten, glückte der Durchbruch: Baden-Württemberg wurde durch die Bonner Hintertür geschaffen. Dazu hatte es auch der Hilfe der von Kiesinger organisierten württembergischen CDU-Abgeordneten bedurft.[235] So spiegelt sich in Kiesingers Kritik an der späteren Landesgeschichte, die sich stark auf das Geschehen im Südwesten konzentriert, seine objektive Position von 1951 wider; wobei die von Kiesinger bemängelte Verkürzung der landesgeschichtlichen Perspektive auch der Tatsache geschuldet ist, daß die Regierungen in Stuttgart, Tübingen und Freiburg dem Bundestag als Stichwortgeber dienten, wohin sie den Kriegsschauplatz vorübergehend verlagerten.[236]

Die Vorgeschichte des Südweststaatprojekts ist untrennbar mit der großen Politik verknüpft. 1945 waren aus den drei historischen Territorien, dem früheren Großherzogtum Baden, dem preußischen Regierungsbezirk Hohenzollern und dem früheren Königreich Württemberg, per Dekret der Besatzungsmächte drei Länder entstanden. Da die Grenze zwischen der französischen und der amerikanischen Besatzungszone entlang der Autobahnlinie Karlsruhe – Ulm verlief, wurden die alten Länder in west-östlicher Richtung geteilt. Der Süden kam unter französische Herrschaft. Die Franzosen schufen in ihrer Zone das Land Baden mit der Hauptstadt Freiburg sowie das um das preußische Sigmaringen erweiterte (Süd-)Württemberg-Hohenzollern, mit dem Regierungssitz Tübingen. Im Norden saßen die Amerikaner, welche die ihnen unterstellten badischen und württembergischen Gebiete in einem

»Akt besatzungsrechtlicher Willkür« zum Land Württemberg-Baden mit der Hauptstadt Stuttgart verschmolzen. Damit war der Nukleus des späteren Südweststaats geschaffen.[237]

Am Anfang stand nicht das Südweststaatsprojekt, sondern die unbestimmte Hoffnung auf eine Wiedervereinigung Südwürttembergs mit Nordwürttemberg und Südbadens mit Nordbaden. In den 1947 verabschiedeten Landesverfassungen war die alliierte Neuordnung des Südwestraums als Provisorium verstanden worden.[238] Hatten die Alliierten für die territoriale Zersplitterung im Südwesten ursprünglich verantwortlich gezeichnet, so kam der Anstoß für die Südweststaatsgründung ebenfalls von ihrer Seite. Am 1. Juli 1948 wurden den westdeutschen Ministerpräsidenten die Frankfurter Dokumente übergeben, in deren zweitem die Ministerpräsidenten aufgefordert wurden, Vorschläge für eine Änderung der Ländergrenzen zu unterbreiten. Das löste in Stuttgart, Tübingen und Freiburg hektische Betriebsamkeit aus, die in einem turbulenten Treffen südwestdeutscher Spitzenpolitiker auf dem Hohenneuffen gipfelte, jedoch keine Ergebnisse brachte.[239]

Dies war die Ausgangssituation, als Kiesinger im Sommer 1948 nach Tübingen kam: Die Verhandlungen der drei Länder waren in Gang gekommen und sofort in eine ernsthafte Krise geraten. Die erste Sitzung des CDU-Landesvorstandes, an der Kiesinger im September 1948 als frisch ernannter CDU-Landesgeschäftsführer teilnehmen konnte, war der Südweststaatsfrage gewidmet.[240] In Kiesingers internem Bericht klingt bereits die »vermittelnde Lösung« an, für die Kiesinger im Auftrag Müllers später im Bundestag kämpfen sollte.[241] Ein echter Kompromiß wurde jedoch weder damals noch in den folgenden drei Jahren gefunden, da sich die südwestdeutschen Politiker gegenseitig blockierten.[242]

Gleichzeitig schoben Amerikaner und Franzosen das Problem zwischen sich hin und her. Schließlich wurde die Entscheidung der ersten Bundesregierung überlassen. Das kam einer Vertagung auf den Sankt-Nimmerleins-Tag gleich. Denn der Parlamentarische Rat hatte mit Artikel 29 GG ein kompliziertes Verfahren geschaffen, das eine Länderneuordnung von einer vom Bund zu erarbeitenden Gesamtkonzeption abhängig machte – ein aussichtsloses Unterfangen angesichts der Befürchtungen, die derartige Pläne in Rheinland-Pfalz, Hessen oder anderen kürzlich zusammengewürfelten Ländern weckten.[243]

Tatsächlich ist der Artikel 29 bis heute kein einziges Mal erfolgreich angewandt worden. Zum Glück für die Südweststaatsbefürworter hatten Müller und sein Berater Theodor Eschenburg buchstäblich in letzter Minute eine Sonderbestimmung in das Grundgesetz lanciert, die als Artikel 118 am 8. Mai 1949 vom Parlamentarischen Rat mit verabschiedet wurde. Würden alle innersüdwestdeutschen Einigungsversuche scheitern, konnte abweichend von Artikel 29 der Bundesgesetzgeber initiativ werden und die Modalitäten einer Volksbefragung im Südwestraum regeln.[244] Das eröffnete einen zweiten Weg zum Südweststaat, der dann unter Kiesingers Beteiligung tatsächlich erfolgreich beschritten wurde. Nachdem am 24. September 1950 ein letzter Versuch im Sande verlaufen war, den Südweststaat durch eine Vereinbarung der beteiligten Länder zu gründen, forderte Müller den Bund auf, in der Südweststaatfrage initiativ zu werden. Denn eine »informatorische Volksbefragung« hatte erbracht, daß in Württemberg über 90 Prozent für die Vereinigung stimmten, in Nordbaden immerhin 57,4 Prozent, während in Südbaden eine starke Mehrheit die Wiederherstellung von Baden wünschte. Wäre nach alten Ländern »durchgezählt« worden, hätten sich 50,7 Prozent der Badener für die Wiederherstellung Badens ausgesprochen.[245]

Damit schlug die Stunde des Bundestags. Die FDP hatte schon am 30. März 1950 einen Gesetzesentwurf eingebracht, der den Südweststaat praktisch vorweggenommen hätte, weil er die Stimmen im gesamten Südwestraum schlichtweg addierte und so den Fusionsplänen eine solide Mehrheit garantierte. Anfang Januar 1951 konterte Anton Hilbert mit einem Gegenentwurf der badischen Landesregierung, dem sich die weit überwiegende Mehrheit der Unionsfraktion anschloß, darunter der Vorsitzende Brentano, dessen Bruder eine wichtige Funktion in Südbaden innehatte, und Strauß als Vorsitzender der CSU-Landesgruppe.[246] In diesem Entwurf wurden die Ja- und Nein-Stimmen unterschiedlich gewichtet: Während für die Wiederherstellung der alten Länder eine Mehrheit der abgegebenen Stimmen genügte, wäre für die Fusion die Mehrheit der Stimmberechtigten nötig gewesen. Kiesinger hielt dies für »ein durchaus undemokratisches Verfahren«, wie er es »in der Geschichte demokratischer Abstimmungen noch nicht kennengelernt« habe.[247]

In Tübingen ließ der Antrag Hilberts die Alarmglocken schrillen. Gebhard Müller schickte ein geharnischtes Schreiben an Brentano und kündigte eine eigene Gesetzesinitiative an.[248] Am 16. Januar verabschiedete das Tübinger Kabinett in großer Eile einen dritten, vermittelnden Entwurf, der am 25. Januar die CDU/CSU-Bundestagsfraktion passierte und am 26. Januar von den schwäbischen Abgeordneten Gengler, Kiesinger, Bauknecht, Weiß, Gerstenmaier und anderen im Bundestag eingebracht wurde.[249] Mit Ausnahme des Franken Ludwig Erhard, der in Ulm seinen Wahlkreis besaß, doch als Kabinettsmitglied auf Neutralität achtete, unterzeichneten alle württembergischen CDU-Abgeordneten den Antrag, außerdem der nordbadische FDP-Fraktionshospitant Richard Freudenberg sowie einige wenige CDU-Abgeordnete aus Nordrhein-Westfalen, Niedersachsen und Hamburg. Kein einziger CSU-Vertreter und kein einziger badischer Christdemokrat unterstützte den Antrag Gengler-Kiesinger. Es kostete Kiesinger und seine Kollegen einige Überredungskunst, um überhaupt das Quorum für den Tübinger Antrag zustande zu bringen.[250]

Wie die Gesetzesinitiative der FDP sah auch der Tübinger Entwurf, der bald unter Kiesingers Namen lief[251], nur eine Frage vor: »Ich will die Vereinigung der drei Länder Baden, Württemberg-Baden und Hohenzollern zu einem Bundesland (Südweststaat) Ja – Nein«.[252] Herzstück der Vorlage war die Aufteilung des Abstimmungsgebietes in vier Bezirke: das Land (Süd-)Baden, die Landesbezirke (Nord-)Baden und (Nord-)Württemberg des Landes Württemberg-Baden sowie das Land (Süd-)Württemberg-Hohenzollern. Der Südweststaat war gebildet, wenn sich in wenigstens drei dieser vier Bezirke eine Mehrheit ergab. Dies bedeutete – was auch tatsächlich geschah –, daß die südbadische Bevölkerung majorisiert werden konnte, selbst wenn sich in ganz Baden aufgrund der höheren südbadischen Wahlbeteiligung eine Mehrheit gegen den Südweststaat ergab.[253]

Während die südbadische Initiative auf die vor 1945 bestehenden territorialen Verhältnisse abstellte und von einer Kontinuität der badischen und württembergischen Nationen ausging, trug der von Kiesinger eingebrachte Initiativantrag den von den Alliierten geschaffenen Verhältnissen Rechnung. Formal wurde dies damit begründet, daß in den Wahlen zu den drei süddeutschen Länderparlamenten der Status quo vom Volk legalisiert worden sei. Zugleich aber hielt sich der Gesetzesentwurf Gengler-Kiesinger zugute, daß er den Willen der nordbadischen Bevölkerung respektiere, die sich, vor allem in der reformierten Kurpfalz, nur ungern dem »vorderösterreichischen«, katholischen »Regime« in Freiburg unterworfen hätte und sich daher gegen ein »Durchzählen« nach alten Ländern wehrte.[254]

Kiesinger hat in der Südweststaatsfrage keine eigenständige politische Konzeption verfolgt. Er handelte als Vertreter der Tübinger Linie in Bonn. Dies schmälert seine Bedeutung für die Gründung des Landes Baden-Württemberg nicht. Während sein Wirken »hinter den Kulissen« in Bonn nicht aktenkundig geworden ist, hebt die Landesgeschichte auf die Interventionen der Tübinger Regierung im Bundestag ab. Leider sind die Beratungen der CDU/CSU-Bundestagfraktion, wo es zu pointierten Auseinandersetzungen über die Südweststaatsfrage kam, nur im Ergebnis festgehalten. Begreiflicherweise hat Kiesinger seine Bemühungen um die Aufstellung einer »Hilfstruppe« hervorgehoben. Außer der Gruppe württembergischer Abgeordneter habe er noch einige weibliche Mitglieder der Fraktion für seinen Antrag gewonnen. Andere hätten aus Solidarität mit dem ehemaligen christlichen Gewerkschafter Gengler unterschrieben.[255] Daß er, Gengler und andere einen alternativen Entwurf der CDU im Bundestag eingebracht hätten, sah Kiesinger als kein geringes Verdienst. Ein geschlossenes Eintreten der Union für den südbadischen Antrag hätte zu einer parteipolitischen Polarisierung führen können und damit zum Scheitern der Neugliederung.

Dies war kein hypothetisches Szenario, wie das taktische Finassieren der Bundesregierung in der Südweststaatsfrage zeigt. Wenige Tage bevor der Antrag Gengler-Kiesinger in den Bundestag eingebracht wurde, entsprach das Bundeskabinett der Empfehlung des zuständigen Bundesinnenministers Lehr, »auf die Fraktionen der Koalitionspartner im Bundestag in dem Sinne einzuwirken, daß die Behandlung der Initiativanträge zurückgestellt werde«.[256] Zwar unterblieb ein formeller Kabinettsbeschluß. Eine solche Vertagung hätte jedoch objektiv den südbadischen Interessen gedient. Das entsprach der Linie Adenauers, dem angesichts »unserer derzeitigen außen- und innenpolitischen Lage« daran lag, »jede Beunruhigung der Bevölkerung und jeden Anlaß zu Auseinandersetzungen, die außerhalb der eigentlichen derzeitigen Lebensfragen unseres Volkes liegen« zu vermeiden. Deshalb wurde dem badischen Staatspräsidenten Leo Wohleb signalisiert, daß die weitere Diskussion in der Südweststaatfrage erst einmal ruhen solle.[257]

Der Kanzler, so Kiesingers Einschätzung, »liebte den Plan einer Vereinigung im Südwesten nicht, weil er eine Schwächung der führenden Position im Bundesrat und dadurch eine Gefährdung seiner Außenpolitik fürchtete«.[258] Auch innenpolitische Gründe sprachen für eine Vertagung, weil der südwestdeutsche Integrationsversuch die Büchse der Pandora öffnete, wurden doch in der Pfalz »alte Erinnerungen an die gute Gemeinschaft mit Bayern« wach, drohten in Oldenburg separatistische Bewegungen »los von Hannover«, fürchtete Hamburg, von Schleswig-Holstein geschluckt zu werden.[259] Auf beiden Seiten wurde denn auch mit harten Bandagen gekämpft. Angeblich erreichten Kiesinger und Weiß den Austausch eines CDU-Mitgliedes im federführenden Ausschuß für innergebietliche Neuordnung, um das altbadische Übergewicht zu reduzieren.[260] Schließlich wurde der Entwurf Gengler-Kiesinger mit neun Stimmen der FDP, SPD und eines einzigen CDU-Abgeordneten gegen sechs Stimmen von CDU und DP im Ausschuß durchgesetzt. Dies nahm das Endresultat vorweg – und zeigte das ganze Ausmaß von Kiesingers Isolation.[261]

Obwohl der Tübinger Entwurf die altbadische Vorlage in den Ausschüssen verdrängte und von einer großen Koalition der Südweststaatsbefürworter aus württembergischer CDU, SPD, FDP und BHE auch durch den Rechtsausschuß bugsiert wurde, wo Kiesinger mit seinen südwürttembergischen SPD-Kollegen Carlo Schmid und Fritz Erler gegen die eigenen Parteifreunde kämpfte, griffen die Südweststaatsgegner in letzter Minute zu massiver Obstruktion. Am 17. April 1951, dem Vorabend der zweiten Lesung des 2. Neugliederungsgesetzes, stießen Anhänger und Gegner des Südweststaates in der Fraktion aufeinander. Adenauer hatte am Vorabend aus Paris telefonisch mitteilen lassen, daß die Union eine Absetzung von der Tagesordnung des Bundestages erreichen solle. Das Gesetz müsse in Anwesenheit des Kanzlers von der Gesamtfraktion noch einmal beraten werden. Dagegen rebellierte die FDP, deren Vorsitzender Euler nicht einsah, »daß der Bundeskanzler aus Paris neue Gesichtspunkte in dieser Materie mitgebracht haben könnte, die eine Vertagung rechtfertigen würden«.[262]

Adenauers späte Intervention war durch zwei Entwicklungen provoziert worden. Zum einen schien sich die Südweststaatsfrage zu einer schweren innerparteilichen Belastung für die CDU auszuwachsen. Wohleb drohte mit der Neugründung des Zentrums in Baden, sollte das Neugliederungsgesetz die Unterstützung von Teilen der CDU im Bundestag finden. Darin wurde er von der rechten Hand des Freiburger Erzbischofs, dem Prälaten Dr. Paul Föhr, und vom ehemaligen Reichskanzler Joseph Wirth unterstützt. Adenauer nahm diese Drohung ernst und behielt sich deshalb die Entscheidung vor.[263] Zum anderen hatte der Bundestag am 15. März gegen den Protest der Bundesregierung und der KPD fast einstimmig entschieden, die Legislaturperioden der Landtage von Württemberg-Hohenzollern und Baden bis nach der zu erwartenden Volksabstimmung über den Südweststaat zu verlängern. Gegen dieses verfassungsrechtlich dubiose »Blitzgesetz« (das sogenannte 1. Neugliederungsgesetz) erhoben nicht allein die Südbadener, sondern auch Bundespräsident Heuss Bedenken. Dieser hatte signalisiert, er würde das Blitzgesetz nur dann unterschreiben, wenn gleichzeitig das (2.) Neugliederungsgesetz zur Ausfertigung vorliege.[264] Kiesinger, als »Wortführer der Südweststaatler« tituliert, erlitt unter dem doppelten Druck des abwesenden Adenauer und der südbadischen Seite eine herbe Niederlage. In einer Kampfabstimmung unterlagen die acht Befürworter der Vereinigung in der Fraktion, die die Absetzung der Lesung von der Tagesordnung des Bundestages beschloß.[265]

Nachdem der Antrag der CDU/CSU auf Vertagung im Plenum scheiterte, kam es zu dem befürchteten Eklat.[266] Mit Zähnen und Klauen, unter Ausschöpfung sämtlicher parlamentarischer Tricks und Kniffe, hatten die Südweststaatgegner gegen die Fortsetzung der Beratung gekämpft. Als Bundestagspräsident Ehlers die Änderungsanträge zur Abstimmung aufrief, verließen die meisten Abgeordneten der CDU/CSU, der Bayernpartei und der DP das Plenum und versammelten sich im Bundestagsrestaurant. Das Parlament war beschlußunfähig.[267] Die zweite Lesung wurde vertagt, die ursprünglich für den Donnerstag vorgesehene dritte Lesung konnte nicht mehr vor dem Wochenende und vor Adenauers Rückkehr stattfinden. Als am Donnerstag, dem 19. April, das 2. Neugliederungsgesetz erneut aufgerufen wurde, hatten die Gegner eine neue Taktik parat. Kopf stellte einen Antrag, der von der BP, dem Zentrum und Teilen der DP mitunterschrieben worden war und das Kernstück des Tübinger Entwurfs, die Aufteilung in vier Stimmbezirke, aus dem Gesetzestext gestrichen hätte. Doch Kiesinger und die württembergischen CDU-Abgeordneten blieben hart. Gemeinsam mit der FDP, der SPD, Abgeordneten der DP und der äußersten Rechten um Adolf von Thadden wurden die südbadischen Änderungsanträge niedergestimmt.[268]

Damit hatte das Gesetz die zweite Lesung passiert. Über das Wochenende, zwischen der zweiten und der dritten abschließenden Lesung, die für Mittwoch, den 25. April, angesetzt worden war, tagten die südwestdeutschen Landesverbände. Kiesinger hatte sich schon vor der zweiten Lesung Gedanken darüber gemacht, »ob es nicht eine Möglichkeit gäbe, in dem Raume selber, den diese Entscheidung angeht, noch eine Einigung zu finden«.[269] Zu diesem »letzten häuslichen Einigungsversuch« (Kiesinger) kam am 23. April in Freudenstadt das Führungspersonal der vier südwestdeutschen CDU-Landesverbände zusammen. Der 11stündige Verhandlungsmarathon im Hotel Waldeck blieb ohne Ergebnis. Die Emotionen schlugen hoch. Kiesinger erlitt einen leichten Herzanfall.[270] Die Initiative verblieb den bundespolitischen Gremien. Am 24. April beriet noch einmal die CDU-Bundestagsfraktion, in Anwesenheit Adenauers und der Staatspräsidenten Müller und Wohleb.

Adenauer wurde diese von ihm als »zweitrangig erachtete Angelegenheit« allmählich lästig. Er schätzte die Auswirkungen auf die gesamte CDU inzwischen als weniger gravierend ein als noch wenige Tage zuvor. Auch die norddeutschen Fraktionsmitglieder hatten die südwestdeutschen Krähwinkeleien satt. Brentano suchte mit einer weiteren taktischen Finesse das Südweststaatsprojekt zu unterminieren, wofür er die sofortige Zustimmung Wohlebs fand. Die CDU müsse ein geschlossenes Bild nach außen vermitteln. Die Fraktion solle einen wie auch immer gearteten Kompromißvorschlag präsentieren. Würde dieser von SPD und FDP im Bundestag zu Fall gebracht, dann könne man gegenüber dem Wähler die Hände in Unschuld waschen. Aufgrund der allgemeinen Frustration der Fraktion über die Südweststaatsfrage hatte das aufrechte Fähnlein um Kiesinger einen schweren Stand. Müller jedoch durchkreuzte das Kalkül des Fraktionsvorsitzenden. Brentanos Optimismus sei nicht gerechtfertigt. In vier Jahren hätten sich die Betroffenen nicht einigen können; auch die Bundestagsfraktion werde in letzter Minute keinen Kompromiß finden. Als Vorsitzender der südwürttembergischen CDU müsse er im übrigen darauf achten, daß ihm *seine* Wähler nicht verloren gingen. Von dem Streit profitiere die FDP.[271]

So ging die CDU ohne einheitliche Linie in die dritte Lesung am 25. April. Noch einmal prallten »die alten Gegensätze« aufeinander.[272] Kiesinger setzte sich als einziger CDU-Abgeordneter in einer hoch emotionalen Debatte für die Fusion ein, während Wohleb an den Bundestag als »Hort der Freiheit und der Demokratie« appellierte und seine Rede mit einer flammenden Analogie an die polnischen Freiheitskämpfe schloß: »Noch ist Baden nicht verloren!«[273] Das Gesetz wurde verabschiedet, wobei die genauen Mehrheitsverhältnisse nicht mehr zu ermitteln sind, weil nicht namentlich abgestimmt wurde. Legt man hypothetisch die damalige Stärke des Bundestages von 402 Abgeordneten zugrunde und geht davon aus, daß von den 24 christdemokratischen Unterzeichnern des Antrags Gengler-Kiesinger keiner abgesprungen war – was eher unwahrscheinlich ist –, sowie von der Annahme, daß FDP und SPD geschlossen für den Antrag stimmten, dazu einige Abgeordnete der DP und der Rechten, dann stimmten für den Südweststaat etwa 225 Abgeordnete. Dagegen standen etwa 164 Abgeordnete, das Gros von CDU/CSU, die Bayernpartei, das Zentrum, die KPD und Teile der DP. Das Neugliederungsgesetz hätte also auch dann eine knappe Mehrheit gefunden, wenn alle 139 Abgeordneten der CDU geschlossen dagegen gestimmt hätten.[274]

War also rein arithmetisch betrachtet der Kampf um den Südweststaat im Bundestag die Mühe nicht wert gewesen? Hätten Müller und Kiesinger ihr politisches Ziel nicht auch dann erreicht, wenn sie opportunistisch mit der Mehrheit gestimmt oder sich wenigstens der Stimme enthalten hätten? Die Kosten für Kiesinger wären geringer gewesen. Er hätte sich in der Fraktion nicht isoliert und nicht den Ärger Adenauers auf sich gezogen, als ein Jahr später die Wiederbewaffnung an Baden-Württemberg zu scheitern drohte, weil dort die SPD nun unter Reinhold Maier mit in der Regierung saß. Dennoch spricht einiges für Kiesingers Auffassung, daß eine eindeutige Polarisierung entlang der Parteigrenzen entweder zum Scheitern des Südweststaatprojekts geführt hätte oder sich aber auf die spätere Integration des Landes »verhängnisvoll« hätte auswirken können.[275] Vor allem aber hätte die Christdemokratie als südweststaatsfeindliche Partei keinen legitimen Anspruch auf die Führungsrolle in dem neugegründeten Baden-Württemberg erheben können, als dessen Landespartei sie sich heute versteht.

Der »Endkampf« um den Südweststaat[276] fand vor dem Bundesverfassungsgericht statt, womit eine ehrwürdige Tradition der bundesdeutschen Politik begründet wurde: Finden sich die Parteien mit einem politischen Resultat nicht ab, bleibt noch der Weg nach Karlsruhe. Auch an diesem historischen Präzedenzfall wirkte Kiesinger mit. Nachdem das zweite Neugliederungsgesetz durch den Bundesrat am 27. April verabschiedet worden war, klagte das Land Baden vor dem Bundesverfassungsgericht. Die Südweststaatsfrage drohte in ein rechtliches Niemandsland zu stürzen, denn das oberste Gericht war zu diesem Zeitpunkt noch nicht einmal errichtet. Wohleb kündigte einen Boykott der Volksabstimmung an, sofern die beiden Neugliederungsgesetze nicht gerichtlich überprüft würden. Die Lage war prekär, denn der 16. September stand als Termin für die Volksabstimmung bereits fest. Das Bundesverfassungsgericht konstituierte sich am 7. September, erklärte am 8. September den 2. Senat für zuständig und erließ am 9. September eine einstweilige Verfügung, die die Abstimmung bis zu einer gerichtlichen Entscheidung aussetzte.[277]

Anfang Oktober wurde in Karlsruhe mündlich verhandelt. Es war das erste reguläre Verfahren vor dem Bundesverfassungsgericht. Gegen den ausdrücklichen Willen der Unionsfraktion war Kiesinger vom Bundestagsplenum zum Rechtsvertreter der Mehrheit gewählt worden, als sein Stellvertreter der SPD-Kronjurist Adolf Arndt. In Namen der Mehrheit hoffte Kiesinger öffentlich zur Geltung zu bringen, daß die südbadischen Rechtsgutachten und völkerrechtlichen Erwägungen hinfällig wären, weil es sich um eine innerdeutsche Angelegenheit handele, bei der der Bundestag aus eigener Souveränität habe entscheiden können.[278] Tatsächlich wies das Bundesverfassungsgericht die badische Klage ab. Der im 2. Neugliederungsgesetz vorgesehene Wahlmodus wurde durch das Hohe Gericht ausdrücklich für rechtens erklärt inklusive der Aufteilung in vier Abstimmungsbezirke, welche die Anhänger der Integration bevorzugen würde.

Am 9. Dezember fand die Abstimmung über den Südweststaat statt. In drei Stimmbezirken ergaben sich Mehrheiten für den Südweststaat; nur in Südbaden stimmten 62,2 Prozent für den Erhalt der alten Länder. Aufgrund der höheren südbadischen Wahlintensität hatte es in ganz Baden eine schwache Mehrheit für die Wiederherstellung des alten Landes Baden gegeben.[279] Die Altbadener akzeptierten das Ergebnis daher auch nicht. Am 14. Dezember wurde ein »Verzögerungsgesetz« in den Bundestag eingebracht, das die Südweststaatsgründung bis zu einer Neugliederung des gesamten Bundesgebietes verschoben hätte. Noch einmal wurde im Bundestag abgestimmt. Manche Nordbadener, bemerkt Kiesinger spitz in seinen Erinnerungen, hätten sich »gegen ihre innere Überzeugung, aber unter dem Druck der badischen Parteihierarchie« dafür ausgesprochen. Nur noch 14 CDU-Abgeordnete hatten mit den Südweststaatsbefürwortern in SPD, FDP und BHE die Verzögerung mit 190 zu 120 Stimmen abgelehnt.[280] Damit war der lange Kampf um den Südweststaat im Bundestag zu Ende gegangen.

Der Weg in den Westen:
Die doppelte zeitgeschichtliche Dimension
der Aussenpolitik

»Als wir die Bundestagswahlen machten, war über die Außenpolitik oder das, was man Außenpolitik nennen kann, kaum die Rede. Heute steht die Außenpolitik, wie so oft, im Vordergrund, und um sie geht in den nächsten Monaten der eigentliche Kampf. Ich will damit nicht sagen, daß nicht wichtige innenpolitische Dinge – Lastenausgleich, Betriebsverfassungsgesetz – zur Entscheidung anstehen, aber das Außenpolitische hat nun einmal auch hier wieder gezeigt, daß es den Vorrang hat.«[281] Kiesingers Charakterisierung der politischen Großwetterlage trifft auch auf seine persönliche Entwicklung zu: Seine Karriere stand in wachsendem Maße unter dem Primat der Außenpolitik. Der Rechts- und Landespolitiker trat in seiner Biographie zurück. Die Frage der europäischen und damit der deutschen Sicherheit war mit dem Ausbruch der Feindseligkeiten in Korea aus dem Halbschatten der Beraterzirkel um Adenauer in das grelle Licht der Öffentlichkeit gerückt.

Noch im Petersberger Abkommen vom Herbst 1949 hatte sich die BRD verpflichtet, »die Entmilitarisierung des Bundesgebietes aufrechtzuerhalten« und die Wiederaufstellung von Streitkräften zu unterlassen – wenn auch Adenauer schon damit begann, den Gedanken eines westdeutschen Verteidigungsbeitrages zu ventilieren.[282] Auch die Amerikaner überlegten seit der historischen Wende der Truman-Doktrin 1947, wie sie das deutsche Potential zur Verteidigung Westeuropas würden nützen können. Im britischen Unterhaus machte sich Oppositionsführer Winston Churchill im März 1950 die Forderung zu eigen, daß Westeuropa nicht ohne aktive deutsche Hilfe würde verteidigt werden können. Noch aber traf ein derartiges Ansinnen auf kühle Zurückweisung der britischen und französischen Regierung. Der Schuman-Plan sollte den Integrationswillen der Deutschen in die westliche Staatengemeinschaft nicht auf das militärische Feld, sondern auf die Montanindustrie lenken und damit das wirtschaftliche Potential der Bundesrepublik internationaler Kontrolle unterwerfen.[283]

Die Schockwelle der nordkoreanischen Aggression traf Kiesinger unvorbereitet. Überhaupt reagierte die westdeutsche Öffentlichkeit mit Hysterie, im Bundestag gingen Befürchtungen um, Europa drohe das Schicksal Ostasiens, wo kurz zuvor Maos rote Garden in Peking die Macht übernommen hatten. Westdeutschland war von alliierten Truppen ähnlich entblößt wie die koreanische Halbinsel, zumal die Amerikaner seit dem Verlust ihres Atomwaffenmonopols im Herbst 1949 kein strategisches Gegengewicht mehr gegen die fünf Millionen Mann der Roten Armee und ihrer europäischen Verbündeten bildeten.[284] Diese Entwicklung verfolgte Kiesinger mit wachsender Bestürzung. Angeblich gab er dem politischen Verbindungsoffizier der amerikanischen Hohen Kommission den Rat, die Amerikaner sollten vorsorglich eine militärische Fluchtburg in der Bretagne errichten, von wo aus die Gegenoffensive würde gestartet werden können.[285]

Den rapiden Wandel des Meinungsklimas unterstreicht ein Rückblick auf Kiesingers bisher einzig nennenswerte außenpolitische Aktivität, die Rede zum Petersberger Abkommen Ende November 1949. Es war der erste außenpolitische Schritt, den die Regierung Adenauer unternahm, in dem der Beitritt der Bundesrepublik zur Internationalen Ruhrbehörde geregelt wurde, während die westlichen Alliierten im Gegenzug die Demontagen an Rhein und Ruhr zu verringern versprachen.[286] Daß daraus ein Wendepunkt der westdeutschen Geschichte wurde, hatte die Union auch Kurt Schumacher zu verdanken. Mit seiner Fundamentalopposition spielte er Adenauer einen propagandistischen Erfolg in die Hände. Weil er Adenauer das Verdikt vom »Kanzler der Alliierten« entgegenschleuderte, konnte die Union den Chef der SPD als »hemmungslosen Nationalisten« bloßstellen.[287]

Die historischen Fronten hatten sich umgedreht. Den Part der nationalistischen Opposition spielte die SPD, die Union gab sich als internationale Partei des Westens. So jedenfalls interpretierte Kiesinger die Kontroverse um das Petersberger Abkommen, zu dem er seitens der Unionsfraktion die Zustimmung verkündete: Er habe sich angesichts der lärmenden Szenen im Bundestag und Schumachers »fatalem Wort« vom »Bundeskanzler der Alliierten« an die zwanziger Jahre erinnert gefühlt. In Weimar seien es die Sozialdemokraten gewesen, die von der nationalen Rechten als Erfüllungspolitiker verunglimpft worden waren. »Jetzt war es der führende Sozialdemokrat, der ähnliche Kampfparolen gegen den Bundeskanzler in den Mund nahm.«[288]

Das Petersberger Abkommen machte eine grundsätzliche Schwierigkeit deutlich, mit der ein parlamentarischer Außenpolitiker wie Kiesinger in der Kanzlerdemokratie kämpft: Nicht involviert und eher schlecht informiert zu sein und dennoch die Regierung verteidigen zu müssen. In dieser Grundkonstellation war der christdemokratische Debattenstar bis ans Ende seiner Bonner Tage als Abgeordneter gefangen: Der Kanzler machte die Politik, Kiesinger und seine Freunde hatten im Plenum dann die Kastanien aus dem Feuer zu holen. In der Debatte mußte er auf entsprechende Vorwürfe der Opposition stets gute Miene zum bösen Spiel machen: Selbstverständlich sei er als Abgeordneter für die Mitwirkungsrechte des Bundestags nicht unempfindlich. Doch daß der Kanzler in »verteufelt kurzer Zeit« so viel erreicht habe, wäre ohne »eine gewisse Elastizität, eine gewisse Spontaneität des Handelnkönnens« nicht möglich gewesen. Liege es nicht im »parlamentarischen und demokratischen Sinne« der Verfassung, daß der die Richtlinien der Politik bestimmende Regierungschef im Vertrauen auf die Unterstützung der Mehrheit handele? Das Hohe Haus habe dem Kanzler bei seiner Wahl »nun einmal bis zu einem gewissen Grade auch eine Blankovollmacht erteilt«: Anders gehe es auch »in einem demokratischen Musterstaate« nicht.

Dafür erntete Kiesinger einen Zwischenruf von links: »Ermächtigungsgesetz«. Man müsse dem Kanzler notwendig einen gewissen »Spiel- und Bewegungsraum im Politischen« zubilligen, parierte Kiesinger. Der Bundestag sei nicht zusammengetreten, »um unserem Bundeskanzler überflüssige Ovationen darzubringen. Aber wir haben uns verpflichtet gefühlt, ihm, der diesen einsamen und schweren Weg der letzten Wochen hat gehen müssen (*Lachen links*), der diesen notwendig einsamen Weg hat beschreiten und diesen Kampf hat führen müssen (*Zustimmung in der Mitte und rechts*), der aber bei jeder Phase dieses Weges sein Gewissen befragte, wie wir wissen, um sich zu versichern, daß er unser Vertrauen hat und daß er sich dieses Vertrauens auch auf dem weiteren Wege gewiß sein darf.«[289] Diese Passage ist zu dem geflügelten Wort von Adenauers »einsamen Entschlüssen« geronnen, weil Fritz Erler zwei Monate später im Bundestag Kiesingers Petersberg-Rede entsprechend kolportierte: »Ich kenne einen mir sonst sehr wohlgesonnenen und befreundeten Abgeordneten dieses Hauses aus den Regierungsbänken, der einmal das Wort geprägt hat, der Kanzler habe ›eine bedauerliche Neigung zu einsamen Entschlüssen‹«.[290]

Inhaltlich hob Kiesinger auf die historische Dimension der neuen Westpolitik ab und auf die Lehren aus dem Scheitern Weimars und den Erfahrungen des Nationalsozialismus. Um die geschichtliche Qualität der Petersberg-Entscheidung zu untermauern, variierte er Goethe, »daß von hier und heute eine neue Epoche der Beziehungen des deutschen Volkes zur Welt beginnt«. Adenauers neue Westpolitik, mit deren Prämissen er von Anfang an weitgehend übereinstimmte, schien Kiesinger gleichsam revolutionäre Qualität zu besitzen. Allen Rückschlägen und Enttäuschungen zum Trotz war die europäische Einigung das Dogma, auf das Kiesingers Außenpolitik bis in das Kanzleramt hinein gründete. Wenn Adenauers Kritiker glaubten, aus den Gegensätzen der Weltmächte Kapital schlagen zu können – hier wandte er sich direkt an Schumacher –, dann seien sie »Leute des 19. Jahrhunderts« geblieben. Schumacher habe nicht begriffen, »was die Stunde des 20. Jahrhunderts geschlagen« habe. Europa »und mit Europa die Welt« sei eine »wahrhaft wichtige Angelegenheit«. Entweder erhebe sich Europa über sein historisches Gezänke, oder es tue das nicht: Dann aber werde es untergehen.[291]

Aus dieser notwendig europäischen Dimension deutscher Außenpolitik hat Kiesinger eine gewisse Bereitschaft zu Vorleistungen gegenüber Frankreich abgeleitet. Noch als Kanzler sollte Kiesinger de Gaulle trotz massiver Interessengegensätze sehr weit entgegenkommen. Adenauers Politik sei keine Politik »des Kuhhandels, der Verkoppelung, des Schacherns, der Kleinkrämerei«, sondern eine Politik »echten europäischen Gemeinsinns, die wir beibringen, den europäischen Gemeinsinn ihrerseits zu fördern«, wie er sich in seiner Verteidigung des Petersberger Abkommens vernehmen ließ. Hier sei die Hoffnung auf ein dynamische Entwicklung angelegt: Eines Tages werde auch die andere Seite nach einer »wahrhaft europäischen Politik« trachten. Die Politik des Kanzlers liege einfach im Zuge der historischen Entwicklung: »Wir brauchen nicht so ängstlich und so kleinlich sein. Wir dürfen den Mut haben, daß die Zeit des anarchischen Nationalstaatentums wirklich vorbei ist. Wer bei uns oder bei den anderen jener Zeit und jener Konzeption noch anhangen sollte, der würde in der Tat einer versteinerten Zeit angehören.« Die Deutschen müßten endlich Politik im »Zuge der Zeit« machen und nicht wider den Zeitgeist, wie sie dies jahrzehntelang getan hätten.

In dieser »postnationalen«, mit hohem Pathos vorgetragenen Selbstverpflichtung zu einer besseren Politik jenseits der Anarchie der Nationalstaaten liegt eine wichtige, womöglich unterschätzte Dimension der Auseinandersetzung mit dem Nationalsozialismus. Natürlich konnten die teilsouveränen westdeutschen Habenichtse relativ leicht Verzicht leisten. Anders als für die Deutschen bedeutete für deren Nachbarn Europäisierung echte Einbußen an Souveränität. Doch in der westdeutschen Öffentlichkeit der frühen fünfziger Jahre waren postnationale Zugeständnisse alles andere als populär. Es würde also die Verdienste von Adenauers jungem Mann Kiesinger schmälern, würden seine Überlegungen allein als oberflächliche Bemäntelung machtpolitischer Realitäten interpretiert. Kiesinger sah in der europäischen Dimension ein historisches Novum, eine Absage an deutsche Weltpolitik vom Kaiserreich bis zum Nationalsozialismus. Hier liegen die Anfänge jenes spezifisch westdeutschen Stils in der Außenpolitik, der aus der Ohnmacht des eben gegründeten Weststaates eine Tugend machte. Erst seit der Wiedervereinigung, mit dem Verblassen der lebensgeschichtlichen Erfahrungen der Generationen um Kiesinger, hat der in den fünfziger und sechziger Jahren mühsam erkämpfte Konsens einer außenpolitischen Selbstbeschränkung und »Machtvergessenheit« (Hans-Peter Schwarz) an Attraktivität eingebüßt, weil sich mit dem Ende des Kalten Krieges die Voraussetzungen der Politik gewandelt haben.

Wenn parlamentarische Fensterreden auch reichlich rhetorischen Überschuß erzeugen, so fiel die vergangenheitspolitische Dimension westdeutscher Außenpolitik ungeachtet der harten antikommunistischen Rhetorik der hohen und späten fünfziger Jahre bei Kiesinger nie ganz unter den Tisch. An den Diskussionen um die Aufnahme der Bundesrepublik in die Beratende Versammlung des Europarates im Juni 1950 läßt sich das noch einmal verdeutlichen. Ein Meilenstein auf dem Weg zu einer europäischen Politik, war auch dieser Schritt Adenauers in der Union umstritten, weil nicht zuletzt Jakob Kaiser in der gleichzeitigen Assoziation des Saarlandes zum Europarat das Präjudiz einer endgültigen Abtrennung der unter französischer Herrschaft stehenden Saar erblickte.[292] Kiesinger übernahm es, vor dem Vorstand der Unionsfraktion die Argumente für und wider den Eintritt in den Europarat zu resümieren. Angesichts der Zugeständnisse, die Adenauer bei den Verhandlungen über den Schuman-Plan erreicht hatte, war eigentlich nicht zu bezweifeln, daß Westdeutschland dem Europarat beitreten würde. Als »echte Gegner« eines Eintritts identifizierte Kiesinger weniger die in sich gespaltenen Sozialdemokraten – Willy Brandt und Carlo Schmid wollten nicht Nein zu Europa sagen. Es war die sich allmählich formierende, neutral-nationalistische Position in der Publizistik, zu deren wirksamsten Vorkämpfern bedeutende Journalisten wie der *Spiegel*-Herausgeber Rudolf Augstein und der Mitbegründer der *Frankfurter Allgemeinen Zeitung*, Paul Sethe, gehörten.

Zu einer solch »deutsch-traditionellen Betrachtungsweise« wollte Kiesinger nicht zurück. Da war das Menetekel von Jalta: Würden die Amerikaner nicht wie einst unter Roosevelt Politik gegen Deutschland machen können? Sei die Deutschfeindlichkeit der amerikanischen Jalta-Fraktion wirklich vom Tisch? Was, wenn sich Amerika in die Isolation zurückziehe? Die BRD müsse alles tun, die Amerikaner in Europa engagiert zu halten. Es wäre absurd, sich Hilfe für Ostdeutschland mittels bündnis- und europapolitischer Abstinenz erkaufen zu wollen oder gar eine Schonung der Bundesrepublik durch die russische Kriegsmaschinerie. Sei nicht der Schuman-Plan und die »kürzlich gewährte größere Bewegungsfreiheit auf außenpolitischem Gebiet« Beweis genug, daß die Westalliierten die europäische Politik Adenauers honorierten? Schließlich drohe Gefahr, daß eine Ablehnung des Beitritts zum Europarat »in der gesamten westlichen Welt einen derartigen Schock auslösen und der deutsch-feindlichen Propaganda so viel scheinbar berechtigte Ansatzpunkte liefern [wird], daß dieses Risiko keinesfalls gelaufen werden dürfte«.[293]

Dies war die erste größere außenpolitische Analyse Kiesingers vor einem Parteigremium. Sie steckte die Rahmenbedingungen deutscher Außenpolitik in ihrer dualen, d. h. sowohl rückwärtsgewandten, auf die Vergangenheit bezogenen, als auch aktuellen, auf die sowjetische Bedrohung gerichteten

Dimension ab. Kiesinger begann früh zu verinnerlichen, was kluge Historiker späterer Tage als *double containment* (»doppelte Eindämmung«) bezeichnen sollten: Die Integration in die westliche Gemeinschaft bedeutete Sicherheit *für und vor* Deutschland.[294] Mit dieser skeptischen Sicht des deutschen Machtpotentials folgte Kiesinger Gedankengängen des Kanzlers, in dessen Bann er zunehmend stand. Da war das Trauma von Potsdam, die Vorstellung, die großen Siegermächte des Zweiten Weltkrieges könnten über die Köpfe der Deutschen hinweg zu ihrer Kooperation zurückkehren. Auch diese Furcht suchte Altkanzler Adenauer und dessen frischgebackenen Nachfolger Kiesinger um die Jahreswende 1966/67 heim, als die Kontroverse über den Atomwaffensperrvertrag auf die Spitze trieb und sich eine Abkoppelung der amerikanischen Interessen von denen Europas abzuzeichnen schien.

Auch Kiesingers wortgewaltiges Eintreten für eine »neue Diplomatie«, eine Außenpolitik des moralischen Imperativs, nicht eine des »kaufmännisch-politischen Kuhhandels«, war ebenso vergangenheits- wie gegenwartsbezogen: Deutschland müsse die Chance ergreifen, sich »eine moralische Plattform« zu erobern, indem es sich effektiv von seiner früheren Geschichte distanziere. Angesichts der historischen Erfahrungen ihrer europäischen Nachbarn waren den Deutschen außenpolitisch enge Grenzen gesteckt. In Kiesingers Augen wiederholte Schumachers nationalistischer Kurs in Form und Inhalt die Fehler der Entwicklung nach dem Ersten Weltkrieg. Auch hier lassen sich Kontinuitätslinien bis in die späten sechziger Jahre ziehen, als Kiesinger die Chancen einer ostpolitischen Neuorientierung insgesamt skeptischer beurteilte als seine Koalitionäre in der SPD, weil er angesichts historischer Vorbelastungen weniger Spielraum gegenüber Osteuropa und den eigenen Verbündeten sah. In seiner bedeutenden Rede zum 17. Juni 1967 kam Kiesinger mit der Formel von der »kritischen Größe« auf den Umstand zurück, daß die geopolitischen Beschränkungen deutscher Außenpolitik letztlich historische Ursachen hatten.[295]

Dieser moralische Impuls einer Re-Integration in die westliche Welt hat Kiesingers Mitarbeit in der Parlamentarischen Versammlung des Europarates beflügelt. Im Eintritt, bzw. der Assoziierung zum Europarat, welcher der Bundestag am 15. Juni 1950 noch vor dem Ausbruch des Koreakrieges zugestimmt hatte, sah Kiesinger mehr als einen wohlkalkulierten Schritt zu mehr außenpolitischer Manövrierfähigkeit. Es war ein Stück Rehabilitierung. Am 26. Juli wurde Kiesinger zu einem der 18 deutschen Delegierten gewählt, zu denen außer Kiesinger seitens der CDU/CSU auch Brentano, Gerstenmaier und Pünder als westdeutscher Delegationsleiter gehörten. Auch die SPD schickte ihre führenden Politiker, darunter Erich Ollenhauer und Carlo Schmid.[296]

Freilich hatte die Beratende Versammlung keine wirklichen Kompetenzen. Sie konnte nur diskutieren und empfehlen. Entscheidungen, wenn überhaupt, traf der Ministerrat. Und darin hatte die Bundesrepublik zunächst kein Mitspracherecht.[297] Aber das war in Kiesingers Augen gar nicht entscheidend. Gegen das verbreitete Gefühl der Enttäuschung über die mangelnden Fortschritte in der europäischen Integration setzte er das Prinzip der Hoffnung auf den inkrementalen Wandel: War durch die Versammlung nicht ein europäisches Forum geschaffen worden, lag nicht in der Tatsache selbst ein Fortschritt gegenüber früheren Zeiten? Hatten nicht die Abgeordneten die Möglichkeit, für das Anliegen des Europarates in ihren jeweiligen nationalen Parlamenten zu kämpfen?[298]

Wiederum fiel einem Deutschen so viel europapolitische Abgeklärtheit leichter als den übrigen Europäern. Die bloße Mitwirkung in einer solchen Institution ließ die Paria-Rolle fast schon vergessen, in der sich die Deutschen angesichts der nationalsozialistischen Verbrechen selbst gebracht hatten. Man mußte sich aber vorsichtig bewegen: Als Kiesinger im Rechtsausschuß des Europarates die Formel von der »Wiederherstellung Deutschlands in den Grenzen von 1937« wie selbstverständlich gebrauchte – eine Sprachregelung, der sich außer der KPD damals alle Parteien im Bundestag bedienten –, entgegnete ihm der dänische Sozialdemokrat Jakobsen, daß die westeuropäische Verpflichtung zur Wiedervereinigung an der Oder-Neiße-Grenze ende. Niemand in diesem Raume, Jakobsen blickte vielsagend in die Runde, denke darüber anders als er. Kein Mitglied des Rechtsausschusses widersprach Jakobsen, auch nicht der Vorsitzende Sir Maxwell Fyfe, einst Ankläger in den Nürnberger Prozessen.[299]

Dennoch vermittelte die Mitgliedschaft im Europarat »ein sehr starkes, um nicht zu sagen glückliches Erlebnis«. Zehn Jahre, nachdem er als Mitglied von Ribbentrops Auswärtigem Amt zum ersten Mal Straßburg besucht hatte, fünf Jahre nach dem Ende des Zweiten Weltkrieges, weniger als vier Jahre nach seiner Entlassung aus dem Internierungslager, war Kiesinger mit der ersten offiziellen Parlamentarierdelegation der Bundesrepublik im Ausland unterwegs, als Westdeutschland praktisch noch keinerlei offizielle Vertreter außerhalb seiner Grenzen hatte. Auf dem Weg von Rottenburg über den Schwarzwald seien Jugenderinnerungen bei ihm wach geworden. Ihm sei durch den Kopf gegangen, wie er 1920 von den Höhen des Schwarzwaldes herabgeblickt hätte und »im Abenddämmern die wundervolle Silhouette des Straßburger Münsters« erblickte.

Wen also wundert's, daß die Reise nach Straßburg starke Gefühle hinterließ? Angelegentlich kümmerte sich Sir Winston Churchill um die westdeutsche Delegation, was deren Mitglieder mit besonderer Genugtuung erfüllte.³⁰⁰ Von dieser Großmut des Siegers wurden selbst die Franzosen angesteckt. In den *Dunklen und hellen Jahren* berichtet Kiesinger von einem Essen, das Bidault den Deutschen gab. Seine Rede schloß der französische Premierminister mit einer etwas theatralischen Geste, die niemand im Raum mißverstand: »*Je lève mon verre* ...«, es folgte eine längere Pause: »*... à l'Allemagne*«. Kiesinger interpretiert das Zögern als eine fast unglaubliche Wende: »So viele Jahre waren wir von der Welt abgeschlossen gewesen, soviel Unglück hatte unser Land unter Hitler über die Welt gebracht, und nun waren wir wieder unter Freunden, die mit uns gemeinsam ein neues Europa schaffen wollten.«³⁰¹

DER KAMPF UM DEN WEHRBEITRAG: VON DER HISTORISCHEN ZUR AKTUELLEN BEDROHUNG

Noch aber war mehr vom Krieg als von Frieden und Völkerverständigung die Rede. Der Korea-Panik vom Frühsommer 1950 ist nur vor dem Hintergrund der Lebenserfahrung einer durch Krieg und Gewalt tief traumatisierten Gesellschaft verständlich.³⁰² In seinen Erinnerungen spielt Kiesinger auf die eigentümliche Stimmung jenes Sommers an, den er mit seiner Familie auf einem abgelegenen Gasthof seines Wahlkreises verbrachte. Korea war das beherrschende Thema seiner Gespräche mit den örtlichen Honoratioren. Als die Nordkoreaner bis an die Südküste der koreanischen Halbinsel vordrangen, breitete sich in dem sommerlich-stillen, nur scheinbar weltabgewandten Oberschwaben Kriegsangst aus.³⁰³ Viele Menschen, so Kiesinger im Juni 1952, hätten »einfach Angst davor, daß noch einmal eine Katastrophe kommen könnte, die dann alles zerstört«³⁰⁴. Man wird es Kiesinger abnehmen können, daß ihm nicht recht wohl war bei dem Gedanken, die Deutschen könnten schon bald wieder in Uniformen schlüpfen.

Mit »Bedrückung« sei er Mitte Juli 1950 von einem Abendessen auf dem Petersberg zurückgekehrt, wohin der amerikanische Hohe Kommissar McCloy einen Kreis führender Unionsabgeordneter geladen hatte, um ihnen außenpolitisch auf den Zahn zu fühlen. Die Amerikaner zweifelten an der »Wehrbereitschaft« der Westdeutschen. Einen amerikanischen Offizier hörte Kiesinger im Gespräch mit einem Kameraden sich äußern: »*I wonder whether these fellows would fight!*« In der Tat vermieden Kiesinger und seine Kollegen, darunter Blank, Brentano und Strauß, alles Säbelrasseln. Die parlamentarischen Schlachtrösser der kommenden Auseinandersetzung um die Wiederbewaffnung reagierten gedämpft auf das Ansinnen der Amerikaner. Die Forderung nach Truppen parierten sie mit dem Ruf nach »Gleichberechtigung«. Nur mit einem Zugewinn an Souveränität, so lautete Adenauers Kalkül, würde sich die höchst unpopuläre Wiederbewaffnung innenpolitisch rechtfertigen lassen.[305]

»Ohne mich« lautete das Stichwort zur geistigen Situation der Zeit.[306] An der Ruhr münzten Arbeiter die Parole auf den Chef des zukünftigen Verteidigungsministeriums, den christlichen Gewerkschafter Theodor Blank: »Wir woll'n keine Soldaten sein, Theodor, geh' du allein.«[307] Angesichts der moralischen und psychischen Verwüstungen, die Krieg und Vertreibung, die Leiden der Deutschen und ihrer Opfer, aber auch das Wissen um die Abgründe der deutschen Besatzungsherrschaft in Europa hinterlassen hatten, rührte die Wiederbewaffnung nachgerade an ein gesellschaftliches Tabu. Vor allem unter den ehemaligen Soldaten war der Enthusiasmus für ein neuerliches militärisches Experiment begrenzt. Mit dieser, aus der psychologischen Situation des »Nachkriegs« (Klaus Naumann) verständlichen »Wehrunlust« wurde Kiesinger unmittelbar konfrontiert, als er und sein Kollege Tillmanns sich auf einer Tagung für ehemalige Soldaten in der Evangelischen Akademie Bad Boll Anfang Dezember 1951 kaum der gegnerischen Argumente erwehren konnten.[308]

Unmittelbar vor der ersten Wehrdebatte Anfang Februar 1952 faßte Kiesinger seine Sicht der gesellschaftlichen Diskussion vor der Fraktion zusammen. Im Volke habe »die große Stunde des deutschen Untergrunds« geschlagen.[309] Eine »unheilige Allianz« aus ehemaligem protestantischem Widerstand und verstockten Alt-Nazis, aus »reisenden Theologen und Halbtheologinnen, die nun mit Sprüchen wie ›Der liebe Gott hat uns zweimal die Waffen aus der Hand geschlagen, und ein drittes Mal wollen wir sie daher gar nicht erst ergreifen‹ Eindruck zu machen versuchen« sowie von »Überlebenden der Nazizeit, die einfach aus bösem und vertrotztem Willen nicht wollen, daß diese Politik jetzt reüssiert«, habe sich gegen die Außenpolitik des Kanzlers verschworen.[310] Die CDU schien mit dem Rücken zur Wand zu kämpfen, während die SPD wie ein Fisch in der breiten Strömung des Volkes schwamm. Trotz Kriegsangst und »Russenfurcht«: Die Deutschen wollten nicht mehr in den Krieg ziehen, obwohl es diesmal doch um die Freiheit ging.[311]

Am Ende wäre wohl alles vergebens gewesen, wäre die Weltpolitik der Union nicht zu Hilfe geeilt. In atemberaubender Geschwindigkeit wurden die Sicherheitsparameter neu definiert. Die westliche – vor allem amerikanische – Dämonologie drehte sich um: Aus guten Russen und guten Chinesen, bösen Deutschen und Japanern, wurden gute Deutsche und Japaner und schlechte Russen und Chinesen, wie der Heidelberger Historiker Detlef Junker einmal geschrieben hat.[312] Der britische Weltkriegspremier Churchill rief im Europarat dazu auf, die europäische Sicherheit durch eine vereinte kontinentaleuropäische Armee zu garantieren, an der sich auch deutsche Kontingente beteiligen sollten.[313] Die Quadratur des Kreises schien möglich: Das deutsche Potential würde mobilisiert, das deutsche Problem jedoch durch militärische Westintegration unter Kontrolle gehalten. Hitler und der Nationalsozialismus, die vergangene Bedrohung, wurden von den strategischen Planern mit dem aktuellen Sicherheitsproblem verknüpft, das Stalin und der Kommunismus hieß.

Daß die Deutschen erneut zu einer Gefahr für den Weltfrieden werden könnten, ist selbst über den Zwei-plus-Vier-Vertrag von 1990 hinaus in den Köpfen eine präsente Überlegung geblieben. Kiesinger war sich dessen stets bewußt. Frankreich fürchte sich »vor einem neuen Deutschland, und sei es auch ein neues Deutschland in der europäischen Verteidigungsgemeinschaft«, wie er den Stein des Anstoßes vor der Fraktion präzise benannte.[314] Die Franzosen wollten verhindern, daß Deutschland »über den Umweg über Europa die Führung über seine Nachbarvölker wieder« gewinnen würde und hielten aus Furcht an ihrer nationalen Souveränität fest. Allerdings wußte Kiesinger, daß den Franzosen Alternativen fehlten: Dieser Prozeß der militärischen und politischen Beschränkung der Bundesrepublik sei »durch die normative Kraft der Tatsachen auch gegenüber Frankreich Schritt für Schritt ausdehnbar.«[315]

Als das für Öffentlichkeitsarbeit zuständige CDU-Bundesvorstandsmitglied sah Kiesinger den »Kampf um den Wehrbeitrag« nicht zuletzt durch die Brille des politischen Propagandisten. Es fehle den Christdemokraten nicht an einem überzeugenden Konzept, sondern an eingängigen Formeln und öffentlichkeitswirksamen Gegenmitteln, um das politische Klima in ihrem Sinne zu wenden. Die CDU müsse »endlich eine Sprache finden«, um die »breiten Massen gefühlsmäßig anzusprechen«.[316] Weil Kiesinger diesen Ton offensichtlich zu finden verstand, wurde er national bekannt. Die Parlamentsdebatten wurden erstmals in größerem Umfang im Rundfunk übertragen und von einem breiten Publikum gehört.[317] Kiesinger hat mehrfach die Anekdote erzählt, wie er, schon Ministerpräsident, einen jungen Bauern auf seinem Traktor getroffen hätte, der ihn an die Debatten der fünfziger Jahren erinnerte. Die Bauern hätten die Radioapparate sogar mit auf das Feld genommen. Habe Kiesinger gesprochen, dann hätten sie gesagt »Der hat recht.« Habe dann etwa Erler das Wort ergriffen, dann seien ihnen wieder Zweifel gekommen.[318]

Nun also wurde der Rednerstar Kiesinger aus der Taufe gehoben. Er machte seine Sache gut, wenn dieser Erfolg auch nicht in direkte Partizipation an der Regierungsverantwortung mündete. Noch aber brachte eine herausgehobene Position im Parlament öffentliches Ansehen, mehr jedenfalls als ein zweitrangiger Kabinettsposten. Als »Parlamentsdegen« Adenauers zog Kiesinger öffentliche Aufmerksamkeit auf sich, wurde doch im Bundestag, mit seinen scharfen Widersprüchen zwischen Regierungslager und Opposition, um politische Lebensfragen gerungen. Und solange das Fernsehen die Kommunikation der Politik mit dem Lande noch nicht monopolisierte – die ersten Übertragungen aus dem Bundestag fanden erst 1957/58 statt –, wurden Karrieren noch stark über die Kunst der parlamentarischen Rede gemacht. Dafür spricht die große Anzahl rhetorischer Begabungen unter der ersten Generation deutscher Nachkriegspolitiker – von der SPD Erler, Arndt, später Helmut Schmidt, bei der Union Strauß, Gerstenmaier und eben Kiesinger, die allesamt wie Sterne aufstiegen.

Hatte Franz Josef Strauß in der Februar-Debatte über den Verteidigungsbeitrag seine große Stunde erlebt[319], so lieferte Kiesinger sein Meisterstück im Dezember 1952, als es um die zweite und dritte Lesung des Vertragswerkes über den Wehrbeitrag ging. Wie gehabt, setzte er sich mit dem Vorwurf der SPD auseinander, die Bundesregierung überschreite ihre Kompetenzen und sei ein Verächter von »Volk und Demokratie«. Er polemisierte so gekonnt gegen den Vorwurf des »flagranten Verfassungsbruchs, des Unrechts und der Mutwilligkeit«, daß sich die angestaute Spannung in minutenlangem Beifall der Regierungsparteien entlud. Seinen Berliner Lehrer Smend zitierend, hielt Kiesinger den Sozialdemokraten Deutschtümelei und naiv-formalistische Verfassungsauslegung vor, »während man im großen angelsächsischen Rechtsraum aus dem Geist des Ganzen, Gesunden und Volkstümlichen seit mehr als zwei Jahrhunderten entscheidet«. Angesichts mangelnder Präzedenzfälle bei der Auslegung des Grundgesetzes diente ihm der amerikanische *Supreme Court* als Vorbild für eine elastische Interpretation der Verfassung – zugunsten der Regierung.[320] Am Abend wurde Kiesinger von der Fraktion gefeiert. Ernst Lemmer ging auf Kiesinger zu und bat um Abbitte »wegen seiner bisher von Goslar an ihm gegenüber an den Tag gelegten Haltung«.[321]

Gleich darauf folgte das »Kreuzige ihn«. Das Vertragswerk wurde in Karlsruhe anhängig. Das kaum konstituierte oberste Gericht mußte sich, so kurz nach der Südweststaatsklage, mit einer zweiten kontroversen Materie befassen, in der es um die Verteilung der Gewichte im demokratischen Verfassungsstaat ging. Im Dezember 1952 antwortete die Union auf die Karlsruher Beschwerde der SPD, indem sie auf Drängen Adenauers ihrerseits die SPD-Fraktion mit einer Klage überzog. Über diesen Schritt des Kanzlers war die Fraktion »vollkommen verblüfft«.[322] Wider bessere Überzeugung plädierte Kiesinger als Justitiar der Fraktion vor Gericht. Den Fall hielt er für ziemlich aussichtslos, weshalb auch Gerhard Schröder ihn durch einen anderen zu ersetzen empfahl. Kiesinger werde »nicht präzise arbeiten«.[323] Und in der Tat war ihm anzumerken, daß er Adenauer nur pflichtgemäß unterstützte. Vertraulich äußerte er Zweifel an der Zulässigkeit des von ihm vorgetragenen Antrages. Das Gericht werde versuchen, »sich aus der Linie der politischen Verantwortung herauszuhalten«.[324] Tatsächlich wurde am 7. März vom zweiten (»christdemokratischen«) Senat die Klage der Unionsfraktion als unzulässig abgewiesen.[325]

Mit Adenauers triumphaler Wiederwahl im September 1953 war der Rechtsstreit um den Wehrbeitrag erledigt, weil eine neue Koalition mit Zweidrittelmehrheit das Grundgesetz abändern konnte. Die EVG scheiterte auch nicht an Bundestag, Bundesrat oder Bundesverfassungsgericht, sondern an der Französischen Nationalversammlung Ende August 1954. Kiesinger bedauerte dies, wenn auch die Ablehnung der EVG durch Frankreich der Bundesrepublik das Tor zur NATO öffnete, was den deutschen Interessen erheblich entgegenkam. Für den europäischen Integrationsprozeß bedeutete der französische Schritt einen folgenschweren Rückschlag. Darüber konnte auch die Tatsache nicht hinwegtäuschen, daß es in Frankreich starke proeuropäische Kräfte gab, denen zu helfen, so Kiesinger im September 1954, die Union alles unternehmen müsse.[326]

Anders als Hallstein oder Gerstenmaier war Kiesinger kein Integrationseuropäer. Seine Erleichterung war groß, als in »erstaunlich kurzer Zeit« die Verhandlungen in London und Paris über den westdeutschen Beitritt zur NATO zum Ergebnis führten. Der Weg zur Beendigung des »Besatzungsregimes« war frei. Die Bundesrepublik würde definitiv in den »mächtigen Schutzverband« der NATO eingegliedert und Sicherheit vor einer »sowjetischen Aggression« erlangen, wie er den NATO-Beitritt in der *Schwäbischen Zeitung* beifällig kommentierte. Daß die als Ersatz für die EVG gegründete Westeuropäische Union eine »sehr reale Grundlage für eine fortschreitende europäische Integration« darstellen würde, »wenn nur der Integrationswille in den Völkern lebendig bleibt«, sollte sich als frommer Wunsch erweisen. Die europäische Integration nahm den Weg über die Wirtschaft und den Agrarsektor, während die europäische Sicherheitspolitik lange Zeit brach liegenblieb. Auch das Versprechen der atlantischen Partner, »die deutsche Wiedervereinigung in Frieden und Freiheit mit uns gemeinsam zu betreiben«, so Kiesingers Interpretation des »Ergebnisses von Paris«, sollte sich wenn nicht gerade als Lebenslüge, so doch in wachsendem Maße als hohl klingende Formel erweisen, welche von den Protagonisten der Westbindung dennoch auf Jahrzehnte hinaus gebetsmühlenhaft beschworen wurde.[327]

Im »Kampf um den Wehrbeitrag« hatte Kiesinger sein außenpolitisches Koordinatensystem von der Bewältigung der Vergangenheit hin zur aktuellen Sicherheitsproblematik umgestellt. »Deutschlands Zukunft« lag für Kiesinger noch immer in Europa. Auch glaubte er, daß sich Europa enger zusammenschließen müsse (die Staaten »jenseits des Eisernen Vorhanges« eingeschlossen), um in dieser von den beiden »planetarischen Mächten« Sowjetunion und USA dominierten Welt eine eigenständige Rolle zu finden – wozu Tocqueville erneut ein Stichwort lieferte. Vorerst blieben derartige Überlegungen jedoch graue Theorie: »Laßt die Theoretiker darüber nachdenken, ob denn eine echte dritte Kraft entstehen kann und entstehen wird, die zwischen den beiden Riesenmächten vermitteln könnte. Aber jetzt müssen wir das Mögliche tun und soviel wie möglich für dieses alte Abendland an Kraft gewinnen, um in kommenden Auseinandersetzungen bestehen zu können.«

Diese kommende Auseinandersetzung wurde, über die Wahlen von 1953 hinaus, ganz auf die sowjetische Bedrohung zugespitzt, weil dies das Volk hinter Adenauer zusammenschweißte. Dennoch schwangen historische deutsche Erfahrungen im Hintergrund immer mit. Eine »verantwortungsvolle Außenpolitik« hieß für Kiesinger, den »Frieden zum Ziel haben«, aber diesen »Frieden wollen, heißt zugleich, die Freiheit wollen, denn ohne Freiheit gibt es nur den Frieden des Kirchhofs, nicht den Frieden, der ein menschenwürdiges Leben garantiert«. Um diesen Frieden in Freiheit zu wahren, so die fast totgetretene Formel vieler Jahrzehnte, sei die Einheit Europas das geeignete Instrument, denn nur so könne verhindert werden, daß Osten oder Westen sich für den Krieg entscheiden könnten über die Köpfe der Europäer hinweg, »ohne das Gewicht des vereinigten Europas überhaupt als eine Größe beachten und in Rechnung stellen zu müssen«.

War Kiesinger ein verkappter Gaullist *avant la lettre*? Noch war der atlantische Bund gegen Moskau der einzig gangbare Weg zur Vereinigung Deutschlands und Europas: »Aber wir sollten keinen Weg nach Westen tun, ohne immer daran zu denken, daß wir eines Tages Schritte nach Osten tun müssen. Die Geschichte geht immer wunderliche Wege. Und was mitunter ein Entfernen von einem Ziel zu sein scheint, erweist sich später als der mögliche nächste Weg zu diesem Ziel. Umwege zu suchen, war immer das leidige Geschäft aller Zeiten und aller Völker. Nur diejenigen, die keine Umwege machen können und wollen, weil sie die Geduld dazu nicht haben, die machen die Politik des tausendjährigen Reiches, das wir haben zerbrechen sehen.« [328]

Das um 1909 in einem Fotoatelier aufgenommene Bild zeigt Kiesinger im Alter von etwa fünf Jahren gemeinsam mit seinem jüngeren Bruder Ernst. Kiesinger wuchs mit insgesamt sechs Geschwistern auf.

Als Vorsitzender des Auswärtigen Ausschusses nimmt Kiesinger im September 1955 an der legendären Reise Adenauers nach Moskau teil. Das Bild zeigt in der ersten Reihe von links Bulganin, Adenauer und Chruschtschow, dahinter (mit gestreifter Krawatte) Kiesinger, rechts hinter Adenauer Staatssekretär Walter Hallstein und der damalige Leiter der Pressereferats des Auswärtigen Amts, Kiesingers Intimus Günter Diehl.

Kiesingers Vorgänger im Amt des Ministerpräsidenten
von Baden-Württemberg, Gebhard Müller, gratuliert Kiesinger
am Abend des 17. Dezember 1958 zu dessen Wahl.
Müller, den mit Kiesinger eine Studienfreundschaft verbindet
und der Kiesinger 1948 als CDU-Landesgeschäftsführer
nach Tübingen geholt hat, hatte sich für einen
anderen Nachfolger eingesetzt.

Während des Staatsbesuchs von Königin Elizabeth II. in der Bundesrepublik wird diese auf ihrer Reise durch Baden-Württemberg von Kiesinger begleitet. Die Stuttgarter Bevölkerung bereitet der britischen Monarchin auf deren Fahrt durch die Landeshauptstadt im offenen Mercedes 600 »Landaulet« (oben vor dem Hindenburg-Bau) einen begeisterten Empfang.

Als Ministerpräsident profiliert sich Kiesinger als Bildungsreformer und Universitätsgründer. Im Bundestagswahlkampf 1965 trifft er auf eine Gruppe protestierender Studenten. Einer hält ein Transparent hoch: »Mehr Geld für die Wissenschaft«. Kiesinger läßt den Wagen stoppen und stellte sich mit der Bemerkung »Genau das wollen wir auch« dazu.

Am 21. Juni 1966 krönt er sein hochschulpolitisches Engagement mit der Grundsteinlegung für die Universität Konstanz (links).

Vereidigung Kiesingers
durch Bundestagspräsident Eugen Gerstenmaier
nach seiner Wahl zum Bundeskanzler
am 1. Dezember 1966.

Das Verhältnis zwischen Kiesinger und
Brandt ist nicht frei von Spannungen.
Auf der Regierungsbank im Deutschen
Bundestag Kiesinger, Brandt und
Innenminister Lücke, dessen Rücktritt
nach dem Konflikt um eine Wahlrechts-
reform Ende März 1968 einen ersten Bruch
im Bündnis von Union und SPD bedeutet.

Das Kabinett der Großen Koalition. Gruppenfoto nach der Ernennung durch Bundespräsident Heinrich Lübke auf den Stufen der Villa Hammerschmidt. 1. Reihe v. l.: Paul Lücke (Inneres), Hermann Höcherl (Landwirtschaft), Käte Strobel (Gesundheit), Lübke, Kiesinger, Vizekanzler Willy Brandt (Äußeres), Georg Leber (Verkehr). 2. und 3. Reihe, v. l.: Bruno Heck (Familie), Herbert Wehner (Gesamtdeutsche Fragen), Carlo Schmid (Bundesrat), Gustav Heinemann (Justiz), Werner Dollinger (Post), Hans-Jürgen Wischnewski (Wirtschaftliche Zusammenarbeit), Kurt Schmücker (Schatz), Lauritz Lauritzen (Bau), Kai-Uwe von Hassel (Vertriebene), Franz Josef Strauß (Finanzen), Karl Schiller (Wirtschaft), Gerhard Stoltenberg (Forschung), Hans Katzer (Arbeit) und Gerhard Schröder (Verteidigung).

Kiesinger und sein engster Berater Günter Diehl
bei der Arbeit im fliegenden Büro einer Bundeswehrmaschine
auf der Reise nach Washington.

Feier aus Anlaß von Kiesingers 65. Geburtstag
im Kanzler-Bungalow in Bonn. Im Vordergrund am Tisch
mit Kiesinger Wehner und Schröder, hinten rechts
der persönliche Referent des Kanzlers, Hans Neusel.

Marie-Luise und Kurt Georg Kiesinger beim Abflug zu einem Staatsbesuch in Japan, 16. Mai 1969.

Das Johnson-*Treatment:* Gespräch mit Präsident Lyndon B. Johnson im *Oval Office* des Weißen Hauses am 15. August 1967. Vorausgegangen sind Konflikte über die Reduzierung der Bundeswehr-Truppenstärke und über den Atomwaffensperrvertrag.

Sitzung des Kabinetts der Großen Koalition im Park
des Palais Schaumburg am 4./5. Juli 1967.
Bei der drückenden Juli-Schwüle läßt Kiesinger
den Kabinettstisch ins Freie schaffen.
Das Idyll trügt indes:
Die Krisensitzung, auf der die Mittelfristige
Finanzplanung beraten wurde, ist eine der ersten
großen Bewährungsproben der Großen Koalition.

Reise nach Ostasien: Kiesinger und seine Frau Marie-Luise besuchen am 23. November 1967 eine birmesische Tempelstadt.

Am Abend des 6. April 1968, Kiesinger 64. Geburtstag, überreichen zwei Vertreter des Tübinger SDS, Klaus Behnken und Jutta Bahr, Kiesinger und dessen Frau vor deren Wochenenddomizil in Bebenhausen ein Mao-Bild mit der Aufschrift »Kraft und Freude bei der Durchsetzung der Notstandsgesetze«.

In der Wahlnacht am 28. September 1969 sieht Kiesinger anfangs wie der Sieger aus. Helmut Kohl (rechts), dessen Aufstieg in der CDU-Bundespartei in die Ära Kiesinger fällt, begleitet den Kanzler zu den wartenden Journalisten. In diesem Augenblick wird Kohl ein Zettel mit einer neuen Hochrechnung zugesteckt, die eine Koalition von SPD und FDP möglich erscheinen läßt.

Kiesinger
und seine Enkelin
Cecilia Wentzel
(»Fröschle«)
im Dezember 1966
in Kiesingers
Wohnung in
der Tübinger
Goethe-Straße.

Kiesinger und sein Sohn Peter
bei einem Spaziergang
im Schönbuch bei Tübingen.

Privates Familienglück am Rande eines Staatsbesuchs in Washington im April 1969. Von rechts Kiesinger mit Enkelin Cecilia Wentzel, Kiesingers Schwiegersohn Volkmar Wentzel, Marie-Luise Kiesinger, Peter Kiesinger mit Nichte Christina Wentzel und Viola Wentzel, geb. Kiesinger.

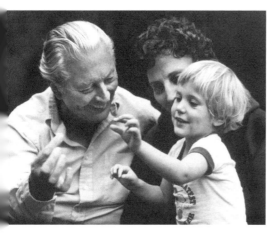

Der Altkanzler mit Tochter Viola und Enkel Peter.

Zwischen 1973 und 1987, wie zuvor zeitweise in den sechziger Jahren, verbringt Kiesinger seine Sommerferien regelmäßig bei seiner Tochter in Washington, D.C. Das Foto von Kiesingers Schwiegersohn Volkmar, der als Bildjournalist für *National Geographic* arbeitet, zeigt den Altkanzler während einer Rast bei einer Wanderung am Grand Canyon im US-Bundesstaat Arizona.

Vorsitzender des Auswärtigen Ausschusses: Politik als Beruf

Kiesinger führte nun das Leben eines Berufspolitikers – und das spielt sich bekanntlich im vierjährigen Rhythmus der Bundestagswahlkämpfe ab, dazwischen jene kleineren Ausschläge hektischer Aktivität, die man Landtagswahlen nennt. Davon hatte Kiesinger ein gutes Dutzend auf dem Buckel, als er 1953 in den Bundestagswahlkampf zog, kreuz und quer durch die ganze Republik.[329]

Sein eigener Wahlkreis fühlte sich darob sträflich vernachlässigt. In Ravensburg, Tettnang und Wangen wunderten sich die Leute, warum sie ihren prominenten Abgeordneten so selten zu Gesicht bekamen. Doch es glückte Kiesinger, Adenauer im Wahlkampf nach Ravensburg zu holen. Die in ihrer Treue zum Kanzler feste oberschwäbische Klientel war zufrieden, mochte es auch in den CDU-Kreis- und Ortsverbänden noch so drunter und drüber gehen. Ob er denn gar nichts aus »diesem Bombenwahlkreis« machen wolle, fragte ihn resigniert der im Streit mit der Partei aus dem Amt geschiedene Ex-Kreisvorsitzende Grzimek.[330]

Das Gemeckere der Oberschwaben hatte Kiesinger langsam satt. Objektiv war er außerstande, sich stärker in das Geschehen vor Ort einzuklinken, zu groß war die Zahl seiner Ämter, zu stark die Verpflichtungen in Bonn, Karlsruhe, Straßburg und Stuttgart. Einen knappen Monat nach Grzimeks Brandbrief meldete sich Kiesinger unwirsch zurück: Keineswegs habe er die Absicht, den »Wahlkreis liegenzulassen«.[331] Dennoch fand er auch in den folgenden Monaten keinen Tag Zeit, sich mit seinem Wahlkreisgeschäftsführer Haas eingehend über die anstehenden Probleme zu besprechen: »Es war uns bekannt, und wir konnten es auch ahnen, wie sehr Sie die ganzen vergangenen Monate, sowohl in Bonn als auch im neuen Bundesland, beschäftigt waren«, wandte sich Haas fast flehentlich an Kiesinger. Dieser müsse endlich Ordnung in den oberschwäbischen Intrigenstadel bringen: »Sehr viele Freunde und Mitglieder, intensive und weniger intensive, sehnen sich allmählich wieder einmal danach, ihren Bundestagsabgeordneten in ihrer Mitte zu haben, zumal sich in den Spitzen der Kreisverbände Tettnang und Ravensburg entscheidende Änderungen ergeben haben und sich noch ergeben werden.« Haas schloss seinen Brief in der Hoffnung, »Sie recht bald in unserem [sic, nicht Ihrem!] Wahlkreis begrüßen zu können«.[332]

Verzettelte sich der vielbeschäftigte Ausschußvorsitzende und »Europäer« der CDU in seinen vielen Ämtern? Zum Teil wurde die Rolle des Wahlkreisabgeordneten von Bernhard Bauknecht mitübernommen, auch weil Kiesinger nicht in seinem Wahlkreis lebte, vielmehr in Rottenburg bzw. in

Tübingen wohnen blieb. Die gelegentlichen Fahrten nach Süden gerieten zu einer rechten Tortur – vor allem für die Familie. Denn darauf legte der Abgeordnete großen Wert, wenigstens einen Teil seiner knapp bemessenen Zeit mit ihr zu verbringen. Stand ein Besuch im Wahlkreis an, dann wurden Kind und Kegel in den kleinen DKW der Kiesingers gepackt. Peter Kiesinger hat dieses Verfahren im November 1966 recht anschaulich der *Bild*-Zeitung geschildert: »Mein Vater kam in der Nacht zum Sonntag aus Bonn. Morgens ging er dann mit der ganzen Familie in den Wahlkreis. Wir nahmen unsere Schulbücher mit und setzten uns in ein Café. Vater sagte, ›spätestens um sechs Uhr bin ich zurück‹. Es wurde acht, dann schloß das Café. Man stellte die Stühle auf die Tische. Und wir saßen noch immer und warteten auf unseren Vater. Um neun Uhr kam er dann.« Marie-Luise Kiesinger ergänzte die Darstellung ihres Sohnes mit Galgenhumor: »Die Kinder wurden sonntags im Auto erzogen. An einem Sonntag vorwärts und am nächsten Sonntag zurück.«[333]

Dieses, wenn auch stets in den politischen Terminkalender eingepaßte Familienleben war Kiesinger wichtig, es war ihm, *cum grano salis*, notwendige Ergänzung zur Politik. Auch bot das familiäre Umfeld ein Rückzugsgebiet zur intriganten Seite des Politischen. Im Familienkreis sprach er über das, was ihm wirklich am Herzen zu liegen schien: die Literatur, die Geschichte, die europäische Einigung und den Frieden. So kam der Politiker auch als Vater zu seinem Recht. Wenn er Frau und Kinder in seinen Bonner Jahren sah, »dann aber konzentriert«, wie sich seine Tochter Viola erinnert: Die Fahrten in den Wahlkreis dienten historischer und geographischer Belehrung, schließlich hatte Kiesinger einmal auf Lehramt studiert. Die unterschiedlichen Ausprägungen des schwäbischen Jura wurden abgefragt – Geologie gehörte neben Dichtung, Geschichte und Politik zu seinen Lieblingsinteressen – oder die Großtaten der schwäbischen Geschichte: »Wenn man in den Wahlkreis fuhr, damals gab es ja die Autobahn zum Bodensee noch nicht, da fuhr man also nach Hechingen. Da haben wir als erstes Hohenzollern, und hinter Hechingen fängt ja die Schwäbische Alb an mit dem Lochen und den ganzen Bergen. Und wir sollten die immer auswendig wissen. Und wir wußten die natürlich nicht. Oder nicht so, wie wir es wissen sollten. Und dann haben wir geflüstert: ›Mama, Mama...‹ Aber meine Mutter sagte nur, ›Ich muss das nicht wissen, ich komme aus Berlin‹. Daraufhin nannte uns mein Vater ›stupide Zeitgenossen‹.«[334]

Früh wurden die Kinder in die Weltliteratur eingeführt. Es begann mit zwei Büchern, *Tom Sawyer* und *Huckleberry Finn*, die Kiesinger aus der Internierung gerettet hatte. Daraus übersetzte er abends abschnittsweise aus dem Englischen. Schließlich hat er die amerikanische Literatur stets anerkannt, las

Thoreau und Emerson und weckte bei seiner Tochter erfolgreich das Interesse an der angelsächsischen Kultur. Britische Krimis verschlang Kiesinger in langen Nächten, im hohen Alter schätzte er die Phantasieprodukte der Traumfabrik Hollywood. Steven Spielbergs modernes Märchen »E.T.« war später sein Lieblingsfilm. Zuvor aber die deutschen Klassiker: In seiner Jugend hatte Kiesinger von jedem ernsthaften Gesprächspartner erwartet, daß er Hölderlin aus dem Stehgreif zitieren konnte. Nun fühlte er sich aufgerufen, seinen Kindern »den größten aller schwäbischen Lyriker« nahezubringen. Viola Wentzel: »Hölderlin war mir ein Begriff – bestimmt fünf Jahre bevor ich den Namen in der Schule zum ersten Mal hörte.« Darüber kam es dann zu einem kleinen Generationenkonflikt: »Mein Vater war gewohnt, Hölderlin betonter vorzutragen, als uns das gefiel. Wir pflegten damals das Unterspielen. Ich habe das dann auch – wie Kinder das so tun – völlig unverfroren gesagt. Ich sagte meinem Vater, er sei einfach hoffnungslos altmodisch.« Das provozierte einen Ausbruch des leidenschaftlichen Hölderlin-Rezitators: »Da ging es vielleicht los. Bei seinem explosiven Temperament streitet mein Vater ja recht hingebungsvoll.«[335]

Kam auch der Wahlkreis zu kurz, so war man in Oberschwaben doch auch stolz auf den prominenten Abgeordneten (die Familie sah es wohl ähnlich).[336] Kiesinger ließ den Wahlkreis zwar schleifen, aber sein Einfluß war hilfreich, wenn es Ärger mit der französischen Besatzungsmacht gab oder Strukturfragen mit dem Wirtschaftsministerium verhandelt werden mußten.

In Bonn allerdings entwickelten sich die Dinge keineswegs prächtig für Kiesinger, trotz steiler Aufwärtstendenz für die Union. Die Bundestagswahl vom 6. September 1953 hatte Adenauer zum Durchbruch verholfen. Während der Anteil der SPD um die dreißig Prozent stagnierte, schnellte die Union von 31 auf mehr als 45 Prozent hoch. Das war eine knappe absolute Mehrheit der Mandate. Erstmals überhaupt in der deutschen Geschichte hatte eine demokratische Partei in unmanipulierten, freien Wahlen ein solches Ergebnis erreichen können (Hitler hatte im März 1933 43,2 Prozent erreicht, doch nicht mehr unter völlig freien Bedingungen). Mit den Koalitionspartnern FDP, DP und BHE verfügte Adenauer fortan sogar über eine verfassungsändernde Zweidrittelmehrheit. Das sahen die Kritiker mit deutlich gemischten Gefühlen. Im *Spiegel* gab Rudolf Augstein die berühmten Sätze zu Protokoll: »Die Bevölkerung der Bundesrepublik will die EVG.« Und: »Wir ziehen den Hut vor Konrad Adenauer, wenn auch mit äußerster Sorge.« Worüber sorgte sich der *Spiegel*-Herausgeber? »Der Sieger empfing zuviel Macht. Noch ein solcher Sieg, und die deutsche Demokratie ist verloren.«[337]

Derartige Befürchtungen regten sich auch außerhalb der deutschen Grenzen. Noch bevor der zweite Bundestag zu seiner konstituierenden Sitzung in

Bonn zusammentrat, war Kiesinger nach Straßburg gefahren. Dort begann am 17. September die Sitzungsperiode der Parlamentarischen Versammlung des Europarates. Diesmal fiel der Empfang für die deutsche Delegation weniger freundlich aus als drei Jahre zuvor. Furcht vor dem Wiederaufstieg des deutschen Giganten mischte sich in die Erleichterung über Adenauers überwältigenden Sieg.

Mit einer knackigen Rede auf dem Bonner Marktplatz hatte der Kanzler die Nervosität angeheizt und sich vorübergehend ins Aus gesetzt, als er – von der Jungen Union als strahlender Sieger mit einem Fackelzug geehrt – davon sprach, man werde künftig statt von einer Wiedervereinigung von einer »Befreiung des Ostens« reden müssen.[338] Der Labour-Abgeordnete Robens, als Schatten-Außenminister eine wichtiges Mitglied des britischen Unterhauses, erinnerte die europäischen Parlamentarier daran, daß es noch gar nicht so lange her sei, daß ein anderer Deutscher vor begeisterten Massen die »Befreiung der versklavten Deutschen im Sudetenland« gefordert hätte. Es gäbe keine Garantie, »daß ein wiederbewaffnetes Deutschland nicht zu irgendeiner Zeit sein Los mit dem der Russen verbinden würde als Gegenleistung für die Rückkehr der verlorenen Gebiete«.[339]

Mit seiner Befreiungsrhetorik hatte Adenauer der westdeutschen Sache keinen guten Dienst erwiesen. Die Unionsparlamentarier hatten alle Hände voll zu tun, in Straßburg die Wogen zu glätten. Kiesinger wurde von Adenauer ausdrücklich ermächtigt, das Mißverständnis klarzustellen: Niemand in Deutschland habe vor, das Problem der Wiedervereinigung mit Gewalt zu lösen.[340] Mit Engelszungen sprach Kiesinger auf seine Straßburger Kollegen ein, redete von der großen Skepsis der Deutschen gegenüber der Wiederbewaffnung, unterstrich die begeisterte Zustimmung zur europäischen Integration. In über einhundert Wahlveranstaltungen von der Nordsee bis zum Alpenrand habe er genau dies empfunden: Das deutsche Volk sei an militaristischen Ideen nicht mehr interessiert, es habe dem Nationalismus abgeschworen, es wünsche keine nationale Armee. Das französische Sicherheitsbedürfnis werde durch die EVG befriedigt, und: Würde nicht das deutsche Potential durch das tatsächliche militärische Übergewicht der Vereinigten Staaten, Kanadas und des Vereinigten Königreichs mehr als ausgeglichen? Habe nicht der Berichterstatter über die EVG, Paul-Henri Spaak, klar und deutlich ein vereinigtes Europa als die Lösung der Sicherheitsprobleme für Ost und West bezeichnet? Er, Kiesinger, und seine Freunde hielten die Wiedervereinigung für keineswegs inkompatibel mit der europäischen Integration. Beide Fragen seien »komplementär«.[341]

So leicht waren die Bedenken der europäischen Kollegen nicht zu zerstreuen. Kiesinger beschwor den europäischen Gemeinschaftsgeist. Er erinnerte an die Zwischenkriegszeit, suchte seine Erlebnisse als junger Pfandfinder 1919 in den Dienst der aktuellen Situation zu stellen. Das Straßburger Münster sei ihm damals als das Symbol einer verlorenen Provinz erschienen, die wiederzuerobern er und seine jungen Freunde sich geschworen hätten. Würden heute junge Deutsche auf den Höhen des Schwarzwaldes stehen, erblickten sie in den Straßburger Türmen das Symbol Europas und des einigen Westens. Er sei überzeugt, daß junge Franzosen, sähen sie von den gegenüberliegenden Gipfeln der Vogesen herab, genau dasselbe empfänden. Der Geist sei stärker als die materiellen Interessen. Die Europäer müßten ihre Politik auf die Hoffnung bauen, auf einen gemeinsamen Glauben und gegenseitiges Vertrauen. Er habe gespürt, so interpretiert Kiesinger seine Rede in den *Dunklen und Hellen Jahren*, daß dieses Schlußwort den Durchbruch gebracht hätte. Viele hätten ihm zugestimmt, die sich zuvor zurückgehalten hätten. Der englische Delegierte Lord Boothby habe ihm die Hand geschüttelt: »*I never heard a better peroration.*« Auch Robens habe in einem persönlichen Gespräch eingelenkt.[342]

Dank seiner Straßburger Interventionen las Kiesinger in den folgenden Tagen sehr viel Lobendes über sich in der Presse. Die *Frankfurter Allgemeine Zeitung* schrieb, daß die erste »offizielle Erklärung der stärksten deutschen Partei nach den Bundestagswahlen vor einem internationalen Parlament« in den Hauptstädten des Westens stark beachtet worden sei und dort »mit großer Genugtuung zur Kenntnis genommen wurde«. Der *Schwarzwälder Bote* sprach gar von einem »reinigenden Gewitter«. Der Kanzler schickte Kiesinger einen warmen Dank, nachdem er »von verschiedenen Seiten« auf die Rede im Europarat angesprochen worden sei. Kiesinger habe »in besonders eindrucksvoller Weise die Grundlinien der deutschen Außenpolitik maßvoll und überzeugend dargestellt« und durch sein Eingreifen dafür gesorgt, »daß unnötige und schädliche Mißverständnisse über die Ziele meiner Außenpolitik ausgeräumt worden sind. Ich möchte nicht versäumen, Ihnen zu sagen, daß ich mich freue, mit Ihnen in der Interpretation wesentlicher Stücke unserer Außenpolitik im Einklang zu stehen, und daß ich Ihnen für die erfolgreiche Art, wie Sie unseren Standpunkt zur Geltung bringen, dankbar bin.« Freundlich, wenn auch ein wenig zähneknirschend; eine hundertprozentige Übereinstimmung jedenfalls nicht! Und was hatte es wohl zu bedeuten, daß Adenauer den Brief mit »sehr verbindlichen Grüßen« schloß?[343]

Vielleicht war der Dank als Trostpflaster gedacht, weil Kiesinger bei der Kabinettsbildung des Oktober 1953 nicht zum Zuge gekommen war, während andere Nachwuchstalente nun zu Mitregierern avancierten. Gerhard Schröder ging als Innenminister ins Kabinett, um das protestantische Element dort gut sichtbar zu vertreten; Kiesingers geschäftsführender Vorstandskollege

Robert Tillmanns, ebenfalls ein Exponent des politischen Protestantismus, brachte es zum Sonderminister, der dritte im Bunde des geschäftsführenden Dreiergremiums, der erzkatholische Franz-Josef Wuermeling wurde dank großen familiären Anhangs Familienminister. Auch Kiesingers Duz-Kamerad Strauß, mit dem ihn eine feste Frühstücksfreundschaft verband, kam mit Sitz und Stimme, wenn auch ohne Portefeuille, an Adenauers Kabinettstisch. Für einen der »geringeren Ministerposten hatte ich kein Interesse«, kommentiert Kiesinger die Zurücksetzung.[344] Die Trauben waren ihm wohl zu sauer. Die Fraktion jedenfalls nagelte ihn auf seine Rolle als Redner fest. Kiesinger nahm mit der Aufgabe vorlieb, an prominenter Stelle auf Adenauers Regierungserklärung zu antworten. Die Schlußrede zu halten, war ehrenvoll und unterstrich Kiesingers herausgehobene parlamentarische Stellung – außerhalb des Kabinetts.[345]

Wollte er Karriere machen, so mußte er es im Parlament und in der Fraktion versuchen. Völlig unangefochten war seine Wiederwahl zu einem der beiden Vorsitzenden des Vermittlungsausschusses. Doch schon seine Berufung zum Vorsitzenden des »AK V«, des außen- und sicherheitspolitischen Arbeitskreises der Fraktion, traf unerwartet auf Schwierigkeiten. Der Vorsitz war zunächst zwischen ihm und Pünder umstritten.[346] Doch dann brachte Heinrich Krone Kiesingers alten Rivalen Otto Lenz als dritten Kandidaten ins Gespräch, der gerade eben noch mit seinem Plan bei Adenauer gescheitert war, als Informationsminister ins Bundeskabinett einzutreten. Erinnerungen an Goebbels' »Promi« und erhebliche Widerstände im Bundespresseamt ließen dies wenig opportun erscheinen. Da Lenz' Ehrgeiz auf andere Weise befriedigt werden mußte, erklärte sich Adenauer mit Lenz' Kandidatur einverstanden.[347] Mit der Begründung, eine »Anhäufung der Posten in der Hand von Kiesinger« zu verhindern, trat dieser gegen Kiesinger und Pünder an. Im ersten Wahlgang vereinigte Kiesinger von 191 Stimmen 85 auf sich, 81 fielen auf Lenz und 25 auf Pünder; im zweiten Wahlgang wurde Kiesinger dann mit 98 Stimmen gegen die 94 von Lenz knapp gewählt.[348] Damit hatte er sich gegen Adenauers ehemaligen Staatssekretär durchgesetzt, in dem die Fraktion wohl noch den Intimus des Kanzlers erblickte.

Der Arbeitskreis, den Kiesinger als eine Art außenpolitisches Scharnier zwischen Regierung und Fraktion verstand, sah sich sofort mit dem dornigen alten Problem der Informationsbeschaffung konfrontiert, weil auf außen- und sicherheitspolitischem Feld naturgemäß die Exekutive stärker dominiert als in der Innenpolitik, wo Interessengruppen mit der Bundesregierung um die Aufmerksamkeit der Abgeordneten ringen. Er verhandelte mit Staatssekretär Hallstein über die Hinzuziehung von Vertretern des Auswärtigen Amtes.[349] Tatsächlich gestand Hallstein dem AK V das Privileg zu, daß »zu allen wichtigen Fragen, wenn es im Arbeitskreis gewünscht wird, Herren des Amtes zugegen sein würden«. Daran knüpfte Kiesinger die Hoffnung, daß aufgrund solcher regelmäßiger Konsultationen, »ein anderes sachliches Eindringen möglich sein werde, als dies im Auswärtigen Ausschuß des Bundestages auf Grund seiner Lage der Fall sei«. Schließlich müsse der Arbeitskreis der Fraktion das argumentative Material an die Hand geben, um die Auseinandersetzung »mit anderen politischen Meinungen erfolgreich zu gestalten«.[350] Auch sollten die Experten versuchen, über den Fraktionsvorstand ihre »Sorgen an den Bundeskanzler« weiterzuleiten, wenn auch fundierte Kritik »ohne echte Information« schwierig zu leisten sei. Die Bundesregierung habe ein »Monopol aller Informationsquellen«, beklagte sich Kiesinger. Hier »echte Informationsquellen zu erschließen, sei schlechterdings eine Lebensfrage für den Arbeitskreis«.[351]

Ganz so schlecht war es um den Informationsstand der außenpolitischen Experten aber nicht bestellt. Sie standen durchweg in engem Kontakt mit den jeweiligen Länder- oder Sachreferaten der Auswärtigen Amtes, mit denen sie engen persönlichen Umgang pflegten. Im Falle Kiesingers ist an Georg von Lilienfeld zu denken, der USA-Referent des Auswärtigen Amtes geworden war, oder an Günter Diehl, der zum Leiter der Presseabteilung des AA avancierte.[352] In der kleinen Bundeshauptstadt am Rhein kannte ohnehin jeder jeden, wurden Informationen buchstäblich auf der Straße gehandelt. Bei dieser Jagd war Kiesinger der eigens eingestellte Arbeitskreisreferent Hans Albrecht Schwarz-Liebermann von Wahlendorf behilflich, ein Tübinger Studienfreund von Bruno Heck, den Kiesinger nach dem Wahlkampf 1949 nach Bonn geholt hatte und der im Arbeitskreis unter Kiesinger (und dessen Nachfolger Lenz) den einleitenden ausführlichen Bericht zur Lage hielt.[353]

War der Einfluß der Fraktion auf den außenpolitischen Entscheidungsprozeß auch begrenzt, so nahmen Mitte der fünfziger Jahre vor dem Hintergrund der parteipolitischen Polarisierung die als existentiell empfundenen außen- und deutschlandpolitischen Fragen nach wie vor breiten Raum in den Sitzungen des Fraktionsplenums ein. Um die Gesamtfraktion auf den Stand der außenpolitischen Diskussion zu bringen, wurden die Berichte Adenauers und des Fraktionsvorsitzenden bzw. Außenministers in wachsendem Maße durch Referate Kiesingers, Gerstenmaiers und der übrigen außenpolitischen Experten ergänzt. Daher diente der AK V auch weniger als Instrument der außenpolitischen Willensbildung denn als ein Multiplikator der »einsamen« Beschlüsse, die Adenauer im Kreis seiner Berater gefällt hatte.[354] Inhaltlich standen alle großen Fragen zur Diskussion, zunächst die Saarproblematik, dann, nach dem Scheitern der EVG, die Pariser Verträge und die Integration in die NATO, 1955 Adenauers Moskau-Reise, schließlich das beginnende »Tauwetter« und die Genfer Abrüstungsverhandlungen. Mehr oder weniger unausgesprochen schwang stets die nationale Frage mit, ob und in welcher Weise ein außenpolitischer Schritt Chancen für eine Wiedervereinigung eröffne oder verschlechtere.

Als Eugen Gerstenmaier Mitte November 1954 seinen Vorsitz im Auswärtigen Ausschuß niederlegte, um dem verstorbenen Bundestagspräsidenten Ehlers nachzufolgen, schien Kiesinger der Vorsitz des Ausschusses so gut wie sicher. Wiederum aber lotete Otto Lenz seine Chancen aus. Von Adenauer auf die Nachfolge Gerstenmaiers angesprochen, winkte Lenz jedoch mit der Begründung ab, daß Kiesinger »ihn übernehmen möchte. Ich wäre mit dem Arbeitskreis zufrieden. Der Alte meinte, er halte auch den Arbeitskreis für wichtiger.«[355] Daran ist richtig, daß sich der Auswärtige Ausschuß als Institution des gesamten Parlaments zur außenpolitischen Willensbildung nicht eignete, während der AK V die wichtigsten Fragen in enger Abstimmung mit dem Auswärtigen Amt vorab besprechen konnte. Außerdem spürte Lenz, daß seine Kandidatur für den Vorsitz des Auswärtigen Ausschusses bei den anderen Fraktionen auf Widerstand getroffen wäre, während Kiesinger weniger polarisierend wirkte und den Respekt wichtiger Oppositionsvertreter besaß.[356] So wurde Kiesinger am 14. Dezember ohne Diskussion von der Unionsfraktion für den Vorsitz des Auswärtigen Ausschusses nominiert und am 17. Dezember vom Ausschuß einstimmig gewählt.[357] Am 25. Januar 1955 folgte ihm Lenz als Vorsitzender des AK V nach, nachdem ihm die Leitung von Kiesinger schon zuvor übertragen worden war. Nach Lenz' Tod 1957 sollte Kiesinger zusätzlich zur Leitung des Auswärtigen Ausschusses auch den AK V wieder übernehmen.[358]

Daß Kiesinger die nationalen und internationalen Profilierungschancen seines neuen Amtes zu nutzen beabsichtigte, ließ er im Januar 1955 in einem riskanten Hintergrundgespräch mit dem Bonner Journalisten Adolf Schilling-Bardeleben durchblicken. Dieser stenographierte Kiesingers Aussagen getreulich mit und stellte sie Adenauers Intimfeind Dehler sofort »zur vertraulichen Kenntnisnahme« zur Verfügung. In diesem Gespräch spekulierte Kiesinger recht ungeschützt über »Verfalls- und Ermüdungserscheinungen«, die in Adenauers hohem Alter »eine durchaus normale Sache« wären. Es sei zwecklos zu leugnen, daß der Kanzler, obwohl er sich »für sein Alter« einer »ungewöhnlichen Frische und Beweglichkeit« erfreue, jüngst gewisse »Erschöpfungserscheinungen« habe erkennen lassen. Diese hätten in der »Umgebung des Bundeskanzlers schwerwiegende Überlegungen« ausgelöst. Dabei gehe es nicht nur darum, den Bundeskanzler um einer größeren »Schonung seiner Gesundheit« will zu entlasten. Es sei grundsätzlich zu überlegen, »was geschehen soll, wenn er in einigen Monaten oder vielleicht in zwei Jahren nicht mehr in der Lage sein sollte, sein überaus schwieriges und aufreibendes Amt auszufüllen«. Kein führender Unionspolitiker traue sich »eine solche ungeheuere Aufgabe« zu.[359]

Auf die »rein hypothetische Frage« Schilling-Bardelebens, ob Kiesinger sich das zutraue oder »eine mit weitgehenden Vollmachten ausgestattete Stellvertretung«, antwortete der bescheiden: »Ich scheue mich, Ihnen diese Frage im positiven Sinne zu beantworten, denn es kommt ja hier nicht auf den guten Willen und die Opferbereitschaft allein an. Dr. Adenauer hat wohl uns allen die Eigenschaft voraus, die weitverzweigte, schwierige und problemgeladene politische Materie auf einen ganz einfachen, klaren, allgemeinverständlichen Nenner zu bringen. Die vorhin erwähnte Fähigkeit zu simplifizieren, den Dingen mit den einfachsten Mitteln eine schlüssige, überzeugende Logik zu geben, stellt die eigentliche Größe des Kanzlers dar. Sie ist auch das Geheimnis seines ungewöhnlichen Erfolges. Wer könnte es wohl wagen, ihm darin gleichtun zu wollen oder auch nur annähernd seiner Denk- und Handlungsweise nahezukommen?«

Nur zu deutlich lugt hinter der Ergebenheitsadresse der Wille hervor, der eigenen Person mehr Geltung zu verschaffen. Er besitze mehr Skrupel als Adenauer und sei stärker auf Ausgleich bedacht: »Ich sehe mich in der Tat nicht imstande, stur und unentwegt einen geraden Weg zu verfolgen, ohne dabei nach rechts und links zu schauen. Die Differenziertheit der politischen Materie und die Fülle der Aspekte haftet mir an. Es fehlt mir wohl auch jene einmalige Instinktsicherheit, die es mir ermöglichen könnte, aus der Überzeugung von der Richtigkeit des eingeschlagenen Wege über alle Kritiken und Gegenargumente hinweg zur Tagesordnung überzugehen.«

Wie der Bonner Historiker Wolfgang Hölscher herausgearbeitet hat, haben diese Gedanken Kiesingers Rollenverständnis als Vorsitzender geprägt.[360] Hatte sich Kiesingers Vorgänger Gerstenmaier in der kurzen Zeit seines Vorsitzes Hoffnungen auf das Auswärtige Amt gemacht und daher gegenüber Adenauer vorsichtig zurückgehalten, betonte der ohne Aussicht auf einen Kabinettsposten präsidierende Kiesinger die Kontrollrechte des Auswärtigen Ausschusses gegenüber der Regierung.[361] Derartige Tendenzen sollten sich erheblich verstärken, als Kiesingers eigene Ministerträume nach der Bundestagswahl 1957 endgültig zerstoben. Dennoch begann Kiesinger die Arbeit im Außenpolitischen Ausschuß nicht erst 1957 aus verletzter Eitelkeit zu »aktivieren«, sondern hatte dieses Gremium von Anfang an als Diskussionsforum aller Fraktionen neu zu profilieren gehofft.[362] Der Auswärtige Ausschuß sollte dem Austausch der Experten beider Fraktionen dienen. Er sei, wie sich Kiesinger im Mai 1955 äußerte, »auch in vergangenen Zeiten praktisch die einzige Plattform [gewesen], auf der sich die Kontrahenten trafen«.[363]

Kiesingers Wahl wurde von der Presse beifällig kommentiert. Mit der Nominierung des katholischen, mittlerweile 50jährigen Rechtsanwaltes, der schon lange zu den »kommenden Männern« der westdeutschen Politik zähle, zum »Außenpolitiker Nr. 1« des Bundestages habe die Union einen guten Griff getan. Was zeichnete den ehemaligen Repetitor aus, der seine »diplomatischen Lehrjahre nach 1939 als Dienstverpflichteter im Auswärtigen Amt« absolviert habe? Darüber herrschte unter Bonner Journalisten Einvernehmen: Neben seiner »unbestrittenen Tüchtigkeit«, seinem Fleiß und seiner »äußeren Konzilianz« stehe der große, graublonde Württemberger vor allem für eines: Er zähle »zu jenen in Bonn keineswegs so dicht gesäten Politikern, die der Wunsch zum Ausgleichen, zum Überbrücken der Gegensätze auch bei ihrem Handeln leitet«.[364] Walter Henkels, nach wie vor einer der besten Kenner der Szenerie, vergaß jedoch nicht, seinem Porträt des frischgebackenen Ausschußvorsitzenden das berühmte Adenauer-Wort hinzuzufügen: »Sie haben nur einen Fehler. [...] Sie haben eine viel zu dünne Haut. Sie müssen sich ein dickeres Fell anschaffen.«[365]

Gescheiterte Kandidaturen

War Henkels' Mahnung berechtigt? Die Wahl zum Ausschußvorsitzenden hatte Kiesinger beflügelt. Selbst der obligatorische vergangenheitspolitische Exkurs war diesmal fast unterblieben. Erst im Nachhinein erhob der *Klare Kurs*, das Organ der Jungsozialisten, schwere Anschuldigungen gegen Kiesinger. Dieser sei stärker nationalsozialistisch belastet, als er zugebe. Kiesinger nahm dies zum Anlaß einer persönlichen Erklärung vor versammelter Fraktion. Der Angriff des *Klaren Kurses* sei »eine Summe der Angriffe, die in den vergangen Jahren teils von den Kommunisten, teils von gewissen Rechtsradikalen gegen ihn [Kiesinger] geführt worden seien«. Um »ein für alle Mal Klarheit« zu schaffen, stelle er fest, daß er 1931 in Berlin sein juristisches Examen gemacht habe, dann aber »jede Tätigkeit für das Dritte Reich so konsequent abgelehnt habe, daß er auf die eigentlich beabsichtigte Laufbahn als Hochschullehrer verzichtet habe. Er habe dann ein Repetitorium begonnen und dies auch nach dem Assessorexamen weiter betrieben. Da er aus dem NS-Rechtswahrerbund seinen Austritt erklärt [sic], sei er aus dem Berliner Anwaltsverzeichnis gestrichen worden. Im Krieg sei er dann auf Veranlassung von Freunden in das AA dienstverpflichtet worden und habe auch dort die Übernahme in den Staatsdienst abgelehnt.«[366]

Kiesingers Plädoyer in eigener Sache provozierte einen Zwischenruf des fränkischen CSU-Abgeordneten Michael Horlacher: Kiesinger sei doch in der

NSDAP gewesen! Darauf Kiesinger: Daß er »allerdings Parteigenosse gewesen sei und daß er die feindselige Einstellung Dr. Horlachers seit Jahren kenne. Jetzt seien ihm die dauernden Verleumdungen genug.« Er werde sich mit den »gegebenen Mitteln« wehren.[367] Er bitte die Fraktion, »die ihn kenne«, ihn »gegen solche Dinge in Schutz zu nehmen. Die Angriffe richteten sich in Wirklichkeit gegen unsere gemeinsame Sache.« Länger gediente Abgeordnete hatten ein *déjà-vu*-Erlebnis: Wie einst in Goslar sprang der noble Heinrich von Brentano Kiesinger zur Seite. Kiesingers Wahl zum Vorsitzenden des Auswärtigen Ausschusses sei einstimmig erfolgt. Das wäre der rechte Augenblick gewesen, »Bedenken anzubringen, wenn solche bestanden hätten. Er versichere Kiesinger, daß sich die Fraktion nicht durch solche Angriffe von ihm trennen lassen werde.«

Was bewog Kiesinger zu diesem präzedenzlosen Auftritt aus heiterem Himmel und dazu, jegliche Belastung glattweg in Abrede zu stellen? Daß er in obskuren linken Blättern angegriffen wurde, war nichts Neues. Daß sein alter Feind, der Ex-SS-Brigadeführer Karl Cerff, in den Kreisen südwestdeutscher »Ehemaliger« gegen ihn wühlte: mußte er das überhaupt noch zur Kenntnis nehmen? Bei vielen Mitgliedern der Fraktion rief Kiesingers »sehr erregte Darstellung seines Entwicklungsganges, der zwar den entschiedenen Beifall der Fraktion bei Beendigung seiner Ausführungen zur Folge hatte«, doch wegen »Art und Ort dieser Selbstverteidigung ein gewisses Befremden« hervor, so der interne Bericht eines Mitarbeiters des Bundespresseamts. In Sachen NS-Vergangenheit war sein Fell immer noch nicht dickgewachsen. Die Parteifreunde machten sich ihren eigenen Reim: Hinter dem Entlastungsangriff stand ein karrierepolitisches Motiv. Kiesingers Ausführungen müßten »in Hinsicht auf spätere größere politische Möglichkeiten« gewertet werden.[368]

In der Tat: Kiesinger spekulierte auf das Amt des CDU/CSU-Fraktionsvorsitzenden. Er hoffte, Brentano zu beerben, wenn dieser erwartungsgemäß zum ersten Außenminister berufen würde, sobald die Bundesrepublik mit der Aufnahme in die NATO und der Beendigung des Besatzungsstatuts ihre Souveränität erlangt haben würde. Daß er auf den Fraktionsvorsitz hoffte, ließ er bei Nachwahlen zum Vorstand Ende Januar 1955 erkennen, wo er auf Anhieb mit guter Stimmenzahl in den weiteren Vorstand gelangte: »Mein Freund Krone hat offensichtlich den Wunsch, den Fraktionsvorsitz zu übernehmen. Jedoch fiel der Test so aus, daß ich nun ganz entschieden an der Spitze stehe und damit meine Berufung beinahe feststehen dürfte.« In Hinblick auf die »unbestreitbaren Verdienste« Krones werde er diesem »eine Regelung« anbieten, »daß einer von uns beiden zum Fraktionsvorsitzenden gewählt wird, während der andere dem Gewählten als enger Mitarbeiter helfend zur Seite steht«. Er bedauere, daß Krone über »eine ganze Reihe von Gegnern innerhalb der Fraktion« verfüge, wobei sich diese »Gegnerschaft nicht gegen die charakterlichen und fachlichen Qualitäten Dr. Krones richtet«.[369]

Das spielte gönnerhaft auf Krones enges Vertrauensverhältnis zu Adenauer an, der dem Kanzler, wie sonst nur noch Globke, ausdauernd mit Rat und Tat zur Seite stand. Kiesinger selbst verband mit seiner Kandidatur die etwas abwegige Hoffnung, den Kanzler auf das innenpolitische Feld zu lenken, während er als Fraktionsvorsitzender sich stärker außenpolitisch engagieren würde. Die Kärrnerarbeit bliebe dann Krone als Stellvertreter überlassen.[370] Zwar fehlte Kiesinger die administrative Erfahrung, über die der Fraktionsgeschäftsführer Krone schon aus Zentrumszeiten verfügte, doch rechnete Kiesinger auf Stimmen unter denjenigen Abgeordneten, die von einem Fraktionsvorsitzenden ein unabhängiges Auftreten gegenüber Adenauer erwarteten. Denn Kiesinger hatte sich mittlerweile den Ruf eines Kollegen erworben, der systematisch gegen Adenauers Stachel löckte. Krone hingegen sah es als primäres Ziel, die Fraktion »dem Kanzler gegenüber in Ordnung zu halten«, wie er zu Kiesinger meinte, während beide auf den Ausgang der Abstimmung warteten. Auch er, Kiesinger, hätte dem Regierungschef »ernsthafte Schwierigkeiten« vom Leib gehalten. Aber »ich verstand die Fraktion darüber hinaus als einen politischen Körper, dem auch innerhalb des Regierungslagers nicht nur eine zustimmend-unterstützende, sondern eine ebenso kritischüberwachende und initiative Rolle zukam«.[371]

Die Idee, sich in der Fraktion eine unabhängige Machtbasis zu schaffen, paßte nicht in die politische Landschaft der Kanzlerdemokratie. Kiesinger überschätzte seine Möglichkeiten und überforderte seinen Anhang erheblich. Gerade weil er erkennen ließ, daß er die Machtposition des Vorsitzenden zu nutzen hoffte, wurde er nicht gewählt.[372] Auch dachte Adenauer nicht im Traum daran, sich »aus Altersgründen« auf die Innenpolitik zurückzuziehen. Dennoch wich er der »unliebsamen Entscheidung« bis zur letzten Minute aus und verfiel auf »unmögliche Konstruktionen«, wie sichtlich enerviert Krone seinem Tagebuch anvertraute. Nach außen hin wollte sich Adenauer jedoch weder nach der einen noch nach der anderen Seite festlegen.[373] Auch Brentano drückte sich: Er »stottert um das Problem herum«, kommentierte Otto Lenz den Auftritt des scheidenden Fraktionsvorsitzenden.[374] Eine Woche vor der Wahl stand jedoch fest, daß Krone das Rennen machen würde, zumal Strauß und die CSU als Zünglein an der Waage sich gegen Kiesinger erklärten.[375] Doch Kiesinger pflegte bis zuletzt seine Illusionen. Die Fraktion entschied gegen den brillanten Redner, den sie im Plenum oder im Außenpolitischen Ausschuß engagiert hielt, und wählte den tüchtigen, »in jahrelanger Arbeit erprobten Funktionär«.[376]

Ein Cannae für Kiesinger: »Papa Krone« schlug »Mr. Auswärtigen Ausschuß« deutlich im ersten Wahlgang, mit 122 gegen 82 Stimmen. Ein weiterer Kandidat, der Geilenkirchener Landwirt Karl Müller (»Zucker-Müller«) erhielt 11 Stimmen.[377] Die Presse wertete das Ergebnis als Achtungserfolg Kiesingers. Die Fraktion habe sich damit »über die harte Hand des Kanzlers Luft« machen wollen.[378] Doch mehr als das: Für den Katholiken Krone hatten die Nord- und Westdeutschen gestimmt, die Bayern, die Arbeiter, sehr viele Protestanten, darunter die führenden Mitglieder des Evangelischen Arbeitskreises, Gerstenmaier, Schröder und Tillmanns. Auch Pferdmenges war für Krone eingetreten, ein deutlicher Hinweis auf Adenauers Präferenzen. Die regionale, nicht notwendig konfessionelle Nord-Süd-Spaltung der Union wurde durch Krones Wahl erneut akzentuiert, denn Kiesinger konnte, mit Ausnahme des Sonderfalls CSU, die süd- und südwestdeutschen Stimmen fast geschlossen auf sich vereinen. Das nahm die Konstellation vom November 1966 vorweg, als die CSU die Waagschalen zu Kiesingers Gunsten tippen sollte.

Wie schon zuvor in Goslar war Kiesinger der süddeutsche Kandidat. Dennoch verstimmte ihn die deutliche Abfuhr so sehr, daß er, obwohl Krone ihm in warmherzigen Worten kollegialer Anerkennung dankte, es nicht übers Herz brachte, dem Sieger großmütig zu gratulieren, wie es nun einmal dem guten parlamentarischen Stil entspricht. So schloß Krone die erste Sitzung unter seiner Leitung mit dem Dank an den ebenfalls unterlegenen »Zucker-Müller«, der dem neuen Vorsitzenden artig alles Gute wünschte.[379] Er habe »keine Lust« gehabt, sich im Anschluß an Müller noch zu erklären, »zumal Sie ja das Nötige freundlicherweise selbst gesagt hatten«, entschuldigte sich Kiesinger drei Tage später bei Krone, dem er von Tübingen aus »aufrichtig Glück« wünschte und seiner »loyalen Unterstützung« versicherte.[380]

An seinen Niederlagen trug Kiesinger schwer. Er hatte gehofft, daß ihm der Sprung in die Führungsgruppe der Partei diesmal gelänge. »Aber er würde sich selbst Unrecht tun, nähme er sich seine Niederlage allzu sehr zu Herzen«, kommentierte *Christ und Welt*. Er habe zwar eine Niederlage erlitten: »Doch Kiesinger hat Zeit«, orakelte die *Welt*.[381] Ein Vorgriff auf den Oktober 1969 drängt sich auf, als Kiesinger, der damit hätte rechnen müssen, nach der Verkündigung des Ergebnisses wie gelähmt auf der Abgeordnetenbank verharrte und von Barzel dazu gedrängt werden mußte, Willy Brandt zu dessen Wahl zum Bundeskanzler zu gratulieren.

Auch im Juni 1955 hatte Kiesinger bis zuletzt auf ein Wunder gehofft. Als schlechter Verlierer zog er sich waidwund geschossen nach Tübingen zurück. Das beschädigte sein Ansehen in der Fraktion weiter. Erst hatte er durch sein selbstbewußtes, siegessicheres Auftreten im Vorfeld viele Kollegen verprellt, nun verkroch er sich in seinen schwäbischen Schmollwinkel. Sein Erzrivale

Otto Lenz notierte voller Häme, daß auch Gerstenmaier, dem höhere Ambitionen so wenig fremd wären wie Kiesinger und der verletzte Eitelkeit ebenso kannte, »unverhohlen seiner Freude darüber Ausdruck« gegeben hätte, daß Kiesinger gescheitert sei.[382]

Doch damit nicht genug. Es scheint, als wollte ein ungeduldig gewordener Kiesinger, dessen Ehrgeiz das Ausschußpräsidium nicht befriedigte, nun auf Biegen und Brechen eine Karriere erzwingen: Kurz Zeit später legte er sich mit Pünder an, dem er den Vorsitz der deutschen Delegation zum Europarat streitig zu machen suchte. Darüber schüttelte selbst Kiesingers Tübinger Nachbar und SPD-Stellvertreter im Auswärtigen Ausschuß, Carlo Schmid, den Kopf.[383]
Im Juni 1956 kam es noch schlimmer, als er »eine peinliche Rede auf sich selbst« hielt, um die Präsidentschaft des Parlaments der Europäischen Gemeinschaft für Kohle und Stahl für sich zu reklamieren. Das brachte selbst wohlwollende Fraktionskollegen »auf die Palme«. Trotz positiven Votums des Fraktionsvorstandes, wo sich Krone für ihn eingesetzt hatte, unterlag Kiesinger dem schnellen Aufsteiger Hans Furler.[384]

Seit seiner Niederlage im Kampf um den Fraktionsvorsitz war Kiesinger aus dem Tritt. Im Dezember 1955 erlitt er im Plenum des Bundestags erneut einen Herzanfall, den der Kommentator des *Bonner General-Anzeigers* auf die »Diktatur der Termine« zurückführte und nicht auf die Nackenschläge der vergangenen Monate.[385] Solche Anfälle hatte Kiesinger schon des öfteren gehabt, doch diesmal wurde er zwei Monate außer Gefecht gesetzt.[386] War Kiesinger Opfer der vieldiskutierten »Managerkrankheit«, mit der sich die ersten Schattenseiten des Wirtschaftswunders ankündigten?

Als die *Rottenburger Post* sich im Oktober 1956 mit dem prominenten, seit acht Jahren ortsansässigen Abgeordneten in dessen eigenen vier Wänden zu einem »Abschiedsstündchen« verabredete (die Familie Kiesinger zog zu Weihnachten 1956 nach Tübingen um), da stellte sich ein »weiterer, jeden unterhaltenden Redefluß taktlos unterbrechender Gesprächspartner mit ein – das leidige Telefon! ›Sie werden aus Stuttgart – aus Bonn – aus Zürich verlangt.‹« Schon einen Termin zu vereinbaren, hatte dem Lokalreporter die größten Schwierigkeiten bereitet, denn er mußte den Abgeordneten irgendwo auf halbem Wege zwischen Bonner Sitzungswochen, europäischen Konferenzen und Reisen nach Paris, Brüssel, Straßburg und Wien erhaschen.[387] Kiesinger war ständig auf Achse – und seit er zum Vorsitzenden des Auswärtigen Ausschusses gewählt worden war fast immer irgendwo in Europa unterwegs. 1955 wurden es insgesamt 11 mehrtägige Auslandsreisen, 1956 nicht weniger, darunter eine, die Kiesinger erstmals in den Fernen Osten führte.[388]

Trat er die Flucht nach Europa an? Es ist denkbar, daß sein Stagnieren in Bonn ihn stärker auf die europäischen und atlantischen Gremien lenkte. Seit seiner Wahl zum Vorsitzenden des Auswärtigen Ausschusses gehörte er in der Beratenden Versammlung zum Spitzenpersonal. Im Mai 1955 wählte ihn die christdemokratische Fraktion im Europarat zu ihrem Vorsitzenden, im Juli 1955 wurde er einer der sieben Vizepräsidenten der Parlamentarischen Versammlung, wo er, wie sich Kiesinger später schmunzelnd erinnerte, sofort in einen Streit zwischen aufgeregten türkischen und griechischen Abgeordneten über die Zypern-Frage geriet.[389] In der im Frühjahr beginnenden 9. Sitzungsperiode wurde Kiesinger als erstem deutschen Politiker die wichtigste politische Aufgabe der Parlamentarischen Versammlung übertragen: die Rolle des politischen Berichterstatters. In dieser Eigenschaft initiierte Kiesinger einen Vorstoß zur Koordinierung europäischer Außenpolitiken und regte die Einrichtung von Expertengremien der europäischen Außenministerien an, um in langer Sicht (damals noch völlig unüblichen) Gipfeltreffen der europäischen Regierungschefs einen Weg zu bereiten.[390] Zu greifbaren Resultaten führten diese Vorschläge nicht. Den Faden sollte er zehn Jahre später wieder aufnehmen, als der Bundeskanzler, überzeugt von der Notwendigkeit eines »solidarischen weltpolitischen Verhaltens Europas«, erneut Pläne für eine Europäische Politische Zusammenarbeit entwickelte.[391]

Ein Gutes hatte das Ausweichen nach Straßburg, Paris und Brüssel aber doch, wenn dieses ihn auch gemäß dem spöttischen Diktum: »Hast du einen Opa, schick' ihn nach Europa« auf ein Abstellgleis hätte führen können: Die Reisen ins europäische Ausland und in die USA erweiterten seinen Horizont. Nicht daß er deshalb zu einem rosenroten europäischen Idealisten herangewachsen wäre, im Gegenteil: Die antibritische Skepsis des späteren Bundeskanzlers ist auf langjährige, genaue Beobachtung der Verhältnisse jenseits des Ärmelkanals zurückzuführen, wohin sich Kiesinger zunächst sehr viel stärker als nach Frankreich orientierte. Dennoch: Aufgrund seiner intensiven Mitarbeit in europäischen Gremien und diplomatischen Missionen, zu denen ihn Adenauer nach wie vor gelegentlich heranzog, ist Kiesinger (neben Willy Brandt) unter allen bundesdeutschen Regierungschef derjenige gewesen, der zum Zeitpunkt seines Amtsantritts die gediegenste internationale Ausbildung besaß.

Daß Kiesingers Bäume in der Ära Adenauer nicht mehr in den Himmel wachsen würden, war seit der verlorenen Schlacht um den Fraktionsvorsitz weithin kolportierte Vermutung. Aber daß er in Bonn überhaupt nichts mehr werden konnte, wurde ihm im Herbst 1957 klargemacht. Seine bitterste Niederlage erfolgte just in dem Augenblick, in dem die Union im Triumph ihres Wahlsieges vom 15. September 1957 schwelgte: Zum ersten und bisher einzigen Mal in der Geschichte der Bundesrepublik war es einer demokratischen Partei geglückt, mehr als 50 Prozent der abgegebenen Stimmen auf sich zu vereinen und aufgrund eines den Gewinner bevorzugenden Wahlrechtes 55 Prozent der Mandate. Die FDP dagegen war aus dem 1949 noch zweistelligen Bereich auf 7,7 Prozent herabgesackt, während die SPD mit leichter Aufwärtstendenz bei 31,8 Prozent stagnierte. Nicht nur die Union, Konrad Adenauer stand auf dem Gipfel.[392] Kiesinger hingegen hatte seine Bestmarke von 1953 verfehlt und war mit nur 75,3 Prozent wiedergewählt worden (immer noch dem zweitbesten Erststimmenanteil der Union, während die CDU mit 73,6 Prozent der Zweitstimmen in Kiesingers Wahlkreis 4 Prozent gegenüber 1953 verlor). Der Tübinger Oberbürgermeister Gmelin sah dennoch guten Grund, seinem Neubürger Kiesinger zu dem »imponierenden Ergebnis« zu gratulieren.[393]

War Kiesinger nun an der Reihe, Minister zu werden? Er machte sich Hoffnungen auf einen Posten im nächsten Kabinett Adenauer. Mitglieder der Vertriebenen-Verbände setzten sich für ihn als Nachfolger Jakob Kaisers ein.[394] Auch als Europa-Minister war Kiesinger im Gespräch, vor allem aber würde das Justizministerium frei. Dafür wäre er wohl qualifiziert gewesen. Kiesinger reklamierte also die Rosenburg – den Amtssitz des Bundesjustizministers. Doch Adenauer suchte Kiesinger davon abzubringen. Was er bei der Justiz wolle, sein Gebiet sei doch die Außenpolitik? Ob nicht Botschafter in Washington werden wolle? Auf diesen Posten zog es Kiesinger eindeutig nicht. Dann hätte er schon lieber als Botschafter in Moskau große Politik gemacht, wie er einem ostdeutschen Besucher erklärte.[395] Er wolle »Sitz und Stimme im Kabinett«, wie Krone Kiesingers Pläne interpretierte. So bot ihm Adenauer das Justizministerium an, nicht ohne ihm das Versprechen abzunehmen, falls es die »Entwicklung zwingend erfordere«, nach Washington zu gehen, wo er, Adenauer, »keinen Karrierebeamten, sondern einen politischen Kopf« zu benötigen glaubte.[396] Kiesinger willigte ein. Sein Name wurde dem Bundespräsidenten am 18. Oktober mitsamt einer ersten Kabinettsliste präsentiert.[397] Theodor Heuss freute sich über die Nominierung des schwäbischen Landsmannes. Doch der Adenauer-Biograph Hans-Peter Schwarz weiß anzumerken: »Bei Adenauer ist man erst Minister, wenn die Ernennungsurkunde überreicht ist.«[398]

Eigentlich hätte die Regierungsbildung 1957 keine Probleme bereiten müssen. Sie erwies sich als unerwartet schwierig und sollte sich sechs Wochen hinziehen. Die Union mußte sich um keinen Koalitionspartner bemühen – die DP fraß Adenauer aus der Hand und sollte bald vollständig in der Union aufgehen. Dafür aber sah sich die CSU im Aufwind und kämpfte vehement um Ministersessel. »Die Zahl vier ist uns heilig«, erklärten die Bayern dem Oberlenninger Papierindustriellen Klaus H. Scheufelen, der als nordwürttembergischer CDU-Vorsitzender Kiesingers wichtigste Stuttgarter Stütze in der Partei werden sollte.[399] Probleme bereitete Fritz Schäffer, der unbequeme

CSU-Finanzminister und Vater des »Juliusturms«, den in die Wüste zu schicken sich Adenauer und Krone schon im Februar 1957 geschworen hatten.[400] Doch in München, wo eine Regierungsumbildung unter Hanns Seidel in vollem Gange war, war niemand auf den schwierigen Schäffer erpicht, der Ansprüche auf das von ihm schon einmal bekleidete Amt des Ministerpräsidenten hätte anmelden können. Auch daher kämpfte die CSU-Landesgruppe eisern für Schäffers Verbleib im Bundeskabinett.[401] Da Adenauer es für besser hielt, Schäffer in die Kabinettsdisziplin einzubinden, anstatt ihn als potentiellen Unruhestifter in die parlamentarische Freiheit zu entlassen, bot er ihm ein neu zu schaffendes Schatzministerium an, das er mit der Vizekanzlerschaft zusätzlich zu garnieren trachtete.[402]

Damit fand sich Schäffer nicht ab. Er forderte, den »Schatz« mit ganzen Abteilungen und Referaten aus dem Wirtschafts- und dem Finanzministerium aufzuwerten. Das wiederum rief Bundeswirtschaftsminister Erhard auf den Plan, der ebenfalls nach der Vizekanzlerschaft schielte. Auch dem künftigen Finanzminister Franz Etzel, von dem sich Adenauer mehr Fügsamkeit erhoffte als von Schäffer und den er als möglichen Nachfolger im Auge hatte, wollte der Kanzler nicht gerade ein gerupftes Finanzministerium übereignen. Nach einigem Gezerre – der stellvertretende CSU-Landesgruppenchef Richard Stücklen eilte als reitender Bote zwischen Kanzleramt und Bundeshaus hin und her – bot Adenauer Schäffer das Justizministerium an. Der CSU-Landesgruppe war das recht, fiel ihr neben dem Verteidigungsministerium (unter Strauß) nun ein zweites klassisches Ressort in den Schoß. Schäffer willigte ein, auch weil ihm in München die Felle längst davongeschwommen waren (Seidel war mittlerweile in der Staatskanzlei fest etabliert).

Was aber sollte mit Kiesinger geschehen? Adenauer, von Stücklen und Strauß vorsichtig darauf angesprochen, habe nur trocken erwidert: »Die Umstände haben es mir nicht erlaubt!«[403] Erhard wurde mit der schlechten Nachricht zu Kiesinger geschickt. Er erwischte den Abgeordneten auf einem Korridor des Bundeshauses und erklärte diesem pathetisch: »Der Kanzler windet sich in Qualen.« – »Das möchte ich gerne sehen«, habe Kiesinger lachend geantwortet.[404] Zum Lachen ist Kiesinger indes nicht zumute gewesen. Er und Krone hätten sich Gedanken »über eine europäische Aufgabe im Rahmen des Kabinetts« gemacht, schrieb er noch am 23. Oktober an Adenauer. Da er am nächsten Tag nach Straßburg reisen müsse, bitte er dringend um einen Termin.[405]

Nun hatte Adenauer schon im Vorfeld der Regierungsbildung, am 8. Oktober, sein Projekt eines »Ministeriums für Europäische Integrationsfragen« in der Unionsfraktion ventiliert, wogegen jedoch Erhard und Brentano sofort ihren Anhang mobilisiert hatten. Das neue Ministerium wäre ihren Häusern voll ins Gehege gekommen.[406] Ganz so neu war der Vorschlag also nicht, wie

Stücklen in seinen jüngst erschienenen Erinnerungen behauptet. Er und Strauß hätten damit gegenüber Adenauer herausgerückt, um Kiesingers Groll gegenüber der CSU zu besänftigen: Ein Europa-Ministerium für Kiesinger habe der Kanzler für einen »guten Gedanken« gehalten und, so Stücklen weiter, sofort Globke zu sich gerufen, damit dieser ein grobes Schema entwerfe, »wie ein Europaministerium aussehen könne«. Daraufhin habe er, Stücklen, Kiesinger informiert. Doch dieser habe die Sache nicht für sich behalten können, auf dem Absatz kehrt gemacht und sich einigen Journalisten postwendend als der »neue Europaminister« vorgestellt. Hätte Kiesinger nicht gegackert, wäre die Sache nicht schiefgelaufen, davon war jedenfalls Stücklen überzeugt. Brentano wurde alarmiert und drohte umgehend mit seinem Rücktritt. Ähnliches war von Erhard zu vernehmen.[407]

Tatsächlich bestand keine realistische Aussicht auf ein Europa-Ministerium. Die Fraktion war dagegen, von den betroffenen Ministern ganz zu schweigen. Krone suchte nach einem Trostpflaster für Kiesinger, doch Adenauer war froh, daß er das Kabinett endlich unter Dach und Fach hatte. So wurde Kiesinger zum Verlierer des Wahlsieges und der Regierungsbildung von 1957, dabei doch weniger ein Opfer seines Unvermögens und seines Vorpreschens – wie der sich von Kiesinger 1966 abgestraft fühlende Stücklen behauptet –, sondern eher der von Adenauer beschworenen »Umstände«. Kiesinger hatte Pech. Während bei Adenauer der Ärger über die erpresserische Taktik der CSU wuchs, entdeckten die sich stets benachteiligt fühlenden Baden-Württemberger, »daß sie gar keinen Minister kriegen sollten«, wie Heuss die Kabinettsburleske in seinen *Tagebuchbriefen* aufspießte.

Zugleich tauchte eine neue Problematik auf: »das Kabinett sollte 10 Katholiken und 8 Protestanten haben. Der *furor protestanticus* innerhalb der CDU-Fraktion alarmiert«[408]. Um den sakrosankten Konfessionsproporz auszutarieren, war Kiesinger selbst als »evangelischer Katholik« nicht die geringste Hilfe. Als Evangelischer hätte er den Kabinettssitz sicher gehabt, zumal die regionale Herkunft ja stimmte. So aber ging das Schatzministerium an den relativ unbekannten Heidelberger Zementfabrikanten Hermann Lindrath, einen Vertreter wirtschaftlicher Interessen, der den großen Vorzug besaß, sowohl evangelisch zu sein als auch aus Baden-Württemberg zu stammen.[409] Aus Sicht der Südwest-CDU wurde Lindrath, »der in weitesten Kreisen unbekannt ist und den Interessen des Landes vor allem auf dem Gebiet des Finanzausgleichs bisher eher geschadet als genützt hat, [...] nicht als Ersatz angesehen«, wie sich Gebhard Müller in einem geharnischten Brief empört beschwerte.[410]

Eine fürchterliche öffentliche Blamage bahnte sich an. Kiesingers englischer Freund, der konservative Unterhaus-Abgeordnete Peter Smithers, hatte ihm noch am 20. Oktober schriftlich gratuliert: »*My dear Kurt! I am deligthed to see that the Chancellor has wisely eyed to use your talents in the European sphere. Hearty congratulations. I feel that your appointment is good news for all of us who think the consolidation of Europe indispensable to the survival of our civilization.*«[411] Kiesinger schrieb Adenauer in dringendem Tonfall, daß er dessen Entscheidung »über die Besetzung des Bundesjustizministeriums nicht kritisieren« wolle: »Aber Sie werden es mir gewiß nachfühlen, wenn ich meine eigene Lage als äußerst bedenklich bezeichne, nachdem die gesamte Presse mich schon als zukünftigen Justizminister präsentiert hat.« Vor allen Dingen »wäre es mir auch sehr wichtig, daß jetzt nicht die Nachricht über die in Aussicht genommene Ernennung Herrn Schäffers zum Bundesjustizminister veröffentlicht wird, ohne daß zugleich eine Formel für meine künftige Aufgabe publiziert würde.«[412]

Wenige Tage zuvor war er auf einem Flug von Berlin nach Stuttgart neben Scheufelen zu sitzen gekommen, der zuvor mit Stücklen und Dollinger gesprochen hatte. Scheufelen berichtet, ihm sei völlig klar gewesen, daß Schäffer als Justizminister in das Kabinett zurückkehren würde: »Und da erzählte mir Kiesinger, ja also Adenauer hat gesagt, bereiten Sie schon mal den Cut [für die Vereidigung] vor. Da habe ich gesagt, ›Also Herr Kiesinger, ich glaube, den Zahn muß ich Ihnen ziehen. Justizminister wird der Schäffer.‹ Und da war er etwas bedeppert. ›Ja wissen Sie, so in dieser Bundesrepublik, um in der Politik was zu werden, muß man entweder alt werden und wie ein Indianer aussehen [damit war Adenauer gemeint] oder so dick sein wie der Carlo Schmid.‹«[413]

»Der Lohn vom Hause Adenauer ist ausgeblieben« kommentierte die *Allgemeine Zeitung* »das Spiel mit Kiesinger«.[414] Der Kanzler habe bis zuletzt versucht, »sein Versprechen einzuhalten, aber fiel dann in letzter Minute eben doch um«, wie Kiesinger die Affäre, schon etwas aus der Distanz, im Februar 1958 analysierte.[415] Aber warum konnte er in Bonn nichts werden, während andere Politiker seiner Generation in der Ämterhierarchie aufrückten und nach und nach die begehrten Ministersessel erklommen? Um die CDU hatte sich Kiesinger verdient gemacht. Er hatte Adenauer mit seinem Brückenbau zur SPD geärgert; aber Schwierigkeiten hatten dem Kanzler auch andere Parteifreunde gemacht. An Kiesingers Loyalität war nicht zu zweifeln. Hatte er nicht den Kanzler bei kritischen Gelegenheiten herausgehauen? Doch im Unterschied etwa zu dem eigensinnigen Strauß, den Adenauer mißtrauisch beäugte, fehlte Kiesinger die Hausmacht, die für ihn gekämpft hätte. Hier zeigten sich die Folgen des Bruderzwists um die Südweststaatsgründung.

In Baden-Württemberg hinterließ die Nichtberufung Kiesingers einen denkbar schlechten Eindruck. Die südwestdeutsche CDU mußte machtlos zusehen, daß Kiesinger »trotz klarer Zusage an die Landesvorsitzenden« von Adenauer übergangen wurde. Gebhard Müller spielte mit dem Gedanken, analog zur CSU eine eigenständige Parteiorganisation im Südwesten zu gründen, »um die unmißverständliche Mißachtung des Landes bei jeder Regierungsbildung künftig unmöglich zu machen«. Die in vier Landesverbände zersplitterte Südwest-CDU besaß gegenüber der rheinischen Union kein Gegengewicht. So wurde irgendein Abgeordneter aus Baden-Württemberg ins Kabinett geholt, der als Mann der Industrie und Protestant ganz gut ins Konzept paßte, aber ansonsten kaum Rückhalt in seinem Landesverband besaß, wie Müller verärgert deutlich machte.[416]

Es fehlte nicht an empörten Briefen, die Kiesinger nach der Brüskierung durch Adenauer erreichten. Ernst Müller-Hermann, ein junger Abgeordneter aus Bremen, gab Kiesinger den Rat, den Kontakt »zu aufgeschlossenen, auch jüngeren Fraktionskollegen« zu pflegen: »Ich bin überzeugt, daß das der Sache und Ihnen selbst dienen wird.«[417] Der protestantische Hamburger Theologe Helmut Thielicke strich Balsam auf Kiesingers Wunden: Er fühle sich »schmerzlich berührt«, daß Kiesinger für seine »anerkannte Arbeit« nicht mit einem Ministeramt belohnt worden sei. Er könne sich denken, »daß man sich nach Jahren parlamentarischer Kämpfe und verstreuter Einzelverantwortung nach einem solchen geschlossenen Verantwortungsbezirk sehnt. Vor allem aber ist es etwas beelendend zu sehen, daß die Konfessionsarithmetik hier im Spiele war.«[418] Der Journalist Robert Strobel, der für die *Zeit*, aber auch für die *Stuttgarter Nachrichten* schrieb, ließ von sich hören, »daß ich Kurt Georg Kiesinger schätze und verehre, was immer ihn andere werden lassen oder nicht werden lassen«.[419] Auch aus seinem Wahlkreis erhielt Kiesinger viel Zuspruch, wo »das Spiel der Regierungsbildung« äußerstes Mißfallen erregte.[420]

Vorübergehend trug sich Kiesinger wohl mit dem Gedanken, den Bettel hinzuschmeißen. Erbittert reiste er nach Straßburg, wo er vor der Politischen Kommission der Parlamentarischen Versammlung einen furiosen Bericht erstattete. Noch vor seiner Abreise hatte er mit engen Parteifreunden gesprochen. In CDU-Kreisen, stand anderntags in der Zeitung, werde erwartet, daß er seine Ämter in Partei und Fraktion, vor allem die schwierige Aufgabe des außenpolitischen Sprechers, niederlegen werde, »um sich seiner Anwaltspraxis zu widmen«.[421]

Vom Wechsel in die Diplomatie rieten ihm seine Freunde ab. In Washington werde er »aus dem Blickfeld der deutschen Öffentlichkeit herausgenommen«, wie sein alter Bundesbruder aus der Alamannia, Walter Hailer, schrieb, der mittlerweile die baden-württembergische Landesvertretung in der Bonner Argelanderstraße leitete: Der Weg zurück in die parlamentarische Tätigkeit wäre ihm bei einem Wechsel in den diplomatischen Dienst so gut wie verbaut.⁴²² Seine Wähler hätten voller Angst abgewartet, »ob ihr Abgeordneter das lockende und ehrenvolle Amt in Amerika annehmen werde«, meinte kurz vor Weihnachten sein Ravensburger Kreisgeschäftsführer Ventur Schöttle (der später als Landtagsabgeordneter und Politischer Staatssekretär unter Filbinger und Späth Karriere machen sollte). Doch mittlerweile hätten sich die Leute beruhigt, »in der Form, daß die Leute sagen: Wir haben einen Abgeordneten, der auch eine große Enttäuschung hinnimmt, ohne zu resignieren, und wir freuen uns schon auf hitzige Debatten im Bundestag, wo dann ›unser Herr Kiesinger‹ zeigen wird, wie nötig er gerade von denen gebraucht wird, die sich nicht gerade nett benommen haben. Unsere Wähler sind der Meinung, daß Europa im Kommen ist und dann Ihre Zeit angebrochen sei.«⁴²³

Kiesinger rappelte sich wieder auf. Der Entschluß, im Bundestag zu bleiben, sei ihm nicht zuletzt dadurch erleichtert worden, »daß ich mich in meinem Wahlkreis und bei den vielen prächtigen Menschen und Freunden der CDU dort wohl fühle«. Der CDU stünden schwere Tage bevor, er dürfe nicht abseits stehen.⁴²⁴ Auch Scheufelen ermutigte Kiesinger, im Lande zu bleiben. Die Entscheidung sei keine gegen seine Person, »sondern nur gegen die Stupidität einer regionalen hemdsärmeligen Zahlen-Arithmetik, die niemand gutheißen kann und die besonders bei den einsichtigen Leuten dieser Gruppe ein schlechtes Gefühl erzeugen muß und erzeugt hat, wie ich mich auch schon bei dem einen oder anderen überzeugen konnte. Ich glaube, dieser Tatbestand hat Ihre Position verstärkt, ohne daß es vielleicht in Erscheinung tritt, und deshalb wäre es doch schade, wenn Sie bei neu aufkommenden Möglichkeiten zu weit vom Schuß wären, um diese wahrzunehmen.«⁴²⁵ Heinrich Höfler schrieb vom Krankenbett in Freiburg: »Trösten will ich Dich nicht. Du bist seelisch souverän und stark genug, um auch diese Enttäuschung zu verwinden. […] Dein Tag kommt, vielleicht eher als manche Leute denken.«⁴²⁶

Und so kam es: Indem er Kiesinger die Türe vor der Nase zuschlug, sollte Adenauer unwillentlich dessen Weg in die Villa Reitzenstein und schließlich ins Palais Schaumburg ebnen. Ein gutes Jahr, nachdem er in Bonn sang- und klanglos fallen gelassen worden war, wurde Kiesinger zum Ministerpräsidenten von Baden-Württemberg gewählt. Sehr viel schneller als erwartet hatte sich die »neu aufkommende Möglichkeit« eingestellt. In Stuttgart überwinterte er dann während der langen Agonie der späten Adenauer-Jahre. In sicherer Distanz von den Bonner Intrigen machte er seine Sache gut. So wurde er im November 1966 zum Mann der Stunde. Während die übrigen Diadochen – Erhard, Gerstenmaier, Schröder, Strauß und bald auch Barzel – sich in den Nachfolgekämpfen um das Kanzleramt gegenseitig zerfleischten, setzte Kiesinger eine bemerkenswerte Landespolitik in Gang. Als Ministerpräsident gewann er Statur, so daß er als der am wenigsten beschädigte Kandidat im Dezember 1966 zum dritten Bundeskanzler gewählt wurde. Der »Alte« mußte es als Ironie des Schicksals empfinden, wie Schwarz bemerkt, »ausgerechnet diesen Parteifreund, der unter ihm nicht ins Kabinett gelangen konnte, in seinen letzten Monaten noch als Bundeskanzler zu erleben«.[427]

Im Dauerclinch mit Adenauer: Gemeinsame Außenpolitik

Daß Adenauer seinen verdienten Debattenredner unter höchst blamablen Umständen hatte fallen lassen, hat die Neigung des Vorsitzenden des Auswärtigen Ausschusses nicht gerade erhöht, für diesen »Alten« künftig noch durchs Feuer zu gehen. Seit dem Oktober 1957 sah sich Kiesinger dem Kanzler nicht mehr so verpflichtet wie früher. Allerdings hatte er schon zuvor begonnen, sich deutlicher von Adenauer abzusetzen. Daß er einen etwas anderen Politikstil pflegte, hatte er im Auswärtigen Ausschuß immer wieder durchblicken lassen, wo er der freien Diskussion kontroverser Meinungen mehr Platz einräumte, als dem Kanzler zuträglich erschien. Adenauer stelle einen Typus von Politiker dar, dessen »persönlicher Erfolg auf einer generellen Simplifizierung der gesamten politischen Materie« beruhe. Er hingegen halte sich für einen »Brückenbauer«, der nicht »stur und unentwegt einen geraden Weg« verfolge, »ohne dabei nach rechts oder links zu schauen«, so Kiesingers ostentative Selbstcharakterisierung in dem erwähnten riskanten Hintergrundgespräch Ende Januar 1955.[428]

Neu war der Gedanke einer Gemeinsamen Außenpolitik nicht. Erste Anklänge finden sich in Kiesingers Petersberg-Rede vom November 1949.[429] Als im Februar 1952 die Auseinandersetzung um den Wehrbeitrag im Zenit stand, spekulierte Kiesinger, die SPD werde nunmehr reif »für einen Akkord«. Selbst »koalitionspolitische Fragen« hielt er nicht mehr für tabu, habe doch die Union an Ansehen verloren und drifteten DP und FDP deutlich nach rechts.[430] Nach dem Wahlsieg vom September 1953 hoffte Adenauer mit der Großmut des Siegers, die Distanz zur SPD und zu deren neuem Vorsitzenden Ollenhauer rhetorisch zu überbrücken.[431] Kiesinger stieß in dasselbe Horn, als er als letzter Redner der Debatte über Adenauers zweite Regierungserklärung die »vorsichtige Zurückhaltung« und »kluge Mäßigung« der Opposition augenfällig lobte. Er schloß seine Ausführungen mit einem versöhnlichen Appell an den demokratischen Grundkonsens: »Versuchen wir's, ohne Verwischung der sachlichen Gegensätze und der Meinungsverschiedenheiten, ohne falsche politische Romantik, neu miteinander!«[432]

GEMEINSAME AUSSENPOLITIK

Solange der Kampf um den Wehrbeitrag tobte, besaßen derartige gute Vorsätze nur eine kurze Halbwertszeit. Im Bundestag prallten die Gegensätze so unversöhnlich wie eh und je aufeinander, als sich nach dem Scheitern der EVG Anfang 1955 die Bundesrepublik ersatzweise in NATO und WEU integrierte. Im Parlament stoben die Funken, als Adenauer das Vertragswerk gegen den Vorwurf Ollenhauers verteidigte, er gebe der »Aufrüstung der Bundesrepublik den Vorrang vor der Wiedervereinigung«.[433]

In dieser Debatte zog Kiesinger alle Register: Die SPD habe »die Argumente Moskaus gegen die Pariser Abkommen zur Grundlage ihrer eigenen Argumentation« gemacht. Dem ebenso schrillen wie zeittypischen antikommunistischen Tenor gesellte sich eine kritische Bewertung verfehlter deutscher Weltpolitik seit Bismarck hinzu, in deren Tradition er die SPD erneut stellte. Das Problem der Wiedervereinigung lasse sich nicht »mit einem Rückzug auf eine alte nationalstaatliche Koalitionspolitik« lösen – Rapallo ließ grüßen! Die Bundesregierung strebe »eine echte europäische Einigung« an. Wer erwecke in den Augen der Weltöffentlichkeit den Anschein, »nationale Politik oder europäische Politik zu betreiben, wir oder Sie?« Am Ende die unverhohlene Aufforderung zur Kapitulation: Er hoffe, daß »eine gemeinsame Außenpolitik, die für dieses Volk so bitter notwendig ist«, endlich gefunden würde, wenn die SPD ihren Irrtum erst einmal akzeptiere. Eine »ausgezeichnete« Rede, ließ der Kanzler den designierten Vorsitzenden des Auswärtigen Ausschusses wissen.[434]

Ein halbes Jahrzehnt ging ins Land, bis sich die SPD nach der Godesberger Wende mit Wehners berühmter Bundestagsrede vom 30. Juni 1960 auf den Boden der von Adenauer geschaffenen Tatsachen stellte. Bis dahin fehlten die minimalen Voraussetzungen einer Gemeinsamen Außenpolitik. Sicher, Kiesingers versöhnliche Gesten bewährten sich im Auswärtigen Ausschuß, wo er das Vertragswerk über die Hürden der parlamentarischen Beratung steuerte, ohne daß es zu polemischen Ausbrüchen gekommen wäre.[435] Dabei legte Kiesinger ein wachsendes Selbstbewußtsein gegenüber der Exekutive an den Tag: Künftig solle es möglich sein, »in Gegenwart der Regierung grundsätzliche Fragen« zu stellen, vergleichbar den *hearings* im amerikanischen Senat.[436] Ein System von Berichterstattern sollte das Informationsmonopol der Regierung brechen. Es sei »seine Absicht«, so Kiesinger im Juni 1955, den Ausschuß »ganz in den Dienst der außenpolitischen Bemühungen des Parlaments zu stellen«[437].

Die Chance einer Neuorientierung und Überwindung der starren Frontstellung zwischen Union und SPD schien sich um die Jahresmitte 1955 zu eröffnen, nachdem die Pariser Verträge vom Bundestag mit großer Mehrheit ratifiziert worden waren. Die NATO-Mitgliedschaft hatte die Westintegration unumkehrbar gemacht. Von diesem *fait accompli* würden alle künftigen Überlegungen zur Lösung der deutschen Frage ausgehen müssen. Doch wie sollte es weitergehen? Nachdem Chruschtschow in Moskau die Macht übernommen hatte, sandte der Kreml erste zarte Frühlingsboten der Entspannungspolitik aus. Kiesinger war nicht der einzige Unionspolitiker, der verstärkt für eine Verständigung mit der »nicht unbedeutenden Gruppe« von Sozialdemokraten plädierte, welche »die außenpolitische Linie der Union« im Grundsatz billige. Dafür sollte er in den kommenden Monaten im Bundestag und in den Parteigremien der Union unermüdlich werben.[438]

Nur, welche Möglichkeiten besaß die Union, aus dieser Position der Stärke heraus, im Konzert mit den europäischen und atlantischen Partnern der Bundesrepublik, am »Ende einer langen Kette von Bemühungen die Wiedervereinigung zu erreichen«? Dritte Wege der Bündnislosigkeit lehnte Kiesinger kategorisch ab. Diese wären illusionär oder gefährlich: Illusionär, weil ein neutralisiertes Gesamtdeutschland in gefährliche Abhängigkeit von der konventionell weit überlegenen Sowjetunion geraten könne.[439] Gefährlich, weil gewisse historische Ängste und Reminiszenzen nur so lange unter dem Deckel gehalten würden, wie sich die Bundesrepublik an ihre westlichen Verbündeten eng anschlösse. Die Bundesdeutschen müßten sich das Vertrauen ihrer Partner erst noch erwerben. Mit einer zwielichtigen Schaukelpolitik wecke die SPD schlafende Hunde: Er halte es für »außerordentlich wichtig für das Schicksal unseres Landes, daß in der westlichen Welt kein Irrtum darüber aufkommt, daß wir eine geradlinige Politik machen, daß wir zuverlässig sind«. Nie wieder dürfe sich Deutschland in eine »lebensgefährliche Isolierung« hineinbegeben, wie dies unter den Nachfolgern Bismarcks geschehen sei.[440]

So weit lief Kiesingers Konzeption mit der Adenauers parallel. Mit Blick auf die deutsche Frage suchte Kiesinger eine etwas andere Nuance in die westdeutsche Außenpolitik zu bringen. Angesichts einer zu erwartenden weltpolitischen Neuorientierung Ende der fünfziger Jahre hielt er eine stärkere außenpolitische Konsensorientierung im Inneren für nötig. Das hatte er schon im Juni 1955 am Beispiel von Adenauers bevorstehendem Besuch in Moskau unterstrichen, als er retrospektiv die »Chancen einer deutschen Wiedervereinigung in Frieden und Freiheit [für] ungeheuer viel größer« erachtete, sofern »wir uns in den letzten Jahren wenigstens auf außenpolitischem Gebiet gefunden hätten, wenn hinter dieser Außenpolitik, die mit einem etwas unglücklichen Ausdruck ›Politik der Stärke‹ genannt wurde [...], dieses ganze Haus und das ganze Volk gestanden hätte«.[441] Nach dem Scheitern der Genfer Außenministerkonferenz im November 1955 forderte er eine Intensivierung des Dialogs mit der SPD, weil allein innere Geschlossenheit die Sowjetunion davon überzeuge, »daß ihre politischen Pläne in bezug auf die Bundesrepublik keinerlei Chancen« hätten.[442] Es sei eine Binsenweisheit, erklärte Kiesinger im November 1958, daß die Wiedervereinigung »nur in Zusammenarbeit mit den Russen« zu erlangen sein würde. Daher werde es »der deutschen Frage nur dienlich sein, wenn die Parteien an einem Strang ziehen«.[443]

Ohne Gemeinsame Außenpolitik keine Chance auf Wiedervereinigung – auf diese Formel läßt sich Kiesingers außenpolitisches Credo in der zweiten Hälfte der fünfziger Jahre bringen. Das hieß aber nicht, wie Kiesingers innerparteiliche Gegner behaupteten, daß er einer wechselseitigen Annäherung der Standpunkte das Wort redete. Im Gegenteil: Kiesinger hoffte, die »gutwilligen« Teile der SPD auf den Boden der von der Union geschaffenen Tatsachen zu ziehen. Im Frühjahr 1958 sagte er der Opposition voraus, daß »die Macht der Tatsachen auch Sie dazu führen wird, daß Sie sehen, wo die realen Möglichkeiten einer Wiedervereinigungspolitik liegen«.[444] Im CDU-Bundesvorstand ließ er keinen Zweifel daran, welche taktische Überlegung seiner Gemeinsamen Außenpolitik zugrunde lag: »Es gibt keine mittlere Linie, es gibt nach wie vor die Politik, die wir seit Jahren gemacht haben; und es gibt keine Änderung dieser Politik. Es ist nur eine etwas elastischere Methode.«[445] Kiesinger wollte keine Synthese. Aber er wollte der SPD im nationalen Interesse eine Kapitulation schmackhaft machen, indem er die »Politik der Stärke« in die Watte der Gemeinsamen Außenpolitik verpackte.[446]

Diese Strategie des äußeren Wandels durch Annäherung im Inneren hat Kiesinger bemerkenswert hartnäckig verfolgt. Er sollte ihr über ein Jahrzehnt lang treu bleiben. Noch als Bundeskanzler ging er von der Prämisse aus, daß der innere Konsens notwendige, wenn auch nicht hinreichende Voraussetzung der Lösung der deutschen Frage war, die sich selbstverständlich nur im Rahmen einer »allgemeinen Entspannung« und mit der Zustimmung sowohl des Westens als auch des Ostens erreichen lassen würde.[447] In den fünfziger Jahren war er aufgrund seiner Stellung weit davon entfernt, sein Konzept in die operative Politik einfließen lassen zu können. Als er dann im Herbst 1966 in eine entsprechende Machtposition gelangte, hatte sich, parteipolitisch gesprochen, das Blatt gewendet: Nun war die von Wehner und Brandt reformierte SPD auf einen außenpolitischen Konsenskurs eingeschwenkt, gegen den sich in der Union großes Unbehagen regte. Die CDU/CSU verlor Anfang der sechziger Jahre die Meinungsführerschaft, verpaßte den Absprung und manövrierte sich in eine deutschlandpolitische Sackgasse. Nicht länger konnte die Union die Bedingungen einer Gemeinsamen Außenpolitik diktieren, wie dies in den fünfziger Jahren der Fall gewesen war. Das Einschwenken auf eine gemeinsame Neue Ostpolitik, wie sie Kiesinger als Kanzler dann vorschwebte, wurde dann von den eigenen Parteifreunden torpediert.

Sicher war Kiesingers außenpolitische Konzeption nicht ganz so zielstrebig und frei von instrumentalen wahltaktischen und parteipolitischen Manövern, wie er im Rückblick den Anschein zu erwecken suchte. Er hoffte, einen

Keil in die in sich zerstrittene SPD-Bundestagsfraktion treiben zu können. Und selbstverständlich schob er die Verantwortung für das wiederholte Scheitern einer Gemeinsamen Außenpolitik vor allem der Opposition in die Schuhe: In England würde selbst im Falle eines Regierungswechsels »im großen und ganzen« der außenpolitischen Kurs beibehalten. »Bei uns klafft aber jene Kluft, von der Herr Kollege Arndt gesprochen hat. Sie können nicht fortfahren mit der ewigen Anschuldigung, daß an dieser Kluft wir, die Regierungskoalition, die alleinige Schuld trügen. Das ist vor der Geschichte nicht wahr. Für die Zukunft – und dieses Wort soll festgehalten sein – beteuere ich noch einmal (*Abg. Wehner: Ja, ja!*), an uns wird es nicht liegen [...]. Die Tür für Sie steht offen; aber man kann eine Tür nicht mit dem großen Nein betreten.«[448]

Temporär schien selbst Adenauer auf die von Kiesinger, Gerstenmaier und zeitweilig auch von Brentano verfolgte Linie einer Gemeinsamen Außenpolitik einzuschwenken, als er im September 1955 Carlo Schmid und Kiesinger aufforderte, ihn auf seine Reise nach Moskau zu begleiten. So wurde Kiesinger Augenzeuge der legendären Mission in die sowjetische Hauptstadt, die bekanntlich mit der Aufnahme diplomatischer Beziehungen und der Freilassung der letzten deutschen Kriegsgefangenen endete – jedoch in der Frage der Wiedervereinigung, wie zu erwarten, nicht den geringsten Fortschritt erbrachte.[449] Kiesinger war auch eher als Parlamentsnotar denn als Experte und außenpolitischer Vordenker mit auf diese Partie gegangen. Sonst wäre er wohl mit seiner Bitte, ihn den vorbereitenden Gesprächen des Kanzlers hinzuzuziehen, bei Adenauer nicht so vehement abgeblitzt: »Es wäre, wie ich glaube, für Sie Zeitverlust gewesen.«[450] Nein, der Kanzler benötigte keine Ratschläge, auch nicht von dem berufenen außenpolitischen Sprecher der Union. Er hoffte auf möglichst unverdächtige Beobachter, die nach Abschluß der Moskauer Reise den eventuellen Vorwurf »einsamer Beschlüsse« würden entkräften können.[451]

Bei aller Publizität, die Kiesinger mit seinen Vorschlägen zeitweilig erzielte, drohte Mitte der fünfziger Jahre beileibe nicht eine unterschwellige Parlamentarisierung der Außenpolitik. Als im Gefolge des einsetzenden »Tauwetters« die »Großen Vier«, also die Regierungs- und Staatschefs der vier Siegermächte, sich im Oktober 1955 in Genf zu einer Konferenz zusammensetzten, fand sich dort nicht nur Außenminister Brentano ein, sondern fast das komplette außenpolitische Establishment: Kiesinger, Ollenhauer und Wehner, aber auch Vertreter der kleineren Parteien. Die Hoffnung auf gesamtdeutsche Verhandlungen verpuffte, bevor die Konferenz so richtig begann. Molotow hielt eine scharfe Rede: Die Wiedervereinigung werde nicht auf die Tagesordnung gesetzt. »Die krasse Ablehnung der westlichen Vorschläge« sei nicht taktisches Manöver, »sondern tief verwurzelte Auffassung«, so Kiesingers Analyse. Vorschläge, »wie beispielsweise der SPD, durch den Austritt der NATO die Wiedervereinigung zu bewirken oder zu beschleunigen, würden von der Sowjetunion niemals ernsthaft behandelt«.[452]

Aus dem Scheitern von Genf wurden in der Union unterschiedliche Schlüsse gezogen, was die Perspektiven einer Zusammenarbeit mit der SPD betraf. Zwar lehnte auch Kiesinger Wehners Vorschläge rundweg ab, die »technischen Kontakte« zur DDR zu intensivieren. Dennoch konnte er vor dem CDU/CSU-Fraktionsvorstand am 14. November 1955 unwidersprochen erklären, daß die SPD »im Grunde genommen den in Genf zum Vorschein gekommenen Tatsachenverhalt nunmehr auch eindeutig sehe«.[453] Daraus machten einige Journalisten, vielleicht von Kiesinger angestachelt, eine sensationelle Schlagzeile: »Kiesinger fordert gemeinsame Außenpolitik«. »Es sei nun an der Zeit, die Streitaxt zu begraben«, wurde Kiesinger in den *Stuttgarter Nachrichten* zitiert. Nach dem Scheitern der Genfer Konferenz sei »in bezug auf die Wiedervereinigung Deutschlands [...] nunmehr die Stunde gekommen, in der Bundesrepublik eine gemeinsame Außenpolitik von Regierung und Opposition zu beginnen«.[454]

Auf diesen Vorstoß reagierte Adenauer sichtlich indigniert. In seiner Eigenschaft als Regierungschef *und* Parteivorsitzender rief er Kiesinger in einem geharnischten Brief zur Ordnung. Er bitte ihn, »in einer so außenpolitisch und innenpolitisch schwierigen Situation wie der gegenwärtigen« nicht auf seinen »eigenen Kopf derartige Darlegungen zu machen«.[455]

Für seinen Versuchsballon hatte Kiesinger einen denkbar ungünstigen Augenblick erwischt: Aufgrund einer schweren Krankheit sah sich Adenauer vorübergehend ans Bett gefesselt, was Nachfolgespekulationen unweigerlich aufblühen ließ. Wie stets in derartigen Situationen fühlte sich der Kanzler in seinem Führungsanspruch herausgefordert. Da Brentano in dieser Phase als der aussichtsreichste Kronprätendent galt, distanzierte er sich schleunigst. Er sekundierte dem Kanzler in einer langen Epistel, in der er Kiesingers Feststellung, die »Unterschiede in der Beurteilung der außenpolitischen Lage zwischen Koalition und Opposition seien nicht mehr sehr groß«, harsch in Abrede stellte und Wehners Äußerungen als »lebensgefährlich« abqualifizierte, »weil sie zu einer Aufweichung im deutschen Volk führen und weil sie das ohnehin vorhandene Mißtrauen gegen die Zuverlässigkeit Deutschlands verstärken«. Kiesinger habe mit seinen Avancen »die vernünftigen Kreise sowohl in der Opposition wie auch in der Koalition« geschwächt.[456]

Wirkt die Aufregung um Kiesingers gefährlichen Flirt mit den Sozialdemokraten im Kontext der innerparteilichen Hackordnung auch etwas gekünstelt, so war die Zeit für eine Gemeinsame Außenpolitik einfach nicht reif. Adenauer hoffte, die Bundestagswahl 1957 zu einem Plebiszit über die

Westbindung zu machen. Seine »ernsthaften Sorgen« (Brentano) richteten sich auf das Unmittelbare, Handfeste, Naheliegende, Quantifizierbare: die Partei- und Koalitionsarithmetik. Auch aus sozialdemokratischer Sicht war Kiesingers Anlauf nicht opportun. Carlo Schmid bezeichnete Kiesingers Angebot zwar als »aufrichtig«. Doch so ohne weiteres in »Reih und Glied« treten wollte er nicht. Bei einem Dialog mit der Bundesregierung dürfe es keine Tabus geben, so Schmid. Der SPD-Pressedienst kommentierte lapidar: »An die Opposition wird immer dann appelliert, wenn die außenpolitische Situation der Bundesregierung in einen Engpaß geraten ist.«[457]

Sicher lag Kiesinger mit seiner *ex post* geäußerten Einschätzung nicht falsch, daß Adenauer die Gegensätze akzentuierte, weil es ihm half, »dabei Stimmen zu gewinnen, wie es auch die Wahlstrategen der SPD von ihren Konzeptionen erwarteten«[458]. Aber Kiesingers Werben für eine Gemeinsame Außenpolitik paßte auch deshalb nicht in die politische Landschaft, weil in der alten Bundesrepublik sich die politischen Lager meist über Strategien außenpolitischer Differenzierung formierten – bei gleichzeitig hohem, zum Teil auch vergangenheitspolitisch mitbedingtem, innenpolitischem Konsensstreben. Kiesingers Gemeinsame Außenpolitik stellte eine Systemwidrigkeit im Sinne der westdeutschen Nachkriegspolitik dar, obwohl in Umfragen eine Mehrheit der Bürger konsistent für eine gemeinsame Politik der großen Parteien plädierte. Wahlen wurden in Westdeutschland oft über eine Strategie außenpolitischer Polarisierung gewonnen, wie Kiesinger als CDU-Parteivorsitzender ein Jahrzehnt später schmerzlich erfahren sollte. Im Dezember 1955 jedenfalls steckte Kiesinger als guter Parteisoldat zurück. In der Bundestagsdebatte über die Genfer Außenministerkonferenz stellte er klar, daß es zwischen Union und SPD noch »erhebliche Uneinigkeiten« gäbe und es noch einiger Diskussionen bedürfe, um »zu einer gegenseitigen Klärung unserer Standpunkte« zu kommen.[459]

Für den Rest der Legislaturperiode verlief die Debatte wie auf Schienen, mochte Kiesinger auch seine Lieblingsidee einer Gemeinsamen Außenpolitik im Jahr 1956 noch mehrfach ins Spiel bringen, wenn er zum Beispiel die »erfreulich klare Haltung der SPD« in ihrer Einschätzung der Motive »Pankows« lobte.[460] Eine weitere Geste an die Adresse der Opposition Ende des Jahres eskalierte schließlich zu einem massiven Konflikt mit Adenauer. Während einer Reise nach Irak, Iran, Afghanistan, Pakistan, Indien und Thailand hatte Kiesinger Wehner zum kommissarischen Vorsitzenden des Auswärtigen Ausschusses bestellt. Noch während er sich auf dem Flug nach Bangkok befand, marschierten israelische Soldaten im Sinai ein und lösten die Suez-Krise aus. Gleichzeitig brach in Budapest der ungarische Aufstand los. Wehner packte die Gelegenheit beim Schopfe und rief den Rumpfausschuß zusammen.[461] Kiesinger eilte Hals über Kopf von Ostasien nach Bonn zurück. In der Fraktion sah er sich herber Kritik ausgesetzt.[462]

Die Affäre um Wehners interimistischen Ausschußvorsitz nutzte Adenauer, um diejenigen Abgeordneten auf Linie zu bringen, die sich hartnäckig mit Gerüchten über eine große Koalition ins Gespräch brachten. Mit Kiesinger wurde kurzer Prozeß gemacht: Die Reden der SPD-Politiker hätten eindeutig ergeben, »daß diese Partei, wenn sie an die Regierung komme, das ganze deutsche Volk und Europa ins Unglück reißen würde. Man könne mit ihr nicht zusammengehen.«[463] Im CDU-Bundesvorstand meinte Adenauer spitz, daß »unsere Parlamentarier gerne auf Reise gehen. Abgesehen von dem vielen Geld, das das arme Deutschland dafür ausgeben muß, ist es nicht gut, wenn einfach die parlamentarischen Arbeiten dadurch ins Hintertreffen kommen.«[464] Pflichtschuldig stimmte Kiesinger in die allgemeine Verdammnis der großen Koalition ein, ohne ein solches Bündnis für alle Zukunft auszuschließen. Die Union könne »nichts Dümmeres tun«, als jetzt von einer »Verbindung der CDU mit der SPD nach den Wahlen zu sprechen«. Da hätte sie ihre Position in den Augen der Wähler bereits verspielt: »Das deutsche Volk will Sicherheit und Frieden; es will zugleich das Gefühl haben, daß in diesem Staate eine starke Führung vorhanden ist, auf die man sich verlassen kann.«[465]

Ein zweiter, hausgemachter »Fall Wehner« machte der Unionsfraktion gleich nach der Bundestagswahl 1957 zu schaffen. Der Kanzler wollte Wehner als Vorsitzenden des Gesamtdeutschen Ausschusses verhindern, obwohl nach parlamentarischem Usus dieser der SPD zugestanden hätte. Das isolierte Adenauer unter den außenpolitischen Experten der Fraktion, die auch bei Krone Unterstützung fanden. Kiesinger widersprach deutlich. Der von Adenauer »vorgeschlagene Weg« werde der CDU »mehr schaden als nützen«. Wehner sei stellvertretender Fraktionsvorsitzender der SPD. Dorthin hätten ihn nicht zuletzt die scharfen persönlichen Angriffe der Union gebracht. Lehne man Wehner ab, hätte man die ganze SPD gegen sich. Die Union müsse das »demokratische Prinzip achten«, wie sich Kiesinger gegen Kritik aus seinem Wahlkreis verteidigte.[466] Wehner als Titoist und Kommunist zu verunglimpfen, halte er für »nicht besonders geschmackvoll«. Zweifellos stehe Wehner »weit links«, und »gewiß müsse man ihn bekämpfen«. Man sollte jedoch nicht »Opfer seiner eigenen Propaganda werden«.[467] Die Fraktion folgte der Empfehlung ihres Vorsitzenden und der außenpolitischen Schwergewichte um Kiesinger. Gegen den Rat von Adenauer, Schröder, Blank, Wuermeling und Jaeger wurde Wehner zum Vorsitzenden des Gesamtdeutschen Ausschusses gewählt.[468]

Gleich nach der Wahl hatte Kiesinger seine Fühler in Richtung SPD ausgestreckt, darin mit Krone einig, der den Kanzler *coram publico* ermunterte, mit der SPD in einen Dialog einzutreten.[469] In einem vielbeachteten Interview mit der *Politisch-Sozialen Korrespondenz* bezeichnete Kiesinger die ersten Kommentare der führenden SPD-Politiker zum Wahlergebnis zwar als »nicht ermutigend«. Er hoffe jedoch, daß die Opposition die Dinge »allmählich nüchterner und realistischer« sehe. Schließlich seien die Tatsachen, »mit denen wir es zu tun haben, insbesondere die Haltung der Sowjetunion, so hart und klar, daß man [...] bei einigem guten Willen, wenn nicht in allen, so doch in vielen Punkten zusammenfinden könnte«.[470] Doch die Zeichen standen nicht in Richtung Gemeinsame Außenpolitik. Vielmehr verhärteten sich die deutschlandpolitischen Gegensätze. Bonn brach im Oktober 1957 die diplomatischen Beziehungen zu Belgrad ab, nachdem Tito Ostberlin anerkannt hatte. Dies war die erste Anwendung der Hallstein-Doktrin, die auch Kiesinger vehement verteidigte. Es könne sonst weltweit der Eindruck entstehen, »daß wir in der deutschen Frage nur große Worte machen«.[471]

Er sei sich darüber im klaren, »daß wir außenpolitisch in den kommenden Jahren in sehr schwierige Gewässer« geraten, schrieb Kiesinger Ende Oktober 1957 an Klaus Mehnert.[472] Daß der CDU ein schlüssiges Konzept für die Wiedervereinigung fehlte, wurde in jener denkwürdigen Nachtsitzung des Deutschen Bundestages vom 23. auf den 24. Januar 1958 deutlich, als die Unionsfraktion von den leidenschaftlichen Angriffen Thomas Dehlers und Gustav Heinemanns überrumpelt wurde. »Verdattert« mußte die Fraktion miterleben, wie Adenauers früherer Justizminister Dehler in fast irrationalem Haß den Vorwurf erhob, Adenauer habe 1952 bei der Zurückweisung der Stalin-Noten die Einheit bewußt verhindert, weil er nichts anderes gewollt habe als die katholisch bestimmte Bundesrepublik. Der CDU-Renegat Heinemann, der 1957 für die SPD in den Bundestag gewählt worden war, las dem Kanzler in einer fulminanten politischen Predigt die Leviten. Adenauer wurde als ein christlicher Kreuzzügler porträtiert: »Erachten Sie es für gut, daß der Westen unter der Parole einer christlichen Front aufmarschiert? Es geht nicht um Christentum gegen Marxismus, sondern um die Erkenntnis, daß Christus nicht gegen Karl Marx gestorben ist, sondern für uns alle!«[473]

Wie erstarrt saß Adenauer im Plenum, während die Angriffe auf ihn hernieder prasselten. Wußte er keine Antwort auf die bohrenden Fragen seiner beiden ehemaligen Minister? Die CDU-Außenpolitiker waren gelähmt, schlugen nicht mit gleicher Härte zurück. Gerstenmaier kam vom Präsidentensessel nicht weg. Kiesinger meinte im Rückblick, er habe innerlich gekocht und sich neben den CDU-Patriarchen gesetzt: »Herr Bundeskanzler, hier kann nur einer antworten, das sind Sie, nicht irgendeiner von uns, Sie müssen jetzt hinauf; wenn Sie es nicht wollen, bin ich bereit hinaufzugehen, aber ich muß Ihnen sagen, in manchen Punkten kenne ich nicht alle Fakten, und ich möchte nicht einfach Blabla reden! – Adenauer sagte ganz kategorisch: Nein, gehen Sie nicht hinauf; lassen Sie es heute, wir antworten dann später!«[474]

Hermann Höcherls tapfere und weithin gerühmte Rede konnte die von Heinemann behaupteten Tatsachen nicht widerlegen, wenn Höcherl auch mit der von allen Parteien seit Jahren gepflegten Illusion aufräumte, die erste Aufgabe der deutschen Politik sei die Wiedervereinigung. Es sei vielmehr die Sicherheit der Bundesrepublik. Eine »neue Dolchstoßlegende«, der Kanzler habe die Wiedervereinigung nicht gewollt, als er 1952 die Stalin-Note mit der Forderung nach »freien Wahlen zuerst« beantwortet hatte, war in die Welt gesetzt.[475]

Mit einem »unguten und schlechten Gefühl« ging die Fraktion nach Mitternacht nach Hause. Man dürfe die Dinge nicht beschönigen, so Krone, die Union habe eine schwere Schlappe erlitten.[476] Man sei von Dehler und Heinemann völlig überrumpelt worden, gestand sich der Außenpolitische Arbeitskreis bei seiner Manöverkritik ein. Man müsse »in Zukunft mehr darauf gefaßt sein, daß die gefährlichen Stunden in den großen Debatten am Abend kommen«. Das Hauptproblem wurde jedoch erneut in der mangelnden Unterrichtung durch Adenauer gesehen. Es bedürfe »voller Information«, um Angriffen wie denen Heinemanns effektiv entgegenzutreten.[477] Es sei unwahr, so Kiesinger im Fraktionsplenum, daß die Union nicht genügend qualifizierte und gut vorbereitete außenpolitische Redner besitze. Der Kanzler selbst hätte das Wort ergreifen müssen, »weil er auf Dinge angesprochen gewesen sei, auf die nur er hätte antworten können«. Nicht die Fraktion, die Regierung habe versagt, wies Kiesinger die Verantwortung von sich. Die Fraktion müsse die Möglichkeit haben, »zu wichtigen Entscheidungen ihr Wort zu sagen«. Darüber habe er »schon harte Auseinandersetzungen unter vier Augen mit dem Bundeskanzler gehabt«.[478]

Holten den Kanzler die »einsamen Beschlüsse« ein? In Kiesingers Abrechnung klingt Schadenfreude mit. Was könne er tun, wenn Adenauer die Experten nicht einbeziehe? Die Abgeordneten könnten nur dann »ihren Mann« im Parlament stehen, »wenn wirkliche Information erfolge, was Sache der Regierung und der Fraktionsführung sei« – ein deutlicher Seitenhieb auf den Kanzler-Intimus und Kiesinger-Erzkonkurrenten Krone. Und dann wurde der angeschlagene Kanzler, der zur Erholung an die Riveria gefahren war, von Kiesinger unfein an die Endlichkeit alles Zeitlichen erinnert: »Man müsse sich darüber klar sein, daß in menschlich absehbarer Zeit diese Fraktion ihren Kampf ohne den Kanzler durchfechten müsse. Er hoffe, daß es noch recht lange bis dahin dauere.« Er, Kiesinger, so steht es einige Zeilen weiter unten im Fraktionsprotokoll, »habe nicht so sehr Angst wegen der breiten Masse; man habe gegen die Intellektuellen die Wahlen gewonnen, aber man dürfe nicht zulassen, daß hier eine geschlossene Gegnerschaft entstehe. Selbst wenn sich der Kanzler das leisten könne, so könnten seine Epigonen es sich nicht leisten.«

Adenauers Ansehen als Kanzler war beschädigt, davon weiß Krones Tagebuch zu berichten: Erhard beginne sich für Fragen zu interessieren, die er bisher links liegen gelassen habe, die Presse »bringt Alarmnachrichten über Brentano«, Strauß sei im Kommen, andere nennten Kiesinger, es lasse Schröder nicht schlafen, »daß Gerstenmaier im öffentlichen Urteil vor ihm liegt«.[479] Daß auch Kiesinger die »K-Frage« umtrieb, beweist ein *lapsus linguae* im hellichten Bundestag, der ihm am Morgen nach der außenpolitischen Debatte vom 23. Januar unterlief: Während er sich mit den Vorwürfen der Opposition beschäftigte, die Exekutive stelle sich nicht den Fragen des Parlaments, entfleuchte dem Gehege seiner Zähne der ominöse Satz: »Wenn ich Bundeskanzler wäre, Herr Ollenhauer – eine interessante Vorstellung – (*Heiterkeit*), dann würde ich vielleicht anders gehandelt haben als der Herr Bundeskanzler. Ich würde jederzeit Vergnügen daran haben, mich mit Ihnen über außenpolitische Probleme zu unterhalten. Ich habe nicht das Recht, dem Herrn Bundeskanzler vorzuschreiben, wie er die Dinge hält; das ist eine Stilfrage.« Deutlicher konnte er sich von Adenauer nicht distanzieren: Stilfragen sind eben auch Politik. Im übrigen wolle er seine Hoffnung zum Ausdruck bringen, daß »wir in diesem Parlament [...] tatsächlich versuchen sollten, in den kommenden Wochen und Monaten die großen Probleme gemeinsam zu besprechen«, um eine »wirklich sachgerechte, bis in einzelne dringende Aussprache zustande zu bringen«.[480]

Wie Kiesinger und Gerstenmaier die Scharte vom 23./24. Januar dann auswetzten, machte erst recht ihr Bestreben deutlich, sich von Adenauer abzuheben. Die Antwort auf Dehler/Heinemann sollte im Rahmen einer außenpolitischen Plenardebatte über eine Große Anfrage der Union zur Deutschlandpolitik der Bundesregierung erfolgen, die ursprünglich auf den 12./13. März angesetzt worden war. Erneut fühlten sich die außenpolitischen Experten von Adenauer und Brentano ungenügend vorbereitet. Schon am 25. Februar faßte der AK V den einstimmigen Beschluß, aufgrund sich überschlagender außenpolitischer Ereignisse – die Sowjetunion war in einen neuerlichen Notenwechsel mit der Bundesregierung eingetreten – und angesichts innerparteilich divergierender Auffassungen über die Außenpolitik, die Bundestagsdebatte auf die dritte Märzwoche zu verschieben.[481] Gleichzeitig bat Kiesinger Brentano in einem Brandbrief, er möge sich zu einer Besprechung am 6. März zur Verfügung stellen.[482]

Als die außenpolitischen Experten der Union zu ihrer Klausur zusammentraten, um sich für die nächste Runde in der Auseinandersetzung mit der

SPD zu wappnen, standen weder der Außenminister noch der Fraktionsvorsitzende noch der Bundeskanzler bereit. Adenauer war von Südfrankreich auf dem Weg nach Bonn, Krone und Globke hatten sich in einen Zug gesetzt, um ihrem Kanzler bis Ludwigshafen entgegenzureisen. Auf dem Bahnhof in Bonn wurden der Urlauber und seine beiden hochrangigen Begleiter von den Journalisten mit der verblüffenden Nachricht begrüßt, Gerstenmaier und Kiesinger hätten die außenpolitische Debatte »eigenmächtig und gegen einen Fraktionsbeschluß« um eine Woche verschoben.[483] Diesen »spätgeborenen Karnevalsscherz«, so Adenauer eine Woche später vor der Fraktion, habe Gerstenmaier initiiert, weil die sowjetischen Noten viel Bewegung in die Außenpolitik gebracht und sich dabei »gewisse Meinungsunterschiede bei den außenpolitischen Sprechern der Fraktion« gezeigt hätten, wie das Protokoll des AK V nüchtern resümiert.[484] Kiesinger war damit einverstanden und drängte auf eine intensivierte Beratung mit dem Kanzler. Da die Vertagungsabsicht durch eine Indiskretion bekannt wurde, handelten Gerstenmaier und Kiesinger, bevor Krone im Schlepptau des Kanzlers nach Bonn zurückkehrte.[485]

Nur nach außen nahm Adenauer das gelassen mit Galgenhumor. Von Krone wurden die beiden Außenpolitiker dann »im Interesse der inneren Ordnung der Fraktion« abgekanzelt. Es gehe nicht an, damit hatte Krone zweifellos recht, »daß die Fraktion selbst etwas Derartiges als einen Beschluß der Fraktion aus der Presse entnehmen müsse«. Da Gerstenmaier das Weite gesucht hatte, stand Kiesinger als Sündenbock allein am Pranger. Auch die übrigen Mitglieder des AK V distanzierten sich Hals über Kopf von dem Verschiebungsbeschluß, als Adenauer in der Fraktion einen veritablen Sturm entfesselte. Allein Gerd Bucerius sprang Kiesinger bei: Es sei doch merkwürdig, »daß nun keiner für die Vertagung gewesen sein wolle. Dabei habe es gewiß gewichtige Gründe gegeben.«[486]

Zu diesem Zeitpunkt war Kiesinger bereits wortlos aufgestanden und hatte den Sitzungssaal verlassen. Das brachte Adenauer erst recht in Rage. Krone habe Kiesinger noch zu milde behandelt, »für meinen Geschmack vielleicht etwas zu christlich. Ja, Sie haben wohl ein ganz anderes Wort erwartet. Deswegen habe ich mich jetzt zu Wort gemeldet. Herr Kiesinger hat das Lokal verlassen, weil Herr Krone nicht richtig berichtet habe. Ich bitte Sie, zu beschließen, Herrn Kiesinger dazu aufzufordern, sofort zur Fraktion zurückzukehren. Wenn wir uns hier nicht aussprechen können, sondern wie eine gekränkte Leberwurst hinauslaufen, nennt man das Politiker? Nein! Deswegen bitte ich, mir zuzustimmen, daß jemand Herrn Kiesinger sagt, die Fraktion wünsche, daß er zurückkehrt und anhört, was hier gesagt wird. Ich bin nicht der Auffassung, daß wir diese ganze Affaire breitwalzen sollen. Wir haben Wichtigeres zu tun. Aber was Herr Krone gesagt hat, mußte gesagt werden, und Herr Kiesinger mußte das ertragen. Ich achte gewiß jede dünne Haut, aber die Haut darf auch nicht zu dünn sein.«

Nur vordergründig hatte Adenauer Anlaß, sich über die offene Brüskierung zu ereifern, denn er hatte mit seiner Vernachlässigung der Fraktionsexperten die Zurückweisung der Angriffe von Dehler/Heinemann erschwert. Obwohl Kiesinger mit seinem demonstrativen Schritt fast allein zu stehen schien, hatte er einigen Fraktionskollegen sogar Respekt abgenötigt. Eine derartige Geste hätte man ihm früher nicht zugetraut, wie die *Stuttgarter Nachrichten* den Vorfall kommentierten: Unter den »neuen, zumal den jüngeren Fraktionsangehörigen, [ist] eine ganze Reihe von recht temperamentvollen Mitgliedern [...], die sich nicht mit der Rolle des immer gehorsamen Ja-Sagers begnügen wollen«. Wenn Adenauer also ein Exempel hatte statuieren wollen, dann war ihm damit nur ein Teilerfolg beschieden. In der Form hatten sich Gerstenmaier und Kiesinger ins Unrecht gesetzt. Doch in der Sache gaben ihnen viele Abgeordnete recht. Erst zwei Tage später fand eine klärende Aussprache zwischen Krone, Adenauer, Kiesinger und Gerstenmaier statt.[487]

Die heftigen Angriffe der Union auf die Oppositionsfraktionen Ende März 1958 sind vor diesem innerparteilichen Hintergrund zu sehen. Die Union wollte Einheit demonstrieren und zugleich den verheerenden Eindruck verwischen, den die Angriffe von Dehler und Heinemann im Januar hinterlassen hatten. Nichts wurde dem Zufall überlassen, um einen sichtbaren parlamentarischen Erfolg zu produzieren. Die Mehrheit griff zu Beschränkungen der Redezeit. Von ihrer physischen Übermacht wurde die Opposition schier erdrückt. Kiesinger kam dreimal zu Wort, auch Adenauer griff mehrfach in die Debatte ein, Strauß hielt eine dreieinhalbstündige Rede. Dreimal übernahm Kiesinger die Rolle des Ausputzers, nachdem er die Debatte in Arbeitskreis und Fraktion minutiös vorbereitet hatte.

Kiesingers Schlußwort am zweiten Tag unmittelbar vorausgegangen war die Rede eines Neulings im Bundestag, des späteren Bundeskanzlers Helmut Schmidt. Dieser hielt die mit »Abstand aggressivste Rede«, so sein Biograph Hartmut Soell, und hatte seinen Spitznamen »Schmidt-Schnauze« weg. In einer mit historischen Reminiszenzen gespickten Rede erinnerte Schmidt alle »Ahnherren dieser Adenauer-Koalition« an ihre Zustimmung zum Ermächtigungsgesetz. Als Schmidt dann eine Zwischenfrage des hochkonservativen CSU-Abgeordneten und Bundestagsvizepräsidenten, Richard – »Kopf-ab« – Jaeger verweigerte, steigerte sich unionsseitig die Empörung zu einem wüsten Tumult. »Feigling«, »Lümmel«, »Demagogie«, »Sie sind eine Beleidigung für das ganze Haus«, »Totengräber der Demokratie« lauteten Zwischenrufe.[488]

Kiesingers Antwort auf Schmidt führte eine Explosion im Bundestag herbei: »Herr Präsident! Meine Damen und Herren! Ich schäme mich für das ganze Parlament, daß diese Rede hier gehalten worden ist (*Stürmischer Beifall bei den Regierungsparteien – Oh-Rufe von der SPD. – Abg. Ollenhauer geht zum Abg. Schmidt [Hamburg] und schüttelt ihm die Hand – Lebhafte Pfui-Rufe von der CDU/CSU. – Weitere Abgeordnete der SPD schütteln Abg. Schmidt [Hamburg] die Hand. – Andere Abgeordnete erheben sich und klatschen, zum Abg. Schmidt [Hamburg] gewandt, Beifall – Anhaltende Pfui-Rufe von der CDU/CSU. – Abg. Schmücker: Sportpalast! Das war hier Sportpalast! – Abg. Schröter [Berlin] (zum Abg. Schmidt [Hamburg] gewandt): Bravo! – Anhaltende große Unruhe. – Glocke des Präsidenten.*) – Und ich schäme mich dafür, daß Herr Ollenhauer zu dieser Rede gratuliert hat (*Lebhafter Beifall bei der CDU/CSU. – Anhaltende Unruhe. – Glocke des Präsidenten.*).« Er habe in diesen zwei Tagen zwei Rednern der Opposition »mit Respekt« zugehört, Wehner und Carlo Schmid. Nicht weil diese Redner der CDU näher stünden, »sondern weil da eine saubere, klare und undemagogische Darstellung der Opposition gegeben wurde. [...] Die Rede, die wir soeben hören mußten, war ein einziger Schmutzkübel, der ausgegossen wurde über dieses Haus.«

Galt Schmidt als der Held der SPD, so feierte die Union Kiesinger. Es war sein letzter großer Auftritt im Bundestag, dem er ein dreiviertel Jahr später für acht Jahre den Rücken kehren sollte. Den Vorwurf des Ermächtigungsgesetzes hatte Kiesinger unter »stürmischem Beifall« mit einer nicht minder problematischen historischen Parallele quittiert, indem er die SPD an ihre Zustimmung zu der außenpolitischen Erklärung Adolf Hitlers vom 17. Mai 1933, der sogenannten »Friedensrede«, erinnerte. Mit derartigen Versatzstücken aus der historischen Erinnerungskammer wurde Ende der fünfziger Jahren noch allseits robust Politik gemacht.

Zugleich aber riß die hochemotionale Debatte Kiesinger zu einem offenherzigen Exkurs über sein persönliches Verhältnis zu Adenauer hin, das »durchaus kein sentimentales« sei: »Sie alle wissen, daß ich versuche, meine eigene Meinung und meinen eigenen Standpunkt gegenüber dem Herrn Bundeskanzler durchzusetzen. Das hat er auch in den vergangen Tagen deutlich zu spüren bekommen. [...] Wir alle kennen den Herrn Bundeskanzler. Wir alle wissen, daß er einen kraftvollen Willen hat, und – in Parenthese gesagt – wo wären wir, wenn er diesen eigensinnigen Willen nicht gehabt hätte? [...] Gestern abend, als ich den Herrn Bundeskanzler, nachdem wir mehrere Stunden lang miteinander diskutiert hatten, nicht wahr, Herr Krone und Herr Gerstenmaier (*Abg. Wehner: Diskutiert?*) – oh ja, hart diskutiert, Herr Wehner –, da sagte ich am Schluß dem Herrn Bundeskanzler: Herr Bundeskanzler, wissen Sie, was für eine nette Geschichte über sie im Umlauf ist? [...] ein Fraktionskollege habe ihm einmal, als er auch hart mit ihm diskutierte, am Schluß gesagt: Herr Bundeskanzler, Sie wollen, daß wir zu allem, was Sie machen, Ja und Amen sagen. Der Bundeskanzler habe erwidert: Oh nein, mir genügt Ihr Ja.«[489]

Als hätte der Konflikt über die Verschiebung der Bundestagsdebatte mit Adenauer Kiesinger von einer Last befreit. Als hätte er erst jetzt seinen Platz behauptet und damit sich selbst gefunden. Er sprach zur Opposition über sein schwieriges Verhältnis zu Adenauer – was er selbstverständlich zum frommen Nutzen der guten Sache geschickt einzusetzen verstand. Es schien, als wäre er endlich aus dem Schatten Adenauers herausgetreten. Die Presse notierte es beifällig. Mehrfach kam Kiesinger auf die Gemeinsame Außenpolitik zurück. Das nahm ihm Adenauer nicht im geringsten krumm. Im Gegenteil, der Alte sei von seiner Rede »sichtlich beeindruckt gewesen«, erinnerte sich Kiesinger. Noch während der Debatte habe Adenauer ihm einen dankbaren Brief geschrieben: »Die Rede, die Sie gestern im Bundestag gehalten haben, war wohl eine der besten, die je im Bundestag – nicht nur von Ihnen – gehalten wurden. Sie war ausgezeichnet nach Form, Geschliffenheit und Schlagfertigkeit. Sie haben damit unserer Partei einen großen Dienst getan. Die Worte, die Sie für mich fanden, haben mich – ich leugne es nicht – sehr bewegt. Auch für sie möchte ich Ihnen herzlich danken.«[490]

Kiesingers Eintreten für eine Gemeinsame Außenpolitik, soviel sollte deutlich geworden sein, war nicht allein sachlich begründet. In hohem Maße wurde sein Handeln von persönlichem Ehrgeiz und partei- sowie macht- und koalitionspolitischem Kalkül bestimmt. Als Vorsitzender des Auswärtigen Ausschusses war er zweifellos nicht über den Verdacht erhaben, die Gemeinsame Außenpolitik zur persönlichen Profilierung gegenüber dem Kanzler zu nutzen. Der Dauerclinch mit Adenauer, den Gerstenmaier mit angefacht hatte, nahm auf kleinerer Flamme die Atlantiker-Gaullisten-Kontroverse der sechziger Jahre vorweg, als sich die Diadochenkämpfe um das Kanzleramt an der Scheinfrage der außenpolitischen Option zwischen den USA und Frankreich entluden. Kiesinger war aufgrund seines Gangs nach Stuttgart nur noch marginal an dieser Debatte beteiligt. Offenkundig aber diente ihm schon Mitte der fünfziger Jahre die Gemeinsame Außenpolitik als Sprungbrett, um sich für die Zeit nach Adenauer ins Gespräch zu bringen und sich innerhalb und außerhalb seiner Partei als Alternative zur existierenden Koalition und deren Personal zu positionieren. In der Demokratie gehen nun einmal persönliche Ambitionen mit Sachfragen eine untrennbare Verbindung ein.

Wie die Urchristen auf die Wiederkehr Christi, so warteten die Politiker der fünfziger Jahre auf die Wiedervereinigung. Der nationale Horizont überwölbte alles. Auch Kiesinger dämmerte es erst allmählich, daß die Lösung der deutschen Frage in Frieden und Freiheit noch eine gute Weile nicht aktuell werden würde.⁴⁹¹ Mit einer Wiedervereinigung sei in den nächsten vier Jahren nicht zu rechnen, frühestens in 15 Jahren, wie er im September 1957 einem ostdeutschen Besucher gegenüber vorsichtig schätzte.⁴⁹² Für den Heidelberger Historiker Hartmut Soell waren daher im Rückblick der siebziger Jahre die »parlamentarischen Zwiegespräche« zwischen Erler und Kiesinger ein »Dokument der deutschlandpolitischen Hoffnungslosigkeit«. In ihren regelmäßigen Rundfunkgesprächen hätten Kiesinger und Erler tapfer ihre Standpunkte variiert, für konkrete Schritte jedoch kein gemeinsames Terrain gefunden. Vor allem habe Kiesinger alle Signale aus Osteuropa wie beispielsweise den Rapacki-Plan, die Erler für mögliche Ansatzpunkte einer aktiven Wiedervereinigungspolitik hielt, als taktische Winkelzüge der Sowjetunion stereotyp abgefertigt.⁴⁹³

Ein so geringes Maß ostpolitischer Flexibilität hat Kiesinger in den fünfziger Jahren dann aber doch nicht an den Tag gelegt. Mit Vertretern der SPD war er sich einig, daß die deutsch-deutsche Vereinigung das Ergebnis eines langen Prozesses sein würde und einen fundamentalen weltpolitischen Strukturwandel voraussetzte. Eine Wiedervereinigung wäre sowohl an eine Zustimmung des Westens wie auch des Ostens gebunden und drittens nur als Teil einer gesamteuropäischen Entspannung denkbar.⁴⁹⁴ Dafür fehlten in Kiesingers Sicht Mitte der fünfziger Jahre die minimalen Voraussetzungen.⁴⁹⁵ Für die Vorstellung, wie der Ost-West-Konflikt würde überwunden werden können, versagte in seinen Augen die Phantasie (seine eigene nicht ausgeschlossen). Einer Zwischenfrage Erlers im Bundestag, was er vorziehe, ein neutralisiertes Gesamtdeutschland oder eine wiederaufgerüstete, in die NATO integrierte Bundesrepublik, entzog sich Kiesinger denn auch auf charakteristische Weise:»Verehrter Herr Erler, das ist eine Examensfrage, die Sie mir stellen, die ich nicht Ihnen, sondern einem größeren Examinator, dem Examinator der Weltgeschichte beantworten werde.«⁴⁹⁶

Reagierte Kiesinger auch ausweichend auf Erlers bohrende Fragen, so war dies nicht Ausdruck eines puren Attentismus. Kiesinger unterbreitete im Laufe der fünfziger Jahre unkonventionelle Vorschläge, mit denen er seinen Ruf als außenpolitischer Querdenker festigte. Nach der Niederschlagung des Ungarischen Aufstandes im Sommer 1956 deutete er in einem Beitrag in der *Süddeutschen Zeitung* in Dezember 1956 an, daß der Westen im »Rahmen einer globalen Vereinbarung« die sowjetische Interessensphäre garantieren könne, sofern Moskau »die zu stärkerer Unabhängigkeit drängende Entwicklung in den osteuropäischen Staaten hinzunehmen« bereit sein würde. Wenn dem sowjetischen Sicherheitsbedürfnis Rechnung getragen werde, könne auch das deutsche Problem »einen neuen Aspekt« gewinnen: »Es würde endlich aus dem Teufelszirkel der ›Wiedervereinigung ohne Sicherheit‹ und der

›Sicherheit ohne Wiedervereinigung‹ mit der Aussicht auf eine Lösung entlassen, die beide unverzichtbaren Interessen realistisch verbindet.«[497]

Daher hielt Kiesinger die NATO und das deutsch-amerikanische Bündnis für realpolitisch vorläufig gut begründet, doch keineswegs für historisch notwendig auf ewig angelegt. Die Bundesrepublik werde alles tun müssen, um das Interesse der Amerikaner an Europa aufrechtzuerhalten, solange sich die Sicherheitslage in Europa nicht ändere. Falle aber die sowjetische Bedrohung weg, dann werde das Bündnis entbehrlich. Die Schuld schob er Moskau zu, dem er in hohem Maße aggressive Ziele unterstellte. Moskau arbeite auf eine »Selbstzerfleischung der kapitalistischen Welt« hin und drohe einen Keil zwischen die europäischen Verbündeten zu treiben. Vor allem den atlantischen und westeuropäischen Integrationsprozeß suche die östliche Supermacht systematisch zu hintertreiben. Ko-Existenz interpretierte Kiesinger als taktisches Mittel und zeitweiligen Verzicht der Sowjetunion auf kriegerische Maßnahmen, was an der grundsätzlichen Stoßrichtung der sowjetischen Politik nichts ändern werde.[498]

Dennoch erschien Kiesinger die NATO »nicht als ein Dogma«[499]. Er begann sich Gedanken über eine Verhandlungsstrategie gegenüber Ostberlin und Moskau zu machen, sofern die deutsche Frage auf die Tagesordnung käme. Westdeutschland wäre bereit, »aus der NATO auszutreten«, wenn dies die Wiedervereinigung erfordere, versicherte Kiesinger einem ehemaligen Kollegen aus dem Auswärtigen Amt, der es zum Besitzer einer privaten Brauerei in Ostdeutschland gebracht hatte und ihm im September 1957 einen Besuch in Tübingen abstattete. Darüber berichtete der Besucher nach seiner Rückkehr nach Ostdeutschland auch an den DDR-Ministerpräsidenten Otto Grotewohl. Um der Wiedervereinigung willen würde er, Kiesinger, mit der DDR verhandeln, mit Grotewohl »jederzeit«, mit Ulbricht, »wenn es um Deutschland sein müßte, meinetwegen auch«. Um Vertrauen zu bilden, würde er nicht nur die Spionage und Sabotagetrupps des Ministeriums für gesamtdeutsche Fragen »sofort verbieten«, sondern auch nicht den »Fehler einer ›Entnazifizierung‹ nach Rot hin machen«. Aus Gründen der Staatsraison seien die Kommunisten nicht in der gleichen Weise wie die ehemaligen Nazis zu belangen. Als sein ostdeutscher Gesprächspartner ihn fragte, wie er es mit der Gretchenfrage der Oder-Neiße-Linie halte, gab Kiesinger die entwaffnende Antwort: »Die müssen wir wohl oder übel bestehen lassen, wenn wir klug sein wollen. Das regelt sich vielleicht mal ganz anders. [...] Nun, wenn Europa und zuvor ganz Europa mal Tatsache ist, so wird weder der Rhein noch Oder und Neiße, noch eine andere Grenze stören.«[500]

Ministerpräsident von Baden-Württemberg 1958–1966

KANDIDATUR

Großer Auftrieb bei der CDU: Die Parteigranden versammelten sich zur Sitzung der CDU-Führungsgremien, von Bundesvorstand und Bundesausschuß, am 27. und 28. November 1958 in Bonn. Punkt 3 der Tagesordnung sah die Neuwahl der geschäftsführenden Vorstandsmitglieder und des Schatzmeisters vor. Doch Adenauer drängte auf eine Vertagung. Von »beachtenswerter Seite« im Vorstand sei der »dringende Wunsch« geäußert worden, die Wahl bis Ende März 1959 zurückzustellen: »Vielleicht wird ein Mitglied des geschäftsführenden Vorstandes inzwischen auf einer weiteren Stufe zur Himmelsleiter kommen können, und dann müßte man sich wieder hinsetzen und überlegen. (*Kiesinger*: Wen meinen Sie?) Ich habe keine Namen genannt, Herr Kiesinger.«[1]

Das dürre Wortprotokoll erlaubt keinen Rückschluß auf Gestik, Mimik und Haltung der Sprecher. Welche Blicke wohl über den Vorstandstisch wechselten, als Kiesinger den Kanzler nervös unterbrach? Es war ein offenes Geheimnis, daß Kiesinger Gebhard Müller im Amt des Ministerpräsidenten von Baden-Württemberg nachfolgen sollte. War der Abgeordnete nicht lange genug im Geschäft, um die schalkhaften Spitzen des Kanzlers souverän zu ignorieren? Doch Kiesinger wollte alles – nur nicht als Favorit für den Stuttgarter Posten erscheinen. Mehr als einmal hatte er mit ansehen müssen, wie sein Name genannt und vorzeitig verschlissen worden war. Die bittere Niederlage vom Herbst 1957 war nicht vergessen, als die eisern kämpfenden Bayern Fritz Schäffer auf den Ministersessel schoben, den ihm Adenauer kurz zuvor höchstpersönlich versprochen hatte.

Eine solche Blamage wollte sich Kiesinger nicht noch einmal leisten. Das hatte er dem nordwürttembergischen CDU-Landesvorsitzenden Klaus H. Scheufelen klipp und klar gesagt, als er diesen auf der Rückfahrt von einer Wahlkampfveranstaltung in Bayern in Oberlenningen am Rande der Schwäbischen Alb besuchte: 1957 sei ihm das mit dem Justizminister passiert! »Also, bitte meinen Namen nur, wenn Chance ist.« Ob er denn wirklich wolle, habe Scheufelen zurückgefragt. Worauf Kiesinger etwas gewunden zu überlegen gegeben habe: Seine Frau wäre doch eine hervorragende Landesmutter.[2]

Ministerpräsident von Baden-Württemberg 1958–1966

Ein Politiker, so will es ein ungeschriebenes Gesetz, bewirbt sich nicht um ein Amt. Er wird gerufen. Alle seine Ämter, so wird Kiesinger später erklären, seien samt und sonders auf ihn zugekommen. Glaubt man der einschlägigen Memoirenliteratur, dann ist kaum ein Spitzenpolitiker je aus eigenem Antrieb auf eine wichtige Position gelangt. Dennoch schadet es manchmal nicht, dem Schicksal ein wenig auf die Sprünge zu helfen. Über Kiesinger waren seit Anfang November 1958 die Spekulationen reflexartig hochgeschossen, nachdem Müller zum dritten Mal gefragt worden war, ob er Bundesverfassungsgerichtspräsident werden wolle.[3] Schon zweimal, 1951 und 1954, hatte Müller das Angebot auf das höchste Richteramt der Republik ausgeschlagen. Jedes Mal zählte zu den möglichen Nachfolgern auch Kiesinger, der einen ersten ernsthaften Anlauf auf das Ministerpräsidentenamt 1954 nahm.[4]

Doch Müller hatte zurückgezogen, bevor Kiesinger 1954 seinen Hut wirklich in den Ring werfen konnte. Noch standen Gründung und Konsolidierung des Südweststaates seinen verfassungsrichterlichen Ambitionen entgegen. Ein Jahr zuvor war die Stuttgarter sozial-liberale Koalition unter Reinhold Maier gesprengt und Müller zum Chef einer Allparteienregierung von CDU, SPD, FDP/DVP und BHE gewählt worden. In dieser instabilen Lage traute Müller keinem seiner potentiellen Nachfolger zu, die Landespolitik »in den gegenwärtig erkennbaren Bahnen« zu lenken. Jedoch hatte Müllers zweite Karlsruher Kandidatur Kiesingers Aussichten auf eine »bedeutende landespolitische Position« erheblich verbessert, wenn auch von »evangelischer Seite« gegen ihn mit dem Argument intrigiert worden war, er sei während des Dritten Reiches »bei Goebbels« gewesen.[5]

Kiesinger beherzigte einen klugen Rat des Stuttgarter CDU-Sprechers und späteren SDR-Intendanten, Hans Bausch, und begann, sich im Lande bekannter zu machen. Als Vorsitzender des Auswärtigen Ausschusses seit November 1954 und bald auch als Vizepräsident der Parlamentarischen Versammlung des Europarates sollte er auch persönlich an Statur gewinnen. Daß es mit dem »›Landesvater‹ nichts wurde«, ließ er einen Freund im März 1954 wissen, sei vorerst »nicht gar so schlimm. Das Bett in Stuttgart ist etwas dornig; die Verhältnisse liegen so fest, daß für einen Nachfolger Gebhard Müllers wenig Bewegungsfreiheit blieb, jedenfalls, solange die wichtige Aufbaugesetzgebung im neuen Staat noch nicht abgeschlossen ist.«[6]

Gewitzt durch schlechte Erfahrungen, betrieb Kiesinger im Herbst 1958 seine Kandidatur in aller Stille. Müller favorisierte Kiesingers einstigen Konkurrenten um das Ravensburger Bundestagsmandat, Oskar Farny, der es in der Zwischenzeit zum baden-württembergischen Bundesratsminister gebracht hatte. Als interimistischer Ministerpräsident hätte er nach den Landtagswahlen 1960 seinen Platz für das Nachwuchstalent der badischen CDU, Hans Filbinger, räumen können. Kiesinger hingegen sei für »höhere Aufgaben« in Bonn prädestiniert.[7] Die Presse griff begierig eine Äußerung Müllers auf, ein Badener solle Ministerpräsident werden. Photos zeigten ihn mit einem weiteren Kronprinzen, dem Freiburger Regierungspräsidenten und Chef der südbadischen CDU, Anton Dichtel.[8] Doch Müller ließ sibyllinisch verlauten, es sei zweifelhaft, »ob im Hinblick auf die in Frage kommenden Personen diese Lösung möglich sei«.[9]

Angesichts dieses Bewerber-Tableaus war Kiesinger schwer zu verhindern. Als ehemaliger Zentrums-Hospitant der NSDAP-Reichstagsfraktion besaß Farny ein gravierendes Handicap. Außerdem wollte er sich 1960 altersbedingt aus der Politik zurückziehen. 1954 wäre er gern Ministerpräsident geworden. Doch 1958 zeigte er wenig Neigung, als Lückenbüßer für Filbinger in die Bresche zu springen.[10] Das gleiche galt für Dichtel, den »altwürttembergische Kreise« für untragbar hielten.[11] Auch der baden-württembergische SPD-Vorsitzende und Mit-Koalitionär Alex Möller lehnte Dichtel ab: Mit ihm werde es »neue Gehässigkeit« in der Badener-Frage geben.[12] Filbinger hingegen, der 1966 tatsächlich Kiesinger beerben sollte, war nach damaligem Verständnis mit 45 Jahren zu jung und zu unerfahren.[13] Erst im Mai 1958 zum Staatsrat berufen, davor Kommunalpolitiker in Freiburg, war er, bei aller Umsicht, die man ihm »trotz seiner Jugend« bescheinigte, ein unbeschriebenes Blatt.[14] Daß er ernsthaft in Erwägung gezogen wurde, unterstreicht, wie dünn die Stuttgarter Personaldecke war und wie gut Kiesingers Chancen.

Der aus CDU-Sicht wichtigste Einwand gegen Kiesinger war seine Landsmannschaft.[15] Reinhold Maier und Gebhard Müller, der erste und der zweite Ministerpräsident des Landes, waren Schwaben wie Kiesinger. Letzterer konnte zwar auf sein ökumenisches, schwäbisch-alemannisches Erbe verweisen und strich seine Geburt im badisch-württembergisch-hohenzollerschen Grenzland kräftig heraus. Dennoch wäre es ein wirkungsvoller Schachzug gewesen, hätte die CDU einen Badener präsentiert. Angesichts der prekären Lage des noch ungesicherten Südweststaates war dies ein handfestes politisches Argument.

Zweitens sprach gegen Kiesinger dessen geringe Vertrautheit mit der Landespolitik und seine fehlende administrative Erfahrung. Kiesinger sei ein »bundespolitischer Name«. Diene ihm Stuttgart nicht nur als Sprungbrett für höhere Weihen in Bonn? Werde sich Kiesinger, ein »Mann der großen Fragen«, in »landespolitischer Kleinarbeit« aufreiben lassen? Werde der geborene Außenpolitiker als umsichtiger Verwaltungschef in die Fußstapfen Gebhard Müllers treten? Wie stehe es mit der »schlichten Aktenbearbeitung«, fragten die Journalisten.[16]

Dem Vorwurf der landespolitischen Unbedarftheit Kiesingers trat der Vorsitzende der CDU-Landtagsfraktion, der Freiburger Domkustos Franz Herrmann, durch den Hinweis auf die hervorragende Rolle Kiesingers bei der Gründung des Südweststaates entgegen.[17] Immerhin war Kiesinger als direkt gewählter Abgeordneter eines oberschwäbischen Wahlkreises mit landespolitischen Problemen kontinuierlich beschäftigt gewesen, mit Stationierungslasten und Schulfragen, mit Straßenbau und Spätaussiedlern. Auch als Landesgeschäftsführer der südwürttembergischen CDU, als Mitglied führender Parteigremien sowie als Vorsitzender des Vermittlungsausschusses, »in dem ja bekanntlich die Länder [...] ihre Sorgen vorbrachten, wenn sie mit irgendeinem Gesetzesbeschluß des Bundestages nicht einverstanden sind«, hatte er wichtige Einblicke gewonnen.[18]

Zum dritten haftete Kiesinger der Makel an, seine Kandidatur werde von Bonn aus forciert. Kiesinger war von dem südbadischen MdB Anton Hilbert, dessen oberrheinischen Wahlkreis er 1969 erben sollte, als erstem in Stuttgart in Vorschlag gebracht worden.[19] Dies schien auf Adenauer oder Krone hinzudeuten. Doch die »Bonner Freunde« versicherten pflichtschuldig, sie hätten Kiesinger lieber in der Bundeshauptstadt behalten.[20] Wie auf Bestellung schickte Adenauer Kiesinger nach dessen Wahl einen krokodilstränenreichen Brief hinterher. Er hätte doch den »Parlamentsdegen« so gerne weiter zu seiner Disposition in Bundestag und Europarat gehabt.[21]

Diese angebliche Bonner Intervention in Sachen Kiesinger provozierte in Stuttgart einen fürchterlichen Krach. Es sei eine Zumutung, eiferten sich einige Abgeordnete, von Bonn aus einen Kandidaten präsentiert zu bekommen.[22] Die von Adenauer im Bund auf die Oppositionsbank gedrängte, im Land jedoch mit in der Regierung sitzende FDP verlangte, daß der neue Mann »nicht von Bonn abhängig«, sprich: nicht dem Kanzler hörig sei.[23] Der Fraktionsvorsitzende Herrmann wiegelte ab. Die südwestdeutsche CDU werde sich keinen Ministerpräsidenten oktroyieren lassen.[24] Ein solches Dementi verleitete den *Spiegel* fast automatisch zu der Schlußfolgerung, die Bonner Christdemokraten hätten Kiesinger vorgeschlagen, weil sie für ihn »seit langem einen auskömmlichen Posten suchen«.[25]

Die Stürme um den angeblichen Oktroi der Bundespartei lenkten von der eigentlichen Entwicklung ab. Für Kiesinger sprachen gewichtige Gründe: Der prominente Bonner Abgeordnete, der »Präsident« des Auswärtigen Ausschusses und Europarats-Vizepräsident, das geschäftsführende CDU-Bundesvorstandsmitglied sei ein »großes Plus« im Hinblick auf die Landtagswahl 1960, so der südwürttembergische CDU-Landesvorsitzende, Eduard Adorno, am 20. November.[26] Wie acht Jahre später bei seiner Kanzlerkandidatur war es Kiesingers Ruf als Wahlkämpfer, der den notwendigen Rückhalt in der Partei sicherte. Administrative Kompetenz hin oder her, die Südwest-CDU wäre mit politischer Blindheit geschlagen gewesen, hätte sie die kommunikativen Vorzüge Kiesingers nicht realisiert. Der in eine Allparteienkoalition eingebundenen, landsmannschaftlich und konfessionell tief zerstrittenen Union stand ein schwerer Wahlkampf bevor. Wilhelm Simpfendörfer, ehemals Kultminister und nordwürttembergischer Landesvorsitzender, brachte es auf den Punkt: Der den Ministern der SPD und FDP im Kabinett weit überlegene Kiesinger werde im Landtag eine dominierende Stellung einnehmen und damit die Voraussetzungen für einen Wahlsieg 1960 schaffen.[27]

Überhaupt: War nicht von Vorteil, daß mit Kiesinger eine »neue Nuance« in die Landespolitik komme?[28] In der Integrationsproblematik richteten sich die Erwartungen auf Kiesingers Umgänglichkeit und Verhandlungsgeschick. In dieser landespolitischen »Frage Nr. 1« sprach sein Status als Außenseiter eher für als gegen ihn. Er hatte zu den Vorkämpfern des Südweststaates gehört. Doch anders als Dichtel und Müller hatte er sich nicht in den Grabenkämpfen seit der Vereinigung 1952 aufgerieben. Auch daß er internationale Reputation besaß sowie den Willen und die Fähigkeit zum Repräsentieren, versprach vom kleinlichen Alltag altbadischer und altwürttembergischer Krähwinkeleien abzulenken.

Es gab demnach gute, fast zwingende landespolitische, parteipolitische, in der Persönlichkeit Kiesingers zu suchende Gründe, die ihn für das Amt des Ministerpräsidenten prädestinierten. Er brauchte nur abzuwarten. Daher brachten ihn seine Förderer, vor allem die mächtigen württembergischen Landesvorsitzenden Scheufelen und Adorno, erst einmal aus der Schußlinie. Von Bonn dementierte Kiesinger am 12. November »mit allem Nachdruck«, daß er als vermutlicher Nachfolger Müllers vorgesehen sei.[29] Das war, bei gewissenhafter Lektüre, alles andere als ein Rückzieher. Kiesinger streifte die ihm zufallende Favoritenrolle ab, an der sich Dichtel und Farny überheben sollten. Hatten sich die aussichtsreichen badischen Kandidaten erst einmal totgelaufen, würde es ihm nicht schwerfallen, nach angemessener Bedenkzeit dem Ruf nach Stuttgart zu folgen.[30]

So ließen Kiesinger, Scheufelen und Adorno die Angelegenheit erst einmal köcheln. Es traf sich günstig, daß Kiesinger auf einer ÖVP-Tagung in Innsbruck eine Rede zu halten hatte. Daß er mit einer Wahl rechnete, zeigt die Reaktion des österreichischen Bundeskanzlers Raab in Innsbruck, der ihn nachdenklich-zweifelnd fragte: »So, Sie wollen sich in die Landespolitik zurückziehen?«[31] In Innsbruck war Kiesinger den neugierigen Fragen der Stuttgarter Journalisten entzogen. Derweil erklärte Scheufelen auf der Fraktionssitzung vom 20. November, daß Kiesinger eine Nominierung akzeptiere, wenn er denn eine überzeugende Mehrheit fände und die Fraktion im übrigen stillhalte.[32] Als danach in der Presse durchsickerte, daß neben Dichtel, Farny und Filbinger auch Kiesinger in den Ring steigen würde[33], lancierte

Scheufelen die Meldung, daß Kiesinger ihm gegenüber »mit Nachdruck wiederholt« habe, »daß er an einer Kandidatur für diesen Posten nicht interessiert sei«. Dies wurde prompt als endgültige Absage des Bonners gewertet.[34]

Die Würfel fielen am Rande der Bonner Sitzungen Ende November. Außer Filbinger und Müller, der als Bundesverfassungsgerichtspräsident *in spe* parteipolitische Abstinenz übte, gehörten alle führenden CDU-Landespolitiker den Bonner Gremien an. Am 27. abends – Farny richtete im Haus Baden-Württemberg in der Argelanderstraße einen »Empfang für Exoten mit Abendessen« aus – trat unten in dessen Dienstzimmer das Konklave zur Kür des Kandidaten zusammen. Zuerst habe man Oskar Farny gefragt: »Also bitte«, habe der gesagt, »wenn's geht, bitte nicht. Ich bin 63, ich habe genug. Ich habe erklärt, ich will nicht zum nächsten Landtag kandidieren.« Als nächster sei Dichtel an die Reihe gekommen: »Na, Anton, wie ist es?« habe Scheufelen ihn gefragt. Der habe geantwortet: »Ihr müßt mich mal im Palais des Erzherzogs von Österreich besuchen, in Freiburg, weit weg von Stuttgart. Da werdet ihr verstehen, daß ich diese Tätigkeit dort der eines Ministerpräsidenten vorziehe. Wenn's gar nicht anders geht, mach' ich's. Aber bitte, erst laßt uns alles andere versuchen.« Und dann sei Kiesinger gekommen. »Und wir hatten ja einige Punkte zu präzisieren, was wir wollten. Und das war er bereit zu akzeptieren.«[35]

Damit war Kiesingers Wahl so gut wie perfekt. Am folgenden Tag trat Dichtel offiziell von seiner Kandidatur zurück.[36] Auf der Fraktionssitzung in Stuttgart am folgenden Montag, dem 29. November, schwang sich Dichtel zu einem eindrucksvollen Plädoyer für Kiesinger auf. Dessen einzige Bedingung sei eine Wahl mit einer überzeugenden Mehrheit. Im übrigen habe er landespolitische Kontinuität gelobt und somit die Hauptforderung der Landesvorstände erfüllt. Jegliche Vorbehalte gegen den »ungeheuer populären« Kandidaten wären leicht zu überbrücken. Nur Filbinger hielt bis zuletzt an seiner Kandidatur fest – um der Sache willen, als Badener für Baden. Dennoch war er bereit, sich dem »Votum Kiesinger« zu beugen, »falls er zunächst Mehrheit erhält«. Die anschließende Abstimmung erbrachte das erwünschte Resultat: Kiesinger wurde mit 50 von 55 Stimmen gewählt.[37]

Die Entscheidung hatte Kiesinger in seiner Wohnung in der Tübinger Goethestrasse abgewartet. Telefonisch nahm er die Wahl an und fuhr noch am gleichen Nachmittag nach Stuttgart.[38] Ihn führe die Heimatliebe nach Baden-Württemberg zurück. Tief verwurzelt sei er im Lande, seine Familie seit vielen Jahrhunderten ansässig. Er habe ursprünglich nicht daran gedacht, sich in Stuttgart zu bewerben. »Manche Freunde« seien gekommen und hätten ihm »Gegenvorstellungen gemacht, und ich konnte mich schließlich ihren Argumenten nicht mehr entziehen«. Auch mit 54 Jahren müsse man den Mut haben, noch einmal »im Leben mal wieder eine neue Aufgabe anzupacken«. Ihn reize, »aus der bisherigen vielfachen parlamentarischen Tätigkeit heraus in [...] eine im wesentlichen administrative, in eine Regierungstätigkeit überzugehen«. Er glaube, daß es sich lohne, »für dieses Land Baden-Württemberg, für seine weitere Gesundung und Befriedigung, seine Energie einzusetzen«.[39]

Zwei weitere Motive verschwieg er den Abgeordneten und der Presse: Kiesinger wollte seiner Familie und sich selbst endlich die soziale Absicherung verschaffen, die er als Abgeordneter hatte entbehren müssen. Ein Herzinfarkt 1956 hatte dem Familienvater Kiesinger die eigene Endlichkeit deutlich ins Bewußtsein gerückt. Als bloßer Bundestagsabgeordneter war er ohne Alters- und Hinterbliebenenversorgung. Marie-Luise Kiesinger, die die familiären Finanzen in Ordnung hielt, hat ihn wohl in diesem Sinne bestärkt.[40]

Auch über den essentiellen politischen Grund verlor Kiesinger kein Sterbenswörtchen: Er hatte sich in Bonn politisch abgenutzt. Seine Karriere war in eine Sackgasse geraten. Neben »Amt, Heimat und Land«, die ihn nach Stuttgart zogen, war in Bonn der »adäquate Kabinettsposten« nicht zu erlangen.[41] Seine Bäume würden unter Adenauer nicht mehr in den Himmel wachsen. Als er dem Bundeskanzler seine Entscheidung im Palais Schaumburg bekanntgab, habe der ihm geantwortet: »Da bekomme ich aber Herzklopfen.« Er, Kiesinger, habe sich in Bonn nunmehr für entbehrlich gehalten. Der große außenpolitische Streit im Bundestag sei passé. Und schließlich, so »entgegnete ich ihm ein wenig anzüglich, nun wollte ich endlich auch einmal regieren, wenn nicht in Bonn, dann eben in Stuttgart«.[42]

Wieder entnazifiziert

Mit der CDU war Kiesinger handelseinig geworden. Nun mußte er sich der Unterstützung der übrigen Fraktionen im Landtag versichern, die seit 1953 die Stuttgarter Allparteienregierung trugen. Daß er die Koalition ohne Wenn und Aber fortsetzen würde, hatte er Scheufelen und Kollegen versprochen. Zwar galt Kiesinger als Skeptiker der Allparteienregierung, wollte jedoch in der Landespolitik, wo die Gegensätze weniger stark aufeinander prallten, darin »nichts Monströses« sehen.[43] Angesichts des altbadischen Elements in der CDU wäre ein Wechsel der Pferde so kurz vor Ende der Legislaturperiode mit unkalkulierbaren politischen Risiken behaftet gewesen. Daher sah Kiesinger keinen Grund, »hier nun heute einen anderen Kurs einzuschlagen«, sollte er das Vertrauen der anderen Parteien gewinnen.[44]

Die Verhandlungen, zu denen sich Kiesinger mit den Repräsentanten der übrigen Parteien am 2. Dezember 1958 traf, waren an sich reine Formsache.

Die FDP wollte den Eindruck vermeiden, vor ein *fait accompli* gestellt zu werden.[45] Die Sozialdemokraten waren verstimmt angesichts der überraschenden Nominierung Kiesingers, von der sie mehrheitlich erst aus der Presse erfuhren.[46] Allerdings hatten sich Alex Möller und Kiesinger im Vorfeld zu einem längeren Gespräch getroffen, wobei Möller das Votum der CDU ohne Wenn und Aber akzeptierte. So reibungslos wie zwischen Möller und Müller war das Verhältnis zwischen Kiesinger und Möller jedoch nicht.[47] Möller erschien Kiesinger als eine rechte Primadonna. Kiesinger wiederum fand sich nur schwer damit ab, die Regierungsverantwortung mit dem allmächtigen Nebenregierer Möller zu teilen, der sich als Nichtregierungsmitglied der Kabinettsdisziplin entzog. Als Chef der SPD-Landespartei und Vorsitzender der Fraktion und des mächtigen Finanzausschusses gelang Möller das Kunststück, sich als Mitglied der Regierungskoalition und zugleich als heimlicher Oppositionsführer darzustellen.[48]

Für Irritationen sorgte Kiesingers NS-Vergangenheit. Im Dezember 1958 wäre es um ein Haar zu einem Probelauf für den November 1966 kommen. Die Verhandlungen mit der SPD waren bereits unter Dach und Fach, doch Kiesinger noch nicht zum Ministerpräsidenten gewählt, da erschien im *Vorwärts*, dem Bundesparteiblatt der SPD, ein gezielter Artikel, der deutliche Vorbehalte gegen Kiesinger aufgrund dessen Mitarbeit im Auswärtigen Amt erkennen ließ. Seit Goslar war dies die erste Anfeindung von größerem politischen Gewicht – wiederum an einer entscheidenden Wegmarke von Kiesingers politischer Laufbahn. Ausnahmsweise waren es jedoch nicht die Parteifreunde, sondern Dissidenten aus den Reihen des Koalitionspartners, die sich des Themas bemächtigten.[49]

Der für die Innenpolitik verantwortliche Redakteur des *Vorwärts*, Paul Meyer, beschäftigte sich in einem ausführlichen Kommentar mit Kiesingers »etwas fragwürdiger Rolle« im »Dritten Reich«. Zu dessen Aufgaben im Auswärtigen Amt habe die »Sprachregelung« zu den »verbündeten und geraubten Ländern« gehört. Kiesinger habe nie dementiert, daß er »ein wichtiger Verbindungsmann zwischen Ribbentrop und Goebbels gewesen sei«. Bei einem Besuch in Rom 1955, bei dem er Stimmung gegen eine Neutralisierung Österreichs gemacht habe, hätten sich Mitglieder der Democrazia Christiana daran erinnert, »daß er ständiger Begleiter Hitlers bei dessen Begegnungen mit Mussolini gewesen sei«. Der *Vorwärts* verstieg sich gar zu der Behauptung, daß Kiesinger zu einem Zeitpunkt, zu dem man in Italien den Krieg bereits verloren gegeben hätte, »wenig Skrupel in der Wahl seiner Mittel« gezeigt habe, »um den schwankenden Verbündeten bei der Stange zu halten«. Allerdings stellte Meyer den Versuchsballon unter den Vorbehalt, »daß es seriöse Informationen darüber nicht gibt«. Dem Exkurs in die Vergangenheit Kiesingers folgte denn auch die handfeste Warnung auf dem Fuß: Die baden-württembergischen Genossen sollten auf der Hut vor dem gerissenen Kiesinger sein. Bei »allem Charme und bei aller bestrickenden Konzilianz« bleibe man »von dem Eindruck beherrscht, einen gewieften Taktiker vor sich zu haben«. Mit der Übernahme der Ministerpräsidentschaft sei Kiesingers politischer Ehrgeiz nicht gestillt: Jedoch, so orakelte der *Vorwärts*, »der Weg zurück nach Bonn kann weit sein«.

Kiesinger war empört. Die Behauptungen über seine »skrupellose Tätigkeit« in Italien und seine ständige Begleitung Hitlers bei dessen Treffen mit Mussolini seien »in einem kranken Gehirn geboren«. In einem geharnischten Brief an Möller schilderte er die Stationen seines Weges. Er sei »kein Kollaborateur der NSDAP gewesen, sondern deren entschiedener Gegner«. Er habe aufgrund seiner Weigerung, in den NS-Rechtswahrerbund einzutreten, Einbußen in seiner Praxis als Rechtsanwalt erlitten. Er habe auf eine Karriere als Hochschullehrer oder Staatsdiener verzichtet. Er sei als privater Rechtslehrer »für die Idee des freiheitlichen Rechtsstaates unentwegt eingetreten« und habe sich dabei selbst gefährdet. Es gäbe Dutzende von Menschen, die dies bezeugen könnten. »Das Ganze ist so ungeheuerlich dumm und dreist, daß ich hätte erwarten können, daß die Redaktion des ›Vorwärts‹, die ja ihre Informationen selbst nicht für seriös gehalten hat, die Sauberkeit hätte haben müssen, diese dann auch nicht wiederzugeben. Mindestens hätte sie sich vorher bei mir über die Tatsachen erkundigen können. Dies bezieht sich auch auf die lächerliche Behauptung, ich hätte im Frühjahr 1955 in Rom geweilt und hätte dort versucht, bei der Democrazia Christiana Stimmung gegen die Neutralisierung Österreichs zu machen. Diese Behauptung ist so absurd wie die übrigen.«[50]

Möller paßte der Querschuß nicht in den Kram. Er beschwerte sich beim Parteivorstand der Bonner SPD. Die Richtigstellung, die Erich Ollenhauer beim *Vorwärts* erreichte, stellte ihn jedoch nur halbwegs zufrieden. Die Redaktion legte ihre Quellen offen (ältere Zeitungsartikel) und verteidigte sich mit dem Argument, daß selbst in der »sogenannten unabhängigen« Presse immer wieder Anspielungen auf Kiesingers Vergangenheit auftauchen würden. Deshalb sei der *Vorwärts* der Meinung gewesen (und halte daran fest), »daß in einem Porträt des jetzigen Ministerpräsidenten von Baden-Württemberg zwangsläufig Hinweise auf diesen Abschnitt seines Lebens enthalten sein müßten«. Dies um so mehr, als Kiesinger nie öffentlich widersprochen habe. Möllers Standpunkt, daß sich über dessen Vergangenheit rein gar nichts sagen lasse, weil seriöse Informationen fehlten, teilte der *Vorwärts* nicht.[51]

Nach einigem Hin und Her und nachdem der SPD-Parteivorstand den »Fall Kiesinger« ausführlich besprochen hatte, rückte der *Vorwärts* von seiner Darstellung ab. Anfang März wurde eine Richtigstellung Kiesingers publiziert. Der *Vorwärts* räumte ein, daß der Artikel vom 5. Dezember »auf unrichtigen Informationen« beruht habe. Kiesinger stellte in einer wörtlich abgedruckten Erklärung fest, daß er von 1940 bis 1945 als Wissenschaftlicher Hilfsarbeiter im Auswärtigen Amt gearbeitet habe. Seine Tätigkeit habe sich »weit unterhalb der Ministerebene im Rahmen einer Referentenzuständigkeit« abgespielt, ebenso seine Verbindungstätigkeit zu anderen Ministerien.[52] In dieser – wie auch in späteren Äußerungen zu seiner Biographie – hat Kiesinger ein wichtiges Detail unterschlagen. Er war nicht »auf der Referentenebene« verharrt, sondern zum stellvertretenden Leiter der Rundfunkpolitischen Abteilung im Range eines Ministerialdirigenten aufgestiegen – was immer man von der Bedeutung dieser Abteilung halten mochte. Insofern entsprach seine Richtigstellung nicht ganz der historischen Wahrheit. Er schien sich an das überzeitliche Gebot politischer Klugheit zu halten, nicht mit Details neue Angriffsflächen zu eröffnen.

Ministerpräsident

Auf Kiesingers Wahl hat sich die vergangenheitspolitische Attacke des *Vorwärts* nicht ausgewirkt. Überhaupt fiel derartiges »Gemunkel« in den späten fünfziger Jahren auf wenig fruchtbaren Boden.[53] »Vergangenheit« war ein Gegenstand der Intrige und der parteiinternen Diskussion. Eine »formale Belastung« schien den demokratischen Leumund der Republik nicht zu beeinträchtigen; noch war das Paradigma der Vergangenheitsbewältigung durch Integration der ehemaligen NS-Eliten fest etabliert.

Kiesinger war von der CDU auch unter dem Gesichtspunkt koalitionsinterner Akzeptanz nominiert worden. Ihm wurde ein gutes Verhältnis zu Erler und auch zu Wehner nachgesagt, der ihm das berühmte Telegramm »Bonn wird ärmer« nach Stuttgart hinterhergejagt hatte. Der ehemalige Vorsitzende des Vermittlungsausschusses schien die Gewähr zu bieten, alle Parteien bei der Koalitionsstange zu halten; denn der handstreichartige Überfall, mit dem Reinhold Maier im Moment der Gründung des Südweststaates 1952 sich an die Spitze einer Landesregierung aus FDP/DVP, SPD und BHE geputscht hatte, steckte der CDU tief in den Knochen. In der Landtagsfraktion ging das Gespenst eines konstruktiven Mißtrauensvotums nach dem Vorbild der Düsseldorfer freidemokratischen »Jungtürken« um, die den nordrhein-westfälischen CDU-Ministerpräsidenten Karl Arnold im Februar 1956 gemeinsam mit SPD und Zentrum von der Macht verdängt hatten.[54]

Nachdem Müller am 9. Dezember 1958 formell von seinem Amt zurückgetreten war, wurde Kiesinger am 17. Dezember mit 100 von 110 Stimmen gewählt.⁵⁵ Das galt als ein überzeugender Vertrauensbeweis des Landesparlaments, in dem die CDU seit den Wahlen von 1956 über 56 von 120 Abgeordnetenmandaten verfügte (bei 42,6% der Wählerstimmen), die SPD über 36 (28,9%), die FDP/DVP über 21 (16,6%) und der BHE über 7 (8,2%). Die Gegenstimmen kamen vermutlich nicht von den Koalitionspartnern, sondern von altbadischen CDU-Dissidenten. Noch dauerte in Stuttgart, unbeschadet der bundespolitischen Polarisierung und massiver Differenzen vor allem in der Schulfrage, der Ausnahmezustand seit der Gründung des Südweststaats an.⁵⁶

Entsprechend interpretierte Kiesinger seine Wahl »ganz eindeutig« als Auftrag, »die bisherige Politik fortzuführen«.⁵⁷ Die Kabinettsliste bot keinerlei Überraschungen. Insgesamt sechs stimmberechtigte Mitglieder der CDU (außer dem Ministerpräsidenten noch Kultusminister Gerhard Storz, Eugen Leibfried als Minister für Ernährung, Landwirtschaft und Forsten, Oskar Farny als Minister für Bundesangelegenheiten sowie die beiden ehrenamtlichen, stimmberechtigten Staatsräte Friedrich Werber für Nord- und Hans Filbinger für Südbaden), drei Mitglieder der SPD (der stellvertretende Ministerpräsident und Wirtschaftsminister Hermann Veit, der Innenminister Viktor Renner und der Arbeitsminister Ermin Hohlwegler), zwei von der FDP/DVP (Justizminister Wolfgang Haußmann und Finanzminister Karl Frank) sowie der Minister für Vertriebene, Flüchtlinge und Kriegsgeschädigte, Eduard Fiedler, der den BHE repräsentierte, nahmen am Kabinettstisch in der Villa Reitzenstein Platz.⁵⁸

Kontinuität war auch der Tenor seiner mit Spannung erwarteten ersten Regierungserklärung am 14. Januar 1959.⁵⁹ War bei Kiesingers Nominierung noch darüber spekuliert worden, daß er sich kaum mit einer »epigonalen Amtsführung« begnügen werde⁶⁰, so stellte er sich dezidiert auf den Boden des Programms, das Müller im Mai 1956 vorgelegt hatte: Schiffbarmachung des Neckars bis Plochingen, Elektrifizierung von Bahnstrecken, Bau von Autobahnen, Einbringung des umstrittenen Lehrerbildungsgesetzes, Verwaltungs- und Rechtsvereinheitlichung, auch des Schulwesens, sparsamer Umgang mit den Haushaltsmitteln und (leider notwendige) Verschuldung, Landesplanung, Finanzausgleich und Hochschulgesetz – eine Kostprobe des landespolitischen Schwarzbrotes, das Kiesinger von nun an serviert werden würde; eigene Akzente allenfalls in der Kulturpolitik und mit Anmerkungen zum Verhältnis von Bund und Ländern. Erst gegen Ende kam er auf die sensible Integrationsthematik: Die »völlige Befriedung und Festigung des Landes« werde auch in Zukunft die Sorge der Landesregierung sein. Ihre Haltung sei »durch die redliche Beachtung des geltenden Rechts, durch die volle Respektierung der Eigenart der einzelnen Landesteile« und durch das Bestreben bestimmt, »schließlich auch die Zustimmung der noch Andersdenkenden für das Land« zu gewinnen.[61]

Hatte die Presse Kiesinger bei seiner Nominierung mit Hamlet verglichen, verpflanzt »wie eine Eiche in einen Blumentopf«, dämpfte seine Regierungserklärung die Erwartungen.[62] Daß Kiesinger sich in Bescheidenheit übte, hatte indes Methode. Er habe sich zurückgehalten, ließ er zwei Wochen später durchblicken, weil er mehr oder weniger »auf die ersten Blicke in die Akten und die ersten Informationen« angewiesen gewesen sei: »Ich hatte jene 50 Seiten starke tapfere Regierungserklärung [Müllers] bei Beginn dieser Legislaturperiode sehr sorgfältig durchgelesen, und ich habe mir sagen und zeigen lassen, was inzwischen geschehen ist. Es stand mir nicht an, [...] kritische Bemerkungen zu machen.«[63] Kiesinger kokettierte mit dem Bild des landespolitischen Novizen, der sich in sorgfältigem Studium der Akten und langen Gesprächen mit der landespolitischen Prominenz erst allmählich zu orientieren beginnt. Seinen Ruf als »Regierender« mußte er sich erst noch verdienen. Maier hatte ihm am Abend der Wahl zum Ministerpräsidenten ins Stammbuch geschrieben: Kiesinger bringe aus Bonn zwar beträchtliche politische Erfahrung und einen großen Nimbus mit, aber es sei auch kein Zweifel »daß wir Sie in Stuttgart in den richtigen Stiefel hineinpassen werden«.[64]

So steuerte Kiesinger dem Stereotyp entgegen, das aus Anlaß seiner Wahl gezeichnet worden war: Er war nicht nur der meisterliche Redner, der schöne, gewinnende, den Musen zugetane Mann, der mit hohen geistigen Gaben brillierte[65], sondern einer, der anpackte und sich auf das praktische Geschäft des Regierens verstand. Natürlich reizte es die Journalisten, Kiesingers Züge im Vergleich der drei unterschiedlichen Charaktere zu herauszuarbeiten, die seit 1948 in der Villa Reizenstein amtiert hatten.[66] Galt Kiesingers politischer Ziehvater Müller als bodenständiger, rechtschaffener, gestrenger, auch ein wenig penibler und eigensinniger, in der Form wenig verbindlicher Landesvater, so Kiesinger als der geistreiche, glänzende, sich routiniert in Szene setzende Weltmann, zu dessen Sitzfleisch man nur wenig Zutrauen hatte. Während Müller den Staat als Behörde effizient verwaltete, machte Kiesinger Staat. Sah man vor seinem geistigen Auge Müller mit schwarzen Ärmelschonern hinter einem gewaltigen Aktenberg sitzen, stand Kiesinger am Rednerpult, vor rollenden Fernsehkameras, im Blitzlichtgewitter der Photographen.[67]

Auch Kiesinger hat auf dieser Klaviatur der Gegensätze gespielt. Am Tag nach seiner Wahl lud er den Chefredakteur der *Stuttgarter Zeitung*, Wilhelm Gradmann, in sein Haus nach Tübingen ein. Das Gelöbnis politischer Kontinuität verband Kiesinger mit der Ankündigung, einen anderen Stil in die Landespolitik zu bringen. Seine Vorgänger, vor denen er sich »mit größtem Respekt« verneige, hätten, wie alle führenden Politiker, »eine durchaus eigene Note«. Unterschiede seien oft »eine Frage des Stils«, nicht des Programms, wenn sich auch beides nicht immer auseinanderhalten lasse.[68] Daß Stilfragen zu Fragen politischer Substanz werden konnten, sollte sich bald zeigen. In den landestypischen Usancen kannte er sich jedenfalls aus. Der heimkehrende Schwabe, in Anlehnung an klassische Vorbilder von Uhland und Mörike von den Karikaturisten bemüht, schien ihm wie auf den Leib geschnitten.[69]

Als Reinhold Maier ihn auf einem weinseligen parlamentarischen Abend nach seiner Wahl dazu beglückwünschte, daß er die muffige Bonner Luft mit der »baden-württembergischen freiheitlichen Atmosphäre« vertauscht habe und dies gerade noch rechtzeitig, bevor er die schwäbische Mundart völlig verlernt habe, blieb Kiesinger die Antwort nicht schuldig. Von boshaften Kommentatoren werde die Frage gestellt, warum »dieser exotische Vogel aus der Bundeshauptstadt in die Stuttgarter Amtsstuben geflattert sei«. Der Stamm der Kiesinger sei ohne Makel schwäbisch-alemannisch, konterte er im besten Honoratiorenschwäbisch. Wer der Meinung sei, er sei wegen der drei »r« – reden, reisen, repräsentieren – gekommen, dem halte er entgegen, daß man das vierte »r« nicht vergessen dürfe: regieren. Überhaupt: Müller sei schuld an seinem Eintritt in die Politik. Nun habe ihm der scheidende Minis-

»... und wieder kehrt ein Schwabe heim.«
Braunschweiger Nachrichten vom 3. Dezember 1958

terpräsident einen gewaltigen Aktenberg auf dem Schreibtisch hinterlassen, um ihn zu erschrecken. »Nein, zu erziehen«, rief Müller dazwischen. Künftig, so Kiesinger, würden die Altministerpräsidenten ihre Köpfe zusammenstecken und sich schmunzelnd fragen: »Was will der Jung' da?« Es werde ihm keine andere Wahl bleiben, als vor den Porträts seiner beiden Vorgänger jeden Morgen zu geloben: »Ich will in euerem Sinne weiterarbeiten.«[70]

Der Primat der Integrationspolitik

Am 20. Januar 1959 trat Kiesinger zum ersten Mal vor der Landespressekonferenz in Stuttgart auf. Etwas verhalten nahm der neue Ministerpräsident zu kritischen Fragen der Journalisten Stellung. Anders als in seiner ersten Regierungserklärung stand mit der Integration von Baden und Württemberg in ein größeres Ganzes das landespolitische »Problem Nummer Eins« nun im Mittelpunkt seiner Überlegungen: Wer das Land für »in vollem Umfang gefestigt und stabilisiert« halte, der täusche sich. Noch würden »starke Kräfte« an der Rekonstruktion des alten Baden arbeiten, das mit der Fusion der drei südwestdeutschen Länder 1952 staatsrechtlich untergegangen war.[71]

In der Integrationspolitik setzte Kiesinger schnell einen eigenen Akzent. Das »Totschweigen« dessen, was man in Württemberg die »badische Frage« nannte, ging mit seinem Amtsantritt zu Ende.[72] Wie Müller hob Kiesinger die Notwendigkeit einer »fairen und gerechten« Lösung der badischen Frage hervor und versprach eine »redliche Beachtung des geltenden Rechts«.[73] Doch anders als Müller wollte er sich nicht auf Rechtsstandpunkte versteifen. Er suchte nach einem *politischen* Zugriff in der Südweststaatsfrage. Hatte Müller versucht, die altbadische Bewegung mit verfassungsrechtlichen Winkelzügen matt zu setzen, so ging Kiesinger politpropagandistisch in die Offensive. Er packte den altbadischen Stier bei den Hörnern und wandte sich direkt an das badische Volk: Er werde sich darum bemühen, »auch den Teil der Bevölkerung zu gewinnen, der noch abseits steht«. Baden müsse »den Eindruck gewinnen, daß es verstanden wird«, daß seine »Anliegen und Sorgen in vollem Umfang« respektiert würden.[74]

Mit dem Wechsel an der Landesspitze kam also Bewegung in das vertrackte Baden-Problem. Kiesinger hatte das erste große Thema seiner Ministerpräsidentschaft gefunden. In seiner politischen Biographie trat der Landsmann nach vorne, wenn auch seine Bonner Erfahrungen ihm in der Integrationspolitik zu Erfolgen verhalfen. Aus dem Stand verstand es Kiesinger, »eine andere, freundliche Atmosphäre« zu schaffen[75], obwohl er ja unter Altbadenern nicht gerade als Gegner des Südweststaates galt. Schließlich hatte er im

Bundestag jene Gesetze mit auf den Weg gebracht, die die Gründung des Landes gegen den Willen der südbadischen Bevölkerungsmehrheit überhaupt erst ermöglicht hatten.

Gebhard Müller, der vielgerühmte »Architekt des Landes«[76], war als Ministerpräsident an der Aufgabe der Konsolidierung des Landes gescheitert. Das hatte auch damit zu tun, daß er persönlich zur bevorzugten Zielscheibe der altbadischen Kritik geworden war. Zwar setzten sich Sozialdemokraten und Liberale ebenso kompromißlos für die Drei-Länder-Fusion ein wie die württembergische CDU. Doch die Altbadener, die ihre parteipolitische Heimat in der südbadischen Union besaßen, kämpften mit harten Bandagen und zum Teil unfairen, Müllers privateste Sphäre verletzenden Mitteln.[77] Müller galt nun einmal als Galionsfigur des Südweststaates, als Inkarnation des bekämpften »großwürttembergischen Imperialismus« und als der oberste Repräsentant jener südwürttembergischen Landesregierung, von der die entscheidenden Impulse zur Gründung von Baden-Württemberg ausgegangen waren. Demgegenüber war Kiesinger vergleichsweise unbelastet.

Bei Kiesingers Regierungsantritt war die Integrationspolitik hoffnungslos festgefahren. Seit dem zweiten Südweststaatsurteil des Bundesverfassungsgerichts vom Oktober 1956 stand das Land in rechtlicher Hinsicht zur Disposition, wenn auch die ursprüngliche Abstimmung in den vier Landesbezirken nach Artikel 118 GG von den Karlsruher Verfassungshütern für rechtens erklärt worden war.[78] Dennoch war es nach Auffassung des Karlsruher Gerichts zulässig, den von den Alliierten bis Mai 1955 suspendierten Neugliederungsparagraph, Artikel 29 GG, auch auf Baden-Württemberg anzuwenden, obwohl mit Artikel 118 GG eine *lex specialis* existierte, die nach den üblichen juristischen Grundsätzen eine Anwendung des allgemeinen Neugliederungsparagraphen Artikel 29 auf den Südwestraum hätte ausschließen müssen.[79]

Nun hatten die Altbadener in dem umstrittenen zweiten Südweststaatsurteil von 1956 zwar Recht bekommen. Ihr Anliegen war jedoch politisch keinen Zentimeter einer Lösung nähergerückt. Im Gegenteil, es war Teil einer noch komplexeren Gemengelage geworden. Artikel 29 stellte eine weitere Abstimmung über den Südweststaat in den Kontext einer Neugliederung des gesamten Bundesgebietes, die die von den Besatzungsmächten geschaffenen, in den fünfziger Jahren noch als künstlich empfundenen Bindestrichländer wie Nordrhein-Westfalen oder Rheinland-Pfalz hätte legitimieren sollen. Angesichts der kaum kalkulierbaren Folgen einer umfassenden Neugliederung war die westdeutsche Politik daran nicht interessiert. Diese hätte die Energien vieler Politiker auf Jahre hinaus absorbiert und den Bestand von CDU-Hochburgen wie Rheinland-Pfalz gefährdet. Auch deshalb wurde die Neugliederung von der Regierung Adenauer verschleppt, obwohl ein erfolgreiches Volksbegehren in Baden im September 1956 sie eigentlich dazu verpflichtet hatte.[80] Warum hat nicht auch Kiesinger angesichts dieser politischen und rechtlichen Blockaden das badische Problem einfach ausgesessen? Nun, in gewissem Sinne hat er genau dies getan. Kiesinger wußte aufgrund von Umfragen, daß die Zeit für den Südweststaat arbeitete.[81] Er konnte sich relativ gelassen vor die Mikrophone stellen und eine neuerliche Abstimmung über den Südweststaat fordern. Ein positives Votum war mit zunehmender Wahrscheinlichkeit zu erwarten.[82] Die Integration des Landes war in erster Linie ein Problem der kollektiven Identifikation mit Baden-Württemberg. Und diese wurde durch den dynamischen Wandel verstärkt, der seit den späten fünfziger Jahren den tiefen Südwesten erfaßte. Die Zuwanderung seit dem Zweiten Weltkrieg hatte den Anteil der alteingesessenen Bevölkerung schrumpfen lassen; Milieus und Bindungen lösten sich auf; Altbaden wurde zum Modernisierungsverlierer der Nachkriegszeit.

Schon 1959 besaß die altbadische Bewegung, die sich außerhalb ihres südbadischen Kerns aus älteren, alteingesessenen, ländlichen Bevölkerungsschichten mit relativ niedrigem Bildungsstand rekrutierte, nicht mehr als eine Außenseiterchance.[83] Anfang 1962 konnte sie nicht einmal mehr in ihren Hochburgen, in den mittelbadischen Kreisen Lahr, Offenburg, Kehl, Bühl, Rastatt und Baden-Baden, mit mehr als 45 Prozent Zustimmung für die Wiederherstellung Badens rechnen.[84] Anfang 1963 sprach Allensbach von dem »merkwürdigen Phänomen« des Verschwindens einer Bewegung, die zu »politischer Bedeutungslosigkeit zusammengesunken« sei und »die Existenz des Bundeslandes Baden-Württemberg nicht mehr gefährden« könne. Je nach Fragestellung votierten Ende 1962 schon 70 bis 80 Prozent der badischen Bevölkerung für den Südweststaat.[85] Aus diesem demoskopischen Befund ergaben sich klare politische Schlußfolgerungen. Den entscheidenden Satz hat Kiesinger in seinem Handexemplar der Allensbacher Untersuchung unterstrichen: In je weitere Ferne der Termin einer Abstimmung rückte, desto deutlicher würde die Entscheidung zugunsten des Südweststaates ausfallen.

Noch einen zweiten Punkt markierte sich Kiesinger: Der altbadische Anteil sank mit der Wahlbeteiligung. Bei einer »normalen« Beteiligung von wenigstens 60 Prozent, womit 1959 nicht sicher gerechnet werden konnte, wären die Südweststaats-Befürworter in der Mehrheit. Noch aber besaß die entschlossenere Altbadener-Gruppe eine Außenseiterchance, wenn die eher lauen Anhänger des Südweststaats ihre Wahlabsichten nicht in gleicher Weise realisieren würden. Das tatsächliche Wahlergebnis würde sich dann um mehrere Punkte zugunsten der Altbadener verschieben können.[86] Um dieser

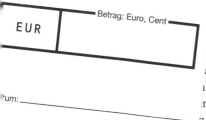

...EGRATIONSPOLITIK

...ntegration Baden-Württembergs ent-
...iner »lebendigen Landespolitik« in die
...Württemberg war er aus Gründen der
...erhin hatte er einen Eid auf die Verfas-
...singers Motive gingen tiefer. Als ober-
...gelernt, daß sich seine katholische Wäh-
...ürttemberg besser aufgehoben fühlte als
...Württemberg. Auch sei das größere und
...tische Notwendigkeit des westdeutschen
...itten der Dominanz der Bundesregierung
...tzen. Und schließlich war ihm die altbadi-
...ovinziell: »In einer Zeit, in der es um Sein
...s, ja ganz Europas geht, begreift, dessen bin
...ölkerung, daß man die politischen Kräfte
...cht frevelhaft zerstückeln darf.«[87] Während
...lung in Freiburg im Juli 1959 hielt er einem
...r altbadischer Freund, es wäre besser, Sie
...n und wichtigen Problemen, die unser Vater-
...n.«[88]

...er mangelnden Legitimität des Landes. Schon unter Müller hatte die Klärung der rechtlichen Lage eine möglichst baldige Abstimmung nahegelegt. Wie der von Adenauer etwas despektierlich als der »Amtsrichter« titulierte Müller fürchtete auch Kiesinger, daß aus dem »Gefühl verletzten Rechts« politische Unruhe erwachsen könnte.[89] In ihrer Empörung kämpften die Altbadener mit drastischen Mitteln. Auf Baden-Württemberg wurde die Formel vom »Unrechtsstaat« gemünzt, eine bewußte Reminiszenz an das »Dritte Reich«. In der Hitze einer Wahlveranstaltung titulierte Leo Wohlebs frühere rechte Hand, der Oberlandesgerichtspräsident a. D. Paul Züricher, Kiesinger als »Lieblingsschüler Goebbels'«. Bei so etwas verstand der keinen Spaß: Erst als er Züricher mit einer Beleidigungsklage drohte, war letzterer bereit, seine Äußerung zu dementieren.[90] Noch Jahrzehnte später traten Kiesinger in der Erinnerung an diese Kämpfe die Zornesfalten auf die Stirn: Es sei »ein unerträglicher Zustand« gewesen, daß altbadische Politiker hohe Positionen im Lande bekleidet hätten, während sie gleichzeitig nach der Auflösung von Baden-Württemberg strebten.[91]

Kiesinger fand sich mit dem Legitimitätsdefizit des Landes nicht ab. Er nahm den Fehdehandschuh auf und suchte die Badener nicht nur zu einem »resignierenden Ja« zu bewegen, »sondern zu einem Ja aus Überzeugung«.[92] Fast wöchentlich zog er auf »Staatsbesuch« in die badische Provinz, um der

Bevölkerung das menschliche Gesicht der Regierung zu zeigen. Gebetsmühlenhaft warb er um Glaubwürdigkeit, indem er nicht von »einer verfassungsmäßigen und fairen Abstimmung« abhalten zu lassen versprach.[93] Nur, was hieß »fair und gerecht«? Hatten sich die beiden badischen Landesteile nicht auseinandergelebt? Stellte sich die Frage aus Sicht der reformierten Kurpfalz nicht anders dar als aus der des ehemals vorderösterreichischen, katholischen, südbadischen Freiburg? Was, wenn die nun überwiegend auf der Seite des Südweststaates stehende nordbadische Bevölkerung von Südbaden aus majorisiert werden würde?[94]

Auch koalitionspolitisch war eine Forcierung der Integrationspolitik geboten. Nur in dieser Frage existierte ein Konsens der Stuttgarter Allparteienkoalition, in deren zeitraubendem Management sich Müller aufgerieben hatte. Die »badische Gefahr« war der Kitt, der das schwerfällige Allparteien-Bündnis im Stuttgarter Landtag zusammenhielt. Der Preis war lähmender politischer Immobilismus und die Verschleppung landespolitischer Fragen, wie der Verkleinerung des 12köpfigen Kabinetts, der Arbeit an den projektierten Schul- und Hochschulgesetzen und der lange diskutierten, vom Bund der Steuerzahler routiniert angemahnten Reform und Vereinfachung der Verwaltung.[95] Da Kiesinger die Koalition bis zum Ende der Legislaturperiode fortsetzten wollte, konnte er, fünfzehn Monate vor der Wahl, nur auf dem Feld der Integrationspolitik Fortschritte suchen. Und wahltaktisch war es vermutlich kein Fehler, sich dem Volk in der badischen Provinz bekannt zu machen.[96]

Damit war Kiesinger bei der Parteipolitik. Der Zustand der südwestdeutschen Union verbot ein Stillhalten in der Integrationsproblematik. Kiesinger erfüllte mit der Konzentration auf das »badische Problem« die Erwartungen der von einer altbadischen Abspaltung bedrohten CDU. Diese Parteiräson war einer der Hauptgründe gewesen, Kiesinger überhaupt auf den Schild zu heben.[97] Die altbadische Bewegung rekrutierte sich zu fast einhundert Prozent aus dem christdemokratischen Wählerpotential. Ihr Führungspersonal entstammte weitgehend der CDU Badens.[98] Schnelle Fortschritte in der Integrationsproblematik würden sich positiv auf das Landtagswahlergebnis auswirken. Der politische Notstand in der CDU zwang Kiesinger zum Handeln. Das setzte seiner Integrationspolitik eine ironische Pointe auf: Das »landespolitische Problem Nummer Eins« wurde als innerparteilicher Zankapfel wesentlich von einem Politiker bereinigt, der sich nicht als ein Parteipolitiker verstand.

Es bedurfte der Schaffung einer baden-württembergischen Identität. Mit Verve warf sich Kiesinger auf dieses »mühselige Geschäft«. Denn »diese Heimatverbundenheit, die eben danach drängte, daß Baden wieder ein eigener Staat werden sollte, das saß sehr tief und war ernst zu nehmen«.[99] Die Gebildeten, Modernen, Aufgeschlossenen wurden mit Reflexionen über die Vorzüge des größeren Landes im föderalen System für den Südweststaat geworben.[100] Gegenüber einfacheren Gemütern appellierte Kiesinger durch den Hinweis auf die wachsende Akzeptanz des Landes an den Mitläufereffekt. Regionalen Interessen wurde das Land mit Investitionen schmackhaft gemacht. Vor allem aber verlagerte Kiesinger mit seinen Identifikationsangeboten die badische Frage auf eine andere Ebene: Nicht auf den Streit um Rechtsstandpunkte, sondern auf die Schaffung eines baden-württembergischen Staatsbewußtseins konzentrierte er seine Bemühungen. Darin liegt ein wesentlicher, von der Landesgeschichte bisher wenig gewürdigter Verdienst des dritten Ministerpräsidenten.

Ein Staatsbewusstsein für Baden-Württemberg

Den entscheidenden Hinweis hatte ihm der badische Historiker Franz Schnabel gegeben. Dieser hatte es in seiner *Deutschen Geschichte im 19. Jahrhundert* als einen »bitteren Leidensweg« bezeichnet, daß in Deutschland die nationale und konstitutionelle Bewegung in die »kleinstaatliche Enge« des deutschen Südens gezwängt worden sei. In Baden, Bayern und Württemberg habe man im 19. Jahrhundert das weitere Ziel der deutschen Einigung im »Stolz auf den konstitutionellen Musterstaat« ganz aus den Augen verloren. Dabei habe die vielfach gerühmte Verfassungsgebung eine Rolle gespielt: Wie von den Fürsten erhofft, seien die Landtage zu Stützen des Länderpartikularismus geworden. In den Parlamenten hätten die Handwerker, Bauern und Händler ihre historischen Gegensätze hinter sich gelassen und gemeinsame Interessen zu vertreten begonnen, »ganz gleich, ob sie einst reichsstädtisch oder altwürttembergisch waren«. Zusätzlich habe die politische Parteibildung des 19. Jahrhunderts das Zusammenwachsen der alten und neuen Gebiete gefördert und die Menschen an die neuen Zentren des politischen Lebens in Karlsruhe und Stuttgart gewöhnt. Am Ende seien die ehemaligen Rheinbundstaaten so gefestigt gewesen, daß sie den Sturz der Dynastien in der Revolution von 1918/19 überdauert hätten und als Freistaaten ungeschmälert in die Weimarer Republik übergegangen seien.[101]

Das paßte hervorragend auf die aktuelle Situation. Die *Deutsche Geschichte*, die Schnabel zwischen 1929 und 1937 veröffentlicht hatte (wobei der letzte Band im »Dritten Reich« nicht mehr erscheinen konnte), hat Kiesinger wohl schon in seiner Tübinger und Berliner Zeit gelesen. Mit dem in der badischen Landeshauptstadt Karlsruhe lehrenden Schnabel – er entstammte dem süddeutschen katholischen Bürgertum – suchte Kiesinger die badische Frage in historische Proportionen zu rücken. Zwar hätten die »künstlichen Staatsgründungen von Napoleons Gnaden« in einem Jahrhundert ein »echtes, tiefverwurzeltes Staatsbewußtsein« entwickelt. Andererseits: Wenn Schnabel recht hatte, dann war das badische Heimatgefühl nicht naturgegeben, sondern das Ergebnis eines revidierbaren historischen Prozesses.

Waren die »historischen Individualitäten des deutschen Bundesstaates« und die imaginierte Gemeinschaft des alten Badens neueren Datums, dann würde mit der Zeit auch Baden-Württemberg solche Identifikationsmöglichkeiten bieten. Das hieß umgekehrt, daß das badische Problem mit materiellen Anreizen allenfalls gelindert werden konnte.[102] Es galt, auf das Bewußtsein der Menschen zu zielen. Kiesinger hoffte, das emotionale Kapital der badischen Heimatverbundenheit auf das größere Land Baden-Württemberg zu lenken, indem er gezielt nach historischen und stammesgeschichtlichen Anknüpfungspunkten jenseits der alten Staatsgrenzen suchte. Vor allem an den Rändern, in Badisch-Sibirien – d. h. dem Odenwald zwischen Neckar und Main –, am Bodensee sowie in der Kurpfalz hatten Reste einer älteren, vornapoleonischen Identität überlebt, meist in Form eines Ressentiments gegen die Zentren des 19. Jahrhunderts. Im nordöstlichen Nordbaden, dem strukturschwachen Odenwaldraum zwischen Mosbach und Wertheim, den die Großherzöge vernachlässigt hatten, fiel es leicht, die Vorzüge des größeren Landes anzupreisen. Als ein Diskussionsredner um Verständnis für dieses Gebiet bat, in dem die Bevölkerung seit hundert Jahren kaum gewachsen sei, in dem in manchen Dörfern seit fünfzig Jahren kein neues Haus mehr gebaut worden sei, meinte Kiesinger: »Verehrter Freund, das mag so sein, ja das ist so, aber das Jahrhundert, über das Sie sich da beklagen, das war kein württembergisches Jahrhundert in diesem Raum, das war ein badisches Jahrhundert.«[103]

So hat Kiesinger *cum grano salis* den Südweststaat von der Peripherie gegen die alten Zentren gebaut. Eine besondere Rolle spielte seine engere Heimat: das von Stammes-, Konfessions- und Verwaltungsgrenzen durchzogene Gebiet zwischen Alb und Bodensee. Voller Bewunderung zitierte Kiesinger aus der Reisebeschreibung des französischen Philosophen Michel de Montaigne, der Ende des 16. Jahrhunderts von Schaffhausen über Konstanz durch das Oberland bis Augsburg, Salzburg und hinunter nach Italien gereist war. Mit Staunen sei der französische Edelmann »vor dem Reichtum und der bürgerlichen Kultur dieser Landschaft gestanden«. Und selbst nach dem jähen Abstieg des 30jährigen Krieges habe sich die alte Bodenseelandschaft wieder erholt: »Was wurde in dieser Landschaft gebaut im 18. Jahrhundert. Von Zwiefalten her, nicht wahr, über Schussenried und Weingarten und über die Birnau und Meersburg und Salem und was Sie sonst noch wollen. Das ist doch Zeugnis einer großartigen Schöpferkraft dieser Landschaft und ihrer Menschen gewesen.«

Diese aus historischen Tiefenschichten aufsteigende Vision einer alten, im 19. Jahrhundert zur Agrarprovinz herabgestiegenen Kulturlandschaft hat Kiesinger beflügelt. Dafür redete er sich in Begeisterung: »Diese Aufgaben sind da, es sind gewaltige, es sind großartige, es sind wunderbar schöne Aufgaben, die es zu erfüllen gilt. Ein ganzes Land vom Rhein bis zur Iller, vom Bodensee bis zum Main zum Blühen zu bringen, helfen in einer Zeit, die alle Chancen dafür bietet, in einem Raum, der durch viele Jahrhunderte hindurch verbunden war [...]. Das sind Aufgaben, die unser aller Anstrengungen würdig sind. Ich glaube, wir alle, Badener wie Württemberger, [...] wir sollten uns endlich befreunden mit der Tatsache dieses gemeinsamen Landes.« Sein ureigenes Projekt, der Konstanzer Universitätsplan, verdankte viel diesem persönlichen Anliegen des Ministerpräsidenten, »die Sünden eines Jahrhunderts« wiedergutzumachen und dieser »großartigsten Landschaft des alten Reiches« ihre frühneuzeitliche Bedeutung als kulturelles Zentrum von europäischem Rang zurückzugeben.

Dies waren die geistigen, emotionalen und politischen Voraussetzungen der landespolitischen Reise- und Werbekampagne, die Kiesingers erstes Stuttgarter Jahr prägte. Der Dienstwagen, den seine Vorgänger nur selten aus der Garage geholt hatten, wurde nun fast täglich benutzt. Sein rednerisches Talent stellte er ganz in den Dienst des Südweststaates. Dahinter verbarg sich, bei aller ironischen Publizität, die Kiesingers Reisen »in die Bezirke der Ungläubigen« gelegentlich generierten[104], ein handfestes politisches Anliegen: Der Trend zur wachsenden Akzeptanz des Südweststaats mußte vor Ort konsolidiert werden. Daß eine solche *hands on*-Politik viel Zeit verschlang, zeigt ein Blick in Kiesingers Terminkalender. Woche um Woche bereiste er die badischen Landesteile, gelegentlich mit seinem ganzen Kabinett.[105]

Das Hauptaugenmerk lag auf den örtlichen Eliten. Um den institutionellen Rückhalt der altbadischen Bewegung zu brechen, hofierte er die Kreis- und Ortsverbände der CDU, sprach in Schulen, Unternehmen und vor Interessengruppen, kümmerte sich um die Kirchen und Vereine, die Landwirte, Handwerker und Industriellen. Dabei kam es gelegentlich zu Pannen, etwa als beispielsweise der mit der altbadischen Bewegung sympathisierende Freiburger Erzbischof Schäufele den Geistlichen seines Sprengels die Teilnahme an einer Veranstaltung mit dem Landesvater verbot. Daraufhin wurde die gesamte Beamtenschaft der Umgebung als Kulisse zu Kiesingers Auftritt gekarrt.[106] Dennoch: Ein »Hocker«[107], nutzte er jede sich bietende Gelegenheit, das »menschliche Gesicht« des Südweststaats zu zeigen: »Daß wir das nun nicht in einer trockenen Weise, sondern bei einem Zunge und Herzen öffnenden Gläschen Wein getan haben, wird uns niemand übel nehmen.«[108] Kiesingers – in Schwaben heftig kritisierte – »Repräsentationssucht« wurde der guten integrationspolitischen Sache dienstbar gemacht – eine scheinbar äußerliche, aber doch wirkungsvolle Erinnerung, daß das größere Land mehr Glanz auf alle Teile brachte.

Im Rückblick ist klar, daß Kiesingers Kalkül aufging. Die Konsolidierung des Südweststaats hatte ursächlich mit seiner Person zu tun. Schon im Mai 1960 stellte das Bielefelder Meinungsforschungsinstitut EMNID fest, daß Kiesinger nicht nur der bekannteste und populärste Politiker des Landes war – ihn kannten 55 Prozent, nur noch 25 Prozent seinen Vorgänger und nur 8 Prozent den nächsten Minister, Finanzminister Frank –, sondern daß er vor allem in Südbaden Terrain gewonnen hatte, wo er noch beliebter war als in den übrigen Landesteilen. Schon sprachen sich 51 Prozent der südbadischen Bevölkerung für die Beibehaltung von Baden-Württemberg aus und nur 26 Prozent für eine Wiederherstellung Badens (in Nordbaden 67 zu 15%).[109]

Drei Jahre später kam Allensbach zu dem Ergebnis, daß der Zusammenbruch der altbadischen Bewegung zu einem Gutteil auf Kiesingers Konto ging. Seine Bekanntheit habe dem Land eine eigene Identität verschafft, denn »Personen spielen in der politischen Psychologie eine überragende Rolle«. Es gäbe »kaum noch tragfähige Motive, die eine Loslösung Badens plausibel erscheinen lassen«. Daß »durch die Teilung Baden-Württembergs irgend etwas verbessert, irgend etwas Großes bewirkt werden könnte, klingt in dem Meinungsklima, das wir heute in Baden überwiegend [...] vorfinden, einfach absurd«. Das Rückgrat der altbadischen Bewegung war gebrochen, als sich Presse und Kirche 1963 neutral verhielten. Bei den örtlichen Multiplikatoren hatte sich die Auffassung durchgesetzt, »das Land Baden-Württemberg müsse in seiner jetzigen Gestalt erhalten bleiben«.[110]

Daher läßt sich Kiesinger mit Fug und Recht als erster »Landesvater« von *ganz* Baden-Württemberg bezeichnen. Zweifellos wären die demographischen und sozialen Trends auch Müller zugute gekommen, wenn er in seinem Amt verblieben wäre. Doch anders als Kiesinger war er keine gesamtstaatliche Integrationsfigur, sondern auf ein württembergisch-schwäbisches Image festgelegt, was in noch höherem Maße für den Protestanten Reinhold Maier galt. Auch Kiesinger konnte bei Bedarf den Sohn der »schwäbischen Heimat« geben. Doch hatten sich seine kleinbürgerlich-schwäbischen Ursprünge weitgehend abgeschliffen.

Die Kiesinger eigentümliche Methode der Überzeugungsarbeit wurde Gegenstand unzähliger Anekdoten. Gleich seine erste Reise als Ministerpräsident hatte ihn in die Höhle des Löwen geführt, in die altbadische Hochburg Gengenbach, südöstlich von Baden-Baden, wo er bei seiner Ankunft am hellichten Tag sämtliche Rolläden verschlossen fand. Als der Bürgermeister der ehemaligen Freien Reichsstadt, der CDU-Landtagsabgeordnete Erhard Schrempp, ein führender Altbadener, ihn bei einer späteren Gelegenheit im Festzelt aufs Korn nahm und erklärte, er habe zum Schutz des »schwäbischen Imperators« die Stadtgarde aufmarschieren lassen, da konterte Kiesinger, daß er sich in einer etwas merkwürdigen Zwitterstellung befände. Einerseits sei er gekommen, um sich mitzufreuen. Mit dem Jubiläum werde die Erhebung Gegenbachs zur Freien Reichsstadt gefeiert. Zugleich fühle er sich als der Rechtsnachfolger jenes badischen Großherzogs, der Gegenbach eben diese Würde wieder abgenommen hatte.[111]

Auch in Bühl, südlich von Karlsruhe, einer weiteren altbadischen Hochburg, war Kiesingers Werben erfolgreich. Der örtliche Gesangsverein »Harmonie« machte den Ministerpräsidenten zum Ehrenmitglied. Er hat in rührender Anhänglichkeit noch dem Bundeskanzler das eine oder andere Ständchen gebracht.[112] Kiesinger gab gerne die Geschichte zum besten, die sich bei der Verleihung der Ehrenmitgliedschaft der »Harmonie« zugetragen hatte. Es gehe ihnen im neuen Land doch gar nicht so schlecht, habe er den Sängern gesagt. Darauf einer der Badener: »Herr Ministerpräsident, Sie können sagen was Sie wollen, hier in Bühl ist a G'schäft, das sind scho zwei Badener drauf vergantert worde (das heißt, sie haben Konkurs gemacht). Dann ist ein Württemberger gekomme, und der ischt a reicher Mann drauf worde«.[113] Solche Stereotypen gehören zum gesunkenen Kulturgut baden-württembergischen Selbstverständnisses. Mitte der sechziger Jahre streiften sie ihre politische Wirkmächtigkeit ab. Als ihm die Ehrenmitgliedschaft der Bühler »Harmonie« angetragen worden sei, so Kiesinger, habe er gewußt, daß er den Kampf um den Südweststaat gewonnen hatte.

Doch vorerst drohte die badische Frage noch einmal kritisch zu werden. Am 5. Juni 1959 gründeten altbadische Christdemokraten, darunter Paul Züricher sowie ein Karlsruher Studienrat, Robert Albiez, die Badische Volkspartei (BVP). Einziges Anliegen dieser christlichen, an das alte Zentrum anknüpfenden Konkurrenzpartei zur CDU war die Wiederherstellung Badens unter betontem Verzicht auf eine bundespolitische Agenda.[114] Verzweiflungstat oder neuer Höhepunkt der altbadischen Bewegung? Sicher war das nicht auszumachen. Selbstverständlich wiegelte der Ministerpräsident ab: Die BVP sei der »völlig untaugliche Versuch einer kleinen Minderheit altbadischer Heißsporne, sich ein politisches Forum zu verschaffen, in dem sie selbst den Ton angeben wollen«.

Das Störpotential der BVP war dennoch beträchtlich. Sie zielte auf desillusionierte Christdemokraten, die Kiesingers Eintreten für eine »faire und gerechte« Lösung für ein Lippenbekenntnis hielten. Zugleich suchte die BVP, die CDU mit einem wertkonservativen, an das Heimatgefühl der Menschen appellierenden Programm rechts zu überholen. Die Union sollte unter Druck gesetzt werden, indem man ihr an der Wahlurne ein paar Prozentpunkte abknapse, hatte doch die südbadische Parteioligarchie in den Kommunalwahlen vom November 1959 nur unter Mühen verhindern können, daß prominente CDU-Lokalpolitiker auf der Liste der BVP für den Freiburger Stadtrat kandidierten. In Karlsruhe erreichte die Partei immerhin 6,5 Prozent der Stimmen, errang ein Mandat, verfehlte knapp ein zweites und verhalf der SPD zu einer absoluten Mehrheit in der alten Landeshauptstadt.[115]

Die badische CDU war in höchsten Tönen alarmiert. Während der durch Umfragen gestählte Ministerpräsident abwartend taktierte[116], mobilisierten die badischen Landesvorsitzenden, Dichtel und Gurk, den Widerstand gegen die BVP. Gurk sprach von einem »geradezu verbrecherischen Versuch zur Spaltung der christlichen Kräfte im politischen Raum« und zog alle Register im Kampf gegen die altbadische Bewegung.[117] Die CDU werde bei den Kommunalwahlen mit Einbußen rechnen müssen, »die sich für die Landtagswahl 1960 verhängnisvoll auswirken können«. Adenauer werde über Artikel 118 möglichst schnell eine endgültige Volksabstimmung über Baden erzwingen müssen.[118]

Angesichts der befürchteten »Spaltung des christlichen Lagers« wurde der Vatikan in den Kampf gegen die BVP eingeschaltet. Es war ein offenes Geheimnis, daß nicht nur der ländliche Klerus in Baden, sondern Erzbischof Schäufele höchstpersönlich auf seiten der altbadischen Bewegung stand. Im Januar 1960 sprach er von zwei christlichen Parteien, die sich lediglich in ihrer Forderung nach der Wiederherstellung des alten Landes Baden unterschieden – ein Freibrief für katholische Wähler, der BVP ihre Stimme zu geben.[119] Auch die rechte Hand des Bischofs, der robuste Generalvikar Dr. Föhr, stand voll im Kampf für Altbaden, und das nicht »mit den zartesten Mitteln«.[120] Ein langes Dossier mit dem Sündenregister des Prälaten wurde nach Rom geschickt.[121] Kiesinger beklagte sich beim Apostolischen Nuntius, daß die BVP die Unterstützung des Freiburger Kirchenregiments genieße, obwohl es sich bei der badischen Frage um eine rein politische Angelegenheit handele. Die BVP werde die CDU »um die erstrebte und erreichbare Mehrheit in unserem Lande« bringen und den (gottlosen) Sozialdemokraten nützen. Es drohe eine Verwirrung der Seelen von Klerus und Volk. Damit sei weder Kirche noch Staat gedient.[122]

Die etwas zwielichtige Weise, mit der sich das Freiburger Episkopat in die Politik mischte, war für Kiesinger eine »sehr ernst zu nehmende« Frage, zumal in der Union um diese Zeit ein lautstarkes Nachdenken über das »hohe C« begann.[123] Von allen Seiten wurde Kiesingers negatives Vorurteil über den Freiburger Bischof bestätigt.[124] Tatsächlich wirkte die BVP wie ein Sprengsatz am Fahrgestell der Union, deren Monopol in katholischen Gebieten sie bedrohte. Wie die CDU stellte sich die BVP als eine überkonfessionelle christliche Partei dar. Evangelische Geistliche und Laien wurden prominent auf ihren Listen plaziert. Dennoch war die BVP, wie überhaupt die badische Frage, zu einem guten Teil ein katholisches Projekt.[125] Mit ihrem stockkonservativen Programm fand sie nur im katholischen Bevölkerungsteil Resonanz, während sie in protestantischen Gebieten keinen Fuß auf den Boden bekam.

Es half der badischen CDU, daß sich die katholische Hierarchie in der Südweststaatsfrage uneinig zeigte. Das Interesse der Kirche an der »badischen Frage« begann Anfang der sechziger Jahre zu bröckeln. Auch zeigten die Interventionen Kiesingers und der nordbadischen CDU Wirkung. In Rom führte der »Fall Föhr« zu »langen, eingehenden Beratungen«. Dort wurde für notwendig erachtet, gegen die Einmischung der Freiburger Kirchenführung in die Politik vorzugehen. Der aus Baden stammende, mit Kiesinger befreundete Kurienkardinal Bea beobachtete die Vorgänge sehr genau und wurde durch zahlreiche Schreiben aus der Erzdiözese auf dem Laufenden gehalten. Bea »teilt völlig unsere Auffassung«, berichtete Gurk an Kiesinger. Der Kardinal habe die Ernennung Föhrs zum Generalvikar schon immer »für ein Unglück« gehalten.[126] Das Freiburger Episkopat hatte sich auf das politische Spiel eingelassen. Nun trug es die CDU in die Kirche zurück.

Letztlich besiegte sich die BVP aber selbst. Anfang 1960 machte sie den unverzeihlichen Fehler, ein Zweckbündnis mit der »welfischen« Deutschen Partei (DP) einzugehen, unter deren Fahne die BVP in den Landtagswahlen anzutreten beabsichtigte. Kiesinger war davon überzeugt, daß die BVP durch diesen Schritt »an Anziehungskraft in Baden verliere«.[127] Zwar koalierte die DP in Bonn mit dem gut-katholischen Adenauer, stand jedoch in der nationalkonservativ-protestantisch-preußischen Tradition der Deutschnationalen Volkspartei. Mit Hilfe einiger von norddeutschen CDU-Landesverbänden zur Verfügung gestellten Dossiers wurde die BVP/DP mit harter konfessioneller und landsmannschaftlicher Rhetorik bekämpft.[128] Mit Rückendeckung des Apostolischen Nuntius gelang es dem südbadischen CDU-Landesvorsitzenden Dichtel, die Bewerbung eines altbadischen Kandidaten für das (sichere) Freiburger Landtagsmandat zu verhindern. Nach einigem Hin und Her, nicht ohne ein kräftiges Lavieren des Bonner Unionsfraktionsvorsitzenden Krone, wurde mit dem Freiburger Staatsrat Hans Filbinger ein südweststaatstreuer Politiker nominiert.[129]

Die Affäre um die BVP läßt ein heute unvorstellbares Engagement der Kirchen in einer weit außerhalb ihres engeren dogmatischen Kompetenzbereichs liegenden Frage erkennen. Sie unterstreicht die engen Affinitäten führender CDU-Politiker zum katholischen Klerus noch Anfang der sechziger Jahre. Denn daß die »kulturpolitischen Ziele« der Union mit denen der Kirche mehr oder weniger übereinstimmten, stand auch für Kiesinger ganz außer Frage.[130] Diese Kirchennähe vertrug sich aber bestens mit seiner festen Überzeugung, in der Zusammenarbeit christlich orientierter Politiker beider Konfessionen liege einer der »größten politischen Gewinne der Nachkriegszeit«. Daher warnte er vor »restaurativen Träumen einer konfessionalistischen Parteipolitik«, erschien die Gründung der BVP doch wie eine Wiederbelebung des badischen Zentrums. Ein solcher Schritt sei tiefstes 19. Jahrhundert und Politik aus dem Geist »von vor 1933«.[131] Wer an die mühselig errungene Einheit der Christen nach 400 Jahren konfessionellen und politischen Haders rühre, der »frevelt«.[132]

Dieser innerparteiliche Sezessionsversuch hat Kiesingers Entschlossenheit wachsen lassen, auf verfassungsrechtlichem Gebiet Fortschritte zu suchen. Am Rande der Wahl Heinrich Lübkes zum Bundespräsident trafen sich am 1. Juli 1959 in Berlin die beiden altbadischen CDU-Bundestagsabgeordneten Kopf und Hilbert mit Kiesinger, Adenauer und dem in der Neugliederungsfrage federführenden Bundesinnenminister Schröder. Eine Kommission wurde eingesetzt, die zwar keine einheitliche Rechtsauffassung fand, weil jede Seite ihre Hofjuristen benannte, jedoch als klassischen Geschäftsordnungstrick den Burgfrieden bis zu den Landtagswahlen 1960 wiederherstellte.[133] Danach wurden die Bemühungen um eine Lösung der badischen Frage fortgesetzt. Weil der BVP der Einzug in den Landtag mißglückte, verlor das Problem rasch seine Dringlichkeit. Die Bildung einer kleinen Koalition in Stuttgart 1960 tat ein übriges, weil damit, abgesehen von den Sonderfällen Berlin und Saarland, die für die Besatzungszeit typische Konstellation einer Allparteienregierung auch im Südwesten beendet war. Die weniger komfortable Mehrheit einer kleinen Koalition wirkte auf den altbadischen CDU-Flügel disziplinierend.[134]

Noch ein weiteres Jahrzehnt mußten Landesregierung und Ministerialverwaltung intensiv um die badische Frage ringen. Die von der Bundesregierung sukzessiv eingebrachten Vorschläge zur Änderung des Grundgesetzes, etwa der Höcherl-Entwurf vom Herbst 1961, trugen die Stuttgarter Handschrift.[135] Bis in die späten sechziger Jahre konnten sich die streitenden Parteien nicht auf die Rahmenbedingungen für einen Volksentscheid einigen. Während die Regierung Kiesinger auf einer Abstimmung in ganz Baden-Württemberg insistierte, beharrte das altbadische Lager auf einem Votum nur in den badischen Gebieten. Tatsächlich wurde bei der abschließenden Abstimmung im Juni 1970 allein die badische Bevölkerung gefragt.

Zu diesem Zeitpunkt waren längst Fakten geschaffen worden, gegen deren normative Kraft die altbadische Bewegung keine Chance mehr hatte. In diesen Kontext gehört auch Kiesingers wichtigster integrationspolitischer Coup, der Konstanzer Universitätsplan, mit dem er sich zugleich als ein Vorreiter der Bildungsreform in den sechziger Jahren zu profilieren begann.

Konstanz oder die konservativen Anfänge eines Reformjahrzehnts

Wir wissen nicht genau, was Kiesinger dazu bewogen hat, am 6. September 1959 als bildungspolitischer *deus ex machina* auf die Bühne zu treten und sich auf einem Empfang in Singen am Hohentwiel vor den versammelten städtischen Honoratioren als »leidenschaftlicher Verfechter« der Idee zu erkennen zu geben, daß es »keinen besseren und schöneren Platz« als die »traditionsreiche Stadt Konstanz« für eine Universitätsgründung gäbe, sollte eine solche vom Lande ins Auge gefaßt werden.[136]

Über den unmittelbaren Anlaß haben schon die Zeitgenossen gerätselt. In Kiesingers »geschichtskundigem Geist«, so der aus allen Wolken fallende Kultusminister Storz, habe wohl »der Anblick der Reichenau das Zukunftsbild einer Universität in Konstanz ausgelöst«.[137] Ob der *genius loci* der in »frühherbstlich mildes Licht getauchten Hegau- und Bodenseelandschaft« Kiesinger beflügelte, wie der damalige Abteilungsleiter im Staatsministerium und spätere Vertreter Kiesingers in den Gründungsausschüssen für die Universitäten Konstanz und Ulm, Paul Feuchte, meint?[138] Otto Rundel, Kiesingers persönlicher Referent seit Mai 1959, berichtet, daß der Ministerpräsident die Konstanzer Gründungsidee auf einem Spaziergang zum ersten Mal aufgeworfen habe, den er an diesem Sonntagvormittag auf dem Weg von Tübingen nach Singen hatte einlegen lassen. Wie so oft nutzte Kiesinger die Gelegenheit einer Fahrt über das Land, um seine Gedanken in freier Natur zu ordnen. Während Rundel neben Kiesinger einherschritt, entwickelte der die Hauptgesichtspunkte seiner Rede am Nachmittag vor der Badischen Landjugend in Singen. Spontan kam er darauf zu sprechen, daß er auf einem der Kundgebung vorangehenden Treffen mit der Singener Prominenz die Idee einer Universitätsgründung in Konstanz öffentlich bekanntgeben wolle.[139]

Die unkonventionellen Anfänge einer der wichtigsten Initiativen Kiesingers passen ins Bild: Der Ministerpräsident pflegte einen intuitiven Ansatz in der Politik. Er war ein Mann der spontanen Einfälle, dem sich die Gedanken beim Reden formten. Manches hat er aus der Gunst der Stunde heraus angeschoben und die Ausführung *en detail* dann anderen überlassen. Daß er seinen Plan weder im Kabinett noch gegenüber der Fraktionsführung abgesichert hatte, war ungewöhnlich. Ralf Dahrendorf spricht daher zu Recht von der »Fürstengründung« Konstanz.[140] Der Ministerpräsident handelte aus dem Geist der Zeit. Doch er tat dies auf ganz unzeitgemäße Weise – ohne Kabinett, Beiräte oder Kommissionen.

Die Bildungsreform hat Kiesinger nicht erst im September 1959 entdeckt. Seit mehr als einer Generation wurde in Deutschland intensiv über die Hochschulreform beraten.[141] Seit seinen Berliner Studententagen trieb ihn die Frage um, wie angesichts steigender Studierendenzahlen die Universitäten noch ihrer Aufgabe würden gerecht werden können. Als Repetitor hatte er die Defizite des universitären Lehrbetriebs aus erster Hand erfahren. Und als weitgereister Vorsitzender des Auswärtigen Ausschusses hatte er die Universitätssysteme Europas und der USA kennengelernt, hatte die Sorbonne, Oxford, Berkeley, Chicago, Georgetown, Harvard und Stanford besucht. Im Gespräch mit Professoren und Studierenden ausländischer Universitäten hatte er den Eindruck gewonnen, »daß wir in Deutschland zwar nach wie vor viel Gutes in unserer Universitätslandschaft zu bieten hatten«, die deutsche Universität jedoch unverkennbar ihren Rang in der Weltspitze zu verlieren drohe.[142]

Das Thema der Universitätsneugründungen lag in der Luft, als Kiesinger mit seiner Singener Ankündigung auf die bildungs- und landespolitische Szene trat. Das machte ihn zu einem der öffentlichen Vorreiter des 1957 gegründeten Wissenschaftsrates, der Ende 1960 in einer Denkschrift die Gründung neuer Universitäten fordern und die bereits entwickelte Reformdiskussion in gutachterliche Formen gießen sollte.[143] Schon im März 1959 hatte Kiesinger in Ulm die Möglichkeit einer Universitätsneugründung durchblicken lassen.[144] Auch im engeren Zirkel seines Tübinger Bekannten- und Freundeskreises war die bildungspolitische Reformdebatte zu dieser Zeit bereits voll entbrannt, wo mit Eduard Spranger einer der Protagonisten früherer Reformversuche zu den geistigen Mentoren Kiesingers gehörte.

Der unmittelbare Anlaß von Kiesingers Rede in Singen läßt die landespolitische Substanz des Konstanzer Projekts deutlich hervortreten. Es handelte sich nicht allein um den genialischen Einfall eines ebenso klugen wie unkonventionellen Politikers, sondern um einen ernstzunehmenden Schachzug in der baden-württembergischen Integrationspolitik. Kiesinger war nicht in den badischen Südosten gekommen, um die landschaftlichen Schönheiten des Hegau zu bewundern, sondern er suchte auf der Abschlußkundgebung der Badischen Landwirtschaftlichen Woche eine Lanze für den Südweststaat zu brechen.[145] Auch der Empfang des Singener Stadtrats um den südweststaatstreuen Oberbürgermeister und einflußreichen CDU-Landtagsabgeordneten Theopont Diez im Hotel Sonne in Singen, auf dem Kiesinger sich zu Konstanz erstmals öffentlich äußerte, diente ganz offensichtlich einem integrationspolitischen Zweck. Es ging um das »heiße Eisen« der territorialen Arrondierungen im ehemals badisch-württembergischen Grenzgebiet und das von Diez gebührlich zur Sprache gebrachte »nationale Ärgernis« der Singener, daß der die Stadt überragende Vulkankegel des Hohentwiel eine zum württembergischen Tuttlingen gehörende Enklave bildete. Dieses Residuum des heilig-römischen Flickerlteppichs schränkte die Wachstums- und Entwicklungsmöglichkeiten der Stadt empfindlich ein.[146]

Konstanz war also gute Landes- und Integrationspolitik. Es fügte sich perfekt in den von Kiesinger gesetzten Rahmen einer Neu-Akzentuierung der badischen Frage. Daß Kiesinger intuitiv richtig gehandelt hatte, zeigte die enthusiastische Reaktion am badischen Bodensee.[147] Konstanz wurde zum Geniestreich, weil es zwei zentrale landespolitische Probleme verknüpfte. Der integrationspolitische Erfolg wurde auf einem wichtigen Reformfeld gesucht. Das belegt die verunsicherte Reaktion altbadischer Kreise, deren ohnehin schwache Stellung am westlichen Bodensee empfindlich getroffen wurde.[148] Einer dritten badischen »Landesuniversität« (nach Heidelberg und Freiburg) hatten die Altbadener schlicht nichts entgegenzusetzen. Nur aus Freiburg, in dessen Einzugsbereich das Konkurrenzprojekt fiel, kamen gemischte Reaktionen.[149] Konstanz war eine wirksame Erinnerung, daß das größere Land auch Baden größere Möglichkeiten bot.

Bedenkt man, welche Kreise das Konstanzer Gründungsprojekt in der bildungspolitischen Debatte der sechziger Jahre zog und wie sehr sich in der historischen Perspektive Kiesingers Stuttgarter Regierungszeit gerade mit diesem Projekt verbindet, so erstaunt die anfängliche negative Resonanz außerhalb der unmittelbar betroffenen Bodenseeregion. Von der südwestdeutschen Hochschulrektorenkonferenz wurde Kiesingers Initiative mit der vorsichtig einschränkenden Formulierung begrüßt, daß Neugründungen angesichts des »immensen Bedarfs« in ein »sachgerechtes und klares« Verhältnis zum Ausbau der existierenden Hochschulen gerückt werden müßten.[150]

In Ministerrat stieß Kiesinger zunächst auf Granit: Der freidemokratische Finanzminister Frank, für dessen Geschmack der Ministerpräsident einen etwas legeren Umgang mit dem Landeshaushalt pflegte, wollte »nicht mitmachen«. Auch der zuständige Kultusminister fühlte sich angesichts des Alleingangs des Ministerpräsidenten brüskiert.[151] Da beide Minister nach den Landtagswahlen im Mai 1960 aus dem Kabinett auszuscheiden beabsichtigten (tatsächlich sollte Storz bis 1964 Kultusminister bleiben), verzichtete Kiesinger zunächst einmal darauf, seine Minister überhaupt mit Konstanz zu befassen.[152] Einer geordneten Diskussion im Kabinett fehlten die minimalen Voraussetzungen.

Es vergingen zwei Monate, bis das Thema in der Kabinettsrunde überhaupt zur Sprache kam: Früher oder später führe kein Weg an der Neugründung einer Universität vorbei, verteidigte Kiesinger seinen Plan im November 1959. Er bitte »die Herren Minister und Staatsräte, in ihren Äußerungen zu dieser Frage die Momente, die für die von ihm vorgeschlagene Lösung sprechen, positiv zu würdigen und die bestehenden Schwierigkeiten und Bedenken nicht in den Vordergrund zu rücken«. Es gehe auch um die Integration des Landes: »Das Land Baden-Württemberg könne an diesem Beispiel beweisen, daß es eine Einheit darstellt und daß es zur Lösung großer Aufgaben fähig ist.«[153]

Während manche Kritiker hinter Kiesingers Plan ein durchsichtiges wahltaktisches Manöver vermuteten, das die Landtagswahlen nicht überleben werde[154], war der wichtigste Einwand ein finanzieller. Baden-Württemberg war das hochschulreichste Land der Bundesrepublik mit den höchsten Bildungsausgaben pro Kopf, die in absoluten Beträgen selbst von dem sehr viel größeren und finanzkräftigeren Nordrhein-Westfalen nur knapp übertroffen wurden.[155] Wenn Kiesinger auch eine »spartanische Lösung« für möglich hielt und keine »Traumuniversität« bauen wollte[156], waren Finanzminister und Parlament so leicht nicht zu beeindrucken. Als sich der Landtag im Dezember 1959 erstmals mit Konstanz beschäftigte, konzentrierte sich alles auf die Frage, wie Kiesingers Plan mit einer haushälterischen Politik in Einklang zu bringen war. Als »grimmiger Türhüter vor dem Kassenschrank des Landes« (Möller) brachte Finanzminister Frank das vorherrschende Empfinden zum Ausdruck, daß das zentrale Anliegen der Landespolitik nicht die Gestaltung politischer Spielräume und die Verteilung finanzieller Wohltaten sei, sondern die Frage, wo wieviel gespart werden könne. Die Rolle des obersten Sparkommissars spielte Möller, der, von »schwarzem Pessimismus« erfüllt, das Land weit »von einer befriedigenden, konstruktiven Neuordnung der Finanzen« entfernt sah und das Konstanzer Projekt für nicht finanzierbar hielt.[157]

Gegen diesen überwältigenden Sparwillen war kaum anzukommen. Im Herbst 1959 stand einzig die CDU hinter Kiesinger. Dieser mußte sich vor den Abgeordneten gegen den Vorwurf wehren, er gebe die Steuergelder mit leichter Hand aus. Der Landtag spreche nur über Verbilligung, Einsparen und Verwaltungsvereinfachung. Auch er sei für eine wirtschaftliche Verwaltung. Doch dann folgte der Satz, der den mit eisiger Miene auf der Regierungsbank sitzenden Finanzminister erstarren ließ: »Es ist an sich noch kein Verdienst, wenn ein Haushalt ausgeglichen ist. Das Entscheidende ist, ob mit einem Haushalt die sich aufdrängenden Aufgaben auf richtige Weise eingeplant und bewältigt wurden.« Das Land könne auch einmal mit einem Defizit leben.[158] Den Fragen eines Finanzministers stellte sakrilegisch Kiesinger den

»Mut zum Träumen, den Mut zur Vision« entgegen. Angesichts »riesenhafter, zukunftsbestimmender Aufgaben«, gelte es, »auch im Kleinen eine ganze Welt neu aufzubauen«.[159]

War Konstanz die fixe Idee eines eitlen, nach einer Serie Bonner Mißerfolge auf dem kargeren landespolitischen Feld historischen Nachruhm suchenden Politikers, wie der *Spiegel* meinte? Daß Kiesinger einen tragfähigen Gedanken in die Welt gesetzt hatte, zeigte sich schnell. Konstanz war zweifellos populär. Zwei Drittel der befragten Baden-Württemberger signalisierten im Februar 1960 Zustimmung.[160] Es war ein Projekt so recht aus dem optimistischen Geist der sechziger Jahre, das überdies mit dem im Herbst 1959 von Diez und dem Konstanzer Oberbürgermeister Helmle ins Leben gerufenen »Kuratorium Universität Konstanz« eine schlagkräftige Lobby fand. Das Kuratorium hielt den Gründungsgedanken über alle Durststrecken wach und verfügte mit dem Konstanzer *Südkurier* über ein einflußreiches publizistisches Sprachrohr.[161] Konstanz entwickelte schnell eine Eigendynamik, der Kiesinger nur um den Preis eines massiven Prestigeverlustes hätte entgegenwirken können.[162]

Mit seiner überraschenden Gründungsidee hatte Kiesinger mehr politischen Instinkt bewiesen, als ihm die meisten Landespolitiker zugetraut hatten. Wie fast alle erfolgreiche Politik schlug auch Konstanz mehrere Fliegen mit einer Klappe. Es war ein integrationspolitisches Instrument und, wovon noch die Rede sein wird, ein Trostpflaster für den unterbliebenen Hochrheinausbau; zugleich aber auch ein Stück Hochschulreform – aus einer zunächst sehr konservativen Gesinnung. Eine perfekte Mischung: Der altbadischen Opposition wurde der Schneid abgekauft und zugleich die führende Stellung des Südwestens in der Hochschulpolitik verteidigt.

Aber es gab auch ein persönliches Motiv, über das sich Kiesinger recht unbekümmert äußerte. Er wollte dereinst als Universitätsgründer in die Geschichte eingehen. Der *Spiegel* zitierte ihn mit dem entwaffnenden Satz: »Wenn es mir gelingt, die Universitätsgründung durchzusetzen, so würde dies mir allein genügen, zu sagen: Du hast ein schönes und erfülltes Leben gehabt.«[163] Kiesinger wollte als Retter »der deutschen Universität« erscheinen, die aufgrund des Studierendenandrangs ihr Gesicht zu verlieren drohte. Mit Konstanz hoffte er, ein Stück Humboldt an die Hohen Schulen der Republik zurückzubringen. Die Idee der Universität werde nur dann überleben, wenn sie nicht zur »Massenproduktionsanstalt von Spezialisten« degeneriere, sondern die Studierenden in »das Ganze unserer geistigen Welt« einführe. Um in Zukunft den engen Kontakt von Studierenden und Lehrenden zu gewährleisten, werde man an dem »Problem der Neugründung von Universitäten überall in Europa, auch in unserem Vaterlande, auch in unserem Lande nicht vorbeikommen«.¹⁶⁴ Konstanz war anfänglich auf einen konservativen Grundton gestimmt.

Das läßt eine wenig beachtete Dimension der Reformen der sechziger Jahre ins Blickfeld treten. Das Konstanzer Projekt fand vor allem unter konservativen, teils ehemals nationalsozialistischen Professoren Zustimmung, wie dem früheren Heidelberger Historiker Willy Andreas, der 1945 seines Amtes enthoben worden war und sich von einer Neugründung eine Linderung der Nöte der an Überfüllung leidenden Hochschulen versprach.¹⁶⁵ Der ehemalige Marburger Mediävist Theodor Mayer, der in der NS-Zeit Präsident der Monumenta Germaniae Historica gewesen war und in den fünfziger Jahren den »Konstanzer Arbeitskreis für mittelalterliche Geschichte« als Auffangbecken sogenannter amtsvertriebener Mittelalterhistoriker gründete, reagierte enthusiastisch: »Es ist eine Lust zu leben, um an diesem Werk mitzuwirken.«¹⁶⁶ Bruno Heck, mittlerweile zum Rottweiler Abgeordneten und Vorsitzenden des Kulturpolitischen Ausschusses des Bundestags avanciert, setzte sich mit dem kulturpessimistischen Argument für Konstanz ein, es gelte einer gefährlichen Entwicklung hin zu »Mammutuniversitäten« entgegenzuwirken.¹⁶⁷

Was ist die Signatur der sechziger Jahre, des großen Reformjahrzehnts in der Geschichte der Bundesrepublik? Wer sind die Träger dieser Reformen zu je unterschiedlichen Zeitpunkten? Die Reformer entstammten nicht allein dem linken oder liberalen Spektrum. Auch Persönlichkeiten, die sich als christdemokratisch oder gar konservativ bezeichneten, waren in den sechziger Jahren gewillt, die westdeutsche Gesellschaft nachhaltig umzukrempeln. Ausgerechnet die beiden Bundesländer, die die ehrgeizigsten Gründungspläne verfolgten und zu Trendsettern der Hochschulreform wurden, Nordrhein-Westfalen und Baden-Württemberg, wurden Anfang der sechziger Jahre von der CDU regiert. Überdies: Linien führen zurück in die Zwischenkriegszeit, als der Ansturm der »studierenden Massen« eine spezifisch nationalsozialistische »Lösung« gefunden hatte. Kiesinger stellte eine lebensgeschichtliche Brücke zu diesen älteren Diskussionen dar. Erneut wurde die vielzitierte Gefährdung der menschlichen Freiheit durch »Vermassung« und Anonymität auf die Tagesordnung gesetzt.¹⁶⁸

Kleine Koalition 1960

Unter Spitzenpolitikern besitzt Kiesinger den Ruf eines politischen Laienbruders. Unter dem geschäftigen, mit taktischem Geschick seine Intrigen spinnenden Personal der alten Bonner Republik blieb er immer ein wenig Außenseiter. Unstreitig populär, schien er die Höhe oberhalb des politischen

Alltags zu behaupten. Parteipolitische Aufgeregtheiten ließen ihn scheinbar kalt. Er reagierte sensibel auf Zeitströmungen, wie der Konstanzer Universitätsplan bewies. Er reflektierte intensiv über die Grundlagen der Politik. Ihm fehlten Berührungsängste gegenüber Intellektellen. Ein verhinderter Professor, dessen Karrierepläne das »Dritte Reich« zunichte gemacht hatte, lebte er wie sein unmittelbarer Nachbar Carlo Schmid unter den Professoren. Sein privates Domizil hatte er in der Tübinger Goethestraße im Haus des Chemie-Nobelpreisträgers Adolf Butenandt gefunden. Er pflegte den Lebensstil eines Gelehrten – oder was er dafür hielt. Sein Tagesablauf hat stets etwas von dem eines freischwebenden Intellektuellen.

Bürokratischen Routinen unterwarf er sich nicht. Er suchte Einsamkeit und Freiheit von äußeren Zwängen. Den Montag brauchte er, um auf Wanderungen im Schönbuch nachzudenken, einem ehemals königlich-württembergischen Jagdrevier zwischen Tübingen und Stuttgart. Gegen den Widerstand des Ältestenrates wurde ein halbes Jahr nach Kiesingers Wahl der Termin der Kabinettssitzungen vom Montag auf den Dienstag bzw. auf den Mittwoch verlegt und damit der Landtagskalender kräftig durcheinandergebracht. Offiziell wurde dies mit der Notwendigkeit einer gewissenhaften Nachbereitung der Bonner Bundesratssitzungen begründet, die freitags stattfanden und von den Beamten für die Kabinettssitzung am Dienstag ausgewertet werden müßten.[169] Alex Möller tobte im Landtag, weil er seinen Terminkalender neu ausrichten mußte.

Ungerührt pflegte Kiesinger seine »peripatetische« Arbeitsmethode. Er habe unterwegs, im Flugzeug, im Auto, im Zug oder beim Wandern, möglichst fern eines Schreibtischs, immer am besten gearbeitet. Das Aktenstudium habe ihn vom Denken abgehalten. So kamen seine jungen Mitarbeiter montags nach Tübingen. Wenn es das Wetter erlaubte, ging es in den Schönbuch. Dort ließ sich der Ministerpräsident häuslich nieder; Klapptischlein und Klappstühle wurde auf einer Wiese aufgestellt, zwei Flaschen Wein in den Goldersbach gesteckt. In freier Natur ließ es sich arbeiten und sprechen; zwischendurch wurde ein Picknick eingenommen, dann ein wenig marschiert und wieder gearbeitet. Das war der Montagsstil.[170]

Wie viele Politiker hat Kiesinger seinen Mitarbeitern oft Übermenschliches abverlangt. Er hatte Glück, daß er in Otto Rundel den Persönlichen Referenten fand, der sich in dieser kräftezehrenden, jedes Privatleben verbietenden Tätigkeit sechs Jahre lang verschliß. Der 1927 in Ravensburg geborene Rundel war Kiesinger als CDU-Landesgeschäftsführer bereits 1948 begegnet, als Rundel sich bei der Jungen Union politisch zu engagieren begann. 1953 organisierte er gemeinsam mit seinem späteren Nachfolger im Amt des Persönlichen Referenten, Ansgar Schwarzwälder, Kiesingers Wahlkampf in Ravensburg. Nach dem Jurastudium kurzzeitig Mitarbeiter des Kölner Verfassungsschutzes, holte ihn Kiesinger 1959 in die Villa Reitzenstein. 1964 wurde er von Kiesinger zum Leiter der Grundsatzabteilung im Staatsministerium befördert. Unter Kiesingers Nachfolger Filbinger vorübergehend kaltgestellt (und für Weinbau zuständig), sollte er schließlich doch ein enger Mitarbeiter Filbingers werden. 1975 wählte ihn der Landtag zum Präsidenten des Landesrechnungshofes, wo er sich als unbestechlicher Mahner zu fiskalischer Zurückhaltung den Respekt auch der Opposition verdiente. 1991 vorzeitig pensioniert, hat Rundel seine steile Beamtenlaufbahn als ehrenamtlicher Präsident der Karlsruher Führungsakademie 1995 beendet.[171]

Der unorthodoxe, aus Sicht der Ministerialbürokratie zweifellos extravagante Stil Kiesingers hat seine Effizienz als Politiker womöglich gehemmt. Wenn er im Laufe des Nachmittags aus seiner Tübinger Wohnung nach Stuttgart aufbrach, um dann in der Villa Reitzenstein bis tief in die Nacht eine hektische Betriebsamkeit zu entfalten, dann litten darunter nicht allein die Beamten, sondern die ganze Staatsmaschinerie. Verschärft wurde das durch Kiesingers Unwilligkeit, in Stilfragen Kompromisse einzugehen. Was andernorts ein Routinevorgang war, konnte unter Kiesinger zum Problem geraten. Die Bonner Beamten etwa waren schockiert, als Kiesinger bald nach seiner Wahl zum Bundeskanzler 1966 darauf beharrte, den Hunderten von Weihnachtsgrüßen des Bundeskanzlers je eine persönliche Note zu geben. Derartige Vorfälle gehörten in Stuttgart zum Tagesgeschäft. So treffsicher Kiesinger als Redner aus dem Stegreif formulierte, so schwer tat er sich mit geschriebenen Texten. Ein simples Grußwort konnte ein Dutzend Entwürfe erfordern. Und selbst dann war er oft unzufrieden.[172]

Nicht nur gegenüber der Sprache zögerte Kiesinger, beherzt Verantwortung zu übernehmen. Konfliktscheu, wie er war, schob er Entscheidungen auf die lange Bank, die sich jedoch nicht immer von selbst erledigten. Zäh, aber nicht kämpferisch, sensibel und eigensinnig, ließ er Realitäten nur allmählich an sich heran. Sicher, langfristiges Denken immunisiert gegen kurzfristige Moden; und Kiesinger hat zu Recht darauf vertraut, daß sich, bei nüchterner Betrachtungsweise, manches Problem im Einvernehmen lösen ließ, sobald der »ideologische Verdunstungsprozeß« (wie eines seiner Lieblingsworte lautete) erst einmal eingesetzt hatte. Gelegentlich muß ein Politiker das Gesetz des Handelns aber auch an sich reißen. 1960 jedenfalls schätzte er das Ergebnis der Landtagswahlen völlig anders ein als die meisten anderen Landespolitiker, so daß die kleine Koalition gegen den anfänglichen Willen des Ministerpräsidenten geschlossen wurde.

Die Wahlen zum dritten baden-württembergischen Landtag am 15. Mai 1960 waren für die CDU eine Enttäuschung. Die Hoffnungen Kiesingers auf eine starke Wahlbeteiligung hatten sich trotz des populären Spitzenkandidaten nicht erfüllt.[173] Die Zurückhaltung der Wähler schadete der CDU. Im katholischen, der CDU unter normalen Umständen sicheren Südbaden hatten sich 46 Prozent der Wähler aus »altbadischem Trotz«[174] der Stimme enthalten. Drei Prozentpunkte bzw. fünf Mandate gingen der CDU verloren. Mit 39,4 Prozent und 51 Sitzen blieb sie stärkste Partei, doch der Anteil der SPD schnellte von 28,9 auf 35,4 Prozent hoch. 44 Mandate für die Sozialdemokraten, darunter alle fünf Direktmandate in der Landeshauptstadt Stuttgart, wo der verteidigungspolitische Experte der Fraktion, Rolf Nebinger, zu den prominenten Opfern des Erdrutsches gehörte und einer völlig unbekannten SPD-Kandidatin unterlag.[175] Der Abstand der beiden großen Parteien hatte sich erheblich verringert, vor allem wenn man das Ergebnis mit den exzeptionellen Adenauer-Wahlen des Jahres 1957 verglich, als die CDU in Baden-Württemberg mehr als doppelt so viele Stimmen geholt hatte wie die SPD (52,8 zu 25,8 %).[176]

Vergeblich mühte sich Kiesinger, im CDU-Bundesausschuß die Wahl als relativen Erfolg zu verkaufen: Nach Umfragen stehe die Union im Bund in einem Kopf an Kopf-Rennen mit der SPD. Entgegen diesem Trend habe sich die Landespartei wacker geschlagen: »Wir sind die stärkste Partei geblieben, und damit müssen wir zufrieden sein.«[177] Es war nur ein Trostpflaster, daß die unter der Flagge der DP segelnde BVP nicht in den Landtag eingezogen war und mit 1,6 Prozent weit abgeschlagen auf den hinteren Plätzen landete. Doch dieser Erfolg wurde mit der Nominierung einiger altbadischer Kandidaten auf sicheren CDU-Mandaten teuer erkauft. Auch daß Kiesinger einen persönlichen Achtungserfolg errungen hatte, änderte an der Gesamtsituation nichts: In seinem neuen Landtagswahlkreis Saulgau war er standesgemäß mit dem landesweit besten Ergebnis von 74,6 Prozent gewählt worden.[178]

Trotz des schlechten Abschneidens seiner Partei mußte Kiesinger nicht um sein politisches Überleben kämpfen. Er war völlig unangefochten. In jeder von den Akteuren ernsthaft ins Auge gefaßten Regierungskoalition würde der neue und der alte Regierungschef Kiesinger heißen. Eine Neuauflage der SPD/FDP-»Mini-Koalition«, wie 1952 unter Reinhold Maier, schied aus. Dahingehend hatte sich das »bürgerliche Lager« mit Rücksicht auf die anstehenden Bundestagswahlen noch kurz vor dem Urnengang verständigt.[179] Am Donnerstag vor der Wahl hatte der freidemokratische Landesvorsitzende Haußmann erklärt, daß seine Partei nicht gegen die CDU koalieren würde. Auch Maier hatte allen Grund, seinen Frieden mit der CDU zu machen, die ihm aufgrund einer lokalen Wahlabsprache die Rückkehr in den Landtag mit einem Direktmandat geebnet hatte.[180] Niemand wunderte sich, daß der Altministerpräsident das koalitionspolitische Vorgeplänkel mit der Bemerkung würzte, die SPD unter Alex Möller »giere« nach einer Koalition mit der CDU und wolle die FDP von der Macht fernhalten. Scheufelen, der sich am Freitag vor der Wahl heimlich mit dem FDP-Bundesvorsitzenden Erich Mende getroffen hatte, revanchierte sich noch am selben Abend mit der Feststellung, es werde »auf keinen Fall« eine CDU/SPD-Koalition geben. Ein schwarz-rotes Bündnis stünde »außerhalb jeder praktischen Überlegung«.[181]

Zu der sich abzeichnenden Verständigung zwischen CDU und FDP ging Kiesinger zunächst auf Distanz. Wenige Tage vor der Wahl hatte er erklärt, die ungelöste Badener-Frage lege eine Fortsetzung der Allparteienkoalition nahe.[182] Da er sich nicht sicher sein konnte, ob die baden-württembergischen Sozialdemokraten unter dem Druck der Bonner Parteizentrale nicht doch auf eine »rotliberale« Koalition einschwenken würden, hatte er Alex Möller im Februar 1960 in dessen Wohnung in Karlsruhe aufgesucht und sich der Unterstützung des Stuttgarter SPD-Fraktionsvorsitzenden versichert. Dieser versprach, eine mögliche Verschiebung der Mandate zugunsten der SPD werde sich nicht auf die Position des Ministerpräsidenten auswirken.[183] Die Warnungen Bruno Hecks schlug Kiesinger in den Wind, daß Möller sich im Ernstfall einem gegenteiligen Votum des Bonner SPD-Parteivorstandes beugen würde. Sofort nach der Wahl sickerte durch, er neige zur Fortsetzung der Allparteienkoalition.[184]

Kiesinger zögerte, dem sozialdemokratischen Partner den Laufpaß zu geben. Er war nicht der Mann, der, einem kühlen Machtinstinkt folgend, kurzentschlossen persönliche Beziehungen dem politischen Kalkül opferte. Immerhin hatte er den Sozialdemokraten seine Wahl zum baden-württembergischen Ministerpräsidenten mit zu verdanken, woran ihn der tief verletzte Ex-Wirtschaftsminister Hermann Veit nach seiner Entlassung im August 1960 deutlich erinnerte.[185] Auch war Kiesingers Verhältnis zu Möller von gegenseitigem Respekt geprägt. Daher quälte sich der Ministerpräsident mit der Entscheidung, »von mir geschätzte Sozialdemokraten in die Opposition zu schicken«[186]. Dies ist der Regierungserklärung noch anzumerken, die Kiesinger *nach* der Bildung der Kleinen Koalition im Landtag abgeben sollte. Erst allmählich löste er sich von der Konstellation, an die sich das Land und dessen Regierungschef »in den vergangenen sieben Jahren fruchtbarer Arbeit« gewöhnt hatten.[187]

Doch die CDU drängte zur kleinen Koalition. Die Partei führte ihr schwaches Abschneiden nicht auf die badische Frage, den südbadischen Wahlboykott oder gar den bundespolitischen Gegenwind zurück. Sie übernahm Adenauers Deutung, daß die CDU überall dort schlecht abschneide, wo sie in Koalitionen mit der SPD stünde.[188] Die Allparteienkoalition habe die Wähler müde gemacht und die CDU bei der Verteilung von Posten und Pöstchen benachteiligt. Schon vor der Wahl hatten sich daher jüngere Politiker zu einer Fronde gegen jeglichen Versuch der alten Herren zusammengeschlossen, die Allparteienregierung fortzusetzen, wobei sich der junge Heiner Geißler als ausgesprochen hartnäckiger Kritiker der von ihr ausgehenden »Langeweile« erwies.[189]

Das aufgestaute Unbehagen über die Allparteienkoalition brach gleich nach der Wahl »mit elementarer Kraft hervor«.[190] Die Villa Reitzenstein wurde von Telegrammen und Briefen überflutet. Es gab nur einen einzigen Tenor: »Sehen schlechte Wahlbeteiligung als Folge Allparteienkoalition. Bitten dringend bei Koalitionsbildung Folgerungen zu ziehen. Bundestagswahlen«, telegraphierte der CDU-Kreisverband Bruchsal. »Sorgen Sie für eine kräftige Opposition im Landtag, Herr Ministerpräsident. Weitere vier Jahre Allparteienregierung machen die nächste Landtagswahl überflüssig«, schrieb der Kreisvorsitzende von Backnang. Am eifrigsten focht die Junge Union, die Kiesinger mit Resolutionen und Eingaben geradezu bombardierte.[191] Unter den 21 neugewählten Abgeordneten, die sich den 30 wiedergewählten älteren Abgeordneten im neuen Landtag hinzugesellten, war die Abneigung gegen die Allparteienregierung am größten.[192]

Im Landtag kündete sich ein Generationswechsel an, der die parteipolitischen Konfliktlinien künftig stärker hervortreten ließ. Die Tage der Politiker waren gezählt, die aufgrund der gemeinsamen Erfahrung der nationalsozialistischen Diktatur persönliche Beziehungen und Freundschaften im Zweifel über innerparteiliche Treueverhältnisse stellten.[193] Kiesingers präsidialem Stil war das alte Arrangement entgegengekommen. Daß die Stuttgarter Geschäfte einen ruhigeren, wenn auch etwas »langweiligeren« Gang gingen, war ihm nicht als Nachteil erschienen.[194] Zwar war auch sein Handlungsspielraum in der Allparteienkoalition eingeengt. Doch konnten Ansprüche der eigenen Seite mit der notwendigen Rücksichtnahme auf einen starken Partner leichter abgewehrt werden. Angesichts einer Tendenz zur Parteipolitisierung, die, wenn man so will, die alte Honoratiorenpolitik durch einen »demokratischeren« Ansatz ersetzte, war nicht von vornherein ausgemacht, ob seine persönliche Stellung in einer kleinen Koalition gestärkt werden würde oder nicht.

Daß es ganz anders kam, hatte auch mit Alex Möller zu tun. Dieser schätzte das Wahlergebnis falsch ein. Selbstbewußt auftrumpfend verlangte er eine Berücksichtigung des gewachsenen sozialdemokratischen Stimmenanteils bei der Regierungsbildung.[195] Dazu war er durch das Wahlergebnis zweifellos legitimiert. Was aber blieb dem unter dem Druck seiner Partei stehenden Kiesinger anderes übrig, als die SPD in die Schranken zu weisen? Da alle Parteien eine Reduzierung der Zahl der Ministerien versprochen hatten, war die personalpolitische Manövriermasse begrenzt. So hatte Kiesinger knapp eine Woche nach der Wahl eine Verkleinerung des Kabinetts zur *conditio sine qua non* seiner Regierungsbildung gemacht – noch ohne sich koalitionspolitisch festzulegen. Doch damit war eine Vorentscheidung gefallen.

Eine zweites *essential* erschwerte ein Fortsetzung der Koalition mit der SPD: Kiesinger erwartete, daß der zukünftige Partner eine »parteipolitisch motivierte Frontstellung« gegen die Bundesregierung unterlassen und innenpolitisch der Tatsache der Mitwirkung der Landesregierung an der Bundesgesetzgebung Rechnung tragen würde.[196] Damit waren die Hürden für Verhandlungen mit der SPD hoch gesetzt, obwohl der seine bundespolitischen Ambitionen wägende und vielleicht auf eine Große Koalition nach den Bundestagswahlen 1961 spekulierende Kiesinger nach einem eventuellen Abgang Adenauers für die SPD als Außenminister unter Umständen sogar tragbar gewesen wäre, während Alex Möller sich Hoffnungen auf das Amt des Bundesfinanzministers gemacht haben soll.[197]

Freilich hatte sich nach anderthalb Jahren Regierungsverantwortung bei Kiesinger der Eindruck festgesetzt, daß die SPD von der Allparteienregierung stärker profitierte als die CDU. Schon in der Endphase des Landtagswahlkampfes hatte er deshalb auf einen scharfen Konfrontationskurs umgestellt.[198] Da spielten persönliche Gründe mit: Möller gefiel sich in der Rolle des »ungekrönten Königs von Baden-Württemberg«, da er mit Rücksicht auf seine Pflichten als Generaldirektor der Karlsruher Lebensversicherung auf einen Sitz im Kabinett dankend verzichtete und nach amerikanischem Vorbild das Parlament zum eigentlichen Gegenspieler der Regierung machte. Als Vorsitzender des Finanzausschusses opponierte er gegen die Regierung, während er im privaten Umgang mit Kiesinger (und dessen Vorgänger Müller) die Richtlinien der Politik mitbestimmte. Sofern sich jedoch in der Öffentlichkeit der Eindruck verfestigte, »daß der Vorsitzende der SPD-Fraktion dem Ministerpräsidenten an landespolitischem Einfluß überlegen war«, dann war für den statusbewußten Kiesinger die Zeit gekommen, dem »unnatürlichen« Bündnis aller Parteien ein Ende zu bereiten.[199]

Wie mehrfach an einem politischen Scheideweg ging Kiesinger vorsichtig zur Sache. Er nutzte seine starke Stellung, lotete seine Möglichkeiten aus, vermied es, zur Unzeit jemanden vor den Kopf zu stoßen, ließ die Entscheidung »mit größter Gewissenhaftigkeit« reifen. Das ließ er seinen »lieben Freund«, den scheidenden Vorsitzenden der CDU-Landtagsfraktion, Domkustos Franz Hermann, gleich nach Abschluß der Koalitionsverhandlungen nicht ohne schmunzelnde Genugtuung wissen.[200] Erst traf er sich mit den vier Landesvorsitzenden der CDU, dann mit Alex Möller, dann wiederum mit den Landesvorsitzenden, dann wurde er von Möller zu Hause besucht, und schließlich beriet er sich wieder mit Scheufelen und den Gremien der Union.[201] Das irritierte die Bonner Parteizentrale – und ganz erheblich die Junge Union. Offensichtlich steuerte Kiesinger nicht ohne Umschweife auf die kleine Koalition zu, wie der Nachwuchs forderte und der Kanzler empfahl.[202]

Es bedarf keiner tiefenpsychologischen Einsichten, um Kiesingers Taktieren zu verstehen. Ahnend, daß es auf eine kleine Koalition hinauslaufen würde, doch auf seine ostentative Unabhängigkeit von Adenauer bedacht, setzte er sich gegen Bonner Versuche zur »Gleichschaltung der Länder« zur Wehr. Schon gar nicht war er bereit, sich von der Basis den Zeitplan diktieren zu lassen. Deshalb nahm er sich für eine der wichtigsten Entscheidungen seiner Karriere zwei Wochen Zeit. Zwei Wochen, in denen die FDP ungeduldig wurde und Möller an der Aufrichtigkeit des Ministerpräsidenten zu zweifeln begann.[203] Doch anders als 1969 konnte niemand Kiesinger zwingen, schnell Farbe zu bekennen.

Als die neugewählte CDU-Landtagsfraktion am 1. Juni 1960 zu ihrer ersten Sitzung im Schloßhotel Solitude bei Stuttgart zusammentrat, war die Entscheidung so gut wie gefallen. Zwar sah die Presse Kiesinger geradezu »zwischen zwei Feuern« braten. Doch dieser hatte sich längst mit der neuen Lage arrangiert.[204] Es bedurfte nicht des langen Arms der Bundespartei, um ihn vom Verhandlungstisch mit Möller wegzureißen. In einem einstündigen Referat auf der konstituierenden Sitzung der Fraktion wandte sich Kiesinger sofort gegen die Behauptung, er sei ein bedingungsloser Anhänger der Großen Koalition. Entschieden sprach er gegen eine schwarz-rote Koalition, womit die einzige reale Chance ausgeschlossen war, überhaupt noch mit der SPD ins Geschäft zu kommen.[205] Als Tage später Scheufelen das Ergebnis der Fraktionssitzung vor dem nordwürttembergischen CDU-Landesvorstand referierte, konnte er Presseberichte glaubwürdig in das Reich der Legende verweisen, es gäbe einen klaren Dissens zwischen Kiesinger und den vier Landesvorsitzenden.[206]

Was folgte, waren, koalitionspolitisch gesprochen, Formalitäten. Die parlamentarische Etikette gebot, daß die Verhandlungskommission der CDU – außer dem Ministerpräsidenten noch die vier Landesvorsitzenden Scheufelen, Adorno, Dichtel und Gurk sowie der designierte Vorsitzende der Landtagsfraktion, der Baden-Badener Abgeordnete Camill Wurz und dessen Ulmer Stellvertreter Heinrich Stooß – zunächst mit der zweitstärksten Fraktion zusammentraf. Am 9. Juni um 9.30 Uhr empfing der Ministerpräsident Möller, den stellvertretenden SPD-Fraktionsvorsitzenden Walter Krause und den Ex-Innenminister Fritz Ulrich in der Villa Reitzenstein. Das Gespräch hinter verschlossenen Türen, von dem Möller in Erinnerung geblieben ist, daß es erst gar nicht »in Verhandlungen ausgeartet« sei, war nach anderthalb Stunden beendet.[207] Noch kurz zuvor hatte Möller den Anspruch der SPD auf Beteiligung schriftlich erneuert und mit der Erfordernis einer Verkleinerung des Kabinetts verknüpft.[208]

Möller machte Kiesinger ein schlechtes Gewissen. Er, Möller, habe 1953 Maiers Versuch vereitelt, eine den kulturpolitischen Zielen der CDU diametral entgegengesetzte Verfassung unter Dach und Fach zu bringen. Im Wahlkampf 1956 habe die FDP den Sozialdemokraten das Staatsministerium versprochen. Die damals rechnerisch mögliche kleine Koalition sei aufgrund seiner Intervention gescheitert, Müller Regierungschef geblieben.[209] Entweder solle eine Allparteienkoalition gebildet werden, in der sowohl CDU als auch FDP ihre Positionen wahren könnten, oder aber eine schwarz-rote Koalition.[210] Beides lag außerhalb jeglicher politischer Reichweite: Bei Schwarz-Rot hätte Scheufelen wohl seinen Rücktritt erklärt. Bei einer besitzstandwahrenden Allparteienkoalition hätte Kiesinger sein Wahlversprechen einer Verkleinerung des Kabinetts gebrochen. Umgekehrt war Kiesingers Angebot eine Zumutung, der SPD ebenso viele Ministerien zu überlassen wie der sehr viel kleineren FDP. Eine Kabinettsliste, in der die CDU vier Sitze erhielt, die SPD zwei sowie FDP und BHE jeweils einen, akzeptierte Möller nur für sich persönlich, nicht jedoch für seine Partei – zumal unter diesen Umständen die Freidemokraten in die Opposition gegangen wären.[211]

Noch am 1. Juni hatte Wehner Kiesinger beschworen, aus gemeinsamer Verantwortung »für Deutschland« zu prüfen, »welches Wegzeichen für die nächste Wegstrecke gesetzt werden würde, wenn die Sozialdemokratische Partei sozusagen ausgesperrt würde«.[212] Doch der Weg der baden-württembergischen SPD in die Opposition war vorgezeichnet. Seit der Gründung des Bundeslandes 1952 war sie mit in der Regierung gesessen und seit 1945 auch in den süd- und nordwürttembergischen Kabinetten. Mit ernsten Mienen verließen Möller und seine Kollegen den Sitzungssaal in der Villa Reitzenstein. Während der südbadische CDU-Chef Dichtel vor laufenden Fernsehkameras vielsagend von »interessanten Verhandlungen« sprach, meinte Kiesinger sibyllinisch, daß es im Gespräch mit der SPD zu »gewissen konkreten Feststellungen der Positionen gekommen sei«[213]. Kurz darauf bekräftigte die eilige zusammentrommelte SPD-Fraktion Möllers Linie, daß das Kabinett verringert werden müsse und nur einer Lösung zugestimmt werden könne, »die die Kräfteverhältnisse im neuen Landtag angemessen berücksichtigt«. Kiesingers Angebot, der SPD, bei einem Verhältnis von 44 zu 18 Mandaten, die gleiche Anzahl von Ministerien zuzugestehen wie der FDP, hielt die SPD-Fraktion für einen Affront.[214] Damit waren die Verhandlungen so gut wie gescheitert.

Das um die Mittagszeit veröffentlichte Pressekommunique der SPD flatterte auf den Tisch der Verhandlungsdelegationen von FDP und CDU, die seit 11.30 Uhr bei Kiesinger tagten.[215] Während sich die Sozialdemokraten berechtigte Sorgen über ihren Verbleib in der Regierung machten, saßen die vier Vertreter der FDP – Haußmann, der spätere Wirtschaftsminister und MdB Eduard Leuze, der Heidelberger Rechtsprofessor Otto Gönnenwein und der Schwäbisch Haller Landrat und zukünftige Finanzminister Hermann Müller – in aufgeräumter Stimmung mit den Christdemokraten in der Villa Reitzenstein beisammen. Da die Verhandlungen sich über die Mittagszeit erstreckten, ließ Kiesinger heiße Würstchen und Getränke auffahren. Für die wartenden Journalisten war nicht zu übersehen, daß sich das künftige Regierungsteam zu finden begann.[216]

Kiesinger eröffnete die Koalitionsverhandlungen mit der Erklärung, die CDU wolle in jedem Falle gemeinsam mit der FDP regieren. Der Besitzstand werde gewahrt. Anschließend erwog er die Frage, ob es nicht zum Wesen der parlamentarischen Demokratie gehöre, »daß die politischen Entscheidungen im Wechselspiel von Regierungskoalition und Opposition gewonnen werden«. Die CDU neige zu einer kleinen Koalition mit der FDP, womöglich unter Einschluß des BHE, um diesem die Chance einer Profilierung in der Opposition zu verbauen. Die Koalition müsse auf vier Jahre geschlossen werden, ohne »Verstrickungen wie früher im Blick auf 1961«. Er werde sich bei Adenauer dafür einsetzen, ein »gutes Verhältnis zur FDP im Bund herzustellen«. Damit kam seinem zweiten *essential,* »einer sorgfältigen Abstimmung und ein fruchtbares Zusammenwirken in allen Fragen der Bundespolitik und der Landespolitik«, fast schon Selbstverständlichkeitscharakter zu.[217]

Die hochsensiblen Personalfragen und die Verteilung der Kabinettsposten wurden gleich in der ersten Runde angesprochen, obwohl diese in Koalitionsverhandlungen üblicherweise die größten Mühen bereiten. Die CDU baute einer Forderung der FDP-Fraktion vor, ihren kulturpolitischen Sprecher im Landtag, den Tübinger Juraprofessor und ehemaligen Rektor der Universität, Walter Erbe, zum Kultusminister zu machen. Der liberale Erbe werde von der katholischen Wählerschaft abgelehnt, galt er doch seit den Verfassungsberatungen des Jahres 1952/53 als entschiedener Verfechter der christlichen Gemeinschaftsschule.[218] Auch würde es in »Richtung Freiburg« Schwierigkeiten mit Erbe geben. Die »Kontinuität des Landes« müsse bei der Zusammenstellung der Kabinettsliste eine Rolle spielen; damit würde Storz im Amte verbleiben. Im übrigen sei »die inkongruente Position der CDU im Kabinett« zu beseitigen. Die CDU, die unter den klassischen Ministerien bisher nur das Kultusministerium hielt, beanspruchte das Innenministerium. Nebst dem Staatsministerium würde der CDU das Kultus-, Innen- und Landwirtschaftsressort zufallen, der FDP Justiz, Wirtschaft und Finanzen sowie der Bundesrat, dem BHE evtl. ein Arbeits- und Vertriebenenministerium.[219] Obwohl sich in der Kulturpolitik »zwischen FDP und CDU gewisse Klüfte« auftaten[220], nahm die FDP ohne viel Federlesens Kiesingers Angebot an. Schon nach drei Stunden wurden die Koalitionäre handelseinig. Noch einmal formierte sich in der Union eine Gruppe von Befürwortern der Allparteienkoalition.[221] Doch als Kiesinger, nach Zwischenstationen in Bonn und einem Wahlkampfauftritt in Schleswig-Holstein, wo er die SPD in einer Rede in Mölln scharf angriff[222], sich am 15. Juni zunächst um 9 Uhr mit der SPD und dann um 11 Uhr mit der FDP zu einer zweiten Verhandlungsrunde traf, machte er Möller sogleich auf den im Wahlergebnis »für die bürgerlichen Parteien zum Ausdruck gekommenen und auch von der CDU-Landtagsfraktion erkannten Trend« aufmerksam. Möllers Angebot, bei einer Allparteienregierung auf das sozialdemokratisch geführte Innenministerium zu verzichten, kam zu spät. Die SPD hatte die Landtagswahlen gewonnen, um die Regierungsverantwortung zu verlieren. Die Quittung wurde Kiesinger zehn Jahre später präsentiert, als Möller, in der legendären Wahlnacht des 26. September 1969, zu den SPD-Politikern gehörte, die Willy Brandt am eifrigsten zur Bildung einer sozial-liberalen Koalition drängten.

Während man in Bonn über die Hintergründe der schleppenden Koalitionsverhandlungen im Lande rätselte, wurden in Stuttgart die letzten Stolpersteine aus dem Weg geräumt.[223] Zunächst ging es um die Frage der Teilnahme des BHE, an dessen Mitarbeit die Bildung der christlich-liberalen Koalition nicht scheitern sollte. Trotz der altbadischen Sperrminorität innerhalb der CDU waren 70 von 120 Mandaten ein akzeptables Risiko. Ein ernsthaftes Problem war die zu geringe Repräsentanz badischer Minister im Kabinett, weil sich der freidemokratische Ministerflügel ausschließlich aus württembergischen Abgeordneten rekrutierte. Deshalb reklamierte die CDU ein zusätzliches Ministerium, während die FDP neben drei Ministerien die Bundesratsangelegenheiten wirtschaftlicher Art zugestanden wurden. Den Bundesrat insgesamt behielt sich Kiesinger persönlich vor und wurde dort durch einen Staatssekretär ohne Stimme im Kabinett vertreten.[224]

Auch in den Sachfragen fanden sich beide Seiten schnell: Die protokollarische Rangfolge der obersten Repräsentanten des Landes wurde in Kiesingers Sinne geklärt: Der Ministerpräsident, der nach seiner Auffassung die Funktionen eines Regierungschefs und Staatsoberhaupts in sich vereinigte, besaß den ersten Rang; der zweite kam dem Landtagspräsidenten zu, an dritter Stelle rangierte Haußmann als stellvertretender Ministerpräsident. Großer inhaltlicher Konsens auch in der Südweststaatsfrage: »Erhöhte Aktivität« mit dem Ziel, baldigst ein Neugliederungsgesetz nach Artikel 29 GG auf den

Weg zu bringen; Ablehnung dagegen der Forderung der FDP, drei Regierungspräsidien (anstelle von vier) entlang der Grenzen der drei alten Länder einzurichten; schließlich trugen die Liberalen mit einem Bekenntnis zum Föderalismus und einer Absage an die Forderung nach einem Bundeskulturministerium zum Koalitionsfrieden bei.[225]

Umstritten waren die kulturpolitischen Passagen des Koalitionsvertrages. Hier lagen die Partner in fast allen Details über Kreuz. Der von Kiesinger und Scheufelen erstellte Entwurf eines Koalitionsvertrages wich in diesem Punkt erheblich vom Protokoll der Verhandlungen ab, welche die FDP ursprünglich zur Grundlage der Regierung hatte machen wollen.[226] Prompt monierte Walter Erbe das Fehlen der Forderung nach einer Reform der höheren Schulen. Dem freidemokratischen Kultusexperten dämmerte, daß der von der FDP erwünschte Ausbau des Volksschulwesens von der CDU mittels einer Formulierung unterlaufen worden war, daß solche Reformen »den bäuerlich bestimmten Landschaften« gerecht werden müßten. Die Christdemokraten zementierten die schulpolitische Orthodoxie per Koalitionsvertrag, indem sie die Einführung eines neunten Schuljahres und den Aufbau eines Mittelschulwesens von der »Rücksicht auf die berechtigten Ansprüche der Dorfgemeinschaft und der Pfarrkirche« abhängig machten.[227] Hier taten sich Sollbruchstellen auf, die im Oktober 1964 zu einer ernsthaften Koalitionskrise führen sollten und 1966 zur Auflösung der christlich-liberalen Koalition in Stuttgart.

Als Nachzügler kam am 3. Juli der BHE an Bord, zwei Wochen nachdem Kiesinger und sein Kabinett gewählt und vereidigt worden waren. Dem BHE fehle jegliches Rückgrat, so Kiesinger. Er würde in welcher Koalition auch immer mitmachen, obwohl dessen Landesvorsitzender Feller das von Kiesinger angebotene Staatssekretariat zunächst strikt abgelehnt hatte.[228] Da sich FDP und CDU auf die Auflösung des ohnehin kaum ausgelasteten Vertriebenenministeriums geeinigt hatten und aus »optischen Gründen« nicht über die acht Ministerien hinauswollten, zogen sich die einem Satyrspiel gleichenden Verhandlungen wochenlang hin.[229] Schließlich wurde ein Staatssekretariat als selbständige Hauptabteilung für Vertriebene, Flüchtlinge und Kriegsgeschädigte unter dem Dach des Innenministeriums eingerichtet, wobei der Staatssekretär Sitz und Stimme im Kabinett erhielt. Sepp Schwarz, Fraktionsvorsitzender des BHE, gebürtiger Sudetendeutscher und vor dem Krieg aktiver Sudeten-Funktionär, hielt diese Bedingungen für akzeptabel und trat in die Regierung ein.[230]

Mit der Vereidigung des zweiten Kabinetts Kiesinger begann ein neuer Abschnitt in der Geschichte Baden-Württembergs. Das Ende der Allparteienkoalition hatte die politischen Verhältnisse im Südwesten normalisiert. Die düpierten Sozialdemokraten zögerten keine Minute, auf einen harten

Oppositionskurs einzuschwenken. Das neue Kabinett wurde mit Anfragen der Opposition geradezu überhäuft. Vor allem aber lag die Stuttgarter Kleine Koalition 1960 in der Konsequenz der Bundespolitik. In der Landespolitik wären die Differenzen zu überbrücken gewesen, wie Kiesinger dem Oppositionsführer Möller in der hitzigen Debatte über die Regierungserklärung im Juli 1960 auch zugestand. Nur mit Blick auf die Bund schien der Länder-Parlamentarismus noch Sinn zu machen, weil im Bundesrat das Land an der Gesetzgebung mitwirkte. Der westdeutsche Föderalismus gebot eine Synchronisierung der Machtverhältnisse in Bund und Ländern.[231]

DAS ZWEITE KABINETT KIESINGER

Noch zu Beginn der sechziger Jahre wurden in Baden-Württemberg die Personaldebatten mit kräftigen Ingredienzien landsmannschaftlichen und konfessionellen Proporzes gewürzt. Stolperstein Nr. 1 war die regionale Ausdifferenzierung der Kabinettsitze. Hier gab es bis 1960 ein Defizit der badischen Union. Zuvor waren die beiden badischen CDU-Landesverbände nur mit einem Minister im Kabinett vertreten gewesen, dem Guttenbacher Landwirt Eugen Leibfried, der sämtliche landespolitischen Stürme meisterte und von 1953 bis 1968 das Landwirtschaftsressort versah. Hinzu kamen von badischer Seite die beiden ehrenamtlichen, stimmberechtigten Staatsräte Filbinger (Freiburg) und Werber (Karlsruhe). Da die ganz im Württembergischen verankerte FDP/DVP keine Badener ins Kabinett entsandte und mit Wirtschaftsminister Veit (Karlsruhe) und Arbeitsminister Hohlwegler (Konstanz) zwei badische Sozialdemokraten ausgeschieden waren, galt Kiesingers Hauptsorge der Berufung weiterer Badener ins Kabinett.[232]

Das Schlüsselressort war das Innenministerium, dem die gesamte innere Verwaltung mit beträchtlichen personellen und politischen Gestaltungsmöglichkeiten unterstand. Die CDU hatte es in den Koalitionsverhandlungen erfolgreich für sich reklamiert. Mit zentralen Kompetenzen wie der Landesplanung sowie der Zuständigkeit für das Verkehrswesen, für die sozialen Einrichtungen und den Wohnungsbau verfügte das Innenministerium über die fettesten Subventionstöpfe. Dieses landespolitische Superministerium wurde zunächst Anton Dichtel angeboten, der als südbadischer Landesvorsitzender quasi ein Vorkaufsrecht besaß. Nach drei Tagen Bedenkzeit lehnte er erneut dankend ab. Angesichts der zu erwartenden Abstimmung über den Südweststaat wollte er seinen Platz in Freiburg nicht aufgeben.[233]

Fast automatisch fiel daher dieses Amt an den Freiburger Landtagsabgeordneten Filbinger, für den Scheufelen und Dichtel sich einsetzten. Als Benjamin des Kabinetts erneuerte er seinen Anspruch auf die Kronprinzenrolle, in welche ihn Müller schon 1958 hatte bugsieren wollen.[234] Da altbadische Spitzen gegen den südweststaatstreuen »Wendehals« Filbinger nicht verfingen, war Kiesingers ehemaligem Konkurrenten um das Amt des Ministerpräsidenten eine überwältigende Mehrheit sicher. Vergangenheitspolitisch motivierte Angriffe auf Filbinger unterblieben. Im Gegenteil, der 1913 in Mannheim geborene Innenminister, der in Freiburg studiert und promoviert hatte und der ordoliberalen Freiburger Schule um Walter Eucken nahestand, sah keinen Anlaß, sich in postfaschistischer Amnesie zu üben. In einem vermutlich durch eine offiziöse Biographie inspirierten Presseartikel heißt es 1960, daß der Marineoffizier Filbinger in der letzten Kriegsphase »eine Reihe von Soldaten vor kriegsgerichtlicher Verurteilung wegen Wehrkraftzersetzung« bewahrt habe: »In zwei Fällen konnte er sogar den Erlaß oder den Vollzug von Todesstrafen verhindern.«[235]

Mit dem fleißigen und gewissenhaften Filbinger hatte die Union eine gute Wahl getroffen. Er verstand, seinen Apparat zu nutzen – ganz anders als Kiesinger. Sein großes Ministerium bekam er schnell in den Griff. Massive Konflikte mit dem Ministerpräsidenten blieben nicht aus, vor allem während der Kontroverse um den Bau einer Erdölleitung entlang dem östlichen Ufer des Bodensees, als Kiesinger seinen Innenminister mit immer neuen umweltpolitischen Bedenken fast zur Verzweiflung brachte. Verschärfend kam Kiesingers Angewohnheit hinzu, über den Kopf des zuständigen Ministers direkt in die Ressorts hineinzuregieren. Unter Ausschaltung des Dienstweges wurden Referenten der Ministerien zu Immediatberichten in die Villa Reitzenstein beordert: Er verstehe das Staatsministerium nicht als »eine Art Rangierbahnhof«, in dem die Züge aus den verschiedenen Ressorts ein- und dann wieder ausliefen, verteidigte sich Kiesinger. Dies sei das Recht, »ja die Pflicht« des Ministerpräsidenten. Er habe ja die Richtlinien der Politik zu bestimmen.[236]

Filbinger mühte sich, ein gutes Verhältnis zu seinem Chef zu finden.[237] Doch damit hatte er nur begrenzten Erfolg. Auf seine Art schätzte Kiesinger Filbinger und äußerte sich später anerkennend über dessen Leistungen als Regierungschef, obwohl er Wilhelm Hahn als Nachfolger favorisierte. Doch als Ministerpräsident ließ Kiesinger kaum eine Gelegenheit aus, »seinen Innenminister zu ärgern«, wie Filbingers damaliger persönlicher Referent, Manfred Rommel, beobachtete. Wurde im Ministerrat eine von Filbingers Ressort gefertigte Vorlage beraten, dann konnte es schon mal passieren, daß Kiesinger den Innenminister in eine Diskussion über eine Detailfrage verwickelte. Kleineren menschlichen Grausamkeiten nicht völlig abhold, freute sich Kiesinger geradezu spitzbübisch, wenn der hastig in seinen Unterlagen blätternde Filbinger in Verlegenheit geriet. Von Rommel angesprochen, weshalb er den ihm loyal ergebenen Minister so unfreundlich behandle, antwortete Kiesinger: »Lieber Herr Rommel, ich will das doch gar nicht, aber ich kann nicht anders, wenn er so dasitzt.«[238]

Ein kluger Schachzug war die Ernennung des südbadischen Bundestagsabgeordneten Josef Schüttler zum Arbeits- und ursprünglich auch Vertriebenenminister. Als christlicher Gewerkschafter repräsentierte er den Arbeitnehmerflügel der CDU, die Sozialausschüsse, welche in den wenigen industriellen Einsprengseln des katholischen Südens (etwa in Singen oder in oberschwäbischen Städten wie Biberach) über ihre Anhängerschaft verfügten, während die DGB-Gewerkschaften dort wenig Rückhalt besaßen. Im Tarifkonflikt in der Metallindustrie Anfang 1962 kämpfte Schüttler Seite an Seite mit Kiesinger und half dem Ministerpräsidenten, der in einem 14stündigen Verhandlungsmarathon alle Register seiner Vermittlungskunst zog, einen drohenden Streik gerade noch einmal abzuwenden. Dieser Erfolg ließ bundesweit aufhorchen. Kiesinger gewann Respekt unter Arbeitern und vor allem die Zuneigung des nordwürttembergischen IG-Metall-Vorsitzenden Willi Bleicher, einem KZ-Überlebenden, dem in diesen Verhandlungen mit Hanns-Martin Schleyer der spätere Arbeitgeberpräsident gegenüberstand, der 1977 von der RAF ermordet werden sollte.[239]

Außer mit Schüttler, Leibfried und Filbinger sicherte die Union ihre badische Flanke noch mit dem zweithöchsten Amt im Staat – dem des Landtagspräsidenten – ab, das der nordbadische CDU-Vorsitzende und Karlsruher Bürgermeister Gurk von seinem ebenfalls aus Nordbaden stammenden Vorgänger übernahm, dem Heidelberger Oberbürgermeister Neinhaus. Auch der Fraktionsvorsitz mußte angesichts der »nationalen Herkunft« des Ministerpräsidenten an einen Badener fallen, den Offenburger Wurz – einem der zukünftigen Inhaber des bis 1976 immer von einem Badener gehaltenen Landtagspräsidiums. Den komplizierten Proporz krönte die Fraktion mit der Wahl eines nordwürttembergischen protestantischen Stellvertreters (Stooß) und eines aus Südwürttemberg stammenden katholischen Fraktionsgeschäftsführers (Gleichauf). Damit hatte die Koalition mit vier badischen von insgesamt neun Persönlichkeiten »in oder über Ministerrang« dem badischen Bevölkerungsanteil Rechnung getragen, wobei innerhalb der CDU das Verhältnis zwei (Kiesinger und Storz) zu vier (Filbinger, Gurk, Leibfried und Schüttler) betrug.[240]

Die umstrittenste Figur in Kiesingers Kabinett war Kultusminister Storz. Er war der einzige württembergische Christdemokrat außer Kiesinger – jedoch der mit dem anderen Gesangbuch. In Baden-Württemberg besaßen die Protestanten einen ererbten, vom Evangelischen Arbeitskreis der CDU (EAK) mit Zähnen und Klauen verteidigten Anspruch auf das Kultusministerium, solange die Ministerpräsidenten der katholischen Konfession angehörten. Jedenfalls war Storz ein politischer Seiteneinsteiger, den Müller gegen parteiinterne Widerstände berufen hatte. Der ehemalige Direktor des Schwäbisch Haller Gymnasiums, einem der ältesten Württembergs, passionierte Florettfechter, feinsinnige, gebildete Literaturwissenschaftler und *homme de lettres*, Autor eines Werkes über Friedrich Schiller, Mitarbeiter am »Wörterbuch des Unmenschen«, einst Dramaturg des Badischen Staatstheaters, der seine Sommer als Gastdozent an einer neuenglischen Universität in Vermont verbrachte, fühlte sich als Sachwalter seines Amtes und nicht als Protagonist irgendeiner Parteiung.

Mit seiner betont »unpolitischen«, von staatspolitischem Verantwortungsgefühl geprägten Amtsauffassung gab sich Storz Blößen. Auch hielt er sich nicht an die Spielregeln. Er strebte kein Landtagsmandat an, obwohl Kiesinger ihm mit dem Tübinger Wahlkreis eine goldene Brücke zu bauen suchte, weil dort der Kultusminister, dessen Bruder selbst Landtagsabgeordneter war, Professor zu werden hoffte.[241] Da in Unionskreisen vermutet wurde, Storz würde in dem Augenblick abspringen, in dem ihn ein Ruf nach Tübingen ereilte (was erst nach seinem Ausscheiden aus dem Ministeramt 1964 geschah), mußte er sich während der Koalitionsverhandlungen verpflichten, sein Amt für die volle Legislaturperiode auszuüben, sein Ministerium »politischer zu führen« und dies in »enger Abstimmung« mit der Landtagsfraktion. Vor allem der EAK pochte darauf, daß der protestantische Württemberger im Kabinett sich »nach außen hin eindeutig mit der CDU« identifizierte, tendierten doch viele bürgerliche Protestanten zur FDP und mußten von den Tugenden der überkonfessionellen Christdemokratie erst noch überzeugt werden.[242]

Ganz erfüllten sich die Hoffnungen und Absprachen nicht. Denn Storz, darin Kiesinger ähnlich, entzog sich systematisch den Ansprüchen der Parteigremien, vor allem denen der Jungen Union. Regelmäßig konterkarierte er Anläufe aus der Partei, in den verwickelten Details des Gesetzgebungsprozesses Mitsprache zu halten.[243] Dazu tat der feste Wille des Kultusministers ein übriges, die auf die Pflege des kulturellen Patrimoniums festgelegten Lottomittel des Landes im Zweifel nicht in das lokale Brauchtum zu investieren, sondern in große und wichtige Prestigeobjekte wie den Erwerb der Gemäldesammlung des norwegischen Reeders Moltzau mit Werken von Cézanne, Matisse, Picasso und Renoir, zu denen bald ein Rembrandt hinzukommen sollte – für den dann im Gegenzug ein Manet für Karlsruhe gekauft wurde.[244] Kiesinger und Storz bauten so die Stuttgarter Staatsgalerie zu einem der wichtigsten Museen in Deutschland aus und werteten die baden-württembergische Kulturlandschaft im Laufe der sechziger Jahre spürbar auf.

Auch die Grundlage für den bis heute anhaltenden Erfolg der Stuttgarter Bühnen wurde in der Ära Kiesinger gelegt, als mit der Verpflichtung von John Cranko der Aufstieg des Stuttgarter Balletts zu Weltruhm begann.[245]
Trotz vielfältiger Widerstände hat Kiesinger an dem ihm geistesverwandten Storz stets festgehalten. Dabei hätte es mehr als einmal Anlaß gegeben, sich von dem umstrittenen Kultusminister zu trennen.[246] Um die Jahreswende 1960/61 geriet Storz in Konflikt mit einem seiner leitenden Beamten, dem Ministerialdirigenten Autenrieth, der als Mitglied des nordwürttembergischen Landesvorstandes das Ohr der CDU besaß. Autenrieth suchte die von Storz befürwortete Beförderung eines ebenso originellen wie zu Provokationen neigenden Professors, des Stuttgarter Philosophen Max Bense, zum persönlichen Ordinarius zu hintertreiben, weil dieser eine »atheistische und nihilistische Grundhaltung in Verbindung mit einer Ablehnung der Demokratie, bzw. mit deren alleiniger Anerkennung in östlicher Ausprägung« an den Tag gelegt habe.[247] Den Kritikern hielt Kiesinger entgegen, daß es nicht angebracht sei, »gegenüber zersetzenden Meinungsäußerungen an Hochschulen« den Verfassungsschutz zu mobilisieren: »Die Demokratie müsse so etwas aushalten« und verfüge über die besseren Argumente. Mit Verboten würde allenfalls eine »kulturkampfähnliche Situation« herbeigeredet.[248]

Als er auf dem Höhepunkt der Studentenbewegung wenige Jahre später selbst zur Zielscheibe permanenter Angriffe wurde, sollte auch Kiesinger seine altschwäbische Liberalität gelegentlich ablegen. Im »Fall Bense« aber begegnet er uns als undogmatischer Konservativer, der die neulinken Provokationen zwar nicht schätzte, aber doch tolerierte. In der Union drang er damit zunächst nicht durch.[249] Kiesinger befand sich gerade in den USA, als der »Fall Bense« eskalierte. Ungnädig kehrte er nach Stuttgart zurück, um der Fraktion in einer stürmischen Sitzung den Kopf zurechtzusetzen.[250] Als Storz auf dem nordwürttembergischen CDU-Landesparteitag Anfang März 1961 in Göppingen gemaßregelt werden sollte, sang ihm Kiesinger eine wahre Eloge. Nur eine Persönlichkeit von Rang sei der Kulturpolitik gewachsen. Die CDU schulde ihrem Kultusminister »Dank und Anerkennung«. Dann distanzierte sich Kiesinger förmlich von dem, »was jener Stuttgarter Professor getan hat«, um schon im nächsten Satz die »eifrigen Freunde« zur Respektierung der Meinungsfreiheit zu mahnen. Umgekehrt aber müsse die freie Rede sich »in die gebührende Form kleiden« und nicht »in monströse Beleidigung anderer«. Die Pointe aber war, daß Bense nach einer gewissen Schamfrist sein Ordinariat erhielt.[251]

Kiesingers politischer Schwerpunkt lag im Kabinett. Die Fraktion ignorierte er genauso souverän wie »der Alte« in Bonn. Die Klagen nahmen kein Ende, zumal sich das Verhältnis über die Jahre noch lockerte.[252] Die Fraktion dresche ihm zu viel »lecres Stroh«, ließ sich Kiesinger einmal unwirsch vernehmen. Warum wurden auch längst eingeleitete Aktionen der Regierung mit überflüssigen parlamentarischen Anfragen und Anträgen begleitet?[253] Öffentlichkeitswirksame parlamentarische Schattengefechte waren ihm lästig, obwohl er doch in seinem Lob des Föderalismus starke Länderparlamente als subsidiären Ort der politischen Kommunikation mit dem Volk und bedeutender Debatten forderte. Doch zeigte sich die Fraktion auch gar zu bockig. Wurz und Gleichauf aber kannten Wege, Kiesinger die sprichwörtliche Harke zu zeigen. Stand etwa der Etat des Staatsministeriums zur Beratung an, dann waren die Probleme auf »unterer Ebene« plötzlich nicht mehr weiterzubesprechen. Der Ministerpräsident möge seine Wünsche doch höchstpersönlich erläutern und nicht durch einen von ihm entsandten Subalternbeamten.[254]

Wie viele Regierungschefs seiner Zeit besann sich Kiesinger regelmäßig erst dann auf die Fraktion, wenn der Karren bereits in den Dreck gefahren war. Doch hatte er oft die besseren Karten. Im Juli 1961 erhielt Wurz einen geharnischten Brief, weil die Fraktion ihn in einer Landtagssitzung hatte auflaufen lassen: »Ich erinnere mich aus meiner zehnjährigen Tätigkeit im Bundestag nicht an einen einzigen derartigen Vorfall, selbst wenn man seine [Adenauers] Ansichten nicht voll geteilt hätte.«[255] Das hat er vermutlich selbst nicht geglaubt. Doch im Landtag wurde geschimpft und gemeckert, solange der Ministerpräsident außer Hörweite war. Wagten sich Wurz oder Gleichauf dann mit vorsichtiger Kritik hervor, knickten die anderen regelmäßig ein, einen Wutausbruch befürchtend oder sich von Kiesingers Rede mitreißen lassend.[256] In direkter Konfrontation war ihm niemand so recht gewachsen, am wenigsten die Stuttgarter Abgeordneten. Ein um das andere Mal verstand er sich mit überlegener Rhetorik durchzusetzen.

Bonner Karrierehoffnungen

Der Koalitionspartner FDP war weniger leicht zu ignorieren als die CDU-Fraktion. Da die Chemie zwischen Kiesinger und dem FDP-Landesvorsitzenden Haußmann stimmte, gab es nur wenige Reibungsverluste. Haußmann war seit der Bildung der Kleinen Koalition Kiesingers wichtigster Partner. Gemeinsam mit Scheufelen bildeten sie das magische Dreieck, ohne das in Stuttgart kaum etwas lief. Zusätzlich verband Kiesinger mit Haußmann eine gewisse Anhänglichkeit aus familiärer Tradition, hatte doch dessen Vater Conrad Haußmann für die DVP den Wahlkreis Balingen im Landtag und später auch im Reichstag vertreten und der den Liberalen nahestehende, freisinnige

Neue Albbote zur täglichen Zeitungslektüre in der Familie Kiesinger gehört. Der junge Kiesinger hätte sich wohl nicht träumen lassen, daß der Sohn des alten Haußmann einst seinem Kabinett als Minister angehören würde.[257]

Über lange Zeit spielte Haußmann eine wichtige Rolle für Kiesingers Bonner Rückkehrpläne. Denn daß sich der Ministerpräsident noch einmal außerhalb Stuttgarts zu profilieren hoffte, galt Anfang der sechziger Jahre als ausgemacht. Aber auch Haußmann plante den Aufstieg in die Bundespolitik im Tandem mit Kiesinger. Er hatte ein Auge auf die Bonner Rosenburg geworfen, den Amtssitz des Bundesjustizministers.[258] So profilierte sich Haußmann als Kiesingers getreuer Eckhart, der bei Adenauer Stimmung für seinen Ministerpräsidenten machte.[259] Auf Haußmann war stets Verlaß. Zu fürchten hatte Kiesinger seine Bonner »Freunde«, allen voran Krone, demzufolge er »Bonner Boden nicht wieder betreten« durfte.[260]

Ein gutes Jahr nach der Bildung der Stuttgarter Kleinen Koalition boten die Bundestagswahlen vom 17. September 1961 eine erste Chance zu einem bundespolitischen Schwabenstreich. Tatsächlich hatte die Stuttgarter Regierungsbildung den Freidemokraten den Weg zurück in das Bonner Kabinett geebnet, weil Adenauer nach dem Verlust der absoluten Mehrheit sich nach einem geeigneten Koalitionspartner umsehen mußte. Das war nach Lage der Dinge die FDP. Doch diese hatte sich mit ihrem Nein zu einer weiteren Kanzlerschaft Adenauers die Hände gebunden. Für viele liberale Wähler sei Adenauer noch der »böse alte Mann« gewesen, den man nicht mehr auf dem Kanzlerstuhl sehen wollte, so Kiesinger.[261]

Die Liberalen mußten jedoch bald erkennen, daß sie mit ihrer Untragbarkeitserklärung Adenauers angeknackste innerparteiliche Stellung nicht geschwächt, sondern gestärkt hatten. Ein Diktat »des Herrn Mende« werde die Fraktion nicht akzeptieren: »Alles wird für unsere Fraktion tragbar sein. Dieses aber nicht«, polterte der alte Adenauer-Antagonist Paul Bausch in einem Rundschreiben an führende baden-württembergischen CDU-Mitglieder.[262] Auch die eifrig an Adenauers Sessel sägenden Bonner Diadochen sahen sich aus Gründen der Parteiräson zu Solidaritätsadressen mit dem Kanzler genötigt. Niemand in der Union wollte sich als »Kanzlermörder« die personellen Termini von der FDP diktieren lassen.[263]

Auf der Sitzung des CDU-Bundesvorstandes gleich nach der Wahl machte sich Kiesinger, wie bei den Stuttgarter Koalitionsverhandlungen im Juni 1960 versprochen, für eine Koalition mit der FDP stark. Zugleich machte er darauf aufmerksam, daß die Union die Forderung der Freidemokraten nach einem Rücktritt Adenauers nicht hinnehmen müsse. Er wisse aus seinen Gesprächen mit der Stuttgarter FDP, daß »die andere Seite – das kann ich Ihnen versichern – auch in sich in keiner Weise einig [ist]«. Er empfahl, aus der Not eine Tugend zu machen und »mit den Leuten von der FDP Fühlung« aufzunehmen, »von denen man weiß, daß sie die große Verantwortung spüren, die ihnen diese Stunde auf die Schulter gelegt hat. Dabei ist vieles offen, ganz sicher auch die Kanzlerfrage. Sie ist nicht, wie es nach einigen Äußerungen erschien, festgelegt.«[264]

Die verantwortungsvollen Leute, das waren natürlich die Stuttgarter Freidemokraten um Haußmann und Maier. Anders als die nordrhein-westfälische FDP-Kamarilla um Mende, dessen Stellvertreter Walter Döring sowie den NRW-Landesvorsitzenden Willi Weyer, paktierten die südwestdeutschen Freidemokraten nicht mit den innerparteilichen Gegnern Adenauers, um dem »ältesten Staatsmann der Welt« den Stuhl vor die Tür des Palais Schaumburg zu setzen.[265] Ein wenig wider Willen hatte sich Kiesinger damit zum innerparteilichen Steigbügelhalter Adenauers gemacht. Prompt wurde er in die CDU-Verhandlungskommission verdingt. Denn Kiesinger, so Adenauer, habe »sehr gute Verbindungen zu Herrn Haußmann und den anderen Herren [in der FDP], von denen wir wissen, daß sie vernünftig sind und die Kirche im Dorf lassen«.[266]

Es war also die Aufgabe der Schwaben um Kiesinger, über die Südwestschiene mit der FDP ins Gespräch zu kommen. Um ihr Gesicht nicht zu verlieren, wollten sich die Freidemokraten nicht mit dem eben zur *persona non grata* erklärten Bundeskanzler zusammensetzen. Letzterer wiederum ließ

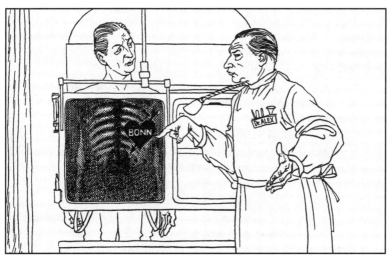

Auf Herz und Nieren: »Das Herz, das Herz,
Herr Ministerpräsident! Gefällt mir gar nicht...«
Kiesinger und Alex Möller, *Stuttgarter Zeitung* vom 16. Juli 1960

sich von einer doppelten Strategie leiten: Auf der einen Seite wurden die FDP mit der ostentativen Drohgebärde der Großen Koalition unter Druck gesetzt. Krone war dabei die Schlüsselfigur, da er ein gutes Verhältnis zu Wehner besaß und mit der SPD verhandelte.[267] Zugleich wurde über Stuttgart der Faden zur FDP gesponnen. So reisten die vier Schwaben Kiesinger, Scheufelen, Haußmann und der FDP-Ehrenvorsitzende Maier am 25. September 1961 nach Frankfurt, um sich dort »in einer Zellstoff-Vertretung« mit dem FDP-Vorsitzenden Mende zu treffen.[268]

Bei den Frankfurter Verhandlungen argumentierten Scheufelen und Kiesinger, die für sich ein Mandat des Kanzlers reklamierten, daß die Union (und damit Deutschland) angesichts der sich zuspitzenden Berlin-Krise auf Adenauer nicht würde verzichten können. Der nächste Kanzler und sein Außenminister würden durch den drohenden »Liquidationsvergleich in der deutschen Ostpolitik« verschlissen. Nur Adenauer sei bereit und fähig, dieses Risiko auf sich zu nehmen. Noch gäbe es in der Union Kräfte, die Erhard erneut aufzubauen suchten. Als Kompromiß wäre eine zeitlich befristete Kanzlerschaft Adenauers denkbar.

Von dieser »Brutus-Theorie« zeigten sich die FDP-Vertreter unbeeindruckt. Das Verschleiß-Problem sei eine »Persönlichkeitsfrage«, welche »die Union selbst lösen muß«.[269] Habe die Union nicht im Wahlkampf behauptet, daß in ihren Reihen »zur Kanzlerschaft befähigte Nachfolger« bereit stünden? Es empfehle sich, Kiesinger als »Kanzler-Möglichkeit (des Auswegs) ins Spiel zu bringen, schnell lanciert über Scheuffelen [sic] oder Dr. Hauffler/Presse«. Schließlich sei Kiesinger Vorsitzender des Auswärtigen Ausschusses gewesen, besitze »Erfahrung, Geschicklichkeit, Routine und Klugheit. Er wäre besser als alle anderen Kanzler-Möglichkeiten.«[270]

Damit war Kiesingers Name im taktischen Spiel. Die FDP mußte den Abschied von ihrer Wahlaussage bewerkstelligen, nicht mehr mit Adenauer ins Kabinett zu gehen. Dessen Drohung mit der schwarz-roten Koalition aber ließ Mende den »Umfall« in einem Interview mit der *Frankfurter Allgemeinen Zeitung* am 28. September vollziehen. Auch Haußmann legte sich seine Argumente zurecht. Der Wähler habe der FDP den Auftrag gegeben, in einer bürgerlichen Koalition Regierungsverantwortung zu übernehmen: »Dieses Votum der Wähler wirkt schwerer als der in gewissen Teilen der Wählerschaft der FDP daneben vorhandene Wille, die Ära Adenauer zu beenden.« Die Alternative wäre eine Allparteienregierung oder aber »nationale Opposition«. Davor fürchteten sich die Württemberger Freidemokraten erst recht. Wenn sich die FDP schon entschließe, Adenauer zu akzeptieren, dann müsse sie sich diese Konzession aber gut honorieren lassen: »Zweifellos wird Adenauer einen anständigen Preis dafür zahlen, daß er Kanzler bleiben darf. Die FDP sollte den Druck, unter dem Adenauer steht, zu Forderungen in persönlicher und sachlicher Hinsicht ausnutzen.«[271]

An welchen Preis hatte die FDP gedacht? Sofern man Adenauer erneut schlucke, entwickelte Haußmann seine »Gedanken zu den Koalitionsverhandlungen«, dann werde bereits jetzt ein Kanzlernachfolger aufgebaut werden müssen. Das Auswärtige Amt müsse einem Politiker anvertraut werden, »der nicht nur Handlanger des Kanzlers ist. Wenn es der FDP gelingt, einen Mann wie Kiesinger oder Gerstenmaier als Außenminister durchzuboxen, gewinnt sie in weiten Kreisen der Wählerschaft Sympathie und Vertrauen.« Auch dürften die der FDP zugesprochenen Ministerien nicht allein den nordrhein-westfälischen Parteifreunden zufallen: »Die sicherste Garantie wäre hier die Aufnahme von zwei süddeutschen Liberalen in die Bundesregierung.« Da sich das personalpolitische Ringen zunehmend auf die Person des Adenauer treu ergebenen Außenministers Heinrich von Brentano richtete, hoffte Haußmann Adenauer die Alternative Kiesinger schmackhaft zu machen.[272] Auch Scheufelens Bericht legte nahe, daß er und Kiesinger, obwohl letzterer es abstritt, »aus der momentanen Lage heraus« doch »Verständnis für das Verhalten der FDP« aufbrachten und aus staatspolitischen Rücksichten heraus in Kauf genommen hätten, daß Brentano »taktischen Überlegungen« geopfert worden wäre, wenn dies auch »langfristig als ungerecht angesehen würde«.[273]

Kiesinger leistete denn auch keinerlei Widerstand, als Haußmann seinen Namen ins Spiel brachte. Er scheint sogar die Bedingung akzeptiert zu haben, einen FDP-Staatsminister als Aufpasser im Auswärtigen Amt zu installieren.[274] Krone jedenfalls war fest davon überzeugt, daß Haußmann im Auftrag und auf Rechnung Kiesingers handelte. Mit der ihm eigenen Prägnanz notierte er sich am 11. Oktober, daß das Ja der FDP ohne Brentano leichter zu erreichen sei: Die Freidemokraten »dächten an Kiesinger, und der sei einverstanden. Ich fragte, wer dann Ministerpräsident werden sollte; da hieß es Gebhard Müller. Heute kommt in der gleichen Sache Klaus Scheufelen zu mir. – Das ist echt Kiesinger. Den läßt sein Ehrgeiz auch nicht schlafen. Gerstenmaier, der auch bei mir war und um diese schwäbischen Streiche wußte, sagte, er ließe sich gegen Brentano nicht ausspielen.«[275]

Nun war den Fragen der Journalisten nicht mehr auszuweichen. Ob er bereit wäre, in Bonn Minister zu werden? »Es ist mein Wunsch, im Lande zu bleiben«, antwortete Kiesinger bescheiden. Was man angefangen habe, das müsse man zu Ende bringen, vor allem die endgültige Konsolidierung des Landes. Doch auf die *captatio benevolentiae* folgte der pflichtschuldige Hinweis zur eigenen Bereitschaft: Unter bestimmten Voraussetzungen könne ihn das Amt des Bundesaußenministers interessieren. Zunächst müsse sorgfältig geprüft werden, ob »die Vertrauensbasis für ihn breit genug wäre. Auch die politische Lage wäre zu berücksichtigen.«[276] Man geht nicht falsch, dies als eine in verklausuliertem Politikerdeutsch vorgetragene Bewerbung zu lesen – mit der üblichen *exit option*, wie es sich für einen erfahrenen Kandidaten gehört. Noch war Kiesinger nicht vor eine konkrete Entscheidung gestellt. Er konnte sich ehrlich zum Lande bekennen, ohne in Bonn etwas absagen zu müssen.

Doch Kiesinger galt nicht nur als Favorit der Freidemokraten: Am 11. Oktober trafen sich Scheufelen und Adorno mit Strauß bei einer Zwischenlandung auf dem Stuttgarter Flughafen zu einem »40minütigen Informationsgespräch über Koalitionsfragen«.[277] Wollte sich Strauß mit Kiesinger »seinen Brentano« holen, d. h. einen schwachen Außenminister, wie Ernst Majonica, der Vorsitzende des Außenpolitischen Arbeitskreises der CDU/CSU, vermutete?[278] Bonns berühmtester Diarist sah Gefahr im Verzug. Am 21. Oktober notierte sich Krone, daß die FDP, »eine armselige Partei«, unvermindert Brentanos Kopf fordere: »Weil der Kanzler bleibt, müsse Brentano daran glauben. Wenn der gehe, komme es zu einer Regierung unter Adenauer. So die Demokraten. Kanzler und ich halten an Brentano fest. Strauß nicht, der will Kiesinger, der auch gerne käme...«[279]

Strauß und die FDP: Das dürfte Kiesingers Reputation bei Adenauer nicht gerade erhöht haben. Hatte er vergessen, daß er von Adenauer nichts mehr zu erwarten hatte? Dem Kanzler nützten die Stuttgarter Vorarbeiten, weil sie ihn mit der FDP zurück ins Gespräch brachten. Einmal mehr winkte Undank als Adenauers Lohn. Während sich in Bonn der Knoten schürzte, war Kiesinger in Stuttgart zum Abwarten verdammt. Bald winkte er ab. An der Krisensitzung der Bundestagsfraktion am 24. Oktober, die zu einem vorübergehenden Zusammenbruch der Verhandlungen führte, nahm er schon nicht mehr teil.[280] Während Krone in der Fraktion Kiesingers Rückzug verkündete, tagte in Stuttgart das Kabinett. Routiniert absolvierte der Ministerpräsident das landespolitische Programm, mit Neugliederungsfragen, Umweltschutz, Privatschulgesetzen und Ankäufen für die Gemäldesammlungen in Stuttgart und Karlsruhe.[281] Als sich am 26. Oktober im Palais Schaumburg die Verhandlungskommissionen zu ihrer nächsten Runde zusammensetzten, spazierte der Ministerpräsident mit den Mitarbeitern des Staatsministeriums im Rahmen des alljährlichen Betriebsausfluges vom Botnanger Sattel über das Bärenschlößle zum Glemstal.[282]

Am folgenden Tag eskalierte in Berlin der Konflikt um den Mauerbau. Am »Checkpoint Charlie« standen sich russische und amerikanische Panzer gegenüber. Kiesinger hielt es nicht länger in der Landeshauptstadt. Bevor er zu einer neuerlichen Sitzung nach Bonn eilte, plädierte er in Freudenstadt vor einem Kreis von Jungunternehmern für eine Zusammenarbeit mit der Sozialdemokratie. Außenpolitische Krisen waren seit jeher sein Ansatzpunkt gewesen, Adenauers parteipolitische Linie zu unterlaufen. Eben noch der Protagonist des Bündnisses mit den Liberalen, sandte Kiesinger Signale in Richtung SPD aus. Die Parteien müßten einen »Burgfrieden« schließen. Er verhehle nicht, »daß ihn die Art und Weise des seit Wochen geführten Koalitionsgesprächs mit Sorgen erfülle«. Entscheidend sei nicht, wer Außenminister würde. Es käme allein darauf an, »daß sich Menschen fänden, die die auf uns zukommenden Entscheidungen gemeinsam auf die Schultern nähmen«. Die »gemeinsame Außenpolitik« aufgreifend, forderte Kiesinger die Bundesregierung auf, auch einer in der Opposition stehenden SPD die Möglichkeit zu einer Zusammenarbeit einzuräumen als Ausdruck eines »neuen Stils zwischen Regierung und Opposition«.[283]

Am 28. Oktober 1961 beugte sich Brentano der Parteiräson und erklärte seinen Rücktritt. Kiesinger konnte sich »trotz Drängens von vielen Seiten nicht entschließen«, seine Stuttgarter Arbeit »in diesem Augenblick aufzugeben«.[284] Nachdem sich Gerstenmaier, Kiesinger, sogar Krone, Abs, Hallstein und Strauß totgelaufen hatten, fand Adenauer in Schröder seinen Kompromißkandidaten. Am 1. November wurde seine Nominierung bekannt.[285] Noch leisteten Bundespräsident Lübke und die Berliner CDU hinhaltenden Widerstand gegen den »Berlin-Defaitisten« Schröder. Noch einmal wurde Kiesingers Namen ventiliert.[286] Kiesinger tröstete sich damit, daß Schröder von Adenauer mit Bedenken nominiert worden sei, worüber er sich mit Haußmann zeitlebens einig war. Zu Haußmann habe Adenauer Ende Oktober 1961 gesagt, als der ihn über Schröder als möglichen Außenminister befragte: »Davon versteht er nichts.«[287] Kiesinger kommentierte die Koalitionsverhandlungen des Herbst 1961 im Rückblick, daß der Kanzler mit Brentano »einen seiner treuesten und vornehmsten Vasallen« habe fallen lassen und sich dafür einen Mann einhandelte, dessen Berufung er »später sicher bedauert [hat], da sich das Verhältnis der beiden Männer unglücklich entwickelte. Ich bekam dies fast schockierend zu spüren, als ich 1966 Bundeskanzler wurde.«[288]

DIE *SPIEGEL*-AFFÄRE 1962

Adenauers langer Abschied ließ die CDU nicht zur Ruhe kommen. Der Kampf um die Macht erreichte mit der *Spiegel*-Affäre im Herbst 1962 einen neuen Höhepunkt. Das kurze Beben der *Spiegel*-Affäre wird heutzutage oft wie ein Fanal zum Durchbruch jener »kritischen Öffentlichkeit« gedeutet, welche das Land aus der Konformität der frühen Adenauer-Ära entführte.[289]

Das läßt sich, *cum grano salis*, im Rückblick so zutreffend schreiben. Dennoch hat sich auch dieser Wendepunkt seine historische Qualität erst im nachhinein erworben. Das hat vermutlich auch damit zu tun, daß der *Spiegel* selbst den mit seinem Namen verbunden Mythos eifrig pflegt.[290] Wie unklar die Fronten damals verliefen, zeigt die Reaktion des einer liberalistischen Gesinnung völlig unverdächtigen Bundespräsidenten Lübke, der in seiner Silvesteransprache 1962 diejenigen Staaten glücklich pries, »in denen die Öffentlichkeit in solcher Weise Anteil am politischen Geschehen« nehme wie in der *Spiegel*-Krise.[291] So sah das auch Kiesinger. Wenn die *Spiegel*-Affäre überhaupt etwas lehre, ließ er sich in seiner Neujahrsansprache 1963 vernehmen, dann doch, daß anders als zwischen 1933 und 1945 die rechtsstaatlichen *checks and balances* hervorragend funktionierten.[292]

Aus der Sicht politisch informierter Zeitgenossen war der Anlaß der *Spiegel*-Affäre doch sehr viel banaler und enger mit dem politischen Kampf um die Nachfolge Adenauers verknüpft, als das historische Endresultat vermuten läßt. Daß es dem *Spiegel* gelang, sich als »Sturmgeschütz der Demokratie« neu zu erfinden, hatte er, wie der Jenaer Zeithistoriker Norbert Frei betont, der Ungeschicklichkeit der Regierenden selbst zu verdanken. Der unberechenbare und in der Union umstrittene Strauß ließ keine Gelegenheit verstreichen, seine Gegner mit guten Argumenten gegen sich selbst zu munitionieren. Die *Spiegel*-Affäre, von Augstein selbst als ein betriebswirtschaftlicher »Glücksfall« bezeichnet, war Höhepunkt einer jahrelangen Anti-Strauß-Kampagne und ließ vergessen, daß der Hamburger Verleger aus einer nationalen Perspektive gegen die Westbindung agitiert und sein Geschäft mit Insider-Stories aus dem »Dritten Reich« gemacht hatte, wofür er zahlreiche Ehemalige beschäftigte, die über einschlägige Erfahrungen und gute Verbindungen ins frühere nationalsozialistische Führerkorps verfügten.[293]

Das Ganze trug den Ruch einer Palast-Intrige. Das läßt nicht zuletzt der unmittelbare Anlaß des von Strauß und Adenauer inkriminierten, von Conrad Ahlers verfaßten *Spiegel*-Artikels »Bedingt einsatzbereit« erkennen. Der deutsche Militärattaché Oster, der Ahlers im Auftrag von Strauß in seinem spanischen Urlaubsdomizil rechtswidrig verhaften ließ, war ein guter alter Bekannter des Verhafteten. Denn Ahlers, der zweite *Spiegel*-Märtyrer, war eng verbandelt mit dem Bonner Establishment. Er war Mitbegründer der Jungen Union in Hamburg gewesen und 1951 Chef vom Dienst im Bundespresseamt geworden. Er bewegte sich im Umfeld der alten Kiesinger-Freunde aus der Wilhelmstraße. Besonders eng war er mit Günter Diehl befreundet, der seit 1962 als Abteilungsleiter in dem Adenauer unmittelbar unterstellten Presse- und Informationsamt diente.[294] Ahlers sorgte sich um den Zustand der Landesverteidigung und trug in seinem Artikel eine militärpolitische

Konzeption vor, die in etwa der von der Kennedy-Administration vertretenen neuen NATO-Strategie der »flexiblen Antwort« entsprach, gegen die sich Strauß und Adenauer wehrten.[295] Mußte es nicht stutzig machen, daß Ahlers gute Kontakte zur CIA unterhielt, die wiederum Kiesinger im Herbst 1966 zugute kommen sollten? Tatsächlich konnten Ahlers, Augstein und der *Spiegel* den Kopf nur dank einiger Freunde in westlichen Geheimdiensten aus der Schlinge ziehen und so den Vorwurf des Landesverrates entkräften.[296]

Es mutet fast schon ironisch an, daß die *Spiegel*-Affäre als ein erstes Anzeichen eines sich wandelnden staatsbürgerlichen Selbstverständnisses in Westdeutschland gilt und als Katalysator gesellschaftlicher Pluralisierung.[297] Zweifellos hat die Krise sehr zum Entstehen einer kritischen Öffentlichkeit beigetragen, war es auch den eigentlichen Protagonisten um traditionelle Politik gegangen, wie das enge Verhältnis von Augstein zu Walter Döring, dem stellvertretenden Bundes- und Fraktionsvorsitzenden der FDP, unterstreicht.[298] Augstein war ein eher unfreiwilliger Agent westdeutscher Fundamentalliberalisierung, da er sich als Journalist nicht übermäßig dem angelsächsischen Modell einer Trennung von Bericht und Kommentar verpflichtet fühlte, wie es alliierte Presseoffiziere in der Besatzungszeit in Westdeutschland einzuführen versucht hatten. Auch den kritischen Duktus pflegte der *Spiegel* eher nach außen hin. Nach innen wurde ein strenger »Herr-im-Hause«-Standpunkt exekutiert. Dieser Eindruck jedenfalls drängte sich Kiesinger auf, bei dem sich Ahlers einen Monat nach seiner Entlassung aus der Untersuchungshaft bitter beklagte. Nur »schweren Herzens« sei er in die *Spiegel*-Redaktion zurückgekehrt: »Es sieht nun danach aus, als ob dieser Schock auch insofern sein Gutes hat, als er ernsthafte Möglichkeiten für eine Reform des *Spiegels* in Richtung auf ›Time‹ ermöglicht. Dies ist ein Gesichtspunkt, den, so finde ich, auch die leitenden Persönlichkeiten der CDU nicht völlig übersehen sollten.«[299]

Nur wenige Tage nach Ahlers' Verhaftung erklärte Kiesinger öffentlich, daß Ahlers gewiß kein Landesverräter sei.[300] Als Ahlers sich auf Rat seiner Anwälte um einige Bürgen bemühte, traten außer Kiesinger und Diehl auch der hochkonservative katholische deutsche Botschafter in Kopenhagen, Hans Berger, für ihn ein.[301] Den erbetenen Persilschein hat Kiesinger Ahlers prompt gewährt. Das hatte Gewicht, denn Kiesinger war kurz zuvor zum Präsidenten des Bundesrates gewählt worden und so der dritte Mann im Staat. Er benötige die Namen einiger Persönlichkeiten, die ihn »menschlich beurteilen« könnten, so Ahlers noch aus der Haft an Kiesinger. Schade, schloß er seinen Brief, »daß Sie Ihre Praxis nicht mehr ausüben. Ich hätte Sie gerne als Anwalt gewonnen.«[302] Kurz vor Weihnachten wurde Ahlers aus der Haft entlassen. In seinem Dank an Kiesinger fand er artige Worte für die Karlsruher Haftvollzugsbeamten. Er und Augstein hätten während ihrer Untersuchungshaft nur die »allerbesten« Erfahrungen gemacht. Das erfreute das Herz des Ministerpräsidenten, der Ahlers ausrichten ließ, daß die beiden prominenten Häftlinge nach Auskunft des Justizministeriums »keine Sonderbehandlung« erfahren hätten. »Hinsichtlich der Verpflegung u.ä seien sie ebenso behandelt worden wie auch die übrigen Untersuchungsgefangenen.«[303] War das bitterer Ernst, Realsatire, oder auch ein wenig Theater?

Kiesinger war unglücklich über den Verlauf der unschönen Affäre, weil sie die CDU in eine tiefe Agonie stürzte und den Fall Adenauers beschleunigte.[304] Weil Bundespräsident Lübke am 10. November zu einem Staatsbesuch nach Asien aufgebrochen war, wurde er von Kiesinger in seiner Funktion als Bundesratspräsident in einer kritischen Phase der Koalitionsverhandlungen vertreten, die aufgrund der *Spiegel*-Krise notwendig geworden waren.[305] Die politische Entwicklung begann sich bald nach der Abreise Lübkes zuzuspitzen. Um sich von dem Geruch der »Umfaller-Partei« zu reinigen, hatten die FDP-Minister am 19. November 1962 ihren Rückzug aus der Regierung erklärt, nachdem sich herausgestellt hatte, daß Strauß den Bundestag nachweislich angelogen hatte. Die FDP wollte nicht länger mit Strauß am Kabinettstisch sitzen, der in seiner Nacht-und-Nebel-Aktion gegen Ahlers und Augstein den zuständigen FDP-Bundesjustizminister Stammberger desavouiert hatte. Es ging darum, so Theodor Eschenburg in der *Zeit*, die guten Sitten der parlamentarischen Ordnung wiederherzustellen und Strauß' Verhalten exemplarisch zu ahnden.[306] Einmal mehr griff Adenauer nach dem Notnagel der Großen Koalition. Das hätte nicht nur die aus seiner Sicht unzuverlässigen Freidemokraten von der Macht ferngehalten, sondern auch den kaum berechenbaren Strauß, dessen CSU-Sperrminorität in einer Großen Koalition wirkungslos verpufft wäre.[307]

Als Vertreter Lübkes traf sich Kiesinger mit Adenauer zu einer ersten Besprechung schon am Spätnachmittag des 19. November 1962.[308] Am folgenden Tag traten auch die CDU-Minister zurück, um dem Kanzler freie Hand bei der Regierungsbildung zu geben. Als Vertreter des Bundespräsidenten hielt es Kiesinger für angezeigt, sich angesichts der eskalierenden Krise von Adenauer offiziell unterrichten zu lassen. Dabei kam es zu einer für beide Persönlichkeiten bezeichnenden protokollarischen Kontroverse. Als Staatsoberhaupt *pro tempore* bat Kiesinger den Kanzler zu einem Gespräch über die Regierungsneubildung. Adenauer konterte, er würde es begrüßen, wenn das Gespräch im Bundeskanzleramt stattfinden könnte. Das habe er mit Reinhold Maier als amtierendem Bundespräsidenten 1953 ähnlich gehalten. Da Kiesinger von der Würde und der protokollarischen Stellung des Bundespräsidenten nichts voreilig verschenken wollte, wurde Maier eilends in Stuttgart kontaktiert. Dieser erklärte Adenauers Behauptung für unzutreffend. Heuss sei stets im Lande geblieben. Nach einigem Hin und Her wurde ein Kompromiß gefunden. Kiesinger lud Adenauer zu einem Abendessen in die Villa Hammerschmidt ein, das am 28. November stattfand und an dem auch Krone, Brentano, Globke und der Abteilungsleiter Einsiedler vom Bundespräsidialamt teilnahmen.[309]

Wie den Aufzeichnungen von Kiesingers Persönlichem Referenten Otto Rundel zu entnehmen ist, kamen die Teilnehmer überein, daß eine Fortsetzung der Koalition mit der FDP zu weiteren Krisen führen würde. Aus der Fraktion berichtete Brentano über die wachsende Bereitschaft der CDU, eine große Koalition mit der SPD zu wagen. Adenauer für seinen Teil steuerte entschlossen auf die Große Koalition zu. Beim Abschied erklärte er Kiesinger: »Merken Sie sich dieses Datum von heute.«[310] Ob Kiesinger jedoch, wie Klaus Gotto unter Berufung auf Materialen des bei diesem Treffen nicht anwesenden Wohnungsbauministers Paul Lücke behauptet, schon damals für ein Bündnis *allein* mit der SPD eintrat, ohne die Einführung eines Mehrheitswahlrechts zur Bedingung zu machen, ist eher unwahrscheinlich. Vielmehr plädierte er für eine Allparteienkoalition.[311]

In den letzten Novembertagen spitzten sich die Verhandlungen mit der SPD zu. Am 29. November führte Kiesinger ein Gespräch mit Mende, am 30. November informierte ihn Lücke, daß die Dinge sich »in der beabsichtigen Richtung« entwickelten. Am Montag, den 3. Dezember, tagten die Führungsgremien der CDU, an deren Sitzungen Kiesinger aufgrund seiner Vertretung des Bundespräsidenten aus »konstitutionellen Gründen« nicht teilnehmen wollte. Zum Mittagessen erstattete ihm Lücke in der Villa Hammerschmidt Bericht. Was Lücke Kiesinger zu erzählen hatte, lief auf eine völlige Umkehr der bisherigen Politik der SPD hinaus: Wehner habe ihm versprochen, den Kanzler zunächst im Amt zu halten, die bisherige Außen-, Verteidigungs- und Wirtschaftspolitik fortzusetzen sowie ein Mehrheitswahlrecht anzustreben.[312] Sofort informierte Kiesinger Bundespräsident Lübke in Bombay: »Hatte heute, Montagmittag, Unterredung mit Bundesminister Lücke, welcher sich seit Tagen in privatem Gespräch mit Wehner für Bildung Koalition CDU/SPD einsetzt. Wehner sagte zu. Auch Ollenhauer einverstanden. Kanzler wird mich noch heute besuchen. [...] Entschluß des Kanzlers zur Koalition CDU/SPD scheint festzustehen. Nach Bericht Lücke nur Blank im Parteivorstand dagegen. [...] Für Allparteienkoalition scheint, weil auf 2-Parteien-System tendiert wird, keine Neigung. Halte persönlich Allparteienregierung im gegenwärtigen Zeitpunkt für richtiger.«[313]

Wehner hatte mehr versprochen, als er halten konnte. In einer langen, erregten Sitzung lehnte etwa die Hälfte der SPD-Abgeordneten eine Fortsetzung der Kanzlerschaft Adenauers ab. Auch die Einführung eines Mehrheitswahlrechts erschien vielen untragbar.[314] Kiesinger suchte den Bundespräsidenten nach dessen Rückkehr am 5. November in dessen Wohnung auf dem Bonner Venusberg auf, wozu ihn der Bundespräsident zu seiner Unterrichtung gebeten hatte. Lübke war enttäuscht. Er hatte eine Große Koalition favorisiert, während Adenauer die Verhandlungen mit der SPD nur aus taktischen Gründen geführt hatte. Als Kiesinger am Nachmittag desselben Tages seinen Ausflug in die höheren konstitutionellen Gefilde des temporären Staatsoberhauptes beendete, war nicht absehbar, wohin die politische Reise gehen würde.[315] Schon am 8. Dezember stellte Adenauer seinen endgültigen Rücktritt zum Herbst 1963 in Aussicht, sagte alle weiteren Gespräche mit der SPD ab und einigte sich mit der FDP über die Fortsetzung der Kleinen Koalition – ohne Strauß. Am 14. Dezember wurde das sechste Kabinett Adenauer vereidigt.[316]

Die Verhandlungen über eine Große Koalition 1962 wurden von den Zeitgenossen als eine Zäsur empfunden. Ein »Tabubruch« (Eugen Gerstenmaier), das »Hoffähigmachen der Sozialdemokraten« (Helmut Kohl); in der CDU kannte der Überdruß wegen Adenauer kaum mehr Grenzen.[317] Kiesinger sah die *Spiegel*-Krise als eine verpaßte Chance. Eine Regierung aller Parteien, die von den für das Mehrheitswahlrecht eintretenden Befürwortern der Großen Koalition nicht näher erwogen worden war, wäre seiner Meinung nach die beste Lösung gewesen. Selbst Anhänger des Mehrheitswahlrechtes, das nach amerikanischem Muster die ideologischen Gegensätze in der bundesdeutschen Politik abgeschliffen hätte, hielt Kiesinger den Zeitpunkt einer Wahlrechtsreform für noch nicht gekommen. Mit einer Allparteienkoalition als der vorläufig besten Option, so Kiesinger, hätten die »anstehenden schwerwiegenden Aufgaben besser bewältigt werden können«, darunter der von den USA geforderte höhere Verteidigungsbeitrag der Bundesrepublik, das Notstandsrecht und »Maßnahmen zum Schutze der Währung durch eine Abkehr von dem Wege zum Gefälligkeitsstaat«. Eine Allparteienkoalition hätte die innere Integration des deutschen Volkes gefördert und das Vertrauen der Verbündeten in die Bundesrepublik gestärkt. Und schließlich hätte eine Allparteienkoalition »die Akzeptierung der Politik des Bundeskanzlers durch alle politischen Gruppen bedeutet und somit zu einem sinnvollen und guten Abschluß der Ära Adenauer führen können«.[318]

Als Quintessenz aus der *Spiegel*-Affäre zog Kiesinger eine doppelte Lehre: Ohne Freiheit keine Demokratie; es bedürfe aber auch der Verantwortungsbereitschaft der Bürger für das Ganze. Kühle, parteipolitisch motivierte Interessenabwägung reichten nicht aus: »Ohne tiefgegründeten Glauben an höchste, unverzichtbare Werte, ohne Liebe und Enthusiasmus« werde auf Dauer das demokratische Staatswesen nicht gedeihen. Daß es nach Auffassung der liberalen Publizistik Landesverrat selbst als abstrakten Tatbestand nicht mehr geben dürfe, stimme ihn aber bedenklich. Hier zeigten sich Trübungen des Urteilsvermögens, »eine Krise im Staatsbewußtseins unseres Volkes«.[319]

Positiv resümierte Kiesinger, daß sich die Sicherungen des Grundgesetzes bewährt hatten. Die Verfassungsväter hatten aufgrund der Erfahrungen von 1933 bis 1945 die Richtermacht gegenüber der Politik außerordentlich gestärkt: Nur wenn die rechtsprechende Gewalt als Garant des Rechtsstaates versage, wäre die Demokratie in der BRD gefährdet. Dies sei in der *Spiegel*-Krise in keinem Augenblick der Fall gewesen, obwohl diese gezeigt habe, daß »wir«, auf allen Seiten, »in der Praxis des rechtsstaatlichen Lebens noch immer recht unerfahren, ungeschickt und unbeholfen« seien.[320]

Der gescheiterte Hausmachtplan

Während der Koalitionsverhandlungen 1961 und der *Spiegel*-Affäre im Herbst 1962 war den südwestdeutschen Christdemokraten einmal mehr ihre relative Einflußlosigkeit auf dem Bonner Parkett deutlich geworden. Es fehlte der baden-württembergischen Union an Durchschlagskraft in den Parteigremien, weil die »Freunde«, so Kiesinger, »ihre Positionen nach Bedarf wechseln«.[321] Um ihr Gewicht in die Waagschale werfen zu können, benötigte die fragmentierte südwestdeutsche Union einen gemeinsamen Landesverband. Dieser sollte allerdings erst 1971 unter Filbinger gegründet werden, nachdem die endgültige Abstimmung über den Südweststaat überstanden war. Bis dahin diente als innerparteiliche Klammer allein die Landtagsfraktion sowie als Führungsgremium die sogenannte Vierer-Konferenz der vier CDU-Landesvorsitzenden Adorno (Südwürttemberg), Dichtel (Südbaden), Gurk (Nordbaden) und Scheufelen (Nordwürttemberg), ergänzt um die jeweiligen Landesgeschäftsführer, den Ministerpräsidenten, die christdemokratischen Mitglieder des Kabinetts sowie die Fraktionsspitze des Landtags.[322]

In diesem innerchristdemokratischen Koordinationsausschuß dominierten die Schwaben, allen voran Kiesinger und Scheufelen, der als der mächtigste der Vierer-Bande galt, dank seiner Wirtschaftskontakte und seines finanzkräftigen Landesverbandes. Seine Machtposition wurde unter anderem dadurch unterstrichen, daß er die Verteilung der Fördergelder auch für die drei übrigen Landesverbände organisierte.[323] Ihm fiel der Vorsitz in der Periode der Wahlkämpfe zu, um deren Finanzierung und Organisation er sich kümmerte. Er präsidierte dem Vierer-Kollegium in der entscheidenden Phase der Regierungsbildung, wenn auch die Leitung der Verhandlungskommission selbst in die Prärogative des Regierungschefs fiel. Während Dichtel als Freiburger Regierungspräsident mit der badischen Frage vollauf beschäftigt war und Gurk als Landtagspräsident ein hohes zeremonielles Amt bekleidete, war der in Bonn lange Zeit völlig unbekannte Adorno 1961 in den Bundestag gegangen. Dort suchte er mit mittelprächtigem Erfolg, die heterogene Gruppe der baden-württembergischen Abgeordneten zu beaufsichtigen.

Cum grano salis war Scheufelen der heimliche Landesvorsitzende, dem der auf seine Rolle bedachte Ministerpräsident die Parteiarbeit überließ. Das hatte auch mit der Persönlichkeit des Oberlenninger Papierfabrikanten zu tun, dessen nordwürttembergischer Landesverband reich an Finanzmitteln und arm an Mitgliedern war. Doch darüber ließ sich Anfang der sechziger Jahre in der CDU niemand graue Haare wachsen.[324] Auch war Scheufelen als Vorsitzender des 1964 gegründeten Wirtschaftsrates der CDU sowie als zeitweiliger kommissarischer Schatzmeister der Bundespartei und Miterfinder der staatlichen Parteienfinanzierung eine einflußreiche bundespolitische Figur, die in finanziellen Angelegenheiten durchaus das Ohr Adenauers besaß.[325] Als erfolgreicher Unternehmer war er (wie Alex Möller) an einem Staatsamt nicht interessiert. Das Gästehaus seines Unternehmens in Stuttgart galt als gesellschaftlicher Mittelpunkt der Landes-CDU. Adenauer und Erhard führten dort politische Gespräche, 1965 kamen Strauß, Mende und Haußmann zu Koalitionsverhandlungen. Kiesinger stieg als Kanzler dort ab. Auch verfügte Scheufelen über taktisches Gespür und die richtigen Pressekontakte, womit er Kiesinger gelegentlich auf die Sprünge half. Es war mit Scheufelen zu verdanken, daß der BHE 1963/64 in die CDU integriert und damit eine wichtige Voraussetzung für Kiesingers großen Wahlsieg im April 1964 geschaffen wurde.[326]

Verlief die Zusammenarbeit zwischen Scheufelen und Kiesinger relativ reibungslos, so war das Verhältnis zu Adorno belastet. Er war 1957 als Nachfolger Müllers zum Vorsitzenden von Kiesingers eigenem südwürttembergischen Landesverband gewählt worden. Die Differenzen hingen mit Kiesingers Versuch zusammen, die Integrationspolitik auch innerparteilich voranzubringen und die vier CDU-Landesverbände zu vereinigen (zumal FDP/DVP und SPD seit 1952 einheitliche Landesorganisationen besaßen). Während Scheufelen hinter Kiesingers Plänen stand, schwankte Adorno, zu dessen Lasten der Fusionsplan gegangen wäre. Auch die beiden badischen Landesvorsitzenden fürchteten um die Auswirkungen eines *fait accompli* auf die altbadische Opposition. Daher lehnten sie eine innerparteiliche Integration vor einer endgültigen Abstimmung über den Südweststaat ab.[327]

Der von Kiesinger erstrebte Zusammenschluß aller vier Landesverbände hätte die Rolle der vier Vorsitzenden dramatisch entwertet. Als mediatisierte

Bezirksfürsten hätten sie Sitz und Stimme im Bundesvorstand verloren, während der Landesvorsitz Kiesinger wie eine reife Frucht in den Schoß gefallen wäre. Das kümmerte Scheufelen weniger, der aufgrund seiner Funktionen in der Bundespartei ohnehin in den obersten Führungsgremien saß. Für den ehrgeizigen Adorno bestand jedoch Anlaß zur Sorge, als Kiesinger im Sommer 1959 einen alten Plan Müllers aufzugreifen begann, dem Vierer-Kollegium einen gemeinsamen Parteitag der vier Landesverbände schmackhaft zu machen. Nach den Bundestagswahlen 1961 nahm Kiesinger einen neuen Anlauf, als eine Welle innerparteilicher Reformdiskussionen über Bundes- und Landespartei schwappte, zumal die Südwest-CDU zwei Prozentpunkte mehr eingebüßt hatte als die Partei im Bundesdurchschnitt.[328]

Unter diesen Auspizien ging der unverfänglich »Landestreffen« genannte Parteitag der vier Landesverbände am 13./14. Oktober 1962 in Stuttgart über die Bühne. Für Kiesinger war dies die Erfüllung eines »alten, langgehegten Wunsches«, der einer engeren Zusammenarbeit der Landesvorstände den Weg bereiten sollte, »um unsere innere Kraft zu stärken, unseren Einfluß im Bund zu vermehren, und um unsere Kraft vor der Öffentlichkeit genügend darzustellen«.[329] Nach Adornos Auffassung hingegen war das von Kiesinger betriebene Landestreffen nur eine »*occasio ad majorem sui gloriam*«. Nur mit Mühe hatte man Kiesinger Beschränkungen auferlegt – so durften auf dem Landestreffen keine Beschlüsse gefaßt werden.[330] Aber auch sonst torpedierte Adorno jede von Kiesinger oder seinen Vasallen ins Spiel gebrachte Integrationsmaßnahme, etwa eine gemeinsame Schulungsstätte der vier Landesverbände oder eine gemeinsame baden-württembergische Präsenz auf der Bodensee-Konferenz christlicher und christdemokratischer Politiker und Parteien.[331]

Angesichts der Widerstände gegen seine groß-baden-württembergische Konzeption spielte Kiesinger seit dem Winter 1962/63 mit dem Gedanken, den südwürttembergischen Landesvorsitz an sich zu ziehen. Mit dieser Position in der Hinterhand wäre ihm die Gleichschaltung der Landesorganisationen vermutlich leichter gefallen. Dabei dachte er nicht im Traum daran, sich um die mühseligen Details der Parteiorganisation zu kümmern. Für die alltägliche Arbeit hoffte er auf einen Generalsekretär, wofür er unter anderem Gerhard Weng im Auge hatte, der für die Partei zuständige Referent des Staatsministeriums (und spätere Landtagsabgeordnete und Politische Kultus-Staatssekretär unter Filbinger und Späth). Im Mai 1963 würde Adorno auf dem Landesparteitag in Hechingen zur Wiederwahl stehen. Dies wäre der Augenblick, um den ungeliebten Vorsitzenden aus seinem Amt zu verdrängen.

In seinem Vorsatz wurde Kiesinger von einigen Rebellen innerhalb des Landesverbandes bestärkt, darunter dem Landesgeschäftsführer Hermann

Zimmer, der bis dahin als treuer Gefolgsmann Adornos kein gutes Haar an Kiesinger gelassen hatte. Nun aber ging Zimmer auf Oppositionskurs zu seinem Vorsitzenden. Anfang Januar 1963 begab er sich zu einem konspirativen Treffen mit Kiesinger in dessen Wohnung in der Tübinger Goethestraße. Dort sprachen sich beide Männer über die große Unzufriedenheit in der südwürttembergischen CDU aus, deren Landesvorstand Kiesinger seit 1948 ununterbrochen angehörte. Zimmer war offensichtlich davon überzeugt, daß Adornos Position sturmreif geschossen werden konnte. Ganz nebenbei würde sich Kiesinger endlich die Hausmacht schaffen, welcher er in den Diadochenkämpfen um Adenauers Nachfolge entbehrte.[332]

Den südwürttembergischen Rebellen war klar, daß nur Kiesinger die politische Statur besaß, um Adorno von seinem angestammten Platz zu verdrängen. Auch handelte er nicht ohne Rückendeckung »interessierter Bonner Kreise«, wo der 1956 bei den Wahlen für den Landesvorsitz Adorno unterlegene Bruno Heck nicht gerade zu dessen Freunden gehörte. Auch in der Jungen Union fand Kiesinger Unterstützung, u. a. bei Heiner Geißler, der im Landesvorstand jahrelang unverdrossen die Gründung eines gesamt-badenwürttembergischen Landesverbandes angemahnt hatte.[333] Allerdings gab es in der Jungen Union auch Adorno-Loyalisten, darunter den JU-Landesvorsitzenden Julius Steiner, der 1972 bei Barzels gescheitertem Mißtrauensvotum gegen Brandt eine unrühmliche Rolle spielen sollte und der eine *entente cordiale* mit Adorno gegen Kiesinger schloß.

Adorno hatte mit einer mangelhaften Amtsführung das Schicksal gewissermaßen gegen sich selbst heraufbeschworen. In den acht Jahren seines Vorsitzes hatte er den Landesverband mehr schlecht als recht verwaltet. Die südwürttembergische Union hatte seit 1958 nahezu tausend Mitglieder verloren.[334] Auch in Bonn agierte Adorno eher glücklos und gelangte, obwohl Landesvorsitzender, weder in den Fraktionsvorstand noch in herausgehobener Position in einen der Bundestagsausschüsse.[335] Hinzu kam, daß seit dem 11. Bundesparteitag der CDU in Dortmund 1962 die Parteireform in aller Munde war, wobei es zu den erklärten Anliegen der Reformer gehörte, die Union zur Mitgliederpartei wie die SPD zu machen.[336]

Im Januar 1963 kam der Geschäftsführende Vorsitzende der CDU, Josef Hermann Dufhues, nach Ravensburg, um den Landesvorstand auf die Parteireform einzuschwören. Die Parallelen zwischen der Bundes- und Landespartei waren mit Händen zu greifen. Dufhues machte sich zum Sprecher der südwürttembergischen Rebellen und drängte auf eine »Verbesserung des Stils unserer Partei«. Der »Führungsstil der CDU« sei nicht mehr »straff und klar« – das zielte nicht allein auf Adenauer. Adorno mußte sich von Dufhues vorhalten lassen, die Parteibasis vernachlässigt und die Mitgliederzahlen dramatisch verfallen lassen zu haben, während er Kiesingers Bemühungen »um Belebung der CDU in Gedanken und Form« augenfällig würdigte.[337] Daraufhin schwang sich Kiesinger zu einer Bewerbungsrede für höhere Würden auf: Drei Ziele definierte er als Voraussetzungen erfolgreicher Parteiarbeit: »1.) Befähigte Führer. 2.) Gesunde Programmatik. 3.) Treue und Fleiß«, Dinge, die er wohl zu verkörpern glaubte.[338]

Ein Autounfall des Ministerpräsidenten machte alle Pläne zunichte, »eine suggestive typenbildende Persönlichkeit, die nicht nur intellektuelle, sondern auch moralische Substanz genug hat, genug *auctoritas*, um die vielen inzwischen steril gewordenen Parteifreunde zu neuem Aufschwung mitzureißen«, an die Spitze des südwürttembergischen Landesvorstandes zu setzen.[339] Am 4. Februar 1963 verunglückte Kiesinger in Dornstetten bei Freudenstadt im Schwarzwald. Auf eisglatter Fahrbahn war sein Wagen auf die linke Straßenseite getrieben worden und frontal mit einem entgegenkommenden Lkw zusammengeprallt. Kiesingers Fahrer kam mit einigen Prellungen davon. Der Ministerpräsident wurde in die Chirurgische Universitätsklinik in Tübingen eingeliefert, wo er sechs Wochen stationär behandelt wurde, obwohl er sich nur einen komplizierten Bruch des Ellenbogens zugezogen hatte, der unter zweimaliger Vollnarkose operiert werden mußte.[340]

Der Zwischenfall auf den Höhen des Schwarzwaldes hat eine persönliche Krise bei Kiesinger ausgelöst. Ein deutliches Indiz ist seine Korrespondenz mit Eduard Spranger, seinem »verehrtesten Lehrer«, den Kiesinger als Student an der Berliner Universität gehört hatte und der zu seinen intellektuellen Mentoren im Tübinger Professorenkreis zählte.[341] Spranger schrieb Kiesinger ans Krankenbett, daß er in diesem Schicksalsschlag eine »Willenskundgebung der Vorsehung« erblicken könne. Der Mensch habe keine Kenntnis »von den Wegen der göttlichen Fügung«. Ein physischer Heilungsprozeß sei »von einer intensiven geistigen Arbeit begleitet«. In der »fruchtbaren Passivität« des Halbschlummers würden die »Gedanken den Charakter der Eingebung« gewinnen. Der Mensch frage sich: »Was mag Gott eigentlich damit beabsichtigt haben, daß er mir diesen Stein in den Weg geworfen hat?«[342]

Hat sich Kiesinger die Frage gestellt, warum sein Gott ihm diesen Stein in den Weg geworfen hatte? In Bund und Land hatten sich die Probleme aufgetürmt. Fotos zeigen den sonst vor Vitalität strotzenden Kiesinger auf dem Krankenbett sitzen, nur durch ein Telefonkabel mit der Außenwelt verbunden: Der Eindruck von Aktivität täuscht, den die Bildunterschriften suggerieren. Kiesinger wirkt blaß, die Mundwinkel zusammengekniffen. Über seinem Gesicht, so eine Vermutung der CDU-nahen *Schwäbischen Zeitung*, »das sonst von Optimismus strahlt, lag ein Ausdruck stiller Resignation. Was gäbe es doch gerade jetzt draußen zu tun?«[343]

Damit hatte der Leitartikler den Kern wohl nur teilweise intuitiv richtig erfaßt. Spranger mahnte nicht zur Resignation, sondern zur Überprüfung aller politischen Pläne: »Dieser Gott hat mir, dem Handelnden, mit weitgehender Deutlichkeit ein ›Noch nicht!‹ zugerufen. Irgend etwas, in den Projekten, die ich habe, ist im Sinne der höheren Weltordnung noch nicht reif. Volkstümlich gesprochen: Steige ich jetzt ein, so wie ich es vorhatte (und sehr sorgsam überlegt hatte), so fahre ich mit dem falschen Zug. Ich erfülle dann nicht genau die Sendung, die mir zugedacht war und deren weitgreifende Zusammenhänge ich bis in die letzten Verzweigungen durchdenken muß.« Spranger sah in den jüngsten Ereignissen ein »unleugbares Ritardando«: Noch sei die Situation nicht günstig, »der Politiker« müsse sich hüten, »seine Kraft in einem zu frühen Zeitpunkt zu verbrauchen. ›In der Politik ist gerade die späte Stunde noch die rechte Stunde; denn es muß sehr vieles auf verschiedenen Feldern vorher reif geworden sein.‹«

Den inneren Dialog, den Spranger hier auszubreiten suchte, nahm sich Kiesinger zu Herzen. Er fand sich in diesen Gedankengängen wohl wieder, wenn Spranger »prometheischen Wagemut« mit »ahnungsvollem Gehorsam gegenüber dem so tief verschleierten Willen Gottes« zu verbinden empfahl. Auch Kiesinger war religiös, und, wenn auch nicht dogmatisch, so doch der Kirche und ihrer Tradition verpflichtet. Vielleicht hat er seine sprichwörtliche Gelassenheit aus dem Glauben bezogen? Sprachen ihn Sprangers Worte an, »daß alle irdischen Dinge doch nur Gleichnisse sind«?[344]

Am 18. März wurde Kiesinger aus der Klinik entlassen. Zehn Tage später zeigte er sich im Landtag. Der seinen linken Arm in einer Schlinge tragende Kiesinger wurde mit herzlichem Applaus empfangen.[345] Sprangers Mahnung hat er wohl akzeptiert. Den Vorstellungen der südwürttembergischen Rebellen jedenfalls war er von Stund an unzugänglich. Die geplante Abrechnung mit Adorno ging ohne Kiesinger über die Bühne und endete in einem Fiasko, obwohl Kiesingers Kandidatur in der Zwischenzeit die Unterstützung einflußreicher Mitglieder des Landesvorstandes fand. Durch Rundel ließ Kiesinger ausrichten, daß der Arbeitsanfall zu groß sei, um dem Amt des Ministerpräsidenten noch das eines Landesvorsitzenden hinzuzufügen.[346]

Das Blatt wendete sich zu Adornos Gunsten. Die Korruptionsvorwürfe der ungetreuen Mitarbeiter wurden mit gleicher Münze zurückgezahlt. Dem Organisationsleiter der südwürttembergischen CDU, Willy Haas, wurden Unregelmäßigkeiten bei einer Nebentätigkeit nachgewiesen; mit Müh und Not schloß Haas einen Vergleich, um den Vorwurf der Bestechlichkeit abzuschütteln. Am 20. April sprachen sich Kiesinger und Adorno am Rande einer geschäftsführenden Landesvorstandssitzung aus. Eine Woche darauf nahm der telegraphisch zusammengetrommelte größere Landesvorstand zur Kenntnis, daß Kiesinger und Adorno entschlossen waren, »auf der gefundenen Basis vertrauensvoll zusammenzuarbeiten«. Ein letzter Versuch Geißlers scheiterte, dem Landesvorsitzenden »zu seiner Entlastung« einen Geschäftsführenden Landesvorsitzenden an die Seite zu stellen.

Die vollständige Niederlage der Rebellen zeichnete sich ab, als Kiesinger im Landesvorstand den Blick auf die Bundespolitik richtete und die kommenden Landtagswahlen. Um den Wahlkampf 1964 erfolgreich zu bestehen, sei »es notwendig, daß auch vertrauensvolle menschliche Beziehungen gepflegt würden, daß man nicht jede Äußerung der Kritik übereinander auf die goldene Waage lege. Er erklärt noch einmal, daß er unter das Vorgegangene einen dicken Strich gezogen habe. Er empfiehlt auch für den bevorstehenden Parteitag die Wiederwahl des Landesvorsitzenden.«[347] Der südwürttembergische Putschversuch war gescheitert. Der Unfall hatte Kiesingers Ehrgeiz gedämpft. Kiesinger begann, sich mit seiner Rolle als Landesvater abzufinden. Als Ministerpräsident spielte er schließlich auch auf dem Bonner Parkett mit, wo er in der Ordnung des Grundgesetzes die föderale Komponente vertreten konnte.

FÖDERALISMUS UND DEMOKRATIE

Wenn einer der Referenten des Staatsministeriums seinem Dienstherren einen gefälligen Gruß aus dem Urlaub übermitteln will, kolportierten boshafte Zungen in Stuttgart, dann teilte er dem Ministerpräsidenten mit, daß er in seiner Freizeit eifrig Montesquieu und Tocqueville studiere. Juckte den Fleißigen dann noch der Hafer, fügte er den stichelnden Nachsatz hinzu: »Und andere für die Landespolitik wichtige Autoren«.[348] Der sachte Zweifel des Spötters zielt auf das uns mittlerweile gründlich vertraute Phänomen, daß Kiesinger sich nicht mit der Rolle eines Verwaltungschefs begnügte, sondern in der Villa Reitzenstein wie ein Staatsmann regieren wollte.

Nun, mit Montesquieu und Tocqueville waren zwei Staatsphilosophen angesprochen, von denen einflußreiche und bis heute gültige Rechtfertigungen des Bundesstaates stammen. Den *locus classicus* verdanken wir Montesquieu, der im 18. Jahrhundert die antiken Lehren auf seine Zeit übertragen hatte. In »Vom Geist der Gesetze« (1748) hatte der französische Aristokrat auseinandergesetzt, daß ein föderales System – in Kiesingers Worten – »die Vorteile des kleinen mit den Vorteilen des großen Staates in sich vereinige, die staatsbürgerliche Nestwärme des kleinen Staates und die Kraft und Stärke des großen Staates nach außen«.[349] Von Montesquieu war dieser republikanische Topos in die Arbeiten von Rousseau und die *Federalist Articles* hineindiffundiert, von wo sich Kiesingers Leib- und Magentheoretiker Tocqueville seine Anregungen geholt hatte. Gleich nach seiner Wahl zum Ministerpräsidenten 1958 war Kiesinger auf die Grundaussage Tocquevilles zu sprechen gekommen, daß die »Gefahren des zentralistischen Großstaates mit seiner Tendenz zur Nivellierung« und der damit verbundenen Gefährdung der staatsbürgerlichen Freiheit in einer bundesstaatlichen Ordnung leichter einhegbar seien.[350]

Daß hohe und höchste Repräsentanten des Staates ihre Sonntagsreden mit Klassikerzitaten würzen, ist an und für sich nichts Ungewöhnliches. Aber Kiesinger hatte konkrete Anlässe, sich mit dem Bundesstaatsprinzip als einem Kernelement der westdeutschen Demokratie in Grundsatzreden auseinanderzusetzen. Als Ministerpräsident war er *ex officio* damit befaßt, den westdeutschen Föderalismus gegen den in den sechziger Jahren mächtig anschwellenden Chor seiner Kritiker zu verteidigen. Zu diesen gehörte Kiesingers alter Widersacher Theodor Eschenburg, der das Hamburger Leitmedium der *Zeit* dazu nutzte, das Regierungssystem der Länder massiv zu kritisieren.

Für den Tübinger Politikwissenschaftler und Staatsrat a. D. waren die Bundesländer kaum mehr als »große Oberbürgermeistereien«, der Länder-Parlamentarismus eine unzeitgemäße und kostspielige Marotte. Diese behinderten ein effizientes, rationales Verwaltungshandeln; die Landtage seien Einfallstore für Vetterleswirtschaft, Korruption und »Herrschaft der Verbände«, so der Titel eines einflußreichen Bändchens von Eschenburg, dessen Hauptthesen Kiesinger in einem Rundfunkvortrag *ex cathedra* eine Absage erteilte.[351] Folglich zweifelte der unitarisch gesonnene Eschenburg auch an der Richtlinienkompetenz der Ministerpräsidenten. Diese hätten keine politischen Entscheidungen zu treffen und wären besser dem Kollegialprinzip unterworfen. Damit dies auch gut sichtbar würde, sei ihnen ihr pompöser Titel abzuerkennen. Sie sollten sich mit dem Rang eines »Landeshauptmannes« begnügen. Die Minister würden dementsprechend als »Landesamtmänner« firmieren.[352]

Starker Tobak für Kiesinger, in dessen Konflikt mit Eschenburg sich persönliche mit sachlichen Differenzen untrennbar verknäuelten. Denn der eine konnte den anderen nicht leiden. Die beiden Tübinger Mitbürger hatten sich über Protokollfragen heillos verzankt. Der selbsternannte *praeceptor sueviae* hielt wenig von den landesherrlichen Neigungen des von der Staatsqualität seines Landes und der Würde seines Amtes zutiefst durchdrungenen Ministerpräsidenten. Als Amtsnachfolger der württembergischen Könige und badischen Großherzöge weigerte sich Kiesinger doch glatt, bei einer Tübinger Rektoratsübergabe wie das gemeine Volk den feierlichen Einzug der talargeschmückten Ordinarien an seinem Platz abzuwarten. Er wollte lieber gleich an der Spitze der Fakultäten miteinmarschieren.[353]

So gab das eine das andere. Der Hanseat Eschenburg machte Kiesinger im vertrauten Kreis als »parfümierten Schwaben« lächerlich; und als Rektor der Universität, noch in der Abgeordnetenzeit, hatte er den Wunsch Kiesingers nach einer Honorarprofessur abschlägig beschieden.[354] Doch es war mehr als verletzte Eitelkeit im Spiel, tat Eschenburg doch alles, um Kiesingers Verdienste zu schmälern: Mitte der sechziger Jahre hintertrieb er als Vorsitzender der Landesrektorenkonferenz die Ehrenpromotion des objektiv um die Landesuniversitäten verdienten Kiesinger, der den Respekt der Hohen Schulen wie kein zweiter Ministerpräsident seiner Zeit genoß. Andernorts wäre er einer solchen Würdigung längst teilhaftig geworden.[355]

Vom Modernisierungsfieber der sechziger Jahre angesteckt, hielt der an und für sich konservativ gestrickte Eschenburg, der in seiner grundständigen Liberalität gut zu Kiesinger gepaßt hätte, den Parlamentarismus der Länder für einen ziemlich überflüssigen Zopf. Eschenburg, davon war jedenfalls Kiesinger überzeugt, wollte die Länder zu Verwaltungsprovinzen des Bundes degradieren.[356] Eine derartige Rationalisierungswut hielt Kiesinger wohl nicht allein aus purem Selbsterhaltungstrieb für deplaziert. Zielte nicht seine Landespolitik genau darauf ab, aus Baden-Württemberg mehr als die große Verwaltungsbehörde zu machen, als die sich das Land noch unter Gebhard Müller verstanden hatte?[357] Staatliches Handeln war nicht dasselbe wie die Führung eines modernen Betriebs, griff doch der Staat, auch in seiner bescheidenen südwestdeutschen Inkarnation, tief in das Leben der Bürger ein. Dazu bedurfte er einer demokratischen Legitimation, auch auf der Länderebene. Insofern war mit der Diskussion über die föderale Ordnung der Bundesrepublik das größere Problem der demokratischen Legitimierung staatlicher Entscheidungen berührt.[358]

Zugleich reagierte Kiesinger auf eine objektive Entwicklung, deren Umfang und Ausmaß sich erst Anfang der sechziger Jahre deutlicher abzuzeichnen begann: Ein Jahrzehnt nach der Gründung der Bundesrepublik hatte sich deren ursprünglich dezentral und auf starke Länder ausgerichtetes politisches System weitgehend vereinheitlicht. Der Freiburger Rechtsprofessor Konrad Hesse, ein späterer Verfassungsrichter, sprach 1962 von einem »unitarischen Bundesstaat«, »weil die Grundlagen heutiger Bundesstaatlichkeit nur noch bedingt in Gedanken des Föderalismus zu suchen sind«.[359] Damit hatte Hesse eine wirkmächtige Formel gefunden, die in Kiesingers Augen die spürbare Tendenz zur Zentralisierung adäquat beschrieb: Das Grundgesetz habe die Zuständigkeiten so übermächtig zu Gunsten des Bundes verteilt, daß aufgrund der Gesetzgebung des Bundes »der gesellschaftliche Unitarismus unserer Zeit absolut realisiert worden ist«. Was für die Länder übrig geblieben sei, sei »außerordentlich geringfügig«.[360]

Ministerpräsidenten wie Kiesinger waren alles andere als unbeteiligte Opfer der von ihnen heftig kritisierten Unitarisierung. Ein Jahrzehnt lang waren sie sogar die treibenden Kräfte. Schuld waren nicht zuletzt die finanziell anspruchsvollen, großen bildungspolitischen Modernisierungsprojekte wie die Hochschulreform, welche die Länder zu verstärkter Zusammenarbeit motivierte und der Kooperation mit dem Bund eine neue Qualität verlieh. Zu der heutzutage beklagten Vermischung und Hybridisierung der Zuständigkeiten und Ebenen haben überzeugte Föderalisten wie Kiesinger vielfach beigetragen, so paradox es klingt; ein Meilenstein war das Bund-Länder-Abkommen über die Finanzierung von Universitätsneugründungen vom Juni 1964, an dessen Zustandekommen der Universitätsgründer Kiesinger wesentlichen Anteil hatte. Am Ende der Dekade stand die von der Großen Koalition verwirklichte, von Kiesinger als Länderchef jahrelang eingeforderte und dann als Kanzler mitverantwortete Finanzreform von 1969, die mit der Einfügung der Gemeinschaftsaufgaben in das Grundgesetz dem Mitspracherecht des Bundes bei originären Länderaufgaben wie der Bildungspolitik Verfassungsrang verlieh.[361] Wenn also die Länder seit den sechziger Jahren Teile ihrer ursprünglichen Kompetenzen an den Bund abgeben mußten, so hatten sie das auch den Ministerpräsidenten zu verdanken.[362]

In dem weltweit einzigartigen bundesdeutschen System vertikaler Gewaltverschränkung, in dem Mitglieder der Länder*exekutiven* zugleich als Mitglieder der Bundes*legislative* firmieren, profitierten die Ministerpräsidenten als Amtsinhaber von der von Kiesinger u. a. wortreich kritisierten Unitarisierung und Hybridisierung des westdeutschen föderalen Systems. Deren Kosten waren höchst ungleichgewichtig verteilt: Während die autonomen Spielräume der Länder schrumpften, wuchs der bundespolitische Einfluß von Kiesinger und Kollegen. Die Landtage hatten immer seltener über Fragen von politischer Substanz zu entscheiden; die Regierungen hingegen dehnten ihre Veto- und Mitspracherechte über den Bundesrat aus. Hinzu kam die administrative Zuständigkeit der Länderregierungen für die Ausführung der meisten Bundesgesetze, weshalb Kiesinger von der »ungewöhnlichen Kopflastigkeit« des föderativen Systems der Bundesrepublik sprach.[363] Der westdeutsche Föderalismus bürde der Regierung erheblich mehr Verantwortung auf als dem Landtag und habe daher das Gewicht der Bürokratie erheblich verstärkt. Er frage sich, so Kiesinger in grundsätzlichen Ausführungen auf der ersten Sitzung des nach den Landtagswahlen vom Mai 1960 neu konstituierten Landeskabinetts, »ob diese Ausprägung des föderativen Systems richtig sei«.[364]

Bemängelte Kiesinger die fehlende föderale Theoriebildung, so waren seine eigenen Beiträge nur bedingt geeignet, die damals bereits erkannten Defizite schonungslos offenzulegen.[365] Denn Kiesinger war nur in zweiter Linie an der Machtbalance im föderalen System interessiert. Ihm ging es um ein Grundproblem der Demokratie, nach deren bestmöglicher Organisationsform er fragte. Sein zentraler Terminus, wie der seines Lehrers Smend, lautete »Integration«. Wie würden die demokratisch gewählten Volksvertreter und staatlichen Instanzen die Legitimität der Entscheidungen gegenüber den Staatsbürgern herstellen können? Wie, umgekehrt, sei die demokratische Willensbildung im demokratischen Staat am besten gewährleistet? Die Integrationsfunktion des Staates müsse über die subsidiären Glieder des Bundesstaates, wie Länder, Städte und Gemeinden erfolgen, was den »genormten Gehirnen« der Befürworter eines »die reiche deutsche Wirklichkeit nivellierenden Einheitsstaates« entgangen sei. Der Bundesstaat schaffe »Möglichkeiten der Demokratisierung, die im Zentralstaat nicht gegeben sind«, wozu er auch die subsidiäre Sicherung der Freiheitssphäre und die praktischen Vorteile einer bürgernahen Politik zählte.[366]

Der Akzent lag bei Kiesinger auf der demokratischen Integrationsfunktion des Föderalismus – weniger auf der Frage Kompetenzen von Bund und Ländern. Er knüpfte ideengeschichtlich an klassisch-republikanisches, »westliches« Gedankengut zum Teil aus der Zeit vor den großen Revolutionen an. Nur galten ausgerechnet jene Topoi in den sechziger Jahren als überholt oder lagen außerhalb des zeitgenössischen Horizonts. Daß die wahre Demokratie nur im Kleinstaat gedieh, das mochten Rousseau, die amerikanischen Verfassungsväter oder deutsche Liberale des 19. Jahrhunderts geglaubt haben. Als sich jüngere Sozialwissenschaftler wie Ralf Dahrendorf oder Jürgen Habermas Anfang der sechziger Jahre mit der Rolle der Demokratie intensiv auseinanderzusetzen begannen, setzten sie den unitarischen Flächenstaat unhinterfragt voraus. Ihr Blick richtete sich nicht auf die parlamentarischen Institutionen, sondern auf die zugrundeliegenden gesellschaftlichen Formationen. Wie mußte die Gesellschaft aussehen, damit demokratisch legitimierte Institutionen in ihr überhaupt wirksam werden können, diese Frage hatte Dahrendorf in seinem Buch *Gesellschaft und Demokratie in Deutschland* auch an Kiesinger gerichtet.[367]

Dahrendorf und Habermas ging es um die Gesellschaft, um Demokratie in einem sehr viel umfassenderen, überparlamentarischen, aber durchaus nicht antiparlamentarischen Sinne.[368] Kiesinger setzte auf die alte aristotelische Tradition der gemeinwohlorientierten, guten Verfassung. Doch für die jüngeren Sozialwissenschaftler interessierte nicht die integrierende Funktion des Staates gegenüber dem Bürger, worin Kiesinger die Hauptaufgabe der demokratischen Institutionen sah. Dahrendorf zielte in die umgekehrte Richtung, auf die staatsbürgerliche Beteiligung (»Partizipation«) am Ganzen. Während idealtypisierend bei Kiesinger noch der alte Dualismus von Staat und Gesellschaft erkennbar blieb, suchten Dahrendorf und Habermas genau diesen Zustand zu überwinden, indem sie die Gesellschaft als Ganzes zu »demokratisieren« suchten. Ihre Stichworte lauteten »Partizipation« und Pluralismus – das Gegenteil der Kiesingerschen (von Smend stammenden) Integration.

Das Staatsverständnis des Ministerpräsidenten lag also quer zu den sich in den sechziger Jahren durchsetzenden Ordnungsvorstellungen. War Kiesingers Demokratieverständnis also »unzeitgemäß«? Es war keinesfalls autoritär, antiwestlich oder Ausdruck eines traditionellen deutschen Sonderbewußtseins, sondern an den klassisch westlichen Termini des 18. und 19. Jahrhunderts orientiert. Er verweigerte sich dem modernen *anything goes*, wobei ihm als ein entscheidendes Motiv die Erfahrung seiner Studentengeneration erschien, die in der Weimarer Republik mit einer staatsrechtlichen Lehre konfrontiert worden war, die von der Demokratie Wertabstinenz verlangte. Oft kam er auf Gustav Radbruchs »erschütterndes Beispiel« zu sprechen. Erst »nach der Katastrophe« hätte sich der berühmte und im »Dritten Reich« marginalisierte Heidelberger Rechtslehrer zu dem Bekenntnis durchgerungen, daß »die Demokratie keine wertneutrale Gesinnung ertragen könne, sondern daß sie eine besondere Gesinnung, die der Freiheit als Pflanzstätte der Persönlichkeit verpflichtet sei, voraussetze«. Sein normatives Verständnis von Demokratie suchte Kiesinger in Anschluß an Tocqueville religiös zu füllen, wenn er auch anerkannte, daß ihm nicht alle darin folgen könnten. Dennoch wolle er mit »allen jenen zusammengehen, deren Wertvorstellungen sich mit den unsrigen wenigstens verbünden können«.[369]

Welche Bedeutung diese, sich erst allmählich zu Sollbruchstellen formierenden Überlegungen für die politische Praxis besaßen, ist nicht leicht zu sagen. Denn Dahrendorf und Kiesinger haben trotz ihres abweichenden Demokratieverständnisses in Kernbereichen der politischen Reformen eng zusammengearbeitet. Die Thesen des Intellektuellen zur »Bildung als Bürgerrecht« fanden direkten Eingang in Kiesingers Regierungserklärung im Juni 1964. Unter Kiesinger wurde in Baden-Württemberg ansatzweise der Versuch unternommen, das von Dahrendorf skizzierte Programm umzusetzen.[370] Ähnlich ambivalent war Kiesingers Verständnis der »streitbaren Demokratie«. Zwar machte er rhetorisch scharf Front gegen »Verleumder der Demokratie«. Doch in der Praxis ließ er die eigentümliche Liberalität des Konservativen walten. Ein provokatorischer Linker wie Bense konnte unter dem aufgeklärten Regiment Kiesingers Anfang der sechziger Jahre zum Ordinarius befördert werden, wie auch der unorthodoxe Marxist Ernst Bloch trotz Kritik in der CDU nach Tübingen berufen wurde.

Als ähnlich janusköpfig erwies sich die föderalistische Praxis. In seinem »bündischen«, d. h. sich zum Bunde hin gewendeten Verständnis vertrat Kiesinger die Interessen des Landes nach außen, jedoch mit eindeutiger Rücksicht auf die Willensbildung im Bund. Der Weg zur Unitarisierung des westdeutschen Bundesstaates war mit pragmatischen Lösungen gepflastert. Den föderalistischen Sündenfall stellte das Kulturverwaltungsabkommen von 1962 dar, das eine Bund/Länder-Kommission mit der Koordination des Ausbaus von Wissenschaft und Forschung beauftragte. Damit hatten sich ursprünglich eigenständige Projekte der Länder, wie der Konstanzer Gründungsplan, an bundesweiten Vorgaben zu orientieren.[371] Dem Bundesrats-Föderalisten Kiesinger erschien dies zweckdienlich. Auch in dem legendären Streit um Adenauers »Regierungsfernsehen«, an dessen Ende die Gründung des ZDF stand, suchte er nach der verfassungskonformen, »bundesfreundlichen« Lösung, die »unter Ausklammerung der Kompetenzfrage« die Gründung einer solchen Bundesanstalt ermöglichte.[372]

Im Kern also war Kiesingers Föderalismus ein Bundesratsföderalismus. Auch als Stuttgarter Regierungschef sah er sich weiter als Bundesparlamentarier. Im November 1963 suchte er sein Kabinett davon zu überzeugen, daß »eine entscheidende Wendung in der Situation des deutschen Föderalismus« herbeigeführt werden müsse. Er hoffte auf eine noch stärkere Mitwirkung der Länder im Bundesrat, der öffentlich stärker in Erscheinung treten müsse.[373] In einer Zeit, in der sich die Staaten zu größeren Verbünden und »planetarischen« Gemeinschaften zusammenschlössen, müßten sich Bund und Länder als »ein wohlgeordnetes Ganzes verstehen und verhalten«. Die Landesregierung sei schon immer ein »Schrittmacher der verständnisvollen Zusammenarbeit zwischen Bund und Ländern« gewesen.[374] Die *politische* Funktion des Bundesrates müsse deutlicher werden, wie er in seiner Antrittsrede als Bundesratspräsident im November 1962 forderte: »Angesichts der Gefahren dieser Welt, die uns alle in unserer Existenz bedrohen, können wir es uns einfach nicht leisten, unsere Kräfte im Inneren zu zersplittern.«[375]

Moderne Zeiten:
Der reformierende Konservative

Der Pragmatismus, zu dem es in der Demokratie keine Alternative gibt, durchzieht die von Kiesinger entscheidend mitangestoßene baden-württembergische Modernisierungspolitik. Anfang der sechziger Jahre waren die Ängstlichkeiten des Anfangs und die sparsame Zurückhaltung der Nachkriegszeit von den Politikern abgefallen. Dennoch war die untergründige, konservative Furcht vor dem »Massenmenschen«, vor »Nivellierung«, »Termitenstaat« und wie derartige, durch die Lektüre von Tocqueville und Ortega y Gasset inspirierte Versatzstücke der ideologischen Reorientierung der Nachkriegszeit lauteten, aus Kiesingers politischem Vokabular nicht verschwunden. Ja, in den Reden des keiner Grundlagendiskussion aus dem Weg gehenden Ministerpräsidenten erfuhr diese Begrifflichkeit eine eigenartige Renaissance. Anders als in Weimar mündete jedoch kulturpessimistischer Modernisierungsskeptizismus nicht in Ablehnung der Demokratie. Diese pragmatische Wende des deutschen Konservatismus gehört zum Wesenskern der bundesrepublikanischen Reintegration in den Westen.

Kiesingers Stuttgarter Amtszeit fiel in eine entscheidende Phase fast ungebremster Expansion und sich ständig steigernder technokratischer Reformerwartungen, welche die Probe aufs Exempel ermöglichten. Angesichts voller Kassen und sich anscheinend selbst perpetuierender Budgetzuwächse konnten Ministerpräsidenten wie Kiesinger in den sechziger Jahren aus dem Vollen schöpfen, große Pläne schmieden und verwirklichen, obwohl sich erste Warnzeichen in Form retardierender Wachstumsraten beim Bruttosozialprodukt bereits Anfang der sechziger Jahre am Horizont zeigten. Das goldene Zeitalter der Nachkriegszeit hatte ungeahnte Spielräume eröffnet, die ein selbstbewußter und erfolgsverwöhnter Landesvater schwerlich hätte ignorieren können.

Schon 1962 hatte sich als ein besonders gutes Jahr erwiesen. Es folgte 1963 eine Flut von Gesetzesvorlagen, die kein Beispiel in der baden-württembergischen Geschichte kennt. Mit der Wiederwahl Kiesingers und dessen Regierungserklärung 1964 wurde dann der Gipfelpunkt seines Modernisierungsstrebens erreicht. Die Landespressekonferenz wurde mit einem kontinuierlichen Strom von Nachrichten über neue Projekte, Maßnahmen und Erfolge der Landesregierung gefüttert.[376] Im Mai 1962 wurden acht neue pädagogische Hochschulen feierlich begründet; im September warf der Staatsbesuch von de Gaulle Glanz auf das Land und seinen Ministerpräsidenten; im gleichen Monat verstärkte die Landesregierung ihre entwicklungspolitischen Anstrengungen mit dem Beschluß, ein Gewerbeförderungszentrum in Tunesien zu errichten; seit der Sommerpause richteten sich alle Augen auf die Bildungspolitik: Im Oktober entschied der Ministerrat, die Denkschrift über die Errichtung einer Universität in Konstanz dem Landtag zuzuleiten. Kiesingers Traum war seiner Verwirklichung nahe, »seine« Universität begann Gestalt anzunehmen; in denselben Marathonsitzungen des Kabinetts wurde die lange umstrittene Denkschrift verabschiedet, welche den Ausbau des Hochrheins auf die Strecke bis Waldshut beschränkte; ein – wenngleich symbolischer – Durchbruch seiner umwelt- und naturschützerischen Konzeption.[377]

Wieviel Selbstbewußtsein Kiesinger als Regierender gewonnen hatte, läßt eine von ihm inspirierte Synopse laufender und abgeschlossener Maßnahmen der Regierung erkennen, mit der er im Oktober 1962 an die Öffentlichkeit trat. Darin wurden alle Projekte der Regierungserklärung vom 7. Juli 1960 fein säuberlich aufgelistet und auf den Grad ihrer Umsetzung abgeklopft; ein Steinbruch für die Journalisten, gespickt mit Fakten, Daten, Zahlen und Paragraphen. Auch unerledigte Hausaufgaben wurden eingestanden. Mochte die Opposition kritisieren, daß manches weniger schnell oder weniger umfassend verwirklicht worden war als ursprünglich gedacht, die Synopse erfüllte vollauf ihren Zweck. Allein die Tatsache, daß die Landesregierung mit ihrer Halbzeitbilanz ein ungewöhnliches Maß an Transparenz zeigte, war einigen Berichterstattern einen Kommentar wert.[378]

Kiesinger verstand, daß man Gutes nicht nur tat, sondern darüber sprechen mußte. Es bedurfte neuer Formen, um das Anliegen der Politik zu kommunizieren. Dazu wurde die Politik auch ein wenig inszeniert, wie die glanzvollen Staatsbesuche von de Gaulle (1962) und der Queen (1965) beweisen – oder aber der benachbarten bayerischen Staatsregierung. Zugleich machte sich das Kabinett regelmäßig zu Besuchen auf in die Region, von den fast ständigen Auftritten Kiesingers vor Ort ganz zu schweigen. Zu Müllers Zeiten hatte die Pressepolitik in der Herausgabe trockener Kommuniqués bestanden und oder sich auf die Berichterstattung einer stark nach parteipolitischen Gesichtspunkten orientierten Medienlandschaft gestützt. Unter Kiesinger wurde ein offeneres, an den Werbestrategien der Unternehmen orientiertes Verfahren eingeführt.[379] Kiesinger pflegte einen anderen, man ist geneigt zu sagen: demokratischeren Stil.

Den neuen Ministerpräsidenten konnte man sich schwerlich wie Gebhard Müller in einer verrauchten Ludwigsburger Weinstube im trauten Zwiegespräch mit einem Vertreter der CDU-nahen *Schwäbische Zeitung* vorstellen oder in den Hinterzimmern des Remstals, wo Reinhold Maier seine sprichwörtlich gewordene Remstal-Politik kommunizierte. Für die Inspiration einzelner Presseartikel gab es die Mitarbeiter der Pressestelle, die ab 1964 unter Filbingers ehemaligem Pressechef Ulrich Weber zu einer schlagkräftigen Propagandazentrale des Staatsministeriums ausgebaut wurde. Kiesinger hielt »freundliche Distanz«, wie der damalige Leiter des Stuttgarter ZDF-Büros, Peter Kustermann, seinen Umgang mit den Medien umschrieb. Doch darin lag sein Erfolgsrezept. Er beherrschte die Landespressekonferenz wie kein zweiter, wobei er in teils freundlich-belehrender, teils ungeduldig-tadelnder Weise die Repetitorenqualitäten erneut zur Geltung brachte. Auch Kiesinger suchte das Gespräch mit den Journalisten, doch stärker im halböffentlichen Rahmen als im privilegierten *Tête-à-tête*. Die Journalisten hat er ein wenig wie seine jungen Mitarbeiter betrachtet, die er anzuleiten und zu motivieren suchte. Da konnte die Landespressekonferenz unter der Hand schon einmal

zu einem ideengeschichtlichen Kolleg werden, worauf die Stuttgarter Journalisten weniger gereizt reagierten als die späteren Bonner Kollegen.[380]
Das neue Spiel mit den Medien ist Ausdruck umfassenderer Wandlungsprozesse, die sich Anfang der sechziger Jahre spürbar beschleunigten.[381] Eingangs des »dynamischen Jahrzehnts« waren die Länder ein nicht zu unterschätzender Motor der Reform, wobei Kiesinger in der Bildungspolitik in etwa die Rolle übernahm, die Brandt zur gleichen Zeit in der Ostpolitik spielte. Indizien des Wandels waren neben der offeneren Kommunikationsstruktur und der stärkeren parteipolitischen Orientierung auch die 1960 ausgebrochene Kontroverse um die »Repräsentationssucht« des Landesvaters, womit sich ein neues Politikverständnis im Land einzunisten begann. Vom Habitus will Kiesinger späteren Beobachtern wie der letzte große Protagonist des bürgerlichen Honoratiorenpolitikers längst verflossener Jahrzehnte erscheinen.[382] Doch seine politische Praxis war modern inszeniert: Dem sparsamen Regiment seiner Vorgänger bereitete er ein rasches Ende. Im November 1959 beantragte Kiesinger, den mit 85.000 DM dotierten Fonds »Besondere Aufwendungen der Landesregierung bei dienstlichen Anlässen«, den berühmten Titel 300, mit der lapidaren Begründung »Zunahme der Empfänge, namentlich für ausländische Gäste«, auf 160.000 DM fast zu verdoppeln und zwar sowohl für den laufenden als auch für alle zukünftigen Haushalte.[383]

Mit seinem ausgeprägten Sinn für Repräsentation stieß Kiesinger Anfang der sechziger Jahre noch auf weitverbreitetes Unverständnis – und zwar nicht allein bei dem *ex officio* zum Sparen verpflichteten FDP-Finanzminister Frank sowie dem knauserigen Möller, der mit Argusaugen über Kiesingers Finanzgebaren wachte. Auch bei der CDU wurden Augenbrauen gehoben. Die bezeichnende Ausnahme war die Junge Union. Deren nordbadischer Landesvorsitzender Lothar Gaa, ein späterer Landtagspräsident, stellt im Februar 1959 – wohl als Minenhund Kiesingers – im Finanzausschuß des Landtages die geradezu unsittliche Frage, ob denn der Ministerpräsident mit dem vorgesehenen Verfügungsbetrag auskäme und eine genügende Repräsentation des Landes gewährleistet sei.

Kiesinger gab dankbar zu erkennen, daß er sich selbst schon überlegt habe, ob er in dieser Sache nicht die Initiative ergreifen solle. Er halte »die Frage der Repräsentation und ihrer Kosten« für wichtig. »Staat machen müsse man nämlich vom Gesichtspunkt der Sparsamkeit, aber auch vom Gesichtspunkt der staatlichen Integration im Volke aus«. Doch zwei Monate nach seiner Wahl wolle er das heiße Eisen nicht anfassen. Eines Tages werde der Finanzausschuß nicht umhinkommen können, eine entsprechende Entscheidung zu fällen.[384] Das provozierte lautstarke Kritik beim Steuerzahlerbund. Langfristig setzte sich Kiesinger durch, weil seine Popularität nicht zuletzt darauf beruhte, daß er überzeugend »Staat zu machen« verstand. Die südwestdeutsche Öffentlichkeit begann den archetypisch schwäbischen Kult der Sparsamkeit als den Interessen des Landes zunehmend abträglich zu verstehen, zumal ein vergleichbares Bundesland wie Bayern mehr als 400.000 DM für ähnliche repräsentative Zwecke ausgab, obwohl es Anfang der sechziger Jahre noch Länderfinanzausgleich von Baden-Württemberg erhielt.[385]

In der Frage der öffentlichen Repräsentation ging es um symbolische Politik, nicht aber um finanzielle Kleinigkeiten. In einem Staatshaushalt von mehr als 4 Milliarden DM war die Verdoppelung des Repräsentationsfonds auf knapp 4 Prozent eine spürbare Größe.[386] Den Sprung in die Schuldenwirtschaft hat Kiesinger dennoch vermeiden können. Instinktiv blieb er Vertreter einer haushälterischen Politik und hegte eine Abneigung gegen Defizite. Alles in allem hat er sich an der Einnahmenseite des Landeshaushaltes orientiert. Wenn Schulden gemacht werden mußten, dann wurde diese, wie etwa 1959, bald wieder abgetragen. Noch hielten die Dämme, wenn auch gegen Ende von Kiesingers Regierungszeit Baden-Württemberg in eine (nach heutigen Maßstäben milde) Budgetkrise geriet. Diese war durch die hektische Bildungsexpansion mitverursacht worden, hinzu kam der überraschende Konjunktureinbruch des Jahres 1966. Seitdem haftet Kiesinger in Baden-Württemberg der Ruf eines Verschwenders an. Doch trotz seines freimütigen Bekenntnisses zum neuen, großzügigeren Stil in der Politik, der sich seiner Fesseln im Umgang mit den Staatsfinanzen zu entledigen suchte, blieb er jedoch auch bei seinen Lieblingsprojekten stets im Rahmen.

Die Frage der staatlichen Repräsentation war auch eine Frage des Selbstverständnisses der Regierenden in der Demokratie. Als ein pensionierter Regierungsrat im Namen des Bundes der Steuerzahler Baden-Württemberg Kiesingers Bemerkung: »Wenn man einen Staat verwaltet, muß man auch Staat machen« als ein schlimmes Wort bezeichnete, weil nach dem Motto »Wie der Herr, so das Gescherr« die Gefahr heraufbeschworen werde, daß allenthalben in der Verwaltung die elementaren Grundsätze der Sparsamkeit verletzt werden könnten[387], stieg Kiesinger zornig auf die Barrikaden: Die ebenso »törichte wie geschmacklose Bemerkung« des »beschränkten Kritikus« vom Bund der Steuerzahler gehe an den Realitäten vorbei. Baden-Württemberg sei ein Staat und keine Provinz. Diesen Staat müsse er dann und wann darstellen. Als zweitbedeutendster Wirtschaftsraum der Bundesrepublik könne sich das Land Repräsentationsaufgaben keinesfalls entziehen, möge es auch »für eine bescheidene Phantasie« danach aussehen, »als ob die Mitglieder der Regierung große Freude daran hätten, an solchen Empfängen teilzunehmen«.[388]

Kiesinger machte mit den viel gescholtenen Diners in der Villa Reitzenstein – bei Müller waren die ohne Begleitung geladenen Besucher mit halben Brezeln und Wein abgespeist worden – gezielt Politik. So wurde etwa mit der Kiesinger eigenen Aufmerksamkeit für protokollarische Details die Sitzordnung nach integrationspolitischen Gesichtspunkten ausgerichtet, so daß der protestantische Württemberger Scheufelen häufiger neben seinem Freiburger Fast-Namensvetter, dem Erzbischof Schäufele, zu sitzen kam, »damit der merkte, daß wir auch Menschen sind«.[389]

Hinter dem Problem politischer Stilbildung wie auch dem eifrigen, von Kiesinger geförderten Bilanzieren in der Villa Reitzenstein stand mehr als eine neue Kommunikationsstrategie. Ironischerweise suchte Kiesinger die Landespolitik zu politisieren, als sich die faktischen Spielräume des Landtages bereits dramatisch reduziert hatten. Als Ersatz hob Kiesinger auf die demokratische Mitwirkung des Parlaments an den Entscheidungen der Bundespolitik ab, wovon die Protokolle des Ministerrates einen plastischen Eindruck vermitteln, in denen rein quantitativ Entscheidungen über Bundesratsvorlagen überwiegen. Baden-Württemberg sollte nicht die große Oberbürgermeisterei Eschenburgs sein, sondern eine politische Entität, in der aktiv um die Gestaltung politischer Spielräume gerungen wurde. Und letztere waren eben niemals so groß wie Anfang der sechziger Jahre, als sich die mentalen Hemmnisse aufgrund der Knappheit der Kriegs- und Nachkriegsjahre abgeschliffen hatten und die Expansion der sozialstaatlichen und bildungspolitischen Subsysteme noch nicht den Punkt erreicht hatte, an dem sie sich Anfang der siebziger Jahre zu verselbständigen und nach und nach die finanziellen Ressourcen der Bundesrepublik zu überschreiten begannen, so daß heutige Politiker nur noch das Krisenmanagement nach Grundsätzen des Sachzwanges gestalten. Da hatten es Kiesinger und seine Kollegen einfacher: Sie glaubten, wie es die Publizistik und die wissenschaftliche Diskussion nahelegten, an eine vorausschauende Politik, an fortschreitende Modernität und Planbarkeit – und besaßen den nötigen Gestaltungswillen.[390]

Die Zeichen standen auf Expansion: Selbst wenn man in Rechnung stellt, daß Politik und Verwaltung zu allen Zeiten einen kreativen Umgang mit der Statistik pflegen und die gleiche Mark, in mehrere Förderprogramme eingesetzt, die Anzahl der Erfolgsmeldungen zu potenzieren erlaubt, lesen sich die Zahlen beeindruckend.[391] Auf dem Bildungssektor herrschte fast ungebremste Expansion: Beispielsweise wurden die ehrgeizigen Empfehlungen des Wissenschaftsrates vom November 1960 in Baden-Württemberg innerhalb kürzester Zeit samt und sonders umgesetzt. Allein 1962 wurden im Land 46 neue Lehrstühle, 144 Stellen im Mittelbau und 218 Oberassistenten- und Assistentenstellen bewilligt. 1963 kamen 66 Lehrstühle, 111 Stellen im Mittelbau und

252 Assistentenstellen hinzu. In seiner Abschlußbilanz zum Ende der Legislaturperiode im März 1964 überraschte Kiesinger die Öffentlichkeit mit der erfreulichen Mitteilung, daß das Land das Empfehlungssoll des Wissenschaftsrates für 1966 bereits zu diesem Zeitpunkt erreicht und sogar noch übererfüllt habe. Dabei waren die Neugründungen in Konstanz und Ulm zu diesem Zeitpunkt zwar beschlossene Sache, aber noch nicht in die Tat umgesetzt, und der Ausbau der Mannheimer Wirtschaftshochschule zu einer Volluniversität hatte noch nicht begonnen.[392]

Bilanzieren heißt Rückschau halten und zugleich den Blick in die Zukunft richten. Damit ist eine der Leitvokabeln der sechziger Jahre aufgerufen, die in keiner Regierungserklärung Kiesingers fehlt: der Plan. Seiner totalitären Konnotationen entkleidet, faszinierte der Planungsgedanken seit Ende der fünfziger Jahre die Reformer unterschiedlichster Couleur. Kiesinger war der erste Ministerpräsident, der in seinem Amt ein Planungsreferat ins Leben rief, das ihm vor allem dazu diente, seinen Einfluß auf die gesamte Politik des Landes zu stärken – sprich in die Ressorts hineinzuregieren.[393] Aus der Villa Reitzenstein sollte er den Gedanken des Planungsstabes ins Palais Schaumburg mitnehmen. Auch die an Kennedys Tafelrunde gemahnende Idee des lockeren Beraterkreises der *best and the brightest*, zu der in Stuttgart etwa Dahrendorf und Besson gehörten, suchte er in Bonn wiederzubeleben. Dort begann unter Kiesingers Ägide der innere Umbau des Bundeskanzleramtes, der dann unter Horst Ehmkes Szepter in der Ära Brandt seinen Höhepunkt erreichte. So kam es zu der bezeichnenden Ironie, daß das Kanzleramt ausgerechnet unter den beiden Bundeskanzlern seine bis dahin gründlichste Reorganisation erfuhr, die mit administrativen Fragen eher auf dem Kriegsfuß standen.[394]

Die von Kiesinger in Bonn angeregten Maßnahmen zur Reorganisation des Kanzleramtes lesen sich wie ein Echo seiner Stuttgarter Regierungserklärung vom Juni 1964, deren programmatischen Teil er mit einer zweiseitigen Grundsatzerklärung zum Planungsgedanken eröffnete, der, »bei dem immer schnelleren Ablauf allen Geschehens« der Politik die Grundlagen zur Gestaltung der Zukunft zu schaffen hatte: »Vieles, was im Jahr 1970 Gegenwartsaufgabe sein wird, muß jetzt geplant werden.« Der Planungsdiskurs suggerierte verläßliche, geradezu prognostizierbare Entwicklung, mit dem Ziel der Verstetigung von Wachstum und Prosperität[395], deren Vorbilder sich in Amerika fanden, im *grand design* eines John F. Kennedy oder der *great society* eines Lyndon B. Johnson. Diese scheinbar mühelos dahingeworfenen Aufrisse einer besseren Welt verfehlten ihren Eindruck in der Villa Reitzenstein nicht und sollten auch Ludwig Erhards Konzept der »formierten Gesellschaft« beeinflussen.[396] Zum einhundertprozentigen Planungseuphoriker mutierte Kiesinger natürlich nicht. Da fehlte dem reformierenden Konservativen, bei aller grundsätzlichen Offenheit, doch das Urvertrauen in die prognostische Kraft des Politischen. Den allen Modernisierern eigenen humanitären Optimismus, der Glaube an das Gute im Menschen, hatten ihm die dreißiger und vierziger Jahre ausgetrieben: Pascals Diktum, der Mensch sei »ni ange ni bête«, weder Engel noch Bestie, zum Guten berufen, aber doch in seiner Schwäche zu nehmen, gehörte denn auch zu seinen Lieblingsworten.[397]

Ein kulturpessimistischer Grundzug, Lebenserfahrung und Gespür für die Grenzen ließen ihn indes von allzu rosigen Zukunftsszenarien Abstand halten. Doch die Regierungserklärung vom 25. Juni 1964, als sich nach dem triumphalen Wahlsieg vom April 1964 im Land große Perspektiven eröffneten, wie auch die folgenden Entscheidungen des Stuttgarter Kabinetts atmen mehr als gedämpften Enthusiasmus. Natürlich ging man Mitte der sechziger Jahre noch sehr viel vorsichtiger zu Werke als 1969 Willy Brandt, der für den ungehemmten, visionären Optimismus seiner ersten Regierungserklärung als Bundeskanzler später teuer bezahlte. Kiesinger ist denn auch nur um ein Haar einem ähnlichen Schicksal entgangen, weil sich die Lage 1966/67 noch einmal stabilisierte. Die Frage, so Kiesinger skeptisch schon 1964, »was und für welche Zeiträume man planen kann«, sei eines »der schwierigsten Probleme überhaupt«; Wirtschaft und Gesellschaft steuerbar nur in Grenzen: »Die komplizierten Verhältnisse unserer Zeit und die unheimlich rasche Entwicklung des Geschehens machen Prognosen allerdings fragwürdig«.[398] Und in der Tat: Die entfesselte Dynamik der Pläne hat diese früher oder später über den Haufen geworfen, setzte doch rationales Planen kontinuierliche Entwicklungspfade voraus.

Dennoch ist Kiesinger nur eingeschränkt als Repräsentant eines sich ideologiefrei gebenden »Konsensliberalismus« zu sehen, der im Gefolge des New Deal, der amerikanischen Antwort auf die Weltwirtschaftskrise unter Roosevelt, in dem sich die liberale Tradition der USA mit dem Anspruch einer technokratisch gesteuerten Gesellschaftsreform verband, nach dem Krieg über den Atlantik schwappte.[399] Prominenter Ausdruck dieser Reformpolitik in Deutschland war (wie in den USA) der Keynesianismus, den die Große Koalition mit dem Stabilitätsgesetz von 1967 zum wirtschaftspolitischen Allheilmittel mit Verfassungsrang beförderte. Diese Politik der ökonomischen Globalsteuerung, das darf man nicht vergessen, war von dem bis 1966 christdemokratisch geführten Bundeswirtschaftsministerium mitentwickelt und von Unionspolitikern mitverantwortet worden, die in programmatischen Äußerungen die Idee gesellschaftspolitischer Lenkungskompetenz bis weit in die späten sechziger Jahre hinein eher ablehnten. Erst unter Kiesingers Vorsitz, auf dem Berliner Parteitag 1968, begann sich die CDU programmatisch intensiv mit den Fragen gesellschaftlicher Modernisierung zu befassen, die seit den fünfziger Jahren aufgeworfen worden waren.[400] Insofern klaffte immer eine Lücke zwischen tatsächlicher Politik und dem Selbstverständnis vieler CDU-Politiker, die, wie Kiesinger, noch lange an das christliche Erbe appellierten, wenn sie auch schon wie Konsensliberale agierten. Gegen den »Sozialdemokratismus« der Planer verteidigte Kiesinger in seiner Regierungserklärung 1964 denn auch die Grundidee der sozialen Marktwirtschaft, für die sich die CDU aus Achtung vor dem »Urrecht der Freiheit« 1949 bewußt entschieden habe.[401]

In den einleitenden Sätzen der von Kiesinger 1964 veranlaßten und in den Formulierungen deutlich seine Handschrift verratenden Wahlkampfbroschüre sind drei Problemkreise angesprochen, die im Zentrum der Landespolitik zwischen 1960 und seinem Weggang nach Bonn 1966 standen und die hier *pars pro toto* einen Eindruck von der Modernisierungspolitik der frühen sechziger Jahren vermitteln sollen: Infrastruktur, Umweltschutz und Bildung. Erstes und zweites sind eng miteinander verknüpft und werden an der Frage des Ausbaus des Hochrheins zur Großschiffahrtsstraße und den damit einhergehenden Überlegungen Kiesingers zur Reinhaltung des Bodensees untersucht. Hier tritt die konservative Grundtendenz seiner Modernisierungspolitik deutlich zutage. Aber auch für die Bildungs- und Hochschulpolitik gilt, daß die Reform aus dem Grundgedanken des Bewahrens geboren wurde. Das prominenteste Projekt dieser Politik, der Konstanzer Universitätsplan, spielte sich in dem gleichen regionalen Rahmen ab wie die Hochrheinkanalisierungsdebatte. Daß beide Fragen vor der Kulisse des Bodensees ausgekämpft wurden und wiederum eng mit der Integrationspolitik verknüpft waren, hatte viel mit persönlichen Präferenzen Kiesingers zu tun und mag als Erinnerung dafür dienen, daß bei der Analyse politischer Entscheidungen, mögen sie noch so technokratisch verbrämt und von Gremien und Beiräten beraten und für gut befunden worden sein, das persönliche Element nicht unterschätzt werden darf.

Konservative Modernisierung: Der gerettete Bodensee

Es klingt wie sanfte Ironie, daß zu den landespolitischen Großtaten Kiesingers die partielle Verhinderung eines Modernisierungsprojekts gehört, das so recht nach dem Geschmack der technokratischen Gipfelstürmer der sechziger Jahre gewesen sein muß: der geplante Ausbau des Hochrheins von Basel bis zum Bodensee. Was zeitgenössischen Befürwortern als Hemmung einer strukturpolitisch gebotenen Anpassung des Bodenseeraumes an die Moderne darstellte, stellt sich mit dem gewachsenen Umweltbewußtsein heutiger Tage völlig anders dar, vielleicht sogar als vorausschauend. Dennoch wird man sich davor hüten müssen, in Kiesinger einen frühen Vorläufer der »Grünen« zu sehen.[402] In der Umweltbilanz würde sein historisches Verdienst um den Erhalt der natürlichen Bodenseelandschaft und sein starkes Engagement für die Reinhaltung von Luft und Wasser doch durch den Ausbau des Straßen- und Autobahnsystems aufgewogen, dessen Schattenseiten damals niemand erkannte. In langer historischer Perspektive dürfte die von der Regierung Kiesinger geförderte Motorisierung Landschaft und Lebensverhältnisse um vieles nachhaltiger verändert haben, als ein Kanal bis zum Bodensees je hätte bewirken können.[403]

Die Hochrheinkanalisierung war ein von Gebhard Müller ererbter Komplex, mit einer langen, bis in die frühe Neuzeit zurückreichenden Vorgeschichte. Wie fast alles in der baden-württembergischen Politik besaß dieses strukturpolitische Großprojekt integrationspolitische Fallstricke. Die Neckarkanalisierung bis Stuttgart war seit dem Zweiten Weltkrieg vorangetrieben und bis Ende der fünfziger Jahre abgeschlossen worden. Der weitere Ausbau des Neckars bis Plochingen wurde aufgrund der schwebenden Diskussion über die technisch anspruchsvolleren, international mit der Schweiz und Österreich abzustimmenden Hochrheinpläne zurückgestellt. Ein Festhalten am prioritären Ausbau des Neckars hätte altbadische Verdächtigungen genährt, daß sich die schwäbischen Vettern auf Kosten der Allgemeinheit an ihrem Neckarausbau gesundstießen, während die Badener wieder einmal leer ausgingen.[404] Schon um keine altbadischen Wunden aufzureißen, hatte Kiesinger in seiner ersten Regierungserklärung vom 14. Januar 1959 die Zusage der Landesregierung bekräftigt, sich um den Bau einer Großschiffahrtsstraße zum Bodensee zu bemühen.[405]

Von Anfang an war das Hochrheinprojekt gefährdet. Die ersten Gutachten säten Zweifel an seiner Wirtschaftlichkeit. Ohne eine kräftige Subventionsspritze des Bundes würde der Hochrheinausbau nicht über die Bühne gehen.[406] Dennoch gab es in der Landesregierung starke Befürworter, vor allem im freidemokratisch geführten Wirtschaftsministerium, die die Rentabilität letztlich für Definitionssache hielten. Auch Innenminister Filbinger kam nach eingehender Prüfung im Juni 1962 zu dem Ergebnis, »daß die gegen die Wirtschaftlichkeit des Projekts vorgebrachten Einwendungen nicht durchgreifen und daß die Landesregierung in Fortsetzung ihrer Bestrebungen, das Hochrheingebiet wirtschaftlich zu fördern, den Ausbau zunächst bis Waldshut betreiben sollte«.[407] Ob man dem Projekt Wirtschaftlichkeit zubilligte oder nicht, hing letztlich an der Kalkulation des erwarteten Verkehrsaufkommens. Außerdem entsprach es dem struktur- und regionalpolitischen Charakter des Hochrheinausbaus, daß die Belebung der regionalen Wirtschaftsstruktur auch eine Frage der sekundären Effekte war, die über die rein verkehrspolitische Zweckmäßigkeit hinausgingen.[408]

Kiesinger hat die Frage der Rentabilität nicht besonders bewegt.[409] Wären die politischen Prioritäten erst einmal gesetzt, dann würde sich der finanzielle Spielraum schon anpassen. Der Ministerpräsident folgte einer kulturellen Konzeption. Seine »Entprovinzialisierung« des Landes zielte auf die Stabilisierung der natürlichen Lebensgrundlagen der inneren und äußeren Peripherien, die auf eine ihnen gemäße Weise Anschluß an die Moderne finden sollten. Die von den Hochrhein-Begeisterten vor allem in Österreich gepflegte Vision eines »Neu-Amsterdam« am Bodensee hielt Kiesinger für eine Horrorvorstellung. Eine Industrialisierung der Bodensee-Landschaft schien ihm eine Absurdität höchsten Grades. Damit wäre den »Stiefkindern des Wirtschaftswunders« nicht gedient. Es müsse doch »das Bild des Landes immer in den Köpfen der Verantwortlichen stehen«[410]. Was wäre durch die Hochrhein-Kanalisierung gewonnen? Würden der Landschaft nicht irreperable Schäden zugefügt?

Das Konstanzer Hochschulprojekt paßte in Kiesingers Vision der Bodenseelandschaft, rauchende Schlote am Ufer des Schwäbischen Meeres nicht. Eine Universität revitalisierte eine alte Tradition, der genormte »Euro-Kahn«, der auf dem Weg von Rotterdam nach Bregenz die blauen Fluten des Bodensees durchpflügte, wäre ein Fremdkörper gewesen. Sei es nicht ein Vorteil, daß diese Landschaft erst zu einem Zeitpunkt aus ihrem Dornröschenschlaf erwache, als sich der Mensch der Konsequenzen der ungezügelten Industrialisierung bewußt zu werden beginne? Daher eine klare Absage an die Ansiedelung »riesiger Großindustrieanlagen«. Nur kleine und mittlere Betriebe würden sich »in die Landschaft bescheiden einpassen«.[411]

Wie ambivalent Kiesingers Konzept einer nachhaltigen Entwicklung der südwestdeutschen Infrastruktur aus heutiger Sicht wirkt, zeigt ein Vergleich seiner Regierungserklärungen vom 7. Juli 1960 bzw. vom 25. Juni 1964. Einerseits stellte Kiesinger den Ausbau der Infrastruktur ganz dezidiert in den Kontext von Überlegungen, wie den Gefahren, »die mit der raschen wirtschaftlichen und technischen Entwicklung« einhergehen, begegnet werden könne. Fast im selben Atemzug versprach Kiesinger einen raschen Ausbau des baden-württembergischen Straßennetzes, in das der Bund mehr als eine Milliarde DM pumpen würde, sofern das Land noch einmal 750 Millionen draufsatteln werde. 1964 widmete Kiesinger mehrere Seiten seiner Regierungserklärung dem Natur- und Landschaftsschutz und setzte mit der Ankündigung eines entschlossenen Kampfes gegen Luftverschmutzung und

Abwässer umweltpolitische Akzente. Dem Naturliebhaber und Wanderer waren die stinkenden Kloaken ein Greuel, zu denen selbst die kleineren Flüsse Baden-Württembergs geworden waren.

Doch nur wenige Sätze später kündigte Kiesinger den Bau des ersten Atomkraftwerkes des Landes an, das er als immissionslose Energiequelle für umweltpolitisch geboten hielt. Auch stellte er den vollen Ausbau des südwestdeutschen Autobahnnetzes bis zu Beginn der siebziger Jahre in Aussicht. Den Vorgaben des Bundesverkehrswegeplans folgend, würde das Land von drei Nord-Süd- und vier Ost-West-Achsen überzogen. Tatsächlich konnten einige dieser Projekte, darunter die Schwarzwaldautobahn, nie verwirklicht werden. Doch Mitte der sechziger Jahre regten sich kaum Bedenken dagegen. Verkehrspolitik sah er als Frage nach dem »Mißverhältnis zwischen Straßenkapazitäten und Verkehrsaufkommen«, das zu beseitigen es massiver Investitionen bedurfte.[412]

Dennoch hat Kiesinger als einer der ersten westdeutschen Spitzenpolitiker mit dem Natur- und Umweltschutz ein zugleich sehr altes Thema entdeckt, bevor dieses im Gefolge des Ölpreis-Schocks 1973 eine breite öffentliche Aufmerksamkeit zu erregen begann. Kiesinger war zeitlebens stolz darauf, den »Umweltschutz« als einer der ersten ins Bewußtsein gerückt zu haben, noch bevor Brandt 1965 vom »blauen Himmel über der Ruhr« zu sprechen begann. In den sechziger Jahren wuchs eine solche Gesinnung noch überwiegend aus einer wertkonservativen Grundhaltung heraus. Die Linke (und das hieß damals die SPD) war nach Godesberg hauptsächlich damit beschäftigt, sich nach dem Abschied von Marx als Partei der technokratischen Sozialsteuerung gewissermaßen neu zu erfinden.[413] Allerdings ist diese Verallgemeinerung einzuschränken: Umweltschutz war in den sechziger Jahren kein parteipolitisch verortetes Thema, sondern eine Frage von Generation und Landsmannschaft, wie die Ausführungen des wenige Jahre älteren SPD-Urgesteins Viktor Renner illustrieren, der, wie Kiesinger, in der Hochrhein-Debatte auf die einschlägigen Äußerungen des zu den geistigen Mentoren Kiesingers zählenden Eduard Spranger verwies.[414]

Hochrheinfrage und Konstanzer Gründungsprojekt veranschaulichen beispielhaft Kiesingers Ansatz in der Politik: Seine äußere Gelassenheit war geradezu sprichwörtlich. Als Kanzler sollte er später agieren, wie er es als Stuttgarter Regierungschef gelernt hatte. Ein Meister der Salamitaktik, hat sich der überaus zähe, aber nicht kampfeslustige Kiesinger Herausforderungen selten in offener Feldschlacht gestellt. Der Abschied vom Hochrhein wurde in Etappen bewältigt – sah er sich doch mit einer mächtigen Lobby konfrontiert, die im Innen- und Wirtschaftsministerium einen Resonanzboden besaß, einen starken regionalen Rückhalt auffahren konnte sowie dem integrationspolitischen Bedürfnis »nach historischer Gerechtigkeit« (Hermann Person) für Baden entsprang. Wieder baute Kiesinger auf den »ideologischen Verdunstungsprozeß« – eine von ihm gerne verwendete Formel, die besagt, daß sich eine vernünftige Haltung mit der Zeit schon durchsetzen wird.

Der stückweise Abschied von der Hochrhein-Kanalisierung bis zum Bodensee bietet ein Lehrstück über den improvisatorischen Ansatz in der Politik. Kiesinger mobilisierte immer neue Bedenken. Kein Denkschriftentwurf des Innenministeriums war ihm gut genug. Im Juni 1962 glaubte er, die allzu optimistischen Annahmen Filbingers korrigieren zu müssen, was die Handlungsspielräume des Landes gegenüber dem Bund auch nach der gefallenen Entscheidung beträfe.[415] Vier Wochen später ließ er die Katze aus dem Sack. Er sei persönlich gegen den Ausbau. Die neuerlich überarbeitete Denkschrift erwecke den Eindruck, als »ob irgend jemand insgeheim für den Ausbau des Hochrheins bis zum Bodensee plädiere«.[416]

Nun mußte Filbinger einlenken, zumal Kiesinger sich der Unterstützung von Kultusminister Storz versichert hatte, der damals obersten Instanz für den Naturschutz: Er, Filbinger, sei niemals für den Ausbau bis zum Bodensee gewesen und »betrachte den Ausbau bis Waldshut keineswegs als Schrittmacher dafür«. Um die Subventionen des Bundes nicht zu gefährden, solle man jedoch »die Tür für den Ausbau des Hochrheins bis zum Bodensee nicht ganz zuschlagen«. Nun gab sich Kiesinger als Prinzipienpolitiker, der ein solches Taktieren »psychologisch für sehr gefährlich« hielt. Man solle »die Dinge so darstellen, wie sie seien«. Auch gehe es nicht um das (mit Klärtechnik zu bewältigende) Problem der Wasserentnahme und der Verschmutzung des Bodensees. Der Bodensee sei wertvoll »als ein Wert an sich; deshalb sei der Schutz der Bodenseelandschaft viel wichtiger«.

Erneut mußte der Innenminister die Bedenken stärker herausarbeiten. Selbst in dem Teil der Denkschrift, der sich ausschließlich mit dem selbst von Kiesinger nicht in Frage gestellten Ausbau bis Waldshut beschäftige, sei »die vorhandene zu optimistische Tendenz« zu beseitigen. Der Ausbau bis zum Bodensee könne nur in der Absicht geschehen, die Landschaft industriell zu beleben. Er frage sich, ob der Prozeß der Industrialisierung so gesteuert werden könne, daß der Schutz der Landschaft gewährleistet bleibe. Entweder wolle man die Industrialisierung, dann müsse man ausbauen; oder man wolle sie nicht, dann dürfe man nicht. Wenn das Projekt in sich Vernunft habe, dann werde es verwirklicht werden, notfalls eben einige Jahre später. Er sei sogar bereit, »vor der Geschichte den Vorwurf zu tragen, daß das Projekt infolge der Verzögerung nicht zustande gekommen sei«.

Bei diesem Sachstand blieb es. Kiesingers landschaftsschützerische Konzeption setzte sich gegen ein aus struktur- und integrationspolitischen Gründen naheliegendes Projekt durch, das unter anderen Umständen vermutlich verwirklicht worden wäre, wenn es der bayerischen Landesregierung sogar noch in den achtziger Jahren gelang, den Rhein-Main-Donau-Kanal durch das Altmühltal zu vollenden. Kiesingers Erfolg war einer Kombination von Faktoren geschuldet, zu denen die integrationspolitische Baisse nach den Wahlen 1960 gehörte; die Uneinigkeit der Bodensee-Lobby selbst, wo die noch in den Kinderschuhen steckende Tourismusindustrie durch industrielle Großbauten am See gefährdet worden wäre; das sinkende Interesse des Bundes angesichts anderer kanalbaupolitischer Prioritäten; und schließlich die fehlende Rentabilität.

Dennoch ist Kiesingers umweltpolitisches Verdienst anzuerkennen. Denn die Einwendungen der Naturschutz-Lobby, im wesentlichen die Heimat- und Wandervereine, waren damals nicht in der gleichen Art und Weise ernst zu nehmen wie in der heutigen Zeit. Insofern investierte Kiesinger, selbst Mitglied des Schwäbischen Albvereins und nach Theodor Heuss' Tod Präsident der Arbeitsgemeinschaft deutscher Heimat-, Wander- und Naturschutzbünde, politisches Kapital, als er sich zum Fürsprecher der Naturschützer im Kabinett machte.[417] Ja, Kiesinger hielt die Verhinderung des Hochrheinausbaus für so wichtig, daß er sein politisches Schicksal damit verknüpfte. Am 24. Oktober 1963 drohte Kiesinger vor dem Landtag, er werde sein Amt zu Verfügung stellen, wenn er gezwungen würde, »heute Ja zum Ausbau des Hochrheins bis zum Bodensee zu sagen«. Selbst ein so unangefochten wie Kiesinger regierender Ministerpräsident wird die Vertrauensfrage nicht leichtfertig stellen, auch wenn er sich mit dem »heute Ja« ein zeitliches Hintertürchen offen ließ.[418]

Selbstverständlich sind Letztbegründungen mit Vorsicht zu genießen. In den seine politische Laufbahn bilanzierenden Interviews der achtziger Jahre hat Kiesinger voller Stolz auf seine umweltpolitischen Erfolge zurückgeblickt.[419] Er wollte diesem Kapitel einen längeren Abschnitt seiner Erinnerungen widmen.[420] Keine andere landespolitische Fragen liege ihm »so sehr am Herzen« wie diese Dinge, über die »etwas ganz Gültiges, soweit ich sehe, noch gar nicht gesagt worden« sei, und die in Begriffen wie »Naturschutz, Landschaftsschutz und Erholungsgebiet« nur dürftig umschrieben sei: »Wir sind dieser Erde, die uns anvertraut ist, vieles schuldig, in unserer Zeit mehr denn je, und wehe uns, wenn uns einmal die Geschichte leichtsinniger Verschwendung und Verderbes bezichtigen könnte«, wie sich Kiesinger im Oktober 1963 im Landtag vernehmen ließ.[421]

Es gilt festzuhalten, daß Kiesinger Anfang der sechziger Jahre, mehr als ein Jahrzehnt, bevor sich eine alternativ-ökologische Szene herauszubilden begann, dem technokratischen Machbarkeitsdenken gegensteuerte, das in der Bundesrepublik seinen Höhepunkt erst in der Großen Koalition und dann in den frühen Jahren der sozial-liberalen Koalition vor 1973 erreichen sollte. Viel zu lange sei man »von einer überwiegend wirtschaftlichen Konzeption der Landschaft« ausgegangen, habe nur von »Industrieansiedlungen und von Stärkung der Wirtschaftskraft einzelner Volksschichten gesprochen«. Dabei habe man übersehen, »daß dahinter ein tieferes, ein menschliches Problem steckt, die Erhaltung geistiger und seelischer Substanz, die Bewahrung menschlicher Tradition in einer Massengesellschaft, die durch die Welt der Technik geprägt ist. Das ist der Punkt gewesen, wo wir neue Tore aufgestoßen haben. Wir sind darüber hinaus zu einem tieferen Verständnis dessen gelangt, was man Bewahrung und Schutz der uns anvertrauten Landschaft nennt. Nicht nur die üblichen Naturschutzgedanken, nicht nur das übliche Konservieren!«[422]

Er habe, so wird Kiesinger in den achtziger Jahren notieren, im Landtag etwas anzusprechen versucht, was ihn seit seiner Jugend bewegt habe, »in der mich der von Abwässern stinkende Bach oder die von fühllosen Industrieanlagen verdorbene Landschaft nicht nur ästhetisch oder hygienisch störte. Ich dachte dabei auch an bedrohte oder vernichtete Pflanzen, Tiere gewiß, aber ich meinte mehr eigentlich noch als Albert Schweitzers Lehre von der ›Ehrfurcht vor dem Leben‹, die ich später kennen lernte. Ich meinte unseren ganzen Planeten, belebt und unbelebt, der uns anvertraut ist und dem wir vieles schulden.«[423]

HOCHSCHULGRÜNDERZEIT

Bei aller Offenheit für neue Strömungen: Kiesinger ist eine konservative Natur. Das zeigt am besten seine Hochschulpolitik, das Flaggschiff seiner »lebendigen Landespolitik«. Damit leistete er auf einem zentralen Reformfeld der sechziger Jahre einen bleibenden Beitrag, dem die Zeitgenossen große Bedeutung zumaßen. Erst in den Augen der Nachwelt sind die bildungspolitischen Aufbrüche der sechziger Jahre hinter dem ostpolitischen Projekt verblaßt, obwohl letzteres die materiellen Lebensinteressen der Menschen, die von Südwestdeutschland aus gesehen diesseits des »Eisernen Vorhanges« lebten, nur geringfügig oder gar nicht tangierte. Das sagt viel über unser Bild der westdeutschen Geschichte, das sich über zwei außenpolitische Projekte definiert, während sich im Rückblick doch immer deutlicher abzeichnet, daß in der Frage der außen- und deutschlandpolitischen Neuorientierung der sechziger und siebziger Jahre mit großem Aufwand um Symbolismen gestritten wurde, an deren Faden das Schicksal der Nation nicht wirklich hing.

Von dieser Sichtweise machte Kiesinger selbstverständlich keine Ausnahme. Das belegt sein kontinuierliches außenpolitisches Interesse als Ministerpräsident und vor allem natürlich als Bundeskanzler, als Kiesinger selbst einen Versuch unternahm, in der Frage der Überwindung des Ost-West-Gegensatzes einen Schritt weiterzukommen. Recht betrachtet, sah er keinen Gegensatz zwischen Bildungs- und internationaler Politik. 1963 zitierte er zustimmend den Soziologen Arnold Gehlen, daß es in Deutschland nur zwei Politika ersten Ranges gäbe, »nämlich die sogenannte Entwicklungshilfe und die Frage der Reorganisation der Hochschulen«.[424] Bei der Einweihung des Südasien-Instituts der Universität Heidelberg stellte er die Entwicklungspolitik unter denselben Generalvorbehalt, unter den er die bildungs- und hochschulpolitischen Reformen im Inneren stellte. Rein quantitative Modernisierung lehnte er ab. So wenig der Westen das Heil von durchgreifender Technisierung erwarten könne, so wenig gelte dies für die Völker Afrikas, Asiens und Lateinamerikas. Ihnen müsse geholfen werden, ihre materiellen, geistigen und seelischen Eigenkräfte zu entwickeln.[425] Ebenso ganzheitlich argumentierte Kiesinger auch in der Hochschulpolitik. Diese stehe im Dienst eines höheren »Bildungsgedankens«, wenn auch in Forschung und Lehre die dem Trend zum »Spezialistentum« Vorschub leistenden materiellen Interessen nicht völlig außen vor bleiben dürften. Dies sei schon angesichts der Systemkonkurrenz mit der Sowjetunion unvermeidlich.[426]

Ein Konservativer will bewahren *und* entwickeln, nicht bloß machen und gestalten. Das ist Kiesingers Devise, dessen reformerischer Konservatismus in der Bildungspolitik einen Kristallisationspunkt findet. Er hielt an der idealistischen Universitätsidee eines Wilhelm von Humboldt fest, ja billigte, mit dem Pädagogen Theodor Litt, den preußischen Reformern ein »erstaunliches Witterungsvermögen« für die Probleme des kommenden »Maschinenzeitalters« zu, hätten diese doch einen »leidenschaftlichen Aufstand« gegen die Bereitschaft ihrer Zeit unternommen, »sich dem Kommenden einfach auszuliefern«. Nicht das technische Zeitalter an sich gelte es abzuwehren, »wohl aber den Geist, der sich ihm wehrlos unterwarf«. Der Mensch, so Kiesinger mit Schiller-Zitaten, müsse größer bleiben als seine Werke. Marx habe die Tendenz zur Entfremdung und Kollektivierung schon richtig erkannt. Im heroischen Gestus des aushaltenden Konservativen machte es für ihn dennoch einen gewaltigen Unterschied, ob man erkenne, daß »unsere moderne technische Zivilisation zum Termitenwesen drängt und treibt, und ob ich mich eben deshalb mit allen Kräften und der Würde des Menschen willen dagegen stemme, oder ob ich den Termitenhaufen mitschaffend zu verwirklichen trachte«.

Das Konservative an Konstanz, das wiederum *pars pro toto* für die gesamte Hochschulpolitik steht, war die Frage, was von der von Kiesinger respektvoll behandelten Humboldtschen Tradition erhaltenswert war, »was wir von [diesem] Erbe retten können und sollen«.[427] Kiesinger war nicht entgangen, daß das anthropozentrische Bildungsideal der preußischen Reformer in dem Augenblick geboren worden war, »als schon das technische und industrielle Zeitalter mit seiner gewaltigen weltverändernden Kraft seinen Anfang nahm«. Doch Fichte, Schleiermacher und schließlich Humboldt hätten sich bewußt dem zeitgenössischen Trend entgegengestellt – auch sie waren aushaltende, wägende Konservative. Andererseits werde »Wissen in riesigem qualitativen und quantitativen Ausmaß zur praktischen Bewältigung unserer Welt« benötigt, vor allem bei der Bewältigung globaler Probleme, »die durch die ungeheure Bevölkerungsflut« ausgelöst worden seien.[428]

Die Gründung neuer Hochschulen diente der Bewahrung Humboldts und ging zugleich über Humboldt hinaus. Denn Kiesinger teilte, was aus seinem Lebensweg unmittelbar einsichtig ist, durchaus nicht die Skepsis der preußischen Reformer gegenüber dem »Brotstudium«. Daher zielte er auf eine große Synthese Humboldts mit den Verhältnissen seiner eigenen Zeit. Er wollte den »welttüchtigen« Menschen heranbilden, »der trotzdem *homo humanus* bleibt«, praktisches Können mit innerer Bildung verband sowie drittens, darauf begann er seit 1962 zunehmend hinzuweisen[429], auch geistige und seelische Energien entwickelte, um den »Bedrohungen der Wohlstandsgesellschaft« zu widerstehen. Der Jugend mutete Kiesinger innerweltliche Askese zu, weniger puritanischen Verzicht als heroische Geisteshaltung, der es um eine »wirkliche Unabhängigkeit von den Gütern des Wohlstandszeitalters« ging. In diesem »ungeheuren« Vorhaben spielten Staat und Politiker als »Hüter und Pfleger« nur eine Rolle neben den Kirchen, der Familie, der Kunst und der Dichtung.

In einer Lage, in der das »persönliche Verhältnis zwischen Professoren und Studenten im inhumanen Massenbetrieb« zu ersticken drohte, sah Kiesinger eine Lösung weder in der »salbungsvollen Beschwörung der humanistischen Tradition, noch im hektisch-betriebsamen Herumkurieren an den Symptomen«. Man werde handeln müssen, und zwar »viel kühner, als man sich vielfach einzugestehen wagt«. Angesichts der notwendigen Bildungsexpansion gingen Vorschläge in die falsche Richtung, durch einen *numerus clausus* ein ausgewogenes Verhältnis zwischen Forschenden und Studierenden wiederherzustellen. Das amerikanische Postgraduierten-System zog Kiesinger an, weil es die Möglichkeit eröffnete, »nach dem Abschluß eines Brotstudiums in weitem Umfange eigentlich wissenschaftlich zu arbeiten«. Das Konstanzer Modell würde höheren Semestern ein Studium mit den Hochschullehrern ermöglichen, die entweder zum regulären Lehrkörper dieser Postgraduiertenuniversität gehörten oder aber dort als Gastprofessoren ein Sabbatjahr verbrächten, »in dem sie wirklich nach Herzenslust mit diesen Studenten zusammen wissenschaftlich arbeiten« könnten. Auch den Studierenden würden im intensiven Kontakt mit Forschenden und Lehrenden Räume zur Reflexion über das »Ganze« eröffnet und damit über das Fachstudium hinaus, ganz im Sinne Humboldts, der »Charakter gebildet«.[430]

Das waren mehr als wohlklingende Sonntagsreden. Ein wenig muß ein Politiker auch an den Nachruhm denken. Und Kiesinger hoffte, sich mit Konstanz ein Denkmal zu setzen. Man ahnt, worum es Kiesinger ging, wenn er immer wieder darauf zurückkommt, daß Konstanz – die Technischen Hochschulen ließ er großzügig weg – die vierte Landesuniversität würde und »die erste universitäre Neugründung in unserem Raum seit fast einem halben Jahrtausend« (zuletzt war Tübingen 1477 gegründet worden).[431] Dem zögerlichen Landtag schrieb er im November 1963 ins Stammbuch, er möge nun endlich die Regierung ermächtigen, die Gründungsgremien einzuberufen, denn Konstanz sei wirklich »eine säkulare Tat. Wenn jede andere Spur von unseren Erdentaten einmal getilgt sein wird, diese Tat wird auch in kommenden Jahrhunderten für uns zeugen.«[432] Und in der Tat gehören Universitäten neben den Kirchen zu den dauerhaftesten Institutionen, die der abendländische Kulturkreis kennt.

Kiesingers Vision einer geistigen Mittelpunktbildung zwischen Süddeutschland, Österreich und der Schweiz war schwerlich in Legislaturperioden zu verwirklichen; ein Lebensalter war nicht genug, und schon gar nicht die Regierungszeit eines Ministerpräsidenten. Er hoffte, als Universitätsgründer in die Geschichte einzugehen. Konstanz würde die Jahrhunderte überdauern, so wie dies Freiburg, Heidelberg und Tübingen taten.

Die große Vision wurde von der Wirklichkeit demokratischer Politik schnell eingeholt. Gleich nach dem Urknall der Singener Rede vom September 1959 fuhr sich das Konstanzer Projekt in den Niederungen der Landespolitik fest. Nach den Wahlen 1960 rückte die Universität auf der landespolitischen Agenda sogar weit nach hinten. Doch im Herbst war Kiesinger wieder da. Dank der Bildung der Kleinen Koalition hatten sich die Bedingungen für sein Lieblingsprojekt wesentlich verbessert: Der bis dahin argwöhnisch den Landessäckel hütende SPD-Landesvorsitzende Möller, der sich von den kostspieligen Reformideen Kiesingers nicht anstecken ließ, war ins Abseits manövriert. Nun, in der Kleinen Koalition, machte Kiesinger von seiner Richtlinienkompetenz Gebrauch. Der anfängliche Gründungsplanskeptiker Storz war Kiesinger seit der Regierungsbildung 1960 persönlich verpflichtet, als der Ministerpräsident gegen den Widerstand der CDU an seinem Kultusminister festgehalten hatte. Von nun an unterstützte Storz loyal den Gründungsplan. Durch das Kultusministerium erhielt das Projekt den professionellen *touch*, den es anfangs hatte vermissen lassen. Auch Kiesinger wußte, daß es der resoluten Unterstützung der Apparate bedurfte. Und ohne den geschickt gegenüber dem Landtag und den bildungspolitischen Großorganisationen agierenden Storz wäre der große Plan vielleicht nie geglückt.

Im Oktober 1960 wurde die bildungspolitische Szene durch die berühmten *Empfehlungen zum Ausbau der wissenschaftlichen Einrichtungen* des Wissenschaftsrates elektrisiert. Diese Veröffentlichung gilt als die Initialzündung der Hochschulreform. Doch für Kiesinger und Baden-Württemberg waren die *Empfehlungen* ein Desaster. Neugründungen wurden für München, den norddeutschen Raum sowie das Ruhrgebiet ins Auge gefaßt – Bremen und Bochum, vielleicht Regensburg, nicht aber Konstanz. Allenfalls das Rhein-Main-Gebiet käme für eine neue Universität noch in Frage. Kein Wort von Baden-Württemberg als dem ohnehin hochschulreichsten Land der Republik. Auch der Kriterienkatalog des Wissenschaftsrates sprach ganz und gar gegen Konstanz als natürlichem Ort einer Hochschulgründung. Es verfügte weder über die technische Infrastruktur noch über eine lebendige Kulturszene. Denn Kiesinger beschritt ja den umgekehrten Weg: Er hoffte mit seiner Universitätsgründung Kulturdünger an den Bodensee zu schaffen, der dieser Dornröschenlandschaft neues Leben einhauche.

Blieb der Weg über die Modelluniversität: Sieht man genau hin, dann wurde das Konstanzer Reformprojekt aus der Not geboren. Der Wissenschaftsrat habe Neugründungen vorerst nur unter dem Aspekt der »Kapazitätsausweitung« diskutiert, relativierte Kiesinger die *Empfehlungen*. Sollten eines Tages »Modelluniversitäten« gegründet werden, dann sei für Baden-Württemberg durchaus etwas drin.[433] Ohne Rückendeckung berufener Gremien wie des Wissenschaftsrates war an das kostspielige Engagement in Konstanz überhaupt nicht zu denken. Es bedurfte eines ordentlichen und gut begründeten Sachzwanges, um Hunderte von Millionen, vielleicht sogar eine Milliarde auszugeben. Doch der Landtag weigerte sich zunächst, das Thema überhaupt auf die Tagesordnung zu setzen. Erst im Mai 1961 rafften sich die Fraktionen zu einer hochschulpolitischen Debatte auf. Kultusminister Storz durfte in den Sitzungen des Wissenschaftsrates nur mitdiskutieren, während das seit kurzer Zeit wieder christdemokratisch regierte Nordrhein-Westfalen mit seinem Bochumer Gründungsbeschluß Baden-Württemberg den Rang abzulaufen begann.

Daher konzentrierte sich die Landesregierung darauf, die *Empfehlungen* des Wissenschaftsrates für die bestehenden Hochschulen umzusetzen. Das milderte die Befürchtung der Rektoren ab, Konstanz könne auf ihre Kosten gehen. Zugleich verdoppelte die Landesregierung ihre Anstrengungen im Wissenschaftsrat selbst, Baden-Württemberg als geeigneten Standort einer »Hochschule neuen Typs« zu empfehlen. Es traf sich günstig, daß mit dem

Tübinger Juristen Ludwig Raiser Stuttgart quasi ein trojanisches Pferd im Wissenschaftsrat sitzen hatte, als dessen Vorsitzender er in den kritischen Jahren zwischen 1961 und 1966 amtierte. Er gehörte in das Tübinger Umfeld Kiesingers und stand in engem Austausch mit Storz. Als ehemaliger Präsident der Deutschen Forschungsgemeinschaft war Raiser in den sechziger Jahren ein einflußreicher Wissenschaftsmanager, wie überhaupt die Großorganisationen der Wissenschaft in diesen Jahren von einer Riege baden-württembergischer Rektoren und Hochschulpolitiker dominiert wurden, deren Wege sich allesamt mit denen von Kiesinger kreuzten, wie Heinz Bredereck, Adolf Butenandt, Theodor Eschenburg, Wilhelm Hahn, Gerhard Hess und Hans Leussink.

Knüpfte Kiesinger explizit an die Humboldtsche Tradition an, so brachte der habituell nicht weniger konservative Storz, der in seinen Sommerferien regelmäßig an amerikanischen Universitäten als Hochschullehrer gastierte, das britisch-amerikanische Vorbild in die baden-württembergische Diskussion. Um Anschluß an die weltberühmten amerikanischen Universitäten zu finden, die Ende des 19. Jahrhunderts nichts anderes getan hatten, als mit der *graduate school* das Humboldtsche Modell auf amerikanische Verhältnisse zu übertragen, sollte mit Konstanz ein Stück Humboldt nach Deutschland reimportiert werden. Konstanz sollte eine »Forschungsuniversität« werden, eine »Kombination von Max-Planck-Institut mit Vorlesungsbetrieb«, begrenztem Lehrdeputat für Professoren und beschränkter Zulassung von Studierenden, hauptsächlich Fortgeschrittene und vor allem Doktoranden. Mit Amerika könnten Einsamkeit und Freiheit am Bodensee verwirklicht werden. Unterhalb der Ebene der forschungsorientierten Institutionen würden *Colleges* die Forschung von Lehraufgaben entlasten, dem »Brotstudium« seinen angemessenen Platz geben und so die zum Kapazitätsproblem werdende Bildungsexpansion zu bewältigen helfen.[434]

Mit seinen Amerikanisierungsplänen traf Storz bei Kiesinger auf offene Ohren, zumal Anfang der sechziger Jahre die großen alten Männer der deutschen Gelehrtenrepublik einen neidischen Blick über den Atlantik zu werfen begannen. In einem Rundfunkgespräch hörte Kiesinger Helmut Schelsky sagen, wenn irgendwo noch die Humboldtsche Tradition lebe, dann nicht in Deutschland, sondern in den USA – etwas zugespitzt, aber in der Sache nicht abwegig. Auch Kiesinger hatte die Vorzüge des britisch-amerikanischen Systems kennengelernt. Seine Tochter Viola hatte zunächst in England, dann an der Georgetown University in Washington studiert. Tatsächlich wurde das angelsächsische Modell mit dem zum *Bachelor* führenden, der Grundversorgung dienenden *College* und der daraufgepfropften elitären *Graduate School*, auf der der *Master* bzw. der Doktorgrad erworben werden, zum Vorbild des

Hochschulgesamtplanes Baden-Württemberg, den Dahrendorf Anfang 1966 im Auftrag der Landesregierung erarbeitete. Die damaligen Lösungen klingen nach dreißig Jahren noch aktuell. Es sollte sich jedoch schon Ende der sechziger Jahre als ein Ding der Unmöglichkeit erweisen, in der unitarisierten Bildungslandschaft der Bundesrepublik einen kühnen Umbau des Hochschulsystems in einem Bundesland exemplarisch zu versuchen.[435]

Es ist hier nicht der Ort, das landes-, regional- und bildungspolitische Spiel um Konstanz in elegischem Detail nachzuerzählen. Wenige Andeutungen müssen genügen: Kaum hatte Kiesinger sein Kabinett an den Gedanken einer Neugründung in Konstanz gewöhnt, da trat mit der Ulmer Lobby ein ernsthafter Störfaktor auf, der das Tauziehen im Landtag erheblich komplizierte. Die Stadtväter der ehemaligen Freien Reichstadt Ulm fühlten sich durch das Konstanzer Beispiel angespornt. Ihre Argumente waren geeignet, den Landtag zu beeindrucken: Ostwürttemberg war ein hochschulärmeres Gebiet als der Bodenseeraum, in dessen Nähe immerhin Freiburg und einige Schweizer Universitäten liegen. Auch mit dem Kulturleben war es in Konstanz nicht sehr weit her. Die Ulmer dagegen hatten mit ihrem gotischen Münsterturm gezeigt, daß sie hoch hinaus konnten, und waren fest davon überzeugt, daß nur ihre Stadt die »geistige Atmosphäre« besaß, nach der eine Universität dürstete. Die »ehrwürdige kulturelle Tradition« der ehemaligen Freien Reichstadt, einst führend unter den schwäbischen Städten, die in der frühen Neuzeit als Handelsstadt und Zentrum der Buchdruckkunst weit über ihr Umland hinausgestrahlt hatte, die über ein traditionsreiches Gymnasium und ein gutes Theater verfügte, sei unter die Voraussetzungen für eine Gründung zu zählen. Und außerdem gab es ausreichend billiges Bauland.[436]

Das Auftreten der Ulmer signalisierte, daß die Zeit für Hochschulgründerpläne gekommen war. Das spornte die Konstanzer an. Im Endergebnis gründete Kiesinger nicht nur eine, sondern zwei, und nimmt man den Ausbau der Mannheimer Wirtschaftshochschule zu einer Volluniversität hinzu, sogar drei Universitäten (nebst einigen Pädagogischen Hochschulen und der Expansion der bestehenden Universitäten). Konstanz war aber sein Lieblingskind. Als im März 1961 der Landesregierung ein 150 Hektar großes Gelände in Sichtweite der Mainau angeboten wurde – Graf Lennart Bernadotte hatte sich zu einem großzügigen Gebietstausch bereit erklärt –, beflügelte das Kiesingers Phantasien. Im November 1961 kletterte er auf einen Konstanzer Wasserturm, um sich von dort aus »sein« Universitätsgelände zeigen zu lassen.[437] Trotz aller Widrigkeiten: Konstanz konnte auf Kiesinger zählen, der auch in der Schweiz und in Österreich um Unterstützung für die Bodensee-Universität warb[438] und seine Hand über die Gründungsidee hielt, als Anfang 1966 die Mittel knapp zu werden drohten.

Es war Kiesingers Beharrlichkeit mitzuverdanken, daß Konstanz den Zuschlag für eine Modelluniversität erhielt. Im Juni 1961 drängte er auf einen Grundsatzbeschluß des Kabinetts, noch bevor Storz überhaupt das vom Landtag geforderte, ausführliche Gutachten hatte vorlegen können.[439] Als Storz kurz vor der Sommerpause im Kabinett einen ersten ausführlichen Bericht über die Neugründung von Hochschulen erstattete, war plötzlich von einer verwirrenden Fülle von Projekten die Rede. Nicht nur stand die Gründung einer Reformuniversität in Konstanz oder Ulm zur Debatte, auch das in Sichtweite Heidelbergs liegende Mannheim sollte ausgebaut werden, um die altehrwürdige Ruperto Carola zu entlasten, »was die sogen. Massenfächer angeht«. Gleichzeitig bekam die Technische Hochschule Karlsruhe eine Philosophische Fakultät verpaßt, es sollten Medizinische Akademien entweder in Stuttgart, Mannheim oder Ulm gegründet wurden, wo als Kompensationsgeschäft für Konstanz tatsächlich eine Medizinisch-Naturwissenschaftliche Hochschule entstand.[440] Das Land lag im Hochschulgründungsfieber. Die Universitäten schienen wie Pilze aus dem Boden zu schießen.

Nun aber traten die Reformer auf den Plan.[441] In enger Verbindung mit Stuttgart hatte der Wissenschaftsrat 1960 seine eher zurückhaltenden »Anregungen des Wissenschaftsrates zur Gestalt neuer Hochschulen« verabschiedet. Zwar wurde kein Ort als Standort einer Neugründung bestimmt. Es gab jedoch begründeten Anlaß zu der Vermutung (wie es im Bericht des Konstanzer Gründungsausschusses im Juni 1965 hieß), daß die »Anregungen« sich womöglich in Konstanz würden realisieren lassen. In dem vom Wissenschaftsrat vorgeschlagenen Beispiel einer neuen Hochschule war im Kern das Konstanzer Projekt einer »Studienhochschule« mit drei Fakultäten – Naturwissenschaftliche, Sozialwissenschaftliche und Philosophische Fakultät, – also ohne die Traditionsfächer Theologie, Jura, Medizin – bereits beschrieben. Ein wenig Angst vor der eigenen Courage hatte der Wissenschaftsrat allerdings schon. Das Modell sollte auf ein Beispiel beschränkt bleiben, weil die traditionellen Universitäten sonst Gefahr laufen würden, als zweitrangig wahrgenommen und mit einem Versiegen ihrer Finanzquellen bedroht zu werden.[442]

Tatsächlich stimmten die im Kern aus baden-württembergischer Feder stammenden »Anregungen« des Wissenschaftsrates weitgehend mit der von der Stuttgarter Regierung am 16. April 1963 veröffentlichten »Denkschrift über die Errichtung von wissenschaftlichen Hochschulen in Baden-Württemberg« überein.[443] Das Kabinett war zu diesem Zeitpunkt bereits übereingekommen, daß Ulm die Medizinische Akademie bekäme, Konstanz dagegen die Reformuniversität.[444] Auch im Landtag kreiste die Debatte nur noch um die Frage, *wie* in Konstanz ein Stück Hochschulreform exemplarisch verwirklicht werden könnte. War eine auf dreitausend Studierende ausgelegte Modelluniversität vertretbar, wenn die etablierten Hochschulen unter der Überlast ächzten, fragte sich nicht allein die Opposition, die lieber die Industriestadt Mannheim zum Nukleus einer Modelluniversität gemacht hätte und an dem elitären, weltabgewandten Bodenseeprojekt keinen rechten Gefallen fand.[445]

Kurz vor Weihnachten 1963 war es soweit. Der Landtag stimmte den Neugründungsprojekten zu und ermächtigte die Landesregierung, die Gründungsausschüsse einzuberufen.[446] Im Februar 1964 wurden die Denkschriften der Landesregierung einstimmig gebilligt, nachdem sich die Sozialdemokraten im Kulturausschuß noch der Stimme enthalten hatten.[447] Im März 1964, kurz vor den Landtagswahlen, berief Kiesinger die Mitglieder der Gründungsausschüsse für Ulm und Konstanz, denen auf der Konstanzer Seite außer Hess als Vorsitzendem und Dahrendorf als Stellvertreter u. a. Bredereck und Raiser angehörten sowie der Erlanger Politikordinarius und gebürtige Stuttgarter Waldemar Besson, der wie Dahrendorf zu den jungen Leuten im Weichbild der Villa Reitzenstein gehörte. Ein Jahr später wurde der Gründungsvertrag zwischen dem Land und der Stadt in Konstanz feierlich unterzeichnet, im Januar 1966 stimmte der Ministerrat den Berichten der Gründungsausschüsse für Konstanz und Ulm zu, im Februar 1966 wurde eine vorläufige Grundordnung für Konstanz beschlossen, nach der Konstanz als erste deutsche Hochschule einen auf unbestimmte Zeit bestellten Rektor erhielt. Ende des Monats wurde Hess in der Villa Reitzenstein zum ersten Rektor der Universität bestallt, im März die ersten sieben Professoren (darunter Dahrendorf) berufen, am 21. Juni 1966 folgte mit großer Zeremonie die feierliche Grundsteinlegung auf dem Gießberg bei Konstanz nahe des Mainauwaldes. Der Ministerpräsident hatte seinen Traum verwirklicht – kurz bevor er ins Bonner Kanzleramt ging.[448]

Der allzu glatten Chronologie der Erfolgsmeldungen wären Widerstände und Widrigkeiten entgegenzustellen, die Kiesingers spezifische Bedeutung für den Erfolg des Konstanzer Projekts unterstreichen und auch die nichtintendierten Konsequenzen, die dem weitgespannten Konstanzer Experiment inhärent waren. Hier wäre ausführlicher von der Budgetkrise des Herbstes 1965 zu berichten, als sich die Grenzen der Modernisierung schon in den hohen sechziger Jahren erstmals zeigten; Sollbruchstellen vielleicht, die zehn Jahre später zu massiven Verteilungskonflikten führten. So erhielt der Expansionismus der sechziger Jahre schon Mitte der Dekade einen massiven Dämpfer, mit scharfen Attacken der SPD- und CDU-Fraktionsvorsitzenden auf den FDP/DVP-Finanzminister Müller, der ein allzu rosiges Bild von den finanziellen Möglichkeiten des Landes zeichnete. Auch Kiesinger ersparte seinem Kollegen den Vorwurf nicht, er habe Regierung und Landtag rechtzeitig auf die drohende Schieflage des Haushaltes vorzubereiten versäumt.[449]

Plötzlich war von Kürzungen die Rede, nachdem anderthalb Jahre zuvor alle Signale noch auf Expansion gestanden hatten. Der Ministerpräsident ermunterte seine Minister zu äußerster Sparsamkeit – nur *ein* Projekt war ganz gewiß nicht davon betroffen: Wenn schon gespart werden müsse, Konstanz gebühre das erste Recht, in Mannheim könne man kürzer treten, ließ sich Kiesinger auf einer Kabinettssitzung im Januar 1966 vernehmen, als sich die Minister der unangenehmen finanziellen Wahrheit *in concreto* stellten. Das Gründungsprogramm wurde an die Haushaltslage angepaßt, doch der Bevölkerung Einsparungen vor allem auf anderen Feldern zugemutet. Bildung besaß allerhöchste Priorität. Wenn sich die Bürger einen immer weiter ausufernden Sozialstaat leisten wollten, meinte Kiesinger mit einem Blick auf die weniger gesegneten Verhältnisse in den USA, dann müßten sie dafür mit ihren Steuergeldern eben auch einstehen.[450]

Wie ein Vater nicht wissen könne, was aus seinem Kind werde, so sei es ihm als Universitätsgründer ergangen, reflektierte Kiesinger zehn Jahre später. Freiheit in Forschung und Lehre sei das Privileg einer Universität, die sich nun einmal auf ihre eigenständige Weise entwickele. Die Distanz zwischen Politikern und Reformern wurde bereits auf der Ministerratssitzung im Januar 1966 deutlich, als die Gründungsberichte vom Kabinett nur unter dem Vorbehalt der konservativen Juristen (einschließlich Kiesingers) gebilligt wurden, die eine Überprüfung der Vorstellungen des Gründungsausschusses hinsichtlich der Reform des juristischen Studiums an der Universität Konstanz verlangten. Mußte sich Kiesinger gar als ein Zauberlehrling fühlen? Aus Anlaß des zehnten Jahrestages der Gründung der Universität Konstanz 1976 sollte der Altministerpräsident und Altbundeskanzler eine ernüchternde Bilanz ziehen: Er zweifle keine Sekunde daran, daß er, wenn er nicht nach Bonn gegangen wäre, Konstanz weiterhin seine Unterstützung gegeben hätte, wenn auch gelegentlich als unbequemer Mahner. Er stehe zu dieser Universität ebenso wie zu ihrer Gründungskonzeption.[451]

In der Zwischenzeit hatte sich nicht nur Dahrendorf gegen seinen einstigen Mentor im Konstanzer Gründungsprozeß gestellt. Die Studierenden selbst wollten von Kiesingers Vaterschaft nichts mehr wissen. Als Kiesinger im Wahlkampf 1968 an der Universität Konstanz auftreten wollte, konnte er sich des »Vati, Vati«-Gebrülls anfangs nur schwer erwehren.[452] 1976 geriet der zehnte Geburtstag der einstigen »Modelluniversität« zum turbulenten Ereignis, weil Stadt und Universität aus diesem Anlaß Kiesinger mit der Würde eines Ehrenbürgers auszuzeichnen beabsichtigten. Es sei besser, »einen x-beliebigen Vertreter der Steuerzahler« zu ehren, weil diese die Last der Universität zu tragen hätten, meinte der Allgemeine Studentenausschuß (AStA) der Universität, als diesen »alten Nazi« Kiesinger. Auch wurde Kiesinger der von der sozial-liberalen Koalition eingeführte Radikalenerlaß angekreidet. Selbst die simple Tatsache seiner CDU-Mitgliedschaft sprach in den Augen der Studierenden gegen Kiesinger. Er gehöre zu einer Partei, die durch ihre unerhörte Sparpolitik »die Studienbedingungen verschlechtere«.[453] Daß es eben jener Kiesinger und dessen Partei gewesen waren, die die Hochschulgründungen im Land überhaupt erst ermöglicht hatten, war 1976 vergessen.

Undank ist der Welt Lohn. Das denken vermutlich viele Politiker. Tröstlich vielleicht, daß die Proteste des Jahres 1976 wenig oder gar nichts mit dem ursprünglichen Gründungsimpuls zu tun hatten, für den Kiesinger geehrt werden sollte. Die Bilder waren immerfort die gleichen: Demonstranten skandierten vor dem Rathaus »Kurt Georg – scher dich fort«, während die Polizei mit einem massiven Aufgebot die Festgäste schützte. Zum Feiern war niemandem zumute. Kiesinger wünschte sich, es werde ihm nach zehn weiteren Jahren vergönnt sein, »ohne Ehrung, aber in festlicher Freude über das dann Gelungene, wieder unter Ihnen zu sein.« Die Doppelehrung nehme er dennoch an, weil er wie einst zur Universität, ihrer Gründungskonzeption und ihrem Standort stehe.[454] Doch das Harmoniebedürfnis des Universitätsgründers kollidierte mit dem unübersichtlichen Bild der siebziger Jahre, der großen Kakophonie. Reform schien ihm ein »linker Tendenzbegriff« geworden zu sein, nicht mehr die modernisierungspolitische Konsensvokabel, die einst liberale und konservative Reformer in ihren Bann geschlagen hatte.

Mit Wehmut erinnerte sich Kiesinger an den Gedankenaustausch mit den Mitgliedern des Gründungsausschusses und an seine Gespräche mit Dahrendorf und Besson beim Wein in der Villa Reitzenstein. Wie das eine, die Reform, mit dem anderen, der Revolte, zusammenhing, blieb ihm zeitlebens ein Rätsel. Im Kern aber waren die Universitäten trotz der großen Reformanstrengungen nicht demokratischer und nicht reformfreudiger geworden. Das hatte der konservative Soziologe Helmut Schelsky Anfang der sechziger Jahre vorhergesagt, als er die Fakultäten unter den prinzipiellen Verdacht der Reformfeindlichkeit stellte. Selbstverwaltungskörperschaften seien zu fundamentalem Wandel grundsätzlich ungeeignet. Sie konzentrierten sich auf Erhaltung, allenfalls »verbesserte Funktionalität des Bestehenden«.[455] Dahrendorf hat diese prophetische Aussage Schelskys im Sommer 1964 zustimmend zitiert. Die einzige Chance der Hochschulreform sah der spätere Präsident der London School of Economics in der Initiative aufgeklärter Einzelner in Gesellschaft und Politik, die sich ihrer Verantwortung für die Erneuerung und Auflockerung der Hochschulen bewußt werden würden.[456] Besser läßt sich das historische Verdienst Kiesingers um die Universitätsreform nicht beschreiben.

Auf dem Zenit:
Wahl und Regierungsbildung 1964

Am 6. April 1964 beging Kiesinger seinen 60. Geburtstag. Seit mehr als fünf Jahren leitete er die Politik von Baden-Württemberg und war der bei weitem populärste Landespolitiker. Die anfänglichen Gerüchte waren verstummt, dem wortgewaltigen Außenpolitiker der CDU werde die Villa Reitzenstein nur als Sprungbrett dienen. Noch immer war Kiesinger im Gespräch als Bundesaußenminister, Bundespräsident, ja vielleicht als Bundeskanzler. Man merkte ihm jedoch an, daß er mit seinem Amt und dem Land fest verwachsen war. Auch die Badener und Württemberger hatten sich daran gewöhnt, einen Mann ungewöhnlichen Zuschnitts als Ministerpräsidenten zu besitzen, der weder ein Muster bürokratischen Aktenfleißes noch schwäbischer Nüchternheit war, dem sich die Gesetze ordnungsgemäßer Verwaltung gelegentlich entzogen und dessen rhetorische Höhenflüge ihn manchmal in Regionen jenseits des Begriffsvermögens des breiten Publikums entführten, der aber, und das war das Entscheidende, Baden-Württemberg auch abseits der großen Politik und der ganz großen Gesten auf den wichtigsten Feldern tatsächlich vorangebracht hatte. Daher fiel es der Opposition zunehmend schwer, sich der Dominanz des Ministerpräsidenten zu erwehren.[457]

Mit Kiesinger war nicht nur eine gewisse Intellektualität, sondern auch ein »gerütteltes Maß neuer Gedanken, neuer Planungen und erfrischender Taten« in die »Amtsstuben am Neckarstrand« eingekehrt, wie die Kiesinger eher ironisch-distanziert gegenüberstehende *Süddeutsche Zeitung* zu seinem 60. Geburtstag würdigend schrieb.[458] Tatsächlich hatte der Ministerpräsident dem verstaubten *terminus technicus* von der Integration des Landes mit seiner Politik der »Entprovinzialisierung« eine neue Qualität verliehen. Seine Aufmerksamkeit galt den peripheren Landstrichen am Bodensee, in »Badisch Sibirien« und im Hochschwarzwald, denen nicht nur Hoffnung auf mehr »Entwicklung«, Gewerbe und Modernisierung gemacht wurde, sondern deren kulturelle Eigenkräfte im Rahmen einer »Gesamtkonzeption« bewahrt und entwickelt wurden. Das war eben das Konservative und das Reformerische seiner Landespolitik: »Wir sind von einer überwiegend wirtschaftlichen Konzeption der Landesplanung immer mehr übergegangen zur Entwicklung einer Kulturlandschaft im deutschen Südwesten. Viel zu lange hat man immer nur von Industrieansiedelungen und von Stärkung der Wirtschaftskraft einzelner Volksschichten gesprochen. Man hat aber übersehen, daß dahinter ein tieferes, ein menschliches Problem steckt, die Erhaltung geistiger und seelischer Substanz, die Bewahrung menschlicher Tradition, und zwar in einer vieles umwälzenden, alles nivellierenden und verkümmernden Massengesellschaft, die durch die Welt der Technik geprägt ist.«[459]

»Ideen vom Ganzen« lautet denn auch der mit Bedacht gewählte Titel einer Sammlung von Kiesingers Reden und Aufsätzen, welche der Tübinger Verleger Herrmann Leins noch auf Anregung des mittlerweile verstorbenen Theodor Heuss zu Kiesingers Geburtstag auf den Markt gebracht hatte.[460] In letzter Minute hatte Leins dem Ministerpräsidenten einen einleitenden Essay abgerungen, den Kiesinger mit Platons berühmter Sentenz aus dem »Staat« eröffnete, »wenn nicht die Philosophen Könige in den Staaten werden oder die Machthaber wahre Philosophen und nicht staatliche Macht und Philosophie zusammenfällt [...] so gibt es, lieber Glaukon, kein Ende der Übel in den Staaten und fürs Menschengeschlecht«. Die Alternative von Geist und Politik wollte sich Kiesinger zeitlebens nicht aufzwingen lassen.[461] Die Probleme der Zeit waren zu komplex, um Politik und Wissenschaft sich jeweils selbst zu überlassen. Erschrocken zitierte er die Beiträge eines Londoner Symposions, auf dem, völlig unbemerkt von der Weltöffentlichkeit, sich eine Wende in der Menschheitsgeschichte abzuzeichnen schien. Für die Biologen (darunter Kiesingers guten Bekannten und Vermieter Adolf Butenandt) war es eine Frage von Jahren, vielleicht einer Dekade, bis durch Manipulationen an der Erbsubstanz, in einer Art »biologischer Ingenieurkunst«, ein neuer Mensch würde geschaffen werden. War die Menschheit sittlich reif für die Fortschritte der biologischen Wissenschaft? Was würden die Politiker mit diesen Erkenntnissen aus der »biologischen Hexenküche«[462] anfangen? Welche ethischen Schlüsse die Wissenschaftler ziehen? Fragen, die Kiesinger beschäftigten und für die es vierzig Jahre später keine gültigen Antworten gibt.

Die philosophischen Neigungen des Landesvaters boten allerhand Stoff für Jubiläumsartikel und Würdigungen. Gebührender Ausdruck war die von Heuss mitinitiierte Festschrift, *Führung und Bildung in der heutigen Welt*, die den glänzenden Eindruck eines Politiker mit breiten geistigen Interessen zu vermitteln suchte, der nicht im politischen Taktieren aufging, sondern mit kritischem Verstand sich an die Lösung »der wirklich entscheidenden Fragen« machte.[463] Die aufwendig inszenierte Gratulationscour in der Villa Reitzenstein, an der 500 in- und ausländische Gäste, der Bundeskanzler, der Präsident der Europäischen Kommission, mehrere Bundesminister, Ministerpräsidenten, Landes- und Erzbischöfe teilnahmen, ließ auch den kritischen Beobachter keine Sekunde bei dem Verdacht verweilen, Kiesinger könnte amtsmüde sein. Der über die Lobreden sichtlich erfreute Ministerpräsident verpackte seinen Dank mit einem Zitat von Papst Johannes XXIII. in einer faustdicken *captatio benevolentiae*: »Giovanni, nimm dich nicht so wichtig.«[464]

Zwei Tage später ein privater, von der Presse nicht weniger freundlich aufgenommener Glücksmoment: Kiesingers 23jährige Tochter Viola wurde, in der (selbstverständlich dank Kiesingers denkmalschützerischer Bemühungen) in neuem Glanz erstrahlenden Klosterkirche Weggental bei Rottenburg mit dem deutsch-amerikanischen Journalisten Volkmar Wentzel, Starfotograf und Mitherausgeber von *National Geographic*, von Bischof Leiprecht persönlich getraut. Das war *das* gesellschaftliche Ereignis des Jahres in Baden-Württemberg. Fast das komplette Kabinett nahm an den Hochzeitsfeierlichkeiten teil, aber auch die übrige wirtschaftliche und kulturelle Elite des Landes, darunter der württembergische »Thronfolger«, Herzog Philipp.[465] Als die Hochzeitsgesellschaft die Kirche verließ, sprang ihr das Porträt des Brautvaters von allen Plakatsäulen und Bäumen des Landes entgegen: »Zielbewußt in eine gute Zukunft«.[466]

Es war Wahlkampf in Baden-Württemberg. Drei Wochen vor der Landtagswahl hatten die Hochzeit der Tochter und die Gratulationscour zum 60. Geburtstag Kiesinger viel positive Publizität verschafft, wie die Opposition säuerlich kommentierte. Aber auch ohne Hofberichterstattung hätte Kiesinger keinen Grund zu der Annahme gehabt, daß er nach den Wahlen am 26. April 1964 vorzeitig in den Ruhestand geschickt werden würde. Sein reger Mitarbeiterstab in der Pressestelle hatte systematisch an seinem Erscheinungsbild gefeilt. Die Wahlkampfstrategie der CDU war ganz auf ihn abgestellt, den lächelnden, liberalen Landesvater, dem man seine katholische Konfession kaum mehr anmerkte – in bürgerlich-protestantischen Kreisen Württembergs nach wie vor ein Grund, im Zweifel nicht die CDU zu wählen.

Die Werbespots der CDU, von Kiesinger bis ins Detail beeinflußt[467], zeigen den Ministerpräsidenten eine Szene in einer Arbeitsstube im Siedlungshäuschen kommentierend, Aufstiegsmöglichkeiten für alle fordernd und sich für eine Dahrendorfsche Mobilisierung der Begabungsreserven stark machend. Oder aber er philosophierte angesichts des chaotischen Verkehrsgewimmels der Landeshauptstadt über die Chancen und Gefahren des industriellen Fortschritts nach dem Motto: »Der Fortschritt darf die höheren Kräfte des Menschen im Lande nicht vernichten.« In einer anderen Szene goutierte er hinter einem Weinglas »Fleiß und Unterstützung« der Landwirtschaft und gab sich schließlich als Förderer von Wohnungsbau, Altenhilfe und Sport zu erkennen sowie als einer, der freudig am Stolz der Heimatvertriebenen auf das neue Land teilhat. Diese würden zwar in Erinnerung der alten Heimat leben, die Nachkommenschaft wisse sich jedoch in Baden-Württemberg sicher zu bewegen, was sich am schwäbischen Dialekt des Enkels exemplifizieren ließ, während die Großmutter noch mit gutturaler sudetendeutscher Färbung sprach. Ganz zum Schluß trat der mit seinem Wahlkreis in Ulm beheimatete Bundeskanzler Erhard auf die Szene und ließ sich wohlgefällig vernehmen: »Ein Land nach meinem Herzen.«[468]

Alle Umfragen deuteten darauf hin, daß der alte und neue Ministerpräsident Kiesinger heißen würde. Seine persönliche Erscheinung, seine wohldosierten Auftritte in der Öffentlichkeit und die fleißige publizistische Kärrnerarbeit des Staatsministeriums hatten ihn zur herausragenden Figur des Landes gemacht, deren Popularität von keinem anderen Regierungsmitglied erreicht wurde – und schon gar nicht von den führenden Sozialdemokraten. Diesen fehlte seit Alex Möllers Weggang nach Bonn 1961 der medienwirksame Hoffnungsträger. Kiesinger war nicht zu schlagen. 90 Prozent der Wahlberechtigten kannten den Ministerpräsidenten (außerhalb Baden-Württembergs immerhin 80), daneben war nur noch Innenminister Filbinger halbwegs ein Begriff. Bei einer prognostizierten Wahlbeteiligung von mehr als 70 Prozent würde die CDU mit 45 Prozent der Wählerstimmen ihr Ergebnis gegenüber 1960 (39,4%) deutlich steigern.[469]

Tatsächlich erzielten die Christdemokraten 46,2 Prozent und 59 Mandate (gegenüber 52 vier Jahre zuvor), die SPD 37,3 Prozent und 47 Mandate (gegenüber 43). Erstmals in der Geschichte Baden-Württembergs konnte die Union ihr Ergebnis gegenüber einer Bundestagswahl steigern (um 0,9%) und hätte wohl auch die absolute Mehrheit der Mandate erreicht, wenn die Wahlbeteiligung in Südbaden (64,4%) die im ganzen Land erreicht hätte (67,8%). Der Südweststaat war zum CDU-Land geworden und ist es seither geblieben. Große Verliererin war die FDP/DVP, deren Rückhalt im protestantischen Bürgertum bröckelte. Sie ging von 15,8 auf 13,2 Prozent zurück und verlor 4 Mandate. Der BHE (bzw. die Gesamtdeutsche Partei GP) schied ganz aus dem Landtag aus und wurde von der CDU sowie zu einem kleineren Anteil von der SPD aufgesogen.[470]

Die baden-württembergischen Landtagswahlen im April 1964 waren einer der wenigen Lichtblicke für die krisengeschüttelte Union, deren Bonner Erscheinungsbild so gar nicht zur Hochstimmung im Südwesten paßte. Die Christdemokraten hatten sich noch nicht von den Querelen um Adenauers Rücktritt erholt, da hatte bereits die Jagd auf den neuen Kanzler begonnen. Wer Kiesinger ins bundespolitische Gespräch bringen wollte, der konnte den strahlenden Wahlsieger porträtieren, der in den Landtagswahlen die absolute Mehrheit nur knapp verfehlt hatte und ein Jahr später, in den Bundestagswahlen vom September 1965, seinen Ruf als Wahllokomotive festigte. Daß Erhard mit 47,6 Prozent das damals zweitbeste Wahlergebnis in der Geschichte der CDU erzielte, war Kiesinger und dem kräftigen Zuwachs der Union in Baden-Württemberg wesentlich mitzuverdanken (wo die CDU 1965 auf 49,9% kam). Da war der Hinweis allenfalls anekdotischer Natur, daß Kiesinger in den Landtagswahlen seine persönliche Bestmarke noch einmal um 1,4 auf 76 Prozent gesteigert hatte und in seinem südwürttembergischen Wahlkreis wiederum das beste Ergebnis aller Landtagsabgeordneten erzielte.

In auffälligem Kontrast verlor Oppositionsführer Veit sein Direktmandat und zog nur über die Zweitauszählung in den Landtag. Der FDP-Chef Haußmann war ganz an den Tücken des baden-württembergischen Landtagswahlrechtes gescheitert. Offensichtlich wurden Wahlen, von Erhard im Bund, von Brandt in Berlin, von Kiesinger in Baden-Württemberg, aufgrund der »Macht der Persönlichkeit« gewonnen. Nicht die Parteien beherrschten die Wahl, sondern der Kandidat wurde als Mandatar des Volkswillens mit einer medial eindrucksvoll konturierten Statur zum Träger der politischen Verantwortung.[471]

Zuviel Dominanz der einen Seite ist keine gute Voraussetzung für eine reibungslose Regierungsbildung. Nach dem »überzeugenden Vertrauensbeweis« der Wähler erwartete Kiesinger kurze Koalitionsverhandlungen. Die neue Regierung werde in etwa zwei Wochen stehen, meinte er gleich nach der Wahl. Die Fortsetzung der Koalition mit der FDP liege in der »Logik der Dinge«.[472] Hatte nicht Justizminister Haußmann kurz vor dem Urnengang signalisiert, die alte Koalition könne Bestand haben, sofern sie durch den Wählerwillen bestätigt werde und man sich mit den Christdemokraten auf ein Regierungsprogramm einige, das den Vorstellungen der Freidemokraten genügenden Raum gebe?[473] Doch bei der FDP gab es lange Gesichter. Erschwert wurde die Regierungsbildung durch den Umstand, daß Haußmann aufgrund des keine Landeslisten kennenden baden-württembergischen Landtagswahlrechts nicht gewählt worden war, obwohl er für einen Freidemokraten sogar überdurchschnittlich gut abgeschnitten hatte (mit 21,7 %). Einige FDP-Politiker, so der treue Anhänger der christlich-liberalen Koalition Haußmann über die Reaktionen in seiner Partei, zögen aus dem Abschneiden von undogmatischen Pragmatikern wie Kiesinger und Erhard den falschen Schluß, man müsse auf einen Oppositionskurs einschwenken, weil alle Erfolge der Landesregierung von den Wählern allein dem Ministerpräsidenten und damit der CDU zugerechnet würden.[474]

Auch Kiesinger hatte seine liebe Not mit der eigenen Partei. Sein schnelles Versprechen, der FDP wieder drei Kabinettssitze zuzugestehen, verärgerte die CDU. Daß Kiesinger ohne Konsultation einen steifen Restaurationskurs segelte, hielten jüngere Fraktionsmitglieder für eine »Mißachtung des Wählerwillens«.[475] Daß Kiesinger nach Gutsherrenart die Verhandlungsdelegation selbst bestimmte, der außer ihm nur die vier Landesvorsitzenden und Camill Wurz als Fraktionschef angehören sollten, schlug dem Faß den Boden aus. Ohne ordnungsgemäß bestallte Kommission, so Wurz an Kiesinger, in der Abgeordnete aller vier Landesteile repräsentiert sein müßten, könnten allenfalls Sondierungsgespräche stattfinden. Das Placet der Fraktion zu einem Koalitionsvertrag wäre andernfalls nicht garantiert. Vor allem die neuen Fraktionsmitglieder seien nicht gewillt, »sich vor vollendete Tatsachen stellen zu lassen«.[476]

So machte sich Kiesinger auf den Weg über die Dörfer, um die innerparteilichen Wogen zu glätten. Von der CDU wurde er mit der Frage konfrontiert, ob nicht aus der Verschiebung des Kräfteverhältnisses der beiden Koalitionspartner »zwingend folge, der FDP künftig nur mehr zwei anstatt wie bisher drei anzubieten«, so lapidar das Sitzungsprotokoll des CDU-Landesvorstands von Württemberg-Hohenzollern.[477] Als Minenhund hatte sich die Junge Union den späteren Ministerpräsidenten Erwin Teufel ausgeguckt, damals bereits Mitglied des erweiterten Landesvorstands, der eine Brandrede gegen das Ansinnen Kiesingers hielt, der FDP wieder drei Ministersessel zur Verfügung zu stellen. Kiesinger habe ihn, wie sich der damals jüngste Bürgermeister der Republik erinnert, in einer dieser Sitzungen wie einen Schulbuben mit dem Argument heruntergeputzt: »Im Sieg zeigt sich Größe.«[478]

Warum steuerte Kiesinger so ungewöhnlich scharf gegen die eigene Fraktion? Wäre es nicht ein leichtes gewesen, die FDP nach der Wahl in die Schranken zu weisen? Es war kein Akt reiner Großmut, daß Kiesinger den Freidemokraten wieder drei Kabinettssitze anbot. Im Falle eines Wahlerfolges der SPD wäre die FDP wohl zu den Sozialdemokraten übergelaufen, die ihnen sogar das Amt des Ministerpräsidenten versprach. Diese Gefahr war nicht völlig ausgeräumt.[479] Wäre Kiesinger den Vorstellungen der christdemokratischen Jungtürken gefolgt, hätte dies die parteiinterne Balance innerhalb der FDP ins Schwanken gebracht. Der mit Glanz und Gloria auf einem Direktmandat wiedergewählte Finanzminister Müller war unangreifbar; der ebenfalls in den Landtag zurückgekehrte Wirtschaftsminister Leuze war dem seit 18 Jahren amtierenden Landesvorsitzenden Haußmann spinnefeind und hätte auf sein Ministerium nicht ohne harten Kampf verzichtet. Haußmann wäre dann aber ohne öffentliches Amt dagestanden. Damit hätten dessen innerparteiliche Gegner die Übermacht gewonnen. Sie hofften auf eine Chance der Regenerierung der FDP in der Opposition, weil diese an der Seite der CDU von Wahl zu Wahl Stimmen eingebüßt hatte.[480] Womöglich wäre Kiesinger dann als Chef einer Minderheitsregierung dagestanden (mit 59 von 120 Mandaten).[481] Auch im Stammland der Liberalen, in Baden-Württemberg, begann sich die FDP von dem früheren Bürgerblock-Denken zu lösen.

Tatsächlich sollte Haußmann über Wahlergebnis und Koalitionsabsprache im Oktober 1964 sein Amt als Landesvorsitzender verlieren, wenn auch seine

Zusammenarbeit mit Kiesinger als tragender Pfeiler der Koalition vorerst intakt blieb. Als Partei begann sich die FDP nach links zu orientieren. Dieser Realität trug Kiesinger mit einem großzügigen Angebot Rechnung: Die entscheidenden Gegensätze zwischen FDP und SPD bestanden in der Sozial- und Wirtschaftspolitik, die aber hauptsächlich in Bonn, nicht in Stuttgart gemacht wurde. In der Kulturpolitik als zentralem landespolitischem Feld war die Übereinstimmung zwischen FDP und SPD groß, vor allem beim uneingeschränkten Bekenntnis beider Parteien zur christlichen Gemeinschaftsschule. Denn Kiesinger hatte Rücksicht auf die ultrakonservativen, vor allem katholischen Anhänger der südwürttembergischen Konfessionsschule zu nehmen, die sich einer Änderung der Landesverfassung unter Verweis auf das Elternrecht standhaft verweigerten.[482] Haußmann hatte daher gleich in der ersten Verhandlungsrunde angeboten, die heikle Schulfrage nicht anzutasten, sofern die FDP im Kabinett entsprechend repräsentiert würde.

Um die CDU aus der Reserve zu locken, ließ Haußmann durchblicken, daß eine starke Gruppe in der FDP auf das Kultusministerium spekuliere. Falls die CDU eine Reduzierung des Anteils der FDP an den Kabinettssitzen erwöge, würde er diesem Wunsch mit Nachdruck beitreten.[483] Zweifellos war Haußmanns Angebot einer qualifizierten Zwei-Minister-Lösung nur taktisch gemeint, da das Kultusministerium dann auf den erzliberalen Tübinger Professor Walter Erbe zugekommen wäre, und das in just dem Augenblick, in dem sich katholische CDU-Kreise dank des Wahlsieges Hoffnungen auf einen Kultusminister ihrer Konfession machten. Daher drängte der CDU-Landtagsfraktionsvorsitzende, nicht Professoren, sondern Politiker zu Kultusministern zu machen.[484] Kiesinger lehnte Haußmanns Forderung umgehend ab.[485] Doch damit hatte die FDP Kiesinger das entscheidende taktische Argument in die Hand gegeben: Weil die CDU-Fraktion das Kultusministerium für sich reklamierte, hatte diese sich trotz anderslautender Forderungen indirekt für eine Aufrechterhaltung des Status quo bei den Ministersitzen ausgesprochen.[486]

Das übrige tat die Bundespolitik. Altministerpräsident Reinhold Maier, der Ehrenvorsitzende der Bundes-FDP, berichtete aus der Sitzung des FDP-Bundesvorstandes, man habe sich bei der FDP in Bonn darauf geeinigt, für eine festere Zusammenarbeit im Bundeskabinett einzutreten und »eine feste Parole« für die bevorstehende Bundestagswahl im Sinne einer Unterstützung Erhards auszugeben – ein Angebot, das der »die bundespolitischen Aspekte der zu treffenden Entscheidung für sehr bedeutsam« haltende Kiesinger positiv aufnahm.[487] Wieder warfen Bundestagswahlen lange Schatten auf eine Stuttgarter Regierungsbildung. Da in der FDP wachsende Kräfte für eine Zusammenarbeit mit der SPD optierten, hielten es führende Bonner CDU-

Politiker für zweckmäßig, in Stuttgart großzügig mit der FDP zu verfahren, wenn dafür diejenigen Kräfte unter den Liberalen gestärkt würden (wie Haußmann, Maier und Mende), die für eine Koalition mit der CDU »als der besten Lösung für unseren Staat« eintraten.[488] Kiesinger sah in dem Wink mit der Bundespolitik das geeignete Argument, den »Bedenklichen in der CDU-Fraktion« zu sagen, man »könne damit rechnen, daß die FDP Baden-Württembergs hinter den Koalitionsbemühungen auf Bundesebene stehen werde«. Zugleich brachte er die Namen von Wehner, Lücke und Guttenberg ins Spiel, den Protagonisten der Großen Koalition im Bund, um die Zögerlichen in seiner Partei daran zu erinnern, daß die Koalitionsverhandlungen auch von dieser Seite her nicht allein unter landespolitischen Aspekten gesehen werden dürften.[489]

Nach kurzem Kampf gab die CDU-Fraktion klein bei. Daß Kiesinger sich hatte durchsetzen können, unterstrich seinen gewachsenen Einfluß in der Partei. Anders als 1960 konnte ihm die CDU 1964 nicht ihren Willen aufzwingen. Sie verdankte ihren hohen Wahlsieg eindeutig Kiesinger. Dieser konnte dank seines gewachsenen Prestiges innerhalb von drei Wochen das Kabinett mit minimalen Zugeständnissen in der Form bilden, die ihm ursprünglich vorgeschwebt hatte. Allein die Frage des stellvertretenden Ministerpräsidenten wurde ausgeklammert, weil dieses Amt Filbinger für sich bzw. für Baden reklamierte und man in der CDU der ohnehin gut bedienten FDP nicht auch noch dieses Zugeständnis machen wollte.[490] Mit Siegerlächeln verließ Kiesinger die Fraktionssitzung am 12. Mai 1964, in der in offener Abstimmung 38 der 49 CDU-Abgeordneten seinen koalitionspolitischen Vorschlägen zugestimmt hatten, mit acht Gegenstimmen und einer Enthaltung.[491] Nicht überwältigend, aber kraftvoll genug, um mit Optimismus in die kommende Legislaturperiode zu gehen.

Für das personelle Zugeständnis hatten die Freidemokraten in der Schulfrage zurückstecken müssen und ihren kulturpolitischen Sprecher Erbe während der Koalitionsverhandlungen desavouiert. Auch bei einigen anderen Punkten hatte die FDP Federn lassen müssen; so gestand Haußman Einseitigkeiten in der Personalpolitik des Justizministeriums ein und gelobte Besserung; zugleich wurde die Entsendung eines zweiten, der CDU nahe stehenden Ministerialdirektors in das Kultusministerium akzeptiert, das mit einer Planungsabteilung zusätzlich aufgewertet werden sollte. Ohne Rücksprache mit der FDP ging das Kultusministerium an den Heidelberger CDU-Bundestagsabgeordneten und Theologie-Professor Wilhelm Hahn.[492]

Personell hatten die alten Taktiker Haußmann und Maier trotz des Wahlverlustes eine reiche Ernte eingefahren. Inhaltlich aber wurden die Weichen zugunsten des Ministerpräsidenten gestellt. Das »große Zugeständnis«, von dem Kiesinger vor der Landespressekonferenz sprach[493], hatten sich der Ministerflügel der Freidemokraten um Haußmann durch eine Zusage erkauft, auf die Entkonfessionalisierung des südwürttembergischen Schulwesens zu verzichten. Haußmann sollte dieses Einknicken in dieser zentralen, an das Selbstverständnis der FDP als liberaler Partei rührenden Schlüsselfrage mit dem Verlust des Landesvorsitzes im Oktober 1964 büßen.[494] Und das Bündnis zwischen CDU und FDP sollte bei Kiesingers Weggang nach Bonn zwei Jahre später an genau diesem Problem zerbrechen.[495]

Hohe sechziger Jahre

Die neue Landesregierung, die dem Landtag am Nachmittag des 11. Juni 1964 in Stuttgart präsentiert wurde, hätte ihrer Vorgängerin wie ein Ei dem anderen geglichen, wenn nicht ein Wechsel auf dem Stuhl des Kultusministers stattgefunden hätte. Gerhard Storz hatte aus freien Stücken sein Amt aufgegeben und ging als Honorarprofessor an die Universität Tübingen. Entlassungs- und Ernennungsurkunde wurden ihm von Kiesinger in derselben feierlichen Veranstaltung ausgehändigt, in der sein Nachfolger eingeführt wurde.[496] Als solchen hatte Storz mit Wilhelm Hahn einen anderen Professor empfohlen. Der Heidelberger Theologe hatte als Rektor der Universität politisches Profil gewonnen und war 1962 als CDU-Abgeordneter in den Bundestag nachgerückt, wo er sich als Bildungspolitiker Meriten erwarb. Als früherer aktiver Pfarrer in der Bekennenden Kirche um Martin Niemöller in der NS-Zeit und Vorstandsmitglied des Evangelischen Arbeitskreises der CDU/CSU gehörte der einer alten baltischen Theologenfamilie entstammende Hahn zu den prominenten evangelischen Christen der Union. Als Badener und Protestant erfüllte er eine doppelte Quote.[497]

Bei der Gründung des Heidelberger Südasien-Instituts hatte Hahn intensiv mit Kiesinger zusammengearbeitet und sich auch sonst in entwicklungspolitischen Dingen einen Namen gemacht. Anfang der sechziger Jahre war er durch hochschulpolitische Reformvorschläge bekannt geworden, hatte sich im Deutschen Ausschuß für das Erziehungs- und Bildungswesen mit Fragen der Schul- und Erwachsenenbildung beschäftigt und galt seit dem Bundesparteitag der CDU 1962 neben dem nordrhein-westfälischen Kultusminister Paul Mikat als einer der bildungspolitischen Hoffnungsträger der CDU.[498] Von dem Schöngeist Storz unterschied sich der Macher Hahn durch die betont politische Auffassung seines Amtes. Tatsächlich sollte Hahn als baden-württembergischer Kultusminister (bis 1977) zu einer der herausragenden Figuren der bildungspolitischen Szene der Bundesrepublik der sechziger und siebziger Jahre werden. Sein Weg vom christlich-liberalen Reformprotagonisten zur treibenden Kraft der neokonservativen »Tendenzwende« der frühen siebziger Jahre ist geradezu beispielhaft für die Verwerfungen, welche Bildungskrise, Hochschulreform und Studentenrevolte in Westdeutschland hervorriefen.

Kiesinger hatte Hahn gleich nach der Landtagswahl zu sich gerufen, nachdem feststand, daß es Storz nach Tübingen ziehen würde. Die beiden Männer trafen sich im Haus eines anderen Heidelberger Professors und Bundestagsabgeordneten, des Juristen und ehemaligen IG-Farben-Verteidigers Eduard Wahl, zu dem Kiesinger seit der gemeinsamen Arbeit am Bundesverfassungsgerichtsgesetz den Kontakt nie hatte abreißen lassen. Es war Wahl, der für Hahn als Kultusminister schon 1959 bei Kiesinger warb. Damals hatte Hahn als Rektor allen Abwerbungsversuchen widerstanden.[499] Nun aber hoffte Kiesinger, nach seinem großen Wahlsieg 1964 mit Hahn die profilierte Persönlichkeit zu gewinnen, mit der das Land Terrain in der Bildungspolitik gutmachen würde. Denn im Wettstreit der Bundesländer hatte der Düsseldorfer CDU-Ministerpräsident Meyers mit der Berufung Mikats zum Kultusminister einen bildungspolitischen Coup gelandet, der Nordrhein-Westfalen in die erste Liga der Reformländer katapultierte. Während Baden-Württemberg zurückzufallen drohte, krempelte Mikat innerhalb weniger Jahre die rheinisch-westfälische Bildungslandschaft um. Mit dem Bochumer Gründungsprojekt begann er, dem sehr viel langsamer vorankommenden Konstanz den Rang abzulaufen. Hahn sollte nun dafür sorgen, »daß dieses Land Baden-Württemberg unter den deutschen Ländern kulturpolitisch das erste ist und bleibt«.[500]

Hahn ergriff seine Chance und stellte nur eine, aber charakteristische Bedingung: Das Ministerium müsse mit einer gut ausgestatteten Planungsabteilung versehen werden. Dieser Wunsch wurde ohne viel Federlesens erfüllt. Schließlich hatte der Ministerpräsident in der Villa Reitzenstein selbst einen Planungsstab eingerichtet. Die Planungsabteilung des Kultusministeriums hatte die notwendigen Daten und Fakten zu beschaffen, um bildungspolitische Entscheidungen wissenschaftlich zu fundieren, wie Kiesinger den Sachverhalt in seiner Regierungserklärung 1964 beschrieb. Baden-Württemberg würde in der Bildungsplanung auch deshalb eine Vorreiterrolle spielen, weil Kiesinger nicht warten wollte, bis sich alle elf Bundesländer auf eine gemeinsame Planungsinstanz geeinigt hätten.[501]

Tatsächlich leistete die unter der Leitung des späteren Kultus-Staatssekretärs Paul Harro Piazolo stehende Planungsabteilung Pionierarbeit für alle Bundesländer.[502] Ihre Arbeiten konnten dank großzügigster Förderung Hahns maßgeblichen Einfluß auf die westdeutsche Bildungsplanung der kommenden Jahre gewinnen.⁵⁰³ Es sei erstaunlich gewesen, so kommentierte Hahn den Vorgang in seinen Erinnerungen,»welch große Wirkungen ein Bildungspolitiker in jenen, dem Neuen aufgeschlossenen Jahren für die Bildungsreform erzielen konnte. Es war die Zeit vor dem Auseinanderbrechen der demokratischen Kräfte in der Bundesrepublik Deutschland, vor der Studentenrevolte und der nun um sich greifenden Widerspruchshaltung vieler Bürger gegen staatliche Maßnahmen. Erst diese Erscheinungen ließen die Frage nach der Regierbarkeit der Demokratie aufkommen.«⁵⁰⁴

In Stuttgart herrschte bildungspolitischer Frühling. Das Thema wurde von Kiesinger und Hahn dem zeitgenössischen Modernisierungsduktus zunehmend angepaßt. Eine gewisse Sensation lag schon in der Tatsache, daß die CDU, die in der Besatzungszeit die Reformversuche der amerikanischen Militärregierung systematisch blockiert hatte, sich nun in weit ausgreifender Weise an die Spitze der Bewegung stellte. Hahns Credo einer Bildungspolitik, die sich als konservativ und fortschrittlich zugleich beschrieb, harmonierte mit dem reformfreudigen Konservatismus des Ministerpräsidenten, der der Bildungspolitik etwa ein Drittel seiner gut zweistündigen Regierungserklärung vom 25. Juni 1964 widmete. Angesichts der Chancen und Risiken der Prognose »im technischen Zeitalter« suchte Kiesinger eine bildungspolitische Gesamtkonzeption zu skizzieren, weil die Menschen, in den Worten des geliebten Schiller, zu verkümmern drohten: »Ewig an ein einzelnes kleines Bruchstück des Ganzen gefesselt, bildet sich der Mensch selbst nur als Bruchstück aus«. Aus diesem ganzheitlichen Ansatz erwuchs eine anspruchsvolle Modernisierungsaufgabe, die ihre konservativen Wurzeln fast schon Lügen strafte: Nicht Teilbereiche sollten behutsam reformiert werden, sondern Bildungspolitik im großen Wurf gemacht werden, von der Grundschule bis zu den Universitäten, das große humanistische Ideal der Stärkung der »geistigen Kräfte« von Grund auf neu angegangen werden.⁵⁰⁵ Es ging, wie Kiesinger mit einem Wort von Papst Pius XII. an anderer Stelle betonte, »um den Neubau unserer Welt von Grund auf«.⁵⁰⁶

Was hieß hier konservativ und fortschrittlich zugleich? Konservativ war nach damals gängiger Auffassung der von Kiesinger gesetzte »ganzheitliche« Rahmen. Kiesinger feierte das sich längst im Rückzug befindliche humanistische Bildungsideal und verpflichtete die Bildungspolitik in ihren Zielen auf Artikel 12 der Landesverfassung, welcher die Erziehungsarbeit an der »Ehrfurcht vor Gott« orientierte, »im Geiste der christlichen Nächstenliebe, zur Brüderlichkeit aller Menschen und zur Friedensliebe, in der Liebe zu Volk und Heimat, zu sittlicher und politischer Verantwortlichkeit, zu beruflicher und sozialer Bewährung und zu freiheitlicher demokratischer Gesinnung«. Auch im parteipolitischen Sinne blieb die christlich-demokratische Orientierung am Kalten Krieg erhalten, zumal der Religionsphilosoph Georg Picht mit seiner Artikelserie zur »Bildungskatastrophe« im Frühjahr 1964 in *Christ und Welt* den Systemkonflikt gerade eben noch einmal akzentuiert hatte.[507]

Auch der aushaltende Gestus des ringenden Konservativen fehlte in Kiesingers Regierungserklärung nicht, der in den Abgrund jener »Mächte und Ideologien unseres Zeitalters« blickte, »welche die kollektive Existenz des Menschengeschlechtes zur alles beherrschenden, menschenverkümmernden Norm des gesellschaftlichen und staatlichen Lebens gemacht haben«. Erneut erschien das Menetekel der »Tendenz des modernen Menschen zum Termitenwesen« an der Wand, sowohl in seiner östlichen, kommunistischen Variante als auch in der klassischen, innerwestlichen Kritik der Moderne, deren Ausläufer noch immer aus den zwanziger Jahren in die geistige Landschaft der Bundesrepublik herüberragten.

Fortschrittlich und liberal war an dem skizzierten Programm, daß es ohne große Umschweife die von Dahrendorf benannten Desiderata in Politik umzusetzen trachtete und die bessere »Erschließung der Begabungsreserven« zum Ziel der Bildungspolitik erhob. Deren Ursache sah der Tübinger Soziologe in einer Benachteiligung von Arbeiterkindern an deutschen Universitäten, die bei einem knapp hälftigen Bevölkerungsanteil nur 5 Prozent der Studierenden eines Jahrganges stellten. Dahrendorf hatte auf dieses Problem in einem Festvortrag aus Anlaß der Immatrikulationsfeier in Tübingen Anfang Juni 1964 aufmerksam gemacht.

Zu Dahrendorfs Zuhörern hatte der frischgewählte Tübinger Landtagsabgeordnete Gerhard Weng gehört, der Kiesinger bis zu den Landtagswahlen als politischer Referent im Staatsministerium gedient hatte und, wohl auf Wunsch von Hahn, den Ministerpräsidenten auf den Tübinger Vortrag des im Staatsministerium ja gut bekannten Dahrendorf aufmerksam machte, der seit Anfang des Jahres den stellvertretenden Vorsitz des Konstanzer Gründungsausschusses innehatte und dessen Vortrag am 4. Juni in Auszügen zunächst in der *Stuttgarter Zeitung* und dann am 19. und 26. Juni 1964 in der *Zeit* veröffentlicht worden war.[508] Von hier war es ein kurzer Schritt zur Regierungserklärung des Ministerpräsidenten, an der Kiesinger in eben diesem Augenblick feilte und der tatsächlich nicht nur Dahrendorfs Analyse- und Zahlenwerk, sondern auch dessen wesentliche Schlußfolgerungen bis in die Formulierungen hinein übernahm.

Kiesinger, der sich in autobiographischen Rückblicken gern als begabten Jungen zeichnete, der aus einfachen Verhältnissen über die klassischen Sozialisationsinstanzen des katholischen Bildungswesens nach oben gestiegen war, teilte Dahrendorfs Ansicht, daß nicht nur die Bildungseinrichtungen arbeiterfreundlicher werden mußten, sondern auch die Arbeiterfamilie bildungsfreundlicher. Seit Jahren setzte er sich für eine »Demokratisierung« des Bildungswesens ein, damit keine Begabung verloren ginge.[509] Übersetzt in die Sprache der Regierungserklärung forderte er, nun »jede geeignete Maßnahme« aufzugreifen, »um allen begabten Kindern den Weg zur Hochschule zu ebnen und die Eltern zu ermutigen, ihre Kinder an die höhere Schule und Hochschule zu schicken«. Dazu diente der behutsame Ausbau des ländlichen Schulwesens und die Ermöglichung zweiter und dritter Bildungswege.[510]

Anders als Dahrendorf sah Kiesinger im »Bürgerrecht auf Bildung« weit weniger ein Palliativ für das »Krebsübel unserer Gesellschaft« (Dahrendorf), den »deutschen Modernitätsrückstand«[511], auch nicht ein Mittel zur Verwirklichung sozialer Gerechtigkeit, wie es der SPD und den Gewerkschaften vorschwebte (sowie dem Arbeitnehmerflügel der CDU); es ging ihm, wie Picht, um »eine Lebensfrage für unser Volk, wenn es im Wettbewerb mit den übrigen Völkern Schritt halten will.«[512] Es war der spezifische Kontext des Kalten Krieges, aber auch die zu den Standardargumenten der bildungspolitischen Debatte gehörende Konkurrenz der westlichen Länder untereinander, die Kiesinger bemühte. Mit der Rhetorik des internationalen Vergleichens ließ sich im Landtag viel wirkungsvoller argumentieren als mit den abstrakten, letztlich einer skeptischen Sicht der deutschen Geschichte entspringenden Dahrendorfschen Thesen.

In der Praxis der hohen sechziger Jahre wirkten sich diese Unterschiede zunächst kaum aus. Die Zeitgenossen verspürten den neuen Ton in Kiesingers vielgerühmter Regierungserklärung, wenn auch bei heutiger Lektüre sich der Aha-Effekt so leicht nicht einstellen mag. Sicher hat Kiesinger in vielen Details dieser politischen Absichtserklärung den üblichen Ressortwünschen Rechnung getragen und die Steckenpferde der konstituierenden Kräfte der Koalition zu reiten gehabt. Dennoch wurde die *Magna Charta* vom 25. Juni 1964, deren Formulierungen Kiesinger bis zur letzten Minute ziselierte, von der Presse als Aufbruch zu neuen Ufern gewertet.[513] Paul Feuchte, damals in der Grundsatzabteilung des Staatsministeriums, vergleicht die Regierungserklärung in seiner *Verfassungsgeschichte von Baden-Württemberg* mit der ersten Regierungserklärung Willy Brandts als Bundeskanzler vom Oktober 1969, obwohl Kiesinger (anders als Brandt) sich eines erstaunlich nüchternen Tonfalls bediente. Später dann in der Erinnerung kam Kiesinger immer wieder auf diese eine Regierungserklärung zurück, die er für sein Vermächtnis als christdemokratischer Reformer hielt. Der Altkanzler hat seinen Nachfolgern in der südwestdeutschen Politik diese Rede mehrfach zur geflissentlichen Lektüre empfohlen.[514]

Anders als vier Jahre zuvor skizzierte Kiesinger 1964 ein Programm, das Perspektiven weit über die kommende Legislaturperiode hinaus eröffnete.

Plötzlich erschienen die siebziger Jahre wie ein Wetterleuchten am Horizont: Wie würde die Welt 1980 aussehen, fragte sich Kiesinger. Tief drang das bildungspolitische Herzstück der Regierungserklärung in die Zukunft ein, welches in Passagen die Handschrift des neuen Kultusministers Hahn verriet, der den von Kiesinger in seinen ersten beiden Amtszeiten forcierten Ausbau der bestehenden und die Gründung neuer Hochschulen durch ein umfassendes Konzept der bildungspolitischen Mobilisierung zu unterfüttern und damit die Hochschulreform auf eine festere schulpolitische Basis zu gründen suchte.[515] Mit der Einrichtung einer Planungsabteilung, der Schaffung eines Schulentwicklungsplanes und eines Hochschulgesamtplanes sowie der sich intensivierenden Diskussion um das Hochschulgesetz des Landes – so etwas gab es zu diesem Zeitpunkt nirgendwo sonst in der Republik – wurden neue Wege beschritten. Der Hauptschwerpunkt der Regierungsarbeit in den kommenden vier Jahren, so Kiesinger, würde in der »Anpassung unseres Bildungswesens an die Probleme unseres Zeitalters« liegen.

Worin die »Probleme unseres Zeitalters« lagen, darüber ließ sich kurze Zeit später kaum mehr Übereinstimmung finden. Doch auf der Höhe der sechziger Jahre besaß die Politik nur eine schwache Vorahnung von den Aporien, in die sich die bildungspolitische Debatte vor dem Hintergrund der Studentenrevolte und der Re-Ideologisierung um 1968 schon bald verwickeln sollte. Als auf Beschluß der 17. ordentlichen Mitgliederversammlung des Verbandes Deutscher Studenten am 1. Juli 1965 bundesweit Protestdemonstrationen abgehalten wurden, die »auf das zunehmende Unbehagen bei vielen politisch interessierten Studenten« aufmerksam machten »über die Art und Weise, wie in diesem Land die Bildungsfragen behandelt werden«, sah sich die Stuttgarter Landesregierung durch den studentischen Protest nicht herausgefordert, sondern bestätigt. Die Studenten demonstrierten für eine »Rangerhöhung« der Kulturpolitik, die sie als gleichwertig mit der Verteidigungs-, Wirtschafts-, Außen- und Sozialpolitik betrachteten. Als Kiesinger im Bundestagwahlkampf 1965 demonstrierenden Studenten begegnete, von denen einer ein Plakat hochhielt, »Mehr Geld für die Wissenschaft«, ließ er seinen Wagen stoppen: »Genau das wollen wir auch«. Er stieg aus, stellte sich neben die Studenten und hielt das Transparent hoch.[516]

Die protestierenden Studenten rannten in der Villa Reitzenstein offene Türen ein. Ihre Forderung nach einer nationalen Bildungsplanung, einer besseren Zusammenarbeit von Bund und Ländern in der Bildungspolitik sowie einer schonungslosen Aufklärung der Bevölkerung über die für die Bildungsreform zu erbringenden Opfer waren Wasser auf die Mühlen der Landesregierung, die sich in voller Übereinstimmung mit den Zielsetzungen der Demonstranten sah. Tatsächlich hatte der Vorsitzende des Verbandes Deutscher Studenten bei einem Gespräch im Kultusministerium im April 1965 erklärt, daß sich die Protestaktionen nicht gegen die baden-württembergische Kulturpolitik richteten. Die studentischen Demonstrationen, so Hahn vor dem Landtag, ließen vielmehr den Schluß zu, »daß die Studentenschaft mit ihrer Aktion die Kulturpolitik des Landes Baden-Württemberg nachhaltig unterstützen will«.[517]

Nicht nur die ersten Studentenproteste nützten der Landesregierung, weil sie doch Kiesingers altem Argument Glaubwürdigkeit verliehen, der Landtag müsse weniger vom Sparen und von der Verwaltungsvereinfachung sprechen.[518] In die gleiche Kerbe schlugen die kritischen Veröffentlichungen von Dahrendorf und Picht. Sie unterstrichen, was von der Regierung längst erkannt und aufgegriffen worden war: *Cum grano salis* läßt sich der Pichtsche Fanfarenstoß vom Februar 1964 als publizistische Schützenhilfe für Kiesinger lesen, der die Kultur- und Bildungspolitik zum zentralen Thema seines Wahlkampfes gemacht hatte und der Opposition auf diesem Gebiet weit vorauszueilen schien.[519] Pichts Forderung nach einer Modernisierung des ländlichen Schulwesens war längst geplant; auch einer verstärkten Kooperation von Bund und Ländern in einer »nationalen Bildungspolitik« redete Kiesinger seit Jahren das Wort.[520] Umgekehrt konnte der die bildungspolitische Kompetenz der Länderregierungen nicht antastende Picht gegen die Forderungen von Hildegard Hamm-Brücher ins Feld geführt werden, die angesichts des Bildungsgefälles zwischen den Ländern den uralten Ruf der FDP nach einem Bundeskulturministerium von neuem erhob. *Summa summarum* war es der Landesregierung recht, daß Picht die bildungspolitische Debatte anheizte. Das schuf im Landtag Problembewußtsein und Opfermut.[521] Und Picht wurde (wie Dahrendorf) in den Beirat der Planungsabteilung des Kultusministeriums berufen und zu einem der Autoren des baden-württembergischen Schulentwicklungsplans I.[522]

Nahm Baden-Württemberg in der Hochschulreform Mitte der sechziger Jahre auch eine Führungsrolle ein, so lag es in der Schulpolitik zurück. Das betraf weniger die Gymnasien, die sich im nationalen Vergleich sehen lassen konnten, als die Volksschulen und das Schulsystem insgesamt, das aufgrund einer geringen Durchlässigkeit zwischen den Schularten in Baden-Württemberg die vertikale Mobilität behinderte.[523] Das hatte zum Teil mit dem schulpolitischen Konservatismus in Baden-Württemberg zu tun, der durch die konfessionelle Spaltung des Landes akzentuiert worden war. Auch hatte die nicht abgeschlossene Integration des Landes eine Vereinheitlichung der Schulsysteme von zwei Besatzungszonen und drei Ländern bisher verhindert. Einer Reform stand vor allem die durch die Verfassung garantierte südwürttembergische Bekenntnisschule im Weg, weshalb der konservative

Flügel innerhalb der CDU eine Sperrminorität besaß. Zwar war noch kurz vor den Landtagswahlen 1964 die neunte Klasse an Hauptschulen eingeführt und im ländlichen Schulwesen das große Reformziel einer nach Jahrgangsklassen gegliederten Hauptschule seiner Verwirklichung nähergebracht worden, doch der von Hahn im Juni 1965 zur Weiterführung der Reformen vorgelegte Schulentwicklungsplan Baden-Württemberg drohte an der südwürttembergischen Schulfrage zu scheitern.[524]

Noch aber wurde Kiesinger als der kühne Wellenreiter »hoch auf der Kulturwoge« gefeiert.[525] Die äußeren Zahlen ließen manchen Abgeordneten schwindelig werden: Im Etat des Kultusministeriums, der etwa ein Viertel des Staatshaushaltsplanes ausmachte, waren die Ausgaben um ein gutes Fünftel hochgeschnellt. Erste Anzeichen einer Budgetkrise machten sich gegen Ende 1965 bemerkbar, als die westdeutsche Konjunktur ins Stocken geriet. Nicht nur die Universitäten, auch der Schulhausbau verschlang bedeutende Summen.[526] Lehrer wurden zu Hunderten eingestellt, um, so Kiesinger, »die letzten Begabungsreserven« zu mobilisieren. Der Bedarf war aufgrund der Einführung des neunten Pflichtschuljahrs in der Hauptschule, der stetig wachsenden Schülerzahlen und des von Kiesinger geforderten Ausbaus des Mittelschulwesens und der Gymnasien, kräftig gewachsen.[527] Im Herbst 1964 wurden die Beamtengehälter um 8 Prozent angehoben, um den Lehrerberuf für junge Menschen attraktiver zu machen. Doch um die Jahreswende 1965/66 wurden die fiskalischen Grenzen der Reform urplötzlich deutlich.[528] Mit eiserner Ausgabendisziplin und einem Stopp der davongaloppierenden Bauplanungen glückte es, den Etat wieder auszugleichen.[529] Die Tatsache, daß der Einbruch des Jahres 1966 die Reformvorhaben in ihrem Kernbestand unangetastet ließ, zumal es unter der Großen Koalition wirtschaftlich bald wieder aufwärts gehen sollte, verleitete die westdeutsche politische Klasse womöglich zu falschen Schlußfolgerungen, da Ende der sechziger/Anfang der siebziger Jahre das Reformtempo sogar noch erhöht und trotz des Ölpreisschocks 1973 nicht zurückgeschraubt wurde.

Die Grenzen der Reform waren daher weniger fiskalischer Natur, da der Horizont Mitte der sechziger Jahre sich nur für einen Augenblick eintrübte. Es war die südwürttembergische Schulfrage, in welcher der Traditionalist Kiesinger mit dem Reformer Kiesinger in Konflikt geriet. Die Landesverfassung garantierte das Elternrecht auf Bestimmung der Schulform, so jedenfalls wurde der umstrittene Passus von Kiesinger interpretiert.[530] Dies hatte in Südwürttemberg eine Vielzahl ungegliederter Bekenntnisschulen hervorgebracht, wobei in manchen ländlichen Orten die Eltern zwischen katholischen und evangelischen Zwergschulen wählen konnten, in denen dann ein Lehrer mehrere Jahrgänge des gleichen Bekenntnisses in einer Klasse unterrichtete. In Baden hingegen war schon im 19. Jahrhundert die christliche Gemeinschaftsschule als öffentliche Regelschule eingeführt worden, die die amerikanische Besatzungsmacht dann auch auf Nordwürttemberg ausgedehnt hatte.

Der Schulentwicklungsplan Baden-Württemberg, den Kultusminister Hahn dem Landtag im Juni 1965 vorlegte, schuf eine neue Lage, weil die konfessionellen Zwergschulen den Aufbau eines leistungsfähigen Hauptschulwesens verhinderten.[531] Für Südwürttemberg wurde den Parteien eine Frist bis zum 1. Dezember 1966 gesetzt, um sich über die Modalitäten der Einführung von größeren Schulen einig zu werden, in denen Kinder aus mehreren Orten nach Jahrgangsklassen zusammengefaßt wurden. Anders als 1952 sprach sich die evangelische Synode Württembergs für die flächendeckende Einführung der allgemeinen öffentlichen Volksschule aus, während der Rottenburger und der Freiburger Erzbischof mit Unterstützung des Vatikans und unter Verweis auf das mit Hitler geschlossene Reichskonkordat auf die Rechte der Kirche pochten. Komplizierend hinzu trat die deutsche Frage, da Bonn das Reichskonkordat als eine Garantie der Diözesanordnung in Deutschland von vor 1937 sah und die vom Vatikan angestrebte Neuordnung der polnischen Bistümer als ein *fait accompli* in Hinblick auf einen zukünftigen Friedensvertrag zu verhindern trachtete.[532] Deshalb schaltete sich die Bundesregierung in die südwürttembergische Schulfrage ein. Mit Rücksicht auf die deutsche Frage dürfe das gute Verhältnis zum Vatikan nicht gestört werden. Der Schulstreit reichte bis in die Tabuzonen deutscher Ostpolitik.

In Kiesinger kämpfte daher nicht nur der Traditionalist mit dem Reformer, sondern auch der Bildungs- mit dem Außenpolitiker. Kiesinger suchte einen Kompromiß, wollte es allen Seiten recht machen, taktierte hinhaltend und wäre am Ende fast mit leeren Händen dagestanden. Er wollte seinen Ruf als Reformer nicht verlieren. Doch als katholischer Südwürttemberger zögerte er, die Frage der Schulform der Schulreform hintanzustellen.[533] Im Oktober 1965 bekannte er sich zur Schulreform. Doch dann baute er als institutionalisierter Bedenkenträger fast unüberwindbare juristische Hürden auf.[534] Überall erblickte er »Schwierigkeiten« und »Gefahren« – in einer Situation, in der sich die Konfessionsschule generell auf dem Rückzug befand und mit Mut die verfassungsrechtlichen Bedenken schnell auszuräumen gewesen wären. Er wolle das »heikle und gefährliche Problem« nicht anrühren, weil dies den »Schulfrieden« im Lande gefährdete, erklärte er im September 1966 im Landtag.[535]

Überschätzte Kiesinger den Einfluß der beharrenden Kräfte? Warum hieb er den gordischen Knoten nicht durch? Merkte der sonst so sensibel auf Zeitströmungen reagierende Kiesinger nicht, daß sich in der Elternschaft das Verhältnis zur Kirche zu wandeln begann? Kiesingers Verfassungsreferent

Paul Feuchte, der ihn damals in der Schulfrage beriet[536], zitiert Konrad Hesse, der 1965 zu dem Ergebnis kam, daß die Kirchen im öffentlichen Leben der Bundesrepublik nicht mehr die gleiche Autorität genössen wie nach dem Krieg.[537] War nicht die von Kiesinger angedeutete Möglichkeit, staatlich geförderte Bekenntnisschulen als Privatschulen einzurichten, das Maximum, das unter den obwaltenden Umständen noch herauszuholen war? Hatte Kiesinger nicht davon gesprochen, daß für die Christen die eigentliche Frage darin liege, »wie viel wirklich christlich überzeugte Lehrer noch vorhanden sind«?[538]

In der Schulfrage hatten sich führende Kreise der CDU auf eine problematische Kompromiß-Position versteift. Im Sommer 1966 stand die reale Gefahr im Raum, daß die Stuttgarter Koalition über der südwürttembergischen Schulfrage zerbrechen würde.[539] Die SPD und die oppositionellen Kräfte innerhalb der FDP setzten den freidemokratischen Ministerflügel um Haußmann unter Druck und suchten Kiesinger im Landtag in die Ecke zu treiben. Letzterer nutzte seine Richtlinienkompetenz nicht und brachte keinen Gesetzesvorschlag der Landesregierung ein. Dieses Dilemma nutzten SPD und FDP. Die Linksliberalen um Walter Erbe beriefen sich auf den Schulentwicklungsplan, um ihrem langjährigen Ziel der flächendeckenden Einführung der Simultanschule näher zu kommen.[540] Da sich in der CDU Reformer und Traditionalisten die Waage hielten, stand die Partei in der Schulfrage in der Opposition.

Erst nach Kiesingers Abgang nach Bonn sollte dessen Nachfolger Filbinger das Ruder in letzter Minute herumreißen. Er verhinderte eine sozial-liberale Koalition, indem er mit der SPD eine Große Koalition schloß, auf deren Altar die Bekenntnisschule geopfert wurde. Die badische Simultanschule wurde auf Südwürttemberg ausgedehnt unter gleichzeitiger großzügiger Förderung privater Bekenntnisschulen.[541] Zu diesem Schritt war Kiesinger noch nicht bereit gewesen, sondern hatte auf einen entsprechenden Vorstoß der FDP im Juli 1966 mit Rücktrittsdrohungen geantwortet und im September 1966 erneut sein Veto im Landtag eingelegt.[542]

Ein abschließendes historisches Urteil über Kiesingers Haltung in der südwürttembergischen Schulfrage entzieht sich der Forschung. Für ihn erledigte sich das Problem aufgrund seiner Wahl zum Kanzler. Filbingers Verständigung mit den Sozialdemokraten hatte sich schon im Juli 1966 noch unter Kiesinger abgezeichnet, weil diese Partei sich kompromißbereiter als die Extremstandpunkten zuneigende FDP zeigte. Taktisch geschmeidiger vorgehend als Haußmann, hatte der SPD-Fraktionsvorsitzende Walter Krause in einem Gespräch mit Kiesinger eine »Annährung« an die von ihm verfolgte Kompromißlösung signalisiert. Diese hätte neben der christlichen Gemeinschaftsschule

»in einem bestimmten umschriebenen Rahmen« ein Antragsrecht der Eltern auf die Beibehaltung von Konfessionsschulen gewährleistet.[543]
Auf diese Lösung schien Kiesinger im Landtag am 22. September 1966 hinzusteuern, als er davon sprach, daß es Privatschullösungen gab, »bei denen man sagen könnte, daß sie den Artikel 15 Abs. 2 berücksichtigen«. Die von dem reformorientierten CDU-Abgeordneten August Hagmann vorgeschlagene Lösung einer Gleichstellung privater mit staatlichen Bekenntnisschulen hielt er mit den Bestimmungen des Reichskonkordats für vereinbar; so weit war er bisher nicht gegangen.[544] Doch gegenüber der Unrast der Veränderungswilligen legte Kiesinger eine erstaunliche Gelassenheit an den Tag. Die Verhandlungsmöglichkeiten schienen ihm keineswegs ausgeschöpft. Er empfinde es als seine Pflicht, »in dieser in der Endphase natürlich etwas unruhig werdenden Situation gelassen als Steuermann das Schifflein zum sicheren Hafen zu bringen«.[545]

STUTTGARTER NEBENAUSSENPOLITIK

Seit dem Sommer 1963 hatte es Kiesinger nicht mehr in der Villa Reitzenstein gehalten. »Der Ruf der großen weiten Welt ... Paris, Washington, Neu Delhi und Bonn« lockten, Stuttgart fiel fast schon aus dem Rahmen, wie Eckart Munz in der *Stuttgarter Zeitung* die Spätzle-Diplomatie des als »Export«-Marke im »Königsformat« auftretenden Kiesinger karikierte.[546] Just in dem Augenblick, in dem er sich nach seinem Unfall vom Februar 1963 auf Dauer in der Landespolitik einzurichten begann, entsann er sich wieder stärker der außenpolitischen Möglichkeiten seines Amtes. Ein Länderregierungschef ist keineswegs dazu verurteilt, das Weltgeschehen aus der Proszeniumsloge zu beobachten, wie Kiesinger (in anderem Zusammenhang) einmal scherzhaft bemerkte.[547]

Wer nicht in Bonn Außenminister oder Kanzler werden kann, der kann allemal aus der Provinz Außenpolitik auf eigene Rechnung betreiben. Willy Brandt machte sich diese Einsicht als Regierender Bürgermeister von Berlin ein knappes Jahrzehnt lang zunutze, und Helmut Kohl hatte seine liebe Not mit Franz Josef Strauß, dem das Amt des bayerischen Ministerpräsidenten als hohe Bühne seiner berühmt-berüchtigten Nebenaußenpolitik in den achtziger Jahren prächtig zupaß kommen sollte. Immerhin besaß Kiesinger mit der Entwicklungspolitik eine subsidiäre Kompetenz auf außenpolitischem Gebiet, indem er mit der Errichtung von Gewerbeschulen in Tunesien und Indien die Bildungsreform quasi in die Dritte Welt verlängerte. Auch traf es sich günstig, daß Kiesinger seit dem Juni 1963 als »Bevollmächtigter der

Bundesrepublik Deutschland für kulturelle Angelegenheiten im Rahmen des Vertrages über die deutsch-französische Zusammenarbeit« ein hochoffizielles Amt bekleidete, das Auftritte auf internationalem Parkett garantierte – und einen handfesten Kompetenzstreit mit Bundesaußenminister Schröder.

Daß Kiesinger seiner alten Liebe nicht abschwören würde, hatte er gleich nach seiner Wahl zum Ministerpräsidenten deutlich gemacht. Neben der Konsolidierung und Integration des Landes lag ihm, dem eingefleischten Föderalisten, die Mitwirkung der Landesregierung an der Bonner Politik ganz besonders am Herzen! Und welches Thema würde ihn an der Bundespolitik besonders interessieren? Vornehmlich die Außenpolitik, erklärte der gerade gewählte Ministerpräsident.[548] Obwohl derartige Statements in Stuttgart mit Skepsis quittiert wurden, trat Kiesinger Mitte Februar 1959 mit der Forderung an die Öffentlichkeit, es gelte den Außenpolitischen Ausschuß des Bundesrates »zu aktivieren«. Zwar könnten sich die Ministerpräsidenten nicht mit der gleichen Intensität um die Außenpolitik kümmern wie ihre

»Der Ruf der großen weiten Welt...«, gezeichnet von Eckart Munz in den *Stuttgarter Nachrichten* vom 6. März 1965

Kollegen im Bundestag. Indem sie sich über die laufende Entwicklung informieren ließen – »und zwar möglichst vom Außenminister selbst« –, könnten sie als erfahrene »ältere Staatsmänner« dafür Sorge tragen, daß »die Diskussion über die deutsche Außenpolitik immer mehr in ein sachliches Klima gerät«.[549] Da war sie wieder, die »gemeinsame Außenpolitik« – nun über den Umweg der Länderkammer.

Erstaunlich der Kontrast fünf Jahre später: In der großen Regierungserklärung vom 25. Juni 1964 ist viel von der Bildungspolitik, erstmals auch in größerem Umfang vom Umweltschutz, vom Ausbau der Infrastruktur und den Finanzen die Rede sowie von Kompetenzrangeleien zwischen Bund und Ländern.[550] Kein Wort zur Außenpolitik. Hatte er sie etwa vergessen? Kiesingers sonstige Reden untermauern diesen Schluß nicht.[551] Doch die Außenpolitik paßte nicht recht in die Regierungserklärung. Ohnehin war 1964 in der Außenpolitik ein ereignisarmes, ja »langweiliges Jahr« (so der Jenaer Politikwissenschaftler Torsten Oppelland): Die Musik spielte bei den inneren Reformen. Kultur- und Bildungspolitik, das waren die Felder, auf denen sich ein ehrgeiziger Politiker profilierte. Das Ost-West-Verhältnis hatte sich im Gefolge von Mauerbau und Kubakrise konsolidiert; auf steinigem Acker gedieh die Außenpolitik nur mäßig, während auf fetterem Grund der Weizen der inneren Reformen in die Höhe schoß. Die Diplomatie verlief wie auf Schienen: »Unsere Außenpolitik ist lange nicht mehr so manövrierfähig wie in den vergangen Jahren und Jahrzehnten«, resümierte Kiesinger mit einem Stoßseufzer Anfang 1962.[552] Erst in der zweiten Hälfte des Jahrzehnts wandelte sich das Bild, als Schröders vorsichtige »Politik der Bewegung« in der Zeit der Großen Koalition mit der Neuen Ostpolitik Fahrt gewann und im Oktober 1969 zum Kernprojekt der sozial-liberalen Bundesregierung wurde.

Stand die baden-württembergische Politik auch im Bann der inneren Reformen, ließ Kiesinger doch nicht von der Außenpolitik ab. In seiner üblichen Tour d'horizon während der Hatz von einem zum anderen Jubiläum, vor Ortsvereinen, Sparkassen und Universitäten, kam er selbst bei strikt landespolitischen Anlässen auf die weltpolitische Lage zu sprechen. Der »Primat der Außenpolitik« wurde von ihm weiter grundsätzlich verteidigt.[553] Denn innere Modernisierung war eine Antwort auf globale Herausforderungen. Auch der deutschen Frage war angesichts einer starken Vertriebenenpräsenz in Süddeutschland nicht auszuweichen.[554] Nur konnte die Politik wenig gegen die »böse Wirklichkeit« der deutschen Teilung unternehmen: Die meisten Westdeutschen wären froh, wenn »den Menschen in der Sowjetischen Besatzungszone und Ostberlin das Leben etwas erleichtert, ein wenig mehr Freiheit verschafft werden könnte«. Langfristig werde sich der gegenwärtige Zustand jedoch als »Zwischenspiel« erweisen. Bis dahin, so

Kiesinger in einem Vortrag an der Georgetown University im Oktober 1963, gelte es international das Interesse an »unserem großen Anliegen« wachzuhalten und national »den Willen zur Wiedervereinigung in der Bevölkerung der Bundesrepublik bei alt und jung geduldig [zu] pflegen«.[555]

Von dem ostpolitischen Frühlingserwachen der Kennedy-Administration wurde Kiesinger angesteckt. Gut ein Jahr vor Erhards berühmter Friedensnote unterstrich er in Rio de Janeiro im April 1965, daß die Bundesrepublik zwar nicht auf ihre nationalen Rechte und Ansprüche verzichten könne. Doch die deutsche Frage könne nur auf friedlichem Wege gelöst werden, und zwar »durch eine Übereinkunft mit der Sowjetunion«. Während Schröder unter Umgehung Ostberlins und Moskaus auf die osteuropäischen Satelliten zielte, empfahl Kiesinger das Gespräch mit dem Kreml. Deutliche Kritik auch an der Handhabung der Hallstein-Doktrin, die als Doktrin, nicht als Dogma aufgefaßt werden müsse, weshalb ihr »praktischer Wert« immer wieder »an der sich wandelnden Wirklichkeit« zu messen sei.[556] Als im Mai 1966 SPD und SED über einen Redneraustausch verhandelten, stellte Kiesinger seine unabhängige Haltung gegenüber der Unionsspitze heraus: »Ich hätte wahrlich Lust, selbst an einer solchen Diskussion teilzunehmen.« Man dürfe eine solche Gelegenheit doch nicht verabsäumen, den Ostdeutschen westliche Liberalität vor Augen zu führen.[557]

Kiesinger mußte noch lernen, daß der Bundesrat außenpolitisch nur beschränkt geschäftsfähig war. Als Mitglied der in Bonn regierenden Partei waren ihm die Hände noch stärker gebunden als den Ministerpräsidenten der oppositionellen SPD. Außenpolitisch ernüchtert, stimmte er zum Jahreswechsel 1961/62 das hohe Lied des Bundesrates an und würdigte dessen eminent politische Funktion innerhalb des föderalen Systems. Doch zugleich erlegte er der Länderkammer in außenpolitischen Fragen »strikte Zurückhaltung« auf: Von Außenpolitik verstehe der Bundesrat nicht genug; anders als der amerikanische Senat müsse er sich auf jene Felder konzentrieren, in denen die Länderregierungen einschlägige Erfahrungen besäßen.[558] Mancher wundere sich, so Kiesinger auf einem Landesparteitag im Juli 1966, warum er nicht mehr wie einst im Bundestag die große »außenpolitische Glocke« schwinge: Nicht daß ihm zu diesen Themen nichts mehr einfalle; doch in der Außenpolitik könne der Bundesrat schlicht und einfach verantwortlich nicht mitreden. Dies könnten nur diejenigen wirklich tun, die »als Experten« sich »täglich mehrere Stunden mit der außenpolitischen Problematik« beschäftigten.[559]

Als *de facto*-Staatsoberhaupt seines südwestdeutschen Sprengels wuchsen Kiesinger dennoch zahlreiche internationale Repräsentationspflichten zu. Dank der Einbindung der BRD in internationale Zusammenhänge und der Eigenheiten des westdeutschen Föderalismus verfügen deutsche Ministerpräsidenten über einen außenpolitischen Aktionsradius, der unvergleichlich viel größer ist als der eines Verwaltungschefs einer italienischen Provinz oder einer französischen Region. Die Staatsbesuche von de Gaulle (1962) und der Queen (1965) waren nur die Spitze des Eisberges. Denn Stuttgart war Sitz von zwei Dutzend konsularischer Vertretungen und eines Oberkommandos der amerikanischen Armee; in den südlichen Landesteilen lag der Schwerpunkt der französischen Militärpräsenz in Deutschland; bei repräsentativen Anlässen in Stuttgart waren nicht nur das konsularische Corps, sondern immer auch französische und amerikanische Generäle zugegen – wie umgekehrt Kiesinger zu deren Paraden und Feiern fuhr. Und dann muß der Chef eines hochindustrialisierten und exportorientierten Bundeslandes am laufenden Band ausländische Handelsdelegationen, Diplomaten, gelegentlich sogar Außenminister und Staatsoberhäupter empfangen, so wie er auch im Ausland Baden-Württemberg als Standort für Investitionen pries.[560]

Hinzu kam die regionale Diplomatie mit Reisen in das benachbarte Elsaß, wo Kiesinger mit dem Straßburger Oberbürgermeister Pierre Pflimlin und Robert Schuman bei Wanderungen und Wein in den Vogesen die gute deutsch-französische Freundschaft pflegte, oder in die benachbarten Schweizer Kantone und österreichischen Bundesländer, zu denen die baden-württembergische Landesregierung eine rege Pendeldiplomatie unterhielt. Mit Österreich und der Schweiz, aber auch dem Elsaß gab es gemeinsame Interessen sowie allerhand regional- und strukturpolitischen Abstimmungsbedarf, vor allem im Kontext des Hochrheinprojekts und dem Bau der ENI-Pipeline von Genua zum Bodensee. Wirkliche Haupt- und Staatsaktionen waren diese Ausflüge über die Grenze jedoch nicht. Es waren, wenn man so will, Fortsätze der Landespolitik jenseits der grünen Grenze, wenn auch die Österreicher keine Mühen scheuten, Kiesinger bei mehrfachen Besuchen wie einen Staatschef zu hofieren. Als er im Dezember 1961 von einer katholischen Organisation zu einem Vortrag nach Wien eingeladen wurde, speiste er nicht nur mit dem Kardinal zu Mittag, sondern wurde auch ins Parlament eingeladen, wo er sich mit Präsident Figl besprach, um anschließend mit dem Bundeskanzler ins »Sacher« zu gehen.[561]

Etwas tiefer in die weiten Räume der Weltpolitik führte die regelmäßige Teilnahme Kiesingers an den NATO-Parlamentarierkonferenzen in Paris oder die Tagungen der einschlägigen europäischen und transatlantischen Netzwerke, darunter die Bilderberg-Konferenzen oder die Sitzungen des Monnet-Komitees und der Atlantik-Brücke, an denen er seit seiner Zeit als Bundestagsabgeordneter in unregelmäßigen Abständen teilnahm.[562] Hier hielt sich Kiesinger über die aktuellen Probleme auf dem laufenden, vor allem pflegte er alte und neue Verbindungen in die europäische und atlantische Politik – und zu den Mitgliedern des außenpolitischen Establishments der Bundesrepublik. Kiesinger war mit fast allen wichtigen deutschen Botschaftern an den zentralen Orten wie Washington, Paris, Rom und London persönlich gut bekannt – und Tochter Viola eröffnete auf ihren Lehr- und Wanderjahren nach Rom, London und Washington manche zusätzliche Möglichkeit zu privatem Kontakt.[563]

Auch die alten Kollegen aus dem Auswärtigen Amt rückten Sprosse um Sprosse nach oben. Vor allem Lilienfeld und Diehl gelangten auf einflußreiche Posten im Auswärtigen Amt, während der der FDP nahestehende Sonnenhol im Entwicklungshilfeministerium Karriere machte.[564] Lilienfeld war seit 1962 Gesandter, d. h. zweiter Mann an der Deutschen Botschaft in Washington, während Diehl, nachdem er es im Presseamt zunächst zum Leiter der Auslandsabteilung gebracht hatte, 1966 noch von Schröder zum Leiter des Planungsstabes des Auswärtigen Amtes berufen wurde.[565] Dagegen stockte Schirmers Karriere, wurde aber mit Kiesingers Hilfe wieder flottgemacht. Der führende Nahost-Experte des Auswärtigen Amtes kam unter Schröder nicht recht zum Zug, auch weil das Auswärtige Amt mangels ausgeprägten diplomatischen Interesses der Bundesrepublik an diesem Raum wohl nur begrenzte Aufstiegschancen bot.[566] Erwin Wickert, mit dem Kiesinger in dessen Pariser Tagen in der »Brasserie Lorraine« fröhlich gezecht hatte, wurde ein enger Berater Schröders und erhaschte als Autor der Erhardschen »Friedensnote« den Zipfel der Weltgeschichte.[567]

»Kiesinger ist doch jemand«, er »begreift die Sache, er hat eine politische Brille«, notierte sich der holländische Generalsekretär und Koordinator des Monnet-Komitees, Max Kohnstamm, nach einem Besuch in Tübingen im März 1960.[568] Dank persönlicher Bekanntschaften und Umstände blieb Kiesinger als Ministerpräsident insgesamt stärker in den atlantischen Raum hinein orientiert als nach Südeuropa und Frankreich. Das zeigt die regelmäßige Teilnahme an deutsch-amerikanischen und deutsch-britischen Gesprächen, während er an vergleichbaren Runden im deutsch-französischen Kontext nicht teilgenommen hat, obwohl es im Laufe der sechziger Jahre zu einem Ausbau der Kontakte auf der Ebene der christdemokratisch-katholisch-konservativen Parteien kam.[569] Nach Amerika fuhr Kiesinger Jahr für Jahr. Auch pflegte er die auf den Europarat zurückgehenden Kontakte zu den britischen Kollegen, hauptsächlich zur Konservativen Partei. Sein einziger größerer, im engeren Sinne »offizieller« politischer Besuch als Ministerpräsident vor 1963 hatte ihn nach London geführt und gipfelte in einem Gespräch mit Außenminister Edward Heath.[570] Auch seine Reisen nach Paris besaßen meist NATO-Charakter (weil sich dort bis 1966 das Hauptquartier der Allianz befand).

Seine atlantischen Affinitäten taten Kiesingers Hochachtung für de Gaulle keinen Abbruch, für den er, bei aller Kritik, geduldig Verständnis weckte.[571] Zunehmend blickte er nicht nur über Kanal und Atlantik, sondern auch in die von den Gaullisten bevorzugten Himmelsrichtungen, zu den christlichen Parteien in Italien, Frankreich und Österreich, selbst in das frankistische Spanien, mit dessen Repräsentanten er über die abendländischen Zirkel des in seinem alten Wahlkreis residierenden Grafen Waldburg-Zeil sporadischen Kontakt unterhielt.[572] Kiesinger ersehnte ein starkes Europa, ein wirkliches Gegengewicht zu den USA. So wie der Atlantiker mit dem Gaullisten, so konkurrierte in seiner Persönlichkeit auch der »westernisierende« Blickwinkel mit dem abendländischen Erbe, wenn er etwa eine lockere politische Beziehung zu Francos Informationsminister, Don Manuel Fraga Iribarne, pflegte.[573] Zu den langfristigen Ergebnissen dieser Bekanntschaft zählte Kiesingers Spanienbesuch als Kanzler, worin das Franco-Regime eine politische Aufwertung erblickte. Allerdings stellte sich die Reise wie Kontakte in das ebenfalls autoritär regierte Portugal unter bündnispolitischen Gesichtspunkten vor dem Hintergrund der Prager Krise 1968 nicht *a priori* als »antidemokratisch« dar. Einem gegenteiligen Vorwurf eines kritischen Journalisten hielt Kiesingers Parlamentarischer Staatssekretär Guttenberg entgegen, was er denn von einem Staatsbesuch z. B. in Belgrad halte. Immerhin war die Reise durch das von Willy Brandt geführte Außenamt wärmstens empfohlen worden, weil man (analog zur Ostpolitik) die liberale Kräften in Spanien stützen wollte, um dieses Land in der Nach-Franco-Ära in das europäische Haus zurückzuholen.[574]

Unter den Atlantikern der CDU war Kiesinger gewissermaßen der Gaullist, so wie er unter den Gaullisten wohl der Atlantiker war. In den *briefing papers*, die dem amerikanischen Präsidenten Kennedy aus Anlaß von Kiesingers Besuch im Weißen Haus im Oktober 1963 vorlagen, wurde dem Ministerpräsidenten eine im allgemeinen pro-amerikanische Haltung attestiert, weil er sich kritisch gegenüber gaullistischen Konzepten geäußert hatte, wenn er auch ein warmherziger Befürworter einer deutsch-französischen Annäherung und Aussöhnung sei – was amerikanischerseits *a priori* nicht als Problem gesehen wurde. Zu Hochform laufe Kiesinger als Vertreter einer vermittelnden Position auf. Er trete nicht für eine bestimmte Sache ein (»*he pushes no particular cause*«); wenn möglich halte er sich an die Mittellinie, um nach allen Seiten offen und akzeptabel zu wirken. Auch vermeide er, sich in die Auseinandersetzung zwischen Atlantikern und Gaullisten hineinziehen zu lassen, um weder mit Adenauer noch mit Schröder, weder mit Brentano noch mit Strauß identifiziert zu werden. Solange ihm das Amt des Bundespräsidenten offenstehe, werde er sich ohne Not weder nach der einen noch nach der anderen Seite festlegen.[575]

1963 nutzte Kiesinger seinen hohen protokollarischen Rang als Bundesratspräsident, um sich als Stellvertreter des Bundespräsidenten und temporärer dritter Mann im Staate (nach Bundespräsident und Bundestagspräsident) außenpolitisch wieder stärker ins Geschäft zu bringen. Kiesinger war der erste Bundesratspräsident, der, mit dem Segen Lübkes, seinem Amt als Vertreter des Bundespräsidenten einen repräsentativen Anstrich verlieh.[576] Das verschaffte ihm unter anderen ein Entree bei Kennedy, welcher den neben ihm sitzenden, fließend englisch parlierenden (und Schnitzer der Übersetzer ausbügelnden) Bundesratspräsidenten Kiesinger bei seiner Paulskirchenansprache am 26. Juni 1963 kennengelernt hatte (am Tag vor der berühmten »Ich bin ein Berliner«-Rede). So kam es, daß Kiesinger zum letzten hochrangigen deutschen Besucher bei Kennedy vor den Schüssen von Dallas wurde.

Dabei war es nach den damals herrschenden strengen protokollarischen Regeln des Weißen Hauses alles andere als selbstverständlich, daß ein westdeutscher Ministerpräsident von einem amerikanischen Präsidenten zu einem ausführlichen Gespräch empfangen wurde (von der Sonderrolle des Berliner Regierenden Bürgermeisters von Berlin einmal abgesehen). Doch Kiesinger, der eigentlich nur eine der üblichen Einladungen zu einer Vortragsreise an verschiedene amerikanische Universitäten in der Tasche hatte, tat es nicht unter einem Besuch im Weißen Haus: Hartnäckig verwies er auf seine präsidentielle Würde und drängte die Deutsche Botschaft, einen Empfang durch Kennedy sicherzustellen. Tatsächlich gab das State Department die entsprechende Zusicherung.[577] Dafür, daß aus der Amerikareise ein wirklicher Staatsbesuch wurde, hatte nicht zuletzt Lilienfeld gesorgt, der Kennedy aus seinen Studientagen in Harvard kannte und dem ehemaligen Senator und dessen Frau privat verbunden war.[578]

Im Weißen Haus war man aus zwei Gründen an Kiesinger interessiert. Zum einen galt es, sich einen führenden deutschen Politiker und Hoffnungsträger der CDU warmzuhalten. Kiesinger galt als möglicher Nachfolger Lübkes, sollte der nicht ein zweites Mal kandidieren. Auch war dem State Department nicht entgangen, daß Kiesinger in Bonn als »ministrabel« galt und eines Tages sogar Außenminister werden könnte. Da Kiesinger de Gaulle sanft kritisierte und sich für die supranationale europäische Integration engagierte, verfuhr das State Department nach der Devise, daß ein »*update*« aus allerhöchstem Mund nicht schaden könne: »Angesichts seines gegenwärtigen und künftigen Einflusses wäre es von Vorteil, ihm klar und deutlich die Grundlagen der US-Außenpolitik zu erläutern. Diese würde er dann vielleicht nach seiner Rückkehr in seinen eigenen Worten wiedergeben.«[579] Im übrigen wurde Kiesinger nicht allein als ein nützlicher Multiplikator der amerikanischen Position gesehen, sondern als so etwas wie eine amerikanische *success story*. Nach 1933 im »Dritten Reich« als Rechtsanwalt tätig – mehr wußte das State Department dem Präsidenten nicht mitzuteilen –, sei er 1954 unter einem »*young leader grant*« erstmals in den USA gewesen und seither fast jährlich zurückgekehrt. Das zeugte wohl nicht zuletzt von den Erfolgen der amerikanischen Kulturdiplomatie. Kiesinger galt, wie so viele jüngere deutsche Politiker, als einer, den man sich kooptiert hatte.[580]

Zum zweiten ging es darum, gut Wetter für die Europapolitik der US-Administration zu machen. Denn diese stieß um diese Zeit nicht nur in Frankreich bei de Gaulle, sondern auch in England und bei anderen, durchaus atlantisch gesinnten europäischen Verbündeten auf starke Kritik. Die amerikanische Regierung hatte aus der Kuba-Krise die Lehre gezogen, daß sie auf einen *modus vivendi* mit der Sowjetunion hinarbeiten mußte. Diese, an und für sich im europäischen Interesse liegenden, ersten Ansätze einer Entspannungspolitik weckten jedoch in Europa eine nervöse Furcht, die amerikanische Schutzmacht könne sich von ihren europäischen Verpflichtungen abkoppeln. In der Bundesrepublik kam die nicht unrealistische Einschätzung hinzu, eine Verständigung der Supermächte werde das große nationale Anliegen in den Hintergrund treten und das amerikanische Eintreten für die Wiedervereinigung endgültig zum Lippenbekenntnis erstarren lassen. Nicht zuletzt dieser Befürchtungen wegen hatte Kennedy im Juni 1963 seine von enthusiastischen Ausbrüchen der deutschen Bevölkerung begleitete Reise nach Westdeutschland und Berlin im Juni 1963 unternommen.[581]

Gleichzeitig hofften die Amerikaner, den zentrifugalen Tendenzen in der Allianz mit dem Projekt einer multilateralen NATO-Atomstreitmacht, der sogenannten MLF (*multi-lateral force*), entgegenzuwirken, an der außer Frankreich, dem Vereinigten Königreich, Deutschland und Italien auch einige andere NATO-Länder teilhaben sollten. Was sich für de Gaulles Frankreich wie ein Ausdruck minderer atomarer Souveränität im Vergleich zur *Force de frappe* ausnahm, das hätte aus Sicht des nuklearen Habenichts Bundesrepublik ein Maximum an Mitwirkung an der atomaren Abschreckungskapazität der westlichen Allianz geboten und die deutschen mit amerikanischen Sicherheitsinteressen eng verklammert.[582]

Kiesinger reiste also zu einem Zeitpunkt nach Washington, als sich in Bonn Besorgnisse über die Zuverlässigkeit des amerikanischen Partners und seines Präsidenten aufgestaut hatten. Vor allem Adenauer, dessen Rücktrittstermin im April 1963 endgültig für Oktober beschlossen worden war, fürchtete, die von der Kennedy-Administration eingeleitete Entspannungspolitik könne zu einer Anerkennung des europäischen Status quo und damit der deutschen Teilung führen.[583] Aber auch Außenminister Schröder wich »von der offiziellen Linie keinen Millimeter« ab, daß es Fortschritte in der Entspannung nur dann geben könne, wenn sich damit Fortschritte in der Lösung der deutschen Frage verbänden.[584] Daher fegte im Sommer 1963 ein veritabler Sturm über das politische Bonn hinweg, als sich im Juli Amerikaner, Sowjets und Briten überraschend schnell auf einen Atomwaffenteststoppvertrag einigten. Die Bundesregierung wurde von dem amerikanisch-sowjetischen *rapprochement* kalt erwischt und mit dem *fait accompli* konfrontiert, daß auch die DDR zu den Signatarstaaten des Vertrages gehören sollte, obwohl der bundesdeutschen Rechtsposition mit allerhand Kautelen Rechnung getragen worden war.[585] In Bonn herrschte helle Aufregung während der »Saure-Gurken-Zeit«, wie Otto Rundel dem im Urlaub in Spanien weilenden Kiesinger berichtete.[586]

Kiesinger selbst reagierte gelassen auf das Sommertheater um den Teststopp. In einem Vortrag vor Vertriebenen auf dem »Tag der Heimat« auf dem Stuttgarter Killesberg Mitte September 1963 wandte er sich entschieden gegen den in Zusammenhang mit dem Teststoppabkommen geäußerten »gefährlichen Unsinn«, die Bundesrepublik dürfe keiner Entspannung zustimmen, solange damit keine Konzessionen in der deutschen Fragen verbunden seien. Das deutsche Volk wünsche die Entspannung, wisse aber auch, daß es in Europa keinen endgültigen Frieden geben werde, »wenn nicht auf das Lebensrecht des deutschen Volkes Rücksicht genommen« werde.[587] Zugleich machte sich Kiesinger tiefe Sorgen über das deutsch-amerikanische Verhältnis. Der Kennedy-Enthusiasmus hatte ihn nicht geblendet, auch wenn er den positiven Gehalt der vertrauensbildenden Maßnahme des Besuches zu würdigen wußte. Einen Tag nach der Abreise des amerikanischen Präsidenten skizzierte er in einem Vortrag vor der Deutsch-atlantischen Gesellschaft in Stuttgart die Hauptprobleme, die sich der NATO stellten: Das atlantische Bündnis durchlaufe seit der Beilegung des Kuba-Affäre »seine bisher schwerste Krise«, weil sich in diesem Ereignis die Gegensätze zwischen der europäischen Integration und der europäisch-amerikanischen Zusammenarbeit deutlich gezeigt hätten. Was immer man über die von de Gaulle angebotenen Rezepte denke, der französische Staatspräsident habe die heißen Eisen angefaßt und mit großer Zähigkeit in der Diskussion gehalten.[588]

Worin bestanden die Gegensätze zwischen Europäern und Amerikanern, de Gaulle und Kennedy, den Deutschen und ihren Bündnispartnern? Zum einen gab es da für Kiesinger ein grundlegendes Mißverständnis, wie er im Oktober an der Georgetown University einem amerikanischen Publikum erklärte: Die Europäer wollten als vollwertige Partner behandelt werden und nicht als Satelliten. Genau diesem Unbehagen gebe de Gaulle Ausdruck. Henry Kissinger habe dies verstanden, als er schrieb, die Europäer würden mit dem Verzicht auf eine eigenständige nukleare Option ihr Schicksal nicht nur dem gegenwärtigen, sondern allen zukünftigen Präsidenten der USA überantworten. Umgekehrt müßten die Europäer einsehen, daß die Amerikaner, wie Walter Lippmann auf einer Europareise ein Jahr zuvor erklärt habe, was immer sie an multilateralen oder multinationalen Zugeständnissen auf dem Gebiet einer gemeinsamen Atommacht anböten, ihren nuklearen Führungsanspruch nicht aufgeben könnten, es sei denn, sie verzichteten auf die letzte Verantwortung für Krieg und Frieden und damit auf ihre nationale Souveränität. Das europäisch-amerikanische Dilemma lasse sich mit zwei einfachen Fragen auf den Punkt bringen: Könnten sich die Europäer wirklich darauf verlassen, daß Amerika im Falle eines Angriffes das eigene Schicksal aufs Spiel setze, oder wäre es nicht besser, eine eigene nukleare Verteidigungsmacht zu besitzen? Für Amerika stelle sich die Frage, ob ein mit nuklearen Waffen ausgestattetes Europa es nicht eines Tages wider seinen Willen in einen »tödlichen Weltkonflikt« hineinziehen könne.

Welchen Ausweg sah Kiesinger aus diesem Dilemma? Den MLF-Hauptzweck als Palliativ der deutschen (und europäischen) Ängste hatte er durchschaut. Die atomare NATO-Streitmacht sei ein »Bluff«: »Wie sollen denn 18 Finger am Abzug sein?«. Statt dessen forderte er vermehrte konventionelle Anstrengungen[589], hielt aber eine wie auch immer geartete europäische atomare Streitmacht für denkbar.[590] Man müsse sich halt irgendwie zusammenraufen, wie er zum Auftakt seiner Amerikareise im Oktober in der Georgetown University erklärte.[591] Walter Lippmann habe schon recht, daß die Amerikaner nach Lage der Dinge auf der letzten Verantwortung für Krieg und Frieden bestehen müßten. Denn die USA handelten nicht aus »hybridem Machtwillen«. Es treffe für sie noch immer das Wort von der »Weltmacht wider Willen« zu. Den Amerikanern bliebe, »ob es ihnen paßt oder nicht paßt, gar nichts anderes übrig, als sich die wirkliche Führung vorzubehalten. Das Schlimmste, was dem NATO-Bündnis und was den Europäern passieren könnte, wäre, daß Amerika seine Führungsaufgabe nicht erkennen oder sie nicht mit der erforderlichen Intelligenz, Phantasie, Energie und dem notwendigen psychologischen Takt realisieren würde.« Ob diese Führungsrolle eine europäische nukleare Streitmacht ausschließe, darüber lasse sich streiten; jedenfalls könnten die Mitglieder der westlichen Allianz keine isolierte Außenpolitik gegenüber der Sowjetunion machen, auch nicht die USA, sondern es müsse eine wirkliche gemeinsame Außenpolitik entwickelt und die größten Anstrengungen unternommen werden, »um eine solche Solidarität zu entwickeln. Es ist eine alte Erfahrung, daß ein Bündnis nur Bestand und Wert hat, solange jeder Partner seine eigenen vitalen Interessen darin wohl aufgehoben weiß.«

Die amerikanische Administration wollte das gerne hören und wertete diese Ausführungen prompt als Kritik an de Gaulle und Bekenntnis zur amerikanischen Seite. Vor allem im State Department wurden Kiesingers Ausführungen vor der vollgepackten »Hall of Nations«, dem Auditorium Maximum der Georgetown University, aufmerksam registriert, sollte doch der Ministerpräsident am folgenden Tag Kennedy seine Aufwartung machen.[592] Kiesinger, der am gleichen Tag in Georgetown sprach, an dem Kennedy die Ratifikationsurkunde des Atomwaffenteststoppvertrags unterzeichnete, habe sich als ein Anhänger der MLF und ein Gegner einer eigenständigen Nuklearmacht zu erkennen gegeben.[593]

Bei genauer Lektüre ist offenkundig, daß Kiesinger genau dies nicht »in aller Deutlichkeit« gesagt hatte, sondern nur für den Augenblick keine Alternative zur amerikanischen Führung in der Nuklearfrage sah. Das State Department unterschätzte Kiesingers innereuropäischen Patriotismus, denn er hielt, wie sein Lehrer Adenauer, langfristig eine selbständigere europäische Rolle durchaus für möglich, ja notwendig, glaubte an ein einiges Europa, wenn auch im Monnetschen (und de Gaulle entgegengesetzten) supranationalen Sinne als notwendiger Voraussetzung einer verbesserten europäisch-amerikanischen Kooperation. Positiv wurde gewertet, daß Kiesinger eine deutsche Unterschrift, trotz gewisser Opposition im Bundesrat[594], unter das Moskauer Teststoppabkommen vorhersagte und darüber hinaus eine grundsätzliche Unterstützung der Entspannungspolitik, wenn auch der berechtigten Sorge Rechung getragen werden müsse, daß damit keine Anerkennung der DDR einhergehen würde. Als Quintessenz aus den jüngsten transatlantischen Verwicklungen zog Kiesinger die Schlußfolgerung, daß »rechtzeitige Konsultation der Bundesrepublik Deutschland in allen Fragen, die Deutschland betreffen«, ein »gutes Mittel« wäre, »um Sorge und Mißtrauen zu zerstreuen und uns selbst in die Lage zu versetzen, unseren bescheidenen Beitrag für die Entspannung und den Frieden zu leisten, der unser wichtigstes nationales Anliegen ist«.[595]

Für Kiesinger wurde der Besuch im Weißen Haus und die Reise durch die USA zu einem der Höhepunkte seiner bisherigen politischen Karriere, vergleichbar der Reise mit Adenauer 1955 nach Moskau. Es war deutlich, daß das Herz Kiesingers noch immer für die Außenpolitik schlug, so stark der Ministerpräsident auch im Lande wirkte. Georg von Lilienfeld hat in der Festschrift zu Kiesingers 80. Geburtstag ausführlich über die Visite berichtet, bei der die Wellenlänge offensichtlich stimmte. Das Gespräch im *Oval Office* dauerte weit länger als die üblichen 20 Minuten, es zog sich fast eine Stunde hin. Im Anschluß zeigten sich Kiesinger und Kennedy noch kurz auf der Terrasse des Weißen Hauses im Rosengarten. Das korrigiert den visuellen Eindruck, den die Bilder dieses Besuches vermitteln. Es ist wohl der Bildchoreographie des Weißen Hauses geschuldet, daß Kiesinger vom Sofa verkrampft zum »mächtigsten Mann der Welt« aufzulächeln scheint, während der braungebrannte Kennedy in lockerer Haltung gegenüber auf seinem Schaukelstuhl sitzt. Auch andere Besucher wurden in ähnlich unvorteilhafter Pose abgebildet. Lilienfeld hingegen schildert das Gespräch als in »zunehmend aufgeschlossenerer und freundschaftlicherer Atmosphäre« verlaufend. Da Kiesinger fließend englisch sprach, waren die Dolmetscher weggeblieben. Es entwickelte sich ein lebhaftes *give and take*. Beide Männer, so Lilienfeld, hätten Gefallen aneinander gefunden, »sich ähnlich in ihrer raschen Auffassungsgabe, der offenen Vertretung des eigenen Standpunktes mit gelassen souveräner Art, ihrem ansteckenden Lachen und der Gabe, Vertrauen zu schaffen«.[596]

Wie erwartet, suchte Kennedy alle Bedenken gegen die Entspannungspolitik zu zerstreuen. Die laufenden Gespräche mit den Sowjets über weitere Entspannungsschritte beurteilte er skeptisch; die deutschen Befürchtungen, »daß der Status von Pankow durch den Testbann verbessert würde«, hätten sich als unbegründet erwiesen. Man sei sich in Washington der deutschen Gefühle bewußt. Auf den Einwurf Kiesingers, die wahre Sorge Adenauers und der Bundesrepublik sei, daß man im Westen über dem verständlichen Wunsch nach Entspannung die deutsche Frage vergessen könne, replizierte Kennedy mit einem emphatischen Bekenntnis zur »lebenswichtigen« Bedeutung der Bundesrepublik für die NATO, weshalb niemand gleichgültig sei gegenüber dem deutschen Problem. Kiesinger seinerseits wies auf die ungünstige psychologische Wirkung hin, welche die fehlende Unterrichtung in puncto Teststoppvertrag gehabt habe, und mahnte intensivere Konsultationen an. Zugleich suchte er das Unbehagen der Europäer, vor allem Frankreichs, aus einer »Art Satellitenkomplex zu erklären«, was »offensichtlich bei General de Gaulle eine große Rolle« spiele. Der Präsident habe, so Lilienfeld, darauf lachend erwidert, wer denn eigentlich der Satellit sei? Es sei nicht möglich, 600 amerikanische Soldaten aus Berlin zurückzuziehen, »ohne einen Zwischenfall zu provozieren«.[597]

Blickt man von diesem Gespräch Kiesingers mit Kennedy in die Zukunft, so staunt man über die parallelen Verwicklungen im deutsch-amerikanischen Verhältnis um die Jahreswende 1966/67, kurz nach Kiesingers Wahl zum Kanzler: Drei Jahre später sorgte der Nonproliferations- (oder Atomwaffensperrvertrag) für vergleichbare Irritationen wie der Teststopp 1963. Nur hatten sich zu diesem Zeitpunkt das Problem noch verschärft: De Gaulles Widerstand war gewachsen (1966 war Frankreich aus der militärischen Integration der NATO ausgetreten); die Probleme der Kosten und des Umfangs der amerikanischen Militärpräsenz in Deutschland hatten sich aufgrund des kräftezehrenden vietnamesischen Abenteuers potenziert, und der ausbleibende Konsultationsmechanismus war zu einem Dauerbrenner im deutschamerikanischen Verhältnis geworden. Mit der mangelnden Information über die Modalitäten des Atomwaffensperrvertrages im Dezember 1966 begründete Kiesinger im Februar 1967 seinen berühmten Protest mit der Schlagzeilen heischenden Formulierung von der »atomaren Komplizenschaft« von UdSSR und USA. Den damaligen US-Botschafter McGhee sollte Kiesinger in dieser Situation an das Versprechen erinnern, das ihm Kennedy im Oktober 1963 gegeben hatte, nämlich derartige, die deutsche Position tangierende Verträge nicht ohne ausreichende Konsultationen abzuschließen.

In Bonn bzw. in Stuttgart hatte der Besuch bei Kennedy, die Beratungen Kiesingers mit dem Undersecretary for European Affairs, Tyler, dem Europaspezialisten Schaetzel und dem stellvertretenden Nationalen Sicherheitsberater Kennedys, Rostow, sowie Empfänge im Repräsentantenhaus (u. a. bei Speaker McCormack) und im Senat (wo Kiesinger vom *Majority Whip* und späteren Vize-Präsidenten Hubert Humphrey im Plenum offiziell begrüßt wurde)[598], noch zwei häusliche Nachspiele: Auf einer Pressekonferenz gleich nach seiner Rückkehr deutete Kiesinger an, daß in der Frage der Reduzierung der amerikanischen Truppen in Deutschland das letzte Wort nicht gesprochen worden sei.[599] Im Auswärtigen Ausschuß des Bundestages gab Kiesinger am 28. November 1963 in seinen Worten die Äußerung Kennedys wieder: »Und überhaupt! Wir halten 6 Divisionen in Deutschland in einer Zeit, wo das eigentlich gar nicht mehr so notwendig wäre, da sich ja die Bedrohung abgeschwächt hat.«[600] Eine unwirsche Randfrage von Außenminister Schröder – »Ist das inzwischen geklärt?« – verrät, daß das Auswärtige Amt sich nicht sicher war, ob Kiesinger den Präsidenten richtig verstanden hatte. Tatsächlich hatte Kennedy nach dem im Nachlaß Kiesingers überlieferten Protokoll gesagt, daß die USA sechs Divisionen in Deutschland hätten, »obwohl das mehr sei, als man in einer Zeit verminderter militärischer Bedrohung eigentlich erwarten dürfe«.[601] Das läßt sich so deuten, daß Kennedy zwar nicht mit dem Abzug drohte, doch der Meinung war, die finanzielle Bürde der Stationierung solle stärker auf deutschen Schultern ruhen – ein Sprengsatz im deutsch-amerikanischen Verhältnis, der erst zu Beginn der Großen Koalition entschärft werden konnte.[602]

Im Stuttgarter Landtag nahm die Opposition Kiesingers Ausflug in die Weltpolitik zum Anlaß einer geharnischten Attacke. Bei der Generalaussprache des Landtags über den Haushalt am 10. Oktober – Kiesinger schlenderte gerade über den sonnigen Campus von Berkeley –, geißelte SPD-Fraktionschef Veit Kiesingers Abwesenheit als grobe Mißachtung des Parlaments. Die demokratiebewußten Amerikaner hätten sicher vollstes Verständnis für die Präsenzpflicht des Ministerpräsidenten bei der wichtigsten Debatte des Jahres im Landtag. Noch nie habe der Regierungschef des Landes an einer Haushaltsdebatte nicht teilgenommen: »Wir wissen, daß der Herr Ministerpräsident neben seiner Tätigkeit als Regierungschef noch andere Aufgaben zu erfüllen hat, und man hat manchmal den Eindruck, daß sie ihm wichtiger sind als die Aufgaben des Ministerpräsidenten.«[603] Da hatte Veit wohl etwas Wahres gesagt. Die Antwort blieb Kiesinger nicht schuldig: Er habe zunächst eine reine Vortragsreise aus Zeitgründen abgelehnt, dann jedoch als Bundesratspräsident darauf insistiert, vom amerikanischen Präsidenten oder seinem Stellvertreter empfangen zu werden in Zusammenhang mit seinen Versuchen, »den Bundesrat als Institution des deutschen Föderalismus im Bewußtsein unseres Volkes aufzuwerten«. Daß er anschließend noch einige Vorträge vor amerikanischen Universitäten gehalten habe und jedes Mal etwa anderthalb bis zwei Stunden mit Professoren und Studierenden diskutiert habe, diesen »kleinen Dienst« an der »gesamtdeutschen Sache« dürfe ihm der Landtag nicht übelnehmen.[604]

Zweifellos hatte sich Kiesinger in den USA nicht nur mit Weltpolitik befaßt, sondern während eines Abstechers nach Kalifornien Informationsbesuche an der Stanford University und der University of California at Berkeley eingeschaltet, um sich über den Aufbau des staatlichen kalifornischen Universitätssystems zu informieren. Ihn beeindruckte, daß amerikanische Universitäten, selbst staatliche wie Berkeley, so viele private Spenden einwarben. Nach seiner Rückkehr suchte er Kanzler Erhard davon zu überzeugen, durch eine entsprechende Änderung der Steuergesetze auch westdeutsche private Kreise stärker an der Förderung der Universitäten zu interessieren.[605] Daß Kiesinger in der Hochschulreformdiskussion kompetent über die Verhältnisse an amerikanischen Universitäten sprechen konnte, war auch ein Resultat dieses Amerika-Aufenthaltes, bei dem die charakteristischen Kiesingeriana selbstredend nicht fehlten, wie ausreichend Zeit für Wanderungen und Spaziergänge in den Redwoods am Pazifischen Ozean oder im ländlichen Virginia. Dies hätte, wäre es ihm bekannt geworden, die Kritik des Oppositionsführers womöglich noch potenziert.

Ein reiner Bildungsurlaub war diese Amerikareise dennoch nicht. Neben der Außenpolitik und den hochschulpolitischen Fragen diskutierte Kiesinger mit Karl Brandt, einem von der Bundesregierung hoch dekorierten Emigranten, Ernährungsspezialisten und ehemaligen Wirtschaftsberater Eisenhowers, Strategien in der Entwicklungspolitik. Diese gehörte zu den großen Themen des Ministerpräsidenten und war damals noch konservativ besetzt. Das Entscheidende war aber der Netzwerkcharakter des Besuchsreise, weil die positiv aufgenommenen Vorträge Kiesinger in Austausch mit einflußreichen konservativen Emigrantenzirkeln brachten und zugleich mit der »amerikanischen Führergeneration von morgen«, wie der *Mannheimer Morgen* das Ergebnis zusammenfaßte.[606] Eher am Rande sei vermerkt, daß Kiesinger, wie es sich für einen baden-württembergischen Ministerpräsidenten gehörte, sich auch mit den Vertretern einiger süddeutscher Heimatvereine in New York getroffen hatte und – was sich im November 1966 positiv auswirkte – mit Vertretern von im »Dritten Reich« aus Württemberg vertriebenen Juden.

Als Kiesinger am 23. Oktober 1963 von seinem transatlantischen Ausflug nach Stuttgart zurückkehrte, stellte er mit großer Befriedigung fest, daß der neue Bundeskanzler in seiner ersten Regierungserklärung mit einer Formulierung über Geist und Stil der Beziehungen zwischen Bund und Ländern einer alten Forderung Kiesingers Rechnung getragen habe. Das erste Gespräch, das er mit Erhard nach seiner Rückkehr führte, schien einen Neuanfang in der konkreten Arbeit an »einer Flurbereinigung« zwischen Bund und Ländern zu signalisieren.[607] Der Kanzlerwechsel hatte sich am 16. Oktober, also während Kiesingers Amerika-Aufenthalt, vollzogen, was Kiesinger erlaubt hatte, als erster hochrangiger deutscher Politiker die in den USA doch sehr aufmerksam verfolgte Bonner Entwicklung autoritativ zu interpretieren.[608] Auch die deutschen Korrespondenten vor Ort ließen sich dies nicht entgehen: Kiesinger wurde von Thilo Koch, Peter von Zahn und Klaus Harpprecht für das Fernsehen interviewt. Als er am 23. Oktober in Stuttgart-Echterdingen landete, von der Rottenburger Stadtkapelle mit dem »Schwabenmarsch« und Vize-Ministerpräsident Wolfgang Haußmann und Ministerialdirektor Spreng begrüßt, da war ihm eine positive Publizität gewiß. Vielleicht mußte man ja den Umweg über Amerika wählen, um die einheimische Presse daran zu erinnern, daß der Prophet außerhalb der Heimat sehr viel galt.

DE GAULLE UND DAS DEUTSCH-FRANZÖSISCHE KOORDINATORENAMT

Die konfliktreiche deutsch-französisch-amerikanische *ménage à trois* blieb auf der Tagesordnung, solange Kiesinger aktiv an der Gestaltung der deutschen Außenpolitik beteiligt war. De Gaulle verschärfte die Lage, weil er die amerikanische Hegemonie so dezidiert herausforderte wie kein zweiter Westeuropäer vor oder nach ihm. Der deutsche Spagat zwischen den beiden wichtigsten Verbündeten war komplizierter geworden, woran sich bis heute wenig geändert hat. Noch immer beschäftigen amerikanischer Dominanzanspruch und europäischer »Satellitenkomplex« die außenpolitischen Akteure und ihre professionellen Interpreten, wenn auch die deutsche Außenpolitik angesichts der unilateralen Abkoppelungstendenzen der »einzig verbliebenen Supermacht« (Detlef Junker) nach dem Ende des Kalten Krieges sehr viel stärker auf ihre europäische und damit deutsch-französische Dimension zurückgeworfen worden ist als in den Jahrzehnten vor 1989. Vor dem Hintergrund des Ost-West-Konflikts gab es vierzig Jahre lang kaum eine Alternative dazu, wie es der Marburger Historiker Eckart Conze formuliert, eine »konstruktive atlantische Allianzpolitik« mit den deutsch-amerikanischen Beziehungen im Zentrum mit einer »konstruktiven europäischen Integrationspolitik« zu verbinden, in deren Zentrum wiederum die deutsch-französischen Beziehungen standen.[609] Diesen Balanceakt auszustehen und zu vollbringen, war die Dominante auch in Kiesingers Außenpolitik.

Kiesinger hatte de Gaulle bei dessen triumphaler Reise durch die Bundesrepublik im September 1962 zum ersten Mal persönlich kennengelernt.[610] Vorausgegangen war Adenauers denkwürdiger Besuch in Frankreich im Juli 1962, der im »Weiheakt« in der Kathedrale von Reims gipfelte. Dort verband sich im Anblick Adenauers und de Gaulles in den Gebetsstühlen des gotischen Gotteshauses bildhaft die deutsch-französische Freundschaft nicht nur mit der abendländisch-karolingischen Tradition, sondern auch mit den großen Taten Frankreichs.[611]

Nun folgte der akribisch vorbereitete und auf maximalen Effekt abgestellte Gegenbesuch de Gaulles in der Bundesrepublik.[612] Kiesinger wurde teilnehmender Zeuge dieser »Apotheose« (Kusterer) des Generals, der Zehntausende auf die Straßen lockte und zu Begeisterungsstürmen hinriß. Den zeremoniellen Höhe- und Schlußpunkt bildete die Kundgebung vor deutschen Jugendlichen vor der prächtigen Kulisse des Ludwigsburger Schlosses, welche von der Stuttgarter Landesregierung in kürzester Frist, mitten in den Ferien und an einem Sonntagnachmittag, »zusammengekarrt« worden waren.[613] Dennoch war die Begeisterung echt. Die fünfzehn Kilometer von Stuttgart nach Ludwigsburg legten de Gaulle und Kiesinger im offenen Wagen stehend zurück; ein Erlebnis, wie es der Ministerpräsident in seinem Leben nur einmal hatte. Er genoß es, ein wenig von der Sonne des Generals zu erhaschen: »Von Stuttgart bis zum Ludwigsburger Barockschloß standen die Menschen in einer dichten Mauer am Straßenrand und jubelten dem französischen Gast zu. Ich hatte meine sonst eher zurückhaltenden Landsleute noch nie so enthusiastisch gesehen. Alle, so schien es, hatten das Gefühl, daß dieser Besuch eine neue Ära der Beziehungen zwischen dem deutschen und dem französischen Volk besiegelte.«[614]

In der Begeisterung für de Gaulle spiegelt sich ein untergründiges Bedürfnis vieler Deutscher jener Zeit nach historischer Normalisierung – und gemeinschaftlicher Verbindung mit einer charismatischen Führerfigur. Das spezifisch Neue, sicher aus deutscher Perspektive, lag darin, daß sich die Gefühle (wie kurze Zeit später auch beim Kennedy-Besuch) auf den Vertreter einer anderen Nation richteten. »Nach Hitler« war etwas anderes auch kaum zu erwarten. Insofern lassen sich die Besuche de Gaulles und Kennedys als Ausdruck einer emotionalen Integration in die westliche Gemeinschaft werten[615], welche, vergleichbar der europäischen Idee, ein attraktives Identifikationsangebot jenseits der diskreditierten nationalstaatlichen Tradition eröffnete. Daher stand die positive Hinwendung zum Westen in einem merkwürdig dialektischen Verhältnis zur negativen Abschottung gegenüber den problematischen Aspekten der eigenen Geschichte.

Diesen Mechanismus hatte de Gaulle wohl durchschaut, wenn er mit großen, von manchem Beobachter als demagogisch empfundenen Gesten auf die Westdeutschen zuging.[616] De Gaulle sprach Dinge aus, die kein Deutscher öffentlich zu sagen wagte. Das fand nicht nur bei einem Mann aus Kiesingers Generation Resonanz, sondern gerade auch bei den Jungen: »Ich beglückwünsche Sie [...], junge Deutsche zu sein«, eröffnete er seine Rede in Ludwigsburg, »das heißt Kinder eines großen Volkes – jawohl eines großen Volkes! –, das manchmal im Laufe seiner Geschichte große Fehler begangen und schweres Unheil verursacht hat; ein Volk, das aber auch der Welt geistige, wissenschaftliche, künstlerische und philosophische Werte gespendet hat; ein Volk, das in seinem friedlichen Werk wie auch in den Leiden des Krieges wahre Schätze an Mut, Disziplin und Organisation entfaltet hat«[617] – tosender Applaus und *standing ovations*.

Der Appell an den Nationalstolz und die Verbeugung vor der historischen Größe der Deutschen verfehlte seine Wirkung nicht. Kiesinger war berührt: Er habe in seinem Leben »kaum an einer erfreulicheren Kundgebung« teilgenommen, wird er sich, mit einem gewissen *understatement*, zwei Jahrzehnte später erinnern. Der Empfang für de Gaulle habe »eine ungeheure Wirkung« gehabt. Das »Gefühl und die Bereitschaft, auf Gedeih und Verderb gehören unsere beiden Völker so zusammen, daß es jedenfalls keine ernsthaften, keine schweren Konflikte mehr geben darf, dieses Gefühl ist damals entstanden«.[618] Kiesingers oft konstatierte frankophile Neigungen waren also auf einem emotionalen Fundament gebaut, das ebensoviel mit der deutschen Geschichte zu tun hatte wie mit einer tatsächlichen Hinwendung zu Frankreich. Der urbane, süddeutsche Bildungsbürger Kiesinger fühlte sich zu Frankreich hingezogen, wenn er auch die Beziehungen in dieses Land bislang weniger gepflegt hatte als die über den Atlantik. Er sprach französisch, zitierte

Paul Valery, Pascal oder Tocqueville, aber auch Sartre und Raymond Aron, wußte über französische Literatur, Geschichte und Philosophie Bescheid. Dennoch besaß diese Wahlverwandtschaft ihre geheimen Ambivalenzen. Wie dem Rheinländer Adenauer fehlte dem Südwestdeutschen Kiesinger die emotionale Distanz zu Frankreich, die norddeutsche Politiker wie Schröder, von Hassel oder Brandt an den Tag legen konnten.

War deutsch-französische Aussöhnung Herzenssache, dann soll dies nun auch wieder nicht heißen, daß Kiesinger den General völlig falsch eingeschätzt hätte. Er wußte, daß de Gaulle sich von französischen Interessen leiten ließ. Auch die Extrameile, die Kiesinger für Frankreich ging, erklärt sich nicht allein aus einer irrationalen Empathie. Frankreich war für Kiesinger immer auch ein Gegenstand einer geheimen Sorge. Es war geschwächt und neigte zu einer puerilen Auflehnungstendenz gegenüber dem allmächtigen Hegemon der westlichen Welt. Doch in dieser seiner Schwäche war Frankreich auch gefährlich. Etwas untergründig verpackt findet sich das in der Erzählung von den Ressentiments des 16jährigen wieder, die sich beim Anblick des Straßburger Münsters von den Höhen des Schwarzwaldes in den zwanziger Jahren geregt hatten.[619]

Etwas jüngeren Datums waren die Reminiszenzen an die massiven Konflikte, an die recht rachsüchtig auftretende französische Besatzungsmacht in Südwürttemberg-Hohenzollern. Das war zum Zeitpunkt von de Gaulles Besuch 1962 in den Hintergrund getreten, wenn auch nicht völlig vergessen. 1964 erinnerte Kiesinger an de Gaulles Protest gegen die Londoner Empfehlungen von 1947, welche die Weststaatsgründung eingeleitet hatten. Es waren die Briten und vor allem die Amerikaner, die sich, im wohlverstandenen Eigeninteresse, vor dem Hintergrund des beginnenden Ost-West-Konfliktes konstruktiv in Westdeutschland engagiert hätten – beginnend mit der berühmten Rede des US-Außenministers Byrnes 1946 in Stuttgart und ein Jahr später mit dem Marshall-Plan.[620] Daß der französische Staatspräsident vom hohen Lied der deutsch-französischen Aussöhnung recht abrupt auf die klassisch machtpolitische Drohgebärde umschalten konnte, das sollte Kanzler Kiesinger in der Prager Krise 1968 und der kurz darauf folgenden Soames-Affäre geradezu schockartig bewußt werden.

Das europäische Projekt war *die* Antwort Kiesingers auf das Versagen seiner Generation in der Zwischenkriegszeit. Wir dürfen darin »nicht irre werden«, hatte Kurt Mair dem Freund angesichts des europäischen Katzenjammers des Jahres 1954 geschrieben.[621] Der innerste Kern Europas war und blieb die deutsch-französische Freundschaft. Würde die *ever closer union* der (West)deutschen mit den Franzosen ein für allemal die wechselseitigen Traumata bannen?

Es war ehrlich, wenn Kiesinger in seinem Schlußwort auf dem Ehrenhof des Ludwigsburger Schlosses, mit dem er als Hausherr das offizielle Programm des de-Gaulle-Besuches beendete, seinen Dank mit der Hoffnung auf die junge Generation verband, die, dem General zu Füßen sitzend – und dem gelegentlich Stockenden das passende deutsche Wort zuwerfend[622] – diesen so stürmisch empfangen hatte: »Diese Jugend und die Jugend der großen französischen Nation und die Jugend aller Völker wird das Werk der heute tätigen Generation vollenden. Sie wird diese schwere und wunderbare Aufgabe zu ihrer Zeit, auf ihre Weise, mit ihren Kräften in einer tief verwandelten Welt lösen müssen. Dabei werden wir ihnen nicht mehr raten und helfen können, denn es wird nicht mehr unsere, sondern ihre weltgeschichtliche Stunde sein. Aber wir können ihr die Wege bahnen zum hohen Ziel. Wir können ihr die großen Chancen und Gefahren der kommenden Welt aufzeigen. Wir können ihre Herzen mit Begeisterung für die große Aufgabe erfüllen. Wir können ihr über die unverdrossene organisatorische Arbeit hinaus ein Beispiel geben der Weisheit, des Mutes, des Willens zur Freiheit und zum Aufbau einer glücklicheren Welt, ein Beispiel, das sie mitreißt und für das ihr Aufgetragene stärkt.«[623]

War der deutsch-französische Vertrag, mit dem de Gaulle die unmittelbare Nutzanwendung aus seiner triumphalen *tour d'Allemagne* zog, das »Beispiel der Weisheit«, von dem Kiesinger in seinen Abschiedsworten sprach? Kaum war der General auf französischen Boden zurückgekehrt, da unterbreitete das französische Kabinett der deutschen Regierung einen detaillierten Vorschlag zur Intensivierung der deutsch-französischen Zusammenarbeit, der die Kernelemente des späteren deutsch-französischen Freundschaftsvertrags vom 22. Januar 1963 enthielt: Kooperation und vor allem regelmäßige Konsultation in Außenpolitik und Verteidigung, aber auch in Forschung und Bildung, vor allem aber: wechselseitige Förderung des Unterrichts in der jeweils anderen Sprache und der Jugendaustausch. Treibende Kraft dieses deutsch-französischen Zweibundes, dessen verwickelte Genese zwischen *Spiegel*-Affäre und Kuba-Krise hier nicht nachgezeichnet werden kann und dessen offenkundig antiamerikanische Spitze dem Vertragswerk die von den Atlantikern in Union und SPD geforderte, berühmt-berüchtigte Präambel bescherte, war der inzwischen zum Kanzler auf Abruf gewordene, von Befürchtungen amerikanischer »Untreue« und deutscher Wankelmütigkeit geplagte Adenauer, der sein Lebenswerk mit dem Elysée-Vertrag krönen und absichern wollte. Damit sollte er seinen Nachfolgern ein zweifelhaftes Erbe hinterlassen, weil die in diesem Vertragswerk geweckten Hoffnungen sich an der Realität der de Gaulleschen Politik stießen, die das deutsch-französische Verhältnis zum Teil unerträglich belasteten.[624]

Der Elysée-Vertrag – bei dessen Ratifikation spielte der Bundesrat tatsächlich eine wichtige Rolle, wenn Kiesinger auch unfallbedingt zur Passivität in der Tübinger Klinik verurteilt war[625] – sah im Rahmen eines umfassenden Konsultationsmechanismus auch »regelmäßige Zusammenkünfte« der »zuständigen Behörden« auf dem »Gebiet der Erziehung und der Jugendfragen« vor. Diese umständliche Formulierung trug der Kultushoheit der Länder Rechnung. Wurden in der Außen- und Sicherheitspolitik nur Konsultationen avisiert, so auf kulturellem Gebiet sogar konkrete Zielvorstellungen.

An erster Stelle stand die Förderung des deutschen bzw. französischen Sprachunterrichts. Hier waren die Länder gefragt, denn der Vertrag forderte die Bundesregierung auf, »in Verbindung mit den Länderregierungen« zu prüfen, wie die Zahl der deutschen Schüler erhöht werden könnte, die Französisch lernten (während sich umgekehrt die französische Regierung auf das gleiche Ziel gegenüber den Deutschen verpflichtete). Darüber hinaus wurde zweitens die Einführung eines »für alle Studierenden zugänglichen praktischen Unterrichts in der französischen Sprache« an den Universitäten stipuliert. Auch Anstrengungen der »zuständigen Behörden« wurden verlangt, beschleunigt Bestimmungen über die Gleichwertigkeit der Schulzeiten, der Prüfungen und der Hochschultitel und -diplome zu erlassen. Hinzu kamen drittens gemeinsame Anstrengungen auf dem Gebiet der Forschung sowie viertens eine Intensivierung des Jugendaustausches mit der Gründung des Deutsch-Französischen Jugendwerkes als Folge.[626]

Die Bundesländer stimmten dem Vertrag am 31. Mai 1963 im Bundesrat zu, nicht ohne eine angemessene Beteiligung auf den in ihre Zuständigkeit fallenden Gebieten zu fordern. Auf der Ministerpräsidentenkonferenz in Saarbrücken am 12. Juni 1963 wurde Kiesinger von seinen Kollegen überraschend als der Ansprechpartner des französischen Erziehungsministers nominiert. Sachverstand konnte man dem kulturell ambitionierten Landesvater von Baden-Württemberg zwar nicht absprechen, doch hätte dieses Amt eigentlich dem jeweiligen Vorsitzenden der Ständigen Kultusministerkonferenz der Länder zufallen sollen.[627] Als Bundesratspräsident hatte Kiesinger jedoch darauf insistiert, eine Persönlichkeit aus dem Kreis der Länderchefs zu ernennen, die in Fragen der Koordination der wissenschaftlichen Forschung, des Schüler-, Lehrer- und Studentenaustausches und der anderen kulturellen Programme kompetent für die Bundesrepublik sprechen könne. Am 3. Juli wurde er vom Bundeskabinett zum, wie es in der deutschen Amtssprache offiziell heißt, »Bevollmächtigten der Bundesrepublik Deutschland für kulturelle Angelegenheiten gemäß Abschnitt I Nr. 3 Buchstabe a) des Vertrages vom 22. Januar 1963 über die deutsch-französische Zusammenarbeit« ernannt. Kiesingers Partner auf französischer Seite war Erziehungsminister

Das deutsch-französische Koordinatorenamt

Christian Fouchet – ein enger Vertrauter de Gaulles, der sein Amt bis zum Mai 1968 versah, als er infolge des »Pariser Mai« geopfert wurde. Kiesinger blieb bis zu seiner Wahl zum Kanzler der deutsche Beauftragte.[628]

Kiesinger war mit von der Partie, als sich am 4. und 5. Juli 1963 die Delegationen beider Länder zu ihrer ersten regelmäßigen Konsultation trafen. Der General hatte Kiesinger und Kultusminister Storz schon im September 1962 bei der Vorstellungsrunde der Minister in der Villa Reitzenstein aus Anlaß seines Deutschland-Besuchs den heiligen Eid abgenommen, ihre Anstrengungen *pour la connaissance mutuelle franco-allemande* nicht rasten und ruhen zu lassen, die um so wirkungsvoller ausfallen müßten, je besser die jeweilige Kenntnis der anderen Sprache sei.[629] Hier jedoch erwies sich der deutsche Kulturföderalismus als ein gewaltiger Hemmschuh. Die Vielfalt der Schulsysteme und die »Düsseldorfer Beschlüsse« der Ständigen Kultusministerkonferenz von 1955, die das Englische an den Volksschulen privilegierten, verhinderten eine Intensivierung des Französischunterrichtes außerhalb von Südwestdeutschland. Dagegen existierten in Frankreich die administrativen Voraussetzungen, den Deutschunterricht *per ordre de mufti* zu intensivieren, wie Kiesinger und Fouchet den Staats- und Regierungschefs während der deutsch-französischen Regierungsbesprechung vom 4. Juli 1963 bedauernd erläuterten. Adenauer nahm loyal die föderative Verfassung der Bundesrepublik in Schutz. Dem Grundgesetz war nun einmal Rechnung zu tragen; dennoch hielt es de Gaulle für »bizarr«, daß in Deutschland der Französischunterricht zurückgehe, »wenn man an die engen Beziehungen zwischen beiden Ländern denkt«.[630]

Mit der Sprache Brücken nach Frankreich zu schlagen, war also leichter gesagt als getan. Regelmäßig kehrte der Ministerpräsident mit guten Vorsätzen von seinen Gesprächen mit Fouchet zurück, die sich meist außerhalb der regulären deutsch-französischen Konsultationen abspielten[631], um zu Hause wieder an die Grenzen seines Amtes zu stoßen. Ihm glückte zwar, eine Modifikation des Düsseldorfer Schulabkommens durchzusetzen. In höheren Schulen *konnte* künftig auch Französisch als erste Fremdsprache gelernt werden. Doch Kiesingers Initiativen stießen selbst im eigenen Haus auf Gegenwehr, obwohl im grenznahen Baden-Württemberg viele Eltern in den sechziger Jahren noch für eine verstärkte Unterrichtung in der französischen Sprache auf Kosten des Englischen eintraten. Trotzdem führte Kultusminister Hahn an den Volks- und Hauptschulen Englisch als ordentliches Lehrfach ein, Französisch jedoch nur wahlweise.[632] Als Hahn auf Druck Kiesingers seinen Erlaß modifizierte, ließ ausgerechnet das südbadische Oberschulamt Freiburg die Eltern wissen, daß Schüler, die für Französisch als erste Fremdsprache optierten, beim Wechsel in ein anderes Bundesland oder beim Besuch einer weiterführenden Schule Schwierigkeiten bekommen könnten.[633]

Englisch begann sich als *lingua franca* endgültig durchzusetzen. Das erschwerte die deutsch-französische Sprachenpolitik. Obwohl Fouchet in Frankreich einige Anfangserfolge erzielte und das Deutsche schon ein Jahr nach dem Beginn der regelmäßigen Konsultationen das Spanische als die zweithäufigste Lehrsprache übertraf, war und blieb die Stellung des Französischen in Deutschland schwierig, so wie umgekehrt Deutsch in Frankreich gegenüber Englisch und Spanisch an Boden verlor. Während der dritten deutsch-französischen Konsultation vom 4. Juli 1964 legte Fouchet den Finger in die Wunde.[634] In der Tat hatte Kiesinger nur sehr langsam Terrain gewonnen, während die Franzosen im Rahmen einer nationalen Schulreform 1965 Latein und Griechisch den modernen Fremdsprachen opferten, wovon auch das Deutsche profitierte. Durch die Einrichtung moderner Sprachlabors in Heidelberg und Ludwigsburg suchte Kiesinger die Scharte auszuwetzen. Aber auch hier wie bei der gegenseitigen Anerkennung von Hochschulzugangsberechtigungen und Diplomen haperte es, wie er im Januar 1965 selbstkritisch eingestand. Könne sein französischer Kollege gemeinsame Vorschläge »mit einem Federstrich« zu geltendem Recht machen, so müsse er bei der Kultusministerkonferenz als Bittsteller auftreten, die wiederum nur in der Lage wäre, den Hochschulen Empfehlungen zu geben.[635] Subsidiarität hat ihren Preis, vieles blieb symbolisch, wie die Ausweitung des Sprachunterrichtes in Fernsehprogrammen, wo sich Kiesinger ebenfalls an französischen Vorbildern orientierte.

Nicht nur aus Sicht der Länder, sondern auch aus Sicht der auswärtigen Politik des Bundes schuf das Zwitteramt des »Bundesbeauftragten« protokollarische Schwierigkeiten. Daß der für seine »Ehrenkäsigkeit« berüchtigte Kiesinger während der deutsch-französischen Konsultationen den Stander mit Bundesflagge an seinem Stuttgarter Dienstwagen führen wollte, gehört noch zu den amüsanteren Details. In der Sache kam es im Dezember 1965 zu einem handfesten Streit mit Bundesaußenminister Schröder, weil das Auswärtige Amt dem Ministerpräsidenten eine parlamentarische Anfrage des SPD-Bundestagsabgeordneten Kahn-Ackermann zum Stand des deutsch-französischen Kulturabkommens vorenthalten hatte. Durch eine gezielte Indiskretion hatte Kiesinger Wind von dieser Angelegenheit erhalten. Schröder war auf den Ausweg verfallen, die Anfrage des Abgeordneten persönlich und mündlich außerhalb des Parlaments zu beantworten. Die nicht sehr salomonische Lösung wurde in Stuttgart als »merkwürdig unelegant« kritisiert. Der stets »anti-föderalistischer Tendenzen« verdächtige Schröder grase auf einer Weide, die Kiesinger und seinem französischen Partner vorbehalten sei. Allein der den Ländern verantwortliche Bundesbeauftragte könne kompetent Rede und Antwort stehen. Schröder hätte sich zuvor mit ihm besprechen müssen. Nicht nur in Stuttgart, auch in München witterte man einen Versuch des »zentralistisch gesonnenen« Schröder, den »Bundesbeauftragten« der Botmäßigkeit des Außenamtes zu unterwerfen.[636]

Der Kompetenzstreit mit Schröder wäre nicht mehr als eine Fußnote wert, wenn er nicht als symptomatisch für ein tieferes Problem gewertet worden wäre: ein weiteres Indiz, daß es mit Schröders Verhältnis zu Frankreich nicht zum besten bestellt war. In der *Schwäbischen Zeitung* wurde ein »führender, der CDU nahestehender Politiker« zitiert (womöglich Strauß), der seine Meinung in die ironische Formel kleidete, man müsse Schröders Konsequenz bewundern. Er lasse keine Gelegenheit aus, in deutsch-französischen Angelegenheiten »eine unglückliche Hand« zu beweisen. Tatsächlich galt Schröder ja als die Inkarnation jenes atlantischen, stark norddeutsch und protestantisch geprägten Flügels der CDU, der die von Adenauer und den Gaullisten gepflegten Zweibundträume zu unterlaufen suchte. Die Angebote auf eine europäische atomare Teilhabe der Bundesrepublik, mit denen de Gaulle die deutschen Gaullisten auf die Leimrute lockte und als deren Kern man sich die *force de frappe* erhoffte, hielt Schröder für nicht seriös. Daß eine französische Hegemonie dazu beitragen könnte, das Verhältnis zur Sowjetunion auf eine neue Grundlage zu stellen und damit Bewegung in die deutsche Frage zu bringen, hielt Schröder für den Gipfel der Illusionen. Schließlich bediente sich die französische Politik des amerikanischen Schutzschildes, um ihre Vormacht in Europa zu stärken. Wenn schon Hegemonie, dann die der USA, die größere Sicherheit und mehr benevolenten Nutzen versprach.[637]

Aus der jahrelang schwelenden Kontroverse zwischen Atlantikern und Gaullisten hatte sich Kiesinger bis zum Abgang Adenauers im Oktober 1963 herausgehalten. Etwa ein Jahr nach dem Kanzlerwechsel begann er, sich verstärkt mit grundsätzlichen Äußerungen zur Außenpolitik zu Wort zu melden. Auf einem Landesparteitag der südwürttembergischen CDU kündigte Kiesinger an, seine außenpolitische Zurückhaltung aufzugeben.[638] Unübersehbar war eine wachsende Orientierung in Richtung Gaullisten. In Washington hatte Kiesinger im Oktober 1963 noch eine kritisch-vermittelnde Position gegenüber de Gaulle eingenommen. Nun wurde er zu einem der Parteigänger des Generals in Deutschland.

Angesichts der Wandlungen des Ost-West-Verhältnisses und der wachsenden Präokkupation der Amerikaner mit Vietnam unter ihrem neuen Präsidenten Lyndon B. Johnson hielt Kiesinger eine Hinwendung zu Europa und Frankreich für angezeigt. Nachdem es im Juli offenen Krach zwischen de Gaulle und Erhard/Schröder gegeben hatte – Kiesinger war bei den Konsultationen anwesend gewesen –, kritisierte er im Herbst 1964 die Bundesregierung, die das deutsch-französische Verhältnis nicht ausreichend gepflegt habe. Es bestünde die Gefahr, »daß über kleinliche Zänkereien die Herzensbereitschaft der Völker in Frankreich und Deutschland zu einer Versöhnung leiden könne«.[639] Ende 1965 war die kritische Distanz überdeutlich, als Kiesinger nach den Bundestagswahlen im September kurzzeitig mit Schröder um das Auswärtige Amt konkurrierte.[640] Wenn Kiesinger auch seine Kandidatur zurückzog, so legte er Wert auf die Feststellung, daß er »eine recht klare Vorstellung vom künftigen Gang der Außenpolitik oder von dem Gang, den sie nehmen sollte«, besitze.[641]

Worin bestanden jene »klaren Vorstellungen« vom künftigen Gang der Außenpolitik? Sicher ließ er sich nicht das Etikett des »Gaullisten« anhängen. Ihm war deutlich bewußt, daß die Grundkonzeption de Gaulles und die deutschen Interessen nicht voll harmonierten. Doch die CDU müsse ihren politischen Willen wieder deutlicher formulieren, seit die SPD »auf die außenpolitische und verteidigungspolitische Linie« der CDU »nahezu gänzlich eingeschwenkt« sei. Sei »es denn wirklich so schwer«, eine klare Haltung in allen europäischen und atlantischen Fragen einzunehmen sowie in allen Fragen, die den Ostblock beträfen, fragte er im Oktober 1964 in Freudenstadt. Nur »politische Wirrköpfe« könnten bestreiten, daß Europa nicht ohne den Schutz des westlichen Hegemons auskäme. Auch Amerika habe ein Interesse, daß Westeuropa nicht vom Kommunismus überrannt werde. Insofern könne es für die Bundesrepublik gar keine ernsthafte Wahl »zwischen einem amerikanischen Kurs oder einem französisch-europäischen Kurs geben«.[642] Aber genau darin lag das Problem, für das Schröder in erster Linie de Gaulle verantwortlich machte.

Zwei Faktoren drängten Kiesinger neben der persönlichen Profilierung gegen Schröder in Richtung auf Frankreich: erstens die erwähnte internationale Entwicklung, die mit den Polen Entspannungspolitik und Vietnam umschrieben ist. Man könne davon sprechen, so Kiesinger im März 1965, daß sich die beiden Supermächte »in einer Entwicklung aufeinander zu befänden – nicht zu einem Bündnis oder zu einer festen Freundschaft, aber zu einem spannungsloseren, befriedigteren Zustand, als es lange Zeit der Fall war«. Einen solchen Trend glaubte Kiesinger deutlich zu spüren, als er im Februar 1965 an einer Tagung »*Pacem in Terris*« in New York teilnahm, die das Anliegen der gleichnamigen Enzyklika von Papst Johannes XXIII. aufnahm, mit der die vatikanische Ostpolitik eingeleitet wurde.[643]

Auf dieser Konferenz habe der große alte Mann der US-Diplomatie, George F. Kennan, der mit seinem »Mister X«-Artikel 1946 die geistigen Grundlagen der amerikanischen Eindämmungspolitik geschaffen hatte, »das deutsche Problem aus der Welt geschöpft«, indem er gefordert habe, die »sogenannte deutsche demokratische Republik [...] anzuerkennen«. Auch der Akzeptanz der Oder-Neiße-Linie sowie einem Rückzug der US-Armee aus Europa habe Kennan das Wort geredet. Das wäre auch eine Lösung der deutschen Frage, ereiferte sich Kiesinger, »allerdings die katastrophalste«. Nicht daß er viel auf die Vorschläge von Kennan gebe, »die immer etwas von einer gewissen Gesundbeterei enthielten«. Als Stimmungsbild seien sie jedoch »wahrhaft schockierend«. Kennan habe minutenlangen, anhaltenden Applaus geerntet. Er selbst, Kiesinger, habe seit Jahren darauf verwiesen, daß die NATO kein Dogma sei. Aber so einfach, wie es Kennan vorschwebe, sei der Frieden nicht zu haben; wirkliche Entspannung wäre »eine billige und gerechte und für alle annehmbare Lösung der deutschen Frage«.[644]

Der zweite Grund für die Kooperation mit Frankreich war das europäische Projekt, zu dem Kiesinger schon aus historischen Gründen keine Alternative sah. Die deutsche Außenpolitik habe nicht allein der Grundtatsache Rechnung zu tragen, daß ungeachtet des Tauwetters der Gegensatz zwischen der freien Welt und dem Kommunismus fortbestünde und die Freiheit nicht ohne Amerika verteidigt werden könne; die Europäer müßten zur Kenntnis nehmen, daß sie »im Zeitalter der Titanenmächte [...] nur dann eine Aussicht haben, ihre Zukunft in Ehren zu bestehen, wenn sie ihre Kräfte miteinander verbinden«. Dies war eine charakteristisch gaullistische Langzeitperspektive, die sich mit den Fragen »von übermorgen« beschäftigte, wie Hans-Peter Schwarz einmal mit Bezug auf Adenauer gesagt hat.[645] Am geistigen Horizont gaullistisch orientierter Christdemokraten tauchten Indien und vor allem China auf, während sich Bahr und Brandt um die gleiche Zeit daranmachten, eine, historisch gesehen, sehr viel weniger ehrgeizige, innerdeutsch und innereuropäisch orientierte Perspektive einer *modus vivendi*-Politik der Blöcke zu entwerfen.

Das selbständige Europa – dahinter steckt ein gerütteltes Maß an Idealismus, und es ist, der Tendenz nach ein gaullistischer Gedanke, wenn sich auch de Gaulle und seine deutschen Anhänger in der Wahl ihrer Wege und Mittel gravierend unterscheiden. Er sei ein altmodischer Mann, so Kiesinger im März 1965, und strebe immer noch danach, was man eines Tages »die Vereinigten Staaten von Europa« nennen könne. Was manchem überholt erscheine, das müsse geduldig gehegt und gepflegt werden, auch wenn »sehr bedeutende Staatsmänner Europas« anders darüber dächten – eine Spitze gegen de Gaulle. Was Kiesinger zum Gaullisten machte, war neben der Langzeitperspektive die temporäre Bereitschaft, de Gaulles Eigenheiten hinzunehmen; letztlich werde sich auch für Frankreich erweisen, daß alle Europäer aufeinander angewiesen seien. Der Kern dieser europäischen Einigung werde die Verständigung mit Frankreich bleiben, was immer Frankreich oder der französische Präsident darüber denke – der hatte seine europäischen Kollegen gerade mit der »Politik des leeren Stuhls« vor den Kopf gestoßen. Er werde auch in Zukunft mit »der ganzen Kraft des Herzens« für die deutsch-französische und damit für die europäische Einigung streiten.[646]

War das illusionär oder die Position eines illusionslosen Gaullisten, der sich dem Bruch mit Frankreich aus realpolitischen Gründen verweigerte? Kiesinger wußte, daß de Gaulle französische Interessen vertrat. Doch er sympathisierte mit dessen »Europa der Vaterländer«. Schließlich war das europäische Projekt auch für die Deutschen ein Mittel, ihrem Selbstwertgefühl wieder auf die Beine zu helfen. Es war charakteristisch für den in langfristigen Perspektiven argumentierenden Kiesinger, dessen politische Ausführungen stets ein Hauch spekulativer Philosophie umwehte, daß er die mittelfristige gaullistische Perspektive mit einer langfristigen Monnetschen Perspektive verband. Ging Kiesinger bis auf weiteres davon aus, daß das europäische Aktionsfeld von den nationalen Regierungen beherrscht werden würde (und stimmte insofern mit de Gaulle überein), so war er andererseits davon überzeugt, daß sich in der langen historischen Sicht die Unterschiede zwischen der nationalstaatlichen Variante de Gaulles und der von Monnet auf den Weg gebrachten supranationalen Idee der europäischen Integrationisten abschleifen würden.

Von einer scharfen Gegenüberstellung einer *Europe unie* (de Gaulle), also dem Bündnis der Nationen, und einer *Europe unifiée* (Monnet), der politischen Union im Sinne der Vereinigten Staaten von Europa, hielt er genauso wenig wie Adenauer.[647] Angesichts der wachsenden Verflechtung der Innenpolitiken der europäischen Länder und der daraus resultierenden Einschränkung nationaler Handlungsspielräume im »planetarischen Zeitalter« stellte sich de Gaulles scharfe Alternative von supranationaler Integration versus nationalstaatliches Primat eigentlich nicht.[648] Damit hat er aus der Sicht seiner Zeit vermutlich recht gehabt. Es blieb ein schwacher Trost angesichts der unmittelbar drängenden außenpolitischen Probleme, die sich zu Beginn seiner Kanzlerschaft häuften.

Kanzler der Großen Koalition
1966–1969

Zwei Wege ins Kanzleramt

Bleibt er in Stuttgart, will er Außenminister oder gar Bundeskanzler werden? Wird er sich um die Nachfolge Adenauers im Parteivorsitz bewerben, wenn der Altkanzler dieses Amt wie geplant im Frühjahr 1966 niederlegt? Fragen, die im Herbst 1965 nicht nur vorwitzige Journalisten beschäftigten. Der Ministerpräsident war seit Monaten »im Gespräch«. Unter den Verschwörern gegen Bundesaußenminister Schröder wurde er regelmäßig genannt.[1]

Lange Zeit hatte ihn Adenauer auf Distanz gehalten. Doch seit der von seinem Vorgänger bekämpfte Ludwig Erhard im Palais Schaumburg saß, waren Kiesingers Chancen wieder im Steigen begriffen. Schon 1964 hatte Adenauer seinem einstigen, über die Jahre in Ungnade gefallenen »jungen Mann« ausgerechnet Heinrich Krone gegenüber Lob und Anerkennung gezollt. Der große Erfolg in den Landtagswahlen »ist nach meiner Ansicht zu einem erheblichen Teil auf das Ansehen zurückzuführen, dessen sich als Ministerpräsident Kiesinger in Baden-Württemberg erfreut«.[2] Viel hatten die schmeichelhaften Sätze des Altkanzlers aber nicht zu besagen, spielte doch der verbissen gegen Erhard intrigierende »Alte« einen Diadochen gegen den anderen aus. Kurz vor der Bundestagswahl 1965 ließ er sich vernehmen, daß »Dr. Kiesinger, der [wie Gerstenmaier] keine Akten bearbeite [...], für eine Kanzlerkandidatur weniger in Betracht [kommt]. Immerhin hält er ihn als Außenminister für geeignet.«[3]

Die Spekulationen um Kiesinger schossen wieder üppig ins Kraut. Eben noch war Erhard mit dem zweitbesten Ergebnis der Union wiedergewählt worden und hatte die absolute Mehrheit nur knapp verfehlt, da sah er bereits wie ein Kanzler auf Abruf aus. In der Union ging der »Kampf um die Macht« unvermindert weiter, während die FDP ihre eigenen Schlüsse aus dem Wahlergebnis zog. Die Koalitionsverhandlungen des Herbst 1965 beschädigten das Ansehen des Kanzlers derart, daß sie als der Anfang vom Ende der Ära Erhard gelten. Mende und die FDP wollten nicht mit Strauß am Kabinettstisch sitzen. Strauß und die CSU forderten den Kopf Mendes und Schröders, darin unterstützt von den Gaullisten und einem rachsüchtigen Adenauer.[4] Es war nur eine Frage der Zeit, bis Kiesingers Name fallen würde: Am 21. September 1965 lautete die Schlagzeile in den *Stuttgarter Nachrichten*: »Kiesinger als Außenminister im Gespräch – falls Schröder von Erhard nicht gehalten werden kann.«

Sollte Kiesinger 1965 ernsthaft auf den Außenministerposten spekuliert haben, dann ging er die Sache denkbar ungeschickt an. Er machte aus seinem Herzen keine Mördergrube und war aus dem Rennen, bevor dieses überhaupt begann. Vor der Landespressekonferenz meinte Kiesinger am 22. September: »*Off the record*« könne er sagen, daß es ihn keineswegs nach diesem Posten dränge. Er wolle im Lande bleiben, würde aber nicht jedes Amt abschlagen. Am besten, die Journalisten schrieben nichts, sonst würde es heißen, »Kiesinger lehnt nicht unter allen Umständen die Übernahme ab (*Heiterkeit*)«. Es sei die Sache des Bundeskanzlers, den Außenminister zu bestellen. Dieser halte nach seinem Eindruck an Schröder fest; er könne sich einen Wechsel aus anderen als politisch-programmatischen Gründen nicht im entferntesten vorstellen. Dennoch habe er »sehr klare und entschiedene Vorstellungen vom künftigen Gang der deutschen Außenpolitik«.[5]

Kiesinger *ante portas*? Scheufelen traute seinen Ohren nicht, als die dpa-Meldung über den Fernschreiber tickerte. Der nordwürttembergische CDU-Vorsitzende hielt sich im Vorfeld der Koalitionsverhandlungen in Bonn auf. Zu vorgerückter Stunde rief er bei Haußmann an. Auf den war wie immer Verlaß: »Aus Überzeugung und spontan und eindeutig« könne er den Ablauf schildern. Kiesinger habe der Frage nicht ausweichen können.[6] Dennoch lud die personalpolitische Phantasie des Ministerpräsidenten zu Mißverständnissen ein: Das eindeutige Dementi unterblieb zunächst – und das heißt bekanntlich: man kandidiert!

Es ist der wörtlichen Niederschrift der Pressekonferenz anzumerken, daß Kiesinger sich an dem Gedanken wärmte, sein Name könne in dem großen Spiel ein Faktor sein. In Bonn jedenfalls wurden seine Ausführungen als klare Kampfansage an Schröder gewertet. Warum hätte er sonst davon sprechen sollen, er besitze klare Vorstellungen von einer deutschen Außenpolitik? Rührte nicht Scheufelen in Bonn die Trommel für Kiesinger?[7] Das machte Kiesinger auch bei Erhard und Barzel suspekt, die ebenfalls an höhere Ambitionen des Ministerpräsidenten glaubten.[8] Erst recht pikiert zeigte sich Adenauer. Die Stuttgarter Äußerung sei »unmöglich«. Kiesinger wurde aus der Verhandlungskommission für die Regierungsbildung verbannt. Er habe sich »aus diesem Kreis selbst ausgeschlossen«.[9]

Eigentliche wollte Kiesinger weder Außenminister noch Bundeskanzler werden. Er strebte, wie Filbinger den besorgten Barzel handschriftlich wissen ließ, letztlich in das Amt des Bundespräsidenten.[10] Nach vier Jahren im

Außenamt, so sein Kalkül, würde er 1969 erster Mann im Staat werden können. Schon 1963 hatte sich Kiesinger auf die Nachfolge Lübkes Hoffnungen gemacht, worin er von Heuss bestärkt worden war. Neben Gerstenmaier, Furler, Krone und Gebhard Müller galt er als passabler Unions-Kandidat.[11] Man wird im Rückblick fragen können, ob hier nicht eine historische Chance vertan worden ist. Lübke war gesundheitlich schwer angeschlagen und hatte ursprünglich an ein Ausscheiden nach dem Ende seiner ersten Amtszeit im September 1964 gedacht. Doch die Taktiererei in der Union und ein zur Unzeit gestarteter Versuchsballon des *Spiegel* hatten in dem dickschädeligen Westfalen den trotzigen Entschluß reifen lassen, am Bundespräsidialamt festzuhalten. Es wurde eine schwere Leidenszeit, die Lübkes positiven, von allen Seiten gewürdigten Beitrag der ersten Amtsperiode stark in den Hintergrund gedrängt hat.[12]

Aber auch Kiesinger stünde im historischen Urteil besser da, wäre er Präsident und nicht Kanzler geworden. Sicher hätte er mit den eingeschränkten Möglichkeiten des obersten Staatsnotariats gehadert. Auch vor Angriffen wegen seiner NS-Vergangenheit wäre er nicht sicher gewesen. Doch der etwas gemächlichere Gang der Geschäfte in der Villa Hammerschmidt hätte ihm erlaubt, wie sein Vorbild Theodor Heuss die Symbiose von Geist und Politik ganz zu leben und sein beträchtliches Potential als Redner und Repräsentant dem Staatsganzen zur Verfügung zu stellen, anstatt sich im Management der Großen Koalition aufzureiben. Franz Josef Strauß ist beizupflichten, der, nicht ganz uneigennützig, meint: Kiesinger, »gescheit, gebildet, diplomatisch, verbindlich, von noblem Aussehen. Er wäre ein hervorragender Bundespräsident geworden.«[13]

Doch zurück zu den tatsächlichen Ereignissen: Kiesinger verlieh seiner Kandidatur 1965 nicht sehr viel Nachdruck. Das wurde eine Woche später vor der Landespressekonferenz deutlich. Innerhalb weniger Tage verschwand er aus den Schlagzeilen.[14] Weder äußerte er sich, noch tauchte er in der Bonner Szene auf. Er blieb in seinem Stuttgarter Winkel. Scheufelen glättete die Wogen in Bonn, und Haußmann schrieb an Adenauer einen klarstellenden Brief.[15] Auf die Frage des *Spiegel*-Reporters Dieter Schröder, ob er unter Umständen nach Bonn gehen würde, führte er diesen an ein großes Fenster der hoch über dem Stuttgarter Talkessel gelegenen Villa Reitzenstein. Von dort streifte der Blick weit über das Panorama der schwäbischen Metropole: »Würden Sie an meiner Stelle das aufgeben?«[16]

Kiesinger wußte, daß die Bewerbung um das Außenamt einem Opfergang glich. Wollte er sich wirklich auf den »Marathonlauf mit soundsoviel Mitkandidaten« einlassen: »Ich sehe dann Herrn Dr. Gerstenmaier mit eiligen Schritten vor oder neben mir einherpusten (*Heiterkeit*) und Baron Guttenberg und Hallstein ihre Kräfte zusammennehmen. Das sind doch alles Dinge, gegen die man machtlos und wehrlos ist.«[17] Er sei an Außenpolitik interessiert, doch lohne ein Umzug nach Bonn? War es nicht besser, sich in Stuttgart häuslich einzurichten? Boten nicht die Koordination der Bildungspolitik und der Bundesrat ein nationales, ja weltweites Forum? Als Mitte Oktober die Ministerpräsidenten Peter Altmeier (Rheinland-Pfalz) und Franz Josef Röder (Saarland) einen neuerlichen Appell an den Bundeskanzler richteten, nur eine Persönlichkeit zum Außenminister zu benennen, die eine Garantie dafür böte, »daß der Riß in der deutsch-französischen Freundschaft alsbald geheilt und nicht etwa vertieft wird« – und dabei wohl an Kiesinger dachten –, winkte er ab.[18] Als er um die Jahreswende 1965/66 gefragt wurde, ob er Adenauer im Parteivorsitz beerben wolle, gab er freundlich, aber bestimmt sein Desinteresse zu Protokoll.[19]

Kiesinger ahnte, daß sich das Thema seiner NS-Vergangenheit in bisher nicht gekannter Schärfe stellen könnte. Im September 1965 hatte die *Bild-Zeitung* für eine Ablösung Schröders durch Kiesinger plädiert und dabei einen Vergleich der Vergangenheiten gezogen: »Wenn wir uns vier Jahre lang einen SA-Anwärter geleistet haben, dann können wir uns wohl noch eher einen Außenminister leisten, der ›wissenschaftlicher Hilfsarbeiter‹ in Ribbentrops Auswärtigem Amt war. Noch dazu als Dienstverpflichteter.«[20]

Ein deutliches Indiz für die vergangenheitspolitische Nervosität in Sachen Kiesinger ist ein Schreiben des jungen oberschwäbischen CDU-Abgeordneten Hansjörg Häfele vom Januar 1966. Häfele, der Kiesingers alten Wahlkreis vertrat, gehörte (wie Heiner Geißler und Manfred Wörner) zu den jüngeren südwestdeutschen Abgeordneten, die 1965 in den Bundestag gewählt worden waren, nun auf eine personelle Erneuerung der Bonner CDU hofften und deshalb ihren Ministerpräsidenten anpriesen.[21] Da Kiesinger an den Querelen um Adenauers Nachfolge nicht beteiligt gewesen war, würde seine Wahl ein positives Signal setzen. Nur mit einem Kanzlerkandidaten vom Format Kiesingers würde die CDU 1969 die Wahlen gewinnen können: »Diese Ansicht teilen im Hintergrund viele Fraktionskollegen. Häufig wird aber gerade von Ihnen gewogenen Kollegen als Hinderungsgrund Ihre angebliche Verstrickung mit dem Dritten Reich angeführt. Es wird gesagt, Sie hätten das Goldene Parteiabzeichen besessen, Ihr Chef sei Goebbels gewesen, es existiere ein kompromittierendes Foto (Sie in Uniform zwischen Hitler und Mussolini). Gerne würde ich solchen Gerüchten entgegentreten. [...] Ihnen weniger freundlich gesinnten Kollegen benützen die Gerüchte selbstverständlich als Vorwand, um Sie von Bonn fernzuhalten.«[22]

Derartige Vorwürfe waren absurd und leicht zu entkräften. Sie wurden seit Jahren von dem ehemaligen hohen HJ-Funktionär und NS-Parteipropagandisten Karl Cerff gestreut, der nicht nur mit Kiesinger während des Krieges einmal zusammengerasselt war, sondern Ende 1959 bei der baden-württembergischen Landesregierung abblitzte, als er in seiner Eigenschaft als Landesvorsitzender der HIAG, des Verbandes der ehemaligen Angehörigen der Waffen-SS, bei Justizminister Haußmann vorstellig wurde, um von der Wiederaufnahme der von der Ludwigsburger Zentralstelle vorbereiteten Kriegsverbrecherprozesse abzuraten. Die Verfolgung ehemaliger NS-Täter versetze seinen Bemühungen einen »schweren Schlag«, die früheren Angehörigen der Waffen-SS »zu einer positiven Einstellung zum jetzigen Staat zu bewegen und ihnen auch die entsprechende staatliche Anerkennung zu verschaffen«.

Cerff drängte auf eine Gleichstellung von Waffen-SS und Wehrmacht, was deren Reintegration in die Bundeswehr bzw. eine Entschädigung nach dem 131er Gesetz ermöglicht hätte. Er habe den Eindruck, so der NS-Apologet Cerff, daß eine »unerträgliche Rechtsungleichheit« herrsche, weil die Übeltäter »in unseren eigenen Reihen« mit »deutscher Gründlichkeit« verfolgt würden, »während die von anderen, insbesondere den jüdischen Kommissaren im Osten und ihren jüdischen Helfern wie auch von den Bolschewisten selbst begangenen Untaten niemand verfolge«. Schließlich seien die deutschen Vernichtungsmaßnahmen im Osten doch »durch vorangegangene Greueltaten der Sowjets« provoziert worden. Cerff war es ein Rätsel, warum Kiesinger und die Landesregierung sich nicht gegen eine Verlängerung der Verjährungsfrist für NS-Straftaten stellten.[23]

Schon im Vorfeld der Kanzlerkandidatur wurde also der Fall Kiesinger ausgelotet. Das historische Handicap des Kandidaten soll bereits den Gegenstand der Gespräche mit Theodor Heuss gebildet haben, als der Altbundespräsident den sich von einem Autounfall erholenden Ministerpräsidenten im März 1963 in der Klinik in Tübingen besuchte.[24] Einen wichtigen Part spielte Karl Marx, der Herausgeber der *Allgemeinen Wochenzeitung der Juden in Deutschland*. Er besaß eine Ausnahmestellung unter den jüdischen Repräsentanten in Deutschland, auch weil er sich im Einklang mit der Mehrheitsmeinung für einen »Schlußstrich« engagierte. 1964 hatte er gegenüber Kiesinger die Ludwigsburger Zentralstelle nach dem Ende des Frankfurter Auschwitz-Prozesses für entbehrlich gehalten, weil danach »das Gröbste« bewältigt sei. Ebenso plädierte er *gegen* eine Verlängerung der Verjährungsfrist für NS-Straftaten. Das sah Kiesinger im Prinzip ähnlich, weil durch die NS-Prozesse »die Weltöffentlichkeit [...] immer wieder neu mit diesen Untaten beschäftigt werde«. Allerdings fürchtete Kiesinger das publizistische Risiko, falls »nach dem Ablauf der Verjährungsfrist neue Fälle von Mordtaten bekannt würden, die nicht mehr gesühnt werden könnten«. Daher wollte er sich nur dann für einen Schlußstrich einsetzen, »wenn man sich einigermaßen darauf verlassen könne, daß die Masse dieser schrecklichen Verbrechen bis zum Ablauf der Verjährungsfrist erfaßt« worden sei.[25]

Marx' Meinung war Kiesinger wichtig, als er sich im Herbst 1966 für das Kanzleramt ernsthaft zu bewerben begann. In Marx sah Kiesinger den unter Hitler emigrierten deutsch-jüdischen Patrioten, der ein »glühender Anhänger« einer Aussöhnung »zwischen deutschen Juden und nichtjüdischen Deutschen« gewesen sei.[26] Marx habe in ihm »einen tauglichen Mittler« zwischen Deutschen und Juden gesehen: Das »erstaunte und ehrte mich, machte mich aber auch befangen, denn eine so gewaltige Verantwortung traute ich mir nicht zu. Als ich zum Bundeskanzler gewählt worden war, rief mich der todkranke Mann an und – ich kann es nicht anders wiedergeben – frohlockte am Telefon: ›Jetzt werde ich wieder gesund!‹ Er starb am 15. Dezember 1966, also nur vierzehn Tage nach meiner Wahl.«[27]

Dieser Politik der Aussöhnung zwischen Deutschen und Juden hatte Kiesinger in der Tat seine Unterstützung geliehen. 1962 hatte er eine Dokumentation des Schicksals der baden-württembergischen Juden veranlaßt.[28] Durch Marx war er mit einem Kreis New Yorker Juden württembergischer Abstammung in näheren Kontakt gekommen.[29] Er hatte diese meist älteren Menschen in die Villa Reitzenstein eingeladen und sie auf verschiedene Weise geehrt. Unter anderem wurde Dr. Walter Strauss, der Vorsitzende der Vereinigung der Juden aus Württemberg, auf Vorschlag Kiesingers mit dem Bundesverdienstkreuz 1. Klasse ausgezeichnet.[30] Im Januar 1966 gab Kiesinger ein Essen für die vertriebenen Württemberger, das dem *Aufbau*, der wichtigsten deutsch-jüdischen Zeitung in USA, zufolge »einen tiefen Eindruck« hinterließ. Kiesinger habe in seiner Tischrede »den Verlusten, die Deutschland durch die Verjagung und Vernichtung seiner jüdischen Mitbürger erlitten hat, in klarer und keiner Weise beschönigenden Worten Ausdruck« gegeben. »Alle Teilnehmer der Tafelrunde konnten sich von der lauteren Gesinnung dieses Vertreters des neuen Deutschlands ohne Einschränkungen überzeugen und mit dem erfreulichen Gefühl eines sauberen Gedankenaustausches mit einem anständigen Menschen die Feierstunde verlassen.«[31]

Marx brachte Kiesinger auch mit Heinrich Grüber in Verbindung. Der Propst von Berlin war in der NS-Zeit aufgrund seiner Hilfsaktionen für jüdische Bürger in den Konzentrationslagern Sachsenhausen und Dachau eingekerkert worden und dank seiner Zeugenaussage im Prozeß gegen Adolf Eichmann eine Weltberühmtheit.[32] Ein streitbarer evangelischer Christ, mit Verbindungen sowohl zu Heinemann als auch zu Gerstenmaier, Brückenbauer nach Osten und in die Ökumene, von der israelischen Regierung ausgezeichnet als ein »Gerechter«, wurde er Kiesingers wichtigster Fürsprecher in den kommenden Jahren. Am 13. September 1966 lernten sich Grüber und

Kiesinger bei Marx in dessen Villa in Ebersteinburg in der Nähe von Baden-Baden im Schwarzwald kennen.[33] Marx schickte die beiden Herren ins Obergeschoß seines Hauses, wo der Propst den Ministerpräsidenten »ins Gebet nehmen sollte«. Dort und auf einer nächtlichen Fahrt über den Schwarzwald habe Grüber die Bedenken zerstreut, daß der »Hinweis auf meine, dem Anschein nach ›nationalsozialistische Vergangenheit‹, die mit Gewißheit von den Leuten in Pankow und von politischen Gegnern in der Bundesrepublik ausgespielt werden und mir das Leben und Wirken als Kanzler schwer machen würde«, ihn daran hindere, seinen Hut in den Ring zu werfen. Es werde ihm, so Kiesingers Einwand, wenig nutzen, daß er vollständig entnazifiziert worden sei und zahlreiche Persönlichkeiten seine »dauernde und tätige Gegnerschaft« zum Nationalsozialismus bezeugen könnten. Würde er als Kanzler nicht in eine »lähmende Defensive« gezwungen? Grüber war nicht überzeugt: »Es werde gewiß einige Attacken geben, aber der Lärm werde sich bald legen; man habe mich ja auch bisher kaum ernsthaft angegriffen.«

Daß der spätere Kanzler die Kritik an seiner Person antizipierte, ist nicht allein durch dessen eigene Aussage belegt. Auch Diehl und Wickert berichten von selbstquälerischen Zweifeln, die den Kanzlerkandidaten angesichts der beginnenden Auseinandersetzung um seine Person befielen. In diesem inneren Ringen standen ihm die alten Freunde aus dem Auswärtigen Amt hilfreich zur Seite: Habe er sich in der NS-Zeit richtig verhalten? »Er wußte, und wir wußten es wie alle anderen auch, die ihn nach 1933 in Berlin erlebt hatten«, meint Diehl, »daß Kiesinger kein Nazi war. Aber er wußte besser als alle anderen, daß er Kompromisse mit dem Regime geschlossen hatte.« Lange bevor die Öffentlichkeit davon Notiz zu nehmen begann, war sich Kiesinger der Sprengkraft seiner politischen Vergangenheit bewußt: »Waren die Kriegsjahre im Auswärtigen Amt eine Belastung, die ihn in der Ausübung der Kanzlerschaft behindern würde, so daß seine Handlungsfähigkeit, seine Glaubwürdigkeit hätte eingeschränkt werden können«? Die Freunde und ehemaligen Kollegen, außer Diehl und Wickert auch Schirmer, Sonnenhol, Spahn und Ahlers, rieten Kiesinger zu. In Wahrheit, so Diehls Resümee, habe er das große Angebot nicht ausschlagen können.[34]

Kiesinger hatte also Blut geleckt. Er traute sich zu, das zu vollbringen, woran Erhard gescheitert war: das schlingernde Staatsschiff auf Kurs zu bringen, die Union aus ihrer »langen schwelenden Krise« herauszuführen und die nächsten Wahlen für seine Partei zu gewinnen. Zweifellos besaß er hohe politische Gaben. Auch eine gewisse Zähigkeit sprach ihm niemand ab, der ihn in Stuttgart beobachtet hatte, wo er beharrlich gegen alle Widrigkeiten seine Konstanzer Lieblingsidee durchgesetzt hatte: »Sie kennen meine Art«, hatte er einmal zu den Stuttgarter Journalisten gesagt, »ich stelle die Leute nicht abrupt vor Fragen, sondern ich komme immer wieder damit«.[35] Nicht mit dem Kopf durch die Wand, lautete seine Lieblingsdevise. Wenn er sich entschieden hatte, hielt er unbeirrt an Zielen fest und war dafür bereit, größere Umwege einzuschlagen. Dennoch: der gelernte »Techniker der Macht« war er nicht, als den ihn Klaus Harpprecht im März 1967 etwas überschwenglich porträtierte.[36]

Ein gutes halbes Dutzend Mal war Kiesinger mit Kandidaturen gescheitert, weil er sich vorschnell erklärt hatte. Diesmal machte er alles richtig. Im Kampf um den CDU-Bundesparteivorsitz stellten sich Kiesinger und die von Scheufelen »auf Linie« gebrachten südwestdeutschen Landesverbände loyal hinter Erhard – und blockierten Barzel, der den südbadischen Landesverband auf seine Seite zu ziehen versuchte.[37] Im März 1966 wurde Kiesinger, wohl auf Betreiben Barzels, aus dem Parteipräsidium verdrängt.[38] Kein Sterbenswörtchen war dem Ministerpräsidenten über seine politischen Chancen in Bonn zu entlocken, als im Juli 1966 die CDU in den nordrhein-westfälischen Landtagswahlen fast vier Prozent verlor und die SPD die absolute Mehrheit nur knapp verfehlte. Dieser Rückschlag in dem alten Kernland der Union wurde dem Kanzler angelastet, nicht dem populären CDU-Landeschef Franz Meyers. Auch passierte dem glücklosen Erhard das Mißgeschick, nicht allein als Vater des Wirtschaftswunders in die Geschichte der Bundesrepublik Deutschland einzugehen, sondern auch als der Kanzler, in dessen Amtszeit die erste Rezession seit den frühen fünfziger Jahren fiel.

Für diese »Konjunkturdelle« (Axel Schildt) war Erhard persönlich nicht verantwortlich zu machen; seine saft- und kraftlose Reaktion weckte angesichts der Nervosität der deutschen Öffentlichkeit aber Zweifel an der Wirtschaftskompetenz der CDU. Im Bundesrat schilderte Erhard Anfang August »breit und emphatisch« die Notwendigkeit, die Wirtschaft wieder in den Griff zu bekommen; woran niemand zweifelte. Aber während Erhard seinem Zorn über das Jahresgutachten der Sachverständigen freien Lauf ließ, unterzog sich Kiesinger, »so klug und gewinnend, daß der Kontrast gegenüber Erhard kaum krasser ausfallen konnte«, der nicht ganz leichten Aufgabe, die Bedenken der Opposition zu unterlaufen und zugleich um die Einmütigkeit mit den SPD-regierten Ländern zu werben. »Wäre in einigen CDU-Köpfen nicht längst der Gedanke lebendig«, glossierte die *Süddeutsche Zeitung* Kiesingers »klugen Auftritt« im Bundesrat, »daß Bundeskanzler Erhard in absehbarer Zeit abgelöst werden sollte und der baden-württembergische Ministerpräsident zu den möglichen Nachfolgern zähle: Am Freitag im Bundesrat hätte diese Idee entstehen *müssen*.«[39]

In der Außenpolitik agierte Erhard ebenso unglücklich wie im Inneren. Erst hatte er sich mit de Gaulle überworfen und das deutsch-französische Verhältnis aus dem Lot gebracht; nun ließ ihn sein »Freund Johnson« sitzen.

Erhards Amerikareise im September 1966 geriet zum Anlaß des Kanzlersturzes, weil der amerikanische Präsident nicht auf einen Kanzler auf Abruf setzte. Als innen- und außenpolitischer Versager gebrandmarkt, stand Erhard zum Abschuß frei.[40] Doch während Gerstenmaier und andere in die Startlöcher gingen – der Bundestagspräsident erklärte voreilig, er stehe »als Kanzler bereit« –, blieb Kiesinger in der Deckung und sagte seine Teilnahme an einem *Rencontre* in Gerstenmaiers Jagdhütte im Vierherrenwald mit Heck, Dufhues und Helmut Kohl ab.[41] Seinen Urlaub verbrachte Kiesinger in Urspring am Walchensee südlich von München, »ohne sich den Kopf über die Bonner Vorgänge zu zerbrechen«. Was eigentlich los gewesen sei, schreibt Kiesinger wie ein wahres Unschuldslamm in einem unveröffentlichten Fragment, sei ihm erst bei einem seiner Spaziergänge rund um den See aufgegangen. Dort sei er dem Intendanten des Stuttgarter Staatstheaters, Günther Lüders, begegnet, der ihm die »entschiedene Prognose« gestellt habe, er »würde noch am Ende dieses Jahres Bundeskanzler geworden sein«. Die Gespräche der folgenden Tage hätten ihn, Kiesinger, dazu veranlaßt, »ernsthafter über die allgemeine Lage und über meine eigene Situation nachzudenken«.[42]

Ganz so unschuldig war der Aufenthalt in der bayerischen Sommerfrische indes nicht. In seiner Darstellung übergeht Kiesinger ein wesentliches Detail. In Bayern traf er sich mit dem CSU-Generalsekretär Anton Jaumann, einem Exponenten des schwäbischen Flügels der CSU.[43] Es war das Votum der mit den CSU-Bundespolitikern in eifersüchtiger Konkurrenz stehenden Münchener CSU, die im November Kiesingers Weg in Kanzleramt ebnete. Während sein Verhältnis zur Bonner Landesgruppe oft reserviert war, stand er seit Jahren in einem regen Kontakt über die Donau hinweg. Außer zu Jaumann pflegte er auch zur grauen Eminenz der CSU-Landtagsfraktion, Bildungsminister Ludwig Huber, sowie zu Ministerpräsident Alfons Goppel beste Beziehungen.

Daß die bayerischen Christlichsozialen zu Kiesinger neigten, ist ein der Forschung seit längerer Zeit bekannter Sachverhalt, der hier keiner weiteren Vertiefung bedarf.[44] Anzufügen wäre die bisher wenig beachtete Rolle, die »Kreuzerle«, Kiesingers ehemaliger Berliner Außenamts-Kollege und Tübinger Freund, Gerhard Kreuzwendedich Todenhöfer, in dieser Intrige spielte. Dieser war Kiesingers Kontaktmann nach München und konnte als Inhaber eines Handelsgeschäfts mit Beziehungen vor allem nach Osteuropa relativ unbemerkt durch die Welt reisen. Am 18. September 1966 berichtete er Kiesinger auf einer Schönbuchwanderung bei »herrlichem Licht« von seinen jüngsten Gesprächen in München, bei denen sich Jaumann »z. T. sehr negativ« über Strauß geäußert habe, »mit meinem [Kiesingers] Urteil übereinstimmend«. Kiesinger, so scheint es, begann sich Mitte September intensiv mit seiner Kandidatur zu beschäftigen. Am selben Tag notierte er in sein

Tagebuch: »Lektüre: Wilh. Hennis, Richtlinienkompetenz und Regierungstechnik. Ergiebig.« Zwei Tage später fand das Gespräch mit Grüber und Marx in Ebersteinburg statt.[45]

Nach außen ließ sich Kiesinger nichts anmerken. Seine aus dem verschollenen Kalender des Jahres 1966 zusammengetragenen Notizen zeigen, daß das Bonner Eisen geschmiedet wurde, während der landespolitische Betrieb fast unbeeinträchtigt weiterlief. Am Abend des 20. September gab Kiesinger ein Abendessen zur Ehren von Gerstenmaier, der mit der goldenen Verdienstmedaille des Landes Baden-Württemberg ausgezeichnet wurde. Am Rande der Veranstaltung traf sich Kiesinger mit Heck, der ihn über die »Bonner Situation« informierte. Heck aber favorisierte Gerstenmaier. Mit letzterem verabredete Kiesinger Mitte Oktober dann eine *Entente cordiale*, dem jeweils Unterlegenen das Auswärtige Amt anzubieten. Im Fernsehen lobten sich beide gegenseitig.[46] Nur hatte Kiesinger in diesen Tagen wenig Zeit, sich um die Entwicklung in Bonn zu kümmern. Die südwürttembergische Schulfrage spitzte sich zu. Am 21. September kamen Kiesingers Mitarbeiter Rundel, Dallinger und Feuchte nach Tübingen, wo sie bis 3 Uhr morgens an einer Regierungserklärung feilten, die Kiesinger am folgenden Nachmittag im Landtag abzugeben hatte. Parallel zur Bonner Krise um Erhard bahnte sich in Stuttgart eine nicht ungefährliche Entwicklung an, in der die christlich-liberale Koalition in der Schulfrage bald auf der Kippe stand.[47]

Während sich Kiesinger weitgehend unbemerkt von der politischen Prominenz in Bonn auf den Weg ins Palais Schaumburg machte[48], verlief der zweite Weg ins Kanzleramt, der seiner Partei, nicht sehr geradlinig. Die Union kam ihrem dritten Kanzler auf verschlungenen Pfaden entgegen. Das sensibel wie ein Seismograph jede personalpolitische Erschütterung registrierende Tagebuch Krones verzeichnet in den Monaten September und Oktober 1966 nur einen einzigen Eintrag zu Kiesinger. Dieser ist bezeichnenderweise der Schulfrage gewidmet. Auch nach dem Rückzug der Freidemokraten aus dem Kabinett am 27. Oktober kam der Diarist zu der Auffassung, daß Schröder und Barzel Kanzler werden wollten, auch Lücke sich für das Amt interessiere. Kein Wort zu Kiesinger. Am meisten Aussicht habe Schröder, wenn Strauß zu ihm übergehe. Barzel dagegen »ist zu eitel, um klug zu sein. Er kann die Zeit nicht abwarten, und mit welcher Bescheidenheit sagt er es jedermann auf der Straße, daß ihn die Stunde rufe.« Er, Krone, »wäre für Gerstenmaier. Nicht ohne Bedenken. Noch mehr für Dufhues; [...] doch Heck meint, es wäre besser, einen evangelischen Kanzler zu nehmen. Die konfessionellen Spannungen sind wieder ärger geworden.«[49]

War dem auf den konfessionellen Streit fixierten Krone entgangen, daß sich Ende Oktober 1966 ein gemischtkonfessioneller Schwabenstreich anzubahnen begann? Lübkes Staatssekretär Berger registrierte bereits Anfang Oktober, daß Adorno »bei jeder Gelegenheit« eine Kandidatur Kiesingers propagiere.[50] Den Stein aber wollte Kiesinger nicht selber ins Rollen gebracht haben. Die Finanzkrise, in der sich der Ministerpräsident als Vertreter der Länder recht unnachgiebig präsentierte, sei nicht nur ein »Fall Erhard«, sondern auch eine Krise der CDU.[51]

Ganz offensichtlich kam das Potential zur Erneuerung aus dem Südwesten, wo die CDU in der Ära Kiesinger ihre Machtposition ausgebaut und gefestigt hatte, unbeeindruckt von den Querelen der Bonner Union. Aus Parteisicht markiert Kiesingers Wahl zum Kanzler daher weniger einen Sieg der Gaullisten als eine regionale Akzentverschiebung nach Südwesten, womit die Hegemonie der unter Adenauer tonangebenden rheinischen CDU endgültig zerbrach. Der nächste christdemokratische Kanzler nach Kiesinger hieß denn auch Kohl und nicht Barzel. Die Südwestdeutschen waren lange Zeit zu kurz gekommen und hatten über zuwenig Einfluß in der Bundespartei geklagt. Die führenden Schwaben – Gerstenmaier, Heck, aber eben auch Kiesinger – waren als Persönlichkeiten, nicht als Vormänner ihrer Landesverbände zu Amt und Würden gelangt. Nun endlich zeichnete sich die südwestdeutsche Hausmacht ab, für die Scheufelen so lange gekämpft hatte. Die vier Landesverbände standen einmütig hinter Kiesinger. Am 27. oder 28. Oktober erklärte der Ministerpräsident einem Kreis vertrauter Politiker in der baden-württembergischen Landesvertretung in der Bonner Welckerstrasse, daß er bereit sei, den Kampf um das Kanzleramt aufzunehmen.[52]

Zwei weitere Entwicklungen kamen Kiesinger zugute: Zum einen wurde unter tatkräftiger Mithilfe des 36jährigen Helmut Kohl, der erstmals eine sichtbare Rolle in der Bundespolitik zu spielen begann, die süddeutsche Allianz über den Rhein hinüber verlängert. In seiner Kohl-Biographie berichtet Klaus Dreher von dem konspirativen Treffen der vier südwestdeutschen Landesvorsitzenden Adorno, Dichtel, Gurk und Scheufelen mit dem hessischen Landesvorsitzenden Fay sowie dem saarländischen CDU-Granden Röder, zu dem Kohl am Allerheiligentag, einem Dienstag, in den Ettlinger »Erbprinz« eingeladen hatte, das Stammlokal der vier südwestdeutschen Landesvorsitzenden.[53] Die Beteiligten waren sich einig, der nächste Kanzler müsse Kiesinger heißen, und nicht Gerstenmaier oder Barzel. Ein Telegramm ging an die Bundestagsfraktion mit der Bitte, nichts vor der Sitzung des Bundesvorstandes am 8. November zu unternehmen. Offensichtlich fürchtete die Ettlinger Tafelrunde ein Präjudiz Barzels. Dieser akzeptierte das süddeutsche Votum und unterband auf der Fraktionssitzung am folgenden Tag jegliche Personaldiskussion.[54]

Gleichzeitig intensivierte Kiesinger seine Kontakte nach Bayern. Am Donnerstag, dem 27. Oktober, traf er zunächst Strauß in einem chinesischen

Restaurant in Bad Godesberg. Doch Strauß unterstützte Kiesinger nicht. Er favorisiere Gerstenmaier, aus konfessionellen Gründen.[55] Daher forderte der CSU-Vorsitzende den Bundestagspräsidenten nachdrücklich zur Bewerbung auf. Doch dieser zweifelte an seinen Erfolgschancen.[56] Das sah Heck ähnlich, der gemeinsam mit Lübke auf Kiesinger einredete, die südwestdeutschen Stimmen nicht zu zersplittern.[57] Tatsächlich meinte Kiesinger am 4. November, er halte Gerstenmaier für einen guten Kandidaten. Am 7. November traf sich Kiesinger mit Schröder, der den südwestdeutschen Block einkaufen wollte: »Sie hätten nicht konspiriert«, erklärte Kiesinger im Kreis der Freunde aus dem alten AA, mit denen er sich am Abend des 7. November traf und bis in die frühen Morgenstunden diskutierte: Schröder habe ihm einen Überblick über die außenpolitische Lage gegeben und ihm erklärt, warum die Chancen zu einem anderen Kurs in der Frankreichpolitik gering seien. »Allerdings könne hier durch eine andere Persönlichkeit eine bessere Atmosphäre geschaffen werden. Dazu sei Kiesinger der beste Mann.«[58]

Außenminister Schröders? Das war für Kiesinger nun zuwenig. Nun wollte er entweder die erste Geige in Bonn spielen oder in Stuttgart bleiben. Von Schröder ließ er sich nicht mehr mit dem Posten des Außenministers abspeisen. Schon am 3. November hatte er sich notiert: »Voller Wirbel um Erhard Nachfolge, genannt: Barzel, Schröder, Gerstenmaier u. ich. Viele Unterredungen. Scheufelen sehr tätig. Kreuzerle rührend.«[59]

Während Scheufelen in Bonn den Boden bereitete, arrangierte Todenhöfer in seinem Tübinger Privathaus ein Treffen Kiesingers mit den Spitzen der bayerischen CSU. Eschenburg ist diesem Geheimtreffen durch Zufall auf die Spur gekommen und hat darüber in seinen Memoiren berichtet. Dem Schwiegervater von Eschenburgs ältester Tochter waren die vielen schweren BMWs mit Münchener Kennzeichen aufgefallen. Als der Eschenburgsche Schwager am nächsten Tag seinen Nachbarn Todenhöfer auf diese bayerische Invasion ansprach, habe dieser ihm erklärt: »Ach, die sind von der CSU, die wollten mit dem Kiesinger sprechen. Die wollen unbedingt, daß der Strauß Bundesminister wird. Sie haben Angst, daß er bayerischer Ministerpräsident wird.«[60] Würden die Bayern aus Furcht vor Strauß Kiesinger die Tür zum Palais Schaumburg aufstoßen?

Die vierte Entnazifizierung

Kaum hatte er sich im Feld der potentiellen Kanzlerkandidaten der Union etabliert, da schlug sich das Gemunkel um Kiesingers Vergangenheit schon publizistisch nieder. Fragen waren bereits im August 1966 gestellt worden, als die *Washington Post* im Vorfeld des Erhard-Besuchs eine Artikelserie zu den Thronprätendenten der CDU publizierte. Die *Welt*, nicht gerade Sprachrohr einer linken Kampfpresse, griff diese Berichte auf. Kiesingers Qualitäten als Starredner wurden gelobt, einige Schwächen erwähnt, darunter angeblich mangelhaftes physisches Stehvermögen, aber wichtiger noch, »sein Verhalten als junger Mann während der NS-Zeit«. Dies würde einer »genaueren Untersuchung« nicht standhalten.[61] Am 4. November 1966 erschien ein Artikel in der *Neuen Zürcher Zeitung*, der sich mit »Kiesingers Handicap« ausführlich beschäftigte. Man könne sich schwer vorstellen, daß die Union an Kiesingers Kandidatur festhalten würde, wenn sich erst einmal herumgesprochen habe, »welche Rolle Kiesinger während des 3. Reiches als Verbindungsmann zwischen dem Auswärtigen Amt und dem Reichspropagandaministerium Goebbels' gespielt hat« – gezeichnet »Wa.«.[62] Das deutete auf Wolfgang Wagner hin, ein Krone eng verbundener Journalist, über dessen Kanäle der alte Adenauer-Intimus Informationen in die Presse lancierte.[63]

Diesmal drohte es ernst zu werden. 1958, bei der Kandidatur zum Ministerpräsidenten, hatte der Angriff des *Vorwärts* beim Koalitionspartner für milde Irritationen gesorgt; 1950 war die Kandidatur zum Generalsekretär der CDU mit an der vergangenheitspolitischen Thematik gescheitert, weil Kiesinger sich keiner zweiten Entnazifizierung unterwerfen wollte. Damals war es zu keinem Flächenbrand wie im November 1966 gekommen. Schließlich lagen zwischen den jeweiligen personalpolitischen Konstellationen Welten: 1950 hatten Jakob Kaiser und die Berliner bzw. Exil-CDU mit der Attacke letztlich nicht Kiesinger, sondern Adenauer treffen wollen. Auch als Anwärter auf das Amt des Ministerpräsidenten war Kiesinger 1958 ohne ernsthafte Konkurrenz. Im Herbst 1966 aber ging es um den wichtigsten politischen Posten der Republik, auf den es in den ersten fünf Jahrzehnten der Bundesrepublik gerade einmal sieben Männer geschafft haben. Für Kiesinger gab es also einen objektiven Grund, das vergangenheitspolitische Handicap ernst zu nehmen, wobei er sich vielleicht dadurch täuschen ließ, daß auch sein Konkurrent Gerhard Schröder nicht frei von »Vergangenheit« war, weil er, wie Kiesinger, 1933 in die NSDAP eingetreten war, dann aber aufgrund seiner Einberufung zur Wehrmacht hatte austreten können.[64]

Das politische Umfeld hatte sich gründlich gewandelt: Was noch 1958 als Kavaliersdelikt erschien und sich aufgrund gemeinsam erlebter Erfahrung fast wie von selbst erklärte, besaß Mitte der sechziger Jahre eine völlig andere Konnotation. Das politische Personal war zwar dasselbe wie zehn Jahre zuvor; mit wenigen Ausnahmen (z. B. Barzels und Brandts) waren die Männer, mit denen Kiesinger im November 1966 über die Große Koalition verhandelte, mit ihm in den Ersten Bundestag eingezogen. Indes war die Republik eine andere. Es herrschte ein anderer Stil, andere Themen hatten sich nach vorne geschoben. Die liberalen Hamburger Medien begannen ihre lange publizistische Vorherrschaft.

Skandale wie die um Bundesvertriebenenminister Oberländer Anfang der sechziger Jahre oder die in der Mitte des Jahrzehnts einen neuen Höhepunkt erreichenden Kampagnen gegen Heinrich Lübke hatten das Publikum für die NS-Vergangenheit der obersten Repräsentanten sensibilisiert. Ausstellungen wie »Ungesühnte Nazijustiz« zeugten von historischer Neugier der Nachgeborenen, die zu schaffen sich Kiesinger selbst bemüht hatte, als er nach der Kölner Synagogenschändung und der antisemitischen »Schmierwelle« der Jahreswende 1959/60 eine Intensivierung des Geschichtsunterrichtes über die NS-Zeit (gegen den Widerstand der Lehrer) in die Wege geleitet hatte[65]; auch der Jerusalemer Eichmann-Prozeß, der Frankfurter Auschwitz-Prozeß, die von der Landesregierung schnell und geräuschlos betriebene Entfernung belasteter Richter aus dem Amt sowie die Diskussionen über die Verlängerung der Verjährungsfrist für NS-Straftaten hatten die personellen Altlasten der NS-Zeit ins Rampenlicht gerückt; waren in den fünfziger Jahren die ehemaligen Täter bewußt in die Gesellschaft integriert worden (unter Inkaufnahme himmelschreienden Unrechts), weil das die Demokratie vielleicht erforderte, wurde die Präsenz ehemaliger Täter in öffentlichen Ämtern nun für unvereinbar mit einer demokratischen Kultur gesehen.[66]

Es blieb also nicht bei der einen Meldung in der *Neuen Zürcher Zeitung*, wie es 1958 bei dem einen Artikel im *Vorwärts* und ein paar Leserbriefen geblieben war. Bericht folgte auf Bericht. Am Tage der ersten Meldung wurde Kiesinger in Stuttgart von einem Journalisten auf seine Vergangenheit angesprochen. Er widersprach der nicht zutreffenden Meldung, er sei Verbindungsmann zwischen Ribbentrop und Goebbels gewesen und stellte die alte Wandersage von dem Photo, das ihn mit Hitler und Mussolini zeige – diesem vergangenheitspolitischen Irrläufer, der schon seit Jahren durch seine politische Biographie geisterte – richtig. Er sei 1940 bis 1945 aufgrund einer Dienstverpflichtung im Berliner Auswärtigen Amt tätig gewesen, habe eine untergeordnete Tätigkeit als »wissenschaftlicher Hilfsarbeiter« ausgeübt. Soweit er mit anderen Reichsministerien in Verbindung gestanden hätte, hätte es sich »um normale Kontakte auf Referentenebene gehandelt«.[67]

Das war, wie wir wissen, bestenfalls die halbe Wahrheit. Vom Rang war er stellvertretender Leiter einer Abteilung gewesen, deren Wert legitimerweise in Frage gestellt werden konnte. Worin, so konnte sich Kiesinger fragen, hatte sich sein Anteil an der Geschichte des »Dritten Reiches« von dem Zehntausender unterschieden, die Hitler in der Wehrmacht gedient hatten, darunter auch Spitzenpolitiker, die nun mit ihm um das Kanzleramt konkurrierten? Daß er, wenn man so will, »Ersatzdienst« geleistet hatte, daß er in die Sicherheit des Auswärtigen Amtes geflohen war – sollte ihm das negativ zu Buche schlagen? Doch Kiesinger unterließ es, seine Stellung im Amt präzise darzustellen. Mit dem üblichen Politikerreflex hielt er nähere Details zurück. Das war ein politischer Fehler, der sich noch gravierend auswirken sollte. Umgekehrt stellt sich die Frage, ob eine aktive Haltung Kiesingers eine an historischer Wahrheitsfindung nur marginal interessierte »Verdachtsforschung« (Klaus Hildebrand) je hätte zufriedenstellen können.

Das Thema war mit der ersten Klarstellung Kiesingers denn auch nicht vom Tisch. Noch am 4. November 1966 suchte Bruno Heck, seit 1962 Bundesfamilienminister, Lübke auf und erklärte diesem, Kiesinger sei »wegen nationalsozialistischer Belastung als neuer Kanzler nicht tragbar«.[68] Nun war Heck beileibe kein innerparteilicher Widersacher Kiesingers. Doch er wollte lieber Gerstenmaier im Kanzleramt, der als Widerstandskämpfer einen untadeligen Ruf genoß und als prominenter evangelischer Christ dem erstrangigen interkonfessionellen Anliegen der Union symbolisch Rechnung trug. Zwei Tage später erschien Krone, der Erhard als Aufpasser im Range eines »Bundesministers für Aufgaben des Bundesverteidigungsrates« beigesellt worden war, bei Lübke und sprach sich gegen Schröder als Kanzler aus. Auch er plädierte aus Proporzgründen für Gerstenmaier. Kiesinger durfte, wie erwähnt, nach der Überzeugung der alten Adenauer-Kamarilla ohnehin »Bonner Boden nicht wieder betreten«.[69] Krone hielt ihn »trotz positiver Erklärung wegen seiner NS-Vergangenheit« daher für »nicht tragbar«. Auch der (katholische) Lübke wollte einen evangelischen Kandidaten. Indes hatte er Bedenken bei Gerstenmaier – wegen dessen »unberechenbaren Charakters«, wie Staatssekretär Berger seinem Tagebuch anvertraute.[70]

Die Rolle historischer Dokumente in diesem Bonner Intrigenspiel um Kiesinger ist von größtem Interesse. Die ersten Gerüchte um Kiesinger lösten eine hektische Betriebsamkeit unter Journalisten und Archivaren aus. So zog Lübke Erkundigungen bei dem Mainzer Zeithistoriker Hans Buchheim ein, der den Bundespräsidenten in Fragen von dessen eigener Vorgeschichte beriet. Im Auge des Sturms stand für einige Tage das Berlin Document Center (BDC) in Zehlendorf, wo die Amerikaner die NS-Mitgliederdatei sowie eine umfangreiche, personenbezogene Sammlung von 1945 in ihre Hände gefallenen Akten besaßen. Lübke hatte noch am gleichen Tag, an dem Heck ihn wegen Kiesinger aufsuchte, eine Anfrage an das BDC geschickt.[71]

Das behördliche und öffentliche Interesse am BDC stand jedoch in einem umgekehrt proportionalen Verhältnis zu den tatsächlichen Erkenntnissen, die sich aus den Beuteakten gewinnen ließen. Während die Presse von geheimnisvollen Dossiers munkelte, die von Berlin nach Washington gingen[72], und der amerikanische Botschafter in Bonn die ihm unterstellten Mitarbeiter des BDC noch einmal daran erinnerte, daß sie auf keinen Fall Informationen an Journalisten weitergeben dürften[73], mußte das BDC in bezug auf Kiesinger passen. Anhand der BDC-Bestände ließen sich nur altbekannte Fakten wie Kiesingers Parteimitgliedschaft und dessen Stellung im Auswärtigen Amt verifizieren. Darüber hinaus war das BDC auf die üblichen, veröffentlichten Quellen angewiesen, wie den »Kalender für Reichsjustizbeamte« oder alte Ausgaben von »Wer ist wer« – die sich in jeder besseren Bibliothek finden.[74]

Völlig entgangen war den Mitarbeitern des BDC die in den »Captured Documents« schlummernde Denunzierung Kiesingers aus dem Jahr 1944, von der die Welt wenige Tage später durch Ahlers erfuhr. Aber auch auf der anderen Seite des Atlantiks, im State Department in Washington, das seine eigenen Sammlungen zu belasteten Personen unterhielt, war man nicht klüger: »*The story of Kiesinger's denazification file is long and sad. In a word – we do not have it*«, schrieb eine Mitarbeiterin des US-Außenministeriums an eine Kollegin im BDC. Obwohl Kiesinger schon längere Zeit zu den führenden Mitgliedern der westdeutschen politischen Kaste gehörte, Mitte der fünfziger Jahre mit einem »Young Leader Grant« in die USA gekommen war, seither mehrfach auf amerikanische Einladung die USA bereist hatte, 1963 von Präsident Kennedy empfangen worden war und in Stuttgart engen Kontakt zu den dortigen zivilen und militärischen Spitzen der Amerikaner pflegte, besaß man im State Department weder dessen Entnazifizierungsakte noch wußte man, daß er 1945/46 in einem amerikanischen Internierungslager in Ludwigsburg gesessen hatte.[75] Auf den »Fall Kiesinger« waren die professionellen Hüter der vergangenheitspolitischen *arcana imperii* schlecht vorbereitet.

Auch die DDR wurde von Kiesingers Kandidatur überrascht. »Warum nicht im Braunbuch aufgeführt? Unter welcher Dokumentation ist er zu finden?« heißt es in einem »Suchauftrag« des Dokumentationszentrums der Staatlichen Archivverwaltung der DDR, dem ostdeutschen Pendant zum BDC. Kiesinger war im *Braunbuch* vergessen worden, eine peinliche Lücke in diesem im Westen starke Beachtung findenden Beitrag der DDR zur Vergangenheitsbewältigung.[76] Daß Kiesinger fehlte, war einer der Hauptgründe für eine Neuauflage dieser die NS-Belastung der westdeutschen Elite decouvrierenden Publikation. In Vorwort und Anhang der 3. Auflage von 1968 wurde der »Nazi-Kanzler« Kiesinger denn auch ausführlich gewürdigt, während er in den ersten beiden Auflagen mit keinem einzigen Wort erwähnt worden war.[77] Das erstaunt, war Kiesinger doch seit Jahren ein führender Politiker und waren in früheren Auflagen des *Braunbuchs* weniger bedeutende westdeutsche Akteure einer Eintragung für würdig befunden worden.[78]

Die vierte Entnazifizierung

Da sich jedoch die Akten des Propagandaministeriums in ostdeutscher Obhut befanden, aber auch Teile des Politischen Archivs des Auswärtigen Amtes, gelang es den Rechercheuren der DDR innerhalb kurzer Frist, etwas Licht in das Dunkel um Kiesinger zu bringen. Ein Teil dieser Dokumente wurde von dem für Fragen der Agitation zuständigen Politbüromitglied, Professor Albert Norden, noch während der schwebenden Koalitionsverhandlungen zwischen Union und SPD am 22. November mit großem Aplomb der Öffentlichkeit übergeben. Dies geschah unter der völlig irreführenden Schlagzeile, Kiesinger sei der »Chefagitator Hitlers« gewesen – ein Ehrentitel, den sich Goebbels zweifellos persönlich vorbehalten hätte. Die Ostberliner Übertreibungen waren leicht zu entkräften.[79]

Es waren also weder die DDR noch die westlichen Intellektuellen, die den Stein ins Rollen brachten. In der Sache konnte Kiesinger aufgrund der ostdeutschen Dokumente weder in Widersprüche verwickelt noch unwahrer Behauptungen überführt werden. Auch das BDC kam zu der Einschätzung, daß alles, was bisher bekannt geworden sei, die von Kiesinger gemachten Aussagen stütze. Man könne allenfalls darüber diskutieren, wie bedeutend seine Position im Auswärtigen Amt gewesen sei. So sah sich Kiesinger denn auch den Angriffen aus der DDR alles andere als hilflos ausgesetzt. Mit »östlichen Aktivitäten« hatte er fest gerechnet, auch weil er interne Informationen über die ostdeutschen Aktenbestände besaß. Der SDR-Intendant Hans Bausch, über jede Intrige bestens informiert und seit jeher ein zuverlässiger Informant Kiesingers, machte den Ministerpräsidenten am 18. November darauf aufmerksam, daß ein an der Landwirtschaftshochschule Hohenheim lehrender Wirtschaftshistoriker, der vor seiner Flucht in den Westen in der DDR-Archivverwaltung gearbeitet hatte, Kopien einiger Dokumente zur NS-Rundfunkpropaganda in den Westen geschafft hätte.[80] Dem Ansinnen Bauschs, den Professor mit der Autorschaft einer Verteidigungsschrift Kiesingers zu betrauen, widersetzte sich jedoch Kiesinger – darin bestärkt von Wickert und Diehl, die den Kanzlerkandidaten in vergangenheitspolitischen Fragen berieten. Man war sich nicht sicher, ob der Hohenheimer Gelehrte nicht ein DDR-Spion war.[81]

Die Bedeutung dieser vergangenheitspolitischen Intrigen für den politischen Prozeß in Bonn darf aber auch nicht überschätzt werden. Gerüchte und Unterstellungen, Querschüsse und Dementis sind Teil des Geschäfts. Letztlich gaben sich die Parteigranden mit Kiesingers Darstellung zufrieden, zumal die Auseinandersetzung um das vergangenheitspolitische Handicap eine ähnliche Qualität zu besitzen schien wie das Gerede über »Kiesingers Arbeitsstil«, »Barzels Karrierismus«, »Schröders Gefühlskälte« oder Gerstenmaiers »unberechenbaren Charakter«. Das sind die üblichen verbalen Schläge unter die Gürtellinie, ohne die ein Machtkampf keiner ist, in dem mit Worten um Mehrheiten gerungen wird.

Aber natürlich gab es in der CDU, den schwebenden »Skandal Lübke« vor Augen, ein echtes Bedürfnis, sich für alle Fälle abzusichern. Insofern waren die Fragen an Kiesinger legitim und kamen bis zur letzten Minute immer wieder hoch. So behauptete der CDU-Abgeordnete und ehemalige Generalbundesanwalt Max Güde auf dem Treffen süddeutscher CDU-Politiker am Abend des 8. November, Kiesinger sei durch die Nürnberger Prozesse schwer belastet. Auf Bitten Kiesingers kontaktierte Güde seinen Informanten, einen Staatsanwalt, und mußte sich anschließend in einem Brief an die Mitglieder der Fraktion von seinen ursprünglichen Aussagen distanzieren. Wie sich herausstellte, handelte es sich bei dem Nürnberger Dokument um den altbekannten Geschäftsverteilungsplan des Auswärtigen Amtes, auf dem selbstverständlich auch Kiesingers Name stand. Kiesinger persönlich belastende Dokumente fanden sich in den Nürnberger Akten nicht.[82]

Innerparteilich erreichte die Kontroverse ihren Höhepunkt am 7. und 8. November. Am Tag vor seiner Nominierung hatte Kiesinger seine alten Mitarbeiter aus der Rundfunkpolitischen Abteilung in der baden-württembergischen Landesvertretung um sich geschart. An diesem Tag war in der *Washington Post* ein Artikel von Anatole Shub erschienen, dem Bonner Korrespondenten dieser Zeitung, in dem Kiesinger beschuldigt wurde, SA-Offizier und politischer Kommissar der Wehrmacht gewesen zu sein. Derartige Vorwürfe, verifiziert, hätten seine Nominierung am folgenden Tag verhindert: Er habe Wickert und den Freunden »lang und breit seine Beziehungen zum Nationalsozialismus« geschildert, »die wir doch kannten; doch er meinte immer, er müsse sich rechtfertigen«. Parallel hätten die südwestdeutschen Landesvorsitzenden beraten, was an den Vorwürfen gegen Kiesinger wahr sei und ob sie seine Kandidatur weiter unterstützen könnten. Er bestehe auf einer Vertrauenserklärung der CDU, so Kiesinger. Andernfalls »wolle er seine Folgerungen daraus ziehen«. »Doch nicht etwa Ihre Kandidatur für das Amt des Bundeskanzlers zurückziehen?« fragte ihn Wickert. »Nein«, habe Kiesinger gerufen, »aus der Partei austreten.«[83] Auch Diehl schildert diese dramatische Nacht, die in einer Aussage Kiesingers gegipfelt habe: »Ich stehe das nicht durch.«[84]

Sehr bezeichnende Hauptsorge innerhalb der CDU/CSU war die Frage, wie das Ausland, vor allem die westlichen Alliierten, auf die Enthüllungen über Kiesinger reagieren würden. Die Aktionen der DDR konnten ignoriert oder als kommunistische Propaganda gebrandmarkt werden. Die westliche Diskussion war ernst zu nehmen. Einem Vermerk eines Mitarbeiters der CDU/CSU-Fraktion für Barzel zufolge sprächen sich »die Banken und die

Industrie« sehr dagegen aus, »daß jetzt ein PG an die Spitze unseres Landes treten solle. Es würde das Erbe von Dr. Adenauer doch total zu Grunde gehen!«[85] Wickert und Diehl hatten daher noch in der Nacht vom 7. auf den 8. November ein Telegramm an die Herausgeber der *Washington Post* aufgesetzt, in dem sich Kiesinger rechtfertigte.[86] Als sich nach Kiesingers Nominierung vor allem britische und amerikanische Schlagzeilen mit Begriffen wie »*Former Nazi Official*« und »*Ex-Nazi*« häuften, obwohl die Berichte meist ausgewogener waren als die Überschriften und Kiesingers Rolle unter Verwendung der von ihm vorgebrachten Entlastungsgründe und -dokumente schilderten[87], wurde die amerikanische Berichterstattung und die sich darauf stützende Kritik vor allem jüdischer Organisationen in Westdeutschland aufmerksam registriert.[88]

Wirkt es im Rückblick – Kiesinger selbst hat diesen Eindruck gehabt –, als sei eine Kampagne *gegen* ihn entfacht worden, so war dies in den ersten vierzehn Monaten seiner Kanzlerschaft nicht der Fall. Im November 1966 waren Kritiker wie Grass und Jaspers eine kleine Minderheit. Im westdeutschen Publikum weckte der Fall Kiesinger ein Gefühl nationaler Solidarität. Nicht wenige Zeitungen, überwiegend konservative oder politisch eher rechts, der CDU/CSU nahestehende Blätter, reagierten kritisch auf die ausländische »Einmischung«, die sich, so das *Handelsblatt*, »beinahe genüßlich auf die ›Nazi-Vergangenheit‹ des christlich-demokratischen Kanzlerkandidaten« stürze. Kiesinger sei im Auswärtigen Amt »als unzuverlässiges Element« angesehen worden. Weder das genüge seinen ausländischen Kritikern noch »20 Jahre demokratischer Arbeit nach dem Kriege«. Es falle »den westlichen Demokratien, die von einer Diktatur verschont geblieben sind, [...] schwer, von Pauschalurteilen herunterzukommen«.[89]

Auch der Kommentator des CSU-Blattes *Bayernkurier* griff diejenigen an, die wegen Kiesingers Zeit im Auswärtigen Amt, »Feuer zu schreien« glaubten. Diese Kritiker täten dem Kanzlerkandidaten »bitter Unrecht. Denn schließlich stellt Kurt Georg Kiesinger seit 20 Jahren tatkräftig unter Beweis, daß die Demokratie seine geistige Heimat, sein politisches Tätigkeitsfeld ist.«[90] In einem Kommentar »Der simplifizierte Kiesinger« wandte sich die durchaus Kiesinger-kritische *Stuttgarter Zeitung* gegen die Schwarz-Weiß-Malerei vor allem in den USA, wo sich zwei jüdische Kongreßabgeordnete dezidiert gegen eine Kanzlerschaft Kiesingers ausgesprochen hätten. Weder seien alle Mitglieder der NSDAP fanatisierte Verbrecher gewesen, noch dürfe man übersehen, daß es unter dem Nationalsozialismus »höchst gefährliche, miserable Subjekte« gegeben habe, die zwar »einen formell ›sauberen‹ Fragebogen vorweisen konnten, aber in jenen zwölf Jahren ganze Sümpfe von Niederträchtigkeiten skrupellos durchwatet« hätten. Im übrigen hätten höchste

Repräsentanten der USA seit Jahren Umgang mit Kiesinger gepflegt, obwohl dessen Ex-Parteigenossenschaft längst bekannt gewesen sei.[91]

Kiesinger war nicht wehrlos. Es konnte durch direkte persönliche Kontakte gezielt Einfluß auf die amerikanische Öffentlichkeit nehmen. Bundespresseamt und Auswärtiges Amt arbeiteten tatkräftig an der Entkräftung der Vorwürfe mit.[92] Kiesinger stützte sich auf ein Netzwerk privater und politischer Kontakte in die USA, das er seit Jahren aufgebaut hatte. Lilienfeld, der ja zu den ehemaligen Kollegen aus dem alten Auswärtigen Amt gehörte, orchestrierte als deutscher Gesandter in Washington die Pro-Kiesinger-Kampagne. Auch besaß Kiesinger ein gutes Verhältnis zum deutschen Botschafter in Washington, Karl Heinrich Knappstein. Dieser schien als ehemaliger Stellvertreter des für Entnazifizierung zuständigen Ministers in Hessen mit hoher moralischer Autorität über Kiesingers Vergangenheit urteilen zu können.[93]

Lilienfeld und vor allem Knappstein wirkten nicht allein auf die Medien, sondern direkt auch auf die jüdischen Organisationen in den USA ein, die von der Entscheidung der CDU/CSU für Kiesinger besonders enttäuscht worden waren[94], während die sich politische Klasse in Washington eine positive Wende der wechselseitigen Beziehungen von dem neuen Kanzler erhoffte. Dank der Kiesinger entlastenden Doerries-Denunziation von 1944 und der Spruchkammerbescheide sei es gelungen, so Lilienfeld an Kiesinger, die »anfangs leider recht gehässige Pressekampagne gegen Sie in einem Teil der hiesigen Massenmedia« zu beenden. Seit »Bekanntwerden des verschiedenen Materials« sei diese Kampagne »einer weitaus sachlicheren, zum Teil sogar verständnisvolleren Würdigung« gewichen.[95]

Private Kontakte trugen zur Glättung der Wogen bei. Der Kiesinger persönlich bekannte Präsident des Oberrates der Israeliten in Baden, Nachmann, versprach, sich auf einer Tagung jüdischer Vereinigungen in New York für ihn einzusetzen. Auch werde er gemeinsam mit dem Generalsekretär des Zentralrats der Juden in Deutschland, van Dam, eine Erklärung herausgeben, die beide »so positiv wie möglich zu gestalten« suchten. Über Karl Marx, der mit einer Erklärung in der *Allgemeinen Wochenzeitung der Juden in Deutschland* vorgeprescht war, die »ohne Fühlungnahme mit dem Zentralrat abgegeben worden sei und in einer Weise [...], die Widerstand hervorrufen müsse«, war Nachmann jedoch verärgert.[96] Zugleich zahlten sich für Kiesinger sein Bemühungen um die Gruppe der württembergischen Juden in New York aus. Walter Strauss setzte sich mit Leserbriefen für Kiesinger ein, von denen einer in der *New York Times* erschien.[97]

Wichtiger jedoch als die Stimmen älterer Emigranten und vor allem auch der Juden in Deutschland, die in den USA mit negativer Voreingenommenheit zu rechnen hatten, dürfte die Hilfestellung des Industriellen Otto A.

Die vierte Entnazifizierung

Friedrich gewesen sein, der zu den wichtigen deutsch-amerikanischen Mittlern der fünfziger und sechziger Jahre gehörte. Friedrich bemühte sich bei den Herausgebern der *Washington Post*, der im demokratischen Establishment höchst einflußreichen, ebenfalls jüdischen Familie Meyer-Graham um eine Aufklärung der Vorwürfe gegen Kiesinger. Ein Schreiben von Agnes Meyer an Otto A. Friedrich läßt die Schwierigkeiten erahnen, die Kiesingers Kandidatur aufwarf: »Mir ist ein Stein vom Herzen gefallen dank Ihres Berichtes über Kiesinger. [...] Man darf nicht vergessen, daß viele Menschen noch immer eine tiefsitzende Angst vor Deutschland haben. Alles, was wie eine Rückkehr der Nazis wirkt, jagt jedermann hier einen fürchterlichen Schrecken ein. Ich muß zugeben, daß auch ich, obwohl ich Deutschland besser als die meisten kenne, sehr besorgt war.«[98]

Innerhalb der CDU, nicht in der westdeutschen Öffentlichkeit, wo die Debatte bis in den Dezember fortschwärte, wurden die Vorwürfe gegen Kiesinger kurz vor dessen Nominierung ausgeräumt. Nachdem am Rande der Bundesvorstandssitzung vom 8. November, auf der Kiesinger als einer von vier Kandidaten nominiert wurde, erneut Bedenken aufgetaucht waren, sei man sich, so berichtete die *Stuttgarter Zeitung*, darüber einig geworden, »daß die Vorwürfe zum Teil offensichtlich weit übertrieben wurden. Was an Substanz von ihnen nach genauer Prüfung übrigbleibt, ist so geringfügig, daß es propagandistisch auch von Übelwollenden kaum ausgeschlachtet werden kann.«[99] Wichtig war aus CDU-Sicht das Votum von amerikanischer Seite. Als sich die süddeutschen Abgeordneten nach der Bundesvorstandssitzung am Abend des 8. November noch einmal trafen, gab Kiesinger freimütig Auskunft. Inzwischen hatten er und Scheufelen Kontakt zu dem amerikanischen Botschafter in Bonn, McGhee, aufgenommen und sich von diesem Rückendeckung besorgt. McGhee hatte sich wegen eventueller Bedenken in Washington kundig gemacht und ließ die Grüße des Präsidenten Johnson an Kiesinger ausrichten.[100] Das sicherte Kiesinger innerparteilich ab.

Die endgültige Bereinigung dieser sich aufschaukelnden, vergangenheitspolitischen Affäre brachte ein weiteres historisches Dokument, das Kiesinger am 9. November 1966 von Conrad Ahlers zugespielt wurde. Das Dokument war von dem *Spiegel*-Redakteur Heinz Höhne bei dessen Recherchen für die Serie über die SS »Der Orden unter dem Totenkopf« ausgegraben worden, die just um diese Zeit im *Spiegel* erschien.[101] Ahlers, der mit Kiesinger über ein Mittagessen die Abwehrstrategie besprochen hatte, revanchierte sich nicht allein für die Schützenhilfe während der *Spiegel*-Affäre. Es war ein Dienst unter Freunden. Die Seilschaft aus dem Bundespresseamt hielt, was sie versprochen hatte: Das also hatte Diehl gemeint, als er dem schwankenden Kiesinger gesagt hatte, daß er nicht wehrlos sei und »wir ihm helfen würden«.[102]

Bei dem Dokument, das postwendend der Öffentlichkeit übergeben wurde, handelte es sich um die Doerries-Denunziation vom November 1944, in der Kiesinger der Sabotage der »antijüdischen Kampagne« beschuldigt worden war und einer »liberalistischen« Gesinnung. Damit war Kiesinger aus dem Schneider, obwohl dieses Schlüsseldokument, wie deutlich geworden ist, Interpretationsspielräume bietet. Im zeitgenössischen Kontext zählte, daß die Denunziation den in Kiesingers Spruchkammerakte konstatierten Widerstandshandlungen Gewicht verlieh. Vor der entscheidenden Sitzung am 10. November wurde das Dokument allen Abgeordneten der CDU/CSU ausgehändigt und verfehlte seine Wirkung nicht.

Mit der Wahl zum Kanzlerkandidaten am 10. November klangen die parteiinternen Angriffe auf Kiesinger ab, wenn auch noch nicht alles ausgestanden war. Die Kampagne gärte weiter, weil Kiesinger auf seinem Weg ins Kanzleramt in letzter Minute gestoppt werden sollte.[103] Politisch folgenlos waren die Querschüsse der versprengten Nachhut der »Brigade Erhard«, die den amtierenden Kanzler im Amt zu halten hoffte. Erhard war abgehalftert – daran war nicht zu rütteln. Politisch höchst relevant hingegen war die Konfrontation zwischen Kiesinger und dem ihm in der Abstimmung vom 10. November unterlegenen Schröder, der unter Berufung auf die im Politischen Archiv des Auswärtigen Amtes lagernde Personalakte Zweifel an Kiesingers Aussagen hegte. Staatssekretär Berger notierte sich am 15. November, daß Kiesinger nach Schröders Aussage Blockleiter der NSDAP gewesen sei – ein Vorwurf, der hier erstmals auftauchte. Am 17. November erklärte Kiesinger dem Bundespräsidenten, er habe die entsprechende Sparte auf seinem Personalbogen »nur zu seinem Schutz ausgefüllt«. Man habe ihn damals bedrängt, »für die NSDAP aktiv zu werden«.[104] Wir erinnern uns, daß Kiesinger in seinem Personalfragebogen unter der Rubrik »Parteiämter« eingetragen hatte, er sei »bisher« Blockleiter der NSDAP gewesen. Wie Wickert notierte, habe Kiesingers damalige rechte Hand im Auswärtigen Amt, Spahn, im November 1966 Mitarbeiter des Bundeswirtschaftsministeriums, ihm erzählt, daß Kiesinger »eine Zeit lang die Parteibeiträge durch seine Sekretärin« habe einsammeln lassen.[105]

Diese Personalakte aus dem Politischen Archiv des Auswärtigen Amtes hatte sich Schröder kommen lassen und akribisch exzerpiert. Das Wort »Blockwart« ist auf diesem Exzerpt rot unterstrichen.[106] Der alte Personalbogen lag gut sichtbar auf dem Tisch, als Kiesinger einige Tage nach seiner Nominierung zu Schröder ging, um mit diesem über die Kabinettsliste zu sprechen. Kiesinger fühlte sich wie vor den Kopf gestoßen. Die Bedeutung war unmittelbar einsichtig: Wäre diese, der Öffentlichkeit damals nicht zugängliche, Information zutage gefördert worden, hätte dies Kiesingers Glaubwürdigkeit einen schweren Schlag versetzt. Von einem »Blockwart« war bisher niemals die Rede gewesen.

Angesichts dieses »Erpressungsversuchs« war Kiesinger äußerst aufgebracht: »Fouché« – »Polizeiministermethoden«.[107] Zwischen beiden Männern war das Tischtuch zerschnitten – mit gravierenden Folgen für die Große Koalition, da der persönliche Konflikt Kiesinger-Schröder im Sommer 1967 über die Frage der Bundeswehr-Truppenstärke eskalierte und in den Auseinandersetzungen um die Wahl des Bundespräsidenten einen unrühmlichen Höhepunkt fand. Es spricht indes für Schröders Integrität, daß er, entgegen Kiesingers Befürchtungen, von den Informationen über den Blockleiter niemals Gebrauch machte. Der Außenminister akzeptierte Kiesingers Erklärung. Er hielt genauso dicht wie die wenigen aus Kiesingers nächster Umgebung, die Bescheid wußten. Überhaupt setzte sich in den folgenden Tagen in der Union die Erkenntnis durch, daß der mühselig gefundene Kandidat nicht demontiert werden könne, ohne die Regierungsfähigkeit der angeschlagenen Partei dauerhaft zu ruinieren.

Weitere innerparteipolitisch motivierte Zweifel an Kiesingers Vergangenheit sind in den Wochen bis zu Kiesingers Wahl zum Kanzler am 1. Dezember 1966 unterblieben. Unter den führenden SPD-Politikern war der gegen die Große Koalition plädierende Parlamentarische Geschäftsführer Karl Mommer in der Minderheit, als er sich mit vergangenheitspolitischen Argumenten gegen Kiesinger wandte. Wehner rüffelte darob seinen alten Widersacher in der SPD-Fraktion vor versammelter Mannschaft.[108] Auch Mommer trieb die »Sorge um das Ausland« um. Innenpolitisch hielt er die »formale Mitgliedschaft Kiesingers zur NSDAP« für nicht gewichtig, »außenpolitisch spiele diese Tatsache eine sehr große Rolle«. Denn außerhalb Deutschlands sei bekanntlich die Situation im »Dritten Reich« nicht richtig einzuschätzen.[109]

Dieses Argument hallt auch in den Angriffen von Günter Grass wider, der neben der moralischen Verantwortung gegenüber der Jugend und der Notwendigkeit, die NPD kompromißlos zu bekämpfen, die außenpolitische Verletzbarkeit des geteilten Deutschland »ohne Friedensvertrag« gegen Kiesingers Wahl ins Feld führte. Darin aufgehoben war für Grass auch die Frage, »ob es dem Alt-Stalinisten Ulbricht« erlaubt sein solle, wegen Kiesinger »auf uns mit Fingern zu deuten«.[110] Willy Brandt und große Teile der SPD ließen sich davon nicht sonderlich beeindrucken. Selbst Alex Möller, der ja durchaus nicht gut auf Kiesinger zu sprechen war und bis zuletzt die Große Koalition ablehnte (wie überhaupt die südwestdeutsche SPD von einem Kanzler Kiesinger wenig Gutes erwartete), stellte im SPD-Parteivorstand erneut klar, daß Kiesingers Vergangenheit bereits 1958 durchleuchtet worden sei. »Ich sage euch«, schloß Brandt sein Plädoyer für die Große Koalition, »es gibt gute Gründe, Deutschland von zwei Männern, aber nicht nur von zweien! – vertreten zu lassen, die aus ganz unterschiedlichen Lagern + Lebensbereichen kommen. Es wird Zeit zu entscheiden.«[111]

Kanzlerkandidat

Schon am Vormittag des 8. November, einem Dienstag, hatten FDP und SPD alle verfahrensrechtlichen Einwände und Geschäftsordnungstricks aus dem Weg geräumt und im Bundestag ein »einfaches« Mißtrauensvotum gegen Erhard zustandegebracht. Dieser »Schauprozeß« (Erhard) verpflichtete zu nichts, da nicht »konstruktiv«, weil nicht mit der Kanzlerwahl gekoppelt. Die politische Signalwirkung war gegeben. Am Nachmittag trat der CDU-Bundesvorstand zusammen, um eine Kandidatenvorauswahl zu treffen, aus deren Mitte dann die Fraktion am Donnerstag, dem 10. November, den Kanzlerkandidaten wählen würde.

Die Sitzung im Palais Schaumburg wurde von Erhard mit legendären Worten eröffnet: »Man spricht von einer Regierungskrise.« Sollte aber der Vorstand beabsichtigt haben, Erhard den Prozeß zu machen[112], dann kam ihm der Kanzler zuvor. In einer einstündigen Philippika ließ er seiner Empörung über ein Votum des Fraktionsvorstandes Lauf, eine Mitwirkung der CDU an der Regierung »unter neuer Führung« zu fordern. Doch am Ende warf er das Handtuch: »Je eher der Nachfolger gewählt sein wird, desto sympathischer wird es mir sein. Damit können Sie annehmen, daß ich mich nicht querlegen und daß ich den Prozeß unter keinen Umständen aufhalten will, wenn er schon notwendig ist.«[113]

Weniger glatt verlief die Kandidatenkür. Verärgert über die umtriebigen Südwestdeutschen, deren Allerheiligen-Beschluß seine Pläne durchkreuzt hatte, drängte Barzel auf eine schnelle Entscheidung.[114] Er sei sich nicht sicher, ob er am nächsten Morgen nicht aufwache und in der Zeitung lese, FDP und SPD hätten eine Koalition gebildet. Wie die Katze den heißen Brei umkreise der Vorstand die »Gretchenfrage«. Scheufelen fragte leicht entschuldigend, ob nicht eine Meinungsäußerung des Bundesvorstandes angebracht sei, wenn auch beileibe die Fraktion nicht präjudiziert werden solle. Doch weder Gerstenmaier noch Kiesinger oder Schröder wagten sich aus der Deckung. Den Anfang machte der rheinland-pfälzische Bundestagsabgeordnete und JU-Bundesvorsitzende, Egon Klepsch: Man solle offen darüber zu sprechen, »welche andere Persönlichkeit wir an Stelle unseres Bundeskanzlers als diejenige Persönlichkeit vorschlagen sollten, die die Neubildung der Regierung in die Hand nehmen soll«. Franz Gurk sekundierte: »Ich glaube,

Sie sind doch alle Mitglied in einem Gesangsverein, und wissen, wie man das macht.«

Wieder drohte die Diskussion zu einem Für und Wider über die Große Koalition abzudrehen. Da platzte es aus Helmut Kohl heraus: Man müsse nach beiden Seiten verhandeln, doch sehe er keine Chance für die CDU, in einer Großen Koalition ihre Position zu verbessern. Er selbst sei ein Anhänger des Mehrheitswahlrechtes, wenn auch die Situation denkbar ungünstig sei. Schaffe man die FDP »qua Wahlrecht« ab, dann würden die Wähler zu den Radikalen laufen. Im übrigen mute es ihn ein »bißchen gespenstisch« an, daß man im Vorstand die Einsetzung einer Kommission erwäge, um einen personellen Vorschlag zu entwickeln. Jeder wisse, worum es gehe: »Wir sollten jetzt schlicht und einfach die Namen auf den Tisch bringen«. Ohne viel Federlesens nannte er die Namen in der Reihenfolge des Alphabets: Barzel, Gerstenmaier, Kiesinger und Schröder.

Das war mutig gesprochen. Den Ausschlag gab jedoch Strauß, der verspätet gekommen war. Er benötige ein Votum, bevor am folgenden Tag der CSU-Landesvorstand in München tage. Kiesinger warf ein: »Es kann aber auch einer der Genannten seinen Kandidaten haben und sagen: Wenn der will und Chancen hat, werde ich gegen den nicht kandidieren!« (gemeint war natürlich Gerstenmaier). Das provozierte einen ironischen Zwischenruf: »Hochnobel, das gibt es auch.« Erneut drohte sich die Diskussion von der Kandidatenfrage wegzubewegen. Doch Strauß insistierte: Er benötige für die Sitzung des CSU-Vorstandes eine Entscheidung, ob sich »die vorgenannten Herren« der Abstimmung stellten. Barzel willigte ein, stellte seine Bewerbung jedoch unter eine Bedingung: Jeder müsse am Ende dem Gewählten helfen und sich zur Verfügung stellen. Selbstverständlich, brummte Erhard unwirsch am Ende.

Das Wort war zuvor schon an Gerstenmaier gegangen: Er bewerbe sich nicht. Nicht aus Geringschätzung gegenüber dem Amt; er sei beeindruckt, genannt zu werden: »Wenn es mich trifft, so gedenke ich, nicht zu kneifen, meine Pflicht zu tun.« Der dritte war Kiesinger: »Nachdem aber Freund Gerstenmaier gesprochen hat, muß ich natürlich auch etwas sagen. Von Bewerbung kann keine Rede sein. Wir sind ins Spiel gekommen. Ich habe vorhin schon gesagt, daß ich meinen Kandidaten habe und wie ich mich verhalten werde. Mehr brauche ich, glaube ich, dazu nicht zu sagen. Die Schwere des Amtes, das hier übernommen werden soll, ist jedem klar. Ich kann nur jedem Glück wünschen, der schließlich der Erwählte sein wird. Ich möchte also keinen Irrtum lassen, als ob ich in dieser Sache anders sähe als unser Freund Gerstenmaier.«[115]

Eine höchst unorthodoxe Weise, seinen Anspruch auf das wichtigste politische Amt der Republik anzumelden. Kiesinger wand sich bis zur letzten

Sekunde. Schröder dagegen erklärte nordisch knapp und klar: »Herr Vorsitzender, meine Damen und Herren! Ich werde mich einer Abstimmung in der Fraktion stellen.« Aber Schröder hatte seine Kandidatur doch eher dilatorisch betrieben und glaubte, trotz seines Angebotes an Kiesinger, nicht wirklich an einen Sieg.[116] Kiesinger fühlte sich an seinen Pakt mit Gerstenmaier gebunden. Dennoch paßt es ins Bild, daß der *cunctator* nicht bedenkenlos in den Ring stieg. Umgekehrt sollte man in Kiesinger aber auch nicht das Werkzeug des forschen Aufsteigers Kohl erblicken, wie der von der politischen Naturgewalt des rheinland-pfälzischen Landesvorsitzenden beeindruckte Kohl-Biograph Klaus Dreher dessen damalige Rolle überzeichnet.[117]

Auch Augsteins Verschwörungstheorie griff zu kurz, Kiesinger sei Wachs in den Händen des »starken Mannes« Strauß.[118] Kohl war *up and coming* und ein begnadeter Netzwerker. Aber der Kiesinger loyal zuarbeitende Scheufelen, der in den Vorstandssitzungen eher selten das Wort ergriff, war eine etablierte, einflußreiche Figur und von Strauß völlig unabhängig. Der CSU-Vorsitzende hingegen optierte für Gerstenmaier, während Jaumann Kiesinger die CSU-Stimmen verschaffte. Letztlich aber war für Strauß und die CSU entscheidend, daß ihr Vorsitzender im Kabinett Platz finden würde. Dies hatten ihm sowohl Gerstenmaier als auch Kiesinger zugesichert. Als die CSU am folgenden Tag, dem 9. November, in München für Kiesinger stimmte (was den chancenlos gewordenen Gerstenmaier zum Rückzug zwang), war dies vielleicht nicht in Strauß' ursprünglichem Sinne, wahrte aber dessen Interessen.[119]

Kiesinger ging als Favorit ins Rennen. Zeitgenössische Karikaturen zeigen ihn als einen nachdenklichen Heinrich den Vogler, dem man die Königskrone geradezu aufdrängen muß. Es würde kein Spaziergang werden, aber die Herausforderung reizte ihn. Wäre es nicht besser gewesen, in Stuttgart zu bleiben, fragte ihn 1977 der SDR-Korrespondent Roderich Klett: »Nein, es könnte ja auch sein, daß man im Laufe der langen Jahre auch müde wird, daß vieles Routine wird. [...] Und da habe ich den einen oder anderen erlebt, der müde geworden war. Wenn ich hier davon ausgehe, daß ich hier als der Musterfall eines Landesfürsten gefeiert wurde [...] landauf, landab in Publikationen und wo immer, und daß mir hier verhältnismäßig wenig politische Gegnerschaft entgegentrat, dann würde ich sagen, war's hier natürlich schöner. Aber was hätte ich versäumt an Erfahrung, an Erweiterung meines Lebenshorizonts, wenn ich nicht nach Bonn gegangen wäre.«[120]

Die Politiklaufbahn als Bildungserlebnis! Und in der Tat: Was wäre in Stuttgart noch zu bewegen gewesen, ohne sich völlig abzunutzen? Die Konstanzer Universität war gegründet, am 1. Juni 1966 hatte er den Grundstein gelegt. Die Bildungsreform war auf dem Weg, das Land war im Innern gefestigt und konsolidiert, die endgültige Abstimmung würde es nicht mehr bedrohen können. Es blieb die lange verschobene Verwaltungsreform, die lästige Schulfrage, der mühselige Finanzausgleich zwischen Bund und Ländern. Große Themen, ganz ohne Zweifel, aber hohe Gipfel würde er im Südwesten nicht mehr erklimmen.

Völlig ungefährdet war Kiesingers Stellung in Stuttgart übrigens nicht. In den Turbulenzen um die Bonner Kandidatur war völlig untergegangen, daß just an dem Tag, an dem Kiesinger zum Kanzlerkandidaten der Union in Bonn nominiert wurde, im Ständigen Ausschuß des Landtags SPD und FDP eine Vorlage der Sozialdemokraten annahmen, aufgrund derer die christliche Gemeinschaftsschule als einzige öffentlicher Schule im ganzen Land eingeführt werden sollte. In der Schulfrage drohte die Kleine Koalition zu platzen.[121] Ein Stück weit Flucht nach vorne war die Kanzlerkandidatur also schon – und nicht ganz ohne Risiko für Kiesinger. Ein Szenario ist vorstellbar, das ihn am Ende ganz ohne Amt gesehen hätte. Unter Umständen wäre einem in Bonn abgelenkten und dort scheiternden Kiesinger der Rückweg nach Stuttgart verbaut gewesen.[122]

Drei Wahlgänge benötigte Kiesinger, um die absolute Mehrheit der Bundestagsfraktion auf seine Seite zu bringen. Der Prozeß verlief so offen und demokratisch wie noch nie in der Geschichte der CDU. Bei allen anderen Kanzlernominationen war der Sieger schon zuvor festgelegt worden. Während sich Schröder in den drei Wahlgängen von 76 auf 81 der 244 Fraktionsmitgliedern verbesserte, setzte sich Kiesinger auf Kosten Barzels und Hallsteins, der nach dem zweiten Wahlgang ausschied, durch. Barzels Stimmenzahl sank von 56 über 42 auf 26, während sich Kiesinger von Wahlgang zu Wahlgang von 97 auf 119 und schließlich auf 137 verbesserte. Geht man davon aus, daß er die 49 Stimmen der CSU erhielt – bzw. 48 ohne die von Strauß, der ostentativ Barzel gewählt haben soll, während Landesgeschäftsführer Leo Wagner durch die Reihen gegangen sei und darauf geachtet habe, daß die Landesgruppenmitglieder ja den richtigen Namen schrieben[123] –, dann hatte Kiesinger eine knappe Mehrheit der CDU-Stimmen erhalten. Außer der Jungen Union hat geschlossen die Südwestecke für ihn gestimmt. Die Union war geographisch (nicht konfessionell!) entlang der Mainlinie gespalten. Schröder hatte seinen soliden Stamm von nord- und westdeutschen Abgeordneten hinter sich gehalten. Auch deshalb mußte er von Kiesinger als ernstzunehmender Faktor in Partei und Fraktion weiterhin toleriert werden.[124]

Füßetrampeln und minutenlanger stürmischer Beifall für Kiesinger: Von der Fraktion, die ihren Kandidaten fast schon wie den gewählten Kanzler feierte, war eine Last abgefallen.[125] »Lieber Gott« soll Kiesinger leise zu Eugen Gerstenmaier gesagt haben, als man ihm den Zettel mit dem Ergebnis zuschob.[126] Er faßte sich schnell und nahm die Wahl mit den Worten an: »Herr Vorsitzender, meine Freunde, wenn Sie mich nicht gewählt hätten, dann hätte ich Ihnen gesagt, ich komme mir vor wie ein Mann, der eine schwere Last getragen hat und dem sie plötzlich von den Schultern genommen worden ist. Nun haben Sie mir diese Last aufgebürdet, ich muß sie tragen und ich versichere Ihnen, daß ich mit den letzten Kräften mit Ihnen zusammen versuchen werde, sie zum guten Ziel zu tragen. [...] Noch darf ich mich nicht in die Reihe der großen Namen Konrad Adenauer und Ludwig Erhard stellen, denen ich bei dieser Gelegenheit meine Verehrung und meinen Respekt ausdrücken möchte. Noch bin ich nur Ihr Treuhänder, der mit Ihnen zusammen suchen muß, eine Regierung zu bilden, die die schweren Aufgaben auf dem Gebiet der Innenpolitik und der Außenpolitik lösen kann und dazu – man soll es ja nicht vergessen – jene große Integrationsaufgabe in unserem Volk zu leisten hat, die bitter notwendig ist, wenn dieses Volk durch die kommenden Jahre heil hindurchkommen kann.«[127]

Während Kiesinger vor Glück strahlte und sich mit Strauß im Foyer des Bundestages zeigte, wurde Schröder vom *Spiegel* mit versteinertem Gesicht abgebildet, während Barzel eine wütende Grimasse schnitt. Der Bundesaußenminister meinte lakonisch zu den wartenden Journalisten: »Ich wünsche dem Sieger Glück. So, mehr brauche ich nicht zu sagen.«[128] Den Nachmittag verbrachte er im Kreise seiner Familie mit einem Spaziergang rund um den See in Maria Laach.[129] Barzel fiel es schwer, seinen Ärger zu unterdrücken: »Montag wird es weitergehen. Ich danke herzlichst.« Eine »schmerzliche Abfuhr« hatte die Fraktion ihrem Vorsitzenden verabreicht.[130] Krone traf einen »tief enttäuschten und verbitterten« Barzel in dessen Wohnung in Bad Godesberg. Er fühle sich von Strauß und Heck hintergangen. Über das Wochenende fuhr Barzel allein in seinem Wagen los, um sich »abzureagieren«: »Auch dieser Zug ist für Barzels Bild von Bedeutung«, kommentiert angewidert Krone.[131]

Das Glückskind Kiesinger nahm bereitwillig alle Interview-Wünsche an und erklärte seine Bereitschaft zu Koalitionsverhandlungen nach beiden Seiten. In der gleichen Nacht ging es in einer Maschine des Offenburger Verlegers Franz Burda nach Stuttgart.[132] Etwas Schlaf, Kiesinger brauchte selten mehr als fünf Stunden, ein halber Vormittag Ruhe im Kreis der Familie, eine Wanderung im Schönbuch, um Kräfte zu sammeln für die große Schlacht, Gespräche mit den Mitarbeitern und Haußmann, der sich um die christlich-liberalen Koalitionen in Stuttgart und Bonn Sorgen machte. Am 11. November war er in Bonn zurück, wo er sich bis in die Nacht mit Heck beriet. Am Freitag, dem 12. November, besuchte er Adenauer in Rhöndorf, dann schließlich Wehner zu einem ersten Gespräch.[133]

Hinter dem anfänglichen Zaudern lugte Kiesingers Wille zum Amt nun deutlicher hervor. Schon die Dankadresse an die Fraktion, in der Kiesinger davon sprach, sich *noch* nicht in eine Reihe mit Adenauer und Erhard stellen zu können, *noch* der Treuhänder der Partei zu sein, läßt aufhorchen. Etwas deutlicher wurde er in einem Interview, das der zwischen Bonn und Stuttgart hin- und herhastende Kiesinger ausgerechnet dem *Stern* gab, das aber erst Ende November veröffentlicht werden sollte, nachdem die Große Koalition perfekt gemacht worden war.

Sein Gesprächspartner war kein anderer als Erich Kuby, ein kritischer Intellektueller und Journalist, der doch in Kiesingers Urteil, darin von Waldemar Besson bestärkt, als so etwas wie ein linker Rattenfänger galt, dessen schrecklich vereinfachenden Parolen historisch ahnungslose Studierende scharenweise auf den Leim gingen.[134] Kuby jedenfalls gestand Kiesinger auf einem Nachtflug nach Stuttgart, daß er sein Glück nicht im Amt des Bundeskanzlers fände. Eigentlich strebe er nach der *vita contemplativa*. »Aber es ist nicht gerade der Ruhestand, dem Sie zusteuern?« »Nein. So wohl wird mir nie wieder in meiner Haut sein wie in Stuttgart.« Diesen Satz hat sich Kuby aufmerksam notiert. Es klinge, als sähe sich Kiesinger bereits im Kanzleramt. Ihm sei, so schreibt Kuby weiter, auf diesem Flug »gewiß geworden«, daß Kiesinger »ausgesprochen gern Bundeskanzler würde«. Er spreche davon, was er in Baden-Württemberg gerne noch unter Dach und Fach gebracht *hätte*: »Ich hätte diese großen Aufgaben gern zu Ende geführt«, läßt Kuby Kiesinger im Konjunktiv sagen.[135]

Ein *dark horse* nannten die Impressarios amerikanischer Parteikonvente des 19. Jahrhunderts einen Sieger, der, nachdem sich alle anderen Kandidaten gegenseitig neutralisiert haben, im Rennen erscheint und die Nomination mit sich nimmt. Noch im Oktober hatte niemand so recht an eine Kandidatur des baden-württembergischen Ministerpräsidenten geglaubt, der als eine Figur auf dem Schachbrett galt, aber mit deutlichen Ambitionen auf das Auswärtige Amt. Mit dem Austritt der FDP-Minister aus der Regierung Erhard hatte Kiesingers Kandidatur Schwung bekommen. Daß er als klassischer Kompromißkandidat schließlich den Zuschlag erhielt, hatte mit seinem Status als Außenseiter zu tun. Er besaß die wenigsten Feinde in der Fraktion, er war für viele wählbar, weil er nicht als Mann *einer* Gruppierung galt (wie der »Protestant« Schröder); er war der Mann des Ausgleichs, der die beste Chance bot, die widerstreitenden Flügel zu vereinen; er war nach den Jahren im Exil in Stuttgart ein relativ unverbrauchtes Gesicht auf der Bonner Bühne und doch zugleich einer der Männer der ersten Stunden nach 1949. Hier zeigte sich, wie es sich Kiesinger wohl zurechtgelegt haben wird, daß man das Schicksal nicht zwingen konnte, sondern gelassen auf sich zukommen lassen mußte.

Im Dezember 1958 hatte der von Adenauer Enttäuschte Bonn Richtung Stuttgart verlassen. Nun erwies es sich als glückliche Fügung, daß er wenige Monate, bevor mit der Adenauerschen »Präsidentschaftsposse« der siebenjährige Kampf um die Macht in Bonn entbrannte, an die Stuttgarter Peripherie gegangen war. Während sich Adenauer, Barzel, Erhard, Gerstenmaier, Schröder und Strauß gegenseitig unterminierten, war Kiesinger am Rande geblieben und hatte in dreifacher Hinsicht die Fundamente für seine erfolgreiche Kanzlerkandidatur gelegt: Er hatte gezeigt, daß er regieren konnte, wenn auch nicht im überschätzten, technisch-bürokratischen Sinne des virtuosen Umgangs mit Akten und Apparaten; sondern mit einer alles in allem modernen, zukunftsträchtigen Landespolitik, die über den Südwesten hinausstrahlte. Dies hatte Kiesinger zweitens Wahlerfolge gebracht, wovon keine respektable politische Partei absehen wird: Kiesinger war Zugnummer und Wahlkampflokomotive, er kam als Redner glänzend an, erzielte höchste Popularitätswerte. Nichts glaubte die CDU für 1969 dringender zu benötigen. Und drittens war Kiesinger in Partei und Fraktion mehrheitsfähig, weil er ostentativ offen für unterschiedliche Koalitionen schien, während Schröder eindeutig zurück zur christlich-liberalen Koalition tendierte.

Regierungsbildung

Es lag also an Kiesinger, für die Union eine Regierung zu bilden. *A priori* war er kein Parteigänger einer Großen Koalition. In der *Spiegel*-Affäre 1962 hatte er anders als Lücke und Guttenberg für eine Allparteienregierung plädiert. Er sah das mit der Großen Koalition eng verknüpfte Wahlrechtsprojekt skeptisch, wenn er auch, wie fast alle führenden Unionspolitiker, zeitlebens persönlich das Mehrheitswahlrecht befürwortete.[136] Noch am 22. November 1966, als sich die Verhandlungen mit der SPD zum Abschluß neigten, gab er sich im Präsidium pessimistisch: Die »Möglichkeit für eine Wahlrechtsänderung [ist] nicht nur bei uns, sondern auch bei der SPD fraglich«.[137] Das harte Junktim zwischen Wahlrechtsreform und Großer Koalition hat er für seine Person nicht unterschrieben. Dennoch, im Abschlußbericht vor der Fraktion und danach in der Regierungserklärung vom 13. Dezember stellte er das »mehrheitsbildende Wahlrecht« – in genau dieser, abgeschwächten Formulierung – an die Spitze der von der Großen Koalition zu verwirklichenden Aufgaben.[138]

Dafür, daß Kiesinger »schwarz-gelb« bevorzugte, sprach seine Stuttgarter Bilanz. Dort hatte er seit sechs Jahren erfolgreich mit den Liberalen regiert. Er hatte, nach anfänglichem Zögern, die Allparteienkoalition 1960 aufgelöst, wovon sich die baden-württembergische SPD nie mehr erholen sollte. Vergeblich hatte Wehner an den Ministerpräsidenten appelliert, angesichts der deutschen Teilung nicht in »Bürgerblock«-Vorstellungen zurückzufallen.[139] Kiesingers gelegentliche Versuche, als Außenminister oder als Bundespräsident in Bonn wieder anzulanden, hatten stets einen freidemokratischen Unterton gehabt. Es gab immer zwei, die sich an »höherer Stelle« für Kiesinger verwendeten: Scheufelen, für den als stellvertretender Vorsitzender der Wirtschaftsvereinigung der Union die Große Koalition Anathema war; und Haußmann, die wichtigste Stütze der christlich-liberalen Stuttgarter Regierung auf freidemokratischer Seite.[140] Allerdings war der als Garant des christlich-liberalen Bündnisses geltende FDP-Bundesvorsitzende Mende in seiner Partei im Herbst 1966 bereits deutlich angeschlagen. Das Gewicht Haußmanns und des baden-württembergischen Ministerflügels der FDP war dadurch gemindert. Ohnmächtig erlebte Haußmann im November 1966 mit, daß den Liberalen nicht nur in Bonn, sondern auch in Stuttgart die Macht entglitt.

Instinkt und persönliche Neigung hätten Kiesinger zu einer Neuauflage der Koalition mit der FDP getrieben, auch weil er die innere Distanz zu den »Nordlichtern« Brandt und Schmidt spürte, wie schwer der landsmannschaftliche Faktor auch im einzelnen politpsychologisch zu gewichten ist. Alles in allem kam Kiesinger habituell mit den bürgerlichen Liberalen besser aus. In seiner eigenen Darstellung hat Kiesinger stets darauf beharrt, daß er, »wenn irgend möglich«, 1966 die Koalition mit der FDP fortgesetzt hätte.[141] Entsprechende Behauptungen Kiesingers aus späterer Zeit sind daher nicht als retrospektive Geschichtsklitterung schnell von der Hand zu weisen, nur weil Kiesinger nach dem Verlust der Macht 1969 der Vorwurf gemacht wurde, er habe die Liberalen über Gebühr vernachlässigt und damit dem Koalitionswechsel Vorschub geleistet.[142]

Es ist richtig, daß Kiesinger, einmal Kanzler, das Verhältnis zu den Freidemokraten eintrocknen ließ. Seine Gespräche mit Scheel waren eher Formalitäten, zumal seine alten Ansprechpartner bei den Liberalen bald kaltgestellt waren. So scheiterten alle Versuche Haußmanns, Kiesinger mit Genscher, dem neuen Aufsteiger aus der nordrhein-westfälischen FDP, ins Gespräch zu bringen.[143] Anfang November war Kiesinger klar, daß sich bei den Liberalen nichts mehr bewegte. Er ließ Lübke über dessen Staatssekretär Berger wissen, daß er »die Notwendigkeit einer Großen Koalition« bejahe. Im gleichen Sinne äußerte sich Barzel. Auch der Fraktionsvorsitzende hatte genug von der FDP und verspürte eine starke Tendenz zur Großen Koalition.[144]

Daß der Zug in Richtung Große Koalition fuhr, hatte mehr mit dem unrühmlichen Ende der Regierung Erhard zu tun als mit Kiesingers etwas unklaren persönlichen Neigungen. Keiner unter den führenden CDU-Politikern setzte auf eine Regenerierung in der Opposition (SPD und FDP hätten 1966 eine parlamentarische Mehrheit gehabt). Unwidersprochen warnte Kiesinger am 22. November im Präsidium vor diesem Weg. Die Union würde daran zerbrechen.[145] Nach Erhards Sturz waren die Kräfte in der Union, die außenpolitisch nach Frankreich und innenpolitisch zum Mehrheitswahlrecht und zur Großen Koalition tendierten, eindeutig in der Übermacht; sie hatten sich in der *Spiegel*-Krise formiert. Ihr geographischer Schwerpunkt lag in Süddeutschland und am Rhein. Ihnen hatte Kiesinger seine Wahl zu verdanken. Die Schlüsselfiguren waren Heck, Krone, Bundesinnenminister Lücke, Adenauer und Lübke sowie der oberfränkische Gaullist Karl Theodor Freiherr von und zu Guttenberg, der wie Krone den engen Kontakt zu Wehner nie hatte abreißen lassen. Das gravierende Problem aber hieß Strauß. Dessen Anspruch auf Rehabilitierung, sprich Rückkehr ins Kabinett, hätte die FDP blockiert. Er brauchte die Große Koalition.[146]

Als sich ein kampfeslustiger, von der Jungen Union stürmisch gefeierter Kiesinger am 13. November 1966 in den Würzburger Hutten-Sälen in den bayerischen Wahlkampf warf, da ließ er sich für sich und seine Partei in zweierlei Hinsicht eine Präferenz in Richtung Große Koalition erkennen: Zum einen machte er allen denkbaren Koalitionspartnern klar, daß sie mit Strauß als Kabinettsmitglied zu rechnen hätten. Als »der Führer einer großen Partei« habe der ein Anrecht darauf.[147] Zum zweiten nannte Kiesinger den Gegensatz von Atlantikern und Gaullisten »verlogen und lebensfremd«. Dennoch wolle er Schröders Kurs behutsam zugunsten eines gemeinsamen Vorgehens mit Frankreich korrigieren. Zum dritten aber forderte er das Ende aller »Wiedervereinigungssonntagsreden« und den Beginn der »Wiedervereinigungs-Werktagsarbeit«. Erhebliches Aufsehen erregte sodann, daß Strauß für eine Koalition mit der SPD optierte, wo einige »einsichtige Leute« nicht dem Drängen »radikaler Unterhändler der FDP« nachgegeben hätten, Brandt zum Kanzlerkandidaten zu nominieren. Auch Heck neigte zur Großen Koalition, während Guttenberg unter starkem Beifall dafür plädierte, mit Frankreich in der deutschen Frage zum Ergebnis zu kommen.[148]

Am Dienstag, dem 15. November, setzten sich die Verhandlungskommissionen von Union und SPD zu einem ersten offiziellen Gespräch zusammen. Schon zuvor hatte sich Kiesinger zu einem ersten Austausch mit Wehner getroffen. Die wichtigsten Fäden zwischen den Unionsleuten und Wehner spann Johannes Schauff, ein internationaler katholischer Funktionär, der sich in den dreißiger Jahren im Umfeld der Katholischen Aktion bewegt hatte. Kiesinger hatte mit ihm aufgrund seiner Auswanderungspläne zu tun gehabt, wobei Schauff tatsächlich nach Brasilien ging und es dort zu Wohlstand brachte. Auch waren die Schauffs, wie die Kiesingers, mit den Todenhöfers eng befreundet. Schauff hatte Kiesingers Bitte entsprochen, »vertraulich den Weg zu Herbert Wehner zu bahnen«.[149] Wehner war der Mann der alten Adenauer-Kamarilla um Krone und Globke, der von Guttenberg, aber auch der von Kiesinger, der die Hochschätzung der katholisch-abendländischen Gaullisten für Wehner teilte. Da waren schwer faßbare, emotionale Momente mit im Spiel: Ein von Weltuntergangsstimmungen geplagter Krone fühlte sich bei Wehner aufgehoben, der in seiner Begründung des Mißtrauensvotums gegen Erhard im Bundestag besonders die Katholiken ansprach: Mit Wehner, so Krone, »könnte man ein neues Fundament unter unseren Staat ziehen«.[150] »Hoffentlich wird uns der Wehner nicht krank«, meinte Adenauer zu Ahlers, als dieser ihn Anfang Januar 1967 in Rhöndorf aufsuchte.[151]

Kiesinger trug dafür Sorge, daß alle Welt von seinen »Geheimgesprächen« mit Wehner erfuhr.[152] Es war Wehner, an den er sich jetzt und in Zukunft hielt. Wehner zeigte sich »nicht nur freundschaftlich«, sondern »deutlich verehrungsvoll«.[153] Natürlich lugte hinter Wehners vermeintlicher Unterwürfigkeit der Anspruch hervor, auch diesen Kanzler in seine »Zucht« zu nehmen (wie alle weiteren, fügt Arnulf Baring hinzu). In eine umständliche Wortwahl verpackt – Wehner hat nach einem Diktum von Günter Grass seine Sätze wie »einen Irrgarten angelegt« –, wußte Wehner seine Erwartungen unmißverständlich zu übermitteln. Dabei neigte er manchmal zu Dramatisierungen: Nach dem Stoph-Brief schrieb er an Kiesinger, er werde nun sein »Haus bestellen«.[154] Kiesinger fühlte sich (wie Krone und Guttenberg) von dem geheimnisumwitterten Wehner auf seltsam romantische Art und Weise angezogen. Anfang der fünfziger Jahre hatte er Wehner für den gefährlichsten Gegner der Union gehalten, dann aber den stellvertretenden SPD-Parteivorsitzenden über das Monnet-Komitee näher kennengelernt und schließlich 1957 gemeinsam mit Krone gegen Adenauer durchgesetzt, daß Wehner den Vorsitz des Gesamtdeutschen Ausschusses behielt.

Wie Kiesinger war Wehner ein Gezeichneter. Er trug die Last der ehemaligen Kommunisten in der SPD, wie Kiesinger die der ehemaligen Nazis in der CDU. Von Wehner ist der Satz überliefert, er habe in seinem Leben zwei Kardinalfehler begangen: erstens als junger Mensch Kommunist geworden zu sein und zweitens darauf vertraut zu haben, dieser Irrtum würde, sofern eingestanden, in der Demokratie nachgesehen.[155] Das konnte Kiesinger auf sich selbst beziehen.

Mit den Gerüchten um Wehner, die nicht allein unter Hinterbänklern in der Union lange Zeit zirkulierten (und nach 1969 wieder höher im Kurs standen), hat sich Kiesinger nie lange aufgehalten. 1958 war er Richard Jaeger in der Fraktion über den Mund gefahren, als dieser Wehner als einen Titoisten diffamierte.[156] Er hielt Wehner für einen demokratischen Sozialisten, letztendlich aber für einen Pragmatiker, der die Macht für seine Partei erringen wollte. Dagegen war nichts einzuwenden. Vor allem aber lieferte der »Zuchtmeister« Wehner zuverlässig die Stimmen, wovon man bei dem »Luftikus« Brandt so sicher nicht ausgehen wollte. Für den Krypto-Kommunisten Wehner und ähnliche Verleumdungen interessierte sich Kiesinger nicht.[157]

Anfang 1967 verteidigte er Wehner, als dieser in der *Neuen Bildpost*, einem katholischen Blatt und Sprachrohr von Strauß, als »trojanisches Pferd der Kommunisten in der Regierung« angegriffen wurde. Weihbischof Tenhumberg, der Leiter des Büros der Katholischen Bischofskonferenz in Bonn, mußte sich auf Kiesingers Drängen schriftlich bei Wehner entschuldigen. Er habe »mit Entrüstung« diesen Artikel in der *Neuen Bildpost* gelesen, in dem Wehner in unglaublicher Weise angegriffen worden sei. Darin könne er nur den Versuch einiger Unbelehrbarer sehen, »den Geist der Zusammenarbeit in der Großen Koalition zu zerstören«. Auch als die von dem CSU-Vertriebenenpolitiker Neuwirth herausgegebene, Strauß-nahe *Demokratisch-Konservative Korrespondenz* im April 1967 mit Vorwürfen gegen Wehner wegen dessen »Beflissenheit« gegenüber Ostberlin Unfrieden in die Große Koalition säte, intervenierten Kiesinger und Guttenberg mit einem geharnischten Brief an Strauß.[158]

Legendär sind die rotweingeschwängerten Abende im Palais Schaumburg, als der schwere Rotspon aus Adenauers Keller Kiesinger und Wehner die Zunge zu Gesprächen über Gott und die Welt löste. Ganz so oft, wie es das populäre Bild wollte, fanden diese nächtlichen Männergespräche aber nicht statt: höchstens drei-, viermal und hauptsächlich in den ersten Monaten der Großen Koalition, als Kiesinger noch als Strohwitwer allein im Palais Schaumburg hauste.[159] Wehner sei ein Mann gewesen, mit dem er über alles habe offen reden können: »Wir haben nichts vertuscht, was uns drängte, aber haben auch gefunden, daß uns manches verband, wir beide wollten eine europäische Friedensordnung schaffen helfen. Wir beide meinten es ernst, wenn wir sagten, daß wir das deutsche Volk nicht auseinanderdriften lassen wollten. Und wir waren uns klar darüber, daß wir uns korrekt gegeneinander verhalten mußten, wenn diese Koalition nicht vorzeitig zu Ende gehen sollte, und waren auch klar darüber, wenn das geschehen würde, wenn nach den Wirren nach '65, nach dem Sturz Erhards, dann auch die Große Koalition zerplatzen würde, daß das dann eine politische, eine gefährliche politische Krise darstellen würde.«[160]

Verantwortung für das Staatsganze war das eine, Ostpolitik das andere, was diese beiden Protagonisten der Großen Koalition zusammenführte.

Dennoch wurde Kiesinger aus dem enigmatischen Wehner nie völlig schlau. In späteren Tagen hat Altkanzler Kiesinger dann ausdauernd darüber sinniert, was Wehner eigentlich angetrieben habe, insbesondere in der Ostpolitik. Sicher, Wehner wollte als Gesamtdeutscher Minister der Großen Koalition vor allem eine Politik der menschlichen Erleichterungen gegenüber der DDR treiben, während Kiesinger es (wie Diehl, Bahr und andere) mit der Weltpolitik hielt und über das Gespräch mit Moskau die Grundlagen zu einer Überwindung oder Milderung des *Status quo* legen wollte. Was aber bedeuteten die seltsam gewundenen, kryptischen Formulierungen Wehners in der Festschrift für Alex Möller 1968? War das alles nur eine Masche? Was meinte, den Menschen die »Bürde der Spaltung« zu erleichtern, konkret? Was die »demokratische Lösung der nationalen Frage des deutschen Volkes [...] in einer demokratischen Friedensordnung?« Was hieß in diesem Zusammenhang, daß für dieses Ziel die »demokratische Komponente der deutschen Politik ein Hauptfaktor« sein müsse? Warum sprach Wehner von der »Lösung der Deutschlandfrage« statt von der Wiedervereinigung – eine »russische Formel«, wie sich Kiesinger notierte, die 1955 in Genf vom Westen übernommen worden sei? Was verbarg sich hinter einem »Interessenausgleich mit der Zone«?[161]

Während sich Kiesinger bei aller Wertschätzung keinen rechten Reim auf Wehner machen konnte, war er sich in seinem Urteil über Brandt relativ sicher. Dieses Verhältnis war korrekt, aber schwierig. Brandt hatte 1966 selbst Bundeskanzler einer sozial-liberalen Koalition werden wollen und konnte sich nun unter Kiesinger nicht recht entfalten. Der Kanzler hingegen verdächtigte »seinen« Außenminister einer subtilen Abweichungsstrategie.[162] Wehner hielt er für ehrlich, Brandt wollte ihm nicht in die Augen sehen. Umgekehrt meinte Brandt zu seiner Ehefrau Rut, daß er sich in Gegenwart Kiesingers psychisch und physisch nicht wohl fühle.[163] Ein *Spiegel*-Reporter beobachtete den zukünftigen Kanzler und seinen Vize, wie diese wenige Stunden nach Kiesingers Nominierung zufällig in einem Bonner Fernsehstudio aufeinandertrafen. Als der ARD-Kommentator Müggenburg sagte: »Das ist die erste Begegnung der künftigen Koalition«, halfen sich beide mit einem »hohlen Lachen« aus der Affäre.[164]

Daß der Funke nicht übersprang, hatte eine längere Vorgeschichte. Kiesinger und Brandt waren sich Mitte der fünfziger Jahre im Auswärtigen Ausschuß begegnet und dann, mehr als flüchtig, im Bundesrat. Bald nach Kiesingers Wahl zum Ministerpräsidenten, am 17. Juni 1959, war Kiesinger mit Heuss zu einer großen Kundgebung vor dem Schönberger Rathaus zum Tag der Deutschen Einheit gekommen. Auf einem Fackelzug nach der Kundgebung zum Kreuzberg sei Brandt den kilometerlangen Weg »finster brütend« neben ihm an der Spitze einhergelaufen. Am Ende sei man in einem Berliner Kiez eingekehrt, wo Kiesinger, Brandt und einige andere beim Cognac zusammensaßen: »Aus Brandt war«, so erinnert sich Kiesinger, »kaum ein Wort herauszubekommen. Und dieses Erlebnis ist typisch gewesen für die ganze Zeit später, in der ich mit Brandt in nähere Beziehungen gekommen bin.«[165]

Der wortkarge, menschenscheue, oft tagelang depressiv das Bett hütende, »proletarische« Intellektuelle Brandt; der extrovertierte, red- und leutselige, formvollendet-glatte, eitel seinen bildungsbürgerlichen Habitus zur Schau tragende, belesene, brillierende, ohne Unterlaß Worte schöpfende Kiesinger, der mit Carlo Schmid die Bonmots über den Kabinettstisch wechselte; als ein solch ungleiches Paar werden Brandt und Kiesinger meist porträtiert.[166] Aber waren sich beide Männer wirklich so unähnlich?

Weder Brandt noch Kiesinger waren Muster des Aktenfleißes; beide hatten etwas Bohemienhaftes, sie sperrten sich gegen ordentliche bürokratische Verfahren; beide bekamen ihren großen Bonner Apparat nicht richtig in den Griff; beide gingen mit großen Visionen hausieren und erschienen nüchtern denkenden Pragmatikern wie Adenauer oder Wehner als hohle Phrasendrescher. Beide waren empfindsame Persönlichkeiten. Und beide waren nicht dafür geschaffen, im Schatten des jeweils anderen zu stehen. Kiesinger klagte bei Wehner über die sichtliche Kommunikationsunlust seines sozialdemokratischen Stellvertreters. Wehner war das Problem nur allzu präsent: »Lübeck ist eine Stadt, da redet man nicht.« Das Ganze wollte Brandt einfach nicht passen: Er schwieg. Diehl hat für Brandts Wortkargheit eine simple Erklärung gefunden: Er sei ein Morgenmuffel gewesen, der erst am Abend in die Gänge kam. In den vormittäglichen Kabinettssitzungen habe er Kiesinger das Feld überlassen.[167]

Nun, Kiesinger erschien *privatim* sein Vize »im Grunde genommen leer«. Abhängig von seinen Beratern, habe »er eigentlich nichts zu sagen« und »auch keine wirkliche Meinung. Er ist wie ein Korken, der von der einen oder anderen Strömung jeweils erfaßt werden kann.«[168] Das hätte Brandt vielleicht auch auf Kiesinger münzen können. Hier hört man den »Alten« sprechen, der 1960 dem Erhard-Intimus Karl Hohmann gestanden hatte, daß Brandt sich zwar gut photographieren lasse (wie Kiesinger) und eine nette Frau besitze, doch »im übrigen außerordentlich hohl« sei. Hinter einer »gewissen Begabung zur Beredsamkeit«, so Adenauer, verberge sich wenig Substanz.[169] Brandt revanchierte sich mit einem wenig schmeichelhaften Portrait »seines« Kanzlers in den *Erinnerungen*, wo er Kiesinger als einen »europäisch engagierten Reichsschwaben« karikiert. Das gleich darauf eingeworfene vergangenheitspolitische Argument wirkt aber retrospektiv nach-

geschoben: Kiesinger sei »zu gescheit und zu wohlerzogen [gewesen], als daß er Nazi mehr denn übers Mitgliedsbuch hätten werden können«. Zwischen ihnen habe kein Graben gelegen, aber eben »jener Abstand, den die unterschiedlichen Lebenswege und Lebensinhalte geschaffen« hätten.[170]
Zu diesem Schluß kam Brandt wohl erst aus der Rückschau späterer Jahre, auch wenn Brandts Biograph Peter Merseburger an dieser Stelle das passende apokryphe Zitat vorbringt: Brandt habe sich in seinen kühnsten Träumen nicht vorstellen können, »daß er unter einem ehemaligen NSDAP-Mitglied als Minister dienen werde«, habe ein ehemaliger Mitarbeiter bekannt.[171] Doch war nicht zu Beginn der Großen Koalition eine Tugend, was zwanzig Jahre später als Sündenfall erscheint? Ende November 1966 hielt Brandt Pharisäertum für wenig angezeigt.[172] Ja, er erwähnte Kiesingers Nähe zum Jung-Kreis und vereinnahmte ihn damit praktisch für den national-konservativen Widerstand. Wäre NS-Belastung ein handfestes Kriterium, dann hätte es zwischen Brandt und seinem Bundeswirtschaftsminister (und vormaligen Berliner Wirtschaftssenator) Karl Schiller nur so kriseln müssen, dessen Vergangenheit als politischer Leiter einer NSDAP-Ortsgruppe in Kiel 1966 ebensowenig ein Geheimnis war wie der Aufnahmeantrag, den Walter Scheel für die NSDAP gestellt hatte, der als Außenminister der sozial-liberalen Koalition immerhin für das Herzstück der Brandtschen Ostpolitik mitverantwortlich zeichnete.

Während Brandt selbst Kanzler werden wollte und ein Bündnis mit der FDP anstrebte, ließ es Wehner als der sozialdemokratische Schmied der Großen Koalition nicht an positiven Signalen gegenüber der Union fehlen. Kiesinger hatte die außen- und deutschlandpolitische Bestandsaufnahme mit der Bemerkung eröffnet, daß der Forderungskatalog der SPD, das sogenannte Acht-Punkte-Papier, »Aufgaben einer neuen Bundesregierung«, in seinen Grundpositionen nicht sehr weit von der Union entfernt sei. Wie ein Jahr zuvor in einer Podiumsdiskussion mit Fritz Erler hielt Kiesinger bei aller ostpolitischen Flexibilität jedoch an dem grundsätzlichen Junktim von Entspannung und Wiedervereinigung fest, wenn er auch letzteres nicht mehr zur Voraussetzung des ersteren machte.[173] Die Lösung der deutschen Frage müsse einhergehen mit der Entspannungspolitik. Im gleichen Sinne werde eine Bereinigung des deutsch-französischen Verhältnisses eine Verbesserung der deutsch-amerikanischen Beziehungen mit sich bringen. Alles in allem sehe er »keine entscheidenden Hindernisse für eine gemeinsame Außen-, Deutschland- und Verteidigungspolitik« mit der SPD.[174]

Kehrte Kiesinger die Differenzen zwischen Union und SPD unter den Teppich? Als der für den außenpolitischen Teil des SPD-Papiers verantwortlich zeichnende Schmidt mit gespielter Naivität fragte, ob es nicht in der Vergangenheit schwere Gegensätze in der Außenpolitik gegeben habe, war Strauß schnell bei der Hand, die Verlautbarungen der SPD dergestalt zu interpretieren, daß es ihnen »um die Wiederherstellung des Verhältnisses zu Paris und Washington gehe, nicht um eine Neuorientierung gegenüber dem Osten, sondern um das Setzen neuer Akzente gegenüber dem Westen«. Eine europäische Politik sei nicht ohne Paris zu haben. Demgegenüber seien die USA und die Bundesrepublik »zwei unvergleichbare Größen«. Mit Washington müsse man sprechen »unter offener Darlegung der jeweiligen nationalen Interessen«. Zuvörderst gelte es jedoch, eine »Aktionsgemeinschaft mit Paris« herzustellen.

Da Wehner die gaullistischen Tendenzen seiner Ansprechpartner in der Union nur zu gut kannte, brachte auch er die französische Karte ins Spiel. Er hob auf seine Unterstützung des deutsch-französischen Vertragswerkes 1963 ab. In einer Intensivierung des Verhältnisses zu Paris sehe er »das Supplement, nicht etwa nur ein Anhängsel« der NATO. Die NATO sei erfolgreich gewesen, weil sie eine weitere sowjetische Expansion verhindert hätte. »Jetzt müßten Deutschland und Frankreich komplementäre Möglichkeiten erschließen. [...] Unser Schiff müsse einen speziellen Ausleger nach Paris schaffen. Das läge auch im wohlverstandenen Interesse der USA.« Da stimmte auch Brandt ein in den Chor: Gegenüber Frankreich sei die Chance versäumt worden »für *faire quelque chose à deux*«.

Das klang doch recht freundlich in gaullistischen Ohren. Eine Große Koalition würde unter dem Stern eines außenpolitischen *realignments* mit Frankreich stehen, und zwar nicht nur seitens der Union, wo dies aufgrund der langen Vorgeschichte zu erwarten war, sondern auch bei der SPD, der »amerikanischen Partei« bis dahin.[175] Die SPD erhoffte sich von de Gaulle Hilfe in der Entspannungs- und Ostpolitik, wo die Bedenken und Widerstände innerhalb der Union bisher am größten gewesen waren. Im Rückblick wird hier die spätere Sollbruchstelle deutlich. Doch im November 1966 wurden mögliche Differenzen nicht angesprochen. Kiesinger plädierte für einen weiteren Ausbau der Beziehungen nach Osteuropa, wenn es auch »ein mühevoller Weg« werde. Er und Barzel wollten sich durch entsprechende Schritte in der Dritten Welt absichern, um der »Gefahr eines Dammbruchs«, d. h. der Anerkennung der DDR durch Drittstaaten, entgegenzuwirken. Damit war Schmidt völlig *d'accord*. Strauß sekundierte, die Hallstein-Doktrin sei »niemals Selbstzweck« gewesen; es gelte, alle Möglichkeiten der Auflockerung nach Osteuropa zu nutzen.

Differenzen deuteten sich in puncto innerdeutsche Kontakte an: Aus der Formel des SPD-Papiers, Kontakte zwischen »den« Behörden der beiden deutschen Teilstaaten seien nicht gleichbedeutend mit völkerrechtlicher Anerkennung, strich Kiesinger den bestimmten Artikel heraus. So klang es unverbindlicher. Barzel wandte zwar ein, daß die Anerkennung auch »durch fortgesetzte konkludente Handlungen erfolgen« könne. Doch Kiesinger brach an dieser Stelle die Diskussion mit der Bemerkung ab, daß das Acht-Punkte-Programm der SPD ja nicht an jedem Punkt uneingeschränkte Zustimmung finden müsse. Der eigentliche »Knackpunkt« wurde also ausgeklammert. Der Wille zur Großen Koalition war stärker als potentielle deutschlandpolitische Differenzen.

Auch auf sozial- und wirtschaftspolitischem Gebiet kamen sich SPD und CDU/CSU schnell näher. Überhaupt war ja bei den inneren Reformen die Übereinstimmung zwischen dem Arbeitnehmerflügel der Union und der SPD recht groß, während sich FDP und SPD im Herbst 1966 über ein sinnvolles innenpolitisches Programm wohl kaum hätten verständigen können. Als Bundeswirtschaftsminister Schmücker das Hauptbuch der Nation aufschlug, zeigte sich Wehner sichtlich beeindruckt. Das wirtschafts- und finanzpolitische Zahlenmaterial zwinge die SPD, ihre bisherigen Vorschläge zu überdenken: »Jeder Anfang einer neuen Koalition kann nur gelingen bei einer restlosen Verdeutlichung der Gesamtsituation gegenüber der Öffentlichkeit.«

Auch andere SPD-Politiker waren schnell bei der Sache, sich zugunsten einer Großen Koalition in zentralen programmatischen Forderungen einzuschränken: Als Kiesinger und Barzel den innerhalb der Union höchst umstrittenen Punkt der Mitbestimmung ausklammerten, kam ihnen Schiller entgegen. »Anderes ist wichtiger«, das »muß zeitlich abgestuft werden«. Am Ende dieser gemeinsamen Bestandsaufnahme war die Große Koalition in greifbare Nähe gerückt. Brandt resümierte den Diskussionsstand mit den Worten, die SPD habe sich davon überzeugen können, »warum die CDU/CSU zu dem Vorschlag von Steuererhöhungen gelangt ist« (aufgrund derer die Regierung Erhard gescheitert war). Seine Ausführungen schloß er mit dem ominösen Satz: »Wahrlich könne diese Probleme nur eine große Koalition wirklich effektvoll lösen.«

Kiesinger war optimistisch. In einer seltsamen Verquickung seines persönlichen Schicksals mit der großen Politik sah er einen Fingerzeig des Himmels: Am 19. November, dem Tag vor den bayerischen Landtagswahlen, war er in seinem Bonner Appartement mit schrecklichen Schmerzen am linken Auge erwacht. Ein Spezialist der Bonner Universitätsklinik diagnostizierte eine seltene Hornhaut-Erosion, die mit geringer Chance auf Heilung nur durch einen sofortigen chirurgischen Eingriff behoben werden konnte. Daß Kiesinger nicht auf Monate ausfiel, wie ihm der zuständige Facharzt der Bonner Universitätsklinik prophezeite, sondern nach zwei Tagen wiederhergestellt war, empfand er als höhere Fügung, als eine Art Gottesurteil.[176]

Daher war er sich seiner Sache recht sicher, als er am 22. November vor die Fraktion trat. Zwar klagte Kiesinger wortreich über Querschüsse in der Presse, forderte »absolute Loyalität« und kündigte an, er werde »mit absoluter Härte« reagieren, wenn man ihm in den Rücken falle.[177] Das verleitete Ernst Majonica, der Vorsitzender des Außenpolitischen Arbeitskreises der CDU/CSU geworden war, zu einer Spitze: »Er spricht mir zuviel davon, wie hart er sei. Über Härte spricht man nicht, die zeigt man.«[178] Kiesinger jedoch glaubte feststellen zu können, daß es gelungen sei, »das Heft in der Hand zu behalten« und die sogenannte »Mini-Koalition« vorerst zu verhindern. Am gleichen Tag traf sich Kiesinger zum vierten Mal seit seiner Wahl zum Kanzlerkandidaten mit Adenauer. Es geschahen noch Zeichen und Wunder: Der Parteipatriarch gab der Großen Koalition seinen Segen. Am folgenden Tag, am Mittwoch, dem 23. November, forderte Strauß vor einer Gruppe von Ruhr-Industriellen in Düsseldorf die Große Koalition.[179]

Die weiß-blauen Wahlen hatten auf allen Seiten den Trend zur Großen Koalition verstärkt. In der FDP wuchs die Ungewißheit, weil die Liberalen an der bayerischen Zehn-Prozent-Hürde gescheitert waren, während die NPD über die alten fränkischen Hochburgen der FDP Einzug in das Maximilianeum hielt. Die CSU hingegen hatte die absolute Mehrheit der Mandate behauptet. Das galt als Unterstützung für Strauß und Kiesinger. Die nationalliberale bayerische FDP votierte für den Gang in die Opposition. Hatte Kiesinger vor den Bayernwahlen noch befürchtet, FDP und SPD könnten zusammenfinden, so war diese Gefahr nun so gut wie gebannt.[180]

Trotz einer gegenläufigen Entwicklung in Nordrhein-Westfalen, wo die Freidemokraten just in dem Augenblick mit der SPD eine Koalition verabredeten, stellte Kiesinger auf der ersten Sitzung des CDU-Präsidiums nach der Bayernwahl die fast schon rhetorisch gewordene Frage, »ob wir die vor uns liegenden Aufgaben mit der FDP lösen könnten, die ihm dazu ihrer Struktur nach fast unfähig zu sein scheine. [...] Er wisse nicht, welches Argument dafür spreche, daß eine Koalition mit der FDP diesmal zu Erfolg führen würde, zumal große Teile der FDP-Fraktion eine Wiederherstellung der alten Koalition doch offenbar gar nicht wünschten und deshalb sicher nur darauf warten würden, ihre Minister bei erster bester Gelegenheit abermals zurückzuziehen.« Nur Schröder und Blank hielten entgegen.

Kiesinger erschien das Risiko einer großen Koalition auch ohne Änderung des Wahlrechtes für kalkulierbar (was wiederum Schröder verneinte), solange der Union »keine unvertretbaren programmatischen Zugeständnisse« abverlangt würden. Kompromisse wären vor allem in der Ostpolitik unvermeidlich, wo sich FDP und SPD mit ihrer Forderung nach diplomatischen Beziehungen zu Osteuropa und vermehrten innerdeutschen Kontakten bis zur Ministerebene schon weitgehend einig geworden wären. Selbst Strauß habe signalisiert, daß er derartigen Kontakten nicht unbedingt widerspreche.[181] Somit hatte sich bei Kiesinger und der weit überwiegenden Mehrheit des Parteipräsidiums am 22. November der Trend Richtung Große Koalition endgültig durchgesetzt, obwohl mit der SPD weder über wichtige Sachprobleme wie die Wahlrechtsreform *en detail* gesprochen worden war noch über Personalfragen und die Verteilung der Portefeuilles.[182]

Am folgenden Tag bissen sich die parallel geführten Verhandlungen mit der FDP an der Frage der Steuererhöhungen fest. Wie asymmetrisch die Union mit den Liberalen verhandelte, war schon bei der ersten Runde am 17. November deutlich geworden, als die heikle Frage der nuklearen Nichtverbreitung, die in den ersten Gesprächen mit der SPD bewußt ausgeklammert worden war, im Zentrum der Diskussionen stand.[183] Gegen Ende einer zweiten, zähen Verhandlungsrunde machte sich Siegfried Zoglmann, der für die Fortsetzung der christlich-liberalen Koalition plädierende parlamentarische Geschäftsführer der FDP, mit einem Stoßseufzer Luft: »Wenn wir so weitermachen, haben wir bis Weihnachten keine Regierung. ›Bonn‹ gerate in Verruf. Das helfe der NPD. Man könne nicht einmal bis zur nächsten Woche warten. Durch Verzögerung werde der Staat zu Grunde gerichtet.« Kiesinger entgegnete kühl: »Ich sehe die Lage wie Sie. Die Wahlen in Bayern haben im Zeitablauf hemmend gewirkt. Er sei entschlossen, in ganz kurzer Zeit die Sache zu beenden. Der Fraktion habe er gesagt, bis Ende nächster Woche. Hier wolle er sagen, nicht länger als bis Mitte nächster Woche.«[184] Tatsächlich hatten sich SPD und CDU kaum 24 Stunden später im Grundsatz geeinigt.

Nun ging es Schlag auf Schlag. Am 24. November 1966 wurde in einem achtstündigen Verhandlungsmarathon zwischen Union und SPD der Durchbruch erzielt, nachdem kurz zuvor der Nervenkrieg zwischen den Fraktionen noch einmal eskaliert war. Kiesinger drohte erneut mit Konsequenzen, weil ihm einzelne Abgeordnete in den Rücken fielen. Gerüchte schwirrten durch die Bonner Luft, Schröder werde es noch einmal mit den Freidemokraten versuchen; der Parlamentarische Geschäftsführer Rasner traf sich mit Genscher; Zoglmann mit Schmidt-Wuppertal, einem weiteren Mitglied der CDU-Delegation mit christlich-liberalen Präferenzen (wie übrigens überhaupt die schwarz-rote Bank seitens der CDU vor allem aus Kiesinger und Strauß bestand, weil Heck in der Verhandlungskommission fehlte, während Barzels schwarz-rote Überzeugung wieder etwas halbherziger wirkte). Derweil sorgte eine Attacke Wehners auf die Finanzpolitik der alten Bundesregierung für Aufregung im Bundestag.[185] Doch Kiesinger war nicht zu beirren. Er hatte Wehner gleich nach der letzten Verhandlungsrunde mit der FDP am

23. November ausrichten lassen, er setze auf ihn und stehe »eindeutig auf der Linie der großen Koalition«. Er ersuche ihn dringend um ein Gespräch.[186] Die Nachmittagssitzung des 24. November war zunächst der Außenpolitik gewidmet. Die Sozialdemokraten hatten in ihrem Grundlagenpapier gefordert, die Bundesrepublik müsse auf jeglichen »Ehrgeiz auf atomaren Mitbesitz« verzichten. Dies sei kein schönes Wort, meinte Kiesinger – nicht nur aus ästhetischen Gründen. Mit dem Prinzip sei er jedoch einverstanden: »Wir können uns einem Atomwaffensperrvertrag nicht verweigern; müssen aber sofort mit Paris wegen einer späteren eventuellen europ. Nuklearmacht reden.« Ganz ähnlich äußerte sich Strauß, der am folgenden Tag vor dem CSU-Landesvorstand die Dinge aus seiner Sicht sogar so darstellte, daß man der SPD auf diesem Treffen alles hätte abverlangen können, sogar eine deutsch-französische Atomwaffenproduktion.[187] Hier gingen Kiesinger und Strauß über einen fundamentalen Gegensatz hinweg. In Wahrheit waren Wehner und Schmidt sehr viel vorsichtiger, stimmten jedoch dem designierten Kanzler zu, daß die Tür zu Paris offen bleiben müsse, auch für eine eventuelle europäische nukleare Sukzession.

Eine von Strauß vorgeschlagene Formel diente zur Überbrückung der deutschlandpolitischen Gegensätze: Man werde »so flexibel und elastisch wie möglich« vorgehen, ohne etwas zu tun, was »völkerrechtlich oder faktisch als ein Abrücken von unserem Grundsatz der Nichtanerkennung der sowjetisch besetzten Zone als eines zweiten deutschen Staates verstanden werden kann«. Dieser Formelkompromiß sagte wenig über Art und Intensität der Kontakte zur DDR aus, erlaubte jedoch Union und SPD, ohne größeren »Substanzverlust« in die Große Koalition zu gehen. Allerdings wußte Kiesinger um die Schwierigkeiten, hatte er doch in der vorausgegangenen Verhandlungsrunde darauf verwiesen, »er persönlich« sei in der Ostpolitik dafür, »vorwärts zu gehen, aber ich kenne die Vorbehalte meiner Partei«.[188] Erleichtert wurde dieser prekäre Kompromiß, wie böse Bonner Zungen behaupteten, weil Brandt wegen Nebels auf dem Landweg aus Berlin hatte anreisen müssen und erst gegen 20 Uhr in Bonn eintraf.[189]

Als größte Hürde erwies sich die Wahlrechtsfrage. Hierin sahen viele Unionspolitiker die *raison d'être* der Großen Koalition. Als Adenauer während der *Spiegel*-Affäre mit dem Gedanken der Großen Koalition gespielt hatte, machte er genau dies zur Vorbedingung eines Bündnisses mit dem »Erbfeind«.[190] In Erwartung dieser Forderung hatte Wehner schon in ersten konspirativen Signalen kurz nach Kiesingers Wahl zum Kanzlerkandidaten der Union zwar ihre grundsätzliche Gesprächsbereitschaft »über alles« zu erkennen gegeben – im Zweifel jedoch lieber nicht über die Wahlrechtsfrage.[191]

Nun brachte Innenminister Lücke die »Gretchenfrage« der Großen Koalition aufs Tapet. Brandt war dagegen. Er hielt das relative Mehrheitswahlrecht »abstrakt für vernünftig«, politisch für nicht realisierbar. Da aber Schmidt, Schiller und Wehner für eine gründliche Auseinandersetzung plädierten, Wehner ein Übergangswahlrecht für 1969 vorschlug und Barzel das Wahlrecht nur zum »*potentiellen* Punkt für das Zusammengehen erklärte«, fanden Kiesinger und Brandt in einem Vieraugengespräch am folgenden Tag einen Kompromiß, an dessen Formulierung sich zeitweilig auch Heck und Wehner beteiligten. Als Ergebnis dieser »ebenso komplizierten wie doppelbödigen Verhandlungen« (Klaus Schönhoven) sollte das relative Mehrheitswahlrecht eingeführt werden, wie Kiesinger der Fraktion am 28. November erläuterte, allerdings erst für 1973. Zuvor müsse noch ein ordentlicher Parteitag der SPD darüber entscheiden. Die Bundestagswahlen 1969 würden allenfalls mit einem modifizierten Übergangswahlrecht bestritten, indem das Quorum für den Einzug in den Bundestag (die »Fünf-Prozent-Hürde«) hochgesetzt würde. Der gestaffelte Zeitplan würde den Einzug der NPD in den Bundestag verhindern. Letztlich behalte sich die SPD die Entscheidung vor.[192] Die Frage wurde von Kiesinger in seiner Regierungserklärung am 13. Dezember daher nur vage angesprochen: »Die Möglichkeit für ein Übergangswahlrecht für die Bundestagswahl 1969 wird von der Regierung geprüft.«[193]

Obwohl die Wahlrechtsreform von der Union ernst genommen und mehrheitlich gewünscht wurde, war sie nicht koalitionsentscheidend. Es war ein *potentieller* Punkt, wie es Barzel formulierte. Auch in der Union gab es Gegner des Mehrheitswahlrechts. Als Exponent der Protestanten hatte Gerstenmaier auf der Präsidiumssitzung am Vormittag des 28. November, auf der Kiesingers Bericht einstimmig gebilligt wurde, Einwände gegen das Mehrheitswahlrecht vorgebracht, das »auf die künftige Struktur der CDU unter konfessionellen Gesichtspunkten einen tiefgreifenden Einfluß haben würde«. Heftig und teilweise emotional war der Widerstand unter den »Nordlichtern«. Der junge Hamburger Abgeordnete Dietrich-Wilhelm Rollmann warf der Verhandlungskommission Kompetenzüberschreitung vor. Barzel und Kiesinger führten eine entsprechende Forderung des nach wie vor gültigen Hamburger Programms der CDU von 1953 ins Feld (an dessen Redaktion Kiesinger einst großen Anteil gehabt hatte). So weit auf die Wurzeln zurückzugehen, erschien manchen Abgeordneten angesichts der seitherigen Entwicklungen von Godesberg bis zum Vatikanischen Konzil wie blanker Zynismus.[194]

Die viereinhalbstündige Debatte, in deren Verlauf sich 64 Redner zu Wort meldeten, verlief nicht ganz so leidenschaftlich wie die zehnstündige Sondersitzung der SPD-Bundestagsfraktion in der Nacht vom 26. auf den 27. November. In der Union stand das Mehrheitswahlrecht im Vordergrund. Hier nahm die Diskussion vorübergehend den Charakter einer »ernsten Sachdebatte einer Teilfrage« (Gerstenmaier) an. Viele Abgeordnete fühlten sich schlichtweg überfordert, die unkalkulierbaren Risiken der Wahlrechtsreform zur *conditio sine qua non* einer Großen Koalition zu machen. Kiesinger jedenfalls schwächte seine diesbezüglichen Formulierungen im Laufe des Abends ab. Nachdem er eingangs die Einführung des reinen, unmanipulierten Mehrheitswahlrechtes zur Voraussetzung der Koalition mit der SPD erklärt hatte, korrigierte er sich gegen Ende der Sitzung. Es handele sich um die erklärte *Absicht* beider Verhandlungskommissionen. Fürderhin sprach Kiesinger, einem Vorschlag von Lücke folgend, nur noch von einem »mehrheitsbildenden Wahlrecht«. In dieser stark abgeschwächten Formulierung, »ein neues Wahlrecht grundgesetzlich« zu verankern, »das für künftige Wahlen zum Deutschen Bundestag nach 1969 klare Mehrheiten ermöglicht«, ging das Mehrheitswahlrecht schließlich in die Regierungserklärung Kiesingers am 13. Dezember im Bundestag ein. Da die Koalitionsabsprachen schriftlich nicht fixiert wurden, war dies der verbindliche Text, auf dem die Große Koalition gründete.

Eine alternativlose Unionsfraktion billigte mit nur vier Gegenstimmen zunächst den Bericht Kiesingers und ermächtigte ihn anschließend mit sechs Gegenstimmen bei neun Enthaltungen, die Verhandlungen mit der SPD zu Ende zu führen. Damit stand die Union fester auf dem Boden der Großen Koalition als der sozialdemokratische Partner, wo sich etwa ein Drittel der Abgeordneten verweigerte. Etwas anderes war der CDU/CSU auch gar nicht übriggeblieben. Wurde die Freiheit der Entscheidung auch von allen Seiten beschworen, so erwogen nur zwei Abgeordnete (darunter Schmidt-Wuppertal) ernsthaft die Möglichkeit einer Regenerierung in der Opposition. Ausschlaggebend war das simple machtpolitische Kalkül. Die in sich zerstrittene und organisatorisch der SPD unterlegene CDU kam zu dem Schluß, daß sie ohne das Kanzleramt die Wahlen 1969 nicht würde erfolgreich bestehen können. Sie ließ sich von Kiesinger nur zu gerne darin bestätigen, daß er, vor allem in der Außenpolitik, schon die »Zügel ganz fest in der Hand behalten« werde.[195] Kiesingers Formel wurde akzeptiert, es gehe darum, den Erfolg fortzusetzen und einen neuen Anfang zu wagen. Schließlich hatte auch die SPD eine Reihe von Kröten geschluckt und sich vor allem in personalpolitischer Hinsicht (Strauß) zu Kompromissen bereiterklärt. Und dann war da Wehner, der als Garant einer »vernünftigen« Einstellung der SPD galt.[196]

Letztlich fehlte der Union ein gangbarer Weg jenseits der Großen Koalition. Kiesinger war daher peinlichst darauf bedacht, jeglichen Zweifel auszuräumen, er habe nicht ernsthaft mit den Freidemokraten verhandelt. In den abschließenden Runden von Fraktion und Bundesvorstand zwischen dem 28. und 30. November schilderte er mehrfach den genauen Hergang der Verhandlungen. Am Nachmittag des 25. November habe der freidemokratische Parteivorsitzende Mende noch vor der Tür des Sitzungssaales in Gegenwart Kiesingers den wartenden Journalisten erklärte, die FDP habe der SPD am Morgen desselben Tages ein »bestimmtes Angebot« gemacht: ein Koalitionsangebot unter Garantie aller FDP-Stimmen. Kiesinger stellte dies als einen persönlichen Affront heraus, habe Mende doch in der Sitzung davon gesprochen, er gehe offen in die Verhandlungen mit der CDU. Die Freidemokraten hätten mit verdeckten Karten gespielt. Und: Hatte er am Vormittag nicht eine Dreiviertelstunde vergeblich auf Genscher gewartet, der telefonisch absagt habe? Wie es um die FDP bestellt sei, das wisse er aus Gesprächen mit Reinhold Maier.[197] Mendes jüngster »Umfall« habe der Union die letzten Illusionen über die FDP geraubt. Selbst der aus Erhards Schule stammende Bundeswirtschaftminister Schmücker, der eben noch mit Engelszungen auf die Liberalen eingeredet hatte, plädierte nun für die Große Koalition. Zu dieser »Vernunft-, nicht Liebesehe« (Lücke) gab es in den Augen der meisten Unionsgranden keine Alternative – mit oder ohne Wahlrechtsreform.[198]

Den schwierigsten Part hatte Kiesinger noch zu bestehen. Das Regierungsprogramm mußte in ein personelles Konzept gegossen werden. Das bereitete Schwierigkeiten, weil Brandt sich eines Besseren besann, nachdem er ursprünglich nur das Forschungsministerium für sich reklamiert hatte, um die Hand für den Parteivorsitz freizuhaben. Auf Drängen seiner Parteifreunde verlangte er nach dem Auswärtigen Amt. Dabei hatte Wehner noch am 18. November zu erkennen gegeben, daß die SPD der CDU das Außenministerium überlassen würde, das Gerstenmaier von Kiesinger mit Brief und Siegel versprochen worden war.[199] Der zaudernde und zögernde Brandt, den es nicht mit allen Fasern seiner Seele an den Rhein in ein Ministerium zog, hatte Kiesinger noch am 25. November bestätigt, er werde sich mit einem zweitrangigen Ressort zufrieden geben.[200] Nachdem er jedoch in derselben Nacht sehr nachdrücklich im Parteivorstand der SPD für die Große Koalition geworben hatte, faßte ihn seine Partei ans Portepee. Kiesinger mußte Gerstenmaier bitten, ihn aus seinem Wort zu entlassen, wollte er nicht um des schwäbischen Landsmannes willen die Große Koalition platzen lassen.[201] Als Kompensation wurde der CDU in einem Gespräch zwischen Kiesinger und Brandt elf Ministerien (einschließlich Bundeskanzleramt) gegenüber neun für die SPD zugestanden.

Ein zweiter neuralgischer Punkt war die Stellung von Gerhard Schröder. Adenauer bedrängte Kiesinger, Schröder nicht in sein Kabinett aufzunehmen. Am 29. November rief ihn Globke an, daß »schwerste Bedenken« gegen

Schröder bestünden. Würde Brandt Außenminister, werde Schröder mit dem Verteidigungsministerium innerparteilich aufgewertet. Darin läge der Keim des Zerfalls der Koalition. Frankreich werde die Ernennung Schröders als Brüskierung empfinden und sich stärker an Moskau orientieren.[202] Adenauer habe Schröder »gehaßt«, meinte Kiesinger später: »Daß ich Schröder mit ins Kabinett nahm, das war für Adenauer furchtbar. Das versuchte er zu ändern, und ich sagte zu ihm: ›Glauben Sie, daß es besser ist, wenn ich ihn in der Fraktion lasse?‹«[203] Zwei Tage nach Bildung der Großen Koalition schloß Adenauer in seine Glückwunschadresse die ausdrückliche Warnung ein, Kiesinger könne die außenpolitische Reorientierung nach Frankreich entgleiten, wenn nun ein Mann, »der es als Außenminister nicht vermocht, ja nicht einmal versucht hat, den deutsch-französischen Freundschaftsvertrag mit wirklichem Leben zu erfüllen, jetzt die Leitung eines Ressorts innehat, dessen Bereich entscheidende Elemente zur Wiederanknüpfung eines engeren und vertrauensvolleren Verhältnisses beider Nachbarländer umfaßt.«[204]

Das Nachkarten war zwecklos. Die alte Garde sah sich schnell an den Rand gedrängt. Zur Enttäuschung von Globke und Krone hielt Kiesinger *nolens volens* an Schröder fest. Den Vorsitzenden des Evangelischen Arbeitskreises der CDU/CSU konnte er unmöglich aus dem Kabinett verbannen. Darin waren sich Kiesinger und Heck völlig einig. Womit hätte man Schröder abgefunden – vielleicht mit dem Fraktionsvorsitz, wo er Kiesinger noch mehr hätte schaden können? Das hätte Ärger mit Barzel vorprogrammiert, der sich die Hausmacht nicht nehmen ließ. Auch der umtriebige Bevollmächtigte des Rates der EKD in Bonn, Bischof Kunst, drängte auf die Erhaltung der evangelischen Positionen im Kabinett. Deshalb wurde von Hassel zwar vom Verteidigungsminister zum Vertriebenenminister zurückgestuft, blieb jedoch im Kabinett. Auch die Verkleinerung des unionstreuen Staatssekretärskorps machte schmerzliche Entscheidungen unumgänglich. Der Kehraus zu Beginn der Großen Koalition zerstörte den sorgfältig aufgebauten Apparat, mit dem Adenauer sich an der Macht gehalten und seinen Nachfolger kontrolliert hatte. Schröder rächte sich bei Krone, indem er im Verteidigungsministerium den altgedienten Staatssekretär Karl Gumbel entließ, während Kiesinger das für Krone zurechtgezimmerte Bundesministerium für den Verteidigungsrat ins Kanzleramt reintegrierte. Damit war einer der Hauptprotagonisten der Großen Koalition aus dem Kabinett gedrängt – allerdings einer, der Kiesinger nie grün gewesen war.[205]

Als Kiesinger am 30. November dem Bundespräsidenten seine Kabinettsliste präsentierte, da hatte die Union mit Ausnahme des Kanzleramtes ihre zwei wichtigsten Bastionen der SPD übereignet. Das Auswärtige Amt fiel an Brandt, das Wirtschaftsressort an Schiller, der sich in der Aufwertungsfrage

1969 in wahlentscheidender Weise engagieren sollte, während der Union mit dem Finanz- und Schatzministerium die weniger populären, mit dem lästigen Sparen assoziierten Ressorts verblieben. Die Erosion der alten Erfolgsgaranten christdemokratischer Politik hätte nicht besser dokumentiert werden können. Diese einst wirkmächtigen Schaltzentralen waren der CDU auf Dauer entglitten, wie überhaupt in allen zukünftigen Bundeskabinetten vor 1998 das Außen- und das Wirtschaftsressort in den Händen des kleinern Koalitionspartners verblieben sind. »Außenpolitik und Wirtschaftspolitik, mit denen wir groß geworden sind, haben wir den Sozialdemokraten überlassen«, soll Kiesinger einem der CDU-Dissidenten kurz vor der Kanzlerwahl entgegengeschleudert haben.[206] Er sah das nicht als seinen Verlust, sondern den seiner Partei. Die Union mußte in Form von Einfluß auf zentrale Felder der westdeutschen Politik den Preis dafür bezahlen, daß sie ihr Haus seit der Präsidentschaftsposse 1959 nicht mehr in Ordnung gebracht hatte.

Kiesingers erste Regierungserklärung als Bundeskanzler am 13. Dezember 1966, die in Ermangelung eines förmlichen Koalitionsvertrages die politischen Absprachen der Partner verbindlich zusammenfaßte, brachte diesen Sachverhalt eloquent zum Ausdruck. Sie wurde von vielen Unionsabgeordneten als schmerzlicher und nicht wirklich wünschenswerter Offenbarungseid gelesen. Der Bildung der Regierung sei eine »lange, schwelende Krise« vorausgegangen. Das hat Kiesinger in deutlicher Anspielung auf die jahrelangen Querelen durchaus auf die innerparteiliche Situation gemünzt. Beginnend mit den innenpolitischen Fragen, wobei sich die wirtschaftspolitischen Passagen der Regierungserklärung stark auf Karl Schiller stützten, setzte Kiesinger vor allem außenpolitisch einen neuen Akzent, weil er als erster Kanzler nicht mit den Verbündeten und mit der NATO, sondern mit der Bewahrung des Friedens und dem Verhältnis zur Sowjetunion begann. Als er das Angebot von Erhards Friedensnote vom März 1966 erneuerte, mit der Sowjetunion einen Gewaltverzicht zu vereinbaren »und das ungelöste Problem der deutschen Teilung in dieses Angebot einzubeziehen versprach« – was die DDR indirekt zum Verhandlungspartner aufwertete –, erhielt er dafür Applaus nur von Abgeordneten der SPD.

Konsensfähig war in dieser Geburtsstunde der Großen Koalition das freundliche Auftreten gegenüber Frankreich, ohne sich eine »falsche und gefährliche Alternative der Wahl« zwischen europäischer und atlantischer Orientierung aufreden lassen zu wollen. Dafür, daß dem deutsch-französischen Verhältnis »die entscheidende Rolle« zukomme, erntete Kiesinger Beifall auf beiden Seiten. Ob dieser pro-französische Ton würde durchdringen können? Das hing insbesondere von Fortschritten im europäischen Integrationsprozeß ab, die den eigentlichen Sinn und Zweck der deutsch-französischen Zusammenarbeit darstellten. Hier mahnte Kiesinger an beide Seiten und durchaus auch an de Gaulle, sich von der »unnachgiebigen Verfolgung von idealen Vorstellungen« zu verabschieden und wandelte, wie auch an einer weiteren Stelle dieser Regierungserklärung, das Bismarcksche Diktum ab, daß das Wünschenswerte das Mögliche nicht verhindern dürfe.

Kiesinger, der er nun endlich für das Ganze sprach, schloß präsidial mit einem Appell an die Politik, das Volk »vom redlichen Willen durch Wort und Tat« zu überzeugen, »den Stil unseres politischen Lebens von dem Verdacht des Interessenschachers oder des ehrgeizigen Ränkespiels« zu befreien. Nur so würde »dieses Volk in der Bundesrepublik, vor allem seine Jugend, und einmal das ganze deutsche Volk seinem freien demokratischen Staat vertrauen und zu ihm stehen in Glück und Not«.[207] Wie lange würde der Honigmond der Großen Koalition währen?

GROSSE KOALITION: NATIONALE KONZENTRATION?

So ist am 1. Dezember 1966 zum ersten Mal in der bundesdeutschen Geschichte ein Kanzler mit Stimmenmehrheit der beiden größten Fraktionen des Bundestages gewählt worden. Eine Minute nach zehn eröffnete Bundestagspräsident Gerstenmaier die Sitzung. Er gab zunächst Ludwig Erhards Rücktritt bekannt und brachte danach dem Hohen Haus den Vorschlag des Bundespräsidenten zur Kenntnis, Kurt Georg Kiesinger, Ministerpräsident von Baden-Württemberg, zum Kanzler zu wählen. Wie es das Grundgesetz vorsieht, gaben die Abgeordneten in geheimer Abstimmung, ohne Aussprache, nach dem Alphabet, ihre Stimmzettel ab. Um 11.04 Uhr wurde das Ergebnis verkündet: Auf den Vorschlag des Bundespräsidenten entfielen 340 Stimmen (ohne die nicht anrechenbaren Berliner), 109 waren dagegen, 23 enthielten sich, eine war ungültig.

Dies bedeutete, daß gegen Kiesinger nicht nur die anwesenden 45 Abgeordneten der FDP gestimmt oder sich der Stimme enthalten hatten, sondern auch annähernd 90 Mitglieder der beiden Koalitionsfraktionen, darunter, das vermutete Kiesinger, auch einige aus der Union.[208] Von Anfang an hatte es der dritte Kanzler mit Dissidenten aus den eigenen Reihen zu tun. Da er dennoch die höchste Zustimmung aller Bundeskanzler erhalten hatte, glaubte Kiesinger, dieses Ergebnis als eine Basis interpretieren zu können, »breit und fest genug [...], um wirklich eine energische und erfolgreiche Politik in den nächsten Jahren zu treiben«.[209]

Die Gegenstimmen waren Echo des latenten Mißtrauens, das der neuen Regierung auf der Linken entgegenschlug.[210] Sah die Union letztlich keine

Alternative zum Experiment der Großen Koalition, so tat sich die SPD schwerer mit diesem Schritt. Viele Sozialdemokraten fühlten sich um die Früchte jahrzehntelanger Arbeit in der Opposition betrogen: War nicht die hauptverantwortliche Regierungsbeteiligung nach dem Scheitern der Regierung Erhard zum Greifen nahe gewesen? Protestresolutionen überschwemmten die Bonner Parteizentrale. Ein vielzitierter Brief von Günter Grass an Willy Brandt brachte das Unbehagen auf den Punkt: Brandts Vorstellung von einem »anderen Deutschland« werde sich im »Proporz-Einerlei« der Großen Koalition verlieren, werde Anpassung und lähmender Resignation weichen; die Jugend werde sich »vom Staat und seiner Verfassung« abkehren und nach links und rechts driften.[211] Prophetisch, hätte nicht die studentische Unruhe um 1968 praktisch alle westlichen Gesellschaften erfaßt und wäre es der außerparlamentarischen Opposition um eine Verstärkung der systemimmanenten *checks and balances* gegangen. Dennoch konnte aus ernsthafter Sorge die Frage aufgeworfen werden, ob dieses »Kartell der Macht« einer neunzigprozentigen Mehrheit im Bundestag nicht die zarte Pflanze Demokratie erdrücke? Auch eher konservative oder der Christdemokratie nahestehende Publizisten äußerten entsprechende Sorgen.[212]

Allen Unkenrufen zum Trotz hat die Große Koalition weder die Demokratie abgeschafft, noch ist sie im lähmenden Proporz erstarrt. Vielmehr setzte ihre Reformpolitik Akzente, ohne die der »Machtwechsel« 1969 doch erheblich erschwert worden wäre. Auch stand die Große Koalition teils weiter links als das darauffolgende sozial-liberale Bündnis. Vor allem die »Große Koalition der Sozialpolitiker« (Hans Günter Hockerts) von Union und SPD hat viel Schutt aus dem Weg geräumt, die eine sozial-liberale Koalition größten Belastungen unterworfen hätte. Womöglich liegt hierin einer der Gründe, warum sich die Große Koalition wieder einer recht positiven Einschätzung erfreut. Ja, die Regierung Kiesinger/Brandt markiert den Scheitelpunkt des liberalen Konsenses der hohen sechziger Jahre, was seinen sinnfälligen Ausdruck in übergreifenden gesellschaftlichen Initiativen wie der wiederbelebten Konzertierten Aktion fand, in der sich die Tarifpartner, Vertreter des Staates und der Wissenschaft zusammenfanden, um im Geiste Schillerscher Globalsteuerung das wirtschafts-, sozial- und finanzpolitische Handeln aufeinander abzustimmen (was aber *cum grano salis* schon in der »Formierten Gesellschaft« bei Erhard angelegt gewesen war).

Hier und im Bereich der Finanzordnung, welche mit Einführung der Gemeinschaftsaufgaben den Trend zum kooperativen Föderalismus verstärkte, hat die Große Koalition sehr nachhaltig in die sozial- und bundesstaatliche Struktur eingegriffen. Außerdem bildete der Bundestag, stärker als in früheren Legislaturperioden, partiell die Rolle des Widerlagers der Regierung, dank der energischen Führung der beiden Fraktionsvorsitzenden Barzel und Schmidt – deren Zusammenspiel Kiesinger zu der schnippischen Bemerkung verleitete, die beiden Herren seien »zu allem fähig«.[213] Manche Entscheidung, die zuvor im inneren Zirkel des Kabinetts getroffen worden sei, falle nun in den Ausschüssen des Bundestages.[214]

Dennoch ist in einer parlamentarischen Demokratie die Große Koalition der systemwidrige Ausnahmefall und für Notsituationen reserviert. Darüber waren sich alle Beteiligten klar, die in ihren Verlautbarungen das Außergewöhnliche der innen- und außenpolitischen Lage stets nach vorne rückten. Nicht nur die Normalisierung nach Osten schien einen breiten Konsens zu erfordern, was sich im nachhinein als nicht richtig erwies, fanden doch auf diesem Feld SPD und Union nie richtig zusammen. Angesichts der rechtsradikalen Bedrohung der NPD bot vor allem die wirtschaftliche Lage Anlaß zur Sorge. Weimar vor Augen, als sich die demokratischen Parteien unter dem Druck der Weltwirtschaftskrise als nicht handlungsfähig erwiesen hatten (aber auch den allgemein als anstößig empfundenen österreichischen Proporz), forderte Kiesinger gleich nach seiner Wahl institutionelle Garantien (sprich eine Wahlrechtsreform), um die Partner über absolute Mehrheiten wieder auseinanderzuzwingen.

Die »schwierigen und drängenden« Probleme verlangten nach einem gemeinschaftlichen Anpacken im Interesse des Gemeinwohls, sollten sich parteipolitisch konfrontativ aufgeladene partikulare Interessen nicht einmal mehr durchsetzen.[215] War es nicht das Gebot der Stunde, in einem nationalen Kraftakt energisch dem Rad der Geschichte in die Speichen zu greifen, um die Politik aus einer selbstverschuldeten »Zwangslage« zu befreien, in der nur noch das exekutiert werden konnte, was frühere Entscheidungen längst vorgeschrieben hatten? Die Bundesregierung drohe ihren Manövrierraum zu verlieren und zum »Zwangsvollstrecker vorangegangener Parlamente und Regierungen« zu werden, so Kiesinger gleich im Dezember 1966: »Aus dieser Situation müssen wir heraus.«[216]

Die Kritik an der Großen Koalition entzündete sich nicht nur an der vermeintlichen Sünde gegen den Geist der Demokratie, sondern auch an den personellen Voraussetzungen dieses »Kartells der Angst«, wie der *Spiegel* die neue Regierung titulierte.[217] Der SPD machte die Hereinnahme von Franz Josef Strauß zu schaffen, einigen Mitgliedern aber auch die Wahl eines ehemaligen NSDAP-Mitglieds zum Bundeskanzler. Setzte das nicht das falsche Signal angesichts der Wahlerfolge der NPD?

Prominentester Verfechter dieser Argumentation war Günter Grass, der, nachdem sein drängender Appell an Brandt fruchtlos geblieben war, sich in letzter Minute an Kiesinger wandte, um diesen von seiner Kandidatur abzubringen: »In diesem Land mit seiner noch immer nicht abgetragenen Hypothek, in diesem geteilten Land ohne Friedensvertrag«, beschwor Grass den Kanzlerkandidaten in der Rolle eines »fiktiven Sohns«, dürfe »das Amt des Bundeskanzlers niemals von einem Manne wahrgenommen werden [...], der schon einmal wider alle Vernunft handelte und dem Verbrechen diente, während andere daran zugrunde gingen, weil sie der Vernunft folgten und dem Verbrechen Widerstand boten. Dein Anstand sollte Dir verbieten, Dich nachträglich zum Widerstandskämpfer zu ernennen«. Wie solle die Jugend »in diesem Land jener Partei von vorgestern, die heute als NPD auferstehen kann, mit Argumenten begegnen können, wenn Sie das Amt des Bundeskanzlers mit Ihrer immer noch schwerwiegenden Vergangenheit belasten? Wie sollen wir der gefolterten, ermordeten Widerstandskämpfer gedenken, wenn Sie, der Mitläufer von damals, es wagen, heute hier die Richtlinien der Politik zu bestimmen? [...] Gibt es in der SPD/CSU/CDU keinen Mann, der unbelastet genug wäre, das Amt des Bundeskanzlers zu verwalten? Fast möchte ich glauben, es habe die SPD den Mut eines Otto Wels unter Hausarrest gestellt, denn ihre Aufgabe wäre es gewesen, Ihnen diese Frage zu stellen. So bleibt es mir, stellvertretend für viele, überlassen, noch einmal, in letzter Minute, empörten Einspruch zu erheben. Die Verantwortung werden Sie tragen müssen, wir die Folgen und die Scham.«[218]

Wie hat sich Kiesinger diesen Fragen gestellt? Als Antwort auf den offenen Brief wählte der Kanzler den Weg des Interviews, das er wenige Tage nach seiner Wahl Alfred Wolfmann gab, einem deutsch-jüdischen Emigranten, der aus Bonn für einige israelische Zeitungen berichtete, aber auch für den New Yorker *Aufbau*.[219] Wolfmann fragte Kiesinger nach Grass' Brief. Er hätte nicht für das Kanzleramt kandidiert, antwortete Kiesinger, wenn er tatsächlich Mitläufer gewesen wäre (was Grass behauptete) und wenn er »nicht wirklich Widerstand geleistet« und »Kopf und Kragen riskiert hätte« (was Grass, aus heutiger Sicht zu Recht, bestritt): »Ich weiß, ich habe saubere Hände« (davon war Grass ganz und gar nicht überzeugt). Bestärkt durch Grüber, Marx, Heuss und das Vertrauen der führenden Leute auch in der SPD habe er das Risiko der Kandidatur auf sich genommen: »Nicht für mich, sondern für Deutschland. Und da bin ich allerdings der Meinung: Ein Mann mußte das einmal tun für alle die, die in ähnlicher Lage sind [...], damit um so schärfer die Grenze gezogen wird zu den Verbrechern und auch denen, die wirkliche Handlanger waren, ohne daß man von ihnen vielleicht sagen kann, sie hätten Verbrechen begangen.«

Kiesinger porträtierte sich also durchaus als Repräsentant derjenigen Deutschen, die im »Dritten Reich« geblieben waren und sich in der totalitären Realität des Nationalsozialismus »die Hände nicht schmutzig« gemacht, ja teils sogar resistent verhalten hatten. Seine eigene Mitwirkung glaubte er deutlich von der »wirklicher Handlanger« unterscheiden zu müssen. Gegen Grass, der sich zum Sprecher seiner Generation machte, hoffte Kiesinger mit seiner Wahl ein geschichtspolitisches Zeichen zu setzen und explizit »einem gewissen Gefühl des Unmutes in unserer jungen Generation« entgegenzuwirken, die sich sage: »Diese ewige Zensur, die über uns ausgeübt wird bei solchen Entscheidungen, muß einmal aufhören.«

Waren es, in Kiesingers Sicht, nicht die simplifizierenden, vom individuellen Verhalten abstrahierenden Angriffe eines Grass, die den neonazistischen Umtrieben Vorschub leisteten? Schließlich war auch Grass als Flakhelfer unverschuldet Werkzeug in Hitlers Kriegsmaschinerie geworden, nahm aber den Ausdruck der »Scham« allein für sich und seine Generation in Gebrauch. Stahl er sich damit nicht aus der nationalen Verantwortungsgemeinschaft? Hatte die Union nicht der NPD aus purem Selbsterhaltungstrieb den Kampf angesagt? Er fühle sich der strengen Prüfung von Grass' »fiktivem Sohn« gewachsen, denn die Söhne, »die sich sehr streng mit ihren Vätern auseinandersetzen, [sind] sicher auch sehr gerecht ihren Vätern gegenüber«. Kiesinger sah sich als geläuterten Demokraten, worin er das eigentliche Geheimnis der westdeutschen Geschichte erblickte: »Und ich bin überzeugt, ich leiste einen ganz erheblichen Beitrag dazu, weil ich nun in diesen 20 Jahren vor diesem Volk bewiesen habe, daß ich eben ein wirklicher Demokrat bin.«[220]

Mit der Frage, welche positive (oder negative) Rolle seine persönliche Lebenserfahrung in der Auseinandersetzung der Deutschen mit ihrer Vergangenheit spielen könnte, hat sich Kiesinger nur zu Beginn seiner Kanzlerzeit offensiv auseinandergesetzt. Später kam er zu der Überzeugung, daß es besser wäre zu schweigen. Doch um die Jahreswende 1966/67 trat er sehr selbstbewußt und nicht ohne apologetischen Unterton als historischer Sinnstifter auf, ja sah in der Aufgabe der Integration der unterschiedlichen Vergangenheiten eine wichtige identitätsstiftende Funktionen seiner Regierung. Heute wissen wir, daß der von Kiesinger vorgeschlagenen Variante einer »Vergangenheitsbewältigung durch nationale Versöhnung« keine große Zukunft beschieden war. Es erschien als Ablenkung von persönlicher Schuld und einer Fortsetzung des »Schweigens«, auch weil seit Gründung der Bundesrepublik sehr viel Schindluder mit der Integration ehemaliger Täter getrieben worden war. Doch 1966/67 konnte Kiesinger noch auf Sympathie für seine Haltung rechnen, weil die betroffene deutsche Mehrheit für einen »Schlußstrich« plädierte.

Es galt nach damals gängigen Vorstellungen nicht nur die NS-Vergangenheit zu bewältigen. Die diffamierenden Angriffe, mit denen Adenauer und Teile der CDU/CSU über die Emigranten Brandt und Wehner im Wahlkampf

GROSSE KOALITION: NATIONALE KONZENTRATION?

1961 hergezogen waren, waren in frischer Erinnerung; der »Herr Brandt alias Frahm« war keineswegs vergessen.[221] Daher wird man die Große Koalition auch als Versuch interpretieren können, einen doppelten und dreifachen Schlußstrich zu ziehen. Die gemeinsame Regierungsverantwortung rehabilitierte die lange Jahre als »vaterlandslose Gesellen« geschmähten sozialdemokratischen Parteiführer Wehner und Brandt, so wie sich Kiesinger von der Zusammenarbeit mit diesen Männern auch ein Stück Rehabilitierung versprach.

Nur vor diesem Hintergrund läßt sich die Bedeutung einer Aussage Kiesingers ermessen, die im Januar 1967 in einem Gespräch mit Klaus Harpprecht fiel. Gefragt, ob er dem Wort vom »Segen der Niederlage« 1945 zustimmen könne, antwortete Kiesinger: »In einem gewissen Sinne ja«. Er hätte den Sieg Hitlers nicht ertragen. Er und seine Freunde hätten sich (wie viele andere Deutsche) in diesem Krieg immer wieder überlegt, was sie wünschen konnten und hofften. Er wäre bei einem deutschen Sieg nicht im Lande geblieben. Nach der Kristallnacht vom November 1938 habe er sich überlegt, Deutschland zu verlassen. Wäre sein Plan damals geglückt, dann »hätte ich in genau dieselbe Lage kommen können, daß ich dann von draußen den Kampf gegen dieses Regime geführt hätte. Ich hätte nie einen Kampf gegen mein Volk geführt, sondern ich hätte diesen Kampf immer für mein Volk, für die Ehre und für die Würde geführt.«

Das war im zeitgenössischen Kontext eine bemerkenswerte Aussage, die der Vergessenheit anheimgefallen zu sein scheint: Zum einen nahm Kiesinger Anfang 1967 indirekt jenen berühmten Satz Richard von Weizsäckers vorweg, der am 8. Mai 1985, in seiner Rede zum 40. Jahrestag des Endes des Zweiten Weltkrieges, von der militärischen Niederlage als Voraussetzung der Demokratiewerdung sprach. Zugleich aber hatte Kiesinger mit seiner Autorität als führender Mann der CDU gesagt, daß Willy Brandt im Zweiten Weltkrieg die norwegische Uniform als deutscher Patriot angezogen hatte und daß er als potentieller Emigrant selbst in genau dieselbe Situation hätte kommen können, ohne damit Verrat an seinem Vaterland zu üben.[222]

Die Identifikation mit dem Emigrantenschicksal des Vizekanzlers: das zeigte den eigenen Reihen die Grenze. Wer jetzt noch über den »Herrn Frahm« lästerte, der hätte Kiesinger persönlich angegriffen. Damit erfüllte Kiesinger die erinnerungspolitischen Erwartungen, die von Teilen der Sozialdemokratie an den Abschluß der Großen Koalition geknüpft worden waren. Brandt selbst hatte der SPD-Fraktion schon am Tag nach Kiesingers Nominierung klargemacht, daß die öffentlichen Erörterungen über Kiesingers NS-Vergangenheit kein Anlaß für die SPD wären, »sich ebenfalls an einer solchen persönlichen Kampagne zu beteiligen«. Von einigen Ausreißern (wie Wehners Intimfeind Mommer) abgesehen, war das Kapitel für die Bonner SPD damit nach außen hin abgeschlossen.[223]

Intern stand Kiesingers Vergangenheit jedoch in den Tagen und Stunden vor der Bildung der Großen Koalition in der SPD weiterhin zur Debatte. Dabei schälten sich zwei Argumente heraus: Das eine trug der Gewerkschaftsfunktionär Helmut Schlüter vor, der in jungen Jahren selbst Mitglied der HJ gewesen war und seine Kollegen an die berühmte Aussage Kurt Schumachers erinnerte, man müsse den ehemaligen Mitgliedern nationalsozialistischer Organisation bis hin zur Waffen-SS »den Weg zu Lebensaussicht und Staatsbürgertum« freimachen – eine Parallele zu Adenauer, wie Brandt noch 1976 unterstrich.[224] Das war Vergangenheitsbewältigung durch Integration – das hegemoniale Paradigma der fünfziger Jahre.

Das andere Argument trug der niedersächsische SPD-Bundestagsabgeordnete Arthur Killat von Coreth vor, der in der Bildung eines Kabinetts der Großen Koalition eine »Bewältigung unserer ganzen Vergangenheit seit 1933 sah. [...] Die bekannten politischen Diffamierungen wären dann nicht mehr möglich. Unter Berücksichtigung dieses Faktums ist die Große Koalition zu befürworten. Auch die Union muß ja im Fall einer Regierungsbeteiligung der Sozialdemokraten einiges schlucken, einige liebgewordene Vorurteile aufgeben. Das sollten wir uns klarmachen. Diese Art der Bewältigung der Vergangenheit bringt uns einen großen Gewinn.«

Ende November 1966 wiederholte der sozialdemokratische Parteivorsitzende noch einmal öffentlich, was er schon in der Sitzung vom 25. November gesagt hatte, daß er das Echo des Auslandes nicht auf die »leichte Schulter« nähme, daß jedoch Fragen nach Kiesingers Verhalten im Dritten Reich in absehbarer Zeit »nüchterner betrachtet« werden würden und er in seiner Zusammenarbeit mit Kiesinger schlicht und einfach »ein Stück Darstellung der deutschen Wirklichkeit« sehe. In ähnlichen Formulierungen hat Brandt diese Deutung der Großen Koalition als »durchaus wahrhaftige personelle Repräsentation der deutschen Wirklichkeit« auch nach ihrem Ende unterstrichen.[225]

Brandt scheint akzeptiert zu haben, was Erwin Wickert in seinem Brief an Karl Jaspers Anfang Januar 1967 mit Worten Charles de Gaulles zum Ausdruck bringen sollte. Daß es auf allen Seiten problematische Lebensläufe gab, das wußte Brandt. Rechts und links überwogen die Grautöne, und Kiesinger war eben nicht nur NSDAP-Mitglied wie Schiller gewesen, sondern hatte sich in resistenten Zirkeln umgetan, während das zeitweilige NSDAP-Mitglied und der SA-Anwärter Schröder den SA-Mann Lauritz Lauritzen neutralisierte, denen man wiederum Männer des Widerstandes wie Hans Katzer oder Baron Guttenberg entgegenstellen konnte, welche die zahlreichen Emigrantenschicksale in der SPD aufwogen, während unter den Jüngeren Schmidt und Barzel in der Wehrmacht gestanden hatten.[226]

Dieser Lebenserfahrung hat Kiesinger einen tieferen historischen Sinn zu geben versucht. Auf die Frage des *Welt*-Korrespondenten Graf von Finckenstein, ob die neue Regierung eine Aussöhnung mit der politischen Vergangenheit bedeute, und zwar sowohl in ihrer großen, also auf die Zeit vor 1945 zurückreichenden, als auch in ihrer kurzen 20jährigen, d. h. innenpolitischen, auf die Konfrontationen der Adenauerzeit zurückgehenden Perspektive, antwortete Kiesinger in seinem ersten Interview: »Ja, ganz entschieden.«[227] In seiner ersten Weihnachtsansprache als Bundeskanzler charakterisierte Kiesinger das neue Kabinett als ein Bündnis von Politikern, »deren Schicksal in den vergangenen Jahrzehnten durch das allgemeine Schicksal unseres Volkes auf ganz verschiedene Weise gestaltet« worden sei.[228] Für ihn war die gemeinsame Regierungsverantwortung des ehemaligen Nationalsozialisten Kiesinger, des ehemaligen Kommunisten Wehner und des ehemaligen Emigranten Brandt ein Akt der historischen Wiedergutmachung und politischen Vergangenheitsbewältigung, für den er bei seinen Koalitionspartnern auf grundsätzliche Sympathie rechnen konnte.

Vor der Geschichte konnte sich Kiesinger mit dieser Deutung seiner persönlichen Rolle und der Nachwirkungen der NS-Vergangenheit nicht durchsetzen – letztlich, weil das deutliche Schuldeingeständnis fehlte. Die Entwicklung ging auch geschichtspolitisch ab 1968 über ihn hinweg. Noch um die Jahreswende 1966/67 konnte Kiesinger auf eine gewisse positive Grundstimmung für das von ihm gezeichnete Bild der Versöhnung der drei Vergangenheiten im Kabinett der Großen Koalition zählen. Zwar sind Veröffentlichungen der Boulevardpresse nur ein schwacher Gradmesser der »Volksmeinung«: Doch konnte ein offener Brief der Redaktion der *Neuen Bildpost*, eines katholischen Massenblattes, an den Kanzler vermutlich auf Zustimmung der Leserschaft rechnen: »Herr Bundeskanzler, Sie führen *eine Regierung der Versöhnung* und haben in Ihrem Kabinett aus totalitärer Verstrickung heimgekehrte Söhne aller Richtungen und Schicksale aufgenommen: Emigranten, Männer des Widerstands und des Untergrunds, Mitläufer aus Irrtum oder Bedrängnis. Ihre Regierung, Herr Kiesinger, ist ein eindrucksvolles Spiegelbild der jüngsten deutschen Geschichte und politischer Schicksale. Herr Bundeskanzler, Ihre Regierung ist deswegen wie keine zuvor dazu geeignet, endlich die längst fällige innere *Aussöhnung* des deutschen Volkes zu vollziehen! Nur so kann unser Volk – der kranke und gespaltene Mann im Herzen Europas – genesen und wieder zu sich finden! Das bedeutet vor allem auch, daß *endlich Schluß* gemacht wird mit der Verteufelung unseres Landes, unseres Volkes und Staates von innen und außen!«[229]

Natürlich war das »Kabinett aus Feuer und Wasser« (*Süddeutsche Zeitung*), das sich nach seiner Vereidigung im Dämmerlicht des späten Nachmittag des 1. Dezember zum traditionellen Fototermin auf den Stufen der Villa Hammerschmidt bei Bundespräsident Lübke traf, nicht aus einer erinnerungspolitischen Laune heraus, sondern aus guten pragmatischen Gründen gebildet worden. Daß dem »Alten« die Szene »ein bißchen jespenstisch« vorkam, bezog sich daher wohl eher auf die jüngere zeitgeschichtliche Perspektive als auf die historische Tiefendimension.[230] Die Große Koalition überwand in erster Linie die Brüche, die sich seit 1949 in der westdeutschen Politik aufgetan hatten.

Auf dem Familienfoto sieht man linker Hand von Bundespräsident Lübke, dessen gemeinschaftliche Wiederwahl mit den Stimmen von Union und SPD 1964 nun wie ein Auftakt zur Großen Koalition anmutete, die beiden Vormänner ihrer Partei, den Kanzler und seinen Vize. Rechter Hand, in einem Akt altmodischer Courtoisie, die einzige Frau, Käte Strobel (SPD), die von ihrer christdemokratischen Vorgängerin Elisabeth Schwarzhaupt, der ersten weiblichen Bundesministerin überhaupt, das Gesundheitsministerium übernahm – sehr zum Verdruß der Unionsfrauen, die erst im Vorfeld des Wahlkampfes 1968 mit Aenne Brauksiepe ins Kabinett zurückkehren sollten. Ebenfalls in der ersten Reihe der katholische Gewerkschafter Paul Lücke (CDU), als ein »fast schon fanatischer« Vorkämpfer des Mehrheitswahlrechtes und ständiger Kontaktmann zu Wehner auf Unionsseite Schlüsselfigur der Kabinettsbildung. Dieser sah sich am Ziel seiner politischen Träume. Unverändert mit von der Partie Agrarminister Hermann Höcherl von der CSU, ein wendiger Advokat, mit dem Kiesinger Anfang der sechziger Jahre in der Südweststaatsfrage die Klingen gekreuzt hatte, als dieser in Gerhard Schröders Nachfolge 1961 zum Innenminister ernannt worden war. Links von Brandt steht Georg Leber (SPD, Verkehr), bisher Vorsitzender der Gewerkschaft Bau-Steine-Erden und wie Lücke Mitglied im Zentralkomitee der deutschen Katholiken. Er war derjenige unter den Sozialdemokraten, mit denen sich Kiesinger (nebst Wehner) mit am besten verstand. Ihn hätte der Kanzler gerne als Nachfolger Lübkes im Bundespräsidialamt gesehen.

Erst in der zweiten und dritten Reihe, angelegentlich ins Gespräch vertieft, die beiden starken Männer der Großen Koalition, Heck (Familie) und Wehner (Gesamtdeutsche Fragen); Heck hatte nicht zugunsten »der Frau« auf seinen Kabinettssitz verzichtet, denn »sonst sei man ja nichts«.[231] Der langjährige Bundesgeschäftsführer der CDU, seit dem Bundesparteitag 1966 »geschäftsführendes Präsidialmitglied« wurde 1967 Kiesingers Generalsekretär; er war der Mann der christdemokratischen Parteiorganisation, der Kiesinger den Rücken freihielt und unter Kiesingers Vorsitz die von Dufhues nach dem

Grosse Koalition: Nationale Konzentration?

Düsseldorfer Parteitag 1962 eingeleitete Parteireform weiter vorantrieb. Ihm und Wehner hatte die Große Koalition wohl am meisten zu verdanken; daneben steht etwas isoliert Kiesingers Tübinger Hausnachbar Carlo Schmid, den die SPD in einem Akt der Wiedergutmachung ins Kabinett gerufen hatte und der aufgrund seiner überparteilichen Statur am Ende einer langen, von Höhen und Tiefen durchzogenen Laufbahn nun doch noch Bundesratsminister wurde, wenn er auch dieses entbehrliche Amt gar nicht mehr wollte. Werner Dollinger (bisher Schatzminister, jetzt Post) stand für den protestantischen Anteil der CSU, während mit dem (katholischen) Mittelstandspolitiker Kurt Schmücker als Schatzminister der wirtschaftliche Sachverstand der Union stark reduziert ins Kabinett zurückkehrte, hatte doch der eingeschworene Anhänger der Erhardschen Wirtschaftspolitik dank seiner ungeschminkten Schilderung der wirtschaftlichen Lage den Trend zur Großen Koalition wesentlich verstärkt. Neben ihm das protestantische Nordlicht Kai-Uwe von Hassel, der als Vertriebenenminister erneut ein Portofolio erhielt. Nach Gerstenmaiers Rücktritt gelangte er 1969 auf den Sessel des Bundestagspräsidenten.

Neben dem Atlantiker Hassel steht klein und unscheinbar Karl Schiller (SPD, Wirtschaft), eine der auffälligsten Erscheinungen der Großen Koalition, der im Wahlkampf 1969 sehr effizient das »moderne Deutschland« repräsentierte. Es folgt der christliche Gewerkschafter Hans Katzer, ein Schwiegersohn Jakob Kaisers. Ihn hätte Kiesinger fallengelassen, wenn Barzel nicht insistiert hätte, den christlichen Arbeitnehmervertreter und engen Barzel-Alliierten weiterhin deutlich sichtbar im Kabinett zu plazieren.[232] Katzer wiederum sieht man im Gespräch mit Schröder, neben Hassel der zweite Atlantiker im Kabinett, der, sehr zum Kummer seiner innerparteilichen Widersacher, als Bundesminister der Verteidigung weiterhin Einfluß auf die Außenpolitik nehmen konnte. In der hintersten Reihe Adenauers alter Kontrahent Gustav Heinemann (SPD), der nach seinem spektakulären Abgang 1950 nun als Justizminister in das Bonner Kabinett zurückkehrte. Dies war der Preis, den die Union für die Rückkehr von Franz Josef Strauß hatte zahlen müssen, der zwei Positionen weiter rechts neben Hans-Jürgen Wischnewski (SPD, wirtschaftliche Zusammenarbeit) und Lauritz Lauritzen (SPD, Wohnungswesen/Städtebau) scheinbar unbeteiligt, doch mit grimmigem Trotz in die Runde blickt. Ganz rechts oben der Benjamin, der 37jährige Gerhard Stoltenberg (CDU, Wissenschaft), der Wunschkandidat der Jungen Union.

Würde es Kiesinger gelingen, mit dieser Runde der *best and the brightest* außerordentlich starker Persönlichkeiten zurechtzukommen? Er hatte einen überraschenden Machtinstinkt an den Tag gelegt, als er sich mit seiner Kampfkandidatur gegen Barzel und Schröder durchsetzte. Doch als der

KANZLER DER GROSSEN KOALITION 1966-1969

»Klassenkampf« um 1967.
Karikatur von Klaus Pielert

Regierungschef einer Großen Koalition hätte er sich besser keine allzu großen Gedanken über die ihm nach der Verfassung zustehende Richtlinienkompetenz gemacht, an die er mit Zitaten aus den einschlägigen Bestimmungen aus der Geschäftsordnung der Bundesregierung auf der ersten Kabinettssitzung erinnerte. Den Tenor hatte Helmut Schmidt bereits in der Nachtsitzung der SPD-Fraktion vom 26. auf den 27. November vorgegeben, als er die Sozialdemokraten mit seiner Aussage beruhigte, es werde in der Großen Koalition »keine Richtlinien gegen Brandt und Wehner« geben.[233] Kiesinger und die Union hatten sich in dieser Hinsicht partiell verkalkuliert, wenn dies auch erst 1969 wirklich deutlich werden sollte, als der Kanzlerbonus bei der Regierungsneubildung fast wirkungslos verpuffte.

Auch Kiesinger hat erst allmählich eingesehen, daß er in Bonn nicht in der gleichen Weise regieren konnte, wie sein Vor-Vorgänger (und er selbst in Stuttgart) es in einer kleinen Koalition getan hatte. Es blieb ihm kaum etwas anderes übrig, als mit einem kooperativen Führungsstil die Konflikte von vornherein einzugrenzen. Erst gegen Ende der Legislaturperiode, unter dem Eindruck des Wahlkampfes, nutzte er im Streit um die Aufwertung der DM massiv seine Richtlinienkompetenz. Der Bundeskanzler erschien ihm am stärksten, der »nie *expressis verbis* von seiner Richtlinienkompetenz Gebrauch« mache. Das glaubte er von Adenauer gelernt zu haben.[234] Diese Linie bekräftigte er im Herbst 1967, als die ersten Konflikte mit seinem Kabinett bereits hinter ihm lagen und er mit dem Kreßbronner Kreis das ihm kongeniale Führungsmittel gefunden hatte: »Ich versuche [...] durch Vermittlung zu führen, das heißt bei einer großen Koalition, in der sich zwei nahezu gleichstarke Partner zusammengefunden haben, liegt nach meiner Meinung die Führungskunst des Regierungschefs darin, daß er durch Überzeugung vermittelt, daß er, wenn Reibungen entstehen, dafür sorgt, daß diese Reibungen bald beseitigt werden.«[235]

DER KANZLER IN SEINEM AMT

Aller Anfang ist schwer – selbst für einen Bundeskanzler. Das beginnt mit den äußeren Lebensumständen. Mitte Dezember 1966 hatte Ludwig Erhard den Kanzlerbungalow zugesperrt, war an den Tegernsee gefahren und machte keinerlei Anstalten, das Feld vor dem Frühjahr zu räumen. Nun drängte es Kiesinger auch gar nicht danach, in dem »scheußlichen Gehäuse« Platz zu nehmen, das sich sein Vorgänger im Park des Palais Schaumburg hatte errichten lassen. Der preisgekrönte, klassisch-moderne Bau von Sepp Ruf (in der *Spiegel*-Diktion eine »Kombination aus Aquarium und amerikanischem Drugstore«) erschien Kiesinger wie ein Mahnmal der Häßlichkeit, das modernes Lebensgefühl nur vorgeblich repräsentierte, vor allem, wenn man wie Kiesinger 1,90 Meter maß und kaum genügend Raum fand, ein Bett aufzustellen.

So lebte Kiesinger, bevor er im Mai 1967 mit seiner Familie in den im Volksmund »Ludwigslust« genannten Kanzlerbungalow einziehen konnte, wie einst in den Bonner Anfängen, als möblierter Herr in zwei eilends hergerichteten Räumen im Palais Schaumburg. Er nächtigte auf einem Klappbett in Adenauers altem Teesalon, dem kleinen Kabinettssaal unmittelbar benachbart. Warme Speisen wurden aus einem Restaurant in der Nähe herbeigeschafft, zum Baden ließ sich Kiesinger in ein öffentliches Hallenbad chauffieren. Kein Wunder, daß der eingefleischte Familienvater, so oft er konnte, zu seiner Frau und seiner Enkelin Cecilia (»Fröschle«) nach Tübingen entfloh und zu der geliebten Wochenendroutine mit Wandern im Schönbuch, wo er mit »Kreuzerle« als Resonanzboden seine politischen Vorstellungen Gestalt annehmen ließ. Auf dem Tübinger Hauptbahnhof wurde der Sonderzug des Bundeskanzlers abgestellt, wo auch die Regierungserklärung unter höchst pittoresken Begleitumständen entstanden ist.[236]

Kanzler der Grossen Koalition 1966–1969

Den Übergang nach Bonn erleichterten ihm zwei Sekretärinnen und drei seiner Stuttgarter Mitarbeiter – alles fähige, jüngere Beamte, die er in der Villa Reitzenstein an sich gezogen hatte: Sein persönlicher Referent Ansgar Schwarzwälder, der Rundel in dieser kräftezehrenden Position 1965 beerbt hatte, sein Pressesprecher, der Regierungsdirektor Ulrich Weber, der zum Wahlkampf 1964 von Filbinger zu Kiesinger gewechselt war, und der Regierungsrat Manfred Rommel, den sich Kiesinger für einige Wochen von Filbinger »ausborgte«. Sie alle kehrten nach wenigen Wochen der »Bonner Stickluft« den Rücken.

Dabei mögen persönliche Gründe mitgespielt haben – welche halbwegs respektable bürgerliche Familie wechselt schon freiwillig aus der württembergischen Metropole in den rheinischen Bundesdistrikt? Auch das Bonner Arbeitsklima behagte den Mitarbeitern nicht, wie Weber durchblicken ließ: »Niemand unter uns hatte je eine Karriere in Bonn angestrebt. Man muß dort wissen, daß es auch anderswo gute und nützliche Arbeitsplätze gibt.« Etwas schreckten Kiesingers turbulente Anfänge im Kanzleramt wohl ab. Alle schlugen dankend das Angebot aus, mit Kiesinger im Palais Schaumburg zu bleiben. Man habe den Kanzler nicht im Stich gelassen, verteidigte sich Weber, »denn er ist nicht auf bestimmte Mitarbeiter angewiesen. So wie er sich in Stuttgart seinen Mitarbeiterstab gebildet hat, so kann er das auch in Bonn mit den dort vorhandenen fähigen Leuten tun.«[237]

Damit stand Kiesinger, so unwahrscheinlich es klingt, ohne vertrauten Mitarbeiterkreis da, als er das anspruchsvollste politische Amt übernahm, das die Bundesrepublik zu bieten hat. Wären da nicht die alten Freunde aus dem Auswärtigen Amt gewesen, hätte es ihm an politischen Beratern gänzlich gefehlt. Dabei bedurfte der Bonner Außenseiter Kiesinger der Unterstützung eines wohlinformierten und gut organisierten Apparats wohl mehr als jeder andere, auch weil er als Chef einer Großen Koalition mit besonders starken zentrifugalen Kräften zu rechnen hatte. Doch hier haperte es von Anfang an. Ein gutes Jahr verging, bis mit Karl Carstens der Staatssekretär als Chef des Bundeskanzleramtes an Kiesingers Seite trat, der Ordnung in eine desorientierte Behörde brachte. Sicher: Auch Adenauer, den die Bonner Beamten 1966 bereits wieder hoch in den Himmel lobten, hatte erst über Jahre mit Globkes Hilfe den Apparat aufgebaut, mit dem er dann sein Kabinett recht effizient dirigierte.[238] Nur war die Stellung des Kanzlers der Großen Koalition strukturell schwächer. Auch besaß er in weniger als zwei Jahren bis zum Beginn des Bundestagswahlkampfs nicht die Zeit, sich das Kanzleramt als Führungsinstrument zurechtzubiegen, so wie er das in Stuttgart mit dem Staatsministerium getan hatte. Daher machten sich Reibungsverluste bei Kiesinger politisch stärker bemerkbar, als dies unter normalen Umständen der Fall hätte sein müssen.

Gewiß ist kein Politiker schon deshalb erfolgreich, weil er sich zum Herrn des bürokratischen Prozesses zu machen versteht. Nicht wenige bedeutende Politiker sind schlechte Verwalter gewesen, darunter Theodor Heuss oder, wie bereits erwähnt, Willy Brandt. Umgekehrt haben es weniger bedeutende Politiker zu administrativer Meisterschaft gebracht. Im Zweifel waren die Stuttgarter Erfahrungen eine Richtschnur: Dort hatte Kiesinger gelernt, daß sein Vorgänger Gebhard Müller, dessen Qualitäten als Chef einer Behörde über jeden Zweifel erhaben waren und bis heute Maßstäbe setzen, bei der schwierigen Aufgabe der Integration des Landes versagt hatte, weil ihm Charisma und politischer Spürsinn fehlten. Nur, reichte es aus, sich auf Intuition, Gespür und rhetorisches Geschick zu verlassen, wenn die Richtlinienkompetenz des Bundeskanzlers von vorneherein eingeschränkt war, wenn Brandt seine getreuen Helfer Egon Bahr und Klaus Schütz im Auswärtigen Amt installierte, während Barzel sich auf sein eingespieltes Team in der Fraktionsführung verlassen konnte und der Bonner Insider Schröder seine Sekretärin, seinen persönlichen Referenten, seinen militärischen Adjutanten, seinen Pressesprecher und seinen Staatssekretär mit ins Verteidigungsministerium nahm?[239]

Kiesinger ging aus Stuttgart der Ruf voraus, kein einfacher Chef zu sein. Ein schwäbisches Sprichwort machte Anfang Dezember 1966 in Bonn die Runde, daß er »ein Gassenengel und ein Hausteufel« sei.[240] Diesen Eindruck hat Kiesinger innerhalb kürzester Zeit bestätigt. Er rüttelte das altehrwürdige Bundeskanzleramt derart durcheinander, daß sich innerhalb von vier Wochen Verzweiflung unter den Beamten breitzumachen begann. Vor allem die Arbeit an Kiesingers erster Regierungserklärung nahm das Kanzleramt hart mit: Zunächst bedurfte es langer Überredungskünste, um Kiesinger überhaupt eine konkrete Weisung in Sachen Regierungserklärung zu entlocken. Als ihm dann die in mühseliger Kleinarbeit erstellten schriftlichen Vorlagen präsentiert wurden, verfielen sie »in Sekundenschnelle und unter drastischen Mißfallenskundgebungen« der Ablehnung.[241] Ähnliche Erfahrungen machte der überaus erfahrene Bundespressechef Karl-Günther von Hase, dessen drei Entwürfe der Weihnachtsansprache 1966 postwendend als »völlig unbrauchbar« zurückkamen.[242]

Nicht nur waren Kiesingers neue Mitarbeiter schlecht auf den Arbeitsstil des Kanzlers vorbereitet, das Kanzleramt selbst befand sich in einem beklagenswerten Zustand. Die gut geölte Schaltzentrale Adenauers hatte unter Erhard und Westrick ihre Orientierung völlig verloren. Kiesingers Einzug verschärfte eine schwierige Situation, welche aufgrund eines Fehlgriffs bei der Wahl seines Staatssekretärs eskalierte. Ursprünglich hatte Kiesinger Josef Rust berufen wollen, den Vorstandsvorsitzenden der (bundeseigenen) Wintershall AG, der bei Globke »in die Lehre« gegangen war. Doch Rust sagte ab.[243] Andere Pläne zerschlugen sich, so daß Kiesinger auf die Empfehlung des ihm befreundeten Präsidenten des Bundesrechnungshofes, Hopf, einen ihm völlig unbekannten Mann zum Staatssekretär machte, den Ministerialdirektor Werner Knieper, einen emsigen, modernen Beamten, der sich als Abteilungsleiter im Bundesverteidigungsministerium einen Namen als Verwaltungsreformer erworben hatte.[244]

Als Staatssekretär und Chef des Bundeskanzleramtes war Knieper eine glatte Fehlbesetzung.[245] Dafür gab es mehrere Gründe, vor allem aber gelang es Knieper nicht, ein von gegenseitigem Respekt und Vertrauen getragenes Verhältnis zu Kiesinger zu finden. Alle erfolgreichen Mitarbeiter Kiesingers (wie Rundel, Rommel und Neusel, aber auch Carstens und Diehl) wußten, daß mit Kiesinger nur auszukommen war, wenn man ihm widersprach. Das lockte den Kanzler aus der Reserve, spornte seine rhetorischen Fähigkeiten an und ließ ihn auf seine Art und Weise kreativ an die Lösung von Problemen herangehen. Er brauchte die Diskussion, um seine Gedanken zu ordnen und Entscheidungen zu treffen – die seine Mitarbeiter postwendend in schriftliche Vermerke umsetzten. Doch genau dies hat Knieper wohl nicht verstanden: Kiesinger Paroli zu bieten.[246]

Sehr viel mehr Glück als mit seinem ersten Staatssekretär hatte Kiesinger mit seinem Persönlichen Referenten, Hans Neusel. Er wurde der Bonner Otto Rundel, und er hätte, wären die Zeiten danach gewesen, ein zweiter Globke werden können. Da Kiesinger und Knieper zeitweise nicht mehr miteinander sprachen, war Neusel quasi der Staatssekretär – eine Position, auf die er Ende der siebziger Jahre bei Bundespräsident Carstens tatsächlich aufrückte. Nach Kiesingers Abschied vom Kanzleramt war er zunächst dem Altkanzler treu geblieben und leitete dessen Büro, bevor er 1973 zu Carstens wechselte, als dieser zum Vorsitzenden der Unionsfraktion gewählt wurde. Mit Carstens ging er 1979 auch in die Villa Hammerschmidt. Damit kehrte Neusel in der späten Ära Schmidt in das Kabinettszimmer zurück, weil auch der Staatssekretär eines der CDU angehörenden Bundespräsidenten von Amts wegen an den Sitzungen eines SPD-geführten Kabinetts teilnehmen darf. Der »Vollprofi und Ideal-Beamte« entledigte sich der delikaten Aufgabe mit äußerster Diskretion. Er weigerte sich beharrlich, vertrauliche Informationen an die Unionsleute zu geben. In dem geschwätzigen Bonn sei »niemals auch nur der leiseste Verdacht aufgekommen, Neusel könnte von dem ihm dort zuwachsenden Wissen anderen Gebrauch gemacht haben als den der pflichtgemäßen Unterrichtung des Bundespräsidenten«, heißt es in einer Würdigung Neusels bei seinem Abschied. Von Weizsäcker in den einstweiligen Ruhestand versetzt, wurde er 1985 von Friedrich Zimmermann ins

Bundesinnenministerium geholt, wo er u. a. für die Geheimdienste und die innere Sicherheit zuständig war. Dessen Nachfolger Wolfgang Schäuble diente er in der gleichen Position, u. a. während der Verhandlungen über Einigungsvertrag mit der DDR. Nachdem Neusel ein Attentat der RAF selbst nur knapp überlebte, führte er nach dem Attentat auf Schäuble im Oktober 1990 vorübergehend das Bundesinnenministerium. 1992 wurde Hans Neusel, »der Inbegriff des deutschen Beamten« (*Spiegel*) pensioniert.[247]

Der bei Kiesingers Wahl 39jährige Neusel war einer der ganz wenigen Mitarbeiter im Kanzleramt (neben Guttenberg), über die sich Kiesinger ohne Einschränkung positiv äußerte. Dabei verlief ihre erste Begegnung überhaupt nicht nach Maß. Kiesinger war Neusel bei seinem Einzug in das »völlig derangierte Kanzleramt« als ein »etwas finster blickender junger Mann« auf der Treppe des Palais Schaumburg begegnet. Na ja, so habe er gedacht, »der ist mir auch nicht grün«.[248] Denn Neusel gehörte als Westricks Persönlicher Referent zur alten Erhard-Garde. Als der Konflikt zwischen Kiesinger und dem Kanzleramt gegen Ende des Jahres 1966 eskalierte, waren die Abteilungsleiter des Bundeskanzleramtes der Meinung, daß nur Neusel die Situation würde unter Kontrolle bringen können. Darin hatten sie sich nicht getäuscht. Ein unermüdlicher Arbeiter, hervorragender Organisator, von absoluter Loyalität, setzte Neusel keinen Fuß aus dem Kanzleramt, bevor Kiesinger nicht spät nachts aus dem Hause ging.[249] Vor allem aber verstand sich Neusel auf die Kunst, Kiesinger die wesentlichen Fakten in präzisen mündlichen Vorträgen aufzubereiten. Das ersparte dem »Hör-Kanzler« die Lektüre schriftlicher Vorlagen. Nach einer Schätzung Neusels hat Kiesinger in etwa 80 Prozent aller Fälle auf Grundlage mündlicher Vorträge entschieden.[250]

An sich hätte es nahegelegen, die alten Freunde aus dem Auswärtigen Amt ins Kanzleramt zu holen. Sie waren fest in der Bonner Landschaft etabliert und hatten Kiesinger im November und Dezember 1966 intensiv beraten. Sie besaßen die innere und äußere Unabhängigkeit, loyal, aber nicht unterwürfig zu sein. Doch Kiesinger zögerte, weil bei den liberalen Medien leicht der Verdacht hätte aufkommen können, im Kanzleramt setze sich eine Seilschaft alter Ribbentrop-Leute fest. Selbst den ihm absolut ergebenen Schirmer, seinen ehemaligen Vorgesetzten im Auswärtigen Amt, schickte Kiesinger zwar auf eine geheime Mission nach Moskau, berief ihn jedoch aus vergangenheitspolitischen Rücksichten nie auf eine verantwortungsvolle Position. Als der Streit um Kiesingers NS-Vergangenheit im Jahr 1968 eskalierte, wurde Schirmer als Botschafter auf einen Außenposten nach Australien versetzt. Sonnenhol soll anfangs sogar als Staatssekretär im Bundeskanzleramt vorgesehen gewesen sein, war als frühes NSDAP-Mitglied jedoch nicht tragbar. Das hätte die alten Außenamts-Verbindungen Kiesingers noch deutlicher hervorgekehrt.[251]

KANZLER DER GROSSEN KOALITION 1966–1969

Nur Diehl gelangte im November 1967 als Bundespressechef in Kiesingers nächste Umgebung, während Wickert, der als Rundfunkattaché in China und Japan vor 1945 formal Kiesingers Untergebener gewesen war (obwohl sich beide erst nach dem Krieg persönlich kennenlernten), als zweiter Mann an die deutsche Botschaft nach London ging. Der Versuch mißglückte, ihn an die Stelle des alten Adenauer-Mannes Horst Osterheld zu setzen, dem außenpolitischen Abteilungsleiter im Bundeskanzleramt. Osterheld war dem Kanzler ostpolitisch zu rückwärtsgewandt; er verfügte weder über gute Kontakte ins Auswärtige Amt noch über die kreative politische Energie, die er in Kiesingers Augen als Kanzlerberater hätte aufbringen müssen. Mehr als die Leitung eines großen Generalkonsulats traute der Kanzler ihm eigentlich nicht zu. Da alle Versuche scheiterten, Osterheld an anderer Stelle unterzubringen – Brandt wollte für den hochdotierten Ministerialdirektor keine passende Stelle finden –, verzichtete Kiesinger auf Wickert, der als Autor von Erhards Friedensnote politisches Gespür gezeigt hatte und als Autor mehrerer Romane wohl auch das notwendige kulturelle Rüstzeug besaß, um auf Augenhöhe mit dem Kanzler zu stehen. Im Nachhinein bereute Kiesinger es als einen Fehler, daß er Osterheld nicht fortbekommen hatte.[252]

Im Laufe des Jahres 1967 etablierte sich das Küchenkabinett, das Kiesinger außenpolitisch eng beriet. Die graue Eminenz war Guttenberg. Er war *der* Mann der Großen Koalition. Seit seinem Einzug in den Bundestag 1957 hatte er auf dieses Ziel hingearbeitet. Doch bei seiner Berufung lief einiges schief. Die konspirativen Fähigkeiten des ehemaligen Widerstandskämpfers, der beim »Soldatensender Calais« von England aus in der psychologischen Kriegsführung gegen Hitlers Reich gekämpft hatte (auf der Kiesinger gewissermaßen genau gegenüberliegenden Seite), waren denen von Herbert Wehner ebenbürtig. Allerdings war er im Unterschied zu dem stellvertretenden SPD-Vorsitzenden in seiner eigenen Partei überaus isoliert, ja verhaßt. Doch Kiesinger sah in Guttenberg weder den unermüdlichen Spinner von Intrigen noch den Mann fürs Grobe, sondern den außenpolitischen Berater, der für die Normalisierung des Verhältnisses zu Frankreich stand und über exzellente Verbindungen zum Quai d'Orsay verfügte.[253] Auch war es Guttenbergs Aufgabe, Wehner bei der Stange zu halten, dessen Vertrauen er in verschiedenen Anläufen zur Großen Koalition seit Anfang der sechziger Jahre erworben hatte.[254]

Daß Guttenberg als Parlamentarischer Staatssekretär die Verbindung zur Fraktion halten sollte, entbehrte nicht einer gewissen Ironie. Denn der »Judas der CSU« hatte sich in einem Nachspiel zur *Spiegel*-Affäre nicht nur mit Strauß persönlich überworfen, sondern galt seit der »Affäre Huyn« auch für Schröder (und die Atlantiker) als *persona non grata*. Daher suchte die

CSU einen ihrer engeren Vertrauensleute im Kanzleramt zu installieren (u. a. Leo Wagner), während Schröder den Gaullisten Guttenberg zu verhindern suchte, weil dieser als Parlamentarischer Staatssekretär im Bundeskanzleramt ja dem Bundesverteidigungsrat präsidierte und damit erheblichen Einfluß auf die Verteidigungspolitik würde gewinnen können. Schnell wuchs sich der Fall Guttenberg zu einer Prestigefrage aus. Kiesinger konnte nicht nachgeben, wollte er nicht wie ein Gefangener von Strauß und der CSU erscheinen. Es dauerte vier Monate, bis Guttenberg ernannt werden konnte.[255]

Auch bei der Besetzung der Spitzenpositionen in dem Kiesinger direkt unterstellten Presseamt türmten sich Hürden auf. Von Erhard übernahm Kiesinger als Bundespressechef Staatssekretär Karl-Günther von Hase, einen alten Bonner Insider, der dieses Amt schon unter Adenauer und Erhard mit sehr viel Sachkompetenz ausgeübt hatte. Doch von Hases Anpassungsvermögen war aufgrund der beiden Kanzlerwechsel arg strapaziert worden, wie Diehl den Sachverhalt zurückhaltend umschreibt.[256] Hase war ein Mann der Union, der sich schwer damit tat, die Politik einer Großen Koalition zu verteidigen, nachdem er jahrelang auf die SPD hatte eindreschen müssen und bis zuletzt als das Sprachrohr Erhards galt. Nur auf Drängen Kiesingers, der ihn bald nicht mehr entbehren wollte, blieb er in seinem Amt und verzichtete darauf, Intendant der Deutschen Welle zu werden (er wurde nach weiteren Stationen als Verteidigungs-Staatssekretär und Deutscher Botschafter in London schließlich 1977 Intendant des ZDF).[257]

Daß von Hase *nolens volens* ausharren mußte, hing auch mit den ungeklärten Umständen des Strauß-Opfers Ahlers zusammen, den die SPD als den Mann ihres Vertrauens für das Bundespresseamt nominiert hatte. Von Hase wollte sich »den positiven Möglichkeiten eines solchen Versuches nicht verschließen«, wie er Kiesinger gleich im Dezember wissen ließ.[258] Doch der von Kiesinger mit Sympathie aufgenommene Gedanke, Ahlers sogar zum obersten Regierungssprecher zu machen, erschien der Unionsgefolgschaft »fast unerträglich«.[259] Da waren krude Symbolismen am Werk, denn die parteipolitische Positionierung von Ahlers war so eindeutig nicht, da er als ehemaliger Pressesprecher des Amtes Blank mit Diehl verbandelt war. Ja, Ahlers war gewissermaßen ein Mann Kiesingers, hatte er ihm doch mit seiner Dokumenten-Hilfe am 9. November 1966 aus der Patsche geholfen. Doch in den Augen der Öffentlichkeit (und damit bei Union und SPD) galt er nun einmal als der Widerpart zu Strauß und als der Repräsentant des *Spiegel*, obwohl er von Augstein ob seiner Schützenhilfe für Kiesinger zum »Verräter« erklärt worden war.[260]

Angesichts der eminenten Bedeutung des Bundespresseamtes nach außen *und* innen, wo es eine wichtige Informations- und Beratungsfunktion gegenüber dem Bundeskanzler besitzt, wurde die Ernennung Diehls zum Bundespressesprecher in Unionskreisen als »nicht sehr glücklich« empfunden. Der Technokrat Diehl, der unter »keinen Umständen unserer Partei zugerechnet werden kann«, werde im Tandem mit Ahlers der Union »und den uns nahestehenden Journalisten den Zugang zu Informationen restlos« verlegen, wie der stellvertretende CDU-Parteivorsitzende von Hassel im Sommer 1967 bei Kiesinger protestierte.[261] Doch nachdem von Hase im November zum Intendanten der Deutschen Welle gewählt worden war – und dann dieses von ihm lange ersehnte Amt doch nicht antreten konnte, weil er auf Wunsch Kiesingers im Austausch mit Carstens als Staatssekretär zu Schröder ging –, rief Kiesinger Diehl an seine Seite. Dieser hatte dem Kanzler geraten, ihn als Planungschef in dem nunmehr sozialdemokratisch geführten Außenamt zu belassen, wo er ihm sehr viel mehr nützlicher wäre (und wo er mit Bahr im Frühstadium der Neuen Ostpolitik sehr eng zusammenarbeitete).[262]

Brandt hatte Diehls anfänglichen Verbleib im AA zunächst akzeptiert, wenn auch zögernd, denn Diehl schien eine Kontrollfunktion im Sinne Kiesingers auszuüben. Das sah er richtig, denn Heck suchte Diehl, den er für »den begabtesten Beamten des Auswärtigen Amtes« hielt, als Nachfolger von Staatssekretär Lahr aufzubauen, um der CDU eine wichtige Position im Außenamt zu erhalten.[263] Kiesinger aber setzte sich über alle Bedenken hinweg und machte Diehl im November 1967 zum Pressesprecher. Sowohl Diehl als auch Ahlers nahmen gegenüber ihrem Kanzler kein Blatt vor den Mund, was sie als persönliche Freunde riskieren konnten. Dennoch waren sie Kiesinger im Wahlkampf so loyal verpflichtet, daß Helmut Schmidt sich veranlaßt sah, eine bessere Dienstaufsicht des Kanzlers über seine Sprecher zu verlangen – vor allem über den »heimlichen Oberbundeskanzler« Diehl.[264]

Mit der Jahreswende 1967/68 war Kiesingers Team komplett, als Carstens von der Bonner Hardthöhe ins Kanzleramt wechselte. Nach Kiesingers Darstellung hatte ihm Carstens schon im Dezember 1966 geschrieben, er stehe »für jedes Amt zur Verfügung«.[265] Im August 1967 kam Kiesinger (in seiner Sicht) auf dieses Angebot zurück und bat Carstens, der ihn nach Washington begleitet hatte, die Leitung des Bundeskanzleramtes zu übernehmen. Er und Knieper seien zu unterschiedliche Naturen, um vertrauensvoll zusammenarbeiten zu können, »obgleich Knieper seine Aufgaben mit Sorgfalt und Hingabe erfülle. Er, Kiesinger, habe mehrere vertrauenswürdige Persönlichkeiten wegen einer möglichen Nachfolge von Knieper konsultiert: alle hätten übereinstimmend erklärt, nur ich könne es machen.«[266] Der Übergang von Carstens ins Bundeskanzleramt verzögerte sich, weil Kiesingers Angebot dem schweren Konflikt mit Schröder über die Bundeswehrkonzeption im Juli 1967 auf dem Fuß folgte. Schröder erlitt einen Kollaps, nur wenige Tage, nachdem Carstens bei ihm vorgesprochen hatte.[267] Daß Carstens zu seinem Erzrivalen Kiesinger wechselte, nahm Schröder schwer. Über Monate war er nicht einsatzfähig. Carstens mußte ihn bis Ende des Jahres vertreten. Schließlich beugte sich Schröder der Einsicht, daß es für die CDU und die Bundesregierung das Beste wäre, des Kanzlers Haus in Ordnung zu bringen.

Mit Carstens trat ein atlantisches Gegengewicht zu Guttenberg in den engeren Kreis um den Kanzler, wobei Guttenberg unerwartet gut mit Carstens harmoniert haben soll. Noch im April 1967 hatte sich Carstens geweigert, gemeinsam mit Guttenberg auf einer Veranstaltung der Jungen Union in der Politischen Akademie Eichholz aufzutreten.[268] War der neue Kollege dem Baron in früherer Zeit wie der Leibhaftige erschienen, so fanden beide Männer in Kiesingers Diensten »zu einer guten und loyalen Zusammenarbeit«.[269] Damit hatte der Kanzler mit seinen beiden ranghöchsten Mitarbeitern symbolisch die »unselige« Feindschaft zwischen Atlantikern und Gaullisten überbrückt, die als Konfliktlinie ohnehin nicht mehr sehr ausgeprägt war, weil die Annäherung an Frankreich zu Beginn der Großen Koalition die Atmosphäre zwar verbessert, es jedoch angesichts mangelnder Fortschritte schon bald zu einer deutlichen Desillusionierung gekommen war. Auch disziplinierte die neue politische Konstellation. Nun mußten gemeinsam Positionen gegen die SPD verteidigt werden, wenn sich auch nicht jeder in der Unionsfraktion durch das Vorbild von Carstens und Guttenberg anspornen ließ. Der Feind saß nicht länger auf harten Oppositionsbänken, sondern hatte sich in Gestalt eines sozialdemokratischen Außenministers und dessen als höchst gefährlich eingestuften Planungschefs ins Zentrum der Macht höchstselbst begeben.

Anfang 1968 hatte das Bundeskanzleramt zu einer neuen Routine gefunden. Die »kleine Lage« war Kiesingers eigentliches Arbeitsmittel. Sie ging hervor aus dem 10minütigen morgendlichen Pressevortrag, der dem »Hör-Kanzler« das schriftliche Nachrichtenbild unter Erhard ersetzte und Kiesingers Präferenzen entsprechend auf die Analyse der Pressekommentare (nicht der eigentlichen Nachrichten) ausgerichtet war.[270] Aus diesem Pressevortrag, an dem auch der Bundespressechef und sein Stellvertreter teilnahmen, ging dann die »Kleine Lage« hervor, Kiesingers engerer Beraterstab, dem außer Neusel, Carstens, Diehl, Guttenberg und Ahlers auch die Abteilungsleiter des Bundeskanzleramtes angehörten sowie der Leiter des Kanzlerbüros, Dr. Frieder Ruth (den Kiesinger noch von seinem Kennedy-Besuch 1962 in Washington kannte und der ihm auch privat verbunden war) sowie der Parlamentsreferent des Kanzleramtes, Franz Hange, der den Kontakt zu Generalsekretär Heck und zur CDU-Bundesgeschäftsstelle hielt. Zusätzlich fand einmal in der Woche die vor allem der außenpolitischen Information dienende Große

Lage statt, an der außer dem genannten Personenkreis noch die Staatssekretäre des Außen- und Verteidigungsministeriums sowie führende Vertreter des BND und des Verfassungsschutzes teilnahmen. Die Große Lage hat Kiesinger als den Versuch charakterisiert, die Erkenntnisse der Nachrichtendienste »als Quellenmaterial in den Entscheidungsprozeß einzubeziehen«.[271]

War Adenauer der Mann der »einsamen Beschlüsse«, so stand Kiesinger für ein *government by discussion*. Das gilt sowohl für das größere Kabinett, dessen Sitzungen sich darob in die Länge zogen, als auch für den von Kiesinger geschaffenen »Kreßbronner Kreis«, den er völlig dominierte (zum Ärger von Helmut Schmidt). Der Resonanzboden seiner Gedanken und Vorstellungswelt war die Kleine Lage, die unter späteren Kanzlern erhalten blieb. Dieses Küchenkabinett trat zu jeder Tages- und Nachtzeit zusammen, oft auch am Wochenende, wo Kiesingers Vertraute in den tiefen Sesseln des Kanzlerbungalows Platz nahmen, »Papiere und Akten auf dem Boden, ein Glas Wein stand auf dem Tisch, wir waren bequem angezogen, Kiesinger hatte seinen Dackel auf dem Schoß und besprach mit uns die Lage. Es gab den einen oder anderen Ausflug in Philosophie, Literatur, Geschichte und Religion, immer der Analyse und der Beschlußfassung dienlich.« Das Gespräch in der kleinen oder mittleren Runde war das ihm kongeniale Mittel, so daß sich auch an Werktagen aus den Pressevorträgen oft ausgedehnte Diskussionen entwickelten. Dies sei unter dem Strich ein sehr effizientes Verfahren gewesen, so Diehl, weil es viele Einzelgespräche überflüssig gemacht und alle Beteiligten auf dem gleichen hohen Informationsstand gehalten habe.[272]

Gewisse Nachteile hatte Kiesingers dialogische Methode schon. Weil er so stark auf die enge Runde seiner Mitarbeiter fixiert war und das Gespräch im kleinen Kreis schätzte, schottete er sich von der übrigen Regierung ab. Darunter litt aber auch die Kommunikation mit der CDU, nicht nur mit Rainer Barzel, den Kiesinger in den knapp drei Jahren seiner Regierungszeit nur etwa 60mal unter vier Augen gesprochen hat und damit wahrscheinlich seltener, als man im Falle des eigenen Fraktionsvorsitzenden erwarten konnte.[273] Aber auch zu Heck lockerten die Beziehungen sich, obwohl dieser auf Kiesingers Wunsch im Mai 1967 zum CDU-Generalsekretär gewählt worden war. Weder Barzel noch Heck waren wirkliche Vertraute Kiesingers, vergleichbar Krone und Globke bei Adenauer. Mit Heck hatte Kiesinger keinen festen Termin, auch nicht mit Barzel. Weil sie sich außerhalb der offiziellen Sitzungen nur selten trafen, begann Heck mit Kiesinger zu korrespondieren. Das war ein unsicheres Verfahren, weil der Kanzler Briefe oft liegen ließ.[274]

Krone, der sich wie Globke und die alte Garde der Adenauerschen Staatssekretäre nun kaltgestellt sah, jedoch anfangs noch regelmäßig mit Heck und Guttenberg tagte, machte es Sorgen, daß Kiesinger keinen rechten Berater aus der Partei besaß: »Heck sieht den [Parteivorsitzenden] und Kanzler, wenn er ihn anruft; daß Kiesinger in Heck seinen Berater sieht, das scheint nicht der Fall zu sein. Kiesinger hat seinen Hof und seine Räte, und er spricht mit vielen. Was in den Ministerien vorgeht, was da getan, geplant wird – das wird von seinen Hofräten samt dem Oberhofrat Neusel vorgetragen, und das genügt für die Kabinettssitzung. Was ihn interessiert, die Große Politik – das greift er auf. Doch sind es hier nicht andere, Wehner und Brandt, die den Weg bestimmen?«[275]

Auch der als »Oberhofrat« von Krone so boshaft titulierte Neusel, auf den Bundespräsident Carstens größte Stücke hielt, während ihm Strauß tief mißtraute, hatte seine liebe Not mit dem Kanzler. Wenn Kiesinger, der als erster Kanzler den Hubschrauber regelmäßig nutzte, nach dem Wochenende aus Bebenhausen oder von Wahlkampftouren in Bonn einschwebte, dann stand sein persönlicher Referent mit zwei dicken Aktenkoffern bereit. Er drängte den Kanzler nach der Kür zum »Regieren«. Dann machte sich Kiesinger murrend an die Aktenbearbeitung, pickte aber nur das heraus, was ihn wirklich interessierte. War die kritische Masse auf seinem Schreibtisch erreicht, wurde Neusel gerufen: »Schaffen Sie mir die Akten weg, ich verliere den Überblick.«[276]

Es war nicht ganz einfach, Kiesinger klarzumachen, daß eine bestimmte Gesetzesvorlage jetzt und sofort unterschrieben werden mußte. Fühlte er sich gedrängt, konnte er »recht unwirsch« reagieren.[277] Selbst der hocherfahrene Carstens blieb von derartigen Ausbrüchen nicht verschont. Mit typischem *understatement* erinnert er sich, daß die Zusammenarbeit mit Kiesinger »nicht immer einfach« gewesen sei: »Er war kein disziplinierter Arbeiter und nahm die einzelnen zu bewältigenden Aufgaben meist erst spät in Angriff.« Als der Staatssekretär einmal den Kanzler zur Erledigung seiner Hausaufgaben mahnte, wurde er vor versammelter Mannschaft heruntergeputzt, die Entwürfe des Kanzleramtes seien eh nichts wert. Carstens bat Kiesinger um ein Vier-Augen-Gespräch. Er habe den Kanzler wissen lassen, »daß das von ihm gewählte Verfahren meine Autorität im Amt untergrübe. Sollte es sich wiederholen, würde ich meinen Abschied nehmen.«[278]

Die nicht immer so diskret geführte Kritik an Kiesingers Arbeitsstil fand ihren Weg schnell in die Presse. Das Kanzleramt verstand sich zu wehren.[279] Auch die Diktate seiner großen und bedeutenden Reden nahm Kiesinger, wie einst in Stuttgart, in letzter Minute in Angriff, so daß der Text für die Journalisten nicht rechtzeitig vorlag, obwohl die Rede auf Waldspaziergängen, manchmal sogar im Fond des Dienstwagens, eingeübt worden war. Meist hielt Kiesinger die Entwürfe für schlicht unbrauchbar, so daß er sich den Text in aufreibender Nachtarbeit in letzter Minute selbst abrang – auch das war vorher nicht anders gewesen, nur daß in Bonn größere Zeitnot herrschte und es deshalb stärker auffiel.

Neusel schildert eine farbenprächtige Szene, die sich im Vorfeld einer vielbeachteten Rede Kiesingers im National Press Club während seines Staatsbesuches in Washington im August 1967 abspielte. Diese Rede war sorgfältig vorbereitet worden, der Kiesinger eng verbundene Lilienfeld und der Pressereferent der Washingtoner Botschaft, Hartmut Schulze-Boysen, hatten in Erwartung der Dinge, die da kommen würden, einen Entwurf ganz aus Kiesinger-Zitaten zusammengeschnipselt.[280] Auch eine Gedankenskizze des erfahrenen Washingtoner ARD-Korrespondenten Peter von Zahn war in das Werk eingeflossen. Doch in den frühen Morgenstunden des Tages, an dem Kiesinger die Rede hätten halten sollen, klingelte das Telefon. Im Bademantel eilte Neusel über den Korridor des Blair House, wo Kiesinger als Staatsgast der amerikanischen Regierung untergebracht worden war. Er traf auf einen »mürrischen, ungekämmten und noch nicht rasierten« Kanzler, der, da er wenig Schlaf benötigte, seit vier Uhr morgens den »mittelmäßigen Referendarsentwurf« überarbeitete: Neusel setzte sich hin und stenographierte die Änderungswünsche des Kanzlers mit, bis ihn die persönliche Sekretärin, Hella Wassmann, erlöste: »Als das Haus schließlich voll zum Leben erwachte, war die Hauptarbeit getan.« Die Rede wurde ein voller Erfolg.[281]

Das Bild des dritten Kanzlers in seinem Amt wäre unvollständig, würde man nicht daran erinnern, daß er, mit Gespür für die Notwendigkeiten einer neuen Zeit, Anstöße zur Reorganisation des Kanzleramtes gab, die sich als zukunftsträchtig erwiesen und von seinen Nachfolgern perfektioniert worden sind. Neben den Lagebesprechungen gilt das vor allem für den Planungsstab. Hinzu kommen wichtige atmosphärische Verbesserungen, wie das Sommerfest des Bundeskanzlers. Daß außer Politikern auch Prominente aus Gesellschaft, Wirtschaft und Kultur geladen wurden sowie einfache Bürger, war eine typische Kiesinger-Idee, die über den Tag hinaus Bestand hatte.[282] Schließlich läßt sich der Kreßbronner Kreis unter die von Kiesinger geschaffenen Instrumente rechnen, denn alle späteren Regierungen haben Koalitionskreise gekannt. Wie so oft wirkte Kiesinger anregend und erkannte scharfblickend die Probleme, an deren Umsetzung in die Praxis es jedoch angesichts der Umstände haperte. Das zeigt die halbe Erfolgsgeschichte des Planungsstabes im Kanzleramt.

Die Idee stammte noch aus Stuttgart, wo Kiesinger im Staatsministerium unter Rundel 1964 eine Grundsatzabteilung hatte einrichten lassen. Deren wichtigste Aufgabe war Kontrolle und Koordination der Einzelressorts, denn das Staatsministerium, so der Ministerpräsident, dürfe kein »Umschlagbahnhof« sein, sondern müsse als »Richtstrahler« wirken.[283] Vergleichbares hatte Kiesinger in Bonn vor Augen, als er den bisherigen stellvertretenden Regierungssprecher, Werner Krüger, der mit Ahlers' Eintritt in das Bundespresseamt beschäftigungslos geworden war, in die Leitung des neu errichteten Planungsstabes in Kanzleramt berief. Kiesinger hoffte, das Kanzleramt von einem »Apparat konventionellen altpreußischen Musters«, der mit der Koordination einer zunehmend komplexer werdenden Politik überfordert war, zu einer modernen »Schaltzentrale« der Politik auszubauen, die zum einen Entscheidungshilfen für den Kanzler und die Bundesregierung bereitstellte, zum anderen aber eine Koordinationsfunktion gegenüber den Einzelressorts besaß, nachdem sich in der Ära Erhard gewisse Verselbständigungstendenzen gezeigt hatten. So recht aber kam der Planungsstab nie zum Zug, was mit den besonderen Bedingungen einer Großen Koalition zusammenhängt, konfligierte doch eine derartige Wachhundorganisation mit der Moderatorenrolle des Kanzlers einer Großen Koalition. Er verlor bald das Interesse.[284]

Wie in mancher Hinsicht blieb Kiesinger auch in bezug auf die von ihm geleitete Behörde eine Übergangsfigur, jedoch im besten Sinne. Er stellte die richtigen Fragen, vermied jedoch die bürokratischen Exzesse der siebziger Jahre. Angesteckt von der Planungseuphorie seiner Zeit, hat er ihr doch Grenzen gesetzt. Er war von den Möglichkeiten der »biologischen Ingenieurskunst« ebenso fasziniert wie von der elektronischen Datenverarbeitung (damals noch »eDV« abgekürzt), mit der sich eine Arbeitsgruppe des Planungsstabes beschäftigte, wenn auch die computergestützte Verwaltung noch nicht eingeführt wurde. Sicher wurde der Planungsstab auch deshalb nicht sehr aktiv, weil sich Carstens anders als Knieper dafür nicht interessierte und Krüger als eine Fehlbesetzung galt. Überdies war Kiesinger, der in Stuttgart nicht gerade als Muster schwäbischer Sparsamkeit gegolten hatte, doch persönlich so genügsam in seinen Ansprüchen gegenüber dem Amt, daß er sich weigerte, den Apparat in jene Dimensionen aufzublasen, den er in späterer Zeit annehmen sollte. Angesichts der bevorstehenden Kürzungen im Sozialbereich und der als Budgetkrise wahrgenommenen (eher geringfügigen) Verschuldung hielt er kostspielige Experimente in bürokratischem Perfektionismus für unzumutbar, solange deren Nutzen ungewiß blieb.[285] Horst Ehmke glückte es dann zwar als Kanzleramtsminister, »planungsbezogene Entscheidungsstrukturen« organisatorisch zu verankern. Auch er konnte dem politischen Prozeß dauerhaft keine größere Verläßlichkeit geben.[286]

Was die von Kiesinger in Stuttgart scheinbar überzeugend verkörperte »Symbiose von Geist und Politik« angeht, so hielt die Bonner Zeit Enttäuschungen bereit. Nicht nur, daß der Kanzler zum Feindbild der Philosophen mutierte. Kiesinger gelang es nicht, die geistig anregende Stuttgarter Atmosphäre in Bonn wieder herzustellen. Waren in der Villa Reitzenstein Intellektuelle, Künstler und Professoren ein- und ausgegangen, so verbat das harsche Bonner Regierungsklima derartige Ausflüge in die geistige Welt. Die hochgemuten Pläne stießen auf deutliche Grenzen; der Bundeskanzler, auch wenn er sich wehrte, wurde von den Tausenden von Einzelproblemen aufgesaugt; er fand den Rahmen zur Reflexion »über das Ganze« nicht. Was vorher nicht gedacht und geplant worden war, das konnte im Kanzleramt nicht mehr gedacht werden.

Wiederum fehlte dem Kanzler die Persönlichkeit an seiner Seite, die sich für eine solche Aufgabe verantwortlich gefühlt hätte und es Kiesinger hätte recht machen können. So haben auch die beiden wissenschaftlichen Beratergremien, die Kiesinger ins Leben rief, die Hoffnungen nicht erfüllt. Zum einen gab es da einen »Rat der Sachverständigen« des Planungsstabes, zu denen der Leiter des Instituts für Zeitgeschichte, Hans Buchheim (der dann hauptsächlich mit der Aufarbeitung von Kiesingers NS-Vergangenheit beschäftigt war), der Frankreichspezialist und Historiker Gilbert Ziebura, der Wahlforscher Rudolf Wildenmann, der Osteuropaexperte Boris Meissner, der Volkswirt Norbert Kloten (ein späterer Bundesbankpräsident) sowie der Jurist Walter Leisner gehörten.

Des Kanzlers Lieblingskind aber war die lockere Tafelrunde des Kaminkreises, in der die ungeschützte Zirkulation der Ideen hätte stattfinden sollen. Hier suchte Kiesinger seinem Tübinger Professorenkreis im Kanzleramt eine neue Heimat zu geben, außer Adolf Butenandt auch Hans Leussink – der unter Brandt dann zum Wissenschaftsminister avancierte –, Hellmut Bredereck, Gerhard Hess sowie von seiten der Wirtschaft Hermann Josef Abs und der Stuttgarter Unternehmer Hans Merkle. Auch Besson, Dahrendorf, der Freiburger Ökonom Alfred Müller-Armack, der Vater der »sozialen Marktwirtschaft«, der Rechtswissenschaftler Ulrich Scheuner, Carl Friedrich von Weizsäcker und Walter Hallstein gehörten dazu.[287]

Die große Idee versackte unter den Bedingungen der Atemlosigkeit im Kanzleramt. War es Kiesinger in Stuttgart gelungen, zwischen Wissenschaft und Politik zu vermitteln, so ließ sich dieses Kunststück in Bonn nicht wiederholen. In dem Augenblick, so schreibt Dahrendorf in aller Wertschätzung für Kiesinger, wo der Kanzler den vielfältigen Bonner Pressionen und Interessen ausgesetzt gewesen sei, sei ihm der ferne Rat seiner Tübinger und Konstanzer Professoren »nahezu irrelevant« erschienen, vielleicht »auch gefährlich«.[288] Darin kommt die Tragik eines Politikers wie Kiesinger zum Ausdruck, der sich, wie kaum ein anderer in seiner Partei, um den Brückenschlag zwischen »Geist« und »Politik«, »Intellektuellen« und »Mandatsträgern« zwanzig Jahre lang bemüht hatte: Als es ernst wurde, fanden Könige und Philosophen nicht mehr zueinander.

Kanzler der Grossen Koalition 1966–1969

Die Einheit, Europa: Mit Charles de Gaulle

Die erste Reise ging wie erwartet nach Paris. Die Regierungsbildung hatte dezidiert im Zeichen einer »Wiederbelebung des deutsch-französischen Vertrages« gestanden. War Erhard an Johnson gescheitert, obwohl er den Akzent auf das transatlantische Verhältnis gelegt und das Verhältnis zu Frankreich hatten »verdorren« lassen?[289] Es schlug jedenfalls die Stunde der nach Frankreich orientierten Kräfte, und zwar nicht nur in der Union, wo Guttenberg, Strauß und Heck in Kanzleramt, Kabinett und Partei in die Schlüsselpositionen einrückten, während die Hauptexponenten des atlantischen Flügels, Schröder und Hassel, zurückgesetzt waren. Auch Wehner und Brandt hofften zunächst auf de Gaulle, schien dieser doch einen eigenständigen Zugang zu Moskau zu besitzen.[290] Man spekulierte auf die guten Dienste des Generals. Allein de Gaulle schien an der Wiedervereinigung festzuhalten, wenn wir auch heute wissen, daß sich de Gaulle bei seinem Moskauer Besuch im Juli 1966 sehr viel weniger eindeutig geäußert hatte, als seinen deutschen Anhängern damals erschien. Im Grunde hielt er die deutsche Frage für nicht aktuell.[291]

Aus französischer Sicht verkörperte Kiesinger als Mensch und Politiker die Hinwendung nach Frankreich. Er hatte als Ministerpräsident mit seinem – von kritischen Tönen nicht ganz freien – Werben um ein Verständnis für de Gaulles Politik Stellung zugunsten des Staatspräsidenten bezogen. Als Bundesbeauftragter für kulturelle Angelegenheiten im Rahmen des deutsch-französischen Vertrages hatte er sich als ein Agent der deutsch-französischen Aussöhnung profiliert, der mit Städtepartnerschaften, Jugendaustauschprogrammen und Bemühungen um den Ausbau des Französischunterrichts in Deutschland den deutsch-französischen Vertrag an der Basis mit Leben zu erfüllen trachtete. Daß er französisch sprach, gerne Paul Valery und Tocqueville zitierte, aber auch Sartre und Raymond Aron, wußte man in Paris ebenso zu würdigen wie sein emotional gegründetes Engagement für Europa als Ausdruck einer Selbstverständigung über die Rolle Deutschlands nach Hitler. Mit Kiesinger würden die Beziehungen einfacher werden, »sicherlich in gefühlsmäßiger Hinsicht«, kommentierte de Gaulle seine Wahl zum Kanzler. Auch Außenminister Couve de Murville begrüßte Kiesinger als einen ihm gut bekannten, »kontinental orientierten und dem französischen Nachbarn nahestehenden« Politiker. Kiesingers Wahl, so der französische Botschafter in Deutschland, Seydoux, habe einen »französischen Unterton«.[292]

Kiesingers Regierungserklärung vom 13. Dezember stellte auf den Schulterschluß mit Frankreich ab, wenn auch in das ostentative und völlig unstrittige Bekenntnis zur Atlantischen Allianz verpackt. Schon die Tatsache, daß er den außenpolitischen Teil der Regierungserklärung mit der Friedensfrage und dem Verhältnis zur Sowjetunion eröffnet hatte, verriet eine gaullistische Spitze. Darauf wies Kiesinger den General im Januar 1967 ausdrücklich hin.[293] Vor allem aber stellte er die Europapolitik unter einen deutsch-französischen Vorbehalt. Indem er Europa als abhängige Variable, als »Kristallisationspunkt« der deutsch-französischen Zusammenarbeit definierte, machte er sich zu einem impliziten Fürsprecher de Gaulles. Sicher trat Kiesinger, woran de Gaulle eventuell hätte Anstoß nehmen können, für den »konsequenten Ausbau der Europäischen Wirtschaftsgemeinschaft und ihrer Institutionen« sowie den Beitritt Großbritanniens und der übrigen EFTA-Länder ein. Dieses Sowohl-als-auch durfte jedoch *nicht* auf Kosten des Verhältnisses zu Frankreich gehen. Das war eine wichtige Nuancierung: Kiesingers Formel lautete, daß Europa nur mit Frankreich und mit Deutschland gebaut werden könne. Der »unnachgiebigen Verfolgung von idealen Vorstellungen« erteilte er eine deutliche Absage (worin man eine klare Abmahnung an die Adresse seiner Vorgänger lesen konnte mit einem Anflug von Kritik auch an de Gaulle). Zu einer geduldigen »Politik der kleinen Schritte« gegenüber Frankreich sah er keine Alternative.[294]

Eine Reihe von Entwicklungen drängte Kiesinger um die Jahreswende 1966/67 auf den Weg nach Paris. Schon in den Koalitionsverhandlungen hatte die Frage eine große Rolle gespielt, wie sich die künftige Bundesregierung gegenüber dem im Spätherbst 1966 zwischen Sowjets und Amerikanern ausgehandelten Nichtverbreitungs- oder Nonproliferationsvertrag für Kernwaffen (NPT) verhalten würde. Die SPD wollte unterschreiben. Natürlich wußte Kiesinger, wie jeder Bonner Insider, daß die Bundesrepublik »sich einem Atomwaffen-Sperrvertrag nicht [würde] verweigern« können. Doch machte es Kiesinger und den Gaullisten Sorge, ob der Sperrvertrag nicht ein Hindernis für eine zukünftige europäische Nuklearmacht darstelle, denn der erste, der Bundesregierung nur inoffiziell bekannt gewordene Vertragsentwurf schloß die Möglichkeit einer nuklearen Sukzession aus, also eines möglichen Übergangs der französischen (und evtl. britischen) Atomwaffen auf eine europäische Streitmacht.[295] Dies war im Herbst 1966 ferne Zukunftsmusik, doch Kiesinger und Strauß waren der Meinung (wie Adenauer), daß angesichts der weltweiten nuklearen Hochrüstung und der transatlantischen Unsicherheiten Europa nicht in alle Zukunft definitiv auf eine eigene Atommacht würde verzichten können. Daher kündigte Kiesinger in den Koalitionsverhandlungen an, man werde das »sofort mit Paris« klären müssen. Und der für seinen Drang nach dem atomaren Drücker bekannte Strauß konnte unter Zustimmung von Wehner und Schmidt erklären, daß die Tür nach Paris offen bleiben und die neue Regierung versuchen müsse, in dieser Frage eine Einigung mit Paris zu erzielen.[296]

Die Einheit, Europa: Mit Charles de Gaulle

In der ersten deutsch-französischen Konsultationsrunde am 13. und 14. Januar 1967 spielte der NPT, der just um diese Zeit zu einer ernsthaften Belastung des deutsch-amerikanischen Verhältnisses wurde, eine untergeordnete Rolle. Es war bekannt – Diehl hielt es kurz vor dem Parisbesuch noch einmal präzise fest –, daß de Gaulle einer territorial nicht saturierten Bundesrepublik keinen Zugang zu Atomwaffen gewähren würde. Eine europäische nukleare Option setzte eine politische Union Europas voraus.[297] Da sich Kiesinger sichtlich um eine Verbesserung der Atmosphäre bemühte, sprach er den wunden Punkt erst in seinem dritten Gespräch mit de Gaulle an. Er wiederholte den unstrittigen Verzicht der Bundesrepublik auf eigene »nukleare Ambitionen« und erklärte sodann, daß das Problem der nuklearen Sukzession im Vertragsentwurf des NPT zwar nicht ausreichend geklärt, doch »eine Sorge für eine ferne Zukunft« sei. Auch de Gaulle beruhigte Kiesinger: Wenn es eines Tages ein vereinigtes Europa gäbe, dann wäre es an diesen Vertrag nicht gebunden.[298]

Zweifellos gab es in der Ära Kiesinger mehrere das deutsch-französische Verhältnis schwer belastende Probleme, deren Klärung erst nach dem Ende der Präsidentschaft de Gaulles Anfang 1969 in Angriff genommen werden konnte, allen voran die »britische Frage«. Kiesingers Optionen war daher von vornherein beschränkt. Er hoffte, Ansatzpunkte für eine Aktivierung der deutsch-französischen Zusammenarbeit zu finden. Dafür nahm er (auch aus eigener Überzeugung) die französische Opposition gegen einen britischen Beitritt zur EWG hin, trotz starken Drucks der deutschen Wirtschaft und der Koalitionsparteien, aber auch der überwiegenden öffentlichen Meinung der Bundesrepublik. Ähnlich verhielt es sich mit der seit geraumer Zeit zwischen den europäischen Partnern hin- und hergeschobenen Frage der Fusion der drei europäischen Gemeinschaften und dem damit verknüpften, dornigen Problem der persönlichen Zukunft von EWG-Kommissionspräsident Walter Hallstein. Ihn sollte Kiesinger im Mai 1967 unter unschönen Begleitumständen auf dem Altar der deutsch-französischen Freundschaft opfern.[299] Auch in der Frage des geplanten Gipfels aus Anlaß des zehnjährigen Jubiläums der Römischen Verträge lagen Kiesinger und de Gaulle über Kreuz. Während Kiesinger die italienische Initiative unterstützte, fragte sich de Gaulle, was denn konkret im Rom besprochen werden solle. Insofern zeitigte das erste Pariser Gipfeltreffen fast keine konkreten Ergebnisse.[300]

Im Grunde kreiste alles um die Ostpolitik. Eine Aktivierung nach Osten, gemeinsam mit Frankreich – das war ein alter gaullistischer Traum. Kiesinger wollte es noch einmal versuchen. Der von einem Alptraum der Koalitionen geplagte, sich ewig um sein Lebenswerk sorgende Adenauer hatte den Kanzler kurz nach dessen Wahl auf die »bedrohliche Vision unserer Umklammerung« aufmerksam gemacht, die ihm angesichts eines Besuches des sowjetischen Ministerpräsidenten Kossygin in Paris unmittelbar bevorzustehen schien. Zugleich aber gab er als »Freund und Ehrenvorsitzender« seinem jüngeren Nachfolger im Kanzleramt den Rat mit auf den Weg, die Chance eines »engen Zusammengehens mit Frankreich« zu nutzen, »um zu einer Verringerung der Spannungen in Europa zu kommen, ohne die unser großes deutsches Anliegen nicht gelöst werden kann«. Nur de Gaulle habe loyal und »mit unbeirrter Entschiedenheit« zur Wiedervereinigungsfrage Stellung genommen.[301] Tatsächlich gab der französische Staatspräsident gegenüber Kiesinger die erwünschte Versicherung ab, daß Frankreich in Osteuropa für die deutsche Einheit eintreten würde. Das dürfe nicht »als selbstverständlich hingenommen werden«. Frankreich sei geschwächt und benötige Frieden. Es wolle mit Deutschland »in großem Stil zusammenarbeiten«. Es werde sich der deutschen Einheit nicht widersetzen, vorausgesetzt Deutschland erstehe nicht wieder »in der Form des Reiches Hitlers, mit übertriebenen Grenzen und Ambitionen, oder ausgestattet mit Kriegsmitteln, die verführerisch sein könnten«.[302]

Das war der maßgebende Satz, den Kiesinger in seinem Exemplar des Protokolls deutlich markierte. Ihm war die unterschwellige Drohung nicht entgangen, daß das französische Bekenntnis zur Wiedervereinigung sich alles andere als von selbst verstand. Wie stünde es heute, fragte sich Kiesinger nach seiner Rückkehr nach Bonn, wenn Frankreich wie in der unmittelbaren Nachkriegszeit »sein Lebensinteresse« darin sähe, Deutschland unter keinen Umständen erstarken zu lassen? Es müsse »ein Gebot der deutschen Politik sein, den französischen Partner bei dieser Politik zu halten«. Die deutsche Einheit finde keinen ehrlicheren Sachwalter als de Gaulle: »Und das glaube ich, das ist eine wichtige Feststellung.«

Seine gute Laune wollte der sich auf Erfolgskurs wähnende Kanzler auch nicht verderben lassen, als er angesichts der mageren Ausbeute seiner Reise in der Fraktion darauf aufmerksam gemacht wurde, daß bei de Gaulle erfahrungsgemäß ein Widerspruch »zwischen einem gewissen europäischen Pathos und der Werktagswirklichkeit« klaffe.[303] Was wogen kleinliche Bedenken angesichts großer weltpolitischer Perspektiven? Da Frankreich eine »Schlüsselrolle« auf dem weiten Feld der Ostpolitik und der Zukunft Europas besitze, dürfte das deutsch-französische Verhältnis nicht mit Detailproblemen überfrachtet werden. Die »vollkommene Übereinstimmung« mit dem Ziel, das deutsche Verhältnis zu Osteuropa »aufzulockern und zu entspannen«, sei das wichtigste Ergebnis der Beratungen.[304]

Kiesinger war Realist genug, um anzuerkennen, daß sich de Gaulle von seiner Definition französischer Interessen und französischer *grandeur* leiten ließ und daß das Europa des Generals auf eine politische Hegemonie Frankreichs abzielte, wenn auch unter Akzeptanz eines Mitspracherechts der Deutschen und einer ökonomischen Präponderanz der Bundesrepublik – wogegen die politische Dominanz Frankreichs das Gegengewicht bildete. Der französische Staatspräsident brauche Europa »für ein Neuerstehen der alten Größe Frankreichs« und um Frankreich und Europa vor einem Wiedererstarken der deutschen Macht zu schützen.[305] Die geopolitischen Tatsachen zwängen Frankreich auf den Pfad europäischer Tugend, während die vom Kontinent isolierten Briten in weit geringerem Maße europäische Verantwortung zeigen müßten. Insgeheim schienen die Engländer den Sowjets sogar zu signalisieren, daß sie an der Wiedervereinigung ebensowenig Interesse hätten wie die östliche Supermacht. Auch die USA waren in Kiesingers Sicht auf eine Befestigung des Status quo fixiert, während einzig de Gaulle eine dynamische Ostpolitik betrieb, die auf »eine Überwindung dieses europäischen Antagonismus« und damit auf eine Lösung der deutschen Frage abzielen würde.[306]

Auch im Verständnis der Nation befand sich Kiesinger im Einklang mit de Gaulle. Im Kern teilte er dessen Konzeption eines »Europas der Vaterländer«.[307] Hier war Kiesinger sogar echter Gaullist, der den Begriff des »nationalen Interesses« so häufig im Mund führte wie lange Zeit kein Kanzler vor oder nach ihm. Für Kiesinger war und blieb die Nation die bestimmende Handlungseinheit der internationalen Politik. Er blieb skeptisch gegenüber den supranationalen Träumen eines Hallstein oder Monnet, obwohl er dessen Aktionskomitee seit geraumer Zeit angehörte. Er rechnete mit den Nationen als den Kraftzentren Europas. Der »Sucht« mancher Deutscher, in ein »vages Europa hinein ihre nationale Identität zu verlieren«, erteilte er eine klare Absage.[308] Unapologetisch eröffnete er de Gaulle, daß ihn angesichts der ostentativen Bekenntnisse vieler Deutscher zu Europa »immer ein fatales Gefühl« beschleiche. In der Begeisterung der enthusiastischen Europäer spüre er so etwas wie eine »Lust zum Tode«, einen Ersatz angesichts einer verkorksten Vergangenheit. Es imponierte Kiesinger, daß Europa in de Gaulle einen Politiker gefunden hatte, der davon überzeugt war, »daß die Kraft Europas immer noch in den europäischen Nationen ruhe«.[309] Insofern war das europäische Projekt eher ein Vehikel, den Deutschen wieder auf die Beine zu helfen und Deutschland »einen ehrenvollen Platz neben den anderen Mitgliedern einer europäischen Staatenvereinigung« zurückzugeben.[310]

Der Akkord de Gaulle-Kiesinger bezog sich auch auf die Einschätzung der USA. In Paris wurde Kiesingers Aussage aufmerksam registriert, Amerika treibe in Europa eine Politik der amerikanischen Interessen.[311] Diese Selbstverständlichkeit haben in jener Zeit nur wenige deutsche Spitzenpolitiker öffentlich auszusprechen gewagt: Amerika handele aus seiner nationalen Verantwortung heraus; es habe nicht nur das Recht, »sondern sogar die Pflicht« zu einer eigenen Interessenpolitik. Umgekehrt müsse eben Europa eine Politik der europäischen Interessen treiben.[312] Auch Adenauer hat übrigens so gedacht und gehandelt.[313] Dennoch grenzte es angesichts der ritualisierten Treuebekenntnisse zur Atlantischen Allianz fast an ein Sakrileg, die nationale Karte zu spielen. Kiesinger erinnerte de Gaulle an sein Wort aus dem Jahr 1956, daß die »NATO kein Dogma« sei, sondern »ein Instrument, das in einer gegebenen Situation die Sicherheit garantiere«. Noch verlange die Sicherheitslage, daß die Bundesrepublik in der militärischen Integration der NATO verbliebe, weil Westdeutschland ohne amerikanische Macht schutzlos wäre. Er respektiere die Haltung de Gaulles – 1966 war Frankreich aus der militärischen Integration der NATO ausgetreten –, glaube aber nicht, »daß zu diesem Punkt ein gefährlicher oder prinzipieller Meinungsunterschied bestehe«, Deutschland sei »in gewissem Maße Objekt der Politik« und noch nicht in der Lage, eine *europäische* Politik zu treiben wie Frankreich.[314]

Kiesinger betonte nicht allein im *Tête-à-tête* mit de Gaulle die deutschen nationalen Interessen gegenüber dem »großen Bruder«. Er suchte mit einer bewußten Provokation die USA nachdrücklich aus ihrer bündnispolitischen Lethargie zu reisen. Was Kiesinger am 27. Februar 1967 vor dem Verein Union-Presse in der Bonner Beethovenhalle zum Ausdruck brachte, hat sich in seinen äußeren Begleitumständen erst fünfundzwanzig Jahre später wiederholt, als im Wahlkampf des Jahres 2002 der Konflikt zwischen Bundeskanzler Schröder und dem jüngeren Bush über die Resolutionen zum zweiten Irak-Krieg eskalierte. Er habe, so Kiesinger zu seinem Publikum, seinen amerikanischen Besuchern in letzter Zeit immer wieder eines gesagt: »So kann es nicht weitergehen. Wir reden ja überhaupt nur noch über Streitfragen miteinander. Wir reden ja gar nicht mehr über gemeinsame Politik. Was wir einmal aufgebaut haben und was angefüllt war mit einem unbändigen Willen zur Freiheit der Welt, das droht zum leeren Gehäuse, zum bloßen Apparat zu werden.« Der weltpolitische Wandel habe die Interessenkongruenz des Kalten Krieges dahinschmelzen lassen. Eine Supermacht wie die USA verfolge nun einmal auf gewissen Strecken andere Interessen als die Deutschen und Europäer, vor allem in ihren Beziehungen zur Sowjetunion. Angesichts der atomaren Pattsituation habe sich »so eine Form des atomaren Komplizentums oder der gemeinsamen atomaren Verantwortlichkeit gebildet, die diese Antagonisten immer näher und näher zusammenzwingt«.[315]

Konkret sprach das »atomare Komplizentum« auf den Nichtverbreitungsvertrag an, bei dessen Aushandlung sich die Deutschen unzureichend konsultiert fühlten. Kiesinger hat später behauptet, ihn habe vor allem der Stil der Amerikaner geärgert. Deren Prokonsul, Botschafter McGhee, sei kurz vor Weihnachten »angewackelt« gekommen – den fix- und fertigen Vertragstext in der Hand. Der Botschafter habe ihn aufgefordert, sich ruhig etwas Zeit bei der Prüfung des Vertragstextes zu lassen. Ansonsten sei alles zur Unterschrift bereit. Das habe ihn an die Auseinandersetzungen um den Teststopp 1963 erinnert: Hatte er nicht als Bundesratspräsident Kennedy ans Herz gelegt, in weitreichenden, die Bundesrepublik empfindlich tangierenden Vertragsprojekten den Verbündeten rechzeitig ins Vertrauen zu ziehen?[316] Diese Meinung teilte Präsident Johnson nicht. Die offenen Worte des Kanzlers provozierten im Weißen Haus eine Explosion: «Wenn ich einen Dollar für jede Konsultation mit den Deutschen hätte, wäre ich Millionär. [...] Ich habe mit den Deutschen mehr konsultiert als mit jedem anderen; die kommen alle sechs Monate hierher zu jedem verdammten Thema, das man sich vorstellen kann (*on every damned subject you can imagine*); daß er diese Rede gehalten hat, ich würde nicht konsultieren, ist eine verdammte Sauerei.«[317]

Es kostete die Präsidentenberater Mühe, den kochenden Johnson von einer unbedachten Äußerung abzubringen. Mit John McCloy wurde eine Ikone der deutsch-amerikanischen Freundschaft postwendend nach Bonn geschickt, um dem Kanzler die Leviten zu lesen. Kiesinger verteidigte gegenüber McCloy seine Kritik vehement: Echte Konsultation setzte mehr als den *fait accompli* eines Vertragstextes voraus. Er halte daran fest, daß angesichts unterschiedlicher Verantwortlichkeiten die Interessen der Supermacht USA und der semisouveränen Bundesrepublik notwendig divergierten.[318] Im übrigen hätten der Vertrag und dessen Begleitumstände selbst eingefleischte Altantiker wie Birrenbach irritiert. Auch andere nukleare Habenichtse – Italien, die Beneluxländer, Indien, aber auch Schweden – hielten das Vertragswerk für technisch nicht ausgereift und fürchteten eine Diskriminierung bei der friedlichen Nutzung der Kernenergie, eine Einschätzung, die die SPD teilte.[319]

Der Hauptgrund für Kiesingers massive Intervention und die Johnson zutiefst verstimmende Vokabel von der atomaren Komplizenschaft, die merklich im Kontrast zu der gleichzeitig geäußerten Forderung nach einer Versachlichung der Diskussion stand, lag, darin durchaus späteren deutsch-amerikanischen Kollisionen vergleichbar, in der innenpolitischen bzw. innerparteilichen Situation. Wie der amerikanische Präsident auf den Kongreß, so hatte der deutsche Bundeskanzler auf die Regierungsfraktionen Rücksicht zu nehmen. Anders als er sich später erinnerte, hatte Kiesinger anfangs etwas verschnupft, aber doch zahm auf den NPT reagiert. Er hatte ihn sogar als Chance begriffen.[320] Als innerparteiliche Opponenten des NPT, vor allem Strauß und Adenauer, sich zu aufgeregten Reaktionen hinreißen ließen, ging er von seiner moderaten Linie ab. Vor allem Altkanzler Adenauer, der Kiesinger eine Zurechtweisung vor der Fraktion übelnahm, feuerte nach bewährtem Rezept gegen seinen zweiten Nachfolger: Öffentlich erklärte der Altkanzler den NPT zum »Morgenthau-Plan im Quadrat«. In einem geharnischten Schreiben wurde Kiesinger dann wegen seiner »flauen Haltung« gegenüber »US und SU« abgekanzelt.[321]

Ebenso vehement reagierte Strauß, der den Altkanzler mit der bemerkenswerten Formel vom »Versailles kosmischen Ausmaßes« noch zu übertrumpfen hoffte.[322] Der CSU-Chef stellte ganz unverblümt die Koalitionsfrage und ließ seinen lieben Duz-Freund Kurt Georg wissen, daß er sich weder der Weltmeinung noch dem Druck der Amerikaner beugen werde: »Aus Gründen der Ehrlichkeit sage ich im voraus, daß ich auf keinen Fall hier einem unter weiß Gott welchen Bedingungen zustande gekommenen Kabinettsbeschluß (›wir können ja doch nicht anders‹) mich beugen würde. Ich werde gegen das Ja zu diesem Vertrag zunächst innerhalb der gegebenen Gremien, dann aber auch in der Öffentlichkeit mit letztem Nachdruck kämpfen. Hier ist für mich und für viele andere die Grenze dessen erreicht, was man Gewissen nennt. Hier endet Opportunismus und Taktik, hier beginnt der Bereich der letzten Verantwortung.«[323]

Der Streit um den Nichtverbreitungsvertrag war ein Vorbote der endlosen Schwierigkeiten, auf die Kiesingers Ostpolitik im eigenen Lager stieß. Den NPT würde Kiesinger nicht mehr unterzeichnen, obwohl seine deutlichen Worte die Amerikaner aufgerüttelt hatten. Fast allen deutschen Bedenken wurde Rechnung getragen, zumal man in Washington fürchtete, bei einem Scheitern Kiesingers es mit einem Kanzler Strauß zu tun zu bekommen.[324] Angesichts der sich schnell einstellenden Verhandlungserfolge warb Lilienfeld psychologisch geschickt um Kiesingers Unterschrift: Damit »haben Sie auch innenpolitisch einen großen Erfolg, denn Sie können mit Recht auf erhebliche Verbesserungen des Vertrages hinweisen, die mit wesentlich von Ihnen erzielt worden sind. [...] Und den USA gegenüber ist Ihre Stellung sehr stark, vor allem auch in der Frage der wirklichen Konsultationen und Beratung im Hinblick auf die weitere Politik dem Osten gegenüber.«[325]

Doch Kiesinger ließ sich auf die verführerische Argumentation seines Freundes nicht ein. Angesichts der anhaltenden scharfen innerparteilichen Opposition überließ er es dem Abrüstungsbeauftragten Schnippenkoetter, mit legalistischem Perfektionismus die Unterschrift Monat um Monat hinauszuzögern.[326] Als Barzel dann in einer Geheimmission im Frühjahr 1968 im Auftrag Kiesingers die letzten Feinheiten für eine westdeutsche Unterschrift klärte, rettete der sowjetische Einmarsch 1968 in Prag Kiesinger endgültig vor einer Unterschrift. Angesichts der blanken Aggression des Warschauer Paktes war eine Zustimmung völlig ausgeschlossen. In der Union war zum Schluß nur noch Birrenbach unterschriftswillig. Es blieb Brandt überlassen, diesen groben Klotz mit einem Federstrich aus dem Weg zu räumen. Erst 1974 sollte der Vertrag ratifiziert werden, wobei nur ein Teil der CDU zustimmte (darunter Kiesinger, Biedenkopf, Carstens, Hassel, Marx, Schröder und Weizsäcker), während die CSU geschlossen dagegen war.[327]

Das persönliche Verhältnis zu Johnson hat sich später gebessert, nachdem es während der Trauerfeierlichkeiten für Konrad Adenauer im April 1967 noch einmal zu einer »sehr temperamentvollen Aussprache« im Bungalow gekommen war. Von dieser denkwürdigen Aussprache ohne Dolmetscher fehlt die protokollierte Aufzeichnung. So laut wie zwischen Kiesinger und Johnson ist es in der langen Krisengeschichte der deutsch-amerikanischen Nachkriegsfreundschaft wohl selten zwischen einem Präsidenten und einem Bundeskanzler hergegangen. Dabei war Johnson mit großem Aufwand an Freundschaftsgesten nach Bonn gereist: Kiesingers Tochter Viola war mit an Bord der *Air Force One*; ein deutschstämmiger Priester aus Johnsons texanischer Heimat wurde beim Pontifikalamt für Adenauer auffällig weit vorne im Kölner Dom plaziert.[328]

Das Gespräch, das Kiesinger im Rückblick »als außerordentlich, ebenso leidenschaftlich wie für mich amüsant« charakterisiert hat, sei das »reinigende Gewitter« gewesen, auf das eine gute Arbeitsgemeinschaft gefolgt sei: Angesprochen auf die »atomare Komplizenschaft«, habe Kiesinger dem Präsidenten seinen Standpunkt erläutert: »Was, keine Kontakte?« habe Johnson erwidert. »Jeden Tag dringen so viele Deutsche ins Weiße Haus ein, was heißt, dringen ein, die haben sich festgesetzt, die leben da.« Darauf er, Kiesinger: »Herr Präsident, schmeißen Sie alle raus. Auf den Kontakt zwischen uns beiden kommt es an.« Tatsächlich habe er sich danach nicht mehr über mangelnde Konsultationen zu beklagen gehabt.[329] Am folgenden Tag erhielt Kiesinger jedoch eine Kostprobe des berühmten *Johnson Treatment*: Der Präsident nahm des Kanzlers Hand (wie er es mit Erhard gehalten hatte) und versprach in feierlichem Ton, die USA würden auf der Seite der Bundesrepublik stehen gegen jegliche sowjetische Aggression: »Er würde immer ein Freund Deutschlands bleiben.«[330]

Die Präsidentenberater hatten Johnson eine versöhnliche Haltung gegenüber Kiesinger nahegelegt und ihm empfohlen, seine Unterstützung der Wiedervereinigung hervorzuheben. Aus Sicht des Nationalen Sicherheitsberaters Walt W. Rostow hatten Johnsons offene Worte Erfolg. Er habe »*one hell of an effect*« auf den Kanzler gehabt.[331] Tatsächlich entwickelte sich das Verhältnis zwischen Kiesinger und Johnson insgesamt positiv. Als Kiesinger Johnson im August 1967 im Weißen Haus besuchte, fand das Gespräch in ausgezeichneter Atmosphäre statt, obwohl kurz zuvor die Kontroverse über eine mögliche Reduzierung der Bundeswehr-Truppenstärke das deutsch-amerikanische Verhältnis erneut stark belastet hatte. Der Präsident zog den Kanzler bei seinem Besuch ostentativ ins Vertrauen, unternahm einen langen Spaziergang auf dem Rasen vor dem Weißen Haus, privat und ohne Dolmetscher. Fast alle Stolpersteine im deutsch-amerikanischen Verhältnis hätten ausgeräumt werden können. Die zwei Männer an der Spitze müßten völliges Vertrauen zueinander haben, so Johnsons Seelenmassage: wie zwei Brüder, die gemeinsam eine Unternehmung leiten.[332]

In schwere See sollte dagegen innerhalb kürzester Zeit das Verhältnis zu de Gaulle geraten. Konfliktstoff bot anfänglich weniger die Ostpolitik, wo Kiesinger mit seiner Weigerung einer öffentlichen Anerkennung der Oder-Neiße-Linie de Gaulle enttäuschte. Vor allem verschlechterten sich die Perspektiven innereuropäischer Kooperation. Auf den ostpolitischen Honigmond war die wenig ersprießliche Werktagswirklichkeit der europäischen Probleme gefolgt, als im April 1967 die britische Beitrittsfrage wieder akut wurde. Die Briten taten Kiesinger nicht den Gefallen, auf ihr Beitrittsgesuch zu verzichten, während de Gaulle am 16. Mai 1967 seinen altbekannten Standpunkt variierte, England sei nicht reif für die EWG.

Insgeheim war Kiesinger das vermutlich recht. Die britische Erweiterung der EWG war ihm nie ganz geheuer gewesen, seit er die politische Kultur der Briten in den fünfziger Jahren näher kennengelernt hatte.[333] Kiesinger glaubte nicht so recht an den europäischen Ruf der Briten. Diese machten sich nicht einmal die Mühe, ihren europäischen Führungsanspruch zu kaschieren, wie es in dem von Brandt kolportierten Wort des ebenso brillanten wie trinkfreudigen britischen Außenministers Gordon Brown zum Ausdruck kommt: »*Willy you must get us in, so we can take the lead.*«[334]

In den innereuropäischen Fragen kam die deutsch-französische Zusammenarbeit in der Ära Kiesinger ungeachtet der anfänglichen atmosphärischen Verbesserungsversuche nicht vom Fleck. Kiesinger hat es als eine Tragik seiner Kanzlerschaft empfunden, daß ihm, der seit den fünfziger Jahren das Fernziel einer europäischen *politischen* Zusammenarbeit nie aus den Augen verloren hatte, nun, da er Entscheidungsgewalt besaß, der europapolitische Wind so scharf ins Gesicht blies.[335] Ernüchterung war das Resultat des römischen Gipfels, auf dem Kiesinger den alten Fouchet-Plan einer außenpolitischen Kooperation wieder aufzuwärmen gehofft hatte, während nicht einmal eine gemeinsame Position zur aktuellen Krisensituation im Nahen Osten zustande kam. Kiesinger hielt es für eine »Schande«, daß das Nahostproblem nicht einmal diskutiert worden sei.[336] Kurz danach trat de Gaulle, im Gegensatz zu seinen Partnern in der EWG, während des Sechs-Tage-Krieges auf die sowjetische Seite und die der Araber. Er isolierte sich völlig, auch in der französischen Öffentlichkeit, ohne daß diese Haltung von der UdSSR honoriert worden wäre.[337]

In Europa, wie überhaupt in seiner Außenpolitik, blieben Kiesinger die spektakulären Erfolge versagt. Es war die Zeit eines mühseligen europapolitischen Gradualismus, den Kiesinger im hohen Alter zu verteidigen nicht müde wurde: »Wir müssen zu einer politischen Union kommen und dürfen da nicht auf ein großes Theater warten, sondern wir müssen klein anfangen und das weiterentwickeln.«[338] Von den hochgemuten Anfängen im Frühsommer 1967 blieb nicht viel übrig. Die weltpolitischen Erschütterungen des Jahres 1968, angefangen von der Tet-Offensive über die weltweite Studentenrevolte bis hin zur Niederschlagung des Prager Frühlings, brachten das deutsch-französische Verhältnis dann fast an den Abgrund. Das hatte viel mit der Ostpolitik und weniger mit dem europäischen Projekt zu tun. Aber das eine blieb nicht ohne Wirkung auf das andere. Immerhin, der große Kladderadatsch wurde zwischen 1966 und 1969 haarscharf vermieden. Daß sich Europa nicht auseinanderlebte, sei ein Erfolg der »Politik der kleinen Schritte«, die Kiesinger in die von ihm hochgeschätzte Bismarcksche Terminologie kleidete: »Die Politik ist eben – das ist wahr – die Kunst des Möglichen.«[339] Was aber war in der Ostpolitik möglich?

DEUTSCHLANDS ORT IN DER WELT NEU FIXIEREN: EUROPÄISCHE FRIEDENSPOLITIK

Für einen Augenblick ruhte die Tagespolitik, als am 19. April 1967 Konrad Adenauer in seinem Wohnhaus in Rhöndorf starb. Am 3. April hatte Kiesinger seinen Vorgänger zum letzten Mal besucht. Der todkranke Altkanzler, der Kiesinger »fiebrig-verwirrt« erschien, hatte den Nachfolger telefonisch zu sich gebeten. Wie in den Briefen und Gesprächen der vergangenen Monate kannte Adenauer nur ein Thema, sein Vermächtnis: die Aussöhnung zwischen Frankreich und Deutschland. Fast übermächtig habe den alten Kanzler die Sorge um die Einigung Europas bewegt: »Er, der so geduldig auszuharren verstand, wo menschliches Vermögen einen raschen Erfolg nicht erzwingen konnte, jetzt erschien er als ein Mahnender und Drängender, als wolle er, wie Moses, das gelobte Land noch mit eigenen Augen erblicken.«[340] Seinem vorletzten Schreiben hatte der sterbende Alte sein letztes Telegramm an de Gaulle beigefügt, in dem er noch einmal seine Zuversicht zum Ausdruck brachte, daß es gelingen würde, »die NATO durch die Übertragung politischer Zuständigkeiten zu stärken *und* zugleich ein stärkeres und unabhängigeres

Europa zu bauen«! Kiesinger habe wohl an den greisen Faust in Goethes Drama denken müssen, meint Hans-Peter Schwarz. Während die Lemuren Faust das Grab schaufelten, glaubte der, das große Werk der Trockenlegung des Sumpfes sei endlich im Gange.[341]

Konrad Adenauer sollte das gelobte Land nicht mehr erblicken. Kiesinger sprach sich Mut zu in seiner Traueransprache im Bundestag; viel Anlaß zu Optimismus hatte er eigentlich nicht. Wie brüchig das Eis war, zeigen die kleinen Gesten am Rande der großen Politik, als ein wohlmeinender Lübke die widerstrebenden Präsidenten Johnson und de Gaulle nur unter Mühen zu einem Händedruck verleiten konnte. Die Republik nahm von ihrem Gründervater mit einem Staatsakt Abschied, der, so wiederum Schwarz, in der deutschen Geschichte nur in der Beisetzung Wilhelms I. fast 80 Jahre zuvor ein Vorbild besitzt und der, wie das Ende des ersten Kaisers, einen Epochenwechsel markiert.[342]

Tatsächlich standen der Republik unruhige Zeiten ins Haus: Bis zum Schah-Besuch mit den Todesschüssen auf Benno Ohnesorg waren es nur wenige Wochen. Nur aus Respekt vor dem großen Toten hatten es die Studierenden nicht gewagt, während der Trauerfeierlichkeiten zu protestieren. Westdeutschland hatte sich längst auf den Weg in eine neue Gesellschaft gemacht, in der das konservative Staatsverständnis eines Adenauer, das der Staatsakt noch einmal bewußt zelebrierte, und das preußische Pflichtbewußtsein, das Kiesinger an seinem großen Vorgänger im Kanzleramt lobte, als antiquierte Sekundärtugenden erschienen, die von einer neuen Zeit mit ihrer unerbittlichen Dynamik hinweggefegt wurden.

Diese neue Zeit warf die innen- und außenpolitische Frage nach dem deutschen Standort auf – wie der vieldiskutierte Buchtitel aus der Feder des Kiesinger persönlich gut bekannten Publizisten Klaus Mehnert lautete.[343] Bei seiner Bestandsaufnahme gelangte Kiesinger zu bemerkenswerten Einsichten, ja praktischen Ansätzen in der Politik. Doch im Rückblick haftet ihr etwas Vorläufiges und Kompromißhaftes an; so recht ist Kiesinger nie aus dem Schatten Konrad Adenauers herausgetreten. Dabei befand er sich Mitte 1967 durchaus in einer vergleichbaren Situation wie der alte Kanzler in seinen späten Jahren. Das nationale und internationale Umfeld ließ ein nüchternes Bilanzieren der deutschen Interessen kaum zu, auch weil die Union seit den Querelen um Adenauers Nachfolge nicht wieder Tritt gefaßt hatte und mit übergroßer Nervosität auf sämtliche Maßnahmen ihres Partners in der Großen Koalition reagierte.

Die CDU hatte miterleben müssen, wie seit der Doppelkrise um Berlin und Kuba 1961/62 ihr außen- und wirtschaftspolitischer Kompetenzvorsprung geschwunden war, während sich die SPD seit ihrer Godesberger Wende mit bemerkenswerter innerer Diszipln auf die Übernahme der Regierungsverantwortung vorbereitete. Das entspannungspolitische Tauwetter hatte das alte Erfolgsrezept der CDU/CSU unterminiert, mit außenpolitischer Polarisierung innerparteiliche Widersprüche zu überbrücken. Beunruhigt von einer amerikanischen Politik, deren Motive in der Nichtverbreitungsfrage bedenklich stimmten, hatte er noch am Tag vor Adenauers Tod seine Fraktion ermahnt, »daß wir eben in den letzten Jahren hier ein wenig in den Tag hineingelebt haben« und daß der Zeitpunkt gekommen sei, »daß wir den Ort unseres Landes in dieser Welt, sowohl den Verbündeten gegenüber, der Dritten Welt gegenüber wie dem Osten gegenüber neu zu fixieren versuchen müssen«.[344]

Es war der alte Kanzler, von dem die Vorlage für die ostpolitische Offensive Kiesingers stammte. In der Sache knüpfte er an die »Burgfriedenspläne« der Jahre 1962/63 an, als Adenauer kurz vor Ende seiner Kanzlerschaft noch einmal das Steuer herumzureißen versucht hatte. Mit einer *Modus-vivendi*-Politik, einer (zeitlich begrenzten) Anerkennung des Status quo, hatte dieser die Ausgangsbedingungen für ein Ende des Ost-West-Konflikts zu schaffen gehofft. Schon unter Adenauer hatte sich der Richtungswechsel angedeutet, wonach die Überwindung des Kalten Krieges als Voraussetzung der Wiedervereinigung gesehen wurde, und nicht wie bis dahin umgekehrt. Der greise Kanzler hatte dabei nicht nur auf Lockerungstendenzen im osteuropäischen Vorfeld der Sowjetunion spekuliert, sondern auf tektonische Bewegungen in der Weltpolitik, insbesondere chinesischen Druck auf die sowjetische Ostflanke.[345] Dieses Element einer traditionellen Großmacht- und Gleichgewichtspolitik findet sich auch bei Kiesinger seit den späten fünfziger Jahren. Weil die Lösung der deutschen Frage aktuell nicht anstünde, müsse der Blick über Europa und den atlantischen Raum hinausgehen. Es gelte, »China ins Auge« zu fassen. Darin pflichteten ihm Diehl und Wickert im Juli 1967 bei. Das im Osten bedrohte Moskau, ein traditionelles gaullistisches Axiom, werde aus Gründen seiner eigenen Staatsräson langfristig an einer Überwindung des Ost-West-Konfliktes interessiert sein müssen.[346]

Nur in oberflächlicher Betrachtungsweise hat Kiesinger daher die »Politik der Bewegung« fortgesetzt, die von Schröder und Erhard eingeleitet worden war. Die Erhardsche Friedensnote, von Kiesingers Freund Erwin Wickert entworfen, hielt er für einen Schritt in die falsche Richtung, weil sie die DDR öffentlich isolierte.[347] Auch zielte Schröders Ostpolitik, wenn auch unfreiwillig, auf die Satelliten unter Umgehung Moskaus. Schröder hatte auf Washington gesetzt, während Kiesinger/Brandt erst einmal mit Paris zu gehen versuchten, um kontinental eine Brücke nach Osteuropa zu schlagen. Zugleich aber griff die Große Koalition auf die operativen Vorarbeiten Schröders dankbar zurück. Die schnelle Aufnahme diplomatischer Beziehungen zu Rumänien Ende Januar 1967 war nur dank der Vorbereitungen Schröders möglich. Und die Einrichtung einer Handelsmission in Prag stand ebenfalls in Schröders Tradition. Auch die tiefe Abneigung Kiesingers, die DDR selbst weit unterhalb der völkerrechtlichen Ebene in ihrer Staatsqualität zu akzeptieren, stellt ein Element der Kontinuität dar, hatte doch Schröder die Passierscheinverhandlungen des Berliner Senats 1963 unter Willy Brandt zwar gedeckt, aber nicht goutiert. Der Umgang mit den DDR-Amtsstellen grenzte in den Augen von Barzel und Guttenberg, aber auch Krone damals fast schon an Hochverrat.[348] Dennoch, die neue Ostpolitik besaß eine modifizierte Geschäftsgrundlage und verfolgte eine veränderte außenpolitische Strategie, soweit es jedenfalls den dritten Kanzler betraf.

Umgekehrt wäre es irrig, Kiesingers Anfänge schlicht unter die Vorgeschichte der sozial-liberalen Ostpolitik zu subsumieren, im Sinne eines halbherzigen Vorläufers, dem es an Mut und an Möglichkeiten gebrach, der nach ein, zwei vielversprechenden Schritten über Anfänge nicht hinauskam und dann angesichts widriger Umstände (vor allem in seiner eigenen Partei) resignierte.[349] Diese Interpretation übersieht, daß Kiesinger gemeinsam mit Diehl und Guttenberg, aber durchaus in enger Abstimmung mit Bahr und Brandt, ein Konzept zur Überwindung des Ost-West-Konfliktes zu entwickeln versuchte, das man am besten mit dem von ihm gewählten Begriff einer »europäischen Friedenspolitik« überschreibt.[350] Vielleicht gehört seine Ostpolitik ja nicht in die Kategorie der gescheiterten historischen Experimente, sondern eher unter die verschütteten Möglichkeiten. Denn die Probe auf das Exempel konnte er in den drei Jahren der Großen Koalition nicht machen, in denen sich die bisher gefährlichste Herausforderung des sowjetischen Imperiums durch den Prager Frühling ereignete, bevor sie aufgrund des Machtwechsels 1969 ganz ausfallen sollte.

Wesentliche Überlegungen, die Kiesingers Denken mitbestimmten und direkt in seine Reden einflossen, stammen von Günter Diehl, der als Chef des Planungsstabes im Auswärtigen Amt unter Brandt ein »Außenpolitisches Aktionsprogramm« formulierte, das er dem Außenminister im März 1967 vorlegte. In bezug auf die Ostpolitik konstatierte Diehl, daß diese in ein »operatives Stadium« eingetreten sei. Ziel sei die Aufnahme diplomatischer Beziehungen zu allen Staaten des Warschauer Paktes einschließlich Jugoslawiens. Falls es Schwierigkeiten mit Polen gäbe, »so wäre eine Lösung anzustreben, die Absichtserklärungen beider Seiten enthält. Die polnische Seite könnte erklären, daß sie sich einer friedlichen Wiedervereinigung nicht widersetzen würde. Die deutsche Seite könnte erklären, daß sie im Falle der Wiedervereinigung die Oder-Neiße-Linie anerkennen würde« –

das lag definitiv weit jenseits des Horizonts der meisten Unionsabgeordneten. In der Deutschlandpolitik sah der optimistisch nach vorne zielende Diehl den »eigentlichen Prüfstein der Großen Koalition«, wenn auch die westdeutschen Einwirkungsmöglichkeiten hier stärker begrenzt waren. Wenn die übrige Außenpolitik freier würde und die Regierung gleichzeitig an der Wiedervereinigung festhalte, würde sich auch in der Deutschlandpolitik »Bewegung auslösen« lassen. »Voraussetzung wäre, daß man Alleinvertretung und Alleinpräsenz trennt und dem Regime in der SBZ eine gewisse Geschäftsfähigkeit zubilligt.« Das war bis in die Formulierungen hinein, worauf auch Bahr und Brandt abzielten und was sie nach 1969 tatsächlich umsetzten. Die »Friedenspolitik«, so Diehls abschließendes Resümee, müsse »alle anderen Gebiete außenpolitischer Tätigkeit umschließen. Hier ist ein kräftiger Wandel vonnöten, weil unsere Diktion und unser Verhalten oft unsere Komplexe verrät [sic], von einem unruhigen, unausgeglichenen Volk Zeugnis gibt. Die Teilung erklärt manches, aber nicht alles. Unsere Umwelt wird nicht bereit sein, nach den gemachten Erfahrungen das kleinste Risiko mit einem wiedervereinigten Deutschland, ja sogar nicht mit seinen Teilen einzugehen, wenn der deutsche Friedenswille sich nicht in Wort und Tat manifestiert.«[351]

Eine der wichtigen frühen Aufzeichnungen des Auswärtigen Amtes zur Neuen Ostpolitik, in der die spätere Entwicklung teilweise vorgedacht ist, stammt also von Kiesingers Intimus Günter Diehl. Was Diehl zur westdeutschen Außenpolitik, zur DDR, die er noch in die berüchtigten »Gänsefüßchen« setzte, und vor allem zur Oder-Neiße-Linie zu sagen hatte, war nachgerade revolutionär, verglichen jedenfalls mit der außenpolitischen Bestandsaufnahme, die Staatssekretär Carstens im November 1966 für Kiesinger als Kanzlerkandidaten der CDU/CSU angefertigt hatte.[352] So weit wie sein Freund Diehl wagte sich Kiesinger aber öffentlich nicht vor, da er auf die Partei Rücksicht zu nehmen hatte. Selbst die stark abmilderten Formulierungen der Regierungserklärung hatten in der Union Kritik provoziert. Im Januar 1967 hatte sich Kiesinger veranlaßt gesehen, in der Fraktion aufs schärfste dagegen zu protestieren, daß man ihm derart in den Rücken falle.[353]

In schlaflosen Nächten trieb ihn der Gedanke um, was innenpolitisch geschehen könnte, wenn die Sowjets um den Preis der Oder-Neiße-Linie die Wiedervereinigung in Freiheit akzeptieren würden, wie er John McCloy Anfang März 1967 gestand.[354] Die Rücksicht auf die Vertriebenenverbände zwang ihn zur Vorsicht: »Ich pflege den Heimatvertriebenen immer wieder zu sagen, es dürfe nicht so bleiben, wie es heute sei; es könne aber auch nicht einfach so werden, wie es gestern gewesen sei; wir müßten vielmehr nach neuen Lösungen suchen, die im Rahmen eines befriedeten Europa von den Völkern gebilligt werden würden. Eine solche zukünftige Lösung müßte auch der großen geschichtlichen Leistung des deutschen Volkes in jenen Gebieten gerecht werden.«[355] Die Sowjets haben Kiesinger nie in eine derartige Zwickmühle gebracht. Aber worauf zielte seine ostpolitische Strategie?

Einigkeit bestand mit Brandt und Bahr, wie auch mit Erhard und Schröder, daß die westdeutsche Politik aus ihrer Isolation herausgeführt werden mußte. Im »Wie« aber schieden sich die Geister. Frühere Bundesregierungen hatten sich mit ihrer starren Haltung nicht nur zur wohlfeilen Zielscheibe der östlichen Propaganda gemacht – was zu verschmerzen gewesen wäre –, sondern auch zum Gespött der Weltöffentlichkeit und zur Last der engsten Verbündeten, die die Friedensnote einhellig begrüßt hatten und den ostpolitischen Aufbrüchen der Großen Koalition freundlich applaudierten. Kiesinger hoffte, den Spieß umdrehen zu können. Als er am 11. Mai 1967, aus eigenem spontanem Entschluß und ohne Konsultation mit den Koalitions-

»Der Sündenfall«.
Zeichnung von
Horst Haitzinger

spitzen, einen Brief des DDR-Ministerpräsidenten Willi Stoph im Bundeskanzleramt annehmen ließ, der unter Erhard als Ausdruck der Nichtanerkennung umgehend »zurückgetickert« worden wäre[356], da unternahm er diesen Schritt mit der expliziten Begründung, daß die Politik der BRD darauf ausgerichtet sein müsse, »die moralische Unterstützung der übrigen Welt zu gewinnen. Das ist die einzige Kraft, die uns helfen kann, die deutsche Frage zu lösen.«[357]

An Gesprächsangeboten und Signalen hat es Kiesinger wahrlich nicht fehlen lassen. Ende März 1967 schickte er seinen alten Freund Hans Schirmer auf abenteuerlichen Umwegen in die russische Hauptstadt, um dort die Möglichkeiten für Verhandlungen auszuloten.[358] Die konspirativ vorbereitete Geheimvisite hinter dem Rücken des Koalitionspartners erbrachte nichts Handfestes, hatte aber auf unkonventionelle Weise Dialogbereitschaft signalisiert. Wenn Moskau wollte, dann konnte es darauf zurückkommen. Von der Regierungserklärung über den »Maßnahmenkatalog zur Entspannung zwischen den beiden Teilen Deutschlands«, der am 12. April 1967 im Bundestag verkündet – und nach 1969 Punkt für Punkt umgesetzt wurde –, bis hin zu den deutsch-sowjetischen Notenwechseln über den Gewaltverzicht, es ging vor allem um eines: Aller Welt kundzutun, daß die Entspannung nicht an der Bundesregierung scheitere.[359] Der Westen, schrieb Kiesinger seinen unverständigen Fraktionskollegen ins Stammbuch, sei »lahm geworden«. Man werde die deutsche Frage nur dann im Bewußtsein der Welt halten können, wenn es der Bundesrepublik gelänge, als konstruktiver Partner einer globalen Détente-Politik zu erscheinen.[360]

Kiesingers ostpolitische Strategie hatte daher immer eine propagandistische Komponente: »Wenn wir jetzt eine neue Ostpolitik einleiten – vielleicht ist dieser Name etwas zu anspruchsvoll – dann hat das vor allem den Sinn, daß wir wieder etwas vorzeigen können, wozu wir die Unterstützung eigentlich der ganzen Welt, nicht einmal nur unserer Verbündeten und in der dritten Welt, sondern sogar bis zu einem gewissen Grad – wenn man davon sprechen könnte – der öffentlichen Meinung in der östlichen Welt.« Mit Bedacht habe er seine Antwort an Stoph in einer »einfachen, möglichst klaren Sprache« formuliert, verteidigte sich Kiesinger gegen die innerparteiliche Kritik. Der Adressat sei beileibe nicht die Regierung der DDR, auch nicht das meinungsbildende Publikum im Westen, sondern das deutsche Volk – auf beiden Seiten der Mauer.[361] Allein der Druck der Weltöffentlichkeit werde die DDR zum Einlenken in praktischen Fragen des deutsch-deutschen Verhältnisses zwingen. Bleibe Ostberlin hart, dann würden taktische Zugeständnisse wie die Annahme des Stoph-Briefes, die manchem Unionsanhänger schon als *de facto*-Anerkennung erschien, eine öffentliche Katharsis in der Bundesrepublik bewirken. Die vorhersehbar negative Reaktion der DDR würde denjenigen im Westen, »die sich Illusionen machen«, klar und deutlich vor Augen führen, »was denn drüben gewollt wird, wozu man drüben überhaupt bereit ist oder nicht bereit ist. Es gibt eben, leider Gottes, allzu viele, die meinen etwa, wenn man anerkennen würde, dann würde sofort die Mauer fallen. Ich neige zu der Annahme, daß die Mauer dann sogar höher werden würde.«[362]

Kiesingers offensive Politik hatte also zunächst einmal zum Ziel, die »Kommunisten in der Zone in eine Verteidigungsstellung zu drücken und als kalte Krieger auszuweisen«. So jedenfalls stellte er es vor den Unionsparteigremien dar. Die östliche Reaktion erleichterte Kiesinger das Geschäft, die westdeutsche Rechtsposition vorerst nicht anzutasten. Das wurde von der westdeutschen öffentlichen Meinung bis zu einem gewissen Grade auch so gesehen. Die unnachgiebige Haltung der DDR schien Kiesingers Standpunkt zu bestätigen, daß der Osten zu keinem Entgegenkommen bereit sei. Auch hielt Kiesinger Ulbrichts Stellung für stark, nachdem es dem ostdeutschen Parteichef mit Moskauer Rückendeckung gelungen war, die neue Beweglichkeit der Bundesrepublik mit einer Politik der scharfen Abgrenzung zu konterkarieren. Die im April 1967 gefaßten »Karlsbader Beschlüsse« machten westdeutsche Geländegewinne unwahrscheinlich, weil Ulbricht den Warschauer Pakt auf gewisse Vorbedingungen zur Aufnahme diplomatischer Beziehungen mit der Bundesrepublik hatte verpflichten können: darunter die vorbehaltlose (»völkerrechtliche«) Anerkennung der DDR, was in den sechziger Jahren kein demokratisch legitimierter westdeutscher Politiker hätte akzeptieren können. Er habe in Ulbricht »trotz seines Alters« einen »gefährlicher Gegner«, erläuterte Kiesinger im vertraulichen Gespräch, dem er nur beikommen könne, wenn er »ihn in einer Form isoliere, gegen die er eigentlich nichts machen kann«. Dies sei Sinn und Zweck seiner Briefe an Stoph.[363]

Der öffentliche Blick ging nach Westen, der Schlüssel aber lag im Kreml. Solange Moskau nicht einlenkte, würde sich das Gespräch mit der DDR nicht lohnen. Insofern folgte Kiesinger auch dem von Bahr in seiner Tutzinger Rede entwickelten Konzept, das Gespräch mit der Sowjetunion zu suchen – während Wehner in direkten Verhandlungen mit der ostdeutschen Führung menschliche Erleichterungen zu erreichen hoffte. Gezielt erinnerte Kiesinger an seine Teilnahme an Adenauers Moskau-Reise im September 1955. Die damals gesammelten Erfahrungen würden eine Verhandlungstaktik nahelegen, in der man die eigene Position nicht zu früh preisgeben dürfe. Das war das Problem der »Anerkennungspartei«, deren ungeduldiges Drängen die westdeutsche Verhandlungsposition untergrübe. Die Moskauer Verhandlungen 1955 seien ihm eine Lehre für sein ganzes politischen Leben geworden, erläuterte er Ende Juni 1967: Er habe miterlebt, wie der Druck von Tag zu Tag immer schlimmer geworden sei, »und erst ganz zuletzt, als wir sagten: So, jetzt bestellen wir das Flugzeug einen Tag früher und reisen ab, erst ganz zuletzt kam dann plötzlich bei den anderen der Umschwung.« Wenn die Sowjetunion in der augenblicklichen Situation mauere, so werde sie letzten Endes doch »einsichtig« werden. Niemand könne Moskau zu Verhandlungen zwingen, doch im Osten gebe es genügend einsichtige Leute, die aus »eigenem Interesse ein solches besseres Klima wollen«.[364] Kompromißbereitschaft sähen die Sowjets als Zeichen der Schwäche. Man werde »einen langen Atem« benötigen.[365]

Diese »Politik des langen Atems« ist ein für Kiesinger charakteristischer Ansatz. Konziliant und geschmeidig, konnte er unbeirrbar an Zielen festhalten, wenn es die Sache wert erschien. Auf ein Handgemenge verzichtete er lieber. Er glich mit Zähigkeit aus, was ihm an Härte fehlte. Eine Politik menschlicher Erleichterungen, als deren Bannerträger Wehner mit großem persönlichem Ernst auftrat, hielt Kiesinger daher für eine *cura posterior*, wenn damit die Chancen auf eine Überwindung des Ost-West-Gegensatzes nicht grundsätzlich verbessert würden – was schon bei den Passierscheinverhandlungen 1963 der Grundstreit zwischen Union und SPD gewesen war. Sicher hätte Kiesinger den Maßnahmenkatalog vom 12. April umgesetzt, wenn sich die DDR unter Ausklammerung der strittigen Punkte dazu herbeigelassen hätte. Da vorerst nichts darauf hindeutete, daß sich Ostberlin (anders als wenige Jahre zuvor) auf ein derartiges, von Politikern aller Zeiten geübtes Verfahren einlassen würde, rechnete Kiesinger nicht mit praktikablen Resultaten. Tatsächlich mußte erst Ulbricht auf Moskauer Druck abgelöst werden, bis dessen Nachfolger Honecker eine flexiblere Haltung gegenüber der Bonner Ostpolitik an den Tag legen konnte.

Bei nüchterner Betrachtung der Endergebnisse hat Kiesinger die Bedeutung der Sowjetunion richtig eingeschätzt. Im Jahr 1967 war die Vermutung nicht abwegig, daß die UdSSR die Ulbricht-Doktrin nicht auf ewig zur offiziellen Leitlinie ihrer Bündnispolitik machen würde. Im Bundeskanzleramt wurde nicht bezweifelt, daß sich der Kreml seine Politik nicht von Ostberlin würde vorschreiben lassen.[366] Die DDR müsse wissen, machte Juri Andropow dem für Außenpolitik zuständigen ZK-Mitglied der SED Hermann Axen im Februar 1967 klar, daß man, unbeschadet der gegenwärtigen Unterstützung der harten Ostberliner Linie, Europa nicht »als Zentrum der Welt« betrachte. »Die Lage in der übrigen Welt« sei stets zu berücksichtigen. Noch auf dem Höhepunkt seines Einflusses wurde Ulbricht also bedeutet, daß die Zeiten sich ändern könnten und diese Veränderungen sich auch in den europäischen Beziehungen der Weltmacht UdSSR niederschlagen würden.[367]

Noch aber war Ulbricht stark. Erst die Niederschlagung des Prager Frühlings 1968 und die »Breschnew-Doktrin« haben der Neuen Ostpolitik den Weg freigemacht, weil der Herrschaftsbereich der östlichen Supermacht damit für zehn weitere Jahre konsolidiert worden war.

Andererseits war vieles, was Kiesinger sagte und tat, ferne Zukunftsmusik und nicht auf das unmittelbar Naheliegende gerichtet. Mit de Gaulle dachte er darüber nach, ob es nicht im ureigenen Interesse der Sowjetunion läge, zu einem *modus vivendi* nicht nur mit den USA, sondern auch mit der Bundesrepublik zu kommen. Genau das hatte er seit 1957/58 gesagt. Kiesinger und de Gaulle waren sich einig, daß die Sowjetunion »einsam« sei. Der Whiskey, nicht der Wodka erobere die Welt.[368] Moskau werde auf den Westen zugehen müssen. Nur, was brachte die östliche Supermacht in Bewegung?

Der Zeitpunkt für einen ostpolitischen Neubeginn war weniger günstig, als de Gaulle und Kiesinger sich im Januar 1967 ausgemalt hatten, obwohl Kiesinger gegenüber dem Sowjetbotschafter Zarapkin seine Bereitschaft zum Verzicht »auf die Anwesenheit amerikanischer Truppen« wiederholte, sobald »ein wirklich zuverlässiges Sicherheitssystem« geschaffen worden wäre.[369] Erst eine von China und einem starken Westen auf beiden Flanken bedrohte Sowjetunion würde wohl einschwenken. Warum also eine Politik der »Vorleistungen« verfolgen? Was gäbe es noch zu verhandeln, wäre alles schon hingegeben? Den Status quo erst anerkennen, um ihn dann zu überwinden? Bahrs Formel war in Kiesingers Augen nicht gänzlich zielführend. Er teilte Bahrs nationale Perspektive, doch er hielt ihn für einen »gefährlichen Mann«[370], dessen »Verbalismus« seine Konzeption einer europäischen Friedensordnung konterkariere – vor allem innerhalb der Union.

1967 wäre Kiesinger vermutlich bereit gewesen, den von Diehl bezeichneten Preis für die Einheit zu zahlen. Brandts spätere Bemerkung, daß nichts hingegeben worden sei, was nicht von Hitler schon verspielt worden war, hätte Kiesinger vermutlich unterschrieben, wenn darin nicht das resignative Eingeständnis mitgeschwungen hätte, daß die Ostdeutschen den Preis allein hatten zahlen müssen. Daß er die Oder-Neiße-Linie anerkennen würde, sofern Aussicht auf eine friedensvertragliche Regelung unter Einschluß freier Wahlen für die DDR bestand, hat Kiesinger immer durchblicken lassen. In der Regierungserklärung vom 13. Dezember war bei genauer Lektüre ein Angebot enthalten: Verbriefter Gewaltverzicht mit der Anerkenntnis, daß die Polen einen Anspruch hatten, in gesicherten Grenzen zu leben; flankierend in Reden und Interviews die gebetsmühlenhaft wiederholte Aussage, daß jenseits der Oder nur noch wenige Deutsche lebten, daß mehr als 40 Prozent der Einwohner in den ehemaligen deutschen Gebieten schon dort geboren worden seien.[371]

Hätte er angesichts der Vertriebenenproblematik und der schwer einschätzbaren Entwicklung der NPD, die 1967 in einen Landtag nach dem anderen eingezogen war, mehr sagen können? Es sei ein Wunder, so Kiesinger zu de Gaulle im Juli 1967, »daß die Vertriebenenverbände nicht rebelliert hätten«.[372] Noch deutlicher wurde Kiesinger gegenüber McGhee im November 1967: Die endgültige Regelung könne erst in einem Friedensvertrag mit einer gesamtdeutschen Regierung erfolgen, doch die anstehenden Probleme könnten zuvor erörtert werden. Die Bundesregierung sei nicht legitimiert, die Oder-Neiße-Linie anzuerkennen: »Nichtsdestoweniger können sie aber darlegen, wie sie sich die Sache denke.«[373]

Die Polen waren mißtrauisch, wie ernst es die Regierung Kiesinger/Brandt mit ihren Deklarationen meinte.[374] Daher suchte de Gaulle Kiesinger im Juli 1967 eine positive Stellungnahme zur »Grenzfrage« abzuringen: »Erkennen Sie die Oder-Neiße-Linie« an, schildert Guttenberg das Gespräch etwas dramatisierend in seinen *Fußnoten*.[375] Eine Regelung der Grenzfrage würde einen »ungeheuren Effekt in Ländern wie Polen haben«. Demgegenüber hielt Kiesinger die Zeit für nicht reif. Er glaube, daß es »nur sehr, sehr wenige Leute in Deutschland« gäbe, die darauf hofften, daß man »ohne Berücksichtigung der tatsächlichen Situation schlechthin eine Wiederherstellung der alten Zustände erhoffen könne«. Dennoch habe er es mit einer noch komplizierteren Situation zu tun als de Gaulle mit Algerien (das der General unter erheblichen Schwierigkeiten 1962 in die Unabhängigkeit entlassen hatte). De Gaulle gestand Kiesinger zu, er hätte die Entscheidung über Algerien nicht treffen können, wenn das französische Volk in seiner Mehrheit nicht zu der Einsicht gelangt wäre, daß es besser sei, »Algerien fahren zu lassen«. Aber selbst dies, replizierte Kiesinger, sei nicht mit der Situation der Bundesrepublik zu vergleichen, für die sich mit Grenzfrage und Wiedervereinigung zwei parallele Probleme stellten – ganz zu schweigen von der völkerrechtlichen Problematik, daß »theoretisch die Anerkennung der Grenzen und irgendwelche Verzichtserklärungen nur von einer gesamtdeutschen Regierung erfolgen könnten. Es bestehe die große Gefahr, daß bei einer Vorleistung in der Grenzfrage die Haltung der anderen Seite in der Wiedervereinigung sofort noch intransigenter werde.«[376]

Mit der Anerkennung der DDR war ein prinzipieller Punkt berührt, denn im Unterschied zur Oder-Neiße-Linie, die als Verfügungsmasse für Verhandlungen galt, ging es hier um das von der Bundesrepublik treuhänderisch wahrgenommene Recht der ostdeutschen Bevölkerung, ihren freien Willen zu erklären. Es ging um das Problem, ob die im Grundgesetz kodifizierte Werteordnung von einer demokratisch legitimierten Regierung aufgegeben werden konnte, ohne daß diese ihre Selbstachtung verlor: Dort wurde das

Selbstbestimmungsrecht nun einmal der ostdeutschen Bevölkerung zuerkannt.

Der Hinweis Augsteins im Gespräch mit Kiesinger, daß auch die übrigen Osteuropäer ihr Selbstbestimmungsrecht nicht ausüben könnten, stach nach Kiesingers Auffassung nicht. Beide deutsche Staaten gehörten seiner Meinung nach der gleichen Nation an, wie es auch Brandt in seiner Regierungserklärung 1969 deutlich zum Ausdruck bringen sollte. Eine Anerkennung wäre dann möglich, wenn sich die Menschen in Ostdeutschland dafür aus freien Stücken entscheiden würden. Damit war der Alleinvertretungsanspruch modifiziert, aber nicht aufgegeben: Die Bundesregierung war nur bis zu dem Augenblick befugt, für alle Deutschen zu sprechen, »in dem das Selbstbestimmungsrecht den Menschen jenseits der Zonengrenze gewährt ist«. Sicher: Das war die Formel des Grundgesetzes, aber die theoretische Möglichkeit eines vom Westen akzeptierten Oststaats wurde nicht ausgeschlossen (die »Österreich-Lösung«) – wenn auch Kiesinger recht sicher prognostizieren zu können glaubte, wie die Entscheidung der DDR-Bürger ausfallen würde.[377]

Daher mied Kiesinger anfangs ostentative Vokabeln wie »Pankow«, die damals noch reichlich Verwendung fanden. Solche Begriffe könnten »für unsere Landsleute drüben abwertend wirken«. Er denke an »die junge Generation drüben, die ein berechtigtes Selbstbewußtsein entwickelt hat. Sie soll das Vertrauen gewinnen, daß wir nichts anderes im Sinn haben, als ihr zu helfen, über ihr eigenes Schicksal selbst entscheiden zu können.« Daß völkerrechtliche Anerkenntnis die Aufgabe des Selbstbestimmungsrechtes der Ostdeutschen bedeutete, ist der gemeinte Sinn der vielbelächelten und im Rückblick verschroben wirkenden Formulierung Kiesingers, als er im Oktober 1967 davon sprach, mit einem »Phänomen« in einen Briefwechsel getreten zu sein: Er wolle, so sagte er es in seiner Rede zum 17. Juni 1967, »ohne Scheuklappen sehen, was ist, auch das, was in den vergangen 14 Jahren geworden ist«. Im Kern waren diese Formulierungskünste Ausdruck einer terminologischen Suchbewegung, die auf eine Änderung der Geschäftsgrundlage des Verkehrs mit der DDR zielte, ohne dem zweiten deutschen Staat dieselbe Legitimität wie der Bundesrepublik zuzubilligen. Tatsächlich sprach Kiesinger intern nun öfter von der DDR, wenn er auch stets »sogenannt« hinzusetzte, denn demokratisch war die DDR eben nie. Daran haben sich übrigens auch Bahr und viele andere in der SPD gehalten, die sich, worauf der Historiker Heinrich Potthoff zu Recht verweist, noch lange in Ersatzbezeichnungen retteten wie den »anderen Teil Deutschlands«. Ein Rest davon ist bis heute zu spüren, denn die »DDR« ist überall unter ihrem Kürzel bekannt, während die »BRD« meist als »Bundesrepublik« firmiert.[378]

EUROPÄISCHE FRIEDENSPOLITIK

Das alles galt es zu bedenken, als Kiesinger in seiner zentralen Rede vom 17. Juni 1967 dem deutschen Volk und den Verbündeten, aber auch der Sowjetunion die Prämissen seiner Friedenspolitik zu erläutern suchte: Er selbst hielt diese Rede, die er zum 14. Jahrestag des Aufstandes in der DDR in der Feierstunde im Bundestag hielt, für »das Beste«, was er dazu zu sagen hatte – nicht ohne darüber zu lamentieren, daß sie »zu wenig beachtet« worden sei.[379] Das hat sich in der Zwischenzeit geändert, auch weil Wehner die Rede, die einen Wendepunkt in der westdeutschen Außenpolitik markiert, von 1967 bis 1974 insgesamt achtmal zitierte. Der Kernsatz erinnert an und für sich an eine Binsenweisheit: »Deutschland, ein wiedervereinigtes Deutschland, hat eine kritische Größenordnung. Es ist zu groß, um in der Balance der Kräfte keine Rolle zu spielen, und zu klein, um die Kräfte um sich herum selbst im Gleichgewicht zu halten. Es ist daher in der Tat nur schwer vorstellbar, daß sich ganz Deutschland bei einer Fortdauer der gegenwärtigen politischen Struktur in Europa der einen oder anderen Seite ohne weiteres zugesellen könnte. Eben darum kann man das Zusammenwachsen der getrennten Teile Deutschlands nur eingebettet sehen in den Prozeß der Überwindung des Ost-West-Konfliktes in Europa.«[380]

Damit war zweierlei ausgesagt: Zum einen war die Einheit die abhängige Variable, wenn auch das Junktim Wiedervereinigung und Entspannung abgeschwächt fortbestand. Eine europäische Friedensordnung setzte zuförderst das Arrangement mit Moskau voraus. Damit war auch die alte Formel *ad acta* gelegt, daß der Überwindung des Kalten Krieges die Einheit vorausgehen müsse (woran schon der alte Adenauer nicht mehr so recht geglaubt hatte und Kiesinger bereits in den späten fünfziger Jahren nicht). Die fehlende Durchschlagkraft dieses Glaubenssatzes aus der Klamottenkiste der »Politik der Stärke« war schon lange spektakulär offenkundig geworden war. Nun aber vollzog Kiesinger für die CDU als Parteivorsitzender und für die Nation als westdeutscher Kanzler diesen überfälligen Schritt, nämlich den Weg zur Wiedervereinigung über die Entspannung zu fordern.

Aber Kiesinger – hier lag ein Spezifikum seiner Friedenspolitik – bezog diese Formel nicht allein auf Osteuropa und die UdSSR. Als westeuropäisch orientierter Politiker hielt er für entscheidend, Entspannung und Wiedervereinigung in den Prozeß der gesamteuropäischen Integration einzubetten. Dies war der Hintersinn seiner Friedenspolitik, deren Grundaxiome sich im Zwei-plus-Vier-Vertrag wiederfinden: Nach der Überwindung des Antagonismus des Kalten Krieges würde angesichts der Erfahrungen zweier Weltkriege kein ungebundenes Deutschland in der Mitte zurückbleiben dürfen, das in seiner »kritischen Größe« eben zu klein für die Welt und zu groß für Europa war.

In der Formel von der »kritischen Größe«, die Kiesinger von Diehl nahegelegt worden ist, aber, wie Diehl insistierte, Kiesingers eigenen Standpunkt reflektierte[381], scheint erneut die doppelte zeitgeschichtliche Dimension von Kiesingers außenpolitischem Denken auf. Das zielte in zweifacher Weise auf eine Überwindung des Status quo: den europäischen Antagonismus und die deutsche Teilung. Aber während Brandt schon im Sommer 1967 die Entspannungspolitik nicht mehr »von Fortschritten in der Deutschland-Frage« abhängig machen wollte[382], hielt Kiesinger noch am Ziel der Entspannung als Hilfsinstrument der deutschen Einheit fest: »Wer diesen unerträglichen und gefährlichen Zustand ändern will – und wir müssen und wollen ihn ändern –, kann es nur mit den Mitteln des Friedens tun. Deshalb hat die Bundesregierung ihre Politik der Entspannung gegenüber Osteuropa eingeleitet. Ohne das unzerstörbare Recht unserer Nation, in einem Staate zu leben, preiszugeben, versuchen wir, eine europäische Friedensordnung anzubahnen, die auch die Teilung Deutschlands überwinden soll.«[383]

Es war eine tiefe, fast romantisch überhöhte Friedenssehnsucht, die aus Kiesingers Worten sprach: »Viele Fragen sind heute noch zwischen uns und unseren östlichen Nachbarn heftig umstritten. Sie alle, die auch in unserem Land Gegenstand einer mit großem Ernst geführten, nie abreißenden Diskussion sind, lassen sich nicht isoliert, sondern nur im Vollzug einer solchen europäischen Friedensordnung lösen. [...] Die Überzeugung, daß es um des Friedens, um des wirklichen Friedens willen notwendig sei, eine gerechte Lösung der deutschen Frage zu finden, wächst auch außerhalb Deutschlands. Je klarer wir unser Recht vertreten, je deutlicher wir dabei unser Augenmaß beweisen, je konkreter unser Handeln ist, je überzeugender wir unseren Willen zur Bewahrung des Friedens in der Welt beweisen, desto sicherer dürfen wir sein, die moralische und politische Unterstützung der Völker in aller Welt, auch im Osten, für die Sache der Wiedervereinigung zu gewinnen.« Nur, was konnte konkret geschehen, wenn alles nach Taten lechzte und die Geduld, zu der Kiesinger mahnte, in der kritischen Öffentlichkeit immer weniger aufgebracht wurde?

Ein Sommer des Missvergnügens: Kressbronn

Die Lacher hatte der Kanzler auf seiner Seite. Er könne sich denken, eröffnete Kiesinger seine Rede als frisch gewählter Vorsitzender auf dem Bundesparteitag der CDU am 23. Mai 1967 in Braunschweig, daß »mancher unserer alten Haudegen in Rückerinnerung an die knisternde Kampfatmosphäre früherer Parteitage sich etwa so verhält wie jener bayerische Bauer nach 1871, der mit stiller Wehmut sagte: ›Das waren noch Zeiten, als man noch auf die Preußen schießen durfte!‹«[384] Damit brachte er die Stimmung in der Partei nicht schlecht auf den Punkt. Es war die Taktik Adenauers gewesen, durch eine Strategie der Abgrenzung nach außen die Widersprüche im Inneren zu überbrücken. Das hatte schon in der ausgehenden Ära Adenauer nicht mehr recht funktioniert, weil sich die SPD mit dem Godesberger Programm auf den Boden der Tatsachen gestellt hatte und überhaupt die hohen sechziger Jahre eine auf Konsens gestimmte Dekade waren. Dennoch tat sich die Union schwer mit der Tatsache, daß ihr Kanzler im Interesse des Gemeinwohls und der guten Zusammenarbeit im Kabinett den Erbfeind vor den eigenen Gremien verteidigte.

Auch in parteiorganisatorischer Hinsicht stellte die Große Koalition die CDU vor neue Herausforderungen. Unter Adenauer war die Partei aus dem Palais Schaumburg herausgeführt worden. Das war schon während Erhards kurzer Kanzlerschaft schwierig geworden und nun unter den Bedingungen der Großen Koalition erst recht unmöglich.[385] Früher hatte es ausgereicht, daß der Vorsitzende als Bundeskanzler amtierte. Adenauers Staatssekretär Globke war quasi der Generalsekretär der Partei gewesen; die Bundesgeschäftsstelle in der Bonner Nassestraße hatte der Kanzler am langen Arm gehalten. Am Vorabend seiner Wahl zum Bundesvorsitzenden erinnerte Kiesinger an die unbefriedigende Praxis der fünfziger Jahre: »Unter Konrad Adenauer – meinen Respekt für ihn kennen Sie wahrhaftig – war es so: Wir waren existent, solange ein Bundestagswahlkampf bevorstand oder dauerte. Dann bekamen wir Postkarten, freundliche Briefe, Telefonanrufe und wurden ermahnt, unsere Pflicht zu tun. Wenn der Wahlkampf vorbei war, waren wir nicht mehr existent oder wir glaubten es.«[386]

Folgt man dem Bochumer Historiker Frank Bösch, dann hat Kiesinger die Parteireform nicht betrieben, sondern nur »mit präsidialem Gestus geduldet«.[387] Nun stand das Thema Parteireform ja nicht erst seit der Gründung der Großen Koalition zur Diskussion. Richtig ist, daß Kiesinger die organisatorische Umsetzung der Reformen seinem tüchtigen Generalsekretär überließ. Auch waren es in erster Linie äußere Anstöße, die den Umbau der CDU zur modernen Volkspartei in der Ära Kiesinger forcierten. Neben der Entscheidung zur Großen Koalition zwang ein neues Parteiengesetz die CDU, innerhalb weniger Monate ihre Führungsstruktur zu demokratisieren: Viele Vorstandsmitglieder waren bisher kooptiert und nicht gewählt worden. Alte Zöpfe wurden abgeschnitten, wie die Stimmberechtigung der »Exil-CDU« und des Landesverbandes jenseits von Oder und Neiße.[388]

Angesichts eigener, schlechter Erfahrungen war Kiesinger Anhänger der Parteireform. Als Kanzler entwickelte er jedoch eine gewisse Distanz, weil die

Reformer, darunter die »Jungen« unter informeller Führung von Helmut Kohl, zu den Kritikern der Großen Koalition gehörten. Die Auseinandersetzung um den hauptamtlichen Generalsekretär wuchs sich daher zu einer Prestigefrage aus, an der sich Kiesingers Autorität im Moment seiner Wahl zum Vorsitzenden der CDU testen ließ. Da die rheinischen und norddeutschen Landesverbände, die Kiesinger mit Barzel und Schröder mehr oder weniger gleichsetzte, im Verein mit der jungen Generation für einen hauptamtlichen Generalsekretär kämpften, schien es, als erhöben die Widersacher vom November erneut ihr Haupt.[389]

Der Generalsekretär, den sich Kiesinger wünschte, sollte ihm zuarbeiten, nicht der Partei, in der er ein zweites Machzentrum gebildet hätte. Bruno Heck als Person seines Vertrauens erschien ihm als perfekte Wahl: Er war ein erfahrener Parteiorganisator, der zum katholisch-konservativen Flügel gehörte, er hatte keine Ambitionen auf das Kanzleramt, er stammte aus Schwaben wie Kiesinger und hatte die Tochter eines von Kiesingers alten Lehrern am Rottweiler Seminar geheiratet. Wie Kiesinger war er ein Gewächs der frühen »Adenauer-CDU«. Als Mann mit weitgespannten Verbindungen in den Parteiapparat würde er dem Kanzler den Rücken freihalten können. Zugleich wollte Kiesinger Heck im Kabinett behalten, worauf zu insistieren Krone dem Generalsekretär riet. Heck besaß den Draht zu Wehner und konnte hier ausgleichend wirken. Auch die SPD hatte mit Brandt und Wehner ihre starken Männer im Kabinett.[390]

In gewissem Sinne war Kiesinger sogar ein moderner Parteivorsitzender. Sein dialogischer Arbeitsstil harmonierte mit dem diskutierenden Zeitgeist der späten sechziger Jahre. Er arbeitete mit den Führungsgremien der Union, während Adenauer Vorstand und Präsidium dahingehend manipuliert hatte, daß sie seine Entscheidungen absegneten. Die Position des Vermittlers, die Kiesinger im Bundeskabinett und dann auch im Kreßbronner Kreis besaß, suchte er auch zwischen den Parteiströmungen in der CDU zu übernehmen. Das *government by discussion* war gut – auch für die Partei, so jedenfalls Kiesingers Auffassung. Wie Adenauer neigte er zu langen Lagevorträgen, vor allem wenn es um Außenpolitik ging. Immerhin tagte das 10köpfige Parteipräsidium in den Jahren 1967 bis 1969 mehr oder weniger im Zwei-Wochen-Takt, d.h. sehr viel öfter als früher. So viel wie in der Ära Kiesinger war in der CDU niemals zuvor debattiert worden. Und selten hat es eine so breite programmatische Diskussion gegeben wie bei der Beratung des Berliner Programms, das im November 1968 verabschiedet wurde.[391]

Nach kurzem Zögern entschied sich Kiesinger im Januar 1967, den Parteivorsitz selbst anzustreben. Zunächst hatte er an Dufhues für diesen Posten gedacht. Doch dann verfiel er auf die Generalsekretärslösung, war doch schon um die Jahreswende 1966/67 der alte Parteizwist wieder aufgebrochen. Im Januar 1967 sah er sich veranlaßt, im Präsidium vor »krampfhaften Profilierungsversuchen« zu warnen.[392] Alarmiert wurde Kiesinger durch den Wirtschaftstag der CDU/CSU Ende Januar 1967, als der liberale Wirtschaftsflügel das Lob Erhards und der kleinen Koalition so unüberhörbar sang, daß der alarmierte Kiesinger den Parteivorsitz zu übernehmen sich endgültig entschied: »Sonst werden mir diese Leute dauernd Schwierigkeiten machen.« Kurz darauf ging er mit der Aussage vor die Presse, daß der von der CDU gestellte Bundeskanzler nur dann auf den Parteivorsitz verzichten könne, wenn er sicher wäre, »einen völlig loyalen Mann an diesem Platz zu wissen, der nicht den Ehrgeiz der konkurrierenden politischen Führung hat«.[393]

Nachdem er seinen Führungsanspruch so deutlich dokumentiert hatte, war ihm die Wahl im Mai 1967 sicher. Der populär agierende Kanzler, dessen Partei in Umfragen mit der SPD wieder gleichzuziehen begann, erzielte ein Traumergebnis. Er wurde mit sechzehn Neinstimmen bei zehn Enthaltungen mit 95 Prozent der Stimmen gewählt (Erhard hatte im Jahr zuvor mehr als 100 Gegenstimmen und Enthaltungen bekommen). Die rheinischen Rebellen, die mit allen Mitteln um den hauptamtlichen Generalsekretär kämpften, wurden vom Parteitag hart abgestraft. Katzer, ein enger Freund Barzels und Schwiegersohn von Jakob Kaiser, und der rheinische Landesvorsitzende Grundmann kamen nicht mehr in den um die Hälfte reduzierten Bundesvorstand. Vorerst war Kiesinger als Parteichef unangefochten.[394]

Ironischerweise machte Kiesinger die Tatsache zu schaffen, daß die Union in den Landtagen an Boden gewann. Als Kohl aus Rheinland-Pfalz den Landtagswahlsieg der CDU ins Kanzleramt telefonierte, wurde Kiesingers Bemerkung kolportiert: »Besser hätte das Ergebnis für unsere Partei nicht werden dürfen.«[395] Der Ausgang der Landtagswahlen in Schleswig-Holstein und Rheinland-Pfalz rufe bei der SPD »schwerste Beunruhigung« hervor, meinte er Anfang Mai vor dem Bundesvorstand. Die Sozialdemokraten würden sich sagen, »das geht alles auf die Mühlen der CDU«.[396] Die Gegner der Großen Koalition in der SPD sähen sich bestätigt, daß die Erfolge der Großen Koalition vor allem der mit dem Kanzlernimbus versehenen Union zugute kommen würden, die sich erstaunlich schnell regeneriert hatte. Im April baute sie ihre Führung in Schleswig-Holstein und Rheinland-Pfalz aus und sprang in dem von der SPD traditionell dominierten Niedersachsen im Juni 1967 erstmals über die 40-Prozent-Marke. Dort hatte sich der Abstand zur SPD von mehr als sieben auf weniger als zwei Prozent verringert. Im April 1968 verlor die SPD in Baden-Württemberg 8,3 Prozent und fiel unter 30 Prozent. Ein Schock, der tiefe Zweifel an der von Wehner gewählten Strategie der Profilierung durch Regierungsbeteiligung säte.[397]

Angesichts hoher Sympathiewerte zielte Kiesingers Strategie darauf ab, als überparteilicher Kapitän der Großen Koalition zu erscheinen, der das schlingernde Staatsschiff zurück auf Kurs brachte. Kiesinger hielt es für falsch, gegenüber der SPD in »Profilsucht« zu verfallen. Die Union profitiere von der Großen Koalition, schrieb er seinen unverständigen Fraktionskollegen ins Stammbuch; man müsse Verständnis für die SPD aufbringen, die »langsam hysterisch« werde angesichts einer Entwicklung, »die eben gewaltig zugunsten der CDU und gegen die SPD« laufe. Er wolle »keine Parteivorstandssitzung erlebt haben, bei der wir in der Lage der SPD von heute gewesen wären«. Angesichts der Nervosität in der SPD müsse die Union Ruhe und Einigkeit demonstrieren. Es gehe nicht an, so Kiesinger, daß »qualvoll« in der Koalition und mit den Fraktionen getroffene Entscheidungen, »die eben nicht besser sein konnten den Umständen nach«, von den eigenen Leuten zerredet würden: »Von uns allen muß so viel Disziplin gefordert werden. Es geht um das Schicksal und um das Wohl und Wehe dieses Volkes. Jetzt bin ich allmählich am Ende mit meiner Geduld! So kann es nicht weitergehen!«[398]

Doch Politik ist ein Geschäft mit dem äußeren Anschein. Das Bild des über den Parteien thronenden Kanzlers hatte in den Auseinandersetzungen um die der Stabilisierung des Bundeshaushaltes dienenden Mittelfristigen Finanzplanung (»MiFriFi«) im Frühsommer 1967 erste Kratzer erhalten. Das erklärt das massive Auftreten Kiesingers vor dem Bundesverstand: Die Bevölkerung unterstütze eine Politik harter, einschneidender Maßnahmen; die Union dürfe unter keinen Umständen unsicher und gespalten wirken. Es sei ein Geben und Nehmen in einer Großen Koalition. Dennoch drang die Kritik nach außen durch, weil Kürzungen in Erbhöfen der CDU notwendig wurden, vor allem im Verteidigungshaushalt. Plötzlich wurde Kiesinger als zu nachgiebig gegenüber Helmut Schmidt und der SPD porträtiert und als unentschlossener, führungsschwacher Kanzler. Schon im Frühsommer 1967 wurden die gravierenden Nachteile der asymmetrischen Stellung des Kanzlers in der Großen Koalition deutlich, der sich zeitweilig in einem Zweifrontenkrieg befand. Im Juli 1967 machten die Sozialpolitiker der Union in der Frage der Kürzung des Bundeszuschüsse zur Rentenversicherung gemeinsame Sache mit der SPD und verweigerten eine höhere als zweiprozentige Beteiligung der Rentner an den Krankenversicherungsbeiträgen. Das wiederum war dem Wirtschaftsflügel zuwenig.[399] Da Kiesinger in Kabinett und Fraktion für unausweichliche Kompromisse in der MiFriFi kämpfte, riskierte er das neu gewonnene Einvernehmen mit den USA und verschob seine Reise nach Washington.

Die SPD reagierte auf die Popularität Kiesingers mit der von Horst Ehmke Anfang Januar 1968 auch theoretisch begründeten Strategie des »begrenzten

Konflikts«. Deren Vorboten manifestierten sich in einer Äußerung Helmut Schmidts im Juni 1967: Die Regierung habe zu tun, was das Parlament beschließe. Kiesinger reagierte mit der scharfen Replik, die die CDU-Parteiräson verlangte. Er werde einem »Willigeren den Platz räumen«, wenn Schmidts Linie sich durchsetzen würde. Dafür winkte ihm in der Fraktion kräftiger Applaus.[400] Doch Kiesinger wollte keinen scharfen Kurs gegen die SPD fahren. Aus wahlstrategischen Gründen hielt ein präsidiales Regiment für vielversprechender. Das Volk wolle keinen Streit, sondern Taten sehen. Umfragen waren Wasser auf die Mühlen des Kanzlers, der die Erfolge der Großen Koalition für sich verbuchte und damit mittelbar für die Union. Gegen diesen »Kanzlerdarsteller« kämpften Ehmke und Schmidt also an, dessen Dilemma sie haarscharf erkannt hatten und auch auszunutzen trachteten: Als Bundeskanzler war Kiesinger der Repräsentant der gesamten Regierung, der seinen Außenminister in der Öffentlichkeit nicht zurückpfeifen, sondern allenfalls »interpretieren konnte«. Die eigene Partei erwartete dagegen eine kraftvolle Abgrenzung von der SPD. Das wiederum suchten Kiesingers innerparteiliche Kritiker, vor allem Strauß, sich zunutze zu machen: So wurde der Kanzler zwischen den Mühlsteinen aufgerieben.

Kiesinger hat zu dieser Entwicklung beigetragen. Seine Isolierung im Kanzleramt machte einigen Parteigranden Sorgen. Es war nicht so sehr die fehlende Hausmacht als die spürbare Unlust Kiesingers, der Partei seinen Stempel aufzudrücken, die seine Stellung untergrub. Heck klagte über die mangelnde Kommunikation: »Heck sieht den Parteivorsitzenden und Kanzler, wenn er ihn anruft«, notierte sich Krone. Sah Kiesinger in Heck keinen Berater? Heck soll ob Kiesingers Desinteresse so verzweifelt gewesen sein, daß er den Laden schon im Sommer 1967 am liebsten hinschmeißen wollte.[401] Kiesinger traf sich häufiger mit Wehner und selbst mit Brandt als mit führenden Unionspolitikern (Barzel ausgenommen). Mit dem engeren Führungszirkel der CDU fand er zu keiner vertrauensvollen Kooperation. Er sei »von Mördern« umgeben, meinte er vertraulich im Oktober 1967. Barzel und Schröder, aber auch Strauß, warteten nur »hämisch darauf, daß ich einen Fehler mache«.[402]

Vor allem Strauß legte es in einer schulbubenhaften Art und Weise darauf an, den Kanzler *coram publico* lächerlich zu machen. In schenkelklopfender Kumpanei scherzte er mit Ehmke öffentlich, er werde das nächste Mal eine Hängematte mit ins Kabinett bringen, wenn der Kanzler wieder zu einem seiner schöngeistigen Höhenflüge ansetze. Doch Kiesinger reagierte auf die Sticheleien des Finanzministers irritiert, nicht mit überlegener Ironie. Auch Schröders süffisante Mimik im Kabinett hat Kiesingers Autorität vermutlich nicht gestärkt. »In Unionskreisen« wurde Schröder mit dem auf einen Vergleich Kiesingers mit Erhard gemünzten Bonmot kolportiert, »ein alternder Burgschauspieler ist auch nicht besser als ein Gummilöwe«. In Bonn machte das Sprichwort die Runde, Kiesinger sei »der schönste Erhard, den wir je hatten«.[403]

Um das Vertrauen von Barzel hat Kiesinger nur halbherzig geworben. Im Dezember 1966 fuhr er in den Weihnachtsurlaub, ohne sich mit dem ihm unterlegenen Vorsitzenden der Fraktion überhaupt ausgesprochen zu haben.[404] Die beiden waren sich einfach nicht grün. »Barzel sei sehr beflissen und dienstbereit. Aber nur mit Vorsicht zu genießen«, meinte er zu Wickert und Diehl.[405] Dem Fraktionsvorsitzenden traute Kiesinger nicht über den Weg. Barzel habe ihm gesagt, er, Kiesinger, habe sich in das »Bett gesetzt«, das er sich gemacht hatte.[406] Aber durfte er Barzel deshalb vernachlässigen, wie Kiesinger zeitweilig glaubte? Neben Kiesinger war er der zweitwichtigste Mann der Union.

Wie im Falle Hecks war es meist Barzel, der die Initiative zu Gesprächen ergriff. Der Fraktionsvorsitzende erbat sich etwas, nicht der Kanzler. Das hatte sich schon unter Erhard so eingeschliffen, wobei sich Kiesinger noch bockiger zeigte als der Vorgänger. Vor allem aber unterließ es Kiesinger, seine ostpolitische Strategie *en detail* mit Barzel abzustimmen, der lange Zeit über die Ziele des Kanzlers im Ungewissen blieb.[407] Hätte nicht Kiesinger mit der gleichen tabulosen Klarheit sich mit Barzel aussprechen müssen, wie er es im vertraulichen Hintergrundgespräch mit Giselher Wirsing tat? In der Ostpolitik tat sich die Union ungemein schwer, während sich die SPD unter dem Druck der öffentlichen Erwartung in wachsender Gemeinschaft mit der FDP wiederfand. Umgekehrt wollte sich Barzel von Kiesinger nicht einbinden lassen. Eine Aufforderung Kiesingers, an den Besprechungen der CDU-Minister teilzunehmen, lehnte er mit der Begründung ab, daß er als Nicht-Ressort-Minister dort nicht unvorbereitet dabeisein wolle.[408]

Ob Schröder zum Arrangement bereit gewesen wäre, ist eine offene Frage. Auf Kiesingers Seite war seit der Affäre um die alte Personalakte aus dem Auswärtigen Amt das Mißtrauen abgrundtief. Wie Strauß schien es Schröder geradezu darauf anzulegen, den Kanzler, an dessen Schicksal die Union nach der Demontage Erhards doch auf Gedeih und Verderb gekettet war, lächerlich zu machen. Kiesinger unterliefen in den Auseinandersetzungen um den Verteidigungshaushalt im Juli 1967 allerhand Ungeschicklichkeiten und taktische Schnitzer, auf die ihn der Verteidigungsminister freundlich, aber bestimmt aufmerksam machte.[409] Unbeschadet dieser Einwände handelte Schröder dennoch grob illoyal und parteischädigend, als er öffentlich die Konsequenzen der Haushaltskürzungen in seinem Etat auszubuchstabieren begann, nachdem er im CDU-Präsidium und danach im Kabinett nicht hatte durchdringen können.[410] Zu allem Überfluß informierte er, ohne Absprache mit dem Kanzleramt, den amerikanischen Verbündeten. Das verbesserte die Verhandlungsposition der Bundesrepublik gegenüber den Amerikanern nicht. Sicher trug Guttenberg seinen Anteil dazu bei, daß der Konflikt eskalierte. In der Fraktion wetzten die alten Schröder-Feinde das Messer: Sein Verhalten sei »unglaublich« und »alle Leute vor den Kopf« stoßend.[411]

Anders als Schröder war Kiesinger der Auffassung, daß mit gutem Willen und kreativer Arithmetik die Kürzungen im Verteidigungshaushalt ohne großes Tam-Tam hätten erreicht werden können. Die angedrohte Reduzierung der Bundeswehr um 60.000 Soldaten sei nicht die notwendige Konsequenz der konkreten Umsetzung der Sparpläne, ermahnte er Schröder. Es gäbe auch Alternativen.[412] Eine Woche später, auf der Sitzung des Bundesvorstands der CDU am 17. Juli, sah es so aus, als würden sich Kiesinger und Schröder zusammenraufen. Am folgenden Tag begaben sich beide zu einem Manöverbesuch nach Munsterlager. Doch am gleichen Abend meinte Kiesinger zu Barzel und Stücklen, er sei sich nicht sicher, ob sich Schröder »auf Rückzug befände«. Barzel versprach Kiesinger »jede Unterstützung, um Ordnung zu schaffen«.[413]

Am 19. Juli verabschiedete das Kabinett in Gegenwart Schröders das Finanzreformprogramm. Tags darauf eskalierte der Streit plötzlich in einer »Ehrensache«. Kiesinger hatte, von Guttenberg schlecht beraten, über den Kopf des Verteidigungsministers den Generalinspekteur des Heeres, General Moll, zu einem Lagevortrag ins Kanzleramt zitiert, nachdem er sich schon Anfang des Monats Auskunft bei den pensionierten Generälen Heusinger und Speidel geholt hatte (letzterer ein alter schwäbischer Bekannter). Daß Kiesinger externe Beratungskompetenz suchte, unterstrich sein geringes Vertrauen in Schröder, war aber auch eine Folge der Überforderung des Kanzleramtes, das Kiesinger in der Diskussion über die Kürzung des Verteidigungshaushaltes nicht die entscheidenden Daten, Fakten und Argumente an die Hand geben konnte.[414]

Formal hatte sich Kiesinger ins Unrecht gesetzt. Die zum Rapport einbestellten Generäle wurden in eine peinliche Lage gebracht und der Minister brüskiert – mochte auch Kiesingers Auslegung der einschlägigen Gesetzestexte und Kommentare über ein umfassendes Informationsrecht des Bundeskanzlers zutreffen. Dieses wurde von Schröder auch gar nicht bestritten, mit der wichtigen Einschränkung jedoch, daß es nicht ohne Wissen des betroffenen Ministers geschehen dürfe. Schröder, so schreibt sein Biograph Torsten Oppelland, sei »Jurist und Etatist« genug gewesen, um sich derartiges nicht bieten zu lassen. Er bot, worüber der *Spiegel* in weit übertriebenem, geradezu phantastischem Detail berichtet, telefonisch seinen Rücktritt an.[415]

Kiesinger sah die Sache anders: »Dann sind wir geschiedene Leute« habe er am Telefon zu Schröder gesagt, als der sich weigerte, General Moll zu Kiesinger zum Vortrag zu schicken.[416] Beide Seiten vermieden gleichwohl den Bruch. Erst im nachhinein hat Kiesinger geäußert, daß er das Rücktrittsangebot hätte akzeptieren sollen.[417] Schröder seinerseits mobilisierte Barzel. Im »Interesse der CDU/CSU« flog letzterer eilends von einer Wahlkreisveranstaltung nach Bonn. Die Tatsache, daß es soweit hatte kommen können und anderntags alles haarklein in der Zeitung stand, warf ein höchst ungünstiges Licht auf den inneren Zustand der Union, zumal Strauß alles tat, um die Journalisten anzustiften.[418]

Auch Brandt hatte sich mehrfach über Kiesingers wiederholte Umgehung des Auswärtigen Amtes irritiert gezeigt, die Sache jedoch im Unterschied zu Kiesingers Parteifreunden stets unter dem Deckel gehalten. Ganz der Adenauer-Schüler, forderte Kiesinger unbekümmert Immediatberichte direkt bei den deutschen Botschaften im Ausland an, ohne darüber den Außenminister auch nur zu informieren. Dann wurde der betreffende Botschafter zwar zusammengestaucht. Doch gegenüber Kiesinger protestierte Brandt nur milde und ohne öffentliche Trompeten.[419] Kiesinger für seinen Teil verhielt sich so, wie er es in Stuttgart geübt hatte. Dort hatte er am Kabinett vorbei immer wieder in die Ministerien hineinregiert. So waren in der Budgetkrise des Jahres 1965/66 seine engsten Mitarbeiter in das Finanzministerium eingerückt, um sich ein Bild von der Finanzlage zu machen. Das hatte den betroffenen, der FDP angehörenden Minister zwar gewaltig geärgert. Dennoch hatte er darüber keinen Aufstand entfacht, geschweige denn eine Pressekampagne. Nun war aber Bonn nicht Stuttgart. Und Kiesinger konnte die Bundespartei nicht in der gleichen Weise dominieren wie die Landes-CDU. Das zu beherzigen fiel ihm schwer.

Die Schwierigkeiten waren enorm, weil Kiesinger in den Medien der Wind ins Gesicht zu wehen begann. Diese lehnten in ihrem meinungsbildenden, linksliberalen Teil die Große Koalition ganz überwiegend ab, vor allem das Hamburger Triumvirat aus *Spiegel*, *Zeit* und *Stern*. Demgegenüber begegnete die konservative Fraktion (wie *Welt*, *Frankfurter Allgemeine Zeitung* und *Christ und Welt*) der ost- und gesellschaftspolitischen Auflockerung mit Mißtrauen und stand ebenfalls skeptisch zur Großen Koalition. Den Liberalen stürmte Kiesinger zu wenig entschlossen voran, den Konservativen trat er dem Ausverkauf geheiligter Positionen nicht vehement genug entgegen. Dies, zusammengenommen mit der bewußten Strategie des »begrenzten Konflikts« von Ehmke/Schmidt, verstärkte das Bild des zögerlichen, lendenlahm hin- und hergerissenen Kanzlers. Die Presse mache ihm allergrößte Sorgen, klagte er gegenüber Wirsing im Oktober 1967. Selbst

Blätter wie *Christ und Welt* und die Hamburger *Welt* fielen ihm dauernd in den Rücken.[420]

Im Sommer 1967 begann er gezielt an seinem öffentlichen Erscheinungsbild zu arbeiten, Henri Nannen, Axel Springer, Jürgen Tern und Walter Henkels, selbst Rudolf Augstein, wurden zu Hintergrundgesprächen geladen. Doch schon im Oktober erlahmte Kiesingers Initiative. Aus dem Plan wurde nichts, nach Adenauers Vorbild Kanzler-Tees abzuhalten und das Gespräch mit den Journalisten und Chefredakteuren nach der Sommerpause zu intensivieren. Auf die »Große Politik« konzentriert, traf sich Kiesinger während seiner Kanzlerschaft weit überwiegend mit ausländischen Journalisten.[421]

In ihrem Politikverständnis von der Kanzler-Demokratie Adenauers geprägt, reagierte die Union auf das Experiment der Großen Koalition mit Nervosität und wünschte sich keinen »wandelnden Vermittlungsausschuß«, sondern einen kraftvoll auftretenden, auf seine Richtlinienkompetenz pochenden Bundeskanzler. Daher zögerte Kiesinger zunächst, einen Koalitionsausschuß zu bilden, der seine herausgehobene Position nivellieren würde. Das wußte Schmidt ebenso wie Kiesinger. Da kam das Argument gerade passend, das Ganze rieche nach österreichischem Proporz.[422] Kiesinger spielte zunächst mit dem Gedanken eines *inner cabinet* nach britischem Vorbild, was einige Minister zu Kabinettsmitgliedern zweiter Klasse herabgestuft hätte.[423] Die Große Koalition behalf sich daher zunächst mit Kabinettsausschüssen, die wiederum im Einzelfall wichtige Minister unberücksichtigt ließen. Das hatte sich im Falle Schröders negativ ausgewirkt, weil er als der von den Kürzungen Hauptbetroffene nicht im Finanzkabinett gehört worden war.[424] Der eskalierende Streit über die MiFriFi und über die terminologischen Unschärfen in der Ostpolitik hatten jedoch die Grenzen der Entscheidungsfähigkeit des Kabinetts offenkundig werden lassen. Es knisterte im Gebälk der Großen Koalition.

Den konkreten Anlaß zu dem berühmten Treffen der Koalitionsspitzen in »jenem Sommer des Mißvergnügens« an Kiesingers Urlaubsort in Kreßbronn am Bodensee gab einmal mehr die Ostpolitik. In der Union hatte sich der Eindruck verfestigt, daß der Vorrat an ostpolitischen Gemeinsamkeiten aufgebraucht war und die SPD sich von der Linie der Großen Koalition zu verabschieden begann. Mitte Juni 1967 hatte Brandt mit einem Interview Schlagzeilen gemacht, in dem er hypothetisch unspektakuläre Vorschläge für eine künftige europäische Friedensordnung entwickelte. Bedenklich erschien Kiesinger eine Äußerung Bahrs in Prag, als er die Bereitschaft der neuen Bundesregierung signalisiert hatte, »mit der DDR in friedlicher Koexistenz« zu leben. Eine solche *Formel*, in der Öffentlichkeit gebraucht, komme dem »Anerkennungsbegehren Pankows gefährlich nahe«.[425] Als dann Brandt bei seinem Besuch in Bukarest Ende Juni davon sprach, daß »wir bei den Bemühungen um eine europäische Friedensordnung von den gegebenen Realitäten auszugehen haben«, stach er in ein Wespennest. Der *Bayernkurier* entrüstete sich, daß die »deutsche Selbstaufgabe« nicht der Sinn deutscher Ostpolitik sei. Selbst Ernst Majonica, der moderate Vorsitzendes des Außenpolitischen Arbeitskreises der CDU/CSU, hielt dies für Zündstoff am Pulverfaß der Großen Koalition.[426]

Die öffentliche Aufregung aus Bayern und der parteiinterne Druck nötigten Kiesinger zur Distanzierung von Brandt, obwohl er dessen Äußerungen für völlig falsch nicht hielt: »Etwas träumerisch« zwar, sei Brandt ein »guter Interpret unserer Außenpolitik im Ausland«.[427] Diese Sicht akzeptierten führende Unionspolitiker nicht. Schon nach Brandts erster Äußerung Ende Juni hatte Barzel Kiesinger aufgefordert, gemeinsam mit der Fraktion die eigenen Zielvorstellungen deutlicher gegen die SPD herauszustellen.[428] Am 7. August nahm Bruno Heck Anstoß an einer Aussage Brandts in einem Südwestfunk-Interview, es sei nicht bundesdeutsche Politik, den anderen Teil Deutschlands auszuklammern »aus den Überlegungen und Bemühungen, die auf ein europäisches Sicherheitssystem und eine europäische Friedensordnung abzielen«.[429] Das klinge recht vage und lasse »allerhand Deutungen zu«. Da die DDR eindeutig »als zweite politische Ordnung auf deutschem Boden für ein europäisches Sicherheitssystem als möglich bezeichnet« worden sei, werde man im Kabinett »Ordnung schaffen« müssen.[430]

Kiesinger sah das weniger dramatisch. Die Union hatte Oberwasser und verhielt sich entsprechend. Sorgen machte ihm die Situation in der SPD, meinte er zu Diehl und Wickert: »Wehner krank, nimmt 8 Wochen Urlaub. Er habe resigniert. Es gebe keine Führungskraft in der SPD mehr. Brandt sei es nicht. Leber, der eine große Potenz sei, sei noch nicht soweit. Die Opposition in der SPD gegen die Große Koalition sei beträchtlich, und die Führung habe diese Strömung nicht mehr in der Hand. Die Baracke verbreite in der Presse, seine Popularität sei gesunken. In Wirklichkeit zeigten die Umfragen nur, daß die Regierung an Popularität verloren habe, nicht aber ›die Regierung Kiesinger‹. Wenn sein Name in Umfragen miterwähnt werde, sei der Prozentsatz der zustimmenden Stimmen gleichgeblieben.« Die SPD, so Kiesinger weiter, werde kaum aus der Koalition aussteigen, »aber wenn das soweit komme, dann werde er selbst den Schlußstrich ziehen. Er lasse sich die versteckten Angriffe nicht mehr gefallen.« Offensichtlich verfehlte die Polemik ihren Eindruck auf den Kanzler nicht. Aber er war, so jedenfalls sah es Wickert, »nicht eigentlich deprimiert. Er beklagte nur, daß die SPD-Führung mit den Gegnern in den eigenen Reihen nicht fertig werde.«[431]

Aus Gründen der Koalitionsräson wiegelte Kiesinger also ab. Weil die SPD-Spitze schwach und Brandts Stellung ungefestigt sei, hielt er eine dramatische öffentliche Geste für deplaziert, wie es die Heißsporne in der Union verlangten. In einem Interview für das Fernsehmagazin »Monitor« wies Kiesinger den Eindruck zurück, Brandts Auftritt in Bukarest sei in der Presse *der* CDU und *der* CSU als »gefährliche Schau« bezeichnet worden. In Bukarest sei es »recht farbig zugegangen«, doch dafür hätten die Gastgeber gesorgt. Die Bukarester Etappe des Außenministers sei »eine Etappe auf dem von uns gemeinsam begonnenen Weg«.[432]

Am 18. August hielt Brandt auf dem Bremer SPD-Parteitag eine kämpferische Rede, in der er sich gegen die Attacken der Unionspresse mit der Aussage wehrte, das deutsche Volk denke in vielen Fragen vernünftiger als mancher »Gralshüter deutscher Interessen«. Es nütze Deutschland, unangenehme Realitäten anzuerkennen.[433] Das provozierte weitere kritische Salven auf Unionsseite. Wieder mußte Kiesinger sich vor seinen Außenminister stellen. Brandt habe mit seiner Feststellung, daß man »von den bestehenden Realitäten« ausgehen müsse, nicht die Existenz eines zweiten deutschen Staates oder die Endgültigkeit der Oder-Neiße-Linie gemeint. Seine »Realitäten sind natürlich einfach die gegebene Lage, wie sie ist, wie wir sie vorfinden«.[434]

Kiesinger interpretierte Brandt, um rhetorisch die Kluft in der Wahrnehmung zu überbrücken, die sich zwischen seinen und den Vorstellungen Brandts aufzutun schien. Manche Äußerungen Brandts erschienen ihm »wenig überlegt«, heißt es im Entwurf eines Antwortschreibens an Barzel.[435] Doch dann schrieb er Brandt einen freundlichen, wenn auch bestimmten Brief mit der Bitte, daß man sich »zweckmäßigerweise, wenn auch ohne Pedanterie, auf eine bestimmte Terminologie« einigen müsse. Er habe bisher den Eindruck gehabt, »daß es in der Substanz unserer Politik keine Meinungsverschiedenheiten zwischen uns gäbe. Ich bin mir heute darüber nicht mehr so sicher.« In einem Teil der SPD-nahen Presse, etwa dem *Kölner Stadt-Anzeiger*, werde Brandts Konzeption bewußt anders gelesen als die in der Regierungserklärung vom 13. Dezember niedergelegten Grundsätze. Brandt könne sich denken, »daß im Lager meiner eigenen politischen Freunde, und zwar keineswegs nur bei den Zauderern, die Unruhe wächst«. Es sei höchste Zeit, »daß wir hier reinen Tisch machen und so bald wie möglich der deutschen Öffentlichkeit bestätigen, daß auch die Ostpolitik nach wie vor in Übereinstimmung mit meiner Regierungserklärung geblieben ist«. Er kenne Brandts Urlaubspläne nicht. Er lade den Vizekanzler zu sich nach Kreßbronn ein, wo er demnächst mit Wehner eine Aussprache über die Deutschlandpolitik abhalten werde.[436]

Kiesinger hat also die Initiative zu den Gesprächen in Kreßbronn ergriffen, weil der Druck aus Unionskreisen wuchs. Diese erwarteten von ihrem Kanzler sichtbare Beweise, daß er den Koalitionspartner an die Kandare nahm. Nach der Sommerpause würde sich Kiesinger in Präsidium und Fraktion erklären müssen. Um die Atmosphäre bemüht und um das gute Einvernehmen auch nach außen hin klar zu demonstrieren, begann Kiesingers Treffen mit Heck, Brandt und Wehner am 29. August 1967 mit ostentativen Lockerungsübungen. Begleitet von Schaulustigen und Journalisten begaben sich die vier Männer zu einem Bad im See – die Badehosen für Brandt und Wehner hatte Kiesinger auf eigene Rechnung besorgen lassen – und tauten anschließend beim Obstler wieder auf. In der Sache sei man sich einig, erklärte Kiesinger den wartenden Journalisten.[437] Am folgenden Tag führte er Gespräche mit dem frisch gewählten rheinland-pfälzischen Ministerpräsidenten Kohl, der sich kurz zuvor mit Schröder besprochen hatte, am 31. August kamen Strauß, Barzel und Stücklen. Barzel charakterisierte den Kanzler, der sich zunächst sehr positiv über seine Gespräche mit Strauß äußerte und anschließend über die mangelnde Unterstützung aus der Partei klagte, als »sehr angespannt + angegriffen von Presse + Demoskopie«.[438] Am 2. September, kurz vor Ende von Kiesingers Urlaub, tauchte Schmidt zu einer Stippvisite in Kreßbronn auf, zu seinem ersten Vier-Augen-Gespräch überhaupt mit dem Kanzler.

In Kreßbronn stand Kiesinger als Gastgeber eindeutig im Mittelpunkt. Doch als der Erfinder des Kreßbronner Kreises wollte er später nicht gelten.[439] Nur die Kreßbronner Gespräche selbst seien aufgrund seiner Initiative zustande gekommen. Die Institutionalisierung sei Helmut Schmidt zu verdanken, der die Dinge immer habe vorantreiben wollen: »Der war immer so ungehalten.« Er selbst habe das ganze eher informell zu machen gesucht, als Mittagsimbiß im Hallstein-Zimmer des Kanzleramtes.[440] Im Kreßbronner Kreis habe er nur eine von vielen Möglichkeiten gesehen, die persönliche Atmosphäre zu verbessern. Da aber Schmidt nach Ausweis seines Biographen Hartmut Soell der Institutionalisierung des Kreßbronner Kreis ebenso skeptisch gegenüberstand wie Kiesinger[441], muß dieser wohl eine Erfindung der Journalisten gewesen sein. Die Alliteration reizte, so daß der Kreßbronner Kreis in die Welt gesetzt worden ist, bevor er überhaupt zu existieren begann. In der Tat: Die Konsultationen in Kreßbronn waren nicht eigentlich ein Treffen aller Koalitionsspitzen, wie es spätere Runden waren, sondern eine Abfolge von Gesprächen des Kanzlers mit unterschiedlichen Kombinationen von Politikern.

In lockerer Folge und wechselnder Zusammensetzung hatte es derartige Gespräche schon zuvor gegeben. Am 26. Januar hatten sich Kiesinger, Barzel und Schmidt erstmals zu dritt zusammengesetzt, am 16. Februar Kiesinger, Brandt, Barzel, Stücklen und Schmidt, am 16. März der gleiche Personenkreis ergänzt um Wehner. In den Diskussionen über den offenen Brief an den Parteitag der SPD und um die Antwort auf den Stoph-Brief im April/Juni fanden in wechselnder Zusammensetzung ein halbes Dutzend Koalitionstreffen statt. Auch während der Verhandlungen über die MiFriFi traf Kiesinger am 27. Juni mit Barzel, Schiller, Schmidt, Stücklen und Strauß zusammen, am 7. Juli mit Barzel und Schmidt, am 11. Juli zunächst mit Strauß und Barzel, dann mit Heck, dann wieder mit Schiller und Kühn, am 29. Juli erneut mit Barzel, Strauß, Schiller, Heck und Jahn (Brandts Parlamentarischem Staatssekretär). Auch nach der Rückkehr Kiesingers aus seinem Urlaub Anfang September fanden mehrere solcher Gespräche in wechselnden Runden statt. Im Oktober gab es zwei Treffen, die die Zechenstillegungen im Ruhrgebiet betrafen, jedoch ohne die Fraktionsvorsitzenden.[442]

Es war Barzel, der in Absprache mit Schmidt auf regelmäßige Koalitionsgespräche unter Beteiligung der Fraktionsvorsitzenden drängte. Der Koalitionspartner führe Klage »über mangelnden Kontakt zur Spitze der Bundesregierung« – das hieß nach Lage der Dinge Helmut Schmidt. Er, Barzel, habe seinen Gesprächspartner darauf verwiesen, daß Kiesinger in Aussicht gestellt habe, »ein gemeinsames Gespräch fest zu verabreden. Es ist der gemeinsame Wunsch beider Fraktionen, daß es dazu kommt.« Als Termin schlug Barzel dienstags 9 Uhr vor. Das änderte Kiesinger auf 12, um die Herren zum Mittagstisch zu rufen. Eine Woche später mahnte Barzel erneut: »Bitte um dringende Entscheidung in Sachen Koalitionsrunde«. Kiesinger schrieb an den Rand »Di 12 h«.[443] Aber er hatte wohl nicht auf seinen Terminkalender geachtet. Das Gespräch mußte noch einmal verschoben werden.

Brandt drängte am 6. November: Er wolle trotz Erkrankung die Koalitionsgespräche fortsetzen, um »zu einer kontinuierlichen Verständigung über Inhalt und Form dessen zu kommen, was wir gemeinsam zu verantworten haben«. Als Außenminister habe er den »dringenden Wunsch«, Reibungsflächen zu vermeiden und »an den Grundlinien der vereinbarten Politik festzuhalten«.[444] Tatsächlich fand am 7. November die erste Sitzung im Kanzleramt statt. Es folgten drei weitere Gespräche im Jahr 1967 sowie 34 weitere 1968 und 1969. Damit war der Kreßbronner Kreis, der schließlich dem Wunsch aller Protagonisten der Großen Koalition entsprach, fest in der politischen Landschaft etabliert.[445]

Der Erfolg, welcher der Koalitionskreis für Kiesinger wurde, strafte die zähe Vorgeschichte Lügen. Lange hatte er sich gegen den Koalitionsausschuss gewehrt, nun begann er, seine Rolle als präsidiales Oberhaupt der Großen Koalition zu akzeptieren. Der Kreßbronner Kreis wurde zu »seinem« kongenialen Führungsinstrument. Der dialogische Regierungsstil schwappte auf die Koalition über, wenn auch nicht immer zur einhelligen Freude aller Mitglieder des »Kreßbronner Kränzchens« (Barzel). Wenn Ahlers den unterschwellige Ironie verratenden, aber doch auch mit Sympathie gewürzten Begriff des »wandelnden Vermittlungsausschusses« auf Kiesinger gemünzt hat, dann war dies eine zutreffende Wiedergabe des Selbstbilds des Kanzlers. Dieser fühlte sich als interner Moderator sehr viel wohler als einer, der in der Öffentlichkeit rhetorische Brücken schlagen muß, deren Halbwertszeit sich zunehmend zu verkürzen begannen. Er versuche »durch Vermittlung zu führen«, meinte er Anfang August 1968: »Bei einer großen Koalition, in der sich zwei nahezu gleichstarke Partner zusammengefunden haben und auch gleich selbstbewußte Partner [...], liegt nach meiner Meinung die Führungskunst des Regierungschefs darin, daß er durch Überzeugung vermittelt, daß er, wenn Reibungen entstehen, dafür sorgt, daß diese Reibungen bald beseitigt werden.«[446]

Reibungsflächen zu beseitigen, das gelang auch mit Kreßbronn nur teilweise, nicht zuletzt weil sich der allmächtige Blockierer Strauß rar machte bei den Koalitionsgesprächen. Sein Einfluß beim Atomwaffensperrvertrag und in der Aufwertungsfrage sollte daher negativ zu Buche schlagen. Strauß schätzte die Vetoposition und machte »Politik durch Nichterscheinen«.[447] Immerhin garantierte der Dienstagskreis, wie der Kreßbronner Kreis bald genannt wurde, einen alles in allem kontinuierlichen, wenn auch nicht immer ganz konfliktfreien Austausch der zwei bzw. drei Parteivorsitzenden, denen sich die starken Männer der jeweiligen Seite, Heck und Wehner, die Fraktionsvorsitzenden Barzel und Schmidt sowie deren Stellvertreter Stücklen (zugleich Vorsitzender der CSU-Landesgruppe) und Möller zugesellten, während die Parlamentarischen Geschäftsführer Rasner, Wagner und Wienand nur von Fall zu Fall geladen wurden.

Zu einzelnen Sitzungen des Kreßbronner Kreises traten auch Ressortminister als Experten hinzu, z. B. Lücke im Januar 1968 in Sachen Wahlrechtsreform, Heinemann im April 1967, als es um die Verjährungsfrist ging, und wiederum Heinemann und Benda nach den studentischen Osterunruhen im April 1968. Als zweites Paar Augen und Ohren ihrer Chefs waren die Parlamentarischen Staatssekretäre Guttenberg und Jahn stets zugegen. Seit seinem Dienstantritt im Januar 1968 stellte Kiesingers neuer Staatssekretär Carstens, der als ein Genie des Apparats die Hauptverantwortung für die Verstetigung und Institutionalisierung des Kreßbronner Kreises trug, die Tagesordnung zusammen, verschickte die Einladungen und verfaßte anschließend die Protokolle.[448]

Darüber, was Kreßbronn bewirkte, gehen die Bewertungen weit auseinander. Kiesinger hat den Kreßbronner Kreis als »Verlegenheitsschöpfung«

bezeichnet, der nie zu dem gefürchteten »Überkabinett« geworden sei.[449] Seine nachträglich angestellten, defensiven Überlegungen sind wohl ein spätes Echo der etwas krampfhaften Bemühungen beider Seiten, die Bedeutung des Kreßbronner Kreises herunterzuspielen. Angeheizt von der Opposition, erfreute sich Kreßbronn keiner guten Presse. Der Koalitionskreis wurde als Durchbrechung der im Grundgesetz ja ohnehin nicht streng verwirklichten Gewaltenteilung kritisiert und als Einschränkung der Richtlinienkompetenz des Kanzlers. Da diese, wie deutlich wurde, in einer Großen Koalition ohnehin nicht in Reinform exekutiert werden kann, ging sie *de facto* auf den Koalitionskreis über. Dennoch läßt sich die von Kiesinger selbst konstatierte positive Funktion des Kreßbronner Kreises als einer Schaltstelle bestätigen, in der Entscheidungen in Kabinett und Parlament angebahnt und koordiniert wurden. Denn Kreßbronn brachte zu einem regelmäßigen Austausch an den Tisch, wer sich ohnehin hätten treffen und abstimmen müssen. Insofern ist es ein Streit um des Kaisers Bart, ob nun die »heimlichen Nebenregierer« Barzel und Schmidt, das Kabinett oder der Kreßbronner Kreis das Zentrum der Großen Koalition bildeten.

Schon Carstens, der stille Motor des Kreßbronner Kreises, hat in der Verzahnung unterschiedlicher Gremien und Machtzentren den eigentlichen Grund für den Erfolg der Großen Koalition gesehen.[450] Eine auf äußerliche Phänomene fixierte Presse hielt dagegen die Zusammenarbeit der beiden »Koalitionszwillinge« Barzel und Schmidt (Rolf Zundel) für den eigentlichen Schrittmacher der Großen Koalition.[451] Das läßt sich je nach Politikfeld und Fragestellung kaum verallgemeinern. In der Außenpolitik war es das Gespräch des Triumvirats Kiesinger, Brandt und Wehner, die sich gelegentlich vor den Sitzungen des Kreßbronner Kreises zu eigenen Besprechungen trafen, während Barzel und Schmidt ihr Dienstagsfrühstück abhielten. Jede dieser Persönlichkeiten hatte es wiederum mit anderen Gremien und Kreisen zu tun, in denen ebenfalls Zielsetzungen der Großen Koalition beraten wurden. Im Falle Kiesingers waren dies neben den internen Lagebesprechungen des Kanzleramtes (der »Kleinen« und »Großen Lage«) vor allem das mittwochs tagende Kabinett und dessen Ausschüsse, das im Zwei-Wochen-Turnus zusammentretende Präsidium der CDU, dem ebenfalls Kabinetts- und Fraktionsmitglieder angehörten, der Partei- und Fraktionsvorstand, die Fraktion selbst und ihre Gliederungen, aber auch die informellen Treffen der CDU-Minister und der Ministerpräsidenten. Insofern war der Kreßbronner Kreis nicht das einzige Entscheidungsgremium der Großen Koalition, aber, so Hartmut Soell, die Schnittmenge unterschiedlichster Kreise, in denen sich die Protagonisten in ihrer jeweiligen Partei, in Fraktion und Kabinett bewegten.[452]

Was ist Anerkennung? Die jugoslawische Frage

Die Kreßbronner Gespräche hatten das außen- und deutschlandpolitische Auseinanderleben nur vorübergehend gebremst. Schon während der Diskussion über den Stoph-Brief hatten die Bedenkenträger in der Unionsfraktion mit Unmut reagiert. Gegen das mehrheitliche Votum der außenpolitischen Experten der CDU/CSU hatte Kiesinger an Stoph geschrieben. Als der Vorsitzende des DDR-Ministerrats drei Monate später seine Antwort schickte, schien Heinrich Krone »das Maß an Unverfrorenheit, an Unverschämtheit, an Zynismus bis zum Rande voll«. Die DDR hatte auf Kiesingers Gesprächsangebot mit einer Steigerung ihrer Forderungen reagiert. Auch er würde antworten, notierte sich Krone. Nur würde er Stoph eindeutig klarmachen, »daß wir nicht daran denken, noch mehr Ostpolitik anzubieten, daß der Osten das alles in die Tasche steckt und so Stück um Stück erreicht, was er will – und das ohne Gegenleistung«.[453]

Barzel sah das ähnlich. Kiesinger müsse antworten, schon um Stophs Unterstellungen zurückzuweisen. Doch: Eine neuerliche Initiative des Kanzler dürfe die Spannungen in der Fraktion nicht verstärken: »Sie werde in Moskau und Pankow mit Behagen registriert und verleite dort zu der Annahme, in Bonn könnte alles doch noch ganz anders kommen.« Er selbst habe sich öffentlich von »unangemessener Kritik« in den eigenen Reihen an der Großen Koalition distanziert. Leider sei jedoch »auf der Seite unseres Partners nichts Entsprechendes geschehen. Es wird mit System versucht, der Öffentlichkeit eine innerlich zerrissene Union zu suggerieren.«[454]

In Unionskreisen wuchs die Sorge, Kanzler und Partei könnten sich in einer zentralen außenpolitischen Frage auseinanderdividieren, weil es der CDU nicht gelänge, einheitlich auf die immer neuen Vorstöße der SPD zu reagieren.[455] Insbesondere Bahrs – als subtile Annäherungsversuche an ostdeutsche Sprachregelungen wahrgenommen – Äußerungen ließen den (halbherzigen) Vertrauensvorschuß vom Dezember 1966 rapide dahinschmelzen. Jede vorweggenommene Anerkennung werde »die Preise auf der Gegenseite in die Höhe« treiben, warnte Kurt Birrenbach.[456]

Als Kiesinger auf der ersten Sitzung der Unionsfraktion nach der Sommerpause noch einmal seine Sicht der Bukarester Affäre darlegte, da erntete er Zwischenrufe. Seine Auffassung, Brandt habe mit der Akzeptanz der Realitäten etwas anderes gemeint »als die in Pankow«, provozierte Kopfschütteln. Am Tag zuvor hatte Bahr im Fernsehen verkündet, die Bundesregierung habe mit dem Angebot des Gewaltverzichtes doch den Status quo längst akzeptiert.[457] Da klang Kiesingers Versicherung wenig glaubwürdig, er habe die Führungsmannschaft der SPD in Kreßbronn in die Pflicht genommen.

Brandts Antwort sei »ganz eindeutig, ganz klar« gewesen, wehrte sich Kiesinger. Er wolle es mit einem Wort Herbert Wehners sagen: Es gäbe zwei bequeme Lösungen, die eine »stillsitzen und nichts tun«, die andere »Ballast abwerfen und anerkennen«. Dazwischen bleibe nur der unbequemere Mittelweg, »der nicht verzichtet, der nicht preisgibt, und trotzdem nicht die Hoffnung und den Willen aufgibt, daß es einmal in Europa zu besseren Verhältnissen kommen könnte«.[458]

Angesichts der Moskauer und Ostberliner Intransigenz verfiel in der Union die Bereitschaft rapide, den mühseligen Weg mit Kiesigner weiterzugehen. Die Bemühungen um eine Entspannung im Osten seien doch »total ergebnislos«, schrieb Ernst Lemmer, Kiesingers Sonderbeauftragter für Berlin, an Majonica, nachdem letzterer im Sommer 1967 von einem enttäuschenden Sondierungsversuch aus Moskau zurückgekehrt war. Die Lautstärke »der uns verunglimpfenden Propaganda« habe sich aufgrund westdeutscher Nachgiebigkeit nur noch verstärkt.[459]

Tatsächlich bekräftigte Stoph in seinem Antwortschreiben Mitte September seine Maximalforderungen. Das Angebot, unterhalb ungeklärter Rechtsstandpunkte eine pragmatische Politik menschlicher Erleichterungen zu betreiben, wischte der ostdeutsche Regierungschef vom Tisch. Er forderte die »Aufnahme und Pflege normaler Beziehungen« zweier »souveräner Staaten deutscher Nation«. Die Unterschrift »unter einen Teilungsvertrag« konnten weder Kiesinger noch Brandt politisch leisten.[460] Ähnlich entmutigend war die sowjetische Politik. Der westdeutsche Vorschlag zum Gewaltverzicht wurde mit einem harschen *Aide-mémoire* abgeschmettert. Kiesinger erschienen Gespräche aussichtslos.[461] Brandt sah das eine Spur anders. Er halte ein Gespräch mit der Sowjetunion für sinnvoll, ohne daß »wir uns auf diesem Umweg eine völkerrechtliche Anerkennung der DDR aufnötigen lassen«.[462]

Wenn die Lage schwierig wird, muß man über den Sachverhalt nachdenken.[463] Im Oktober 1967 zog sich Kiesinger für mehrere lange Wochenenden nach Bebenhausen zurück. Zugleich veranlaßte er eine Bestandsaufnahme der öffentlichen Meinung.[464] Deren Ergebnisse waren alles andere als beunruhigend. Sie bekräftigten die alte Paradoxie, daß die westdeutsche Bevölkerung positiv auf jeden Entspannungsschritt reagierte, jedoch eine Anerkennung der DDR ablehnte. Drei Viertel befürworteten die Annahme und Beantwortung von Briefen der ostdeutschen Regierung, Unionsanhänger zu 71 Prozent, SPD-Anhänger sogar zu 78. Auch direkte Verhandlungen mit Stoph wurden von 73 Prozent der Unionswähler und 80 Prozent der SPD-Wähler goutiert, während nur ein Drittel der Befragten ein »energischeres Auftreten« gegenüber Ostberlin verlangte. Drei Viertel wollten möglichst viele Kontakte und bessere Beziehungen, jedoch nur ein Viertel die offizielle Anerkennung, selbst wenn dies den Landsleuten im anderen Teil Deutschlands humanitäre Erleichterungen erbracht hätte. Allein ein harter Kern von sieben Prozent wollte ohne Wenn und Aber die DDR anerkennen. Als Vorbedingung für die Aufnahme diplomatischer Beziehungen zu den osteuropäischen Staaten lehnten einer Infas-Umfrage zufolge im September 1967 etwa 62 bzw. 59 Prozent der Befragten die Anerkennung ab.[465]

Auch gegen die Anerkennung der Oder-Neiße-Linie sprachen sich laut Emnid im Juni 1967 51 Prozent aus, darunter 58 Prozent der Männer und 45 Prozent der Frauen. Dieser Komplex befand sich jedoch in Bewegung: Auf die Frage, ob sich die Deutschen mit der Oder-Neiße-Linie abfinden sollten oder nicht, hatten 1959 noch 67 Prozent mit »nein« geantwortet. 1966 war dieser Anteil auf 54 Prozent geschrumpft. Die Zustimmung war im gleichen Zeitraum von 12 auf 27 Prozent gestiegen. Aufgeschlüsselt nach demographischen Gruppen ergab sich ein höchst aufschlußreiches Bild. Ein Drittel der jungen Generation unter 21 sowie der Frauen bekundete überhaupt kein Interesse. Die Jahrgänge unter 21 bzw. unter 30 votierten nur mit relativen Mehrheiten (43 bzw. 48 Prozent) gegen eine Anerkennung der Oder-Neiße-Linie, während die Älteren erwartungsgemäß mit absoluter Mehrheit dagegen sprachen. Nach Berufsgruppen waren die Selbständigen, eine klassische Unionsklientel, die entschiedensten Anerkennungsgegner. Dagegen votierten ehemalige Abiturienten und Akademiker, damals ein relativ kleiner Anteil der Westdeutschen, mit 39 Prozent weit überdurchschnittlich für die Anerkennung der Oder-Neiße-Linie, Personen mit Mittlerer Reife nur zu 26 Prozent, solche mit Hauptschulabschluß zu 17 Prozent. Bemerkenswert war der dramatische Umschwung unter den Studierenden. Seit der Bildung der Großen Koalition hatte sich die Tendenz zu Anerkennung in dieser Gruppe deutlich verstärkt, von 46 (1966) auf 57 Prozent (1967), während der Anteil der Anerkennungsgegner unter den Studierenden von 47 auf 32 Prozent gesunken war.

Sollten Kiesinger die Umfrageergebnisse als Richtschnur seines Handelns dienen, dann lag er mit der »Politik der Nichtanerkennung« goldrichtig.[466] Gleich ob die Umfragen von dem CDU-nahen Allensbacher Institut oder dem stärker zur SPD tendierenden Infas stammten, Kiesinger wußte eine absolute Mehrheit von weit über 50 Prozent Anerkennungsgegner hinter sich. Allenfalls unter der Voraussetzung, daß damit die Wiedervereinigung erlangt worden wäre, hätten 49 Prozent der Befragten der Anerkennung der Oder-Neiße-Linie zugestimmt, während ein knappes Viertel selbst unter diesen Umständen dagegen votierte.[467] Aber diesen Preis hätte Kiesinger für die Wiedervereinigung gezahlt.

Zu schaffen machte ihm eine wachsende Gegenströmung in der *veröffentlichten* Meinung, welche er im Oktober 1967 mit dem leicht ironischen »Arbeitstitel« der »Anerkennungspartei« belegte. Diese »breite publizistische Opposition« fand abgesehen von großen Teilen der FDP innerhalb des Bundestages kein Widerlager. Doch Kiesinger hielt diese publizistische Gegenströmung für gefährlich, weil sie im Ausland den katastrophalen Eindruck erwecke, »als sei die Meinung im Volk für die Anerkennung sowohl der Oder-Neiße-Linie als auch der DDR.« Er sah sich mit einer publizistischen Macht konfrontiert, die das gesamte linksliberale Meinungsspektrum von der *Süddeutschen Zeitung* über die *Frankfurter Rundschau*, den *Kölner Stadt-Anzeiger* bis zu *Zeit*, *Stern* und *Spiegel* umschloß und der die konservative Presse nichts adäquates entgegensetzte.[468]

Mit seiner Polemik gegen die »Anerkennungspartei« suchte Kiesinger einen Keil zwischen die SPD und die liberale Publizistik zu treiben, aus der ihm seit den Streitigkeiten um die MiFriFi der Wind kräftig entgegenblies. Zugleich suchte er damit die Zweifler in seiner eigenen Partei zu beschwichtigen. Vorübergehend hatte er mit dieser Taktik sogar Erfolg, denn die außenpolitische Bundestagsdebatte vom 13. Oktober 1967 wurde zu einer der letzten Manifestationen ostentativer deutschlandpolitischer Geschlossenheit von Union und SPD. Allerdings hatte Kiesinger mit seinen rhetorischen Breitseiten den Bogen etwas überspannt. Führende Sozialdemokraten reagierten verschnupft auf seine Angriffe, mit denen er den konservativen Gruppen innerhalb des Unionslagers zu sehr entgegengekommen sei. Helmut Schmidt drehte einige Tage später den Spieß sogar um und erklärte in Hannover, der Kanzler stimme fast ohne Rest mit den Auffassungen der SPD überein, während sich der rechte Flügel der CDU in einem »schwerwiegenden politischen Prozeß« befinde. Das wiederum wurde umgehend von Bruno Heck dementiert.[469]

Spielten bei Kiesingers Kampf gegen die »Anerkennungspartei« innerparteiliche Gründe eine gewichtige Rolle, weil die umstrittene Aufnahme diplomatischer Beziehungen zu Jugoslawien just zu diesem Zeitpunkt aktuell geworden war, so erklärte sich seine Polemik auch aus Sorge um die Große Koalition. Anfang Oktober hatte er gegenüber Giselher Wirsing vertraulich angedeutet, daß er die Koalition im Notfall über 1969 hinaus fortsetzen würde. Ähnlich äußerte er sich am 9. Oktober vor dem Bundesvorstand. Einen Tag danach warf er öffentlich vor dem 8. Bundeskongreß der Deutschen Angestellten-Gewerkschaft in Berlin die Frage auf, ob die beiden großen Parteien fähig sein würden, »gemeinsam, wenn es dann noch einmal um vier Jahre der Zusammenarbeit geht, ein Programm zu entwickeln, wie es das Wohl unseres Volkes fordert?«[470]

Vor dem Hintergrund dieses koalitionspolitischen Vorgeplänkels für 1969 konnte Brandt dem Kanzler unmöglich den Gefallen tun, sich ostentativ von dem publizistischen Anerkennungsbegehren zu distanzieren, das der SPD doch einen alternativen Weg zur Fortsetzung der Regierungsverantwortung eröffnete – nämlich das ostpolitische Bündnis mit der FDP. Es irritierte Kiesinger, daß Brandt seinen Interpretationsversuch nicht stützte, als der *Kölner Stadt-Anzeiger* letzteren als »plumpe Fälschung« von Brandts Bukarester Rede bezeichnete. War Brandt ein aus parteipolitischem Kalkül hoch auf der publizistischen Welle reitender Opportunist, der sich trotz drängender Vorstellungen des Kanzlers weigerte, sich von den »falschen Lobrednern« öffentlich zu distanzieren, während er unter vier Augen ausweichend reagierte oder seine Unschuld beteuerte?[471]

Was aber heißt Anerkennung? Natürlich waren nicht simple Realitäten gemeint, die der Zweite Weltkrieg geschaffen hatte. Dazu hatte Kiesinger das Nötige in seiner Rede zum 17. Juni gesagt, und mit Bezug auf die Ostgebiete in der Regierungserklärung – für den, der genau hinhören konnte. Auch in der Frage der *völkerrechtlichen* Anerkennung der DDR bestand kein Dissens. Kiesinger zitierte Brandt: »Die völkerrechtliche Anerkennung des Regimes drüben werden wir nicht hinnehmen, werden wir nicht mitmachen, und darüber werden wir auch nicht reden«.[472] An dieser äußeren Schranke machte drei Jahre später auch die sozial-liberale Ostpolitik halt.

Was war diesseits der völkerrechtlichen Anerkennung das Denkbare, Wünschenswerte und Mögliche? Das wurde seit dem Winter 1967/68 mit kontroverser Energie diskutiert. In der Union sahen viele nur den schwarz-weißen Kontrast zwischen einem Verrat an geschichtlich, kulturell, ethisch und politisch legitimierten Prinzipien einer verklärten Adenauer-Orthodoxie, die es so nie gegeben hatte, oder einem tiefgreifenden innerparteilichen Konflikt.[473] Aber wo fing »der Kontakt mit Pankow, den wir durch viele Jahre gehabt haben in technischer Beziehung, nun an umzuschlagen, um einen politischen Wert im Sinne der Anerkennung zu bekommen«? Dies war die Gretchenfrage, wie sie der ehemalige Berliner Bürgermeister Franz Amrehn formulierte, der 1962 in Berlin die Große Koalition unter Willy Brandt an ostpolitischen Differenzen hatte platzen lassen und die Passierscheinverhandlungen des Berliner Senats in den Jahren zwischen 1963 und 1966 leidenschaftlich bekämpfte. Es sollte mehr als zwei Jahrzehnte dauern, bis die CDU in Berlin wieder Regierungsverantwortung übernahm.[474]

Offensichtlich war es keine Anerkennung, wenn Kiesinger und Stoph korrespondierten, der Kanzler seinen persönlichen Referenten Neusel mit einem Brief nach Ostberlin schickte, seinen Staatssekretär als Beauftragten für Verhandlungen anbot oder seine Bereitschaft zu einem Treffen mit seinem ostdeutschen Kollegen erklärte. Es sei »schier Unsinn«, das Gegenteil zu behaupten, hielt Kiesinger der innerparteilichen Kritik entgegen: »Worin soll diese faktische Anerkennung liegen? In der Tatsache, daß man davon Kenntnis nimmt, daß es drüben ein politisches Regime gibt, das nun einmal die Macht ausübt, wenn auch eine Macht, die vom Volk nicht legitimiert ist?«[475] War aber »Anerkennung« nicht identisch mit »völkerrechtlicher Anerkennung«, dann benötigte er einen anderen Begriff.

Sein Bemühen um terminologische Klärung führte Kiesinger zu der berühmten, seinen anerkennungsbereiten Gegnern ebenso hilflos wie verschroben erscheinenden Formulierung, die in der Sache ein mehr als nur taktischen Abschied von einst geheiligten Positionen verbarg: »daß sich da drüben etwas gebildet hat, ein Phänomen, mit dem wir es zu tun haben, ein Phänomen, mit dessen Vertretern ich in einen Briefwechsel eingetreten bin, mit dem wir bereits sind [...] um der Erleichterung des Lebens unseres Volkes willen, das durch die Not der Spaltung erschwert wurde, Kontakte aufzunehmen, Vereinbarungen zu treffen. Das ist selbstverständlich. Es wäre eine Torheit, das zu leugnen. Das Entscheidende ist nur [...], daß wir bei aller Bereitschaft zu diesen Kontakten an dem Satz festhalten, der in der Regierungserklärung steht, daß wir diese Kontakte von Fall zu Fall so handhaben werden, daß niemand in der Welt sie dahin mißverstehen kann, als ob wir die völkerrechtliche Anerkennung oder auch nur die De-facto-Anerkennung des anderen Regimes wollten.« Das Protokoll vermerkt Beifall bei der CDU/CSU und bei Abgeordneten der SPD.[476]

Machte sich Kiesinger schon Gedanken über eine Fortsetzung der Großen Koalition über das Jahr 1969 hinaus, so begannen sich beide Parteien bereits nach einem Jahr Großer Koalition öffentlich neu zu positionieren. Der Kampf um die Macht war wieder entbrannt; sein Vehikel wurde die Ostpolitik. Er kulminierte fünf Jahre später im Konstruktiven Mißtrauensvotum gegen Brandt. Die »Anerkennungsbereiten« weckten Hoffnungen, die sie niemals einlösen konnten. Umgekehrt besann sich die Union auf das vermeintlich Bewährte und reagierte auf das Anerkennungsgebaren mit sprachlicher Keuschheit, ja neu gefundener Orthodoxie. So wurde in der Unionsfraktion allen Ernstes der Vorschlag gemacht, gegen die *Süddeutsche Zeitung* einzuschreiten, weil diese, *horribile dictu*, über die DDR »ganz ohne« geschrieben hatte.[477] Kiesinger ging es um einen *modus vivendi*, Brandt um das »geregelte Miteinander« – eine Formulierung, die übrigens Diehl in seiner deutschlandpolitischen Bestandaufnahme vom März 1967 verwendet hatte, hinter der Unionspolitiker mißtrauisch das »sozialistische Miteinander« vermuteten. Kiesinger bat den Außenminister, diesen Begriff nicht länger zu verwenden. Er bekomme Ärger mit seinen eigenen Leuten.[478]

Die Union drängte auf begriffliche Klärung und eine grundsätzliche Verständigung über Sinn, Zweck und Ziel in der Ostpolitik.[479] Das aber erschwerte dem Kanzler das Geschäft, weil er mit Zwischentönen zu operieren hoffte. Seine eigene Partei hatte kein Zutrauen zu seiner ostpolitischen Strategie, mit taktischen Zugeständnissen (wie der Annahme des Stoph-Briefes) Ulbricht in die Enge zu treiben, so daß dieser von sich aus die »ausgestreckte Verständigungshand« ergreifen müsse oder aber sich in seinem eigenen Lager isoliere, bis Moskau ihn fallen lassen würde. Man dürfe »die außerordentliche Unbeliebtheit des Regimes von Pankow im ganzen östlichen Bereich« nicht unterschätzen, erklärte Kiesinger seine Taktik vor dem CDU-Bundesvorstand im Oktober 1967. Daher sei wichtig, »daß in diesen Auseinandersetzungen nicht wir als die Intransigenten, als die kalten Krieger, als diejenigen, mit denen nichts anzufangen ist, erscheinen«. Langfristig werde man sich damit durchsetzen, auch wenn keine schnellen Erfolge zu erwarten seien. Dies sei der Fehler des Auswärtigen Amtes, das Hoffnungen auf schnelle Durchbrüche wecke. Der Appetit des Ostens werde so größer und die Ungeduld im Westen angeheizt.[480]

Es sei der Bundesregierung gelungen, den Schwarzen Peter an die DDR zu schieben, wie Guttenberg die Ostpolitik der Bundesregierung auf einer außenpolitischen Klausurtagung der CSU im September 1967 verteidigte. Bonn sei nicht länger der Störenfried der Entspannung.[481] Wenn Kritiker innerhalb der Union eine stärkere Abgrenzung von der SPD forderten, weil diese »durch systematische und subkutan verabreichte Informationen« in der Öffentlichkeit den Eindruck erweckten, »als ob die CDU ein heterogener Haufen sei, der kraft seiner inneren Zerrissenheit keine Gewähr für klare politische Führung mehr bietet«[482], dann richtete sich das auch gegen Kiesinger, von dem kraftvolle Führung und klare programmatische Aussagen gefordert wurden. Seine Politik des »langen Atems« hatte es schwer mit den Ungeduldigen auf beiden Seiten.

Es fehlte nicht allein an einer Klärung politischer Zielvorstellungen. Der CDU machten organisatorische Defizite zu schaffen. Auch deshalb erwies sich die Parteireform als vordringlich. Zu Adenauers Zeiten war das Bundespresseamt quasi ein Anhängsel der Partei gewesen und hatte mehr oder weniger die publizistische Parole der Union ausgegeben. Das war unter den Bedingungen der Großen Koalition nicht länger möglich. Ahlers und Diehl standen loyal zu ihrem Bundeskanzler. Aber sie verstanden sich vor allem als Sachwalter der Großen Koalition. Die SPD hingegen habe in der »Baracke« einen Propagandaapparat, mit dem die »Blätter und Blättchen« der Union nicht konkurrieren könnten, wie Kiesinger etwas abschätzig die Pressearbeit der CDU charakterisierte. Ihm schwebe etwas Vergleichbares wie die »fleißigen Federn« vor, die er in der SPD am Werke sehe. Nur so könnten befreundete Journalisten »zum Schutze des Kanzlers« angehalten werden, während sich das Presse- und Informationsamt als »total wirkungslos« erwiesen habe.[483]

Um die Initiative wiederzugewinnen, entschloß sich Kiesinger zu weiteren ostpolitischen Schritten. Die Aufnahme diplomatischer Beziehungen zu Jugoslawien war die »Feuerprobe« für die von Diehl und Bahr im Planungsstab entwickelte Konzeption, Alleinvertretung und Alleinpräsenz zu trennen.[484] Um die Union nicht erneut in den Geruch des Bremsers zu bringen, wurde Heck von Kiesinger unter einem Vorwand nach Belgrad geschickt. Seine »Feuerwehrkontakte« wurden bekannt und sorgten für positive Presseresonanz. Diesmal war Brandt der Vorsichtigere gewesen und hatte von der »Geheimreise« abgeraten, vielleicht weil der Erfolg einmal nicht auf das Konto des Auswärtigen Amtes ging.[485]

Auch Diehl machte sich auf zu einem »Jagdausflug« nach Jugoslawien. Dort suchte er Kiesingers Vorstellungen diskret an die jugoslawischen Partner zu bringen.[486] Die offiziellen Verhandlungen deutscher Diplomaten mit Belgrad Ende Oktober 1967 erreichten dann, daß Jugoslawien auf Vorbedingungen für die Aufnahme diplomatischer Beziehungen verzichten und mit einer »hilfreichen Erklärung« dem Alleinvertretungsanspruch Rechnung tragen würde.[487] Damit war der Fall eigentlich klar. Allerdings, so gestand der Kanzler Botschafter McGhee, sei seine Partei für diesen Schritt noch nicht reif. Er selbst befürchte keine gravierenden Konsequenzen aufgrund der Durchbrechung der Hallstein-Doktrin, wenn auch eine eventuelle Anerkennung der DDR etwa durch Indien eine herbe Niederlage bedeuten würde.[488] Um die skeptische, wenn nicht ablehnende Haltung vieler Unionsabgeordneter nicht zu versteifen, versicherte er Anfang Oktober der Fraktion, die Aufnahme diplomatischer Beziehungen zu Jugoslawien sei »zur Zeit nicht aktuell«.[489]

Jugoslawien war ein harter Brocken für die Union, weil die Normalisierung des Verhältnisses zu Belgrad eine weitere Bastion altehrwürdiger deutschlandpolitischer Grundsätze schliff. Tito hatte 1957 den Sündenfall begangen, als er diplomatische Beziehungen zu Ostberlin aufgenommen und damit die DDR anerkannt hatte. Das hatte zur erstmaligen Anwendung der Hallstein-Doktrin geführt, um der befürchteten »Anerkennungswelle« der DDR in Ländern der Dritten Welt zuvorzukommen. Daß ein Exempel an Tito statuiert werden mußte, hatte Kiesinger in seiner damaligen Eigenschaft als außenpolitischer Sprecher der CDU/CSU befürwortet. Nun konnte angesichts dieser Vorgeschichte die »Geburtsfehlertheorie« im Falle Jugoslawiens keine Anwendung mehr finden, mit der die Aufnahme diplomatischer Beziehungen zu Rumänien im Januar 1967 noch legitimiert worden war, weil dieses Land, wie die übrigen Warschauer-Pakt-Staaten, in seiner Anerkennung der DDR nicht frei gewesen war. Das traf auf Jugoslawien beim besten Willen nicht zu. Tito hatte diesen Schritt 1957 auf freien Stücken unternommen.[490]

Wieder einmal stand die Union vor dem Dilemma, entweder heilige Kühe zu verteidigen oder taktisch flexibel auf die ostpolitische Herausforderung einzugehen. Werner Marx, einer der außenpolitischen Fraktionsgranden, der ebenfalls »zum Rekognoszieren« nach Belgrad gefahren war, suchte dem skeptischen Barzel die Aufnahme diplomatischer Beziehungen zu Jugoslawien mit dem Argument schmackhaft zu machen, daß kein wichtiger Staat der Dritten Welt die Aufnahme diplomatischer Beziehungen zu Jugoslawien zum Vorwand einer Anerkennung der DDR nehmen würde. Umgekehrt würde ein solcher Schritt »einen tiefen Eindruck bei den anderen osteuropäischen Staaten hinterlassen« und viele »dort in den letzten Wochen und Monaten mühsam aufgebaute Sperren gegen unsere Politik beseitigen«. Auch glaubte Marx, daß eine deutlich sichtbare Initiative des Bundeskanzlers dazu beitragen würde, »die Auffassung der Öffentlichkeit, daß die SPD aktive und fortschrittliche Politik mache und die CDU nur bremsend wirke, zu korrigieren«.[491]

Die flexible Anwendung der Hallstein-Doktrin im Falle Jugoslawien drohte aus Sicht der innerparteilichen Kritiker, die Gefahr einer allgemeinen diplomatischen Anerkennung der DDR durch Drittstaaten nach sich zu ziehen.[492] Wie würde man Ländern wie Indien, Ceylon oder Pakistan erklären, daß zwei deutsche Botschafter in Moskau, Bukarest und Belgrad einer europäischen Friedensordnung nützten, in Neu-Delhi, Rangun, Colombo oder Rawalpindi aber schadeten? Barzel hielt es für keineswegs sicher, daß kein wichtiger Staat die Aufnahme diplomatischer Beziehungen zu Jugoslawien zum Vorwand für eine DDR-Anerkennung nehmen würde.[493]

Im Fokus derartiger Befürchtungen stand außer Ägypten, das seit 1965 keine diplomatischen Beziehungen zur Bundesrepublik mehr unterhielt, aber die DDR noch nicht anerkannt hatte, Indien, das wichtigste blockfreie Land überhaupt, das Ost und West sehr geschickt gegeneinander auszuspielen verstand und auf die Aufnahme der diplomatischen Beziehungen zwischen Rumänien und der Bundesrepublik mit der Eröffnung eines Handelsbüros in Ostberlin reagiert hatte. Der stellvertretende indische Ministerpräsident Morarji Desai meinte Anfang Oktober 1967 zu Kiesinger, Ostdeutschland werde auf Dauer nicht negiert werden können, weshalb »die Realitäten der Situation anerkannt werden müßten«. Nur so würden die Prämissen der Wiedervereinigung geschaffen. Schließlich sei das Gefühl nicht aus der Welt, Deutschland könne im Falle seiner Wiedervereinigung die Welt wieder in einen Krieg stürzen: »Sogar die Russen hätten trotz ihrer gewaltigen Macht Angst vor Deutschland.«[494]

Derartige Assoziationen stimmten Kiesinger bedenklich. Er mußte sich der internationalen Arena zuwenden, um die innerparteiliche Furcht vor dem Erdrutsch zu ersticken. Den Kritikern mußte verdeutlicht werden, daß die Neue Ostpolitik in einer Zielkongruenz mit der Hoffnung auf Wiedervereinigung stand. Dafür reiste er um die halbe Welt. Ende November 1967 brach er zu einer Reise nach Indien, Pakistan, Ceylon und Burma auf. Die Reise werde vielleicht »einige Hinweise« darauf erbringen, »ob es die Umstände erlauben« würden, diplomatische Beziehungen zu Jugoslawien aufzunehmen oder nicht.[495] Dementsprechend spielte er gegenüber seinen asiatischen Gesprächspartnern die innenpolitische Karte. Dem Vorsitzenden des burmanischen Revolutionsrates, General Ne Win, erklärte er, daß eine Kettenreaktion nach der Aufnahme diplomatischer Beziehungen zu Jugoslawien »für die Friedenspolitik der Bundesregierung vernichtend sein könnte«.[496] Desai drängte er, nur ja die vorsichtige und sehr diskrete Ostpolitik der Bundesrepublik durch einen unüberlegten Schritt »nicht zu gefährden«.[497] In Indien verglich er das gewaltlose Eintreten der Bundesrepublik für die Wiedervereinigung mit Mahatma Gandhis Kampf für die indische Unabhängigkeit. Bei Nehrus Tochter Indira Gandhi fand er Verständnis für seine jugoslawische Frage, indem er die Premierministerin an vergleichbare Probleme im Verhältnis zwischen Indien und Pakistan erinnerte.[498]

Die Reise war ein durchschlagender Erfolg, Ulbricht blieben diplomatische Geländegewinne versagt. Kiesinger gewann Unterstützung für seine Argumentation, die ersten Ansätze einer neuen Ostpolitik dürften nicht durch vorschnelles Handeln dritter Staaten zunichte gemacht werden. So gestärkt sprach er sich mit den Parteifreunden aus. Am 11. Dezember 1967 nahm er vor dem Fraktionsvorstand ausführlich Stellung, hob auf den parteipolitischen Aspekt ab und auf die Tatsache, daß die Bevölkerung die Aufnahme diplomatischer Beziehungen zu Rumänien im Januar positiv bewertet habe.[499] Am Vormittag des 12. Dezember diskutierte Kiesinger zunächst mit dem außenpolitischen Arbeitskreis der CDU/CSU, eilte jedoch vor Ende der Diskussion zu einer Sitzung des Kreßbronner Kreises. Die Stimmung unter den außenpolitischen Experten war »von großer Reserviertheit« gekennzeichnet. Majonica meinte, der Kanzler habe seine guten Ausführungen leider zu schnell beendet. So habe er den AK V nicht geschlossen hinter sich gebracht.[500]

Am Nachmittag des 12. Dezember trat Kiesinger vor die Gesamtfraktion. Er berichtete über seine Asienreise und eine vom Auswärtigen Amt unternommene Erhebung bei den »kritischen Ländern«. Mit an Sicherheit grenzender Wahrscheinlichkeit sei eine Anerkennungswelle nicht zu erwarten. Die moralische Position der Bundesrepublik sei in der Welt von »erheblicherem Gewicht«. Die DDR sei in einer Art und Weise isoliert, daß viele Staaten eine Anerkennung nicht wagen würden, weil dies »als eine Art Bekenntnis [...] oder eine Art Übertritt [...] zum kommunistischen Lager« gewertet werden könnte. Dies gelte insbesondere für die meisten Länder der Dritten Welt (denen die Nichtanerkennungspolitik durch kräftige Dosen westdeutscher Entwicklungshilfe versüßt worden war).

Nicht zu vernachlässigen sei das parteipolitische Moment: Die Union sei in der Jugoslawienfrage im Vorteil, weil er mit einer »klaren und wohlbedachten Formulierung« den Vorreiter gespielt habe, die vom Außenminister ganz korrekt übernommen worden sei. Er wolle der Union ganz offen sagen, daß es ihm angesichts dieser günstigen Voraussetzungen »am liebsten wäre, wenn wir hier nicht in einen solchen zeitlichen Verzug kommen würden, daß dieser unangenehme und uns politische schädliche Eindruck entstehen wird«. Im übrigen gehe es noch nicht um ein Ja oder Nein zur Wiederaufnahme diplomatischer Beziehungen, sondern darum, »offizielle Verhandlungen [...] einzuleiten mit dem Ziele, zu überprüfen, ob eine befriedigende Lösung gefunden werden kann, die uns erlaubt, diplomatische Beziehungen mit Jugoslawien wieder aufzunehmen«.[501]

Würde die Fraktion dem Kanzler folgen? Akzeptierte sie seine Argumentation? War sie bereit, in den ostpolitischen Wettstreit mit der SPD einzutreten? Kiesinger wollte als der aktivere und dynamischere Part in der Ostpolitik erscheinen. Er erhoffte sich parteipolitische Geländegewinne. Doch diesen Plan vermasselte ihm die Fraktion. Am Ende stand die Union wieder als der Bremser da, weil sie sich von Kiesinger überrannt fühlte und ihm nur mit der geballten Faust in der Tasche folgte. In seiner Gegenwart trauten sich die Kritiker nicht aus der Reserve heraus, so daß Kiesinger den Eindruck mitnehmen konnte, daß er in den zweitätigen Gremiensitzungen und in zwei Vier-Augen-Gesprächen mit Barzel das Feld gut bereitet hatte. Doch sobald Kiesinger die Fraktion verließ, um erstmals seit seiner Wahl zum Kanzler vor der SPD-Fraktion aufzutreten, erhob die innerparteiliche Kritik massiv ihr Haupt.

Denn kaum hatte Kiesinger sich verabschiedet, löckten einige Abgeordnete wider den Stachel: Bei dem Präzedenzfall Jugoslawien handele es sich um einen »einmaligen historischen Vorgang«, meinte der westfälische Abgeordnete Franz Lenze. Zum ersten Mal würden diplomatischen Beziehungen mit einem Staate wiederaufgenommen, »der Pankow anerkannt hat«. Er lehne es ab, eine Entscheidung zu fällen, wenn diese »in irgendeiner Weise mit einer *captatio benevolentiae* auf den Wähler verbunden wäre«. Er fürchte, daß sich, wie schon des öfteren, eine Situation entwickeln könne, die »überhaupt keine andere Lösung mehr zuließe«, und man in »die berühmte Zwangslage« komme.

Der spätere CDU-Bundesschatzmeister Walther Leisler Kiep faßte es in das Bild: »Wir befinden uns [...] in der Situation des Piloten eines Transatlantikflugzeuges, der den berühmten Punkt überschritten hat, wo der Brennstoff in seinen Tanks noch zur Rückkehr zum Heimathafen reicht, wo ihm also diese Alternative versperrt ist, und wo es nur noch darum geht, weiterzufliegen bis zum Landeplatz auf der anderen Seite. Wir haben also heute hier nicht die Alternative, zu sagen Ja oder Nein, sondern wir sind eigentlich vor die Frage gestellt worden, wie können wir mit Anstand nun diese Situation bewältigen, denn die Diskussion in der Öffentlichkeit, die Diskussion beim Koalitionspartner, die Diskussion bei der Oppositionspartei ist bereits so gegangen, daß uns eigentlich die Möglichkeit gar nicht mehr offen bleibt, zu sagen NEIN [...]. Unsere Diskussion steht deshalb heute unter einem eigentlich unerträglichen Druck; und es ist eigentlich gar keine Diskussion mehr, sondern eine Frage, wie kommen wir mit einigem Anstand aus dieser Lage heraus.«

Die Fraktion verweigerte sich nicht störrisch, sie ließ den Kanzler gewähren. Dennoch mußte Barzel das »Parteiroß« nicht nach »zweimaligem Verweigern« über »die jugoslawische Hürde« treiben, wie anderntags in der Zeitung stand.[502] Vielmehr resignierte die Fraktion; sie nahm die Entscheidung hin. Barzel, der dem Kanzler die moralische Unterstützung für *seine* Entscheidung mit auf den Weg gegeben hatte, verhinderte eine Abstimmung, um einen peinlichen Eindruck zu vermeiden. Aber auch er bedauerte die Gesamtentwicklung. Anfang 1969 faßte es Kiesinger vor dem Bundesvorstand der CDU zusammen: Die Fraktion habe ihn nicht unterstützt, »d.h. diesen meinen Entschluß zu billigen. In diesem Saal habe ich vergeblich gekämpft. Es ist dann nur dazu gekommen, daß man gesagt hat: auf deine Verantwortung hin – mit der Furcht, es gäbe den berühmten Erdrutsch. Bitte, wo ist der Erdrutsch geblieben? Ich hoffe, daß hinterher die Fraktion meine Entscheidung von damals auch sachlich billigt. [...] Aber Sie erinnern sich daran, als Frau Brauksiepe sagte: Laßt den Mann doch, der ist doch entschlossen. – Aber sie hat wenigstens hinzugefügt: Auf deine Gefahr hin. – Die Entscheidung war richtig. Sie hat also den Erdrutsch nicht herbeigeführt. Natürlich haben wir das unsere dazu getan.«[503]

Kiesinger hatte sich durchgesetzt, oder, wie im Rückblick zu konstatieren ist: Man ließ ihn vorerst gewähren. Die Union beugte sich mit Rücksicht auf die Koalition murrend der Richtlinienkompetenz des Kanzlers, der weniger für sie als für die Regierung sprach. So wurde mit der Aufnahme diplomatischer Beziehungen zu Jugoslawien ein neues Kapitel in der Geschichte der bundesdeutschen Ostpolitik eröffnet. Erst ab diesem Zeitpunkt läßt sich von einer *Neuen* Ostpolitik sprechen. Für die CDU/CSU hätte Jugoslawien den Aufbruch zu neuen Ufern bedeuten können: aber sie ging diesen Schritt mehrheitlich nicht mit. Kiesinger hingegen trat ostpolitisch aus dem Schatten seiner Vorgänger heraus, indem er, je nach Geschmack, eine »Auflockerung«, »Modifikation«, »Durchlöcherung« der Hallstein-Doktrin durchgesetzt hatte und von der Geburtsfehler-Theorie deutlich abgerückt war. Das war deutlich mehr, als christdemokratische Kanzler und ihre Außenminister bis dahin für möglich gehalten hatten. Nur konnte es angesichts bestenfalls halbherziger Unterstützung seiner Partei so weitergehen?

Wende der Grossen Koalition: Rom, Nürnberg, die Wahlrechtsreform

Im historischen Rückblick ist klar, daß die Aufnahme diplomatischer Beziehungen zu Jugoslawien der letzte geglückte Versuch Kiesingers war, eine gemeinsame Ostpolitik auf der breiten Basis von 87 Prozent der Wählerstimmen zu verwirklichen (um ein Wort Peter Benders zu variieren). Die Union hatte, mit einem Quantum Resignation, die Verhandlungen mit Belgrad durchgehen lassen, Kiesingers offensive Taktik nach Osten murrend akzeptiert, und die prinzipiellen Bedenken vorübergehend hintangestellt. Brandt hatte der SPD die Zügel angelegt. Wie Kiesinger hatte er den Fortschritt in der jugoslawischen Frage gewollt und dem Kanzler den Rücken freigehalten. Für Ulbricht hingegen hatte die Modifikation der Hallstein-Doktrin eine herbe Niederlage bedeutet. Seine Strategie war durchkreuzt, die Bonner Politik zur völkerrechtlichen Anerkennung der DDR zu zwingen. Vergebens hatte er seinen Außenminister Winzer nach Jugoslawien entsandt. Dieser war bei Tito mit seiner Forderung abgeblitzt, die Aufnahme diplomatischer Beziehungen zwischen Belgrad und Bonn an den Karlsbader Forderungskatalog zu binden.

Gestärkt von diesem Erfolg, trat ein gut erholter, optimistischer Kanzler nach der Weihnachtspause vor die Fraktion. Vierzehn Monate lang sei er sich »wie der Inhaber einer Reparaturwerkstatt« vorgekommen, nicht wie »der Leiter eines großen Unternehmens«. Nach all dem »Wust und Kleinkram« stünden nun die »großen klaren Aufgaben« vor der Koalition.[504] Am 11. März 1968, in seinem »Bericht zur Lage der Nation im geteilten Deutschland« (dem ersten seiner Art), sprach er nicht länger von Phänomenen und Gebilden, wie in der Phase der terminologischen Verunsicherung im Herbst.

Plötzlich war vom »anderen Teil Deutschlands« – und der DDR – die Rede. Von den »Gänsefüßchen« fehlte jede Spur. Kiesinger berichtete von Plänen der Bundesregierung, ein Büro für den Interzonenhandel in Ostberlin zu eröffnen, und bekräftigte seine ausdrückliche Bereitschaft zu einem Treffen mit Stoph, »sobald sich ein befriedigendes Ergebnis solcher Verhandlungen absehen ließe«.[505] Ja, im November 1967 hatte Kiesinger über Heilwig Ahlers, der Ehefrau von Conrad Ahlers, ohne Wissen Brandts, aber in Absprache mit Wehner, in Ostberlin den alten Außenamtskollegen Karl-Heinz Gerstner dafür zu gewinnen gesucht, einen Gesprächskontakt zur DDR-Führung zu finden. Es versteht sich von selbst, daß dieser Versuch von Ulbricht sofort abgeblockt wurde.[506]

War Kiesinger auf dem Weg zum *modus vivendi*? Es kam anders. Die sozialdemokratische Parteibasis spielte nicht mehr mit, nachdem die Unionsbasis aus anderen Gründen schon länger ins Zweifeln gekommen war. Seit der Bildung der Großen Koalition hatte die SPD eine Wahlniederlage nach der anderen erlitten, während die Union »mäßig, aber regelmäßig« siegte. Kiesinger wurde seinem Ruf als Wahllokomotive nur zu gerecht. Nach dem Tief vom Sommer 1967 befanden sich seine Umfragewerte auf dem Weg nach oben: 60 Prozent Zustimmung im Oktober, 62 im November und 68 im Dezember 1967. Solche Zahlen hat Adenauer in seinen besten Zeiten nicht erreicht, ganz zu schweigen von Brandt auf seinem Höhepunkt 1972 oder selbst Kohl nach der Einheit. Selbstredend versäumte es Kiesinger nicht, seine Partei in regelmäßigen Abständen an seine Popularität zu erinnern.

Der Koalitionspartner benötigte also ein Mittel gegen den wahlentscheidenden Kanzler. Er fand es in der von Horst Ehmke konzipierten »Strategie des begrenzten Konflikts«, die der Politikwissenschaftler Heribert Knorr als »einen Kleinkrieg kalkulierter Unzufriedenheit« bezeichnete. Durch Offenlegung koalitionsinternen Dissenses wurde die Führungsfähigkeit des amtierenden Kanzlers in Zweifel gezogen und das eigene Profil geschärft. Die SPD stellte sich selbst als den progressiven und drängenden, die CDU/CSU als den konservativen und hemmenden Teil der Koalition dar, was ihr, dank der Unterstützung der Kalten Krieger in der Unionsfraktion, auf dem Feld der Ostpolitik glänzend gelang. Der Kanzler antwortet auf diese Strategie, indem er die sachlichen Unterschiede herunterspielte: Das »ganze Getue« des vergangenen Jahres sei tot, »als habe in Wahrheit die SPD *ganz* andere außenpolitische Ziele« als die Große Koalition »und würde darin nur von der CDU gehindert«, meinte er Anfang Januar vor der Fraktion. Es habe erheblicher Anstrengungen bedurft, »unseren Koalitionspartner von seinen falschen Freunden zu trennen«.[507] Erlag hier der Kanzler nicht einer erheblichen Illusion?

Tatsächlich sind in der Demokratie die sachlichen Unterschiede meist nicht so gravierend, wie es die regierungsfähigen Parteien öffentlich vermitteln. Natürlich setzten Union und SPD in den sechziger Jahren zum Teil recht unterschiedliche Akzente. Die Frage der Mitbestimmung wäre ein Beispiel. Aber selbst hier liefen die Bruchstellen teils quer durch das Parteienspektrum, wie die Politik des CDU-Arbeitnehmerflügels zeigt. In 95 Prozent aller Fälle sind die Experten in der Lage, einen Konsens zu formulieren – solange die Frage »aus der Politik« herausgehalten wird. Weniger der Streit über Inhalte, als der *geordnete* Machtwechsel ist das entscheidende Moment in der Demokratie. In Wahlzeiten aber heißt es, das eigene Profil zu schärfen. Das erwartet nicht zuletzt das Publikum. Genau dies aber suchte der Nürnberger Parteitag der SPD am 20./21. 1968 März aller Welt offenkundig zu machen: Die SPD besaß ein eigenständiges programmatisches Profil, sie war kein bloßer Mehrheitsbeschaffer, und sie war in der Lage, der Union und ihrem medial beschlagenen Kanzler den Führungsanspruch streitig zu machen. Gleichzeitig setzte sich auch in der CDU/CSU der Trend durch, programmatisch deutlicher Flagge zu zeigen und sich auf Bewährtes zu besinnen.

Zur antagonistischen Profilierung eignete sich bestens die Ostpolitik, in der es, anders als in der einen breiten Konsens voraussetzenden Sozialpolitik, um keine *wirklichen* Lebensfragen für die Wähler ging. Die ostpolitische Normalisierung tangierte den persönlichen Wohlstand von Millionen West-Bürgern letztlich nicht. Die Ambivalenzen der sich formierenden Neuen Ostpolitik machten Kiesinger aus ganz anderen Gründen zu schaffen. Die ostpolitischen Frühlingssignale der SPD untergruben die Erfolgsaussichten *seiner* Ostpolitik, die in der Sache ja nicht so viel anders hätte verlaufen können als das, was Brandt und Scheel nach 1969 mit großem Aufwand in Szene setzten (während große Teile der Union mit gleicher Selbstverständlichkeit rhetorisch dagegen halten und ironischerweise in die gleiche Falle tappen sollten, die Adenauer 1949 Schumacher gestellt hatte, als dieser unversöhnlich gegen die Westintegration gehalten hatte).

Warum also sollten sich Moskau und Ostberlin mit Kiesinger abgeben, wenn Bahr schon im März 1967 einen ostdeutschen Gesprächspartner hatte wissen lassen, daß man in Bonn zusammengehen müsse, »bis hier der größte Murks weg ist: Oder-Neiße, Münchener Abkommen, Alleinvertretung usw.«[508]. Nicht daß Kiesinger und sein Intimus Diehl nicht gewußt hätten, worin der Preis für eine Normalisierung nach Osten gelegen hätte und wie groß die Gemeinsamkeiten zwischen Brandt und Kiesinger, Bahr und Diehl letztlich waren. Die Frage war nur, *wer* machte das und *wer* würde *was* als Gegenleistung heraushandeln können? Und wer würde in diesem ostpolitischen Wettbewerb am Ende als der eigentliche Held dastehen?

Angesichts der intransigenten Haltung der DDR glaubte Kiesinger, noch eine Weile pokern zu können, auch um die eigenen Leute bei der Stange zu halten. Diese Lehre glaubte er auch aus Adenauers Besuch in Moskau 1955 gezogen zu haben. Moskau wiederum wartete ab und bevorzugte ostentativ die SPD, mit der es leichter zu Rande zu kommen glaubte. Das hatte Ernst Majonicas Moskauer Visite im Sommer 1967 deutlich gemacht, als der außenpolitische Sprecher der Unionsfraktion vergeblich in einem Hotel auf einen Termin im Kreml gewartet hatte, während den SPD-Politikern Alex Möller und Erhard Eppler zum selben Zeitpunkt diese Gnade gewährt wurde.[509]

Ein Paradebeispiel für diese Strategie wachsender verbaler Differenzierung in der Ostpolitik war die jeweilige Reaktion auf die skandalumwitterten Gespräche einiger Sozialdemokraten mit den italienischen Kommunisten im Herbst und Winter 1967/68. Kiesinger hatte Ende Januar 1968 durch Strauß von diesen Geheimkontakten erfahren und Wehner zur Rede gestellt. Letzterer schickte dem Kanzler, noch bevor der Anfang Februar zu einem Staatsbesuch nach Italien aufbrach, eine Aufzeichnung über ein Gespräch, zu dem vom 28. bis 30. November 1967 Leo Bauer, früher *Stern*-Reporter, nun sozialdemokratischer Abgeordneter und enger Berater Brandts, Egon Franke, der Chef der konservativen »Kanalarbeiter«, sowie der SPD-Informationsdirektor Fried Wesemann nach Rom geflogen waren.[510] Dort hatten sie sich mit hochrangigen Funktionären der italienischen Kommunistischen Partei getroffen, darunter KP-Chef Luigi Longo höchstpersönlich, dessen rechter Hand, dem ZK-Mitglied Sergio Segre, sowie Carlo Galuzzi, Chef der ZK-Sektion für internationale Politik (quasi dem KP-Außenminister). Aus dem von Wehner übersandten Bericht ging das Anliegen der KPI-Vertreter hervor, die ihre eigenständige Rolle gegenüber der Sowjetunion betonten und sich für die Wiederzulassung einer kommunistischen Partei auf westdeutschem Boden einsetzten. Was jedoch die SPD-Emissäre selbst vorgebracht hatten, darüber schwieg sich Wehners Vermerk beharrlich aus.[511]

Das weckte Kiesingers Mißtrauen. Verstärkt wurde es, als ihn während seines Staatsbesuchs in Rom Anfang Februar Johannes Schauff auf die KPI-Kontakte ansprach. Schauff fungierte schon seit Jahren als eine Art »Nebenbotschafter« der Bundesrepublik in Rom und beim Vatikan. Von dort berichtete er für den BND, also vor allem das Kanzleramt, nach Pullach. Nebenbei hielt er Krone und Globke über die letzten römischen Intrigen auf dem laufenden. Ihm waren Informationen über die KPI-Kontakte aus Kreisen der italienischen *Democrazia Christiana* (DC) zugetragen worden, die wiederum über ihre eigenen Kanäle in die KPI verfügte.[512]

Das Schauff in die Hände gespielte Dossier wurde von BND-Chef Reinhard Gehlen an Guttenberg und das Kanzleramt geschickt. Erst daraus (und nicht aus Wehners Schreiben) ließ sich ein Bild über den politischen Gehalt der römischen Gespräche gewinnen: So wurde detailliert dargestellt, daß sich die SPD-Vertreter einen stufenweise intensivierten Dialog mit den kommunistischen Parteien Italiens, Frankreichs, Rumäniens, Schwedens und der Sowjetunion wünschten. Dagegen wäre von Kiesingers Seite nichts einzuwenden gewesen. Doch beließen es die sozialdemokratischen Partner nicht bei einigen Vorstößen zur atmosphärischen Auflockerung innerhalb der westeuropäischen Linken. Vielmehr zogen sie ihren Bonner Koalitionspartner in Mißkredit: »Gegen die Gefahr von Rechts – begünstigt vom Aufkommen neonazistischer Fermente in der CDU«, so heißt es wortwörtlich in Schauffs Bericht, sei die Gründung einer »demokratischen Partei links von der SPD opportun«; gemeint war die Wiederzulassung der KPD. Der »nationalistische pan-germanistische Geist« erschwere die offizielle Anerkennung der Oder-Neiße-Grenze. Daher seien »Adenauer und Kiesinger, Brandt und Strauß nicht mit gleichem Maß zu messen«.[513]

Wenn das stimmt, dann hatten die SPD-Unterhändler den Bonner Koalitionspartner auf geschmacklose Weise gegenüber Vertretern einer kommunistischen Partei denunziert, wenn auch einer eurokommunistischen wie der KPI. Wurden hier Teile (Strauß?) der Union unter einen neonazistischem Generalverdacht gestellt? Hätten Bauer und Franke nicht die Aufgabe gehabt, den antinazistischen demokratischen Konsens der Bundesrepublik gegen die Moskauer Verteufelungen zu verteidigen? Dennoch hielt Kiesinger dicht, als er Anfang Februar 1968 ein zweites, ausführlicheres Dossier des BND über die Gespräche Ende November in Rom auf den Tisch bekam.[514] Nun wurde deutlich, daß den Pullacher Geheimdienstlern Anfang Januar ein entsprechender Tip aus der SPD-Parteizentrale zugegangen war.

Dieser Hinweis hatte BND-Chef Gehlen nun keineswegs dazu gebracht, sofort mit seinen »allergeheimsten« Erkenntnissen nach Bonn zu laufen, wie der Brandt-Biograph Peter Merseburger schreibt. Vielmehr schickte der BND sein Dossier erst in dem Augenblick an Guttenberg und das Kanzleramt, als sich die Tatsache der Gespräche aus einer zweiten Quelle, nämlich aufgrund der von Schauff übergebenen DC-Materialien, verifizieren ließ.[515] Daß etwas zwischen KPI und SPD »am laufen war«, war im übrigen schon aus anderen Zusammenhängen deutlich geworden, zumal sich auch die CIA recht schnell über die KPI-Kontakte ins Bild gesetzt hatte, das Ganze jedoch für einen innerparteilichen deutschen Vorgang von »relativ geringer Bedeutung« hielt.[516]

Anfang März ging Kiesinger eine dritte Aufzeichnung des BND zu. Darin wurde über ein Gespräch zwischen Brandt und KPI-Chef Longo berichtet, das am Rande des Staatsbesuchs in Rom Anfang Februar stattgefunden und angeblich eindreiviertel Stunden gedauert habe. Während Brandt abstritt, mehr als einen kurzen protokollarischen Kontakt mit Longo gehabt zu haben, behauptete Longo, mit Kiesinger bei dem fraglichen Empfang bei dem italienischen Staatspräsidenten Giuseppe Saragat etwas ausführlichere Worte gewechselt zu haben. Dabei habe er, Longo, den (zutreffenden) Eindruck gewonnen, Kiesinger sei über die Tatsache der Gespräche im Bilde gewesen. Mit Brandt, der schnell wegmußte, sei er über das »Dankeschön« nicht hinausgekommen.[517] Nach der BND-Version hingegen sollen Longo und Brandt die Möglichkeit einer Wiederzulassung der KPD ausführlich erörtert haben. Als Gegenleistung habe Longo eine Vermittlerrolle der KPI zur SED und »zu gewissen osteuropäischen Ländern« angeboten (was völlig auf der Linie der Gespräche vom November lag). Brandt wiederum habe angedeutet, daß sich »unter Umständen (humanitäre Konzessionen) über eine Anerkennung der DDR reden« ließe.[518]

Wenige Tage später machte sich eine SED-Delegation auf den Weg nach Rom, um sich die sozialdemokratischen Vorschläge erläutern zu lassen und, davon unabhängig, mit dem italienischen Außenminister Amintore Fanfani über die Errichtung zweier Handelsbüros der DDR mit diplomatischem Charakter in Italien zu sprechen. Dies wiederum stellte bereits den Gegenbesuch zu einer Reise von Segre und Galluzzi nach Ostberlin dar, wohin diese im Dezember, gleich nach dem römischen Novembertreffen mit der SPD, geflogen waren. Unter anderem hatten sich die italienischen Abgesandten mit dem Generalsekretär der in der Bundesrepublik seit 1956 verbotenen KPD getroffen, dem früheren Bundestagsabgeordneten Max Reimann. Dieser versprach, ein für »Brandt akzeptableres Programm« aufzustellen, um die Wiederzulassung seiner Partei in der BRD zu erreichen. Darüber hinaus unterrichtete Reimann die Italiener, daß die KPD unabhängiger von der SED zu werden beabsichtige. Im SED-Zentralkomitee hingegen schlug Segre und Galluzzi Mißtrauen entgegen. Die ostdeutschen *hardliner* widersprachen dem von den italienischen Genossen gemachten Vorschlag einer vorsichtigen »Öffnung nach Westeuropa«. Die gegenwärtige Regierung Kiesinger/Brandt »unterscheide sich in nichts von der Adenauer-Regierung«.

Diese gar nicht so diskrete deutsch-italienische Pendeldiplomatie krönte ein weiteres Treffen zwischen den beiden Delegation am 31. Januar 1968 in München, »beim Weißwurstessen im Bayerischen Hof«, wie Anfang April in vortrefflichem Detail im *Spiegel* nachzulesen war. Diesmal war neben Bauer und Franke auch Egon Bahr gekommen, während die Italiener erneut Segre und Galluzzi schickten.[519] Allerdings irrte sich der *Spiegel* bei der Datierung des Treffens. Dieses fand nicht Ende März statt, wie das Hamburger Nachrichtenmagazin unter Berufung auf eine SPD-Pressemeldung berichtete –

was seither von der gesamten historischen Literatur übernommen worden ist – sondern bereits Ende Januar.[520] Das exakte Datum ist von Belang, weil Wehner just an demselben 31. Januar 1968, an dem Bahr im »Bayerischen Hof« mit den KPI-Emissären tafelte, Kiesinger brieflich über das Novembergespräch orientiert und dabei anscheinend die Tatsache des zweiten (Münchener) Treffens nicht erwähnt hatte. Dennoch wissen wir über die genaueren Umstände dieses Treffens Bescheid, weil der Berliner Botschafter der UdSSR, Pjotr Andrejewitsch Abrassimow, Erich Honecker und die SED-Parteiführung Ende Februar 1968 über die Münchener Gespräche ausführlich informierte; eine entsprechende Aufzeichnung ist in ostdeutschen Archiven überliefert. Der BND-Materialien über das Münchener Treffen sind demgegenüber weit weniger aussagekräftig.[521]

Was Bahr in München zu sagen hatte, war nicht wirklich spektakulär. Es gehört jedoch angesichts der wachsenden parteipolitischen Polarisierung in Bonn wenig Phantasie dazu, sich die Reaktion der CDU/CSU auszumalen, wäre über den tatsächlichen Inhalt dieser Gespräche etwas durchgesickert. Bahr analysierte zunächst die Differenzen innerhalb der Union. Sodann erläuterte er sein eigentliches Anliegen: »Die SPD und Brandt persönlich seien bestrebt, Verhandlungen über den Abschluß zweiseitiger Verträge über einen Verzicht auf Gewaltanwendung zwischen der Bundesrepublik und den sozialistischen Ländern zu führen.« Das werde »faktisch die Unantastbarkeit aller europäischen Grenzen, einschließlich der Grenzen der DDR«, gewährleisten, wobei das Abkommen zwischen den beiden deutschen Staaten »die gleiche Kraft« haben werde »wie die Abkommen mit den anderen sozialistischen Ländern«, wenn es sich von diesen »völkerrechtlich unterscheiden würde. Dabei müsse davon ausgegangen werden, daß die Beziehungen zwischen den beiden deutschen Staaten nicht zur Entstehung der These beitragen dürften, daß der eine dieser beiden Staaten für den anderen ›Ausland‹ sei.«

Soweit bewegte sich Bahr völlig im Rahmen der Koalitionsvereinbarung. Doch dann ging er darüber hinaus. Am Ende eines langwierigen Verhandlungsprozesses, so Bahrs Vision, zu dem auch die Unterzeichnung des Atomwaffensperrvertrages durch die Bundesrepublik gehöre, hätte die westdeutsche Regierung drei der vier Karlsbader Hauptforderungen entsprochen, nämlich: Anerkennung der europäischen Grenzen, Anerkennung des Bestehens zweier deutscher Staaten, Verzicht auf Kernwaffen. Auf die DDR bezogen, sah Bahr in der Unterzeichnung zweiseitiger Abkommen über einen Gewaltverzicht den Anfang »zur Lösung der Frage der Anerkennung der DDR«. Auch in der europäischen Grenzproblematik signalisierte Bahr die Bereitschaft Brandts zum Entgegenkommen. Wenn auf dem bevorstehenden Treffen der kommunistischen Parteien in Budapest von einer Gruppe von Parteien oder einer einzelnen die Frage gestellt werden würde, »die Bundesrepublik soll noch vor Abschluß eines Friedensvertrages die bestehenden Grenzen einschließlich der Oder-Neiße-Linie anerkennen, dann wäre die SPD bereit, diesen Vorschlag öffentlich zu unterstützen und zu akzeptieren«.[522]

In der Unionsfraktion hätte helle Empörung geherrscht, wäre ans Licht gekommen, was Bahr durch Vermittlung der italienischen Eurokommunisten »unverfälscht durch Ulbricht in den Kreml zu tragen« beabsichtigte.[523] Im wesentlichen skizzierte Bahr das Programm einer sozial-liberalen Ostpolitik – einige Monate vor dem Ausbruch der Prager Krise, die meist als der Ausgangspunkt der Neuen Ostpolitik nach 1969 gesehen wird.[524] Dabei beschränkte sich Bahr mitnichten auf die Frage der Wiederzulassung der Kommunistischen Partei. Der Chef des Planungsstabes hatte gesprächsweise den Friedensvertragsvorbehalt für die Oder-Neiße-Grenze fallen lassen, woran Kiesinger klar festhielt (um die deutsche Verhandlungsposition nicht zu schwächen). Kein Wunder, daß Segre vor dem ZK seiner Partei Mitte Februar über die Münchener Gespräche berichtete, daß bei allen Meinungsverschiedenheiten mit der SPD die italienischen Regierungsparteien die neue Ostpolitik der SPD und ihre »mutigen Schritte auf dem Wege der Anerkennung der zwei Deutschlands« unterstützen sollten.[525] Eine gewisse Pikanterie lag schon in der Tatsache, daß mit Bahr ein hochrangiges Mitglied des Auswärtigen Amtes nach München gefahren war, was *de facto* die Kontakte aus dem Stadium bloßer Sondierungen zwischen zwei Parteien herausführte. Tatsächlich sprachen Bahr und Bauer gegenüber Segre und Galluzzi davon, daß sie »die Position der Bundesregierung *und* der SPD zur Ostpolitik« erläutern wollten.[526]

Die Aufregung um die KPI-Kontakte wäre vermutlich halb so groß gewesen, hätte die SPD-Führung nicht die Flucht nach vorne angetreten und die Tatsache der Geheimgespräche von sich aus publiziert. Die bis dahin einzige Meldung in *Christ und Welt* am 8. März 1968 hatte dem Besuch der DDR-Delegation in Rom im Februar gegolten und die Visite der dreiköpfigen sozialdemokratischen Abordnung vom November 1967 nur hypothetisch damit in Verbindung gebracht. Danach waren zunächst keine weiteren Berichte erfolgt. Am 1. April jedoch beschäftigte sich die *Süddeutsche Zeitung* in ihrem Aufmacher ausführlich mit den »geheimen« Kontakten zwischen SPD und KPI. Sowohl der Sprecher des Vorstandes der SPD als auch Leo Bauer persönlich hätten die Tatsache der Novembergespräche bestätigt. Brandt, Wehner und Schmidt hätten ihr Einverständnis zu diesen Begegnungen gegeben und den Kanzler informiert.

Am folgenden Tag meldete sich der SPD-Pressedienst zu Wort. Danach habe die KPI den Kontakt mit der SPD gesucht, »um ihr Deutschlandbild nicht weiter einseitig von der SED bestimmen zu lassen«. Dies brachte Generalsekretär Longo in eine peinliche Situation, der einige Tage später das von der SPD in die Welt gesetzte »Märchen« korrigieren mußte, die KPI wäre nicht mit dem Bild zufrieden, das sie »von der vereinigten Arbeiterpartei Ulbrichts« besitze. Am 4. April brachte die SPD dann ein Kommunique über eine Sitzung des Parteipräsidiums heraus, auf der Franke über seine Gespräche informiert habe. Erst am folgenden Tag erfolgte die Gegenreaktion der konservativen Presse, als die *Welt* von Bedenken des amerikanischen Verbündeten orakelte.[527]

Kiesinger hatte Grund, sich hintergangen zu fühlen, als die SPD Anfang April die Bombe platzen ließ. Zu Recht beharrte der Kanzler darauf, daß die Gespräche ohne sein Wissen eingefädelt worden seien und er erst danach informiert worden sei.[528] Tatsächlich hatte ihm Wehner erst auf Nachfrage den Bericht über das Novembertreffen zugestellt und das zweite (Münchener) Gespräch nicht erwähnt. Dennoch reagierte Kiesinger nur mit einer kurzen Pressemeldung und nicht »mit gespielter Empörung«, wie Merseburger schreibt.[529] Auf der Sitzung des Kreßbronner Kreises am 4. April gestanden die zweitwichtigsten Männer der SPD, Wehner und Schmidt, nach einer »längeren Erörterung« dem Kanzler zu, daß »seitens der SPD verfahrensmäßige Fehler gemacht worden seien. Der Herr Bundeskanzler hätte vorher unterrichtet werden müssen.« Die Gespräche seien aber nützlich gewesen.[530] Auch Schmidt und Wehner – Brandt war verhindert – bestätigten Kiesingers Aussage, er sei vorab nicht informiert worden.

In seinen *Erinnerungen* hat sich der damalige Außenminister beklagt, der Bundeskanzler sei durch den BND mit tendenziösem Material munitioniert worden, und niemand habe es für »notwendig oder zweckmäßig« gehalten, ihn zu unterrichten oder seine Stellungnahme als Parteivorsitzender einzuholen.[531] Was wollte Brandt damit sagen? Hatte Wehner seinen Parteivorsitzenden über Kiesingers Nachfrage Ende Januar 1968 im unklaren gelassen, als Strauß die ersten Gerüchte zu Ohren gekommen waren? War Wehners Bericht nicht unvollständig gewesen? Hatten nicht die BND-Materialien Zweifel an der »offiziellen« Version der SPD gesät? Wie Brandt reagierte Wehner keineswegs kleinlaut und zerknirscht, als er sich in die Enge getrieben fühlte. Er ging zum Angriff über, machte von sich aus die Tatsache der Gespräche bekannt und klagte im Kreßbronner Kreis über den mangelnden Zugriff der SPD auf die Dienste des BND.[532]

Daß Wehner im Kreßbronner Kreis explodierte, ist verständlich, denn offensichtlich hatte ein schwarzes Schaf direkt aus der SPD-Parteizentrale an den BND berichtet. Zugleich war mit Schauff als dem zweiten Informanten der wichtigste Mittelsmann zwischen Wehner und der Unionsführung involviert gewesen war. Zwei Tage später suchte Wehner die Wogen zu glätten. Handschriftlich gratulierte er Kiesinger zu dessen 64. Geburtstag am 6. April. Er wünsche dem Kanzler die Kraft, das große Werk zu meistern und dabei auch »die Liebe aufzubringen, die notwendig ist, weil dieses Werk mit Menschen geschaffen werden muß, die Schwächen haben oder in vielem anders denken. Seien Sie versichert, daß ich meinen Teil helfen will. Es kommt wohl sehr darauf an, daß der Kern nicht faul werde.«[533]

Auch Brandt machte gut Wetter bei Kiesinger. Dazu bediente er sich der Amerikaner, die die Harmlosigkeit der KPI-Gespräche attestieren sollten. Am 14. Mai informierte Brandt den Kreßbronner Kreis, US-Außenminister Rusk habe ihm brieflich erklärt, »daß die Kontakte bei der amerikanischen Regierung keinerlei Beunruhigung ausgelöst hätten«.[534] Wie oft in heiklen diplomatischen Fällen, in denen sich die US-Administration nicht allzu sehr aus dem Fenster lehnen will, wurde die CIA in Bewegung gesetzt. Am 9. April meldete sich der Bonner CIA-Chef, Ray S. Cline, bei dem stets gut informierten, der CDU nahe stehenden Bonner *Welt*-Korrespondenten Georg Schröder. Dieser hatte in seinen Berichten wohl nicht ganz ohne Rückendeckung des Kanzleramtes behauptet, die KPI-Kontakte seien in Washington argwöhnisch beobachtet worden.[535] Dem Kanzler ließ Cline ausrichten, daß aus amerikanischer Sicht die Fühlungnahme SPD-KPI als »nützlich« empfunden worden sei. Allerdings dürfe man das Interesse der Administration Johnson an der deutschen Ostpolitik nicht überschätzen. Das Ganze sei von den Sozialdemokraten recht dilettantisch eingefädelt worden. Letztere müßten doch wissen, daß in Rom, »und das gelte heute auch von der italienischen KP, nichts geheim bliebe, da man dort genauso viel rede wie in Bonn«.[536]

Viel Lärm um nichts? Kiesinger hatte kein Interesse, die KPI-Kontakte zur Staatsaffäre hochzuspielen und damit die Gegner in seiner eigenen Fraktion zu munitionieren. Das hätte seiner Linie widersprochen, die Differenzen möglichst unter den Teppich zu kehren und einen Rechtsruck der SPD zu behaupten. Genau dem wirkte die SPD mit ihrer wohldosierten Informationspolitik über die Geheimgespräche entgegen. Deshalb wiederum bekam Kiesinger Druck von der eigenen Seite.[537] Dem amerikanischen Botschafter hatte er am 27. März gesagt, Ziel der Ostpolitik sei, die »Situation etwas aufzulockern«. Daher sehe er keinen Grund, »warum man keine freundschaftlichen Beziehungen herstellen solle, wenn auf der anderen Seite Bereitschaft dazu bestehe, da auf diese Weise auf die Dauer auch auf Moskau ein gewisser Einfluß ausgeübt werden könne. Es sei schon ein Erfolg, wenn nur ein oder zwei Länder sich weigerten, an der Verleumdungskampagne gegen Deutschland teilzunehmen. Wenn dieser Prozeß weitergehe, werde Moskau am Ende allein stehen und seine Haltung überprüfen.«[538]

Wehner, so suchte Guttenberg die Linie Kiesingers gegenüber einem immer mißtrauischer werdenden Krone zu verteidigen, stehe »in der Diskussion über den kritischen Bereich unserer Ostpolitik« auf seiner Seite (und der des Kanzlers). Er und der Kanzler seien sich mit Wehner »im Widerstand gegen Brandt und besonders gegen Bahr und deren einseitige Überspannungen einig«.[539] Tatsächlich ruderte Wehner zurück, indem er am 5. April vor dem Bundestag ausführlich Kiesingers Wort von der »kritischen Größe« aus der Rede vom 17. Juni 1967 zitierte und die Große Koalition gegen die Vorwürfe des FDP-Vorsitzenden Scheel verteidigte, beide Partner zögen nicht mehr am gleichen Strang.[540]

Der Aufruhr um die KPI-Kontakte zeigte, wie prekär die Lage des Kanzlers geworden war. Ihre Signifikanz lag weniger in der Tatsache, daß die SPD hinter dem Rücken der CDU verhandelte. Schließlich hatte sich auch Kiesinger seine privaten Wege nach Moskau zu bahnen gesucht und darüber den Koalitionspartner im Unwissen gelassen. Vielmehr lag sie in der Akkumulation vergleichbarer Vorgänge, die Brandts Willen deutlicher durchscheinen ließen, sich von Kiesinger und der CDU verbal und auch nonverbal zu distanzieren. Deshalb blieb allen Beteuerungen Kiesingers und Wehners im Bundestag zum Trotz in der Union mehr als ein Rest an Zweifeln zurück. Zugleich ließ der massive Einbruch der SPD bei den baden-württembergischen Landtagswahlen um 8,3 Prozent den Druck auf die SPD-Parteispitze weiter ansteigen. Wenn er es nicht aus eigenem Antrieb tat, so wurde Brandt, der wie der Kanzler die eigene Seite im Auge behalten mußte, schon aus innerparteilichen Gründen gezwungen, die Unterschiede stärker herauszustellen.

Auch wuchs der Ärger in der Unionsfraktion, wenn die SPD, wie in ihrer Nürnberger Parteitagsentschließung, von »fast zwei Jahrzehnten selbstzufriedener Machtausübung seitens der CDU/CSU« sprach. Das scheuchte den Kanzler an die Seite seiner Parteifreunde zurück, die den steten Mahnungen ihres Vorsitzenden zur Geduld nicht mehr folgen wollten. Im Sommer 1968 hatte die Frustration ein für Kiesinger nicht unbedenkliches Maß erreicht, während Strauß und die CSU in die innere Emigration zurückkehrten (wo sie sich mehr oder weniger seit 1963/64 befanden), mit gravierenden Konsequenzen für den inneren Zusammenhalt der Fraktion, wie die Auseinandersetzungen um den Atomwaffensperrvertrag vom Sommer und Herbst und die Aufwertungsdiskussionen der Jahre 1968/69 zeigen sollten. Wollte Kiesinger nicht zwischen den Fronten aufgerieben werden, so mußte er den Schulterschluß mit den konservativen Kräften wiederherstellen. Hierin lag das Dilemma des Kanzlers der Großen Koalition, der wieder ein Kanzler seiner Partei werden mußte.

Die SPD konnte seit dem Frühjahr 1968 nicht mehr darauf hoffen, die Union 1969 bei den Bundestagswahlen zu überflügeln. Daher richteten sich die Gedanken der sozialdemokratischen Führung wieder stärker auf den möglichen Koalitionspartner FDP. Das machte die untrennbar mit dem machtpolitischen Kalkül verknüpfte Wahlrechtsfrage so brisant. In der dritten Runde der Koalitionsgespräche mit der CDU am 24. November 1966 hatten sich die führenden Sozialdemokraten bereit erklärt, für die Machtbeteiligung in Bonn den Preis des Mehrheitswahlrechtes zu entrichten.[541] Offen war dabei geblieben, inwieweit die von Kiesinger in seiner Regierungserklärung niedergelegte Absicht, noch »in dieser Legislaturperiode« ein »mehrheitsbildendes Wahlrecht« grundgesetzlich zu verankern, das »für künftige Wahlen zum Deutschen Bundestag nach 1969 klare Mehrheiten« ermöglichen sollte, die SPD *als Partei* in die Pflicht genommen hatte. Als Assistent der SPD-Bundestagsfraktion machte Hartmut Soell schon 1968 auf einen Umstand aufmerksam, den er als Schmidt-Biograph dreißig Jahre später wiederholen sollte: Die führenden SPD-Politiker fühlten sich in der Wahlrechtsfrage nur persönlich gebunden, nicht aber für ihre Partei.[542]

Das wurde in der Union bekanntlich anders gesehen. Die Formel der Regierungserklärung, die Reform des Wahlrechts werde einen »institutionellen Zwang zur Beendigung der Großen Koalition« schaffen, hätte Anfang 1968 die Große Koalition sprengen können, wenn es nach den hundertprozentigen Befürwortern des Mehrheitswahlrechts gegangen wäre.[543] Schließlich stand die Existenz der kleineren Parteien auf dem Spiel, vor allem der FDP, auf deren Konto (aus Unionssicht) ein halbes Dutzend schwerer Koalitionskrisen ging. Mit dieser Einschränkung des politischen Spielraums der großen Parteien hätte die Wahlrechtsreform ein für alle mal Schluß gemacht. Besaß die SPD kein Interesse daran, einmal ohne störenden Koalitionspartner zu regieren? Im Prinzip ja – und Wehner hat dies sicher so gesehen. Nur: In der aktuellen Situation schwand aufgrund der Ergebnisse der letzten Landtagswahlen die Chance der SPD, unter den Bedingungen der Mehrheitswahl schon bei der nächsten Bundestagswahl die absolute Mehrheit zu erringen. Simple Hochrechnungen des letzten Wahlergebnisses von 1965, die mit gezielter Absicht in die Öffentlichkeit gespielt wurden, ließen einen wachsenden Vorsprung der Union für 1969 erwarten. Wehner habe jahrelang über den Daumen gepeilt, ließ sich der prospektive FDP-Bundestagskandidat Rudolf Augstein mit unüberhörbarem Sarkasmus vernehmen. Er sagte der CDU/CSU eine Zweidrittelmehrheit voraus.[544]

Das Mehrheitswahlrecht hatte die CDU mehr oder weniger immer gewollt, wenn auch der evangelische Flügel überwiegend dagegen war. Es war eine ihrer ältesten programmatischen Forderungen.[545] 1948/49 war sie damit im

Parlamentarischen Rat nicht durchgedrungen. 1953 stand es wieder im Hamburger Programm. Barzel und Kiesinger erinnerten an diese Vorgeschichte, als das Thema nach der Sommerpause 1967 aktuell zu werden begann. 1962 hatte Adenauer das Tabu gebrochen und den Sozialdemokraten eine Große Koalition angeboten, wenn diese sich zur Einführung des Mehrheitswahlrechts bereiterklärt hätten. Auch 1966 waren die eifrigsten Fürsprecher der Großen Koalition mit den konsequentesten Anhängern der Wahlrechtsreform identisch (und nicht zufällig fast ohne Ausnahme Katholiken): Adenauer, Guttenberg, Krone, im Hintergrund Schauff und natürlich Lücke. Doch auch für Teile der SPD sah es vorübergehend danach aus, als würde die Reform wahlarithmetisch Sinn machen. Nicht nur, daß die FDP unter dem »Bürgerblockdenken« fest verhaftet gewesen war und sich koalitionspolitisch zur Union hin orientiert hatte. Der »Genosse Trend« ließ erwarten, daß die SPD als Partei der städtischen Mittelschichten über die Jahre in eine strukturelle Mehrheitsposition hineinwachsen könnte. Die Union schien hingegen zum Sammelbecken ländlicher Modernisierungsverlierer geworden zu sein.[546]

Als die Wahlrechtsfrage in der zweiten Jahreshälfte 1967 akut wurde, war der günstigste Zeitpunkt schon verpaßt. Die SPD hatte in den Landtagswahlen seit der Regierungsbildung Federn gelassen. Die Union hatte sich aus ihrem Tief vom Sommer und Herbst 1966 wieder aufgeschwungen. Daher hätte das Wahlrechtsprojekt wohl nur zu Beginn der Großen Koalition eine echte Realisierungschance gehabt, obwohl es schon damals auf beiden Seiten erhebliche Zweifel gab. Trotzdem erweckte Innenminister Lücke im November 1967 den Eindruck, als ginge es nicht mehr um das *Ob*, sondern allenfalls um das *Wie* der Wahlrechtsreform. Demgegenüber zweifelte Kiesinger, ob sich die parlamentarische Demokratie zu dieser »säkularen Entscheidung« überhaupt noch würde aufraffen können. Die Sozialdemokraten hätten »sauer« auf das Ansinnen der Union reagiert, für 1969 ein Übergangswahlrecht einzuführen und die Sperrklausel einmalig auf zehn Prozent zu erhöhen.[547]

Deshalb verfiel der Kanzler (und mit ihm andere in der Union) auf den glorreichen Gedanken, schon 1969 nach dem neuen Mehrheitswahlrecht zu wählen. Damit hatte er den Boden der tentativen und schriftlich nicht fixierten Koalitionsabrede vom November 1966 verlassen, wonach die Reform erst 1973 greifen, aber schon vor 1969 im Grundgesetz verankert werden sollte. Dieser Schwenk Kiesingers machte es der SPD später leichter, ihren Ausstieg aus dem Wahlrechtsprojekt teilweise dem Koalitionspartner in die Schuhe zu schieben. Realistisch betrachtet, schien ein Vorziehen der Reform der wohl einzig gangbare Weg zu sein, das westdeutsche politische System dauerhaft zu verändern. Würde die FDP noch einmal die Chance erhalten, gleich mit welcher Seite über eine Koalition zu verhandeln, dann wäre es um das große Reformvorhaben geschehen. Das war es, was 1969 tatsächlich passierte.[548]

Nur hinter vorgehaltener Hand sagten es Unionspolitiker, daß sich ihre Überlegungen nicht nur gegen die FDP, sondern *auch* gegen die NPD richteten, die 1967 mit Ergebnissen zwischen 5,8 und 8,8 Prozent in vier Landtage eingezogen war und im April 1968 in den baden-württembergischen Landtagswahlen knapp 10 Prozent erzielte. Die Mehrheit der Mitglieder des CDU-Bundesvorstandes (wie überhaupt die meisten politischen Beobachter) gingen mit an Sicherheit grenzender Wahrscheinlichkeit davon aus, daß 1969 vier bzw. fünf Parteien (die CSU eingeschlossen) im Bundestag sitzen würden, darunter die NPD. Auch deshalb suchte Kiesinger nach einem »institutionellen Mittel«, die Rechtsradikalen aus dem Bonner Parlament fernzuhalten.

Zugleich bot die NPD scheinbar einen Hebel, den Sozialdemokraten das Vorziehen der Wahlrechtsreform *für 1969* noch einmal schmackhaft zu machen. Kiesinger war von Helmut Kohls Analyse der rheinland-pfälzischen Landtagswahlen im CDU-Bundesvorstand im Dezember 1967 beeindruckt, wonach die SPD in genau den städtischen Wahlkreisen verloren hatte, in denen die NPD besonders kräftig zugelegt hatte. Auch die SPD, so des Kanzlers Kalkül, würde von einer Änderung des Wahlmodus profitieren. Allerdings konnten nur für Bayern, wo die CSU stark profitieren würde, sichere Voraussagen gewagt werden. Die Karten würden völlig neu gemischt.

Ohne die NPD (wie überhaupt den Radikalisierungsschub des Jahres 1968) ist, wie gesagt, die ganze Wahlrechtsdebatte nicht zu verstehen. Für die SPD stellte sich das zusätzliche Problem der Mobilisierung am linken Rand – die Protestbewegung erreichte mit der Anti-Notstands-Kampagne im Wintersemester 1967/68 ihren ersten Höhepunkt und drohte wertvolle Prozentpunkte an Splitterparteien abzuzweigen. Insofern fand Lückes Argument auch Befürworter in der SPD, die Wahlrechtsfrage werde über das Schicksal der Bonner Republik entscheiden, so wie sich daran einst das Schicksal Weimars entschieden habe. Die konservative Furcht vor dem Umsturz hatte durch die dramatischen Bilder des Frühjahrs 1968 Auftrieb erhalten. Und schließlich war die Wahlrechtsfrage ein Punkt, an dem die Union kostengünstig Prinzipienfestigkeit demonstrieren konnte: Es gäbe in der Politik Dinge, »für die man sich einsetzen kann, auch im Hinblick auf ein mögliches Scheitern, ohne daß man deswegen zu fürchten braucht, daß man dadurch an politischem Prestige verliert. Man muß es nur richtig tun, darauf kommt es an«, meinte Kiesinger auf der CDU-Bundesvorstandssitzung am 4. Dezember. Da auch die Bevölkerung die Wahlrechtsreform stütze, würde sich ein Untergang mit fliegenden Fahnen unter Umständen lohnen: Dann hätte sich eben die SPD einer staatspolitischen Notwendigkeit aus parteiegoistischen Motiven verweigert.

Und dann war da das außenpolitische Motiv: Am 8. Dezember hatte die Sowjetunion die Aktivitäten der NPD in einer scharfen Note angeprangert und die westdeutsche Regierung der Förderung »der Kräfte des Nazismus und Militarismus« bezichtigte.[549] Als sich Kiesinger auf Drängen von Schauff kurz vor Weihnachten 1967 mit Wehner zunächst unter vier Augen und dann anschließend zu dritt mit Lücke besprach, schlug er vor, das Übergangswahlrecht derart zu gestalten, daß die NPD vom Bundestag ferngehalten würde, ohne die FDP hinauszuwerfen. Deren Abgeordnete hätten bis 1973 Zeit, sich parteipolitisch neu zu orientieren. Doch dazu hätte es massiver Wahlabsprachen bedurft. Kiesinger bemühte dafür sogar eine gespaltene Begründung: »Innenpolitisch sei die NPD keine Gefahr, außenpolitisch wäre sie ein irreparables Unglück.« Dieses Argument, so kommentierte Schauff indigniert die taktischen Winkelzüge des Kanzlers, sei auch außenpolitisch völlig untauglich, weil es dem äußeren Anschein und nicht der wirklichen Bekämpfung der NPD diene.[550]

Zunächst aber wollte Kiesinger nicht locker lassen. In Ladis, wo er mit Familie und Anhang als Gast der Todenhöfers den Jahreswechsel verbrachte, gab er der *Welt am Sonntag* ein Interview, in dem er sein Vorgehen auch mit dem Verlangen Wehners begründete, in Reaktion auf die Sowjet-Note einen Verbotsantrag für die NPD beim Bundesverfassungsgericht zu stellen. Das Verbotsverfahren war zeitraubend und nicht unbedingt erfolgversprechend – die NPD war schwer zu fassen, wußte ihre Verfassungsfeindlichkeit geschickt zu tarnen und bewegte sich innerhalb des legalen Rahmens. Vor allem aber störte sie Kiesingers ostpolitische Kreise. Das Wahlrecht bot eine Möglichkeit, sich ihrer hier und heute zu entledigen: »Hat uns die jüngste Kreml-Note nicht mit geradezu grausamer Deutlichkeit gezeigt, was uns bevorstünde, wenn diese Partei im Parlament vertreten wäre?« Kiesingers Werben um Vertrauen »überall in der Welt« hatte einen Rückschlag erlitten, weil die NPD die Geister der Vergangenheit weckte. Sie gab der Sowjetunion einen wohlfeilen Anlaß, »um uns zu verteufeln«: »Die Russen bauen auf die furchtbaren Erinnerungen der anderen. Und was ist da alles noch lebendig ...« Nun, Kiesinger bereute seinen Entschluß, das Übergangswahlrecht *ad acta* gelegt zu haben. Wisse die SPD nicht, welchen außenpolitischen Flurschaden die NPD anrichte?[551]

In der Wahlrechtsfrage kam alles zusammen: innen- und außenpolitische Normalisierung, das machtpolitische Kalkül der Parteien, auch die innerwestliche Synchronisierung. Das bundesdeutsche Wahlrecht war in gewissem

Sinne eine historisch gewachsene Anormalität. Anders als in den übrigen westlichen Demokratien zielte es auf Integration, nicht auf Konflikt. Dieser Punkt wurde von Lücke betont.[552] Wenn Wehner sich in der Stille seines schwedischen Landhauses auch höchst verwundert zeigte ob der jüngsten Vorstöße des CDU-Vorsitzenden und Bundeskanzlers, so ermunterte er diesen doch auf indirektem Wege, an der Perspektive der Wahlrechtsreform insgesamt festzuhalten: »Eigentlich müßten einige Personen, die einander bis ›ins Letzte‹ vertrauen, offen miteinander darüber sprechen, daß es kein Unglück wäre, wenn im Laufe einiger Jahre die gewohnten parteipolitischen Strukturen sich beträchtlich änderten. Entscheidend ist, daß ein Generalnenner gefunden und gehalten wird.«[553] Diesen schien Kiesinger mit seinen Winkelzügen zu gefährden. Der Zuchtmeister zwang den Kanzler zurück ins Glied. Als sich der Kreßbronner Kreis am 11. Januar wieder traf, blieb alles beim alten: Die Bundesregierung werde »noch vor Ostern dieses Jahres Gesetze vorlegen, welche die Einführung eines Mehrheitswahlrechtes für die übernächste Bundestagswahl vorsehen und dieses Wahlrecht im Grundgesetz verankern«, so trocken das Protokoll. Die Prüfung eines Übergangswahlrechts durch den Bundesinnenminister habe zu keinem positiven Ergebnis geführt.[554]

Damit waren zwei Vorentscheidungen gefallen, die den Kern des Scheiterns in sich trugen: Erstens war das Übergangswahlrecht vom Tisch, das auch die Wahlrechtskommission der CDU/CSU (unter Vorsitz von Dufhues) für verfassungsrechtlich bedenklich und politisch nicht durchsetzbar hielt.[555] Zweitens kehrte die Koalition zur ursprünglichen Aussage der Regierungserklärung zurück, die Wahlrechtsreform noch vor der Bundestagswahl 1969 zu verabschieden, jedoch erst mit Wirkung für 1973. Das aber ließ eine Fortsetzung der Großen Koalition über 1969 hinaus erwarten, wenn nicht ein Wunder geschehen würde: *Ceteris paribus* würde ja die NPD ab dem Herbst 1969 im Bundestag sitzen. In der Union gingen die Meinungen über den darob einzuschlagenden Weg nun wild durcheinander: Während die Wahlrechtskommission die Einführung des relativen Mehrheitswahlrechtes zu einem »möglichst« frühen Termin forderte (das meinte 1969), hielt Lücke an den Kreßbronner Absprachen fest. Einige Mitglieder des Präsidiums wiederum hielten es angesichts der Schwierigkeiten in der SPD für taktisch klüger, das Mehrheitswahlrecht nur mit einfacher, nicht mit verfassungsändernder Zweidrittel-Mehrheit einzuführen (was ebenfalls im Widerspruch zur Abrede vom 11. Januar stand).[556]

Der Empfehlung der Wahlrechtskommission folgend, plädierte der CDU-Bundesvorstand am 29. Januar für eine Einführung der Mehrheitswahl zu einem »frühestmöglichen« Zeitpunkt.[557] Kiesinger aber fragte sich, wie sich die Unionsabgeordneten verhalten würden, sobald die konkreten Gesetzesvorschläge erst einmal auf dem Tisch lägen. Schließlich stand nicht nur die persönliche Existenz vieler norddeutscher (protestantischer) Abgeordneter auf dem Spiel, sondern das Interesse ganzer Gruppierungen und Verbände, etwa der Frauen und der Vertriebenen, die in der Regel nur über Listenplätze in den Bundestag gelangten. Da ein Generationswechsel in der Union bevorstand, wären die persönlichen Härten bei Einführung des Mehrheitswahlrechts 1973 leichter zu bewältigen gewesen, auch weil bis dahin die von der Großen Koalition projektierte Altersversorgung für Bundestagsabgeordnete gegriffen hätte. Adenauers Westpolitik sei nicht an der EVG gescheitert – Kiesinger verdeutlichte sein Argument mit einer lebensgeschichtlichen Rückblende. Auch in der Wahlrechtsfrage werde es »auf einem anderen Geleise« weitergehen.[558]

Heck warnte davor, das taktische Moment nach außen hin in den Vordergrund zu stellen, wollte jedoch aus »politisch-publizistischen« Gründen mit der Wahlrechtsreform weitermachen. Die Sache müsse so eingefädelt werden, daß der propagandistische Vorteil auf Unionsseite läge. Säßen die Rechtsradikalen erst einmal im baden-württembergischen Landtag, dann würde sich die SPD vielleicht eines Besseren besinnen. Selbst Barzel, der in seinen Lebenserinnerungen seinen prinzipiellen Standpunkt in der Wahlrechtsfrage sehr stark hervorhebt, argumentierte taktisch, wenn er, mit einer etwas anderen Stoßrichtung, die sich aus der Perspektive *seines* Amtes erklärte, dafür plädierte, mit der Wahlrechtsreform weiterzumachen. Sonst würde über kurz oder lang einer Reihe von anderen Reformprojekten wie der Notstandsgesetzgebung oder der Finanzverfassungsreform »ein freundliches Halali zum Schluß der Jagd [...] geblasen«. Die SPD könne sich gar nicht erlauben, alle großen Reformen scheitern zu lassen.[559]

Weil Paul Lücke die Nerven verlor und ein in die Defensive gedrängter Kiesinger arrogant und überheblich reagierte, ging der große Plan schief. Was als eine Krise der SPD begonnen hatte, wuchs sich zur Koalitionskrise und schließlich zu einer Krise in der Union aus. Dabei hatte sich der Bericht der von dem baden-württembergischen Innenminister Walter Krause geleiteten SPD-Wahlrechtskommission sogar Kiesingers Prämissen zu eigen gemacht. Auch die sozialdemokratischen Wahlrechtsexperten erwarteten einen Einzug der NPD in den Bundestag und glaubten nicht an einen Machtwechsel nach dem »gegenwärtigen System«. Aufgrund der Widerstände der SPD-Linken auf dem Parteitag im März 1968 in Nürnberg müsse die Entscheidung jedoch auf den nächsten ordentlichen Parteitag der SPD verschoben werden. Dieser würde erst 1970 stattfinden, also nach der nächsten Bundestagswahl. Vorsorglich hatte Helmut Schmidt schon am 5. März im Kreßbronner Kreis dies als ein wahrscheinliches Ergebnis des Nürnberger Parteitages prognostiziert.[560] Nach Nürnberg hielt Brandt den ursprünglich als Ausweg in Aussicht gestellten Sonderparteitag in der laufenden Legislaturperiode »nur theoretisch« noch für möglich. Nürnberg hatte sich daher als ein schwerer Rückschlag für die Befürworter der Wahlrechtsreform auf beiden Seiten erwiesen.[561]

Die Wahlrechtsreform, so *konnte* es einem halbwegs unvoreingenommenen Beobachter erscheinen, hätte eine schwierige Situation in der Nürnberger Meistersingerhalle zusätzlich belastet, wo sich Brandt und Wehner nur mit Mühe der Handgreiflichkeiten der Demonstranten erwehren konnten und die Parteispitze ihren Leitantrag (mit der grundsätzlichen Zustimmung zur Großen Koalition) knapp über die Klippen brachte. Von der Notstandsgesetzgebung bis zur Ostpolitik reichte das Tableau der strittigen Fragen. So recht eignete sich das Wahlrecht nicht, die Koalition platzen zu lassen. Wer hätte daraus im Frühjahr 1968 Nutzen gezogen? Die Republik befand sich in einem bisher nicht gesehenen Aufruhr. Niemand legte es in einer heiklen innen- und außenpolitischen Situation auf Neuwahlen an. Krause betonte nach dem Nürnberger Parteitag, daß keine Vorentscheidung – »insbesondere keine negative« – getroffen worden sei. Auch Wehner suchte Lücke zu beschwichtigen. Die Vertagung habe Schlimmeres verhütet. Lückes großes Ziel, »unsere demokratische Ordnung krisenfest« zu machen, werde nicht erreicht, indem man die Kritiker »von oben in eine Art Reih und Glied« zu bringen suche. Diese müßten überzeugt werden.[562]

Vielleicht hätte sich die Wahlrechtsfrage irgendwie einrenken lassen, wenn die Union mehr Geschlossenheit demonstriert hätte. Lückes Rücktrittsgesuch nach Nürnberg brachte die CDU in eine höchst delikate Situation. Menschlich gesehen war die Reaktion des von Nürnberg enttäuschten Bundesinnenministers verständlich. Aber warf er die Flinte nicht zu früh ins Korn? Umgekehrt: Tat Kiesinger genug, den Innenminister zu halten, dessen Wunden zu heilen? Zuvörderst versäumte der Kanzler, sich nach Nürnberg mit den Unionsspitzen intensiv zu beraten. Statt dessen konferierte er mit seinem Stab und igelte sich in Bebenhausen ein. Sicher, er stand voll engagiert in einem problematischen Wahlkampf in Baden-Württemberg und hatte am Montag nach seiner Rückkehr nach Bonn zwischen all den Gremiensitzungen unter anderem einen afrikanischen Staatsbesucher zu einem zeremoniellen Termin empfangen (was den enormen Termindruck nicht annähernd zu illustrieren vermag). Darauf hätte er – mit dem besseren Wissen hinterher – verzichten müssen, weil sich die Partei in hellem Aufruhr befand.

Als Kiesinger am Montagvormittag, dem 25. März, im Fraktionsvorstand der CDU/CSU die Wogen zu glätten suchte und die in Nürnberg zutage getretenen Differenzen innerhalb der Koalition herunterzuspielen begann, provozierte das Widerspruch. Viele Unionspolitiker suchten die Konfrontation. Kiesingers gebetsmühlenhaft wiederholte Versicherungen verfingen kaum noch, es gäbe trotz Nürnberg keine substantiellen Unterschiede in der Koalition. Diehl hatte ihm für seine erste Stellungnahme nach dem Parteitag die Formulierung nahegelegt, die führenden Männer der SPD hätten »mutig und loyal« für die Koalition gekämpft. Das schien den christdemokratischen Parteistandpunkt auf geradezu empörende Weise zu desavouieren.[563] So wuchs sich die Wahlrechtsfrage zu einem *Public Relations*-Desaster für die CDU aus. Nicht mehr die Niederlage der SPD-Parteispitze in Nürnberg stand im Zentrum der öffentlichen Kritik, sondern der »Fall Lücke«. Zwar hatte der Kanzler Lücke seine Demissionsabsicht zunächst noch einmal ausreden können. Doch die Enttäuschung dieses Gründervaters der Großen Koalition symbolisierte den Anfang vom Ende.[564]

Überhaupt schien sich die Aufregung etwas gelegt zu haben, als Kiesinger am Dienstag, dem 26. März etwas verspätet den Fraktionssaal betrat. Barzel hatte die Unzufriedenen bereits mit dem Argument beschwichtigt, daß die Krise der Koalition nicht durch die CDU, sondern durch die SPD ausgelöst worden sei und daß daraus auf keinen Fall »eine Schwierigkeit unter uns« werden dürfe.[565] Auch Kiesinger traf zunächst den richtigen Ton, erhielt sogar Applaus. Er warnte davor, ausgerechnet die Wahlrechtsfrage in den Mittelpunkt der Auseinandersetzungen mit der SPD zu stellen. Das Thema sei in den eigenen Reihen längst nicht ausdiskutiert. Danach setzte er sich mit den »törichten« Äußerungen Brandts zur Oder-Neiße-Linie auseinander, die beträchtlichen innen- und außenpolitischen Schaden angerichtet hätten. Abschließend stellte er sich eindeutig hinter Lücke: »Ich verstehe Herrn Kollegen Lücke, der ja als Ressortchef dafür verantwortlich zeichnet, sehr wohl, daß er empört ist, daß er sich getäuscht sieht.« Er habe jedoch Lücke, »als er zu mir kam und sagte, er habe es satt, sich so zu behandeln lassen, gesagt: machen Sie jetzt keinen übereilten Schritt, sondern warten Sie ab, bis Sie mit unseren sozialdemokratischen Partnern und führenden Leuten gesprochen haben, dann wollen wir weitersehen.«

Lücke ging auf den versöhnlichen Tonfall ein. Er gestehe zu, daß in Nürnberg eine ganze Reihe von Problemen zusammengekommen wären, die den führenden Sozialdemokraten »großen Kummer bereitet hätten«. Was er aber nicht verstehe, »auch nach dem Gespräch mit Herrn Kollegen Wehner – das übrigens gestern sehr gut war –, daß die Führung [der SPD] nicht dafür gekämpft hat, daß eine gegebene Zusage eingehalten wird, nämlich den außerordentlichen Parteitag«, der noch 1968 hätte stattfinden sollen. Völlig ungeschoren wollte er den Kanzler und Parteivorsitzenden jedoch nicht davonkommen lassen: Er wolle aber auch nicht, »daß Sie, Herr Bundeskanzler, wie es vorhin den Eindruck hatte, diese Frage doch etwas an den Rand stellen. Sie ist nicht nur jetzt zu beurteilen: Was geschieht nach 69? Was bewirkt dieser Beschluß, wenn er nicht geändert werden kann, für uns und für unsere Anliegen auf lange Zeit?« Die SPD habe die Frage auf die Zeit nach 1970 vertagt, ihre Glaubwürdigkeit sei dahin. Zu lange habe er persönlich die Wahlrechtsreform vertreten: Er stehe zu seinem Rücktrittsangebot, sofern keine Klärung mit der SPD stattfinde.

Das brachte Kiesinger in Wallung. Bevor Barzel einschreiten konnte, ergriff der Kanzler das Wort, um sich gegen den Vorwurf Lückes zur Wehr zu setzen, »ich hätte das Thema Wahlrecht leichthin beiseite geschoben«. Anders als Lücke halte er das ganze Problem nicht für eine »Schicksalsfrage«: »Ob wir dieses Wahlrecht haben oder ein anderes, das wird nach meiner Meinung über das Schicksal des Deutschen Volkes nicht entscheiden. Wenn Sie so wenig Zutrauen in die demokratische Kraft des Deutschen Volkes haben, wenn Sie glauben, nur durch eine Änderung, eine konstitutionelle Änderung die Zukunft dieses Volkes bestimmen zu können, dann stecken Sie lieber Ihren politischen Beruf besser heute als morgen auf (*starke Unruhe*). Das ist eine bitterernste Aussage, die ich hier mache. [...] Aber, worin ich dem Kollegen Lücke und allen Freunden in der Fraktion zustimme, ist das, daß ich sage: Ich wäre viel beruhigter über die Zukunft unserer Nation, wenn es gelingen würde, das Mehrheitswahlrecht einzuführen. Das ist eine Aussage, die man mit politischem Augenmaß machen kann. Diese und keine andere.« Dem Kanzler war der Gaul durchgegangen, er hatte Lückes Legitimität als Politiker bestritten. Ein ordentlicher Schuß unter die Gürtellinie.

Die Stimmung kippte von einer Minute zur anderen. Viele Abgeordneten lehnten sich gegen Kiesinger auf, dem die Situation aus dem Ruder lief. Erregt und verärgert, in schroffem Ton, hatte er den sachlichen Dissens tief auf die persönliche Ebene gezogen. Das machte es selbst denjenigen schwer, Kiesinger zu verteidigen, die genug von Lückes Prinzipienreiterei hatten und dem Innenminister die Schuld für die mißliche Lage gaben. Als der Kanzler schließlich für seine Person konstatierte, die Große Koalition wäre nicht um der Wahlrechtsfrage willen gegründet worden, erntete er Zwischenrufe und Pfiffe (letztere nicht nach dem Protokoll, sondern nur nach Zeitungsberichten). Wie schwankend die Stimmung war, zeigt der Applaus wenige Minuten später für Kiesingers Aussage, es sei ihm im November 1966 darum gegangen, »das Unheil einer Minikoalition« von SPD und FDP zu verhindern. Auch sein letzter Satz, die Union habe die Schlacht bereits verloren, wenn sie die Wahlrechtsfrage in den Mittelpunkt der Auseinandersetzung mit der SPD stellen würde, wurde von Abgeordneten mit Beifall quittiert.

Lücke hatte dem Kanzler mit hochrotem Kopf zugehört: Nun sah er keine Alternative mehr zum Rücktritt. Der Kanzler habe seinen Entschluß erleichtert. Er und Kiesinger seien sich in einer zentrale Aussage der Regierungserklärung nicht mehr einig. Kiesinger vernahm es mit aschfahlem Gesicht. Gleich nach der Fraktionssitzung fuhr Lücke in die Villa Hammerschmidt zum Bundespräsidenten, während Reporter Barzel vor dem Fraktionssaal umlagerten. Auf der anschließenden, der Wahlrechtsfrage gewidmeten Sitzung des Kreßbronner Kreises fehlte Lücke. So wurde die CDU zur eigentlichen Verliererin von Nürnberg, weil sie auf das Abbröckeln der SPD keine einheitliche Antwort mehr fand. Demgegenüber war es dem sozialdemokratischen Führungspersonal gelungen, seinen eigenen inneren Konflikt unter Kontrolle zu halten.

Das persönliche Element trat hinzu: Anstatt die Diskussion erstmal laufen zu lassen, hatte der Kanzler den Drang zur sofortigen Verteidigung gespürt und damit den Konflikt auf die Spitze getrieben. Im »Fall Lücke« zeigte Kiesinger deutliche Abnutzungserscheinungen: Der permanente Balanceakt, den er zwischen innerparteilichen Flügeln und dem Koalitionspartner zu vollbringen hatte, forderte seinen Preis – von der Mühsal der ostpolitischen Kurskorrektur, den Streitereien in der westlichen Allianz, den europäischen Konflikten mit de Gaulle und der wachsenden Konfrontation auf den Straßen ganz zu schweigen, dem die persönlich unter die Haut gehenden diffamierenden Angriffe auf den »Nazi-Kanzler« gewissermaßen die Krone aufsetzten.

Von der Bürde seines Amtes fühlte er sich gar erdrückt. Wenige Tage zuvor hatte er ein paar seiner alten Stuttgarter Journalisten *off the record* eingestanden, daß er sich in der Villa Reitzenstein wohler gefühlt habe als im Palais Schaumburg. Die Anforderungen an den Kanzler seien »schier unmenschlich. Man ist nur noch ein armes Arbeitstier. Es ist tatsächlich ungeheuerlich.« Die Verantwortung lastete schwer auf dem Mann: »Man spürt, welche Folgen ein Fehler haben kann«, vor allem in der Außenpolitik. In Stuttgart habe er einmal gesagt, in der Innenpolitik lasse sich nahezu alles korrigieren. In der Außenpolitik gelte das »fast nie«.

Vor allem aber müsse er eingestehen, »daß mich die Arbeit hier politisch nicht voll befriedigt, weil die großen Kontroversen fehlen. Das ist in der Landespolitik anders. Da gibt es die großen Sachfragen, an denen man sich auseinandersetzt. De Gaulle sagt, jeder Staatsmann müsse ›*la grande querelle*‹ haben, ohne die könnte er nicht existieren – den großen Streit.« Adenauer und Erhard hätten es in ihren guten Zeiten besser gehabt: Ihm fehle die große Kontroverse, die die zentrifugalen Kräfte im Zaume gehalten hätte. Weil der »echte politische Impetus fehlt, dringen die partikularen Interessen vor«.

Die Bauern z. B. wären auch früher unzufrieden gewesen, hätten gemeckert und geschimpft: »Aber solange sie die Entscheidung hatten: Wiederbewaffnung oder nicht, Europa oder nicht – haben sie ihr partikulares Interesse diesen großen Alternativen untergeordnet.« Wenn früher unter Adenauer einer wider den Stachel gelöckt hätte, dann hätte der nur sagen müssen: »Die Lage war noch nie so ernst, Kommunisten, die ›bösen Sozis‹ usw. – schon hatte er seine Bataillone hinter sich versammelt.«[566]

Diese *grande querelle*, die Kiesinger erlaubt hätte, die auseinanderstrebenden Kräfte auf eine »Lebensfrage« hin zu orientieren, begann sich gerade eben erst zu formieren. Sie stand unter dem Signum der Ostpolitik und wurde dann nach 1969 von einem anderen als Kiesinger ins Werk gesetzt. Für den Rest der Legislaturperiode wurde die Große Koalition überwiegend zum innenpolitischen Bündnis, das der Regierung Brandt/Scheel auf wirtschafts- und sozialpolitischem Gebiet den Weg freiräumte. Natürlich hätte Kiesinger es gerne anders gesehen. Doch angesichts der parteipolitischen Konstellation fand er sich auf der falschen Seite der außenpolitischen Scheidelinie wieder. In Umfragen war er zwar höchst populär. Doch er wurde mit keinem bestimmten Thema in Verbindung gebracht.[567]

So wurde es für den dritten Kanzler keine »große Politik«, sondern ein ewiger Streit um »Kleinigkeiten«. So hatte er sich das Kanzleramt nicht vorgestellt. Aber wehe dem Kanzler, der den Spaß an seiner Arbeit verliert. Kiesinger trat fast schon so gereizt in den Gremien auf wie einst Ludwig Erhard, als 1965/66 die Hatz auf diesen eröffnet wurde. In kritischen Situation fiel von Kiesinger die Souveränität ab, wie der Konflikt mit Lücke nur zu deutlich illustrierte. Noch in der gleichen Fraktionssitzung vom 26. März kam es zu einer heftigen Reaktion des Kanzlers, als ihn der spätere Bundesvertriebenenministers Heinrich Windelen bat, er möge sich doch öffentlich deutlicher von Brandt distanzieren. Das nahm Kiesinger nicht als wohlmeinenden Rat, über den man hätte diskutieren können. Statt dessen parierte mit einer schneidenden Replik: »Ich brauche keine Ermahnungen. Ich weiß, was ich zu tun habe.«[568]

Gleich im Anschluß an diese denkwürdige Fraktionssitzung trafen sich die Mitglieder des Kreßbronner Kreises, um über die Folgen von Nürnberg zu sprechen. Zunächst wurden in Abwesenheit Kiesingers die provozierenden Äußerungen von Günter Grass verhandelt, der die SPD-Führung in Nürnberg in arge Verlegenheit gebracht hatte. *Coram publico* hatte der Dichter ein vergangenheitspolitisches Scherbengericht über Bundeskanzler und Bundespräsident abgehalten. Den Ärger der Union brachte Barzel zur Sprache. Der Mann, den Grass Willy nannte, rückte vom *spiritus rector* der sozialdemokratischen Wählerinitiative ostentativ ab: »Die Herren der SPD-Seite distanzierten sich entschieden von den Äußerungen«, nahm Staatssekretär Carstens lakonisch zu Protokoll. Schmidt und Möller erklärten, daß vor der Bildung der Großen Koalition eine Diskussion in den SPD-Gremien stattgefunden habe, deren »eindeutiges Ergebnis« gewesen sei, »daß dem Herrn Bundeskanzler nichts Belastendes vorgeworfen werden könne«. Zugleich bedauerten die sozialdemokratischen Mitglieder des Kreßbronner Kreises, daß Carlo Schmid als Diskussionsleiter so wenig Courage bewiesen hatte und Grass' umstrittene Äußerungen hatte passieren lassen.[569]

Danach trat Kiesinger hinzu. Unter der Prämisse, daß die Große Koalition fortgesetzt werden würde, hob er drei entscheidende Differenzpunkte hervor: das Wahlrecht, die Oder-Neiße-Linie und die Mitbestimmung. Zum Wahlrecht stellte er die Frage, warum die SPD ihre Position verändert habe. In der Oder-Neiße-Linie hielt er die Formulierung für akzeptabel, »diese Grenze bis zu einem Friedensvertrag *respektieren*« zu wollen. Von »anerkennen« dürfe nicht gesprochen werden. Partei und Fraktion würden das auf keinen Fall tolerieren. Er sei jedoch davon überzeugt, »daß wir dasselbe wollen + meinen«. Brandt antwortete: Auch er sei für die Fortsetzung der Zusammenarbeit, »wenn's geht«. In der Wahlrechtsreform insistierte er, die Koalition sei »nicht *wegen* dieser Frage gebildet« worden, sondern nur »unter der persönlichen Verantwortung der an den Koalitionsverhandlungen beteiligten Mitglieder der SPD«. Auf der Basis der sogenannten Vierer-Lösung sei weiter eine Einigung möglich. »Das Thema sei keineswegs erledigt.« Brandt wußte es besser, doch er dämmte die Zweifel ein.[570]

Ähnlich stand es in der Ostpolitik. *In puncto* Oder-Neiße wären die Standpunkte leichter anzunähern gewesen, als die Protagonisten selbst glaubten. Für Kiesinger war die Formel des Nürnberger Parteitages akzeptabel, die Bundesrepublik wolle die »gegenwärtigen Grenzen in Europa respektieren«, weil dies unter Friedensvertragsvorbehalt stand. Ihn störte allein die Vokabel. Aber genau darauf lief es hinaus: Brandt hatte davon gesprochen, die Grenzen anzuerkennen *und* zu respektieren und damit verbal eine Differenzierung angedeutet. Nun interpretierte er sich vor dem Kreßbronner Kreis in dem Sinne, beides habe letztlich dasselbe gemeint. Da konnte Kiesinger nicht übertreiben reagieren. Der Kanzler stellte den eigenen Standpunkt als den der Regierung dar, vorbehaltlich einer friedensvertraglichen Regelung schon jetzt mit Polen in Gespräche einzutreten über eine für beide Seiten akzeptable Lösung.[571] Das implizierte die Anerkennung, nahm sie jedoch nicht vorweg. So richtig aber nahm ihm nach Nürnberg niemand mehr ab, daß der Dissens langfristig würde überbrückt werden können. Das untermauerte die Veröffentlichung der KPI-Kontakte, die eine Woche später das politische Bonn zu beschäftigen begann.

Und in der Wahlrechtsfrage? Hier hat die Große Koalition, diese Bewertung sei erlaubt, eine historische Chance vertan. Die Einführung des Mehrheitswahlrechts hätte das westdeutsche politische System mit seinen, aus der Weimarer Erfahrungen erklärbaren, übertriebenen *checks and balances*, die mit der Verschärfung des kooperativen Föderalismus in der Großen Koalition noch auf die Spitze getrieben wurden, nachhaltig reformieren können. Die SPD hatte angesichts eines nicht zu erzielenden innerparteilichen Konsenses in der Wahlrechtsfrage zunächst auf Zeit gespielt und sich dann koalitionspolitisch neu zu orientieren begonnen. In dem im Januar 1968 zum FDP-Parteivorsitzenden gewählten Walter Scheel erwuchs ihr ein kongenialer Partner. Auch die Union war keineswegs darüber erhaben, die Mehrheitswahl parteipolitisch zu instrumentalisieren. Hätte sie 1969 ernsthaft mit der FDP über eine Koalition verhandelt, dann wäre die Wahlrechtsreform als erstes über Bord gegangen. Noch blieb der Großen Koalition mehr als ein Jahr für zahlreiche bedeutende Reformvorhaben. Die Koalitionäre rauften sich wieder zusammen, wenn auch der Zauber gebrochen war. Über kurz oder lang würde Kiesinger Farbe bekennen müssen.

»1968«

Am 11. April 1968, dem Gründonnerstag, wurde auf dem Kurfürstendamm zu Berlin auf Rudi Dutschke, den führenden Kopf des Sozialistischen Deutschen Studentenbundes (SDS), ein Attentat verübt. Täter war der 23jährige arbeitslose Hilfsarbeiter Josef Bachmann aus München, ein »Republikflüchtling« wie Dutschke. Dem Vernehmen nach hatten ihn Schlagzeilen in der *Bild*-Zeitung zu seinem Handeln motiviert.

Noch am selben Abend kam es zu einer Welle von Protestdemonstrationen vor dem direkt an der Berliner Mauer gelegenen Springer-Hochhaus, das schon des öfteren im Mittelpunkt gewalttätiger Auseinandersetzungen zwischen Polizei und Demonstranten gestanden hatte. Diesmal setzten die Demonstranten Molotow-Cocktails ein, die, wie sich später herausstellen sollte, ein Agent des Innensenators den Demonstranten zur Verfügung gestellt hatte. 27 Polizisten wurden verletzt, zu Löscharbeiten herbeieilende Feuerwehrmänner verteidigten sich mit dem Spaten. Die Unruhe breitete sich schnell nach Westdeutschland aus und steigerte sich über Ostern zu einem veritablen Sturm. In 26 Städten kam es zu Protestdemonstrationen, an denen sich nach Schätzung des Bonner Innenministeriums täglich zwischen fünf- und achtzehntausend Demonstranten beteiligten. Insgesamt 550 Personen wurden festgenommen.[572]

Obwohl die politische Gärung seit geraumer Zeit für Gesprächsstoff im Bundeshaus sorgte, kam die plötzliche Zuspitzung für das politische Bonn überraschend. Die Bundeshauptstadt lag verwaist, Minister und Abgeordnete verbrachten die Feiertage in ihren Wahlkreisen. Kiesinger hatte sich nach Bebenhausen zurückgezogen. In den hektischen Tagen kurz vor Ostern war mit Ernst Benda ein Nachfolger für Paul Lücke gesucht und gefunden, eine kleinere Koalitionskrise aufgrund der KPI-SPD-Kontakte abgewendet und der Haushalt 1968 über die Runden gebracht worden. Von dem Attentat erfuhr Kiesinger während eines Waldspaziergangs im Schönbuch. Noch vom Auto diktierte er ein Telegramm an die Frau des Opfers. Dieses verlas Conrad Ahlers kurze Zeit später im Fernsehen.573

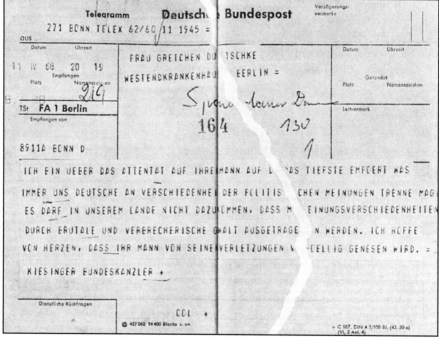

Telegramm des Bundeskanzlers an Dutschkes Frau:
»Ich bin über das Attentat auf Ihren Mann aufs tiefste empört. Was immer uns Deutsche an Verschiedenheit der politischen Meinung trennen mag, es darf in unserem Land nicht dazu kommen, daß Meinungsverschiedenheiten mit Gewalt ausgetragen werden. Ich hoffe von Herzen, daß Ihr Mann von seinen Verletzungen völlig genesen wird.«

»1968«

Am Karfreitag tat Kiesinger, was von einem Regierungschef in einer derartigen Situation erwartet wird: Er brach seinen Urlaub ab und flog zurück nach Bonn. In Bebenhausen war die Verbindung zum Kanzleramt schlecht, der Schutz des Kanzlers nicht zu gewährleisten. Zurück in Bonn ließ er sich über die Sicherheitslage informieren, die sich, aus Sicht des Kanzleramtes, alles andere als zufriedenstellend erwies: Die Polizeihoheit lag bei den Ländern, denen die Bundesregierung keinerlei Weisung erteilen konnte. Um die Verbindung zu der für den Schutz der Bundesregierung zuständigen nordrhein-westfälischen Landesregierung herzustellen, ließ Kiesinger den Inspekteur der Bereitschaftspolizeien der Länder kommen, einen Beamten des Innenministeriums.[574] Völlig aus der Schußlinie, im wahrsten Sinne des Wortes, war Kiesinger übrigens nicht. Das wurde seinen Begleitern schlagartig bewußt, als sich Ende April im baden-württembergischen Wahlkampf ein verhinderter Nachahmer Bachmanns noch vor vollbrachter Tat der Polizei stellte.[575]

Wer trifft das richtige Wort, wenn Millionen auf eine Erklärung warten? Selbst die simple menschliche Geste wurde Kiesinger negativ ausgelegt. Gretchen Dutschke gab den ungeöffneten Umschlag einem Begleiter, der das Telegramm demonstrativ zerriß. Munition für den *Spiegel*, der seinem Spott über den »Kanzlerdarsteller« freien Lauf ließ.[576] Auch der ehemalige Berliner Regierende Bürgermeister Heinrich Albertz, ein Jahr zuvor, während der Demonstrationen gegen den Schah-Besuch im Juni 1967, noch einer der Härtesten der Harten, nun zum verständnisvollen Mentor der Studentenbewegung mutiert, untermauerte *sein* Damaskus-Erlebnis mit der Empfehlung, Zurückhaltung mit Telegrammen zu üben. Für manche sei »offenbar nur ein verletzter Dutschke ein guter Dutschke«. Das sei »unter aller Kanone«, meinte Kiesinger vor einem Kreis von Journalisten: Natürlich sei Dutschke sein politischer Gegner. Als solchen nehme er ihn ernst. »Mit ›gut‹ oder ›nicht gut‹ hat das nichts zu tun.« Auch ein erklärter Feind der freiheitlich-demokratischen Grundordnung sei für ihn ein Mann, »der es wie jeder andere verdient, daß man in einem solchen Fall auf seine Seite tritt und sich mit Entrüstung und Empörung gegen ein solches politisches Attentat ausspricht«.[577]

Im CDU-Bundesvorstand hagelte es Vorwürfe. Kiesinger hätte es doch bei einer Erklärung bewenden lassen können, anstatt der »Witwe« ein Telegramm zu schicken.[578] Als der vorzeitig von einer Ostasienreise zurückgekehrte Barzel sich am Ostermontag auf dem Frankfurter Flughafen mit seinem CSU-Stellvertreter Stücklen traf, meinte der Bayer, er halte die Protestdemonstrationen für eine Angelegenheit der Polizei, nicht der Politik. Franz Josef Strauß soll Kiesinger wegen des Telegramms an Gretchen Dutschke eine empörte Szene gemacht haben.[579] An den Stammtischen ging

617

die Parole um, dem Dutschke sei »ganz recht« geschehen. Drohte der Gegenschlag von rechts? Drohten »Weimarer Verhältnisse«, wie es gereizten politischen Phantasien erschien? Kiesinger kannte die Schriften von Dutschke, in denen der Studentenführer unter Berufung auf den kubanischen Revolutionär Che Guevara seine Strategie offengelegt hatte: Durch »planmäßige politische Aktionen« war der »repressive Charakter« des »Systems« bloßzulegen. Manche Demonstranten würden es geradezu darauf anlegen, den Anschlag auf Dutschke als Ausdruck »repressiver Gewalt« hinzustellen und darauf in einem Akt der »Notwehr« gewalttätig zu reagieren. Eine solche Eskalation gelte es zu verhindern. Indem der Staat »fest und klar« reagiere, werde der Rechten der Wind aus den Segeln genommen.[580]

Am Karsamstag um die Mittagszeit trat Kiesinger vor die Kameras. Zunächst verurteilte er den »verbrecherischen Anschlag« auf Dutschke. Danach warnte er »radikale studentische Gruppen«, das Attentat als Anlaß zur »Zerstörung unserer parlamentarisch-demokratischen Ordnung« zu nutzen. Das Recht zur politischen Meinungsäußerung sei kein Freibrief für Gewalttätigkeiten. Der Staat wolle unnötige Opfer vermeiden, doch seien Gegenaktionen aus der Bevölkerung zu befürchten: »Um eine solche unheilvolle Entwicklung zu vermeiden, muß sich der weit überwiegende Teil der Studentenschaft, der für die Aufrechterhaltung unserer demokratisch-parlamentarischen Ordnung eintritt, den radikalen Rädelsführern verweigern.« Er appelliere, sich auf den Boden des Rechts zurückzubegeben: »Ich warne sie vor den dann unvermeidlichen Folgen, für die sie die Verantwortung tragen müßten. Ich weiß mich in der Entschlossenheit, keine gewaltsame Störung der rechtsstaatlichen Ordnung, komme sie von wem sie wolle, zu dulden, mit unserem Volke einig.«[581]

Reichte es aus, eine deutliche Linie zu Rechtsbruch und Gewalt zu ziehen? *Ex post* erwuchs Kiesinger der Vorwurf, er habe in seiner ersten Reaktion versäumt, »die unerläßliche Erklärung« anzufügen, »zum Dialog bereit zu sein und dabei auch die Fehler des Staates einzubeziehen«.[582] Das stammt vom damaligen Unionsfraktionsvorsitzenden Rainer Barzel, dessen Kritik sich der Berliner Zeithistoriker Arnulf Baring in seiner klassischen Studie *Machtwechsel* zu eigen machte, indem er die Reaktion des Kanzlers vom Karsamstag mit der Heinemanns vom Ostersonntag verglich. Heinemann sei der »Mann der Stunde« gewesen, Kiesinger völlig abgefallen, dem Kanzler der Mantel der Geschichte entglitten.

Tatsächlich trat Justizminister Heinemann als Sprecher der SPD einen Tag nach Kiesinger vor die Mikrophone, als sich die Lage bereits übersehen ließ: Der Tenor war selbstkritisch um Verständnis ringend. Das machte »Gustav, Gustav« – so genannt, weil er einen doppelten Doktortitel trug – zum Sprecher »der linken Mitte«, die ihn ein Jahr später zum Präsidenten kürte: Die Unruhe, so Heinemann, rufe »uns alle zu einer Besinnung. Wer mit dem Zeigefinger allgemeiner Vorwürfe auf den oder die vermeintlichen Anstifter oder Drahtzieher zeigt, sollte daran denken, daß in der Hand mit dem ausgestreckten Zeigefinger zugleich drei andere Finger auf ihn selbst zurückweisen. Damit will ich sagen, daß wir alle uns zu fragen haben, was wir selber in der Vergangenheit dazu beigetragen haben könnten, daß Antikommunismus sich bis zum Mordanschlag steigerte und daß Demonstranten sich in Gewalttaten der Verwüstung bis zur Brandstiftung verloren haben.« In seiner bildhaften Diktion hatte Heinemann Alten *und* Jungen ins Gewissen geredet. Danach tat er, was seines Amtes war, und distanzierte sich von den Gewalttaten.[583]

Fehlte Kiesinger selbstkritische Einsicht, Bereitschaft zum Dialog? Überschätzte er die Gefahr eines Gegenschlags von rechts? Gleich im Anschluß an seine Fernsehansprache gab er dem Westdeutschen Rundfunk ein Interview, in welchem er die von Barzel/Baring retrospektiv angemahnte Gesprächsbereitschaft zum Ausdruck brachte: Man werde dem Protest politisch nur dadurch begegnen können, indem man versuche, »mit diesen Studenten, soweit sie guten Willen dazu haben, in Gedankenaustausch zu bleiben«. Damit war zweierlei ausgesagt: Zum einen stand Kiesinger, in seiner Sicht der Dinge, bereits im Dialog mit den Studenten – warum sollte er sonst darin »bleiben«? Zum anderen forderte er guten Willen auch von der anderen Seite. War dies die Überheblichkeit der Älteren, welche die ersten Schritt zu tun nicht bereit waren?

Es hatte eine Vorgeschichte gegeben und Barzel mußte dies wissen: Als nach dem Tod Benno Ohnesorgs am 2. Juni 1967 schwere Proteste Berlin erschütterten, hatte Dutschke aus *politischen* Gründen ein Gespräch des Kanzlers mit den Berliner Studentengruppen bewußt verhindert.[584] Hatte Dutschke gefürchtet, der konziliante Kiesinger würde einen Keil zwischen die radikale Fraktion um den SDS und die übrigen Studenten treiben können? Nur am Rande einer Berliner Fraktionssitzung hatte ein inoffizielles Gespräch Kiesingers mit einigen »Nicht-Organisierten« stattgefunden.

Die nächste Gelegenheit hatte sich am 29. Juni 1967 ergeben, mitten in den Wirren um die MiFriFi, am Vorabend der ersten großen Notstandsdebatte. An diesem Abend hatten Kiesinger, Brandt, Mende und Strauß an einer präzedenzlosen Veranstaltung im Bonner Juridicum teilgenommen, auf der die Vorsitzenden der vier im Bonner Parlament vertretenen Parteien im Rahmen der ZDF-Fernsehreihe »Journalisten fragen – Politiker antworten« 75 Minuten lang mit Studenten diskutierten. Die Veranstaltung war lange friedlich verlaufen, bis sich eine Gruppe von Demonstranten mit Gebrüll und Plakaten den Weg in den Hörsaal zu bahnen begann. Das Spektakel hatte seinen Lauf genommen, der Rest war in Sprechchören untergegangen. Als Moderator hatte Reinhard Appel die Sendung mit der hilflosen Geste abgebrochen, die Sendezeit sei überschritten. »Diese Herren« – er hatte die hinzudrängenden Demonstranten gemeint – wollten »sich gern Aufmerksamkeit verschaffen, ohne darüber nachzudenken, wie man an die hier anwesenden politischen Repräsentanten gezielte Fragen für Informationen stellen kann«.[585] Direkt im Anschluß war Kiesinger zu einem Gespräch der Fraktion mit Vertretern des Dachverbandes der Studierenden, des VDS (Verband deutscher Studenten), geeilt. Bei seinem Abschied nach Mitternacht hatte Kiesinger die Summe gezogen, daß es möglich sein müsse, zu einem *Modus vivendi* zwischen Politikern und Studierenden zu finden, »bei dem wir in regelmäßigen Abständen zusammenkommen und miteinander die brennenden, die aktuellen Probleme besprechen«.[586]

War Kiesinger am Dialog nicht interessiert? Versagte sein Vermittlungstalent an der Aufgabe, Ältere und Junge zusammenzubringen? Kam er mit der neuen Zeit nicht zurecht? Verstand er »das Anliegen dieser Jugend und ihre Formen der Auseinandersetzung« nicht, wie Bundesjustizministerin Brigitte Zypries aus Anlaß einer Würdigung zu seinem 100. Geburtstag meinte?[587] Schon privat hatten sich unzählige Möglichkeiten zu einem Gespräch ergeben. Als Bürger der Universitätsstadt Tübingen und Vater zweier Studierender war Kiesinger seit Jahren Augenzeuge der wachsenden studentischen Unruhe geworden. Noch kurz vor den Osterunruhen, am Abend des 6. April, war ihm von zwei Tübinger SDS-Vertretern, Jutta Bahr und Klaus Behnken, ein Mao-Bild mit der ironischen Widmung »Kraft und Freude bei der Durchsetzung der Notstandsgesetze« zum Geburtstag überreicht worden. Das wirkte eher komisch und nicht im geringsten konfrontativ. Ein vergnügter Kiesinger nahm das Präsent mit der Bemerkung entgegen: »Ach, Sie mit Ihrem Mao, von dem kommt ja gewiß kein Friede. Ich verstehe ja, wenn Sie gegen das Establishment sind, aber nicht mit Mao.«[588]

Nun, nach den Osterunruhen signalisierte er erneut Gesprächsbereitschaft, wenn auch unter dem damals üblichen Vorbehalt eigentlich aller Bonner Politiker: Mit dem SDS würde er reden, wenn dieser sich, wie alle anderen, von der Gewalt distanziere. Genau diese Einsicht hatte der SDS in Kiesingers Augen vermissen lassen, als am Ostermontag in München zwei Unbeteiligte durch Steinwürfe demonstrierender Studenten ums Leben gekommen waren, darunter der Kiesinger gut bekannte Pressefotograf Klaus Frings, der ihn über Neujahr 1967/68 einige Tage in Österreich im Urlaub begleitet hatte. An diesem Punkt hatten sich auch die meisten studentischen Gruppierungen von der »Gewalt gegen Sachen« distanziert. Von der Humanistischen Union hatte Kiesinger einen entsprechenden Brief erhalten.[589] Der SDS konnte und wollte sich zu einer solchen Geste freilich nicht durchringen.

Zwei Wochen später, am Tag nach der baden-württembergischen Landtagswahl, traf sich Kiesinger im Gästehaus Scheufelen in Stuttgart mit Vertretern des VDS. Diese wurden in einer Luftwaffenmaschine eingeflogen, gemeinsam mit Carstens und Ahlers. Wie das VDS-Vorstandsmitglied Pätzoldt anschließend vor der Presse erklärte, sei man nicht mit großen Hoffnungen in dieses Gespräch gegangen. Immerhin sei jedoch »Verständnis für manche Positionen des anderen geweckt worden«.[590]

Obwohl der Faden keineswegs gerissen war, haben sich die dramatischen Bilder der Jahre um 1968 als eine Art kopernikanische Wende der Nachkriegszeit in das bundesdeutsche Gedächtnis eingegraben und beschreiben eine klare Konfrontation. Gegen die Suggestivkraft medial immer neu inszenierter Straßenschlachten ist historisch schwer anzuschreiben. Dennoch: Das Foto des lächelnden Kanzlers an der Kaffeetafel im Gästehaus Scheufelen, im Gespräch mit Vertretern des VDS, gehört ins Jahr 1968 – so wie der Fotojournalist Michael Ruetz in seinen Band ein Bild von Kiesinger im Gespräch mit dem Hamburger AStA-Vorsitzenden Knut Nevermann aufgenommen hat, der dem Kanzler einen Protestbrief gegen die Notstandsgesetze überreicht.[591] In Fernsehdokumentationen hingegen wird der drohende, vor Wut rasende Kanzler bevorzugt, der anscheinend die Selbstbeherrschung verliert. Sieht man genau hin, dann war der bürgerlich-liberale Kiesinger wie die meisten Bonner Politiker am Gespräch mit den Studierenden brennend interessiert. Heinemann war beleibe nicht der einsame Rufer in der Wüste. Er wurde dazu gemacht.

Gewiß war Kiesinger nicht frei von autoritärem Gehabe und trieb der NPD im Wahlkampf 1969 die Wähler mit dem Ruf nach *law and order* weg, was überhaupt die größte Sorge für die Christdemokraten war: eine ähnliche Polarisierung auf der Rechten zu vermeiden. Immerhin hatten die Rechtsradikalen kurz nach den Osterunruhen in den baden-württembergischen Landtagswahlen zehn Prozent der Wählerstimmen bekommen und waren drittstärkste Fraktion geworden.

Unter dem Strich überwogen Interesse und Fragen, in die sich Unverständnis mischte ob der gewaltsamen Demonstrationen: »Es ist gar nicht alles, was sich da zur Oberfläche drängt, zu verwerfen«, so Kiesinger kurz nach den Osterunruhen: »Zum Beispiel sympathisiere ich durchaus mit dem Protest bestimmter studentischer Gruppen gegen bestimmte Erscheinungen der modernen technologischen industriellen Welt. […] Im Grunde genommen ist diese Gegenwehr gegen das unmenschliche Element in dieser modernen technologischen Welt etwas durchaus Sympathisches. Nur darf es nicht zu einer bilderstürmerischen Haltung führen, zu dem Willen, erst einmal alles einzureißen, um dann Schönes und Vollkommenes aufzubauen. Denn wenn das sich durchsetzen würde, dann würde es enden, wie alle Schwarmgeisterei der Geschichte immer geendet hat: in Blut und Tränen.«[592] Ein Stück weit kulturpessimistischer Modernisierungskritiker war er schließlich selbst mal gewesen, denkt man an sein Gedicht aus der Arbeitswelt 1923 zurück. Seine Generation hatte die nationalsozialistische »Machtergreifung« erlebt und war in gefährliche Nähe zu einer mörderischen Utopie gekommen.

Dieser Hang zur Utopie hat Kiesinger neben der ausbleibenden Distanzierung von der Gewalt am meisten bedrückt. Der Vergleich mit Weimar drängte sich vielen auf: etwa Henry Kissinger, der in den dreißiger Jahren mit seiner Familie aus Deutschland hatte flüchten müssen. Für Kissinger waren die Studenten »nazistischer als etwa die NPD«.[593] Weimar, so Kanzler Kiesinger im März 1969, habe nur 15 Jahre lang gedauert, während die Bundesrepublik in diesem Jahr ihren 20. Jahrestag begehe. Weimar sei »für die ältere Generation eine große Lehre gewesen, und gerade weil diese Zeit und das, was danach kam, eine Lehre war, ist es in den letzten 20 Jahren gelungen, im freien Teil Deutschlands ein Staatswesen aufzubauen, das sich mit Stolz der Welt zeigen kann. Damit will ich nicht sagen, daß es ein vollkommenes Staatswesen ist. Etwas Vollkommenes gibt es in dieser Menschenwelt nicht. Nur wenn wir uns dessen bewußt sind, können wir einen guten Staat schaffen und eine gute Politik machen, so, wie sie eben menschlich ist. (*Beifall, Pfiffe, Trillerpfeifen.*) Das trennt uns von eben jenen utopischen Geistern, die immer wieder das Erreichte niederreißen wollen, um irgend etwas Imaginäres zu verwirklichen. Das sage ich vor allem jenem Teil unserer Jugend, die einen solchen utopischen Traum träumt. Sie muß wissen – und wir Alten, die wir es wissen, müssen es ihr sagen –, daß ein solcher Traum in die Katastrophe führt!«[594]

Rein physisch stellte der Konflikt mit der APO den 64jährigen Kanzler vor eine große Herausforderung. Er war ein passionierter und erfahrener Wahlkämpfer, der in den frühen fünfziger Jahren gelernt hatte, wie man sich massiver Störungen erwehrte. Doch unter den Bedingungen der späten sechziger Jahre gerieten Wahlkämpfe zur Tortur. Was sich in Baden-Württemberg im März/April 1968 zusammenbraute, war für Kiesinger völlig neu. Als Kiesinger bei der Eröffnung des Landtagswahlkampfes am 3. März 1968 in Freiburg auf das Podium stieg, kam der Beifall der CDU-Getreuen minutenlang nicht gegen die Buhrufe der Studenten an. Als Ordner einen besonders hartnäckigen Zwischenrufer vom Platz zerrten, bewies Kiesinger Nervenstärke: »Darf ich Sie bitten, alle hier im Saal zu lassen, niemanden niederzuzwingen.« Ordner und Störer waren gleichermaßen verdutzt.

»1968«

Mit dem Ausspruch: »mich feuert so etwas an« ging Kiesinger in die Offensive. Stichwörter wie Vietnam, Ostpolitik und Rüstung spornten die Gegner ihrerseits zu Zwischenrufen an. Kiesinger parierte mit populären Sprüchen, die sein eigenes Publikum zu Beifallsstürmen hinrissen: »Ich möchte mal erleben, wenn Ihnen der Schnabel verboten würde unter einem totalitären System.« Auf dem Höhepunkt der rhetorischen Saalschlacht wurden Dutschke und seine Anhänger als »Typen pueriler Wiedertäufer« disqualifiziert. Erst gegen Ende kehrte Kiesinger in ruhigere Fahrwasser zurück, als er seine Vision einer europäischen Friedensordnung beschwor. Dagegen hatten selbst hartgesottene Protestierer nicht viel einzuwenden.[595]

Eine wenig glückliche Hand bewies Kiesinger in Biberach, einer seinem alten Wahlkreis benachbarten CDU-Hochburg im tiefschwarzen Oberland, wo nicht mit Störern zu rechnen war. Aber Stadtpolizei und örtliche Organisation kannten die Taktiken der APO noch nicht. Eine wohlmotorisierte, mit Megaphonen, Trillerpfeifen, Plakaten und Spruchbändern ausgestattete Konstanzer Studentengruppe eilte dem Kanzler auf seiner Wahlkampfreise durch die oberschwäbische Provinz voraus. Traf der Kanzler am Ort seiner Rede ein, dann hatten sich die Demonstranten schon mit Spruchbändern und Trillerpfeifen vor dem Podium aufgebaut. Nach der dritten oder vierten Veranstaltung, eben in Biberach, platzte Kiesinger der Kragen. Als die Demonstranten zum dritten Mal das Lied anstimmten, »Maikäfer flieg, in Vietnam ist der Krieg, bei uns ist bis jetzt noch Ruh, schlaf CDU«, forderte er die Bürger auf, die Störenfriede ohne Gewaltanwendung vom Platz zu räumen.

Konrad Adenauer, so einige in Kiesingers Stab, hätte die sangesfreudigen Demonstranten mit einer humorvollen Bemerkung zum Schweigen gebracht: »So, und nun singen wir dat schöne Liedschen alle zusammen und mit dem Schlußsatz ›dank CDU‹ nochmals.« Über derartigen Mutterwitz verfügte Kiesinger nicht. So wurden die »Krakeeler« mit Hilfe einiger kräftiger Leute von der Jungen Union vom Platz entfernt. Die Spannung entlud sich im Applaus der »schweigenden Mehrheit«. Der Kanzler habe »den Mob losgelassen«, so brachten es aber die Abendnachrichten. Selbst der Kiesinger-freundliche *Welt*-Korrespondent Graf von Finckenstein empfand ob der Szene Beklemmung, als ein junges Mädchen am Boden rollte und die Polizei Schüler in Handschellen abführte. Für einen Kiesinger-Verächter wie den Chef-Korrespondenten der *Süddeutschen Zeitung* Hans Ulrich Kempski war das ein gefundenes Fressen. In seinem Blatt wurde ein gereizter Schön-Wetter-Kanzler vorgeführt, der in Bonn den starken Mann markieren wollte und in der Provinz nicht einmal mit einer Handvoll Gymnasiasten fertigzuwerden verstand.[596]

So simpel war es natürlich nicht. Meist hatte Kiesinger die Situation im Griff – nur daß sich das nicht in Schlagzeilen verwerten ließ. Am Ende dieses langen Wahlkampftages, nach einem Dutzend Auftritten quer durch Oberschwaben, erfocht Kiesinger in Konstanz dann doch noch einen großen Sieg. Davon nahm die damalige Öffentlichkeit nicht mit der gleichen Intensität Notiz. In Konstanz war die letzte Versammlung des Tages geplant. Die Stadt betrat Kiesinger von Überlingen über den Bodensee herkommend durch eine Gasse von Transparenten: »Wir grüßen Euch, König Silberzunge« und »Schöner Mann – was nun?« Im alterehrwürdigen Konzilssaal empfing Kiesinger ein ohrenbetäubender Lärm. Alles war »proppenvoll« mit unbotmäßigen Studenten – so Kiesinger in seinem Bericht wenige Tage später vor der Fraktion –, die sich vorab die Sitzplätze im Saal gesichert hatten. Als der Kanzler das Podium betrat, wurde es für einen Augenblick still. Es knisterte vor Spannung. Kaum begann er zu reden, erhob sich das Getöse von neuem. Kiesinger versuchte es mit einem alten Trick: Ob sich die Mehrheit von einer Minderheit terrorisieren lasse? Hunderte von Studenten erhoben sich. Er machte die Gegenprobe. Das brachte fünf klägliche Reihen, 50 oder 60 Honoratioren, »auf etwas wackelige Beine«.[597]

Kiesinger besann sich auf seine Repetitorenqualitäten: »Also gut«, meinte er, »wenn ich nicht reden soll, wer soll dann reden? Kommen Sie doch hier herauf und sagen, was Ihrer Meinung nach gesagt werden müßte.«[598] Nach kurzer Verwirrung betrat ein junger Mann zögernd die Bühne, »mit großem Applaus, aber auch mit freundlichem Spott begrüßt«. Der Kanzler bat ihn mit ausgesuchter Höflichkeit um seinen Namen. Der Saal amüsierte sich. Ein Rededuell entwickelte sich, in dem Kiesinger, so konzedierte Hermann Schreiber vom *Spiegel*, sich »nahezu unempfindlich gegen Majestätsbeleidigungen« zeigte: »Er räumte den garstigen Gegenrednern das Pult, hörte sich ihre frechen Fragen an und antwortete unverdrossen wie ein politischer Repetitor, dessen Renommee davon abhängt, daß er eine intelligente, aber aufsässige Klasse gut durchs Examen bringt. Und als er in Fragesteller Alois Badura den Sohn eines im Kriege gefallenen Freundes erkannte, wurde er gar familiär.« Der Konstanzer Universitätsgründer hatte das Blatt gewendet.[599]

Als er die Studenten als »meine ungebärdigen Söhne« zu ironisieren begann, scholl es ihm »Vati, Vati« entgegen. Zur Überraschung der »Ketzer von Konstanz« erwies sich der Kanzler als ein Mann, der nicht nur als Universitätsreformer neue Bahnen gebrochen hatte und darauf ganz einfach stolz war. Er kannte seinen Marcuse besser als mancher Student und hatte »alles, was Rudolf Dutschke geschrieben und gesagt hat«, gelesen. Ein Verbot des SDS hielt Kiesinger für möglicherweise den gleichen Fehler »wie damals das Verbot der KPD«. Er lud eine Abordnung von Ingenieurstudenten zu einem Gespräch ins Kanzleramt ein, um die Möglichkeiten der Erhebung ihrer Institution zu einer Hochschule zu prüfen. Er versprach, dem Rundfunk-

und Pressemonopol (also Springer) »mit allem Ernst zu Leibe« zu rücken, und kündigte eine Dokumentation über seine NS-Vergangenheit an. »Als er schließlich nach anderthalb Stunden mit vor Anstrengung hoch gerötetem Gesicht die Walstatt verläßt, umspielt ein selbstbewußtes Lächeln seine Lippen. Er geht als Sieger.«[600]

Ein hart erkämpfter Sieg. Das ließ nicht ohne weiteres wiederholen. Der Union fehlte eine Taktik, um Störungen abzuwenden. Denn die APO hatte die CDU-Spitze systematisch ins Visier genommen. So blieb auch der um Verständnis ringende Barzel von derartigen Erfahrungen nicht verschont.[601] Die lokalen Organisatoren waren oft schlicht überfordert. Der Fraktion empfahl Kiesinger, die eigenen Leute rechtzeitig mit Bussen herbeizukarren und die Türen zu den Versammlungslokalen nicht vorher zu öffnen, »damit wirklich wenigstens ein guter Teil unserer Leute drin ist, denn so ein bißchen Ermutigung braucht man ja auch. Ich habe Konstanz durchgestanden; aber Sie können sich denken, so einfach war es nicht.«[602]

Ein Leitfaden der CDU-Bundesgeschäftsstelle, der von Kiesingers Berichten beeinflußt wurde, machte diese Erfahrungen allen Kreis- und Ortsverbänden zugänglich. Es beginnt mit dem entwaffnenden Satz: »Die traditionelle Wahlkundgebung ist tot, zumindest liegt sie in den letzten Zügen.« Selbst bürgerliche Kreise würden mittlerweile »Diskussion« erwarten. Im übrigen sei der Phänotyp des organisierten Störers leicht zu erkennen: »Meist handelt es sich um Gruppen von Jugendlichen, die schon durch ihren Haarwuchs und ihre liederliche Kleidung auffallen; sie versuchen stets in die vordersten Sitzreihen zu gelangen.« Den Störern sei »jeder Art von Höflichkeit« vollständig abhanden gekommen. Selbst höchste Repräsentanten des Staates würden mit Zwischenrufen wie »Schwätzer« und »Lügner« bedacht. Lasse man sie zu nahe an das Mikrophon heran, werde der Lärm potenziert und der Redner komme überhaupt nicht zum Zuge.[603]

Was könne man dagegen tun? Nur in Grenzen sei eine Abschottung möglich. Die eigene treue Klientel würde sonst verprellt. Man solle die eigene Mannschaft vor Öffnung des Saales »taktisch richtig« verteilen, die ersten zwanzig Reihen gut mit Anhängern der Union gefüllt – eine Stunde vor Veranstaltungsbeginn und bevor sich die APO am Eingang zu tummeln begann: »Sonst hätten sie uns ja bei der ›Manipulation‹ erwischt.« Das Establishment lernte von seinen Gegnern: Mitglieder sollten durch eigene Sprechchöre für Ruhe sorgen. Mikrophone und Rednerpult wurden hoch im Raum angebracht, Kabel für die Lautsprecher nicht frei im Saal verlegt – sie würden sonst abgeschnitten. Die Ordner sollten nicht mit Gewalt vorgehen, sondern einzelne Störergruppen isolieren. Würden Megaphone unter Einsatz physischer Kräfte entwendet, drohe die Gefahr der Solidarisierung. Selbst die zum

Einheizen so gerne verwendete Volksmusik mußte aus dem Vorprogramm verbannt werden: »Musikalische Begleitung führt die anwesenden Störer häufig in einen Art Jux- und Karnevalsstimmung, aus der heraus sie später dann besonders aktiv werden.« In der Diskussion empfehle sich, Sprecher aus Junger Union und RCDS nach vorne zu schicken. Es dürfe sich nicht wiederholen, was dem Kanzler in Konstanz und Heidelberg widerfahren sei, als er völlig auf sich allein gestellt Rede und Antwort habe stehen müssen.

Und wie war inhaltlich der Studentenbewegung zu begegnen? Das stellte in Kiesingers Sicht keine besondere Herausforderung dar. In Konstanz, Heidelberg und Mannheim hätten die studentischen Demonstranten ein »jammervolles Bild geistiger Hilflosigkeit und Ignoranz« geboten. Argumente würden so gut wie gar nicht vorgetragen, »nur Phrasen, nur Schlagworte«.[604] Die Diskussionsbeiträge konzentrierten sich auf einen überschaubaren Komplex: Vietnam, Notstand und Springer. Das alles sei mehr oder weniger ausführlich in *Konkret* und dem *Kursbuch* nachzulesen und werde in Veranstaltungen nachgeschwätzt. Es zeige sich, »daß die Angehörigen der APO schlecht und nur oberflächlich informiert sind; ihre Informationen beziehen sie meistens aus dem ›Spiegel‹ sowie aus Veröffentlichungen der eigenen Richtung«. Der Redner könne typische Fehlinformationen sachlich leicht richtig stellen. Dies aber müsse »ohne jeden Ausdruck des Triumphs« geschehen. Nach Ablauf der Fragestunde müsse der Redner Gelegenheit haben, die Gutwilligen in einem Schlußwort anzusprechen »und für einen triumphalen Abgang zu sorgen«. Zu warnen sei vor dem Absingen der Nationalhymne am Ende der Veranstaltung, was bis dahin zum guten CDU-Ton gehört hatte. Dem Mißbrauch werde Tür und Tor geöffnet. Die Störer nähmen keinerlei Rücksicht auf die nationale Symbolik: »Die Empörung der Gutwilligen über das Benehmen der Störer während der Nationalhymne kann zu ernsthaften Zusammenstößen (etwa durch Absingen der ›Internationale‹ von sitzenden Störern) führen, die eine Versammlung zum Schluß noch sprengen und den guten Eindruck ihrer Durchführung, vor allem für die anwesende Presse usw., verwischen.«[605]

Von essentieller und langfristig wohl auch historischer Bedeutung waren die Auswirkungen des Jahres 1968 auf die Medienlandschaft. Hier lag ein enormes Handicap auf Unionsseite. Während die linksliberale Mitte vom *Spiegel* über *Stern, Zeit, Süddeutsche Zeitung* bis hin zur *Frankfurter Rundschau* recht offen für eine sozial-liberale Koalition plädierte und in diesem Kontext die Auseinandersetzungen mit der APO entsprechend bewertete, war die CDU-nahe Presse – *Welt, Frankfurter Allgemeine Zeitung, Christ und Welt* und *Rheinischer Merkur* – nach Kiesingers Eindruck gespalten. Medienpolitisch schien ihm der Wind ins Gesicht zu blasen. Während beispielsweise Kempski in der *Süddeutschen Zeitung* die Biberacher Prügelszene breit aufgemacht hatte, blieb die Konstanzer Diskussion unerwähnt. Auch das Fernsehen griff nur den Biberacher Vorgang heraus, »um deutlich zu machen, da wollte er sich wieder autoritär durchsetzen« (so Kiesingers Klage vor dem Bundesvorstand).

In Heidelberg hingegen habe ein »gekaufter dpa-Mann« aus Stuttgart berichtet, »der Kanzler sei gezwungen worden, seine Rede abzubrechen, und man habe den Eindruck gehabt, der Kanzler sei untergegangen«. In Wahrheit habe er sich in Heidelberg in Konstanzer Manier durchgesetzt, gegen 2.500 Gegner bei nur 1.000 Unionsanhängern. Wenn »so ein Kerl wie dieser dpa-Mann etwas sagt, und die ganze baden-württembergische Presse übernimmt diese Meldung. So etwas muß sich natürlich negativ auswirken. Dann sind die ganzen Anstrengungen, die man unternimmt, vergeblich.«[606] Doch gegen *Stern* und *Spiegel* schien kein Kraut gewachsen, wie führende Unionspolitiker lamentierten, als nach den Osterunruhen eine Welle gehässiger Artikel über die Republik geschwappt sei, die die Schuld recht einseitig der Union in die Schuhe schöben.[607]

Politisch zielte Kiesinger auf einen Entsolidarisierungseffekt zwischen dem SDS und den übrigen Gruppierungen. Dem SDS gelinge es nur aufgrund seiner Radikalität, so viele Studenten zu »Mitläufern seiner Aktionen« zu machen. In Wirklichkeit dächten die Studenten nicht soviel anders als der Rest der Bevölkerung. Umfragen hätten erbracht, daß selbst die Zustimmung zur Bundeswehr unter Jugendlichen von 1966 auf 1967 zugenommen habe. Schließlich sei in der Sache die studentische Kritik z. T. berechtigt. Studienplätze und Hochschullehrer fehlten, die Universitäten besäßen eine überholte Struktur, das akademische Leben sei in der Ordinarienuniversität erstarrt. Dozenten, Assistenten und Studenten besäßen kein Mitspracherecht.[608] Die CDU/CSU und ihr Kanzler übten herbe Kritik an den Professoren, die sie für die völlig außer Rand und Band geratenen Studenten hauptverantwortlich machten.[609] Von der Studentenbewegung versprach er sich einen kräftigen Impuls, um die Universitäten auf Trab zu bringen. Wofür er in Stuttgart seit Jahr und Tag gekämpft hatte, nun schien es möglich: Der Protest spielte der Politik das Argument in die Hand, das Bildungssystem so »zeit- und zukunftsgerecht« zu machen, »daß wir die großen Chancen des wissenschaftlichen und industriellen Zeitalters voll ausschöpfen«.[610]

Worin sah er außerhalb der heftig beklagten universitären Mißstände die Ursachen der Unruhe um 1968? Sein Erklärungsversuch unterschied drei Ebenen: den Generationenkonflikt, die Internationalität der Phänomene und ein ihm aus eigener bitterer Lebenserfahrung nur allzu geläufiger Hang

»der Jugend« zu utopischer Militanz ohne praktischen Sinn. Ein Repräsentant der paradigmatischen Tätergeneration, hielt Kiesinger den Bruch zwischen Vätern und Söhnen für in der Nachkriegszeit sehr viel stärker ausgeprägt als unter normalen Umständen üblich. Er selbst habe als jugendbewegter junger Mann »mit Schlapphut« und »Schillerkragen« gegen die Älteren rebelliert und sei mit zwanzig Jahren »ebenso arrogant wie diese Herren« gewesen.[611]

Dahinter sah er mehr als eine universal-menschliche Tendenz, sich von Generation zu Generation abzugrenzen. In seinem »Bericht zur Lage der Nation« im März 1968 unterstrich Kiesinger, daß mehr als die Hälfte der lebenden Deutschen nach 1933 geboren worden sei. Krieg und Gewaltherrschaft seien für diese junge Menschen »blasse Kindheitserinnerungen«, wenn überhaupt: »Zwischen ihnen und uns, der älteren Generation, liegt eine Zäsur, die tiefer einschneidet als der normale Unterschied der Generationen.« Aufgrund ihrer völlig anderen Lebenserfahrung könnten die Jüngeren die staatliche und gesellschaftliche Ordnung der Bundesrepublik nicht als etwas begreifen, »was mühselig und erfolgreich aus Trümmern wiederaufgebaut« worden sei. Daher empfänden die Jungen »die Schwächen und Mängel dieser Ordnung« sehr viel deutlicher als die Älteren, die andere Vergleichsmaßstäbe ansetzten. Die Jungen würden nicht am Vergangenen messen, »sondern mit den Maßstäben idealer Vorstellungen«. Er wundere sich darüber nicht. »Wir sollten es uns auch gar nicht anders wünschen.«[612]

Hinzu trat zweitens die internationale Dimension. Merkwürdig, so Kiesinger, daß so viele der Ansatzpunkte der Protestbewegung »außerhalb unserer Grenzen« lägen. Das habe im Juni 1967 mit dem Schah von Persien angefangen, dann sei Vietnam gekommen, später Südafrika, Korea und Griechenland. Die hämmernden Sprechchöre »Vietnam! Vietnam!«, selbst dafür wolle er Verständnis zeigen: Der Jugend sei der »Gedanke etwa an einen Krieg in unserer Zeit unerträglich«. Es bereite ihm jedoch Unbehagen, wenn er den grassierenden Antiamerikanismus der Studentenbewegung beobachte. Deutsche dürften sich nicht als »Schulmeister der Weltgeschichte« aufspielen.[613] Welch Paradoxie, daß sich der westdeutsche Antiamerikanismus amerikanischer Methoden bediente. *Cum grano salis* sei der Protest ein »amerikanisches« Phänomen. Dutschke habe seine Methoden, seine Taktik und seine Strategie »von seinem großen Freund und Mentor Marcuse« entlehnt. Auch »die Namen, die SIT-INS und GO-INS usw. zeigen es«. Was in Berkeley begonnen, habe sich nach Berlin fortgesetzt.[614]

Kiesinger erschien die Studentenbewegung demnach als ein ziemlich krauses, internationales Gebräu; ein atemberaubender Synkretismus, dem er langfristig keine Chancen gab: »Die militante Gruppe – davon bin ich fest überzeugt – wird uns nicht sehr lange Sorgen machen, denn ihr geistiges

»1968«

Arsenal ist wirklich zu kümmerlich. Ich habe mich bemüht, alles, was Dutschke geschrieben hat, zu lesen. Es ist eine völlige Nachahmung dessen, was Prof. Marcuse geschrieben hat; also eine fast völlig Abhängigkeit. Ich habe auch Marcuses wichtigste Aussagen nachgelesen. Dort ist es ein Gemisch von Marx, Freud, französischen Sozialisten und Anarchisten (Bakunin). Das ist ein Gemisch. [...] Und dazu noch ein bißchen Mao-Bibel.«[615]

Hielt mancher Unionspolitiker die studentischen Rädelsführer für aus der DDR eingeschleuste Agenten – oder für gutgläubige *fellow travelers*, die das Geschäft der Kommunisten besorgten –, griff Kiesinger *diese* Erklärung zu kurz: Ohne eine fallweise Kooperation bis hin zu kommunistischen Unterwanderungsversuchen selbst im RCDS in Abrede zu stellen, sagte er einen Zielkonflikt zwischen APO und DDR voraus: »Aber es ist noch mehr drin; es ist ein Element drin, vor dem man sich in der kommunistischen Welt fürchtet. Sehr interessant ist die Reaktion in der Zone drüben, nicht wahr, auf diese Erscheinung. Es sind ausgesprochen anarchistische, nihilistische Elemente darin, und die sind natürlich Feind des totalitären Staates genauso wie Feind des demokratischen Staates.«[616]

Die APO sei neuartig. Man komme ihr mit der antikommunistischen Begrifflichkeit der fünfziger Jahre nicht bei. »Hören Sie: ›Der biblische Garten Eden ist die phantastische Erfüllung des uralten Traumes der Menschen. Aber noch nie in der Geschichte war die Möglichkeit der Realisierung so groß wie jetzt.‹ Also spricht der Führer und Verführer der militanten Studentengruppen an unseren Universitäten. Was ist die Möglichkeit der Realisierung des irdischen Paradieses in seinen Augen? Die Reduktion von Arbeit, die Entwicklung sinnlicher Phantasie, die Abschaffung von Elend und Krieg. Hier scheiden sich die Geister; denn für das christliche Welt- und Menschenverständnis kann es dieses irdische Paradies nicht geben, weil der Mensch ist, wie er ist, um mit Pascal zu sprechen: ›ni ange, ni bête‹, nicht Engel und nicht Bestie, und weil alles Menschenwerk daher notwendig so sein muß, auch unsere Demokratie. Deshalb ist es so gefährlich, die Demokratie mit einer pseudoreligiösen Verehrung zu umgeben, sie zu verabsolutieren, und am allergefährlichsten ist es, der Jugend die Demokratie so vorzustellen und nicht von früh an ihre Realität. [...] Für uns selbst bedeutet diese Erkenntnis der notwendigen Bedingtheit jeder irdischen Ordnung, auch der demokratischen, [...] daß wir nicht arrogant werden dürfen, weder unter uns, noch unseren politischen Gegnern im Lande gegenüber noch auch anderen politischen Systemen gegenüber, die wir ablehnen. Schwarz-weiß gibt es, wenn man diese irdische Wirklichkeit kennt, für uns nicht. Und das führt uns zu unserer Toleranz, zur echten Toleranz, und wir tun gut daran, immer wieder das Gleichnis vom Pharisäer und Zöllner nachzulesen.«[617]

»1968«

Aus Kiesingers Warte überschätzte die studentische Linke in ihrer romantischen Unbedingtheit die Möglichkeiten der Politik. Vielleicht sei ja der Vorwurf an die Regierenden berechtigt, »sie seien müde oder zögernd oder zu schwach, die notwendigen Entscheidungen zu treffen oder durch eine veraltete Konzeption der Politik gar nicht imstande, die notwendige Politik zu machen«. Nur steche dieses Argument im ausgehenden 20. Jahrhundert nicht mehr so recht. Im 19. Jahrhundert hätten sich Staat und Gesellschaft als zwei Größen gegenüber gestanden: »Heute sieht das ganz anders aus. Heute befinde ich mich in einer paradoxen Situation.« Hier griff Kiesinger das alte Thema der »Herrschaft der Verbände« wieder auf, die Ohnmacht der Politiker angesichts der Interessengruppen, die »auf vielfach organisierte Weise in den Staat eingedrungen [sind], haben Gelände und Positionen besetzt, haben sich eingenistet. So ist der Staat ein sehr merkwürdiges, von gesellschaftlichen Organisationsinteressen durchsetztes Gebilde geworden. Und trotzdem erwartet man von diesem Staat, daß er seine uralte und ewige Ordnungsaufgabe erfüllt, nämlich hoheitlich diesem Interessenpluralismus entgegenzutreten und ihn zu einer höheren Einheit zu integrieren.«

Da war es wieder: Kiesingers von Rudolf Smend geprägtes, integratives Staatsverständnis. In seiner Sicht kehrten die Studenten zu den Utopien und Optimismen des 19. Jahrhunderts zurück, obwohl Theoretiker wie Marx der Komplexität einer industrialisierten Wohlstandsgesellschaft einfach nicht mehr gerecht werden könnten. Stellte die APO in seiner Sicht durchaus zum Teil richtige Fragen, so schien sie die falschen Antworten zu geben. Diese Antworten zu finden, das hielt der in der Verantwortung stehende Kanzler für eine »ungeheuer schwierige« Aufgabe. Daher habe er nur »Verachtung für diejenigen, die – selbst wenn sie berechtigte Gründe für Unzufriedenheit haben oder haben könnten –, sich nur aus dem Gesichtspunkt ihres partikularen Interesses heraus irgendwelchen radikalen und extremen Parteien aus Trotzgründen zuwenden, ohne zu ahnen, was sie dem Ganzen dabei Übles zufügen.«

Neunzehnhundertachtundsechzig warf den Kanzler auf die ältesten Fragen zurück. Diese hatten ihn beschäftigt, seit er sich auf den Weg vom Nationalsozialismus zur Demokratie gemacht hatte. Genau hier setzten seine Kritiker ein.

Kanzler der Grossen Koalition 1966–1969

Vergangenheit als politisches Instrument

Rückblickend scheint die Unruhe um 1968 Kiesingers politische Biographie vor allem in einer Hinsicht berührt zu haben: Sie ließ seine NS-Vergangenheit in ungeahnter Weise zum Gegenstand öffentlicher Kontroversen werden. Erst jetzt wurde er zur geschichtspolitischen *cause célèbre*, zum Symbol unbewältigter Elitenkontinuität vom Nationalsozialismus zur Bundesrepublik. Denn nach seiner Wahl zum Kanzler war die Kontroverse schnell abgeflaut. Ja, Kiesinger hatte sich mit seiner Interpretation vorübergehend Gehör verschafft, daß die gemeinsame Regierungsverantwortung mit Brandt und Wehner wenn auch nicht ultimative »Bewältigung«, so doch »Aussöhnung« mit der Vergangenheit sei.

So war 1967 geschichtspolitisch für Kiesinger ein ruhiges Jahr. Karl Jaspers' Angriff war ein isoliertes Ereignis geblieben. Eine umfangreiche biographische Artikelserie von Klaus Hoff in der *Welt am Sonntag* stellte die »dunklen und hellen Jahre« im großen und ganzen aus der Perspektive des Kanzlers dar und rückte ihn in die Nähe des Widerstands.[618] Gleichzeitig wurde auf Kosten des Bundespresseamtes, angeblich ohne Wissen Kiesingers, ein Sonderdruck der *Schwäbischen Kindheit* verteilt, deren Politikum im glücklichen Miteinander des katholischen und evangelischen Teils der Familie Kiesinger lag. Zwar lief die FDP-Opposition Sturm gegen die Popularisierung des Kanzlers aus Steuermitteln. Insgesamt aber erfreute sich das Bändchen einer erstaunlich positiven, wenn auch teilweise ironischen Resonanz.[619]

In dieser Zeit versuchte die durch die Neue Ostpolitik in die Defensive gedrängte DDR[620], in der westlichen Öffentlichkeit die Debatte über Kiesinger neu zu entfachen. Seit dem November 1966 wurde in der Staatlichen Archivverwaltung der DDR fieberhaft an einer Dokumentation über Kiesinger gearbeitet, nachdem diese von dessen Wahl zum Kanzlerkandidaten völlig unvorbereitet getroffen worden war.[621] Erst Mitte 1967 konnte das erwähnte Buch von Reimund Schnabel über die nationalsozialistische Rundfunkpropaganda mit dem Titel *Mißbrauchte Mikrofone* im »unverdächtigen« Wiener Europa-Verlag erscheinen. Das Bundeskanzleramt reagierte erleichtert. War bis dahin befürchtet worden, die ostdeutschen Archive würden als »belastend« zu qualifizierendes Material hervorbringen können, so machte Schnabels Dokumentation deutlich, wie wenig Ostberlin gegen Kiesinger aufbieten konnte. Das Kanzleramt hatte sich die Fahnen vorab »besorgt« und gab Entwarnung. Auf 512 Seiten wurde Kiesinger 68mal erwähnt (und damit häufiger als Ribbentrop, Goebbels und Kiesingers damaliger Abteilungsleiter Rühle). Doch der Name Kiesinger fand sich mit wenigen Ausnahmen meist im Verteiler der abgedruckten Dokumente: »Nach menschlichem Ermessen«, so hieß es in einer internen Aufzeichnung für den inzwischen zum Ministerialdirigenten im Bundespresseamt beförderten Schirmer, sei dieser jüngste Versuch der DDR gescheitert, die Publikation auf die Person des Kanzlers zuzuschneiden.[622]

Hoffs Artikelserie »Kennen Sie Kiesinger?« vom September/Oktober 1967 wurde von ostdeutschen Stellen als ärgerliche Herausforderung empfunden. Der Nationalrat der Nationalen Front, der korporative Zusammenschluß sämtlicher Parteien und Massenorganisationen der DDR, agitierte gegen diesen »Versuch einer Mohrenwäsche« mit Erklärungen in ostdeutschen Zeitungen.[623] Allerdings war Agitations-Chef Norden und dessen Mitarbeitern deutlich bewußt, daß die Kampagne gegen die »Lügen, Verdrehungen und Weglassungen« dieser und anderer Kiesinger-»Persilschriften« letztlich nur dann zum Erfolg führen würde, wenn sie Resonanz in der westlichen Öffentlichkeit fände.[624]

Der Nationalrat setzte auf französische jüdische Widerstandskreise, die im Januar 1967 gegen Kiesingers Paris-Besuch protestiert hatten. Dabei suchten sich die mit den Maßnahmen gegen Kiesinger beauftragten Mitarbeiter des Nationalrats sowie des Zentralkomitees der SED wohl auch mit fremden Federn zu schmücken: Es habe sich bestätigt, daß die französische Föderation ehemaliger Widerstandskämpfer, Frontkämpfer und Kriegsopfer »und vor allem die jüdischen Organisationen sehr aktiv« gewesen seien »und bereitwillig auf unsere Initiativen eingingen bzw. schon vorher Maßnahmen eingeleitet« hätten.[625] Da die Hoffsche Artikelserie nach klassischem Entnazifizierungsmuster Kiesinger mit dem Widerstand in Verbindung brachte, hoffte Ostberlin auf französische, kommunistische Widerstandskreise, weil dieser Kiesinger selbst zugeschriebene Versuch, sich als Widerstandskämpfer darzustellen, »eine Anmaßung und Beleidigung aller Widerstandskämpfer in Europa ist«.[626]

In diesem Zusammenhang ergaben sich erste Kooperationen zwischen DDR-Stellen und Serge und Beate Klarsfeld. Letztere schreibt in ihren Erinnerungen, daß sie, nachdem sie aufgrund zweier Kiesinger-kritischer Artikel aus ihrer Stelle als Fremdsprachensekretärin im Deutsch-Französischen Jugendwerk entlassen worden sei, beschlossen habe, auf zwei Ebenen gegen Kiesinger zu kämpfen. Zum einen, indem sie einen arbeitsgerichtlichen Prozeß vor französischen Gerichten gegen ihre Entlassung anstrengte, nachdem ihr vom Elysée-Palast bedeutet worden sei, daß zu ihren Gunsten nicht interveniert werden könne. Zum anderen sei ihr fester Wille gewachsen, »Kanzler Kiesingers Nazi-Vergangenheit« publik zu machen. So sei ihr Mann Serge im Herbst 1967 nach Ostberlin gefahren, wo er im Innenministerium von einem Komitee von etwa acht Personen empfangen worden sei, das ihm Zugang zu den Dokumenten ostdeutscher Archive gewährt habe. Serge Klarsfeld habe sich genaue Notizen aus den umfangreichen Beständen der DDR gemacht und sei mit einem gewaltigen Ordner (»*huge folder*«) voller Fotokopien zurückgekehrt. Außerdem habe er dort das Buch von Schnabel über die Radio-Propaganda unter Hitler »entdeckt«. Bewaffnet mit Aktenkopien aus der Wiener Library in London und aus den National Archives in Washington veröffentlichte sie, nach eigener Aussage »auf eigene Kosten«, kurz vor Weihnachten 1967 eine Broschüre mit dem Titel »Die Wahrheit über Kurt Georg Kiesinger«, die später in hoher Auflagenzahl von der DDR nachgedruckt wurde.[627]

In dieser ersten Publikation zu Kiesinger macht sich Klarsfeld dezidiert *nicht* zur Sprecherin der jüdischen Opfer des Nationalsozialismus, zu denen die Familie ihres Mannes Serge zählte. Klarsfeld war als Beate Auguste Künzel am 13. Februar 1939 in Berlin geboren worden. Ihr Vater hatte als einfacher Soldat in Frankreich und an der Ostfront gedient und kehrt nach kurzer britischer Kriegsgefangenschaft 1945 zu Frau und Tochter zurück. Er erlebte das übliche Heimkehrerschicksal. Die Familie hatte in dem zerstörten Berlin große Schwierigkeiten und lebte in beengt gewordenen Verhältnissen. Der Krieg hatte die Ehe ihrer Eltern zerrüttet. Der Vater begann zu trinken, die Mutter klagte über die Verluste des Krieges. Wie so viele Deutsche empfanden sich die Künzels als Hitlers Opfer: Ihre Eltern seien keine Nazis gewesen. Obwohl sie wie alle anderen für Hitler gestimmt hätten, hätten sie keinerlei moralische Mitverantwortung für das empfunden, was im »Dritten Reich« geschehen sei. Unglücklich in ihrer Ausbildung als Stenographin bei Schering, einsam, verträumt, ohne Freunde, habe sie seit ihrem 21. Geburtstag, dem Tag ihrer Volljährigkeit, nur noch einen Wunsch gehabt: Berlin so schnell wie möglich zu verlassen. Im März 1960 sei sie nach Paris gegangen. Ihre Eltern hätten in der französischen Hauptstadt das Bordell Europas gesehen. Ihre Mutter habe sie verloren gegeben; ihr Vater mit ihr gebrochen.[628]

Auch Paris hielt Enttäuschungen für die junge Frau bereit. Sie habe die Stadt geliebt. Doch als *Au-pair*-Mädchen sei sie von ihrer ersten Gastfamilie ausgenutzt und dann aus nichtigem Grund gefeuert worden. Der Hausherr der zweiten Familie habe sie zu vergewaltigen versucht (»*tried to make love to me*«). Eines Tages im Mai sei sie auf einer Metro-Station von einem jungen Franzosen angesprochen worden. Es war Serge Klarsfeld, der sie aus ihrer Isolation und Verzweiflung erlöste. Serge war in seiner Kindheit gemeinsam mit seiner Mutter Raissa und seiner Schwester nur knapp der Verhaftung durch die Gestapo entronnen, weil sich sein Vater, ein Mann der *Résistance*, opferte und den Schergen der deutschen Besatzungsmacht selbst auslieferte. Der Vater Klarsfeld wurde in Auschwitz umgebracht. Beate Klarsfeld beschreibt, mit wie großer Unsicherheit sie dieser Familie von Überlebenden des Holocaust entgegengetreten sei, als Serge sie zu Hause eingeführt habe. Sie habe gespürt, daß die jüdischen Freunde ihres künftigen Mannes tiefe Vorurteile gegenüber allen jungen Deutschen gehegt hätten. Gleichwohl sei sie voll Wärme von den Klarsfelds aufgenommen worden. Diese großbürgerliche, gebildete Familie, in der die Kinder unabhängig erzogen wurden, aber doch ein enges Verhältnis zu ihrer Mutter besaßen, erschien ihr wie das genaue Gegenstück ihrer eigenen Erfahrung. Im November 1963 heirateten Serge und Beate Klarsfeld.

Mit ihrer doppelten Staatsangehörigkeit habe sie mehr als jede andere »das Recht und die Pflicht«, so Klarsfeld in ihrer ersten Broschüre über Kiesinger, »die Wahrheit über Kiesinger zu sagen«. Sie habe dies bereits in ihren inkriminierten Artikeln »im Namen der deutschen Jugend« gesagt, »die sich der von gewissenlosen Individuen wie Kiesinger begangenen Untaten schämt, im Namen der unzähligen Millionen von Menschen, die unter dem Hitlerregime zu leiden hatten und erneut darunter zu leiden hätten und im Namen Frankreichs, dem ich als Deutsche die Erkenntnis zu verdanken habe, was Freiheit ist«.[629] Indem sie die »Wahrheit über Kiesinger« sagte, zog sie einen Trennstrich zwischen sich selbst, die sie sich nicht in eine von ihr so empfundene Kollektivhaftung für die deutschen Verbrechen nehmen lassen wollte, und der älteren Generation, die Kiesinger prominent repräsentierte.

Hier berührt sich die historische Perspektive der jüngeren, bald als »68er« bekannt gewordenen Protagonisten der Protestgeneration, mit dem Anliegen der etwas älteren Flakhelfer wie Günter Grass, der im Herbst 1966 ganz ähnlich argumentiert hatte. Als Vorbild wählte sich Klarsfeld die Weiße Rose, insbesondere die Geschwister Hans und Sophie Scholl. Deren Opfermut habe ihren Mann Serge daran gehindert, alle Deutschen vollständig zu hassen. Sei auch der Widerstand der Weißen Rose wirkungslos gewesen zu ihrer Zeit, weil er dem Morden keinen Einhalt haben bieten können, so habe er doch im nachhinein äußerste Bedeutung erlangt. Sie habe sich als Teil der Familie Scholl gesehen: »In ihnen sah ich mich selbst.«[630]

Ihre Geschichte war also die der Scholls und der Familie Klarsfeld und nicht die ihrer Eltern (und damit Kiesingers). Selbst dem Volk der Täter entstammend, vollzog Beate Klarsfeld in Paris eine Konversion zur Seite der Opfer und des Widerstands gegen Hitler. In ihrer Selbstwahrnehmung mutierte sie zur Überlebenden des Holocaust und des Hitler-Regimes. In ihren Erinnerungen beschreibt Klarsfeld, wie sie, nach ihrer Entlassung aus dem Deutsch-Französischen Jugendwerk, sich mit ihrem Mann in einem Café getroffen habe: »Serge nahm über den Tisch hinweg meine Hand und küßte sie. Da blitzte vor meinem inneren Auge das Bild eines jungen Paares in den Trümmern des Warschauer Ghettos auf, das mit anderen Juden kurz vor seiner Exekution stand. Vor ihnen standen, in Stiefeln und Helmen und mit Maschinengewehren im Anschlag, die SS-Schergen aufgereiht. Der Mann und die Frau lehnten aneinander. Er hielt ihre Hand. Nein, er schützte sie nicht. Dafür war es zu spät. Aber ihre Liebe würde überleben. Sie standen an der Pforte des Todes, doch ihre Augen und ihre Lippen zeigten, daß es etwas gab, was nicht zerstört werden konnte – der Blick zweier Menschen, die einander lieben. Das Bild verschwamm. Es war der Wendepunkt unseres Lebens. Wir hatten uns entschieden, den Kampf aufzunehmen, und dieser Kampf würde wichtiger sein als alles andere.« Diese Entscheidung sei im Bruchteil eines Augenblicks und ohne große Worte gefallen: »Es war eine totale Hingabe.« Es habe den »totalen Krieg« bedeutet (»*We knew that that meant total war*«).

Der Journalist Gerd Koenen, Geburtsjahrgang 1944, zunächst Mitglied des SDS und später linker Splittergruppen, hat in seinem Buch *Das rote Jahrzehnt* in kritischer Introspektion auf die psychischen Mechanismen herausgearbeitet, die Klarsfelds Konversion zugrunde liegen. Dank einer »prononcierte[n] Anerkenntnis einer pauschalisierten ›deutschen Schuld‹« habe sich seine Generation damals in den Stand »einer militanten Unschuld und moralischen Superiorität« gegenüber den Älteren versetzt. Koenens Beobachtungen finden sich in der Autobiographie von Beate Klarsfeld wieder. Auf das erste Erschrecken über die allmählich ans Licht kommende Verbrechensgeschichte des Nationalsozialismus sei ein »geradezu wütendes Bedürfnis nach *Distanzierung*« gefolgt. »›Sie‹ (die Älteren, die Eltern) hatten uns das alles schließlich eingebrockt, ihretwegen waren wir genötigt, uns ewig zu ›rechtfertigen‹«. Nicht zuletzt die Feindseligkeit gegenüber jüngeren Deutschen im Ausland, von der auch Klarsfeld in bezug auf den Freundeskreis ihres Mannes berichtet, habe diese Distanzierung zur Überlebensnotwendigkeit gemacht.[631]

Insofern wäre die bekannte These des Heidelberger Soziologen M. Rainer Lepsius abzuwandeln. Ihm zufolge sind die drei Nachfolgestaaten des »Großdeutschen Reiches« auf ganz unterschiedliche Weise mit der NS-Vergangenheit umgegangen. Österreich habe versucht, durch die Legende des eigenen Opferstatus die Mitverantwortung für den Nationalsozialismus abzustreifen und habe damit »externalisiert«. Die DDR habe über den Rekurs auf den Faschismus diesen »universalisiert« und sich damit ebenfalls aus der Verantwortung gezogen. Die BRD hingegen habe sich vom »Dritten Reich« normativ abgegrenzt, dies zur Grundlage ihres politischen und historischen Selbstverständnisses gemacht und den Nationalsozialismus insofern internalisiert.[632] Zu dieser Interpretation liegt die Ohrfeige quer: Sie internalisierte, indem sie die Schuld als die Schuld lebender Deutscher sah. Sie universalisierte, indem sie, wie noch deutlich werden wird, sich in ihrer politischen Begründung dem antifaschistischen Diskurs andiente. Und zugleich wollte sie ein Deutschland, »befreit von jeglichem Hang nach Sühne« – und externalisierte damit, weil sie die Schuld als die alleinige Schuld der älteren Generationen sah. Und sie hob die Unterscheidung von deutschen und jüdischen Opfern auf, als Klarsfeld nach der »Ohrfeige« in ihrer Selbstrechtfertigung die Toten von Auschwitz und Stalingrad nebeneinanderstellte. Und wie Kiesinger zielte Klarsfeld auf die Aussöhnung von Täter- und Opfervolk.

Klarsfelds Strategie einer Vergangenheitsbewältigung durch generationelle Distanzierung wird nirgendwo deutlicher als in dem hymnischen Gedicht, mit dem sie sich im Herbst 1968 nach vollbrachter »kathartischer Tat« (Koenen) selbst feierte. Deutschland habe die Ohrfeige gebraucht, so dichtete sie, »um zu rächen die Toten von Stalingrad, / Russen, die ihr Vaterland verteidigten / und die deutsche Jugend, die man zu täuschen / versucht hatte und deren Tränen zu Eis erstarrten, / wenn sie an die Ihrigen dachten, die für sie verloren waren«. »Es braucht sie, / für den Rauch, der aus den Kaminen / der Todesfabriken in Auschwitz stieg / und dessen Geruch den Deutschen anhaften wird / bis zu dem Tag, an dem alle Deutschen die / Leiden derer, die hinter Stacheldraht saßen, / mitempfinden werden. […] Es braucht sie, / um das jüdische und das deutsche Volk auszusöhnen / […] für ein Deutschland, befreit von / jeglichem Hang nach Sühne; […] im Namen der 50 Millionen Toten und der künftigen / Generationen in das abstoßende Gesicht der / 10 Millionen Nazis schlagen, damit sie alle / die gleiche Scham empfinden und sich die gleiche / Röte der Ohrfeige auf ihren Wangen abzeichnet.«[633]

Im Frühjahr 1968 hatte Klarsfeld jedoch noch Mühe, die Aufmerksamkeit auf sich und den Fall Kiesinger zu lenken. Ein Zwischenfall während Kiesingers »Rede zur Lage der Nation im geteilten Deutschland« im April, als sie auf der Bühne des Bundestags aufstand und »Nazi Kiesinger, abtreten« rief, blieb ohne Beachtung.[634] Das öffentliche Interesse an Kiesingers Vergangenheit wurde vielmehr durch heimliche Aktionen einiger »Ehemaliger« aus dem Netzwerk um Werner Best geweckt, die Kiesinger unter Druck zu setzen versuchten. Sie hofften, Kiesinger in einen Kriegsverbrecherprozeß hineinzuziehen, der seit 1964 vor dem Frankfurter Schwurgericht verhandelt wurde. Kiesinger, so sickerte Ende Februar 1968 durch, solle als Zeuge der Verteidigung im Prozeß gegen zwei ehemalige Mitglieder des Auswärtigen Amtes aussagen, denen Beihilfe zum Mord wegen der Deportation von 11.000 bulgarischen Juden nach Treblinka zu Last gelegt worden war. Einer der Angeklagten, Gebhard von Hahn, war ein sogenannter Schreibtischtäter, der der berüchtigten Abteilung Deutschland im Auswärtigen Amt angehört und wie Kiesinger weit von dem grausamen Geschehen an der Ostfront gewirkt hatte.[635]

Die Ladung Kiesingers vor das Frankfurter Schwurgericht fügte sich ein in das Kalkül der Ehemaligen, die den Kanzler und seine Partei zum Einlenken in der Amnestie- und Verjährungsfrage zu bewegen hofften. Kiesinger hatte sie enttäuscht, weil er sich nach seiner Wahl für eine neuerliche Verlängerung der Verjährungsfrist für NS-Verbrechen ausgesprochen hatte. Ihnen galt der Kanzler als ausgesprochen »nachgiebig gegenüber politischem Druck«. Er nehme zuviel Rücksicht auf die Außenpolitik und auf sein eigenes Interesse. Dem stelle er »alle anderen Erwägungen« hintan, so Best.[636] Für Kiesingers Ex-AA-Kollegen, den einstigen Mitdenunzianten vom Herbst 1944 Hanns-Dietrich Ahrens, war es völlig unbegreiflich, warum sich Kiesinger nicht für eine Generalamnestie stark machte. »Ich hätte ihn gewiß für einen geschickteren Taktiker gehalten, der sich nicht einer dauernden – und für ihn hoffnungslosen – Erpressung aussetzen würde. Scheinbar hat er allmählich die Nerven verloren.«[637]

Von derartigen Überlegungen war Kiesinger freilich weit entfernt. Zwar taktierte er in der Verjährungsfrage, in der die CSU einen Koalitionskrach zu provozieren suchte, um der NPD Wähler abspenstig zu machen. Doch nachdem die jüdischen Organisationen in den USA zunächst irritiert auf Kiesingers Wahl reagiert hatten, hatte sich die Zusammenarbeit gedeihlich, ja zur Zufriedenheit der Amerikaner entwickelt. Tatsächlich traf sich Kiesinger häufiger mit den Repräsentanten des amerikanischen Judentums als sein Außenminister.[638] Nicht nur unterstützte Kiesinger Israel demonstrativ im Sechs-Tage-Krieg und nahm eine arge Strapazierung des prekären Einvernehmens mit de Gaulle in Kauf. Aus Sicht der jüdischen Organisationen schien er im Kampf um die Aufhebung der Verjährungsfrist in deren Sinne zu wirken, als er sich im Januar 1968, nach einem Besuch zweier Vertreter von B'nai B'rith, einer der führenden jüdischen Organisation in den USA, für die Verlängerung der Verjährungsfrist von Mord im Falle von NS-Verbrechen aussprach.[639]

Darüber bekam er massive Probleme mit Strauß, der auf einer Sitzung des Koalitionskreises Anfang April 1968 »große Bedenken gegen den Verlängerungsgedanken« äußerte.[640] Nachdem Kiesinger im Juli 1968 sein Eintreten für die Verlängerung der Verjährungsfrist noch einmal bekräftigt hatte, drohte Strauß mit einem »Bruderkrieg«. Falls Verjährung und Nichtverbreitung nicht in seinem Sinne gelöst würden, würde er die Fraktionsgemeinschaft von CDU und CSU aufkündigen und die CSU-Minister aus dem Kabinett zurückziehen.[641]

Nach mehrjähriger Ermittlungszeit wurde Ende 1967 der Prozeß gegen Hahn und seinen Kollegen Adolph-Heinz Beckerle wegen deren Mitwirkung an der Deportation später in Treblinka ermordeter Juden aus Bulgarien und

Griechenland aufgenommen. Die Verteidiger Erwin Geis und Hans Schalast hofften angesichts einer erdrückenden Beweislast, ihre Mandanten von dem Vorwurf der Beihilfe zum Mord dadurch zu reinigen, daß sie ihnen Ahnungslosigkeit über das tatsächliche Schicksal der Deportierten bescheinigten. Keine geringe Rolle spielten dabei die Seehaus-Materialien, die nach Ansicht der Verteidigung als »Feindpropaganda« im Auswärtigen Amt keinen Glauben gefunden hätten. Von Kiesinger als dem ehemaligen stellvertretenden Leiter der Rundfunkpolitischen Abteilung erhofften sie sich eine entlastende Aussage, weil auch er die ausländischen Meldungen über den Judenmord zunächst für »Greuel und Lügenpropaganda« gehalten und davon aus offizieller Quelle nie erfahren habe.

Die Staatsanwaltschaft widersetzte sich diesem Vorhaben der Verteidigung, weil sie (zu Recht) eine politische Instrumentalisierung des Prozesses befürchtete. Daher lehnte das Gericht den Antrag der Verteidigung ab, Kiesinger in den Zeugenstand zu rufen. Es hielt die Frage für nicht relevant, ob Berichte des Seehauses an die Deutsche Botschaft nach Sofia gelangt wären, da aufgrund anderer Dokumente sowie eigener Aussagen der Angeklagten bereits einwandfrei festgestellt worden sei, daß beide Kenntnis vom Schicksal der deportierten Juden gehabt hätten.[642]

Der Rechtsstaat bietet jedoch der Verteidigung eine Handhabe, einen Zeugen auch gegen dessen Willen vor Gericht zu laden. Dabei half den beiden Verteidigern ein Trick aus der Strafprozeßordnung, der selten genutzte Paragraph 220.[643] Die Hintergründe waren dubios, da, wie gesagt, die Aussage Kiesingers für die Frage der Schuld unerheblich war. Als Amtsnachfolger Ribbentrops suchte die Verteidigung auch Außenminister Brandt zu laden sowie Bundestagspräsident Gerstenmaier, der, wie Kiesinger, als Wissenschaftlicher Hilfsarbeiter im Auswärtigen Amt gearbeitet hatte. Robert M.W. Kempner, amerikanischer Ankläger in Nürnberg, schrieb daraufhin Kiesinger, er vernehme »mit brennender Sorge«, daß der Kanzler als Zeuge geladen worden sei. Hier schien sich aus der Sicht des ehemaligen Justitiars der Polizeiabteilung des Preußischen Innenministeriums, der 1933 aus dem preußischen Justizdienst vertrieben worden war, ein »Kesseltreiben« gegen den Kanzler anzubahnen, wobei rechts und links mit ähnlichen Vorwürfen arbeiteten.[644]

Dennoch verzichtete das Kanzleramt darauf, sich seinerseits mit prozeduralen Winkelzügen aus der Affäre zu ziehen oder auf die Immunität des Kanzlers zu pochen. Auf dem kurzen Dienstweg hatte die Frankfurter Staatsanwaltschaft deutlich gemacht, daß in einem rechtsstaatlichen Verfahren dem Beweisantrag würde stattgegeben werden müssen. Zugleich weckten die Berichte von Kempner Vertrauen, daß das Frankfurter Gericht sich politisch nicht würde instrumentalisieren lassen.[645] Es erschien Kiesinger und seinen

Beratern politisch das Beste zu sein, sich den Fragen der Verteidigung zu stellen und den Aufritt vor Gericht als Chance zu nutzen, Kiesingers eigene Sicht seiner Vergangenheit öffentlich darzustellen. Das Bundeskabinett gab den Kanzler frei, unter der Auflage, daß die öffentliche Anhörung am Amtssitz der Bundesregierung in Bonn stattfinden müsse.[646]

Wenige Tage vor dem gesetzten Vernehmungstermin wurde das Verfahren gegen Beckerle aus medizinischen Gründen abgetrennt. Da Beckerle vernehmungsunfähig geworden war, hatten sich die Aussagen Kiesingers und des ebenfalls geladenen Gerstenmaier erledigt. Rechtsanwalt Geis, der sich als »Prominentenschreck« schon in früheren NS-Prozessen einen Namen gemacht hatte und nicht nur einen NS-Täter wie Beckerle, sondern später auch Beate Klarsfeld verteidigte, wurde daraufhin mit dem Satz zitiert: »Der liebe Gott beschützt die CDU.« Doch nun vollzog der Verteidiger des zweiten Angeklagten, von Hahn, der bisher keinen besonderen Wert auf eine Aussage Kiesingers gelegt hatte, eine überraschende Wendung. Er beantragte ebenfalls, nach §220 StPO Kiesinger zu vernehmen.[647]

Am 4. Juli 1968, kurz vor 17 Uhr, »lächelnd wie immer und pünktlich wie ein König«, trat Kiesinger in Begleitung von Carstens, Neusel und weiteren Mitarbeitern in den Bonner Schwurgerichtssaal. Dort erwartete ihn nicht nur das vollbesetzte Gericht, sondern ein dichtgedrängtes Publikum, darunter zwischen 80 und 100 in- und ausländische Journalisten. Von dem Angeklagten nahm kaum jemand Notiz, alle Augen waren auf Kiesinger gerichtet. Es wurde eine spektakuläre Aussage auf die Frage der Verteidigung erwartet, ob der Angeklagte dienstliche Kenntnis »vom Schicksal der Deportierten, nämlich Tod«, hätte haben können.[648]

Breit schilderte Kiesinger die Motive seines Eintritts in die NSDAP, »nicht aus Überzeugung und nicht aus Opportunismus«, sodann seinen Werdegang als Rechtsanwalt und Repetitor und den Nichteintritt in den Nationalsozialistischen Rechtswahrerbund. In diesem Zusammenhang erwähnte Kiesinger zum ersten Mal öffentlich, daß er »*in absentia*« zum Blockwart ernannt worden sei, dies aber nach einigen Wochen habe rückgängig machen können.[649] Sodann ging er auf die bürokratischen Konflikte und das Tauziehen mit dem Propagandaministerium ein. Schließlich kam er auf die Informationsmöglichkeiten zu sprechen, die ihm das Seehaus geboten hätte, das das »Nachrichtenmonopol des Propagandaministeriums« zu brechen beabsichtigt habe: »Was ich über das Schicksal der Juden damals erfahren habe, war das, was alle möglichen Deutschen damals erfahren haben. Es stammte also weder aus amtlichen Quellen noch aus dem uns hier zugänglichen Material.«

Natürlich habe er im Laufe des Krieges von vielen Seiten, auch von Urlaubern, »das gehört, was viele Leute gehört haben. Ich habe gesehen, daß Juden weggeholt worden sind; in meinem eigenen Haus wohnte eine jüdische Familie, mit der ich befreundet war, die abgeholt worden ist.« Er habe jedoch diese »antijüdische Hetze von Anfang an und von Grund auf gehaßt und habe das auch meinen Studenten, die das zu Dutzenden bezeugen können, beigebracht«. Hier erinnerte Kiesinger an die Doerries-Denunziation. Im Laufe der Verhandlung suchte der Vorsitzende, Landesgerichtsdirektor Dr. Barth, Kiesinger auf den das Gericht interessierenden Punkt der Kenntnis von den Judenmorden festzunageln. Kiesinger stellte fest, daß er sich zwar an den Zeitpunkt nicht mehr genau erinnern könne: »Bestimmt hatte ich im Laufe der Jahre das Gefühl, daß da etwas nicht stimmt, daß da nicht nur evakuiert und deportiert wird, sondern mehr geschieht. Bis zum Ende des Krieges hat sich dieses Bild ganz deutlich eingestellt.«[650]

Damit hatte Kiesinger klar ausgesagt, daß er in groben Zügen »von Vernichtungsaktionen gegen Juden« gewußt hatte. Das konnte nicht im Sinne der Verteidigung sein. »Darüber waren Sie sich klar?« hakte der Vorsitzende nach. Kiesinger: »Ganz unabhängig von meiner Position, einfach durch das, was ich von Urlaubern usw. hörte.« Als die jüdische Familie aus seinem Haus abgeholt worden sei, habe sich in ihm das Gefühl gebildet, »daß da etwas ganz Böses, ganz Zwielichtiges im Gange ist«. Natürlich habe er den »Gesamtumfang dieses riesigen, grauenhaften Geschehens« erst nach dem Kriege erfahren. »Aber soviel glaubte man doch zu wissen.« Dieser Verdacht habe sich 1943/44 erhärtet. Das war, wie bereits deutlich geworden ist, eine plausible Annahme, die durchaus im Einklang damit steht, was nach heutigem Wissen über die damalige Kenntnis der Judenmorde gesagt werden kann. Das NS-Regime war nicht mit dienstlichen Informationen über den Holocaust hausieren gegangen, und selbst Goebbels hatte sich, wie gesagt, recht kryptisch in seinem Tagebuch geäußert.[651]

Was die *dienstliche* Kenntnis anging, so konnte Kiesinger, vor Gericht unter Eid, letztlich nur für seine Abteilung sprechen, während der Angeklagte ja der mit den Deportationen befaßten Abteilung Deutschland angehört hatte. Daß er viele ausländische Meldungen für reine Zweck- und Lügenpropaganda gehalten habe, suchte Kiesinger mit Beispielen aus der Frühphase des Zweiten Weltkrieges zu belegen, als im Rahmen der psychologischen Kriegführung viele Falschmeldungen zirkuliert waren. Sollte er tatsächlich ausländische Meldungen über die Vernichtung von Juden gehört haben, dann hätte er deren Wahrheitsgehalt vermutlich bezweifelt: »Aus dem einfachen Grunde, daß es einem unvorstellbar war, daß so etwas geschehen könnte. Man wehrte sich innerlich dagegen, daß derartig grauenhafte Dinge geschehen könnten.« Dennoch habe er »im Lauf des Krieges – ich wiederhole es noch einmal – den Eindruck gewonnen, daß da tatsächlich etwas nicht stimmen könnte, etwas dran sein könnte«. Auf Nachfrage des Vorsitzenden stellte Kiesinger fest: »Direkte amtliche, dienstliche Mitteilungen darüber möchte ich nach bestem Gewissen nun wirklich ausschließen. Es hat natürlich im AA ein paar Leute gegeben, die von solchen antijüdischen Aktionen etwas wußten. Zu diesem Kreis gehörte ich nicht.«

Von dieser Aussage blieb in Presseberichten hängen, er habe gesagt, er habe von »nichts gewußt«.[652] Das trifft offenkundig nicht zu. Kiesinger hatte seine Worte abgewogen und der Fragestellung des Gerichtes entsprechend zwischen *offizieller*, d. h. dienstlicher, Kenntnis der Judenmorde, und *privatem* Wissen, d. h. ihm aus seinem Bekannten- oder Kollegenkreis zugetragenen Gerüchten, unterschieden. Allerdings hatte sich Kiesinger in den Augen der kritischen Öffentlichkeit – und später auch der Historie – die Exkulpationsstrategie vieler Schreibtischtäter zu eigen gemacht, sie hätten aufgrund ihrer räumlichen Distanz zu den Morden keine Kenntnis des eigentlichen Zwecks der Deportationen gehabt.[653]

Auf Rückfrage des Vorsitzenden wurde von Kiesinger noch einmal bestätigt, daß er es als »feindliche Greuelpropaganda« angesehen haben würde, wenn er wirklich einmal eine »spezifizierte Nachricht« über die Judenmorde erhalten hätte. Ein »derartige Ungeheuerlichkeit« hätte er sich nicht vorstellen können. Selbst die FAZ kam daher zu dem Ergebnis, daß Kiesingers Ausführungen der Verteidigung genutzt hätten, wenn »sogar der stellvertretende Leiter der Rundfunkpolitischen Abteilung Meldungen über Massenmorde an den Juden nicht geglaubt habe«.[654] Daß Hahn sein Wissen um den Judenmord bereits eingestanden, daß die Frage des Gerichts auf das *dienstliche* Wissen gezielt hatte und daß Kiesinger in einer völlig anderen Abteilung des AA tätig gewesen war, diese feinen, aber wichtigen Unterscheidungen wurden öffentlich nicht kommuniziert. Ebenso wurde ignoriert, daß Kiesinger die *allgemeine* Erkenntnis eingestanden hatte, was angesichts seiner herausgehobenen Stellung als Kanzler nicht wenig war.

Rächte sich nun, daß Kiesinger anderthalb Jahre hatte verstreichen lassen, ohne seine NS-Vergangenheit »schonungslos« offenzulegen, wie es Freund und Feind und dann auch die Nachwelt erwarteten? Daß ein solcher Versuch allenfalls ambivalente Resultate zeitigen würde, schien Kiesingers Zeugenaussage vor Gericht zu unterstreichen. Immerhin, Versuche hatte es gegeben, mit einer eigenen Dokumentation hervorzutreten. Schließlich hatte nach Kiesingers Wahl zum Kanzler intern einige Unsicherheit darüber geherrscht, welche Dokumente sich noch in »Pankower« Hand befinden könnten und ob Kiesinger ein Strick daraus gedreht werden könnte. Daher hatte der Ministerpräsident im November 1966 das Angebot des Intendanten des Süddeutschen Rundfunks, Hans Bausch, angenommen, einen von Bausch protegierten Hohenheimer Wirtschaftshistoriker und Rundfunkspezialisten mit der Erstellung einer Kiesinger-Dokumentation zu beauftragen.[655]

Doch Kiesingers Freunde Wickert und Diehl rieten ab. Wickert machte sich selbst auf die Suche und ließ sich aus dem Politischen Archiv des Auswärtigen Amtes die Akten der Rundfunkpolitischen Abteilung bringen. Es hätten sich viele Akten mit Aufzeichnungen Kiesingers gefunden, »die ihn durchgehend als Mann zeigten, der die Zuständigkeit des Auswärtigen Amtes gegen Goebbels' Ministerium durchsetzten wollte – verwaltungstechnisch wirkungsvolle Darstellungen, frei von jedem Parteijargon«. Über Kiesinger habe er nichts gefunden, »was ihn wirklich hätte belasten können; dennoch hätte ein gewiefter, mit viel Phantasie ausgestatteter Journalist Sätze aus dem Zusammenhang reißen und eine pikant angemachte Geschichte über Kiesingers Zeit in der Rundfunkabteilung bringen können«. Dies sollte tatsächlich geschehen, wenn auch nicht auf Grundlage der Akten der Rundfunkpolitischen Abteilung des Auswärtigen Amtes. Letztere nahm Wickert erst einmal unter Verschluß. Als er sie im Dezember 1967 zurückgegeben habe, habe niemand danach gefragt gehabt.[656]

Zugleich leitete das Kanzleramt eigene Nachforschungen ein. In aufwendigen Recherchen wurden Kopien von Dokumenten des Politischen Archivs des Auswärtigen Amtes, des Bundesarchivs und der National Archives in Washington beschafft, wohin eigens ein Mitarbeiter des BND entsandt worden war. Dieser tauschte sich dort mit seinen Kollegen von der CIA aus, förderte jedoch nur immer weitere Dokumente »von großer Belanglosigkeit« zutage. Aus den Washingtoner Filmrollen, von denen sich auch Klarsfeld Kopien kommen lassen sollte, konnten »keine Anhaltspunkte interessierender Art gewonnen werden«.[657] Ende März 1968 kam der BND-Agent in seinem Abschlußbericht zu dem Ergebnis, daß es keine Kiesinger belastenden Dokumente in den USA gäbe, nachdem er zuvor schon die »Ente« hatte ausräumen können, Kiesinger habe mit Adolf Eichmann zusammengearbeitet. Insgesamt, so die – wie wir inzwischen durch die Forschung wissen: in dieser Pauschalität sicher apologetische – Einschätzung des BND, sei das AA nur peripher an der antisemitischen Auslandspropaganda beteiligt gewesen: »Natürlich ist denkbar, daß sich unter den Zehntausenden von Dokumenten noch hier und da ein interessierender Vorgang befindet. Gravierendes, das möchte ich schon jetzt mit ziemlicher Sicherheit sagen, wird kaum darunter sein.«[658]

Aus Sicht des Kanzleramtes, und darauf kommt es hier an, gab Kiesingers Vergangenheit keinen Anlaß zur Sorge. Auch die Durchsicht der einschlägigen Schriften ostdeutscher Provenienz habe ergeben, wie Guttenberg die Nachforschungen zusammenfaßte, daß alles entweder bekannt oder unerheblich und daß ein Zusammenhang mit Kiesingers Tätigkeit im AA oft nur behauptet und nicht belegt worden sei. Allerdings sei die Gefahr nicht auszuschließen, daß »die von der SED-Propaganda aufgestellten Behauptungen in unserer Presse und in der Presse des Auslandes aufgegriffen werden. Es muß vermieden werden, daß man sich später vielleicht vom *Stern* oder *Spiegel* zu einem Dementi zwingen läßt, ohne die Frage beantworten zu können, warum der in Rede gestellte Sachverhalt nicht rechtzeitig öffentlich geklärt wurde.«

Daher regte Guttenberg an, »einen jungen Historiker« mit der Ausarbeitung einer Dokumentation zu beauftragen, die auch dazu dienen konnte, verleumderischen Darstellungen aus der DDR entgegenzutreten bzw. sie begründet beschlagnahmen lassen zu können.[659] Im Mai 1968 wurde ein Mitglied des Planungsstabes des Kanzleramtes, der Mainzer Historiker Hans Buchheim, der sich seine Sporen als historischer Fachgutachter im Frankfurter Auschwitz-Prozeß verdient hatte, beauftragt, aufgrund »aller erreichbaren Dokumente eine möglichst genaue, in ihren einzelnen Feststellungen belegte Darstellung der Tätigkeit Kiesingers im Auswärtigen Amt zu geben und die wirkliche Relevanz für die deutsche Auslandspropaganda im Kriege zu beurteilen«.[660]

Buchheims Gutachten erwies sich als nützlich, wenn auch zur Publikation ungeeignet. Er konnte die fehlerhaften Aussagen der existierenden Dokumentationen Punkt für Punkt korrigieren, indem er zunächst eine allgemeine Darstellung der Aufgaben und des organisatorischen Standortes von Kult R gab und dann in einem zweiten, speziellen Teil, die »Tätigkeit des Herrn Bundeskanzlers in dieser Organisation« aufarbeitete. Als korrekter Wissenschaftler mußte Buchheim jedoch gerade in den großen, politisch brisanten Fragen passen. In der Frage des Wissens über die Judenmorde kam er zu der ernüchternden Feststellung, daß die amtlichen Quellen eher einen »Reflex der Tatsache« der Judenvernichtung enthielten, »als daß sie diese selbst beim Namen genannt hätten«. Das entsprach Kiesingers Linie bei seinem Zeugenauftritt – Buchheim hatte ihn davor »gebrieft«.

Aufgrund der vorhandenen Quellen konnte der historische Beweis natürlich nicht stichhaltig geführt werden, daß Kiesinger keinerlei indirekte Informationen über den Holocaust besessen hatte – direkte konnte es nach Buchheims Aussage ohnehin nicht geben. Buchheim kam zu dem abwägenden Urteil, daß die »theoretische Möglichkeit« nicht auszuschließen wäre, daß Kiesinger auf dem einen oder anderen Wege indirektes dienstliches Wissen zu Ohren hätte kommen können. Im Kern jedoch arbeitete das Gutachten Punkt für Punkt Routinevorgänge ab, indem es sie in ihren historischen Kontext stellte. Damit wurde zwar den weit überzogenen Angriffen des »Pankower Regimes« und seiner westdeutschen Kompagnons die Spitze genommen. Jedoch hatte auch Buchheim, wie zu erwarten, aus dem Meer der Informationen über alltägliche Dienstgeschäfte nur sehr wenig herausgefischt, was direkten Aufschluß über die damalige politische Einstellung Kiesingers und seine wirklichen Überzeugungen gab. Mehr war in einer mit den »Ansprüchen wissenschaftlicher Methodik« verfaßten Studie nicht zu leisten.

Im Bundeskanzleramt wurde es als notwendig angesehen, sich für den internen Gebrauch mit einer Ausarbeitung zu Kiesingers Zeit im Auswärtigen Amt zu wappnen, um auf Anfragen schnell reagieren zu können. Der Gedanke einer Publikation wurde mehrfach diskutiert und mehrfach wieder verworfen.[661] Eine interne Verständigung über Kiesingers Vergangenheit schien auch deshalb vordringlich, weil aufgrund von Kiesingers erzwungener Aussage vor Gericht, die zu allerhand Mutmaßungen Anlaß gegeben und zu einer neuerlichen ostdeutschen Publikation geführt hatte, die Öffentlichkeit sich wieder stärker mit Kiesingers Vergangenheit zu beschäftigen begann.[662]

Vor allem Günter Grass, der über längere Zeit geschwiegen hatte, wagte sich nun mit Kritik an Kiesinger erneut massiv hervor. In einem Beitrag für den SDR bemühte er ein ähnliches Argument wie Klarsfeld. Bezogen auf die studentische Unruhe stellte Grass fest: »Diese Generation hat es schwer; sie muß die Kriegs- und Nachkriegs-Schulden ihrer Väter und Großväter, ohne mitschuldig geworden zu sein, übernehmen und sieht dennoch wenig Möglichkeiten, auf die etablierten Verhältnisse in der Bundesrepublik einzuwirken.«[663] Wie Klarsfeld wollte er sich nicht in kollektive Schuldhaft nehmen lassen. Wie diese »externalisierte« und »differenzierte« er, indem er den »Schlußstrich« entlang der Generationen zog: »1927 geboren, hatte ich, dank der Fürsorge der Generation des Herrn Kiesinger, die Möglichkeit, mit fünfzehn Jahren Luftwaffenhelfer, mit sechzehn Jahren Soldat zu werden und als Siebzehnjähriger in Gefangenschaft zu geraten. Weil Herr Kiesinger und seine Generation uns nichts, aber auch gar nichts ersparen wollten, durfte ich sogar die Angst kennenlernen und zusehen, wie gleich beim ersten Fronteinsatz die Hälfte einer Kompanie Sechzehnjähriger zerschlagen wurde.«[664]

Der Kanzler war 1933 in die NSDAP eingetreten, um in katholisch-konservativer Absicht den neuen Staat mitzugestalten; dann hatte er, nach heutiger Diktion,»Ersatzdienst« geleistet, nach »volksgemeinschaftlicher« Auffassung sich vor der Front »gedrückt«; und so war er Teil des Herrschaftsapparates geworden, weil er einer Abteilung einer Berliner Behörde stellvertretend vorsaß, über deren konkreten Beitrag zur Kriegführung die Meinungen weit auseinandergingen. Als einer von Hitlers Kindersoldaten hatte Grass allen Grund, sich zu den Opfern zu rechnen. Um Kiesinger historisch Mitverantwortung für die NS-Verbrechen zu geben, mußte mehr als dessen generelle

Verstrickung verdeutlicht werden, die ja eine Verstrickung vieler Deutscher zweier oder dreier Generation gewesen war und deren Grad sich auch aus dem jeweiligen Lebensalter erklärte. Wie Klarsfeld hoffte Grass den Nachweis zu führen, daß Kiesinger kein »kleiner, unbedeutender Nazi« gewesen sei, daß er nicht als »jugendlicher Heißsporn«, sondern mit dem vollen Bewußtsein eines erwachsenen Mannes gehandelt habe. »Er hätte wissen müssen, wem er mit seinen intellektuellen Fähigkeiten diente.« Er, Grass, finde es schrecklich, »daß wir heute immer noch – und möglichst bevor in der DDR die Akten gelüftet werden – diesen üblen Bodensatz aufrühren müssen. Aber die Entscheidung wird uns nicht abgenommen. Entweder achten wir die Männer des Widerstandes, die Millionen Ermordeten, die deutschen Soldaten, die von einem verbrecherischen System in den Tod geschickt worden sind, oder wir verhöhnen sie nachträglich, indem wir den politischen Opportunismus des Herrn Kiesinger zur respektablen Lebensweisheit erklären.«

Diese Verbrechen waren im Namen eines Volkes und einer Regierung begangen worden, deren Mitarbeiter Kiesinger nun einmal gewesen war. Fragen lassen muß sich Grass aus *historischer* Perspektive, welches Bild etwa der Wehrmacht er besaß? Diese wurde von ihm als Opfer angesprochen und den »Millionen Ermordeten« quasi gleichgestellt. Die Millionen Soldaten, die von Hitler in den Tod geschickt worden waren, haben sich durch ihren pflichtgemäßen Einsatz an der Front, wenn auch an den Verbrechen meist nicht beteiligt, so diese doch mitermöglicht. Wie Klarsfeld wollte sich auch Grass aus der viel beschworenen Kollektivhaftung verabschieden. In diese sah er sich durch das »Ausland« genommen, wo die deutschen Verbrechen »schmerzlicher in Erinnerung« blieben als in Deutschland, »dem Heimatland der immer noch Verantwortlichen und Mitverantwortlichen«.[665]

Eine derartige geschichtspolitische Differenzierungsstrategie, die Trennung von »Front« und »Heimat«, von »sauberer Wehrmacht« und »schuldigen Etappenhengsten« läßt sich heute nicht mehr aufrechterhalten. Zudem stand dahinter in den sechziger Jahren handfeste Politik. Vergangenheit dient Grass als Instrument im engeren Sinne, wie dies mit Blick auf die innerparteilichen Auseinandersetzungen der CDU kurz vor Kiesingers Nominierung im Herbst 1966 bereits deutlich geworden ist. In Grass' Sicht schien Kiesingers Vergangenheit der deutschen Außenpolitik zu schaden, weil sie »den winzigen Kredit, den sich die Bundesrepublik in Ost und West mühsam erarbeitet hat«, entwerte. Kiesinger schien die Kreise der ostpolitischen Neuorientierung und Normalisierung zu stören, für die Grass plädierte.

Sowohl Grass als auch Klarsfeld dachten »gesamtdeutsch«, weniger »westlich«, wobei sich Klarsfeld der damals gängigen Faschismustheorien als Erklärungsmodell bediente. In ihren 11 Thesen zu Kiesinger, mit denen sie ihre Dokumentation *Geschichte des PG 2633930 Kiesinger* zusammenfaßt, kam sie unter anderem zu dem Ergebnis: »Kiesinger begünstigt versteckt und offen die neonazistische Entwicklung in der Bundesrepublik und beweist sich nach innen als Feind der Demokratie und nach außen als Feind der Entspannung und der friedlichen Sicherheit in Europa.« Weiter heißt es, nachdem Klarsfeld Kiesinger zunächst als Repräsentanten einer »dummen und grausamen Ideologie« bezeichnet hatte, das »Krieg, Millionen von Opfern, Rassenhaß, Konzentrationslager, Gaskammern, Krematorien, Schuld und Schande für Deutschland« bedeutet habe: »Kiesinger ist der repräsentativste und gefährlichste jener Nazis, die erneut das deutsche Volk verderben. Kiesinger und seine Komplizen sind dabei, aus der Bundesrepublik ein Land der Revanchisten zu machen, das eine Expansionspolitik betreibt und die Folgen des Weltkrieges nicht anerkennt, aber Atomwaffen fordert. Solange Kiesinger und seine Komplizen an der Macht bleiben, haben die Völker, die unter dem Nazismus gelitten haben, besonders in Osteuropa, allen Grund, das Deutschland Bonns zu fürchten. Im Interesse des Friedens, der Freiheit, des Sozialismus und der Ehre Deutschlands gilt es, den Nazi Kiesinger und seine Komplizen zu vertreiben.«[666]

Aufgrund ihrer Anti-Kiesinger-Kampagne wurde Klarsfeld aus der SPD ausgeschlossen.[667] Doch auch die APO behandelte sie als krasse Außenseiterin. Im Mai 1968 kam es zu einem Eklat während einer Podiumsdiskussion im Audimax der Technischen Universität Berlin, an der sich außer Klarsfeld noch Günter Grass, Johannes Agnoli, Ekkehart Krippendorff und Michael Lang vom »Jüdischen Arbeitskreis für Politik« beteiligten. Klarsfelds Kiesinger-zentrisches Weltbild, ihre These, Kiesinger stelle die »Gefahr Nr. 1 für Deutschland« dar und die NPD sei der rechte Flügel der CDU wurde von den Genossinnen und Genossen des SDS und den gut zweitausend anwesenden Studierenden mit Gelächter quittiert. Auch ihr auf dieser Veranstaltung gegebenes Versprechen, sie werde den Bundeskanzler ohrfeigen, provozierte Heiterkeit.

Grass wurde mit Buh-Rufen empfangen und kam anfangs überhaupt nicht zu Wort. Seinem Argument, daß Kiesingers Vergangenheit eine Aufwertung des Faschismus bewirke und die NPD erst dann effizient bekämpft werden könne, wenn Kiesinger das Amt des Bundeskanzlers nicht mehr mit seiner Vergangenheit belaste, widersprachen Agnoli und Krippendorff. Es handele sich in der Bundesrepublik keinesfalls um ein »Problem Kiesinger«, sondern darum, daß die bürgerliche Gesellschaft »latent faschistoid sei« und der Parlamentarismus in den Faschismus führe. Krippendorff plädierte dafür, von der Personifizierung abzukommen, da es wenig wahrscheinlich sei, daß ein anderer Bundeskanzler eine andere Politik machen würde. Kiesingers Biographie sei »typisch für das Bildungsbürgertum der letzten fünfzig Jahre«, das seine Segel in den Wind hänge und in Zeiten der Krise nach rechts abdrifte.[668]

Was Klarsfeld und den etwas älteren Grass vom Gros der Achtundsechziger unterschied, war weniger der Hang zur Personalisierung an sich als die Ausschließlichkeit ihres Anliegens, die merkwürdige Konzentration auf einen einzigen Menschen, der negative Personenkult um Kiesinger, von dessen Rücktritt Klarsfeld einen Befreiungsschlag erwartete. Tatsächlich hat sie sich nach der Bundestagswahl 1969 von der Bundesgenossenschaft mit der APO weitgehend verabschiedet. Für Theoretiker wie Agnoli und die führenden Köpfe der APO zielte der »Fall Kiesinger« in die falsche Richtung. Letztlich war Kiesinger nur »Charaktermaske«, d. h. Symptom, also mehr oder weniger austauschbares Mitglied der westdeutschen Elite, an der sich der »faschistische Charakter der Bundesrepublik« manifestierte und der entlarvt werden mußte, um Basisphänomene wie überpersönliche Strukturkontinuitäten und Restaurationsmechanismen aufzudecken. Für Krippendorff und Agnoli wäre mit Kiesingers Rücktritt die Systemfrage längst nicht beantwortet gewesen. Klarsfeld und Grass arbeiteten dagegen auf eine Kanzlerschaft Willy Brandts hin, um der Bundesrepublik mit dem ehemaligen Emigranten eine historisch würdigere Figur an die Spitze zu stellen.[669] Daher wurde Klarsfelds symbolische Tat vom November 1968, die »Ohrfeige«, erst im nachhinein in den Bilderhaushalt der Achtundsechziger-Bewegung inkorporiert.

Sicherlich war die auf der Veranstaltung im Audimax der TU Berlin deutlich gewordene Skepsis gegenüber der personalisierten Anklage, wie sie von Klarsfeld und Grass erhoben wurde, für die APO nicht völlig repräsentativ. Der Düsseldorfer Historiker Bernd-A. Rusinek hat in einer Untersuchung über »Akademische Diskurse über die NS-Vergangenheit in den sechziger Jahren« auf diese personalisierende Tendenz der Bewegung verwiesen und darin eine spezifische Schwäche ihres Umgangs mit der Vergangenheit gesehen. Nur indem ehemaligen NS-Tätern Unwandelbarkeit unterstellt wurde, konnten sie als Symbole faschistischer Kontinuität angegriffen werden.[670] Andererseits lag im Angriff auf jene Mitglieder der westdeutschen Elite, denen ein Engagement für den Nationalsozialismus unterstellt wurde, jene, wie Michael A. Schmidtke herausarbeitet, von den Protagonisten der APO gesuchte Möglichkeit, Zivilcourage zu beweisen und sich damit positiv von der älteren Generationen abzuheben, die genau das nach 1933 hatte vermissen lassen. Es war diese Motivation zur »politischen Tat«, in der das Spezifikum der Auseinandersetzung mit der Vergangenheit der Provokationseliten von »1968« lag.[671]

Kanzler der Grossen Koalition 1966–1969

Eine Ohrfeige und ihre Folgen

Albrecht Pünder wurde Augenzeuge der Ohrfeige. Er war Kiesingers Schüler im letzten Kriegsjahr 1944/45 gewesen. Seit langem als CDU-Kommunalpolitiker tätig, befand er sich unter den hessischen Delegierten des 16. Bundesparteitages der CDU. Pünder beobachtete aus etwa zwölf Metern Entfernung, wie sich an diesem 7. November 1968, dem letzten Tag des CDU-Parteitages, gegen 11 Uhr »die mir bis dahin natürlich unbekannt gewesene Frau Klarsfeld sich so wie ein Katze zubewegte auf Kiesinger und ihm dann mit der Rückseite der Hand ins Gesicht schlug. Und, ja also, ich, ich dachte, die Welt bleibt stehen, so hat mich das bewegt, schrecklich fand ich das. [...] Also, wir waren alle wie erstarrt und zwar alle, nicht nur die CDU-Leute, sondern auch, es waren auch mehrere SPD-Leute, wie das immer auf Parteitagen [ist], als Gäste dabei. Alle war'n erstaunt. Ich habe keinen gesehen, der in irgend einer Weise Genugtuung gezeigt hätte, daß Kiesinger das widerfahren ist, sondern alle fanden es ein himmelschreiendes Unrecht, und, und etwas, was man also am liebsten wegdenken wollte.«[672]

Beate Klarsfeld hatte sich mit dem abgelaufenen Presseausweis ihres Mannes Zugang zur Kongreßhalle verschafft. In diesem vorterroristischen Zeitalter waren die Sicherheitsvorkehrungen erstaunlich lax, auch wenn Berlin längst als Brennpunkt provokatorischer Angriffe der Studentenbewegung galt. Niemand hatte sich für Klarsfeld interessiert, obwohl sie im April 1968 im Bundestag mit ihrem »Nazi, Nazi«-Zwischenruf auffällig geworden war und kurz danach im Audimax der Berliner TU ihr »Ohrfeigen«-Versprechen gegeben hatte. Ein Ordner, der den Vorstandstisch bewachte, ließ »die adrette junge Frau im weißen Pullover« als vermeintliche Autogrammjägerin durch. Diese »pirschte sich«, wie es in *Spiegel*-Diktion weiter heißt, von hinten an Kiesinger heran und traf ihn, da der Kanzler in just diesem Augenblick ihr seine linke Gesichtshälfte zuwandte, nur mit dem Handrücken ins Auge. Die Ohrfeige ging also daneben. Der Schlag ins Auge sollte den gemeinten Sinn aber nicht verfehlen. Kaum vernehmbar hatte Klarsfeld »Nazi« gerufen.[673]

Der Kanzler blieb wie erstarrt sitzen. Dann faßte er sich an das linke Auge und fragte: »War das die Klarsfeld?« Derweil war der CDU-Generalsekretär »mit der Beherztheit eines schwäbischen Feuerwehrmannes« (*Stern*) aufgesprungen. Heck drückte Klarsfeld am Genick fassend auf den Boden herunter. Zwei Sicherheitsbeamte eilten herzu und nahmen sie vorläufig fest. Einer der Beamten fragte sie auf dem Weg nach draußen, weshalb sie Kiesinger geschlagen habe: »Wir haben es satt, daß dort oben ein Nazi sitzt.«[674] Arthur Rathke, CDU-Parteisprecher und im Zivilberuf Arzt, diagnostizierte bei Kiesinger eine leichte Bindehautentzündung. In sehr dürren Worten wird derselbe Vorgang im gedruckten Parteitagsprotokoll dargestellt: »Eine jüngere Frau kommt in den Saal, geht hinter den Vorstandstisch und schlägt den Bundeskanzler. Es entsteht am Vorstandstisch ein turbulentes Durcheinander, die Frau wird aus dem Saal geführt.«[675]

Die unmittelbare Reaktion des christdemokratischen Parteitages sowie Kiesingers und seiner Berater hatte wesentlichen Anteil am Siegeszug der Ohrfeige zu einem *lieu de mémoire* der Achtundsechziger-Bewegung. Um 1968, so der Historiker Hans-Ulrich Thamer, begann sich die Art und Weise zu wandeln, in der Themen und Thesen der NS-Debatte »vorgetragen, verbreitet und schließlich politisch instrumentalisiert wurden«.[676] Durch Happenings und Provokationen suchte die APO den »faschistischen« Charakter des »Systems« bloßzustellen. Mit der Ohrfeige wurde Vergangenheitsbewältigung in diesem Sinne zum öffentlichen Tribunal. Doch damit die Strategie der handfesten Provokation Erfolge zeitigte, bedurfte es der Mitwirkung der Angegriffenen. Vielleicht wäre jene Ohrfeige ebenso folgenlos geblieben wie Klarsfelds Zwischenruf im Plenum des Bundestages ein halbes Jahr früher, hätte der amtierende Präsident des Parteitages nicht die Rede der CDU-Sozialpolitikerin Margot Kalinke brüsk unterbrochen und voller Empörung verkündete: »Wir haben gerade einen unmöglichen Vorgang erlebt, daß hier eine Frau hereingekommen ist und den Herrn Bundeskanzler geohrfeigt hat!«

Das Establishment spielte mit. Die Ohrfeige, mochte sie rein physisch auch keine gewesen sein, wurde als solche sofort erkannt. Parteitagspräsident Müller unterbrach die sachliche Beratung, und die Delegierten, die auf die Intervention des Präsidenten mit »starker Empörung« und vielen »Pfui-Rufen« reagierten, waren kaum zu beruhigen. »Meine Damen und Herren«, fuhr Müller fort, »es ist natürlich jetzt für den Präsidenten eine sehr schwierige Situation entstanden. Ich glaube, Sie alle teilen mit dem Präsidium den Abscheu vor dieser Tat.« Nun taten die Delegierten, was sie wegen der Andeutungen Kiesingers zur Fortsetzung der Großen Koalition bis dahin vermieden hatten: Sie erhoben sich von ihren Plätzen und brachten ihrem Kanzler und Parteivorsitzenden »minutenlangen stürmischen Beifall« dar. Die Partei wollte emotional reagieren.

Diesen Eindruck verstärkte der ehemalige Berliner Bürgermeister Franz Amrehn, der als Vorsitzender des gastgebenden Landesverbandes im Namen der Berliner CDU förmlich bedauerte, »daß ein solcher Vorfall hier möglich war«. Er nannte dem Parteitag den Namen der »hysterisch verhetzten« Täterin, »eine Frau Klarsfeld aus Paris«, bei der es sich um eine »ferngesteuerte journalistische Agentin« handele, »die für den ›Combat‹ arbeitet«. Letzterem widersprach Kiesinger zwei Tage später auf der Abschlußkundgebung. Klarsfeld arbeite gelegentlich für den *Combat*, eine bürgerlich-linksliberale, eher antikommunistische Zeitung, und sei keine kommunistische Agentin: »Aber was sie hier getrieben hat und was sie sonst treibt – sie hat ja auch im Bundestag schon einmal eine Lärmszene veranstaltet –, das steht vielmehr in Verbindung mit jenen Gruppen, die wir im letzten Jahr in Deutschland in unseren Universitätsstädten und sonstwo erlebt haben. Dort treibt sie sich überall herum, bewaffnet mit Material, das aus östlichen Quellen gespeist wird.«

Zur Kanonisierung der Ohrfeige trug nicht allein die spontane Empörung des Parteitages, sondern auch Kiesingers weitere Reaktion bzw. die seiner Berater bei. Zunächst hatte der Kanzler nicht beabsichtigt, rechtlich gegen Klarsfeld vorzugehen. Auf die Frage, ob er einen Strafantrag stelle, antwortete er mit altväterlicher Ritterlichkeit: »Ich stelle nicht gern einen Strafantrag gegen eine Frau, wenn sie eine körperliche Attacke gegen mich unternimmt.«[677] Diese geschlechtsspezifische Wahrnehmung entsprach der Selbstsicht der Täterin, die ihren Schlag ins Auge nicht als Gewaltakt verstanden wissen wollte: »Und wenn jemand von einer Frau geschlagen wird, kann man das überhaupt nicht als Gewalttätigkeit betrachten, sondern eher als eine Mißachtung.«[678] Das sahen einflußreiche Kreise in der CDU anders: Frau oder nicht, mit Klarsfeld sollte die APO auf die Anklagebank gesetzt, ein Exempel statuiert werden. Kiesingers Berater hofften, »der Klarsfeld« einen Denkzettel zu verpassen, ohne das Risiko eines Prozesses eingehen zu müssen, in dem die Vergangenheit des Kanzlers selbst zur Sprache käme. Schließlich war der Tatbestand der Beleidigung in Tateinheit mit leichter vorsätzlicher Körperverletzung erfüllt und wurde von ihr auch nicht abgestritten.

Helmut Kohls Memoiren geben diese Stimmung in der CDU gut wieder: »Im Gedächtnis der Öffentlichkeit bleibt dieser Parteitag aber auch wegen einer unappetitlichen Aktion der französischen Journalistin Beate Klarsfeld. Sie hatte sich auf die Tribüne des Bundesparteitages geschlichen, trat an Kurt Georg Kiesinger heran und ohrfeigte ihn vor laufenden Kameras. Ich war einer der ersten, der die rabiate Dame vom Bundeskanzler wegzerrte. Das Ganze war eine bewußte Inszenierung für die Augen der Weltöffentlichkeit, um einen Volkszorn gegen Kiesinger wegen dessen NSDAP-Mitgliedschaft im Dritten Reich zu initiieren. Es war einer jener unsäglichen Vorgänge, die die ganze Intoleranz und Brutalität der aggressiven Linken deutlich machten. Daß ein Berliner Amtsgericht Beate Klarsfeld zu einer einjährigen Gefängnisstrafe wegen Körperverletzung und Beleidigung verurteilte, war ein so mildes Urteil, daß man sich darüber nur wundern konnte. Daß die Strafe dann aber auch noch auf vier Monate mit Bewährung reduziert wurde, konnten meine Freunde und ich nicht mehr nachvollziehen.«[679]

Auch in die Erinnerung von Kiesingers christdemokratischem Nachfolger hat sich der unerhörte Vorgang als ein Geschehnis »vor laufenden Kameras«

eingegraben, obwohl von der Tat selbst keine Fernsehaufnahme existiert. Abgesehen von dem undeutlichen Bild, das erst Sekunden nach dem Schlag aufgenommen wurden und für das sich der *Stern* die Exklusivrechte sicherte, ist keine Fotografie überliefert. Die »Ohrfeige« ist ein deutscher Erinnerungsort ohne Bild. Während Adenauers Schritt auf den Teppich vor den Hohen Kommissaren auf dem Petersberg und Brandts Kniefall am Denkmal für die ermordeten Widerstandskämpfer des Warschauer Ghettos sekundengenau festgehalten worden sind, ist die »Ohrfeige« als bewegtes Bild zwar in den Köpfen höchst präsent, jedoch authentisch nirgendwo eingefangen. Es wird daher gerne auf Ersatzkonstruktionen zurückgegriffen, wie auf die Untersuchung des linken Auges des geschlagenen Kanzler durch den hinzueilenden Arzt.[680] Bekannt ist auch das zwei Wochen später aufgenommene Foto, auf dem Beate Klarsfeld in dem Kölner Kabarett »Die Machtwächter« ein vor einem riesigen Hakenkreuz aufgehängtes Konterfei Kiesingers »ohrfeigt«.[681]

Die Ohrfeige hat sich dennoch zur Ikone verdichtet, so daß sie mühelos im Bilderhaushalt der Deutschen abgerufen werden kann. Zu diesem Erfolg trug das Nachspiel vor Gericht wesentlich bei. Nachdem Kiesinger dem Drängen seiner Berater und der konservativen Kräfte in seiner Partei nachgegeben hatte und Strafantrag stellte, mußte die Staatsanwaltschaft im »öffentlichen Interesse« Anklage erheben. In einem Schnellverfahren wurde Klarsfeld von einem eilfertigen Amtsgerichtsrat zu dem damals als ungewöhnlich hoch empfundenen Strafmaß von einem Jahr ohne Bewährung verurteilt. Das heizte die öffentliche Aufregung über die Ohrfeigen-Affäre an.

In seiner Urteilsbegründung hatte Amtsrichter Eberhard Drygalla die Strafe mit der öffentlichen Stellung des Beschädigten begründet und ausgehend von einem gesetzlichen Höchstmaß von zwei Jahren Klarsfeld aufgrund ihrer »Eheschließung mit einem Manne, dessen Vater, nur weil er Jude war, in einem der berüchtigten nationalsozialistischen KZ-Lager umgebracht worden ist, menschlich viel stärker das Leid empfindet, welches Millionen Menschen von dem NS-Regime zugefügt worden ist«, zunächst mildernde Umstände zuerkannt. Dem stünde jedoch die Tatsache gegenüber, daß Klarsfeld den Kanzler nicht nur vorsätzlich angegriffen, sondern auf dessen Ehre gezielt und daher eine möglichst hohe Wirksamkeit ihrer Tat angestrebt habe. Dazu hätte sie sich »keiner wirksamere Kulisse« aussuchen können »als den Parteitag mit der großen Zahl anwesender politischer Funktionäre und der großen Zahl von Pressevertretern«. Daher sei die Tat nicht mit herkömmlicher Beleidigung und Körperverletzung zu vergleichen, »wie sie im täglichen Leben einer menschlichen Gemeinschaft vorkommen«. Den Gedanken der Abschreckung leitete der Richter aus historischen Parallelen her: »Deutschland war bereits einmal der Schauplatz gewaltsamer Auseinandersetzungen, und die Zeitgeschichte hat dieser Weimarer Republik später vorgeworfen, diesem Treiben nicht rechtzeitig Einhalt geboten zu haben. [...] Es steht jedem Menschen frei, seine politischen Auffassungen zu äußern und sich in politischen Organisationen zu betätigen. Nicht geduldet werden darf aber der Versuch, mit Gewalt politische Argumente vorzubringen oder durchzusetzen.«[682]

Klarsfeld wurde für diesen Akt der Majestätsbeleidigung, wie es in kritischer Manier hieß, erstinstanzlich zu einem Jahr Gefängnis ohne Bewährung verurteilt. Da ihr Anwalt Horst Mahler sofort Berufung einlegte und damit das Urteil nicht rechtsgültig war, kam sie gleich nach dem Verfahren frei. Am selben Abend ließ sie sich Presseberichten zufolge auf einer Veranstaltung der Berliner Humanistischen Union als »Märtyrerin feiern«.[683] Ein Haftbefehl wurde nicht erlassen, da keine Fluchtgefahr bestand. Die Angeklagte, so das Gericht in auffälligem Kontrast zur Schärfe seines Verdikts, würde »sich selbst als Überzeugungstäterin disqualifizieren, wenn sie sich den Instanzen entzöge«. Klarsfeld erfuhr keinerlei Beeinträchtigung ihrer persönlichen Lebensumstände und reist kurz danach ungehindert nach Belgien, um in Brüssel, wo Kiesinger eine Rede halten wollte, Protest gegen den Kanzler anzufachen.[684]

Dennoch wurde das scharfe Verdikt selbst von konservativen Blättern kopfschüttelnd kommentiert. Die *Welt* erinnerte an den militärischen Erfahrungswert, wonach für einen Kompaniechef der alten Wehrmacht die Regel gegolten hätte, »daß er keinen Tag ›Bau‹ verhängen durfte, ohne 24 Stunden über Tat und Missetäter nachgedacht zu haben«. Das Amtsgericht hätte prüfen müssen, »ob die so flugs Verurteilte zur Zeit der Tat voll zurechnungsfähig war«.[685] Für die FAZ war das Strafmaß »zu hoch, zu hart«. Bewährte Strafrichter schlügen die Hände über dem Kopf zusammen. Wenn die Höhe der Strafe »auf der Rach- oder Publizitätssucht der Täterin oder auf ihrem politischen Fanatismus beruhen sollte, dann ist das Schnellverfahren nicht die richtige Prozedur, um das Knäuel der Motive in aller Ruhe zu entwirren. Sollte das jedoch alles klar gewesen sein – Zweifel sind hier angebracht –, dann kann das Strafmaß nur als exzessiv gewertet werden. Ohrfeigen [...] pflegen mit einigen Wochen, höchstens Monaten, taxiert zu werden, mit Bewährung und einer Geldbuße.«[686]

Die Provokationseliten von 1968 bauten auf das »Mitspielen« des Establishments, das von *Bild* bis hin zur kleinsten Lokalzeitung der »Ohrfeigen-Affäre« Aufmerksamkeit sicherte. Als Politiker handelte Kiesinger unklug, als er sich – vor die Entscheidung gestellt, ob er Klarsfeld anzeigen sollte oder nicht – dazu hatte breitschlagen lassen. Klarsfeld brauchte den durch den

Prozeß verstärkten Eklat, um möglichst breit in die Öffentlichkeit zu wirken.[687] Drygalla sei unfreiwillig gelungen, so die *Süddeutsche Zeitung*, »den Auftritten der exzentrischen jungen Dame das ihren Wunschvorstellungen entsprechende Gewicht vollends zu verleihen: Ein Jahr Gefängnis für eine Ohrfeige, gleichsam gegen alle sonstigen handelsüblichen Usancen, und dies zudiktiert im Schnellverfahren, ohne jede ins Detail gehende Beweisaufnahme, ohne psychologische Würdigung der Persönlichkeit der Täterin, ihrer Beweggründe, ihrer Erlebnisse. Das alles schafft Beate Klarsfeld sicher ungleich größere Publizität und willigeres Gehör, möglicherweise weit über Gebühr, als wenn es mit unzweideutig rechten Dingen zugegangen wäre. [...] Und Frau Klarsfeld, die ja immerhin noch keineswegs rechtskräftig verurteilt ist, könnte dann auch nicht im In- und Ausland als Kronzeugin dafür auftreten, daß bei uns die ›politische Justiz‹ Weimarer Observanz fröhliche Urständ feiere.«[688]

Erging das Verdikt auch korrekt, so wurde das Amtsgericht Tiergarten doch quer durch die Presselandschaft kritisiert. Der dem rechten Flügel der SPD zuneigende *Mannheimer Morgen* hielt das Urteil für unüberlegt. Dem Kommentator der ebenfalls SPD-nahen *Neuen Rhein-Neuen Ruhr Zeitung* war »nicht ganz wohl« beim Gedanken an die Berliner Schnelljustiz. Der Kanzler selbst sei schließlich mit sich »im Widerstreite« gelegen, »als er auf die Frage nach der Strafanzeige ein unklare, ja mißzuverstehende Antwort gab. Seine Unsicherheit spricht für ihn. Sie spricht aber nicht für das Urteil.« Weil ein kleinerer Denkzettel nicht genügt hätte, sei die ganze Aktion »ein Fressen« für diejenigen geworden, »die das verfassungsmäßig garantierte Demonstrationsrecht für terroristische Aktionen mißbrauchen« und diese nun zur »ganz großen Schau« hochspielen würden. »Der Auftritt der ›Heldin‹ Beate vor der Berliner APO am Abend nach ihrer Tat dürfe als Ouvertüre dazu betrachtet werden. Diese Ohrfeige war böse. Doch das Gericht hätte auf Hysterie mit etwas mehr Weisheit antworten sollen.«[689] Auch das zum Springer-Konzern gehörende *Hamburger Abendblatt* resümierte, daß das Urteil juristisch korrekt sei, der Kanzler jedoch unklug gehandelt hätte, »als er entgegen seiner ursprünglichen Ankündigung den von seinem Referenten eilig gefertigten Strafantrag so schnell unterschrieb. Daß es gerade seine Person war, die der Justiz die Gelegenheit zum Exempel bot, nährt die Zweifel. Es bleibt die Spur eines Unbehagens.«[690]

Die Art und Weise der Reaktion Kiesingers und dann des Gerichts ist also Bestandteil der Ohrfeige als geschichtskultureller Ikone. Klarsfelds »fraglos strafwürdige Tat« müsse als eine moralische Geste betrachtet werden, die mit unqualifizierten Mitteln ausgeführt worden sei: »Das Motiv war bitter und muß, wie die Dinge nun einmal liegen, eher eine fixe Idee genannt werden:

Ein ehemaliges Mitglied der NSDAP dürfe nicht Kanzler der Bundesrepublik sein. Weil die Leute das nicht hören wollten, müsse es ihnen durch einen Eklat vor Augen geführt werden.«[691] Der *Stern*-Herausgeber Henri Nannen formulierte es im offenen Brief an Kiesinger folgendermaßen:»Als der Schwiegervater von Beate Klarsfeld in Auschwitz vergast wurde, waren Sie in der Partei, und ich hatte zwei Artikel geschrieben, in denen der Führer ein großer Staatsmann war. Sie und ich haben keine Verbrechen begangen, wir haben niemanden verfolgt, zu niemandes Verfolgung gerufen, und doch: wir haben dem Unrecht wenigstens zeitweise unsere Hand geliehen. Das ist mehr als dreißig Jahre her, und ich meine, es reicht nicht aus, Sie von der Regierung der Bundesrepublik und mich von der Leitung des *Stern* auszuschließen.«

Klarsfeld halte Kiesinger für einen Nazi, so Henri Nannen weiter:»Sie würde gewiß auch mich dafür halten.« Dagegen zu protestieren habe Klarsfeld ein gutes Recht, wenn sie auch das »rechte Maß« dabei verfehlt habe, denn »Ohrfeigen sind keine Argumente, vor allem keine antifaschistischen«. Umgekehrt hätten er und Kiesinger das Recht, »den politischen Irrtum, die allzu menschliche Feigheit oder die Notlüge für uns in Anspruch zu nehmen und zu meinen, ein Volk könne auch dann nicht gesunden, wenn es denen, die gefehlt haben, für immer die Gnade des Vergessens versagt«. Als Kiesinger den Strafantrag gestellt habe, hätte er nicht wissen können, »daß ein obrigkeitsbeflissener Richter die Kanzlerbeleidigung mit einem Jahr Gefängnis ahnden würde.« Er hätte dennoch gut daran getan, dies zu unterlassen. Um sich nicht dem Vorwurf auszusetzen, er scheue eine Erörterung seiner Vergangenheit, solle der Kanzler vor dem Berufungsrichter ein Wort für die Angeklagte einlegen.[692]

Günter Grass warnte davor, »auf Argumente zu verzichten und nur noch mit Ohrfeigen Politik zu machen«, nachdem ihm ein SDS-Mitglied vorgehalten habe, »daß eine Ohrfeige mehr transparent zu machen vermöge als zwei Grass-Reden«.[693] Heinrich Böll hingegen hatte Klarsfeld rote Rosen geschickt. Dafür wurde er von Grass kritisiert. Für rote Rosen habe kein Anlaß bestanden. Böll verteidigte sich: Grass' Feststellung sei »ziemlich anmaßend, peinlich und, da öffentlich getan, ganz und gar fehl am Platze«. Seine Mutter, die während eines Tieffliegerangriffs gestorben sei, habe ihn darin bestärkt, »diese verfluchten Nazis zu hassen, ganz besonders von jener Sorte, zu der Herr Dr. Kiesinger gehört: die gepflegten bürgerlichen Nazis, die weder die Finger noch die Weste beschmutzten und die nun nach 1945 weiterhin schamlos durch die Lande ziehen, die sogar vom Zentralkomitee Deutscher Katholiken eingeladen werden, Reden zu halten«. Die Kritik würde der Bundesrepublik positiv zu Buche schlagen, wenn er auch an deren durchschlagenden Erfolg nicht glaube: »Wie immer und mit welchem Kaliber wir Kiesinger angreifen:

Es passiert uns nichts, weil wir die ›prominenten Vorzeigeidioten‹ der BRD sind.«[694]

Qualifizierte Zustimmung oder ablehnende Empörung, allgemein wurde die Ohrfeige als symbolische Tat interpretiert. Nachdem sie Kiesinger mit ihrer Aktion vom Kanzlerpodest gestürzt hatte, hoffte Klarsfeld, ihn in einem zweiten Schritt mit Akten aus dem Amt zu vertreiben.[695] Erst jetzt unternahm sie den Versuch, Kiesinger über dessen Mitgliedschaft in der NSDAP und im Auswärtigen Amt hinaus zu belasten, denn diese Tatsachen hatte Kiesinger nie Abrede gestellt. Hierin im Einklang mit ihren ostdeutschen Helfershelfern, wollte Klarsfeld Kiesinger eine »tiefe Verstrickung« in den NS-Apparat nachweisen und ihn zum Kriegsverbrecher stempeln. Bis zum November 1968 hatte sie nur die 15seitige Broschüre »Die Wahrheit über Kurt Georg Kiesinger« publiziert, die sich auf weniger als zwei Dutzend Dokumente stützte. Auf dieser Grundlage klang ihre Aussage eher hypothetisch, daß es nicht schwer sei, »sich klarzumachen, welches Vertrauen Kiesinger bei der NSDAP-Führung genoß, wenn man die Breite seiner Verantwortung als Leiter der Hitlerschen Auslandspropaganda untersucht«.[696] Nun, nach vollbrachter Tat und mit dem Bonus ihrer frisch gewonnen Prominenz ausgestattet, kündigte Klarsfeld an, erneut zur Dokumentensuche nach Potsdam zu reisen. Kiesinger galt ihr als »Schreibtischtäter«, womit in der Terminologie der Kriegsverbrecherprozesse der sechziger Jahre die Handlanger des Judenmordes in der NS-Bürokratie bezeichnet wurden.[697]

Es dauerte mehr als ein halbes Jahr, bis im August 1969 die *Geschichte des PG 2 633 930 Kurt Georg Kiesinger* erschien, für deren Abfassung sich Klarsfeld in Person des Pariser Privatgelehrten Joseph Billig professioneller Hilfe versichert hatte. Der schmale Band wurde von Karl-Heinz Jansen in der *Zeit* als »peinlicher Beitrag zur Zeitgeschichte« bezeichnet. Das Buch sei »peinlich für die Autorin, die, obwohl Historikerin, Seite für Seite bewußt gegen den bewährten Grundsatz *sine ira et studio* verstößt, peinlich für den Kanzler, der für die von ihm versprochene eigene Dokumentation keine Autoren fand, peinlich für seine Partei, peinlich für uns alle …«[698] Gerhard Mauz besprach die Dokumentation im *Spiegel* folgendermaßen: »Über Auftritten, Konferenzen, einer Gegenkandidatur in Kiesingers Wahlkreis und forschen Sprüchen verrannte sie sich in den Versuch, einen NS-Verbrecher Kurt Georg Kiesinger dokumentarisch belegen zu wollen, den es nicht gegeben hat.«[699]

Heinrich Böll hingegen, der ein Vorwort zu Klarsfelds *Geschichte* beigesteuert hatte, war von der wissenschaftlichen Qualität der Arbeit überzeugt: »Dieses Buch ist eine nachträgliche, ausführliche und peinlich sachliche Begründung für Ohrfeigen, die die deutsche Presse in jenen Tagen versäumt hat, als die große Koalition gebildet wurde.« Daß die Spurensicherung Klarsfelds mit allerhand Problemen behaftet war und der Beweis *prima facie* nicht geführt werden konnte, beirrte Böll in seinem Urteil nicht: »Natürlich war Herr Kiesinger nie ›ordinär‹, er war ein feiner Mann, er faßte alles mit Glacéhandschuhen an – und hinterließ sehr wenige Fingerabdrücke.«[700]

Ironischerweise hatte das Bundeskanzleramt mit der gleichen Quellenarmut zu kämpfen wie die Gegner des Kanzlers und unternahm große Anstrengungen, eine Schrift zu Kiesingers Verteidigung herauszubringen.[701] Vor allem der Parlamentarische Staatssekretär Guttenberg, als ehemaliges Mitglied des Widerstandes unverdächtig, drängte Kiesinger, eine Dokumentation in eigener Sache zu autorisieren, und hatte dafür bereits einen Verleger aufgetan, den konservativen Heinrich Seewald in Stuttgart.[702] Im April 1969 gab Kiesinger sein Einverständnis, eine Schrift über seine Tätigkeit in den Jahren 1933 bis 1945 herauszugeben, »mit der Angriffen à la Klarsfeld entgegengewirkt werden kann«. Als mögliche Autoren hatte Guttenberg neben Propst Grüber und dem Vorsitzenden des Zentralrats der Juden, Nachmann, auch Kiesingers ehemaligen Schüler, den Rechtspolitiker Hirsch, sowie sich selbst in Vorschlag gebracht. Aufbauend auf den Untersuchungen von Buchheim sollte als Rechercheur der Journalist Rudolf Vogel («Israel-Vogel«) gewonnen werden.[703]

Obwohl prominente Vertreter des Widerstands oder den Opfern nahestehender Kreise bereit waren, für Kiesinger in die Bresche zu springen, wurde der Plan nach mehrmaligem Hin und Her schließlich *ad acta* gelegt.[704] Das hatte weniger damit zu tun, daß sich kein Autor für eine offiziöse Dokumentation fand, wie in der Presse behauptet wurde.[705] Vielmehr stellte sich neben der Eröffnung neuer Angriffsflächen die besagte Unmöglichkeit, angesichts einer lückenhaften historischen Überlieferung einen hieb- und stichfesten Gegenbeweis zu führen, zumal jede unvoreingenommene Schilderung von Kiesingers Zeit im Auswärtigen Amt auch das Eingeständnis einer historischen Mitschuld impliziert hätte.

So köchelte die Auseinandersetzung um Kiesingers NS-Vergangenheit bis zu den Wahlen im September 1969 weiter, wobei das Berufungsverfahren gegen Klarsfeld neuerliche negative Publizität für den Kanzler brachte. Doch ihr »privater Feldzug« gegen Kiesinger fand überall wenig Sympathie.[706] Im August 1969 setzte das Westberliner Landgericht ihr Strafmaß auf vier Monate Gefängnis auf Bewährung herab. Das wurde von der Presse überwiegend begrüßt – im Gegensatz zu dem »Standurteil« vom November 1968.[707] Doch in Relation zu den vielen Krisen, die sich seit dem November 1968 zusammenballten – von der Kritik an Kiesinger auf dem CDU-Bundesparteitag in Berlin bis hin zu den Turbulenzen um die Aufwertung der DM –, waren die unmittelbaren politischen Auswirkungen der »Ohrfeige« gering. Beate Klarsfeld hingegen geht bis heute davon aus, daß ihre Anti-Kiesinger-Kampagne zum Machtwechsel 1969 beigetragen habe.[708]

Nach Kiesingers Ausscheiden aus dem Kanzleramt war dessen NS-Vergangenheit als Instrument der Politik nutzlos geworden. Vor Gericht zogen sich die Auseinandersetzungen noch zwei Jahre hin. Im Oktober 1970 wurde das Revisionsverfahren, das Klarsfeld im August 1969 gegen den Spruch des Moabiter Landgerichts angestrengt hatte, wegen des Straffreiheitsgesetzes vom 20. Mai 1970 eingestellt.[709] Eine Beschwerde Klarsfelds vor dem Kammergericht wurde verworfen. Sie hatte ihre eigenen Auslagen und Kosten sowie die des Nebenklägers, Kiesinger, zu tragen. Die Gerichtsgebühren verfielen der Staatskasse. Aus Schaden klug geworden, verzichtete Kiesinger darauf, seine Kosten bei Klarsfeld einzutreiben. Ein »Kostenfestsetzungs- und Vollstreckungsverfahren« gebe der Gegenseite nur Gelegenheit »zu erneuter Polemik«.[710] Aus diesem Grund hatte er auch im November 1968 darauf verzichtet, von seinem Recht Gebrauch zu machen, das Urteil gegen Klarsfeld auf deren Kosten in allen größeren Tageszeitungen im Wortlaut zu veröffentlichen.

Für Klarsfeld wurde die Ohrfeige zum Auftakt einer Karriere als Nazi-Jägerin. 1971 erzielte sie internationale Aufmerksamkeit, als sie den ehemaligen Gestapo-Chef von Paris, SS-Obersturmbannführer Kurt Lischka, zu entführen versuchte. Dieser lebte, obwohl er in Frankreich nach dem Kriege rechtskräftig zum Tode verurteilt worden war, aufgrund eines deutsch-französischen Abkommens völlig unbehelligt in Düsseldorf und ging als Prokurist einer Tätigkeit in der Privatwirtschaft nach. Bei allem Verständnis wurde diese Art der »Selbstjustiz« auch von jüdischen Kreisen in Deutschland als »unverantwortlich« gerügt.[711]

In den aus diesen Anlässen publizierten Artikeln über Klarsfelds Aktionen findet sich meist ein kurzer Hinweis, daß sie durch ihre Kiesinger-Ohrfeige bekannt geworden sei.[712] Dadurch wurde der Fall Kiesinger im Gedächtnis gehalten. Als die Mittdreißigerin 1972 ihre Erinnerungen publizierte, widmete sie Kiesingers NS-Vergangenheit ein ganzes Kapitel.[713] Nach dem Entführungsversuch von Klaus Barbie in Bolivien porträtierte die Sonntagsbeilage der *New York Times* Ende 1979 die Klarsfelds. Darin wurde unter anderem Klarsfelds Darstellung übernommen, Kiesinger sei vom eigenen Schwiegervater entnazifiziert worden. Die *New York Times* erbat sich vom Büro Kiesinger eine Gegendarstellung. Diese wurde nur zu den Akten genommen, um falsche Behauptungen künftig nicht zu wiederholen.[714]

Die Kanonisierung der Ohrfeige zum westdeutschen Erinnerungsort erhielt einen Schub, als Ende der achtziger Jahre zwei Filme über das Leben von Klarsfeld produziert wurden. Am 6. August 1987 strahlte die ARD eine vom Hessischen Rundfunk produzierte Dokumentation aus, an der mitzuwirken Kiesinger sich weigerte.[715] Darin sagte sie wörtlich: »Das war doch eine Geste, die etwas markiert hat, und ich sagte auch damals, ich habe damals diese Ohrfeige im Namen aller Deutschen gegeben, die es ablehnten, einen Nazi als Bundeskanzler zu haben, besonders im Namen der deutschen Jugend. Und ich glaube, es markierte doch die politische Landschaft in Deutschland, denn seitdem ist niemals wieder ein Nazi Bundeskanzler geworden.« Einige Prominente waren um ihre Meinung zur Ohrfeige gebeten worden, u. a. Udo Lindenberg, der Rowohlt-Lektor Freimut Duve und der Intendant Jürgen Flimm. Sie lobten Klarsfelds Mut und die historische Notwendigkeit ihrer Handlung. Einer der Befragten sah im Rückblick auf die Geschichte der bald vierzigjährigen Republik »drei große Symbolhandlungen: das eine war Adenauer und de Gaulle in Reims, das andere war sicherlich der Kniefall von Willy Brandt in Warschau, und das dritte war dieser berühmte Backenstreich der Beate Klarsfeld. Die letzten beiden haben ja sehr viel miteinander zu tun ... Ich denke, es wird dabei immer über die Gewaltfrage diskutiert, ich finde das ziemlich unerheblich anhand von sechs Millionen Toten und des Vergessens, was darum herum gemacht wird, und ich finde, daß man sich an diesen Backenstreich erinnern sollte.«[716]

Im November 1987 kam der amerikanische Film »Nazi-Hunters – The Beate Klarsfeld Story« (unter der Regie von Michael Lindsay-Hogg) in die deutschen Kinos. Beate Klarsfeld wurde von Farah Fawcett verkörpert, Serge von Tom Conti. Mit explizitem Bezug auf die Ohrfeige wurde er in Deutschland angekündigt. Zur Bonner Premiere erschienen die beiden Klarsfelds persönlich, wobei das Ereignis durch eine angeblich fabrizierte Bombendrohung überschattet wurde.[717] Der Film war eine mittelmäßige Seifenoper. Schon der Titel »Verfolgt und gejagt«, so die Kritik, erinnere eher »an einen Thriller denn an ein politisch-human-motiviertes Leben«. Es handele sich, abgesehen von der Fehlbesetzung durch Farah Fawcett als Hauptdarstellerin, um eine »schlecht synchronisierte *human-touch-story*«, in der Serge »ein dekorativer Schreibtisch-Intellektueller« sei, »dessen politische Motivation dem Zuschauer weitgehend unklar bleibt. [...] Immerhin gewährt der Film einen Einblick in das Leben einer ungewöhnlichen Frau, deren Geschichte eine Verfilmung allemal verdient.«[718]

Dieser schlechte Film wäre durch jeglichen Versuch, auf dem Klagewege die falsche Charakterisierung Kiesingers als »Beamter im NS-Propagandaministerium« richtigzustellen, nur unnötig aufgewertet worden, so der Mitarbeiter Kiesingers, der incognito an der Premiere teilnahm. Der Film werde bald wieder aus den Kinos verschwinden, wenn er auch »schlimm« in seiner Gesamtwirkung sei: »In der völlig unmotivierten Aneinanderreihung der drei spektakulärsten ›Klarsfeld-Fälle‹ – Kiesinger, Lischka, Barbie – wird für die heute zu 99 Prozent völlig uninformierten jungen Zuschauer in Deutschland suggeriert, daß Kiesinger ein ebenso schlimmer Judenmörder sei wie Lischka und Barbie. Das ist nicht einmal von Beate Klarsfeld selbst behauptet worden.«[719]

Kiesingers engste Umgebung bemühte sich, diese Fehlinszenierung seiner Lebensgeschichte von dem 83jährigen fernzuhalten. Noch immer ging es ihm unter die Haut, wenn seine Vergangenheit zur Sprache kam. Diehl, der dem Ex-Kanzler bis zu dessen Tode als politischer Berater diente, hatte sich ein Video des Fernsehfilms besorgt. Er schickte es Kiesinger nicht, »dann ärgert er sich noch mehr«.[720] Gegen die Symbolwirkung der Ohrfeige schien kein Kraut gewachsen.[721] Von ihrem ursprünglichen Kontext längst abgelöst, war sie zum medial vermittelten Versatzstück mutiert, mit dem nicht eigentlich Kiesingers Vergangenheit, sondern ein Grundproblem aus der Frühgeschichte der Bundesrepublik aufgezeigt wurde: die Elitenkontinuität vom Nationalsozialismus zur Demokratie. So beginnt auch die Kiesinger gewidmete Sendung jener Kanzler-Serie des ZDF, mit der Europas größter Fernsehsender 1999 des 50. Jubiläums der Republikgründung gedachte, gerade mit jener nirgendwo filmisch dokumentierten Klarsfeldschen Ohrfeige. Kiesingers Name ist so eng damit verbunden, daß man ihr schlechterdings nicht mehr ausweichen kann.[722]

Historisch war Kiesinger damit auf das Image des »Nazi-Kanzlers« festgelegt. Das hat auch sehr viel mit der Dynamik der Kontroverse um die NS-Vergangenheit zu tun, mit dem Wegsterben der NS-Täter-Perspektiven und ihrer Opfer, der Massenmedialisierung der Vergangenheit und der inneren Angleichung der westlichen Erinnerungskulturen in den achtziger Jahren. Während sich die Faschismus-Diskussion in ihrer dogmatischen Versteifung in den frühen siebziger Jahren in eine theoretische und politische Sackgasse hineinmanövrierte und für die Erforschung des Nationalsozialismus als weitgehend unfruchtbar erwies, überdauerte Klarsfelds Tat, die ja zunächst durchaus nicht nach dem Geschmack mancher APO-Mitglieder gewesen war, alle historischen Wechselfälle und hat ikonographischen Status gewonnen, vergleichbar Adenauers Schritt auf den Teppich oder Brandts Kniefall von Warschau. Dies aber ist nicht mehr die Geschichte des historischen Kiesinger, sondern die seiner Wahrnehmung und damit des Gedächtnisses der alten und der neuen Bundesrepublik.

Kanzler der Grossen Koalition 1966–1969

Prag und die Grenzen gemeinsamer Ostpolitik

Die Auseinandersetzung um des Kanzlers Vergangenheit stand 1968 beileibe nicht im Mittelpunkt des öffentlichen Interesses. Sie war zeitgenössisch zu dem übrigen Geschehen dieses Jahres sogar nebensächlich, schwappte doch eine Protestwelle rund um den Globus. Zugleich wurde die große Politik von einer Serie internationaler Krisen, von der nordvietnamesischen Tet-Offensive im Januar über die Blockade der Berliner Zufahrtswege, dem Biafra-Konflikt bis hin zur Niederschlagung des Prager Frühlings und der Krise im internationalen Währungssystem im November 1968 in Atem gehalten. Bonn besaß kaum Zeit für die geschichtspolitischen Nadelstiche gegen den Kanzler. Stärker beschäftigte die Unruhe auf den Straßen. Dieser widmeten sich Sondersitzungen von Fraktionen und Parlamenten, von dem Ärgernis der permanenten Störung der Wahlkämpfe ganz zu schweigen. Erst gegen Ende des Sommersemesters 1968 entspannte sich die Lage. Mit den Ferien verschwand die APO aus den Schlagzeilen, der SDS befand sich im Niedergang. 1969 wurde für die etablierten Kräfte in Bonn kein zweites Achtundsechzig.

Innenpolitisches Problem Nr. 1 war und blieb die wachsende Nervosität der etablierten Parteien, die sich für den Wahlkampf in Stellung brachten. Wie mit dem Dissens an der Parteibasis umzugehen war, darüber gingen die Meinungen weit auseinander. Auf SPD-Seite war Wehner insgeheim davon überzeugt, daß Brandts Nürnberger Formel, man müsse die Oder-Neiße-Linie respektieren und anerkennen, nicht gerade sehr glücklich gewählt worden sei. Das habe der SPD an der Wahlurne geschadet.[723] Kiesinger sah die Schwierigkeiten beim Koalitionspartner, kehrte sie jedoch unter den Teppich. Nürnberg hin oder her, die Koalitionsspitzen waren sich schnell einig geworden, bis zum Ende der Legislaturperiode durchzuhalten. Selbst in die Wahlrechtsfrage, mit der die SPD-Führung so augenscheinlich Schiffbruch erlitten hatte, kam nach der baden-württembergischen Landtagswahl noch einmal Bewegung. Der Schock über die knapp zehn Prozent NPD-Stimmen saß den Sozialdemokraten tief in den Knochen und ließ sogar Ehmke über eine Modifikation des Wahlrechts spekulieren.[724]

Nicht nur Brandt, auch Kiesinger hatte mit einer latenten innerparteilichen Opposition fertigzuwerden. Sein präsidialer, vermittelnder Stil ging der CDU/CSU zunehmend gegen den Strich. Die Partei wollte kämpfen, auf einen groben Klotz einen groben Keil setzen. Wenn der CDU-Kanzler es für richtig hielt, sich vor seinen SPD-Außenminister zu stellen, dann murrten nicht mehr allein die Hinterbänkler. Angesichts spürbarer Linkstendenzen innerhalb der SPD, so Barzel im Mai 1968, sei für die Union die absolute Mehrheit in greifbare Nähe gerückt. Die CDU müsse nur deutlicher Profil zeigen.⁷²⁵ Demgegenüber hielt Kiesinger an seiner parteipolitischen Deeskalationsstrategie fest. Als CDU-Vorsitzender dürfe er nicht außer acht lassen, wer »von dieser Koalition profitieren wird«. Doch als Kanzler müsse er tun, »was zum Wohl unseres Volkes eben notwendig ist, und darauf zu sehen, daß diese Koalition ihre Aufgaben zu den Bundestagswahlen wirklich erfüllt«.⁷²⁶ Wie lange das noch gut gehen würde?

Im Juni wurde er von Ahlers gewarnt, daß Barzel und Schmidt unter erheblichen Rechtfertigungszwängen stünden und sich über Kanzler und Außenminister beklagten. Sie seien in den ostpolitischen Kardinalfragen nicht ausreichend informiert: »Jedenfalls spüren beide Herren, daß sie mehr und mehr Mühe aufwenden müssen, um ihren Fraktionsmitgliedern die Fraktionsdisziplin nahezubringen.«⁷²⁷ Mit dem politischen Frühling des Jahres 1968 begannen sich die ersten Vorboten des Bundestagswahlkampfes bemerkbar zu machen. Unter dem Druck *seines* Fraktionsvorsitzenden machte Brandt den Kanzler für die angeblich schleppende Verwirklichung der noch ausstehenden Gesetzesvorhaben verantwortlich und bezeichnete die SPD als den drängenderen, die Union als den hemmenderen Teil der Koalition.⁷²⁸

Noch sprach sich das SPD-Parteipräsidium fast unisono für die Fortsetzung der Koalition aus, zumal für die Wahlen 1969 ein ähnliches Ergebnis wie in Baden-Württemberg prognostiziert wurde: Einzug der NPD und rückläufige Ergebnisse für die Sozialdemokraten. Eher zögerlich schloß sich Brandt diesen realpolitischen Überlegungen an, bat jedoch ausdrücklich, davon nicht öffentlich zu sprechen. Das werde die SPD lähmen. Schmidt verwahrte sich gegen eine allzu schnelle Aburteilung der Großen Koalition. Es sei aber nun nötig, die Erfolge der SPD deutlicher herauszustreichen.⁷²⁹ Sagte es und gab der *Zeit* ein Interview, in dem er den Kanzler zwar als »für eine Koalitionsregierung der gegenwärtigen Art [...] geeignete[n] Typ« bezeichnete, doch den wirtschaftlichen Wiederaufschwung als Erfolg sozialdemokratischer Politik in Anspruch nahm und der Union das Fehlen eines »gedanklichen Konzepts« für eine ost- und deutschlandpolitische Neuorientierung attestierte. Barzel und Kiesinger ließen das nicht auf sich sitzen und führten den Entlastungsangriff.⁷³⁰

Zwang das wahltaktische Kalkül auch zur Betonung der Unterschiede, so bestanden bis hinein in die Ostpolitik nach wie vor beträchtliche Gemeinsamkeiten vor allem zwischen Kiesinger und seinen Koalitionären.⁷³¹ Als die DDR durch die unvermittelte Einführung eines Paß- und Visumszwangs im Juni 1968 die Situation auf den Transitstrecken plötzlich eskalierte, reagierten Brandt und Kiesinger fast entgegen den konventionellen Erwartungen. Als ehemaliger Regierender Bürgermeister war Brandt der Scharfmacher, während Kiesinger sich verbale Zurückhaltung auferlegte. Er plane, so Brandt an Kiesinger, am 1. Mai mit dem Wagen nach Berlin zu fahren, »um die Entschlossenheit der anderen Seite« zu testen und dort eine »sehr scharfe Sprache zu führen«.[732] Der Außenminister warf sich den Mantel des Kalten Kriegers über, beschwor die Erinnerung an Chruschtschow 1958/59.

Nun stimmte auch Kiesinger in das Propagandaspiel ein. Ihm stand Adenauers ängstliche Reaktion im August 1961 vor Augen, als der erste Kanzler dem Mauerbau tatenlos zugesehen hatte. Eilends flog Kiesinger an die Spree und sprang den gebeutelten Hauptstädtern zur Seite. Das wurde mit großem Beifall bedacht.[733] Die Amerikaner taten das ihrige und sandten, auf Bonner Drängen, ihren Außenminister nach Deutschland. Allerdings war dem Weißen Haus nicht entgangen, daß die Dramatik der Gesten in umgekehrt proportionalem Verhältnis zum Willen der Bundesregierung stand, Ulbricht mit wirtschaftlichen Sanktionen wirklich zu schaden. Befragt von dem neuen amerikanischen Botschafter in Bonn, Henry Cabot Lodge jr., an welche konkreten Schritte er denke, forderte Kiesinger amerikanische »*leadership*«.[734]

Das frühsommerliche Theater um die Berliner Zufahrtswege lenkte von der eigentlichen Entwicklung ab. Ungeachtet rhetorischer Breitseiten bekräftigte Kiesinger die westdeutsche Gesprächsbereitschaft.[735] Für August 1968 war sogar ein Treffen zwischen Schiller und seinem ostdeutschen Pendant, DDR-Außenhandelsminister Sölle, geplant und damit ein erster offizieller deutsch-deutscher Kontakt auf Kabinettsebene.[736] Ostpolitische Fortschritte waren auch auf anderer Ebene zu verzeichnen. Der Nonproliferationsvertrag (NPT) rückte einer Unterschrift deutlich näher, obwohl er nach wie vor die Qualität eines parteipolitischen Lackmustests besaß: Vor allem unter den vielen ehemals adenauertreuen Gaullisten war mit nationaler Hysterie zu rechnen, während die SPD sich längst auf eine Unterschrift festgelegt hatte.[737]

Doch das Mißtrauen gegenüber der Johnson-Administration war abgrundtief, so daß der Vertrag nach wie vor auf den entschiedenen Widerstand weiter Teile der Unionsfraktion stieß.[738] Barzel flog Ende Februar 1968 mit Kiesingers Segen zu Geheimgesprächen nach New York, um dort mit Johnsons Sicherheitsberater, Walt W. Rostow, die deutschen Möglichkeiten noch einmal auszuloten. Sollte er auf weitere Nachbesserungen in letzter Minute gehofft haben, so wurde er von Rostow eines besseren belehrt: Die Supermächte hätten sich auf einen Fahrplan geeinigt.[739] Im Kanzleramt setzte sich die Einsicht durch, daß nicht mehr viel zu holen war. Guttenberg machte seinen CSU-Parteifreunden klar, daß anhaltender Widerstand erhebliche Komplikationen hervorrufen würde, »wenn uns nicht andere internationale Ereignisse, wie etwa eine sich verschärfende Spannung zwischen den USA und der Sowjetunion [...] zu Hilfe kommen«. Vor die Alternative eines »Ja oder Nein gestellt«, werde der Kanzler unterzeichnen.[740]

Sicher, Kiesinger suchte nach Kompromissen und gesichtswahrenden Zwischenlösungen, um den konservativen *Hardlinern* den Rückzug zu erleichtern. Dem Kreßbronner Kreis schlug er vor, »zwischen unserem Verhalten bei der Unterzeichnung und bei der Ratifizierung des Vertrages« zu unterscheiden.[741] Etwaige Einwendungen würden sich bei Ratifikation formulieren lassen. Als einzig verbliebenes, wirklich heikles Problem erschien ihm die Frage eines »Quidproquo im Verhältnis zwischen Deutschland und der Sowjetunion«, also die berühmten, politisch längst obsoleten Feindstaatenklauseln der UN-Charta, die den Siegermächten ein (kollektives) Interventionsrecht in Deutschland einräumten, was die Sowjets, taktisch unklug, in just diesem Augenblick wieder aufgewärmt hatten.[742] Selbst die europäische nukleare Sukzession, der Traum aller Gaullisten (nur nicht de Gaulles), hielt Kiesinger für halbwegs zufriedenstellend gelöst, wenn hier auch Interpretationsspielraum blieb. Sogar Strauß akzeptierte, daß dies nicht gerade die weltgeschichtliche Stunde der europäischen Nuklearmacht war. Auch deshalb machte die antikommunistische Betonfraktion die Feindstaatenklauseln zum neuen Ansatzpunkt ihrer Kritik am NPT.[743]

Heimlich, still und leise wurden die Weichen für eine Unterzeichnung gestellt: Anfang März 1968 schien es Kiesinger, als schmölze der Widerstand dahin.[744] Anfang April einigten sich die Koalitionsspitzen – Strauß war zugegen –, den Vertrag aus der parteipolitischen Schußlinie zu halten.[745] Doch der steigende Druck in Berlin brachte Rückschläge. Der Kanzler sah sich zu der provozierenden Frage veranlaßt, ob der Atomsperrvertrag als ein Instrument des Friedens, »uns, die wir bereits früher auf atomare Waffen verzichtet haben, Schutz vor der möglichen Bedrohung und Erpressung durch atomare Mächte gewährt«. Er halte die Fortführung der Entspannungspolitik und die gleichzeitige Auslösung von Krisen durch den Osten für »nicht miteinander vereinbar«.[746] Als am 1. Juli 1968 der NPT von den Großmächten unterzeichnet wurde, vertagte das CDU-Präsidium die weitere Diskussion auf die Zeit bis nach der Sommerpause.[747] Dennoch war den außenpolitischen Experten der Unionsfraktion bewußt, daß sich Bonn um eine Unterschrift nicht würde herumdrücken können. Anfang August faßte Bahr seinen Eindruck dahingehend zusammen, daß sich Strauß in einem öffentlichen Rückzugsgefecht befinde.[748]

Da der Widerstand gegen den Sperrvertrag bröckelte, drängte Brandt zu einer forscheren Gangart. Es sei höchste Zeit für die Unterschrift, weil damit, »begründet oder nicht, die Glaubwürdigkeit unserer Entspannungspolitik auf dem Spiel« stünde. »Wenn Brasilien oder Indien, Japan oder Schweden mit der Unterschrift zögern, so wird dies bedauert, ändert aber nichts an der allgemeinen Wertschätzung, die diese Staaten genießen. Wenn *wir* zögern, so wird das latente Mißtrauen, das bei unseren östlichen Nachbarn, aber auch bei manchen einflußreichen Kreisen im Westen gegenüber der Bundesrepublik und ihrer inneren Entwicklung vorhanden ist, neue Nahrung erhalten.«[749] Am 17. Juli 1968 trafen sich Kanzler und Außenminister im Gästehaus Scheufelen in Stuttgart, um u.a. über den NPT zu sprechen. Brandt versprach, bis Ende August stillzuhalten, um Kiesinger den Rücken freizuhalten. Von einem guten Ende konnte er zu diesem Zeitpunkt noch ausgehen. Seinem französischen Kollegen Debré signalisierte er drei Tage nach seinem Treffen mit Kiesinger: Alles spreche dafür, »daß zu einem geeigneten Zeitpunkt unterzeichnet werde. Die Ratifizierung werde allerdings längere Zeit in Anspruch nehmen.«[750]

Während der NPT seiner Unterzeichnung anscheinend näherrückte, begannen konservative Kräfte in der Union, unterstützt vom *Bayernkurier*, aber auch von *Christ und Welt*, den Außenminister mit »gehässiger Polemik« zu überziehen. Kiesinger dürfe nicht zulassen, wehrte sich Brandt, »daß das Regierungsprogramm auf kaltem Wege revidiert« werde: »Es geht aber gar nicht nur um mich, sondern ebensosehr um Ihre Regierungserklärung.«[751] Der Vize hatte Übung im Umgang mit dem Kanzler gewonnen: Etwas kleinlaut bat Kiesinger, »aus innen- und außenpolitischen Gründen« im Kabinett keine Vorentscheidung anzustreben, sondern sich auf eine »eingehende« Erörterung des NPT im Bundesverteidigungsrat zu beschränken.[752]

Dennoch bleibt festzuhalten, daß Kiesingers zäh hinhaltende Taktik Erfolge zeitigte, kam doch der Atlantiker Schröder nicht umhin, im Juli 1968 Präsident Johnson seine persönliche Zustimmung zum NPT in Aussicht zu stellen.[753] Erst die krisenhafte Zuspitzung der Lage im Sommer 1968 machte diese hoffnungsvolle Entwicklung zunichte. Der Einmarsch der Warschauer-Pakt-Staaten in die Tschechoslowakei in den Morgenstunden des 21. August 1968 enthob Kiesinger der Notwendigkeit, den Kampf um den Sperrvertrag endgültig auszukämpfen.[754] Die Ereignisse in der Tschechoslowakei hätten der BRD in Hinblick auf den NPT »wahrhaftig ›Luft‹ geschaffen«, kommentierte der Kanzler fast erleichtert, als sich Anfang September der CDU-Bundesvorstand zu einer Krisensitzung traf.[755]

Von dem militärischen Überfall auf die Tschechoslowakei wurde der Westen überrascht. Zwar war der Aufmarsch an den Grenzen der ČSSR nicht verborgen geblieben.[756] Er schien sich nicht gegen das Territorium der NATO zu richten und wurde, sicher zu Recht, anfänglich als bloße Drohgebärde gegenüber der Prager Regierung interpretiert. Um den Sowjets keinerlei Vorwand zu geben, wurde auf Kiesingers Insistieren das seit längerer Zeit geplante Manöver »Schwarzer Löwe« von der bayerisch-tschechischen Grenze nach Südwestdeutschland verlegt. Im Kabinett bat Kiesinger darum, von Reisen nach Prag vorerst abzusehen, damit die Bundesrepublik aus dem Geschehen herausgehalten würde.[757] Auf die Nachricht von dem Einmarsch nach Prag reagierte Kiesinger denn auch mit äußerster Zurückhaltung. Ahlers verlas eine Erklärung der Bundesregierung, in der die Aktion als »völkerrechtswidrig« und »unzulässige Einmischung in die inneren Angelegenheit der Tschechoslowakei« nur mit der diplomatisch abgeschwächten Formel des »Bedauerns« verurteilt wurde.[758]

Während sich in Prag unbewaffnete Demonstranten und Panzer gegenüberstanden, empfing Kiesinger um die Mittagsstunden des 21. August den amerikanischen Botschafter. Er habe Ahlers um eine »etwas schärfere Erklärung« gebeten, entschuldigte er sich. Ein stummes Hinnehmen des Prager Einmarsches hätte das deutsche Volk nicht verstanden.[759] Zwei Stunden später wurde der sowjetische Botschafter im Palais Schaumburg gemeldet. Kiesinger brachte die »ernste Besorgnis« der Bundesregierung zum Ausdruck, die sich aufgrund der widersprüchlichen sowjetischen und tschechischen Verlautbarungen ergäbe. Zarapkins Erklärung, die militärischen Aktionen richteten sich nicht gegen die Bundesrepublik, nahm er »mit Befriedigung« zur Kenntnis.[760] Kiesinger lag an einer Deeskalation, weshalb er zunächst nicht vor die Fernsehkameras trat. Erst nachdem sich andere geäußert hatten, darunter auch Brandt, gab er seine Zurückhaltung auf. In einem Interview zur besten Sendezeit bezeichnete er die Ereignisse in der ČSSR als »sehr schlimm«. Im gleichen Atemzug kündigte er eine Fortsetzung der Entspannungspolitik an. Einen Seitenhieb auf seine innenparteilichen Gegner verkniff er sich nicht: Letztere hätten »überhaupt nie begriffen«, daß Entspannung eine illusionslose Politik des »langen Atems« sei.[761]

Trotz der dramatischen Bilder aus Prag wollte Kiesinger nicht zum Kalten Krieg zurück. Auf der Krisensitzung des Kreßbronner Kreises am folgenden Tag machte der Kanzler klar, daß die »bisherige Politik der Entspannung und der Anbahnung einer europäischen Friedensordnung« fortgesetzt werden müsse. Die Bundesregierung werde sich nicht auf das Feld der ideologischen Auseinandersetzung begeben. Man werde das Wort »Entspannung« künftig vorsichtiger gebrauchen müssen. In Sachen NPT sei nun Zurückhaltung geboten, wobei er bezeichnenderweise die mangelnde Solidarität der Europäer in dieser Frage beklagte. Was Frankreich angehe, so werde man darauf drängen müssen, »daß sich die Franzosen zu den Projekten der europäischen Einigung positiver einstellten. Er sei darüber erschüttert gewesen, daß sich die europäischen Staaten bei der Wahrnehmung ihrer Interessen im Hinblick auf den Nichtverbreitungsvertrag so wenig solidarisch bezeigt hätten.« Auch Schmidt sah Defizite im Bündnis, während Barzel die UNO-Feindstaatenklauseln »im Lichte der jüngsten Ereignisse« zu sehen empfahl.[762] Daß mit

Prag die Stunde Westeuropas geschlagen habe, glaubte auch Wehner, den die UN-Feindstaatenklauseln zwar »nicht schreckten«, der aber dennoch zu einer Überprüfung des Sperrvertrages riet.[763]

Mit ihrer sanften Reaktion befand sich die Bundesregierung in bester Gesellschaft. Der französische Außenminister Debré hatte den Prager Einmarsch als bloßen »Verkehrsunfall« auf dem Weg zur Entspannung bezeichnet.[764] Johnson hoffte auf ein Gipfeltreffen mit Breschnew und ging schnell zur Tagesordnung über. Der scheidende US-Präsident wollte seine Regierungszeit als Friedensstifter beenden. Alles in allem folgte die westliche Reaktion dem alten Muster, das die Welt seit den Tagen des 17. Juni 1953, des ungarischen Aufstandes 1956 und der Berlin-Krise 1961 kannte: Es wurde protestiert, wenn auch merklich gedämpfter als bei früheren Anlässen. Sanktionen beschränkten die Amerikaner auf gut sichtbare, aber wenig schmerzliche Maßnahmen. Konzerttourneen in die Staaten des Warschauer Paktes wurden storniert. Weniger öffentlichkeitswirksame Projekte wie Austauschprogramme für Studenten indes liefen weiter.[765] Die ČSSR lag nun einmal in der sowjetischen Einflußsphäre. Daran könnten Appelle nichts ändern, beharrte Außenminister Rusk: »Wir müssen uns über eines völlig klar sein: Eine militärische Intervention heißt soviel wie ein Nuklearkrieg. Daran kann kein Zweifel bestehen. Wenn wir eingreifen, steht der Dritte Weltkrieg bevor.« Besser war die Ohnmacht der westlichen Supermacht nicht auf den Punkt zu bringen.[766]

War dies blanker Zynismus? Wurde eine heroisch um ihre Freiheit kämpfende Nation, der die Sympathien der Völker galten, von den Bonner und Washingtoner Hasenfüßen den »Wölfen überantwortet«, wie sich Hans-Peter Schwarz empört?[767] Den Politikern im Weißen Haus war bewußt, daß dieser »Mord am hellichten Tag« (*murder in broad daylight*) die Geduld des westlichen Publikum arg strapazierte: »Es wird nicht einfach zu erklären sein, warum die Charta der Vereinten Nationen Korea gegen eine militärische Aggression schützt, nicht aber die ČSSR.«[768]

Doch so unvorteilhaft war die Lage aus amerikanischer Perspektive nicht, ließ man die Ereignisse nüchtern Revue passieren: Es wäre das Dümmste, den Sowjets jetzt die Tür vor der Nase zuzuschlagen. Moskau stünde international am Pranger; es werde die Rechnung für Prag in Form von Konzessionen bei den Verhandlungen über strategische Nuklearwaffen (SALT) begleichen. Auch innerhalb der westlichen Allianz würde sich die Verschiebung des militärischen Gleichgewichts in Mitteleuropa in Dollar und Cent auszahlen. Den Europäern, vor allem den sparsamen Deutschen, bleibe nichts anderes übrig, als ihre Rüstungsausgaben zu erhöhen. Das werde das überstrapazierte amerikanische Militär entlasten. Seine Botschafter in den westlichen Haupt-

Die Grenzen gemeinsamer Ostpolitik

städten wies Johnson an, sie mögen doch in Erfahrung bringen, was die Europäer aufbringen würden: »*What kind of money, marbles, and chalk the NATO states are prepared to put in to counter the Soviet threat*«? Sobald das geklärt sei, werde man über den Beitrag von *Uncle Sam* sprechen.[769]

Kiesinger hatte weniger Anlaß, sich die Hände zu reiben: Es war Konsens unter Bonner politischen und militärischen Spitzen, daß die Okkupation der ČSSR die westdeutsche Sicherheit vorerst nicht gefährdete. Eine »taktische Überraschung« war die Intervention aber doch. Als Generalinspekteur Ulrich de Maizière vor dem Bundesverteidigungsrat äußerte, die tschechischen Truppen seien im Schlaf überrascht worden, fragte Kiesinger mit erhobener Stimme: »Ich hoffe, daß die Bundeswehr in einer ähnlichen Lage nicht in ihren Betten liegt und schläft.« Verteidigungsstaatssekretär Karl-Günther von Hase quittierte das mit dem trockenen Zwischenruf: »Ob die Bundeswehr in einer solchen Lage in ihren Betten liegt oder nicht, ist eine politische und nicht eine militärische Entscheidung.« Es sei Aufgabe der Politik, die Reaktionsfähigkeit der NATO im Krisenfall sicherzustellen. Darüber hatte sich in Bonn seit Jahren keiner ernsthaft den Kopf zerbrochen. Angesichts der atomaren Abschreckung hatte man auf ein rationales Handeln der Moskauer Führung gesetzt. Auf eine Übernahme des Oberbefehls sei er nicht vorbereitet, meinte Kiesinger denn auch etwas erschüttert zu de Maizière.[770]

Ob der Kreml noch rational kalkulierbar handelte? Die nervöse Frage ging Kiesinger durch den Kopf. Die Invasion sei ein »desparater Schritt«. Moskau habe sich völlig isoliert.[771] Kiesingers »vorherrschendes Gefühl gegenüber den Russen sei Angst«, meinte Bahr denn auch im Oktober 1968.[772] Tatsächlich hatte der blitzschnelle sowjetische Vormarsch der geostrategisch exponierten Bundesrepublik ihre Gefährdung drastisch vor Augen geführt. In Bonn war das Vertrauen auf die NATO-Vorwarnzeiten sichtlich erschüttert. Die Invasion habe der westdeutschen Bevölkerung wirkliche Frucht eingeflößt, meinte Rostow zu Johnson. Daß allabendlich Bilder von sowjetischen Panzern über deutsche Bildschirme flimmerten, daß an der weichen deutsch-tschechischen Grenze ein eiserner Vorhang heruntergelassen werde, habe alte Ängste geschürt. Das europäische Kräftegleichgewicht habe sich verschoben, konstatierte Kiesinger vor dem Auswärtigen Ausschuß. Das irrationale Element im Kreml sei in alarmierender Weise unterschätzt worden. Eine Auffassung, in der ihn in der ersten Aufregung selbst erfahrene Bonner Diplomaten bestärkten. Fast reflexartig forderte Kiesinger eine NATO-Gipfelkonferenz, um für das Publikum den Schulterschluß mit den Verbündeten wirksam zu demonstrieren.[773]

Krisengipfel waren damals keinesfalls üblich. Dieses Instrument wurde erst später erfunden. Da de Gaulle Ärger machen würde, scheuten westliche

Politiker vor einem derartigen Treffen zurück. Daß die Deutschen sich sofort an die USA gewandt hätten, sei doch ein gutes Zeichen, meinte der amerikanische Botschafter. Man müsse Kiesinger mit seinem Gipfelwunsch helfen. Dann würden die Deutschen auch mehr Verantwortung in Europa zeigen. Doch dem Präsidenten machte eine schwierige innenpolitische Situation zu schaffen: Wahlen standen unmittelbar bevor, außenpolitisch war er ganz auf den Konflikt in Südostasien und die Détente-Politik gegenüber der Sowjetunion fixiert. Es irritierte den Kanzler, daß Johnson ihn in Antizipation einer kräftigen Dosis Bonner *burden sharing* erst einmal zappeln ließ. Mehrfach mahnte Kiesinger, als spräche hier Adenauer, eine »weise und entschlossene Führung« der USA an.[774] Dabei machte sich das Kommunikationsdefizit zwischen Palais Schaumburg und Weißem Haus bemerkbar. Ungeachtet aller Freundschaftsbeteuerungen hatte sich das Verhältnis zur Johnson-Administration seit dem Streit über den Sperrvertrag nie ganz erholt.

Eigenartigerweise stieß de Gaulle nicht in das Vakuum, das die halbherzige Reaktion der Amerikaner hinterließ. Statt die verunsicherte Germania an seine Brust zu drücken, mißinterpretierte er das Bonner Sicherheitsbedürfnis. Übersah de Gaulle, in welcher relativen Isolierung sich die westdeutsche Regierung befand, vor deren Haustüre sich die schwerste internationale Verwicklung seit der Doppelkrise um Kuba und Berlin 1961/62 abspielte? Ja, de Gaulle erhöhte sogar noch den Druck: Bonn diente Moskau als Prügelknabe, doch nun hieb Paris in die gleich Kerbe. Die Bundesrepublik wurde für die »konterrevolutionären« Vorgänge in der ČSSR mitverantwortlich gemacht. Von allen Seiten allein gelassen, wuchs sich das Gespräch, das Kiesinger am 2. September mit Botschafter Zarapkin führte, zu einem negativen Höhepunkt seiner Karriere aus. Haltlose Vorwürfe prasselten auf einen Kanzler hernieder, der sich der westlichen Solidarität nicht mehr sicher war.[775] Noch war nicht ausgemacht, daß Moskau die Gunst der Stunde nicht nutzte, um zugleich gegen Jugoslawien und Rumänien vorzugehen. Das hätte die Stimmung in Westdeutschland auf den Siedepunkt gebracht. Diehl reiste in Kiesingers Auftrag heimlich nach Belgrad und brachte von dort Entwarnung mit.[776]

Entscheidend waren erneut die Rückwirkungen auf die heimische Landschaft. Angesichts der Befürchtungen, die das sowjetische Vorgehen weckte, mußte Kiesinger im CDU-Bundesvorstand hart um Verständnis für seine gemäßigte Haltung ringen. Den Falken schrieb er ins Stammbuch, daß es aussichtslos sei, »zu alten politischen Methoden zurückzukehren«. Es sei eine »längst feststehende Tatsache«, daß die beiden Supermächte ihre Einflußsphären respektierten. Dagegen zu rebellieren sei völlig überflüssig. Schon seit Dulles sei »alles ein Betrug gewesen, daß von Befreiung geredet worden sei«. Gerstenmaier hingegen, der sich zum Sprachrohr der innerparteilichen

Die Grenzen gemeinsamer Ostpolitik

Fronde machte, tat die ganze Ostpolitik als Mißerfolg ab. Kiesinger sei doch von Zarapkin »eine Kriegserklärung« vorgehalten worden. Könne man so die Entspannung weiterführen? Auch Gerstenmaier gewann dem ostpolitischen Rückschlag seine positiven Seiten ab. Die Prager Affäre habe »diesen illusionistisch wohlwollenden Nebel von braver deutscher Beflissenheit um diesen Atomwaffensperrvertrag herum« so »zerfetzt«, »daß seine heißesten Befürworter unter Führung unseres Außenministers doch nicht mehr den richtigen Mumm haben, mit flotter Marschmusik auf die Unterzeichnung und Ratifizierung dieses Unternehmens zuzugehen«.[777]

Dem trat Kiesinger auf zwei Ebenen entgegen. Zum einen sei Adressat der Neuen Ostpolitik von Anfang auch der Westen gewesen und habe die bundesrepublikanische Außenpolitik endlich wieder an den westlichen Geleitzug angekoppelt. Es sei auch darum gegangen, den westlichen *Goodwill* zu erringen, der unter Adenauer und Erhard verlorengegangen sei. Wer zum Kalten Krieg zurückwolle, habe zehn Jahre Weltpolitik verschlafen. Schon Adenauer habe keinen rechten Ausweg mehr gesehen. Der Alte sei am Ende seiner Weisheit gewesen, habe nur aus taktischen Gründen Zuflucht bei de Gaulle gesucht, dessen Grundthesen »über die europäische Politik und seine antiamerikanische Politik« aber nie akzeptiert: »Was er da getan hat, war ein taktisches Spiel, ein sehr verzweifeltes taktisches Spiel.« Man werde dem deutschen Volk reinen Wein einschenken müssen. Es sei die Frage, »inwieweit unser Volk die Wirklichkeit sieht, daß wir tatsächlich auch heute noch im Jahre des Heils 1968 mit den Ergebnissen des Jahres 1945 zu tun haben, das heißt mit dem, was die Russen die Ergebnisse des Zweiten Weltkrieges nennen. Das ist das Faktum.« Die Bundesregierung könne gar nicht anders, »als unser Volk illusionslos zu machen«. Der Westen werde die Entspannungspolitik fortsetzen. Das Problem der Deutschen, die Wiedervereinigung in Frieden und Freiheit, werde bleiben. »Und dazu brauchen wir unserem Volke nicht die Jacke vollzulügen.«

Zum zweiten hob Kiesinger so deutlich wie nie zuvor in einem CDU-Parteigremium auf das offensive Element der Neuen Ostpolitik und deren revisionistische Ziele ab. Prag habe gezeigt, daß die Entspannungspolitik funktioniere. Man müsse nur geduldig sein. Der Westen sei nicht so schwächlich, wie die antikommunistischen Falken glaubten. Geradezu gebetsmühlenhaft wiederholte Kiesinger in diesen Tagen ein Wort von Dean Rusk, die Sowjetunion halte die Koexistenz nicht aus. In der Tat seien »die ideologischen Gefahren von der Sowjetunion gegen die westliche Welt nicht sehr groß«. Die UdSSR habe »sogar daraus die Konsequenzen gezogen. Weil sie vielleicht eingesehen hat, daß sie in den Kommunistischen Parteien der übrigen Länder nicht allzu starke Bundesgenossen hat, hat sie das Risiko auf sich genommen, sich durch diese Aktion gegen die Tschechoslowakei auch von diesen Parteien zu isolieren, obwohl ich nicht vorauszusagen wage, ob sich das nicht wieder einrenken wird. Das Gefährliche an dieser zweifellos nicht unrichtigen These des amerikanischen Außenministers ist aber der Punkt, daß die Sowjetunion, wenn sie merken sollte, daß sie diese Koexistenz nicht aushält, d. h. daß eine Entwicklung einsetzt, die ihrer Kontrolle entgleitet, mit Sicherheit entsprechend reagieren wird. Und viel früher [...], als ich mir damals vorzustellen wagte, ist genau das eingetreten: in dem Augenblick, in dem die Sowjetunion glaubte, diese Folgen einer Koexistenzpolitik aus der Kontrolle zu verlieren, hat sie zugeschlagen.«[778]

Gerstenmaier zog aus Prag eine andere Lehre: »Mehr als eine Koexistenz im Sinne eines labilen Gleichgewichts des Nebeneinander« sei nicht mehr drin, weitere »Bemühungen um eine Ostpolitik oder, wie Sie [Kiesinger] sagen, Friedenspolitik« sei die Grundlage entzogen. Kiesinger wehrte sich gegen die Resignation: Eine labile Koexistenz im Sinne eines bloßen Nebeneinanderher würde die »Lösung der deutschen Frage *ad calendas Graecas*« verschieben. Damit wäre der Status quo erst recht zementiert. Es gäbe nur zwei Alternativen: Entweder man wage die »Anerkennung«. Dies sei der Weg, den Männer vorgeschlagen hätten, die das durchaus als Patrioten täten. Oder aber man versuche geduldig weiter, »bei den Völkern Europas einen Zustand schaffen zu helfen, bei dem sie frei sind von der Furcht kriegerischer Verwicklungen und gewaltsamer Aktionen einzelner Mitglieder dieses Europas gegen andere. Damit sprechen wir Millionen von Menschen und auch die Regierungen – die dürfen es nur nicht zugeben – im Osten an. Damit kommen wir zwar in unseren politischen Aktionen aufgrund des Widerstandes der Sowjetunion im Moment nicht vorwärts, aber wir kommen vorwärts in den Gehirnen und Herzen der Menschen drüben. Und das ist eine ungeheuere Waffe.«

Es war eine denkwürdige Debatte im CDU-Bundesvorstand. Sie unterstrich die ostpolitische Isolierung des Kanzlers. Wie ein Jahr zuvor beim Streit über die Aufnahme diplomatischer Beziehungen zu Jugoslawien wollte mit Ausnahme von Gerstenmaier keiner der CDU-Granden Kiesinger in direkter Konfrontation widersprechen. Nur Lemmer sowie Stingl als Sudetendeutscher und Klepsch als Vorsitzender der Jungen Union riskierten noch ein offenes Wort. Sie wollten Kiesinger zu einer schärferen Gangart gegenüber Moskau treiben. Unterstützung erhielt der Kanzler dagegen von Weizsäcker, der für eine Fortsetzung des ökonomischen und kulturellen Brückenbaus plädierte, sowie von dem saarländischen Ministerpräsidenten Röder. Die außenpolitischen Schwergewichte hielten sich auffällig zurück. Es sprach Bände, daß Kabinettsmitglieder wie Schröder und von Hassel dem Kanzler argumentativ nicht zur Seite sprangen.

Als es an die Diskussion der abschließenden Presseerklärung ging, prallten die Gegensätze massiv aufeinander. CDU-Sprecher Rathke hatte gemeinsam mit Guttenberg einen Text vorbereitet, der von Gerstenmaier, so das Protokoll, »mit kundiger Hand« redigiert worden war und auch den Segen Bruno Hecks besaß. Darin war von der »nackten Gewalt des kommunistischen Zwangsstaates die Rede«, auch davon, daß »Ulbrichts Gewaltregime« Deutsche gezwungen habe, »an der widerrechtlichen Besetzung teilzunehmen«. Den Menschen in der ČSSR »wurde eine fast unerträgliche Last auferlegt. Ein Ende der Okkupation ist nicht abzusehen.«[779]

Unter eine in der Sprache des Kalten Krieges verfaßte Erklärung wollte Kiesinger seine Unterschrift nicht setzen. Er halte das »für absolut falsch«. Er habe keine Angst vor den Sowjets, doch »große Deklamationen über das Schicksal der Tschechen und Slowaken zu machen, halte ich für völlig überflüssig«. Er bitte den Bundesvorstand »von jeder Sprache« abzusehen, die keiner Seite etwas bringe und den Sowjets einen unnötigen Vorwand liefere. »Ich bitte Sie, die Lage ernster zu sehen!« Er wünsche sich eine Erklärung, die ausgehend von den Ereignissen in der ČSSR eine konsequente Fortsetzung der Friedenspolitik ausbuchstabiere und deren Ausgangsbasis ein engerer Zusammenhalt der Europäer im westlichen Bündnis sei. Viele warteten doch nur darauf, daß »wir jetzt [...] Töne anschlagen, die gerade uns nicht anstehen. Deswegen bin dagegen, daß diese Sprache gesprochen wird.«

Das sah die schweigende Mehrheit anders. Die Partei lechzte nach großen Emotionen. Die Russen sollten in den Senkel gestellt werden. Sie wollte, daß der Parteichef antikommunistische Brandreden hielt. Es müsse doch möglich sein, so Gerstenmaier, »in einem solchen Falle auch einmal eine andere Sprache zu sprechen, als sie der Bundeskanzler aus wohlerwogenen Gründen ... (Kiesinger: Nein, ich spreche jetzt als Parteivorsitzender!) Als Parteivorsitzender müssen Sie unserem Herzen einen angemessenen Ausdruck geben. [...] (Kiesinger: Meinen Sie, man soll immer das sagen, was man empfindet? – *Unruhe und Bewegung.*) Herr Bundeskanzler, Ihre spezielle Vokabel mit der europäischen Friedensordnung steht drin, aber mit einer so treuherzigen Bekundung muß es doch verstattet sein, auch noch zu verbinden die freie Stimme des Protests! Wenn wir das Vergnügen nicht mehr haben, was haben wir denn dann noch von der Freiheit! (*Anhaltende Unruhe.*)« Lemmer sekundierte Gerstenmaier. Er habe »immer festgestellt, daß eine harte Sprache von den Russen mehr geschätzt und auch als glaubwürdiger hingenommen wird, als wenn wir nur weich auf eine unerhörte Bedrohung reagieren. [...] Das ist doch Kriegsbedrohung! Das hat es noch nie gegeben, daß an der Grenze eines großen anderen Landes Divisionen aufmarschieren, und wir sagen nichts! (*Zuruf:* Sehr richtig!)«

Zwei Stunden rang der CDU-Bundesvorstand um die Presseerklärung zu Prag. Er bedürfe der Unterstützung seiner Partei, mahnte Kiesinger: »Die klare Zustimmung meiner Partei zu meiner Politik, gerade dann, wenn der Osten versucht zu attackieren. Ich kann nur noch einmal sagen, was die am meisten fürchten, ist nicht eine harte Sprache, sondern eine differenzierte Politik, die sie in die Gefahr bringt, daß sie tatsächlich die Kontrolle über ihr Imperium verlieren. Das ist die Gefahr, und davor haben die Angst. Das treibt sie zu einer desparaten Politik.« Am Ende folgte der Bundesvorstand zähneknirschend der Linie des Bundeskanzlers. Die Intervention wurde als ein völkerrechtswidriger Akt verurteilt und die Sorge um die Gefährdung des Friedens zum Ausdruck gebracht. Der Begriff »Freiheit« wurde Kiesingers Wünschen entsprechend sorgfältig vermieden. Die Entschlossenheit der CDU wurde bekräftigt, »an dem Ziel einer Schaffung eines dauerhaften Friedens zusammen mit anderen Völkern weiterzuarbeiten. Voraussetzung für den Erfolg einer solchen Politik ist allerdings, daß die in der Nordatlantischen Allianz verbündeten Völker ihre Verteidigungskraft entschlossen stärken, denn nur von einem gesicherten Fundament der Freiheit aus läßt sich ein dauerhafter Friede in Europa verwirklichen.«

Am Ende hatte Kiesinger sich mit seiner diplomatischen Sprachregelung durchgesetzt. Den Stammtisch überließ er Strauß zur Pflege, sehr zum Verdruß konservativer Kreise in der CDU. Der CSU-Vorsitzende hatte eben noch kurz davor gestanden, eine Unterschrift unter den Sperrvertrag stillschweigend zu tolerieren. Nun setzte er zum Gegenschlag an. Am 16. September tagte der Führungskreis der CSU in Bad Reichenhall, wo Strauß zur Kur weilte. Kiesinger war auch zugegen. Die politischen Ausführungen des Kanzlers wurden höflich zur Kenntnis genommen. Doch kaum war der Regierungschef abgereist, zog Strauß vom Leder: »Neue Haltung nötig. Eigene deutsche Politik. Ende der Duckmäuserei – Amerika, Frankreich. Auf Nixon setzen. Neue Sprache finden. Scharfe Kritik an Führung durch Kanzler. Vorwurf der Laschheit [...] Wähler verlangen Selbstbewußtsein«, notierte sich Guttenberg, der alles brühwarm seinem Kanzler erzählte. Die NPD wäre sicher der Nutznießer, so Strauß' Kalkül, »wenn Verjährung, NV-Vertrag im Sinne SPD gelöst. Aufgabe CSU, klaren Gegenkurs zu steuern. Weite CDU-Kreise hoffen auf CSU. SPD muß konfrontiert, zum Farbe-Bekennen gezwungen werden. Dinge müssen auf die Spitze getrieben werden. Klare Fragestellung: Welche Haltung im Kabinett bei Verjährung NV-Vertrag. Abstimmung. Bereit zu allen Konsequenzen. Ausscheiden aus dem Kabinett. Kündigung der Fraktionsgemeinschaft. Gründung CSU im CDU-Bereich.«[780]

Strauß probte nach Prag 1968 für den Kreuther Beschluß von 1976, als die CSU-Spitze nach den verlorenen Bundestagswahlen mit einer bundesweiten

Ausdehnung ihrer Partei drohte. Bereits 1965 hatte er Erhard damit unter Druck zu setzen gesucht.[781] Nun wandte er dieses probate Mittel gegen seinen Duzfreund Kurt Georg an. Damit war ihm 1968 ebensowenig Erfolg beschieden wie acht Jahre später bei Helmut Kohl. Beide Male scheiterte Strauß an inneren Widerständen in der CSU. Friedrich Zimmermann, der spätere Erfinder des Kreuther Beschlusses, befand sich schon 1968 auf Strauß-Linie, ebenso wie Ludwig Huber, der im November 1966 die Sache Kiesingers betrieben hatte. Die Risiken hoben Stücklen, Dollinger und Ministerpräsident Goppel hervor. Sie warnten vor Spaltung und »Bruderkrieg«. »Keine Fronde«, so Stücklen, aber »klare Sprache mit BK [Bundeskanzler]«. Als Barzel davon erfuhr, zeigte er sich »über die Absichten von Strauß alarmiert«, auch wenn Kiesinger die Sache in einem Gespräch mit Stücklen längst abgebogen hatte.[782] Als die Fraktion am 23. September in Bonn wieder zusammentrat, war der Bad Reichenhaller Spuk verweht. Alle Spekulationen, »daß zwischen CDU und CSU noch was passieren würde«, verwies Barzel in das Reich der Phantasie: »Uns wird keiner auseinanderkriegen.«[783]

Unabhängig davon, für wie vielversprechend sie eine bundesweite Ausdehnung der CSU hielten, stellten führende CSU-Politiker die Ostpolitik als gescheitert dar. Strauß suchte Kiesinger auch international unter Druck zu setzen. Der Kanzler müsse sich zwischen Frankreich und den Vereinigten Staaten entscheiden. In der alten Atlantiker-Gaullisten-Kontroverse drehten sich die Vorzeichen um. Jetzt wollte Strauß mit de Gaulle Tacheles reden. Verweigere sich dieser einer europäischen militärischen und politischen Zusammenarbeit, dann wäre eine engere Anlehnung an die USA unumgänglich. De Gaulle provozierend, sprach Strauß von einer Neuauflage der EVG.[784]

In der CSU grassierte der Populismus, während Kiesinger und Guttenberg den Schein einer deutsch-französischen Entente aufrechterhalten wollten. Das wurde französischerseits massiv erschwert. Hoffte die Bundesregierung nach Prag auf eine Stärkung der NATO, so forderte de Gaulle eine Auflösung der Blöcke. Bahr hielt Strauß' deutsch-französische Planspiele denn auch für »naheliegend«, aber »nicht sehr weitreichend«.[785] Erik Blumenfeld, einer der Exponenten des atlantischen Flügels, verlangte von Kiesinger, jetzt müsse das »größere Europa gebaut werden«, womit er einen britischen Beitritt meinte. Aus dem Kanzleramt erhielt er den Bescheid, daß bei Gesprächen mit de Gaulle der Standpunkt eines »Alles oder Nichts« zu einem »Nichts« führe, weshalb kein anderer Weg als der einer Zwischenlösung bleibe.[786]

Doch was aus Paris an die Ohren Kiesingers drang, klang alles andere als ermutigend. Eine Woche vor dem turnusmäßigen deutsch-französischen Gipfel sickerte durch, daß de Gaulle sich dem russischen Argument öffnete, die russische Invasion wäre aus Furcht vor einer wirtschaftlichen Unterwanderung des Ostblocks durch die Bundesrepublik erfolgt.[787] Als de Gaulle am 27. und 28. September in die Bundeshauptstadt kam, wurde ein monströser Eklat nur knapp vermieden. Das Gespräch verlief »hart und kontrovers«, das Abendessen im Kanzleramt »in gedrückter Stimmung«.[788] Seine Forderung nach mehr ostpolitischer Konzessionsbereitschaft untermauerte de Gaulle mit persönlichen Vorwürfen gegen Kiesinger und die Bundesregierung, die mit ihrer starren Haltung der Sowjetunion keine Alternative zur Besetzung der ČSSR gelassen habe: »Man könne sich aber vorstellen, daß Deutschland gedacht und gesagt hätte: Die Dinge sind nun einmal nicht zu ändern, wir müssen uns auf lange Zeit mit der Teilung abfinden, wir verzichten aufrichtig auf die Wiedererlangung der alten Grenzen, und wir sind entschlossen, keine Nuklearwaffen zu haben, um den Blitz nicht anzuziehen; es gibt keinen Anschluß mehr, es ist aus mit dem Drang nach Osten, [...]. Hätte Deutschland diese Politik verfolgt, hätten die Russen vielleicht nicht so reagiert wie jetzt.«[789]

Starker Tobak. Aber es kam noch dicker: De Gaulle beklagte sich nicht allein über eine halbherzige deutsche Ostpolitik, sondern stellte das aufrichtige deutsche Bekenntnis zur deutsch-französischen Freundschaft in Frage. Frankreich sei mehrfach über seinen Schatten gesprungen; es habe die Saar zurückgegeben, die Wiederbewaffnung hingenommen, es trete für eine Aussöhnung mit Deutschland ein und habe den deutsch-französischen Vertrag unterschrieben, ja »akzeptiere sogar den Gedanken einer gewissen Solidarität mit Deutschland im Falle einer großen Gefahr«. Angesichts »dieses großen französischen Elans zugunsten Deutschlands habe Deutschland eine Politik betrieben, die dem nicht entgegenkomme, und zwar in keiner Beziehung, weder wirtschaftlich noch währungspolitisch, noch militärisch, und in diesem Zusammenhang hauptsächlich hinsichtlich der Rüstung. Es hätten Bande unmittelbarer Gemeinsamkeit geschaffen werden können, aber dies sei nicht geschehen. Es sei nicht geschehen wegen Deutschland, weil Deutschland eine andere Politik betrieben habe.« Das waren gespenstische Unterstellungen, wenn man wie Kiesinger und seine Vorgänger soviel politisches und emotionales Kapital in die deutsch-französische Freundschaft investiert hatte. Deutschland, so verstieg sich der General, habe nie »jemals sehr viel Praktisches getan, um Frankreich und Deutschland in ihrer Existenz, ihrer gefühlsmäßigen Gemeinsamkeit und ihrer täglichen Aktivität wahrhaft solidarisch zu machen«.

Kiesinger benötigte etwas Zeit, um sich zu sammeln. Die Behauptung, Westdeutschland handele aus nationalem Egoismus »halte er für nicht ganz zutreffend«, meinte er etwas kleinlaut. Frankreich und Deutschland müßten eben *politisch* enger zusammenarbeiten. Man habe doch nie einen ernsthaften Versuch gemacht. Zum Glück wurde das Gespräch durch eine Plenarsitzung der beiden Delegationen unterbrochen, auf der Kiesinger dann deutlicher wurde. Das brachte de Gaulle zu der Feststellung, man rede »jetzt wirklich über die Substanz«. Was die Sicherheitspolitik betreffe, so eröffnete Kiesinger seine Replik, müsse man doch »über ganz konkrete Dinge sprechen«. Was würde de Gaulle davon halten, wenn die Bundesrepublik das integrierte NATO-System verlasse, provozierte der Kanzler. Würde nicht »das NATO-System selbst dadurch zusammenbrechen«? Davon wollte der General natürlich nichts wissen. Er spielte den Ball nicht zurück, sondern elaborierte weiter die unterschiedlichen Interessen. Frankreich sei »immer mit Rußland und Polen befreundet« gewesen, seine Lage nicht die gleiche wie die der Deutschen, die aufgrund des letzten Krieges noch sehr viel historischen Ballast mit sich herumschleppten. Kiesinger wiederum insistierte, daß er doch alles getan habe, um gemeinsam Ostpolitik mit Frankreich zu treiben: »Man sehe deutscherseits die Realitäten ganz klar, und in dieser Frage gebe es keine Schwierigkeit zwischen Deutschland und Frankreich«, meinte er abwiegelnd.[790]

Während Kiesinger händeringend perspektivische Gemeinsamkeiten herausstreichen wollte, suchte de Gaulle Streit. Der Präsident beharrte auf seiner Analyse eines außenpolitischen Zielkonflikts. Am nächsten Morgen sprach Kiesinger gegenüber Außenminister Couve de Murville die schlechte Stimmung vom Vorabend an. Er müsse zugeben, die Bemerkung de Gaulles, »daß etwas mit dem Verhältnis der beiden Länder zueinander nicht so recht stimme, daß es an Solidarität fehle, und dies sogar in der Ostpolitik, [...] habe ihn ein wenig schockiert«.[791] Doch de Gaulle steckte nun erst recht nicht zurück. In der folgenden Plenarsitzung verschärfte er den Ton über die Grenze des diplomatisch Erlaubten hinaus: Nicht Frankreich, Deutschland sei am Zuge, es sei das Beste, »gegenüber dem Osten sehr bescheiden zu sein, nicht unterwürfig oder schwach, sondern bescheiden«. Frankreich billige die Nichtakzeptanz der Teilung: »Teilung akzeptieren aber sei eines, Revanche sei eine andere Sache«. Es war ein Vokabular wie aus dem *Neuen Deutschland*: »Je mehr Deutschland provozierend agiere, desto mehr störe dies Frankreich.«[792]

Kiesinger, so berichtete Ahlers einige Tage später dem Bonner CIA-Residenten, sei an diesem Punkt explodiert. Der Kanzler, dessen persönlicher Charme gegenüber ausländischen Besuchern als sprichwörtlich galt, sei erst leichbleich und dann wütend geworden.[793] Hatten er und Brandt sich nicht intensivst um die deutsch-französische Zusammenarbeit bemüht? »Es gebe keinen Drang nach Osten«, stellte der Kanzler klar. Habe nicht General de Gaulle »bei seinen Reden in Polen dieses Volk an seine große Vergangenheit erinnert und ihm gesagt, es solle sich nach seiner Tradition verhalten. De

Gaulle habe doch deutlich an den Stolz und die nationale Würde der Polen appelliert.« So weit sei er, Kiesinger, niemals gegangen. Wer also war der Provokateur? »Die Bundesrepublik sei sogar noch vorsichtiger als Frankreich gewesen, und dies ganz besonders in der tschechischen Krise.« Noch einmal bekräftigte Kiesinger, daß beide Länder in der Ostpolitik »keineswegs sehr weit« auseinander lägen. Nur in der Frage der Wiedervereinigung werde man nicht kapitulieren. Man könne den Russen nicht einfach sagen, man »verzichte auf die Einheit des Volkes. Diese Bastion sei unverzichtbar. In allen andere Fragen »gehe es lediglich um die Methoden. Der Streit um das Münchener Abkommen sei geradezu lächerlich, denn die Bundesregierung habe schon seit langem erklärt, daß dieses Abkommen politisch für sie nicht mehr existiere.« Selbst in der Oder-Neiße-Linie seien beide Standpunkte nur »etwas auseinander, aber keineswegs sehr weit«.[794]

Kiesinger nahm de Gaulles Drohungen keinesfalls auf die leichte Schulter. Frankreich wäre durchaus in der Lage, auf Kosten Deutschlands eine Absprache mit Moskau zu treffen. De Gaulle habe nach wie vor Vertrauen in die deutsche Führung, meinte er *off the record*. Doch gegenüber den Deutschen hege er abgrundtiefes Mißtrauen. De Gaulle glaube »sich in acht nehmen« zu müssen. Das habe ihm die »Kastration« des deutsch-französischen Vertrages im Präambelstreit gezeigt: »Überspitzt lautet die Formel de Gaulles, mit den Deutschen könne man nur verbündet sein oder Krieg führen, dazwischen gebe es nichts.« Der angebliche Mangel an Kooperationsbereitschaft sei »der eigentliche Grund für eine gewisse Resignation« des französischen Präsidenten. De Gaulle halte an der Zusammenarbeit nur fest, weil für ihn das bedeute, »daß nicht eine neue deutsche Gefahr für Frankreich entsteht. Das muß man bei ihm ernst nehmen. Daher auch die Bedeutung, die er der *Force de frappe* bemißt. Sie hat ihre Hauptbedeutung im Verhältnis zu uns.«[795]

De Gaulles Auftritt interpretierte Kiesinger als Ausdruck der Schwäche, weshalb er sich jeglicher Kraftmeierei gegenüber Frankreich enthielt. Es habe eine »sehr harte Auseinandersetzung« mit de Gaulle gegeben, meinte er kurz danach vor der CDU/CSU-Bundestagsfraktion. Es habe dennoch keinen Zweck, »die Pferde zu wechseln und einen anderen politischen Kurs zu steuern. Vielleicht haben manche von Ihnen in meiner Rede im Bundestag ein bißchen Trommelwirbel vermißt. Nichts wäre schlimmer gewesen, als wenn ich das getan hätte.«[796] Der Besuch de Gaulles sei »nicht übermäßig erfreulich« gewesen, so der Kanzler vor dem Kreßbronner Kreis. De Gaulle sei von seiner Haltung nicht abzubringen: »Es komme darauf an, einen Bruch zu vermeiden, der zerstörerisch wirken könne; komme es zu einem Bruch, dann wäre die französische Politik zu jeder Schwenkung (Berlinfrage, Anerkennungsfrage) bereit. Die Zusammenarbeit mit Frankreich und die bilateralen

Verflechtungen müßten fortgesetzt werden; Europa könne ohne Frankreich nicht gebaut werden, das bedeute jedoch nicht, daß ohne Frankreich keinerlei Schritte unternommen werden dürften.«[797]

Die politischen Implikationen von de Gaulles mißglücktem Besuch waren beträchtlich. Die Prager Krise und das undiplomatische Auftreten des französischen Staatschefs hatten unter die Bemühungen von Brandt, Kiesinger und Wehner, gemeinsam mit Frankreich Fortschritte in der Außen- und Deutschlandpolitik zu suchen, einen dramatischen Schlußpunkt gesetzt. Die gaullistische Phase der deutschen Ostpolitik ging mit einem lauten Knall zu Ende. Kiesinger war in etwa da angekommen, wo Erhard und Schröder vor wenigen Jahren gestanden hatten. Das wurde nirgendwo deutlicher gesehen als in Washington: »*The flirtation with Paris is over – with a venegance!*«, meinte Rostow zu Johnson.[798] Schwacher Trost, denn für die Johnson-Administration kam dieser Triumph wahrlich zu spät. Im November 1968 wurde Richard Nixon als neuer Präsident der USA gewählt, während Johnsons Vizepräsident Hubert Humphrey unterlag.

Auch Kiesinger stand »vor den Trümmern seiner Frankreichpolitik«, wie Ahlers gegenüber Bahr die Szene dramatisch schilderte. Der Kanzler sei regelrecht »zusammengebrochen, geschockt und in einem fast bemitleidenswerten Zustand«. Der Außenminister habe ihn wieder aufrichten müssen. Frankreich, so Kiesinger, »habe sich zu einem taktischen Faktor der Innenpolitik reduziert«. Zusammenarbeit mit de Gaulle werde es, »wie mit den Russen, nur zu seinen Bedingungen« geben.[799] Aus Ernüchterung war Enttäuschung geworden. De Gaulle nutze die Situation aus, er wolle Konzessionen für eine französische Sicherheitsgarantie, so Kiesinger wenige Tage nach dem französischen Besuch: »Er will uns noch immer dabeihaben. Er denkt an die europäische Union der Sechs. Ich wäre bereit, dabei mitzumachen, aber nicht gegen die USA. Ich habe ihm immer gesagt, wir können es nur in enger Abstimmung mit den Amerikanern tun.«[800]

Insgeheim, so vermutete Kiesinger, war es de Gaulle recht, daß amerikanische Truppen auf deutschem Territorium stünden. Auf die provozierende Frage des Kanzlers, was de Gaulle davon halte, wenn die Bundesrepublik, wie Frankreich, aus der militärischen Integration der NATO austreten würde, hatten sich denn »auch einige Anzeichen von Entsetzen auf den Gesichtern der französischen Gäste und Freunde« gezeigt. Ein wiedervereinigtes Deutschland werde für de Gaulle vermutlich kein Verbündeter Frankreichs sein – »und ich glaube, das ist auch objektiv richtig«.[801]

Hatte de Gaulle eine historische Chance vertan, weil er im Interesse seiner partikularen Vision einer »weitgespannten« europäischen Zusammenarbeit in keiner der wichtigen Fragen – der Sicherheitspolitik, der Rolle der NATO, dem britischen Beitritt und den Agrarsubventionen – Kompromisse eingehen wollte? De Gaulle sei »neidisch« angesichts der wirtschaftlichen Erfolge der Bundesrepublik vis-à-vis Osteuropas, meinte Ahlers.[802] Er war zu offensichtlich auf eine nationalegoistische Definition französischer Interessen verpflichtet. Dabei hätten die verunsicherten Deutschen nur auf eine Geste der Großmut gewartet. Sie hätten sich an den europäischen Strohhalm geklammert: De Gaulle zog ihn weg. Vielleicht hätte ein seriöses Angebot den westdeutschen Gaullismus wieder erstarken lassen. Dies hätte zumindest eine Re-Interpretation der französischen Verteidigungsdoktrin vorausgesetzt, die sich als Rundumverteidigung seit 1968 auch offiziell gegen Deutschland richtete. De Gaulle wolle sich die Bundesrepublik auf seine Weise »als Bündnispartner zurechtschneidern«.[803]

Doch das war die machtpolitische Realität nicht. Wenn die »Prager Affäre« im Kern eines zeigte, dann: wie sehr die europäische Sicherheit von den Amerikanern abhängig war; in Kiesingers Worten: »daß die Präsenz der amerikanischen Truppen heute wichtiger ist als je«.[804] Deshalb mußten die Deutschen ihre Verteidigungsanstrengungen erhöhen und beim Devisenausgleich den Amerikanern entgegenkommen. Die militärische Lücke würde Frankreich nicht füllen. Alle Entspannung änderte an den strategischen Grundgegebenheiten nur wenig. Nach wie vor waren die Supermächte dazu verdammt, einen *modus vivendi* zu finden, an den sich die Bundesrepublik würde unweigerlich anpassen müssen. Prag 1968 hatte zu keiner tektonischen Verschiebung im Weltsystem geführt (wie die friedliche Revolution in Osteuropa 1989/90). Es hatte den Status quo zementiert.

Schon Adenauer, so Kiesingers Analyse, habe mit der durch das atomare Patt einbetonierten Weltlage gehadert. Aber selbst sein großer Vorgänger habe sich, »bei allem Unglücklichsein über die Änderung der amerikanischen Haltung«, nicht »zu den radikalen Konsequenzen entschließen« können, »die de Gaulle von ihm forderte«. Eine wirkliche Abkehr von Amerika, »die Politik, die nachher de Gaulle gegenüber der Sowjetunion [in die Formel] Entente und Kooperation [g]ekleidet hat, die Politik, die eben die anderen europäischen Staaten nicht mitmachten. Er [Adenauer] war, wie auch wir, mit de Gaulle einig, ein möglich starkes, selbständiges Europa zu gründen, aber ein Europa, das im Bündnis mit Amerika bleibt. Er war wie de Gaulle ängstlich geworden, ob die NATO noch wirklich in ihrer vorliegenden Form den Schutz bilde, den sie bilden sollte; aber er konnte sich zu Recht nicht dazu entschließen, dem Beispiel Frankreichs zu folgen, d. h. das militärisch integrierte System der NATO zu verlassen.«[805]

Wir wirkte sich diese postgaullistische Ernüchterung aus? Kiesinger verwahrte sich gegen das »Geschwätz« über eine gescheiterte Ostpolitik. Das sei ein »fürchterlicher Nonsens«. Ein langer und mühseliger Weg eben. Die Bundesrepublik müsse aus dieser Änderung der strategischen Lage, »die notwendigen Konsequenzen ziehen [...], was wir leider Gottes in den vergangenen Jahren nicht oder nur halbherzig getan haben«. Die Ostpolitik habe zwar einen Rückschlag erlitten, sei jedoch nicht gescheitert. »Wir werden unsere Politik der Friedensanbahnung weitermachen [...]. Das müssen wir vor allen Dingen auch deswegen tun, um glaubwürdig zu bleiben gegenüber der anderen Welt. Wenn wir Berlin sichern wollen, wenn wir die moralische und politische Unterstützung für Berlin der übrigen Welt nicht nur beibehalten, sondern stärken wollen, dann ist diese Glaubwürdigkeit von allergrößter Bedeutung.« Die Bundesrepublik durfte sich keinesfalls von der Entspannungspolitik abkoppeln lassen, welche seit Kuba auf der weltpolitischen Agenda stand.

Doch welches Angebot konnte die Bundesrepublik dem Osten machen, um den ins Stocken geratenen Dialog wieder in Fahrt zu bringen? Ein Scheitern der Ostpolitik schloß Kiesinger nicht mehr aus, »denn zu allem gehören zwei«. Welche Alternativen boten sich an: »Wir können [...] resignieren und warten, bis irgendein Wunder geschieht. Wir können die Alternative machen, zu denen uns manche raten und die immer wieder von der Sowjetunion angesprochen wird, nämlich, schwingt euch frei, tut doch denen den Willen, löst den Klotz von eurem Bein.« Das war die Anerkennung. Fehlte Kiesinger der Mut, wie ihm sein alter Konstanzer Gefährte, Waldemar Besson, Anfang 1969 ins Stammbuch schrieb?[806] Jedenfalls sah sich Kiesinger außerstande, in seiner Fraktion stärker dahingehend zu wirken: »Nun, wer diesen Rat gibt, der wird mich als erbitterten Gegner finden, ich werde dazu niemals meine Hand geben, im Gegenteil, ich werde es bekämpfen, wo ich kann. Und wir müssen versuchen, auch wenn es zunächst schwer erscheint, diese Idee der europäischen Friedensordnung, die ja die Herzen aller Völker erfaßt hat, auch die Völker drüben, weiter mit aller Vorsicht, mit aller Behutsamkeit, aber auch mit aller Konsequenz diese Idee festzuhalten. [...] Und wir dürfen uns dabei durch nichts einschüchtern lassen, was die Sowjetunion in den kommenden Wochen unternimmt. Wir brauchen nicht zu provozieren, wir sind ja Politiker. Wir wissen, was bloßes Wortgerassel ist und was nützliche Tat ist. Ein festes Herz, wir haben es öfters gebraucht in den letzten 20 Jahren, und einen festen Mut und Klugheit, das ist es, was uns in diesem Augenblick zusammen mit allen unseren Freunden nottut.«[807]

Auch Bahr und Brandt fragten sich, wie es nach der tschechischen Tragödie und dem verunglückten de-Gaulle-Besuch weitergehen würde. Einig waren sie sich mit Kiesinger, daß Moskau zukünftig der Adressat der ostpolitischen Bemühungen sei. Kiesingers Vorschlag, »auf irgendeinem Nebengebiet« das Gespräch mit Moskau wiederanzuknüpfen, hielt Brandt aber für wenig vielversprechend.[808] Übereinstimmung bestand in dem großen Ziel, langfristig den Status quo zu überwinden, wobei nun Frankreichs Rolle zweifelhaft geworden war. Auch in ihrer Analyse der Auswirkungen der Prager Intervention auf die Stellung der DDR innerhalb des Ostblocks stimmten Kiesinger, Bahr und Brandt in weiten Teilen überein. Bezugnehmend auf eine Besprechung Brandts mit Gromyko Anfang Oktober 1968 in New York und die schon zuvor deutlich gewordene Begründung der Prager Okkupation durch die Sowjetunion, stellte Kiesinger fest, daß auch der östliche Teil Deutschlands fest in die Doktrin einbezogen sei: »Einmal beim Sozialismus – immer beim Sozialismus!«[809]

Aus dieser parallelen Lagebeurteilung zogen zunächst Bahr, dann auch Brandt andere Konsequenzen als Kiesinger. Die Bundesrepublik, so Bahr in einem grundlegenden Memorandum vom Oktober 1968, strebe nach einer Änderung des Status quo, wie es der Kanzler jüngst noch einmal zum Ausdruck gebracht habe. Das Hauptziel der Sowjetunion hingegen sei, diesen zu sichern. »Es handelt sich hier um einen echten Gegensatz der Interessen.« Politische Inaktivität nütze objektiv der Sowjetunion. Dem deutschen Anliegen, der Überwindung der europäischen und damit deutschen Teilung, sei damit nicht gedient. Zur »Durchsetzung unserer Interessen«, so Bahrs Überlegung, »am dienlichsten wäre, einige Elemente des Status quo zu akzeptieren. Dafür könnte die Erfahrung sprechen, daß in der Geschichte eine Fixierung des Status quo ihn noch niemals erhalten hat. Dazu könnte die Erklärung genügen, die DDR sei ein Staat. Eine derartige Erklärung würde keine völkerrechtliche Anerkennung bedeuten. Sie sollte hauptsächlich das Ergebnis deutsch-sowjetischer Verhandlungen sein. Mit einer derartigen Erklärung würden wir der Sowjetunion den Kern ihrer Vorwürfe gegen uns nehmen.«[810]

An diesem Punkt, dies hat die jüngere Forschung herausgearbeitet, strebten Kiesinger und seine Partner ostpolitisch auseinander. Der anfängliche außenpolitische Konsens der Großen Koalitionäre, so der Mannheimer Historiker Gottfried Niedhart, sei im September/Oktober 1968 zerbrochen.[811] Prag wurde zur Geburtsstunde der Neuen Ostpolitik, wie sie Bahr und Brandt ab Ende 1969 im Bundeskanzleramt umsetzen sollten. Kiesinger war klar, daß die Sowjetunion die DDR als Teil ihres osteuropäischen Imperiums betrachtete. Das habe vor Jahren schon Chruschtschow angesichts der deutschen Forderung nach Wiedervereinigung gefragt: »Was mutet ihr uns eigentlich zu? Überlegen Sie sich, wenn wir zum Papst kämen und verlangten, er solle einen Teil alten katholischen Gebietes dem Islam oder irgendeiner anderen Religion überlassen. Das wäre genau so unverschämt wie das, was ihr uns zumutet. – Das war nun auf Chruschtschows Art gesagt. Man sieht daran sehr deutlich, um was es sich handelt. Die Russen verlangen von uns, daß wir das anerkennen. Da erhebt sich nun die Frage, sind wir angesichts des Drucks, [...] kräftig genug, um dem widerstehen und sagen zu können: Wir wollen bei der Lösung dieses Problems zwar nicht mit dem Kopf durch die Wand gehen, wir sind uns aber der Verantwortung für den Frieden in der Welt bewußt, wir wissen auch, daß es auch vitale Interessen der Sowjetunion gibt, die wir auch immer zur Kenntnis genommen haben, aber wir können das nicht anerkennen.«[812]

Doch Kiesinger konnte und wollte sich diesen den Klotz der Nichtanerkennung vom Bein nicht lösen. Er hätte dafür nicht den geringsten Rückhalt in der CDU/CSU gefunden. Er mußte darob Härte in der Fraktion geloben.[813] Damit war das Schicksal der Neuen Ostpolitik der Großen Koalition besiegelt. Sah Bahr, von Brandt unterstützt, die Notwendigkeit, der Sowjetunion in puncto Staatsqualität der DDR entgegenzukommen, hielt Kiesinger an seiner allgemeinen Idee einer europäischen Friedensordnung fest, der seit der Jahreswende 1968/69 kein operatives Konzept einer Modifikation des Status quo in Europa zugrunde lag. Der Kanzler hatte aus eigenem Antrieb diesen Versuch einer aktiven Neuen Ostpolitik mitgemacht – nun aber trennten sich die Wege.

Kanzlerdämmerung und Präsidentschaftskrise

Prag und das Zerwürfnis mit de Gaulle hatten Kiesinger und Brandt einander noch einmal sehr nahe gebracht, wenn auch nur in der Lagebeurteilung.[814] Da sie unterschiedliche Konsequenzen zogen, zeichnet sich im Rückblick die unterschiedliche Reaktion der Parteien auf die Niederschlagung des Prager Frühlings als die Geburtsstunde der erbitterten Kontroverse um die Neue Ostpolitik ab, die das politische Klima in der Bundesrepublik seit 1969 vergiftete. Kiesinger war mit seinem Versuch gescheitert, eine ostpolitische Reorientierung in der Union durchzusetzen, weil dieser die europäische Krise des Jahres 1968 mehrheitlich als Vorwand dazu diente, der ungeliebten Ostpolitik den Garaus zu machen. Der Kanzler wurde zurück ins Glied gezwungen. Erschwerend kam hinzu, daß er, der seine Vorgänger Erhard und Schröder für das »Eintrocknenlassen« der deutsch-französischen Freundschaft so ungnädig kritisiert hatte, mit seiner Beschwichtigungstaktik gegenüber de Gaulle mit Prag nun grandios gescheitert war.

In der Union war das Gefühl verbreitet, von der Entwicklung überrollt zu werden. Dem gab Heinrich Krone verbitterten Ausdruck: »Wie steht es um unsere Deutschlandpolitik? Die Neujahrs-Aufsätze in unsere Zeitungen sind noch nicht erschienen. Sie werden feststellen, daß wir mit unserer Deutschlandpolitik in Liquidation sind. Wer spricht noch von ihr! Haben wir sie aufgegeben? Weithin ja; man frage die Deutschen, wen bewegt sie noch? Wir treiben Ostpolitik und bekommen die kalte Schulter gezeigt. Wir sind ein Volk ohne Kraft, ohne nationale Kraft. Ein Volk ohne Ausdauer. Die Weltpolitik geht über uns hinweg.«[815] Während Bahr im Planungsstab über Sprachregelungen zur Staatsqualität der DDR nachdachte, um den Dialog mit Moskau wieder flott zu machen, kehrte die Union reumütig zu den außenpolitischen Gewißheiten der fünfziger Jahre zurück. Das im November 1968 verabschiedete Berliner CDU-Programm bekräftigte den Alleinvertretungsanspruch. Die DDR wurde dort als der »sowjetisch besetzte Teil Deutschlands« tituliert.[816]

Diese konservative Gegenbewegung nahm für Kiesinger bedrohliche Formen an. Hatte der Braunschweiger Parteitag 1967 den Kanzler scheinbar fest in den Sattel gehoben, so brach unter Adenauers Erben die »lange schwelende Krise« im Sommer 1968 erneut aus. Bis dahin hatte er die innerparteiliche Kritik halbwegs zügeln können. Doch mit dem Herannahen des Wahlkampfes ging die Schonzeit zu Ende. Strauß hatte, wie gesagt, gleich nach dem Prager Einmarsch zum Angriff geblasen, als er die Kreuther Keule schwang. Der Kampf nahm Erhardsche Proportionen an. Wäre die Union nicht ersatzlos in die Große Koalition eingebunden gewesen und so kurz vor der Wahl ohne personelle Alternative im Kanzleramt, wer weiß, wie es um Kiesinger gestanden hätte? Noch war er unentbehrlich, konnte sich die CDU vor den Wahlen 1969 keinen neuerlichen Kanzlersturz leisten. Personalpolitisch hatte sich an der Ausgangssituation vom Herbst 1966 scheinbar wenig geändert. Erhard war durch Kiesinger ersetzt worden, und Gerstenmaier hatte sich in einer Wiedergutmachungsaffäre Anfang 1969 selbst aus dem Rennen geworfen. Doch die übrigen Kronprätendenten Strauß, Schröder und Barzel, dem bereits Kohl im Nacken saß, steckten in ihren Kanzler-Ambitionen keinesfalls zurück.

Der Partei mißfiel, daß Kiesinger weiter unverdrossen den Integrator spielte. Der Kanzler hielt alles andere für grundverkehrt: Er war in Umfragen beliebter als seine Partei, *weil* er nicht polarisierte. Die Bevölkerung stand zur Großen Koalition und wollte den über den Parteien schwebenden Kanzler-Präsidenten.[817] Das Parteivolk zeigte sich uneinsichtig. Denen, die auf »den frischen Peitschenknall eines aggressiven Wahlkampfes« gewartet hatten, bereitete Kiesingers Auftritt auf dem Berliner Parteitag der CDU am 4. November eine herbe Enttäuschung.[818] Noch beim Einzug in die Berliner Kongreßhalle hatten ihn die Delegierten mit stehenden Ovationen gefeiert. Doch dann hielt der erkrankte Kiesinger – er hatte von einer iberischen Reise eine

Grippe eingeschleppt – eine glanzlose, schwache Rede. Bezeichnenderweise horchten die Delegierten bei seiner Aussage auf, das Land könne auf Dauer auf eine »starke Opposition« nicht verzichten. Dafür wurde kräftig applaudiert. Auch seine Aufforderung, Seite an Seite mit ihm für einen »absoluten Sieg zu kämpfen«, war nach dem Geschmack des Parteivolks. Die Stimmung war gegen die Große Koalition. Doch Kiesinger blieb seiner ausgleichenden Linie treu.[819]

Auch taktisch geriet Kiesinger aus dem Tritt, indem er den Delegierten erst nach dem Munde sprach, dann aber, in einem zweiten Schritt, die Große Koalition verteidigte: Statt klar herauszustellen, daß die CDU von der Großen Koalition profitierte, tastete er sich konjunktivisch an sein Bekenntnis zur Großen Koalition heran: »Aber es könnte auch ein Fall eintreten – und den haben wir sehr wohl im Auge gehabt, als wir die Große Koalition begründeten –, nämlich daß das Wahlergebnis uns fortgesetzt zu einer Verlängerung der Großen Koalition zwingen könnte. Daß kann so sein. Das könnte sich bis 1973 fortsetzen, (*Zuruf: Schrecklich!*) und, meine Damen und Herren, mit 1973 müßte die absolute Grenze erreicht sein. (*Zischen*) – Ich habe gesagt: die absolute Grenze. Oder wollen Sie bis 1977 weitermachen? (*Heiterkeit*). [...] Meine Damen und Herren, ich habe dieses Wagnis mit Ihrer Billigung übernommen. Den Zischern sage ich: Seien Sie zufrieden mit dem Ergebnis, das diese Koalition für die CDU gehabt hat. (*Lebhafter Beifall*) Denn sie hat ihre Führungsposition in der deutschen Politik wieder zurückgewonnen. Später dürfen Sie dann auch wieder auf die ›Preußen‹ schießen; der Tag wird kommen. (*Heiterkeit*).«[820]

Der öffentliche Eindruck war katastrophal. Das hatte es in der Partei Adenauers noch nicht gegeben, daß ein amtierender Parteivorsitzender und Bundeskanzler auf der öffentlichen Heerschau eines Bundesparteitags ausgezischt wurde. Zwar waren in der SPD Brandt und Wehner in Nürnberg das Opfer tätlicher Angriffe geworden. Doch von der als Kanzlerwahlverein verschrienen CDU erwartete man anderes. Kiesinger ließ sich in die Defensive drücken, während die Partei ihren Unmut über die Große Koalition zur Schau stellte. Seine schwunglose Rede habe mehr von seinen geheimsten Wünschen enthüllt, »als ihm für seine Reputation in der Partei lieb sein konnte«, hieß es in Presseberichten. »Daß Kiesinger nicht mit dem gewohnten rhetorischen Glanz auftrat, lag sicher an seiner Erkrankung; daß er aber inhaltlich keine klaren und kräftigen Thesen vortrug, muß darauf zurückgeführt werden, daß er das Koalitionsklima nicht beeinträchtigen wollte. Genau das wurde ihm nun übelgenommen.«[821]

Während Kiesinger »auf dringenden ärztlichen Rat« zwei Tage das Bett hüten mußte und von der Residenz des Berlin-Beauftragten der Bundesregierung, Krautwig, aus den weiteren Gang des Parteitages argwöhnisch verfolgte, machten sich andere das falsche Kanzlerwort zunutze. Vor allem Barzel verstand es, den Delegierten aus der Seele zu sprechen: »Keiner spricht wie Rainer«, reimte *Bild*.[822] Noch im September hatte der Fraktionsvorsitzende davor gewarnt, »hektische Betriebsamkeit oder Profilierungssucht könnte uns nur schaden«; »Nicht zu früh Wahlkampf.«[823] Damit war es nun aus.

Den Delegierten entging nicht, daß Barzel einen wichtigen Satz wegließ, der in seinem vorab verteilten Redemanuskript stand: »Unser erster Mann ist der Kanzler.« Das sagte er nicht, wenn es auch später im Parteitagsprotokoll wieder auftauchen sollte. An einen Zufall wollte niemand glauben. Politische Beobachter brachten die Barzelsche Lücke mit dem deutlichen Mißfallen der Delegierten an Kiesinger zusammen. Der die Stimmung antizipierende »Frühstarter« Barzel, der sich diesen Ruf bei der Abhalfterung Erhards erworben hatte, war der Held des Parteitags. Sein kämpferischer Bericht über die Arbeit der Fraktion gipfelte in der Forderung: »Schluß mit den Koalitionszwängen«. Dafür war ihm tosender Beifall gewiß. Auch der vom *Spiegel* zum »CDU-Jungstrategen« ernannte Kohl, von älteren Parteigranden als umtriebiger und »hemdsärmliger« Parteiarbeiter »in der Kulisse« argwöhnisch beobachtet[824], eroberte sich mit der Forderung die Parteiherzen, »daß wir ungebunden und frei nach allen Seiten, und zwar nicht nur verbal, sondern tatsächlich frei in die nächst Bundestagswahl gehen mit dem klaren Ziel, diese Wahl mit einer regierungsfähigen Mehrheit für die CDU/CSU zu gewinnen«.[825]

Obwohl die CDU am Ende des Berliner Parteitages Geschlossenheit demonstrierte und den Kanzler mit minutenlanger Ovation hochleben ließ – während der Abschlußsitzung hatte sich die Ohrfeige ereignet –, war Kiesinger deutlich verärgert. Den kecken Vorstoß verübelte er Barzel. Als Heck und Kohl ihn am Krankenbett besuchten, schwor er den Abweichlern Rache: »Das muß man sich merken, ganz gut merken«, wurde er in der Presse kolportiert. Das nagende Gefühl ließ ihn nicht los, daß die Anhänger Schröders gegen ihn Stimmung machten. Denn letzterer strebte die Nomination der CDU/CSU für das Amt des Bundespräsidenten an, während Kiesinger einen anderen favorisierte.

Der Koalitionspartner hingegen zog seine eigenen Schlußfolgerungen aus dem Berliner Kanzler-Debakel. Kiesingers »taktisch total verunglückter« Auftritt habe eine bedenkliche Schwäche des Kanzlers im innerparteilichen Umgang gezeigt, heißt es in einem vertraulichen Bericht für Guttenberg. SPD-Beobachter begännen sich Sorgen darüber zu machen, ob Kiesinger sich über den Wahltermin 1969 hinaus würde halten können. Der Union stünde eine neue Runde innerparteilicher Machtkämpfe bevor, orakelte ein SPD-Informant: »Als Parteiführer sei [Kiesinger] nicht viel besser als Erhard; in Heck habe er weder eine Stütze, noch sei dieser selbst ein befähigter Führer oder Moderator.« Das Vakuum werde von anderen gefüllt, die wie Schröder, aber selbst Strauß (!), in einem erneuerten Bündnis mit der FDP ihr Heil suchten, mit dem Ziel, Kiesingers Kanzlerschaft auf diese Weise zu beenden.[826]

Daß Kiesinger aus SPD-Sicht innerparteilich fast so hilflos wie Erhard agierte, säte Zweifel an den Perspektiven der weiteren Zusammenarbeit. Wenn der Kanzler nicht einmal seine Partei hinter sich brachte, wie sollte er dann das schwierige Bündnis der Großen Koalition durch die frühen siebziger Jahre bringen? Eine große Chance, so der Bonner Historiker Klaus Hildebrand, wurde denn auch bei der Kür des neuen Bundespräsidenten verpaßt. Indem er seine Partei frühzeitig auf einen gemeinsamen Kandidaten festgelegt hätte, hätte Kiesinger die Weichen für eine Fortsetzung der Großen Koalition stellen können.[827]

Doch Kiesinger tat wenig, die unionsinternen Widerstände gegen einen SPD-Kandidaten zu brechen. Er ließ sich mehr Zeit, als einer Lösung der Präsidentenfrage in seinem Sinne zuträglich hätte sein können. Denn die SPD reklamierte den Präsidentensessel für sich, hatte sie doch Lübke bei dessen Wiederwahl 1964 unterstützt. Das war damals zu Recht als ein Signal in Richtung Große Koalition gelesen worden, so wie Heuss' Wahl 1949 der Bildung einer kleinen Koalition unter Adenauer vorausgegangen war. Weil Kiesinger unentschlossen taktierte, füllten andere das Vakuum: »Nicht mit dem Kopf durch die Wand zu wollen«, nach dieser Devise ließ sich Politik nicht mehr gestalten, wenn er auch bisher gut damit gefahren war. Doch nun, da sich die politische Situation verflüssigte, gereichten ihm seine Tugenden zum Nachteil. Wollte Kiesinger mit der Präsidentenwahl ein Signal zur Fortsetzung der Großen Koalition setzen, dann hätte er kämpfen müssen – und zwar in seiner Partei.

Schon im August 1967 hatte Brandt an Kiesinger geschrieben, daß die SPD die Wahl eines der Ihren zum Bundespräsidenten anstrebe.[828] Doch bevor sich die Union offiziell mit der Kandidatenfrage befaßte, war das hochnotpeinliche Problem des vorzeitigen Rücktritts von Heinrich Lübke aus der Welt zu schaffen. Auf Kiesinger als Parteivorsitzenden kam die Aufgabe zu, dem altersstarren, kranken und vergeßlichen Lübke ins Gewissen zu reden. Es sei dahingestellt, ob ihm damit mehr Erfolg beschieden gewesen wäre als Johannes Schauff und anderen engen Freunden des Bundespräsidenten, die sich allesamt damit schwertaten. Jedenfalls konnte sich Kiesinger lange nicht zu diesem notwendigen Schritt durchringen.[829] Er blieb »nach zwei Seiten hin offen« – war bereit, einen SPD-Kandidaten zu stützen oder aber selbst einen zu benennen, sofern dieser die Zustimmung der FDP fand.

Entgegen der Fama, trat er dabei anfangs durchaus nicht für Schröder ein, um diesen auf den Präsidentensessel abzuschieben.[830] Vielmehr war Kiesinger an einer gemeinsamen Lösung mit der SPD interessiert. Wehners Favorit, der konservative Sozialdemokrat und ehemalige Vorsitzende der IG Bau, Steine, Erden, der als Präsidiumsmitglied des Zentralkomitees der Deutschen Katholiken auch für den gut katholischen gaullistischen Flügel wählbar war, Bundesverkehrsminister Georg Leber, hielt er für den Kandidaten, der auch in der Union Anklang fände.[831] Heinemann hingegen, die erste Wahl Willy Brandts, war als Renegat der frühen Ära Adenauer Anathema für die CDU. Seine Abrechnung mit Adenauer in der legendären Nachtdebatte vom Frühjahr 1958 war unvergessen. Umgekehrt hatte auch Leber in der Union Gegner, weil der nach ihm benannte Plan zur Verlagerung des Güterverkehrs von der Straße auf die Schiene dem Unternehmerflügel politisch ein Dorn im Auge war.[832]

Obwohl im Frühjahr 1968 der günstigste Zeitpunkt für die Nominierung eines gemeinsamen Kandidaten verpaßt war, wäre nach den baden-württembergischen Landtagswahlen ein *Quid pro quo* zwischen beiden großen Parteien noch denkbar gewesen. Leber signalisierte dem Kanzler: »Falls die CDU/CSU in der Bundespräsidentenfrage mit sich reden läßt, wird sich das Klima in der SPD-Führung bezüglich des Wahlrechts verbessern. Allerdings darf auf keinen Fall ein direktes Junktim zwischen beiden Fragen hergestellt werden.«[833] Letzteres fürchteten jene sozialdemokratischen Kreise, die auf eine Zusammenarbeit mit der FDP hinauswollten und die Wahlrechtsreform abgelehnt hatten. Die SPD-Linke hätte in der koalitionsstabilisierenden Wahl Lebers ein gefährliches Präjudiz gesehen.

Entsprechend kalkulierten die unionsinternen Kiesinger-Kritiker, die auf eine Kandidatur Gerhard Schröders hofften, der für die FDP wählbar zu sein schien in Hinblick auf eine Weichenstellung für 1969.[834] Als eiserner Reservekanzler galt Schröder nach wie vor als Exponent der bürgerlichen Koalition. Im Nachhinein mußte sich Schröder aber sagen lassen, daß er die Rechnung ohne den Wirt gemacht hatte. Die FDP war nicht mehr die vom Herbst 1966. Mende war aus dem Vorsitz verdrängt worden: An seine Stelle trat Walter Scheel, dem zwei ebenso geschäftstüchtige wie politisch ambitionierte Journalisten, Nannen (*Stern*) und Augstein (*Spiegel*), bei seinem tatkräftigen Streben hin auf das sozial-liberale Bündnis den Rücken stärkten.[835]

Schröder war als außenpolitischer Nachlaßverwalter der Ära Adenauer abgestempelt, dem, gerechtfertigt oder nicht, seit seiner Zeit als Bundesinnenminister das Image des »Konservativen« anhaftete. In sehr viel höherem Maße noch als Kiesinger stand Schröder für die Union von gestern, wurde nicht als Mann der Zeitenwende wahrgenommen, der die Zukunft von Partei und Republik verkörperte. Für letzteres stand das Nachwuchstalent Richard von Weizsäcker, der als evangelischer Kirchentagspräsident mehr Aufgeschlossenheit gegenüber der Jugend und den ostpolitischen Fragen aufzubringen schien als der »erzkonservative«, gelegentlich (unzutreffend) als »Deutschnationaler« gebrandmarkte Schröder. Weizsäcker jedenfalls galt in der FDP als wählbar. So jedenfalls vermuteten Kohl und Heck, die Kiesinger von der Eignung ihres Kandidaten überzeugten. Es war Heck, der im Auftrag Kiesingers Weizsäcker überredete. Auch Kohl faßte den Kirchentagspräsidenten energisch am Portepee, den er aus gemeinsamer Arbeit in der Chemieindustrie kannte.[836] Da auch Barzel zunächst auf Weizsäcker setzte, neigte im Sommer 1968 fast die gesamte Führungsmannschaft der Union zu Weizsäcker, mit einer einzigen, signifikanten Ausnahme: Franz Josef Strauß.

Daß sich ausgerechnet Strauß gegen Weizsäcker stellte und dafür eine temporäre Allianz mit seinem Intimfeind Schröder einging, war kein Zufall. Der CSU-Vorsitzende hatte sich inzwischen zum Haupt der innerparteilichen Fronde gegen die Große Koalition gemausert. Als ein relativ geschlossener Block bot die CSU-Landesgruppe, die ein Fünftel aller Bundestagsmandate der Union kontrollierte, die Kerntruppe, die der konservativen Opposition innerhalb der CDU Rückhalt gewährte, an vorderster Front gegen NPT und die Nichtverjährung von NS-Verbrechen kämpfte, gegen die von Heinemann angestrebte Liberalisierung des Strafrechts stimmte und in Fragen der Ost- und Deutschlandpolitik in kontinuierlicher innerer Emigration verharrte. Da Kiesinger bei der CSU wegen seiner Kanzlerwahl politisch in der Schuld stand und sich die komfortablen Mehrheiten nicht gerade disziplinierend auf die Flügel auswirkten, war die CSU wider Erwarten nicht zum »vermeintlich bessere[n] Statist[en]«, sondern zu einem Hauptdarsteller auf der politischen Bühne geworden. Strauß hatte seit 1966 seine Machtposition gefestigt.[837]

Es ist ein erstaunliches Kapitel in der Geschichte der westdeutschen Christdemokratie, daß Schröder, obwohl sein Konkurrent Weizsäcker die Unterstützung des CDU-Vorsitzenden, des Generalsekretärs der CDU und anfänglich auch des Vorsitzenden der Unionsfraktion genoß, am Ende die Nominierung errang. Sicher: Weizsäcker war ein unbeschriebenes Blatt. Doch der gleiche Mangel hatte 1959 Lübkes Wahl nicht verhindert. Weizsäckers Scheitern wirft ein grelles Licht auf den labilen inneren Zustand, in dem sich die CDU 1968 wieder befand. Daß Kiesinger sich nicht durchsetzte, obwohl er als Kanzler wenigstens bis zum Herbst 1969 unentbehrlich war, wirft aber auch Fragen nach dessen handwerklichem Geschick als Politiker auf. Entweder es fehlte ihm an Durchsetzungsvermögen, wovon in Bonn viele ausgingen. Oder aber

er unterschätzte die politische Bedeutung der Wahl eines Bundespräsidenten, von deren »seismographischem Charakter« Baring spricht.[838]
Irritierend ist die Vorstellung, daß die »Südschiene« gegen Kiesinger arbeitete. Während Schröder sich auf seinen nordrhein-westfälischen Landesverband stützte, brach Kiesingers Rückhalt in der baden-württembergischen CDU zusammen. Dieses Debakel hatte sich schon auf dem Braunschweiger Parteitag 1967 angedeutet, als ausgerechnet die südwestdeutschen Delegierten gegen die von Kiesinger und Heck favorisierte nebenamtliche Generalsekretärslösung stimmten.[839] Filbinger, Kiesingers Nachfolger in Stuttgart, war neben Strauß einer der Wortführer der Opposition gegen Weizsäcker, der immerhin aus einer verdienten württembergischen Familie stammte. Filbinger jedenfalls schätzte die Situation in der FDP anders ein als Kiesinger, obwohl die Südwest-FDP, in der der Konstanzer Mit-Gründer Dahrendorf nun eine gewichtige Rolle spielte, nach den Landtagswahlen vom April 1968 ein Bündnis mit der CDU ausgeschlagen hatte. Filbinger sah sich gegenüber Kiesinger in keiner Dankesschuld – verständlich angesichts dessen, was zwischen beiden vorgefallen war. Auch der alte südwürttembergische Antagonist des Kanzlers, Eduard Adorno, stand auf der Seite seines Ministers, als dessen Parlamentarischer Staatssekretär er seit April 1967 auf der Hardthöhe wirkte.[840]
Die Vermutung liegt nahe, daß Strauß auch deshalb für Schröder votierte, weil er mit dessen Gang zum Präsidentensessel einen lästigen Konkurrenten losgeworden wäre. Auch die Spekulation, daß Barzel derartige Überlegungen nicht völlig fremd gewesen sein dürften, scheint nicht völlig unzulässig.[841] Aber entscheidend war wohl die Frage: Wie würde sich die FDP verhalten? Kiesinger, Kohl und Heck glaubten, daß Weizsäcker für die FDP leichter wählbar wäre. Scheel habe ihm genau dies in einem Gespräch am 23. Oktober 1968 eröffnet, meinte Kiesinger rückblickend.[842] Tatsächlich sympathisierten einflußreiche FDP-Politiker mit einer Kandidatur Weizsäckers. Einem Vermerk für Barzel vom 12. November zufolge hätten Scheel und Kühlmann-Stumm, der die nationalliberalen Traditionen der FDP repräsentierende ehemalige Fraktionsvorsitzende, folgendes signalisiert: »Im Vergleich zu Schröder wäre der größere Teil der FDP für von Weizsäcker zu gewinnen, bei Schröder nur ein kleinerer Teil. Sowohl Scheel als auch Kühlmann würden sich, wenn die CDU sich für Weizsäcker entscheidet, persönlich engagieren, um die FDP auch auf diese Linie zu bekommen.«[843]
Allerdings waren es wohl nur einzelne Abgeordnete, die sich in der FDP für Weizsäcker stark machten. Genscher ließ schon am folgenden Tag die CDU wissen, daß der FDP als Partei die Distanzierung von Schröder schwerer fallen würde, hätten doch ihre führenden Leute mit dem ehemaligen Außenmi-

nister jahrelang gemeinsam die Kabinettsbank gedrückt. Barzel, der nicht auf einen Kandidaten ohne Chancen setzten wollte, schwenkte um, und auch Kohl, der von Genscher das gleiche erfuhr, suchte in letzter Minute Weizsäcker von seiner Kandidatur abzubringen, um einen Eklat zu vermeiden.[844]

Obwohl die Unterstützung für Weizsäcker bröckelte, hielt Kiesinger an seinem Kandidaten fest. Neben der schwindenden Hoffnung auf die FDP gab es weitere Gründe. Zum einen konnte er Weizsäcker schlecht sang- und klanglos fallen lassen, nachdem er sich öffentlich auf ihn festgelegt hatte. Zum zweiten aber war da in puncto Schröder das Element der persönlichen Animosität.[845] Strauß sprach im CSU-Landesvorstand davon, daß Schröder in der CDU »einige eingeschworene Gegner [habe], die in ihrer – schwäbischen – Dickschädeligkeit um keinen Preis bereit seien, Schröder zu wählen.«[846] Vielleicht war dem Kanzler der Gedanke unerträglich, sich bei einem Präsidenten Schröder zum Vortrag melden zu müssen. Eher sekundär war die Befürchtung, der ehrgeizige Schröder werde ihm noch einmal die Kanzlerschaft streitig machen. Seit der Verteidigungsminister im Vorjahr einen Herzanfall erlitten hatte, erschien dies unwahrscheinlich.[847]

Signifikant aber war, wofür Schröder und Weizsäcker standen. Seine Kandidatur begründete Schröder mit der Aussage, daß Heinemann all das in Frage stelle, wofür die CDU bisher eingetreten sei. Damit kam er bei den bayerischen Freunden gut an und in weiten Teilen der CDU einschließlich Kiesingers eigenem, hochkonservativem südwürttembergischen Landesverband. Doch der politischen Aufbruchstimmung der späten sechziger Jahre trug das nicht Rechnung. Es leuchtete Kiesinger ein, was Weizsäcker dazu verlauten ließ: Die CDU müsse sich für ihre früheren Erfolge nicht schämen. Auch dürfe sie sich von Heinemann nicht »einen Kampf zwischen zwei Vergangenheiten« aufnötigen lassen: »Sondern es geht um die größere Kraft für die Zukunft. Mindestens die jüngere Hälfte der Bevölkerung, aber wohl auch die Mehrheit der Bundesversammlung wird mehr nach den kommenden zehn als nach den vergangenen zwanzig Jahren fragen. Sie wird prüfen, ob [die Union] für eine neue bessere Ordnung angetreten ist und nicht der Abwehr und dem Bewahren, sondern dem Fortschreiten Priorität gibt.«[848]

Übrigens machte Weizsäckers Kandidatur auch machtpolitisch mehr Sinn. Durch Ahlers war Kiesinger auf die Nominierung Heinemanns vorbereitet, wobei jedoch Brandt von Anfang an hatte durchblicken lassen, daß Heinemann nur für den ersten Wahlgang nominiert worden sei. »Die Fraktion der SPD in der Bundesversammlung werde sich für weitere Wahlgänge freihalten, auch einen anderen Kandidaten vorzuschlagen, falls sich herausstellen sollte, daß Minister Heinemann nicht gewählt werden kann.« Dieser Hinweis, so Ahlers weiter, »zielt auf Minister Leber, der von zahlreichen führenden Sozialdemokraten, darunter Herbert Wehner und Helmut Schmidt, als idealer Gemeinschaftskandidat der Koalitionsparteien angesehen wird«. Würde Heinemann im ersten Wahlgang durch die FDP nicht gewählt, dann würde dies alle jene in der SPD enttäuschen, »die seit Bildung der Großen Koalition sich von der CDU ab- und der FDP zugewandt hätten«. Die Empörung über die unsicheren FDP-Pendler würde den Anhängern der Großen Koalition in der SPD nützen.

Allerdings sparte Ahlers, der wie stets ein offenes Wort gegenüber dem Kanzler führte, nicht an deutlicher Kritik. Wehner, Leber und Schmidt seien über Kiesinger enttäuscht, weil er sich nicht stärker für einen gemeinsamen Kandidaten eingesetzt hätte. Lebers Wahl wäre »ein krönender und insgesamt versöhnlicher Abschluß der Großen Koalition gewesen«.[849] Mit Weizsäcker als dem unbekannteren CDU-Politiker, der nicht über die gleiche Hausmacht wie Schröder verfügte, hätte ein derartiges Szenario unter Umständen realisiert werden können. Würde Heinemann erwartungsgemäß in der ersten Runde nicht die absolute Mehrheit der Stimmen bekommen, dann hätten beide Parteien auf ihren Kandidaten verzichtet, um anschließend Leber als *dark horse* auf den Schild zu heben.[850]

Alles sprach aus Kiesingers Sicht für Weizsäcker – nur die Stimmung in der CDU/CSU nicht. Die klare Mehrheit in der Union war für den verdienten Verteidigungsminister, dessen Karriere mit der Wahl zum Bundespräsidenten gekrönt worden wäre. Kiesinger wußte, daß ihm die Felle davonschwammen. Aber er hielt trotzig an seiner Entscheidung fest und hielt es für besser, mit fliegenden Fahnen unterzugehen, als gegenüber Schröder Schwäche zu zeigen. Er sei für Weizsäcker und gegen Schröder, weil er davon überzeugt sei, die FDP werde Schröder nicht wählen.[851] Während der Personaldebatte im Präsidium, am Morgen vor der eigentlichen Nominierung, machte Kiesinger noch einmal deutlich, daß letztlich nur mit Weizsäcker die Präsidentenfrage offen sei. Mit Schröder gehe die CDU das größere Risiko ein: »Wenn der unterliegt, schlimme Sache.«[852]

Wenn Kiesinger auch die richtige Erkenntnis gehabt haben mochte, dann verstand er es nicht, diese innerparteilich zu kommunizieren. Dazu hätte es ernsthafter politischer Pressionen bedurft. Denn daß es auch anders hätte laufen könne, zeigen Schröders Papiere im Archiv der Konrad-Adenauer-Stiftung. Schröders Mitarbeiter befürchteten, daß Kiesinger sich mit einer Rücktrittsdrohung durchsetzen würde. Dieses Mittel hatte Kiesinger im Mai 1967 erfolgreich angewandt und auf diese Weise Heck als nebenamtlichen Generalsekretär durchgeboxt.[853] Im Nachhinein gelangte Kiesinger zu der Einsicht, daß ihm mit seiner Zurückhaltung gegenüber Schröder ein grober Schnitzer unterlaufen war. Dem Veto des Kanzlers hätte sich Schröder, darin genug Parteisoldat, vermutlich gebeugt.[854] Es kam, wie es nicht hätte kommen müssen: Schröder wurde mit 65 Stimmen zum Präsidentschaftskandidaten gewählt, Weizsäcker war mit 20 Stimmen deutlich abgeschlagen.

Der Untergang seines Kandidaten wurde als eine schwere Niederlage für Kiesinger gedeutet. Weder hatte er klug taktiert und war, Barzels Beispiel folgend, rechtzeitig abgesprungen. Noch hatte er die Kandidatur als Machtdemonstration gegenüber den innerparteilichen Kritikern benutzt. Niemand außer Ahlers traute sich, Kiesinger schonungslos die Wahrheit zu sagen. Man könne nicht an der Tatsache vorbei, »daß die Autorität des Bundeskanzlers in der jüngsten Zeit eine gewisse Schwächung erfahren hat, vor allem in der CDU/CSU-Bundestagsfraktion«, schrieb er in seinem Neujahrsbrief an den Kanzler: »Die labilen und die diffizilen parlamentarischen Verhältnisse, die oftmals genausowenig symptomatisch für die wahre Stimmung der Bevölkerung sind wie das, was die sogenannte veröffentlichte Meinung schreibt, bringt es mit sich, daß jeder politische Mißerfolg eines Führenden, insbesondere des Kanzlers, unterirdische Wirkungen zeigt, die erst langsam sichtbar werden. Als ein solches Ereignis für den Kanzler muß rückblickend die Nominierung des Bundesverteidigungsministers zum Präsidentschaftskandidaten gesehen werden. Kaum jemand im Bundestag hat Ihr Engagement für Herrn von Weizsäcker verstanden, und Sie haben sich deshalb in den Augen der meisten Abgeordneten eine unnötige ›Niederlage‹ eingehandelt. Ich glaube auch, daß bestimmte Vorgänge auf dem Parteitag hiermit bereits im Zusammenhang stehen.«[855]

In der CDU wurde Kiesingers Unterstützung für Weizsäcker als weiteres Indiz für dessen mangelnde Bereitschaft interpretiert, den parteipolitischen Polarisierer im Wahlkampf zu mimen und für eine absolute Mehrheit der Union zu kämpfen.[856] Zwar wußte Kiesinger, daß sich etwas gegen ihn zusammenbraute. Aber statt offensiv zurückzuschlagen, verteidigte er sich. Darin wurde er seinem glücklosen Vorgänger Erhard ähnlicher. In den Gremien fand er reichlich Anlaß zum Klagen: »Es werden in wenigen Tagen zwei Jahre sein, daß ich nun diese elende Rackerei und Plackerei mache, die ich damit begonnen habe, als ich mich bereit erklärte, Kanzler einer neuen Regierung zu werden. Das ist keine Phrase, sondern das ist die bittere Wahrheit. Es gibt in unserer Partei und in unserer Fraktion Leute, der Parteitag in Berlin hat es in bestürzender Weise gezeigt, die einfach unsere Situation nicht begriffen haben. Und wenn das so weiter geht, dann werden wir die Bundestagswahl verlieren. Ich habe eben die neueste Allensbach-Umfrage bekommen, die die SPD in klarer Führung zeigt, nachdem eben noch die lange, lange Kette der Führung der CDU durch die letzte Umfrage von EMNID im Oktober fortgeführt worden war. Ich habe nicht den geringsten Zweifel daran, daß dies das Ergebnis der Katastrophe des Berliner Parteitages ist. Ich habe nicht den geringsten Zweifel daran.«[857] Barzel war peinlich berührt. Er dankte dem Kanzler für die offenen Worte und ging schnell zur Tagesordnung über.

War das die rechte Art, mit der verunsichert auf die politische Großwetterlage reagierenden Partei zu sprechen, selbst wenn der Kanzler vielleicht so unrecht nicht hatte? Kiesinger war Ende November physisch und psychisch am Ende. In der CDU/CSU nahm die Kritik kurz vor Weihnachten ein bedenkliches Ausmaß an.[858] Erneut machte sich Strauß die Situation zunutze und zettelte im *Bayernkurier* den »Fall Bahr« an. Das zielte auf die Große Koalition als Ganzes. In dieser schillernden Intrige kam es zu einer höchst dubiosen Zusammenarbeit zwischen der CSU, dem BND und einigen Ostberliner Stellen, die sich in einer informellen Koalition der eingefleischten Ostpolitik-Verhinderer zusammenfanden. Denn weder Strauß noch Ulbricht hatten Interesse an ostpolitischen Fortschritten. Der Fall Bahr trieb einen weiteren Keil in die Koalition.[859] Obwohl der Vorwurf nicht stimmte, Bahr habe sich heimlich mit ZK-Mitgliedern der SED getroffen, wurde durch die Schlammschlacht das Koalitionsklima weiter vergiftet. Dies gilt auch für die gleichzeitigen Angriffe auf Heinemann durch den der CSU angehörenden Bundestagsvizepräsidenten Richard Jaeger. Brandt verübelte Kiesinger, daß dieser die eigenen Leute nicht mehr an die Kandare nahm.[860]

Angeheizt durch Strauß und die CSU wurde das Koalitionsklima rauher. Der Kreßbronner Kreis erfüllte seine Funktion mehr schlecht als recht. Schmidt zufolge entartete er immer mehr zu einem »unverbindlichen Kabinetts-Ausschuß«, weil Strauß die Sitzungen boykottierte.[861] Kiesinger wiederum ärgerte sich über Strauß, weil dieser *urbi et orbi* verkündete, er habe den Kanzler in den Sattel gehoben: »Jeder der die Dinge kennt, weiß genau, daß es umgekehrt war, daß er von seiner Partei bestimmt worden ist; denn er hatte einen anderen Kandidaten, nämlich den, den ich auch hatte«, gemeint war Gerstenmaier. Es habe keinen Zweck, so Kiesinger vor dem CDU-Bundesvorstand im Januar 1969, es zu verheimlichen, daß sich zwischen CDU und CSU »ein kritisches Verhältnis« anbahne. Die CSU bezeichne sich als »konservative Partei«. Das könne die CDU nicht: »Eine Partei, die das Land Nordrhein-Westfalen umschließt, kann sich nicht einfach das Etikett ›konservativ‹ umhängen. In unserer Partei sind konservative Elemente, aber auch liberale, natürlich auch soziale. Da paßt kein Etikett. Das ist gefährlich.« Den Versuch von Strauß, »rechts zu überholen«, halte er für eine »vielleicht in Bayern erfolgreiche Methode«. Sie tauge nicht für die Bundesrepublik.[862]

In diesen Tagen schickte Wehner ein »Zeichen [s]einer Hochachtung« an den sichtlich angeschlagenen Kiesinger, in welches er jedoch in der für ihn charakteristischen Façon ein gehöriges Maß an Kritik verpackte: »Die Geschäfte scheinen oft stärker zu sein als wir. Dennoch sollen Sie wissen, daß ich mit der gleichen Überzeugung an Ihrer Seite stehe wie am ersten Tag. Es wäre mir zwar lieber, es gäbe manchmal eine Gelegenheit, mehr als ein Wort zu sagen, aber wichtiger ist, nicht zu zerfallen mit dem, was nicht des Augenblicks wegen getan werden kann.«[863] Klagte der SPD-Vize verklausuliert über die mangelnde Kommunikation zwischen ihm und dem Kanzler und darüber, daß dieser resignierend den »Geschäften« erlag? Zwischen Kiesinger und dem Gesamtdeutschen Minister stand es jedenfalls nicht mehr zum Besten, wie der Berliner Historiker Dirk Kroegel herausgearbeitet hat. Hier wirkte sich vor allem der Streit über die Abhaltung bzw. Verlegung der für März 1969 in Berlin geplanten Bundesversammlung aus.[864]

Es ist hier nicht der Ort, *en detail* auf die Berlin-Verwicklungen im Vorfeld der Heinemann-Wahl einzugehen, die Ende Februar 1969 hohe Wellen in der Bundesrepublik schlugen.[865] Während die Koalition am 21. Februar übereingekommen war, daß die Entscheidung über den Ort der Bundesversammlung nicht mehr revidiert werden konnte[866], hatte Ulbricht am gleichen Tag unter Parteivorsitzenden einen Brief an Brandt gerichtet, also Kanzler und Regierung bewußt umgangen. Da Brandt ins Ausland geflogen war, hatte Wehner als stellvertretender SPD-Vorsitzender Kiesinger sofort informiert. Während sich sowohl Brandt als auch Kiesinger anfänglich gegen eine Verlegung aussprachen, hoffte nun Wehner in den Verhandlungen mit Ostberlin zu punkten.

Zunächst bat der Kanzler den sowjetischen Botschafter zu einem Gespräch, der von der DDR-Offerte offensichtlich genauso überrascht worden war wie die Bonner Stellen. Nicht mit der DDR, sondern mit der Sowjetunion Kontakt zu suchen, war Kiesinger in dieser Situation wichtig. Jedenfalls machte er deutlich, daß die Einberufung der Bundesversammlung nach Berlin »keine Prestigefrage« sei und daß er damit »das Verhältnis zur Sowjetunion zu belasten« nicht beabsichtige. Nach Lage der Dinge werde es jedoch entweder bei dem Beschluß bleiben, in Berlin den Bundespräsidenten zu wählen, oder aber »beide Regierungen müßten im Geben und Nehmen einen überzeugenden Beitrag leisten, um ihren Entspannungswillen zu bekunden. Ein solcher Beitrag der sowjetischen Seite könnte zum Beispiel in der Vermittlung bestehen, um die für die Berliner Bevölkerung so dringende notwendige Regelung bezüglich des Zugangs zwischen Westberlin und Ostberlin herbeizuführen. Und dies nicht nur für einen kurzen Zeitraum, sondern für längere Zeit.«[867]

Die vom Osten angebotenen Passierscheine nur über Ostern hielt Kiesinger von Anfang an für ein schlechtes Geschäft. Das hätte er in seiner Partei nie und nimmer durchbekommen, zumal Ostberlin 1966 die letzten Passierscheinverhandlungen hatte scheitern lassen. Daß es schon etwas mehr sein mußte, so kurz vor der für den 6. März geplanten Bundespräsidentenwahl, hatte er noch am gleichen Tag, dem 22. Februar, dem Berliner Regierenden Bürgermeister Schütz gesagt. Dieser ging mit Kiesinger völlig konform, und auf der gleichen Linie bewegte sich auch Brandt. Er sei nur dann für eine Absage der Bundesversammlung zu haben, »wenn eine längerfristige Passierscheinregelung zustande komme«.[868]

Nachdem der Botschafter in der Zwischenzeit von der sowjetischen Führung Instruktionen erhalten hatte, trafen sich beide am 23. Februar erneut im Gästehaus Scheufelen in Stuttgart. Der Kanzler hätte den Botschafter auch in Bonn empfangen können, war jedoch nach Bebenhausen entflogen. Ihm war die Symbolik wichtig, den Sowjetbotschafter auf seinem Heimatboden in Schwaben zu empfangen. Der Botschafter, so meinte er zu Diehl, »solle schon mal nach Stuttgart kommen«.[869] Der Kanzler genoß sichtlich die Situation, daß sich plötzlich die Russen um ihn bemühten.

Obwohl das Gespräch in betont lockerer Atmosphäre verlief – Kiesinger und Zarapkin prosteten sich nach dem Moskauer Vorbild 1955 vor laufenden Kameras mit Württemberger Wein zu –, gab die Antwort des Botschafters keinerlei Anlaß zu übersteigerten Erwartungen. Die sowjetische Seite sah in der Bereitschaft zu einer Verlagerung der Bundesversammlung ein positives Signal im Hinblick auf einen »Meinungsaustausch über beide Seiten interessierende Fragen«. Doch in der Passierscheinfrage konnte der Botschafter keinerlei neue Nachrichten bringen, außer daß diese aufgenommen worden seien, was sich jedoch nicht bestätigte. Daß formal zwischen beiden Fragen kein Junktim bestand, akzeptierte Kiesinger. Aber solange in Berlin Funkstelle herrschte – Bürgermeister Schütz hatte telefonisch kurz zuvor bestätigt, das keinerlei Verhandlungen im Gange waren –, konnte er dem Botschafter keine frohe Nachricht mit auf den Weg geben, die Bundesversammlung betreffend. Dieser reagierte verärgert. Kiesinger halte an einem impliziten Junktim fest und habe, wie übrigens schon am Vortrag, mehr als nur Passierscheine über Ostern gefordert: »Er halte es nicht für richtig, auf diese Art die Dinge zu behandeln.«[870]

Da Ost- und Westberliner Stellen am 26. Februar 1969 ergebnislos verhandelten und auch Schütz, auf einer Linie mit Kiesinger, eine »umfassende, langfristige Regelung anstrebte«[871], drohten die Verhandlungen zusammenzubrechen. Irritierend war für Moskau, daß aus Bonner Ämtern beständig Indiskretionen über streng vertrauliche Verhandlungen durchsickerten, die dort als »offensichtliches Unvermögen« oder Mangel an »gutem Willen« interpretiert wurden, »diskrete Gespräche auch diskret zu behandeln«.[872]

Dennoch versuchte Wehner den Faden noch einmal aufzunehmen, als er am 27. Februar seinem DDR-Kontaktmann, dem Ostberliner Anwalt Wolfgang Vogel, erläuterte, was die westdeutsche Seite unter »überzeugenden Schritten« der DDR verstand. Zwar stellte er wie Kiesinger die Existenz eines Junktims in Abrede: »Die Bundesversammlung muß nicht in Berlin tagen.« Auch er halte sich nicht für berufen, der DDR Vorschläge zu unterbreiten. Ein kleines Beispiel hatte Wehner dennoch parat: »Würde zum Beispiel die Regierung der DDR auf der Grundlage ihrer eigenen Gesetze für die Einwohner West-Berlins die Besuchs- und Reisemöglichkeiten entsprechend den Regelungen ordnen, die für Westdeutsche gelten, das heißt, daß der West-Berliner Personalausweis Besuchsreisen von West-Berlinern ermöglicht, wäre das ein überzeugender Schritt.«[873] Das entsprach ziemlich genau den langfristigen Verbesserungen, von denen Kiesinger gegenüber Zarapkin gesprochen hatte. Vermutlich hätte sich Wehner mit bloßen Passierscheinen über Ostern nicht zufrieden gegeben.

Weder die östliche noch die westliche Seite war konzessionsbereit. Die Sowjetunion verstärkte ihre Propaganda. Bonn wurde vorgeworfen, in Westberlin Rüstungsgüter zu produzieren. Auf ein drittes, ergebnisloses Treffen Kiesinger-Zarapkin am 1. März folgten hektische Vermittlungsversuche. Der Kontaktmann der sowjetischen Botschaft zur CDU, Pjotr F. Borowinski, übermittelte Kiesinger die vertrauliche Botschaft, daß er einen erneuten Versuch in Berlin »für erfolgreich halte und ferner, daß er Grund zu der Erwartung habe, das Ergebnis werde ›überzeugend‹ im Sinne der ihm bekannten Vorstellungen des Bundeskanzlers sein«.[874]

Dieses Angebot grenzte an eine Sensation. Die Westdeutschen hätten ihre Forderungen durchgesetzt. Doch Ulbricht fand an einem derartigen *Quid pro quo* kein Gefallen. Am folgenden Tag sagte er in Leipzig, Bonn wolle mit Provokationen einen Vertrag über die Verkehrswege nach Berlin erpressen. »Aber auf solche schlechten Geschäfte geht in der DDR doch kein vernünftiger Mensch ein. Wir haben unsere Bereitschaft erklärt, Verwandtenbesuche aus Westberlin in der Hauptstadt der DDR für Ostern 1969 zu genehmigen, wenn die Bonner Regierung ihre Bundesversammlung auf westdeutschem Boden durchführt. Als die Bonner Regierung das erfuhr, hat sie sofort die höchsten Forderungen gestellt.«[875]

Damit waren die Passierscheinverhandlungen gescheitert. Auf allen Seiten wurde nach Schuldigen gesucht. Kroegel, Kiesingers früherer Mitarbeiter Schmoeckel und jetzt auch der Mannheimer Zeithistoriker Oliver Bange vertreten die Ansicht, daß in der Auseinandersetzung um die Verlegung der Bundesversammlung vor allem die gemeinsame Basis von Wehner und Kiesinger zerbrochen sei.[876] In einer nächtlichen Sitzung vom 2. auf den 3. März hatten sich Kiesinger, Brandt, Wehner und der AA-Staatssekretär Georg Duckwitz entschieden, die Bundesversammlung in Berlin stattfinden zu lassen.[877] Zu dieser Sitzung meinte Kiesinger im Rückblick: »Da drückte allerdings einmal Wehner sehr stark, und da ist es ja zu einem gewissen Bruch zwischen Wehner und mir gekommen. Wehner wollte um lächerlicher Zugeständnisse willen das machen – und nicht etwa um dieser Zugeständnisse willen, sondern für ihn war das Zurücknehmen der Bundesversammlung aus Berlin schon der Anfang der Politik [...].«[878] Das hat Wehner ähnlich gesehen. Für Kiesinger habe es letztlich keinen Sinn gehabt, »mit denen [in der DDR] zu reden. Im Grunde genommen sei das nur dialektischer Zeitvertreib. Im Frühjahr/März 1969 gab es nicht nur eine Chance, sondern die Notwendigkeit, an seinen letzten Brief an den DDR-Ministerratsvorsitzenden Stoph anzuknüpfen. Das hatte er damals abgelehnt.«[879]

Man wird, wie so oft, diese nachträgliche Äußerung *cum grano salis* nehmen müssen. Unter dem Eindruck der Vorentscheidung vom 5. März 1969, also der Wahl Heinemanns zum Bundespräsidenten, und vor allem nach der Wahl Brandts zum Bundeskanzler, hielten sich weder Kiesinger noch Wehner mit früheren Gemeinsamkeiten auf. Sie machten den Bruch an den Passierscheinverhandlungen fest, die in der nächtlichen Sitzung vom 2. auf den 3. März doch längst an einem toten Punkt angekommen waren. Allein der Zeitrahmen war nicht mehr gegeben, innerhalb von 48 Stunden die Bundesversammlung eilends nach Bonn zurückzuverlegen. Die Sache war gelaufen, als auf Wehners Brief vom 27. Februar, der im Kern das gleiche wie Kiesinger forderte, keine Antwort aus Ostberlin erfolgte. Daß die Sowjetunion das Ganze nicht so dramatisch nahm, das wußte man übrigens nicht nur im Auswärtigen Amt, wo eine Fortführung der deutsch-sowjetischen Gespräche sicher erwartet wurde.[880] Tatsächlich war Moskau zu Verhandlungen mit Bonn bereit und schloß in ihr Angebot die CDU mit ein. Am 24. März 1969 informierte Borowinski den zu den Befürwortern einer Neuen Ostpolitik gehörenden CDU-Abgeordneten Walther Leisler Kiep, daß man durchaus die Christdemokraten und deren Kanzler in den Meinungsaustausch einbeziehen wolle.[881]

Was Borowinski im einzelnen zu sagen hatte, war zwar ermutigend, hätte aber aus Unionssicht keine Basis für ernsthafte Verhandlungen kurz vor den Bundestagswahlen dargestellt. In der Sache nahmen die Moskauer Vorschläge wesentliche Elemente der Ostverträge vorweg. Aber das war eben, in der aufgeheizten Wahlkampfatmosphäre, mit der Union sicher nicht zu machen (und nach dem Verlust der Regierungsverantwortung 1969 erst recht nicht). Man erwarte, so Kiep, in Moskau zunächst den Besuch von Minister Brandt, »dann den des Bundeskanzlers. Man sei aber auch bereit in Moskau, den

Kanzler zu ›begrüßen‹, vor allem, wenn dessen Bereitschaft feststellbar wäre, mit Breschnew und Kossygin über eine Normalisierung des Verhältnisses BRD – DDR zu sprechen.« Das bedeute »nicht notwendigerweise eine Anerkennung im völkerrechtlichen Sinne«, sondern erstens nur »die Anerkenntnis der Tatsache, daß z. Zt. zwei deutsche Staaten existierten« und zweitens, »die Bereitschaft der Bundesrepublik, zu bestätigen oder anzuerkennen, daß die Grenzen dieses zweiten deutschen Staates respektiert würden«. Daß es in der Frage der Bundesversammlung nicht zu einer Einigung gekommen sei, wurde ausdrücklich bedauert. »Passierscheine zumindest für ein Jahr hätte die UdSSR bei der DDR durchgesetzt, und dies wäre der Auftakt zu Gesprächen für weitere Erleichterungen gewesen. Aber es sei nicht zu spät, solche Gespräche auch jetzt noch zu führen.«

Hatte Kiesinger zu hoch gepokert, einen bedeutenden diplomatischen Erfolg verspielt, der seine Kanzlerschaft unter Umständen gerettet hätte? Hätte eine plötzliche Einigung in der Passierscheinfrage unter Einschluß einer Verlegung der Bundesversammlung nach Bonn kurz vor der Wahl eines neuen Bundespräsidenten den Verhandlungen mit dem Osten eine völlig neue Dynamik verliehen? Wäre er dann als gleichberechtigter Vater der Neuen Ostpolitik in die Geschichte eingegangen? Wenn Borowinskis nachträgliche Feststellungen die tatsächliche Haltung der DDR von Anfang März korrekt wiedergeben, dann hätte er den Mantel der Geschichte tatsächlich erhascht. Adenauers Moskauer Verhandlungserfolg hätte sich im kleinen wiederholt. Allerdings gehört nicht sehr viel Phantasie dazu, sich die Aufregung in der Unionsfraktion vorzustellen, hätte Kiesinger tatsächlich versucht, die Berliner Bundesversammlung zu kippen.

Hätte Kiesinger, drei Tage vor dem Termin, auf eigene Kappe wirklich eine Verlegung der Bundesversammlung angesichts einer mündlichen Zusage der Sowjets durchsetzen können? Dieses Szenario klingt unwahrscheinlich. Anders als Adenauer 1955 war Kiesinger in seiner Partei angefochten. Die Union war gewohnt, in den Kategorien des Kalten Krieges zu denken. Sie hatte seit Prag neuerlich eine kräftige Dose Antikommunismus zu sich genommen. Selbst in der SPD hätte so kurz vor Schluß ein derartiger Vorschlag eine Zerreißprobe provoziert – vermutlich auch unter denen, die auf die sozial-liberale Koalition zusteuerten und daher kein Interesse an einer Einigung haben konnten. Auf beiden Seiten hoffte man auf eine Zeit ohne Große-Koalitions-Zwänge. Das eben machte die Wahl Heinemanns deutlich, dem Schröder in einer denkbar knappen Kampfabstimmung am 5. März im dritten Wahlgang unterlag. Damit war der SPD-Politiker zum Nachfolger Lübkes als Bundespräsident gewählt, im ersten Haus am Rhein das Stück Machtwechsel vollzogen.

In der Sache hätte Borowinski also *keine* offenen Türen bei Kiesinger einrennen können. Die Union war von einer Respektierung der DDR selbst unterhalb der völkerrechtlichen Ebene meilenweit entfernt. Kiesinger hätte auf das Angebot nicht eingehen können, selbst wenn er gewollt hätte, obwohl sich die Offerte *expressis verbis* auch an seine Adresse gerichtet hatte. Die SPD hatte sich dafür entschieden, in der Status-quo-Frage dem Osten entgegenzukommen. Hier machte die Union eindeutig nicht mit, und sie hätte sich vermutlich auch bei einer Neuauflage der Großen Koalition 1969 dazu nicht bereit gefunden. Auch diese wäre wohl an der Ostpolitik zerbrochen, es sei denn, Kiesingers Wiederwahl hätte innerparteilich ein Wunder an Disziplin und Einsicht in die Notwendigkeit bewirkt und, vor allem: den innerparteilichen Konkurrenten ein für allemal den Wind aus den Segeln genommen. Das aber war nicht zu erwarten.[882]

Wahlkampf 1969, Ende und Bilanz der Grossen Koalition

Natürlich konnte bei Heinemanns knapper Wahl zum Bundespräsidenten am 5. März 1969 niemand wissen, daß ein halbes Jahr später, nach den September-Wahlen, die Große Koalition ihr Ende fand. Es fällt dennoch schwer, sich der Suggestivkraft von Heinemanns Wort vom »Stück Machtwechsel« zu entziehen. Zwar hatte Heinemann nur gesagt, daß seine Wahl die zwanzigjährige politische Dominanz der CDU auf Bundesebene beendete. Die Union hatte seit 1959 die »drei Häuser am Rhein« (Kiesinger), Bundespräsidialamt, Bundeskanzleramt und Bundestagspräsidentenamt unangefochten kontrolliert. Man werde sich daran gewöhnen müssen, so das designierte Staatsoberhaupt, »daß es auch noch andere Menschen als nur konservative in dieser Bundesrepublik gibt«. Und siehe da: Drei Jahre später befanden sich alle drei Häuser in sozialdemokratischer Hand. Besser läßt sich der Wandel nicht illustrieren – für den es eine demokratische Notwendigkeit gibt. Dennoch gibt die professionelle Skepsis dem Historiker die Frage auf, ob die Heinemann-Wahl die Weichen für den Machtwechsel unwiderruflich stellte? Unmittelbar erheblich waren die Auswirkungen auf das Bonner Machtgefüge. Von nun an verpufften Kiesingers Drohgebärden gegenüber der SPD. Mit den Freidemokraten stand ein williger Partner bereit, der in der Präsidentenwahl bemerkenswerte Geschlossenheit bewiesen hatte.

Indes: Das Wort vom Machtwechsel blieb auch deshalb haften, weil die Union das aufgeregte Spiel mitmachte – in Analogie zu ihrer Reaktion gegenüber der Achtundsechziger-Bewegung. Zu einem Medienereignis gehören zwei Seiten. Politik wird über die Deutung gemacht: Nicht die Ereignisse an sich, die öffentlichen Wertungen sind entscheidend, die die Beteiligten diesen Ereignissen geben, der wertende Drehmoment, den Politik und Publizistik verleihen. Denn bei rechtem Licht betrachtet, war so spektakulär nicht, was Heinemann da zu sagen hatte. Am Tag nach seiner Wahl hatte er in einem Interview mit der *Stuttgarter Zeitung* akzeptiert, daß man nicht länger hinter die Entscheidungen der fünfziger Jahre zurückgehen könne, wenn er auch, ein wenig rechthaberisch, seine frühere Kritik an der Politik der Westbindung als wohlbegründet aufrechterhielt.[883]

Doch die Union sagte nicht: »*Welcome to the club*«, sondern empörte sich. Hätte sie es nicht als einen großen Erfolg abfeiern können, daß Heinemann die Adenauerschen Realitäten akzeptierte? Er wäre ja sonst gegenüber der FDP nicht satisfaktionsfähig gewesen. Entsprach Heinemanns Aussage, die Zugehörigkeit zur NATO könne »nicht Endstation der Deutschlandpolitik« sein, nicht Kiesingers altem Diktum, daß die NATO »kein Dogma« sei? Dieses hatte der Kanzler nicht von ungefähr 1968 mehrfach wiederholt. Und daß Heinemann in einem nach den parlamentarischen Spielregeln vollzogenen »Machtwechsel« eine »Bewährungsprobe der Demokratie« erblickte, das hätte als politikwissenschaftliches Theorem augenzwinkernd akzeptiert werden können, als bare politische Selbstverständlichkeit. Doch die Union reagierte betroffen. Sie redete dem Machtwechsel das Wort, um die eigene Klientel zu mobilisieren. Denn dieser lag, so Baring, wie ein »vorfrühlingshafter Hauch« in der Bonner Luft.[884]

Politische Klugheit macht sich in Wahlkampfzeiten rar. Aus Kiesingers Sicht wäre der Ball flachzuhalten gewesen. In diesem Sinne redete er auf seine CDU-Vorstandskollegen ein. Doch nicht der Kanzler, der CSU-Generalsekretär Streibl sprach den Parteifreunden aus der Seele, als er von Kiesinger ein »ganz klares Wort für unsere Mitglieder« verlangte. Das hielt Kiesinger für taktisch falsch. Er gab der Wahl Heinemanns eine andere Wendung, indem er ihre koalitionspolitische Signalwirkung schlicht in Abrede stellte. Dies sei kein Schlag gegen die Große Koalition: »Daß die SPD ihren eigenen Bundespräsidenten anstrebt, ist doch selbstverständlich. […] Wenn die FDP hier mit der SPD zusammenspielt – nicht die SPD hat gespielt, sondern die FDP –, dann ist das gewiß kein Schlag gegen die Große Koalition. Wie immer, wenn einer eine Wahl verliert, bedeutet das natürlich eine Niederlage für eine Partei, die ihren Kandidaten herausstellt. Aber machen wir uns doch nichts vor, die politische Entscheidung fällt bei der Bundestagswahl. […] Warum standen denn die Wähler der SPD bisher viel negativer zur Großen Koalition als die unseren? Weil sie eben nicht glauben, daß die Große Koalition ihnen bekam. Das war ihre Hoffnung gewesen, und nun sind sie enttäuscht worden bei jeder Landtagswahl. Das ist doch der Hauptgrund. Und diese Überzeugung unserer Leute, die müssen wir halten.«[885]

Nun, auf die Meinung der CDU/CSU-Wähler würde es nicht allein ankommen. Wollte der Kanzler nicht sehen, was sich da zusammenbraute? Wiegten ihn Umfragen in Sicherheit? Warnte nicht Kohl, den es seit einiger Zeit in die Nähe des Kanzlers zog, eindringlich vor der sich anbahnenden sozial-liberalen Koalition? Die FDP vom Frühjahr 1969 sei nicht mehr die von vor drei Jahren. Die Freidemokraten, zu denen der rheinland-pfälzische Landesvorsitzende (und bald Ministerpräsident) über Genscher eng Fühlung hielt und denen das Wasser bis zum Halse stand, seien so leicht nicht mehr auseinanderzudividieren wie in früheren Zeiten. Selbst Adenauer, so Kohl, habe mit seiner Spalter-Strategie nicht gerade »überzeugenden Erfolg« gehabt. Angesichts ihres desparaten Überlebenskampfes sei die heutige FDP nicht mehr mit der Pendler-Partei der fünfziger und sechziger Jahre zu vergleichen; Scheel habe seine Partei auf die sozial-liberale Koalition festgelegt. Ein schlüssiges Rezept hatte auch Kohl nicht zu bieten, außer daß man sich intensiver um die FDP bemühte, woran es der Kanzler nicht nur nach Meinung des CDU-Nachwuchsstars mangeln ließ.

Mit Kohls Analyse war Kiesinger nur partiell einverstanden. Auch er sah, daß sich »das Thema Kleine Koalition zwischen SPD und FDP« abzeichnete. Noch aber vermutete er unter den süddeutschen Freidemokraten sehr viele »echte« liberale und liberal-konservative Kräfte. Diese würden »ihrerseits alles daran setzen [...], wenn es um eine Entscheidung geht, um doch zu einer Koalition mit uns zu kommen, so daß die Frage noch nicht völlig entschieden ist. Aber ich würde schon sagen, daß beim größeren Teil der FDP diese Tendenz da ist, uns mal zu zeigen, daß man das kann, diese Machtprobe, die man gestern vor aller Welt dargestellt hat. Das glaube ich auch.« Doch wenn es Spitz auf Knopf ginge, so die Hypothese des Kanzlers, würden die außenpolitischen Gemeinsamkeiten von SPD und FDP nicht ausreichen, die Differenzen auf anderen Feldern zu überbrücken: »Aber in der Innenpolitik steht doch ein riesiges Fragezeichen. Was die miteinander gesellschaftspolitisch tun wollen, ist vollkommen schleierhaft.« Ein kurzer Blick auf die südwestdeutsche FDP hätte Kiesinger eines Besseren belehren müssen. Dort dominierten auf einmal Linksliberale wie Karl Moersch und Dahrendorf. Kiesingers frühere Partner aus der Landesregierung wie Haußmann und Ex-Finanzminister Müller waren an den Rand gedrängt.

Kiesinger unterschätzte die Bedeutung der Ostpolitik für den Machtwechsel. Vielleicht weil er selbst nicht an einen dramatischen Durchbruch gegenüber der Sowjetunion glaubte. Weil er die befreiende Tatsache nicht sah, die von der Normalisierung des Verhältnisses zur DDR ausging. Während die

Union die Ostpolitik in ihren internationalen Gefahren überschätzte, unterschätzte sie deren innenpolitische Rückwirkungen. Zwar brachte die Ostpolitik die Wiedervereinigung nicht, sie weckte unerfüllbare Hoffnungen. Doch sie schaffte den verquasten rhetorischen Ballast der politischen Sonntagsredner und Vertriebenenfunktionäre aus der Welt, deren Rückhalt in der Bevölkerung schwand.

Daß er die koalitionspolitische Bedeutung der Ostpolitik unterschätzte, ist eine Ironie in der Biographie des dritten Kanzlers, der seit dem Korea-Krieg doch fest an den Primat der Außenpolitik geglaubt hatte. Denn anders als beispielsweise in den USA, wo sich Demokraten und Republikaner in außenpolitischen Fragen meist einig waren, haben sich in der alten Bundesrepublik politische Lager über außenpolitische Kontroversen und nicht über innenpolitische Problemlagen formiert. So leistete denn Kiesinger, darin ermuntert, ja getrieben von seiner Partei mit jeder neuen außenpolitischen Krise, die die Koalition erschütterte, einen Beitrag, den Machtwechsel wahrscheinlicher werden zu lassen.

Obwohl Kiesinger in der Annahme so Unrecht nicht hatte, daß innenpolitisch erhebliche Differenzen zwischen FDP und SPD bestünden, wollte es dem Kanzler und seiner Partei nicht gelingen, dies zu ihrem Vorteil auszunutzen. Daß deutliche Sollbruchstellen zwischen FDP und SPD existierten, wurde in den letzten Monaten vor den Bundestagswahlen mehrfach deutlich. Im Juni 1969 stimmte die FDP, die Partei mit dem weitaus größten Residualbestand an »Ehemaligen«, deren nordrhein-westfälischer und hessischer Landesverband sich in weiten Teilen aus einem nationalkonservativ-protestantischen Milieu rekrutierte – auch Scheel war von seinen Ursprüngen her dazuzurechnen –, gemeinsam mit der CSU gegen die Verlängerung der Verjährungsfrist für NS-Verbrechen. Diese wurde, nachdem Kiesinger mit Rücksicht auf Strauß, die CSU und die NPD-Erfolge lange Zeit geschwankt hatte, schließlich mit den Stimmen von SPD und CDU durchgesetzt.[886]

Politisch ließ sich aus diesen Friktionen kein Kapital für Kiesinger schlagen. Dabei hätte es auch in der Aufwertungsfrage, die in den Wochen vor der Bundestagswahl eine enorme Rolle spielte, Ansatzpunkte einer Kooperation mit der FDP gegeben, spielten doch die industriehörigen Freidemokraten mit Unionsinteressen durchaus zusammen. Die CDU, indem sie gesellschaftspolitisch in der Großen Koalition mit der SPD sehr erfolgreich bis fast zuletzt zusammenarbeitete, schaufelte sich gewissermaßen selbst das Grab. Durch die Große Koalition wurde noch im letzten Jahr viel sozialpolitischer Ballast aus dem Weg geräumt, der die Regierung Brandt/Scheel erheblich belastet hätte.

Kiesinger wollte (und konnte) aus diesem Befund keine Konsequenzen ziehen. Ostpolitisch war die Union blockiert, die Innenpolitik blieb im

Windschatten. Auch diejenigen in der Union, die auf ein erneuertes Bündnis mit der FDP zustrebten und Kiesinger deshalb den Vorwurf machten, die Liberalen über Gebühr zu vernachlässigen, mußten sich im nachhinein sagen lassen, daß sie die Kraft zu einer ostpolitischen Korrektur nicht aufgebracht hatten, ja deutlich hinter dem ostpolitisch seiner Partei weit vorauseilenden Kanzler zurückgeblieben waren. Durch die Bank gebärdeten sich die dezidierten Befürworter einer christlich-liberalen Koalition in der Union als wilde Kritiker der Neuen Ostpolitik. Das galt in erster Linie für Schröder, aber auch für Barzel, der wieder stärker in Richtung FDP tendierte, und selbst für Strauß, der sich als Kanzler einer christlich-liberalen Koalition ins Spiel brachte, dem aber die *Spiegel*-geschädigte FDP trotz seiner unübertroffenen Fähigkeit zu opportunistischen Wendungen wohl niemals die Hand gereicht hätte. Und es war die Ostpolitik, mit der Brandt sein politisches Schicksal verband. Daher gab es weder in der einen noch in der anderen Richtung für die CDU/CSU eine wirkliche Chance diesseits der Ostpolitik – es sei denn, sie gewönne die absolute Mehrheit in den Wahlen.

In Hinblick auf die Koalitionsmöglichkeiten der Union nach den Bundestagswahlen wirkte sich also begrenzend aus, daß Kiesinger keinen neuen außenpolitischen Konsens in der Union hatte durchsetzen können. Dem stand, natürlich, die ungeklärte Nachfolgefrage in der Union im Wege. Es gab im Frühjahr 1969 allerhand Überlegungen – Erhards Vorbild mahnte –, auch ein siegreicher Kanzler wäre nach der Wahl ein Kanzler auf Abruf.[887] Zu diesen Überlegungen leistete die biologische Tatsache einen Beitrag, daß Kiesinger im Wahljahr das Rentenalter erreichte. Am 5. April 1969 feierte er seinen 65. Geburtstag, wozu ihm Willy Brandt, zur Verblüffung vieler, mit oder ohne pensionspolitischen Hintergedanken, einen herzlichen Empfang in der Godesberger Redoute ausrichtete.[888] Außerdem zeigte Kiesinger, den seit dem Berliner Parteitag der CDU das Glück verlassen zu haben schien, physische Abnutzungserscheinungen. Die Jahre der Kanzlerschaft hatten sich in seine Physiognomie geschrieben. Fotos vom April 1969 zeigen einen aufgedunsenen Kanzler, in dessen Gesicht Falten und Furchen das Siegerlächeln vom November 1966 längst verdrängt hatten.[889]

Die einzige Chance für den Machterhalt lag darin, die absolute Mehrheit zu gewinnen oder aber strategisch auf eine Konstellation hinzuarbeiten, in der nicht gegen die CDU/CSU regiert werden konnte. Für den Wahlkampf bedeutete dies, in den konservativen Bezirken der politisch nach links tendierenden FDP zu wildern, um dieser so viele Stimmen wie möglich abzujagen, und zugleich, die NPD kompromißlos zu bekämpfen. Daß dieses Ziel nicht völlig außerhalb von Kiesingers Reichweite lag, zeigt das Wahlergebnis vom 28. September 1969. Gegenüber 1965 verlor die Union 1,5 Prozent und kam auf respektable 46,1 Prozent (ihr damals drittbestes Ergebnis). Die SPD verbesserte sich um 3,4 auf 42,7 Prozent und erzielte damit ihr zweibestes Resultat. Die FDP hingegen fiel von 9,5 auf 5,8 Prozent ab, ihr schlechtester Wert in allen Bundestagswahlen. Die NPD riß mit 4,3 Prozent die Fünf-Prozent-Hürde, was nach ihren vorangegangen Landtagswahlerfolgen eben nicht zu erwarten gewesen war. Diese für Kiesinger schlechtestmögliche Arithmetik kostete ihn die Kanzlerschaft, weil die NPD zwar verlor, aber der CDU/CSU die wenigen, vermutlich entscheidenden Stimmen abgenommen hatte.

Mit Unterstützung der dezimierten FDP reichte es der SPD in Mandaten zu einer knappen Kanzlermehrheit von fünf Stimmen. Das allerdings war für das Überleben der ersten Regierung Brandt nicht genug, weshalb 1972 der Bundestag aufgelöst werden mußte. Die knappe Mehrheit der SPD/FDP von 0,9 Prozent sollte daher nicht »als ein innerer, zwangsläufiger Siegesmechanismus interpretiert werden. Man konnte ihn auch als eine Manifestation des in der Politik eben häufig auch ausschlaggebenden Elements schieren Zufalls deuten.«[890] Aus Gründen der Fairneß ist hinzuzufügen, daß 1949 die Union ähnlich knapp zu Kanzlerwürden gekommen war. Mit viel Glück begann 1969 ein neuer Abschnitt in der westdeutschen Geschichte, was in seiner nachträglichen Bedeutung jedoch nicht unterschätzt werden darf; zumal, das hatte Heinemann ganz recht gesehen, der Wechsel des Führungspersonals nach den parlamentarischen Spielregeln nun einmal die Essenz der Demokratie ist.

Doch zurück zur demoskopischen Ausgangslage. Der zufolge hatte die Große Koalition viel Terrain gut gemacht und besaß eine breite Rückendeckung in der Bevölkerung. Auf die Frage, ob sich die Große Koalition bewährt habe, hatten 1967 schon 46 Prozent mit »ja« geantwortet. Im Herbst 1968 war dieser Wert auf 61 Prozent gestiegen. Zu diesem Zeitpunkt sprachen sich bereits 39 Prozent der Befragten für eine Fortsetzung der Großen Koalition über das Jahr 1969 aus, während 41 Prozent eine Beendigung nach der Wahl wünschten. 20 Prozent hatten keine Meinung. Unter den Wählern der Union war dieser Trend sehr viel stärker. 45 Prozent wünschten sich im Herbst 1968 eine Fortsetzung der Großen Koalition jenseits von 1969, während 36 Prozent eine Begrenzung für notwendig hielten. In den folgenden Monaten stieg der Anteil der Befürworter der Großen Koalition unter den Unionssympathisanten auf erstaunliche 60 Prozent.

Auch tendierten Frauen stärker als Männer zu einer Fortsetzung der Großen Koalition. Daraus zog eine wahlsoziologische Untersuchung der Konrad-Adenauer-Stiftung den Schluß, daß alles vermieden werden müsse, »was die hohe Wertschätzung der Regierung Kiesinger beeinträchtigen könnte«.

Auf die politische Praxis bezogen, habe die CDU dafür Sorge zu tragen, »die volle Arbeitsfähigkeit von Regierung und Parlament bis zum Ende der Legislaturperiode, das heißt bis in den Sommer hinein, sicherzustellen«. Sinke die Popularität der Regierung, dann gehe das zu Lasten des Kanzlers. Schon aus wahltaktischen Gründen müsse die CDU »mit Entschiedenheit den Versuchen entgegentreten, die Autorität und das Ansehen des Bundeskanzlers zu schwächen. Kurt Georg Kiesinger genießt zur Zeit wie kein anderer Politiker das Vertrauen der überwiegenden Mehrheit der Bevölkerung.«[891]

Damit war die christdemokratische Wahlkampfstrategie auf zwei Eckpunkte festgelegt: Zum einen so lange wie möglich *business as usual* treiben, Regierungsfähigkeit zu demonstrieren und den Beginn des Wahlkampfs möglichst hinauszuzögern. Streit nütze der SPD. »Das Enddatum des tatsächlichen Regierens [...] sollte nicht vor Ende Mai, möglichst erst Juni liegen.« Die heiße Phase des Wahlkampfs solle die CDU erst Mitte August eröffnen, also nur sechs Wochen vor dem Termin der Neuwahlen. Zum zweiten müsse der Wahlkampf ganz auf die »unumstrittene und durch niemanden und nichts zu bestreitende Führungsrolle des Bundeskanzlers« ausgerichtet sein. Das »positive Image des Bundeskanzlers gibt der CDU auf, einheitlich und geschlossen nach dem Motto ›Unser Kanzler Kurt Georg Kiesinger‹ zu handeln«. Die Leute, so das christdemokratische Strategiepapier, »wollen den ausgleichenden, gelassenen Vermittler und nicht den zänkischen Kämpfer. Es gibt keine andere Möglichkeit, als diese Rolle zu akzeptieren und Kurt Georg Kiesinger als staatsmännischen Landesvater herauszubringen.« Vor dem Hintergrund der kulturellen Umbrüche der späten sechziger Jahre kam der patriarchalische Gestus hervorragend an. Auch deshalb empfahlen die Wahlkampfstrategen der Partei eine kräftige Dosis *law and order*. Die Union könne punkten, »wenn sie sich stärker als bisher als wirklich verantwortlich für die innere Ordnung, für die Abwehr der Unruhen (APO, SDS etc.) in Szene setzt«.[892]

Obwohl sich die Studentenbewegung bereits erkennbar im Niedergang befand, machte sich Kiesinger den Rat seiner Wahlkampfberater zu eigen und ließ den Ruf nach Recht und Ordnung deutlich erschallen. In Münster beispielsweise, wo er nur durch die Hintertür zur traditionellen Kramer-Mahlzeit in den Rathaussaal schlüpfen konnte, charakterisierte er den Belagerungszustand vor der Tür als Symptom einer durch die Welt gehenden »Seuche«: »Lassen wir uns nicht täuschen! Was da vor sich geht, ist das Werk einer auf das entschiedenste zum Umsturz unserer gesellschaftlichen und staatlichen Ordnung drängenden Minderheit an unseren Universitäten.« Den Umstürzlern gegenüber wären »alle gesetzlichen und administrativen Mittel« anzuwenden. Doch im Herzen blieb Kiesinger Liberaler, flocht in seine

Reden Worte wie »Verständnis« und »Bereitschaft zum Dialog« ein, trotz der erschreckenden Szenen, die manche Kanzler-Visite begleiteten, wenn er von Demonstranten mehrfach mit »Sieg-Heil-Rufen« und dem »Hitler-Gruß« empfangen wurde.[893]

Leider fehlen demoskopische Untersuchungen zu den Auswirkungen der Protestbewegung auf das Wahlergebnis 1969. Vermutlich kam die Unruhe eher der CDU/CSU zugute, weil sich verunsicherte Bürger den konservativen Parteien zuwendeten. Die Achillesferse ihrer Partei sahen die CDU-Wahlstrategen denn auch auf einem ganz anderen Gebiet als in den an symbolischen Bezügen reichen Kämpfen um Achtundsechzig. Vielmehr drohte die Union auf einem ihrer traditionsreichen Felder ins Hintertreffen zu geraten: der Wirtschaftspolitik. Hier rächte sich der Verzicht auf das Bundeswirtschaftsministerium im Herbst 1966, weil es Schiller in den Jahren der Großen Koalition gelungen war, sich als neuer Erhard in Szene zu setzen.

Die CDU/CSU müsse »die Zuständigkeit für Wohlstand und Wirtschaft zurückholen (BM Strauß ist der jenige, der das kann. Gesicherter Wohlstand durch stabile Währung.) Wir müssen eine Formel finden, in der die CDU/CSU über den Weg der Währung, des Hüters der Währung (Erinnerung an Fritz Schäffer) die Führung für die Wirtschaftspolitik zurückgewinnen [kann]. Die Formel könnte sein: ›Gesicherter Wohlstand durch stabile Währung.‹«[894] Damit begaben sich die Christdemokraten auf Glatteis, fand doch die SPD im Streit um die Aufwertung der DM – und das hatte sie Karl Schiller zu verdanken – den Hebel, sich der Union an wirtschaftlichem Sachverstand als überlegen zu beweisen, während die CDU/CSU auf das Image reiner Interessengruppenpolitik festgelegt wurde. Indem die Union über Gebühr Rücksicht auf die Landwirtschaft und die exportorientierte Industrie nahm, verlor sie an allgemeiner Wirtschaftskompetenz.

Mit ihrer sozialwissenschaftlich abgestützten Kanzler-Strategie lag die CDU alles in allem richtig. Denn obwohl die meinungsführende, liberale Presse schon seit geraumer Zeit am Bild des Kanzlers kratzte, sprachen sich im Herbst 1968 selbst 30 Prozent der SPD-Anhänger für Kiesinger als Bundeskanzler aus, während nur 40 Prozent für Brandt votierten. Unter potentiellen FDP-Wählern war das Bild für Kiesinger noch günstiger; 53 Prozent hielten ihn für den besseren Kanzler und nur 18 Prozent gaben Brandt eine Chance. Wenn Kiesinger den FDP-Parteivorsitzenden im Oktober 1968 auf die demoskopische Unvernunft aufmerksam machte, die Zusammenarbeit mit den Sozialdemokraten anzustreben, dann stützte er sich auf derartige Prognosen.[895] Unter den CDU-Anhängern war Kiesinger ohnehin unumstritten. Hier lag er mit 81 Prozent weit vorn, während nur vier Prozent Brandt für den besseren Kanzler hielten. Selbst bei der offen gestellten Frage, in der keine

Namen als mögliche Antworten vorgegeben wurden, entschieden sich regelmäßig mehr als doppelt so viele Befragte für Kiesinger. Noch Ende August 1969 ließen 42 Prozent der Befragten eine Präferenz für Kiesinger erkennen und nur 18 Prozent für Brandt, während Strauß mit zehn Prozent und Schmidt und Schiller mit sechs bzw. sieben Prozent weit abgeschlagen folgten. Wurde direkt nach der Alternative Kiesinger-Brandt gefragt, dann waren die Zahlen noch günstiger. Ende August 1969 sprachen sich 55 Prozent für Kiesinger als den geeigneteren Kanzler aus, während 32 Prozent für Brandt votierten und 13 Prozent keine Meinung hatten.[896]

Wäre die Bundestagswahl 1969 ein Präsidentschaftswahlkampf gewesen, Kiesinger hätte haushoch gewonnen. Doch in einem parlamentarischen System ist die Kanzlerfrage zwar wichtig, aber politisch nicht notwendig entscheidend. Wie Erhard vor ihm und Schmidt danach sollte Kiesinger diese Erfahrung machen. Wie der zweite und der fünfte Kanzler geriet auch der dritte parteipolitisch in eine Sackgasse, während er an Popularität seinem Kontrahenten weit überlegen war. Daß es so kam, hatte eben mit der Ostpolitik zu tun. Diese stand zwar im Wahlkampf 1969 nicht im Zentrum – anders als 1972, wo sie das alles überragende Thema wurde –, weshalb die Öffentlichkeit von dieser Sollbruchstelle nur partiell Kenntnis bekam. Immer wieder schienen sich ja gerade in dieser Frage die Koalitionäre zusammenzuraufen, ja nur geringfügig voneinander zu unterscheiden. So sprach beispielsweise noch im April 1969 die FAZ davon, daß sich in der Frage der »Anerkennung« Kiesinger und Wehner nur um Nuancen unterschieden.[897] Dabei hatte sich doch gerade während der Auseinandersetzungen um die Verlegung der Bundesversammlung so etwas wie ein Zerwürfnis angebahnt. Anfang Mai 1969 kam es zu einer ähnlichen Entwicklung, als mit der Aufnahme diplomatischer Beziehungen zu Ostberlin durch Kambodscha der vielbemühte deutschlandpolitische »Dammbruch« erneut zu drohen schien, falls keine entsprechende westdeutsche Reaktion erfolgte. So jedenfalls die Sicht der Union.

In der kambodschanischen Frage schien die Koalition für einen Moment erneut am seidenen Faden zu hängen. Der Streit der Bonner Koalitionspolitiker bescherte dem kleinen südostasiatischen Land ungewöhnlich breite Aufmerksamkeit. Für die SPD und ihren Vorsitzenden ging es um pure Selbstachtung, wenn auch ihre Reaktion nicht frei von wahl- und parteitaktischen Kalkulationen war: Würde die SPD erneut einknicken, erklärte Bahr in einem Papier für seinen Parteivorsitzenden, wären »alle früheren Erklärungen der Relativität der Richtlinienkompetenz bei einer Koalition gleichwertiger Partner [...] gegenstandslos; es kommt auf eine innenpolitische Entmannung hinaus, auch wenn man sie vornehm als Sterilisierung bezeichnen würde. Außerdem reagieren die Menschen in unserem Lande so, daß sie dem ihr Schicksal nicht anvertrauen, ihn also nicht wählen, der nicht Manns genug ist, für seine Überzeugung einzustehen und sie durchzusetzen.« Die Ausgangslage für die SPD stellte sich günstig dar, ostpolitisch Flagge zu zeigen: »Die SPD würde, mit der Regierungsführung und ihrem Wissen, einen idealen Wahlkampf aus der Opposition führen können. Nichts fürchtet die CDU mehr. Dafür gibt es zuverlässige Informationen. Dazu kommt, daß dies das Ende Kiesingers als Kanzler wäre. Er kann nur wieder Kanzler werden, wenn er die Koalition bis zum 28.9. erhält. Das weiß Kiesinger genau. Die SPD kann also hart spielen. Sie kann sich durchsetzen und dabei sogar die Koalition erhalten.«[898]

Auch in der Union stand mehr als die reine Lehre der Deutschlandpolitik auf dem Spiel. Sie hoffte sich in der kambodschanischen Frage »auf Kosten des Koalitionspartners zu profilieren« und diesen mit einer Demonstration eigener Stärke in der Wählergunst abzuhängen.[899] Würde Kiesinger »hart« gegenüber dem Koalitionspartner bleiben, dann wäre er den Ruf des »entscheidungsschwachen Kanzlers« pünktlich zum Auftakt des Wahlkampfes los. Auch der innerparteiliche Effekt wäre nicht zu vernachlässigen, weil interessierte Kreise in der Union das Bild des Cunctators ebenso hingebungsvoll pflegten wie die SPD-Propagandamaschinerie. Erhebliche Zweifel an der ostpolitischen Standfestigkeit Kiesingers gegenüber den »gefährlichen Machenschaften« von Bahr und Brandt wären mit einem Schlag zu beseitigen.

Eine Machtdemonstration in einer tertiären Frage – in Kambodscha standen, von der deutsch-deutschen Dominotheorie einmal abgesehen, keine wirklichen deutschen Interessen auf dem Spiel – würde innerparteilich die Reihen schließen, neigte doch die Union einer härteren deutschlandpolitischen Gangart zu. So hatte Kiesinger im April 1969 im Bundesvorstand der CDU von einer Staatsqualität der DDR gesprochen, wenn er auch deren »illegitimen« Charakter hervorhob. Doch im Bundestag flüchtete er sich kurz darauf in allerhand Variationen zum Begriff der Anerkennung, um schließlich die DDR mehr als »Gebilde« – war das nun mehr oder weniger als ein »Phänomen«? – denn als »Staat« zu definieren, weil dieser aufgrund eines fehlenden Staatsvolkes die völkerrechtliche Existenzberechtigung fehlte.[900]

Zunächst aber gingen im Falle Kambodschas die Meinungen kreuz und quer durch das Parteienspektrum. Unter den Mitgliedern des Außenpolitischen Arbeitskreises der CDU waren Anhänger einer maßvollen Reaktion. Vor der Fraktion erinnerte Ernst Majonica daran, daß die Hallstein-Doktrin nicht automatisch zum Abbruch diplomatischer Beziehungen führe, sondern eine fallweise Prüfung vorgesehen sei.[901] Dagegen drängte Werner Marx nun zum Abbruch, obwohl er im Herbst 1967 die Aufnahme diplomatischer Beziehungen zu Jugoslawien unterstützt hatte.[902] Kam die Opposition aus der ganz rechten Ecke der Union, wie Willy Brandt sich zu erinnern glaubte? Strauß, man höre und staune, hielte eine Bestrafungsaktion gegen Kambodscha für eine »Torheit«. Auf der siebenstündigen Sitzung des Kabinetts vom 30. Mai hielt sich der CSU-Vorsitzende – wie übrigens auch Schröder – zurück. Er sprach kein einziges Wort und nahm auch an der Nachtsitzung des Koalitionskreises vom 2. auf 3. Juni nicht teil.[903]

Wehner für seinen Teil war Brandt in den Rücken gefallen, indem er dem Kanzler frühzeitig signalisierte, daß er an Kambodscha die Koalition nicht scheitern lassen würde. Am 22. Mai schickte er Kiesinger eine »Deutschland-Erklärung«. Dieser Formelkompromiß erlaubte beiden Seiten, hineinzulesen, was immer sie wollten. Das Kabinett machte sich Wehners Formel zu eigen und beschloß die Reaktion »gemäß den Interessen des ganzen deutschen Volkes von den gegebenen Umständen abhängig [zu] machen«.[904]

Damit war keine Aussage getroffen, wie denn im Falle Kambodschas konkret zu verfahren wäre. Im Kabinett fand die Union jedoch »allergische Sozialdemokraten«, die »Punkt für Punkt jetzt nachgegeben zu haben« behaupteten und sich fragten, »ob die Koalition überhaupt noch existenzfähig sei«. So war Kambodscha ein Fall für den Kreßbronner Kreis.[905] Dieser traf sich am 2. Juni 1969 um 19 Uhr im Bundeskanzleramt zu seiner längsten Nacht. Erst in den frühen Morgenstunden des 3. Juni ging ein Dutzend hohlwangiger Koalitionspolitiker auseinander.

Zu Beginn der legendären Nachtsitzung erhöhte Kiesinger den Druck, indem er den förmlichen Abbruch zu einer »Gewissensfrage« stilisierte. Das war weit übertrieben. Der Außenminister plädierte angesichts der besonderen Situation Kambodschas auf Milde. Das kleine Land habe sich starker russischer Pressionen zu erwehren. Er sei für eine Abberufung der Botschafter und für eine restriktivere Handhabung der Wirtschafts- und Kapitalhilfe. »Wir sollten aber einen Fuß in der Tür behalten.« Das sei auch in Hinblick auf eine künftige deutsche China-Politik von Bedeutung. Kiesinger warnte vor der Anerkennungswelle. Der Vorschlag Brandt erschien ihm »zu schwach. Es entstehe der Eindruck, als ob wir unsere bisherige Politik aufgegeben hätten«. Er schlage vor, die deutsche Botschaft »zu räumen«, ohne die diplomatischen Beziehungen abzubrechen.[906]

Ein Kanzler und fünf Bundesminister (Brandt, Ehmke, Leber, Schröder und Wehner), fünf führende Mitglieder der beiden Fraktionen (Barzel, Franke, Heck, Schmidt und Stücklen), zwei Staatssekretäre (Jahn und Carstens) sowie Ministerialdirigent Neusel als Kiesingers Persönlicher Referent rangen bis fünf Uhr morgens um den Text der Presseerklärung, der schließlich auf der von Kiesinger vorgeschlagenen Linie blieb: Man werde einfrieren, nicht abbrechen. Das wurde später das »Kambodschieren« genannt.

Eigentlich, schreibt Peter Merseburger, hätte Brandt mit diesem Kompromiß zufrieden sein können. Die Beziehungen zu Kambodscha wurden nicht abgebrochen, wie Kiesinger zunächst gefordert hatte. Die Hallstein-Doktrin blieb intakt – das war das Zugeständnis an die Union; sie wurde aber nicht exekutiert – Erfolg der SPD. Dennoch soll Brandt an Rücktritt gedacht haben, auch wenn er diesen Gedanken mit Rücksicht auf den bevorstehenden Wahlkampf schnell wieder verwarf.[907] Der Außenminister sah in einem Platzenlassen der Koalition keinen Gewinn. Zurücktreten konnte er auch deshalb nicht, weil Wehner ihm diesen Trumpf mit seiner voreiligen Deutschlanderklärung aus der Hand geschlagen hatte. Brandt gab Schmidt und Wehner die Schuld, von denen er sich im Stich gelassen fühlte. Er zog sich für einige Tage deprimiert auf den Venusberg zurück und »nahm seine Grippe«. Mehrere Tage wollte Brandt das Bett nicht verlassen und verweigerte die Teilnahme an der nächsten Kabinettssitzung. Wehner reagierte mit einem Tobsuchtsanfall, während Kiesinger das Ergebnis des längsten aller Kreßbronner Kränzchen in Windeseile absegnen ließ. So konnte Kiesinger das »Kambodschieren« als einen neuerlichen Sieg feiern, weil ihm doch gelungen war, Brandt in seine Schranken zu weisen.[908]

Was für ein Sieg? Mit dem kambodschanischen Kompromiß folgte Kiesinger König Pyrrhus in die Fußstapfen. Allerdings: Hätte die SPD im Herbst 1969 nicht den Koalitionspartner gewechselt, dann hätte er vermutlich historisch recht bekommen. Vielleicht hätte Kiesinger dann den nächtlichen Kuhhandel sogar als einen großen »staatsmännischen Coup« darstellen können. Da die westdeutsche Politik nach dem 28. September 1969 eine andere Wendung nahm, wurde aus dem »Kambodschieren« ein Symbol ostpolitischer Handlungsunfähigkeit. Kiesinger konnte seine Richtlinienkompetenz nicht anwenden. Das hätte Brandt zum Rücktritt gezwungen.[909]

Umgekehrt hatte der Kanzler nach eigenem Eingeständnis in der Sache in dieser Nachtsitzung Federn gelassen, hatte er doch das »einfrieren, aber nicht abbrechen« der Beziehungen zu Kambodscha als »großes Entgegenkommen« bezeichnet. Nach außen hin wahrten beide Seiten ihr Gesicht. Nach innen war es das endgültige Ende der ostpolitischen Gemeinsamkeit. Brandt litt sichtbar unter den »Mühsalen einer Kurskorrektur«, für die er mit diesem Koalitionspartner keine Perspektiven mehr sah. Indem die Union die SPD nun ein ums andere Mal in die Ecke drängte, tat sie alles, Brandt in die Arme der FDP zu treiben. Brandt und Wehner mußten sich sagen, daß sie weder die Unterschrift unter den Atomwaffensperrvertrag erreicht hatten noch die Hallstein-Doktrin am Ende der Großen Koalition endgültig *ad acta* gelegt worden war. Im Gegenteil, sie schien noch einmal fröhliche Urständ zu feiern.

Was sich für Kiesinger wie eine Niederlage der Sozialdemokraten darbot, wirkte sich in kurzer Frist verhängnisvoll für CDU und CSU aus. Ganz ähnlich war es mit dem Streit um die Aufwertung der DM, der seit November 1968 im Untergrund gärte. Noch im November 1968 hatten die Partner in der Währungskrise an einem Strang gezogen. Strauß und Schiller – aus dem Dioskurenpaar Plisch und Plum waren neidische Konkurrenten geworden – hatten gegen starken internationalen Druck und mit der Rückendeckung von Kanzler und Kabinett eine aufgrund wachsender deutscher Handelsbilanzüberschüsse doch notwendige Aufwertung der DM verhindert. Das hätte die deutschen Exporte verteuert, weshalb die Gewerkschaften und die industriellen Interessen gegen die Aufwertung kämpften. Aber auch die Landwirtschaft wäre durch die Aufwertung im Rahmen der europäischen Agrarpolitik geschädigt worden, weil dies die Subventionen vermindert hätte. Die Aufwertungsdiskussion betraf also zwei klassische Unionsklientelen. Hinzu kam, daß sich, vor allem in protestantischen Gebieten, die Landbevölkerung als anfällig für die NPD erwies. International galt der Aufwertungsstreit als Machtdemonstration einer selbstbewußt gewordenen Bundesrepublik. *Bild* feierte denn auch den Erfolg der unterbliebenen Aufwertung vom November mit der Schlagzeile, »Jetzt sind die Deutschen Nr. 1 in Europa – Das Ausland gratuliert – Verteidigung der Mark gelungen.«[910]

Als im Frühjahr 1968 eine neue Spekulationswelle in die Bundesrepublik schwappte, weil die makroökonomischen Daten eine Aufwertung unausweichlich machten, änderte Schiller die Richtung. Diesmal wollte er dem ökonomischen Sachverstand folgen, während Strauß aus politischen Gründen auf seinem »Nein« beharrte. Ungeschickterweise hatte Kiesinger im November 1968 versprochen, daß es unter seiner Führung keine Aufwertung geben würde. Das erschien zur Eindämmung der Spekulationen sinnvoll, obwohl weder er noch Schiller von der Richtigkeit der damals getroffenen Entscheidung überzeugt gewesen waren. Beide hatten jedoch im Herbst eine Anpassung der Wechselkurse aus politischen Gründen für ein Ding der Unmöglichkeit erklärt.[911]

Nun aber ließ Schiller den Kanzler über die Notwendigkeit eines Kurswechsels nicht mehr im Zweifel und holte sich mit Kiesingers altem Askanen-Bruder Otmar Emminger, der mittlerweile als Vizepräsident im Zentralbankrat saß, sachverständige und persönlich vertraute Hilfe, um Kiesinger zu einer Aufwertung zu drängen. Strauß aber, eloquent von dem Chef der Deutschen Bank, Hermann Josef Abs, beraten, legte Kiesinger das Gegenteil nahe. Gegen das Votum seines vertrauten Freundes Emminger fand sich Kiesinger zu einer Kursänderung nicht bereit.[912] Im Kabinett setzte Kiesinger einen Beschluß zur Nichtaufwertung durch, an den sich Schiller in seinen Reden nicht zu halten gedachte. Wie ein moderner Luther berief er sich auf die höhere wissenschaftliche Einsicht: »Er könne nicht schweigen«, und wenn er das Einschlafen der Aufwertungsdiskussion noch so sehr wünsche. Er respektiere den Kabinettsbeschluß, aber er werde über außenwirtschaftliche Gefahren und Preissteigerungen sprechen müssen. Damit aber war die Richtlinienkompetenz, auf die sich Kiesinger in der Kabinettssitzung berufen hatte, als eine hohle Phrase *ad absurdum* geführt.[913]

Daß die Union Strauß erlaubte, eine technische Frage, von der der »Mann auf der Straße« so gut wie gar nichts verstand, zu einem Wahlkampfknüller zu machen, erwies sich als eine – so der Freiburger Politologe Dieter Oberndörfer – »fatale Fehlentscheidung«. Für diesen Fehler zeichnete Kiesinger beileibe nicht alleine verantwortlich. Er hatte sich die Sache nicht leicht gemacht und sich umfassend beraten lassen. Die CDU/CSU stand wie ein Mann hinter ihm: »Jetzt gibt's nur eines: So weiter! So werden wir uns ins Ziel kiesingern«, jubelte Barzel vor der Fraktion, nachdem Kiesinger die Nichtaufwertung im Kabinett durchgesetzt hatte.[914]

Wie schon in der kambodschanischen Frage wirkte sich die neuerliche Majorisierung des Koalitionspartners zu Ungunsten der CDU/CSU aus. Da Schiller den ökonomischen Sachverstand auf seiner Seite hatte und entsprechende publizistische Schützenhilfe genoß (vor allem vom *Spiegel*), geriet die Union in den Ruch wirtschaftspolitischer Inkompetenz. In der Tat gab die historische Entwicklung Schiller recht – zwei Tage vor der Wahl wurden die Börsen geschlossen, am Tag nach der Wahl die DM aufgewertet. Die SPD, etwas lädiert dem Abenteuer des »Kambodschieren« entronnen, fand in dem brillanten Wirtschaftsprofessor in letzter Minute zu einer Galionsfigur, die auf SPD-Seite den Wahlkampf dominierte und weite bürgerliche Kreise sehr viel besser als Brandt anzusprechen verstand.

Die Union konnte sich hinterher bei Strauß bedanken. Diesem war das einmalige Kunststück geglückt, von der eigentlichen Auseinandersetzung Kiesinger-Brandt, worauf die Wahlkampfstrategie der CDU gezielt hatte, auf einen Zweikampf Strauß-Schiller abzulenken. Die Aufwertungsdiskussion wertete Schiller auf und verlieh der SPD ein bürgerliches Gesicht. Eine nachträgliche demoskopische Analyse der Bundestagswahlen kommt daher etwas überspitzt, aber in der Sache doch zutreffend zu dem Ergebnis: »Durch die Änderung ihrer Wahlkampfstrategie hat die CDU/CSU die Kanzlerkandidaten der SPD ausgetauscht und dieser Partei zu einem attraktiven Spitzenkandidaten verholfen.«[915]

Zu Beginn des Wahljahres 1969 war Kiesinger unter dem Druck seiner Fraktion und vor dem Hintergrund des herannahenden Wahlkampfes von seiner bis dahin sorgsam gepflegten Linie abgewichen, in den Parteigremien der Union zwar seine Richtlinienkompetenz herauszustellen, doch im Binnenverkehr mit der SPD auf Ausgleich und Integration zu achten. Sein kongeniales Führungsinstrument war die Vermittlung gewesen. Er war davon überzeugt gewesen, daß Entscheidungen reifen mußten und in kritischen Situationen nur »Ausklammern« half. Anders wird es in einer Großen Koalition vermutlich nicht gehen, die selbst Dutzende von widerstreitenden Interessen unter einen Hut zu bringen hatte. Es mußte geduldig argumentiert werden, mußten Formelkompromisse geschlossen, und letztlich im Kreßbronner Kreis die Fäden zusammengeführt werden.

Zweifellos hatten Barzel und Schmidt ihren wesentlichen Anteil daran gehabt, daß diese Zusammenarbeit mehr als zwei Jahre funktionierte.[916] Wie gut aber der »wandelnde Vermittlungsausschuß« – dieser Begriff wurde von Ahlers übrigens erst im Dezember 1968 prägt, um der Kritik an der angeblichen Entschlußlosigkeit und Saumseligkeit Kiesingers die Spitze zu nehmen[917] – seine Funktion doch alles in allem erfüllt hatte, das wurde, bei aller notwendigen Detailkritik, gegen Ende der Großen Koalition erst so richtig deutlich, als Kiesinger in der Kambodscha-Frage sowie in der Aufwertungsdiskussion sich über den Koalitionspartner brachial hinwegzusetzen begann. Als Kiesinger die Brechstange ansetzte, ergriff der Partner in Windeseile die Flucht. Die erste Große Koalition war nicht für einen »hart durchgreifenden« Kanzler geschaffen. Das beweist ihre turbulente Endphase.

Insofern wird man Kiesinger durchaus einen Teil des Verdienstes dafür geben müssen, daß die Große Koalition zu den erfolgreichsten Regierungen der Bundesrepublik gehört. Anfang 1969 hatten die Koalitionspartner, mit der signifikanten Ausnahme der Wahlrechtsreform, sämtliche Punkte aus Kiesingers Regierungserklärung vom 13. Dezember 1966 abgearbeitet und darüber hinaus weitere Reformen verwirklicht. Von der Ankurbelung der Konjunktur bis zu sozialpolitischen Errungenschaften, die heute längst wieder rückgebaut werden mußten, zeitigte dieses »Elefantenbündnis« bemerkenswerte Erfolge, darunter, um nur Beispiele zu nennen, die von beiden Seiten als »gesellschaftspolitischen Durchbruch« gewertete Lohnfortzahlung im Krankheitsfall, das Arbeitsförderungsgesetz, das Bundesausbildungsförderungsgesetz (Bafög), das Stabilitätsgesetz, die ersten Schritte der Strafrechtsreform und: die Reform der Finanzverfassung, wenn diese auch mit der Einführung der Gemeinschaftsaufgaben die vertikale Gewaltenverschränkung zwischen Bund und Ländern bedenklich verschärfte und deshalb von der 2005 begründeten zweiten Großen Koalition revidiert werden muß.

Mehr als 400 Gesetzesvorhaben wurden in nicht einmal drei Jahren auf den Weg gebracht. Von keiner Regierung wurden so viele Änderungen des Grundgesetzes durchgesetzt wie von der ersten Großen Koalition, darunter auch die Einfügung der damals höchst umstrittenen Notstandsgesetze, die den bis dahin noch immer in die Kompetenz der ehemaligen Siegermächte des Zweiten Weltkrieges fallenden Ausnahmezustand der demokratischen Kontrolle der gewählten parlamentarischen Gremien der Bundesrepublik unterwarf und die Nachkriegszeit auch in diesem Bereich beendete.[918]

Insofern mutet es im Rückblick erstaunlich an, welch hartes Urteile manche Zeitgenossen über die Große Koalition und ihren Kanzler fällten. Selbst ein so nüchterner und Kiesinger im allgemeinen wohlgesonnener Journalist wie der damalige Bonner SWF-Korrespondent Alois Rummel kam Anfang 1969 in einer »kritischen Bestandsaufnahme« der Großen Koalition zu dem Ergebnis, das Bündnis der beiden großen Parteien habe dem Staat »nichts genützt«, sondern ihn »schwächer und funktionsuntüchtiger« gemacht.[919]

Natürlich ist, wie bereits angemerkt wurde, das Bündnis zweier großer Parteien bei verschwindend kleiner Opposition der systemwidrige Ausnahmefall in einer parlamentarischen Demokratie. Hier hätte die Einführung des Mehrheitswahlrechtes eine andere, vielleicht sogar weniger konsensorientierte Demokratie in Deutschland geschaffen, mit der Möglichkeit zu häufigeren Machtwechsel als diese unter den Bedingungen der Verhältniswahl mit Koalitionsregierungen einzutreten pflegen.

Hier hatte Kiesinger ein wesentliches selbstgestecktes Ziel nicht erreicht, obwohl er im November 1966 das Mehrheitswahlrecht nicht zur *conditio sine qua non* der Großen Koalition erklärt hatte. Ja, er hatte – hier sehr viel mehr Prinzipienpolitiker, als ihm seine Gegner je zugetraut hätten, indem er sich trotz aller Mahnungen etwa von Schröder und Strauß einer Absage an das Wahlrechtsreformprojekt verweigerte – der FDP das machtpolitisch entscheidende Motiv in die Hände gespielt. Die von vielen konservativen Christdemokraten erhoffte Flurbereinigung des Parteienspektrums wäre ihm die Aufgabe wert gewesen, nach den Wahlen 1969 noch einmal eine Große Koalition zu riskieren. Dieses alte Anliegen der Union, mit dem sie 1949 im Parlamentarischen Rat nicht durchgedrungen war und das Kiesinger in das Hamburger Programm von 1953 mit hineingesetzt hatte, hätte er gerne verwirklicht. Doch hier hatte er zunächst den richtigen Zeitpunkt verpaßt, denn als die Wahlrechtsfrage nach der Sommerpause 1967 auf die Tagesordnung kam, hatte sich die Union aus ihrem Tief längst wieder aufgeschwungen, während für die SPD mit dem Nürnberger Parteitag im April 1968 eine Phase der koalitionspolitischen Neuorientierung begann. Diesen realpolitischen Schwenk wollte Kiesinger im Winter 1968/69 nicht nachvollziehen, sondern weckte gegenüber den Freidemokraten den begründeten Verdacht, es nach 1969 noch einmal mit der Wahlrechtsänderung versuchen zu wollen.

Das persönliche Hauptinteresse des Kanzlers hatte der Außenpolitik gegolten, der er sich seit den frühen fünfziger Jahren in starkem Maße verpflichtet fühlte, wenn er sich auch im Amt des Ministerpräsidenten dann als innenpolitischer, reformerischer Konservativer gerade in der Bildungspolitik profiliert hatte. Daß sein Außenminister und Koalitionspartner sich ebenfalls ganz dezidiert als Außenpolitiker verstand, stellte eine bedeutende Schwierigkeit dar, die zu überwinden nie gelang. Sowohl Brandt als auch Kiesinger bewegten sich in einem äußerst schwierigen außen- und innenpolitischen Umfeld und haben trotz innerparteilicher Querschüsse über weite Strecken an einem Strang gezogen.

Daß die Große Koalition nur begrenzt ostpolitisches Terrain für die Bundesrepublik gutmachen konnte, hatte einerseits mit innerparteilichen Limitierungen zu tun, besonders im Falle Kiesingers. Strauß hatte relativ früh sein Veto gegen die ostpolitische Öffnung ausgeübt. Das war in der Kontroverse um den Atomwaffensperrvertrag gleich Anfang 1967 deutlich geworden. Relativ unbemerkt von der Forschung hat Kiesinger über weite Strecken Politik gegen seine eigene Partei gemacht, wobei ihm Brandt, durchaus im Bewußtsein der prekären innerparteilichen Lage des Kanzlers, mehrfach entgegengekommen war. Natürlich suchte Brandt sich verbal zu distanzieren und als den ungestümeren und drängenderen der beiden Koalitionspartner darzustellen. Deshalb war es immer wieder zu Scharmützeln über Formulierungen gekommen. Dennoch: So uneinig waren sich Kanzler und Außenminister ostpolitisch nicht. Das wollten sie erst im nachhinein nicht mehr wahrhaben. Aber dies ist ein Kapitel, das im Oktober 1969 beginnt.

In Hinblick auf die Außen- und Deutschlandpolitik wird man darüber hinaus konstatieren müssen, daß auch die internationalen Rahmenbedingungen für die Große Koalition denkbar ungünstig waren. Zum ersten Jahrestag der Großen Koalition schrieb Marion Gräfin Dönhoff in der *Zeit*: »Es ist nicht übertrieben, wenn man resümierend feststellt, daß in den ersten zwölf Monaten der Großen Koalition mehr Verständigungs- und Friedenswille zum Ausdruck kam als in den zehn vorhergehenden Jahren. Schade, daß der Osten uns immer die kalte Schulter zeigt, und merkwürdig, daß dafür viele Bürger der Bundesrepublik ausschließlich Bonn die Schuld geben.«[920]

Das übertreibt das Ausmaß der Stagnation vor 1966. Umgekehrt ist richtig, daß sich die Union schwer mit offiziellen Kontakten zur DDR tat und in Teilen unentwegt gegen Kiesingers vorsichtigen Öffnungskurs opponierte. Die tagelangen, erregten Diskussionen um den Stoph-Brief im Juni 1967 sind ein sprechendes Beispiel. Aber die Partei hatte Kiesingers Entscheidung schließlich geschluckt – darauf kam es an. Auch die Wiederaufnahme der diplomatischen Beziehungen zu Jugoslawien hatte er gegen erheblichen Widerstand in den eigenen Reihen durchgeboxt. Das wurde schließlich mit Murren akzeptiert. Andererseits hatte Dönhoff recht: Es fehlte am guten Willen von DDR und Sowjetunion, die sich in just dieser Phase in ihrer hegemonialen Position in Osteuropa durch den Prager Frühling vehement herausgefordert sah.

Erst nachdem diese schwere Krise des internationalen Systems beigelegt worden war und die UdSSR ihr ostmitteleuropäisches Vorfeld konsolidiert hatte, zeichnete sich Moskauer Entgegenkommen gegenüber Bonner Gesprächsavancen ab. Erstmals greifbar wurde dieser Wechsel der sowjetischen Deutschlandpolitik während der Kontroverse um die Berliner Bundesversammlung, als Verhandlungen in greifbare Nähe rückten. Die sowjetische Gesprächsbereitschaft wurde damals, beleibe nicht allein von Kiesinger, mit den Grenzkonflikten am Ussuri zusammengebracht. Das war *auch* der gemeinte Sinn der berüchtigten »China, China«-Formel, in der, entgegen der geschichtsmächtigen Behauptung des *Spiegel*, nicht allein eine Beschwörung der gelben Gefahr zu sehen ist.[921]

Es ist richtig: Kiesinger, der sich seit Jahren für die Rolle der aufsteigenden Giganten China und Indien interessierte, suchte in bewährter Adenauer-Manier – »die Lage war noch nie so ernst« – die kommunistische Gefahr großzureden. Zugleich wies er, einer Prognose Oswald Spenglers widersprechend, auf das Erstarken potentieller Großmächte hin, wobei er nicht allein von China sprach, »diesem Riesenreich« bald einer Milliarde Menschen, sondern auch Indien und Indonesien nicht zu erwähnen vergaß, die arabischen Völker sowie die Menschen in Mittel- und Südamerika – ein kontinuierliches Interesse, seit er sich als Ministerpräsident mit Fragen der Entwicklungspolitik und der Entkolonialisierung intensiv auseinandergesetzt hatte. In diesem Kontext ging er in der Tat davon aus, daß China als eine »dritte atomare Super- und Weltmacht« eines Tages die Europäer vor eine große Herausforderung stellen werde.[922]

Wie de Gaulle und Adenauer malte sich Kiesinger Fragen einer fernen Zukunft aus, auch in der Erwartung, der Druck auf die sowjetische Ostflanke würde Moskau zu einem Arrangement mit dem Westen zwingen. Das waren damals, 1969, unzeitgemäße Prophetien, wenn auch die konservative Welt um 1970 tatsächlich auf China starrte, etwa die neue US-Administration von Richard Nixon und Henry Kissinger. Das Thema China lag in der Luft, denn auch Brandt konstatierte im Februar 1969, daß »sich die Russen immer mehr auf China und die ihnen von dort drohenden Gefahren [konzentrierten], so daß sie vielleicht daran interessiert seien, zu einer gewissen Entspannung mit dem Westen zu gelangen«.[923]

Außenpolitische Erfolge konnte Kiesinger in gewissem Umfang im Verhältnis zu den westlichen Verbündeten erzielen, wo sich die Große Koalition in seiner Sicht als eine »Reparaturwerkstatt« erwies. Allerdings ist nicht zu übersehen, daß die persönlichen und politischen Spannungen in der Ära der Großen Koalition nie völlig bereinigt werden konnten. Mit dem Abtritt von Johnson, zu dem Kiesinger nach anfänglichem Streit ein relativ harmonisches, wenn auch stets von Unsicherheiten getrübtes Verhältnis fand, schien die Wahl Nixons für die CDU/CSU eine neue Phase intensiver deutsch-amerikanischer Kooperation zu eröffnen. Doch die frühe Ära Nixon/Kissinger fiel mit der Endphase der Großen Koalition zusammen, als auf bundesdeutscher Seite die Außenpolitik stagnierte.

Mit de Gaulle war es nach verheißungsvollem Auftakt zu offenem Streit gekommen, als dieser Kiesinger den persönlichen Vorwurf machte, die Prager Krise durch mangelnde ostpolitische Konzessionsbereitschaft mitverursacht zu haben. Kiesinger war von dieser Übernahme sowjetischer Propagandaspitzen durch den französischen Freund zutiefst schockiert. Dennoch ließ sich Kiesinger in seinem beharrlichen Festhalten an den Zielen der europäischen Integration nicht beirren und erwarb sich, so eine Einschätzung des Kiesinger-freundlichen Deutschen Botschafters in Paris, Manfred Klaiber, vielleicht sogar den Respekt des französischen Staatspräsidenten.[924] Kiesinger hoffte die Flaute auszusitzen, zumal sich mit dem Abtritt de Gaulles Anfang 1969 ein Silberstreif am Horizont der europäischen Integration zeigte. Mit dem Haager Gipfel 1970 wurde denn auch ein wirklicher Durchbruch erreicht, weil sich die leidige britische Beitrittsfrage damit erledigte. »Wir müssen bewahren, was wir geschaffen haben, auch über eine kritische Zeit hinweg«, so lautete das Fazit, das Kiesinger aus seiner Frankreich- und Europapolitik im Januar 1969 zog.[925] Das läßt sich als Überschrift über das Kapitel zur Regentschaft Kiesingers in der Geschichte der Bundesrepublik Deutschland stellen.

Elder Statesman 1969–1988

Abschied vom Kanzleramt

Das Ende ist nicht ohne Bitterkeit. Wer sich der Politik verschreibt, nimmt das in Kauf. Wie vor ihm Adenauer und Erhard und nach ihm Brandt ist auch Kiesinger unglücklich aus dem Amt geschieden. Anders als diese fiel er keiner Palastrevolte zum Opfer, sondern räumte nach einer demokratischen Wahl seinen Platz einem anderen. Anders auch als diese konnte er sich nicht sagen, daß sich in der nationalen Erinnerung etwas mit seinem Namen verband. Zu unbestimmt war das Bild der Großen Koalition, zu arm an Konturen die Rolle des Regierungschefs, der als *primus inter pares* weder die Innenpolitik dominierte noch die Kanzlerprärogative in der Außenpolitik hatte wahrnehmen können. Selbst die Anfänge der Neuen Ostpolitik wurden von Brandts Normalisierungspolitik gen Osten bald in den Schatten gestellt. In der Abschiedsstunde stand Kiesinger, so Günter Diehls Bericht, »unter dem bestimmenden Eindruck [...], daß wir nicht ausreichend Zeit gehabt hatten, das zu verwirklichen, was wir uns vorgenommen hatten. [...] Das Gefühl, daß die Geschichte ungerecht gegenüber Kiesinger gewesen war, ließ sich nicht bannen.«[1]

Wie kam es, daß Kiesinger das Palais Schaumburg verlassen mußte? Sein Schicksal hatte er selbst mitbesiegelt, weil er bis zuletzt das relative Mehrheitswahlrecht befürwortet hatte – so ganz und gar nicht den Weg des geringsten Widerstandes suchend, wie es das stereotype Bild des »wandelnden Vermittlungsausschusses« will. Genau dies drängte die Freidemokraten erst recht in das Lager der SPD, wo das Gespenst der Wahlrechtsreform seit Heinemanns Wahl »herumzugeistern« aufgehört hatte.[2] Das erkannte in der Union vor allem Schröder, der neben Kohl wohl über die besten Kontakte zur FDP verfügte. Deutschland sei »nicht das klassische Land für ein Zwei-Parteien-System«, meinte er zwei Wochen nach seiner Berliner Niederlage im Kampf um das Präsidentenamt: »Die Diskussion über eine Wahlrechtsreform – soviel ehrliches Bemühen sie auch enthält – sollte daher als unrealistisch und unzeitgemäß eingestellt werden.«[3]

Kiesinger indes hielt an der Mehrheitswahl fest, vielleicht weil er den unterschwelligen Vorwurf der Wankelmütigkeit zu entkräften suchte, der seit dem Schwenk der SPD im März 1968 an ihm haftete. Doch Ende August 1969 gab er der *Welt* ein Interview, wonach er die Wiederaufnahme der Wahlrechtsdiskussion für den Fall einer Koalition von Union und FDP praktisch für erledigt hielt. Im Falle einer Fortsetzung der Großen Koalition wäre darauf zurückzukommen. Auf die Frage, ob er der arithmetischen Repräsentation der Gruppen im Parlament oder einer regierungsfähigen Mehrheit den Vorzug gäbe, stellte er sich erneut auf den Standpunkt, daß »nach dem Mehrheitswillen mit einem politischen Programm regiert werden kann«.[4]

Mochte Kiesinger auch Mordgedanken gegenüber der FDP hegen, während Schröder die Anbiederungsversuche an die Freidemokraten verübelt wurden[5] – eine Rückkehr zu einer bürgerlichen Regierung war angesichts der Entwicklung innerhalb der FDP unwahrscheinlich geworden. Linksliberale Reformer wie Kiesingers einstiger Konstanzer Partner Dahrendorf und die bayerische FDP-Politikerin Hildegard Hamm-Brücher dominierten das innerparteiliche Meinungsklima und verfügten über viel publizistische Resonanz. Und Walter Scheel ritt die Reformwelle. Er verstand die FDP als »Gesprächspartner der Jugend«.[6]

Schon im Vorfeld der Wahlen hatte er sich auf die sozial-liberale Koalition festgelegt. Am 25. September gab er in der »Appel-Runde«, der Diskussion der vier Parteivorsitzenden im ZDF, seine persönliche Meinung zu Protokoll, er werde, ein entsprechendes Wahlergebnis vorausgesetzt, mit der SPD koalieren. Die Union zeige Verschleißerscheinungen; es sei die Aufgabe der FDP-Opposition, »die CDU in die Opposition zu bringen«. Es sei »in der Demokratie ein elementares Bedürfnis, eine Partei, die 20 Jahre lang regiert hat, […], in einer solchen Situation darauf hinzuwirken, daß eine Wachablösung, wenn der Wähler eine solche Wachablösung will […] auch zu vollziehen [sic]. […] Der Vorsitzende einer Partei kann darüber nicht allein entscheiden, aber ich glaube, die Offenheit muß man haben, zu sagen, wohin die Stoßrichtung geht.«[7]

Wie abgesprochen stimmte Brandt in diese sozial-liberalen Töne ein: »Ich möchte an Herrn Scheel anknüpfen und sagen, wie gut es sein kann, daß eine Partei sich in der Opposition regeneriert, das zeigt sich eben gerade an der vernünftigen Entscheidung der FDP nach noch nicht zweieinhalb Jahren, Gustav Heinemann mit zum Bundespräsidenten gewählt zu haben. Das ist sicher eine wichtige Entscheidung gewesen, und ich bin auch der Meinung – zum Unterschied von dem, was Herr Kiesinger im Wahlkampf gesagt hat –, daß 20 Jahre an sich genug sind. Wie Theodor Heuss mal gesagt hat, Demokratie ist Herrschaft auf Zeit, und wenn Sie gesagt haben, eine Ehe löse man auch nicht nach 20 Jahren auf, dann sage ich, das deutsche Volk ist nicht mit der CDU verheiratet.« Das saß. Kiesinger reagierte matt: »Bisher war es das.

Abschied vom Kanzleramt

(*Stimmengewirr*) Jeder Vergleich hinkt: die Mehrheit der deutschen Wähler«, so konsterniert Kiesinger, der in diesem Augenblick zum Kanzler auf Abruf geworden war. Noch kämpfte der nationalliberale Flügel der FDP um Ertl und Mende gegen eine vorherige Festlegung in der Koalitionsfrage. Doch selbst der dem bürgerlichen Lager zuzurechnende südwestdeutsche Landesvorsitzende Müller, der unter Kiesinger im Stuttgarter Kabinett Finanzminister gewesen war, zweifelte am Reformwillen der Union: »Die CDU müßte schon sehr gewandelt an den Verhandlungstisch kommen, wenn die Einigung auf ein Reformprogramm möglich werden soll.«[8]

Während im Bild des Karikaturisten Brandt und Scheel zarte Bande knüpften, blieb Kiesinger als verschmähter Hausvater auf der Bank zurück. Persönliche Animositäten wurden durch gemeinsame Interessen nicht länger überbrückt. Ostpolitisch und im Kampf um die Aufwertung hatte er sachlich unklar, defensiv, ja polemisch agiert. Der scharfe, kämpferische Ton seiner Reden im Wahlkampf hatte nicht zu ihm gepaßt. Im Tandem mit Strauß, dem Holzhackermethoden deutlich besser zu Gesicht standen als dem harmoniebedürftigen Kiesinger, riß der Kanzler Gräben auf, die zuzuschütten

Koalitionsverhandlungen 1969.
Karikatur aus dem *Spiegel* vom 30. September 1969

nicht mehr gelang. Der Bruch mit Wehner über die Bundesversammlung wirkte sich aus. Der Streit über den Abbruch der diplomatischen Beziehungen zu Kambodscha hatte das Verhältnis zu Brandt vergiftet. Ein Wiederanknüpfen nach dem 28. September wäre schwer geworden. Ein geschlagener Brandt hätte als Partner vermutlich nicht zur Verfügung gestanden. Eine gestärkt aus den Wahlen hervorgegangene Union hätte sich hingegen ostpolitisch erst recht zugeknöpft gezeigt.

Erstaunlicherweise sah es zunächst aber nicht danach aus, als würden CDU und CSU zur Regeneration in die Opposition gezwungen. Das berechtigte Argument, nach zwanzig Jahren christdemokratischer Dominanz sei ein Wechsel fällig, wurde vom Wähler nicht honoriert. Die ersten Hochrechnungen deuteten auf einen historischen Erfolg Kiesingers hin. Um 18.45 Uhr prognostizierte die ARD für die Union 47,6 Prozent und damit das gute Ergebnis von 1965. Die SPD sollte danach auf 41,4 Prozent kommen, hatte also knapp 2 Prozent zugelegt, während die FDP auf 5,2 Prozent absackte. Kurze Zeit später wurde diese Hochrechnung vom ZDF bestätigt.[9] Im Kanzlerbungalow, wo sich Kiesinger mit seinen Getreuen – Kohl, Carstens, Diehl, Guttenberg, Neusel, seiner Frau Marie-Luise, seinem Sohn Peter und dessen Freunden – vor Bildschirmen und Telefonen bequem gemacht hatte, löste sich die Anspannung. Das ließ eine absolute Mehrheit der Mandate für die CDU/CSU erwarten. Voreilig wurde Kiesinger zum Wahlsieger erklärt. Heck und Barzel fanden sich ein; auch Ahlers, der als SPD-Mann gerne ein anderes Resultat gesehen hätte. Präsident Nixon schickte das berühmte Glückwunschtelegramm, über das Brandt später versöhnlich sagte, daß Irren menschlich sei, vor allem auf so lange Distanz.[10]

Entsprechend gedämpft fielen erste Stellungnahmen sozialdemokratischer Politiker aus. Um 20.50 Uhr wurde Wehner mit den Worten zitiert, er habe das Ergebnis der FDP – »eine alte Pendlerpartei, die sich politisch noch selbst entscheiden müsse« – befürchtet.[11] Leber erklärte kurz danach im ZDF, daß der Wahlkampf keine Gräben aufgerissen habe, »die nicht wieder schließbar wären«. Für die SPD stünden alle Koalitionsmöglichkeiten offen. Er habe aus seiner Einstellung wegen des Mehrheitswahlrechts nie ein Hehl gemacht. »Ich war immer ein Anhänger des relativen Mehrheitswahlrechts.« Schmidt erschien die Regierungsbildung »ein ganz schwieriges Unterfangen«, das ihn an die Dreiecksverhandlungen von 1961 erinnere.[12]

Der Triumph stand führenden CDU-Politikern ins Gesicht geschrieben. Schon kurz nach 20 Uhr hatte Heck der Großen Koalition eine schnelle Absage erteilt. Diese sei »für die deutsche Demokratie schon eine sehr große Belastung gewesen«. Die FDP sei für ihren Linkskurs abgestraft worden: »Ich nehme an, daß die Freien Demokraten und wir uns zusammentun; es sei denn, aus den Verhandlungen mit den Sozialdemokraten ergäbe sich, daß doch politisch-programmatisch etwas anderes zu vereinbaren ist, als was im Wahlkampf sichtbar wurde.«[13] Eine Stunde später stellte Barzel in einem hochfahrenden Interview den Führungsanspruch der Union erneut heraus.[14] Um 22.26 Uhr – das Wahlbarometer ließ mittlerweile eine sozial-liberale Mehrheit zu – plädierte Heck erneut für eine Koalition mit der FDP, wenn er auch eine Fortsetzung der Großen Koalition nicht mehr ausschließen wollte.[15] Nun drängte die Kanzlerrunde *ihren* Vormann, vor die Kameras zu treten. Er werde erst hinausgehen, wenn die Sache ganz sicher sei, meinte Kiesinger zögerlich. Da Diehl und Ahlers Stein auf Bein schworen, »die Zahlen seien stabil«, ging Kiesinger, Kohl im Schlepptau, etwas murrend hinüber zu den Journalisten.[16]

Im Wahlstudio wurde Kiesinger ein überwältigender Empfang bereitet. Der Kanzler ließ sich von der euphorischen Stimmung anstecken, hielt jedoch die Siegerpose zurück.[17] Noch während des Interviews wurde Kohl von Neusel ein Zettel mit dem vorläufigen amtlichen Endergebnis zugesteckt: »Ich war geschockt. Hier stand es schwarz auf weiß: Die FDP konnte nicht nur eine Mehrheit mit CDU und CSU bilden, sondern ebenso zusammen mit der SPD eine Regierung auf die Beine stellen.« 5,8 Prozent hatte Walter Scheel erreicht und fast vier Punkte gegenüber 1965 verloren. Nur ein Viertel ihrer Stammwähler hatte die FDP gehalten und sich links keine neuen Wählergruppen erschlossen. Dennoch: Es reichte für die sozial-liberale Koalition. Das Schicksal der Regierung Kiesinger war besiegelt.

Erst nach mehreren vergeblichen Versuchen, erinnert sich Kohl, sei es ihm gelungen, einen unwirsch reagierenden Kiesinger von den Kameras wegzuziehen. Im Wagen zeigte er dem Kanzler das Stück Papier mit dem Endresultat: »An diese Szene in unserem Auto am Rhein erinnere ich mich als eine der brutalsten Erfahrungen, die einem Politiker widerfahren können: im einen Moment als strahlender Sieger gefeiert, im nächsten ein politischer K.-o.-Schlag. Ich fragte mich später oft, ob Kiesinger diesen Schlag je überwunden hat.«[18]

Kiesingers erste öffentliche Reaktion in der Wahlnacht verdeutlicht, warum die CDU/CSU die Wahlen gewann, aber die Regierungsbildung verlor. Auf die rechnerische Möglichkeit einer SPD/FDP-Koalition angesprochen, hielt Kiesinger diese für »politisch nicht möglich«. Gewiß, das mußte er sagen, um die Meinungsbildung in seinem Sinne zu beeinflussen. Allerdings fehlte das positive Signal. Er habe der FDP seit Jahr und Tag gesagt: »Ihr seid auf dem falschen Weg.« Das war eine große psychologische Ungeschicklichkeit. Es schien, als habe Kiesinger die Lektionen seines politischen Lebens verlernt. 1964, nach dem Triumph in den Landtagswahlen, hatte er die gebeutelte FDP großzügig behandelt und sich über die Proteste der CDU-Parteibasis hinweggesetzt. 1969 bewies er im vermeintlichen Sieg nicht die gleiche Größe gegenüber dem geschlagenen Scheel.[19]

Kiesinger scheiterte *auch* an seiner Fehlbeurteilung der politischen Lage in der Wahlnacht 1969. Angesichts des Wahlergebnisses wiegte er sich in Sicherheit. Er glaubte noch, seine Koalitionsmöglichkeiten ausloten zu können, während die sozial-liberale Koalition längst angebahnt wurde. Indem er zögerte, verspielte Kiesinger endgültig die Macht. Gewiß: Er war nicht der einzige Politiker, der die taktische Position der Union falsch einschätzte und eine sozial-liberale Koalition für eine *politische*, nicht rechnerische Unmöglichkeit hielt. Nur kam es nach dem Wahlslogan der CDU eben auf den Kanzler an, nicht auf den Generalsekretär, den Fraktionsvorsitzenden oder einzelne Mitglieder des Bundesvorstandes. Doch der Kanzler, der allein mit Autorität für die CDU hätte sprechen können, blieb buchstäblich im Kanzleramt sitzen, während sein Konkurrent nach dem Allerheiligsten griff.

Es wurde die Nacht Willy Brandts. Als gegen halb zehn die Hochrechnungen einen leichten Vorsprung für die sozial-liberale Koalition zeigten, drängte ihn Schiller, auf die FDP zuzugehen. Während der Kanzler sich von seinen Anhängern feiern ließ und die Junge Union zu einem Fackelzug aufmarschierte – was Kiesinger doch peinlich berührte –, präsentierte Alex Möller eine späte Quittung für den Rausschmiß der SPD aus der baden-württembergischen Landesregierung im Mai 1960. In seiner Bonner Wohnung spann der »Genosse Generaldirektor« zusammen mit dem Düsseldorfer SPD-Ministerpräsidenten Heinz Kühn die Fäden zur FDP.[20]

Wie eine gut geölte Maschine hatte sich das Räderwerk der Koalitionsverhandlungen in Gang gesetzt, noch bevor die Wahlnacht zu Ende gegangen war. Als Brandt den deprimierten Scheel kurz vor zwölf erreichte, bedurfte es nur weniger Worte. Scheel gab Brandt *carte blanche*: »Ja, tun Sie das«, meinte er, als ihn Brandt von seiner Absicht informierte, öffentlich zu erklären, »daß er gemeinsam mit den Freien Demokraten die nächste Bundesregierung bilden wolle«.[21] Brandt und Scheel gingen aufs Ganze, scheuten die politischen Risiken nicht, sahen anders als Wehner, Schmidt und Ahlers in einem Vorsprung von wenigen Mandaten kein Hindernis für eine Minikoalition. Mit einem für Brandt »gänzlich ungewohnten Elan«, so sein Biograph Peter Merseburger, wurden die Gegner der Kleinen Koalition in der SPD überrannt. Um 23.45 Uhr erklärte sich Brandt zum Sieger. Mit 42,7 Prozent habe die SPD das bisher beste Ergebnis ihrer Geschichte erzielt, die Union habe 1,5 Prozent verloren und sei auf 46,1 Prozent zurückgefallen. Eine bürgerliche Koalition sei mithin eine Koalition der Verlierer: »SPD und FDP haben mehr als CDU und CSU. Das ist das Ergebnis.«[22]

Was nützte es Kiesinger, daß er seine Partei aus dem Tief vom November 1966 zu einem respektablen Ergebnis geführt hatte? Auch daß er durch seine Aufwertungsweigerung den Einzug der NPD in den Bundestag womöglich verhindert hatte, war nur ein schwacher Trost. Das erlöste die Republik zwar vom Trauma eines wiedererstarkenden Rechtsradikalismus, zumal die Union die Thadden-Partei bald aus den Landtagen vertrieb. Doch das Scheitern der NPD an der Fünf-Prozent-Hürde (mit 4,3 Prozent) kostete Kiesinger das Kanzleramt. Die FDP hingegen war mit 5,8 Prozent im Bundestag wieder vertreten. Kiesinger *konnte* es als tragisch empfinden, daß die NPD die absolute Mehrheit der Union verhindert, zugleich jedoch die sozial-liberale Koalition ermöglicht hatte. Der Kanzler, populärer als sein SPD-Konkurrent, hatte gesiegt, faßte Diehl den Sachverhalt aus seiner Sicht nüchtern zusammen, jedoch die Mehrheit verloren.[23] Sieger ist eben nicht, wer vom Wähler die meisten Stimmen erlangt, sondern der, der mit der Kanzlermehrheit im Bundestag eine *parlamentarische* Regierung bilden kann. Darauf konzentrierten sich die Anstrengungen der folgenden 48 Stunden.

Theoretisch besaß Kiesinger zwei Optionen, um an der Macht zu bleiben: Entweder er setzte die Große Koalition fort, worauf seine letzten Aussagen kurz vor der Wahl noch hingedeutet hatten. Oder aber er versuchte es selbst mit der FDP. Die erste Möglichkeit wurde noch in der Wahlnacht verbaut. Nur Guttenberg, dessen Namen untrennbar mit der Vorgeschichte der Großen Koalition verbunden war, plädierte in der Kanzlerrunde für eine Fortsetzung der Kooperation mit der SPD.[24] Da Lücke und Lübke keine Ämter mehr besaßen und die übrigen Alt-Protagonisten der Großen Koalition, darunter Krone und Schauff, den Zugang zu Hofe verloren hatten, fehlten die Fürsprecher. Auch Heck und Strauß, die im Herbst 1966 für die Große Koalition plädiert hatten, votierten nun öffentlich dagegen.[25] Die frustrierenden Erfahrungen der vergangenen zwölf Monate hatten auch in der CDU/CSU die Abneigung gegen die Große Koalition kräftig wachsen lassen.

Niemand in der CDU lotete in der Wahlnacht ernsthaft die Möglichkeiten einer Fortsetzung der Großen Koalition aus. Auch wenn diese Perspektive einer weiteren Zusammenarbeit mit der SPD nur geringe Realisierungschancen besaß, wurde nicht einmal der Versuch unternommen, Wehner beim Wort zu nehmen. Hatte dieser mit seiner abschätzigen Bemerkung über die FDP-Pendler nicht die Tür einen Spalt breit geöffnet? Hier hätte Kiesinger einhaken können, auch wenn Wehner hinterher seine Bemerkung anders gedeutet haben wollte.[26] Auch Leber stand als potentieller Gesprächspartner bereit, hatte er doch mit seinem erneuten Plädoyer für die relative Mehrheitswahl ein deutliches Signal gegeben. Warum wurde der (bereits kranke) Guttenberg nicht auf den Haiderhof zu Wehner geschickt, während Kohl mit

Genscher verhandelte? Dirk Kroegel vermutet, daß in der Wahlnacht die Entfremdung zwischen Wehner und Kiesinger seit den Auseinandersetzungen um die Berliner Bundesversammlung politisch zum Tragen kam. Beide Politiker fanden nicht mehr zurück zur Männerfreundschaft verflossener Tage.[27]

Die engere Beraterrunde im Kanzleramt war längst auf eine Koalition mit der FDP eingestimmt. Kohl glaubte, von einem Gespräch mit Genscher am frühen Abend hoffnungsvolle Signale mitgebracht zu haben. Zugleich hatten Barzel, Strauß und Heck mit ihren ersten Äußerungen die CDU/CSU öffentlich gegen die Große Koalition festgelegt. Dieser *fait accompli* war praktisch ohne Mitwirkung Kiesingers zustande gekommen. So hatte Kohl, wenn auch ohne offizielles Mandat, aber doch im Einvernehmen mit Kiesinger, dessen Bereitschaft und die der CDU signalisiert, eine Koalition mit der FDP zu bilden, »mit sehr weitreichenden Konsequenzen auch auf die Landespolitik, mit einer großzügigen, die Wunden heilenden Behandlung hinsichtlich der Vergabe von Kabinettspositionen«. Doch der Freidemokrat war längst auf das Bündnis mit der SPD festgelegt. Immerhin konnte Kohl der Runde im Kanzleramt versichern, daß »mindestens zehn Abgeordnete der FDP nicht für Brandt stimmen werden«.[28]

In der Wahlnacht wurde das ganze Ausmaß der politischen Isolation Kiesingers offenkundig. Im Kern war er am Ende seiner koalitionspolitischen Weisheiten angekommen. Ihm fehlte ein klares Konzept für den Machterhalt. Allerdings war eine Neuauflage der Großen Koalition alles andere als wahrscheinlich. Wehner hätte größte Mühen gehabt, sich innerparteilich gegen einen entfesselten Brandt durchzusetzen, der die SPD-Basis hinter sich wußte und anders als drei Jahre zuvor nicht mehr gewillt war, sich von seinem Vize überfahren zu lassen. Auch in der Union fehlte ein entsprechender Minimalkonsens. Im November 1966 hatten die Unionsbefürworter der Großen Koalition mit dem Staatsnotstand argumentiert. Davon war die Bundesrepublik im Herbst 1969 weit entfernt. Niemand hätte aus sachlichen Gründen für eine Verlängerung dieser »Ehe auf Zeit« gekämpft, die allein dem Machterhalt des Kanzlers gedient hätte, der während des Wahlkampfes in seiner Partei überall angeeckt war.[29] Als Ausweg verblieb eine negative Zielprojektion: Genügend FDP-Bundestagsabgeordnete abzuwerben, um eine Wahl Brandts zu verhindern.[30]

Es stand also ein machiavellistisches Spiel bevor: der Versuch, die FDP zu spalten. Altmeister Adenauer hatte es 1956 vorexerziert. Kiesinger war davon überzeugt, daß Scheel über dem Wahlresultat stürzen würde, wenn es gelänge, wenigstens sieben FDP-Abgeordnete auf die Seite der Union ziehen.[31] Scheiterte Brandt im ersten Wahlgang, würde die drohende Unregierbarkeit der

Republik die FDP vielleicht zum Umdenken zwingen. Tatsächlich formierten sich die »Rechtsabweichler« in der FDP, die sich am Montagabend nach der Wahl zu einem konspirativen Treffen bei Erich Mende einfanden. Außer den bayerischen Abgeordneten Josef Ertl und Heinz Starke stemmten sich neben Mende, Zoglmann und Kühlmann-Stumm auch die Niedersachsen Fritz Logemann und Carlo Graaf gegen die sozial-liberale Koalition. Als um Mitternacht Kohl und Heck in die Runde platzten, konnten sie sich davon überzeugen, »daß zu diesem Zeitpunkt eine Koalition aus SPD und FDP noch keineswegs entschieden war«.[32]

Die nationalliberale Gruppe um Mende wurde in den folgenden Tagen mit zum Teil recht hemdsärmligen Methoden umworben. Die Union offerierte Posten in Bund und Ländern, etwa Staatssekretariate in Bayern, wo die Freidemokraten nicht einmal im Landtag saßen. Auch wurde der hochverschuldeten FDP finanzielle Hilfe versprochen. Zum Zuckerbrot gab es die Peitsche des BDI, der für den Fall einer sozial-liberalen Koalition angeblich mit der Stornierung eines Zuschusses an die FDP in Höhe von 500.000 DM drohte.[33] Politisch interessant war das Angebot Kiesingers, Scheel nicht allein den Außenministerposten anzubieten – darunter hätte es der FDP-Vorsitzende ohnehin nicht mehr getan –, sondern die Freidemokraten über Direktmandate in Bund und Ländern langfristig abzusichern. Zweifel an der Seriosität dieser Angebote tauchten jedoch auf, als Kiesinger diese drei Tage später in der Schriftform nicht mehr aufrechterhielt.[34]

Während die Union noch »etwas unter der Schwelle« zu tun hoffte[35], ließen sich auch die SPD-Genossen nicht lumpen. Einige Freidemokraten wurden zu »Höchstmarktpreisen« eingekauft (Kohl). Das Landwirtschaftsministerium ging an Ertl, der damit aus der innerparteilichen Fronde ausgeschert war. »Da waren es nur noch neun!«, lautete Mendes Kommentar. Logemann erhielt das Angebot, Parlamentarischer Staatssekretär zu werden, Graaf wurde eine positive Auftragslage für seine Waggonfabrik zugesichert, Ernst Achenbach angeblich versprochen, ihn vor Angriffen von Beate Klarsfeld in Schutz zu nehmen, die ihm eine Mitverantwortung für Judendeportationen als Mitglied der Deutschen Botschaft Paris im Zweiten Weltkrieg zum Vorwurf machte.[36] Tatsächlich wurde Achenbach später für die Europäische Kommission nominiert, während dem statusbewußten Mende die Vizepräsidentschaft des Deutschen Bundestages winkte – ein Angebot, das er später abgelehnt hat. Mit »flankierenden Maßnahmen« (Schiller) auch in den Ländern wußte die SPD ihr Angebot abzustützen.[37] Andererseits mußten sich auch die freidemokratischen Rechtsabweichler sagen, daß eine neuerliche Spaltung die FDP ins Mark getroffen hätte. Das Experiment von 1956 reizte zur Nachahmung nicht.

Trotz dieser pikanten Details und des bei allen Koalitionsverhandlungen ja durchaus üblichen Ämterschachers gaben die Sachfragen letztlich den Ausschlag. Aus SPD-Sicht fehlte das überragende inhaltliche und machtpolitische Motiv, vier weitere Jahre die zweite Geige in Bonn zu spielen. Im November 1966 hatten sich Wehner und Schmidt gegen Brandt durchgesetzt, weil damals selbst Skeptiker einer Großen Koalition wie Möller ihr Gewicht zugunsten des Elefantenbündnisses unter Kiesinger in die Waagschale geworfen hatten. Dringender innenpolitischer Reparaturbedarf hatte verfassungsändernde Mehrheiten unumgänglich gemacht. Doch nun waren vom Stabilitätsgesetz über die Notstandsgesetze bis hin zum Umbau der Finanzverfassung die wichtigsten Reformen weit über den ursprünglich gesetzten Rahmen hinaus in die Wege geleitet worden. Von den großen Projekten war einzig die umstrittene Wahlrechtsreform übrig. Die Große Koalition hatte sich mit ihren Erfolgen selbst überflüssig gemacht.

Indem sie viel Schutt aus dem Weg räumte, der eine sozial-liberale Regierung unerträglich belastet hätte, bereitete die Große Koalition dem Machtwechsel den Weg. Daß Kiesinger dies mit einer gewissen Bitterkeit sah, ist verständlich. Doch die Republik wandte sich, wie bereits in ihren Gründerjahren, erneut einer großen außenpolitischen Frage zu – und dafür bedurfte es wahrlich keiner Zweidrittelmehrheit. Im Gegenteil: Die Geschichte der Großen Koalition hatte deutlich gezeigt, daß trotz breiter parlamentarischer Basis der ostpolitische Kurswechsel nicht zu vollziehen war. Man konnte es drehen und wenden wie man wollte: Mit der zerstrittenen Union von 1969 wäre ein ostpolitischer Neuanfang, wie ihn Bahr und Brandt wollten, nicht zu haben gewesen. So fehlten nicht nur die Fürsprecher, sondern auch die sachlichen Gründe für eine Fortsetzung der Großen Koalition.

Die Verhandlungen zwischen der Delegation von CDU/CSU mit der SPD bzw. der FDP kamen daher über Höflichkeitsbesuche nicht hinaus. Am 30. September hatten Kiesinger und seine Leute erfolglos mit Scheel zusammengesessen, am 2. Oktober erfolgte dann ein letzter Versuch, das Blatt durch eine Verständigung mit der nationalliberalen Gruppe um Mende zu wenden. Kiesinger bohrte trotzig in alten Wunden. Seinen Vorwurf, die Liberalen hätten sich ihm im November 1966 versagt, wies Mende zurück. Bei gutem Willen hätte 1966 das christlich-liberale Bündnis erneuert werden können. Die Union habe jedoch »Herbert Wehners Wunschvorstellungen mehr entsprochen als dem eigenen Interesse. So sei, nicht zuletzt bei der Wahl Heinemanns zum Bundespräsidenten im März in Berlin, eine Entwicklung in Gang gekommen, deren Folgen nun die CDU/CSU und er selbst tragen müßten. Während die CDU/CSU [den] Liberalen mit der Änderung des Wahlrechts gedroht hätte, sei die SPD seit der Wahl Heinemanns immer deutlicher den Liberalen entgegengekommen. [...] Die Linken hätten alle Einwände aus den Reihen meiner [Mendes] Freunde vom Tisch gewischt und befänden sich in Aufbruchstimmung. Es sei zu spät, daran noch etwas ändern zu wollen.« Kiesinger habe sich betroffen von dieser Beurteilung der Koalitionslage gezeigt. Noch einmal bot er den Liberalen die gleichen Ressorts wie die SPD an. Auch die Wahlrechtsreform legte er ein für allemal *ad acta*. Darauf Mende: »Dieses Angebot kommt drei Jahre zu spät, Herr Bundeskanzler!«[38]

Es blieb die schwindende Hoffnung, Brandt könne im ersten Wahlgang scheitern. Doch die Grundlagen einer Zusammenarbeit mit der FDP hatte der ohnmächtige Kiesinger durch das üble Wort vom »Hinauskatapultieren« zerstört.[39] Politisch unklug, wenn auch menschlich verständlich. Auch Helmut Schmidt sollte 13 Jahre später, als die FDP erneut den Partner wechselte, über die Liberalen etwas Ähnliches sagen: Man werde diese Partei »wegharken« müssen. Tatsächlich wurde die FDP in den folgenden Jahren aus einigen Landtagen verdrängt, wovon die CDU überproportional profitierte. Weil er seinen Anhängern Mut zusprechen wollte, wiederholte Kiesinger die fatale Äußerung zwei Wochen später im nordrhein-westfälischen Kommunalwahlkampf. »Wenn sich die FDP endgültig auf die Seite der SPD schlagen sollte, dann bedeutet das Kampf, den nicht wir ihr angesagt haben, sondern den sie uns erklärt hat, und zwar überall da, wo im nächsten Jahr in fünf Bundesländern Wahlen stattfinden werden.«[40] Was blieb den Freidemokraten anderes übrig, als ihr Heil an der Seite der SPD zu suchen?

Der Jubel war unbeschreiblich, als Bundestagspräsident von Hassel am 21. Oktober 1969 um 11.22 Uhr das Ergebnis der Auszählung der Stimmen verkündete. Mit einer hauchdünnen Mehrheit war Brandt zum vierten Bundeskanzler gewählt worden. Wie erstarrt blieb Kiesinger auf seinem Platz sitzen. Hat er wirklich geglaubt, das sozial-liberale Experiment würde im ersten Wahlgang scheitern? Das Resultat war denkbar knapp. Brandt hatte 251 Stimmen erhalten, nur zwei über der erforderlichen absoluten Mehrheit der Mitglieder des Bundestages von 249 – aber immerhin eine Stimme mehr als Schmidt 1976 bei seiner Wiederwahl. Anders als 1949, als Adenauer bekanntlich die eigene Stimme reichte, konnte sich Brandt (wie sieben Jahre später auch Schmidt) allerdings nicht durch die Hoffnung auf Zuzug von rechts vertrösten.

Die Fernsehbilder zeigen einen schockierten Kiesinger, dem erst in diesem Augenblick klar zu werden schien, daß ihm die Macht entglitten war. Entgegen dem parlamentarischen Brauch – und anders, als der Wortlaut des Bundestagsprotokolls suggeriert – fand er sich nicht als erster zur Gratulation bei seinem Nachfolger ein. Barzel zupfte Kiesinger am Portepee, bugsierte ihn mit einer einladenden Geste in Richtung Brandt. Zögernd erhob sich der Altkanzler schwer aus seiner Abgeordnetenbank, um dann als dritter im Bunde, nach dem Unionsfraktionsvorsitzenden und dem CSU-Landesgruppenchef Stückeln, Brandt lustlos die Hand zu reichen. Indem er dem befreit wirkenden Barzel den Vortritt ließ, verschenkte er nicht nur die Geste des guten Verlierers, sondern reihte sich in der Hierarchie hinter Barzel ein. Letzterer hatte gegen Kiesinger und Heck am Fraktionsvorsitz festgehalten und übernahm damit die Rolle des Oppositionsführers.

Der Machtwechsel am Rhein war vollzogen. Von vielen seit langem herbeigesehnt, hatte er fast ein Jahrzehnt lang in der Luft gelegen. Als Kiesinger 1958 Bonn verließ, um Ministerpräsident in Stuttgart zu werden, begann die CDU bereits deutliche Anzeichen eines personellen und inhaltlichen Verschleißes zu zeigen. Auf Adenauers triumphale Bestätigung im Amt 1957 war eine außergewöhnlich schwierige Regierungsbildung gefolgt, obwohl der Kanzler kaum Rücksicht auf den Koalitionspartner Deutsche Partei hatte nehmen müssen. 1959 war dann die Präsidentschaftskrise ausgebrochen. Von nun an plagte die Nachfolgefrage die CDU/CSU fast unablässig. Sie wurde endgültig erst mit der Wahl Kohls zum CDU-Bundesvorsitzenden 1973 entschieden. So reihte sich im Rückblick Kiesinger wie Erhard und Barzel unter die Übergangsfiguren in der Geschichte der CDU ein.

Daß Kiesinger als Parteivorsitzender und christdemokratischer Kanzler zwischen den Zeiten ein Charakter des Übergangs von der Ära Adenauer zur Ära Kohl geblieben ist, ist nicht allein auf persönliche Schwächen dieses Mannes an der Spitze zurückzuführen. Die hausgemachten Probleme in der CDU hatten sich aufgetürmt. Schon 1957 hatte es die Union nicht verstanden, ihre absolute Mehrheit in ostpolitische Flexibilität umzumünzen, wie Kiesinger als junger Abgeordneter damals weitsichtig gefordert hatte. Die Hallstein-Doktrin, ursprünglich als flankierende Maßnahme nach Adenauers Moskau-Besuch erdacht, war kurz nach der Bundestagswahl 1957 in Reaktion auf die Aufnahme diplomatischer Beziehungen zwischen Belgrad und Ostberlin erstmals angewandt worden, also just in einem Augenblick, in dem die CDU so stark war wie nie. Weder Schröder als Außenminister noch Erhard noch der heroisch um den Kurswechsel kämpfende Kiesinger hatten die ostpolitische Stagnation überwinden können, die eine christdemokratisch dominierte Bundesrepublik in wachsenden Dissens zu ihren wichtigsten Verbündeten gebracht hatte.

Indes: Der Machtwechsel kam spät. Die programmatischen Mindestvoraussetzungen wären schon 1961 gegeben gewesen.[41] Mit dem Godesberger Programm schwor die SPD 1959 dem Marxismus ab; mit Wehners berühmter deutschlandpolitischer Rede ein Jahr später hatte sie sich auch außenpolitisch auf den Boden der Westbindung und der von Adenauer geschaffenen Realitäten gestellt. 1961 hätten FDP und SPD über eine komfortablere Mehrheit als 1969 verfügt, wenn auch die Freidemokraten ein deutlich stärkerer Partner gewesen wären. Als es ein Jahr später, 1962, während der *Spiegel*-Krise, im Gebälk der Adenauer-Regierung so richtig krachte, fanden sich FDP und SPD letztlich nicht zum Machtwechsel bereit. Mit Hilfe der FDP, dann der SPD hielt die CDU zwei weitere Legislaturperioden am Kanzleramt fest. Das lag an den inneren Unsicherheiten über die Stabilität der westdeutschen Demokratie. In einer an einem regelmäßigen Wechsel der Regierungsmehrheiten orientierten Idealgeschichte der Bundesrepublik wäre die Wahl Brandts zum Kanzler zwei Legislaturperioden früher erfolgt.

Doch vom Wahlvolk wie von der politischen Klasse wurde die Bundesrepublik bis weit in die sechziger Jahre als ein Provisorium wahrgenommen, das »keine Experimente« zuließ. Der mentale Ausnahmezustand einer gespaltenen Nation, die mit dem Erbe einer totalitären Herrschaft kämpfte, hat die CDU-Dominanz bekräftigt. Adenauers Eintreten für »Stetigkeit in der Politik« hatte angesichts der vorausgegangenen Katastrophen verfangen. So kam es zu der im atlantischen Vergleich bemerkenswerten Anomalie, daß, anders als in den USA, aber auch in England das liberale Jahrzehnt, die sechziger Jahre, in Westdeutschland parteipolitisch konservativ dominiert war. Während in den USA die Demokraten mit der Wahl Kennedys 1961 das Weiße Haus übernahmen und in England seit 1964 Labour unter Harold Wilson regierte, kam in der Bundesrepublik die SPD erst in dem Augenblick zum Zug, als sich in eben diesen Ländern die konservative Tendenzwende zurück bemerkbar machte. In den USA wurde im November 1968 der Republikaner Nixon gewählt, während in England die Konservativen unter Edward Heath 1970 an die Macht zurückkehrten.

Mochte sich Kiesinger auch als primäres Opfer des Machtwechsels empfinden, so wäre er vermutlich nie Kanzler geworden, hätte sich das Wechselspiel der Regierungen in der Bundesrepublik in vergleichbaren Abständen wie in anderen Ländern eingependelt. Die »lange schwelende Krise« der CDU hatte ihn in sein hohes Amt getragen. Sie trug ihn von dort auch wieder fort. Das konnte er vermutlich nicht mit der gleichen historischen Distanz sehen. Dennoch hat er, nachdem die Wunden etwas vernarbt waren, gern jenen Brief hervorgekramt, den ihm Willy Brandt als SPD-Parteivorsitzender und designierter Bundeskanzler am 9. Oktober 1969 schrieb. Darin bezeugte Brandt Kiesinger seinen persönlichen Respekt. Der Brief gipfelte in dem Satz, daß weder »zurückliegende noch bevorstehende Kontroversen« ihn, Brandt, davon abhalten könnten, »zu dem zu stehen, was wir seit Ende 1966 miteinander geleistet haben; es ist unserem Vaterland nicht schlecht bekommen«.[42] Der Einschätzung, daß die Große Koalition der Bundesrepublik auf dem Weg in das moderne Deutschland der siebziger und achtziger Jahre nicht nur schlecht bekommen ist, stimmt im großen und ganzen die Geschichtswissenschaft zu.

GEGEN SOZIAL-LIBERALE OSTPOLITIK UND UM DIE NACHFOLGE IN DER UNION

Nun also saß Kurt Georg Kiesinger auf der Oppositionsbank. Das war für den 65jährigen Altkanzler gewiß eine neue Erfahrung. Durch alle Höhen und Tiefen seiner politischen Laufbahn hatte er stets der Mehrheit angehört. »Wir sind in einer neuen Situation«, eröffnete er die erste Sitzung des CDU-Bundesvorstandes nach der Bildung der neuen Regierung: »Wir befinden uns in der Opposition und selbstverständlich nicht nur in der Opposition hier in diesem Hause, sondern in der Opposition in der vollen Breite der deutschen politischen Wirklichkeit.« Brandts erste Regierungserklärung war kaum in den Gängen des Bundeshauses verhallt, da schwor der Vorgänger die CDU auf einen harten Oppositionskurs ein. Brandts Rede hatte in dem berühmten Satz gegipfelt: »Wir stehen nicht am Ende unserer Demokratie, wir fangen erst richtig an.« Diese »dreiste Bemerkung« erschien Kiesinger als eine solche »Geschmack- und Taktlosigkeit«, daß er sich vornahm, darauf gebührend zu antworten.[43]

Zweifellos provozierte Brandt. Barzel hatte sich noch während der Rede mit lautem Rufen Luft gemacht: »Das ist ein starkes Stück, Herr Bundeskanzler! Unglaublich! Unerhört!« Später im Bundesvorstand nannte der Fraktionsvorsitzende die Worte Brandts »so unappetitlich, das lesen wir gar nicht«. Es fehlten auch nicht die persönlichen Spitzen gegenüber dem Vorgänger, dem nachgesagt worden war, er trage den Kanzler »wie einen Hermelin«. Im Kontrast dazu versprach Brandt eine unprätentiöse, volksnahe Regierung: »Wir haben so wenig Bedarf an blinder Zustimmung, wie unser Volk Bedarf an gespreizter Würde und hoheitsvoller Distanz. Wir suchen keine Bewunderer; wir brauchen Menschen, die kritisch mitdenken, mitentscheiden und mitverantworten.« Drei Jahre später wurde Brandt von seinen Worten eingeholt, als ihn eine Welle fast blinder Zustimmung ins Kanzleramt zurücktrug. Von dem Kult um seine Person war Brandt vermutlich selbst peinlich berührt. Die von ihm faszinierten Intellektuellen hätten »der Sympathiebeweise des Guten zuviel getan«, wie die Brandt positiv gegenüberstehende *Zeit* damals schrieb.[44]

Gegen sozial-liberale Ostpolitik

Seit John F. Kennedys Aufbruch zu einer *New Frontier* war gut ein Jahrzehnt verflossen. Der jugendliche amerikanische Präsident hatte in seiner berühmten *inaugural speech* vom Januar 1961 den großen Erwartungen seines Zeitalters wirkmächtig Ausdruck verliehen. Würde es Brandt glücken, an den verwehten Optimismus der frühen sechziger Jahre anzuknüpfen? Fast unzeitgemäß wirkt Brandts erste Regierungserklärung im Rückblick, wenn auch diese mitreißende Rede genau das zum Ausdruck brachte, was sich in Deutschland viele vom Machtwechsel erhofften. Doch der Vergleich mit Kennedy mahnte zur Vorsicht. Nicht allein, daß man Kennedy den Vorwurf gemacht hatte, Stil über Substanz und mediale Kompetenz über Sachaussagen zu stellen. Letztlich hatte Kennedys überbordender Optimismus nur tiefsitzende Konflikte und elementare Unsicherheiten in der amerikanischen Gesellschaft kaschiert. Auch Brandt mußte sich später fragen lassen, ob er nicht unerfüllbare Erwartungen geweckt hatte.[45]

Mit etwas gutem Willen hätte die Union Brandts erste Regierungserklärung als Dokument der innen- und außenpolitischen Kontinuität lesen können. Dennoch gab sie dem Mythos einer »Umgründung der Republik« Nahrung, was sich bei genauem Hinsehen als beschwichtigendes Integrationsangebot an die rebellierenden Jungen erwies. Denn Brandt hatte – wie zuvor Heinemann nach seiner Wahl zum Bundespräsidenten – durchaus das politische Erbe Adenauers angenommen. Die Bundesrepublik könne stolz auf sich sein. Niemand werde die Leistungen der ersten beiden Dekaden »leugnen, bezweifeln oder geringschätzen«. Gesellschaftspolitisch versprach er das Reformwerk der Großen Koalition zu vollenden, das doch die Proteste mitherausgefordert hatte. Auch der außenpolitische Teil der Rede enthielt ein Angebot an die Union, wenn er sich ausdrücklich auf Erhards Friedensnote vom März 1966 und Kiesingers Regierungserklärung vom Dezember 1966 bezog: »Die in diesen Dokumenten niedergelegte Politik hat damals die Zustimmung aller Fraktionen dieses Hauses erhalten. Der Wille zu Kontinuität und konsequenter Weiterentwicklung gestattet es, auf manche Wiederholung zu verzichten.«[46]

Daß die Regierungserklärung als ein Manifest des Neubeginns gelesen wurde, hatte denn auch sehr viel mit der polemischen Reaktion der Gegenseite zu tun und der dadurch ermöglichten medialen Konfrontation. Die Union erleichterte Brandt sein Geschäft, indem sie vor allem den ostpolitischen Fehdehandschuh nur zu bereitwillig aufgriff. So kam es, daß sich, wie bereits in den Anfängen der Republik, das Land über eine außenpolitische Frage polarisierte, während gesellschaftspolitisch der Konsens weitgehend intakt blieb. Dies hatte nicht zuletzt praktische Gründe, denn an den inneren Reformen wirkte die Union auch nach 1969 über den Bundesrat mit. Die Ostpolitik dagegen spaltete die Lager auf.

Dazu trugen auf Unionsseite die ungeklärten Ambitionen ihrer Spitzenpolitiker bei, war doch mit der Abwahl Kiesingers die »K-Frage« wieder offen. Diese wurde erst mit der Niederlage von Strauß in den Bundestagswahlen 1980 endgültig zugunsten Kohls geklärt. Aber daß die CDU/CSU mit hartem oppositionellem Getöse gegen die Neue Ostpolitik agitierte, hielt das brüchige sozial-liberale Bündnis auf viele Jahre zusammen. Dabei hatte die Regierung Brandt-Scheel nach dem Urteil kundiger Beobachter schon bald nach den Wahlen 1972 ihre Halbwertzeit deutlich überschritten.[47]

Hatte sich nicht die SPD nach 1949 in eine Ecke hineinmanövrieren lassen, weil sie damals auf einen scharfen Konfrontationskurs setzte? Hatte sich Adenauer nicht deshalb so lange an der Macht gehalten? Hatte Kiesinger diese Lektionen verlernt? Er sah in den deutschlandpolitischen Aussagen der Regierungserklärung das »gravierendste Stück«. Hier liege ein »unlösbarer Widerspruch« vor. Brandt habe im selben Atemzug davon gesprochen, »daß es zwei deutsche Staaten gebe und [...] daß sich über das Selbstbestimmungsrecht des deutschen Volkes nicht verhandeln lasse. Man kann nicht Formeln wählen wie diese, daß eine völkerrechtliche Anerkennung der DDR nicht in Frage komme, obwohl man sie als einen zweiten deutschen Staat bezeichnet, indem man die Formel anwendet, im Verhältnis zueinander seien wir ja nicht Ausland. Ich stelle die Frage, welche Antwort müssen wir dann aus Pankow hören über unseren völkerrechtlichen Status, wenn man sich auf diese Rabulistik einläßt?«[48]

Nur auf den ersten Blick wirkte Kiesinger versöhnlich, als er am Tag der Debatte über die Regierungserklärung zum ersten Mal seit 1958 wieder das Wort als einfacher Abgeordneter im Bundestag nahm. Zu vielem in der Regierungserklärung könne die Union »ja sagen«. Es sei »eine Fortführung der Politik der Großen Koalition«. Dann hieb Kiesinger in die außenpolitische Kerbe. Die Formel von den zwei Staaten in einer Nation sei nichts anderes als die völkerrechtliche Anerkennung. Wenn dritte Staaten diplomatische Beziehungen zur DDR aufnähmen, dann wäre das *fait accompli* vollbracht, die DDR auf indirektem Wege anerkannt. Erneut fiel Kiesinger hinter seine eigenen Einsichten vom Herbst 1967 zurück, als er sich in der jugoslawischen Frage gegen seine Fraktion durchgesetzt hatte. »Denn das Selbstbestimmungsrecht des deutschen Volkes hängt viel weniger davon ab, ob eine Bundesregierung anerkennt oder nicht anerkennt, sondern davon, ob die Welt das Selbstbestimmungsrecht des Volkes achtete oder nicht achtet.«[49]

Hatte nicht die Hallstein-Doktrin die Bundesrepublik gegenüber drittklassigen Potentaten erpreßbar gemacht? Im Sinne des Diktums von Engels, daß die Quantität schrittweise zur Qualität umschlüge, würde es eines Tages »zu dem großen Erdrutsch kommen, den wir 20 Jahre lang mit großem Erfolg gemeinsam verhindert haben«. Doch hatte Kiesinger als Kanzler nicht den anderen Teil Deutschlands *expressis verbis* in das Angebot des Gewaltverzichts einbezogen? Konnte die Ostpolitik dem weltpolitischen Wandel überhaupt Rechnung tragen, wenn die Bundesrepublik die Staatsqualität des »Phänomens« jenseits der Elbe nicht in der einen oder anderen Form anerkannte, ob deren Machthaber nun vor der eigenen Bevölkerung legitimiert waren oder nicht? Daß jedenfalls der Kreml Zugeständnisse in Hinblick auf die Staatsqualität der DDR erwartete, war schon in den letzten Monaten der Großen Koalition unumstößliche Gewißheit geworden.

Wie die meisten Oppositionssprecher erinnerte Kiesinger an die Resolution der beiden großen Parteien vom 25. September 1968, wonach »die Anerkennung des anderen Teiles Deutschlands als Ausland oder als zweiter souveräner Staat deutscher Nation« nicht »in Betracht« käme. Diese »Sperrklausel« (Werner Link) schien nun hinfällig zu werden. Was Brandt und Scheel für eine »konsequente Weiterentwicklung« der Deutschlandpolitik der Großen Koalition hielten, sahen Barzel, Guttenberg, Kiesinger und Strauß als eindeutigen Bruch.[50] Aus christdemokratischer Perspektive stellte die Formel von den »zwei Staaten« in Deutschland, die füreinander nicht Ausland sein konnten, den *casus belli* dar. Die Union akzeptierte die Feststellung nicht, daß die bisherige Deutschlandpolitik das Auseinanderleben der beiden Teile der deutschen Nation nicht nur nicht hatte verhindern können, sondern den vehementen Widerstand der Sowjetunion auf sich gezogen hatte und, was noch schwerer wog, von den wichtigsten Verbündeten nicht mehr mitgetragen worden war.

Die Politik der sozial-liberalen Koalition zielte darauf ab, über die Anerkennung des Status quo im Rahmen des langfristigen Ziels einer europäischen Friedensordnung die Voraussetzung dafür zu schaffen, daß das deutsche Volk eines Tages in freier Selbstbestimmung über seine staatliche Einheit würde entscheiden können. »Wir müssen«, so Brandt in seinem Bericht über die »Lage der Nation im gespaltenen Deutschland« Anfang Januar 1970, eine »historische und politische Perspektive haben, wenn über die Lage der Nation gesprochen wird, wenn wir die Forderung auf Selbstbestimmung für das deutsche Volk bekräftigen. Die Geschichte, die Deutschland durch eigene Schuld, jedenfalls nicht ohne eigene Schuld, geteilt hat, wird darüber entscheiden, wann und wie diese Forderung verwirklicht werden kann.«

Bis in einige Formulierungen hinein entsprach das den Aussagen, die Kiesinger in seiner Rede zum 17. Juni 1967 getroffen hatte. Der Altkanzler hatte damals davon gesprochen, daß es letztlich der Geschichte überlassen sein würde, ob und wann die Wiedervereinigung eintrete; auch er hatte die Überwindung der Teilung nur im Rahmen einer europäischen Friedensordnung für möglich gehalten. Und wenn Brandt davon sprach, daß es »bis zur Selbstbestimmung der Deutschen in einer solchen Friedensordnung [...] ein langer, ein weiter und ein schwerer Weg sein« werde, dann konnte man sich an Kiesingers frühere Reden erinnert fühlen.[51]

In der grundsätzlichen Einschätzung der Situation lagen Brandt und der Kiesinger von vor 1969 nicht so weit auseinander, wie sie nun den Anschein gaben. Die Union rieb sich an Formulierungen: Die DDR dürfe nicht ein »zweiter deutscher Staat« genannt werden; von »einem geregelten Miteinander« könne man nicht sprechen: »Herr Bundeskanzler, sagen Sie uns klar, was Sie zu diesem Punkt meinen! (*Beifall bei der CDU/CSU*) Denn hier würde die tiefste Kluft zwischen uns aufgerissen, die wir doch eine gemeinsame Deutschlandpolitik wollen.« Als Kiesinger von der SPD verlangte, »nicht nur die Bewahrung der nationalen, sondern der staatlichen Einheit der deutschen Nation« sich zum Ziel setzen zu »müssen«, rief Wehner erregt: »Zu Befehl« dazwischen. »Herr Wehner, je unsicherer Sie sich zu fühlen pflegen, desto mehr fangen Sie an zu schreien«, gab Kiesinger zurück.

Der SPD-Fraktionsvorsitzende reagierte auf Kiesingers polemischen Vorwurf, die Regierung betreibe eine Politik des nationalen »Ausverkaufs« – das erinnerte an Schumachers Diktum vom »Kanzler der Alliierten« – durch »eine schreckliche Preisgabe unserer bisherigen Positionen« mit dem Zwischenruf: »Unglaublich ist das! Das ist gelernter Propagandastil!« Damit war die geschichtspolitische Basis der Großen Koalition hinfällig geworden. Erich Mende jedenfalls hat Wehners Zwischenruf als Anspielung auf Kiesingers Tätigkeit im Auswärtigen Amt interpretiert. Der Altkanzler habe sich daraufhin irritiert und verletzt gezeigt.[52]

In der Debatte über Brandts ersten Bericht zur Lage der Nation im Januar 1970 erreichten die jahrelangen erbitterten Auseinandersetzungen um die Neue Ostpolitik einen ersten Höhepunkt, obwohl die Verhandlungen mit Moskau zu diesem Zeitpunkt gerade erst begonnen hatten.[53] Kiesinger, mehr Getriebener als Antreibender, spielte in den Konflikten um die Brandtsche Ostpolitik eine unglückliche, alles im allem aber unwichtiger werdende Rolle. Barzel war der Oppositionsführer, wenn auch beileibe nicht unangefochten.

Um Kiesinger wurde es stiller; er setzte den Versuchen zu seiner Abhalfterung schwindenden Widerstand entgegen. Kiesinger war als der Verlierer vom 28. September 1969 abgestempelt, er erinnerte mit seiner Person an den Machtverlust, an das Gestrige, an die ungeliebte Große Koalition, die der SPD den Weg ins Kanzleramt geebnet hatte. Dazu trug er selbst bei. Kaum eine Gelegenheit ließ er aus, seinen Nachfolger daran zu erinnern, daß er, der Altkanzler, eigentlich die Wahlen gewonnen hatte: »Es ist Ihnen gelungen«, meinte Kiesinger zu Brandt, »eine Regierung zu wählen, nicht wegen des Ausgangs der Wahlen – denn diese haben die CDU/CSU wieder klipp und klar an die Spitze aller politischen Gruppen in diesem Lande gestellt –, sondern deswegen, weil eine nahezu hoffnungslos geschlagene Partei Ihnen Koalitionshilfe geleistet hat«.[54]

Eine glanzvolle Karriere ging ihrem Ende entgegen. Nicht wenige machten Kiesinger dafür verantwortlich, daß der CDU/CSU in der Wahlnacht die Felle davongeschwommen waren. Er habe in der Wahlrechts- und Präsidentschaftsfrage die nötige politische Einsicht vermissen lassen. Darin lag eine tüchtige Portion historischer Ungerechtigkeit, hatten doch viele in der Union so oder so ähnlich wie Kiesinger gedacht und gehandelt. Doch die Wahlkampfparole: »Auf den Kanzler kommt es an« wirkte sich nun gegen Kiesinger aus: *Er* hatte keine Führungsstärke gezeigt. *Er* hatte es an Vorausschau und taktischem Geschick fehlen lassen. *Er* hatte, statt strategisch auf eine Regierungskoalition zuzugehen, die Wahlnacht fatalistisch verstreichen lassen.[55] Daß andere ähnliche Fehler gemacht hatten, daß Strauß' ostpolitische Querschüsse den Kanzler in eine schwierige Zwickmühle gebracht hatten, das schien schnell vergessen. Nur: Im Falle eines Wahlsieges hätte Kiesinger die Lorbeeren ganz ungeschmälert geerntet. So trug er nun auch die politische Verantwortung für das Debakel vom 28. September.

Kiesingers Agonie währte noch fast zwei Jahre. Auf dem Bundesparteitag der CDU in Mainz im November 1969 wurde er bis zum nächsten ordentlichen Parteitag 1971 noch einmal gewählt. Er war der einzige Kandidat. Keiner der Diadochen trat so kurz nach der Niederlage von 1969 als Nachfolger an. Doch wie ein Jahr zuvor in Berlin verließ Barzel den Parteitag als der ungekrönte König der CDU, während Kiesinger bei seiner Wiederwahl eine deutliche Quittung ausgestellt wurde: Er erhielt 386 Ja-Stimmen, bei 51mal Nein und 33 Enthaltungen, ein niederschmetterndes Ergebnis. In Braunschweig war er mit 423 gegen 11 Nein-Stimmen gewählt worden. Von den Kronprinzen setzte sich Stoltenberg mit 451 Ja-Stimmen als einer der Stellvertreter deutlich durch. Auch Kohl (392) und Katzer (387) als weitere Stellvertreter überflügelten den Parteivorsitzenden.[56]

Mit wachsender protokollarischer Empfindlichkeit machte sich Kiesinger wenige Freunde. So lehnte er beispielsweise in letzter Minute die Teilnahme an einer Veranstaltung ab, weil das Protokoll ihn als Ex-Kanzler niedriger eingeschätzt hatte als den amtierenden Außenminister Scheel. Auch der CDU nahestehende Blätter berichteten hämisch über den »schmollenden Kiesinger«.[57] Sein wohlverdienter Ruf als Wahllokomotive litt unter dem Verlierer-Status als Ex-Bundeskanzler. Von der Jungen Union aufgestachelt, luden einige CDU-Kreisverbände den Bundesparteivorsitzenden während des nordrhein-westfälischen Landtagswahlkampfes als Redner aus. Aus Sicht jüngerer CDU-Politiker war Kiesinger eine Unperson, der im Wahlvolk mehr Schaden als Nutzen anrichtete. Das zog unweigerlich immer neue Rücktrittsspekulationen nach sich.[58]

Einen ersten Höhepunkt erreicht die Welle im Frühjahr 1970, als Gerüchte lanciert wurden, der Altkanzler werde es nicht mehr bis zur turnusmäßigen Neuwahl des Parteivorsitzenden auf dem Bundesparteitag 1971 aushalten. Unter Christdemokraten sei es »geradezu üblich geworden, bei der Nennung des Namens Kiesinger lediglich mit einem Achselzucken zu reagieren«, so im März 1970 *Christ und Welt*.[59] Daß Kiesinger als Bundesvorsitzender nach wie vor einen theoretischen Anspruch auf das Amt des Regierungschefs besaß, ließ angesichts der Schwierigkeiten der sozial-liberalen Koalition das »Nachdenken« über eine Alternative recht vernehmlich werden.[60]

Tatsächlich machte sich Kiesinger Gedanken, wie es mit ihm und seiner Partei weitergehen würde. Dabei war er durchaus nicht allein die alternde Diva, die keinen Abschied finden wollte.[61] Aber er wollte seinen Nachfolger mitbestimmen – was schon Adenauer und Erhard mißlungen war. Zum anderen hoffte er auf einen ehrenhaften Abgang. Im Prinzip hatte er der CDU im November 1969 sogar einen Gefallen getan, als er sich noch einmal zur Verfügung stellte und nicht sofort nach den Wahlen seinen Rücktritt erklärte. Es hätte die Partei vermutlich überfordert, sich gleichzeitig in die Oppositionsrolle einzufinden und den personellen und organisatorischen Umbau ihrer Führungsgremien in Angriff zu nehmen. Dabei trug sich Kiesinger schon im März 1970 mit Rücktrittsgedanken und sprach darüber offen mit Parteifreunden wie Heck.[62]

Trotz schneller Dementis verstummte die Gerüchteküche fürderhin nicht. Kiesinger machte sich allmählich mit dem Gedanken vertraut, daß seine Zeit abgelaufen war. Vorübergehende Einsicht in die Notwendigkeit wechselte jedoch mit plötzlichen Schüben ab, er könne es noch einmal schaffen. Ging man in der CDU davon aus, daß Kiesinger 1971 den Parteivorsitz abgeben würde, so hörte man ihn im September 1970 im vertrauten Kreise erneut darüber spekulieren, er könne sich vorstellen, 1973 seinen letzten Wahlkampf als Vorsitzender zu führen, »an der Seite des dann gefundenen Kanzlerkandidaten meiner Partei«.[63] Kiesinger witterte Morgenluft, da Brandts parlamentarische Basis bröckelte. Er hoffte, die Scharte noch einmal auswetzen zu können, und beteiligte sich an dem parteiinternen Wettstreit um die radikalste außenpolitische Position.

In den Wahlkämpfen des Jahres 1970 sprach Kiesinger wieder vor vollen Häusern. Das Parteivolk begann sich etwas freundlicher an den Altkanzler zu erinnern. Als sich im Januar 1971 die vier südwestdeutschen Landesverbände nach der endgültigen Abstimmung über den Verbleib Badens beim Südweststaat zusammenschlossen, erhielt er stürmischen Beifall für eine harte Abrechnung mit Brandt, dessen Politik die Politik Moskaus sei. Dafür, daß Brandt vom *Time Magazin* zum »Mann des Jahres« gewählt worden sei, weil er als erster deutscher Politiker »sämtliche Konsequenzen der Niederlage« angenommen habe, fand Kiesinger nur noch Verachtung: »Ich möchte nicht als ein deutscher Bundeskanzler in die Geschichte eingegangen sein, über den irgend jemand in der Welt diese Sätze hätte schreiben können.«[64]

Dieses letzte Aufbäumen verhinderte nicht, daß sich um die Jahreswende 1970/71 die Nachfolgefrage auf ein Duell zwischen Kohl und Barzel zuspitzte. Nun rieten Kiesinger befreundete baden-württembergische Christdemokraten, auf den CDU-Vorsitz zu verzichten. Man führte ihm das Schicksal Ludwig Erhards vor Augen.[65] Als Heck im Mai/Juni 1971 noch einmal die Stimmung in einigen Kreisverbänden sondierte, war Kiesinger gegenüber Barzel und Schröder weit abgeschlagen.[66] Der Ex-Bundesverteidigungsminister, der sich durch eine »noble Zurückhaltung« von den Parteipolemikern Strauß und Kiesinger bewußt distanzierte, hatte nämlich in der Zwischenzeit seinen Hut ebenfalls in den Ring geworfen und erklärte sich zur Kanzlerkandidatur bereit, wobei er sich nicht nur die Unterstützung von Strauß, sondern auch von Kohl zu sichern suchte. Letzterer hatte erklärt, er werde nicht gegen Kiesinger kandidieren.[67] Der Altkanzler wiederum sah in Kohl einen geeigneten Nachfolger, schlug diesen jedoch als Kanzlerkandidaten vor, um nach gewonnener Wahl 1973 dem aufgehenden Stern der CDU den Parteivorsitz zu übertragen. Er selbst hoffte in dieser Projektion, sich im stattlichen Alter von 70 Jahren im Frühjahr 1974 für das höchste Staatsamt zu bewerben. Damit hätte er seinen alten Traum doch noch verwirklicht.[68]

Mit derartigen Szenarien hatte Kiesinger das Rad überdreht. Am 17. Juni 1971 verkündete Barzel auf einer CDU-Präsidiumssitzung, er stehe im Herbst für Vorsitz und Kanzleramt bereit. Kohl, der auf dem letzten Parteitag ins Präsidium gewählt worden war, hielt seine Kandidatur für den Vorsitz aufrecht, wenn er auch gegen Kiesinger zu kandidieren ablehnte. Auch Schröder stand nun für beide Ämter zur Verfügung. Kiesinger schickte sich in das Unvermeidliche. Der *Bayernkurier* preschte mit der Meldung vor, Barzel und Kohl würden sich im Herbst voraussichtlich gegenüberstehen und suchten Kiesinger endgültig vom Podest zu stürzen. Am 5. Juli 1971 erklärte Kiesinger auf einer Sitzung des CDU-Bundesvorstandes offiziell, er stehe nicht mehr für den Parteivorsitz bereit.[69] Etwas verzögert stellte er sich hinter Kohl, den er einige Wochen später als neuen Parteivorsitzenden empfahl. Er tat dies mit der Begründung, daß die Ämter des Fraktions- und Parteivorsitzenden nicht in die gleiche (Barzels) Hand fallen dürften.[70] Zu gerne hätte Kiesinger 1973 die Macht zurückgewonnen, von der er glaubte, daß sie ihm in jener Nacht von Brandt und Scheel gestohlen worden war.

Mit seinem Verzicht auf den Parteivorsitz hatte Kiesinger die letzte Hürde genommen. Er, für den die Macht kein Selbstzweck und sicher nicht der letzte Zweck seines irdischen Daseins gewesen war, hatte unter Schmerzen von der Macht Abschied genommen.

Geschichte

Der Rest ist schnell erzählt. Kiesinger blieb noch bis 1980 Abgeordneter. Bis 1976 vertrat er Waldshut am Oberrhein im Bundestag. Danach kehrte er für eine letzte Legislaturperiode über die Landesliste in den Bundestag zurück. Dem sicheren Waldshut hatte er 1969 den Vorzug vor dem umkämpfteren Tübingen gegeben, obwohl er an seinem Wohnsitz kurz zuvor ein Haus gebaut hatte. Allerdings hatte Kiesinger seine Kandidatur am Oberrhein durchaus mit einem politischen Statement verbunden. Er wertete sie als ein Signal, daß die baden-württembergische Integrationspolitik griff. Wie hatten sich die Zeiten gewandelt, daß er nun als Nachfolger seines einstigen altbadischen Kontrahenten Anton Hilbert – und mit dessen Segen – in den Bundestag zurückkehren konnte. Außerhalb der südwestdeutschen Bezirke nahm von dieser subtilen Ironie kaum jemand Notiz. Der Kreis begann sich zu schließen. So ganz wurde der CDU-Vorsitzende Kiesinger den Erwartungen an den Wahlkreisabgeordneten aber doch nicht gerecht. Es war wie einst in Ravensburg. Dennoch dürfte es sich für die Menschen am Oberrhein ausgezahlt haben, einen Ex-Kanzler als Abgeordneten zu besitzen.[71]

Als *elder statesman* hatte er nach seinem Verzicht auf den Parteivorsitz bei der Begründung des Konstruktiven Mißtrauensvotums vor dem Bundestag am 27. April 1972 eine letzte große Stunde. Noch einmal blitzte der Debattenstar der fünfziger Jahre auf.[72] Kurz danach übernahm er die undankbare Aufgabe, bei der Ratifizierung der Ostverträge für die heillos zerstrittene Fraktion zu sprechen. Ein Jahr später, im Frühjahr 1973, war die Union auf ihrem Tiefpunkt angelangt. Die Bundestagswahlen vom November 1972 waren verloren gegangen. Im Januar 1973 hatte Kohl abermals seine Kandidatur für den Parteivorsitz angekündigt. Als die Fraktion im Mai den gleichzeitigen Beitritt der Bundesrepublik und der DDR zu den Vereinten Nationen gegen das Votum ihres Vorsitzenden Barzel mehrheitlich ablehnte, trat dieser von seinen Ämtern zurück. Kiesinger hatte neben Schröder, Marx und Carstens die Position Barzels verteidigt.[73] Für zwei Wochen trat der Ehrenvorsitzende Kiesinger interimistisch an die Spitze der Fraktion. So kam er auf seine alten

Tage noch auf den Sessel des Fraktionsvorsitzenden – wenn auch nur, um die durch Barzel hinterlassene Lücke vorübergehend zu füllen.[74] Vielleicht gönnte er sich einen ironischen Rückblick auf jene bitteren Stunden im Juni 1955, als er, den Vorsitz schon sicher glaubend, Adenauers treuem Vasallen Heinrich Krone unterlegen war.

Im Frühjahr 1973 stand die Union vor der bis dahin schwersten Krise ihrer Geschichte. »Wir hatten also genügend Anlaß, ziemlich trübsinnigen Gedanken nachzuhängen«, erinnerte sich Konrad Kraske, der 1971 als Nachfolger Bruno Hecks zum CDU-Generalsekretär gewählt worden und dessen Verhältnis zu Kiesinger nicht immer ganz spannungsfrei war. Kiesinger hatte Kraske an diesem Tag in dessen Büro im 10. Stock des neuerbauten Bonner Konrad-Adenauer-Hauses besucht. Da merkte Kraske, wie Kiesingers Blick zum Fenster hinausging und sich aufheiterte: »Ich folgte ihm und sah, wie unmittelbar vor dem Fenster, zum Greifen nahe, ein Zeppelin vorbeiflog [...]. Da erhob sich plötzlich der Bundeskanzler außer Diensten, Ehrenvorsitzender der CDU und amtierender CDU/CSU-Fraktionsvorsitzende Kurt Georg Kiesinger, trat ans Fenster, wies hinaus auf den vorbeiziehenden Zeppelin und rezitierte ›Und wenn vielleicht in hundert Jahren, / Ein Luftschiff hoch mit Griechenwein / Durchs Morgenrot käm hergefahren – / Wer möchte da nicht Fährmann sein? / Dann bög ich mich, ein sel'ger Zecher, / Wohl über Bord, von Kränzen schwer, / Und gösse langsam meinen Becher / Hinab in das verlassne Meer.‹«[75]

Der Poesie, der Literatur, der politischen Philosophie und natürlich der Geschichte galten die Interessen des Altkanzlers, der die aktuelle Politik mal amüsiert, mal im Zorn von der Seitenlinie beobachtete. Recht deutlich wurde er beispielsweise gegenüber Strauß, als dieser einmal mehr mit der bundesweiten Ausdehnung der CSU drohte.[76] Den interimistischen Fraktionsvorsitz hatte er zu diesem Zeitpunkt längst an seinen früheren Staatssekretär Karl Carstens weitergereicht. Dieser hatte sich in einer Kampfabstimmung am 17. Mai 1973 gegen Weizsäcker und Schröder durchgesetzt. Eine sensationelle Wahl, denn Carstens hatte erst 1972 die Konversion vom Beamten zum Politiker vollzogen. Daran hatte Kiesinger seinen Anteil gehabt, denn er hatte Carstens gedrängt, sich für dieses Amt zur Verfügung zu stellen.[77] Das verhinderte Schröder, der weit abgeschlagen auf dem dritten Platz landete. Um Carstens diesen Schritt in die Parteipolitik zu erleichtern, hatte Kiesinger sogar seinen Persönlichen Referenten, Hans Neusel, freigegeben, der dann 1979 mit Carstens ins Bundespräsidialamt wechseln sollte.

Danach wurde Kiesinger im Bundestag nur noch selten gesehen. Ende Mai 1974 hielt er noch einmal eine große staatsmännische Rede, wie selbst Scheel in einer privaten Äußerung anerkennend meinte. Leidenschaftlich trat Kiesinger für das europäische Einigungswerk ein, an dem mitgewirkt zu haben er als sein wichtigstes Vermächtnis sah.[78] Im Plenum trat er zum letzten Mal am 20. Juni 1974 auf, als er in der Debatte über den Vertrag mit der ČSSR ein letztes Mal auch die Klingen mit Herbert Wehner kreuzte.[79] Immerhin: Mit Carstens, Kohl und Weizsäcker sollten in den achtziger Jahren drei Christdemokraten die beiden wichtigsten politischen Ämter der Bundesrepublik Deutschland besetzen, deren politischer Aufstieg in die Ära Kiesinger fiel. Wenn sie auch aus eigenem Recht Karriere machten, so hatten sie alle drei in der einen oder anderen Weise die Protektion des Kanzlers der Großen Koalition genossen. Hingegen gelang keinem von Kiesingers einstigen Rivalen, weder Barzel noch Gerstenmaier, noch Schröder, noch Strauß der Sprung an die Spitze von Staat und Regierung. So konnte sich Altkanzler Kiesinger mit einer gewissen Genugtuung sagen, daß er, der von Adenauer in die Provinz Abgedrängte, selbst dahin gekommen war und seine einstigen »jungen Leute« nun an hervorragender Stelle das Schicksal der deutschen Politik mitbestimmten. Das galt übrigens auch für das Bundesverfassungsgericht, an dessen Spitze als Nachfolger Gebhard Müllers von 1971 bis 1983 mit Ernst Benda der einstige CDU-Innenminister der Großen Koalition amtierte.

Als Kanzler außer Diensten verlegte sich Kiesinger von der werdenden auf die gewesene Politik: auf die Geschichte. Es galt, das Erbe des Mannes lebendig zu halten, aus dessen Schatten herauszutreten keinem christdemokratischen Politiker seiner Generation gelungen war. Kiesinger übernahm den Vorsitz in der Stiftung Bundeskanzler-Konrad-Adenauer-Haus in Rhöndorf. Er konnte wieder ein wenig reden, reisen, repräsentieren; bei den Rhöndorfer Gesprächen diskutierte er mit seinen ehemaligen Kontrahenten und jüngeren Zeithistorikern über die Geschichte der Bundesrepublik und die Ära Adenauer, die mehr oder weniger die Phase seiner eigenen politischen Wirksamkeit gewesen war. In dem von Klaus Hildebrand verfaßten vierten Band der »Geschichte der Bundesrepublik Deutschland« sah Kiesinger seine Leistung als Kanzler angemessen gewürdigt. Zu Dirk Kroegel meinte er in Hinblick auf Hildebrands Opus, »man müsse eben nur alt genug werden, dann stelle sich die rechte geschichtliche Wirkung schon noch ein«. Schon zuvor hatte eine von Dieter Oberndörfer verfaßte Skizze seiner Kanzlerschaft Kiesingers Beifall gefunden.[80]

Nun blieb es noch zu zeigen, wie es aus seiner eigenen Sicht eigentlich gewesen war. Schon Anfang der siebziger Jahre hatte er an seinen Erinnerungen zu schreiben begonnen. Daraus sollte nun »etwas Rechtes« werden.[81] So wurde nie etwas daraus. Zunächst war Kiesinger flott bei der Sache, doch bald erlosch der Elan. Aufbauend auf einer Serie von lebensgeschichtlichen Interviews, wie sie die Rundfunkanstalten in weiser Voraussicht rechtzeitig von Personen der Zeitgeschichte machen, trat Kiesinger kurz vor Weihnachten 1974 in der *Bild am Sonntag* mit einer Artikelserie »So war es« vor die Öffentlichkeit.[82] Der vierteilige Artikel ist die einzige in sich geschlossene Darstellung der Kanzlerzeit aus Kiesingers Feder geblieben. Im Nachlaß finden sich noch einige Fragmente, die mehr oder weniger das kurz nach dem Verlust der Macht festgelegte Argumentationsmuster variieren und sich wesentlich mit der Ostpolitik und der Rolle der FDP beschäftigen. Nachdem er die aktive Politik glücklich hinter sich gelassen hatte, verflog sein Interesse, als Historiker seiner selbst und seiner Zeit die Gladiatorenkämpfe der sechziger Jahre nachzustellen.

Eines aber hat er doch noch verwirklicht: Die Geschichte seiner Kindheit, vor allem aber die »dunklen Jahre« im »Dritten Reich« aus seiner Sicht zu schreiben. Länger als ein Jahrzehnt rang Kiesinger um die Niederschrift. Dabei blieben die politischen Anfänge von 1949 bis 1958 Fragment. Sie wurden schließlich von seiner Tochter und seinem persönlichen Referenten postum in den Erinnerungen zusammengefügt. Der manchmal als *homme de lettre* apostrophierte Kiesinger war kein Mann des geschriebenen Wortes. So präzise und stilsicher der Redner aus dem Stegreif formulieren konnte, als Autor war er sich nicht gut genug. Seine rhetorischen Glanztaten hoffte er, im schriftlichen Lebenszeugnis zu wiederholen. Als Kenner der Literatur wollte er sich nicht mit einer nüchternen, faktenbezogenen Darstellung zufrieden zu geben. Sein Leben erschien ihm wie ein moderner Bildungsroman: große Vorbilder reizten zur Nachahmung. Reinhard Schmoeckel hat im Vorwort der Erinnerungen aus den Notizen Kiesingers zitiert, wo sich ein Wort über Goethes autobiographischen Essay *Kampagne in Frankreich* findet: »Ihr Bericht hat das hinreißendste allgemeine Interesse. Die Geschichte der Zeit ist an die persönlichen Erlebnisse nicht angereiht, sondern in sie eingeschlossen; der Teil enthält das Ganze.«[83]

Daß Kiesinger sich literarischen Nachruhm erhoffte, legt die weit ausladende Exposition seiner *Dunklen und hellen Jahre* nahe. Dort wird die Menschheitsgeschichte in die Naturgeschichte eingereiht, fließen die Ursprünge des Protagonisten aus den Quellen der europäischen Ströme Rhein und Donau. Schon die Einleitung beginnt mit dem orakelhaften Satz: »Der Jura ist ein verschwiegenes Gebirge.« Seine beiden Mitarbeiter, die Sekretärin Hella Wassmann, die mit ihm aus dem Kanzleramt gekommen war, und eben Schmoeckel, der seit 1973 wieder als Persönlicher Referent für Kiesinger arbeitete, wußten ganze Passagen des Textes in- und auswendig herzusagen.[84] Da Kiesinger sich nur bei Faktenrecherchen helfen ließ, ansonsten aber auf die professionelle Hilfe eines *ghostwriters* verzichtete, fielen die beiden wichtigsten Abschnitte seiner politischen Biographie, die Zeit als Ministerpräsident von Baden-Württemberg und als Bundeskanzler, sang- und klanglos unter den Tisch.

Seinen Beitrag zur Erklärung der »deutschen Katastrophe« hat Kiesinger also doch noch erbracht. Dabei hatte er die Jugend, die Nachgeborenen, auch seine sechs Enkel vor Augen – denn das in Amerika aufgewachsene »Fröschle« hatte den Großvater während eines Studienaufenthaltes in München sehr hartnäckig nach den »dunklen Jahren« zu befragen begonnen. Warum er und seine Generation an einem kritischen Punkt der deutschen Geschichte versagt hatten, diese Frage ließ ihn nicht los. Er wollte zeigen, warum er in die NSDAP eingetreten war – »nicht aus Begeisterung oder aus Opportunismus«, wie er es oft wiederholt hatte –, warum er sich als junger Mann zu der Hoffnung verstiegen hatte, man könne die Führerpartei von innen heraus auf einen gemäßigten Pfad lenken und katholisch-konservativ bändigen. »Die eifrigen jungen Leute«, so schrieb nicht ohne Zorn über die scheinbare Verständnislosigkeit der Jungen, »die heute, ein halbes Jahrhundert später, zu den damaligen Ereignissen kritisch Stellung zu nehmen pflegen, wissen zu wenig von dem, was seinerzeit geschah, welche Einblicke und Verhaltensmöglichkeiten sich dem Zeitgenossen boten.«[85]

Als die *Dunklen und hellen Jahre* ein Jahr nach Kiesingers Tod erschienen, wurde dieser kämpferische Duktus der Selbstrechtfertigung nicht allerorts goutiert. Immerhin: Niemand warf Kiesinger vor, er habe einen gnädigen Mantel des Vergessens über »jene Jahre« gebreitet. Sicher, über manchen neuralgischen Punkt ging Kiesinger bewußt hinweg, etwa die Tätigkeit als Korporationsführer der Askania. Manches aber sprach er nun deutlicher an, als er es zuvor getan hatte. Eine ehemalige Kollegin aus dem Auswärtigen Amt, die das Buch für die *Zeit* rezensierte, kam sogar zu dem Ergebnis, daß Kiesinger sich keinen Gefallen damit getan habe, »sein außerordentlich hohes Maß an Anpassungswillen und Anpassungsfähigkeit an jegliche Situation (und danach) auch noch zu dokumentieren«. Niemand würde »mehr als ein halbes Menschenleben« nach 1933 »noch Anstoß an einer solchen Jugendsünde nehmen, wenn Kiesinger darauf verzichtet hätte, seine politischen und beruflichen Verhaltensweisen in ›dunklen Jahren‹ mit den Mäntelchen ›Schlimmeres verhüten zu wollen‹ zu erklären.«[86]

Gewiß: Der dritte Kanzler wird stets umstritten bleiben, solange es keine einheitliche Sicht der Nachwirkungen des »Dritten Reiches« in der Bundesrepublik gibt. Weil Kiesinger, hierin Lübke vergleichbar, mit keinem wichtigen Projekt der westdeutschen Nachkriegsgeschichte identifiziert werden kann, ist er primär auf das Image des Mitläufers, des »Märzgefallenen« und Opportunisten im »Dritten Reich« festgelegt. Sie wundere sich nicht, daß Kiesinger in der Nachkriegszeit habe Karriere machen können, schrieb besagte Rezensentin, weil es in Deutschland viele Persönlichkeiten wie Kiesinger gäbe, »die intelligent, tüchtig und mit einem Spürsinn fürs ›gerade Erforderliche‹ ausgestattet« wären. Daß das demokratische Experiment der Bundesrepublik viel der Anpassungsfähigkeit von Persönlichkeiten wie Kiesinger verdankte, war in den späten achtziger Jahren keine konsensfähige Position. Vorhersehbar führen Ehrungen für Kiesinger bis heute zu Protesten, so beispielsweise 1976, als er Ehrenbürger der Universität Konstanz wurde[87], 1993, als der Platz in der Nähe des Stuttgarter Hauptbahnhofs seinen Namen erhielt[88], und schließlich 2004, als ihn seine Vaterstadt Albstadt-Ebingen zu seinem 100. Geburtstag mit einem Symposion und einer Platzbenennung ehrte.[89]

Gilt Kiesinger im linksliberalen Spektrum bis heute als eine anrüchige Figur, so hat seine Partei längst ihren Frieden mit ihm gemacht. Im Südwesten sind seine Verdienste als Baumeister des Landes und Gründer dreier Universitäten unumstritten. Seine Ministerpräsidentschaft gilt als Glanzzeit der baden-württembergischen Geschichte. In der Bundes-CDU hingegen setzte nach der Wende von 1982 das Umdenken in bezug auf den Ehrenvorsitzenden Kiesinger ein. Daran hatte Kohl persönlichen Anteil. Dieser setzte, seit er selbst Kanzler geworden war, mit Ehrungen für Kiesinger einen geschichtspolitischen Akzent. Waren die Glückwünsche zu Kiesingers 70. Geburtstag noch verhalten ausgefallen[90], wurden die Stimmen mit zunehmenden Jahren freundlicher. An seinem 75. Geburtstag versöhnte er sich mit Wehner, der Kiesinger seine Dankbarkeit und seinen Respekt bezeugte, wenn er es auch kaum für möglich hielt, so wie die »Dinge« sich entwickelt hätten, »einander erklären zu können, woraus die oder jene Entscheidung zu erklären oder zu verstehen ist«.[91]

Knapp vier Jahre vor seinem Tod wurde er von Helmut Kohl mit dem eingangs erwähnten großen Empfang zu seinem 80. Geburtstag geehrt. Dort – und einige Tage später noch einmal in Stuttgart – zog er die große Bilanz seines Lebens, die sein Publikum mit rhetorischem Glanz gefangen nahm. Sein wichtigstes Anliegen war und blieb die Wiedervereinigung in Frieden und Freiheit in einem geeinten Europa. Er sollte das gelobte Land nicht mehr erblicken. Anderthalb Jahre vor der friedlichen Revolution in der DDR und wenige Wochen vor seinem 84. Geburtstag verstarb Kiesinger am 9. März 1988 an Herzversagen in der Tübinger Universitätsklinik. Rund tausend Trauergäste gaben ihm bei einem Staatsakt in St. Eberhard in Stuttgart das letzte Geleit. Während Helmut Kohl ihn als einen »Baumeister der Republik« würdigte, nannte ihn Richard von Weizsäcker an seinem Sarg, einen »vom Geist geprägte[n] Politiker«. »Er hatte aber auch ein klares Verständnis von Macht. Er verstand mit ihr umzugehen: Nie aber wurde sie Selbstzweck oder

Ziel seines Wirkens. Er war sich ihrer Versuchungen bewußt und hielt sie auf Distanz.«[92]

Was die Versuchung der Macht bedeutete, das hatte Kiesinger vor 1945 hautnah miterlebt. Sein politisches Leben nach dieser Zeitenwende kann daher *auch* als ein Versuch einer Wiedergutmachung gewertet werden, so bruchstückhaft und unvollkommen sie der Natur der Sache nach auch nur bleiben konnte. Man wird dem erstaunlichen Erfolg der alten Bundesrepublik daher wohl nur in Anerkenntnis der Tatsache gerecht werden können, wie es sich Kiesinger schließlich selbst verklausuliert eingestand, daß gerade ein in ein totalitäres System verstricktes und daher notwendig politisch mitschuldig gewordenes Personal nach 1945 eine stabile demokratische Ordnung schuf.

Bilanz: 25 Thesen über Kiesinger

In populären Veröffentlichungen, aber auch in wissenschaftlichen Untersuchungen steht der Name Kiesinger als Chiffre unbewältigter Vergangenheit für die Elitenkontinuität vom nationalsozialistischen Deutschland zur Bundesrepublik. Er selbst verstand sich als ein vom Nationalsozialismus vergleichsweise unbelasteter Protagonist des demokratischen Wiederaufbaus nach 1945. Dieses Auseinanderklaffen von Selbst- und Fremdwahrnehmung, von innerer und äußerer Biographie verschärfte sich gegen Ende der sechziger Jahre, als er im Kanzleramt stand, und sollte sein Bild in der Geschichte entscheidend prägen. Die kritische Intelligenz, die sich in ihrem Anliegen nicht wahrgenommen fühlte, sah in Kiesinger ein geeignetes Objekt ihrer geschichtspolitischen Skandalisierungsstrategie. Die Ohrfeige von Beate Klarsfeld ist das prägnanteste Beispiel. Wie es um den historischen Kiesinger bestellt war, sei im folgenden bilanziert:

1. Der einem gemischt-konfessionellen Elternhaus entstammende Kiesinger wurde als junger Mann nur partiell in das Milieu des politischen Katholizismus hineinsozialisiert. Er durchlief zwar die Stationen des katholischen Bildungswesens, von der Konfessionsschule in Ebingen über das Katholische Lehrerseminar in Rottweil bis hin zur Mitgliedschaft in katholischen Jugendbünden und zwei katholischen Studentenverbindungen. Dennoch gab er, als er 1925 bei der Reichspräsidentenwahl zum ersten Mal sein Wahlrecht ausüben durfte, nicht dem katholischen Zentrumspolitiker Wilhelm Marx, sondern dem protestantischen Feldmarschall Paul von Hindenburg seine Stimme. Als Vertreter eines weltoffenen, modernen Katholizismus und reformorientiertes Mitglied seiner Berliner Verbindung, der Askania, hielt er auf Distanz zu den Zentrumsaltvorderen, stellte sich aber als Vernunftrepublikaner auch nicht auf die Seite der Feinde der Republik. Vielmehr legte er generationstypisch eine unpolitische Attitüde an den Tag. Frühreif im Mittelpunkt seiner Verbindung und seines Freundeskreises stehend, stach er unter Gleichaltrigen hervor. Doch sein Berliner Leben drehte sich weniger um die Politik als um das kulturelle Leben der Reichshauptstadt.

2. Kiesingers wenn auch unvollkommene katholische Sozialisation schuf Barrieren gegenüber dem völkischen Radikalismus, der unter national orientierten, durch Versailles und die »verkehrte Welt« der frühen zwanziger Jahre mobilisierten jungen Intellektuellen wachsende Anhängerschaft fand. Kiesingers politische Gedichte sowie ein programmatischer Aufsatz »Jugend 1928« für die Zentrums-Zeitung *Germania* veranschaulichen, daß er wichtige Prägungen mit der »Generation des Unbedingten« (Michael Wildt) teilte, die im Zweiten Weltkrieg das Rückgrat des NS-Vernichtungsapparats bildete. Dennoch war Kiesinger nie Teil dieser politischen Generation im Sinne der von Karl Mannheim entwickelten Kriterien. Er teilte mit ihr die Altersgleichheit, nicht aber ihren weltanschaulichen Radikalismus. Konfessionelle, soziale und auch regionale Herkunft hegten seinen jugendlichen Nationalismus und seinen Anti-Pluralismus ein. Er ergriff daher die sich ihm bietende Karrierechance 1933/34 nicht.

3. Kiesingers von der Mit- und Nachwelt spöttisch belächelte Aussage, er sei »nicht aus Überzeugung und nicht aus Opportunismus« in die NSDAP eingetreten, ist stichhaltig, wenn Überzeugung nationalsozialistische weltanschauliche Überzeugung meint. Die von Jaspers, Klarsfeld und anderen vorgetragene These, Kiesinger habe als junger Mann im Innersten die Grundsätze der NS-Ideologie geteilt, läßt sich nicht aufrechterhalten. Dennoch erfolgte der Eintritt in die NSDAP im Frühjahr 1933 insofern aus Überzeugung, als Kiesinger (wie viele andere) eine Bändigung des nationalsozialistischen revolutionären Elans für möglich hielt, ja im Sinne rechtskatholischer und national-konservativer Rahmungskonzepte für wünschenswert erachtete. Die Republik hatte er im Januar 1933 vermutlich schon abgeschrieben. Obwohl Primärquellen aus der Zeit des Parteieintritts 1933 fehlen, lassen die im Archiv der Askania aufgefundenen, in den sechziger Jahren verborgen gebliebenen Dokumente vom September 1933 keinen Zweifel, daß Kiesinger sich von der nationalen Aufbruchstimmung anstecken ließ und für das katholische Deutschland eine Rolle im »Dritten Reich« erblickte. Dabei paßte sich der 29jährige Kiesinger dem völkischen Sprachstil zeitweilig stark an.

4. Während der sogenannten Friedenszeit des »Dritten Reiches« bis 1938/39 zog sich Kiesinger in die berufliche und private Nische eines Rechtsanwalts und Repetitors zurück. Obwohl ihm als Prädikatsjuristen im Herbst 1934 alle Türen offengestanden hätten, wie die Karriereverläufe vieler gleichaltriger Juristen zeigen, verzichtete er auf eine Laufbahn als Staatsdiener. Viel spricht dafür, daß er spätestens mit dem »Röhm-Putsch« seinen politischen Irrtum erkannte, als sich im Juni 1934 die Wege Hitlers und seiner konservativen

Bündnispartner trennten. Deshalb weigerte sich Kiesinger, der NS-Standesorganisation der Juristen beizutreten. Privat arrangierte er sich mit loyaler Widerwilligkeit (Mallmann/Paul). Aufgrund seines Eintretens für Rechtsstaatlichkeit, das nicht mit einer demokratischen Ausgangshaltung zu verwechseln ist, wurde er im politischen Sinne zum stillen Gegner des Nationalsozialismus, der seine Kritik privat, im Kreis seiner Schüler und später in seiner dienstlichen Umgebung offenbarte. Er verfolgte einen Auswanderungsplan nach Südamerika, der an Widerständen der Familie scheiterte und sich auch aus finanziellen Gründen zerschlug. Der Leidensdruck war in seinem Fall nicht hoch genug, um mit seiner gewohnten Umgebung zu brechen.

5. Nach dem Gesagten ist deutlich, daß Kiesingers Verpflichtung in das Auswärtige Amt 1940 nichts mit einer Begünstigung durch Ribbentrop oder Goebbels oder NS-Parteistellen zu tun hatte, auch nicht mit karrieristischem Ehrgeiz, wie später behauptet wurde. Vielmehr suchte Kiesinger, seiner Einziehung zur Wehrmacht zuvorzukommen, indem er seinen Kriegsdienst bei einer Berliner Behörde ableistete. Dabei war ihm ein Schüler behilflich, der einer kommunistischen Widerstandsorganisation angehörte und später in der DDR Karriere machte. Im Auswärtigen Amt stieg Kiesinger zum stellvertretenden Abteilungsleiter der Rundfunkpolitischen Abteilung auf. Damit war er kein Subalternbeamter, aber auch keiner der »führenden Nazi-Propagandisten« (Klarsfeld). Seine Tätigkeit stand wesentlich unter den Auspizien des Machtkampfes zwischen Auswärtigem Amt und Propagandaministerium. Auch verlief sein Aufstieg parallel zum Abstieg seiner Abteilung, die im Laufe des Krieges wichtige Kompetenzen an eine gemeinsame Dachgesellschaft von Auswärtigem Amt und Propagandaministerium, die Interradio, verlor, in deren Aufsichtsrat Kiesinger als Vertreter seines Ministeriums saß. Hier wurde er über den nicht vollzogenen Erwerb eines Senders in der Nähe von Paris informiert, der mit einer Arisierung einhergegangen wäre. Es fehlt indes jeder Anhaltspunkt, der erlauben würde, Kiesinger in die Nähe des Judenmordes zu rücken.

6. Kiesinger setzte in seiner Position die Sprachregelungen der NS-Propaganda um, darunter auch antisemitische Propagandathesen in Rundfunksendungen in die USA. Zugleich bemühte er sich um eine Abschwächung dieser Propaganda mit zweckrationalen, auf eine Verbesserung der propagandistischen Wirkung abzielenden Argumenten. Das geschah auch, um in der Außenwahrnehmung eine Trennung zwischen deutschem Volk und NS-Regime zu fördern, wie dies auch Mitglieder des nationalkonservativen Widerstands motivierte. Diese Überlegungen führten zu einer Denunziation

Kiesingers durch zwei seiner Mitarbeiter, die ihn gegenüber der SS der Hemmung der Auslandspropaganda beschuldigten und als Träger defätistischer Tendenzen anprangerten. Diese Denunziation, die eine klare Distanz Kiesingers zur NS-Ideologie erkennen läßt, erfolgte nach dem 20. Juli 1944, als das Regime mit wachsendem Radikalismus auf Dissens in der deutschen Mehrheitsbevölkerung reagierte. So ist Kiesingers Verhalten weder mit dem Begriff des Schreibtischtäters noch mit dem des Mitläufers adäquat erfaßt. Ohne Widerstand im eigentlichen Sinne geleistet zu haben, legte er, bei aller Anpassung und partieller Mitwirkung an der Kriegspolitik des »Dritten Reiches«, aus einer national-konservativen, kritisch-distanzierten Haltung heraus ein deutliches Maß an Illoyalität und Resistenz gegenüber dem NS-Staat an den Tag.

7. Ein wichtiges Kapitel auf Kiesingers Weg zur Demokratie stellt die Entnazifizierung dar, die erstmals auf Basis bisher nicht zugänglicher Quellen rekonstruiert werden konnte. Daß Kiesinger während des Verfahrens für sich in Anspruch nahm, eine »weit verzweigte und außerordentlich erfolgreiche Widerstandsarbeit« geleistet zu haben, klingt wie eine peinliche Anmaßung. Es erklärt sich aus den problematischen Anforderungen der Entnazifizierungsgesetze, die nur demjenigen die Einstufung in die niedrigste Kategorie der Entlasteten erlaubten, der Widerstandshaltungen nicht nur glaubhaft versicherte – was Kiesinger gelang – , sondern zugleich den Nachweis führen konnte, daß er aufgrund dieser Widerstandhaltungen tatsächlich wirtschaftliche oder andere Nachteile erlitten hatte. Die argumentative Struktur der Entnazifizierung setzte sich in späteren öffentlichen Kontroversen um Kiesinger fort: Die grundsätzliche Schuldvermutung – bis zum Beweis des Gegenteils war der Beklagte »Nazi« – hat Kiesinger stets mit widerstandsähnlichen Handlungen zu entkräften gesucht. Daher wird von der fünffachen Entnazifizierung Kiesingers gesprochen – der ursprünglichen 1947/48 an seinem Wohnort in Scheinfeld, der zweiten 1950 in Goslar auf dem CDU-Gründungsparteitag, der dritten 1958 in Stuttgart vor der Wahl zum Ministerpräsidenten, der vierten 1966 bei der Bewerbung um das Kanzleramt und der fünften 1968/69, als der Fall Kiesinger eine unerwartete öffentliche Zuspitzung erhielt und erstmals nicht mit einer Entlastung endete.

8. Der *cantus firmus* von Kiesingers Nachkriegsbiographie ist der Aufbau einer Demokratie in Deutschland vor dem Hintergrund einer politischen, moralischen und historischen Bewältigung des Nationalsozialismus. Kiesinger stand für eine ältere, gemeinwohlorientierte Tradition demokratischen Denkens, band sich doch die frühe christliche Demokratie sehr dezidiert an einen Wertekanon, etwa im Sinne der damals geforderten Rechristianisie-

rung und abendländischen Rückbesinnung. Für Kiesinger als Mitglied einer Generation gebrannter Kinder stellten Brückenvokabeln, die vorgeblich auf die Zeit vor 1933 zurückgriffen, wie abendländische Werte, Föderalismus (im Unterschied zum nazistischen Zentralismus), Mehrheitswahlrecht und die Hochschätzung des Individuums attraktive Deutungsangebote zur Orientierung hin auf die parlamentarische Demokratie dar. Während Kiesingers späterer Partner in Konstanz, Ralf Dahrendorf, für die Ausweitung von Partizipationschancen und damit für eine Pluralisierung im Kontext eines von anglo-amerikanischen Vorstellungen geprägten *cold war liberalism* plädierte, suchte Kiesinger, wie seine späteren Ausführungen zum Föderalismus noch als Ministerpräsident zeigen, gesellschaftliche Gruppen, Schichten und Klassen auf eine etatistisch verstandene Demokratie hin zu integrieren. Geprägt durch seinen Lehrer Rudolf Smend in den zwanziger Jahren, dachte Kiesinger die Demokratie vom Staat her. Andererseits zeigt seine intensive Zusammenarbeit mit liberalen Reformern, daß sich in den hohen sechziger Jahren derartige Frontstellungen in der Praxis kaum auswirkten. Erst gegen Ende des Jahrzehnts führte eine rasche Reideologisierung zum Zerbrechen des liberalen Konsenses.

9. Daher beleuchtet Kiesingers Biographie auch den historisch wenig erforschten Nachkriegskonservatismus, für dessen pragmatische Wende er steht. Die Gründung der Universität Konstanz steht *pars pro toto* für die konservativen Wurzeln wichtiger Reformprojekte der sechziger Jahre, die gedanklich zum Teil in die zwanziger Jahre zurückreichten. Kiesinger wollte die baden-württembergische Bildungslandschaft gestalten. Er tat dies mit Argumenten, die fast unzeitgemäß wirkten. Das fiel damals nicht auf, weil der liberale Reformgedanke auch in der Christdemokratie als anschlußfähig galt und es letztlich um die Bewältigung praktischer Probleme ging. Vor diesem Hintergrund stellt sich Georg Pichts berühmte Artikelserie über die »deutsche Bildungskatastrophe« als eine flankierende Maßnahme zur öffentlichkeitswirksamen Unterstützung des von dem reformierenden Konservativen Kiesinger und seinem Kultusminister Wilhelm Hahn anvisierten Programms einer ehrgeizigen bildungspolitischen Expansion dar. Indem Kiesinger als Reformer deutlich Statur gewann, festigte er zugleich die politische Hegemonie seiner Partei im Südwesten. Mit diesem konservativen Reformpragmatismus gelang es, große Teile des im Südwesten traditionell zur FDP tendierenden protestantischen Bürgertums für die Union zu gewinnen. Daher stellen die von Kiesinger 1964 überzeugend gewonnenen Landtagswahlen einen Meilenstein auf dem Weg zur seither ungebrochenen politischen Dominanz der CDU in Baden-Württemberg dar.

10. Aus der Fülle der Einzelergebnisse ist es ein Anliegen dieser Arbeit, aus Kiesingers Zeit im Bundestag sein bisher wenig beachtetes Engagement als Rechtspolitiker hervorzuheben. Eine wichtige Rolle spielte er beim Zustandekommen des Gesetzes über das Bundesverfassungsgericht (1951). Das Verfahren der Richterwahl mit qualifizierter Mehrheit geht wesentlich auf einen von Kiesinger ausgehandelten Kompromiß zurück. Zum verspäteten Verfassungsvater avancierte Kiesinger auch bei den Verhandlungen über die Ausgestaltung des Vermittlungsausschusses von Bundestag und Bundesrat, den er mit aus der Taufe zu heben half und dessen ursprüngliche Geschäftsordnung er wesentlich formulierte. Den Stil und die Arbeitsweise dieser für die politische Praxis der westdeutschen Demokratie äußerst wichtigen Institution hat er auch als deren langjähriger Vorsitzender (1950-1957) entscheidend geprägt.

11. Als Außenpolitiker im frühen Bundestag war Kiesinger Sprachrohr Adenauers, auf dessen Politik der Westbindung er schnell einschwenkte und die er sich ganz zu eigen machte. Eine autonome außenpolitische Konzeption Kiesingers läßt sich im frühen Bundestag nicht ausmachen. Noch als Kanzler stand er im Banne des späten Adenauer, mit dem ihn freilich ein eher schwieriges menschliches Verhältnis verband. Ein neutralisiertes Gesamtdeutschland, wie es innerhalb der Union beispielsweise Jakob Kaiser befürwortete, hielt Kiesinger für ebenso riskant wie unrealistisch. Riskant, weil ohne die Amerikaner Westeuropa der militärischen Übermacht der Sowjetunion schutzlos ausgeliefert sein würde, unrealistisch, weil auch auf westlicher Seite, insbesondere in Frankreich, ein remilitarisiertes, wiedervereinigtes Deutschland als potentielle Bedrohung empfunden wurde. Früh begann Kiesinger zu verinnerlichen, was die Geschichtswissenschaft später gelegentlich als »doppelte Eindämmung« bezeichnete: Die Integration der Bundesrepublik in die westliche Gemeinschaft bedeutete Sicherheit *für und vor* Deutschland. Andererseits begann Kiesinger in den späten fünfziger Jahren Überlegungen zu äußern, die auf eine Anerkennung der Oder-Neiße-Linie hinausliefen und das Bündnis mit den USA langfristig zur Disposition stellten. Hier knüpfte er vorsichtig Kontakte nach Ostdeutschland.

12. Kiesingers außenpolitische Reden veranschaulichen die Janusköpfigkeit der fünfziger Jahre. Das wortgewaltige Eintreten für eine neue Diplomatie, eine Außenpolitik des moralischen Imperativs, nicht eine des »kaufmännisch-politischen Kuhhandels«, war ebenso zukunfts- wie vergangenheitsbezogen: Deutschland müsse die Chance ergreifen, sich »eine moralische Plattform« zu erobern, indem es sich effektiv von seiner früheren Geschichte distanziere. Im frühen Bundestag übte er diesen Duktus der weisen Selbstbeschränkung ein, der für den außenpolitischen Stil der Bundesrepublik charakteristisch wurde. Hier lassen sich Kontinuitätslinien bis in die späten sechziger Jahre ziehen, als Kiesinger, in seiner bedeutenden Rede zum 17. Juni 1967, mit der Formel von der kritischen Größe auf den Umstand zurückkam, daß die geopolitischen Beschränkungen deutscher Diplomatie letztlich geschichtliche Ursachen hätten. So wurde Europa die Antwort Kiesingers (wie vieler seiner Altersgenossen) auf das Versagen der älteren Deutschen in der Zwischenkriegszeit. Daß er die Chancen einer ostpolitischen Wende in den späten sechziger Jahren insgesamt skeptischer beurteilte als seine Mitkoalitionäre Brandt und Wehner, hatte auch mit seiner Sicht der auf Deutschland liegenden historischen Erblast und den daraus erklärlichen Empfindlichkeiten der europäischen Nachbarn zu tun.

13. Als Ende der fünfziger Jahre die Hoffnung auf eine Wiedervereinigung in immer weitere Ferne rückte, begann der 1954 zum Vorsitzenden des Auswärtigen Ausschusses aufgerückte Kiesinger unkonventionell nach neuen Wegen für die Lösung der deutschen Frage zu suchen. Da die Bundesrepublik 1955 in die NATO eingetreten war und die Bundestagswahlen 1957 die Westintegration plebiszitär eindrucksvoll bestätigt hatten, hielt Kiesinger die Zeit für eine außenpolitische Neuorientierung für gekommen. Die NATO wollte ihm »nicht als ein Dogma« erscheinen, sofern der Verzicht auf die militärische Westintegration eine Wiedervereinigung ermöglichen würde. Ende der fünfziger Jahre schien Kiesinger zu aus Unionssicht geradezu revolutionären Zugeständnissen bereit, wenn er Verhandlungen direkt mit der DDR-Regierung anstrebte und die Oder-Neiße-Linie als deutsche Ostgrenze im Rahmen einer gesamteuropäischen Integration zu akzeptieren sich bereit erklärte. Vor allem aber setzte in seiner Sicht eine Lösung der deutschen Frage einen breiten außenpolitischen Konsens im Inneren voraus. Sein Werben um eine Gemeinsame Außenpolitik mit der SPD lief allerdings nicht auf eine bilaterale Annäherung der außenpolitischen Standpunkte der beiden großen Parteien hinaus, wie Kiesingers innerparteiliche Gegner behaupteten, sondern darauf, einen Teil der SPD auf den Boden der von Adenauer geschaffenen Tatsachen zu ziehen.

14. Der innerparteiliche Konflikt um die Gemeinsame Außenpolitik nahm auf kleiner Flamme den späteren Streit zwischen Atlantikern und Gaullisten vorweg. Wie letzterer war dieser nicht frei von persönlichem Machtstreben. Kiesinger (wie Eugen Gerstenmaier) diente die Gemeinsame Außenpolitik als Sprungbrett, um sich für die Zeit nach Adenauer ins Gespräch zu bringen. Insofern waren die Ende der fünfziger Jahre verstärkt auftretenden Differenzen mit Adenauer, der aus wahltaktischen Gründen weiter auf einen klaren Polarisierungs- und Konfrontationskurs gegenüber der Oppositionspartei setzte, weniger inhaltlicher als taktischer und personalpolitischer Natur. Kiesinger versuchte, sich mit unkonventionellen Vorschlägen als personelle Alternative zu Adenauer in Szene zu setzen, was seine politischen Perspektiven unter dem ersten Kanzler deutlich begrenzte. Nachdem seine Karriere Mitte der fünfziger Jahre stockte und er bei der Kabinettsbildung 1957 unter höchst blamablen Umständen erneut übergangen worden war, nahm er Ende 1958 das Angebot an, Ministerpräsident von Baden-Württemberg zu werden. Dort machte er dann eine sehr erfolgreiche Landespolitik, während sich die übrigen Adenauer-Epigonen in ihrem Kampf um die Macht zerfleischten. 1966 kehrte Kiesinger dann unramponiert von den Nachfolgekämpfen um das Erbe Adenauers wie ein *deus ex machina* an die Spitze der Bonner Politik zurück.

15. Kiesingers Ministerpräsidentschaft 1958-1966 stand anfangs unter dem Primat der Integrationspolitik. Er setzte sein Engagement für den Südweststaat fort, bei dessen Zustandekommen er im frühen Bundestag eine wichtige Rolle gespielt hatte. In der Integrationspolitik wird ein für Kiesinger charakteristischer politischer Ansatz deutlich. Anders als sein Vorgänger Gebhard Müller, der auf eine verfassungsrechtliche Bewältigung des badischen Problems setzte, zielte Kiesinger auf die Schaffung einer gesamtstaatlichen baden-württembergischen Identität. Bei seinem unermüdlichen Werben für den Südweststaat kam ihm das allmähliche Abschmelzen traditioneller Milieubindungen entgegen, das die soziale Basis der altbadischen Bewegung unterminierte. Zugleich schuf er mit Investitionsentscheidungen Tatsachen vor Ort. Die Gründung einer Universität in Konstanz besaß auch eine integrationspolitische Komponente, weil derartig kapitalintensive Projekte eine Desintegration des Landes unwahrscheinlicher machten. Kiesingers politisches Kalkül ging auf. Der badische Bodensee wurde von der altbadischen Bewegung abgespalten, die sich bald nur noch in ihren Hochburgen um Freiburg und im mittelbadischen Raum behaupten konnte.

16. Während Kiesingers Ministerpräsidentschaft erreichte die konservative Reformpolitik der sechziger Jahre ihren ersten Höhepunkt in Baden-Württemberg. Als Konservativer wollte Kiesinger bewahren und entwickeln, nicht bloß machen und gestalten. Er hoffte, durch die Gründung dreier Universitäten das elitäre Humboldtsche Ideal für die Gegenwart fruchtbar zu machen, setzte sich aber zugleich für die später sozial-liberal konnotierte Forderung nach »Bildung als Bürgerrecht« (Dahrendorf) ein. Durch eine zunehmend von quantitativen Anforderungen her gesteuerte Expansion des Bildungssystems wurde der qualitative Reformgedanke jedoch bald überwältigt. Noch deutlicher wird die Janusköpfigkeit seiner Modernisierungspolitik im Natur- und Umweltschutz, den Kiesinger als einer der ersten westdeutschen Politiker bereits Anfang der sechziger Jahre als Politikum entdeckte. Bei der Auseinandersetzung um die Schiffbarmachung des Oberrheins steuerte er dem technokratischen Machbarkeitsdenken bewußt entgegen und verhinderte so einen Kanalbau bis zum Bodensee. Andererseits setzte er sich, ungeachtet seines dezidierten Kampfes gegen Luft- und Wasserverschmutzung, konsequent für den Ausbau des Straßen- und Autobahnnetzes ein – mit nachhaltigen Folgen für Landschaft und Lebensverhältnisse –, ebenso wie er die Entwicklung der Atomenergie förderte.

17. Kiesingers Wahl zum Kanzler signalisierte eine innerparteiliche Gewichtsverlagerung innerhalb der CDU nach Südwesten, womit die Hegemonie der unter Adenauer tonangebenden rheinischen CDU endgültig zerbrach. Kiesingers frühere Bonner Kandidaturen hatten auch an der Zersplitterung der Südwest-Union in vier Landesverbände gekrankt. 1963 war sein Hausmachtprojekt eines einheitlichen Landesverbandes gescheitert. 1966 aber stand die baden-württembergische CDU, die sich lange in den nationalen Führungsgremien der Partei unterrepräsentiert gesehen hatte, einmütig hinter Kiesinger. Dank der Unterstützung des rheinland-pfälzischen Landesverbandes unter Helmut Kohl und der bayerischen CSU setzte er sich gegen die beiden nördlichen Kandidaten, Schröder und Barzel, durch. Der als ausgleichend und für seine Kontakte zu führenden SPD-Politikern bekannte Kiesinger galt als der für eine Große Koalition am besten geeignete Kanzlerkandidat, zumal im November 1966 nur wenige führende Unionspolitiker für eine Wiederbelebung der christlich-liberalen Koalition plädierten.

18. Nach seiner Wahl zum Bundeskanzler ging Kiesinger geschichtspolitisch in die Offensive und stellte, durchaus im Einklang mit der überwiegenden öffentlichen Meinung, sein Kabinett als ein Kabinett der nationalen Versöhnung dreier Vergangenheiten heraus, die er als ehemaliges Mitglied der NSDAP, Willy Brandt als ehemaliger Emigrant und Herbert Wehner als ehemaliger Kommunist repräsentierten. Erntete er dafür im Herbst 1966 noch breite Zustimmung, so wurde anderthalb Jahre später eine derartige Selbstrechtfertigung als unerträglich empfunden. Die von seinen politischen Gegnern betriebene Renazifizierung seiner Person zeigt anschaulich, wie dramatisch sich die Maßstäbe in der Beurteilung der NS-Vergangenheit Ende der sechziger Jahre verschoben. Hatte Kiesinger zum Zeitpunkt seiner Wahl zum

Bundeskanzler im Dezember 1966 noch als ein relativ weltoffener, moderner Politiker gegolten, so erschien er plötzlich – im wahrsten Sinne des Wortes – wie ein Relikt aus einer vergangenen Epoche, die nicht vergehen wollte.

19. Die Auseinandersetzungen um Kiesingers NS-Vergangenheit sind nicht allein Teil einer geschichtskulturellen Selbstverständigung der Westdeutschen über den Nationalsozialismus. Sie waren immer auch Partei- und Machtpolitik, nicht allein Geschichtspolitik, sondern Politik mit der Geschichte und Instrument des Machtkampfes. Als solches hatte sie den innerparteilichen Gegnern Kiesingers wiederholt gedient. Auch die Außerparlamentarische Opposition um 1968 verfolgte politische Ziele im Rahmen des von ihr bevorzugten Modells der Faschismustheorie, das ihr als eine adäquate Beschreibung der Verhältnisse in der Bundesrepublik erschien. Zwei der bekanntesten Kiesinger-Kritiker, Günter Grass und Beate Klarsfeld, zielten jedoch primär auf eine Kanzlerschaft des Emigranten Brandt ab. Beiden ging es um einen »Schlußstrich« zwischen der jeweils eigenen und der schuldhaft gewordenen Generation Kiesingers. Beide suchten sich aus der von ihnen so empfundenen Kollektivhaftung für den Nationalsozialismus zu verabschieden und hoben den Unterschied zwischen Täter- und Opfervolk auf. Daß die Ohrfeige als ein deutscher Erinnerungsort im bundesrepublikanische Gedächtnis Spuren hinterlassen hat, hatte auch mit den unmittelbaren, empörten Reaktionen der etablierten Kräfte zu tun – die auf diesen Angriff, wie überhaupt auf die Provokationen der Protestbewegung der Jahre um 1968 mit konfrontativer Rhetorik reagierten und so die mediale Resonanz verstärkten.

20. Es wird auch an Kiesingers Biographie sichtbar, daß in das Jahr 1968 ein Wendepunkt der *politischen* Geschichte der Bundesrepublik fällt. Noch im Januar 1968 hatte sich Kiesinger von der Tatsache bestärkt gesehen, daß er sich gegen seine innerparteilichen Kritiker mit der Aufnahme diplomatischer Beziehungen zu Jugoslawien hatte durchsetzen können. Kiesinger hoffte auf eine erfolgreiche Fortsetzung seiner Kooperation mit Brandt, mit dem er über weite Strecken der Jahre 1966 bis 1969 ostpolitisch mehr gemeinsam hatte als mit dem Gros der außenpolitischen Experten seiner eigenen Fraktion. Hier machte der Nürnberger Parteitag der SPD der Führung der Großen Koalition einen Strich durch die Rechnung. Die SPD-Parteispitze sah sich angesichts verheerender Landtagswahlniederlagen unter dem Druck der eigenen Basis gezwungen, auf Distanz zum Projekt der Wahlrechtsreform zu gehen. Nach deren Scheitern wurden Differenzen auch in der Ostpolitik deutlicher hervorgekehrt. Große Teile der CDU, die der Neuen Ostpolitik von Anfang an skeptisch, wenn nicht ablehnend gegenübergestanden hatten, trugen diese nun endgültig nicht mehr mit. Den entscheidenden Wendepunkt in der Ostpolitik stellte der Einmarsch der Warschauer-Pakt-Staaten in die ČSSR 1968 dar. Nun kehrte die Union mehrheitlich, und gegen Kiesingers Wunsch, zur Rhetorik des Kalten Krieges zurück. Dies wiederum verstärkte auf SPD-Seite den Trend zur Verständigung mit den Freidemokraten. Wie sehr der CDU-Vorsitzende Kiesinger als Kanzler Politik gegen seine eigene Partei machen mußte, wurde auf dem CDU-Bundesparteitag im November 1968 deutlich. Sein Urteil, von der Großen Koalition profitiere vor allem die Union, fand immer weniger Anhänger.

21. Dennoch gelang es der von Kiesinger geführten Regierung, außenpolitisches Terrain für die Bundesrepublik gutzumachen: Der Austausch von Botschaftern mit Jugoslawien durchbrach endgültig die Hallstein-Doktrin, und Kiesingers Entscheidung, im Juni 1967 einen Brief des ostdeutschen Ministerpräsidenten Willi Stoph anzunehmen – was die Vorgängerregierungen strikt abgelehnt hatten – , schuf einen Präzedenzfall. An einen dramatischen ostpolitischen Durchbruch war aber nicht zu denken, weil sich die Sowjetunion in ihrer hegemonialen Position durch den Prager Frühling vehement herausgefordert fühlte und sich dem Gespräch mit Bonn fast bis zuletzt verweigerte. Auch im Hinblick auf das Verhältnis zu den westlichen Verbündeten war die Bilanz der Großen Koalition gemischt. Nur bedingt erwies sie sich als zuverlässige »Reparaturwerkstatt« (Kiesinger). Das Verhältnis zu den USA war aufgrund massiver persönlicher Differenzen zwischen Kiesinger und Johnson belastet und fand erst mit Nixon zur Normalität zurück. Mit Frankreich gelang anfangs eine deutliche atmosphärische Verbesserung. Doch die Erschütterungen des Jahres 1968, angefangen von der nordvietnamesischen Tet-Offensive über die Gold-Krise, die weltweite Studentenrevolte und den Prager Aufstand führten zu einer tiefen deutsch-französischen Krise. Kiesinger hoffte, die Flaute in bewährter Manier auszusitzen. Viel Zeit dafür blieb nicht. Erst mit de Gaulles Abtritt Anfang 1969 trat ein Silberschein an den Horizont der europäischen Integration.

22. Eine Bewertung von Kiesingers Kanzlerschaft darf nicht darüber hinwegsehen, wie seine Persönlichkeit öffentlich dargestellt und wahrgenommen wurde. Die liberalen Leitmedien, vor allem die Hamburger Trias *Spiegel – Stern – Zeit*, aber auch die *Frankfurter Rundschau*, der *Kölner Stadt-Anzeiger* und die *Süddeutsche Zeitung*, öffneten sich der schon Mitte 1967 in Ansätzen erkennbaren, von dem sozialdemokratischen Parteistrategen Horst Ehmke Anfang 1968 auch theoretisch ausformulierten Strategie des begrenzten Konflikts. Der populäre und, wie sich in sechs Landtagswahlen zeigte, auch als Wahlkämpfer recht erfolgreich agierende Kanzler wurde als zögerlich und entscheidungsschwach demontiert. Allerdings hat Kiesinger diese nur zum Teil berechtigte Kritik durch seinen Führungsstil ermuntert. Er machte sich angreifbar, weil er, wenn auch aus politischem Kalkül, als Vermittler nicht entscheidungsreife Fragen ausklammern mußte. Die Strategie des begrenzten Konflikts nutzte die entscheidende Schwachstelle eines Kanzlers einer Großen Koalition, der nur durch Kompromiß und Moderation zum Ziel kommen kann. Dies schwächte seine Stellung gerade auch innerhalb der in ihrem Bild politischer Führung von der orthodoxen Adenauerschen Kanzlerdemokratie geprägten CDU/CSU. Daß Kiesinger mit seinem kooperativen Ansatz richtig gelegen hatte, zeigte sich 1969. Als er in der »kambodschanischen Frage« und im Streit um die Aufwertung der DM auf seine Richtlinienkompetenz pochte, zerbrach die Koalition.

23. Bemessen an der Zahl der verwirklichten Vorsätze und Versprechen war die erste Große Koalition die erfolgreichste Regierung Westdeutschlands. Der Haushalt wurde saniert und ein umfangreiches Reformprogramm in die Wege geleitet, wenn auch viele der damals durchgesetzten sozialpolitischen Errungenschaften der Großen Koalition teilweise revidiert worden sind, wie beispielsweise die als gesellschaftspolitischer Durchbruch gewertete Lohnfortzahlung im Krankheitsfall. Auch das BAföG war ganz nach dem Geschmack Kiesingers, der mit der durch den Hochschulbau motivierten und schon zuvor von ihm als Ministerpräsident geforderten Einfügung der Gemeinschaftsaufgaben in das Grundgesetz die vertikale Gewaltenverschränkung zwischen Bund und Ländern bedenklich zu verschärfen half. Im Wettbewerb der Bildungssysteme ließ sich Kiesinger gerade nicht von der marktwirtschaftlichen Orientierung in den USA leiten, deren Universitäten er aus eigener Anschauung kannte. Dennoch färbte der lange Zeit schlechte Ruf der Großen Koalition auf das Bild ihres Kanzlers ab. Dies hatte auch mit den geschichtspolitischen Strategien der großen Parteien zu tun, die sich aus unterschiedlichen Gründen nicht mehr gerne an die gemeinsame Regierungsverantwortung zwischen 1966 und 1969 erinnerten. Auch deshalb ging Kiesinger als »vergessener Kanzler« in die Geschichte ein.

24. Zum Machtwechsel von 1969 trug Kiesinger selbst bei, weil er sich der konservativen Tendenzwende in seiner Partei nicht mit aller Macht entgegenstemmte und sich von Franz Josef Strauß zum politischen Gefangenen machen ließ, als dieser (in Vorwegnahme des berühmten Kreuther Beschlusses von 1976) im Sommer 1968 mit der Aufkündigung der Fraktionsgemein-

schaft und der bundesweiten Ausdehnung der CSU drohte. Da die Große Koalition ihre innenpolitische Agenda – mit Ausnahme der Wahlrechtsreform – weitgehend verwirklicht hatte und sich damit selbst zunehmend überflüssig machte, wurde die im Wahlkampf 1969 keine große Beachtung findende Ostpolitik koalitions- und damit richtungsentscheidend. Die FDP, die von ihrem Vorsitzenden Walter Scheel frühzeitig auf das neue Bündnis festgelegt worden war, wollte nicht zur christlich-liberalen Außenpolitik vor 1966 zurück. Kiesinger wurde zum Verlierer eines Koalitionspokers und schied mit Bitterkeit aus einem Amt, von dem er selbstbewußt annahm, daß er es nicht lange genug innegehabt hatte, um seine Vorstellungen umsetzen zu können. Nachdem er 20 Jahre lang stets auf der Seite der Mehrheit gestanden hatte, tat er sich beim Abschied von der Macht und dem Weg in die Opposition schwer, wenn er auch in der Theorie die Notwendigkeit des demokratischen Wechselspiels zwischen den politischen Lagern akzeptierte.

25. Kiesingers Lebensweg, von der Schwäbischen Alb über die Stationen des katholischen Verbindungswesens in Weimar, das »Dritte Reich«, die Entnazifizierung, die Rekonstruktionsepoche der fünfziger Jahre bis in die Reform- und Umbruchsphase der hohen und der späten sechziger Jahre, bietet mehr als den Stoff einer klassischen Politikerbiographie. Unübersehbar sind starke Ironien, denn Kiesinger, der Rechtslehrer und Repetitor, strebte in zeittypischer Emphase nach einer Symbiose von Politik und Geist. Doch waren es gerade kritische Intellektuelle, die ihn heftig befehdeten. Er suchte nach einem ganzheitlichen Ansatz in der Politik und mußte sich, in seinem Selbstverständnis immer ein wenig bürgerlicher Honoratiorenpolitiker, mit den Detailproblemen einer zunehmend von Apparaten und Bürokratien in Gang gehaltenen Tagespolitik mühen und plagen. Er dachte intensiv über die Grundlagen der Demokratie nach, doch ließ seine demokratische Konversion die Untiefen nicht vergessen, auf denen dieses zweite, nationale demokratische Experiment auf deutschem Boden gründete. Insofern spiegelt Kiesingers Lebensweg zwischen den Zeiten – dem alten und dem neuen Deutschland, der alten Adenauerschen und der neuen, sozial-liberal umgegründeten Republik – einen nicht völlig uncharakteristischen deutschen Weg im 20. Jahrhundert wider: die Erfolgsgeschichte des westdeutschen Teilstaates in seiner atlantischen und europäischen Prägung, dessen demokratischer Durchbruch eben nur vor dem Hintergrund der Anpassungsfähigkeit der gebrannten Kinder der Epoche vor 1945 verstanden werden kann.

Dank

Dieser Kiesinger-Biographie liegt eine Arbeit zugrunde, die im April 2004 von der Philosophischen Fakultät der Universität Heidelberg als Habilitationsschrift angenommen wurde. Damals war noch nicht absehbar, daß Union und SPD zum zweiten Mal in der Geschichte der Bundesrepublik das Wagnis einer Großen Koalition eingehen würden. Der oft als vergessener Kanzler apostrophierte Chef der ersten Großen Koalition von 1966 bis 1969 ist daher seinem Namen nach weiten Kreisen erneut bekannt. Daß seine Lebensgeschichte über diese Tagesaktualität hinaus von Interesse ist, weil sie einen gewundenen und nicht ganz untypischen Pfad durch das deutsche 20. Jahrhundert beschreibt, hofft diese Arbeit zu zeigen.

Auf dem langen Weg zu diesem Buch wurde ich von vielen Menschen begleitet. Mein Dank gilt an erster Stelle meinem akademischen Lehrer, Herrn Prof. Dr. Dr. h.c. Detlef Junker, der diesem Projekt und damit der deutschen Zeitgeschichte am Curt-Engelhorn-Lehrstuhl für Amerikanische Geschichte der Universität Heidelberg den nötigen Freiraum gewährte. Prof. Dr. Eike Wolgast vom Heidelberger Historischen Seminar danke ich für das Zweitgutachten und die eingehende Kritik. Auch den übrigen Mitgliedern der Habilitationskommission, Prof. Dr. Klaus von Beyme, Prof. Dr. Lothar Ledderose, Prof. Dr. Reinhard Mußgnug, Prof. Dr. Liselotte E. Saurma und Prof. Dr. Edgar Wolfrum danke ich für ihre Mühen.

Im Archiv für Christlich-Demokratische Politik der Konrad-Adenauer-Stiftung in St. Augustin bin ich dessen Leiter, Herrn Dr. Günter Buchstab, und dessen Stellvertreter, Herrn Prof. Dr. Hans-Otto Kleinmann, für vielfältige Unterstützung dankbar. Sie stießen das Tor zu den Aktenbeständen auf, brachten mich mit Zeitzeugen in Verbindung und halfen mir mit fachlichem Rat. Frau Dr. Angela Keller-Kühne, Frau Dr. Brigitte Kaff und Herr Konrad Kühne haben mich in bezug auf einzelne Bestände kompetent beraten. Im Hauptstaatsarchiv Stuttgart danke ich dem Leiter des Ministerialarchivs, Herrn Dr. Albrecht Ernst, für die ausgezeichnete Kooperation; im Landtag von Baden-Württemberg Herrn Dr. Günter Bradler; in der Pressedokumentation des Deutschen Bundestages Herrn Markus Lingen; im Staatsarchiv Ludwigsburg Herrn Dr. Stephan Molitor; im KV-Archiv in Mönchengladbach

DANK

Herrn Dr. Wolfgang Löhr; im Stadtarchiv Albstadt Herrn Dr. Peter Thaddäus Lang.

Finanzielle Förderung gewährte die Deutsche Forschungsgemeinschaft mit einer Sachmittelbeihilfe. Durch die Alexander von Humboldt-Stiftung wurde ein Forschungsaufenthalt am German-American Center for Visiting Scholars in Washington ermöglicht. Prof. Dr. Christof Mauch sei für die Gastfreundschaft herzlich gedankt. Ein Moody Grant der Lyndon Baines Johnson Foundation erleichterte die Recherchen in der LBJ Library in Austin. Die Drucklegung dieser Arbeit wurde durch Zuwendungen von Herrn Dr. Otto Rundel (Karlsruhe) und der Schurman-Stiftung (Heidelberg) erleichtert. Herrn Ehrensenator Rolf Kentner (Mannheim) bin ich für mehrfache Unterstützung dankbar.

Die Arbeit profitierte von der Gesprächsbereitschaft vieler Zeitzeugen: Zuvörderst zu nennen sind die Kinder von Kurt Georg und Marie-Luise Kiesinger: Viola Wentzel geb. Kiesinger und ihr Ehemann Volkmar (Washington) sowie Peter Kiesinger (Karlsruhe), der mir Zugang zum Privatnachlaß seines Vaters gewährte, und seine Familie; sodann die ehemaligen Mitarbeiter und Mitarbeiterinnen Kiesingers: Prof. Dr. Hans-Albrecht Schwarz von Liebermann (Bonn), Oberbürgermeisterin a.D. Ursula Flick (Osnabrück), Gisela und Dr. Reinhard Schmoeckel (Bonn); Präsident i.R. Dr. Otto Rundel (Karlsruhe), Staatssekretär a.D. Dr. Hans Neusel (Bonn), Botschafter a.D. Dr. Erwin Wickert (Oberwinter) und Botschafter a.D. Dr. Frieder Ruth (Bonn). Auch Herrn Ministerpräsident a.D. Dr. h.c. Erwin Teufel (Zimmern ob Rottweil) und Herrn Senator e.h. Dr. Klaus H. Scheufelen (Oberlenningen) danke ich für umfassende Auskünfte. Für weitere Informationen bin ich Schulamtsdirektor a.D. Adolf Klek (Balingen), Dr. Margarethe Kuppe (Hechingen), Staatsminister a.D. Anton Pfeifer (St. Augustin), Dr. Albrecht Pünder (Köln) und Hella Wassmann (Bonn) dankbar. Wichtige Facetten trug das Zeitzeugen-Publikum des Krone/Ellwanger-Kreises bei. Herr Präsident a.D. Prof. Dr. Josef Stingl (†) hat meine Kiesinger-Kenntnisse mit lebendigen Erinnerungen bereichert.

Kritik und Anregungen stammen von zahlreichen Kolleginnen und Kollegen, allen voran Dr. Tim Geiger (Berlin), mein Mitstreiter aus langen St. Augustiner Archivtagen, sowie Dr. Martin Klimke (Heidelberg), Dr. Peter Thaddäus Lang (Albstadt), Anette Neff (Darmstadt) und Dr. Otto Rundel (Karlsruhe), die das Manuskript Korrektur lasen. Zu einzelnen Kapiteln der Arbeit äußerten sich: Dr. Michael Feldkamp (Berlin), Dr. Frank Raberg (Neresheim) und Prof. Dr. Joachim Scholtyseck (Bonn). Für spezielle Auskünfte danke ich PD Dr. Oliver Bange (Mannheim), Prof. Dr. Andreas Daum (Buffalo), Prof. Dr. Astrid Eckert (Atlanta), Samuel Joachim Eichhorn (Hamburg), Thomas

Gijswijt (Heidelberg), Dr. Wolfgang Hölscher (Bonn), Dr. Jens Kuhlemann (Berlin), Holger Klitzing (Heidelberg), Prof. Dr. Thomas W. Maulucci (Fredonia), Dr. Wilfried Mausbach (Heidelberg), Prof. Dr. Dr. h.c. Dieter Oberndörfer (Freiburg), Dr. Thomas Schnabel (Stuttgart), Prof. Dr. Alan Steinweis (Lincoln), Prof. Dr. Hartmut Soell (Heidelberg) und Dr. Joachim Wintzer (Bonn). Das Lektorat lag in den guten Händen des Altmeisters der zeitgeschichtlichen Lektoren der Bundesrepublik, Herrn Ulrich Volz, dem für sein Engagement herzlich gedankt sei.

Logistische Unterstützung leisteten die Hilfskräfte und Mitarbeiter am Curt-Engelhorn-Lehrstuhl sowie am Heidelberg Center for American Studies, insbesondere Frank Beyersdorf, Christian Jäkel und Christian Jauch, aber auch Danijela Albrecht, Barbara Duttenhöfer, Daniela Eisenstein, Alexander Emmerich, Katrin Hammerstein, Noemi Huber, Christian Müller, Claudia Müller, Katja Nagel, Christiane Roesch, Daniel Sommer, Ole Wangerin und Katja Wezel. Für EDV-Support sorgten Paulus Esterhazy, Christian Haller, Matthias Kirchner, Basti Rieck und Sebastian Werner. Holger Löttel (Bonn) unterstützte mich bei der Aktenrecherche in College Park. Die Einsamkeit und Freiheit während langer Archivaufenthalte verkürzten Freunde und Gastgeber: In Bonn die unbeschwerten Mitglieder des W.K.St.V. Unitas-Rhenania sowie Dr. Hubert Zimmermann; in Berlin meine Schwestern Charlotte und Juliane Gassert und ihr Mann Klaus Haetzel sowie Dr. Marianne Czisnik und Prof. Dr. Rüdiger Ernst; in Washington J-Lee Newell und Steve Smith sowie Lynette und Manuel Mattke und ihre Familien.

Der größte Dank geht an unseren Freundeskreis, an meine Eltern und Schwiegereltern, ganz besonders aber an meine Familie, die den schwäbischen Hausgenossen jahrelang gastfreundlich in unserer Mitte aufnahm. Meine Frau Kirsten Waibel-Gassert, der ich dieses Buch in Dankbarkeit widme, sowie unsere Kinder Urte-Anna, Egmont, Thekla-Louise und Richard sahen sich darin bestätigt, daß der Abschluß eines Projekts den Beginn eines neuen Projekts bedeutet. Sie haben diese Vorstellung mit Gleichmut zu tragen gelernt, und ich weiß mich ihrer weiteren Unterstützung gewiß.

Heidelberg, im Dezember 2005   Philipp Gassert

Anmerkungen

Einleitung: Kanzler zwischen den Zeiten

1 »›Kiesinger ist eine Beleidigung‹. Karl Jaspers geht hart mit Kanzler und Bundesregierung ins Gericht«, *Frankfurter Rundschau*, 4. Januar 1967; Text in Bundespresseamt, DFS, 2. Januar 1967, 20.15 Uhr, BAK, B145/4002.
2 *Jaspers*, Wohin treibt die Bundesrepublik? S. 182f.; zu Jaspers' politischen Schriften *Beyme*, Jaspers, in: Heß u.a., Heidelberg 1945, S. 133ff.
3 Bauer an Jaspers, 11. Januar 1967, *Rosa*, Jaspers/Bauer, S. 80f.; Bauer lehrte seit 1943 als Ordinarius der Chirurgie in Heidelberg und hatte mit Kiesingers Unterstützung 1964 das Deutsche Krebsforschungszentrum in Heidelberg begründet, zur Kooperation mit Jaspers *Wolgast*, Bauer, in: Heß u.a., Heidelberg 1945, S. 107f.
4 Wickert an Jaspers, 7. Januar 1967, *Oberndörfer*, Begegnungen, S. 121ff.; siehe *Wickert*, Mut und Übermut; ders, Glückliche Augen; Wickert war Anfang 1967 Vortragender Legationsrat I. Klasse und Leiter des Referats »Strukturfragen des Ostens« im Auswärtigen Amt, AAPD 1967/III, S. 1760, später Gesandter in London und Deutscher Botschafter in Bukarest und Peking.
5 Zusammenfassend *Frei*, Karrieren, 303ff.; *Schildt/Siegfried/Lammers*, Dynamische Zeiten, S. 77ff, S. 114ff., S. 148ff.; *Herbert*, Wandlungsprozesse, S. 43f., S. 179ff., S. 214ff.; *Loth/Rusinek*, Verwandlungspolitik.
6 Vgl. *Döscher*, Verschworene Gesellschaft, S. 303ff.; zur Kriegsjugend *Wildt*, Generation, S. 41ff.
7 *Herbert*, Rückkehr in die Bürgerlichkeit, S. 162
8 Jaspers an Emmer, 12. Mai 1967, ACDP, I-226-432.
9 Jaspers an Bauer, 21. Januar 1967, *Rosa*, Jaspers/Bauer, S. 81f.
10 *Jaspers*, Antwort, S. 216; 222.
11 Dazu der Essay von *Kielmansegg*, Lange Schatten.
12 So *Wickert* erneut dezidiert im zweiten Band seiner Erinnerungen, Glückliche Augen, S. 246ff. (das Kapitel trägt die Überschrift »Ob Kurt Georg Kiesinger ein Nazi gewesen war«).
13 Vgl. *Baukloh*, Dritter Bundeskanzler, S. 42; ausführlich unten »Das nationalsozialistische Europa«.
14 Zu Baukloh vgl. Köppler an Barzel, 1. Februar 1965, BAK, N 1371/197.
15 *Schnabel*, Mißbrauchte Mikrophone, S. 190.
16 Vgl. *Mensing*, Adenauer im Dritten Reich; *Schwarz*, Adenauer I.
17 Vgl. *Becker*, Ermächtigung; *Scholtyseck*, Bosch, S. 350ff.
18 *Hentschel*, Erhard, S. 24ff.; *Roth*, Ende eines Mythos.
19 *Morsey*, Lübke, S. 74f.
20 *Mende*, Wende, S. 404; *Zimmermann*, Kabinettstücke, S. 74
21 *Carstens*, Erinnerungen, S. 523; »Die Schatten der Vergangenheit. Scheel, Carstens und das höchste Amt im Staate«, *Die Zeit*, 17. November 1978.
22 *Soell*, Schmidt, S. 96ff.
23 Vgl. *Vinke*, Heinemann, S. 53f.
24 Vgl. *Braunbuch*, 3. Aufl., S. 366; vgl. DBE, dort ohne Erwähnung der NSDAP-Mitgliedschaft.

Anmerkungen

25 »Beate Klarsfeld«, *Frankfurter Neue Presse*, 3. Dezember 1968; siehe auch *Der Spiegel*, 9. Dezember 1968.
26 *Wolfrum*, Geschichtspolitik, S. 32.
27 Kiesinger im Gespräch mit Diemut Majer, 5. Oktober 1981, ACDP, I-226-404.
28 Vgl. *Dahrendorf*, Liberale und Andere, S. 240.
29 Kiesinger an Dahrendorf, 23. Dezember 1965, ACDP, I-226-139.
30 Vgl. *Nolte*, Ordnung, S. 11ff., 377ff.; zum folgenden: *Günther*, Denken vom Staat her; zum Kontext *Doering-Manteuffel*, Wie westlich, passim.
31 *Bösch*, Macht und Machtverlust, S. 97.
32 Vgl. *Kraft*, Der vergessene Kanzler, S. 83ff.; als der Sender RTL vor der Bundestagswahl 2002 mit einer Ahnengalerie der Bundeskanzler in ganzseitigen Anzeigen für die Fernsehdokumentation, »Kanzler, Krisen, Koalition« warb, fehlte ein Foto Kiesingers, vgl. die Anzeige in: *Zeit*, 15. und 22. August 2002; die gleiche Anzeige erschien auch im *Spiegel* und anderen großen deutschen Zeitungen; die Peinlichkeit, die durch eine falschen Datierung von Erhards Regierungsantritt noch erhöht wurde, wurde erst nach zwei Wochen korrigiert; »Eine wahre Geschichte«, *Süddeutsche Zeitung*, 2. September 2002.
33 Kiesinger im Informationsgespräch mit der Landespressekonferenz Baden-Württemberg, 21. März 1968, ACDP, I-226-008.
34 Tagebuch Erwin Wickert, Eintrag vom 27. Juli 1967 (Privatbesitz); Gespräch mit *Erwin Wickert*, Oberwinter, 9. Juli 2002.
35 April 1984, ACDP, I-226-314.

Anfänge 1904–1940

1 Geburtsregister der Stadt Ebingen, Nr. 102/1904, Standesamt der Stadt Ebingen; die exakte Ortsangabe kann durch das Geburtsregister nicht verifiziert werden. Sie wird im kommunikativen Gedächtnis Ebingens überliefert, Auskunft von Ernst Koch, Ebingen, an das Stadtarchiv Albstadt, Mai 2003.
2 *Kiesinger*, Dunkle und helle Jahre (zit. als DHJ), S. 15f.
3 *Stettner*, Ebingen, S. 412; *Königlich Statistisches Landesamt*, Königreich Württemberg, S. 29f.
4 Vgl. *Lang*, Ebingen, in: *Buchstab*, u.a., Kiesinger, S. 68.
5 »Die Verwandtschaftsbeziehungen von Kurt Georg Kiesinger (CDU) und Erhard Eppler (SPD)«, Aufzeichnung von Herrn Schulamtsdirektor i.R. Adolf Klek, Balingen (im Besitz des Verfassers).
6 »Nach einem erfüllten Leben«, *Ebinger Zeitung*, 9. April 1969.
7 *Klek*, Hossinger Vorfahren; DHJ, S. 19ff.
8 »Pater Häring über seinen Vetter Kiesinger«, *Deutsche Tagespost*, 10. Januar 1967; DHJ, S. 30.
9 *Kiesinger*, Schwäbische Kindheit, S. 140.
10 DHJ, S. 31.
11 Ebd., S. 34.
12 *Lang*, Ebingen, in: *Buchstab*, u.a., Kiesinger, S. 57f.
13 Kiesinger im Gespräch mit Hubert Locher, Tübingen, April 1984, NLK, I-226-404.
14 Aus integrationspolitischen Gründen behauptete Kiesinger als Ministerpräsident, er habe nicht nur ein bikonfessionelles, sondern auch ein schwäbisch-alemannisches Erbe besessen; nach der offiziellen Landesbeschreibung verläuft die Grenze

ANFÄNGE 1904–1940

zwischen Schwäbisch und Niederalemannisch allerdings einige Kilometer südlich von Bubsheim, vgl. *Landesarchivdirektion*, Land Baden-Württemberg, Bd. 1, S. 423.
15 DHJ, S. 74ff.
16 Kiesinger im Gespräch mit Hubert Locher, Tübingen, April 1984, NLK, I-226-404.
17 *Kopf*, Kiesinger, in: *Buchstab*, u.a., Kiesinger, S. 82.
18 Ebd.
19 DHJ, S. 23.
20 Ebd., S. 24.
21 Einwohnermeldekartei, Ebingen vor 1939, Stadtarchiv Albstadt; Standesamt Albstadt, Familienregister, Bd. 13, Bl. 451.
22 Vgl. DHJ, S. 42; außer der verstorbenen Maria wird nur Ernst namentlich erwähnt.
23 DHJ, S. 24.
24 Stärker als in DHJ stellt Kiesinger in der *Schwäbischen Kindheit* den Bezug auch zu seiner pietistischen Großmutter väterlicherseits heraus. Diese verstarb 1916 und war zuvor lange Jahre bettlägerig, *Kiesinger*, Schwäbische Kindheit, S. 146f.
25 *Kiesinger*, Schwäbische Kindheit, S. 138; Kiesinger im Gespräch mit Hubert Locher, Südwestfunk, April 1984, NLK, I-226-404.
26 Memoirenfragment zum Südweststaat, achtziger Jahre, NLK, I-226-714.
27 *Maute*, Vergessene Ereignisse, 53ff.; siehe DHJ, S. 406.
28 »Bundeskanzler Kiesinger. Ehrenbürger der Stadt Albstadt«, 25. Juli 1969, Stadtarchiv Albstadt, HR-A 021.43.
29 *Stettner*, Ebingen, S. 402; Gerhard Hauser, »Albstadt im 20. Jahrhundert«, unveröffentlichtes Manuskript, Stadtarchiv Albstadt, 1992.
30 DHJ, S. 34.
31 Notiz zur Lebenszeit (achtziger Jahre), NLK, I-226-708.
32 *Kiesinger*, Schwäbische Kindheit, S. 147.
33 »Bundeskanzler Kiesinger. Ehrenbürger der Stadt Albstadt«, 25. Juli 1969, Stadtarchiv Albstadt, HR-A 021.43.
34 Undatierte Notiz aus der Altkanzlerzeit (achtziger Jahre), NLK, I-226-710.
35 »Erdbeben«, *Neuer Alb-Bote*, 17. November 1911.
36 DHJ, S. 26.
37 *Kiesinger*, Schwäbische Kindheit, S. 140; verkürzt DHJ, S. 32.
38 DHJ, S. 39; 1980 verfaßte Kiesinger eine Abhandlung, in der er sich affirmativ mit der Weber-These auseinandersetzte, vgl. *Kiesinger*, Geistige Grundlagen.
39 Oberamtsärztlicher Bericht, 11. März 1925, Stadtarchiv Albstadt, HR-E, Nr. 210.10/05.
40 DHJ, S. 25; *Kiesinger*, Schwäbische Kindheit, S. 161.
41 *Kiesinger*, Schwäbische Kindheit, S. 162; zum Religionsunterricht *Kopf*, Kiesinger, in: *Buchstab,* u.a., Kiesinger, S. 82f.
42 Ansprache Kiesingers bei der Verleihung der Ehrenbürgerwürde der Stadt Ebingen, 25. Juli 1969, Stadtarchiv Albstadt, HR-A, 021.43.
43 DHJ, S. 44.
44 Ebd.
45 Schüler- und Zeugnisliste der Realschule und des Reformprogymnasiums Ebingen, 1910-1932, Stadtarchiv Albstadt.
46 Allg. zur Gesellschaftsgeschichte der Zeit *Geyer*, Verkehrte Welt.
47 DHJ, S. 47.

ANMERKUNGEN

48 *Herbert*, Best; *Wildt*, Generation.
49 »Jugend 1928«, abgedruckt in: *Oberndörfer*, Begegnungen, S. 79ff.
50 Vgl. *Mann*, Erinnerungen, S. 50; DHJ, S. 43
51 Vgl. DHJ, S. 43.
52 Ebd., S. 36.
53 Ebd.
54 »An der Jahreswende«, *Neuer Alb-Bote*, 31. Dezember 1921; vgl. *Lang*, Gelegenheitsdichter, in: *Buchstab* u.a., Kiesinger, S. 95ff.; das früheste Gedicht erschien am 13. August 1923 unter dem Titel »Heimat« im *Neuen Alb-Boten*, kurz darauf auch ein Mundartgedicht zum Lob der Lokalzeitung, »s'Blättle«, 27. August 1921.
55 »In trüber Zeit«, *ebd.*, 7. Januar 1922.
55 »Die werdende Welt«, *ebd.*, 22. April 1922.
57 Brief an die Eltern, 21. November 1922, NLK, I-226-210; abgedruckt in DHJ, S. 63.
58 »Zum Neuen Jahr«, *Neuer Alb-Bote*, 30. Dezember 1922.
59 »Werden«, *Schwarzwälder Volksfreund* (Rottweil), 11. Mai 1923; zum politischen Hintergrund *Lang*, Gelegenheitsdichter, a.a.O., S. 98.
60 »Jahreswende«, *ebd.*, 31. Dezember 1923.
61 Vgl. DHJ, S. 60.
62 »Anlage zum Meldebogen« (zur Entnazifizierung), 30. September 1946 (Familienbesitz); zum Bund Neudeutschland *Eilers*, Konfession; *Lohmann*, Aufbruch.
63 Vgl. *Hoff*, Kiesinger, S. 34.
64 Council of Europe, Consultative Assembly, Official Report of Debates, Second Session, 7-28 August 1950, 21st Sitting, 28. August 1950, S. 633; siehe unten Kap. III, Abschnitt »Der Weg in den Westen«.
65 *Hoff*, Kiesinger, S. 51.
66 *Neuburger*, Im Seminar, in: *Oberndörfer*, Begegnungen, S. 58.
67 Vgl. *Kopf*, Kiesinger, a.a.O., S. 83ff.; DHJ, S. 52.
68 Erwin Teufel in seiner Ansprache zu Kiesingers 100. Geburtstag, Albstadt, 2. April 2004 (Kopie im Stadtarchiv Albstadt).
69 DHJ, S. 68.
70 Ebd., S. 54.
71 *Hoff*, Kiesinger, S. 26.
72 Kiesinger im Gespräch mit Klaus Harpprecht, ZDF, 5. Januar 1967, 21.35 Uhr (Kopie in DB/PD).
73 »Zum Christfest«, *Neuer Alb-Bote*, 24. Dezember 1923.
74 Vgl. *Hoff*, Kiesinger, S. 27.
75 Diese wie auch einige der folgenden Einsichten verdanke ich der Darstellung von *Lang*, Gelegenheitsdichter, a.a.O.
76 Ohne Titel, in *Kiesinger*, Wallfahrt, S. 17 (ein Exemplar befindet sich im Stadtarchiv Albstadt, eines im ACDP).
77 »Sonntag«, *ebd.*, S. 34.
78 Vgl. *Krause-Brewer*, Kiesinger, S. 73.
79 Kiesinger im Gespräch mit Klaus Harpprecht, ZDF, 5. Januar 1967, 21.35 Uhr (Kopie in DB/PD); zu Rilke vgl. *Lang*, Gelegenheitsdichter, a.a.O., S. 107f.
80 DHJ, S. 56.
81 *Hoff*, Kiesinger, S. 32.
82 DHJ, S. 78.
83 »Sportliches«, *Schwarzwälder Volksfreund*, 17. Dezember 1924.

84 Ein ausführlicher Auszug aus Kiesingers Bericht über das Spiel des TV Rottweil gegen die TSG Stuttgart am 14. Dezember 1924 bei *Hoff*, Kiesinger, S. 28ff.; dort auch der Satz zu Hauptmann, der in der Familie Kiesinger tradiert wird.
85 DHJ, S. 79; *Hoff*, Kiesinger, S. 39.
86 Staatsarchiv Sigmaringen, Katholisches Lehrerseminar Rottweil, Wü 88/3T1, Protokollbuch; vgl. *Kopf*, Kiesinger, a.a.O., S. 86.
87 DHJ, S. 79.
88 Ebd., S. 51f.
89 »Aufbruch«, in: *Kiesinger*, Wallfahrt, S. 19; DHJ, S. 66; *Lang*, Gelegenheitsdichter.
90 »Dem Toten Friedrich Haux!«, *Neuer Alb-Bote*, 8. September 1928.
91 *Hoff*, Kiesinger, S. 36.
92 »Die Kunstausstellung der Bezirks-, Gewerbe- und Industrie-Ausstellung Ebingen«, *Neuer Alb-Bote*, 24. August 1925; »undeutsch« könnte auch als antisemitisches Codewort interpretiert waren, da Liebermann jüdischer Herkunft war; antisemitische Äußerungen Kiesingers aus dieser Zeit sind nicht belegt.
93 DHJ, S. 67.
94 Ebd., S. 79
96 Ebd., S. 121.
96 »Schwere Flugzeugkatastrophe«, *Neuer Alb-Bote*, 7. September 1928; »Über den Absturz des Flugzeuges D 180«, *ebd.*, 8. September 1928.
97 DHJ, S. 80.
98 Allerdings war dies eine im katholischen Verbindungsmilieu nicht unübliche Haltung, vgl. *Hochgschwender*, Kiesinger, in: *Buchstab*, u.a., Kiesinger, S. 131ff.
99 »Hochburg des Geistes. Verbundenheit mit Tübingen«, Sonderbeilage der Südwestpresse Tübingen, 11. August 1978 (Kopie in NLK, I-226-322).
100 DHJ, S. 87.
101 Universitätsarchiv Tübingen, Matrikulationsbuch, Nr. 364/13542.
102 DHJ, S. 81; das Tagebuch, vielleicht im Krieg verbrannt, ist in der Familie nicht mehr auffindbar, Auskunft von *Viola Wentzel*, 8. April 2004.
103 Universitätsarchiv Tübingen, Nr. 364/13542.
104 DHJ, S. 87.
105 Zu Haller (1865-1947) vgl. *vom Bruch/Müller*, Historiker-Lexikon, S. 123.
106 DHJ, S. 89.
107 *Hoff*, Kiesinger, S. 43ff.; da Neuburger nicht mehr lebt, sind die Briefe womöglich verschollen.
108 Vgl. *Rössgen*, Auflösung, S. 18.
109 DHJ, S. 84ff.
110 Vgl. *Hochgschwender*, Kiesinger, in: *Buchstab* u.a., Kiesinger, S. 138ff.
111 *Peukert*, Weimarer Republik, S. 178ff.
112 Vgl. *Golücke*, Korporationen, S. 32ff.
113 »Anlage zum Meldebogen«, 30. September 1946 (Familienbesitz).
114 *Hochgschwender*, Kiesinger, in: *Buchstab* u.a., Kiesinger, S. 141f.
115 Kiesinger an Binder, 2. Januar 1947 (Familienbesitz).
116 DHJ, S. 328
117 DHJ, S. 80, 120.
118 Die Italienreise ist beschrieben in DHJ, S. 122ff.
119 Gespräch mit *Viola und Volkmar Wentzel*, Washington, 16. Oktober 2001.
120 Hierzu und zu dem folgenden DHJ, S. 103f.; siehe auch *Hoff*, Kiesinger, S. 53ff.
121 »Du«, Gedichtband im Familienbesitz.

ANMERKUNGEN

122 *Gerstner*, Sachlich, kritisch, optimistisch, S. 82.
123 *Müggenburg*, Marie-Luise Kiesinger, S. 85.
124 *Kiesinger*, Ideen vom Ganzen, S. 19.
125 DHJ, S. 104.
126 In einer Rede im Juni 1968 setzte sich Kiesinger für die Großfamilie ein. Es sei gut gewesen, daß er »zu Hause« zu siebt gewesen sei, »und ich bin traurig, daß ich nur zwei Kinder habe: aber das muß man eben so hinnehmen.«
127 117. Rektorat, Kontrollbuch, Archiv der Humboldt-Universität, Berlin. Matrikel-Nr. 3059/117; siehe auch die Studentenkartei ebd. (Faksimile in *Ernst*, Kiesinger, S. 72).
128 DHJ, S. 130.
129 *Heimpel*, Probleme, S. 5f.
130 Zu den juristischen Lehrern und zum Thema der angestrebten Promotion, DHJ, S. 130ff.
131 Zu den Lebensläufen und politischen Karrieren der genannten Juristen und zu dem folgenden ausführlich *Günther*, Denken, S. 44ff.; vielleicht wird Heller von Kiesinger deshalb erwähnt, weil er Demokrat war.
132 *Smend*, Verfassung und Verfassungsrecht, S. 139, zit. nach *Günther*, Denken, S. 43.
133 Siehe den Vergleich Smend/Schmitt in *Günther*, Denken, S. 34ff.
134 Zu Smends Charakter ebd., S. 42.
135 In den einschlägigen Beständen des Geheimen Staatsarchivs Preußischer Kulturbesitz in Berlin konnten weder Kiesingers Gesuch noch die Entscheidung Beckers aufgefunden werden.
136 DHJ, S. 137.
137 Ebd., S. 139.
138 Erst nach der Währungsreform 1948 zahlte Kiesinger das Darlehen zurück, vgl. Kiesinger an Rechtsanwalt Rominger, Ebingen, 31. Mai 1948 (Familienbesitz).
139 DHJ, S. 140; in den einschlägigen Archiven konnten trotz intensiver Nachforschungen keine Akten ausfindig gemacht werden, die Auskunft über Kiesingers Referendariat geben.
140 *Cardauns*, Fünfzig Jahre KV, S. 9.
141 Vgl. *Becker*, Hertling, S. 105ff.
142 Vgl. [*Stenzel*], 125 Jahre Askania, S. 10ff.
143 Vgl. *Junker*, Zentrumspartei, S. 31.
144 Hierzu und zu dem folgenden [*Feldkamp*], 150 Jahre Askania; siehe auch [*Stenzel*], 125 Jahre Askania.
145 [*Zach*], 100 Jahre Askania, S. 37f.
146 *Emminger*, Fest, in: *Oberndörfer*, Begegnungen, S. 72; zu Erich (1880-1951) und Otmar Emminger (1911-1986) vgl. DBE.
147 *Lammers*, Gemeinsame Studienjahre, in: *Oberndörfer*, Begegnungen, S. 63; zu Egbert Lammers (1908-1996) und seinem Vater Aloys (1877-1966), vgl. *Koß/Löhr*, KV-Lexikon, Bd. 5, S. 73ff.
148 *Hoff*, Kiesinger, S. 49.
149 Vgl. [*Stenzel*], 125 Jahre Askania, S. 15f.; ausführliche Zitate in DHJ, S. 101.
150 DHJ, S. 100.
151 *Lammers*, Gemeinsame Studienjahre, a.a.O., S. 62f.
152 DHJ, S. 101.
153 *Hoff*, Kiesinger, S. 49; *Lammers*, Gemeinsame Studienjahre, a.a.O., S. 67f.
154 *Emminger*, Fest, a.a.O., S. 73.

Anfänge 1904–1940

155 DHJ, S. 107.
156 Vgl. *Löhr*, Sonnenschein, S. 92ff.
157 *Lammers*, Gemeinsame Studienjahre, a.a.O., S. 69.
158 Vgl. *Kiesinger*, Erinnerungen an Konrad Adenauer, S. 70.
159 DHJ, S. 102.
160 [*Zach*], 100 Jahre Askania, S. 38.
161 Lammers an den Vorort des KV, Ottonia-München, 13. August 1931, Archiv der Askania-Burgundia, Berlin.
162 Kiesinger an Theo Waigel, 19. Februar 1982, NLK, I-226-404.
163 [*Feldkamp*], 150 Jahre Askania.
164 *Lammers*, Gemeinsame Studienjahre, S. 63.
165 Zu Martin Spahn (1875-1945), der im Juni 1933 Hospitant der NSDAP-Reichstagsfraktion wurde, vgl. *Clemens*, Spahn; *Koß/Löhr*, KV-Lexikon, Bd. 3, S. 107.
166 DHJ, S. 112.
167 Vgl. *Golücke*, Korporationen, S. 17f.
168 Vgl. *Feldkamp*, Kiesinger, in: *Buchstab*, u.a., Kiesinger, S. 167f.
169 Vgl. *Junker*, Zentrumspartei, S. 231.
170 Vgl. *Herf*, Reactionary Modernism, S. 189ff.; *Otto/Sünker*, Soziale Arbeit, S. 47ff.; *Breuer*, Anatomie, S. 166ff.
171 »Jugend 1928«, *Germania*, 28. Dezember 1928, abgedruckt in *Oberndörfer*, Begegnungen, S. 79-81.
172 Ebd.
173 *Lammers*, Gemeinsame Studienzeit, a.a.O., S. 69.
174 DHJ, S. 136.
175 Kiesinger im Gespräch mit Hubert Locher in Tübingen, April 1984, NLK, I-226-404.
176 DHJ, S. 166.
177 »Aufzeichnungen zum Nationalsozialismus, Recht in der NS-Zeit, NS und Kirche, Persönliches«, NLK, I-226-708.
178 »Zeugen des Jahrhunderts«, 11.-14. Oktober 1983, Bd. 2, S. 5, NLK, I-226-404.
179 Vgl. *Bracher*, Auflösung, S. 471f.; zu Kiesinger *Gerstner*, Sachlich, kritisch, optimistisch, S. 84.
180 DHJ, S. 148f.
181 Für ähnliche optimistische Reaktionen in der SPD vgl. *Winkler*, Weimar, S. 453.
182 Vgl. *Bracher*, Auflösung, S. 465ff.; *Winkler*, Weimar, S. 477ff.
183 Vgl. *Golücke*, Korporationen, S. 20; [*Feldkamp*], 150 Jahre Askania.
184 DHJ, S. 153.
185 Ebd., S. 159.
186 *Haffner*, Geschichte, S. 104f.
187 DHJ, S. 160.
188 *Klarsfeld*, Geschichte, S. 12.
189 Ebd., S. 67.
190 *ADF zum Fall Kiesinger*, S. 5.
191 *Nationalrat*, Ribbentrop-Ministerium, S. 9.
192 *Knopp*, Kanzler, S. 176.
193 »Who was a Nazi? Facts about the Membership Procedure« (Berlin Document Center), BAK, Kle. 909/1.
194 DHJ, S. 161f.; siehe auch S. 164: »Von der Aufbruchstimmung der ersten Wochen nach der Ernennung Hitlers fühlte ich mich persönlich zwar nicht ergriffen. Hit-

ler als Person und vieles in den Zielen und im Erscheinungsbild seiner Partei stießen mich nach wie vor ab.«
195 *Krockow*, Deutschen, S. 203.
196 Vgl. die Punkte 4 und 24 des Programms der NSDAP, *Feder*, Programm, S. 19f.
197 Kiesinger im Gespräch mit Hubert Locher, Tübingen, April 1984, NLK, I-226-404.
198 DHJ, S. 165.
199 Zu den jüdischen Reaktionen vgl. *Wildt*, Generation, S. 146; *Friedländer*, Nazi Germany, Bd. 1, S. 14f.; *Lebzelter*, Stellung, S. 351.
200 DHJ, S. 164.
201 Ebd., S. 168.
202 Kiesinger im Gespräch mit Hubert Locher, Tübingen, April 1984, NLK, I-226-404; Hervorhebung des Autors.
203 DHJ, S. 168.
204 Vgl. *Diehl*, Kiesinger, S. 176; siehe *Wickert*, Glückliche Augen, S. 247; nach Wickert habe es die alten Kollegen gelangweilt, daß Kiesinger permanent auf sein Verhältnis zum NS zurückgekommen sei.
205 Vgl. *Junker*, Zentrumspartei, S. 165; *Morsey*, Zentrumspartei, S. 341ff.
206 *Eschenburg*, Letzten Endes, S. 11.
207 Ebd.
208 *Golücke*, Korporationen, S. 15.
209 Niederschrift über die Verbandsratssitzung am 22./23. April 1933 in Boppard, Stadtarchiv Mönchengladbach (KV-Archiv), KV 1/1229.
210 Vgl. *Gruchmann*, Justiz, S. 137f; aufschlußreich die parallele Biographie des späteren Außen- und Verteidigungsministers Gerhard Schröder. Ebenso alt wie Kiesinger, befand er sich gleichfalls im juristischen Vorbereitungsdienst und trat aus ähnlichen Motiven wie Kiesinger in die NSDAP ein, *Oppelland*, Schröder, S. 78f.
211 Vgl. *Morsey*, Ermächtigungsgesetz, S. 36ff.; *Gotto/Repgen*, Katholiken, S. 22f.; *Denzler*, Widerstand, S. 18f.
212 Pölnitz an Savigny, 25. April 1933, abgedruckt in *Golücke*, Korporationen, S. 58.
213 Savigny an Pölnitz, 27. April 1933, ebd., S. 59ff.
214 Vgl. seine Ausführungen über ein Treffen des KV auf dem Petersberg bei Bonn Ende März/Anfang April 1933, wo er sich mit ähnlichen Argumenten gegen die Selbstauflösung stemmte, DHJ, S. 162f.
215 Vgl. *Denzler*, Widerstand, S. 26; *Morsey*, Deutsche Zentrumspartei, S. 405ff.
216 »Mein Verhältnis zur NSDAP«, 19. Januar 1947 (Familienbesitz).
217 Zu Hank (1907-1977), der als Bürgermeister von Schramberg von 1954 von 1974 mit Kiesinger wieder zu tun hatte, *Koß/Löhr*, KV-Lexikon, Bd. 5, S. 38ff.
218 [*Feldkamp*], 150 Jahre Askania.
219 [*Zach*], 100 Jahre Askania, S, S. 39.
220 Auskunft von *Michael F. Feldkamp*, Berlin, 2. April 2004.
221 »Semesterberichte«, in: *Askanenblätter*, 22. September 1933; zur Charakterisierung Spahns vgl. Kiesingers »Aufzeichnungen zum Nationalsozialismus, Recht in der NS-Zeit, NS und Kirche, Persönliches«, NLK, I-226-708.
222 Ebd., ich danke *Michael F. Feldkamp*, Berlin, der mir dieses Dokument aus dem Archiv der Askania-Burgundia zu Verfügung gestellt hat. Daß *Zach* Kenntnis von Kiesingers Text hatte, geht aus der Festschrift zum 100jährigen Bestehen der Askania von 1953 hervor. Dort werden die *Askanenblätter* vom 22. September 1933 kurz zitiert.
223 Fragebogen, Anlage der *Askanenblätter* vom 22. September 1933.

ANFÄNGE 1904-1940

224 Jahresbericht des Philistervereins, in: *Askanenblätter*, 15. Februar 1934.
225 Ebd., Hervorhebung im Original; dort auch die folgenden Zitate.
226 Rundschreiben der Askanen-Burgunden Haus GmbH, 29. Mai 1936 (Entwurf), Hausarchiv der Askania.
227 *Stenzel*, Streiflichter, S. 430.
228 Vgl. [*Feldkamp*], 150 Jahre Askania.
229 DHJ, S. 168f.
230 *Haffner*, Germany, S. 68 (zitiert wird nach der deutschen Übersetzung von 1996); Haffner war zunächst im Staatsdienst tätig, emigrierte jedoch 1938 nach England, weil seine Lebensgefährtin nach den Nürnberger Gesetzen als »Volljüdin« galt, zu Haffner (1907-1999), DBE; siehe auch *Oppelland*, Schröder, S. 128.
231 *Diehl*, Kiesinger, S. 175.
232 »Mein Verhältnis zur NSDAP«, Aufzeichnung vom 19. Januar 1947 (Familienbesitz).
233 Vgl. *Angermund*, Deutsche Richterschaft, S. 20ff.
234 *Fest*, Hitler, S. 639.
235 Der Wortlaut der Marburger Rede vom 17. Juni 1934 in *Forschbach*, Jung, S. 154-174, Zitat: S. 171f.; zum Kontext auch *Grass*, Jung, S. 199ff.
236 Zu den Vorgängen des 30. Juni neben *Forschbach* auch *Herbert*, Best, S. 143ff.; *Fallois*, Kalkül sowie die allg. Literatur *Thamer*, Verführung, S. 320ff.; *Kershaw*, Hitler I, S. 640ff.
237 Vgl. *Gruchmann*, Erlebnisbericht, S. 404ff.; *Gotto/Repgen*, Katholiken, S. 61.
238 Zur Distanzierung der »Konservativen Revolution« vom Nationalsozialismus nach 1933 vgl. *Breuer*, Anatomie, S. 166ff.
239 Kiesinger an Schauff, 6. Juli 1984, NLK, I-226-639.
240 Vgl. *Schmitt*, Führer.
241 Vgl. *Thamer*, Verführung, S. 332ff.; *Kershaw*, Hitler I, S. 653ff.
242 *Makowski-von Grimm*, Leben in Berlin, in: *Oberndörfer*, Begegnungen, S. 94.
243 DHJ, S. 175.
244 Vgl. *Denzler*, Widerstand, S. 228f.
245 Handschriftliche Notiz Kiesingers vom 8. November 1983, NLK, I-226-710.
246 Kiesinger in einer Rede vor Gerichtsreferendaren, 12. Oktober 1951, NLK, I-226-213.
247 Vgl. *Eschenburg*, Letzten Endes, S. 21ff.
248 DHJ, S. 175.
249 Ebd., S. 180f.
250 »Anlage zum Meldebogen«, 30. September 1946 (Familienbesitz).
251 DHJ, S. 183.
252 *Wehler*, Deutsche Gesellschaftsgeschichte, Bd. 4, S. 727.
253 Das Gegenbild zu Kiesingers Nicht-Karriere wiederum bei *Wildt*, Generation, S. 163ff.
254 »Warum kein Austritt aus der NSDAP?«, Aufzeichnung Kiesingers vom 19. Januar 1947 (Familienbesitz).
255 NSDAP-Karteikarte Kiesinger, BAB, ehemaliges BDC.
256 DHJ, S. 184f.
257 Zum NSRB vgl. *Dölemeyer*, Anwaltschaft, S. 91ff.; danach erreichte der NSRB in Frankfurt am Main einen Organisationsgrad von 90 % aller Anwälte.
258 »Mein Konflikt mit dem Nationalsozialistischen Rechtswahrerbund«, Aufzeichnung vom 19. Januar 1947 (Familienbesitz).
259 Kiesinger an die Spruchkammer Scheinfeld, 18. April 1947 (Familienbesitz).

ANMERKUNGEN

260 Vgl. *Pünder*, Begegnung, S. 116; zu Werner Pünders Klage gegen Hitler vgl. *Gruchmann*, Erlebnisbericht, S. 420; Pünders Bruder Hermann, der spätere Oberdirektor der Bizone, war ein bekannter Zentrumspolitiker der 1920er Jahre und gehörte ebenfalls zu den Alten Herren der Askania.

261 Vgl. Senator der Justiz Berlin an Kiesinger, 7. Februar 1967, NLK, I-226-251; Kiesingers Behauptung, es habe in den Anwaltsverzeichnissen einen schmalen Annex gegeben, in dem alle Nichtmitglieder verzeichnet worden seien, läßt sich nicht bestätigen. Im *Kalender für Reichjustizbeamte* ist seine Zulassung als Rechtsanwalt am Kammergericht aufgeführt.

262 Vgl. *Schneider*, Schauff, S. 71ff.

263 »Warum kein Austritt aus der NSDAP?«, Aufzeichnung Kiesingers vom 19. Januar 1947 (Familienbesitz).

264 DHJ, S. 207.

265 In der oben zitierten Rechtfertigungsschrift vom 19. Januar 1947 bemerkt Kiesinger, daß in damaliger Kenntnis seines medizinischen Zustandes die »ernste und langwierige Erkrankung des Zentralnervensystems [...] auf Jahre hinaus einen Gedanken an Auswanderung in subtropisches Gebiet verbot«.

266 *Makowski-von Grimm*, Leben in Berlin, a.a.O., S. 95f.; DHJ, S. 199ff.

267 DHJ, S. 203.

268 »Warum kein Austritt aus der NSDAP?«, Aufzeichnung Kiesingers vom 19. Januar 1947 (Familienbesitz).

269 Vgl. *Wickert*, Glückliche Augen, S. 315.

270 Reichold an Kiesinger, 10. Januar 1984, NLK, I-226-636.

271 PA/AA, Rep. IV, Personalia, Nr. 1234 Kiesinger; ein Zeitraum wird nicht angegeben.

272 Gespräch mit *Erwin Wickert*, Oberwinter, 2. Juli 2002; siehe auch die Andeutung bei *Wickert*, Glückliche Augen, S. 315; vgl. zur Personalakte ausführlich Kap. V., Abschnitt »Ein Mann mit Vergangenheit«.

273 Stenographisches Protokoll der Zeugenvernehmung Kiesingers, 4. Juli 1968, NLK, I-226-252.

274 DHJ, S. 204.

275 Leider ist nur die Tatsache des Prozesses und der Inhaftierung von Blasius in den Beständen des Landesarchivs Berlin dokumentiert, Landgericht Berlin (1933-1945), A Rep. 358-02, Nr. 98445; Aufschluß über die Einzelheiten ergibt ein Schreiben des Vorsitzenden des Zentralverbandes demokratischer Widerstandskämpfer und Verfolgtenorganisationen vom 8. August 1968, abgedruckt in *Oberndörfer*, Begegnungen, S. 107f.

276 Daß Kiesinger kein Parteiabzeichen besessen habe, sondern dieses sich für entsprechende Gelegenheiten »lieh«, bestätigt *Erwin Wickert*, Gespräch in Oberwinter, 2. Juli 2002 (auf Grundlage von Wickerts Tagebuchnotizen).

277 DHJ, S. 198; ausführlich Wolfs eigene Darstellung, Eidesstattliche Erklärung vom 8. Mai 1946; *Wolf*, Rechtslehrer, in: *Oberndörfer*, Begegnungen, S. 105f.

278 *Hirsch*, Großer Rechtslehrer, in: ebd., S. 99.

279 *Arndt*, Mein Rechtslehrer, in: ebd., S. 90; von Kiesingers Wutanfällen berichtet auch Gerstner, Sachlich, kritisch, optimistisch, S. 84f.

280 Bürgerliches Gesetzbuch, Vorlesungsskript, o.D., NLK, I-226-388.

281 Hirsch, Großer Rechtslehrer, a.a.O., S. 100.

282 Wolf, Rechtslehrer, a.a.O., S. 103.

283 Eidesstattliche Erklärung von Gisela Bockelmann, 6. Juni 1947, NLK, I-226-257.

284 Vgl. Arndt, Rechtslehrer, a.a.O., S. 89.

285 »Die Kiesinger-Story des Martin Hirsch«, *Frankenpost* (Nürnberg), 5. Dezember 1969.
286 Hirsch, Großer Rechtslehrer, a.a.O., S. 100.
287 Kershaw, Hitler I, S. 663ff.
288 Vgl. vor allem die Schilderungen von Arndt und Makowski-von Grimm in Oberndörfer, Begegnungen, S. 90, S. 95; DHJ, S. 199ff.
289 Textbruchstücke von Kiesinger, als Teil der Memoiren gedacht, NLK, I-226-710.
290 Kiesinger, Privater Rechtslehrer, S. 26.
291 DHJ, S. 210.
292 Vgl. Jäckel, Deutsche Jahrhundert, S. 186f.
293 Kiesinger im Gespräch mit Diemut Majer, unveröffentlichte Langfassung, 5. Oktober 1981, NLK, I-226-404.
294 Ebd.
295 DHJ, S. 212.

Vom Nationalsozialismus zur Demokratie 1940–1949

1 Kiesinger im Gespräch mit Diemut Majer (Langfassung), 5. Oktober 1981, ACDP, I-226-404; Gerstners eigene Darstellung in *Gerstner, Sachlich, kritisch, optimistisch*, S. 122.
2 Kiesinger an Gerstner, 28. Februar 1951, ACDP, I-226-025; zu Gerstner vgl. *Diehl, Politik*, S. 273; DHJ, S. 213; *Kappelt*, Braunbuch DDR, S. 203f.; *Kuhlemann*, Braune Kader.
3 Vgl. die Information des Staatssekretärs für westdeutsche Fragen für Ulbricht, BAB, SAPMO, Büro Ulbricht, DY 30/J IV 2/202/85.
4 Stenographisches Protokoll der Zeugenvernehmung Kiesingers im Prozeß gegen Fritz Gebhard von Hahn, 4. Juli 1968, ACDP, I-226-252.
5 Vgl. DHJ, S. 213; *Diehl*, Kiesinger, S. 178; für die Behauptung von *Klarsfeld, Geschichte*, S. 13, Kiesinger sei »von höchster Stelle für würdig befunden worden, in leitender Funktion seit seinem Eintritt in das Auswärtige Amt tätig zu sein« fehlt ein Beleg; auch die von der »Aktion demokratischer Fortschritt« 1969 verbreitete Version, Kiesingers Intimus der sechziger Jahre, Todenhöfer, habe ihm ins Auswärtige Amt geholfen, ist nirgendwo dokumentiert, vgl. *ADF zum Fall Kiesinger*, S. 10f.; außer Gerstner befand sich noch ein zweiter Schüler, Gert-Georg Spahn, im Auswärtigen Amt, vgl. Spahn an Kiesinger, 6. April 1984, ACDP, I-226-671.
6 Kiesinger schreibt, Schirmer habe ihn in einem angemieteten Haus in der Saarlandstraße empfangen. Kult R war zu dieser Zeit noch in der Kronenstraße untergebracht (vgl. *Boelcke, Macht*, S. 87), erst später befand sich die Abteilung in der Saarlandstraße, vgl. ADAP, E/VI, S. 630, Geschäftsübersicht des AA, September 1943.
7 Vgl. DHJ, S. 214; dagegen *Diehl*, Kiesinger, S. 178.
8 Schirmer an Kiesinger, 13. September 1954; Schirmer an Kiesinger, 25. Oktober 1961, ACDP, I-226-012; zu Schirmer, BAB, NSDAP-Personalunterlagen im ehemaligen BDC.
9 Schirmer an Kiesinger, 28. Januar 1964, ACDP, I-226-153.
10 Siehe die Reaktion bei Diehls Berufung zum Bundespressesprecher, Kult R, *Der Spiegel*, 18. September 1967, S. 31f.; in den fünfziger Jahren wandten sich viele

ANMERKUNGEN

Ex-AA-Kollegen in Wiedereinstellungsfragen an Kiesinger, etwa Goebel an Kiesinger, 7. August 1950, ACDP, I-226-030.
11 Biographische Details in *Braunbuch*, S. 273; *Döscher*, Auswärtiges Amt, S. 134f.; siehe Brandt an Kiesinger, 3. Januar 1968, ACDP, I-226-001.
12 Vgl. DHJ, S. 211ff.; *Kiesinger*, Fügung, S. 33f.
13 Interview der Redaktion Zeitgeschichte des ZDF mit Albrecht Pünder, 20. Juli 1999 (Kopie im Besitz des Verfassers).
14 »Mein Kriegsdienst«, Aufzeichnung für die Spruchkammer Scheinfeld, 19. Januar 1947 (Familienbesitz).
15 Vgl. etwa *Klemperer*, Verlassene Verschwörer; *Hildebrand*, Reich, S. 813ff.
16 Vgl. Geschäftsverteilungsplan, Dezember 1941, ADAP, D/XIIII.2, S. 843ff.; Geschäftsübersicht, September 1943, ADAP, E/VI, S. 615ff.
17 Vgl. *Klarsfeld*, Geschichte, S. 13f., 144 (Bildunterschrift).
18 »Anlage zum Meldebogen«, 30. September 1946 (Familienbesitz); PA/AA, Pers H, Rep. IV, Personalia, Nr. 1234 Kiesinger; Auskunft des PA/AA vom 3. September 2004. Die damalige Tarifordnung für Angestellte (TOA) entspricht dem heutigen BAT; nach heutiger Terminologie wurde Kiesinger nach BAT II vergütet (A13 bei Beamten); eine Eingruppierung nach TOA I (= BAT I) für WHAs kam praktisch nicht vor.
19 »Mein Kriegsdienst«, Aufzeichnung für die Spruchkammer Scheinfeld, 19. Januar 1947 (Familienbesitz).
20 Vgl. DHJ, S. 218f.; *Diehl*, Kiesinger, S. 178f.
21 Zu Lilienfeld die Akte im BAB, ehemaliges BDC.
22 Zu Kajus Köster, DHJ, S. 228; *Kiesinger*, Begegnungen, S. 109; 1962 setzte sich Kiesinger bei Staatssekretär Carstens für Köster ein, vgl. ACDP, I-226-146; zu Kösters Vater DBE.
23 Aufzeichnung von Timmler, 27. Mai 1940, PA/AA, R 67.489.
24 Ausführlich *Boelcke*, Macht, S. 78.
25 Aufzeichnung von Timmler, 22. September 1940, PA/AA, R 67.489.
26 Aufzeichnung von Kiesinger, 1. Juli 1940, ebd.
27 Rühle an Presseabteilung, 3. August 1940, zitiert nach Gutachten Buchheim, 6. November 1968, ACDP, I-226-253, S. 92ff.; vgl. *Shirer*, Berlin Diary, Einträge vom 20. September 1940; 15. Oktober 1940.
28 Vgl. *Longerich*, Propagandisten, S. 284f.
29 *Flannery*, Which way, S. 125 (»*Shirer, then with CBS, who spoke highly of the young man in the German shortwave broadcast house«*).
30 Vgl. *Nationalrat*, Ribbentrop-Ministerium, S. 12, Dokument Nr. 3; in dieser 1968 in Ostberlin publizierten Broschüre wird das Dokument kommentiert: »Kiesinger sorgte dafür, daß ›unfreundliche‹ amerikanische Berichterstatter von Pressekonferenzen ausgeschlossen wurden.« Aus dem Text der Aufzeichnung wird dagegen erstens deutlich, daß niemand ausgeschlossen wurde, zweitens, daß Schmidt und nicht Kiesinger drohte und drittens, daß Kiesinger die Berichterstatter informierte.
31 Aufzeichnung von Kiesinger, 23. Juni 1941, ACDP, I-226-255; siehe auch *Boelcke*, Macht, S. 77.
32 DHJ, S. 221ff.; zu Kiesingers Sympathie für Abetz' Haltung *Gerstner*, Sachlich, kritisch, optimistisch, S. 131.
33 Bericht von Kiesinger, 21. August 1940, ACDP, I-226-255; teilw. Abdruck in *Klarsfeld*, Geschichte, S. 88.
34 Vgl. *Messerschmidt*, Verschwörer, S. 141.

35 Vgl. DHJ, S. 211; zur Stimmung in Deutschland *Thamer*, Verführung, S. 647f.
36 Bericht Kiesingers, 21. August 1940, ACDP, I-226-255; Teilabdruck in *Klarsfeld*, Geschichte, S. 89.
37 Vgl. *Klarsfeld*, Geschichte, S. 40; in den von Klarsfeld und dem *Nationalrat der DDR* herausgegebenen Dokumentationen wird als Beleg für Kiesingers Leitungsfunktion eine Aufzeichnung Timmlers vom 18. Juli 1940 (Faksimile ebd., S. 87; Original in BAB, R 901/48008/7f.) zitiert. Darin heißt es: »Die Reise steht unter Leitung von Herrn Kurt Georg Kiesinger, der zugleich für die politische Zensur der Aufnahmen verantwortlich ist.« Das bezog sich nach Lage der Dinge auf die Mitarbeiter des AA, denn aus Timmlers Aufzeichnung geht auch hervor, daß die Reise vom RMVP genehmigt und der Wehrmachtpropaganda vorgeschlagen worden war. Kiesingers Bericht vom 21. August macht deutlich, daß je ein Vertreter der Wehrmacht, des RMVP und der RRG mitfuhren, die ihm nicht unterstellt waren. Im Gegenteil, Kiesinger kritisierte in seinem Bericht, daß die organisatorische und inhaltliche Verantwortung bei der RRG lag, die die Sprecher sich selbst überließ.
38 Kiesinger-Dokumentation, Dezember 1968, BStU, AS 121/68, Bd. 8.
39 Vgl. *Diehl*, Kiesinger, S. 179f.
40 »Mein Kriegsdienst«, Aufzeichnung für die Spruchkammer Scheinfeld, 19. Januar 1947 (Familienbesitz).
41 *Petwaidic*, Autoritäre Anarchie; vgl. *Hildebrand*, Dritte Reich, S. 221f.
42 DHJ, S. 225ff.
43 Vgl. *Seabury*, Wilhelmstraße, S. 185.
44 Vgl. *Jacobsen*, Außenpolitik, 20ff., *Michels*, Ideologie; ausführlich zum Konflikt Ribbentrop-Goebbels *Boelcke*, Macht, S. 83ff.; *Longerich*, Propagandisten, S. 132ff.
45 Aufzeichnung Krümmer, 10. Juli 1942, zit. nach Gutachten Buchheim, ACDP, I-226-253, S. 8.
46 Zu Aufbau und Umfang von Kult R Aufzeichnung Rühle, 25. Februar 1942, BAB, R 901/73830/87.
47 Vgl. *Seabury*, Wilhelmstraße, S. 203.
48 *Rühle*, Das Dritte Reich; zu Biographie und zur Persönlichkeit Rühles (1905-1949) die Akte im BAB (ehemals BDC) sowie *Boelcke*, Macht, S. 85; *Diehl*, Kiesinger, S. 180; *Kiesinger*, DHJ, S. 227; Rühle besaß den Ehrenrang eines SS-Standartenführers und war ehrenamtlicher Mitarbeiter des RSHA.
49 Kiesinger in einem undatierten Dokument ohne Überschrift, vermutlich Teil einer Aufzeichnung für den amerikanischen Staatsanwalt Woerheide (ca. August 1946, Familienbesitz).
50 Vgl. DHJ, S. 244f.
51 Vgl. *Wildt*, Generation, S. 846ff.
52 NS-Akte Rühles in BAB, ehemaliges BDC.
53 Vgl. ebd., S. 227f., »Gerd Rühle ist tot«, Nachruf von Kurt Mair, 26. Juni 1949, Privatarchiv Erwin Wickert, Oberwinter; Wickert bestätigt, die Liaison Rühles mit Lang-Kraucher habe mit dessen Freitod zu tun gehabt.
54 Vgl. *Kordt*, Nicht aus den Akten, S. 320f.; dem die Darstellungen von *Boelcke*, Macht, S. 85; *Seabury*, Wilhelmstraße, S. 120ff., 277 im wesentlichen folgen.
55 Vgl. den Befehl des Führers vom 8. September 1939, ADAP, D/VIII, Nr. 31, S. 24f.
56 Vgl. Gutachten von Buchheim, 6. November 1968, ACDP, I-226-253; ausführlich zum Kontext *Boelcke*, Macht, S. 87; *Longerich*, Propagandisten, S. 137.
57 Vgl. das Gutachten von Buchheim, 6. November 1968, ACDP, I-226-253, S. 15.

ANMERKUNGEN

58 Timmler an Rühle, 6. Januar 1941, PA/AA, R 67.486.
59 Aufzeichnung von Kiesinger, o.D. (ca. November 1940), PA/AA, R 67.486.
60 Die entsprechenden Aufzeichnungen Kiesingers finden sich in PA/AA, R 67.486; ausführlich hierzu und zu dem folgenden das Gutachten von Buchheim, 6. November 1968, ACDP, I-226-253, S. 56ff.
61 Aufzeichnung von Kiesinger, 21. November 1940, PA/AA, R 67.486.
62 Stichwortaufzeichnung Kiesingers, o.D. (ca. November 1940), PA/AA, R 67.486.
63 Vgl. die Aufzeichnung von Timmler, 21. November 1940, PA/AA, R 67.486.
64 In den Akten finden sich mehrere ausführliche Darstellungen dieser Affäre, vgl. die Aufzeichnung von Timmler, 27. November 1940, PA/AA, R 67.486; DHJ, S. 299.
65 Aufzeichnung von Timmler, 3. Dezember 1940, PA/AA, R 67.486.
66 Aufzeichnung von Kiesinger, 3. Dezember 1940, ebd.; dort auch das folgende Zitat.
67 In der Stichwortaufzeichnung Kiesingers, o.D. (ca. November 1940), PA/AA, R 67.486 gestand Kiesinger ein, daß die Funkverbindungsstelle in einer rechtlichen Grauzone operierte, daß er und seine Kollegen Gäste im Funkhaus wären und abhängig von der Kooperationsbereitschaft der anderen Seite.
68 DHJ, S. 229.
69 Hierzu und zum folgenden Boelcke, Macht, 91ff.; Gutachten von Buchheim, 6. November 1968, ACDP, I-226-253.
70 Das geht z. B. hervor aus einer Aufzeichnung Kiesingers vom 13. Mai 1941 (PA/AA, R 67.486), in der seine Verhandlungspartner im RMVP erneut vorschlugen, die Sprachregelungen des AA über die Auslandsabteilung des RMVP an die Sender zu übermitteln.
71 *Goebbels*, Tagebücher, I/9, Eintrag vom 1. Juni 1941, S. 348.
72 Aufzeichnung Kiesingers über eine Unterredung mit Knochenhauer, 5. Mai 1941, PA/AA, R 67.486.
73 Goebbels an Lammers, 16. Juni 1941, auszugsweise abgedruckt in *Klarsfeld*, Geschichte, S. 101f.
74 Auszugsweiser Abdruck *Klarsfeld*, Geschichte, S. 103ff.; *Boelcke*, Macht, S. 97f.; vgl. *Longerich*, Propagandisten, S. 143.
75 Vgl. *Nationalrat*, Ribbentrop-Ministerium, S. 22.
76 Aufzeichnung Rühles, 21. August 1941, PA/AA, R 67.486; Gutachten von Buchheim, ACDP, I-226-253.
77 Vgl. Aufzeichnung Kiesingers, 13. Mai 1941, PA/AA, R 67.486, über ein Gespräch mit Weyermann und Knochenhauer über die »generelle Frage«, wie Sprachregelungen des AA an die Rundfunkredaktionen zu übermitteln wären.
78 Zu dieser Einschätzung kommt Buchheim aufgrund einer gründlichen Analyse des einschlägigen Materials, vgl. das Gutachten von Buchheim, 6. November 1968, ACDP, I-226-253.
79 Das Gutachten von Buchheim, ACDP, I-226-253, spricht mißverständlich davon, Kiesinger sei im »subalternen Bereich der Sachbearbeiter« verblieben; siehe auch *Schmoeckel*, Vergessene Regierung, S. 101.
80 Kurt Mair, Eidesstattliche Erklärung, 2. August 1947, ACDP, I-226-251.
81 Vgl. den Geschäftsverteilungsplan vom Dezember 1941, ADAP, D/XIII.2, S. 851.
82 Kiesinger an Rühle, 23. Juli 1941, PA/AA, R 67.486; Faksimile in *Nationalrat*, Ribbentrop-Ministerium, Dok. Nr. 17, mit der irreführenden Bildunterschrift: »Kiesinger schlägt sich selbst als Verbindungsmann zum Propagandaministerium vor«. Ähnlich *Klarsfeld*, Geschichte, S. 98.

83 Genau geht das aus den Akten nicht hervor. Aus dem Geschäftsverteilungsplan von 1943 wird ersichtlich, daß Kiesinger für beide Referate verantwortlich war.
84 Vgl. Rühle an Krümmer, 18. November 1941, Faksimile in *Klarsfeld*, Geschichte, S. 124.
85 Vgl. das Konzept Rühles vom März 1942, BStU AS 121/68, Bd. 6/21f.
86 In einer Aufzeichnung des RMVP vom 16. Februar 1943 über englischsprachige Sendungen für US-Truppen wird Kiesinger als »der neue Abteilungsleiter« bezeichnet, NA, RG 242, BDC Directorate Files, Personalities file, »Kurt Georg Kiesinger«.
87 »Mein Kriegsdienst«, Aufzeichnung für die Spruchkammer Scheinfeld, 19. Januar 1947 (Familienbesitz).
88 In der Denunziation vom 7. November 1944 wird Kiesinger als stellv. Abteilungsleiter bezeichnet, einmal sogar als »Dirigent«, vgl. die Aufzeichnung von Doerries, 4. November 1944, abgedruckt in: *Oberndörfer*, Begegnungen, S. 129ff.
89 Kiesinger in einem undatierten Dokument ohne Überschrift, vermutlich Teil der verschollenen Aufzeichnung für den amerikanischen Staatsanwalt Woerheide, ca. August 1946 (Familienbesitz).
90 *Diehl*, Kiesinger, S. 180; daß Kiesinger den Rang eines »Dirigenten« besaß, geht aus seiner Personalakte hervor, PA/AA, Pers H, Rep. IV, Personalia, Nr. 1234 Kiesinger. In der Geschäftsübersicht vom September 1943 ist Rühle noch als Dirigent aufgeführt.
91 Von Haeften an Luther, 13. Februar 1942, BAB, R 901/73830/106.
92 Undatierte Aufzeichnung Kiesingers, wahrscheinlich aus dem Internierungslager (ca. 1946) (Familienbesitz).
93 Fritzsche an Goebbels, 7. November 1944, abgedruckt in *ADF zum Fall Kiesinger*, Dok. Nr. 12, S. 47; daß »Ru« als randständig wahrgenommen wurde, zeigen auch die Schwierigkeiten Rühles, seine WHAs zu beamteten Legationssekretären zu machen. Er erreichte dies unter Mühen erst Ende 1944, wobei diese Verbeamtungen zum Teil nicht mehr wirksam wurden, Auskunft des PA/AA vom 3. September 2004.
94 Zur Rundfunkpropaganda im Krieg *Boelcke*, Macht, S. 171ff., 243ff.
95 »Aufbau und Tätigkeit der Deutschen Auslands-Rundfunk-Gesellschaft Interradio AG«, BStU, AS 121/68, Bd. 6.
96 Vgl. *Neulen*, Europa, S. 102.
97 Vgl. *Hildebrand*, Reich, S. 776f.; *Elvert*, Mitteleuropa, S. 354f.
98 Vgl. *Conze*, Europa, S. 77; *Sandkühler*, Europa, S. 23ff.
99 *Elvert*, Mitteleuropa, S. 302.
100 Vgl. Eichner an Weber, 30. November 1966, ACDP, I-226-257.
101 Vgl. die Entnazifizierungsakte von Mair, StL, EL 902/20, Bü. 37/7/8065; *Boelcke*, Macht, S. 304f.
102 Mair an Kiesinger, 21. April 1954, ACDP, I-226-011.
103 DHJ, S. 239.
104 »Aufbau und Tätigkeit der Deutschen Auslands-Rundfunk-Gesellschaft Interradio AG«, BStU, AS 121/68, Bd. 6; sowie die Parallelüberlieferung im Bestand des Reichsfinanzministeriums, BAB (R 2).
105 Vgl. z.B. die Aufzeichnung Kiesingers aus Anlaß des Beitritts von Bulgarien zum Dreimächtepakt, 3. März 1942, PA/AA, R 67.846.
106 Interview mit Günter Diehl, 16. Februar 1999 (im Archiv der Redaktion Zeitgeschichte des ZDF).

107 Vgl. die Tagebuchauszüge von Kiesingers Reisegenossen Carl Kramer, Bonn, o.D., dem Altbundeskanzler in den achtziger Jahren übermittelt, ACDP, I-226-616.
108 Ausführlich *Boelcke*, Macht, S. 313f.; 316.
109 Vgl. DHJ, S. 289; *Boveri*, Verrat, Bd. 1, S. 124.
110 »Ein Bändchen Gedichte«, *Hamburger Abendblatt*, 2. Dezember 1954; »Dr. Kiesinger: Außenpolitiker des Bundestages«, *Westdeutsche Allgemeine*, 8. Dezember 1954.
111 Anthony Crotty, »Kurt Georg Kiesinger as I remember him«, ca. November 1966, ACDP, I-226-257, (Übersetzung des Autors).
112 Ausführlich *Döscher*, Auswärtiges Amt.
113 Vgl. *Nationalrat*, Ribbentrop-Ministerium, S. 31; *Klarsfeld*, Geschichte, S. 48ff.
114 *Nationalrat*, Ribbentrop-Ministerium, S. 43 (Bildunterschrift zu Dok. Nr. 36).
115 *Baukloh*, Neuer Bundeskanzler, S. 42f., die dort zitierte Aktennotiz vom 27. Dezember 1943 stammte nicht von Kiesinger, sondern von Aigner (s.u.), es handelt sich keinesfalls um einen »Vorschlag« Kiesingers.
116 Vgl. *Jaspers*, Antwort, S. 216.
117 Aufzeichnung von Aigner über eine Sitzung im Reichspropagandaministerium, 4. November 1943, BStU, AS 121/68, Bd. 6, Bl. 56; darin heißt es, daß die »Frage des Kaufs der jüdischen Publicis-Aktien für diese Besprechung« gegenstandslos geworden sei. Ob sie später noch einmal aufgeworfen wurde, ist unbekannt, vgl. dagegen *Nationalrat*, Ribbentrop-Ministerium, S. 43, Dok. Nr. 36. In dem dort abgebildeten Dokument wird Kiesinger übrigens nicht einmal erwähnt; ebenso unzutreffend *Baukloh*, Neuer Bundeskanzler, S. 43.
118 Zur Forschung *Friedländer*, Täter, Opfer, Zuschauer.
119 Vgl. *Soell*, Schmidt, S. 107f.
120 Vgl. *Bankier*, Germans, S. 115.
121 DHJ, S. 247f.; vgl. *Kershaw*, Hitler-Mythos.
122 Stenographisches Protokoll der Zeugenvernehmung Kiesingers durch das Frankfurter Schwurgericht im Prozeß gegen Fritz-Gebhard von Hahn, 4. Juli 1968, ACDP, I-226-252.
123 DHJ, S. 19.
124 Bescheinigung vom 23. Dezember 1940, PA/AA, R 67.489; ZDF-Interview mit Albrecht Pünder (Kopie in Besitz des Verfassers); Eidesstattliche Erklärung von Gisela Bockelmann vom 6. Juni 1947, ACDP, I-226-257.
125 Vgl. *Knopp*, Holokaust, S. 300.
126 Ausführungen Goebbels' auf der Ministerkonferenz vom 12. Dezember 1942, *Boelcke*, Wollt Ihr, S. 409.
127 Ebd., 16. Dezember 1942, S. 411.
128 Vgl. die etwa die Globereuter-Meldung vom 3. Dezember 1942, wonach die Vernichtung aller Juden von Hitler angeordnet worden sei und deren Leichen von den Deutschen »zu kriegswichtigen Gütern wie Seife, Fette und Düngemitteln« verarbeitet würden. Diese Meldung war als Greuelmeldung zurückzuweisen. Kiesingers Name findet sich auf dem Verteiler, Kopie in ACDP, I-226-253.
129 *Goebbels*, Tagebuch II/3, Eintrag vom 27. März 1942, S. 561.
130 Vgl. ausführlich *Döscher*, Auswärtiges Amt, S. 248f.
131 Robert M.W. Kempner, ehemals amerikanischer Ankläger im Nürnberger Kriegsverbrecherprozeß, schrieb am 14. März 1968 an Kiesinger, daß es sich bei der Vorladung um ein »Kesseltreiben handele«. Als früherer Justitiar der Polizeiabteilung im Preußischen Innenministerium sei er »einer der wenigen, die mit derartigen Komplexen noch vertraut sind«, ACDP, I-226-251.

132 Vgl. *Weineke*, Verfolgung, S. 270.
133 Stenographisches Protokoll der Zeugenvernehmung Kiesingers durch das Frankfurter Schwurgericht im Prozeß gegen Fritz-Gebhard von Hahn, 4. Juli 1968, ACDP, I-226-252.
134 Abwegig *Weinke*, Verfolgung, S. 272ff. Gestützt auf eine Mitschrift für den DDR-Rechtsanwalt Friedrich Karl Kaul und in offensichtlicher Unkenntnis der vom Gericht wörtlich protokollierten Aussage Kiesingers erhebt *Weinke* den Vorwurf, Kiesinger haben »den stereotypen Exkulpationsformeln aller Schreibtischtäter« Vorschub geleistet und »aus Gründen der Staatsräson« am »Mythos der unangetasteten Integrität des Auswärtigen Amtes« festgehalten. Damit sei ihm »auch der letzte Rest an persönlicher Glaubwürdigkeit verloren« gegangen, ebd., S. 277.
135 »Stummer Blick und müdes Achselzucken«, *Frankfurter Rundschau*, 6. Juli 1968; »Der Bundeskanzler sagt als Zeuge aus«, *Frankfurter Allgemeine Zeitung*, 5. Juli 1968; »Zum Mord-Prozeß ein Kanzler-Zeugnis«, *Süddeutsche Zeitung*, 5. Juli 1968; »Es war unvorstellbar, daß es solche Greuel geben sollte«, *Die Welt*, 5. Juli 1968.
136 Vgl. den Vermerk der Staatsanwaltschaft Bonn von 12. Mai 1971 sowie das Schreiben von Schily an den Oberstaatsanwalt in Köln, 29. Februar 1972 sowie die Antwort der Generalstaatsanwaltschaft vom 17. Juli 1972, ACDP, I-226-264; siehe dagegen *Weinke,* Verfolgung, S. 278.
137 Aufzeichnung Rühles, 26. September 1941, abgedruckt in *Klarsfeld*, Kiesinger, S. 106f.
138 Vgl. die Abschrift einer Aufzeichnung von Dieckhoff, 9. Oktober 1941, *Klarsfeld*, Kiesinger, S. 119.
139 »Amerikapropaganda. 10 Thesen für die Propaganda gegenüber den Vereinigten Staaten«, PA/AA, R 30.005.
140 Aufzeichnung Kiesingers vom 15. Dezember 1941, zit. nach Gutachten Buchheim, 6. November 1968, ACDP, I-226-253.
141 »Mein Kriegsdienst«, Aufzeichnung Kiesingers vom 19. Januar 1947 (Familienbesitz).
142 Niederschrift über die Sitzung des Nordamerika-Komitees, 26. August 1943, BStU, As 121/68, Bd. 6, Bl. 377ff.
143 Vgl. die Aufzeichnung von Conrad, 5. Februar 1942, BAB, R 901/73830.
144 Vgl. das bei *Buchbender*, Tönendes Erz, S. 55 abgedruckte Dokument.
145 Aufzeichnung von Kiesinger, 1. Juli 1941, PA/AA, R 67.846.
146 »Hemmung der antijüdischen Aktion in der deutschen Auslandsinformation«, 3. November 1944, ACDP, I-226-253; *Oberndörfer*, Begegnungen, S. 127ff.
147 Vgl. Vermerk der Staatsanwaltschaft Bonn über eine Zeugenaussage von Ahrens, 12. Mai 1971, ACDP, I-226-252.
148 »*The document* [...] *establishes beyond a doubt the irreconcilable Nazism of Doerries himself. It raises a strong presumption that an equally extreme Nazi position was adapted by Dr. Ahrens*«, Grimwold (POLAD) an Smith (OMGUS), 27. November 1945, NARA, RG 59, CDF 1945-1949, 840.414, Box 5703; als Anlage zu diesem Schreiben finden sich die Denunziation und der Schriftverkehr mit dem SS-Hauptamt.
149 Gedächtnis-Niederschrift von Ahrens über ein Gespräch mit Doerries, 17. Dezember 1967, ACDP, I-226-253.
150 Schreiben des Persönlichen Referenten Bergers an Brandt, 20. November 1944, ACDP, I-226-253; *Klarsfeld*, Geschichte, S. 150 schreibt: »Was die Denunziation an das RSHA angelangt [sic], so ist ihre Schlagkraft durch der [sic] ihr beigemesse-

ANMERKUNGEN

nen [sic] Bedeutung erwiesen. Diese Denunziationsschrift ging durch die Hände von Gottlob Berger, Leiter des SS-Hauptamtes, der sie an den Persönlichen Stab des Reichsführers-SS weiterleitete. Sie erzielte keinen anderen Erfolg, als den, in die Archive des persönlichen Referenten Himmlers, Rudolph Brandt, aufgenommen zu werden«. *Kiesinger*, DHJ, S. 254 schreibt: »Warum mir damals nichts geschehen ist, weiß ich nicht.«

151 DHJ, S. 250, dort auch das folgende; zu Ross *Gassert*, Amerika, S. 108ff.
152 Aufzeichnung von Kiesinger, 14. Mai 1943, BAB, ehem. BDC, Ordner 917; ich danke Jens Kuhlemann (Berlin) für den Hinweis auf dieses Dokument.
153 Vgl. *Diehl*, Kiesinger, S. 177f.
154 Vgl. »Kiesingers attraktive Zivil-Position«, *Frankfurter Allgemeine Zeitung*, 16. April 2004.
155 Vgl. »Grass appelliert an Kiesinger«, *Frankfurter Rundschau*, 2. Dezember 1966.
156 Vorwort von Heinrich Böll, *Klarsfeld*, Geschichte, S. 7.
157 Wickert an Jaspers, 7. Januar 1967, in: *Oberndörfer*, Begegnungen, S. 137.
158 Vgl. Kiesingers Personalakte, PA/AA, Pers. H, Rep. IV, Personalia, Nr. 1234.
159 Vgl. »Activities of the German Foreign Office in the Field of Radio«, 22. November 1945, War Department, General and Special Staffs, RG 165, G-2, Intelligence Division, MIS-Y, 390/35/1-4/7-1, Box 738.
160 Die Reisen lassen sich anhand der Personalakte Kiesingers verifizieren, PA/AA, Pers. H.; siehe auch DHJ, S. 251; zur Unversehrtheit der Bleibtreustraße das Schreiben von Cramer, ACDP, I-226-616.
161 *Pünder*, Begegnung, in: *Oberndörfer*, Begegnungen, S. 111ff.; auch das folgende Zitat.
162 Vgl. *Rothfels*, Opposition, S. 86; *Fest*, Hitler, S. 957.
163 Bussche an Kiesinger, 12. Juni 1967, ACDP, I-226-257; dort auch das folgende Zitat.
164 Vgl. ZDF-Interview mit Pünder, 20. Juli 1999 (Kopie im Besitz des Verfassers); *Pünder*, Begegnung, a.a.O., S. 116f.
165 Vgl. *Broszat*, Resistenz; *Paul/Mallmann*, Milieus.
166 Pünder an Krüger, 6. Februar 1999 (Privatarchiv Albrecht Pünder, Kopie im Besitz des Verfassers).
167 Bussche an Kiesinger, 12. Juni 1967, ACDP, I-226-257.
168 Reichhold an Kiesinger, 10. Januar 1984, ACDP, I-226-636
169 »Mein Verhältnis zur NSDAP«, Aufzeichnung für die Spruchkammer Scheinfeld, 19. Januar 1947 (Familienbesitz).
170 »Hemmungen der antijüdischen Aktion in der deutschen Auslandsinformation«, 4. November 1944, in: *Oberndörfer*, Begegnungen, S. 129.
171 »Mein Kriegsdienst«, Aufzeichnung für die Spruchkammer Scheinfeld, 19. Januar 1947 (Familienbesitz).
172 DHJ, S. 236.
173 Eidesstattliche Erklärung von Kurt Alexander Mair, 2. August 1947, ACDP, I-226-251.
174 *Goebbels*, Tagebuch, II/3, Eintrag vom 24. Januar 1942, S. 178; vgl. *Longerich*, Propagandisten, S. 182ff.
175 So *Boelcke*, Macht, S. 479.
176 Eidesstattliche Erklärung Kiesingers, 10. Juni 1947, StL, EL 902/20, Bü. 37/7/8065, Blatt 35ff.; Kiesinger an Berufungskammer Ansbach, 24. April 1948 (Familienbesitz).
177 Vgl. DHJ, S. 240: »Das, was ich und eine Reihe gleichgesinnter Freunde in dieser Hinsicht in der Abteilung ›Ru‹ des Auswärtigen Amtes betrieben, war natürlich eine Gratwanderung. [...] Ich habe es nie fertiggebracht, in späteren Jahren nach dem Krieg, das, was ich in diesen Jahren im Auswärtigen Amt getan habe, als

Widerstand hinzustellen und mich damit zu brüsten. Ich habe mir im Gegenteil immer wieder vorgeworfen, noch nicht genug gewagt zu haben. Aber auch die Beschuldigungen, die besonders in meiner Amtszeit als Bundeskanzler gegen mich von bestimmter Seite erhoben worden sind, waren schwer zu ertragen, weil sie so völlig an der Wirklichkeit vorbeigingen.«

178 Vgl. *Niethammer*, Entnazifizierung, S. 603f.
179 Der Begriff geht ursprünglich auf das Bayern-Projekt des Instituts für Zeitgeschichte zurück, vgl. *Broszat*, Resistenz und Widerstand; zur Kritik *Mallmann/Paul*, Resistenz; in Hinblick auf das katholische Milieu *Gotto/Hockerts/Repgen*, Nationalsozialistische Herausforderung.
180 Vgl. die Aussage von Otmar Emminger in: *Hoff*, Kiesinger, S. 67.
181 Dazu die Erklärungen Kramers und Kiesingers, StL, EL 902/20, Bü. 37/7/8065.
182 Eidesstattliche Erklärung Kiesingers, 10. Juni 1947, ebd.
183 Ebd.
184 Aufzeichnung von Doerries, 4. November 1944, *Oberndörfer*, Begegnungen, S. 129.
185 Zu Fritzsche *Gassert*, Fritzsche, 81ff.
186 Fritzsche an Goebbels, 7. November 1944, abgedruckt in: *ADF zum Fall Kiesinger*, Dok. Nr. 12, S. 48.
187 Winkelnkemper an Fritzsche, 2. November 1944, BAK R55/558, Kopie in ACDP, I-226-253; dieser Vermerk, der Kiesinger eine positive Gesinnung im Sinne des NS-Regimes bescheinigt, ohne die seine weitere »UK«-Stellung gegenüber Goebbels wohl nicht zu begründen gewesen wäre, sollte in den sechziger Jahren der westdeutschen Öffentlichkeit vorenthalten werden und wurde von dem damaligen Oberarchivrat und späteren Präsidenten des Bundesarchivs, Heinz Boberach, in seinem Dienstzimmer unter Verschluß genommen, vgl. Buchheim an Neusel, 18. Oktober 1967, ACDP, I-226-253; in seinen Erinnerungen streitet Kiesinger ab, von den Verhandlungen zwischen Goebbels und Fritzsche über seine Person gewußt zu haben, DHJ, S. 255; aus der Doerries-Denunziation geht hervor, daß dies nicht zutrifft. Das Dokument wurde aus der Gegenüberlieferung in DDR-Archiven in der Broschüre *ADF zum Fall Kiesinger*, Dok. Nr. 12, S. 48 schließlich doch veröffentlicht.
188 Aufzeichnung von Doerries, 4. November 1944, *Oberndörfer*, Begegnungen, S. 129.
189 Gedächtnis-Niederschrift von Ahrens über ein Gespräch mit Doerries, 17. Dezember 1967, ACDP, I-226-253; das Protokoll ist Teil der Unterlagen, die bei der Verhaftung von Werner Best im März 1969 beschlagnahmt wurden; eine Kopie gelangte auf dem »kurzen Dienstweg« ins Bundeskanzleramt; zum Kontext *Herbert*, Best, S. 503ff.; Ahrens hatte Kontakt zum *Spiegel* gesucht, nachdem die Denunziation im November 1966 dort veröffentlicht worden war. Kopie der Korrespondenz Woerheide-*Spiegel* in ACDP, I-226-251.
190 Ebd.
191 Für diese Tendenz spricht auch ein Leserbrief von Dr. Rolf Wilkening, »War Kiesinger im Widerstand?«, *Kölner Stadt-Anzeiger*, 16. September 1969.
192 Vgl. Woerheide an Augstein, 22. Oktober 1969, ACDP, I-226-251; die Bezeichnung »alter Kamerad« für Ahrens von Best, vgl. Best an Gunther d'Alquen, 26. September 1967; ACDP, I-226-253; Augstein lehnte die Publikation einer Gegendarstellung Woerheides ab, vgl. das Schreiben der beiden *Spiegel*-Mitarbeiter Malanowski und Mauz an Woerheide, 17. November 1966, ACDP, I-226-251; Woerheide machte Malanowski und Mauz überdies den Vorwurf des Hausfriedensbruchs, weil sie unangemeldet und ohne zu klingeln sein Haus in Spanien betreten hätten, vgl.

Woerheide an Sittler, 26. Oktober 1969, ebd.; auch lehnte Woerheide die ihm zugeschriebene, auf den Schlußteil von Kiesingers Aufzeichnung von 1946 (s.u.) bezogene Aussage »Er geht in diese Richtung« ab. Er habe sich nicht zum Inhalt geäußert, sondern nur bestätigt, daß Kiesinger in seiner Aufzeichnung auch seinen eigenen Hintergrund diskutiert habe, vgl. Woerheide an Mauz, 22. Oktober 1969, ebd., was Malanowski und Mauz in ihrem Schreiben an Woerheide vom 17. November 1969 zugestanden, ebd.

193 »Ein Geheimagent des Vatikans?« *Der Spiegel*, 6. Oktober 1969, S. 112.

194 Auch für diese Arbeit gelang es nicht, eine Kopie von Kiesingers Aufzeichnungen von 1946 zu erhalten, die sich in einem verschlossenen Bestand des Department of Justice in den National Archives in College Park, Maryland, befinden. Im Familienbesitz findet sich ein dreiseitiges, undatiertes Fragment vom August oder September 1946. Dieses Fragment ist auf dem gleichen Papier mit der gleichen Schreibmaschine geschrieben wie Kiesingers Entlassungsgesuch aus dem Internierungslager 1946. In diesem Fragment schildert Kiesinger detailliert einen Konflikt mit einem Mitarbeiter des RMVP (»Der Fall Schotte-Harl« und »3. Der Bericht des Gesandten Rühle«).

195 Vgl. Woerheide an Mauz, 22. Oktober 1966, ACDP, I-226-251.

196 Spruch der Spruchkammer des Landkreises Scheinfeld im Verfahren gegen Kiesinger, 6. August 1948, Staatsarchiv München, Durchlaufkartei.

197 Eidesstattliche Erklärung von Kramer, 21. September 1947 und von Theodor Heckel, 8. Oktober 1947, StL, EL 902/20, Bü. 37/7/8065.

198 Vgl. Mairs Rechtfertigungsschrift, 20. Juli 1947, ebd.

199 Vgl. *Besier*, Kirchen, S. 43.

200 *Gerstenmaier*, Streit und Friede, S. 72ff.

201 Vgl. *Denzler*, Widerstand, S. 11f.

202 DHJ, S. 240.

203 »Foreign Office Personnell and Records«, 13. Juni 1945, 7th Army Interrogation Reports, NA, RG 338, ETO, MIS-Y, 290/56/2/4-5, Box 72; Akten der Interradio, BAK, R 74/472; DHJ, S. 262f.

204 »Activities of the German Foreign Office in the Field of Radio«, 22. November 1945, War Department, General and Special Staffs, RG 165, G-2, Intelligence Division, MIS-Y, 390/35/1-4/7-1, Box 738.

205 Erklärung von Michael Kardinal Faulhaber, 13. Oktober 1947, StL, EL 902/20, Bü. 37/7/8065, zu Mairs rundfunkpolitischer Nachkriegsplanung *Boelcke*, Macht, S. 520; zur Reaktion der amerikanischen Seite die Unterlagen der 3. US-Armee, BAK, R 74/487.

206 Auskunft von Ernst Koch an Stadtarchivar Dr. Peter Thaddäus Lang, Stadtarchiv Albstadt, Mai 2003; *Stettner*, Ebingen, S. 535ff.

207 DHJ, S. 264.

208 *Boelcke*, Macht, S. 517f.; »Foreign Office Personnel and Records«, 13. Juni 1945, 7th Army Interrogation Reports, NA, RG 338, ETO, MIS-Y, 290/56/2/4-5, Box 72.

209 DHJ, S. 265ff.; Angabe auf dem Entlassungsschein vom 17. September 1946, Archiv der Deutschen Dienststelle, Berlin; das Datum der Internierung wurde vom Staatsministerium Baden-Württemberg anhand einer Karteikarte verifiziert, die heute nicht mehr im Staatsarchiv Ludwigsburg auffindbar ist, vgl. die Aufzeichnung vom 11. November 1966, HSTAS, EA 1/151, Staatsministerium, Personalakte Kurt Georg Kiesinger; als Wohnsitz Kiesingers wurde »Landshut« angegeben.

210 *Niethammer*, Entnazifizierung, S. 62f.
211 Ebd., S. 255.
212 Vgl. *Henke*, Besetzung, S. 254; hierzu und zu dem folgenden auch *Strauß*, Kriegsgefangenschaft, S. 357; *Horn*, Internierungslager, S. 22ff.
213 Vgl. *Niethammer*, Entnazifizierung, S. 258.
214 Vgl. DHJ, S. 267; 286ff.
215 Ebd., S. 270; vgl. für entsprechende Zeitzeugen-Darstellungen *Strauß*, Kriegsgefangenschaft, S. 163ff.
216 DHJ, S. 276f.
217 Knorpp an Kiesinger, 8. November 1952, ACDP, I-226-043.
218 Vgl. DHJ, S. 279; zu den unschönen Begleitumständen *Müller*, Internierungslager, S. 172.
219 Vgl. die Angabe auf Kiesingers Entlassungsschein, 17. September 1946, Archiv der Deutschen Dienststelle (Berlin).
220 Vgl. *Müller*, Internierungslager, S. 175.
221 »Annex to Report Civil Internment Enclosure # 74«, 6. Mai 1947, NA, RG 260, OMGUS, Public Safety Branch, 390/42/28/4-6.
222 »Lebensbedingungen der Internierten«, StL, EL 904/0 Bü 43.
223 Statistik der Berufsgruppen sowie Altersgliederung (ca. Oktober 1945), StL, EL 904/0, Bü 43.
224 »Erfahrungen aus der politischen Erziehungsarbeit in einem Internierungslager«, Aufzeichnung Kiesingers, Ende 1946 (Familienbesitz).
225 DHJ, S. 280f.
226 Vgl. Murphy an Außenminister Byrnes, 30. April 1946, RG 84, POLAD, 350/57/19-20/07-02, Box 88.
227 Vgl. NA, RG 165, Office of the Director of Intelligence (G-2), 1906-1949, Captured Personell and Materiel Branch, Card Index to Correspondence Series 179, MIS-Y, Interrogation Reports and Correspondence on POWs, 1943-1945, Box 17 enthält eine Kartei »German Foreign Office Officials«; auch von der sogenannten »Poole Mission« des State Department wurde Kiesinger nicht befragt, vgl. NA, U.S. Army Commands, 1942, ETOUSA, MIS-Y Section, State Department Special Interrogation Team, Interrogation Reports 1945-1946, RG 338, 338/290/56/3/2, Box 104.
228 Bryans an Petterson, 18. November 1966, NA, RG 242, BDC Directorate 1945-1994, Personalities file, »Kiesinger, Kurt Georg«; in Familienbesitz befindet sich nur eine ergänzende Darstellung Kiesingers zu seinem Fragebogen. Der Fragebogen selbst ist dort nicht überliefert; eine Anfrage des State Department ging an das BDC am 22. Dezember 1954, nachdem Kiesinger zum Vorsitzenden des Auswärtigen Ausschusses gewählt worden war, siehe RG 59, Central Decimal File, Name Index, 1950-1954, Kurt Georg Kiesinger, 762.521/12-3354, 22. Dezember 1954; in den zugänglichen französischen Akten im AdO in Colmar findet sich der «Fragebogen» ebenfalls nicht.
229 Daß Kiesinger Anfang November 1945 zum ersten Mal verhört wurde, geht aus seinem Entlassungsgesuch vom 10. Juni 1946 eindeutig hervor (Familienbesitz).
230 DHJ, S. 288.
231 Die Daten gehen aus einer Arbeitsbescheinigung des Kommandanten Arvid P. Dahl vom 20. August 1946 hervor und aus dem von Kiesinger verfaßten Entwurf eines Zeugnisses (Familienbesitz).
232 Kiesinger an C.I.C., Camp 74, 10. Juni 1946 (Familienbesitz); Hervorhebung im Original.

ANMERKUNGEN

233 »Foreign Office Personnel and Records«, 13. Juni 1945, NA, RG 338, ETO, MIS-Y, 7th Army Interrogation Reports, 290/56/2/4-5, Box 72.
234 OI Final Interrogation Report, Befragung von Dr. Hans August Wilms, 22. November 1945, NA, RG 165, War Department General and Special Staffs, A C of S, G-2, Intelligence Division, MIS-Y, 390/35/1-4/7-1, Box 738.
235 »Annex to Report Civil Internment Enclosure # 74«, 6. Mai 1947, NA, RG 260, OMGUS, Public Safety Branch, 390/42/28/4-6.
236 Schreiben eines ungenannten Dritten an einen Herrn Dr. Fahr, 22. April 1947 (Familienbesitz); Hervorhebung im Original.
237 »Meine Tätigkeit seit dem Zusammenbruch«, Aufzeichnung für die Spruchkammer Scheinfeld, 19. Januar 1947 (Familienbesitz).
238 Kiesinger an C.I.C., Camp 74, 10. Juni 1946 (Familienbesitz).
239 M.-L. Kiesinger an Commanding Officer, 12. August 1946 (Familienbesitz).
240 M.-L. Kiesinger an C.I.C.-Office, 30. Mai 1946 (Familienbesitz).
241 *Boveri*, Verrat, S. 121.
242 »Geheimagent des Vatikan«, *Der Spiegel*, 6. Oktober 1969, S. 67.
243 Caudle (Asst. Attorney General) an Acheson (Acting Secretary of State), 17. Dezember 1945, NA, RG 59, C.D.F., 1945-1949, 102.302, 250/34/26/06, Box 137.
244 Woerheide an Elliff (Department Of Justice), 15. August 1946, NA, RG 60, Department of Justice, Central Files & Related Records, Record Slips, 1910-1967, 1946, DOJ file 146-28-237, Box 125, 60/230/5/18/4; daß der *Spiegel* sich auf Ahrens stützte, wird deutlich aus einem Schreiben Woerheides an den Regensburger Literaturwissenschaftler E.W. Sittler, einen Freund Woerheides, der ebenfalls als Zeuge in den »Boston Treason Trials« aufgetreten war, Woerheide an Sittler, 3. November 1969, ACDP, I-226-261.
245 DHJ, S. 289.
246 Woerheide an Sittler, 26. Oktober 1969, ACDP, I-226-261.
247 »Erfahrungen aus der politischen Erziehungsarbeit in einem Internierungslager«, Aufzeichnung Kiesingers, o.D. (Familienbesitz); dort auch die folgenden Zitate.
248 »Report on Conditions in Internment Camps«, 20. Dezember 1946, NA, RG 260, OMGUS, Civilian Administration Division, Public Safety Branch, 390/42/28/4-6 (mit direktem Bezug auf Lager 74).
249 »Erfahrungen aus der politischen Erziehungsarbeit in einem Internierungslager«, Aufzeichnung Kiesingers, o.D. (Familienbesitz); dort auch die folgenden Zitate.
250 Vgl. *Hoff*, Kiesinger, S. 78f.
251 Reche an Kiesinger, 7. Juli 1956, ACDP, I-226-018.
252 Handschriftliche Fragmente aus der Nachkriegszeit (Familienbesitz).
253 Pfleiderer an Kiesinger, 12. Juli 1958, ACDP, I-226-049.
254 »Erfahrungen aus der politischen Erziehungsarbeit in einem Internierungslager«, Aufzeichnung Kiesingers, o.D. (Familienbesitz).
255 DHJ, S. 290; dort ist das Zeugnis auch abgedruckt; das Original findet sich in ACDP, I-226-257; der erwähnte Entlassungsschein befindet sich in Privatbesitz; dort auch ein Entwurf eines Entlassungszeugnisses.
256 Vgl. *Horn*, Internierungslager, S. 68ff.
257 Gespräch mit *Peter Kiesinger*, Karlsruhe, 6. Februar 2004.
258 DHJ, S. 308f.
259 Gespräch mit *Viola und Volkmar Wentzel*, Washington, 16. Oktober 2001; siehe *Hoff*, Kiesinger, S. 80.
260 »Kiesinger war Holzhacker in Franken«, *Abendzeitung München*, 8. Dezember 1966.

Vom Nationalsozialismus zur Demokratie 1940–1949

261 *Niethammer*, Entnazifizierung, S. 13; die Studie heißt in ihrer Neuauflage »Die Mitläuferfabrik«.
262 Vgl. etwa *Frei*, Karrieren; *Herbert*, Liberalisierung; *Schildt*, Ankunft; *Weisbrod*, Rechtsradikalismus.
263 Vgl. *Döscher*, Verschworene Gesellschaft.
264 Dazu ausführlich *Frei*, Vergangenheitspolitik, S. 69ff.
265 *Herbert*, Rückkehr in die Bürgerlichkeit, S. 162.
266 *Rauh-Kühne*, Entnazifizierung, S. 51.
267 Kiesinger an Binder, 2. Januar 1947 (Familienbesitz).
268 Kiesinger an den Öffentlichen Ankläger der Spruchkammer Scheinfeld, 10. Oktober 1946 (Familienbesitz).
269 Vgl. *Vollnhals*, Entnazifizierung, S. 17; der Meldebogen bei *Schullze*, Gesetz zur Befreiung, S. 112f.
270 »Anlage zum Meldebogen«, 30. September 1946 sowie die revidierte Fassung vom 10. Oktober 1946 (Familienbesitz).
271 Kiesinger an den Öffentlichen Ankläger der Spruchkammer Scheinfeld, 19. Januar 1947 (Familienbesitz).
272 Art. 11 BefrG, *Schullze*, Gesetz zur Befreiung, S. 18f.
273 Art. 7 BefrG, ebd., S 13f.
274 Klageschrift der Spruchkammer Scheinfeld gegen Kiesinger, 11. Februar 1947 (Familienbesitz).
275 Art. 39, Abs. II, *Schullze*, Gesetz zur Befreiung, S. 63.
276 *Niethammer*, Entnazifizierung, S. 603.
277 Spruch der Spruchkammer Scheinfeld, 12. März 1947, Abschrift des Spruchkammerverfahrens in der »Durchlaufkartei« des Staatsarchivs München. Im Staatsarchiv Nürnberg finden sich die Verfahrensakten nicht.
278 Kiesinger an einen ungenannten Oberregierungsrat (vermutlich Dr. Roser) in Tübingen, 12. September 1947 (Familienbesitz).
279 Ebd.
280 *Rauh-Kühne*, Wer zu spät kam.
281 Kiesinger an die Spruchkammer Scheinfeld, 18. April 1947 (Familienbesitz); dort auch das folgende Zitat.
282 Kiesinger an die Berufungs-Spruchkammer Ansbach, 24. April 1948 (Familienbesitz); dort auch das folgende Zitat.
283 DHJ, S. 314.
284 Vgl. *Woller*, Gesellschaft und Politik, S. 158.
285 *Rauh-Kühne*, Wer spät kam, S. 120; *Niethammer*, Entnazifizierung, S. 514.
286 Unzutreffend *Klarsfeld*, Geschichte, S. 64, zum Entnazifizierungsverfahren: »Ja, es klangen sogar Töne an, daß Kiesinger Widerstandskämpfer gewesen sei, eine Version, die er selbst nie aufrecht erhalten hat in der realistischen Erkenntnis, daß sie nicht aufrecht zu erhalten ist«. Das Gegenteil ist richtig, denn nach Art. 13 BefrG war Widerstandstätigkeit Voraussetzung, um überhaupt in die Kategorie V (»Entlasteter«) eingestuft zu werden. Kiesinger hat, wie gezeigt, entsprechend argumentiert.
287 Rechtfertigungsschrift Mairs für die Spruchkammer, 20. Juli 1947, StL, EL 902/20, Bü. 37/7/8065.
288 Eidesstattliche Erklärung von Kurt Mair, 17. November 1946 (Familienbesitz); im Widerspruch zu DHJ, S. 314, es sei ihm erst nach dem ersten Verfahren vor der Scheinfelder Kammer gelungen, »einige Personen aufzuspüren, mit denen

ANMERKUNGEN

ich während meiner Tätigkeit im Auswärtigen Amt die engsten und vertrautesten Kontakte hatte, darunter Kajus Köster und Kurt Alexander Mair«.
289 Eidesstattliche Erklärung von Kiesinger, 10. Juni 1947, StL, EL 920/20, Bü. 37/7/8065.
290 Protokoll der öffentlichen Sitzung vom 18. Dezember 1947, ebd.
291 Kiesinger an die Berufungs-Spruchkammer in Ansbach, 24. April 1948 (Familienbesitz); das geforderte »Buch« wurde tatsächlich geschrieben: *Boelcke, Macht,* S. 479 folgt weitgehend Mairs Argumentation.
292 Kiesinger an Mair, 31. Mai 1948 (Familienbesitz).
293 Kiesinger an die Spruchkammer Scheinfeld, Juli 1948, ebd.
294 Spruch der Berufungskammer Ansbach, 4. Mai 1948, Durchlaufkartei, Staatsarchiv München; dort auch die folgenden Zitate.
295 Beschluß der Spruchkammer Scheinfeld über das Wiederaufnahmeverfahren, 6. August 1948 (Familienbesitz).
296 Beschluß der Spruchkammer Scheinfeld, 6. August 1948, Abschrift Durchlaufkartei, Staatsarchiv München.
297 Ebd.
298 Vgl. die Statistik bei *Vollnhals,* Entnazifizierung, S. 333; ein ähnliches prozentuales Ergebnis (1,94 %) ergibt sich, wenn man die Zahl der Entlasteten in der Amerikanischen Zone insgesamt (18.454) ins Verhältnis zu den bearbeiteten Fällen stellt (950.126); in der Britischen Zone dagegen wurde mehr als die Hälfte entlastet.
299 Vgl. *Woller,* Gesellschaft, S. 315ff.
300 Ebd., S. 159, etwa der Fall des früheren Sozialdemokraten Beil in Ansbach, dessen Situation der Kiesingers ähnelte, der jedoch kein Wiederaufnahmeverfahren mehr erreichte.
301 Vgl., *Klarsfeld,* Geschichte, S. 64; *ADF zum Fall Kiesinger,* S. 23.
302 Vgl. das Modell, das Gotto, Hockerts und Repgen entworfen haben, *Gotto/Repgen,* Kirche, S. 102ff.; kritisch dazu *Denzler,* Widerstand, S. 8f.
303 Kiesinger an die Spruchkammer Scheinfeld, 18. April 1947 (Familienbesitz).
304 Kiesinger an Binder, 2. Januar 1947, ebd.
305 Binder an Kiesinger, 13. Januar 1947, ebd.
306 Kiesinger an Amann (Tübingen), 31. März 1947 (Familienbesitz); von dem Bussche schlug Kiesinger vor, in Göttingen als Rechtslehrer neu anzufangen, DHJ, S. 331.
307 DHJ, S. 286, 315; zu Franz Prinz zu Löwenstein-Rosenberg-Wertheim (1909–1990), der bei der Gleichschaltung des KV ebenfalls eine Rolle gespielt hatte, vgl. *KV-Lexikon,* Bd. 2, S. 81f.
308 Vgl. *Stangl,* Rechtslehrer, S. 133ff.; Kiesingers Darstellung in DHJ, S. 316 stimmt in vielen Details mit der Darstellung von Stangl überein.
309 »Rückblick in die Zeit vor 30 Jahren«, Zusammengestellt aus Anlaß des 1. Treffens der ehemaligen Kiesinger-Schüler, 20./21. Oktober 1979 (Familienbesitz); Ansprache von Stangl auf diesem Treffen, ACDP, I-226-700.
310 *Stangl,* Rechtslehrer, S. 136.
311 »Aufgaben für die I. Juristische Staatsprüfung« (Familienbesitz).
312 »Grundprobleme des Staates«, handschriftliche Aufzeichnung Kiesingers (Familienbesitz).
313 Ebd.
314 Kiesinger an Binder, 2. Januar 1947 (Familienbesitz).
315 »Amerikanische Demokratie«, handschriftliche Aufzeichnung (Familienbesitz).

316 Vgl. die Teilnehmerliste des ersten Treffens der ehemaligen Kiesinger-Schüler 20./21. Oktober 1979 in Würzburg (Familienbesitz); sowie des zweiten Treffens am 5./6. Mai 1984, ACDP, I-226-698.
317 Vgl. etwa Eva Keinhorst an Kiesinger, 4. April 1967, ACDP, I-226-206; im Bundeskanzleramt wurden Briefe ehemaliger Schüler gesondert abgelegt; die meisten Zeugnisse zu Kiesingers Verteidigung Ende 1966 stammten von Schülern.
318 Majer, Landesdirektion der Finanzen, Finanzwirtschaftliches Institut, an Kiesinger, 30. Januar 1947 (Familienbesitz).
319 Datiert auf den 12. Februar 1947 und gültig bis 28. Februar 1947 (Familienbesitz).
320 Vgl. DHJ, S. 326f.; zu Schwarz (1903-1975) vgl. *Raberg*, Kiesinger, in: *Buchstab* u.a., Kiesinger, S. 235f.
321 Vgl. *Raberg*, Müller, S. 29.
322 *Kiesinger*, 10 Jahre Landesverband, S. 24f.
323 *Kiesinger*, Fügung, S. 39.
324 Vgl. *Raberg*, Kiesinger, in: *Buchstab* u.a., Kiesinger, S. 238.
325 Majer an Kiesinger, 21. Februar 1947 (Familienbesitz).
326 Schröder an Kiesinger, 4. April 1947 (Familienbesitz).
327 Amann an Kiesinger, 29. März 1947 (Familienbesitz).
328 *Atorf*, Finanzressort, in: Gögler/Richter, Land, S. 235.
329 Binder an Kiesinger, 19. Juni 1947 (Familienbesitz).
330 Kiesinger an Karl Amann, 31. März 1957 (Familienbesitz); Hervorhebung im Original.
331 »Erfahrungen aus der politischen Erziehungsarbeit in einem Internierungslager«, o.D. (ca. Anfang 1947) (Familienbesitz).
332 Ebd.
333 Kiesinger an Karl Amann, 31. März 1947 (Familienbesitz); zu Amann (1899-1995) vgl. »Ruhender Pol des Regierungspräsidiums«, *Schwäbische Zeitung*, 2. Juli 1964; *Raberg*, Kiesinger und Müller.
334 Kiesinger an Oberregierungsrat (Dr. Dieter Roser), 12. September 1947 (Familienbesitz); danach hat Müller Kiesinger auf Inzigkofen aufmerksam gemacht, in DHJ, S. 329 nennt Kiesinger Binder als Urheber.
335 *Raberg*, Kiesinger, in: *Buchstab* u.a., Kiesinger, S. 238f.
336 DHJ, S. 329.
337 Kiesinger an Müller, 29. August 1947, HStAS, Q 1/35, Bü. 365.
338 Schwarz an Müller, 15. September 1947, HStAS, Q 1/35, Bü. 156.
339 Vgl. *Raberg*, Kiesinger, in: *Buchstab* u.a., Kiesinger, S. 239.
340 Schwarz an Müller, 18. September 1947, HStAS, Q 1/35, Bü. 156.
341 Kiesinger an Müller, 19. Oktober 1947, HStAS, Q 1/35, Bü. 365; sowohl Müller als auch Kiesinger datieren den Vorschlag falsch; Kiesinger, DHJ, S. 330, behauptet, Müller habe ihm bei seinem ersten Besuch im März 1947 den Landesgeschäftsführer-Plan unterbreitet; *Müller*, Geschäftsführer, in: *Oberndörfer*, Begegnungen, S. 139, datiert Kiesingers Besuch auf den Beginn des Jahres 1948; aus dem zitierten Schreiben geht der Oktober 1947 eindeutig hervor.
342 Kiesinger an Oberregierungsrat [Roser], 12. September 1947 (Familienbesitz).
343 *Kleinmann*, Kiesinger, S. 252; die meisten Darstellungen folgen dagegen *Hildebrand*, Erhard, S. 262, daß Kiesinger »wie so mancher andere aus seiner Generation eher zufällig« in die Politik geraten sei.
344 Kiesinger an Müller, 19. Oktober 1947, Q 1/35, Bü. 365
345 Kiesinger an Kurt Mair, 31. Mai 1948 (Familienbesitz); *Kiesinger*, Fügung, S. 39.

ANMERKUNGEN

346 Kiesinger an Müller, 9. Februar 1948, ebd.
347 *Müller*, Geschäftsführer, in: Oberndörfer, Begegnungen, S. 139.
348 Schreiben der Rechtsanwaltskammer Tübingen an den Autor, 26. Oktober 2004.
349 Kiesinger an Schmidt (Bürgermeister von Rottenburg), 12. August 1948, ACDP, I-226-465.
350 DHJ, S. 357f.; Gespräch mit *Peter Kiesinger*, 6. Februar 2004.
351 Kiesinger an Müller, 31. Mai 1948 (Familienbesitz); siehe »Ihre Tätigkeit als Landesgeschäftsführer der CDU Württemberg-Hohenzollern«, 6. Januar 1985, ACDP, I-226-293.
352 Vgl. *Weber*, Schmid, S. 262.
353 Vgl. *Adam*, CDU, S. 173.
354 Vgl. *Raberg*, Müller, S. 30f.; es sind nur wenig Akten aus der Frühgeschichte der CDU in Württemberg-Hohenzollern überliefert. Die von Kiesinger herausgegebenen »Informationsblätter« gehören zu den ältesten Quellen, vgl. »Daten über den Landesverband Württemberg-Hohenzollern der CDU«, ACDP, III-009-083/1.
355 Vgl. *Müller*, Württemberg, in: Gögler/Richter, Land, S. 22ff.
356 Einladungsschreiben Kiesingers, 27. August 1948, ACDP, III-009-065.
357 Informationsblatt Nr. 1, 17. September 1948, ACDP, III-009-204/2.
358 »Note d'Information: Congrès régional de l'Union des Jeunes du C.D.U tenu à Aulendorf le 29 Août 1948«, 31. August 1948, AdO, WH 1318.
359 Ebd.; zum Mehrheitswahlrecht als Grundforderung der Union *Kleinmann*, Geschichte, S. 81.
360 »Zwangswirtschaft führt zum totalen Staat«, *Schwäbische Zeitung* (Ravensburger Ausgabe), 9. August 1949.
361 »Aufruf«, 6. Januar 1946, in: *CDU*, 10 Jahre Landesverband, S. 52; vgl. *Adam*, CDU, in: Weinacht, CDU, S. 172f.
362 DHJ, S. 344.
363 Vgl. *Schildt*, Konservatismus, S. 216.
364 DHJ, S. 333.
365 Vgl. *CDU/CSU-Bundestagsfraktion*, 1949-1953, Nr. 13, 23. September 1949, S. 12; Nr. 26, 18. Oktober 1949, S. 33, siehe DB/SB, 1. WP, 12. Sitzung, 20. Oktober 1949, S. 261.
366 DHJ, S. 334.
367 »Zwangswirtschaft führt zum totalen Staat«, *Schwäbische Zeitung* (Ausgabe Ravensburg), 9. August 1949.
368 »Aufruf«, 6. Januar 1946, abgedruckt in: *CDU*, 10 Jahre Landesverband, S. 56.
369 »Präsident Gengler kandidiert«, *Schwäbische Zeitung* (Lokalausgabe Rottweil), 12. Juli 1949.
370 »Vor dem Weltkrieg war Kiesinger als Rechtsanwalt und in privatjuristischer Lehrtätigkeit beschäftigt. Eine seiner wesentlichen Aufgaben sah Kiesinger in der Erziehung des Studentennachwuchses für den demokratischen Gedanken des Rechts- und Verfassungsstaates«, in: »Unsere Kandidaten für den Bundestag«, *Schwäbische Zeitung* (Ausgabe Ravensburg), 30. Juli 1949.
371 Ebd.
372 Vgl. *Eschenburg*, Jahre, S. 497ff.
373 »La Deconvenue des la C.D.U.«, Service du Bulletin Quotidien (Sûreté), 24. Mai 1949, AdO, WH 1103.
374 Informationsblatt Nr. 5, 16. Juni 1949, ACDP, I-127-028/3.

375 Müller, Binder und Schwarz im Landtag von Württemberg-Hohenzollern, 60. Sitzung, 21. Mai 1949, S. 1115ff; 1121ff., zit. nach Kube/Schnabel, Südwestdeutschland, S. 72f.
376 Informationsblatt Nr. 7, 23. Mai 1949, HStAS, Q 1/35, Bü 709.
377 »Präsident Gengler kandidiert«, Schwäbische Zeitung (Lokalausgabe Rottweil), 12. Juli 1949.
378 »Föderalismus und Zentralismus«, Schwäbische Zeitung (Ravensburger Ausgabe), 4. August 1949.
379 Informationsblatt Nr. 9, 13. Juni 1949, ACDP, I-127-028/3.
380 *Müller*, Geschäftsführer, in: Oberndörfer, Begegnungen, S. 142.
381 Vgl. *Kiesinger*, Fügung, S. 42f.
382 Vgl. *Kessl*, Gengler, S. 53; Kiesinger schreibt, daß er das Angebot von sich aus abgelehnt habe, DHJ, S. 359.
383 »Le Congrès Régional CDU du Wurtemberg«, Service du Bulletin Quotidien (Sûreté), 15. Juni 1949, AdO, WH 1103; nach diesem Bericht war allerdings auch Kiesinger von Anfang an im Gespräch.
384 »Autour du Congrès CDU«, 18. Juni 1949, AdO, WH 1103.
385 Zu den Hintergründen *Raberg*, Kiesinger, in: Buchstab, Kiesinger, S. 253f.
386 Vgl. Müller, Landesgeschäftsführer, S. 142; DHJ, S. 359.
387 »Unser Kandidat für den Bundestag: Dr. Kiesinger«, Schwäbische Zeitung (Ravensburg), 30. Juli 1949.
388 DHJ, S. 361.
389 *Müller*, Landesgeschäftsführer, in: Oberndörfer, Begegnungen, S. 143.
390 »Am Sonntag ins Konzerthaus«, Schwäbische Zeitung (Ravensburg), 6. August 1949.
391 »La CDU devient optimiste«, Service du Bulletin Quotidien (Sûreté), 9. August 1949, AdO, WH 1103.

Parlamentarier in der Ära Adenauer 1949–1958

1 »Bericht über die Bundestagswahlen«, o.D., HStAS, Q 1/35, Bü. 710; in Ravensburg, wo die Bedenken gegen Kiesinger am stärksten gewesen waren, gewann er 4,7 % hinzu (insgesamt 72,0 %), in Tettnang 7,6 % (70,1 %), in Wangen 5,7 % (83,3 %).
2 Müller an Kiesinger, 15. August 1949, ACDP, I-226-293.
3 Vgl. *Schindler*, Datenhandbuch, S. 65ff.
4 Vgl. *Falter*, Kontinuität, S. 236f.; *Bösch*, Adenauer-CDU, S. 139ff.
5 Grzimek an Landesgeschäftsstelle der CDU, 18. August 1949, HStAS, Q 1/35, Bü. 709; Grzimek war Abgeordneter der ostpreußischen Landstände gewesen. Er ist der Vater des bekannten Zoologen.
6 Kreisvorsitzender Sapper, Wangen, an Müller, 23. Juli 1949, HStAS, Q 1/35, Bü. 710.
7 Grzimek an Landesgeschäftsstelle der CDU, 18. August 1949, HStAS, Q1/35, Bü. 709.
8 Grzimek an Müller, 18. August 1949, HStAS, Q 1/35, Bü 709.
9 »Manuskript für ein Anekdotenbuch«, ACDP, I-226-715; DHJ, S. 362.
10 Kiesinger in der CDU/CSU-Bundestagsfraktion, 6. September 1949, *Wengst*, Auftakt, S. 254.
11 DHJ, S. 365.
12 Vgl. die Aufzeichnung Kiesingers, 10. Mai 1949, HStAS, Q1/35, Bü. 709.
13 CDU/CSU-Bundestagsfraktion, 1. September 1949, *Wengst*, Auftakt, Nr. 50, S. 178.

ANMERKUNGEN

14 Vgl. *Morsey*, Bildung, S. 418ff.; *Schwarz*, Adenauer I, S. 619ff.
15 Aufzeichnung Müllers, 21. August 1949, *Wengst*, Auftakt, Nr. 18, S. 33f.
16 Vgl. Altmeier an Adenauer, 2. September 1949, *Wengst*, Auftakt, Nr. 52, S. 211f.; Altmeier an Wohleb und Müller, 3. September 1949, ebd., Nr. 54, S. 214.
17 Vgl. Vogel an Pfeiffer, 15. August 1949, *Wengst*, Auftakt, Nr. 9, S. 13f.; siehe *Strauß*, Erinnerungen, S. 104.
18 Vgl. *Bausch*, Lebenserinnerungen, S. 165; *Gerstenmaier*, Streit, S. 302; dagegen, DHJ, S. 374.
19 Vgl. »La Position de la CDU du Sud-Ouest«, Contrôle de la Sûreté du Wurtemberg, Service du Bulletin Quotidien, 1. September 1949, AdO, WH 1103.
20 Vgl. *Bausch*, Lebenserinnerungen, S. 166.
21 Fraktionssitzung, 1. September 1949, *Wengst*, Auftakt, Nr. 50, S. 140.
22 Vgl. DHJ, S. 364; vgl. *Wengst*, Staatsaufbau, S. 117f.
23 Müller an Adenauer, 23. August 1949, HStAS, Q1/35, Bü. 708.
24 CDU/CSU-Bundestagsfraktion, 6. September 1949, *Wengst*, Auftakt, Nr. 61, S. 253ff.
25 DHJ, S. 367; *Kiesinger*, Erlebnisse, S. 60.
26 Vgl. *Heuss*, Tagebuchbriefe, 17. März 1963, S. 511.
27 Vgl. *Schwarz*, Adenauer I, S. 649.
28 Kiesingers Lieblingsanekdote, vgl. *Kiesinger*, Erlebnisse, S. 62; ausgeschmückt »Zeugen des Jahrhunderts«, Bd. 3, S. 13, ACDP, I-226-404.
29 CDU/CSU-Bundestagsfraktion, 6. September 1949, *Wengst*, Auftakt, Nr. 61, S. 255f., S. 265.
30 *Diehl*, Politik und Presse, S. 37.
31 DHJ, S. 380.
32 *Diehl*, Politik und Presse, S. 37; Diehl im Gespräch mit Bruno Kaiser, 7. Dezember 1983, ACDP, I-226-009.
33 Vgl. *Heidemeyer*, Einleitung, *CDU/CSU-Bundestagsfraktion*, 1949-1953, S. XXXIf.
34 Vgl. *Goetzendorff*, Wort, S. 121ff.
35 Möller an Kiesinger, 19. Juni 1984, ACDP, I-226-632; Foto des Büros *Spiegel*, 30. Oktober 1957, S. 18.
36 DHJ, S. 380.
37 Telefonische Auskunft von *Ursula Flick*, Osnabrück, 8. März 2002.
38 Vgl. ACDP, I-226-476, 022, 023, 024.
39 Zeugnis für Reinhard Schmoeckel, ACDP, I-226-153; Gisela Schmoeckel an Kiesinger, 3. Oktober 1956, ACDP, I-226-052; Lebenslauf von Hans-Albrecht Schwarz-Liebermann von Wahlendorf, ACDP, I-580; Gespräch mit *Gisela und Reinhard Schmoeckel*, Bonn, 24. Juli 2001.
40 Gespräch mit *Viola und Volkmar Wentzel*, Washington, D.C., 16. Oktober 2001; Kiesinger inspirierte einen Artikel Eschenburgs über die soziale Situation der Abgeordneten, Eschenburg an Kiesinger, 27. Januar 1959, ACDP, I-226-140.
41 Vgl. DHJ, S. 381; gelegentlich spielte Kiesinger mit der Idee, das Repetitorium zu reaktivieren.
42 Interview in der ZDF-Sendung, »Zeugen des Jahrhunderts«, 11.-14. Oktober 1983, Bd. 3, S. 19, ACDP, I-226-404; unter Berufung auf Kiesinger *Klaus H. Scheufelen*, Oberlenningen, Gespräch am 21. November 2001; auch Kiesingers Sohn meint, daß es seinen Eltern in den dreißiger Jahre finanziell »recht gut« gegangen sei, Gespräch mit *Peter Kiesinger*, Karlsruhe, 6. Februar 2004.
43 Aufzeichnung Müllers über ein Telefonat mit Gerstenmaier, 13. November 1958, HStAS, Q1/35, Bü. 453.

44 Vgl. DHJ, S. 374; ausführlicher in »Zeugen des Jahrhunderts«, Band 3, S. 19, ACDP, I-226-404.
45 »Zeugen des Jahrhunderts«, Band 3, S. 20, a.a.O; siehe auch DHJ, S. 373; Wengst, Staatsaufbau, S. 205f.
46 CDU-Kreisverband Ravensburg, Rundschreiben Nr. 7, 26. November 1949, ACDP, I-127-033/2; siehe auch Grzimek an Müller, 11. November 1949, HStAS, Q1/35, Bü. 709.
47 Diehl an Kiesinger, 12. Februar 1986, ACDP, I-226-616.
48 Vgl. *Morsey*, Adenauer und der Deutsche Bundestag, S. 14ff.
49 Vgl. *Heidemeyer*, Einleitung, *CDU/CSU-Fraktion*, 1949-1953, S. XXXIXf.
50 Vgl. *ebd.*, Nr. 20, 30. September 1949, S. 20.
51 *Ebd.*, Nr. 23, 13. Oktober 1949, S. 28.
52 *Ebd.*, Nr. 25, 14. Oktober 1949, S. 31, FN 7; Nr. 26, 18. Oktober 1949, S. 33.
53 DHJ, S. 374; »Zeugen des Jahrhunderts«, Band 3, S. 20.
54 Vgl. *Heidemeyer*, *CDU/CSU-Fraktion*, 1949-1953, XXXVIII.; zu Adenauers »Beherrschung« des Fraktionsvorstands *Baring*, Außenpolitik, S. 175f.; *Morsey*, Adenauer und der deutsche Bundestag, S. 14ff.
55 *CDU/CSU-Fraktion*, 1949-1953, Nr. 19, 29. September 1949, S. 18.
56 Zu den Widerständen in der CDU/CSU gegen den SPD-Vorsitz *ebd.*, Nr. 39, 3. November 1949, S. 52; Kiesingers Nomination zum stellvertretenden Vorsitzenden *ebd.*, Nr. 35, 27. Oktober 1949, S. 45.
57 Im November 1950 gab Kiesinger den Sitz im Geschäftsordnungsausschuß an Majonica ab, *ebd.*, Nr. 155, 28. November 1950, S. 317.
58 Vermerk betr. Vermittlungsausschuß, 9. Januar 1987, ACDP, I-226-294.
59 *CDU/CSU-Fraktion*, 1949-1953, Nr. 21, 5. Oktober 1949, S. 24.
60 Vgl. »Informationsblatt Nr. 11«, 26. Oktober 1949, HStAS, Q 1/35, Bü. 709; Ausschußmandate in BT/SB, 1. WP, Drucksache Nr. 339 (Stand vom 30. Dezember 1949); hinzu kam noch ein Sitz im Büchereiausschuß.
61 *CDU/CSU-Fraktion*, 1949-1953, Nr. 24, 13. Oktober 1949, S. 29.
62 Vgl. *Hölscher*, Einleitung, *Auswärtiger Ausschuß*, 1949-1953, S. XXV.
63 Vgl. dazu und zu Schlange-Schöningen ebd., S. XXIXf.
64 Ebd., XXXI; zur »Abschiebung« Schlange-Schöningens *Baring*, Außenpolitik, S. 183.
65 Vgl. *CDU/CSU-Fraktion*, 1949-1953, Nr. 272, 7. Januar 1952, S. 485; *Auswärtiger Ausschuß*, 1949-1953, CXXI.
66 Vgl. *Baring*, Außenpolitik, S. 176.
67 Vgl. DHJ, S. 389; siehe *Strauß*, Adenauer, S. 94.
68 Vgl. DHJ, S. 376.
69 »Ein kommender deutscher Politiker«, *Ruhr-Nachrichten*, 29. April 1950.
70 Rede auf dem Parteitag in Goslar, 21. Oktober 1950, ACDP, I-226-213.
71 »Ein kommender deutscher Politiker«, *Ruhr-Nachrichten*, 29. April 1950.
72 Vgl. ebd. sowie Ausführungen Kiesingers im Ausschuß zum Schutz der Verfassung, 9. Sitzung, 11. Juli 1950, DB/PA; Kiesinger bezog sich auf *Schmitt*, Geistesgeschichtliche Lage.
73 »Staat und soziale Autonomie«, Vortrag Kiesingers vor der Hauptversammlung der Gesellschaft für sozialen Fortschritt, 13. Januar 1951, ACDP, I-226-701; zum Demokratieverständnis *Buchhaas*, Volkspartei, S. 212ff.
74 »Die Aufgabe des jungen Unternehmers in Staat und Wirtschaft«, 6. Oktober, 1952, ACDP, I-226-213.

ANMERKUNGEN

75 Ausschuß zum Schutz der Verfassung, 1. Sitzung, 19. Oktober 1949; 2. Sitzung, 9. November 1949, DB/PA.
76 »Antrag der Fraktion des Zentrums betr. Bundesfarben und Bundesflagge«, 22. September 1949, DB/DS, 1. WP, Drucksache Nr. 25; Rede des Abg. Reismann, DB/SB, 1. WP, 12. Sitzung, 20. Oktober 1949, S. 253f.; DHJ, S. 374f.
77 DB/SB, 1. WP, 12. Sitzung, 20. Oktober 1949, S. 266f.
78 *Frei*, Vergangenheitspolitik, S. 309ff.
79 DB/SB, 1. WP, 39. Sitzung, 16. Februar 1950, S. 1302f.
80 Ebd., 47. Sitzung, 16. März 1950, S. 1600.
81 Ebd., 12. Sitzung, 20. Oktober 1949, S. 261; Kiesinger war Mitberichterstatter, DB/PA, Ausschuß für Rechtswesen und Verfassungsrecht, 6. Sitzung, 7. Dezember 1949.
82 Kiesinger an Helene Schröder, 19. Februar 1952, ACDP, I-226-026.
83 Kiesinger an R. Fahr, 13. Januar 1954, ACDP, I-226-026.
84 Pars pro toto für die umfangreiche Literatur, *Frei*, Karrieren im Zwielicht.
85 Dagegen *Dubiel*, Niemand ist frei, S. 14.
86 Vgl. *Jaspers*, Schuldfrage; siehe *Koebner*, Schuldfrage, S. 310ff.; *Wolgast*, Wahrnehmung, S. 336.
87 Vgl. DB/SB, 1.WP, 12. Sitzung, 20. Oktober 1949, S. 261.
88 Ausschuß zum Schutz der Verfassung, 7. Sitzung, 10. Mai 1950, DB/PA.
89 Rede auf dem Parteitag in Goslar, 21. Oktober 1950, ACDP, I-226-213; dort auch das folgende Zitat.
90 DB/SB, 1. WP., 47. Sitzung, 16. März 1950, S. 1598.
91 Rede auf dem Parteitag in Goslar, 21. Oktober 1950, ACDP, I-226-213.
92 Ein gutes Beispiel für Kiesingers exkursiven Redestil ist sein Vortrag »Der politische Führungsanspruch der CDU«, Landesparteitag der CDU Nordwürttemberg, 23. November 1952, ACDP, I-226-701.
93 *Kleinmann*, Kiesinger, S. 245.
94 Rede auf dem Parteitag in Goslar, 21. Oktober 1950, ACDP, I-226-213; »Zum geschichtlichen Standort der CDU. Ein geistesgeschichtlicher Beitrag«, ACDP, I-226-701; »Aufruf zur Politik aus christlicher Sicht«, Union in Deutschland, Nr. 74, 3. Oktober 1951.
95 »Der politische Führungsanspruch der CDU«, 23. November 1952, ACDP, I-226-701.
96 Vgl. »Zum geschichtlichen Standort der CDU«, ACDP, I-226-701; »Aufruf zur Politik aus christlicher Sicht«, Union in Deutschland, Nr. 74, 3. Oktober 1951; Kiesinger zitierte in diesem Sinne meist Pascal, der Mensch sei »weder Engel noch Bestie« (»ni ange, ni bête«).
97 Kiesinger an Bornemann, 8. Januar 1954, ACDP, I-226-026.
98 Vgl. *Buchhaas*, Volkspartei, S. 176ff.
99 Zur Programmatik *Kleinmann*, Geschichte, S.158; *Buchhaas*, Volkspartei, S. 177; *Bösch*, Macht, S. 19ff.
100 »Abschrift der Satzung der Ersten Legion«, ACDP, I-294-057/2.
101 Vgl. *Schildt*, Moderne Zeiten, S. 324.
102 Zur Ersten Legion finden sich nur wenig Hinweise in den Akten, hauptsächlich im NL von Johann Baptist Gradl, einem führenden Mitglied der Exil-CDU und des Kreises um Jakob Kaiser, ACDP, I-295-057/2.
103 Vgl. *Hüwel*, Arnold, S. 222;
104 Vgl. *CDU-Bundesvorstand*, 1950-1953, S. 11, FN 44; ebd., 6. September 1951, S. 66;

»Stahlhelm und Erste Legion«, *Frankfurter Allgemeine Zeitung*, 9. Mai 1951; »Eine dunkle Organisation«, ebd., 11. Mai 1951.
105 Rede auf dem Parteitag in Goslar, 21. Oktober 1950, ACDP, I-226-213; *CDU*, 1. Parteitag, S. 42ff.
106 *Grosser*, Bonner Demokratie, S. 115; *Scheuner*, Probleme, S. 293.
107 Vgl. die Art. 93 und 94 GG in der ursprünglichen Fassung, in: *Sänger*, Volksvertretung, S. 44.
108 *Laufer*, Verfassungsgerichtsbarkeit, S. 62.
109 Als Beispiel mag eine jüngere Gesamtdarstellung zur Geschichte der BRD dienen, die sich ausführlich mit der Stellung des Kanzlers im Regierungssystem, mit dem Verhältnis von Parlament und Parteien sowie dem Dualismus von Bund und Ländern beschäftigt, jedoch das BVerfGG mit keinem Wort erwähnt, *Görtemaker*, Geschichte, S. 106ff.
110 *CDU/CSU-Fraktion*, 1949-1953, Nr. 139, 6. September 1950, S. 300; Kiesingers Referat ist nicht protokolliert; zum Sitz *CDU/CSU-Fraktion*, 1949-1953, Nr. 172, 25. Januar 1951, S. 342; *Schiffers*, Grundlegung, S. XXXVIII, sowie Nr. 65-69.
111 Ausschuß für Rechtswesen und Verfassungsrecht, 22. Sitzung, 16. März 1950, DB/PA; sowie 21. Sitzung, 15. März 1950, *Schiffers*, Grundlegung, Nr. 12, S. 108f.
112 Änderungsvorschlag des Bundesrates, §2, 17. März 1950, *ebd.*, Nr. 15, S. 127.
113 Ausschuß für Rechtswesen und Verfassungsrecht, 22. Sitzung, 16. März 1950, DB/PA, S. 7.
114 Ebd., 21. Sitzung, 15. März 1950, *Schiffers*, Grundlegung, Nr. 12, S. 110.
115 Vgl. *Laufer*, Verfassungsgerichtsbarkeit, S. 275ff; *Gosewinkel*, Arndt, S. 187, FN 149.
116 Ausschuß für Rechtswesen und Verfassungsrecht, 21. Sitzung, 15. März 1950, *Schiffers*, Grundlegung, Nr. 12, S.109.
117 *Friesenhahn*, Legitimation, S. 101f., siehe auch den Vortrag von Kiesingers Lehrer Smend aus Anlaß des 10jährigen Bestehens des BVerfG, in: *Bundesverfassungsgericht*, 1951-1971, S. 18, der sich ausdrücklich auf Kiesingers Rede zur Einführung von Gebhard Müller am 13. Februar 1959 bezieht.
118 Ausschuß für Rechtswesen und Verfassungsrecht, 21. Sitzung, 15. März 1950, *Schiffers*, Grundlegung, Nr. 12, S. 110.
119 So *Laufer*, Verfassungsgerichtsbarkeit S. 116.
120 Ausschuß für Rechtswesen und Verfassungsrecht, 54. Sitzung, 12. Juli 1950, *Schiffers*, Grundlegung, Nr. 34, S. 262f.; BVerfGG, 12. März 1951, BGBl I, S. 243, *ebd.*, Nr. 74, S. 430ff.
121 *Ebd.*, 21. Sitzung, 15. März 1950, Nr. 12, S. 110.
122 *Laufer*, Verfassungsgerichtsbarkeit, S. 118.
123 Ausschuß für Rechtswesen und Verfassungsrecht, 30. Sitzung, 20. April 1950, *Schiffers*, Grundlegung, Nr. 22, S. 173; S. 179, siehe auch 21. Sitzung, *ebd.*, Nr. 12, S. 112.
124 *Ebd.*, 74. Sitzung, 6. Dezember 1950, *ebd.*, Nr. 47, S. 311ff.; siehe BVerfGG § 90, Abs. 2.
125 §6 des ursprünglichen Regierungsentwurfs, Entwurf eines Gesetzes über das Bundesverfassungsgericht, in *Schiffers*, Grundlegung, Nr. 9a/b, 24/28. Februar 1950, S. 55.
126 Ausschuß für Rechtswesen und Verfassungsrecht, 23. Sitzung, 21. März 1950, *ebd.*, Nr. 16, S. 137.
127 *Ebd.*, 54. Sitzung, 12. Juli 1950, *ebd.*, Nr. 34, S. 267.
128 Vgl. *Laufer*, Verfassungsgerichtsbarkeit, S. 123.

ANMERKUNGEN

129 »Der Anteil Kurt Georg Kiesingers am Zustandekommen des Gesetzes über das Bundesverfassungsgericht«, Aufzeichnung vom 10. Juni 1981, ACDP, I-226-294.
130 In der endgültigen Fassung wird eine Dreiviertelmehrheit verlangt (9 von 12 Wahlmännerstimmen), vgl. §6, Gesetz über das Bundesverfassungsgericht, 16. April 1951, BGBl I, S. 243ff.
131 DB/SB, 1. WP, 116. Sitzung, 1. Februar 1951, S. 4413; der entsprechende Passus wurde in die Festgabe zum 80. Geburtstag aufgenommen, *Oberndörfer*, Begegnungen, S. 156f.
132 Ausschuß für Rechtswesen und Verfassungsrecht, 65. Sitzung, 25. Oktober 1950, *Schiffers*, Grundlegung, Nr. 42, S. 283; zu Kiesingers Verhinderung Laforet an Dehler, 15. November 1950, *ebd.*, Nr. 44, S. 295.
133 Vgl. DHJ, S. 433f.
134 *CDU/CSU-Fraktion*, 1949-1953, Nr. 204, 12. Mai 1951, S. 390; gewählt wurden neben Kiesinger noch Laforet, Pünder, Böhm und Tillmanns, vgl. BT/SB, 25. April 1951, S. 5442, 5449; Protokolle des Wahlmännergremiums fehlen, Kiesingers Rolle wird bei Müllers Kandidaturen deutlich, vgl. Pfitzer an Müller, 12. Juni 1951, HStAS, Q 1/35, Bü. 447.
135 Vgl. *Reinert*, Vermittlungsausschuß, S. 112.
136 Vgl. *DB/SB*, 1. WP, 52. Sitzung, 27. März 1950, S. 1924; »Vermittlungsausschuß«, Vermerk vom 9. Januar 1987, ACDP, I-226-294.
137 Dietlein an Schmoeckel, 9. Januar 1987, ACDP, I-226-294.
138 Kiesinger verwendete den Begriff bereits in seinem ersten Bericht im Bundestag, *DB/SB*, 1. WP, 72. Sitzung, 23. Juni 1950, S. 2602; das folgende Zitat ebd.
139 Dies gilt nur auf Reichs- bzw. Bundesebene, vgl. *Reinert*, Vermittlungsausschuß, S. 27ff.
140 DHJ, S. 381f.; die Bundesversammlung ist kein »stehendes« Gremium.
141 *Heide*, Vermittlungsausschuß, S. 129ff.; zu folgendem *Reinert*, Vermittlungsausschuß, S. 149.
142 Kurzprotokoll Vermittlungsausschuß, 21. Januar 1954, HStAS, EA 1/922/169.
143 Interview im WDR, 28. Juli 1957, 19.30 Uhr (»Die Woche in Bonn«), ACDP, I-226-294.
144 Kiesinger an Mair, 18. April 1950, ACDP, I-226-025.
145 »A propos de la campagne des presse déclenchée contre le Dr. Kiesinger«, 11. April 1950, AdO, WH 1024.
146 Ebd., 12. und 13. April 1950.
147 Ebd., 20. April 1950.
148 Vgl. *Döscher*, Verschworene Gesellschaft, S. 136ff.
149 »Tagung der Landesvorsitzenden«, Königswinter, 27. Februar 1950, *Unionsparteien*, Nr. 29A, S. 689.
150 *CDU/CSU-Fraktion*, 1949-1953, Nr. 138, 5. September 1950, S. 300.
151 »Zeugen der Zeit«, Band 3, S. 22; DHJ, S. 400.
152 *CDU/CSU-Fraktion*, 1949-1953, Nr. 148, 11. Oktober 1950, S. 310.
153 Vgl. etwa *Gerstenmaier*, Streit, S. 330.
154 DHJ, S. 401; siehe *Kiesinger*, Begegnungen, S. 63. Weitere Details »Zeugen der Zeit«, Band 3, S. 21f.
155 1. Sitzung des Parteiausschusses, Goslar, 21. Oktober 1950, ACDP, VII-001-019/1.
156 »Doch nicht Ehlers«, *Frankfurter Allgemeine Zeitung*, 18. Oktober 1950; »Es bleibt bei Ehlers«, *ebd.*, 19. Oktober 1950.

157 *CDU/CSU-Fraktion*, Nr. 149, 17. Oktober 1950, S. 310; *Bausch*, Erinnerungen, S. 178ff.
158 »Nicht mit Erklärungen erkauft«, *Frankfurter Allgemeine Zeitung*, 20. Oktober 1950; »Weshalb Stimmen für Kiesinger«, *ebd.*, 21. Oktober 1950.
159 Vgl. Adenauer an Konrad Adenauer, Jr., 6. Dezember 1950, *Adenauer*, Briefe 1949-1951, NR. 362, S. 322, FN 5; Kiesinger wurde in die Schweiz zum Studium des dortigen Miliz-Systems geschickt.
160 Konferenz der Landesvorsitzenden der CDU gemeinsam mit dem Vorbereitenden Ausschuß, 13. Oktober 1950, *Unionsparteien*, Nr. 33, S. 734-747; dort die Zitate der folgenden Abschnitte.
161 Buchstab, in: *CDU-Bundesvorstand*, 1950-1953, XI.
162 Vgl.»Zeugen der Zeit«, Band 3, S. 22; DHJ, S. 402f..
163 Zwei Jahre später bedauerte Lemmer sein unfaires Verhalten; siehe *CDU/CSU-Fraktion*, 1949-1953, Nr. 362, 4. Dezember 1952, S. 644f., FN 4; Kiesinger verzieh Lemmer und sollte 1966 an ihm als Berlin-Beauftragtem des Bundeskanzlers festhalten.
164 Transkript der Rede in DUD, Sonderausgabe, 1. Parteitag, 21. Oktober 1950, ACDP, I-226-470.
165 Aus dem Protokoll ist nicht ersichtlich, welche Formulierung Anstoß erregte, CDU-Parteiausschuß, 21. Oktober 1950, 14 Uhr, ACDP, VII-001-019/1.
166 »Konferenz der Landesvorsitzenden der CDU«, 11. September 1950, *Unionsparteien*, Nr. 32, S. 723-734, hier: 731.
167 Vgl. DHJ, S. 402; zur Bekanntschaft mit Kiesinger Leserbrief von Lubbers, »Die andere Seite«, *Neue Zeitung*, 2. Dezember 1950.
168 CDU-Parteiausschuß, 21. Oktober 1950, 14 Uhr, ACDP, VII-001-019/1; dort auch die folgenden Zitate.
169 Die dialektale Fassung bei *Hoff*, Kiesinger, S. 93.
170 Friedensburgs Bericht im Protokoll der Sitzung vom 22. Oktober 1950, ACDP, VII-001-092/2.
171 Vgl. *Hoff*, Kiesinger, S. 93; *Schwarz*, Adenauer I, S. 650.
172 Vgl. DHJ, S. 403.
173 Meldung des *PPP*, 21. September 1950; *Hamburger Abendblatt*, 2. Dezember 1950; *Spiegel*, 27. September 1950; Zeittafel, September 1950, ACDP, I-226-400.
174 »Zeugen der Zeit«, S. 23; Terminkalender, 21. Oktober 1951 »Helmstedt, 20.30 [Uhr]«, ACDP, I-226-400.
175 Müller an Kiesinger, 10. November 1951, ACDP, I-226-293.
176 Adenauer an Müller, 6. November 1950, HStAS, Q 1/35, Bü. 351.
177 Adenauer an Hauptvorstand der Exil-CDU, 30. Oktober 1950, *Adenauer*, Briefe 1949-1951, Nr. 338, S. 299.
178 Müller an Adenauer, 5. Dezember 1950, HStAS, Q 1/35, Bü. 351.
179 Vgl. *Diehl*, Politik und Presse, S. 65; zu Globke *Lommatzsch*, Globke.
180 Der Ausspruch fiel erst 1958, *CDU/CSU-Fraktion*, 1957-1961, Nr. 45, 11. März 1958, S. 122.
181 *Diehl*, Kiesinger, S. 186f.
182 Über derartige Überlegungen bei Kiesinger berichtet *Diehl*, Kiesinger, 182.
183 *CDU-Bundesvorstand*, 1950-1953, Nr. 1, 5. Dezember 1950, S. 11f.; »Takt«, *Neue Zeitung*, 29. November 1950.
184 Ebd., Nr. 1, 5. Dezember 1950, S. 11f.; zu Adenauers schwacher Stellung *Schwarz*, Adenauer I, S. 776ff.

ANMERKUNGEN

185 Ebd., Nr. 6, 29. Oktober 1951, S. 91f.
186 *Lenz*, Zentrum, 20. Juni 1951, S. 102.
187 Vgl. etwa *Dubiel*, Niemand ist frei; *Giordano*, Zweite Schuld.
188 Vgl. DHJ, S. 451.
189 *Bösch*, Adenauer-CDU, S. 254.
190 »Réunion de la fraction CDU, à Rottenburg«, Contrôle de la Sûreté, Service du Bulletin Quotidien, 24. April 1950, AdO, WH 1024.
191 Hermann Ehren an Adenauer, 31. Oktober 1951, ACDP, I-226-030; *CDU/CSU-Fraktion*, 1949-1953, Nr. 141, 14. September 1951, S. 303; 11. Oktober 1950, S. 309; *Lenz*, Zentrum, 10. Oktober 1951, S. 146; 31. Oktober 1951, S. 159; 6. November 1951, S. 168.
192 Vgl. *CDU/CSU-Fraktion*, 1949-1953, Nr. 258, 6. November 1951, S. 468.
193 Vgl. *Lenz*, Zentrum, 9. Juni 1951, S. 94; 22. Juni 1951, S. 102; 29. Juni 1951, S. 106; 12. Oktober 1952, S. 147f.; 14. Oktober 1951, S. 149f.; 31. Oktober 1951, S. 159; Lenz' Plan für ein Informationsministerium wurde 1953 mit ähnlichen Argumenten untergraben, *Schwarz*, Adenauer II, S. 117f.
194 »Mitteilung an die Presse«, Bundespresseamt, Nr. 1013, 9. November 1951; *Frankfurter Allgemeine Zeitung*, 10. November 1951; *Lenz*, Zentrum, 9. November 1951, S. 171; *CDU-Bundesvorstand*, 1950-1953, Nr. 9, 9. November 1951, FN 1.
195 *CDU-Bundesvorstand*, 1950-1953, Nr. 8, 29. Oktober 1954, S. 85ff.
196 Vgl. *Bösch*, Adenauer-CDU, S. 257ff.
197 DHJ, S. 448.
198 *CDU-Bundesvorstand*, 1950-1953, Nr. 11, 29. Februar 1952, S. 108.
199 Vgl. Kiesinger, Tillmanns, Wuermeling an Adenauer, 3. April 1952, ACDP, I-226-293; *Heck*, Adenauer, S. 199; Heck an Adenauer, 4. November 1957, ACDP, VII-002-009/3.
200 *Kiesinger*, Erlebnisse, S. 65; DHJ, S. 448; siehe *Bösch*, Adenauer-CDU, S. 257f.
201 *Kleinmann*, Geschichte, S. 204.
202 Zimmer an Adenauer, 29. Oktober 1950, ACDP, VII-002-007/1.
203 *CDU-Bundesvorstand*, 1950-1953, Nr. 6, 19. Oktober 1951; Nr. 12, 13. Juni 1952; Nr. 13, 5. September 1952, S. 153; Nr. 19, 11. März 1953, S. 442, 445; Nr. 23, 22. Mai 1953, S. 526.
204 Kiesinger vor dem CDU-Bundesausschuß, 6. September 1952, ACDP, VII-001-019/11.
205 »Die Tätigkeit Kurt Georg Kiesingers beim Aufbau der Bundes-CDU«, ACDP, I-226-392.
206 Kiesinger vor dem CDU-Bundesausschuß, 12. Januar 1952, ACDP, VII-001-019/2.
207 Kiesinger vor der Landesgeschäftsführertagung, 27. Juni 1952, ACDP, I-226-213.
208 Kiesinger vor dem CDU-Bundesausschuß, 12. Januar 1952, ACDP, VII-001-019/2; dort auch das Folgende.
209 Vgl. *CDU-Bundesvorstand*, 1950-1953, Nr. 21, 20. April 1953, S. 487ff.; Nr. 22, 21. April 1953, S. 507ff.; DHJ, S. 442f.; zum Streit Tillmanns-Kiesinger »Parlamentarischer Bericht«, 25. April 1953, BAK, B145/1900.
210 Vgl. *CDU-Bundesgeschäftsstelle*, 4. Parteitag, S. 232ff., 249ff.
211 Vgl. *Heck*, CDU, S. 47ff.; 61ff.; *Kleinmann*, Geschichte, S. 156ff.
212 Vgl. Kiesinger an Johnen, 17. Januar 1957, ACDP, I-483-206/1; Kiesinger sprach auf allen Parteitagen der fünfziger Jahre, meist zu außenpolitischen Themen.
213 Adenauer vor dem *CDU-Bundesvorstand*, 1953-1957, Nr. 14, 26. April 1956, S. 911; Denkschrift von Kraske 1959, ACDP, I-157-013/1.

214 Vgl. *Marx*, Meyers, S. 152ff.
215 *CDU-Bundesvorstand*, 1953-1957, Nr. 1, 10. September 1953, S. 29, 31; Nr. 7, 2. Mai 1955, S. 471f.
216 Vgl. *Kleinmann*, Kiesinger, S. 255; *Bösch*, Adenauer-CDU, S. 255 sieht Kiesingers dürftige Korrespondenz als Ausweis mangelnden Parteiengagements.
217 Das läßt der NL Kiesinger erkennen, Bach an Adenauer, 1. Juli 1953, ACDP, I-226-059; Scharnberg an Tillmanns, Wuermeling, Kiesinger, Krone und Pferdmenges, 24. März 1955; Heck an Bach, 11. Juli 1956, I-226-058; sowie die lückenhafte Korrespondenz Heck-Kiesinger, I-226-059.
218 »Mitgliedschaft Kurt Georg Kiesingers im CDU-Bundesvorstand«, ACDP, I-226-293.
219 »Sündenbock Kiesinger«, *PPP*, 13. Dezember 1952.
220 Abstimmungsergebnisse bei *Feuchte*, Verfassungsgeschichte, S. 144.
221 Vgl. *Bausinger*, Bessere Hälfte.
222 Sitzung des Landesvorstandes und der Fraktion, 5. September 1950, ACDP, III-009-065.
223 Vor allem im 9. und 10. Federalist, siehe *Adams*, Federalist-Artikel.
224 »Die Wahl der Verfassungsgebenden Landesversammlung«, März 1952, ACDP, I-226-213.
225 Sitzung des Landesvorstandes und der Fraktion, 5. September 1950, ACDP, III-009-065.
226 »Die Wahl der Verfassungsgebenden Landesversammlung«, März 1952, ACDP, I-226-213.
227 DB/SB, 109. Sitzung, 10. Januar 1951, S. 4127.
228 Ebd. 25. April 1951.
229 Vgl. Ausführungen Kiesingers vor Studenten in Tübingen, 19. Juli 1950, AdO, WH 1606.
230 Landesvorstand und Fraktion, CDU Württemberg-Hohenzollern, 5. September 1950, ACDP, III-009-065.
231 Vgl. *Feuchte*, Verfassungsgeschichte, S. 140f.
232 Landesvorstand und Fraktion, CDU Württemberg-Hohenzollern, 5. September 1950, ACDP, III-009-065.
233 DB/SB, 25. April 1951.
234 *Kiesinger*, Kampf im Bundestag, S. 405; DHJ, S. 408ff.
235 Besonders kraß ist das Mißverhältnis bei *Matz*, Maier, S. 360, der den Bonner Vorgängen nur zwei Absätze widmet; die offizielle Landtagsdokumentation behandelt den »Weg über den Bund« in einem eigenen Kapitel, vgl. *Sauer*, Entstehung; aus Tübinger Perspektive *Konstanzer*, Entstehung.
236 Vgl. Hilbert, DB/SB, 10. Januar 1951, 109. Sitzung, S. 413; »Entfesselung einer Länderreformdebatte wird befürchtet«, *Badische Neueste Nachrichten*, 31. Januar 1951.
237 Vgl. Kopf, DB/SB, 1. WP, 136. Sitzung, 19. April 1951; *Konstanzer*, Entstehung, S. 86.
238 Ausführlich *Feuchte*, Verfassungsgeschichte, S. 108ff.
239 *Maier*, Erinnerungen 1948-1953, S. 77; siehe auch *Eschenburg*, Letzten Endes, S. 132.
240 Einladungsschreiben Kiesingers, 27. August 1948, ACDP, III-009-065.
241 Informationsblatt Nr. 1, 17. September 1948, ACDP, III-009-204/2.
242 Vgl. *Konstanzer*, Entstehung, S. 139ff.
243 »Entfesselung einer Länderreformdebatte wird befürchtet«, *Badische Neueste Nachrichten*, 31. Januar 1951.

Anmerkungen

244 Müller an Adenauer, 3. Mai 1949, *Sauer*, Entstehung, S. 69; *Eschenburg*, Letzten Endes, S. 138ff.; zum systematischen Verhältnis von Art. 29 und 118 *Feuchte*, Verfassungsgeschichte, S. 143.
245 Abstimmungsergebnisse bei *Feuchte*, Verfassungsgeschichte, S. 144.
246 DB, Antrag der Abg. Hilbert und Gen., 9. Januar 1951, DS I/1752; *CDU/CSU-Fraktion*, 1949-1953 Nr. 163, 5. Januar 1951, S. 329.
247 DB/SB, 1. WP, 109. Sitzung, 10. Januar 1951, S. 4127.
248 Müller an Brentano, 9. Januar 1951, zit. nach *Konstanzer*, Entstehung, S. 217.
249 In der zu Neutralität verpflichteten Fraktion erhoben sich keine Bedenken gegen den Antrag, vgl. *CDU/CSU-Fraktion*, 1949-1953, Nr. 172, 25. Januar 1951, S. 342.
250 »Der Anteil Kurt Georg Kiesingers am Zustandekommen des Südweststaates«, ACDP, I-226-295; »Neuer Versuch zur Südweststaats-Regelung«, *Frankfurter Rundschau*, 5. Februar 1951.
251 Dies sei »ohne mein Zutun« geschehen, so Kiesinger an Müller, 28. Mai 1951, ACDP, I-226-295.
252 Deutscher Bundestag, Drucksache Nr. 1849, *Kampf um den Südweststaat*, S. 44-49;
253 Tatsächlich stimmten im Dezember 1951 57 % der Nordbadener für den Südweststaat, in ganz Baden eine knappe Mehrheit dagegen, AdG, 9. Dezember 1951.
254 Vgl. Ausführungen Freudenbergs, DB/SB, 1. WP, 136. Sitzung, 15. April 1951, S. 5331.
255 *Kiesinger*, Kampf im Bundestag, S. 413.
256 *Kabinettsprotokolle*, 1951, 125. Sitzung, 23. Januar 1951, S. 106.
257 Adenauer an Wohleb, 28. Februar 1951, *Briefe 1949-1951*, Nr. 404, S. 354.
258 DHJ, S. 411; siehe *Kiesinger*, Kampf, S. 412.
259 »Südweststaat als Kernfrage«, *Saarländische Volkszeitung*, Saarbrücken, 28. Februar 1951.
260 Vgl. *Konstanzer*, Entstehung, S. 220 FN 168; dagegen *Kiesinger*, Kampf, S. 423, FN 15.
261 Vgl. *Kiesinger*, Kampf, S. 414; »Neun gegen sechs Stimmen«, *Badische Zeitung*, 24. Februar 1951.
262 *CDU/CSU-Fraktion*, 1949-1953, Nr. 206, 17. April 1951, S. 392.
263 Vgl. »Dramatische Auseinandersetzung um den Südweststaat«, *Stuttgarter Nachrichten*, 19. April 1951; »Wohleb droht«, *Frankfurter Neue Presse*, 21. April 1951.
264 *CDU/CSU-Fraktion*, 1949-1953, Nr. 206, 17. April 1951, S. 392.
265 Ebd., S. 393.
266 DB/SB, 1. WP, 135. Sitzung, 18. April 1951, S. 5259ff.
267 »Dramatische Auseinandersetzung um den Südweststaat«, *Stuttgarter Zeitung*, 19. April 1951.
268 Siehe den Bericht »Wohleb droht«, *Frankfurter Neue Presse*, 21. April 1951.
269 DB/SB, 1. WP, 136. Sitzung, 25. April 1951, S. 3441.
270 *CDU/CSU-Fraktion*, 1949-1953, 24. April 1951, Nr. 208, S. 396.
271 Ebd., S. 396f.
272 DHJ, S. 415.
273 *DB/SB*, 1. WP, 136. Sitzung, 25. April 1951, S. 3441.
274 Vgl. »Abstimmung 1951 und 1952 im Bundestag über den Südweststaat«, ACDP, I-226-295.
275 *Kiesinger*, Kampf, S. 421f.
276 Müller an Kiesinger, 18. August 1951, HStAS, Q 1/35/352.
277 Siehe *AdG*, 22. August 1951; 10. September 1951.
278 »Bundestag will für das Südweststaats-Gesetz einstehen«, *Stuttgarter Nachrichten*,

28. September 1951; DHJ, S. 416; Kiesingers Plädoyer in *Kampf um den Südweststaat*, S. 422.
279 AdG, 9. Dezember 1951.
280 DHJ, S. 417; Vermerk Schmoeckels, 11. März 1977, ACDP, I-226-295.
281 Rede Kiesingers auf der CDU-Landesgeschäftsführertagung, 27. Juni 1952, ACDP, I-226-213.
282 Vgl. *Schwarz*, Adenauer I, S. 727ff.
283 Vgl. *Kielmannsegg*, Nach der Katastrophe, S. 140.
284 Für eine zeitgenössische Einschätzung *Cornides*, Weltmächte, S. 223ff.
285 Vgl. *Schwartz*, America's Germany, S. 127.
286 Vgl. *Buchheim*, Deutschlandpolitik, S. 16ff.; Text in *Europa-Archiv* 11, 1949, S. 2197ff.
287 *Schwarz*, Adenauer I, S. 689, unter Bezug auf *Adenauer*, Erinnerungen I, S. 272; *Besson*, Außenpolitik, S. 88f.; DHJ, S. 376ff. ist von Waldemar Besson beeinflußt, dessen Schlußfolgerungen Kiesinger nicht teilt.
288 DHJ, S. 378.
289 DB/SB, 1. WP, 18. Sitzung, 24./25. November 1949, S. 492ff.; die Bedeutung der Rede für Kiesinger zeigt deren Wiederabdruck in einer Redensammlung zum Wahlkampf 1969, *Kiesinger*, Stationen, S. 1ff.
290 Ebd., 1. WP, 30. Sitzung, 23. Januar 1950, S. 934; siehe DHJ, S. 370; *Gerstenmaier*, Streit, S. 310, erinnert sich, daß das Wort von den »einsamen Entschlüssen« in jenen Novembertagen in den Umlauf gekommen sei; *Küpper*, Kanzlerdemokratie, S. 160ff. übersieht Erlers Bezug auf Kiesinger.
291 Ebd., 1. WP, 18. Sitzung, 24./25. November 1949, S. 491f; dort die folgenden Zitate.
292 Vgl. *Hacke*, Kaiser, S. 35.
293 *CDU/CSU-Fraktion*, 1949-1953, Nr. 121, 12. Juni 1950, S. 277f.
294 *Steininger*, Doppelte Eindämmung; *Hanrieder*, Deutschland, S. 6.
295 Vgl. *Kiesinger*, Große Koalition, S. 81.
296 DB/SB, 1. WP, 79. Sitzung, 26. Juli 1950, S. 2837ff.; zur Nominierung Kiesingers vgl. *CDU/CSU-Fraktion*, 1949-1953, Nr. 133, 20. Juli 1950, S. 293; siehe auch *Pünder*, Preußen, S. 464.
297 Vgl. *Kiesinger*, Entstehung, S. 331; *Fischer*, Europarat, S. 35ff.
298 Council of Europe, Consultative Assembly, Official Report of Debates, Second Session, 7-28 August 1950, 21st Sitting, 28. August 1950, S. 633.
299 Vgl. DHJ, S. 457; dort auch die folgenden Zitate.
300 Ebd., S. 393f., *Gerstenmaier*, Streit, S. 321f.; *Pünder*, Preußen, S. 468ff.; *Schmid*, Erinnerungen, S. 471.
301 DHJ, S. 454.
302 Vgl. *Naumann*, Nachkrieg, S. 9ff.; so schon *Schwarz*, Ausgebliebene Katastrophe, S. 151ff.
303 Vgl. DHJ, S. 392.
304 Kiesinger vor der CDU-Landesgeschäftsführertagung, Bonn, 27. Juni 1952, ACDP, I-226-213.
305 Vgl. DHJ, S. 389; zu dieser, Kiesinger überraschenden Einladung auch *Strauß*, Erinnerungen, S. 157.
306 Zur Reaktion der Bevölkerung *Doering-Manteuffel*, Bundesrepublik, S. 73ff. *Volkmann*, innenpolitische Dimension, S. 463ff.; *Large*, in: *Junker*, USA und Deutschland, Bd. 1, S. 325ff.
307 Zit. nach *Echternkamp*, Arbeit in: *Naumann*, Nachkrieg, S. 421; dort auch das Folgende.

ANMERKUNGEN

308 Vgl. *CDU/CSU-Bundestagsfraktion,* 1949-1953, Nr. 285, 5. Februar 1952, S. 508, FN 2.
309 Ebd., S. 509.
310 Kiesinger vor der CDU-Landesgeschäftsführertagung, Bonn, 27. Juni 1952, ACDP, I-226-213.
311 Vgl. die Umfrageergebnisse bei *Geyer,* Kalter Krieg, in: *Naumann,* Nachkrieg, S. 276.
312 Vgl. *Junker,* Power, S. 87.
313 Rede Churchills im Europarat, 11. August 1950, *Europa-Archiv* 5, 1950, S. 3374-3376.
314 *CDU/CSU-Fraktion,* 1949-1953, Nr. 285, 5. Februar 1952, S. 509.
315 Parlamentarischer Bericht, 29. Oktober 1952, BAK, B 145/1899.
316 *CDU/CSU-Fraktion,* 1949-1953, Nr. 285, 5. Februar 1952, S. 509; zur Tagung in Bad Boll Parlamentarischer Bericht, 6. Februar 1952, BAK, B 145/1898.
317 »Zur Rundfunkübertragung der parlamentarischen Wehrdebatte«, Institut für Demoskopie Allensbach, Februar 1952, BAK B 145/4222; danach hatten 66 % die Debatte wenigstens teilweise verfolgt und nur 27 % nichts davon erfahren.
318 DHJ, S. 449f.
319 Vgl. *Strauß,* Erinnerungen, S. 159ff.
320 BT/SB, 1. WP, 241. Sitzung, 4. Dezember 1952, S. 11369ff.
321 Vgl. *CDU/CSU-Fraktion,* 1949-1953, Nr. 362, 4. Dezember 1952, S. 644, FN 4.
322 Parlamentarischer Bericht, 5. Dezember 1952, BAK, B 145/1899.
323 Ebd., 21. Januar 1953, BAK, B 145/1900.
324 Ebd., 27. Februar 1953; das Plädoyer Kiesingers, 20./21. Februar 1953, in: *Kampf um den Wehrbeitrag,* Bd. 2, Ergänzungsband, S. 53ff.; siehe DHJ, S. 435ff.
325 BverfGE 2, S. 143ff.; DHJ, S. 437.
326 Kiesinger vor dem AK V, 8. September 1954, ACDP, VIII-006-001/1.
327 »Das Ergebnis von Paris«, Artikel Kiesingers in der *Schwäbischen Zeitung,* 30. Oktober 1954.
328 »Die deutsche Zukunft in Europa«, Vortrag vor der Ackermann-Gemeinde, 20. Juli 1953, ACDP, I-226-701.
329 Vgl. die Zeittafel, 1949-1958, ACDP, I-226-400.
330 Grzimek an Kiesinger, 11. November 1953, ACDP, I-226-014.
331 Kiesinger an Grzimek, 4. Dezember 1954, ACDP, I-226-026.
332 Haas an Kiesinger, 15. März 1954, ACDP, I-226-019.
333 »'Ich wollte Dichter werden'«, *Bild am Sonntag,* 13. November 1966; Gespräch mit Peter Kiesinger, Karlsruhe, 6. Februar 2004.
334 Gespräch mit *Viola und Volkmar Wentzel,* Washington, D.C., 16. Oktober 2001.
335 Ebd., in Übereinstimmung mit *Hoff,* Kiesinger, S. 95.
336 Gespräch mit *Otto Rundel,* Karlsruhe, 12. September 2001.
337 Zit. nach DHJ, S. 457.
338 Vgl. *Schwarz,* Adenauer II, S. 104.
339 Vgl. DHJ, S. 459.
340 Vgl. Kiesingers Ausführungen, Council of Europe, Consultative Assembly, 5th Ordinary Session, 20th Sitting, 22. September 1953, S. 490.
341 Ebd., 17th Sitting, 19. September 1953, S. 379f.
342 Ebd.; DHJ, S. 460.
343 Adenauer an Kiesinger, 6. Oktober 1953, *Adenauer,* Briefe 1953-1955, Nr. 4, S. 21f.
344 DHJ, S. 480.
345 DB/SB, 2. WP, 5. Sitzung, 20. Oktober 1953, S. 103ff.; siehe dagegen die redaktionellen Bemerkungen von *Schmoeckel* in DHJ, S. 464.
346 *CDU/CSU-Fraktion,* 1953-1957, Nr. 18, 4. November 1953, S. 33; siehe DHJ, S. 465.

347 Vgl. den Tagebuch-Eintrag von Lenz, 12. Januar 1954, ACDP, I-172-007.
348 Ebd., Nr. 22, 17. November 1953, S. 37; siehe auch den Vermerk vom 23. Juli 1987, »Arbeitskreis V der CDU/CSU«, ACDP, I-226-294.
349 Protokoll der Sitzung des AK V, 23. Juni 1954, ACDP, VIII-006-001/1.
350 Ebd., Sitzung vom 13. Juli 1954.
351 Ebd., Sitzung vom 8. September 1954.
352 Ebd., Sitzung vom 1. Dezember 1954; vgl. allg. zur Arbeit der Arbeitskreise *Heidemeyer*, Einleitung, in: *CDU/CSU-Fraktion*, 1953-1957, S. XXXVf.
353 Gespräch mit *Hans Albrecht Schwarz-Liebermann von Wahlendorf*, Bonn, 4. Juli 2001.
354 Vgl. etwa *CDU/CSU-Fraktion*, 1953-1957, Nr. 101, 9. November 1954, S. 446ff.; *Heidemeyer*, Einleitung, ebd., S. LVII.
355 Tagebuch-Eintrag von Lenz, 16. November 1954, ACDP, I-172-007.
356 Vgl. *Hölscher*, Einleitung, *Auswärtiger Ausschuß*, II, S. XVIII.
357 Vgl. *CDU/CSU-Fraktion*, 1953-1957, Nr. 115, 14. Dezember 1954, S. 503; *Auswärtiger Ausschuß*, 1953-1957, Nr. 25, 17. Dezember 1954, S. 377.
358 Ebd., Nr. 123, 25. Januar 1955, S. 540, ACDP, VIII-006-001/1.
359 Aufzeichnung von Schilling-Bardeleben über eine Unterredung mit Kiesinger, 27. Januar 1955, AdL, N1-2865; dort auch die folgenden Zitate. Ich danke Wolfgang Hölscher für den Hinweis.
360 Vgl. hierzu sowie zu dem folgenden erschöpfend *Hölscher*, Einleitung, in: *Auswärtiger Ausschuß*, 1953-1957, S. XIX; S. LXIXff.; auf eine eingehende Darstellung wird deshalb verzichtet.
361 Vgl. *Auswärtiger Ausschuß*, 1953-1957, Nr. 44, 4. Mai 1955, S. 935, 944.
362 Ebd., Nr. 26., 13. Januar 1955, S. 437.
363 *Krauss*, Parlamentarische Kontrolle, S. 514.
364 »Kommender Mann in Bonn«, *Weser-Kurier*; 26. November 1954; »Ein Bändchen Gedichte«, *Hamburger Abendblatt*, 2. Dezember 1954.
365 »A bissele Liab und a bissele Treu ...«, *General-Anzeiger*, Bonn, 18. Dezember 1954.
366 *CDU/CSU-Fraktion*, 1953-1957, Nr. 126, 8. Februar 1955, S. 545; dort auch die folgenden Zitate.
367 Kiesinger hat in Einzelfällen Beleidigungsklagen angestrengt, z. B. gegen einen Redakteur des *Bayerischen Volksechos*, der am 24. November 1953 in einem Artikel »Kurt Georg Kiesinger. Bei Goebbels und Adenauer« behauptet hatte, Kiesinger sei im verflossenen Tausendjährigen Reich engster Mitarbeiter des in Nürnberg gehängten Hitlerschen Außenministers Ribbentrop gewesen, »der ihn zu seinem juristischen Berater während der kriegerischen Überfälle Hitlers auf die Völker Europas machte«, Kiesinger an Oberstaatsanwalt München I, 22. Januar 1953, ACDP, I-226-027.
368 Parlamentarischer Bericht, 9. Februar 1955, BAK, B 145/1904.
369 Vertrauliches Hintergrundgespräch Kiesingers mit Schilling-Bardeleben, 27. Januar 1955, AdL, N1-2865.
370 Ebd.; *Krone*, Tagebücher, 1945-1961, 25. Januar, 6./7. Juni, 19. Juni 1955, S. 156.
371 DHJ, S. 481.
372 »Und wer folgt Brentano?«, *Rhein-Zeitung*, 27. Mai 1955; Pressedokumentation in ACDP, I-028-029/1.
373 *Krone*, Tagebücher, 1945-1951, 6./7. Juni 1955, S. 178.
374 Tagebucheintrag vom 6. Juni 1955, ACDP, I-172-007.
375 *Krone*, Tagebücher, 1945-1961, 29. April, S. 174; siehe »Neue Spitze bei der CDU«,

Anmerkungen

Die Welt, 6. Juni 1955; »Kiesinger oder Krone«, *Frankfurter Allgemeine Zeitung*, 8. Juni 1955.
376 »Fraktionschef Heinrich Krone«, *Die Zeit*, 23. Juni 1955.
377 *CDU/CSU-Fraktion*, 1953-1957, Nr. 165, 15. Juni 1955, S. 669.
378 »Fraktionschef Heinrich Krone«, *Die Zeit*, 23. Juni 1955.
379 *CDU/CSU-Fraktion*, 1953-1957, Nr. 165, 15. Juni 1955, S. 670.
380 Kiesinger an Krone, 18. Juni 1955, ACDP, I-226-027.
381 »Zwei Berufungen«, *Christ und Welt*, 23. Juni 1955; »Wo ist der Kronprinz der CDU?«, *Welt am Sonnabend*, 26. Juni 1955.
382 Lenz, Tagebucheintrag, 15. Juni 1955, ACDP, I-172-006; nach *Czaja*, Kleinstes Deutschland, S. 196 war auch Kiesinger der Auffassung, Gerstenmaier habe ihn verhindert.
383 Vgl. Pünder an Krone, 24. Oktober 1955, ACDP, I-226-018.
384 Tagebucheintrag vom 27. Juni 1956, ACDP, I-172-008; *CDU/CSU-Fraktion*, 1953-1957, Nr. 276, 27. Juni 1956, S. 1139; *Krone*, Tagebücher, 1945-1961, 27. November 1956, S. 235.
385 »Die Diktatur der Termine«, *General-Anzeiger*, 6. Dezember 1955; »Kiesinger erkrankt«, *Frankfurter Allgemeine Zeitung*, 7. Dezember 1955; »Kiesinger wurde operiert«, *Hamburger Abendblatt*, 18. Januar 1956; vgl. dagegen *Hölscher*, Einleitung, in: *Auswärtiger Ausschuß*, 1953-1957, S. XIX.
386 Vgl. das Schreiben des Sekretariats Kiesinger an Sigrid Lau, 10. Februar 1956, ACDP, I-226-027.
387 »Gespräch mit einem Politiker – ganz unpolitisch«, *Rottenburger Post*, 13. Oktober 1956.
388 Vgl. »Auslandsreisen als Abgeordneter«, 9. Februar 1987, ACDP, I-226-293.
389 »Die Tätigkeit K.G. Kiesingers im Europarat«, 23. Juni 1981, ACDP, I-226-061.
390 Vgl. *Fischer*, Europarat, S. 76f.
391 Vgl. Kiesingers Rede in Pinneberg, 1. September 1969, ACDP, I-226-237.
392 Vgl. *Schwarz*, Ära Adenauer I, S. 369f.
393 Gmelin an Kiesinger, 17. September 1957, ACDP, I-226-039.
394 Rinke an Adenauer, 25. September 1957, ACDP, I-226-050; Höfler an Kiesinger, 6. November 1957, ACDP, I-226-041.
395 Aufzeichnung Lampe, 30. September 1957, SAPMO, DY 4090/664.
396 DHJ, S. 353; *Krone*, Tagebücher, 1945-1961, 22. Oktober 1957, S. 271.
397 [*Adenauer*], Adenauer-Heuss, Nr. 58, 18. Oktober 1957, S. 245.
398 *Schwarz*, Adenauer II, S. 352, FN 7.
399 Gespräch mit *Klaus H. Scheufelen*, Oberlenningen, 21. November 2001.
400 Vgl. *Krone*, Tagebücher, 1945-1961, 27. Februar 1957, S. 246.
401 Vgl. *Henzler*, Schäffer, S. 577; *Krone*, Tagebücher, 1945-1961, 27. September 1957, S. 267.
402 Vgl. *Schwarz*, Adenauer II, S. 354.
403 Vgl. *Stücklen*, Humor, S. 261.
404 DHJ, S. 513.
405 Kiesinger an Adenauer, 23. Oktober 1967, ACDP, I-226-035.
406 *Koerfer*, Kampf, S. 167.
407 *Stücklen*, Humor, S. 264.
408 Eintrag vom 22. Oktober 1957, *Heuss*, Tagebuchbriefe, S. 272.
409 Vgl. *Koerfer*, Kampf, S. 174.
410 Müller an Ministerialdirektor Janz (Bundeskanzleramt), 12. November 1957, HStAS, Q 1/35/415.

411 Smithers an Kiesinger, 20. Oktober 1957, ACDP, I-226-051.
412 Kiesinger an Adenauer, 23. Oktober 1957, ACDP, I-226-035.
413 Gespräch mit *Klaus H. Scheufelen*, Oberlenningen, 21. November 2001.
414 »Das Spiel mit Kiesinger«, *Allgemeine Zeitung*, 26./27. Oktober 1957; siehe auch Höfler an Kiesinger, 6. November 1957, ACDP, I-226-042: »Der Dank vom Hause Adenauer Dir gegenüber war wirklich schlecht.«
415 Kiesinger an Schoettle, 7. Februar 1958, ACDP, I-226-052.
416 Müller an Ministerialdirektor Janz (Bundeskanzleramt), 12. November 1957, HStAS, Q 1/35/415.
417 Müller-Hermann an Kiesinger, 8. November 1957, ACDP, I-226-047.
418 Thielicke an Kiesinger, 25. Oktober 1957, ACDP, I-226-054.
419 Strobel an Kiesinger, Dezember 1957, ACDP, I-226-053.
420 Schöttle an Kiesinger, 20. Dezember 1957, ACDP, I-226-052.
421 »Kiesinger erhält nun doch keinen Posten im Kabinett«, *Neue Rhein-Zeitung*, 25. Oktober 1957; zu Kiesingers Verbitterung auch *Kohl*, Erinnerungen, 1930-1982, S. 104.
422 Hailer an Kiesinger, 28. Oktober 1957, ACDP, I-226-041.
423 Schöttle an Kiesinger, 20. Dezember 1957, ACDP, I-226-052.
424 Kiesinger an Schöttle, 7. Februar 1958, ebd.
425 Scheufelen an Kiesinger, 5. November 1957, ebd.
426 Höfler an Kiesinger, 6. November 1957, ACDP, I-226-041.
427 *Schwarz*, Adenauer II, S. 353.
428 Aufzeichnung von Schilling-Bardeleben über eine Unterredung mit Kiesinger, 27. Januar 1955, AdL, N1-2865.
429 »Ich gehöre zu denen, die nichts sehnlicher wünschen […], daß wir einmal Außenpolitik treiben könnten auf der breitesten Grundlage, die in diesem Hause zu erreichen überhaupt möglich ist. […] Man kann nicht einfach den Regierungsparteien immer nur vorwerfen, sie seien zu einer solchen gemeinsamen Außenpolitik nicht bereit. Ich habe nicht gefunden, daß von oppositioneller Seite eine solche Bereitschaft in Wort und Tat bisher ernsthaft gezeigt worden wäre«, Rede im Bundestag, 21. November 1949, *Kiesinger*, Stationen, S. 13.
430 Parlamentarischer Bericht, 27. Februar 1953, BAK, B 145/1900.
431 Erschöpfend *Hölscher*, Einleitung, *Auswärtiger Ausschuß*, 1953-1957, S. LXXVIIIff.
432 BT/SB, 2. WP, 5. Sitzung, 29. Oktober 1953, S. 108.
433 Vgl. Ollenhauer, BT/SB, 2. WP, 61. Sitzung, 15. Dezember 1954, S. 3136; Kiesinger ebd., S. 3146ff.
434 Adenauer an Kiesinger, 20. Dezember 1954, ACDP, I-226-703.
435 Vgl. *Auswärtiger Ausschuß*, 1953-1957, Nr. 26 – 41, 13. Januar – 23. Februar 1955, S. 378-889.
436 Vgl. Sitzung des AK V, 7. Februar 1955, ACDP, VIII-006-001/1.
437 DB/SB, 2. WP., 89. Sitzung, 21. Juni 1955, S. 4994.
438 »Kiesinger bezweifelt«, *Frankfurter Allgemeine Zeitung*, 14. März 1955; »Kiesinger: Des Pudels Kern«, *Hamburger Abendblatt*, 20. Mai 1955.
439 »Am runden Tisch in Bonn«, Radiogespräch zwischen Kiesinger, Heinz Kühn und Erich Mende, SWF, 21. Mai 1955, 20.15 Uhr.
440 Vortrag Kiesingers im SDR, 4. Mai 1955, 21.15 Uhr.
441 BT/SB, 2. WP, 89. Sitzung, 21. Juni 1955, S. 4998.
442 *CDU/CSU-Fraktion*, 1953-1957, Nr. 205, 14. November 1955, S. 879.
443 *CDU-Bundesvorstand*, 1957-1961, Nr. 7, 27. November 1958, S. 317.

444 BT/SB, 3. WP, 21. Sitzung, 25. März 1958, S. 1145.
445 *CDU-Bundesvorstand*, 1957-1961, Nr. 7, 27. November 1958, S. 316f.
446 Siehe auch die Einleitung von Wintzer, *Auswärtiger Ausschuß*, 1957-1961.
447 BT/SB, 2. WP, 69. Sitzung, 24. Februar 1955, S. 3531.
448 Ebd., 93. Sitzung, 28. Juni 1955, S. 5292.
449 Vgl. DHJ, S. 487ff.
450 Adenauer an Kiesinger, 25. August 1955, ACDP, I-226-703.
451 Vgl. *Diehl*, Politik, S. 170ff.
452 *CDU/CSU-Fraktion*, 1953-1957, Nr. 205, 14. November 1955, S. 878.
453 Ebd., Nr. 205, 14. November 1955, S. 879.
454 »Kiesinger fordert gemeinsame Außenpolitik«, *Stuttgarter Nachrichten*, 15. November 1955.
455 Adenauer an Kiesinger, 15. November 1955, ACDP, I-226-703; vgl. dazu DHJ, S. 503.
456 Brentano an Kiesinger, 15. November 1955, ACDP, I-028-012/15; zum Kontext *Auswärtiger Ausschuß*, 1953-1957, S. XCVIIf.
457 Vgl. *Weber*, Schmid, S. 549; *Hölscher*, Einleitung, *Auswärtiger Ausschuß*, 1953-1957, S. XCIX.
458 DHJ, S. 504.
459 BT/SB, 2. WP, 115. Sitzung, 2. Dezember 1955, S. 6163.
460 »Fortschritte zur deutschen Einheit«, *Stuttgarter Nachrichten*, 30. Juni 1956.
461 Vgl. DHJ, S. 507f.; *Auswärtiger Ausschuß*, 1953-1957, Nr. 62, 27. September 1956, S. 1412.
462 Sitzung des AK V, 6. November 1956, ACDP, VIII-006-001/1.
463 *CDU/CSU-Fraktion*, 1953-1957, Nr. 310, 13. November 1956, S. 1315.
464 *CDU-Bundesvorstand*, 1953-1957, Nr. 17, 23. November 1956, S. 1107.
465 Ebd., S. 1132; AK V, 6. November 1956, ACDP, VIII-006-001/1.
466 Sekretariat Kiesinger an H. Volke, 21. Februar 1958, ACDP, I-226-028.
467 *CDU/CSU-Fraktion*, 1957-1961, Nr. 22, 27. November 1957, S. 44.
468 Ebd., sowie 28. November; *Krone*, Tagebücher, 1945-1961, 27. und 28. November 1957, S. 274f.
469 Vgl. *Schwarz*, Adenauer II, S. 391.
470 »Problem der Wiedervereinigungspolitik«, *Politisch-Soziale Korrespondenz*, 15. Oktober 1957; siehe »Kiesinger und die SPD«, *Flensburger Tageblatt*, 15. Oktober 1957
471 »Ist in Belgrad nichts zu holen?«, *Der Spiegel*, 30. Oktober 1957, S. 18.
472 Kiesinger an Mehnert, 31. Oktober 1957, ACDP, I-226-028.
473 DHJ, S. 514; siehe *Gerstenmaier*, Streit, S. 433ff; *Schwarz*, Adenauer II, S. 405ff. auch zum Folgenden.
474 Kiesingers während des Rhöndorfer Gespräch vom 26. März 1981, *Schwarz*, Legende, S. 96.
475 *Krone*, Tagebücher, 1945-1961, 25. Januar 1958, S. 286.
476 *CDU/CSU-Fraktion*, 1957-1961, Nr. 38, 11. Februar 1958, S. 90.
477 Sitzung des AK V, 11. Februar 1958, ACDP, VIII-006-001/1.
478 *CDU/CSU-Fraktion*, 1957-1961, Nr. 38, 11. Februar 1958, S. 95f.; ebd. die folgenden Zitate.
470 *Krone*, Tagebücher, 1945-1961, 22. bis 28. Februar, S. 292f.
480 DB/SB, 3. WP, 9. Sitzung, 23. Januar 1958, S. 322f.
481 478 Sitzung des AK V, 25. Februar 1958, ACDP, VIII-006-001/1.

482 Kiesinger an Brentano, 27. Februar 1958, ACDP, I-226-028; vgl. *CDU/CSU-Fraktion*, Nr. 40, 20. Februar 1958, S. 109, wo Kiesinger »gründlichste Beschäftigung mit den Problemen unter uns« forderte.
483 Krone, Tagebücher, 1945-1961, 6. März 1958, S. 294.
484 Protokoll über die Sitzung des AK V, 10. März 1958, VIII-006-001/1.
485 »Kiesingers Demonstration«, Stuttgarter Zeitung, 13. März 1958.
486 CDU/CSU-Fraktion, 1957-1961, Nr. 45, 11. März 1958, S. 122; die folgenden Zitate, ebd., S. 122f.
487 *Krone*, Tagebücher, 1945-1961, 13. März 1958, S. 296; »Kiesingers Demonstration«, *Stuttgarter Nachrichten*, 13. März 1958; »Aussprache Krone-Kiesinger«, *Welt*, 13. März 1958.
488 DB/SB, 3. WP, 20. Sitzung, 22. März 1958, S. 1045f.; die folgenden Zitate ebd.
489 Ebd., 18. Sitzung, 20. März 1958, S. 909.
490 DHJ, S. 518.
491 »Sind wir wirklich allein?« Beitrag Kiesingers in den *Stuttgarter Nachrichten*, 26. Mai 1956.
492 Aufzeichnung von Lampe über ein Gespräch mit Kiesinger, 27. September 1957, BAB, DY 4090/664.
493 Vgl. Soell, Erler, S. 356.
494 DB/SB, 2. WP, 69. Sitzung, 24. Februar 1955, S. 3531.
495 »Am runden Tisch in Bonn«, Radiogespräch Kiesinger, Kühn, Mende, SWF, 21. Mai 1955, 20.15 Uhr.
496 DB/SB, 2. WP, 61. Sitzung, 15. Dezember 1954, S. 3150.
497 »Außenpolitischer Ausblick am Ende eines bewegten Jahres«, *Süddeutsche Zeitung*, 22. November 1956.
498 DB/SB, 2. WP, 69. Sitzung, 24. Februar 1955, S. 3532f.
499 Rede im Bundestag, 29. Juni 1956, Kiesinger, Stationen, S. 20.
500 Aufzeichnung von Lampe über ein Gespräch mit Kiesinger, 27. September 1957, BAB, DY 4090/664.

MINISTERPRÄSIDENT VON BADEN-WÜRTTEMBERG 1958–1966

1 *CDU-Bundesvorstand*, 1951-1961, Nr. 7, 27. November 1958, S. 339; CDU-Bundesausschuß, 28. November 1958, ACDP, VII-001-021/4.
2 Gespräch mit *Klaus H. Scheufelen*, Oberlenningen, 21. November 2001.
3 Sitzung der baden-württembergischen Parteivorstände, 11. November 1958, Aufzeichnung Müllers, HStAS, Q1/35/453.
4 In einem handschriftlichen, nicht näher datierten Memoirenfragment aus den achtziger Jahren nennt Kiesinger die Kandidatur 1954 einen »ersten Anlauf«, vgl. »Wie es dazu kam«, ACDP, I-226-422.
5 Bausch an Kiesinger, 24. Februar 1954, ACDP, I-226-011.
6 Kiesinger an Hepp, 16. März 1954, ACDP, I-226-026.
7 Vgl. Kiesinger, *Fügung und Verantwortung*, S. 54.
8 Das Foto im *Schwarzwälder Boten*, 14. November 1958; siehe auch »Die neue Lage«, *Deutsches Volksblatt*, 15. November 1958; »Dichtel und Filbinger stehen zur Wahl«, *Rhein-Neckar-Zeitung*, 17. November 1958; »Hat Anton Dichtel in Stuttgart eine Chance?«, *Badische Volkszeitung*, 18. November 1958; »Die Tendenz geht nach Baden«, *Offenburger Tagblatt*, 18. November 1958.

ANMERKUNGEN

9 »Notizen aus dem Presseempfang des Herrn Ministerpräsidenten am 14. November 1958 in Stuttgart«, HStAS, Q1/22/505.
10 Aufzeichnung Müllers, 29. November 1958; HStAS, Q1/35/453.
11 Adorno in der CDU-Landtagsfraktion, 20. November 1958, ebd.; »Farny und Neinhaus lehnen ab«, *Stuttgarter Nachrichten*, 17. November 1958.
12 Gespräch Müllers mit Möller, 12. November 1958 Aufzeichnung Müllers, ebd.
13 So der Fraktionsvorsitzende vor der Landtagsfraktion, 29. November 1958, ebd.
14 Vgl. »Neuer Mann ans Ruder«, *Schwarzwälder Bote*, 1. Dezember 1958.
15 »Doch ein Schwabe«, *Frankfurter Allgemeine Zeitung*, 1. Dezember 1958.
16 »Dichtel und Filbinger stehen zur Wahl«, *Rhein-Neckar-Zeitung*, 17. November 1958; »Ist Kiesinger der richtige Mann für Stuttgart?« *Welt*, 6. Dezember 1958; Nebinger und Gurk in der Sitzung des Fraktionsvorstandes, 20. November 1958, 11 Uhr, Aufzeichnung Müllers, HStAS, Q1/35/453.
17 »Noch keine Entscheidung über den neuen Ministerpräsidenten«, *Stuttgarter Zeitung*, 21. November 1958.
18 Kiesinger im Gespräch mit Alois Rummel, SWF, 29. November 1958, 19.30 Uhr.
19 Gespräch mit *Klaus H. Scheufelen*, Oberlenningen, 21. November 2001.
20 *Krone*, Tagebücher, 1945-1961, Eintrag vom 6. November 1958, S. 317.
21 Adenauer an Kiesinger, 3. Dezember 1958, in: *Adenauer*, Briefe 1957-1959, Nr. 177, S. 183f.
22 Fraktionsvorstandssitzung, Aufzeichnung Müllers, 11. November 1958, HStAS, Q1/35/453.
23 Gespräch Müllers mit den FDP-Ministern Leuze und Haußmann, 12. November 1958, ebd.
24 Presseerklärung, 12. November 1958, *UiBW* Nr. 40, S. 4.
25 »Parteien«, *Spiegel*, Nr. 47, 19. November 1958; »Umweg über Stuttgart«, ebd., 17. Dezember 1958.
26 Fraktionssitzung, 20. November 1958, 14 Uhr, Aufzeichnung Müllers, HStAS, Q1/35/453.
27 Fraktionsvorstandssitzung, 20. November 1958, 11 Uhr, ebd.
28 So Rolf Nebinger auf der Fraktionssitzung, 29. November 1958, ebd.
29 *UiBW*, Nr. 40, 20. November 1958, S. 4; im CDU-Landtagsfraktionsvorstand machte Müller deutlich, daß sich Kiesinger »in keiner Weise um Nachfolge bemüht« habe, Aufzeichnung Müllers, 11. November 1958, ebd.; nach seinem Dementi verschwand Kiesingers Name aus den Zeitungen, vgl. HStAS, EA1/106/119.
30 »Umweg über Stuttgart«, *Spiegel*, 17. Dezember 1958.
31 Vgl. das handschriftliche Memoirenfragment »Wie es dazu kam« (achtziger Jahre), ACDP, I-226-422.
32 Fraktionssitzung, 20. November 1958, Aufzeichnung Müllers, HStAS, Q1/35/453.
33 »Ein Minister für zwei Ministerien«, *Stuttgarter Nachrichten*, 21. November 2001.
34 »Kiesinger sagt in Stuttgart ab«, *FAZ*, 25. November 1958; nach *Scheufelens* Aussage beruht der Artikel auf einer von ihm inspirierten dpa-Meldung.
35 Gespräch mit *Klaus H. Scheufelen*, Oberlenningen, 21. November 2001.
36 »Dichtel: Nicht nach Stuttgart«, *Badische Volkszeitung*, 30. November 1958.
37 Fraktionssitzung 29. November 1958, Aufzeichnung Müllers, HStAS, Q1/35/453.
38 »Kiesinger soll Ministerpräsident von Baden-Württemberg werden«, *Stuttgarter Zeitung*, 1. Dezember 1958; siehe auch *UiBW*, Nr. 41, 22. Dezember 1958, S. 7.
39 Interview mit Kiesinger, SDR, 29. November 1958, 18.05 Uhr (PD/DB).

40 Gespräche mit *Viola* und *Volkmar Wentzel*, Washington, 16. Oktober 2001; *Otto Rundel*, Karlsruhe, 11. Juni 2003; *Peter Kiesinger*, Karlsruhe, 6. Februar 2004; eine Altersversorgung für Abgeordnete wurde erst 1968 eingeführt; »Zeugen des Jahrhunderts«, ACDP, I-226-404, Bd. 5, S. 5.
41 Memoirenfragment »Wie es dazu kam«, ACDP, I-226-422.
42 DHJ, S. 519.
43 Diktat Kiesingers zu seiner Tätigkeit als Ministerpräsident, ACDP, I-226-422.
44 Kiesinger im Gespräch mit Alois Rummel, SWF, 29. November 1958, 19.30 Uhr.
45 Telegramm des FDP-Fraktionsvorsitzenden Leuze an Hermann, 27. November 1958, HStAS, Q1/22/505.
46 Vgl. das Lob der sozialdemokratischen *Allgemeinen Zeitung* für die SPD-Fraktion, sich dennoch »ohne Ressentiments« und »mit Fairneß« mit Kiesinger zu treffen, 1. Dezember 1958.
47 Vgl. *Möller*, Genosse Generaldirektor, S. 160.
48 »Zeugen des Jahrhunderts«, ACDP, I-226-404, Bd.. 5, S. 13; Memoirenfragment, »In meiner Heimatstadt Ebingen ...«, ACDP, I-226-422.
49 »Weit ist der Weg zurück nach Bonn«, *Vorwärts*, 5. Dezember 1958.
50 Kiesinger an Möller, 21. Januar 1959, ACDP, I-226-251.
51 Möller an Kiesinger, 14. Januar 1959, ebd.
52 »Kiesinger stellt richtig«, *Vorwärts*, 27. März 1959; *Möller*, Genosse Generaldirektor, S. 163f.
53 Die einzige Ausnahme, neben dem zitierten Artikel des *Vorwärts*, ist ein Leserbrief an die *Schwäbische Landeszeitung* in Augsburg vom 24. Dezember 1958. Darin wird kritisiert, daß offiziöse Biographien Kiesingers mit dem Jahr 1948 begännen. Den Autor interessierte, »welche Lorbeeren sich der im besten Mannesalter stehende Kiesinger im zweiten Weltkrieg errungen« habe, »wo und in welcher Eigenschaft Herr Kiesinger das ›1000jährige Reich‹ überstanden hat«, um dann auf Kiesingers Tätigkeit im AA und das oft kolportierte Foto beim Empfang Mussolinis zu verweisen. Es sei »Pflicht einer ordnungsgemäßen Berichterstattung, diese Dinge nicht zu verheimlichen – besonders in einer Zeit, da man die ›kleinen Nazis‹ unverändert verfolgt.«
54 Für Hinweise auf Düsseldorf etwa Adorno vor dem Fraktionsvorstand, 20. November 1958, 11 Uhr sowie Scheufelen vor der Fraktion, 20. November 1958, 14 Uhr, Aufzeichnung Müllers, HStAS, Q1/35/453.
55 LT/BW, 2. WP., 65. Sitzung, 17. Dezember 1958, S. 3492.
56 Vgl. *Adam*, Union, in: *Weinacht*, CDU, S. 281.
57 »Dem geistigen Erbe des Landes verpflichtet«, *Stuttgarter Zeitung*, 18. Dezember 1958.
58 LT/BW, 2. WP, 65. Sitzung, 17. Dezember 1958, S. 3492f.
59 Ebd., 68. Sitzung, 14. Januar 1959, S. 3622ff.; siehe »Kiesinger will den Südweststaat festigen«, *Frankfurter Allgemeine Zeitung*, 15. Januar 1959.
60 »R hoch vier«, *Deutsches Volksblatt*, 1. Dezember 1958.
61 LT/BW, 2. WP., 68. Sitzung, 14. Januar 1959, S. 3626.
62 Vgl. »Die Regierungserklärung«, *Stuttgarter Zeitung*, 15. Januar 1959; *Möller*, Genosse Generaldirektor, S. 165; »Kiesinger: Sachlichkeit auch im Wahljahr«, *Schwarzwälder Bote*, 29. Januar 1959.
63 LT/BW, 2. WP., 70. Sitzung, 28. Januar 1959, S. 3700.
64 »›Staatspräsidentle – Du kommst z'viel in dr Zeitung‹«, *Schwäbische Donau-Zeitung*, 22. Dezember 1958; »›Was will der Jung' da?‹«, *Welt*, 20. Dezember 1958.
65 Vgl. »Der Politiker Kurt Georg Kiesinger«, *Stuttgarter Nachrichten*, 6. Dezember 1958.

ANMERKUNGEN

66 Vgl. *Storz*, Zwischen Amt und Neigung, S. 166f.
67 Vgl. »Der neue Mann«, *Stuttgarter Nachrichten*, 2. Dezember 1958; »Politiker ohne Hausmacht«, *St. Galler Tagblatt*, 24. Oktober 1959.
68 »Dem geistigen Erbe des Landes verpflichtet«, *Stuttgarter Zeitung*, 18. Dezember 1958.
69 Vgl. die Karikatur »Und wieder kehrt ein Schwabe heim«, *Braunschweiger Nachrichten*, 12. Dezember 1958.
70 Mit geringfügigen Abweichungen parallel überliefert in »›Staatspräsidentle – Du kommst z'viel in dr Zeitung‹«, *Schwäbische Donau-Zeitung*, 22. Dezember 1958; »›Was will der Jung' da?‹ Schwäbischer Redestreit zwischen drei Ministerpräsidenten«, *Die Welt*, 20. Dezember 1958.
71 »Volle Aufmerksamkeit für ›badische Frage‹«, *Deutsches Volksblatt*, 21. Januar 1959; »Kiesinger: ›Bald nur Ministerpräsident‹, *Allgemeine Zeitung*, 21. Januar 1959; »Kiesinger: Länder nicht nur Verwaltungseinheiten«, *Stuttgarter Zeitung*, 21. Januar 1959.
72 Vgl. den Jubiläumsartikel des altbadischen Abgeordneten Person, »Kiesinger – fünf Jahre Ministerpräsident«, *Badische Volkszeitung*, 17. Dezember 1963.
73 LT/BW, 2. WP., 68. Sitzung, 14. Januar 1959, S. 3626.
74 Wie Anmerkung 70 oben.
75 Wochenkommentar, SWF, 31. Januar 1959, 18.50-19.00 Uhr (Rummel); Kommentar des pro-altbadischen *Rheinischen Merkur*, »Kiesinger legt sein Programm vor«, 23. Januar 1959; »Redliches Bemühen«, *Badische Volkszeitung*, 15. Januar 1959.
76 Vgl. *Raberg*, Müller; *Buchstab*, Müller; *Feuchte*, Müller.
77 *Union in Baden-Württemberg*, Nr. 40, 20. November 1958.
78 BVerfGE 5/34; auszugsweise abgedruckt in *Albiez u.a.*, Überspielter Volkswille, S. 343ff.
79 *Feuchte*, Verfassungsgeschichte, S. 288, spricht von einer »kunstvollen, um nicht zu sagen gekünstelten Argumentation« Karlsruhes.
80 Zu Adenauers Haltung *Weinacht*, CDU in Baden-Württemberg, S. 200.
81 »Die Stimmung in Baden. Gutachten über die Stärke und Motive der altbadischen Bewegung«, Frühjahr 1959, ACDP, I-226-413; das Gutachten war noch von Müller in Auftrag gegeben worden.
82 Vgl. Vogt an Kiesinger, 21. April 1959, ACDP, I-226-155.
83 Zum Sozialprofil der altbadischen Bewegung *Weinacht*, Gebundene Greife, S. 313.
84 »Die Stimmung in Baden 1962. Trendbeobachtungen über Stärke und Motive der altbadischen Bewegung«, ACDP, I-226-414.
85 »Die Stimmung in Baden 1963. Analyse der altbadischen Bewegung in 16 badischen Kreisen«, ACDP, I-226-415.
86 »Die Stimmung in Baden. Gutachten über die Stärke und Motive der altbadischen Bewegung«, Frühjahr 1959, ACDP, I-226-413.
87 SDR-Interview mit Kiesinger, 13. Juni 1959, 18.05 Uhr.
88 *Badische Neueste Nachrichten*, 7. Juli 1959.
89 Vgl. *Feuchte*, Verfassungsgeschichte, S. 298f.
90 Bericht von Lothar Burger an das Staatsministerium, 15. April 1960, HStAS, EA1 1/921/1120.
91 »In meiner Heimatstadt Ebingen …«, Memoirenfragment, ca. 1984, ACDP, I-226-422.
92 »Zeugen des Jahrhunderts«, ACDP, I-226-404, Bd. 6, S. 2.
93 So Kiesinger in LT/BW, 2. WP, 70. Sitzung, 28. Januar 1959; Wochenkommentar, SWF, 31. Januar 1959, 18.50 Uhr (Rummel).

94 »Altbadener haben Schlacht verloren«, *Schwäbisches Tagblatt*, 30. Juni 1959.
95 »Ohnmacht der Allparteien-Regierung«, *Badische Neueste Nachrichten*, 23. März 1957; »Vom ungesunden Klima einer Allparteienregierung«, *Stuttgarter Nachrichten*, 4. November 1959; *Adam*, Union, in: *Weinacht*, CDU, S. 282.
96 »Kiesinger steht zur Koalition mit der SPD«, *Die Welt*, 28. April 1959; »Probleme der Landespolitik«, SDR-Interview mit Kiesinger, *Staatsanzeiger*, 20. Juni 1959.
97 Gespräch mit *Klaus H. Scheufelen*, Oberlenningen 21. November 2001; »In meiner Heimatstadt Ebingen …«, Memoirenfragment, ACDP, I-226-422; Kiesinger, *Fügung*, S. 56.
98 Vogt an Kiesinger, 21. April 1959, ACDP, I-226-155.
99 »Zeugen des Jahrhunderts«, ACDP, I-226-404, Bd. 6, S. 2.
100 Vgl. *Schmidtchen*, Befragte Nation, S. 124ff.
101 *Schnabel*, Deutsche Geschichte, S. 87f.; zur Wertschätzung Schnabels durch Kiesinger *Feuchte*, Geburt, S. 45; Gespräch mit *Otto Rundel*, Karlsruhe, 12. September 2001.
102 »Föderalismus und Zentralismus«, Vortrag vor der Arbeitsgemeinschaft der Industrie- und Handelskammern, Stuttgart, 4. Dezember 1962, ACDP, I-226-221.
103 Rede anläßlich der feierlichen Überreichung der Meisterbriefe in Konstanz, 5. Dezember 1959, ACDP, I-226-221; dort auch die folgenden Zitate.
104 Kiesinger unter Rückgriff auf ein Diktum Möllers, LT/BW, 2. WP., 90. Sitzung, 9. Dezember 1959, S. 4910.
105 Terminkalender, ACDP, I-226-466; »Die Regierung im südbadischen Grenzgebiet«, *Staatsanzeiger*, 13. Juni 1958.
106 Kiesinger vor dem südwürttembergischen CDU-Landesvorstand, 5. März 1960, ACDP, III-009-215/1.
107 *Nothelfer*, Der Abgeordnete, in: Oberndörfer, Begegnungen, S. 472 (Nothelfer verwendet den alemannischen Ausdruck des »Hockbacher«); Gespräch mit *Erwin Teufel*, Stuttgart, 9. April 2002.
108 LT/BW, 2. WP., 90. Sitzung, 9. Dezember 1959, S. 4910.
109 EMNID, Bielefeld, »Voraussetzungen der Landtagswahlen 1960 in Baden-Württemberg. Eine Spezial-Studie im Auftrage der Landesverbände der Christlich-Demokratischen Union in Baden Württemberg«, S. K15, ACDP, I-226-408a; leicht abweichend »Wer ist der Bekannteste und Beliebteste im Land?«, dpa-Landesdienst Südwest, 11. Mai 1960; »Auch Männer kennen Kiesinger«, *Ludwigsburger Kreiszeitung*, 12. Mai 1960.
110 »Die Stimmung in Baden 1963«, ACDP, I-226-415; »Tiefer Einbruch in altbadische Position«, *Deutsches Volksblatt*, 18. März 1963.
111 »Föderalismus und Zentralismus«, 4. Dezember 1962, ACDP, I-226-221.
112 Korrespondenz des Bundeskanzlers mit dem Sängerverein »Harmonie« in Bühl, ACDP, I-226-207.
113 Manuskript eines Anekdotenbuchs, ca. 1981, ACDP, I-226-715.
114 »Baden-Frage im Experimentierfeld«, *Basler National-Zeitung*, 9. Juni 1959.
115 Vgl. *Albiez*, Gründung, S. 331; »Kiesinger zu den Kommunalwahlen«, *Stuttgarter Nachrichten*, 13. November 1959.
116 SDR-Interview, 13. Juni 1959, 18.05 Uhr; »Probleme der Landespolitik«, *Staatsanzeiger*, 20. Juni 1959.
117 »Sizilianisches aus Baden«, *Rheinischer Merkur*, 26. Juni 1959.
118 Gurk an Adenauer, 23. Juni 1959, ACDP, III-004-045/3.
119 Vgl. *Albiez*, Gründung, S. 332.

ANMERKUNGEN

120 DHJ, S. 408.
121 »Badische Volkspartei – Dr. Föhr – Badische Volkszeitung«, ACDP, III-004-045/1.
122 Vgl. Entwurf eines Schreibens für Kiesinger, 7. Oktober 1959, ACDP, III-004-045/3.
123 Kiesinger vor dem südwürttembergischen CDU-Landesvorstand, 5. März 1960, ACDP, III-009-215/1; zur C-Frage *Buchhaas*, Volkspartei, S. 205ff.
124 Vgl. Kiesingers Korrespondenz mit dem Freiburger CDU-MdB Heinrich Höfler, ACDP, I-226-144.
125 Vgl. für eine Analyse der Sozialmerkmale der badischen Bewegung *Weinacht*, Gebundene Greife, S. 313f.; die Forschung konzentriert sich auf rechtliche und politische Aspekte, auf dem Kolloquium zum 40. Jahrestag wurde der konfessionelle Aspekt erst in der Diskussion berührt, *Schaab/Richter*, Baden-Württemberg, S. 89ff.
126 Aufzeichnung über ein Telefongespräch mit Prälat Heim, Apostolische Nuntiatur, Bad Godesberg, 25. März 1960, ACDP, III-004-045/2.
127 Kiesinger vor dem südwürttembergischen CDU-Landesvorstand, 5. März 1960, ACDP, III-009-215/1.
128 CDU-Bundesgeschäftsführer Kraske an Landesgeschäftsführer Dullenkopf, 8. März 1960, ACDP, VII-004-045/2 sowie die entsprechenden Schreiben aus den Landesverbänden; siehe »Generalvikar Dr. Föhr hinter der Fusion der Deutschen Partei (DP) mit der Badischen Volkspartei (BVP)«, o.D., ebd.
129 Vgl. die Korrespondenz zwischen Krone und Dichtel im Februar 1960, ACDP, I-028-010/1.
130 Kiesinger auf dem CDU-Kulturkongreß in Augsburg, *CDU*, Bildung und Beruf, S. 9ff.; 137ff.
131 Kiesinger vor dem südwürttembergischen CDU-Landesvorstand, 2. Mai 1959, ACDP, I-226-088.
132 »10 Jahre Grundgesetz – 10 Jahre CDU«, Kiesinger auf dem Parteitag der CDU Nordwürttemberg, 23. Mai 1959, ACDP, I-226-220.
133 »Neuer Weg zur Lösung der badischen Frage?«, *Deutsches Volksblatt Stuttgart*, 6. Juli 1959; »Der Ministerpräsident zu Fragen der Landespolitik«, *Staatsanzeiger*, 4. November 1959.
134 »Die Allparteienregierung in Baden-Württemberg«, *Stuttgarter Zeitung*, 10. Mai 1960.
135 Vgl. *Feuchte*, Verfassungsgeschichte, S. 301f.
136 *Südkurier* Nr. 205, 7. September 1959; *Helmle*, Universität und Stadt, S. 63ff.
137 *Storz*, Zwischen Amt und Neigung, S. 221.
138 *Feuchte*, Geburt, S. 42.
139 *Rundel*, Erste Schritte, S. 160.
140 *Dahrendorf*, Liberale und Andere, S. 240.
141 *Heimpel*, Probleme, S. 4ff.
142 »Rückblick«, Memoirenfragment Kiesingers, für die Festschrift Theopont Diez, ca. 1985, ACDP, I-226-510.
143 *Wissenschaftsrat*, Empfehlungen 1960, S. 51ff.
144 Vgl. »Erfülltes Leben«, *Spiegel*, 23. Dezember 1959.
145 »Die politische Verantwortung der Landjugend«, Rede auf der Badischen Landwirtschaftswoche in Singen, 6. September 1959, HStAS, P12, Nr. 38; Zusammenfassung in *Badische Bauernzeitung*, 37/1959.
146 Vgl. *Feuchte*, Geburt, S. 41; *Helmle*, Universität, S. 64; zurückhaltend zur integrationspolitischen Dimension *Feuchte*, 100. Geburtstag, S. 522.
147 Vgl. etwa »Wird Konstanz einmal Universitätsstadt?« *Südkurier*, 5. September 1959.

148 Kiesinger vor dem südwürttembergischen CDU-Landesvorstand, 5. März 1960, ACDP, III-009-215/1.
149 Hölzle an Kiesinger, 20. Juni 1960, ACDP, I-226-144.
150 »Vernunft wird Unsinn. Wohltat Plage ... «, *Rhein-Neckar-Zeitung*, 31. Oktober 1959; »Rektoren gegen Rumpfuniversitäten«, *Südwest-Merkur*, 13. November 1959; *Westdeutsche Rektorenkonferenz*, Neugründung von Universitäten, S. 54.
151 Vgl. die Umfrage der *Schwäbischen Zeitung*, 10. November 1959; »Erfülltes Leben«, *Spiegel*, 23. Dezember 1959; »Streit um die Gründung einer Universität«, *Stuttgarter Woche*, 16. Januar 1960; zu Storz Schneider an Kiesinger, 17. Juni 1960, ACDP, I-226-068; *Storz*, Amt und Neigung, S. 221.
152 »Drei Minister wollen im Frühjahr ausscheiden«, *Badische Volkszeitung*, 12. Dezember 1959.
153 Sitzungsberichte des Staatsministeriums, 34. Sitzung, 2.-5. November 1959, HStAS, EA 1/105/8, S. 472f.
154 »Universität Konstanz – kein Köder«, *Schwarzwälder Bote*, 24. September 1959.
155 »Gründung einer neuen Universität fordert gründliche Überlegungen«, *Schwarzwälder Bote*; 15. Oktober 1959. Anfang 1960 besaß Baden-Württemberg drei (Heidelberg, Freiburg, Tübingen) der 17 westdeutschen und Westberliner Universitäten und zwei der acht technischen Hochschulen (Karlsruhe und Stuttgart). Hinzu kamen die Landwirtschaftliche Hochschule in Hohenheim und die Wirtschaftshochschule in Mannheim.
156 Rede anläßlich der feierlichen Überreichung der Meisterbriefe in Konstanz, 5. Dezember 1959, ACDP, I-226-221; »Berechtigte Hoffnungen auf Bodensee-Universität«, *Badische Volkszeitung*, 8. Februar 1960.
157 LT/BW, 2. WP., 87. Sitzung, 25. November 1959, S. 4755ff.; 90. Sitzung, 9. Dezember 1959, S. 4892f.
158 Ebd., S. 4908ff.
159 »Das Land am See hat eine Zukunft«, *Südkurier*, 10. Februar 1960.
160 Vgl. »Universität Konstanz. Idee und Verwirklichung«, HStAS, EA 1/106/913; »Berechtigte Hoffnungen auf Bodensee-Universität, *Badische Volkszeitung*, 8. Februar 1960.
161 »Konstanz als Rahmen einer Universität«, *Südkurier*, 11. September 1959; »Kuratorium Universität gegründet«, *Badische Neueste Nachrichten*, 30. November 1959; *Helmle*, Universität, S. 64.
162 »Universität Konstanz – kein ›Köder‹«, *Schwarzwälder Bote*, 24. September 1959; Staatsministerium, Pressemitteilung Nr. 123/66, 14. Juni 1966, ACDP, I-226-421.
163 »Erfülltes Leben«, *Spiegel*, 23. Dezember 1959.
164 Rede anläßlich der Überreichung der Meisterbriefe, Konstanz, 5. Dezember 1959, ACDP, I-226-221.
165 »Nur Neugründungen bringen Entlastung«, *Südkurier*, 25. September 1959.
166 *Südkurier*, 13. November 1959.
167 »Neue Universität dringend nötig«, *Deutsches Volksblatt*, 21. Januar 1960, »Förmlich in der Luft gelegen«, *Stuttgarter Nachrichten*, 22. Januar 1960.
168 *Jaspers*, Doppelgesicht, S. 5f.; *Heimpel*, Probleme, S. 2.
169 LT/BW, 54. Sitzung des Ältestenrates, 7. Oktober 1959, HStAS, Q 1/22/507.
170 »Zeugen des Jahrhunderts«, ACDP, I-226-404, Bd. 5, S. 32; Manuskript für ein Anekdotenbuch, ACDP, I-226-715.
171 »Otto Rundel«, *Frankfurter Allgemeine Zeitung*, 19. August 1997.

ANMERKUNGEN

172 Pars pro toto *Rommel*, Trotz allem heiter, S. 162ff.; eine Einschätzung, die andere Zeitzeugen zurückhaltend bestätigen; siehe auch *Feuchte*, 100. Geburtstag, S. 504, 514.
173 Umfragen hatten das Ergebnis vorausgesagt, EMNID an Kiesinger, 5. Mai 1960, ACDP, I-226-408b; Kiesinger vor dem südwürttembergischen CDU-Landesvorstand, 5. März 1960, ACDP, III-009-251/1; zur Popularität »Wer ist der Bekannteste und Beliebteste im Land«, dpa-Landesdienst Südwest, 11. Mai 1960.
174 Vgl. »Beitrag FDP-Festschrift Haußmann-Müller-Stahl«, Memoirenfragment, April 1983, ACDP, I-226-714.
175 Kiesinger vor dem CDU-Bundesausschuß, 23. Mai 1960, ACDP, VII-001-021/8; Nebinger an Kiesinger, 8. Juni 1960, ACDP, I-226-068.
176 Vgl. *Statistisches Landesamt,* Wahl zum Landtag 15. Mai 1960, S. 15ff.
177 Kiesinger vor dem CDU-Bundesausschuß, 23. Mai 1960, ACDP, VII-001-021/8.
178 Vgl. *Statistisches Landesamt,* Wahl zum Landtag 15. Mai 1960, S. 40.
179 Vgl. Stellungnahme des FDP-MdB Hans Lenz zur Landtagswahl, HStAS, Q1/22/519.
180 *Matz,* Reinhold Maier, S. 481; Landesvorstandssitzung der CDU-Nordwürttemberg, 2. April 1960, ACDP, III-003-035; UiBW, Sonderdienst zur Landtagswahl Nr. 3, 6. April 1960; Dichtel im CDU-Bundesausschuß, 23. Mai 1960, ACDP, 001-021/8.
181 Vgl. Haußmann an Scheufelen, 25. April 1960, ACDP, I-226-068; UiBW, Sonderdienst zur Landtagswahl Nr. 3, 6. April 1960, ebd.; »Haußmann bietet sich der CDU an«, *AZ,* 14. Mai 1960; »CDU erklärt: ›Keine schwarz-rote Koalition‹«, *Badische Neueste Nachrichten,* 14. Mai 1960; *Mende,* Neue Freiheit, S. 445.
182 »Kiesinger zur Landtagswahl«, *Badische Neueste Nachrichten,* 12. Mai 1960.
183 *Möller,* Genosse Generaldirektor, S. 168.
184 Heck an Kiesinger, 20. April 1960, ACDP, I-226-068; »Stuttgart rechnet wieder mit einer Allparteien-Regierung«, *Frankfurter Allgemeine Zeitung,* 17. Mai 1960.
185 Vgl. Veit an Kiesinger, 2. August 1960, ACDP, I-226-705
186 Vgl. »Beitrag FDP-Festschrift Haußmann-Müller-Stahl«, Memoirenfragment, April 1983, ACDP, I-226-714.
187 LT/BW, 3. WP, 4. Sitzung, 7. Juli 1960, S. 21f.
188 Adenauer vor dem CDU-Bundesausschuß, 23. Mai 1960, ACDP, VII-001-021/8.
189 »Noch einmal eine liberal-sozialistische Koalition? Bemerkungen zur kommenden Landtagswahl von Heiner Geißler, landespolitischer Referent der JU«, Informationsdienst JU Württemberg-Hohenzollern, Nr. 3, März 1960, ACDP, I-226-082; »Opposition – Lebenselement der Demokratie«, *Schwarzwälder Bote,* 3. Februar 1960.
190 Regierungserklärung Kiesingers, LT/BW, 3. WP, 4. Sitzung, 7. Juli 1960, S. 22.
191 Eine Sammlung dieser Telegramme in ACDP, I-226-068.
192 »Kopfzerbrechen um Regierungsbildung«, *Schwäbisches Tagblatt,* 18. Mai 1960.
193 Siehe auch *Storz,* Zwischen Amt und Neigung, S. 186.
194 »Probleme der Landespolitik«, SDR-Interview mit Kiesinger, *Staatsanzeiger,* 20. Juni 1959.
195 »Und nach den Wahlen?«, *Schwäbische Zeitung,* 17. Mai 1960.
196 »Neue Landesregierung wird kleiner sein«, *Badische Volkszeitung,* 23. Mai 1960.
197 Vgl. die sicher zweckgebundenen Informationen des freidemokratischen »lid-Heimatbriefs«, Nr. 2509/943, 29. Mai 1960, Kopie in HStAS, EA 1/106/120; bundespolitische Ambitionen als Grund des engen Verhältnisses Kiesinger-Möller galten zeitgenössisch als Allgemeingut, vgl. »Kopfzerbrechen um Regierungsbildung«, *Schwäbisches Tagblatt,* 18. Mai 1960.

198 »Christliche Demokraten eröffneten den Wahlkampf«, *Deutsches Volksblatt*, 4. April 1960; siehe auch das Rundschreiben von Franz Herrmann, Sonderdienst UiBW zur Landtagswahl, 4. Mai 1960, ACDP I-226-068.
199 »Beitrag FDP-Festschrift Haußmann-Müller-Stahl«, April 1983, Memoirenfragment, ACDP, I-226-714.
200 Kiesinger an Hermann, 21. Juni 1960, I-226-070.
201 Einträge in Kiesingers Terminkalender, ACDP, I-226-466; »Das Tübinger Gespräch«, *Heidenheimer Zeitung*, 28. Mai 1960.
202 Gespräch mit *Klaus H. Scheufelen*, Oberlenningen, 21. November 2001.
203 Vgl. *Möller*, Genosse Generaldirektor, S. 169.
204 »Kiesinger zwischen zwei Feuern«, *Frankfurter Allgemeine Zeitung*, 1. Juni 1960; »Vom Regierungsmachen«, *Stuttgarter Zeitung*, 3. Juni 1960; Hermann an Kiesinger, 3. Juni 1960, ACDP, I-226-070.
205 Dies nach Berichten in der Presse, da die Protokolle der CDU-Landtagsfraktion verloren gegangen sind, »CDU drängt energisch zur Kleinen Koalition«, *Deutsches Volksblatt*, 2. Juni 1960; »Delegationen führen Gespräche über Regierungsbildung«, *Stuttgarter Nachrichten*, 2. Juni 1960; »Starke Bestrebungen für Kleine Koalition«, *Stuttgarter Zeitung*, 2. Juni 1960.
206 Scheufelen vor dem nordwürttembergischen CDU-Landesvorstand, 3. Juni 1960, ACDP, III-003-035.
207 *Möller*, Genosse Generaldirektor, S. 169.
208 Möller an Kiesinger, 2. Juni 1960, ACDP, I-226-068.
209 Vgl. handschriftliche Notiz Kiesingers, »Delegation SPD, 9.6.1960«, ACDP, I-226-068.
210 So Kiesinger gegenüber der FDP, Aufzeichnung Haußmanns über die Koalitionsverhandlungen, 9. Juni 1960, HStAS, Q1/22/521.
211 Vgl. handschriftliche Notiz Kiesingers: »Moeller nein: 8: 4/2/2: Moeller: er: ja + 4: 2/1+1«, ACDP, I-226-068.
212 Wehner an Kiesinger, 1. Juni 1960, I-226-073.
213 »Koalitionsverhandlungen noch ohne Ergebnis«, *Stuttgarter Zeitung*, 10. Juni 1960; »Die kleine Koalition wir immer wahrscheinlicher«, *Stuttgarter Nachrichten*, 10. Juni 1960.
214 Möller an Kiesinger, 9. Juni 1960, ACDP, I-226-068; mit der entsprechenden Presseerklärung der SPD.
215 Terminkalender Kiesingers, Eintrag vom 9. Juni 1960, ACDP, I-226-466.
216 »Ministermachen mit kleinem Vesper«, *Schwarzwälder Bote*, 10. Juni 1960.
217 Vgl. die maschinenschriftlichen, in einigen Details ausführlicheren Gedächtnisnotizen Haußmanns, HStAS, Q1/22/521, auf denen das Verhandlungsprotokoll beruht, »Ergebnisprotokoll über die Sitzungen der Verhandlungskommission der CDU und der FDP am 9. und 15. Juni 1960«, o.D., ACDP, I-226-068.
218 Vgl. *Feuchte*, in: Ottnad, Baden-Württembergische Biographien, II, S. 107ff.
219 Gedächtnisnotizen Haußmanns, HStAS, Q1/22/521.
220 »Dr. Leuze: Koalition FDP/CDU durchaus in Erwägung ziehen«, *Stuttgarter Zeitung*, 7. Juni 1960.
221 »SPD droht mit scharfer Opposition«, *Badische Volkszeitung*, 14. Juni 1960.
222 Terminkalender, ACDP, I-226-466; »Kiesinger dämpft den Optimismus der CDU«, *Stuttgarter Zeitung*, 13. Juni 1960.
223 Vgl. »Kiesinger läßt Bonn im Unklaren«, *Deutsche Zeitung*, 15. Juni 1960.
224 Vgl. Hailer an Kiesinger, 11. Juni 1960, ACDP, I-226-068.

ANMERKUNGEN

225 Aufzeichnung Haußmanns, Sitzung der Verhandlungskommissionen, 22. Juni 1960, HStAS, Q1/22/521; »Ergebnisprotokoll über die Sitzungen der Verhandlungskommission der CDU und der FDP am 9. und 15. Juni 1960«, ACDP, I-226-068.
226 Vgl. Haußmanns handschriftliche Notizen, 22. Juni, HStAS, Q1/22/521; demnach wurde der Entwurf von Kiesinger diktiert (»Entwurf Koalitionsvereinbarung Diktat durch MP KGK«); dagegen *Klaus H. Scheufelen*, Gespräch in Oberlenningen, 21. November 2001, er habe den Koalitionsvertrag verfaßt.
227 »Bemerkungen zu dem Entwurf des Ministerpräsidenten für die Koalitionsvereinbarungen«, o.D., HStAS, Q 1/22/521; die CDU-Position in der Aufzeichnung von Storz, 4. Juni 1960, ACDP, I-226-068.
228 Feller an Kiesinger, 19. Juni 1960; siehe den Hintergrundbericht von Kiesingers KV-Bruder Klimek, der ihn mit politischen Interna versorgte, 26. Mai 1960, ACDP, I-226-068.
229 Vgl. Bericht von Fritz Hopmeier (CDU) über Interna des BHE, 12. Juni 1966, ACDP, I-226-068.
230 Vgl. Schwarz an Kiesinger, 4. Juli 1960, ACDP, I-226-068.
231 Rede Kiesingers, LT-BW, 3. WP, 5. Sitzung, 14. Juli 1960, S. 61f.
232 Vgl. »Rückblick«, *Schwäbische Zeitung*, 25. Juni 1960.
233 Dichtel an Kiesinger, 20. Juni 1960; Scheufelen an Kiesinger, 16. Juni 1960, ACDP, I-226-068; *Veil*, neue Landesregierung, S. 85
234 »Der Benjamin im Kabinett«, *Stuttgarter Nachrichten*, 2. Juli 1960.
235 »Die vier neuen Minister«, *Badische Neueste Nachrichten*, 24. Juni 1960.
236 »Ein Politiker sieht zurück«, Interview mit dem SDR, 27. Juni 1977, ACDP, I-226-322.
237 Vgl. etwa Filbinger an Kiesinger, 20. Dezember 1961, ACDP, I-226-141.
238 *Rommel*, Trotz allem heiter, S. 139; den von Rommel pointiert geschilderten Konflikt bestätigen in der Tendenz andere Zeitzeugen.
239 »Mäßigung und Einsicht«, *Schwäbische Zeitung*, 12. Februar 1962; ausführlich *Rundel*, Land und Leute, S. 237; Landesvorsitzenden-Konferenz, 12. März 1962, ACDP, III-009-058; *Hachmeister*, Schleyer, S. 280ff.
240 Scheufelen an Kiesinger, 16. Juni 1960, ACDP, I-226-068.
241 *Storz*, Zwischen Amt und Neigung, S. 185.
242 Vgl. Bausch an Kiesinger, 13. Juni 1960; Scheufelen an Kiesinger, 16. Juni 1960, ACDP, I-226-068; klärende Aussprachen mit Storz fanden mehrfach statt, vgl. Gleichauf an Kiesinger, 18. Juni 1960, ACDP, I-226-070.
243 Vgl. Storz an Adorno, 15. Mai 1963, ACDP, III-009-067.
244 Vgl. Sitzungsberichte des Staatsministeriums, 27. Sitzung, 24. Oktober 1961, HStAS, EA1/105/10, S. 327f.; 5. Sitzung, 13. Februar 1962, EA 1/105/11, S. 50; Memoiren-Stichworte zur Ministerpräsidentenzeit, Transkript- Heft Nr. 2, ACDP, I-226-709; *Storz*, Zwischen Amt und Neigung, S. 187ff.
245 Vgl. *Storz*, Zwischen Amt und Neigung, S. 202ff.
246 Vgl. Wahl an Kiesinger, 25. Dezember 1959, ACDP, I-226-080.
247 Scheufelen an Kiesinger, 6. Februar 1961, ACDP, I-226-087.
248 »Demokratische Elite gegen anarchische Desperados«, *Stuttgarter Nachrichten*, 19. Januar 1961; Sitzungsbericht des Staatsministeriums, 4. Sitzung, 6. Februar 1961, HStAS, EA1/105/10, S. 39f.
249 *Storz*, Zwischen Amt und Neigung, S. 215; Scheufelen an Kiesinger, 6. Februar 1961; Rundel an Scheufelen, 20. Februar 1961, ACDP, I-226-087.
250 »Kiesingers Fall«, *Stuttgarter Nachrichten*, 24. Februar 1961; »CDU einmütig hinter Kiesinger« *Stuttgarter Nachrichten*, 25. Februar 1961.

251 Kiesinger auf dem CDU-Landesparteitag Nordwürttemberg, 3. März 1961, I-226-220.
252 Vgl. Diez an Kiesinger, 5. April 1965, ACDP, I-226-084.
253 Vgl. Wurz an Kiesinger, 17. November 1964, ACDP, I-226-070; »Wo gesät wird, wird auch gedroschen«, *Stuttgarter Zeitung*, 19. November 1964.
254 Gleichauf an Rundel, 27. Januar 1961, ACDP; I-226-069.
255 Kiesinger an Wurz, 1. Juli 1961, ebd.
256 Offenherzig *Rommel*, Trotz allem heiter, S. 147.
257 Vgl. DHJ, S. 34f.; zur Familie Haußmann *Henning*, Die Haußmanns.
258 »Umstrittene Landesminister«, *Vorwärts*, 3. Februar 1961; *Matz*, Maier, S. 479, FN 3.
259 Vgl. Haußmann an Adenauer, 1. Oktober 1965, I-226-066.
260 *Krone*, Tagebücher, 1961-1966, 14. Januar 1966, S. 448.
261 Diktat Kiesingers vom 1. Oktober 1984 (Memoirenfragment), ACDP, I-226-714.
262 Rundschreiben von Paul Bausch, 22. September 1961, ACDP, I-226-080.
263 Detailliert *Koerfer*, Kampf, S. 555ff.; *Schwarz*, Adenauer II, S. 671ff..
264 *CDU-Bundesvorstand, 1961-1965*, Nr. 1, 19. September 1961, S. 28.
265 Vgl. *Geiger*, Atlantiker, S. 165.
266 *CDU-Bundesvorstand, 1961-1965*, Nr. 1, 19. September 1961, S. 41; sowie der bei *Krone*, Tagebücher, 1945-1961, 6. Oktober 1961, S. 539, FN 247 vermerkte Fraktionsbeschluß.
267 *Baring*, Sehr verehrter Herr Bundeskanzler, S. 347; *Morsey*, Vorgeschichte.
268 *Scheufelen*, Nach der Bundestagswahl, S. 284; das Datum nach einer handschriftlichen Notiz Kiesingers zu einem Vermerk, »Koalitionsverhandlungen 1961 mit der FDP«, ACDP, I-226-299.
269 Chronologie der Koalitionsverhandlungen, o.D. [ca. 28. September], HStAS, Q1/22/769.
270 »Zur Koalitionsfrage«, 23. September 1961, ebd.
271 »Gedanken zu den Koalitionsverhandlungen« (Aufzeichnung Haußmanns), 3. Oktober 1961, ebd.
272 Vgl. Hausmann an Adenauer, 1. Oktober 1965, ACDP, I-226-066.
273 *Scheufelen*, Nach der Bundestagswahl 1961, in: *Oberndörfer*, Begegnungen, S. 284; dagegen Memoirenfragment, Diktat vom 1. Oktober 1984, I-226-714.
274 Vgl. *CDU/CSU-Fraktion*, 1961-1966, Nr. 12, 27. Oktober 1961, S. 72.
275 *Krone*, Tagebücher, 1945-1961, 11. Oktober 1961, S. 542.
276 »Kiesinger: Allenfalls Außenminister«, *Süddeutsche Zeitung*, 12. Oktober 1961; »Kiesinger will ›im Lande bleiben‹«, *Frankfurter Allgemeine Zeitung*, 12. Oktober 1961; »Stuttgart oder Bonn?« *Schwarzwälder Bote*, 12. Oktober 1961.
277 »Kiesinger Nachfolger Brentanos?« *Badische Volkszeitung*, 12. Oktober 1961.
278 Majonica-Tagebuch, 27. September 1961, ACDP, I-349-24/2; ich danke Tim Geiger für diesen Hinweis.
279 *Krone*, Tagebücher, 1945-1961, 21. Oktober 1961, S. 547.
280 Vgl. *Koerfer*, Kampf, S. 596; *Schwarz*, Adenauer II, S. 693.
281 Sitzungsberichte des Staatsministeriums, 27. Sitzung, 24. Oktober 1961, HStAS, EA1/105/10.
282 Terminkalender, Eintrag vom 26. Oktober, ACDP, I-226-466.
283 »Kiesinger fordert neuen politischen Stil«, *Stuttgarter Nachrichten*, 28. Oktober 1961.
284 Kiesinger an Lilienfeld, 30. November 1961, ACDP, I-226-148.
285 Vgl. *Eibl*, Politik, S. 54ff.; *Oppelland*, Schröder, S. 430.

ANMERKUNGEN

286 Vgl. *Morsey*, Lübke, S. 346f.; *Schwarz*, Adenauer II, S. 694, der sich auf den in Kiesingeriana stets vorsichtig zu genießenden Krone stützt.
287 Haußmann an Adenauer, 1. Oktober 1965, ACDP, I-226-066.
288 Diktat Kiesingers vom 1. Oktober 1984 (Memoirenfragment), ACDP, I-226-714.
289 Vgl. *Hodenberg*, Journalisten, in: *Herbert*, Wandlungsprozesse, S. 310; *Kleßmann*, Zwei Staaten, S. 162ff.
290 Vgl. *Spiegel*-Heft zu 50 Jahre Bundesrepublik, 17. Mai 1999, S. 162f.
291 *Morsey*, Lübke, S. 350.
292 »Lebendige Demokratie«, *DUD*, Nr. 2, 17. Jg., 3. Januar 1963.
293 Vgl. *Frei*, Karrieren, S. 328f.; *Hachtmann*, Gegnerforscher, S. 317ff.
294 Vgl. *Diehl*, Politik, S. 308ff.; zu Ahlers *Münkel*, Willy Brandt, S. 192ff.
295 Aus der umfangreichen Sekundärliteratur nur pars pro toto *Schake*, NATO-Strategie, in: *Junker*, USA und Deutschland, Bd. 1, S. 371f.; zum innerparteilichen Kontext *Schwarz*, Ära Adenauer, 1957-1963, S. 261ff.
296 Vgl. *Diehl*, Politik, S. 313.
297 Vgl. *Schildt*, Materieller Wohlstand; *Winkler*, Langer Weg II, S. 211; *Hodenberg*, Journalisten.
298 Zu den Affinitäten Augsteins zur nordrhein-westfälischen FDP *Schwarz*, Ära Adenauer II, S. 286f.
299 Ahlers an Kiesinger, 24. Januar 1963, ACDP, I-226-137.
300 Auf der Landespressekonferenz am 31. Oktober 1962, vgl. die Chronologie der Regierungstätigkeit Kiesingers als Ministerpräsident, ACDP, I-226-466; *Grosser/ Seifert*, Spiegel-Affäre, S. 252.
301 Vgl. *Diehl*, Politik, S. 313ff.
302 Ahlers an Kiesinger, 10. November 1962, abgedruckt in *Oberndörfer*, Begegnungen, S. 286f.
303 Rundel an Ahlers, 20. Februar 1963, ebd.
304 Kiesinger an Ahlers, 15. Januar 1963, ACDP, I-226-137.
305 »Die Rolle K.G. Kiesigers bei den Verhandlungen über eine Große Koalition im Jahr 1962«, Vermerk von Schmoeckel, 12. November 1984, ACDP, I-226-299.
306 Ausführlich *Koerfer*, Kampf, S. 683ff.
307 Vgl. neben *Gotto*, Versuch, S. 316ff. *Morsey*, Große Koalition, auch *Wirz*, Guttenberg, S. 197ff.
308 Eintrag im Terminkalender, 19. November 1962, ACDP, I-226-466.
309 Handschriftliche Aufzeichnung Rundels, 30. November 1962, ACDP, I-226-299.
310 Undatierte, tagebuchartige Aufzeichnung Rundels, ebd.
311 Vgl. *Gotto*, Versuch, S. 322; *Lücke*, Bonn, S. 4, der 1968 im Streit mit Kiesinger aus dem Kabinett ausschied, behauptet, Kiesinger habe schon 1962 für eine Große Koalition auch ohne Mehrheitswahlrecht votiert.
312 Aufzeichnung Rundels, 3. Dezember 1962, ACDP, I-226-299; Rundels Bericht stimmt weitgehend mit den Ausführungen Lückes überein, *CDU/CSU-Fraktion*, 1961-1966, Nr. 115, 3. Dezember 1962, S. 454.
313 Aufzeichnung Rundel, 3. Dezember 1962, ACDP, I-226-299.
314 Vgl. *Gotto*, Versuch, S. 327f.
315 Aufzeichnung Rundels, 4. Dezember 1962, ACDP, I-226-299.
316 *Schwarz*, Adenauer II, S. 809; *Koerfer*, Kampf, S. 703ff.
317 Vgl. die Zusammenstellung der Reaktionen bei *Knorr*, Große Koalition, S. 40ff.; Helmut Kohl auf der Fraktionsvorsitzenden-Konferenz, 3./4. Mai 1963, ACDP, V-004-023/1.

MINISTERPRÄSIDENT VON BADEN-WÜRTTEMBERG 1958–1966

318 »Kiesinger wünschte Allparteienregierung«, *Badische Neueste Nachrichten*, 13. Dezember 1962.
319 »Föderalismus und Zentralismus«, 4. Dezember 1962, ACDP, I-226-221.
320 »Lebendige Demokratie«, *DUD*, Nr. 2, 17. Jg., 3. Januar 1963.
321 Kurzprotokoll der Landesvorsitzenden-Konferenz, 18. Dezember 1961 (Entwurf), ACDP, III-009-058.
322 Dazu *Sepainter*, Koordination, in: *Weinacht*, CDU, S. 247ff.
323 Müllenbach an Dufhues, 21. Januar 1963, ACDP, VII-001-028; *Bösch*, Adenauer-CDU, S. 229.
324 Vgl. die Mitgliederstatistik in *Weinacht*, CDU in Baden-Württemberg, S. 381.
325 Um so erstaunlicher, daß Scheufelen (wie Gurk und Adorno) im *Lexikon der Christlichen Demokratie* nicht berücksichtigt wurde; zu Scheufelen (geb. 1913) *Munzinger*.
326 Vgl. Protokoll der Landesvorsitzendenkonferenz, 10. Juni 1963, ACDP, I-226-071; Korrespondenz zwischen Kiesinger und Seebohm, ACDP, I-226-079.
327 *Adam*, CDU in Württemberg-Hohenzollern, S. 238f.
328 Von 52,8 % (1957) auf 45,3 % (1961) im Land, während die CDU/CSU insgesamt von 50,2 % auf 45,4 % zurückgegangen war, *Weihnacht*, CDU in Baden-Württemberg, S. 364f.
329 Kiesinger auf dem Parteitreffen der CDU Baden-Württembergs, 13. Oktober 1962, ACDP, I-226-220; »Die südwestdeutsche CDU tagt in Stuttgart«, *Stuttgarter Zeitung*, 15. Oktober 1962.
330 Zimmer an Adorno, 11. Juli 1962, ACDP, III-009-061; Adorno vor dem südwürttembergischen CDU-Landesvorstand, 26. Oktober 1961, ACDP, III-009-067.
331 Als Sprecher Kiesingers trat im südwürttembergischen Landesvorstand Gleichauf auf, Zimmer an Adorno, 11. Juli 1962, ACDP, III-009-061; Weng an Kiesinger, 12. Januar 1963, ACDP, I-226-088.
332 Vgl. Zimmer an Kiesinger, 30. Dezember 1962 sowie der anliegende Entwurf eines Rundschreibens an den Landesvorstand, ACDP, I-226-084 weitere Korrespondenz ebd.; der NL Adorno im HStAS ist verschlossen.
333 So schon am 14. Oktober 1960, Landesvorstandsprotokoll; erneut 1961 sowie 1965, als Geißler mit Kiesinger und Manfred Wörner ein Generalsekretariat für die Landes-CDU diskutierte, Landesvorsitzenden-Konferenz, 19. November 1965, ACDP, III-009-058.
334 Vgl. das umfangreiche Sündenregister, das die Abwahl Adornos begründen sollte, Rundschreiben von Haas an die Mitglieder des Geschäftsführenden Landesvorstandes, 3. April 1963, ACDP, I-226-088; neben Vernachlässigung der Parteiarbeit und Mitgliederwerbung (bei Verlusten von 15 % seit 1958), sowie fehlender Kontaktpflege zu kirchlichen und politischen Stellen wurde Adorno auch ein Mißbrauch seiner Machtposition gegenüber Mitarbeitern vorgeworfen, außerdem »Hetze gegen den Ministerpräsidenten« und ein ausschließliches Interesse, seine Machtposition mit allen Mitteln zu erhalten.
335 *Adam*, CDU in Württemberg-Hohenzollern, S. 239.
336 Zur Parteireform ausführlich *Bösch*, Adenauer-CDU, S. 358ff.; *Kleinmann*, Geschichte, S. 186f.
337 Aufzeichnung von Weng, 12. Januar 1963, ACDP, I-226-088; Haas an Weng, 10. April 1963.
338 Vgl. Zimmer an Kiesinger, 15. April, ACDP, I-226-084.
339 Zimmer an Gog, 5. März 1963, ebd.

340 Ein Unfallbericht unter einem Vermerk vom 22. Februar 1963, HStAS, EA1/151, Personalakte Kurt Georg Kiesinger; »Mit Drähten zusammengeflickt«, *Deutsches Volksblatt*, 5. März 1963.
341 Vgl. Kiesinger an Spranger, 4. März 1963, ACDP, I-226-153.
342 Spranger an Kiesinger, 27. Februar 1963, *Oberndörfer, Begegnungen*, S. 298ff.
343 »Kurt Georg Kiesinger«, *Schwäbische Zeitung*, 16. März 1963.
344 Spranger an Kiesinger, 27. Februar 1963, a.a.O., S. 300; daß Kiesinger den Brief nicht als Peinlichkeit empfand, zeigt die Aufnahme in die Festschrift zum 80. Geburtstag.
345 LT/BW, 3. WP, 81. Sitzung, 28. März 1963, S. 3505; siehe das Foto in der *Stuttgarter Zeitung*, 28. März 1963; »Ausschüsse beraten Gesetzesentwürfe vordringlich«, *Deutsches Volksblatt*, 29. März 1963.
346 Zimmer an Kiesinger, 12. April 1963, ACDP, I-226-084.
347 Protokoll der Sitzung des Landesvorstandes, 27. April 1963, III-009-215/1.
348 »Kurt Georg Kiesinger will wie ein Staatsmann regieren«, *Schwäbische Zeitung*, 31. Dezember 1963.
349 »Das Muster des Bundesstaates«, ZDF-Interview mit Kiesinger, *Staatsanzeiger*, 27. Juli 1963.
350 »Vom krisenfesten Staat«, *Schwäbische Zeitung*, 31. Dezember 1958; Kiesingers wichtigste Rede in diesem Kontext »Föderalismus und Zentralismus«, 4. Dezember 1962, ACDP, I-226-221; Zusammenfassung in »Bürger und Staatsbewußtsein«, *Staatsanzeiger*, Nr. 100, 15. Dezember 1962.
351 Vgl. Eschenburg an Kiesinger, 16. Juli 1959, ACDP, I-226-140.
352 »Das Regierungssystem unserer Länder ist falsch«, *Zeit*, 1. Juli 1960.
353 Vgl. Eschenburg an Kiesinger, 6. Mai 1965, ACDP, I-226-140.
354 Vgl. *Eschenburg, Letzten Endes*, S. 181f.
355 Schriftliche Auskunft von *Otto Rundel*, 3. Dezember 2002; als gesichtswahrender Kompromiß fand zu Ehren von Kiesingers 60. Geburtstag eine akademische Feier der Baden-Württembergischen Rektorenkonferenz statt; vgl. die auffallend zurückhaltende Begrüßung durch Eschenburg im Kontrast zu den sehr warmherzigen Worten an Kultusminister Storz, *Eschenburg/Weise/Hommel*, Reden, S. 7f.; »60 ohne Hut«, *Spiegel*, 29. April 1964; 1965 wurde Kiesinger auf Initiative eines seiner Schüler in Köln zum Dr. jur. h.c. promoviert, Kiesingers Ansprache, 5. Mai 1965, ACDP, I-226-218; »Ehrendoktorwürde für Kiesinger«, *Stuttgarter Nachrichten*, 5. Mai 1965.
356 Vgl. die implizite Kritik an Eschenburg in Kiesingers Artikel »Brauchen wir die Bundesländer«, *General-Anzeiger für Bonn und Umgebung*, 4. Januar 1961.
357 »Baden-Württemberg ist keine Verwaltungsprovinz«, *Stuttgarter Zeitung*, 6. Mai 1959.
358 »Lebendige Demokratie«, *DUD*, Nr. 2, 17. Jg., 3. Januar 1963; direkt mit kritischem Bezug auf Eschenburg »Kiesinger betont Bedeutung der Länder«, *Stuttgarter Nachrichten*, 21. Januar 1965.
359 *Hesse, Unitarischer Bundesstaat*, S. 33.
360 »Föderalismus und Zentralismus«, 4. Dezember 1962, ACDP, I-226-221.
361 So die Skizze der wenig erforschten Unitarisierung bei *Kielmannsegg, Nach der Katastrophe*, S. 311ff.; zu den Gemeinschaftsaufgaben *Feuchte, Verfassungsgeschichte*, S. 267ff.
362 Für eine entsprechende Kritik aus heutiger Perspektive vgl. etwa das Interview mit Erwin Teufel, »In einer Demokratie muß man auf 51 zählen«, *Frankfurter Allgemeine Sonntagszeitung*, 10. August 2003.

363 »Föderalismus und Zentralismus«, 4. Dezember 1962, ACDP, I-226-221; zur Entwicklung vgl. *Scheuner*, Wandlungen; *Hrbek*, Föderale Ordnung.
364 Sitzungsberichte des Staatsministeriums, 1. Sitzung, 23. Juni 1960, HStAS, EA 1/105/193f.
365 Kiesinger pflichtete Hesse bei, daß es keine der bundesdeutschen Wirklichkeit angepaßte Theorie des Föderalismus gebe. Selbst das Bundesverfassungsgericht fahre »meist mit der Stange im Nebel herum«, vgl. »Das föderative System hat sich bewährt«, *Echo der Zeit*, Nr. 9, 28. Februar 1965.
366 »Vielfalt in der Einheit«, *Stuttgarter Zeitung*, 2. Oktober 1963; LT-BW, 100. Sitzung, 22. November 1963, S. 6844; »Föderalismus und Zentralismus«, a.a.O.
367 Kiesinger an Dahrendorf, 23. Dezember 1965, ACDP, I-226-139.
368 Vgl. hierzu und zu dem folgenden *Nolte*, Ordnung, S. 377ff.; *Scheibe*, Suche, in: *Herbert*, Wandlungsprozesse, S. 245ff.
369 Schlußwort Kiesingers, CDU/CSU-Kulturkongreß, Augsburg, 6. November 1962, [CDU], Bildung, S. 141.
370 Vgl. *Dahrendorf*, Liberale, S. 277ff.; auch 255ff.
371 »Förderung der Wissenschaft durch Bund und Länder«, *Stuttgarter Zeitung*, 27. Juli 1962.
372 Sitzungsberichte des Staatsministeriums, 7. Sitzung, 20. September 1960, HStAS, EA1/105/9, S. 285f.; *Küppers*, Adenauer und Altmeier, S. 638f.
373 Sitzungsberichte des Staatsministeriums, 31. Sitzung, 5. November 1963, HStAS, EA1/105/12, S. 323ff.
374 *Leistung und Aufgabe*, S. 7.
375 *Kiesinger*, Stationen, S. 133.
376 Vgl. die Chronologie der Regierungszeit Kiesingers, ACDP, I-226-466.
377 Sitzungsberichte des Staatsministeriums, 29., 30., 31. Sitzung, 2., 15. und 23. Oktober 1962, EA 1/105/11, S. 294ff.; 312ff.; 321ff.
378 Synopse der Regierungserklärung und der am 1. August 1962 abgeschlossenen Aufgaben, o.D. [September 1962], ACDP, I-226-417; »Zwischenbilanz der Regierung Kiesinger«, *Mannheimer Morgen*, 3. Oktober 1962.
379 Aus Sicht der damaligen Praxis prägnant *Rommel*, Trotz allem heiter, S. 140.
380 *Kustermann*, Ministerpräsident, S. 197; Gespräch mit *Otto Rundel*, Karlsruhe, 12. September 2001.
381 Übergreifend *Schildt/Sywottek/Lamers*, Dynamische Zeiten; *Ellwein*, Krisen.
382 Vgl. *Kleinmann*, Kiesinger.
383 Sitzungsberichte des Staatsministeriums, 34. Sitzung, 2.-5. November 1959, HStAS, EA 1/105/8, S. 466f.
384 LT/BW, Finanzausschusses, Protokollauszug, 12. Februar 1959, HStAS, EA 1/921/1120.
385 »Staat sein und Staat machen«, *Stuttgarter Nachrichten*, 11. Dezember 1959
386 Vgl. die Akte »Verfügungsfonds des Ministerpräsidenten«, HStAS, EA 1/921/1120.
387 »Steuerzahler als unbequeme Kritiker«, *Der Steuerzahler*, Nr. 1, 1966; siehe auch »Ein kleiner Staat will Staat machen. Kiesinger und die schwäbische Repräsentationsdürre«, *Sonntagsblatt*, 20. Dezember 1959.
388 »Staat sein und Staat machen«, *Stuttgarter Nachrichten*, 11. Dezember 1959; Gespräch mit *Otto Rundel*, Karlsruhe, 30. August 2001.
389 Gespräch mit *Klaus H. Scheufelen*, Oberlenningen, 21. November 2001.
390 Übergreifend *Schildt*, 60er Jahre; *ders. u.a.* Dynamische Zeiten, S. 21ff.
391 Für entsprechende, die Historiker zu Vorsicht gemahnende Einsichten *Rommel*, Trotz allem, S. 140f.

392 »Laufende und abgeschlossene Maßnahmen« (August 1962), ACDP, I-226-417; »Leistung und Aufgabe. Die Tätigkeit der Landesregierung von Baden-Württemberg« (März 1964), Kopie in ACDP, I-226-416.
393 »Die Planer planen die Planung«, *Süddeutsche Zeitung*, 11. Januar 1967.
394 Vgl. *Süß*, Wer aber denkt, S. 103ff.
395 Zur Planungsgeschichte *Ruck*, Kurzer Sommer, S. 363ff.; *Metzler*, Konzeptionen.
396 Für die intensive Rezeption der amerikanischen Entwicklung durch Kiesinger, vor allem in Hinblick auf die Bildungspolitik und die Föderalismus-Debatte, vgl. die Ausführungen beim »Pressetee« nach der Rückkehr aus den USA im Oktober 1963, »Gespräche am weißen Tisch«, *Südkurier*, 2. November 1963; zu amerikanischen Einflüssen auf die »formierte Gesellschaft«, *Nolte*, Ordnung, S. 388.
397 Das Pascal-Zitat gehört zum Kiesinger-Standardrepertoire, vgl. etwa Festansprache, 14. Jungbürger-Feier der Stadt Sindelfingen, 2. Oktober 1965, ACDP, I-226-741
398 Regierungserklärung vom 25. Juni 1964, in: *Kiesinger*, Stationen, S. 143ff.
399 Zum Konsensliberalismus *Doering-Manteuffel*, Wie westlich, S. 75ff.; *Hochgeschwender*, Freiheit, S. 68ff.
400 Vgl. *Buchhaas*, Volkspartei, S. 304
401 Regierungserklärung vom 25. Juni 1964, in: *Kiesinger*, Stationen, S. 144.
402 Diese Tendenz ist vielen Würdigungen von Kiesingers Widerstand gegen den Hochrheinausbau anzumerken, vgl. *Weng*, Der gerettete Bodensee; *Feuchte*, 100. Geburtstag.
403 Zum Verhältnis von Landschaft und Straßenbau vgl. *Zeller*, Straße, Bahn, Panorama.
404 Zum prioritären Ausbau des Neckars Regierungserklärung Müllers, 23. Mai 1956, LT/BW, 2. WP, 4. Sitzung, S. 27; eine historische Untersuchung fehlt; aus Zeitzeugensicht *Weng*, Geretteter Bodensee, S. 240ff., *Feuchte*, Verfassungsgeschichte, S. 517ff.
405 Regierungserklärung Kiesingers, 14. Januar 1959, LT/BW, 2. WP, 68. Sitzung, S. 3622.
406 Vgl. Sitzungsbericht des Staatsministeriums, 16. Sitzung, 11. Mai 1959, HStAS, EA1/105/8, S. 234f.; die Gutachten in Kiesinger an Gurk, 31. Oktober 1962, *Beilagen* LT/BW, Nr. 2554.
407 Ebd.; Sitzungsbericht des Staatsministeriums, 19. Sitzung, 19. Juni 1962, HStAS, EA1/105/11, S. 180; die Unrentabilität betont *Klaus H. Scheufelen*, Gespräch in Oberlenningen, 21. November 2001.
408 Vgl. den Beitrag des Hochrhein-Befürworters Hermann Person, LT/BW, 24. Oktober 1963, S. 6414f.
409 Kiesinger in der abschließenden Debatte, LT/BW, 24. Oktober 1963, S. 6427.
410 »Das Land am See hat eine Zukunft«, *Südkurier*, 10. Februar 1960.
411 Rede anläßlich der feierlichen Überreichung der Meisterbriefe in Konstanz, 5. Dezember 1959, ACDP, I-226-221; in derselben Rede bekräftigte Kiesinger seinen Plan einer Universitätsgründung in Konstanz.
412 Regierungserklärung Kiesingers, 7. Juli 1960, in: *Kiesinger*, Stationen, 143ff.; zum Kontext *Klenke*, Freier Stau, S. 84.
413 Vgl. *Rudolph*, Jahrzehnt; *Schildt*, Dynamische Zeiten, S. 483ff.
414 Renner in LT/BW, 3. WP, 95. Sitzung, 24. Oktober 1963, S. 6434; auch Kiesinger bezog sich auf Spranger, ebd., S. 6427; *Christ und Welt*, 1. September 1961, zit. nach *Weng*, geretteter Bodensee, S. 244.
415 Sitzungsbericht des Staatsministeriums, 19. Sitzung, 19. Juni 1962, HStAS, EA1/105/11, 180ff.
416 Ebd., 23. Sitzung, 17. Juli 1962, S. 262ff.; dort auch die folgenden Zitate.

417 Vgl. Sitzungsberichte des Staatsministeriums, HStAS, EA1/105/, 8. Sitzung, 7. März 1960, S. 86f.
418 Kiesinger in LT/BW, 95. Sitzung, 24. Oktober 1963, S. 6426ff.
419 Vgl. etwa *Kiesinger*, Fügung und Verantwortung, S. 75f.
420 Vgl. das Memoirenfragment »Umweltschutz«, ACDP, I-226-714.
421 Kiesinger in LT/BW, 95. Sitzung, 24. Oktober 1963, S. 6427.
422 Ebd., 100. Sitzung, 22. November 1963, S. 6851.
423 Memoirenfragment »Umweltschutz«, ACDP, I-226-714.
424 »Der Ort der Hochschule in unserer Zeit«, Rede im Juni 1963, in: *Kiesinger*, Ideen, S. 61ff.
425 »Kulturpolitik und Entwicklungshilfe«, *ebd.*, S. 92ff.
426 »Der Ort der Hochschule«, a.a.O., S. 69; dort auch die folgenden Zitate.
427 Rede vor der Schwäbischen Gesellschaft, 8. März 1962, ACDP, I-226-397.
428 »Einheit der Bildung in der Vielfalt der Wissenszweige«, *Staatsanzeiger*, 14. Juni 1961.
429 Zuerst in seiner Neujahrsansprache im Rundfunk, »Der Bildungsauftrag unserer Zeit«, 1. Januar 1962.
430 Alle Zitate nach »Einheit der Bildung«, »Der Ort der Hochschule«, a.a.O.; Vortrag vor der Schwäbischen Gesellschaft, 8. März 1962, ACDP, I-226-397
431 »Kulturpolitischer Aufbruch in Baden-Württemberg«, *Badische Neueste Nachrichten*, 31. Dezember 1963.
432 Rede Kiesingers, LT/BW, 3. WP, 100. Sitzung, 22. November 1963, S. 6852.
433 »Kiesinger: Konstanz noch im Spiel«, *Schwarzwälder Bote*, 22. Dezember 1960.
434 »Kultusminister Storz will eine Modell-Universität«, *Südkurier*, 23. September 1960; «Neue Hochschulen«, *Stuttgarter Zeitung*, 11. Oktober 1960.
435 Vgl. *Dahrendorf*, Hochschulgesamtplan, S. 153f.
436 »Universitätswünsche besser begründen«, *Stuttgarter Nachrichten*, 2. Juni 1961.
437 »›Das Eis ist gebrochen‹«, *Stuttgarter Nachrichten*, 16. September 1961; »Ministerpräsident K.G. Kiesinger im künftigen Universitätsgelände«, *Südkurier*, 29. November 1961.
438 »Zeitplan für das Projekt ›Universität Konstanz‹«, *Badische Volkszeitung*, 19. Juli 1961.
439 Sitzungsbericht des Staatsministeriums, 17. Sitzung, 13. Juni 1961, HStAS, EA1/105/10, S. 178.
440 Ebd., 22. Sitzung, 18. Juli 1961, S. 230ff.
441 Dies und das folgende nach *Dahrendorf*, Über die Universität Konstanz, S. 5ff.
442 Abgedruckt in *Dokumente zur Gründung*, S. 1ff.
443 Abgedruckt ebd., S. 75ff.
444 »Kiesinger: Keine verrückte Marotte«, *Schwäbische Donau-Zeitung*, 8. Oktober 1962; »Der Ministerrat für Konstanz«, *Stuttgarter Zeitung*, 19. April 1963.
445 Vgl. die Debatte über die Denkschrift im Landtag, LT/BW, 86. Sitzung, 30. Mai 1963, S. 5830f.
446 LT/BW, 3. WP, 107. Sitzung, 20. Dezember 1963, S. 7283.
447 »Kulturpolitische Verzögerungstaktik in Stuttgart«, *Badische Neueste Nachrichten*, 28. November 1963.
448 »Universität in Konstanz: Idee und Verwirklichung (eine chronologische Darstellung)«, Pressemitteilung Nr. 123/66, Staatsministerium Baden-Württemberg, 14. Juni 1966, ACDP, I-226-421.
449 Sitzungsbericht des Staatsministeriums, 34. Sitzung, 7. Dezember 1965, HStAS, EA1/105/14, S. 494ff.
450 Ebd., 1. Sitzung, 25. Januar 1966, EA1/105/15, S. 2ff.

ANMERKUNGEN

451 Rede Kiesingers anläßlich der Verleihung der Ehrenbürgerschaft der Universität und der Stadt Konstanz, 10. Juni 1976, abgedruckt in Sund, Auf den Weg gebracht, S. 10f.
452 Siehe untern Kap. V, Abschnitt »1968«.
453 »AStA gegen Ehrenbürgerwürde für Kiesinger«, Heilbronner Stimme, 23. April 1976.
454 Rede Kiesingers anläßlich der Verleihung der Ehrenbürgerschaft von Universität und Stadt Konstanz, 10. Juni 1976, Sund, Auf den Weg gebracht, S. 10f.
455 Schelsky, Einsamkeit und Freiheit, S. 17.
456 Dahrendorf, Starre und Offenheit, in: Konstanzer Blätter 2 (August 1964), S. 21ff.
457 Vgl. »Heftige Kontroversen im Landtag«, Stuttgarter Nachrichten, 23. November 1966; LT/BW, 3. WP, 100. Sitzung, 22. November 1966, S. 6853ff.
458 »Kurt Georg Kiesinger 60 Jahre«, Süddeutsche Zeitung, 4. April 1964.
459 LT/BW, 100. Sitzung, 22. November 1963, S. 6851.
460 Vgl. die Korrespondenz zwischen Kiesinger und Leins, ACDP, I-226-148.
461 »Geist und Politik«, in: Kiesinger, Ideen vom Ganzen, S. 13f.
462 Kiesinger an Prorektor Weise (TH Stuttgart), 5. April 1966, ACDP, I-226-155.
463 Führung und Bildung in der heutigen Welt, Stuttgart 1964, S. 11; Geleitworte von Heuss, Lübke, Erhard und Adenauer; 52 Beiträge, mehrheitlich von Professoren, zu Kultur, Bildung, Geschichte, Staat und Recht.
464 »Festliche Gratulationscour in der Villa Reitzenstein«, Schwäbisches Tagblatt, 7. April 1964; »Viele Ehrungen für Kiesinger«, Stuttgarter Nachrichten, 7. April 1964.
465 »Hochzeit im Haus Kiesinger«, Stuttgarter Nachrichten, 9. April 1964.
466 Vgl. Wentzel, Die Tore weit offen, S. 37.
467 Vgl. Rommel, Trotz allem heiter, S. 142f.
468 Vermerk über die Wahlfilme der CDU für Erhard und Kiesinger, 21. Februar 1964, ACDP, I-226-072.
469 Vgl. die Umfrage von EMNID, »Voraussetzungen politischer Meinungsbildung in Baden-Württemberg«, ACDP, I-226-411; »Kiesinger ist ein populärer Landesvater«, Deutsche Zeitung, 29. Januar 1964; »Wie weit geht das politische Interesse?«, Pforzheimer Zeitung, 15. Februar 1964.
470 Statistisches Landesamt, Wahl zum Landtag am 26. April 1964, S. 12ff.
471 Vgl. Protokoll der südwürttembergischen Landesvorstandssitzung, 2. Mai 1964, ACDP, III-009-068; zur FDP Karl Moersch, »Die Ausgangslage bei der Landtagswahl«, 4. Mai 1964, HStAS, Q1/22/542.
472 »Kiesinger: In der Logik der Dinge«, Welt, 30. April 1964.
473 »Haußmann will nicht Ministerpräsident werden«, Badische Neueste Nachrichten, 24. April 1964.
474 »Zur Sitzung des Landesvorstandes und der Landtagsfraktionen am 4. Mai 1964«, HSTAS, Q1/22/542; »Koalitionssorgen«, Rhein-Neckar-Zeitung, 28. April 1964.
475 »Schlechter Start für Stuttgarter Regierungsverhandlungen«, Badische Neueste Nachrichten, 2. Mai 1964.
476 Wurz an Kiesinger, 29. April 1964, ACDP, I-226-072.
477 Protokoll Landesvorstandssitzung in Tübingen, 2. Mai 1964, ACDP, III-009-068.
478 Gespräch mit Erwin Teufel, Stuttgart, 9. April 2002.
479 Vgl. den persönlichen Vermerk für Haußmann, 4. Mai 1964, HSTAS, Q1/22/543.
480 So Kiesingers Memoirenfragment, »Festschrift Haußmann-Müller-Stahl, April 1983, ACDP, I-226-714; siehe Henning, Die Haußmanns, S. 191f.

481 »Muß Haußmann die Konsequenzen ziehen?«, *Welt*, 9. Mai 1964.
482 »Schlechter Start für Stuttgarter Regierungsverhandlungen«, *Badische Neueste Nachrichten*, 2. Mai 1964.
483 Kurzprotokoll über die erste Beratung der Verhandlungsdelegation der CDU und der FDP/DVP am 4. Mai 1964, 5. Mai 1964, ACDP, I-226-072.
484 Vgl. Weihbischof Sedlmeier (Rottenburg) an Kiesinger, 27. April 1964; Wurz an Kiesinger, 29. April 1969, ACDP, I-226-072.
485 Kurzprotokoll über die erste Beratung der Verhandlungsdelegation der CDU und der FDP/DVP am 4. Mai 1964, 5. Mai 1964, ACDP, I-226-072.
486 »Regierungsverhandlungen mit Schwierigkeiten«, *Badische Neueste Nachrichten*, 8. Mai 1964.
487 Kurzprotokoll über die zweite Beratung der Verhandlungsdelegation der CDU und der FDP/DVP am 8. Mai 1964, 8. Mai 1964, ACDP, I-226-072.
488 »Blickpunkt auch auf die Bundestagswahl«, *Schwäbische Zeitung*, 11. Mai 1964; »Regierungsbildung im Zeichen der Bundespolitik«, *Badische Neueste Nachrichten*, 12. Mai 1964.
489 Vgl. die ausführliche Aktennotiz des Staatsministeriums über die Koalitionsverhandlungen, zweites Gespräch am 8. Mai 1964, ACDP, I-226-072.
490 Filbinger an Kiesinger, 12. Juni 1964, ACDP, I-226-072.
491 »Koalitionsbündnis von CDU und FDP besiegelt«, *Badische Neueste Nachrichten*, 13. Mai 1964.
492 Vgl. ausführliche Aktennotiz des Staatsministeriums über die Koalitionsverhandlungen, 2. Gespräch, 8. Mai 1964, ACDP, I-226-072.
493 »Neues altes Kabinett«, *Stuttgarter Zeitung*, 13. Mai 1964.
494 »Koalition in Baden-Württemberg ist gefährdet«, *Stuttgarter Nachrichten*, 24. September 1964; siehe auch *Henning*, Die Haußmanns, S. 191.
495 Zur Koalitionskrise September/Oktober 1964 Pressestelle des Staatsministeriums, HStAS, EA 1/106/128.
496 Vgl. *Storz*, Amt und Neigung, S. 243ff.
497 Biographische Details nach *Hahn*, Ruf; *ders.*, Ich stehe dazu.
498 Vgl. *Hahn*, Loccumer Hochschultagung 1962; CDU-Bundesparteitag 1962.
499 Wahl an Kiesinger, 25. Dezember 1959, ACDP, I-226-080; Gespräch mit *Otto Rundel*, Karlsruhe, 30. August 2001.
500 Rede Kiesingers auf dem Landesparteitag der CDU Nordwürttemberg, 9. Juli 1966, ACDP, I-226-220.
501 Kiesingers Regierungserklärung, 25. Juni 1964, in: *Kiesinger*, Stationen, S. 156f.
502 Vgl. *Piazolo*, 10 Jahre Bildungsreform, in: Festschrift Hahn, S. 215ff.
503 *Hahn*, Beginn der Bildungsreform, in: *Oberndörfer*, Begegnungen, S. 259f.
504 *Hahn*, Ich stehe dazu, S. 101.
505 Regierungserklärung, 25. Juni 1964, in: *Kiesinger*, Stationen, S. 149ff.
506 Kiesinger an Bittner, 15. Mai 1961, ACDP, I-226-065.
507 *Picht*, Bildungskatastrophe, S. 24ff.
508 Vgl. *Dahrendorf*, Hochschulgesamtplan, S. 139f.
509 »Keine Begabung darf verloren gehen«, *Stuttgarter Zeitung*, 23. Oktober 1961.
510 Regierungserklärung vom 25. Juni 1964, in: *Kiesinger*, Stationen, S. 155.
511 *Dahrendorf*, Arbeiterkinder, S. 34; ausführlich *ders.*, Bildung ist Bürgerrecht.
512 Regierungserklärung vom 25. Juni 1964, in: *Kiesinger*, Stationen, S. 154.
513 Vgl. die entsprechende Sammlung von Presseausschnitten im Parlamentarchiv

ANMERKUNGEN

des Landtages von Baden-Württemberg sowie in den Akten der Pressestelle des Staatsministeriums, HStAS, EA1/106/127.
514 Vgl. *Kiesinger*, Stationen, S. 143ff.; Gespräch mit *Erwin Teufel*, Stuttgart, 9. April 2002.
515 »Planende Politik«, *Stuttgarter Nachrichten*, 26. Juni 1964.
516 Vgl. *Ihlefeld*, Kiesinger-Anekdoten, S. 110; siehe Abb. im Bildteil.
517 Hahn LT/BW, 28. Juli 1965.
518 Kiesinger in der Debatte über die Regierungserklärung, LT/BW, 4. WP, 6. Sitzung, 15. Juli 1964, S. 87.
519 »Kulturpolitischer Aufbruch in Baden-Württemberg«, *Badische Neueste Nachrichten*, 31. Dezember 1963; »Das Wahlprogramm der CDU«, *Stuttgarter Zeitung*, 19. März 1964.
520 Kiesinger forderte z. B. gemeinsame Entschließungen von Bundesrat und Bundestag zur Bildungspolitik, vgl. »Ein großes Forum für die Kulturpolitik«, *Frankfurter Allgemeine Zeitung*, 12. Juni 1965.
521 »Kiesinger: ›Die Länder müssen sich anstrengen‹«, *Schwäbische Zeitung*, 1. Oktober 1964.
522 *Hahn*, Beginn der Bildungsreform, S. 260.
523 Hierzu und auch zu dem folgenden *Feuchte*, Verfassungsgeschichte, S. 445ff.
524 Gesetz zur Vereinheitlichung und Ordnung des Schulwesens, LT/BW, 5. Mai 1964.
525 »Hoch auf der Kulturwoge durch das Jahr 1964«, *Badische Neueste Nachrichten*, 31. Dezember 1964.
526 Vgl. das warnende Schreiben von Finanzminister Müller an Kiesinger, 15. Januar 1965, ACDP, I-226-149.
527 »Kiesinger: Nachbarschaftsschulen ohne Zentralismus«, *Schwäbische Zeitung*, 31. Oktober 1964.
528 Vgl. Sitzungsbericht des Staatsministeriums, 34. Sitzung, 7. Dezember 1965, HStAS, EA1/105/14, S. 494ff.
529 Ebd., 12. Sitzung, 17. Mai 1966 und die 16. Sitzung, 14. Juni 1966; EA1/105/15, S. 128ff.; S. 170ff.
530 Kiesingers Ausführungen, LT/BW, 4. WP, 71. Sitzung, 22. September 1966, S. 3991; zu den Hintergründen *Feuchte*, Verfassungsgeschichte, S. 457f.
531 Regierungserklärung Kiesingers vor dem Landtag, LT/BW, 4. WP., 71. Sitzung 22. September 1966, S. 3947.
532 Vgl. die Aufzeichnung von Staatssekretär Carstens, 26. Januar 1966, AAPD, 1966/I, Nr. 19, S. 71f.
533 Hahn im Landtag, LT/BW, 4. WP, 71. Sitzung, 22. September 1966, S. 3981; zu den Unterschieden Hahn – Kiesinger, *Feuchte*, Verfassungsgeschichte, S. 464f.
534 Kiesinger im Landtag, LT/BW, 42. Sitzung, 27. Oktober 1965, S. 2166.
535 Regierungserklärung Kiesingers vor dem Landtag, LT/BW, 71. Sitzung, 22. September 1966, S. 3945.
536 Sitzungsberichte des Staatsministeriums, 25. Sitzung, 20. September 1966, HStAS, EA1/105/15, S. 296.
537 *Feuchte*, Verfassungsgeschichte, S. 456.
538 Rede Kiesingers auf dem Landesparteitag der CDU Nordwürttemberg, 9. Juli 1966, ACDP, I-226-220.
539 »Kiesingers Drohung mit dem Rücktritt«, *Frankfurter Allgemeine Zeitung*, 11. Juli 1966; »Der ›ideologische Verdunstungsprozeß‹ blieb aus«, *Frankfurter Rundschau*, 24. August 1966.
540 »FDP besteht auf Schulreform«, *Frankfurter Rundschau*, 8. Juli 1966.

541 Vgl. *Feuchte*, Verfassungsgeschichte, S. 465.
542 Vgl. Rede Kiesingers auf dem Landesparteitag der CDU Nordwürttemberg, 9. Juli 1966, ACDP, I-226-220; LT/BW, 4. WP, 71. Sitzung, 22. September 1966, S. 3947; »Rücktrittsdrohung wiederholt«, *Frankfurter Rundschau*, 23. September 1966.
543 »Kiesingers Drohung mit dem Rücktritt«, *Frankfurter Allgemeine Zeitung*, 11. Juli 1966.
544 LT/BW, 4. WP, 71. Sitzung, 22. September 1966, S. 3991.
545 Kiesinger auf dem Landesparteitag der CDU Nordwürttemberg, 9. Juli 1966, ACDP, I-226-220.
546 Die Karikatur in *Stuttgarter Zeitung*, 6. März 1965.
547 *Gayer/Krämer/Kempter*, Villa Reitzenstein, S. 189.
548 »Dem geistigen Erbe des Landes verpflichtet«, *Stuttgarter Zeitung*, 18. Dezember 1958.
549 SDR-Interview mit Kiesinger, 17. Februar 1959, 19.45 Uhr.
550 Regierungserklärung vom 25. Juni 1964, in: *Kiesinger*, Stationen, S. 143ff.
551 Vgl. etwa den fast zeitgleichen Festvortrag anläßlich der Tübinger Rektoratsübergabe, »Deutschland-Frankreich und die europäische Einigung«, 12. Mai 1964, ACDP, I-226-397.
552 »Außenpolitik mit wenig Spielraum«, *Badische Volkszeitung*, 10. März 1962.
553 »Kiesinger verteidigt den Primat der Außenpolitik«, *Stuttgarter Zeitung*, 21. September 1963.
554 Vgl. Kiesingers Vorträge vor Vertriebenenverbänden, vor allem den Donauschwaben, ACDP, I-226-393.
555 Vortrag Kiesingers an verschiedenen Universitäten der USA, Oktober 1963, ACDP, I-226-397.
556 »Deutschland heute«, Rede in Rio de Janeiro, 29. April 1965, in: *Kiesinger*, Stationen, S. 183f.
557 »Kiesinger spräche gern in der Zone«, *Frankfurter Allgemeine Zeitung*, 12. Mai 1966; »Deutscher Gast vom Ursprung der Donau«, *Die Presse* (Wien), 12. Mai 1966.
558 »Was nächstes Jahr zu tun sein wird«, *Stuttgarter Zeitung*, 21. Dezember 1961.
559 Rede Kiesingers auf dem Landesparteitag der CDU Nordwürttemberg, 9. Juli 1966, ACDP, I-226-220.
560 Vgl. etwa J. Edgar Kirk (North Carolina National Bank) an Kiesinger, 27. September 1961, mit Bezug auf einen Besuch von Gouverneur Hodges und Mitgliedern der *North Carolina Trade and Industry Mission*, HStAS, EA1/106/1573.
561 Vgl. *Pflimlin*, Wanderungen, in: *Oberndörfer*, Begegnungen, S. 302; Zeitprogramm für den Besuch in Wien am 6./7. Dezember 1961, ACDP, I-226-065; »Deutscher Gast vom Ursprung der Donau«, *Die Presse* (Wien), 12. Mai 1966.
562 Details in den Terminkalendern und der Synopse der Ministerpräsidentenzeit, ACDP, I-226-466.
563 Vgl. etwa Kiesinger an Botschafter van Scherpenberg (Vatikan), 2. Juni 1962; Kiesinger an Botschafter Herwarth von Bittenfeld (London), 13. Mai 1960, ACDP, I-226-146; Botschafter v. Braun (UNO) an Kiesinger, 7. Januar 1964, Pers. Archiv Otto Rundel, Karlsruhe; auch die Korrespondenz mit Lilienfeld, bei dem Viola Kiesinger zu Beginn ihres Studiums an der Georgetown University wohnte und die dort ihren zukünftigen Ehegatten kennenlernte, Lilienfeld an Kiesinger, 15. November 1962, ACDP, I-226-148; *Lilienfeld*, Besuch, in: *Oberndörfer*, Begegnungen, S. 288; Gespräch mit *Viola und Volkmar Wentzel*, Washington, D.C., 16. Oktober 2001.

Anmerkungen

564 Vgl. Korrespondenz mit Lilienfeld, aber auch mit Diehl, Schirmer und Köster, ACDP, I-226-147, 148.
565 Zu Diehl AAPD 1966/II, S. 1741.
566 Vgl. Schirmer an Kiesinger, 10. Mai 1963, ACDP, I-226-153.
567 *Blasius, Wickert*, S. 539ff.
568 Transkript der Tagebuchnotizen vom 17. März 1960, S. 9219, Max Kohnstamm papers, European University Institute, Florenz, Historical Archives; Kohnstamm an Hallstein, 24. März 1960, ebd. MK 17; ich danke Thomas Gijswijt (Saarbrücken) für diesen Hinweis.
569 Zu den atlantischen Netzwerken gehörten neben der Bilderberg-Gruppe auch die Tagungen des »American Council of Germany«, vgl. die Schreiben Emmets an Kiesinger, ACDP, I-226-140; »Kiesinger: Verhältnis zu den USA pflegen«, *Stuttgarter Nachrichten*, 2. März 1961.
570 Programme of Arrangements for the visit of Dr. Kurt Georg Kiesinger, Minister-President of Baden-Württemberg, June 19 - 24, 1961, ACDP, I-226-065.
571 Vgl. etwa »Deutschland-Frankreich und die europäische Einigung«, 12. Mai 1964, ACDP, I-226-397.
572 Alois Graf von Waldburg-Zeil an Kiesinger, 2. Mai 1963, ACDP, I-226-159.
573 Vgl. Korrespondenz Kiesingers mit Iribarne anläßlich eines Urlaubs in Asturien im Sommer 1963, ACDP, I-226-145; sowie Weng mit Freiherr von Gaupp-Berghausen, Generalsekretär des (abendländischen) europäischen Dokumentations- und Informationszentrums e.V., 17. Mai 1963, HStAS, EA1/922/576.
574 Vgl. *Guttenberg*, Fußnoten, S. 149; *Diehl*, Politik, S. 482f.; *Aschmann*, Treue Freunde.
575 »Memorandum for the President«, Aufzeichnung von David Klein, 7. Oktober 1963, John F. Kennedy Presidential Library, Boston (JFKL), Papers of President Kennedy, President's Office Files, Countries, Box 117; für den Hinweis auf dieses Dokument danke ich Andreas Daum (Buffalo).
576 »Kiesinger wertet den Bundesrat politisch auf«, *Schwarzwälder Bote*, 25. Oktober 1963.
577 Vgl. Knappstein (Washington) an Auswärtiges Amt, 16. Mai 1963, PA/AA, B 32-172/287; Kiesinger im Landtag, LT/BW, 3. WP, 100. Sitzung, 22. November 1963, S. 6836.
578 Vgl. *Lilienfeld*, Besuch, in: *Oberndörfer*, Begegnungen, S. 289.
579 »Talking Points« für Kennedy, Oktober 1963, JFKL, President's Office Files, Countries, Box 117 (Übersetzung des Autors).
580 »Biographic sketch« Kiesingers, ebd.
581 Vgl. *Daum*, Charisma, S. 467ff.
582 So die Sicht Schröders, *Oppelland*, Schröder, S. 518ff.; zur MLF *Forndran*, Kontroversen, S. 383ff.
583 Vgl. *Schwarz*, Ära Adenauer 1957-1963, S. 302f.
584 Vgl. *Oppelland*, Schröder, S. 523.
585 Zu den Einzelheiten *Pautsch*, Teststoppabkommen, S. 121ff.; *Schwarz*, Ära Adenauer, 1957-1963, S. 302ff.
586 Rundel an Kiesinger, 9. August 1963, ACDP, I-226-146.
587 »Nicht Unrecht dagegensetzen«, *Badische Volkszeitung*, 16. September 1963.
588 »Das Problem der Partnerschaft im nordatlantischen Bündnis«, Vortrag Kiesingers vor der Deutsch-atlantischen Gesellschaft in Stuttgart, 27. Juni 1963, I-226-223.
589 »Kiesinger: Atomare NATO-Streitmacht – ein Bluff«, *Stuttgarter Zeitung*, 16. September 1963.

Ministerpräsident von Baden-Württemberg 1958–1966

590 »Europa zwischen Ost und West«, Vortrag Kiesingers in Zürich, *Neue Zürcher Zeitung*, 30. Mai 1963.
591 Vortrag Kiesingers in Georgetown sowie Stanford, Harvard und der Fletcher School of Law and Diplomacy der Harvard University in Boston, Oktober 1963, ACDP, I-226-397.
592 Zu den Details des Aufenthalts das Programm »Besuch von Bundesratspräsident Kurt Georg Kiesinger in den Vereinigten Staaten im Oktober 1963«, ACDP, I-226-299.
593 Memorandum for the President, Aufzeichnung von David Klein, 8. Oktober 1963, JFKL, President's Office Files, Countries, Box 117.
594 Dazu »Vermerk des Staatssekretärs Carstens«, 28. November 1963, AAPD, 1963/II, Nr. 435, S. 1510.
595 Vortrag Kiesingers in Georgetown sowie Stanford, Harvard und der Fletcher School of Law and Diplomacy der Harvard University in Boston, Oktober 1963, ACDP, I-226-397.
596 *Lilienfeld*, Besuch, S. 294.
597 »Aufzeichnung über das Gespräch zwischen Präsident Kennedy und Ministerpräsident Kiesinger«, 8. Oktober 1963, ACDP, I-226-299; vgl. den Bericht in *Lilienfeld*, Besuch, S. 293, der offenbar auf einem umfangreicheren Gesprächsprotokoll beruht als dem im NL Kiesinger überlieferten; siehe auch Lilienfeld an Auswärtiges Amt, 8. Oktober 1963, ACDP, I-226-299.
598 »Besuch von Bundesratspräsident Kurt Georg Kiesinger in den Vereinigten Staaten im Oktober 1963«, ACDP, I-226-299.
599 »Zurück aus Amerika«, *Stuttgarter Zeitung*, 25. Oktober 1963.
600 »Aufzeichnung des Staatssekretärs Carstens«, 29. November 1963, AAPD, 1963/II, Nr. 440, S. 1502, FN 3.
601 »Aufzeichnung über das Gespräch zwischen Präsident Kennedy und Ministerpräsident Kiesinger am 8. Oktober 1963«, ACDP, I-226-299.
602 Vgl. *Zimmermann*; Konflikt, S. 514ff.
603 LT/BW, 3. WP, 93. Sitzung, 10. Oktober 1963, S. 6268.
604 Ebd., 100. Sitzung, 22. November 1963, S. 6836f.
605 »Von Amerika nach Indien«, *Stuttgarter Zeitung*, 2. November 1963.
606 »Starkes Interesse an Kiesingers Meinung«, *Mannheimer Morgen*, 21. Oktober 1963.
607 »Washington arrangiert sich mit de Gaulle«, *Stuttgarter Nachrichten*, 2. November 1963.
608 »Adenauer Soon a ›Legend‹«, *San Francisco Examiner*, 19. Oktober 1963.
609 *Conze*, Dominanzanspruch, S. 88.
610 Memoirenfragment Kiesingers, Diktat vom 1. Oktober 1984, ACDP, I-226-714.
611 Vom »Weiheakte« spricht *Seydoux*, Erinnerungen, S. 297; auch der Chefdolmetscher des Auswärtigen Amtes, ein verehrungsvoller Anhänger de Gaulles, gebraucht den Ausdruck der Weihe, *Kusterer*, Kanzler, S. 249; ausführlich, auch zum folgenden *Lappenküper*; Deutsch-französische Beziehungen, Bd. 2, S. 1726ff; 1742ff.
612 Mit kritischem Unterton *Ziebura*, Deutsch-französische Beziehungen, S. 113.
613 Vgl. *Storz*, Amt, S. 233.
614 Memoirenfragment, Diktat vom 1. Oktober 1984, ACDP, I-226-714.
615 So *Daum*, Charisma, S. 449ff.
616 Kritisch *Ziebura*, Deutsch-französische Beziehungen, S. 113; ähnlich *Besson*, Außenpolitik, S. 307.

ANMERKUNGEN

617 Rede de Gaulles in Ludwigsburg, abgedruckt bei *Kusterer*, General, S. 286.
618 Interview der Fondation Jean Monnet pour l'Europe mit Kiesinger (Hanns Jürgen Küsters), 28. März 1985 in Tübingen, ACDP, I-226-062; *Picht*, de Gaulle und die deutsche Jugend, S. 193ff.
619 DHJ, S. 393.
620 »Deutschland-Frankreich und die europäische Einigung«, 12. Mai 1964, ACDP, I-226-397.
621 Mair an Kiesinger, 21. April 1954, ACDP, I-226-011.
622 De Gaulle sprach in freier Rede deutsch; vgl. *Storz*, Amt, S. 233; siehe auch Memoirenfragment, Diktat vom 1. Oktober 1984, ACDP, I-226-714.
623 Rede Kiesingers am 9. September 1962, Memoirenfragment, Diktat vom 1. Oktober 1984, ACDP, I-226-714.
624 Zu Geschichte und Vorgeschichte detailliert *Lappenküper*, Deutsch-französische Beziehungen; mit Vorsicht zu genießen das Werk eines ehemaligen Akteurs: *Steinkühler*, Deutsch-französischer Vertrag.
625 Kiesingers vermittelnde Tätigkeit im Vorfeld zeigt die Korrespondenz mit Jansen, ACDP, I-226-145.
626 Text des Elysée-Vertrages in *Auswärtiges Amt*, 40 Jahre Außenpolitik, S. 147ff.; zum deutsch-französischen Jugendwerk *Plum*, Jugend, S. 77ff.
627 »Der Brückenbauer«, *Deutsche Zeitung*, 20. Juni 1963.
628 Detailliert der Vermerk,»Ministerpräsident Kiesinger als ›Bevollmächtigter der Bundesrepublik Deutschland für kulturelle Angelegenheiten im Rahmen des Vertrages über die deutsch-französische Zusammenarbeit«, 19. November 1984, ACDP, I-226-299.
629 *Storz*, Amt, S. 232.
630 Deutsch-französische Regierungsbesprechung, 4. Juli 1963, AAPD, 1963/II, Nr. 218, S. 709.
631 Insgesamt hat sich Kiesinger 13mal mit Fouchet getroffen; einmal, am 28. September 1964, lud er alle Kultusminister der Länder zu einem Gespräch mit Fouchet ein, Vermerk vom 19. November 1984, ACDP, I-226-299; an den Regierungskonsultationen nahm Kiesinger 1963, 1964 und 1965 je einmal teil.
632 »Kiesinger erhielt einen französischen Kulturorden«, *Badische Neueste Nachrichten*, 29. Januar 1965.
633 »Durch die Sprache Brücken nach Frankreich schlagen«, *Badische Zeitung*, 15. Juni 1965.
634 »Deutsch-französische Regierungsbesprechung, 4. Juli 1964, AAPD, 1964/II, Nr. 188, S. 783.
635 »Den Boden vorbereitet«, *Stuttgarter Zeitung*, 29. Januar 1964.
636 »Zuständigkeitsstreit zwischen Bonn und Stuttgart«, *Schwäbische Zeitung*, 14. Dezember 1965; »Kiesinger wendet sich an Erhard«, *Schwäbische Zeitung*, 16. Dezember 1965; Vermerk vom 19. November 1984, ACDP, I-226-299; ausführlich *Baumann*, Freund, S. 225ff.
637 Vgl. *Oppelland*, Schröder, S. 537; 563; grundlegend *Geiger*, Atlantiker/Gaullisten; *Marcowitz*, Option.
638 Rede auf dem Parteitag der CDU Württemberg-Hohenzollern, 24. Oktober 1964, ACDP, I-226-220.
639 »Kiesinger drängt auf Ausbau der Zusammenarbeit mit Frankreich«, *Stuttgarter Zeitung*, 17. November 1964.
640 Siehe unten Kap. V, Abschnitt »Zwei Wege ins Kanzleramt«.

641 »Aus der Pressekonferenz am 22. September 1965 im Staatsministerium«, HStAS, EA1/923/214.
642 Rede auf dem Parteitag der CDU Württemberg-Hohenzollern, 24. Oktober 1964, ACDP, I-226-220.
643 »Kiesinger in New York«, *Deutsches Volksblatt*, 16. Februar 1965.
644 Rede auf dem Landesparteitag der CDU Nordwürttemberg, 6. März 1965, I-226-220.
645 Schwarz, Adenauer II, S. 841.
646 Rede auf dem Landesparteitag der CDU Nordwürttemberg, 6. März 1965, I-226-220.
647 Rede in Hohenheim, 7. Juni 1966, Kiesinger, Stationen, S. 189; zu Adenauer dessen Erklärung im Bundestag, 10. April 1962, DzD IV./8, S. 394-399, hier: S. 395.
648 »Kiesinger warnt vor Unterschätzung de Gaulles«, *Stuttgarter Zeitung*, 16. Mai 1966; Rede auf dem Landesparteitag der CDU Nordwürttemberg, 9. Juli 1966, ACDP, I-226-220.

Kanzler der Grossen Koalition 1966–1969

1 »Ministerwechsel«, *Frankfurter Allgemeine Zeitung*, 9. April 1965; »Schröder im Zwielicht«, *Mannheimer Morgen*, 14. Juli 1965.
2 Adenauer an Krone, 27. April 1964, ACDP, I-028-007/5.
3 Aufz. Berger über eine Besprechung mit Adenauer am 11. September 1965, 13. Dezember 1965, ACDP, I-400-015/1.
4 Vgl. *Hildebrand*, Erhard, S. 154; *Schwarz*, Adenauer II, S. 902ff.
5 »Aus der Pressekonferenz am 22. September 1965 im Staatsministerium«, HStAS, EA1/923/214; dpa vom 22. September, SDR vom 22. September 1965, 19 Uhr (DB/PD); »Kiesinger: Noch kein Ministerangebot aus Bonn«, *Stuttgarter Zeitung*, 23. September 1965.
6 Haußmann an Kiesinger, 24. September 1965, HStAS, EA1/923/214.
7 CDU-Parteipräsidium, 24. September 1965, BAK, N 1371/353; siehe *Oppelland*, Schröder, S. 642.
8 Kommentarübersicht der Pressestelle des Staatsministeriums, 23. September 1965, ACDP, I-226-407; »Kiesinger will Außenminister werden«, *Basler Nachrichten*, 25. September 1965.
9 CDU-Parteipräsidium, 24. September 1965, BAK, N 1371/353.
10 Filbinger an Barzel, 3. Oktober 1965, BAK, N 1371/177.
11 *Heuss*, Tagebuchbriefe, S. 510f., 18. März 1963; *Morsey*, Lübke, S. 398; Informationsgespräch mit Alfred Wolfmann, 6. Dezember 1966, ACDP, I-226-008.
12 Vgl. *Morsey*, Lübke, S. 392ff.
13 *Strauß*, Erinnerungen, S. 172.
14 Aufzeichnung der Landespressekonferenz vom 29. September 1965, HStAS, Q1/22/791; vgl. die detaillierte Auswertung der Presse durch das Staatsministeriums, 4. Oktober 1963, ACDP, I-226-407.
15 Haußmann an Adenauer, 1. Oktober 1965, ACDP, I-226-066.
16 »Ich wollte zeigen, daß ich regieren kann«, *Spiegel*, 6. Oktober 1965; vgl. *Gayer*, Kiesinger, S. 191.
17 »Aus der Pressekonferenz am 22. September 1965 im Staatsministerium«, HStAS, EA1/923/214
18 »Kiesinger distanziert sich«, *Die Rheinpfalz*, 15. Oktober 1965.

Anmerkungen

19 Vgl. das Schreiben des Vorsitzenden des Bundesarbeitskreises Mittelstand der CDU/CSU, Schmitz, an Kiesinger, 11. Januar 1966, ACDP, I-226-079; Antwort Kiesingers, 28. Januar 1966, ebd.; siehe »Kiesinger kandidiert nicht«, *Frankfurter Allgemeine Zeitung*, 20. Januar 1966.
20 »Erhard kein Kanzler der Engländer«, *Bild*, 28. September 1965.
21 Vgl. Marx an Kiesinger, 28. September 1965; Petersen an Kiesinger, 22. September 1965, ACDP, I-226-066.
22 Häfele an Kiesinger, 15. Januar 1966, ACDP, I-226-302.
23 Vgl. Aktenvermerk über das Gespräch Cerff – Haußmann, 11. November 1959, HStAS, Q1/22/123.
24 Memoirenfragment, »Abschrift vom Manuskript 1.10.1984«, ACDP, I-226-714.
25 Sitzungsbericht des Staatsministeriums, 15. Dezember 1964, HStAS, EA1/105/13, S. 447f.
26 Memoirenfragment, »Abschrift vom Manuskript 1.10.1984«, ACDP, I-226-714.
27 Ebd.; »Zeugen des Jahrhunderts«, Band 10, S. 3, ACDP, I-226-404.
28 Sitzungsbericht des Staatsministeriums, 22. Sitzung, 16. Juli 1962, HStAS, EA1/105/11, S. 231.
29 Vgl. Lilli Marx an Kiesinger, 1. April 1966; Kiesinger an Lilli Marx, 10. Mai 1966; ACDP, I-226-419.
30 »Deutschland ehrt Dr. Walter Strauss«, *Stuttgarter Zeitung*, 18. Oktober 1966.
31 Zu Kiesingers Reise um die Jahreswende 1965/66, ACDP, I-226-065.
32 Zu Grüber *Hildebrandt*, Bevollmächtigt zum Brückenbau.
33 Tagebuchnotiz Kiesingers, 13. September 1966, ACDP, I-226-713; das folgende ebd.
34 *Diehl*, Politik, S. 383; *Wickert*, Glückliche Augen, S. 246ff.
35 Landespressekonferenz vom 29. September 1965, HStAS, Q1/22/791.
36 *Harpprecht*, Moderator Germaniae, S. 8f.
37 Kiesinger an Schmitz, 28. Januar 1966, ACDP, I-226-079; »Bericht aus Bonn«, DFS, 4. Februar 1966, 22.20 Uhr (PD/DB).
38 CDU-Bundesvorstand, 1965-1969, Nr. 4, 14. März 1966, S. 153; »Kiesinger verzichtet auf Sitz im Präsidium«, *Stuttgarter Zeitung*, 16. März 1966; Sweet (amerik. Generalkonsul Stuttgart) an Department of State, 10. März 1966, NARA, RG 59, POL 12 GER W, Box 2215.
39 »Kiesingers kluger Auftritt«, *Süddeutsche Zeitung*, 6. August 1966; Hervorhebung im Original.
40 Allgemein *Hildebrand*, Erhard, S. 210ff.; *Hentschel*, Erhard, S. 618ff.; *Baring*, Machtwechsel, S. 52ff.
41 Gerstenmaier an Kiesinger, Heck, Dufhues und Kohl, 21. September 1966, ACDP, VII-001-059/3; »Eugen Gerstenmaier hält sich als Kanzler bereit«, *Rheinischer Merkur*, 30. September 1966.
42 Memoirenfragment, »Abschrift vom Manuskript 1.10.1984«, ACDP, I-226-714 (Manuskriptseite 19).
43 Mündliche Auskunft Kiesingers, zit. bei *Knorr*, Entscheidungsprozeß, S. 69, FN 81.
44 Ebd.; sowie *Morsey*, Vorbereitung; *Kroegel*, Anfang, S. 22f.
45 Tagebuchartige Notiz Kiesingers, 11. September 1966, ACDP, I-226-713; Todenhöfers Spitzname ist in Kiesingers Aufzeichnungen mehrfach überliefert.
46 Vgl. *Gerstenmaier*, Streit, S. 537f.: »Erhard«, *Spiegel*, 17. Oktober 1966; zum »Lob-Kartell« *Geiger*, Atlantiker, S. 609.
47 Tagebuchartige Notiz Kiesingers, 21. September 1966, ACDP, I-226-713; Kiesingers Rede: LT/BW, 4. WP, 71. Sitzung, 22. September 1966, S. 3945ff.

48 Presseberichte zählten Kiesinger zwar unter die Kandidaten, gaben ihm jedoch angesichts seiner langen Abwesenheit von Bonn keine echte Chance, »Opfer fürs Volk«, *Spiegel*, 17. Oktober 1966.
49 *Krone*, Tagebücher, 1961-1966, 29. Oktober 1966, S. 517f.
50 Aufzeichnung Bergers, 6. Oktober 1966, ACDP, I-400-015/1.
51 »Kiesinger: Nicht nur ein ›Fall Erhard‹«, *Stuttgarter Zeitung*, 6. Oktober 1966.
52 Vermerk Bergers für Lübke, 3. November 1966, ACDP, I-400-015/1; Gespräch mit *Klaus H. Scheufelen*, 21. November 2001; *Kroegel*, Anfang, S. 19, datiert das Treffen auf den 27. Oktober; allerdings traf sich Berger zufolge Kiesinger an diesem Abend mit Strauß.
53 *Dreher*, Kohl, S. 96; ohne Quellenangabe; vgl. »Schmutzige Hände«, *Spiegel*, 7. November 1966.
54 *CDU/CSU-Fraktion*, 1961-1966, Nr. 359, 2. November 1966, S. 2135.
55 »Kiesingers Weg zur Kanzlerkandidatur«, Aufzeichnung von Schmoeckel, o.D., ACDP, I-226-302.
56 *Gerstenmaier*, Streit, S. 535; *Knorr*, Entscheidungsprozeß, S. 69.
57 Tagebuch Berger, Eintrag vom 7. November 1966, ACDP, I-400-012/1.
58 Tagebuchnotizen, November 1966, Privatarchiv Erwin Wickert, Oberwinter; weniger prononciert *Wickert*, Glückliche Augen, S. 242f.
59 Tagebuchartige Notiz Kiesingers, 3. November 1966, ACDP, I-226-713.
60 *Eschenburg*, Letzten Endes, S. 186.
61 »Wer kommt nach Erhard? So sieht ein Amerikaner die Politik in Bonn«, *Welt*, 3. August 1966.
62 »Resignierter Erhard. Das Spiel um den Kanzlerwechsel«, *Neue Zürcher Zeitung*, 4. November 1966; der Bericht ist auf den 2. November datiert; siehe auch »Kurt G. Kiesinger: Bonner Chancen gestiegen«, *Westdeutsche Allgemeine Zeitung*, 4. November 1966.
63 Für die enge Koordination von Presseveröffentlichungen Wagners mit Krone vgl. ACDP, I-028-15/6; »Vorgeschichte und Geschichte des Regierungswechsels vom Herbst 1966«, BAK, N 1371/71.
64 Vgl. *Oppelland*, Schröder, S. 78ff.
65 Vgl. Kiesingers Regierungserklärung, LT/BW, 2. WP, 92. Sitzung, 20. Januar 1960, S. 5026; »Kein Platz für Antisemiten und Neonazisten«, *Deutsches Volksblatt*, 14. Januar 1960.
66 Zur Entfernung belasteter Richter durch die Landesregierung »Laufende und abgeschlossene Arbeiten«, ca. Sommer 1962, ACDP, I-226-416; zur NS-Debatte *Siegfried*, Auarbeitung, in: *Schildt u.a.*, Dynamische Zeiten, S. 77ff.
67 »Schattenfechten in Bonn«, *Neue Zürcher Zeitung*, 6. November 1966.
68 Tagebucheintrag Bergers vom 4. November 1966, ACDP, I-400-012/1.
69 *Krone*, Tagebücher, 1961-1966, 14. Januar 1966, S. 448.
70 Tagebucheinträge Bergers vom 6. und 9. November 1966, ACDP, I-400-012/1.
71 Ebd.; Kiesinger meldete sich telefonisch, nachdem durchgesickert war, Lübke lehne ihn als NS-belastet ab. Dabei erwähnte Lübke seine Erkundigung bei Buchheim; Anfrage des Bundespräsidialamts vom 4. November 1966, NA, RG 242, BDC Directorate File, 1945-1994, Personalities File »Kurt Georg Kiesinger«.
72 »Personalakte nach USA. Washington ›durchleuchtet‹ Kiesinger«, *Rheinische Post*, 15. November 1966.
73 McGhee an Department of State, 10. November 1966, NA, RG 242, BDC Directorate, a.a.O.

ANMERKUNGEN

74 Das geht aus den Listen der BDC-Mitarbeiter zu den Anfragen von Lübke und anderen hervor.
75 Bryans an Petterson , 18. November 1966, ebd.
76 »Suchauftrag Nr. 667/66 Gen. Nestler«, BAB, Staatliche Archivverwaltung, Karteikasten Kiesinger.
77 Braunbuch, 3., überarbeitete und erw. Aufl., Berlin 1968; dagegen 2. Aufl. 1965.
78 Ein ehemaliger, heute vom Bundesarchiv beschäftigter Mitarbeiter der Staatlichen Archivverwaltung der DDR erklärte dies gegenüber dem Autor mit der sehr kurzfristigen, insgesamt unprofessionellen Arbeit an den *Braunbüchern*, zu denen historisch nicht einschlägig vorgebildete Hilfskräfte herangezogen worden seien.
79 »Kiesinger Chefagitator Hitlers – heute Wegbereiter des ›starken Mannes‹«, *Neues Deutschland*, 23. November 1966.
80 Vgl. Bausch an Kiesinger, 18. November 1966, ACDP, I-226-257.
81 Korrespondenz Wickert-Bausch, Privatarchiv Wickert; Gespräch mit *Erwin Wickert*, Oberwinter, 2. Juli 2002.
82 Güde an Adorno, Gottesleben, Leicht, Martin, 9. November 1966, ACDP, I-226-472.
83 *Wickert, Mut*, S. 313f.; Gespräch mit *Erwin Wickert*, Oberwinter, 2. Juli 2002.
84 Vgl. *Diehl, Politik*, S. 383 mit »Kanzler-Wahl«, *Spiegel*, 14. November 1966.
85 Vermerk für Barzel, 10. November 1966, BAK, N 1371/69.
86 Kopie im Privatarchiv von Erwin Wickert, Oberwinter; siehe auch *Wickert, Mut*, S. 315.
87 Vgl. etwa »Ex-Nazi gets Bonn vote«, *Daily Mail*, 11. November 1966; »Former Nazi Official: Kiesinger Picked by Ruling Party To Succeed Erhard as Chancellor«, *New York Herald Tribune*, 11. November 1966; »Kiesinger Tells of His War Past«, *New York Times*, 12. November 1966; »Out of Self-Imposed Exile«, *ebd.*; »Kiesinger – Nazi who opposed Nazism«, *The Guardian*, 12. November 1966; »Eyes on Kiesinger: Past and Present«, *New York Times*, 14. November 1966; »Germany Again«, *New York Post*, 21. November 1966; siehe Kommentarübersicht »Die Wahl des Kanzlerkandidaten der CDU/CSU im Spiegel der internationalen Presse: Bedenken wegen Vergangenheit Kiesingers«, *Stuttgarter Zeitung*, 12. November 1966.
88 »Jüdische Kontroverse um Kiesinger«, *Neue Zürcher Zeitung*, 15. November 1966; »Debatten um Kiesinger«, *Frankfurter Allgemeine Zeitung*, 16. November 1966; »Wieder Angriffe gegen Kiesinger«, *Kölner Stadt-Anzeiger*, 18. November 1966; »Neue Angriffe auf Kiesinger«, *Süddeutsche Zeitung*, 18. November 1966; »›Nein, Millionenfach Nein!‹«, *Spiegel*, 28. November 1966.
89 »›Nazi K.‹«, *Handelsblatt*, 17. November 1966.
90 »Ein Staatsmann wartet auf den Ruf«, *Bayern-Kurier*, 19. November 1966.
91 »Der simplifizierte Kiesinger«, *Stuttgarter Nachrichten*, 19. November 1966.
92 »Spruchkammer hat Kiesinger entlastet«, *Stuttgarter Zeitung*, 25. November 1966; »Kiesinger: Hier ist meine Entnazifizierung«, *Wiesbadener Kurier*, 25. November 1966.
93 »Knappstein verteidigt Kiesinger«, *Süddeutsche Zeitung*, 30. November 1966.
94 Vgl. *Shafir*, Ambigeous Relations, S. 256f.
95 Lilienfeld an Kiesinger, 28. November 1966, ACDP, I-226-251; vgl. etwa »Court Cleared Kiesinger as Nazi«, *New York Times*, 25. November 1966.
96 Vermerk der Pressestelle für Kiesinger, 24. November 1966, ACDP, I-226-251; Marx empfahl »dringend«, beide Herren nicht zu empfangen, weil diese sich »sehr abschätzig« über Kiesinger geäußert hätten, ebd.
97 »Kiesinger's Record«, *New York Times*, 28. November 1966; Strauss an Kiesinger, 16. November 1966, ACDP, I-226-251.

98 Meyer an Friedrich, 28. November 1966, ACDP, I-226-003 (Übersetzung des Autors).
99 »Kiesinger bezeichnet Gerüchte als Lügen«, *Stuttgarter Zeitung*, 10. November 1966.
100 Gespräch mit *Klaus H. Scheufelen*, Oberlenningen, 21. November 2001.
101 Ahlers an Kiesinger, 9. November 1966, ACDP, I-226-257; »Hausmitteilung«, *Spiegel*, 14. November 1966.
102 *Diehl*, Politik, S. 383.
103 So berichtet in »Kiesinger bereits gescheitert?« *Frankfurter Rundschau*, 16. November 1966.
104 Tagebucheinträge Bergers vom 15. und 17. November 1966, ACDP, I-400-012/1.
105 PA/AA, Pers. H, Personalakte Kurt Georg Kiesinger; *Wickert*, Glückliche Augen, S. 315.
106 »Aus dem Archiv des AA«, handschriftliche Notiz Schröders, ACDP, I-483-206/1.
107 Gespräch mit *Erwin Wickert*, Oberwinter, 2. Juli 2002; sowie *Wickert*, Mut, S. 316.
108 Vgl. *SPD-Fraktion*, 22. November 1966, Dok. 196, S. 1019.
114 »Harte SPD-Absagen an Kiesinger«, *Frankfurter Rundschau*, 21. November 1966.
110 »Grass appelliert an Kiesinger«, *Frankfurter Rundschau*, 2. Dezember 1966; Briefwechsel Grass – Brandt, AdG, 1. Dezember 1966, S. 12841.
111 Mitschrift von Helmut Schmidt aus der Sitzung des SPD-Parteivorstandes, 25. November 1966, AsD, Depositum Schmidt. Ich danke Hartmut Soell für den Hinweis auf dieses Dokument.
112 So *Hentschel*, Erhard, S. 647, in Anlehnung an *Hildebrand*, Erhard, S. 230.
113 *CDU-Bundesvorstand*, 1965-1969, Nr. 9, 8. November 1966, S. 338, 352; das folgende ebd.
114 Ein Nachklang bei *Barzel*, Gewagtes Leben, S. 230.
115 *CDU-Bundesvorstand*, 1965-1969, Nr. 9, 8. November 1966, S. 370.
116 Vgl. *Oppelland*, Schröder, S. 678.
117 *Dreher* (Kohl, S. 101) schreibt, Kohl habe »seinen Kandidaten fast problemlos über die Hürden der Nominierungsstrecke dirigiert«.
118 Vgl. »A Propos Kiesinger«, *Spiegel*, 14. November 1966.
119 Dagegen *Kroegel*, Anfang, S. 22ff., Strauß habe sich »verrechnet«, wovon Kiesinger überzeugt war, vgl. die Tagebuchnotiz Wickerts vom 28. Juli 1967, Privatarchiv Wickert, Oberwinter; nach *Wirz*, Guttenberg, S. 450, schloß sich Strauß ohne Bedenken der CSU-Mehrheit an.
120 »Ein Politiker sieht zurück«, Gespräch zwischen Kiesinger und Roderich Klett (SDR), 27. Juni 1977.
121 Vgl. AdG, 10. November 1966, S. 12081; siehe oben, Kap. IV, Abschnitt »Hohe Sechziger Jahre«; sowie zur innerparteilichen Kritik an Kiesingers Bildungspolitik, Sweet an Department of State, 10. März 1966, NA, RG 59, POL 12 GER W, Box 2215.
122 »Landes-SPD rechnet nicht mit Erfolg Kiesingers«, *Stuttgarter Zeitung*, 14. November 1966.
123 *Barzel*, Gewagtes Leben, S. 231.
124 Krone dagegen sah eine konfessionelle Spaltung und kommentierte: »Die Union ist in Gefahr« (*Krone*, Tagebücher, 1961-1966, 10. November 1966, S. 520). Kiesingers südwestdeutsche Lobby besaß mit Scheufelen einen protestantischen Kern. Auch in der CSU gab es eine starke protestantische Gruppe; dies spricht für eine regionale, keine konfessionelle Spaltung.
125 »Kanzler-Wahl«, *Spiegel*, 14. November 1966.
126 *Gerstenmaier*, Streit, S. 538.

ANMERKUNGEN

127 *CDU/CSU-Fraktion*, 1961-1966, Nr. 363, 10. November 1966, S. 2209.
128 Stellungnahmen von Guttenberg, Gerstenmaier, Schröder und Barzel zur Nomination Kiesingers, DFS, 10. November 1966, 20.30 Uhr (PD/DB).
129 Vgl. *Oppelland*, Schröder, S. 679.
130 So Barzel selbst, vgl. *Barzel*, Gewagtes Leben, S. 231;
131 *Krone*, Tagebücher, 1961-1966, 10. und 13. November 1966, S. 520f.; Tagebucheintrag von Berger, 16. November 1966, ACDP, I-400-012/1; Bericht von McGhee über ein Gespräch mit Barzel, 18. November 1966, LBJL, NSF, Country File, USSR & Europe, Box 187.
132 Interview Kiesingers in der »Tagesschau«, 10. November 1966, 20 Uhr (Transkript DB/PD).
133 Chronologische Details nach »Nachtflug mit Kiesinger«, *Stern*, 27. November 1966; Interview Kiesingers mit HR und SWF, 10. November 1966, 19.30 (Transkript DB/PD); *Krone*, Tagebücher, 13. November 1966, S. 521 (Treffen Kiesinger – Wehner).
134 Vgl. Kiesinger an Besson, 13. Juli 1960; Besson an Autenrieth, 7. Juli 1960, ACDP, I-226-138.
135 »Erich Kuby: Nachtflug mit Kiesinger«, *Stern*, 27. November 1966.
136 »Kiesinger äußert sich gegen Mehrheitswahlrecht«, *Stuttgarter Zeitung*, 14. Januar 1965.
137 Protokoll der CDU-Präsidiumssitzung, 22. November 1966, ACDP, VII-001-332/1.
138 Regierungserklärung vom 13. Dezember 1966, *Kiesinger*, Große Koalition, S. 7.
139 Wehner an Kiesinger, 1. Juni 1960, ACDP, I-226-073.
140 Vgl. Haußmann an Mende, 23. Februar 1966, HStAS, Q1/22/791.
141 So Kiesinger schon in der *CDU/CSU-Fraktion*, 1961-1966, Nr. 366, 29. November 1966, S. 2223.
142 Dagegen *Kroegel*, Anfang, S. 36f.; Kiesinger an Franz Burda, 3. März 1976, ACDP, I-226-322.
143 Haußmann an Kiesinger, 15. September 1966, HStAS, Q1/22/1153.
144 Tagebucheintrag von Berger, 10. November 1966, ACDP, I-400-012/1; Aufzeichnung von Berger, 3. November 1966, ebd., 15/1; McGhee an State Department, 18. November 1966, LBJL, NSF, USSR & Europe, Box 187.
145 Allenfalls Gerstenmaier deutete diese Möglichkeit an, CDU-Präsidium, 22. November 1966, ACDP, VII-001-332/1.
146 *FDP-Bundesvorstand*, Nr. 76, 14. Oktober 1966, S. 705; Nr. 78, 22. November 1966, S. 715; Haußmann über ein Gespräch mit Mende, 7. März 1966, HStAS, Q1/22/793.
147 »Deutschlandtag der Jungen Union in Würzburg«, Ansprache Kiesingers, 13. November 1966, HStAS, R11/002/82; Interview mit der Deutschen Welle, 14. November 1966 (PD/DB).
148 »Kiesinger gibt seinem Kanzlerprogramm erste Konturen«, *Süddeutsche Zeitung*, 14. November 1966.; »Kiesinger für Zusammenarbeit sowohl mit den USA als auch Frankreich«, *Stuttgarter Zeitung*, 14. November 1966.
149 Vgl. *Schneider*, Schauff, 149f.; im folgenden kühlte sich das Verhältnis Schauff-Kiesinger ab, Anfang 1969 waren Schauff und dessen Frau Karin »tief enttäuscht« und wollten sich »von allem zurückziehen«, Krone, Tagebucheintrag vom 13. Februar 1969, ACDP, I-028-076/2; *Morsey*, Vorbereitung, S. 494ff.
150 *Krone*, Tagebücher, 1961-1966, 13. November 1966, S. 521.
151 *Krone*, Aufzeichnungen, 13. Januar 1967, S. 190.
152 Vgl. *Kempski*, Um die Macht, S. 119f.

153 Kiesinger im Gespräch mit Giselher Wirsing, 6. Oktober 1967, ACDP, I-226-322; allg. zum Verhältnis Wehner – Kiesinger *Baring*, Machtwechsel, S. 44ff.; *Kroegel*, Anfang, S. 46ff.
154 Wehner an Kiesinger, 7. Juni 1967, ACDP, I-226-286; zu Wehners Schreibstil *Grass*, Tagebuch, S. 70.
155 Wehner im Gespräch mit Günter Gaus, ZDF, 6. Januar 1964, in: *Terjung*, Onkel, S. 88.
156 Vgl. *CDU/CSU-Fraktion*, 1957-1961, Nr. 22, 27. November 1957, S. 44.
157 Kiesinger im Gespräch mit Bruno Kaiser, 22. Januar 1982, ACDP, I-226-009.
158 Kiesinger an Wehner, 27. April 1967, ACDP, I-226-286.
159 Kiesinger und Wehner trafen sich zu Vier-Augen-Gesprächen 1mal (1966), 18mal (1967), 18mal (1968) und 11mal (1969), darunter jedoch nur wenige Abendtermine, vgl. Zeittafel 1966-1969, ACDP, I-226-320.
160 »Zeugen des Jahrhunderts« (1984), Bd. 6, S. 24, ACDP, I-226-404.
161 Notizen zu Herbert Wehner (achtziger Jahre), ACDP, I-226-713; Kiesingers Kommentare beziehen sich auf *Wehner*, Entscheidungen, S. 27ff.
162 Kiesinger im Gespräch mit Jost Küpper, 17. November 1980, ACDP, I-226-305.
163 Vgl. *Rut Brandt*, Freundesland, S. 192; daß Kiesinger und Brandt sich nicht mochten, bestätigt Diehl im Gespräch mit Bruno Kaiser, 7. Dezember 1983, ACDP, I-226-009.
164 »Vorsicht, Vorsicht«, *Spiegel*, 14. November 1966.
165 »Niederschrift Tonband 1 zu Willy Brandt«, ACDP, I-226-714; Terminkalender 1959, ACDP, I-266-466.
166 Zuletzt *Merseburger*, Brandt, S. 496ff.
167 *Baring*, Machtwechsel, S. 606; *Diehl*, Politik, S. 401.
168 Kiesinger im Gespräch mit Giselher Wirsing, 5. Oktober 1967, ACDP, I-226-322.
169 *Koerfer*, Kampf, S. 446.
170 *Brandt*, Erinnerungen, S. 168.
171 *Merseburger*, Brandt, S. 496, ohne Beleg.
172 Vgl. Brandt vor der *SPD-Fraktion*, 26./27. November 1966, Nr. 166, S. 1036.
173 »Wir müssen Unruhestifter sein und bleiben«, *Mannheimer Morgen*, 10. November 1965.
174 Aktenvermerk über die Besprechung mit der SPD, 15. November 1966, ACDP, I-226-303; dort auch die folgenden Zitate; vgl. die positive Einschätzung der Gespräche durch Barzel, McGhee an State Department, 18. November 1966, LBJL, NSF, USSR & Europe, Box 187; zu den Verhandlungen *Schönhoven*, Wendejahre, S. 66ff.; zum folgenden auch *Soell*, Schmidt, S. 558.
175 *Grabbe*, Unionsparteien, S. 352ff.; *Marcowitz*, Option, S. 132ff.
176 »Was hast Du Dir da bloß aufgeladen?«, *Spiegel*, 5. Dezember 1966.
177 *CDU/CSU-Fraktion*, 1961-1966, Nr. 365, 22. November 1966, S. 2214.
178 Tagebucheintrag Majonicas, 22. November 1966, ACDP, I-349-24/2.
179 Aufzeichnung von Ackermann (Fraktion), »Ablauf der Ereignisse seit dem 1. November 1966«; Auflistung der Besuche Kiesingers bei Adenauer, ACDP, I-226-302; US-Generalkonsul Düsseldorf an State Department, 24. November 1966, LBJL, NSF, USSR & Europe, Box 187.
180 Weber an Kiesinger, 15. November 1966, ACDP, I-226-303.
181 Kiesinger im Präsidium, 22. November 1966, ACDP, VII-001-332/1.
182 *Hildebrand*, Erhard, S. 153, hält eine Rückkehr zur alten Koalition noch am 25. November für möglich.

Anmerkungen

183 Aufzeichnungen Barzels über das Treffen mit der FDP-Delegation, 17. November 1966, BAK, N 1371/354; ausführlich *Geiger*, Atlantiker, S. 620f.
184 »Aktenvermerk über die Besprechung mit der FDP«, 23. November 1966, ACDP, I-226-303.
185 *Krone*, Tagebücher, 1961-1966, 20./21. November 1966, S. 523; *CDU/CSU-Fraktion*, 1961-1966, Nr. 365, 22. November 1966, S. 2218; *Leugers-Scherzberg*, Wehner, S. 332.
186 Guttenberg an Wehner, 23. November 1966, BAK, N 1397/156.
187 Strauß vor dem CSU-Landesvorstand, 15. November 1966; ich danke Tim Geiger für den Hinweis.
188 Vgl. das handschriftl. Ergebnisprotokoll im Dep. Schmidt, AsD; ich danke Hartmut Soell für den Hinweis.
189 Vgl. *Knorr*, Entscheidungsprozeß, S. 88; *Schönhoven*, Wendejahre, S. 68.
190 Vgl. *Lücke*, Bonn, S. 37.
191 Aktennotiz Guttenbergs über einen Anruf aus der SPD-Fraktion, 11. November 1966, BAK, N 1397/190.
192 Vgl. *Soell*, Schmidt, S. 567; *Schönhoven*, Wendejahre, S. 69ff.
193 Regierungserklärung, 13. Dezember 1966, *Kiesinger*, Große Koalition, S. 7.
194 *CDU/CSU-Fraktion*, 1961-1966, Nr. 367, 28. November 1966, S. 2235ff.
195 *CDU/CSU-Fraktion*, 1961-1966, Nr. 368, 30. November 1966, S. 2290.
196 Vgl. *Krone*, Tagebücher 1961-1966, S. 524, 25./26. November 1966.
197 Kiesinger im *CDU-Bundesvorstand*, 1965-1969, Nr. 10, 29. November 1966, S. 376.
198 Dagegen *Barzel*, Gewagtes Leben, S. 239f., der aus einer Kiesinger-kritischen Haltung die Widerstände in der Fraktion minimiert; *Lücke*, Bonn, S. 48, spricht von Bedenken; vgl. Lücke *CDU-Bundesvorstand*, 1965-1969, Nr. 10, 29. November 1966, S. 389f., ein »mehrheitsbildendes Wahlrecht« sei im Grundgesetz zu verankern, wobei die Union »volle Handlungsfreiheit« genieße.
199 Vgl. den Tagebucheintrag von Berger, 18. November 1966, ACDP, I-400-012/1; Gerstenmaier an Kiesinger, 25. November 1966 (im Privatbesitz).
200 Vgl. *Merseburger*, Brandt, S. 489.
201 Vgl. *Gerstenmaier*, Streit, S. 539.
202 Aufzeichnung Seifriz über einen Anruf Globkes, 29. November 1966, ACDP, I-226-007.
203 Kiesinger im Gespräch mit Rüdiger Löwe, 31. Januar 1978, ACDP, I-226-313.
204 Adenauer an Kiesinger, 2. Dezember 1966, ACDP, I-226-001.
205 Tagebucheintrag Bergers vom 26. November 1966, ACDP, I-400-012/1; *Krone*, Tagebücher, 1961-1966, 28. November, 1. Dezember 1966, S. 524f.
206 Vgl. »Kartell der Angst«, *Spiegel*, 5. Dezember 1966.
207 *Kiesinger*, Große Koalition, S. 27.
208 »Die sogenannten unpopulären Maßnahmen sind die populärsten«, *Stuttgarter Zeitung*, 5. Dezember 1966.
209 Interview mit Kiesinger in der »Tagesschau«, 1. Dezember 1966, 20.20 Uhr (Kopie DB/PD)
210 »Wie die Würfel fielen«, *Zeit*, 2. Dezember 1966; *Soell*, Schmidt, S. 576f.
211 Vgl. AdG, 1. Dezember 1966, S. 12841.
212 Vgl. *Rummel*, Koalition, S. 17.
213 *Schmidt*, Weggefährten, S. 511.
214 Dies konzedierten zeitgenössische Kritiker, vgl. *Zundel*, Große Koalition, S. 39.
215 Kiesinger im ZDF, 11. November 1966, 19.40 Uhr (Kopie in DB/PD); »Sicherung der Stabilität von Wirtschaft und Währung«, *Bulletin*, 29. Dezember 1966.

216 »Die sogenannten unpopulären Maßnahmen sind die populärsten«, *Stuttgarter Zeitung*, 5. Dezember 1966.
217 »Kartell der Angst«, *Spiegel*, 5. Dezember 1966.
218 »Grass appelliert an Kiesinger«, *Frankfurter Rundschau*, 2. Dezember 1966.
219 Vgl. die Akte Alfred Wolfmann, BAK, Bundespresseamt, B 145/7626.
220 »Informationsgespräch Bundeskanzler Kiesinger mit Alfred Wolfmann« (unkorrigiertes stenographisches Protokoll), 8. Dezember 1966, ACDP, I-226-008; auszugsweise veröffentlicht »Interview mit Deutschlands Bundeskanzler. Kiesinger wirbt um das Vertrauen des Judentums«, *Aufbau*, 30. Dezember 1966.
221 *Adenauer*, Reden, S. 416, Rede vom 14. August 1961.
222 Kiesinger und Harpprecht in der Sendung »Dialog«, ZDF, 5. Januar 1967, 21.35 Uhr (Kopie in BD/DB).
223 *SPD-Fraktion*, Nr. 163, 11. November 1966, S. 1010.
224 *Ebd.*, Nr. 166, 26./27. November 1966, S. 1056; das folgende Zitat S. 1061; *Brandt*, Gespräch, S. 59.
225 »Brandt nimmt Kiesinger in Schutz«, *Frankfurter Rundschau*, 29. November 1966; *Brandt*, Begegnungen, S. 176.
226 Unvollständig die Liste von *Kieseritzky* in: *Brandt*, Berliner Ausgabe, Bd. 7, S. 22;
227 »Informationsgespräch mit Graf v. Finckenstein«, 5. Dezember 1966, ACDP, I-226-008; weniger pointiert ist die publizierte Fassung, »›Wenn diese Koalition versagt ...‹ Gespräch der WELT mit Kurt Georg Kiesinger«, *Welt*, 7. Dezember 1966.
228 Weihnachtsansprache über alle Rundfunk- und Fernsehsender, *Bulletin*, 23. Dezember 1966.
229 »Offener Brief an Bundeskanzler Dr. Kiesinger«, *Neue Bildpost*, 11. Dezember 1966 (Hervorhebung im Original).
230 »Kartell der Angst«, *Spiegel*, 5. Dezember 1966.
231 Tagebucheintrag Bergers vom 25. November 1966, ACDP, I-400-012/1.
232 Vgl. *Barzel*, Gewagtes Leben, S. 237.
233 *SPD-Fraktion*, Nr. 166, 26./27. November 1966, S. 1053.
234 »Die sogenannten unpopulären Maßnahmen sind die populärsten«, *Stuttgarter Zeitung*, 5. Dezember 1966; zur Wahrnehmung der Richtlinienkompetenz durch Adenauer vgl. dessen Briefe an Erhard, Strauß u. a. in der *Rhöndorfer Ausgabe*.
235 Interview mit Kiesinger in »Monitor«, 11. August 1967, 20.15 Uhr (Kopie in DB/PD).
236 Plastische Schilderungen bei »Wenn diese Koalition versagt ...«, *Welt*, Dezember 1966; »Ich muß zeigen, wie ich das mache«, *Spiegel*, 20. März 1967.
237 »Bonn liegt Kiesingers Getreuen nicht«, *Welt*, 9. Januar 1967; *Rommel*, Trotz allem heiter, S. 157ff.
238 Vgl. *Schwarz*, Adenauer I, S. 656f.
239 Vgl. *Oppelland*, Schröder, S. 686.
240 »Mit Verspätung auf den Schild gehoben«, *Kölner Stadtanzeiger*, 1. Dezember 1966.
241 Vgl. *Rommel*, Trotz allem heiter, S. 169.
242 Tagebuchaufzeichnungen vom Dezember/Januar 1966/67, Privatarchiv Erwin Wickert (Oberwinter).
243 Vgl. Gespräch von Jost Küpper mit Kiesinger, 17. November 1980, ACDP, I-226-305.
244 Vgl. *Walter/Müller*, Chefs des Kanzleramtes, S. 481.
245 Für eine knappe nachträgliche Einschätzung Kniepers durch Kiesinger vgl. das Gespräch mit Bruno Kaiser, 22. Januar 1982, ACDP, I-226-009.
246 Gespräch mit *Hans Neusel*, Bonn, 24. Juli 2001.

ANMERKUNGEN

247 »Hans Neusel geht«, *Frankfurter Allgemeine Zeitung*, 30. September 1992; »Ein Vollprofi und Ideal-Beamter mit eisernen Nerven«, *General-Anzeiger*, Bonn, 10. September 1992; dazu auch *Zimmermann*, Kabinettstücke, S. 144f., 215.
248 »Im Hintergrund«, *Spiegel*, 11. Juni 1979; *Neusel*, Besuch, in: *Oberndörfer*, Begegnungen, S. 395.
249 Notizen von Jost Küpper über ein Gespräch mit Kiesinger, 17. November 1980, ACDP, I-226-305.
250 Gespräch mit *Hans Neusel*, Bonn, 24. Juli 2001.
251 Information des Staatssekretariats für Gesamtdeutsche Fragen für Ulbricht, o.D. (Ende November 1967), BAB, SAPMO, Büro Ulbricht, DY 30/J IV 2/202/84.
252 Bruno Kaiser im Gespräch mit Kiesinger, 22. Januar 1982, ACDP, I-226-009; Tagebuchnotiz vom 27. August 1967, Privatarchiv Erwin Wickert.
253 Siehe Adenauer an Kiesinger, 6. Dezember 1966, ACDP, I-226-001.
254 Kiesinger im Gespräch mit Jost Küpper, 17. November 1980, ACDP, I-226-305.
255 Häfele an Kiesinger, 10. Februar 1967, ACDP, I-226-004; *Wirz*, Guttenberg, S. 465.
256 Vgl. *Diehl*, Politik, S. 395.
257 Vgl. Heck an Kiesinger, 20. April 1967, ACDP, I-226-004; zu von Hase *Munzinger*.
258 Von Hase an Kiesinger, 16. Dezember 1966, ACDP, I-226-004.
259 Heck an Kiesinger, 30. Dezember 1966, ACDP, I-226-004.
260 Vgl. Wickerts Tagebuch vom November 1966, Privatarchiv Erwin Wickert; Interview mit Ahlers, »Bericht aus Bonn«, ARD, 23. Dezember 1966, 22.15 Uhr (Kopie in DB/PA); zu Ahlers' Nähe zu Kiesinger jetzt auch *Münkel*, Willy Brandt, S. 192ff.
261 Vgl. Hassel an Kiesinger, ACDP, 14. Juli 1967, I-226-004.
262 Vgl. *Diehl*, Politik, S. 384; Tagebuchnotizen, Privatarchiv Wickert; *Neusel*, Gespräch in Bonn, 24. Juli 2001, zufolge ging von Hase auf Kiesingers Insistieren zu Schröder; dagegen *Oppelland*, Schröder, S. 696.
263 Heck an Kiesinger, 20. April 1967, ACDP, I-226-004.
264 Vgl. *Diehl*, Politik, S. 488; *Carstens*, Erinnerungen, S. 359.
265 Kiesinger im Gespräch mit Jost Küpper, 17. November 1980, ACDP, I-226-305; Tagebuchnotiz, 28. Juli 1967, Privatarchiv Erwin Wickert, Oberwinter, 2. Juli 2002; Neusel widerspricht Kiesingers Darstellung, Gespräch in Bonn, 24. Juli 2001.
266 *Carstens*, Erinnerungen, S. 349.
267 Schröder hielt eine derartige Lösung, auf die ihn Kohl schonend vorbereiten sollte, für »ausgeschlossen«, Aufzeichnung vom 22. August 1967, ACDP, I-483-275.
268 Guttenberg an Barzel, 3. April 1967, BAK, N 1371/231.
269 Vgl. *Carstens*, Erinnerungen, S. 354; *Hans Neusel*, Gespräch in Bonn, 24. Juli 2001.
270 »Unterrichtung des Herrn Bundeskanzlers«, Aufzeichnung Schweinitz, BAK, B145/3990; »Kiesinger ist ein Hörkanzler«, *Generalanzeiger*, Bonn, 14. Januar 1967.
271 Kiesinger im Gespräch mit Jost Küpper, 17. November 1980, ACDP, I-226-305
272 *Diehl*, Politik, S. 399.
273 Aus der von Schmoeckel zusammengestellten Zeittafel geht hervor, daß Barzel und Kiesinger 1966 ein Vieraugengespräch hatten, 1967 16, 1968 21 und 1969 18; mit Schmidt hat sich Kiesinger nur viermal während der Großen Koalition getroffen (außerhalb größerer Runden), Zeittafel 1966-1969, ACDP, I-226-320.
274 Tagebucheintrag Krones, 12. Februar 1967, ACDP, I-028-076/2.
275 Ebd., 8. August 1967.
276 Gespräch mit *Hans Neusel*, Bonn, 24. Juli 2001.
277 *Diehl*, Politik, S. 400.
278 *Carstens*, Erinnerungen, S. 384.

279 Siehe einen entsprechenden Bericht des *Spiegel* schon am 20. März 1967: »Ich muß zeigen, wie ich das mache«; »Kiesinger braust nicht selten auf«, *Westdeutsche Allgemeine*, 1. April 1967; »Akten liegen ihm nicht«, *Sonntagsblatt*, 1. Oktober 1967; »Der zweite Frühling«, 26. Juni 1968.
280 Gespräch mit *Viola und Volkmar Wentzel*, 16. Oktober 2001.
281 *Neusel*, Besuch, a.a.O. S. 399; die Rede in *Kiesinger*, Große Koalition, S. 105ff.
282 Gespräch mit *Friedrich Ruth*, Bonn, 2. Juni 2001.
283 »Planer gesucht«, *Christ und Welt*, 31. März 1967.
284 Kiesinger im Gespräch mit Jost Küpper, 17. November 1980, ACDP, I-226-305.
285 Vgl. *Diehl*, Kiesinger, S. 200f.; *Metzler*, Politische Planung, S. 338ff., 344ff.
286 Skeptisch *Süss*, Wer aber denkt; dagegen *Ehmke*, Mittendrin, S. 108ff.
287 Vgl. den Aktenvermerk Krügers, 8. Juni 1967, BAK, B 136/14058.
288 *Dahrendorf*, Politiker, in: *Oberndörfer*, Begegnungen, S. 277.
289 Kiesinger im Gespräch mit Bruno Kaiser, 22. Januar 1982, ACDP, I-226-009; sowie die kritischen Worte über Erhards Behandlung, Gespräch mit McCloy, 16. Dezember 1966, AAPD, 1966/II, Nr. 400, S. 1657; auch Erhard war als Kanzler zunächst pflichtschuldigst nach Paris gefahren, bevor er die USA besuchte.
290 Kiesinger im Gespräch mit Seydoux, 20. Dezember 1966, ACDP, I-226-287.
291 Vgl. die sowjetische Aufzeichnung über de Gaulles Besuch, 15. Juli 1966, BAB, Büro Ulbricht, DY 30/3629/120-135; Gromykos Rede auf der Warschauer Konferenz am 9. Februar 1967, ebd., DY 30/J IV 2/2/260; *Bariety*, Französisch-sowjetische Annäherung, S. 243ff.
292 »Avec Kiesinger, les relations seront faciles tout au moins quant aux sentiments«, *Peyrefitte*, de Gaulle, III, S. 193; *Couve de Murville*, Politique étrangère, S. 274; *Seydoux*, Botschafter, S. 393.
293 Gespräch zwischen Kiesinger und de Gaulle, 14. Januar 1967 (drittes Gespräch), ACDP, I-226-292; dieses Gespräch fehlt in der Aktenedition der AAPD.
294 Regierungserklärung vom 13. Dezember 1966, *Kiesinger*, Große Koalition, S. 22f.
295 Vgl. Gespräch zwischen Kiesinger und McCloy, 16. Dezember 1966, AAPD 1966/II, Nr. 400, S. 1660; *Birrenbach*, Sondermissionen, S. 218.
296 Vgl. oben, »Regierungsbildung«.
297 Aufzeichnung von Diehl, 10. Januar 1967, AAPD 1967/I, Nr. 9, S. 42f.
298 Gespräch zwischen Kiesinger und de Gaulle, 14. Januar 1967 (drittes Gespräch), ACDP, I-226-292.
299 Ausführlich *Gassert*, Personalities, S. 265ff.
300 Zu den jeweiligen Punkten die beiden Gespräche zwischen de Gaulle und Kiesinger am 13. Januar und die deutsch-französischen Regierungsbesprechungen am 13. und 14. Januar, AAPD, 1967/I, Nr. 14, 15, 16, 17, 19.
301 Adenauer an Kiesinger, 2. Dezember 1966, ACDP, I-226-001.
302 Gespräch zwischen Kiesinger und de Gaulle, 14. Januar 1967 (drittes Gespräch), ACDP, I-226-292.
303 Kiesinger vor der CDU/CSU-Bundestagsfraktion, 17. Januar 1967, ACDP, VII-001-1012/1.
304 Erklärung Kiesingers vor dem Bundestag, 18. Januar 1967, *Kiesinger*, Große Koalition, S. 28ff.
305 Kiesinger in Rhöndorf, 3. November 1983, *Schwarz*, Adenauer und Frankreich, S. 85.
306 Kiesinger im *CDU-Bundesvorstand*, 1965-1969, Nr. 11, 13. Februar 1967, S. 429.

ANMERKUNGEN

307 Die Formel stammte von Debré, aus dessen Regierungserklärung vom 15. Januar 1959. Kiesinger schrieb sie, wie Adenauer, regelmäßig de Gaulle zu, vgl. *Bundesrepublik Deutschland und Frankreich. Dokumente*, Nr. 241, S. 632, FN 5.
308 Kiesinger im Gespräch mit Klaus Harpprecht, ZDF, 5. Januar 1967, 21.35 Uhr, ACDP, I-226-322.
309 Gespräch zwischen Kiesinger und de Gaulle, 14. Januar 1967 (drittes Gespräch), ACDP, I-226-292.
310 So schon im Europarat, 18. September 1952, S. 389f.; DB/SB, 3. April 1952, 1. WP, 204. Sitzung, S. 8795.
311 Vgl. Runderlaß des französischen Außenministeriums, 21. Januar 1967, zit. bei *Steinkühler*, Deutsch-französischer Vertrag, S. 158f.
312 Gespräch zwischen Kiesinger und de Gaulle, 14. Januar 1967 (drittes Gespräch), ACDP, I-226-292.
313 Vgl. *Osterheld*, Nicht leichten Herzens, S. 148; *Kusterer*, Kanzler, S. 292f.; *Schwarz*, Adenauer II, S. 790.
314 Ebd., sowie Gespräch zwischen Kiesinger und de Gaulle, 13. Januar 1967, AAPD, 1967/I, Nr. 14, S. 76f.
315 Kiesinger vor dem Verein Union-Presse, 27. Februar 1967, ACDP, I-226-706; Nach *Küntzel*, Bonn und die Bombe, S. 57 geht die Formel »atomare Komplizenschaft« auf den wehrpolitischen Korrespondenten der *FAZ*, Adalbert Weinstein, zurück, ein Strauß-Sympathisant.
316 Kiesinger in einem Zeitzeugengespräch mit Joachim Schwelin, 26. Januar 1976, ACDP, I-226-310; weniger farbenfreudig das offizielle Dolmetscherprotokoll, Gespräch zwischen Kiesinger und McGhee, 20. Dezember 1966, AAPD, 1966/II, Nr. 406, S. 1679ff., den nahezu »unterschriftsreifen« Entwurf überreichte McGhee erst am 16. Januar 1967, ebd., 1967/1, Nr. 21, S. 129f.
317 Johnson im Gespräch mit McCloy, Aufzeichnung von Franics Bator, 2. März 1967, LBJL, Francis Bator Papers, Box 17, folder: Trilaterals-McCloy meeting.
318 Gespräch zwischen Kiesinger und McCloy, 4. März 1967, AAPD, 1967/I, Nr. 87, S. 396f.
319 Vgl. *Birrenbach*, Sondermissionen, S. 218f.
320 Vgl. *Taschler*, Herausforderungen, S. 90; *Bange*, Ostpolitik, S. 627ff.
321 Adenauer an Kiesinger, 27. Februar 1967, ACDP, I-226-001.
322 »Morgenthau-Plan im Quadrat«, *Spiegel*, 27. Februar 1967, S. 21.
323 Strauß an Kiesinger, 15. Februar 1967, ACDP, I-226-285.
324 Rostow an Johnson, 23. März 1967, FRUS 1964-1968, Bd. 15, Nr. 205, S. 504f.
325 Lilienfeld an Kiesinger, 6. März 1967, ACDP, I-226-006.
326 Kiesinger im Gespräch mit Wirsing, 5. Oktober 1967, ACDP, I-226-322.
327 Vgl. Barzel an Kiesinger, 15. Februar 1968, ACDP, I-226-002 und weitere Korrespondenz; zur Haltung in der Fraktion *Taschler*, Herausforderungen, S. 219ff.; zu 1974 *Carstens*, Erinnerungen, S. 437.
328 Von den emotionalen Begleitumständen berichten Zeitzeugen; verklausuliert *McGhee*, Creation, S. 223.
329 Kiesinger im Gespräch mit Rüdiger Löwe, 31. Januar 1978, ACDP, I-226-313.
330 Memorandum of Conversation, 26. April 1967, FRUS, 1964-1968, Bd. XV, S. 537.
331 Rostow an Johnson, 24. April 1967, ebd., S. 523.
332 Vgl. die Aufzeichnungen über die Gespräche Kiesingers mit Johnson, FRUS, 1964-1968, XV, 15./16. August, Nr. 225, 226, 227; AAPD, 1967/II, Nr. 301, 302, 303; *Schwartz*, Johnson, S. 184f.

333 Ausführlich zur Europapolitik *Gassert*, »Wir müssen bewahren«. Im Dezember 1967 sprachen sich 64 % der Deutschen für einen Beitritt aus, nur 8 % dagegen, *Jahrbuch der öffentlichen Meinung*, 1968-1973, S. 561.
334 *Brandt*, Erinnerungen, S. 453.
335 Vgl. Kiesingers CDU-Bundesparteitagsrede, »Dem Wohle des deutschen Volkes verpflichtet«, *Bulletin*, 30. Mai 1967.
336 Im Gespräch mit McGhee, 19. Juni 1967, AAPD, 1967/II, Nr. 225, S. 993; zu Rom Lahr an AA, 31. Mai 1967, AAPD, 1967/II, Nr. 197, S. 843; *Guttenberg*, Fußnoten, S. 130.
337 Vgl. *Linsel*, de Gaulle, S. 244.
338 Kiesinger im Gespräch mit Bruno Kaiser, 22. Januar 1982, I-226-009.
339 Regierungserklärung vor dem Deutschen Bundestag, 16. Okt. 1968, *Kiesinger*, Große Koalition, S. 241.
340 Rede beim Staatsakt im Deutschen Bundestag, 25. April 1967, ebd., S. 51.
341 Adenauer an Kiesinger, 4. April 1967, ACDP, I-226-001; zum letzten Treffen Kiesingers mit Adenauer, *Kiesinger*, So war es, 17. November 1974; ders., Erlebnisse, S. 71, *Schwarz*, Adenauer II, S. 978.
342 *Schwarz*, Adenauer II, S. 980f.
343 *Mehnert*, Der deutsche Standort, gehörte neben Aufsätzen von Dahrendorf zu Kiesingers Urlaubslektüre im Sommer 1967, »Kanzler-Urlaub«, *Spiegel*, 7. August 1967.
344 Kiesinger vor der CDU/CSU-Bundestagsfraktion, 18. April 1967, ACDP, VIII-001-1013/1.
345 Vgl. *Oberndörfer*, in: *Kiesinger*, Große Koalition, S. 346; *Schwarz*, Ära Adenauer 1957-1963, S. 301f.;
346 »Europäische Aspekte«, Rede am 7. Juni 1966, *Kiesinger*, Stationen, S. 199; *Wickert*, Glückliche Augen, S. 261f.
347 Kiesingers vor dem Außenpolitischen Arbeitskreis der CDU/CSU zur Beantwortung des Stoph-Briefes, 5. Juni 1967, 19 Uhr, Mitschrift Barzel, BAK, N 13717/72.
348 Vgl. *Oppelland*, Schröder, S. 557f., S. 589ff.
349 So die meisten der sozial-liberalen Ostpolitik nach 1969 verpflichteten Darstellungen *Bender*, Ostpolitik, S. 154; *Baring*, Machtwechsel, S. 200; *Vogtmeier*, Bahr, S. 103.
350 Vgl. *Kroegel*, Anfang, S. 14f.
351 Aufzeichnung des Ministerialdirektors Diehl, 10. März 1967, AAPD, 1967/I, Nr. 96, S. 460f.
352 Vgl. die Aufzeichnung des Staatssekretärs Carstens, 14. November 1966, AAPD, 1966/II, Nr. 367, S. 1502, der sich Schröder im wesentlichen anschloß; *Carstens*, Erinnerungen, S. 767.
353 Vgl. seine Auseindersetzung mit Windelen, CDU/CSU-Bundestagsfraktion, 17. Januar 1967, ACDP, VIII-001-1012/1.
354 Gespräch zwischen Kiesinger und McCloy, 4. März 1967, AAPD, 1967/I, Nr. 87, S. 408.
355 Kiesinger an Czaja, 29. März 1967, BAK, N 1397/53/112f.
356 Da die DDR ihre Schreiben gleichzeitig telegrafisch übermittelte, war es notwendig, Nichtannahme durch »Zurücktickern« zu demonstrieren, Gespräch mit *Hans Neusel*, Bonn, 24. Juli 2001.
357 Kiesinger vor der CDU/CSU-Bundestagsfraktion, 12. Mai 1967, ACDP, VIII-001-1014/1.
358 Vgl. *Buchstab*, Geheimdiplomatie, S. 892f.

ANMERKUNGEN

359 Kiesinger vor dem CDU-Präsidium, 5. Mai 1967, ACDP, VII-001-057/1.
360 Sitzung des AK V der CDU/CSU, 5. Juni 1967, 19 Uhr, Mitschrift Barzel, BAK, N 1371/72.
361 Kiesinger vor der CDU/CSU-Bundestagsfraktion, 20. Juni 1967, ACDP, VIII-001-1014/1; sowie im Deutschen Bundestag, 14. Juni 1967, *Kiesinger*, Entspannung, S. 57.
362 Kiesinger vor der CDU/CSU-Bundestagsfraktion, 6. Juni 1967, ebd.
363 Kiesinger im Gespräch mit Wirsing, 5. Oktober 1967, ACDP, I-226-322.
364 Kiesinger vor der CDU/CSU-Bundestagsfraktion, 27. Juni 1967, ACDP, VIII-001-1014/1.
365 Aufzeichnung von Carstens über einen Vortrag des deutschen Botschafters in Moskau, von Walther, 10. Mai 1968, BAK, B 136/3751; die entsprechende Stelle wurde von Kiesinger markiert.
366 Vgl. die Aufzeichnung von Carstens, 10. Mai 1968, ebd.; zur DDR *Scholtyseck*, Außenpolitik, S. 26ff.
367 »Vermerk über ein Gespräch des Genossen Axen mit Genossen Andropow, Sekretär des ZK der KPdSU, am 20. Februar 1967 im Hause des ZK der KPdSU«, SAPMO, Büro Ulbricht, DY30/J IV 2/201/1095.
368 Gespräch zwischen Kiesinger und de Gaulle, 13. Juli 1967, AAPD, 1967/II, Nr. 263, S. 1055.
369 Gespräch zwischen Kiesinger und Zarapkin, 11. Juli 1967, AAPD, 1967/II, Nr. 253, S. 1015.
370 Kiesinger im Gespräch mit Wirsing, 5. Oktober 1967, ACDP, I-226-322.
371 Vgl. etwa Kiesingers Ausführungen während der Debatte über den Bericht zur Lage der Nation im geteilten Deutschland, 14. März 1968, *Kiesinger*, Große Koalition, S. 177.
372 Gespräch zwischen Kiesinger und de Gaulle, 12. Juli 1967, AAPD, 1967/II, Nr. 261, S. 1044.
373 Gespräch zwischen Kiesinger und McGhee, 15. November 1967, ACDP, I-226-288.
374 Botschafter Klaiber (Paris) an Auswärtiges Amt, 1. Februar 1967, AAPD, 1967/I, Nr. 41, S. 219f.
375 *Guttenberg*, Fußnoten, S. 133f.
376 Gespräch zwischen Kiesinger und de Gaulle, 12. Juli 1967, AAPD, 1967/II, Nr. 261, S. 1045.
377 Kiesinger im Gespräch mit Augstein, *Spiegel*, 20. März 1967; dort auch das folgende Zitat.
378 Vgl. *Potthoff*, Schatten, S. 58.
379 Kiesinger im Gespräch mit Wirsing, 5. Oktober 1967, ACDP, I-226-322; die zu geringe Beachtung der Rede beklagte Kiesinger schon unmittelbar danach vor der Fraktion, 20. Juni 1967, ACDP, VIII-001-1014/1.
380 Kiesinger vor dem Deutschen Bundestag, 17. Juni 1967, *Kiesinger*, Große Koalition, S. 77ff.; dort auch die redaktionelle Anmerkung zur Zitierung durch Wehner. Die Forschung beachtet die Rede mittlerweile, etwa *Ash*, Im Namen Europas, S. 85; *Potthoff*, Schatten, S. 58.
381 Diehl im Gespräch mit Bruno Kaiser, 7. Dezember 1983, ACDP, I-226-009; auch Kiesinger im Gespräch mit Bruno Kaiser, 22. Januar 1982, ebd.
382 *Brandt*, Entspannungspolitik, S. 453.
383 »Bericht zur Lage der Nation im geteilten Deutschland«, 11. März 1968, *Kiesinger*, Große Koalition, S. 156; dort auch das folgende Zitat.

384 Rede auf dem CDU-Bundesparteitag, Braunschweig, 23. Mai 1967, *Kiesinger*, Große Koalition, S. 53ff.
385 Vgl. *Kleinmann*, Kleine Geschichte, S. 263f.
386 Kiesinger im *CDU-Bundesvorstand*, 1965-1969, Nr. 13, 21. Mai 1967, S. 595.
387 *Bösch*, Macht, S. 97; vgl. *Kleinmann*, Kiesinger als Vorsitzender, in: *Buchstab* u.a., Kiesinger, S. 501ff.
388 CDU-Präsidium, 23. Januar 1967, ACDP, VII-002-057/1.
389 Vgl. »Braunschweig«, Memoirenfragment, o.D., ACDP, I-226-714.
390 Tagebuchaufzeichnung Krones vom 23. April 1967, ACDP, I-028-076/1.
391 Vgl. *Kaltefleiter*, Wechselspiel, S. 36; *Bösch*, Adenauer-CDU, S. 413.
392 Kiesinger vor dem CDU-Präsidium, 5. Januar 1967, 3. Februar 1967, ACDP, VII-001-057/1.
393 »CDU-Vorsitz«, *Spiegel*, 22. Mai 1967; Kiesinger vor der Bundespressekonferenz, *Bulletin*, 18. Januar 1967.
394 Vgl. »Braunschweig«, Memoirenfragment, o.D., ACDP, I-226-714.
395 *Bechtle*, Ankedoten, S. 71.
396 Kiesinger im *CDU-Bundesvorstand*, 1965-1969, Nr. 12, 2. Mai 1967, S. 482.
397 Vgl. Hange an Kiesinger, 5. Oktober 1967, ACDP, VII-001-104/2; Wahlergebnisse bei *Kaltefleiter*, Wechselspiel, S. 35.
398 Kiesinger im *CDU-Bundesvorstand*, 1965-1969, Nr. 14, 17. Juli 1967, S. 619f; 626.
399 Vgl. Scheufelen an Kiesinger, 7. August 1967, ACDP, I-226-007.
400 Kiesinger vor der CDU/CSU-Bundestagsfraktion, 27. Juni 1967, ACDP, VIII-001-1014/1; allgemein zur »Strategie des begrenzten Konflikts«, *Knorr*, Prozeß, S. 145ff.
401 Tagebucheintrag von Krone, 11. und 13. Juli 1967, ACDP, I-028-076/2.
402 Gespräch mit Wirsing, 5. Oktober 1967, ACDP, I-226-322.
403 Vgl. *Rommel*, Trotz allem heiter, S. 174ff.; *Ehmke*, Mittendrin, S. 50; »Pauken und Trompeten«, *Spiegel*, 24. Juli 1967.
404 *Krone*, Tagebücher 1961-1966, Eintrag vom 22. Dezember 1966; das erste ausführliche Gespräch führte er mit Barzel am Tag der Rückkehr aus Paris, 16. Januar 1967, Zeittafel 1966-1969, ACDP, I-226-320.
405 Tagebuchnotiz vom 28. Juli 1967, Privatarchiv Erwin Wickert (Oberwinter).
406 Kiesinger im Gespräch mit Jost Küpper, 17. November 1980, ACDP, I-226-305; Kiesinger im Gespräch mit Wirsing, 6. Oktober 1967, ACDP, I-226-322.
407 Vgl. Barzel an Kiesinger, 13. Juli 1967; eine Antwort Kiesingers erfolgte nicht, überliefert ist der Entwurf eines Schreibens vom August 1967, ACDP, I-226-002.
408 Vermerk über das Gespräch mit Barzel, 13. März 1967, ACDP, I-226-009.
409 Vgl. Schröder an Kiesinger, 14. Juli 1967, ACDP, I-483-287/4.
410 Vgl. Protokoll der Präsidiumssitzung, 30. Juni 1967, ACDP, VII-001-057/1.
411 Ludwig von Danwitz an Barzel, 18. Juli 1967, BAK, N 1371/229; *Guttenberg*, Fußnoten, S. 135f., dessen Darstellung erkennen läßt, daß er den Konflikt mit Schröder forcierte.
412 Kiesinger an Schröder, 11. Juli 1967, ACDP, I-226-007.
413 Handschriftliche Notiz Barzels, 18. Juli 1967, BAK, N 1371/73.
414 Als Hintergrund aufschlußreich »Hofstaat oder Kanzlerstab?«, *Zeit*, 28. Juli 1967.
415 »Schröder«, *Spiegel*, 31. Juli 1967; *Oppelland*, Schröder, S. 692; dagegen Zeittafel 1966-1969, ACDP, I-226-320, in der die Gesprächstermin mit Schröder fehlt.
416 Tagebuchnotiz vom 28. Juli 1967, Privatarchiv Erwin Wickert (Oberwinter).
417 Kiesinger im Gespräch mit Wirsing, 5. Oktober 1967, I-226-322; siehe Krones Tagebucheintrag vom 23. Juli 1967, ACDP, I-028-076/2; Wickert schildert Kiesingers

ANMERKUNGEN

Auffassung, wonach Schröder Barzel auch deshalb mobilisiert habe, »um diesen Fall nicht eintreten zu lassen«.

418 Vermerk Ackermanns, 20. Juli 1967, BAK, N 1371/73; *Barzel*, Gewagtes Leben, S. 240; Tagebuchnotiz vom 28. Juli 1967, Privatarchiv Erwin Wickert; »Die Schwierigkeiten im eigenen Haus«, *Stuttgarter Zeitung*, 4. August 1967.
419 Brandt an Kiesinger, 28. November 1967, ACDP, I-226-002.
420 Kiesinger im Gespräch mit Wirsing, 5. Oktober 1967, ACDP, I-226-322.
421 Vgl. Vermerk von Niebel, 31. Juli 1967; Ahlers an Kiesinger, 3. August 1967, BAK, B 145/4020; im Rückblick hielt Kiesinger die Vernachlässigung der Presse für einen Fehler, Gespräch mit Küpper, 17. November 1980, ACDP, I-226-305; Gespräch mit Bruno Kaiser, 22. Januar 1982, ACDP, I-226-009; zur Präferenz für ausländische Pressevertreter Gespräch mit *Hans Neusel*, Bonn, 2. Juli 2001; die Journalistengespräche in Bebenhausen und Kreßbronn fanden im August statt, vgl. Zeittafel 1966-1969, ACDP, I-226-320.
422 Dagegen *Schneider*, Große Koalition, S. 52.
423 »Die sogenannten unpopulären Maßnahmen sind die populärsten«, *Stuttgarter Zeitung*, 5. Dezember 1966.
424 Vgl. Wehner an Kiesinger, 5. Februar 1967, ACDP, I-226-286.
425 Vgl. Kiesinger an Brandt, 30. Juni 1967, ACDP, I-226-001; Diehls einschlägige Aufzeichnungen vom 10. und 17. März 1967 legten mehr oder weniger das gleiche nahe, AAPD, 1967/I, Nr. 96, Nr. 105.
426 Vgl. *Kroegel*, Anfang, S. 176.
427 Tagebuchnotiz vom 27. Juli 1967, Privatarchiv Erwin Wickert (Oberwinter).
428 Vgl. Barzel an Kiesinger, 13. Juli 1967, ACDP, I-226-002.
429 DzD, 4. August 1967, S. 1507, FN. 4
430 Heck an Kiesinger, 7. August 1967, ACDP, I-226-004.
431 Tagebuchnotiz vom 28. Juli 1967, Privatarchiv Erwin Wickert (Oberwinter).
432 Interview in der ARD mit Kiesinger, 11. August 1967, 20.15 Uhr (Kopie in DB/PD).
433 Rede Brandts auf dem SPD-Landesparteitag in Bremen 18. August 1967, DzD, V/1, S. 1538f.
434 Pressekonferenz Kiesingers, 21. August 1967, DzD, V/1, S. 1545; »Kiesinger äußert sich optimistisch zur Innen- und Außenpolitik«, *Stuttgarter Zeitung*, 22. August 1967.
435 Kiesinger an Barzel [Entwurf], 21. August 1967, ACDP, I-226-002.
436 Kiesinger an Brandt, 22. August 1967, AAPD, 1967/II, Nr. 306, S. 1213; *Merseburger*, Brandt, S. 535, auch hier z.T. in sprachlicher Anlehnung *Kroegel* folgend, spricht dagegen von einem »tadelnden Brief«.
437 Details nach »Schwur am See«, *Spiegel*, 4. September 1967.
438 Handschriftliche Notiz Barzels, 31. August 1967, BAK, N 1371/73.
439 Vgl. dagegen die Darstellung bei *Görtemaker*, Bundesrepublik, S. 446f.
440 Kiesinger im Gespräch mit Kaiser, 22. Januar 1982, ACDP, I-226-009; Kiesinger im Gespräch mit Küpper, 17. November 1980, ACDP, I-226-305.
441 Vgl. *Soell*, Schmidt, S. 622.
442 Zeittafel 1966-1969, ACDP, I-226-320; »Termine der Koalitionsgespräche«, ACDP, I-226-305.
443 Barzel an Kiesinger, 18. Oktober, 27. Oktober 1967, ACDP, I-226-003; *Soell*, Schmidt, S. 623 und *Knorr*, Entscheidungsprozeß, S. 187, halten die Fraktionsvorsitzenden nicht für die treibenden Kräfte. Das gilt sicher nicht für Barzel; zur Forschung die Magisterarbeit von *Eichhorn*, Kreßbronner Kreis.
444 Brandt an Kiesinger, 6. November 1967, ACDP, I-226-002.

445 Am 24. November sowie am 12. und 14. Dezember 1967, Zeittafel, ACDP, I-226-320.
446 Interview der ARD mit Kiesinger, 11. August 1967, 20.15 Uhr (Kopie in DB/PD).
447 Heck vor CDU-Chefredakteuren, 29. Dezember 1967, in: ACSP, NL Strauß, Informationen zur politischen Lage, 1152, zit. nach *Eichhorn*, Kreßbronner Kreis, S. 41.
448 Knieper war Ende Oktober ausgeschieden. Mit Ausnahme einer handschriftlichen Notiz Kiesingers zur ersten der vier Sitzungen 1967 fehlen Protokolle, ACDP, I-226-010.
449 Kiesinger im Gespräch mit Küpper, 17. November 1980, ACDP, I-226-305.
450 Vgl. *Carstens*, Politische Führung, S. 38f.
451 »Die Koalitionszwillinge«, *Zeit*, 29. November 1968; *Knorr*, Parlamentarischer Prozeß, S. 229ff.; *Schneider*, Kompromiß, S. 269ff.
452 *Soell*, Schmidt, S. 619ff.
453 *Krone*, Aufzeichnungen, S. 196 (Einträge vom 19. und 21. September 1967).
454 Barzel an Kiesinger, 23. September 1967, BAK, N 1371/73.
455 Marx an Kiesinger, 29. Mai 1967, BAK, N 1371/238.
456 Birrenbach an v. Staden, ACDP, 18. Juli 1967, ACDP, I-433-139/2.
457 Fernsehdiskussion zwischen Bahr und Majonica, 4. September 1967, DzD, V/I, S. 1579;
458 Kiesinger vor der CDU/CSU-Bundestagsfraktion, 5. September 1967, ACDP, VIII-001-1015/1.
459 Lemmer an Majonica, 25. September 1967, BAK, N 1371/237.
460 Ansprache im Deutschen Fernsehen, 29. September 1969, *Kiesinger*, Entspannung, S. 72.
461 Kiesinger vor der Bundespressekonferenz, 3. November 1967, ACDP, I-226-706.
462 Brandt an Kiesinger, 6. November 1966, ACDP, I-226-001.
463 Schmücker in Anlehnung an Kiesinger, *CDU-Bundesvorstand*, 1965-1969, Nr. 15, 9. Oktober 1967, S. 693.
464 Vgl. Heck an Guttenberg, 4. Oktober 1967, ACDP, VII-001-060/2.
465 Von Hase an Kiesinger, 21. September 1967, ACDP, VII-002-026/3.
466 Vgl. das Interview mit den *Stuttgarter Nachrichten*, 11. September 1967, in: *Kiesinger*, Entspannung, S. 78.
467 Vgl. die umfassende Auswertung des Bundespresseamtes vom 20. September, ACDP, VII-002-026/3; die Werte von Infas, EMNID und Allensbach wichen in allen Werten nur unwesentlich voneinander ab.
468 Kiesinger im *CDU-Bundesvorstand*, 1965-1969, Nr. 15,9. Oktober 1967, S. 662ff.
469 Vgl. *Schmoeckel/Kaiser*, Regierung, S. 159.
470 »Entschlossen dem Wohle des Deutschen Volkes dienen«, Bulletin, 13. Oktober 1967; *Kiesinger*, Große Koalition, S. 115ff. fehlen die entsprechenden Passagen.
471 Ebd., sowie Kiesinger im Gespräch mit Wirsing, 6. Oktober 1967, ACDP, I-226-322.
472 Kiesinger vor dem Deutschen Bundestag, 17. Oktober 1967, *Kiesinger*, Große Koalition, S. 127.
473 Marx an Kiesinger, 29. Mai 1967, BAK, N 1371/238.
474 Amrehn in *CDU-Bundesvorstand*, 1965-1969, Nr. 15, 9. Oktober 1967, S. 689.
475 Interview mit den Stuttgarter Nachrichten, 11. Oktober 1967, *Kiesinger*, Entspannung, S. 77.
476 Kiesinger vor dem Deutschen Bundestag, 17. Oktober 1967, *Kiesinger*, Große Koalition, S. 127.
477 Wortmeldung des Abg. Häussler, CDU/CSU-Bundestagsfraktion, 10. September 1967, VIII-001-1015/1.

ANMERKUNGEN

478 Brandt an Schmidt, 17. Juni 1967, zit. nach *Soell*, Schmidt, S. 600; Aufzeichnung von Diehl, 17. März 1967, AAPD, 1967/I, Nr. 105, S. 484.
479 Barzel an Kiesinger, 5. Oktober 1967, ACDP, I-226-002.
480 Kiesinger im *CDU-Bundesvorstand*, 1965-1969, Nr. 15, 9. Oktober 1967, S. 669.
481 Vgl. *Taschler*, Herausforderungen, S. 201f.
482 Marx an Barzel, 26. September 1967, BAK, N 1371/238.
483 Kiesinger im CDU-Präsidium, 5. Oktober 1967, ACDP, VII-001-060/2.
484 Vgl. die Aufzeichnung von Diehl, 10. März 1967, AAPD, 1967/I, Nr. 96, S. 460f.; *Diehl*, Politik, S. 421.
485 Vermerk von Ackermann, 20. September 1967, BAK, N 1371/73; zur Heck-Reise *Kroegel*, Anfang, S. 194. Heck hatte ein hohes Ehrenamt in der Freiwilligen Feuerwehr inne.
486 *Diehl*, Politik, S. 424f.
487 Aufzeichnung des Ministerialdirigenten Sahm, 25. Oktober 1967, AAPD, 1967/II, Nr. 367, S. 1448ff.
488 McGhee an Department of State, 15. November 1967, FRUS, 1964-1968, XV, Nr. 239, S. 610.
489 Kiesinger vor der CDU/CSU-Bundestagsfraktion, 10. Oktober 1967, ACDP, VIII-001-1015/1; tatsächlich wurden die entscheidenden Verhandlungen erst im Januar 1968 geführt, vgl. AAPD, 1968/I, Nr. 29, 30, 31.
490 Zu Kiesingers Haltung 1957: »Ist in Belgrad nichts zu holen?« *Spiegel*, 30. Oktober 1957; allg. *Kilian*, Hallstein-Doktrin, S. 52ff.
491 Marx an Barzel, 28. September 1967, BAK, N 1371/238.
492 Vgl. *Gray*, Germany's Cold War, S. 202ff.
493 Barzel an Marx, 3. Oktober 1967, BAK, N 13671/238; Barzels Ausführungen vor der CDU/CSU-Bundestagsfraktion, 3. Oktober 1967, ACDP, VIII-001-1015/1.
494 Desai im Gespräch mit Kiesinger, 5. Oktober 1967, ACDP, I-226-288.
495 Interview Kiesingers im WDR II (»Mittagsmagazin«), 14.00 Uhr (DB/PD).
496 Gespräch zwischen Kiesinger und Ne Win, 23. November 1967, AAPD, 1967/III, Nr. 397, S. 1536.
497 Gespräch zwischen Kiesinger und Desai, 5. Oktober 1967, ACDP, I-226-288; siehe auch das Gespräch zwischen Kiesinger und dem Präsidenten von Mauretanien, Moktar Ould Daddh, 26. September 1967, ebd.
498 Mirbach an Auswärtiges Amt, 24. November 1967, AAPD, 1967/III, Nr. 399, S. 1540ff.
499 Handschriftliche Aufzeichnung von Barzel, »Jugoslawien«, 11. Dezember 1967, BAK, N 1371/74.
500 *Taschler*, Herausforderungen, S. 183; die Termine nach Zeittafel 1966-1969, ACDP, I-226-320.
501 CDU/CSU-Bundestagsfraktion, 12. Dezember 1969, ACDP, VIII-001-1015/2; auch die folgenden Zitate.
502 »Nach hartem Ringen in Bonn: Jetzt Verhandlungen mit Belgrad«, *Welt*, 13. Dezember 1967; vom »dramatischen Verlauf« der Sitzung berichten *Hildebrand*, Erhard, S. 329; *Schmoeckel/Kaiser*, Vergessene Regierung, S. 329; *Kroegel*, Anfang, S. 196f.; *Taschler*, Herausforderungen, S. 183 enthält sich eines Urteils.
503 *CDU-Bundesvorstand*, 1965-1969, Nr. 26, 17. April 1969, S. 1408.
504 Kiesinger vor der CDU/CSU-Bundestagsfraktion, 16. Januar 1968, VIII-001-1015/2.
505 Bericht zur Lage der Nation im geteilten Deutschland, 11. März 1968, *Kiesinger*, Große Koalition, S. 155ff.

506 Aufzeichnung des DDR-Staatssekretariats für Gesamtdeutsche Fragen, o.D. (November 1967), BAB, Büro Ulbricht, DY30/J IV 2/202/84; *Gerstner*, Sachlich, kritisch, optimistisch, S. 322ff.
507 Kiesinger vor der CDU/CSU-Bundestagsfraktion, 16. Januar 1968, VIII-001-1015/2.
508 Bahr im Gespräch mit Hermann von Berg, März 1967, *Knabe*, Diskreter Charme, S. 140.
509 Vgl. *Taschler*, Herausforderungen, S. 174.
510 Wehner an Kiesinger, 31. Januar 1968, ACDP, I-226-286.
511 Guttenberg an Kiesinger, 16. April 1968, ACDP, I-226-311; das Schreiben Guttenbergs faßt die von Wehner übermittelte Aufzeichnung zusammen.
512 Zu Schauffs Tätigkeit für den BND *Schneider*, Schauff, S. 162; Vermerk von Guttenberg, 31. Januar 1969, BAK, N 1397/94/104; daß Kiesinger Schauffs Mitteilung konsterniert habe, berichtet sein damaliger Bürochef *Friedrich Ruth*, Gespräch in Bonn, 6. Juni 2002.
513 Vgl. hierzu und zu dem Folgenden Vermerk von Guttenberg, 16. April 1968, ACDP, I-226-311.
514 Vgl. Langkau an Guttenberg, 13. Februar 1968, BAK, N 1397/96/220; nach einer Notiz von Guttenberg war Kiesinger das Dossier am 7. Februar vorgelegt worden.
515 Aufzeichnung Langkaus vom 13. Februar 1968, BAK, N 1397/96/223ff.; vgl. *Merseburger*, Brandt, S. 540.
516 Aufzeichnung von Georg Schröder (*Welt*) über ein Gespräch mit dem CIA-Chef in Deutschland, Ray S. Cline, 9. April 1968, BAK, B 136-3751.
517 »Longo bestätigt Gespräch mit Kiesinger«, *Frankfurter Allgemeine Zeitung*, 10. April 1968.
518 Guttenberg an Kiesinger, 16. April 1968, ACDP, I-226-311; dort die folgenden Zitate.
519 »Alles Kapitalisten«, *Spiegel*, 8. April 1968, S. 27.
520 Das Gespräch wurde 1971 von *Timmermann*, Vorfeld, S. 395 aufgrund der Presse auf März datiert, seine Darstellung von der Literatur übernommen; *Kroegel*, Anfang, S. 215; *Merseburger*, Brandt, S. 544.
521 Aufzeichnung von Guttenberg, Gespräche zwischen SPD und KPI, 6. Februar 1968, BAK, N 1397/96/250.
522 Gespräch zwischen Honecker und Abrassimow, 20. Februar 1968, BAB, DY30/J IV 2/202/80.
523 Bahr zit. nach *Merseburger*, Brandt, S. 544.
524 Vgl. *Niedhart*, Revisionistische Elemente, S. 241ff.
525 *Timmermann*, Vorfeld, S. 393.
526 Aufzeichnung von Guttenberg, Gespräche zwischen SPD und KPI, 6. Februar 1968, BAK, N 1397/96/250 (Hervorhebung des Autors).
527 Zusammenstellung der Pressestimmen in Guttenberg an Kiesinger, 16. April 1968, ACDP, I-226-311.
528 Guttenberg an Kiesinger, 1. April 1968, BAK, N 1397/91/250; *Carstens*, Erinnerungen, S. 362.
529 Vgl. *Merseburger*, Brandt, S. 544.
530 Aufzeichnung von Carstens über das Koalitionsgespräch am 4. April 1968, ACDP, I-226-010.
531 *Brandt*, Erinnerungen, S. 192.
532 Aufzeichnung von Carstens über das Koalitionsgespräch am 4. April 1968, ACDP, I-226-010.
533 Wehner an Kiesinger, 6. April 1968, ACDP, I-226-286.

ANMERKUNGEN

534 Aufzeichnung von Carstens über das Koalitionsgespräch am 14. Mai 1968, ACDP, I-226-010.
535 Kiesinger hatte sich gegen Vorwürfe aus dem Weißen Haus zur Wehr gesetzt, er toleriere die KPI-SPD-Kontakte, McGhee an Department of State, 22. März 1968, FRUS, 1964-1968, XV, Nr. 253, S. 645.
536 Georg Schröder an Kiesinger, 10. April 1968 sowie die anliegende vertrauliche Aufzeichnung Schröders über das Gespräch mit Cline, 9. April 1968, BAK, B 136-3751.
537 Als Anhaltspunkt hierfür Rasner an Kiesinger, 5. April 1968, ACDP, I-226-007; darin ging es um eine dpa-Meldung, wonach Kiesinger durch Diehl das Wort »nachträglich« erst nachträglich habe einfügen lassen. Ausgehend von der ursprünglichen Meldung, habe sich die Fraktion über Kiesingers Deckung der KPI-Kontakte beschwert, dagegen *Kroegel*, Anfang, S. 221; Guttenberg und Diehl sprachen mit Kiesinger die Stellungnahme ab: »Ich wurde nachträglich von diesem Treffen informiert. Es handelte sich dabei um einen Vorgang, der unter der Verantwortung der Sozialdemokratischen Partei stattfand«, Guttenberg an Kiesinger, 1. April 1968, BAK, N 1397/91/250.
538 Gespräch zwischen Kiesinger und McGhee, 27. März 1968, AAPD, 1968/I, Nr. 110, S. 406; daß in diesem Gespräch die KPI-Kontakte zur Sprache gekommen waren, geht aus dem offiziellen Protokoll nicht hervor, jedoch aus dem Vermerk von Guttenberg für Kiesinger, 16. April 1968, ACDP, I-226-311.
539 *Krone*, Aufzeichnungen, 15. März 1968, S. 198.
540 DB/SB, 168. Sitzung, 5. April 1967, S. 8955.
541 Vgl. *Schneider*, Kunst, S. 106; *Schönhoven*, Entscheidung, S. 396.
542 *Soell*, Fraktion, S. 616f.; *ders.*, Schmidt, S. 628.
543 Regierungserklärung Kiesingers vor dem Deutschen Bundestag, 13. Dezember 1966, *Kiesinger*, Große Koalition, S. 7; zur FDP *Baring*, Machtwechsel, S. 108.
544 »Schlechte Rechner«, Spiegel, 22. Januar 1968.
545 Siehe Kap. II, Abschnitt »CDU-Landesgeschäftsführer in Württemberg-Hohenzollern«.
546 Allg. *Baring*, Machtwechsel, S. 108ff.; jetzt vor allem *Schönhoven*, Wendejahre, S. 235ff.
547 Vgl. CDU/CSU-Bundestagsfraktion, 28. und 30. November 1966, ACDP, VIII-001-1011/1.
548 Vgl. hierzu und zu dem folgenden die Diskussion im *CDU-Bundesvorstand*, 1965-1969, Nr. 16,4. Dezember 1967, S. 714f.; 723ff.
549 Erklärung der UdSSR an die BRD, 8. Dezember 1967, DzD V./I, 1966/67, S. 2173ff.
550 Schauff an Krone, 5. Januar 1968, ACDP, I-028-014/1.
551 »Fern von Bonn sprach sich der Kanzler aus«, Welt am Sonntag, 31. Dezember 1967; Interview mit WDR II/Rias auf dem CDU-Landesparteitag Westfalen-Lippe, *Kiesinger*, Reden und Interviews 1968, S. 24.
552 Vgl. *Lücke*, Bonn, S. 8f.
553 Karin Schauff an Kiesinger, 6. Januar 1968, ACDP, I-226-208.
554 Anlage zum Protokoll vom 11. Januar 1968, ACDP, I-226-010.
555 Empfehlungen der Wahlrechtskommission der CDU/CSU, ACDP, VII-001-104/2; siehe Präsidiumssitzung vom 19. Januar, ACDP, VII-001-057/1.
556 Hange an Kiesinger, 26. Januar 1968, ACDP, VII-001-104/2.
557 *CDU-Bundesvorstand*, 1965-1969, Nr. 17, 29. Januar 1968, S. 820.
558 Ebd., S. 798; siehe Kiesinger vor der CDU/CSU-Bundestagsfraktion, 16. Januar 1968, ACDP, VIII-001-1015/2; sowie im Bundesausschuß, 20. Februar 1968, ACDP, VII-001-023/3.

559 Ebd., S. 802; dagegen *Barzel*, Gewagtes Leben, S. 239.
560 Aufzeichnung von Guttenberg, »Dienstagskreis«, 5. März 1968, BAK, N 1397/93/214.
561 Vgl. *Schneider*, Kompromiß, S. 109ff.; Aufzeichnung von Carstens über das Koalitionsgespräch am 26. März 1968, ACDP, I-226-010.
562 Nachrichtenspiegel Inland II, 25. März 1968, ACDP, I-226-306; Wehner an Lücke, 24. März 1968, ACDP, I-226-286.
563 Vgl. den Vermerk von Ackermann für Barzel, 22. März 1968, BAK, N 1371/75.
564 »Der Rücktritt auf Raten«, *Frankfurter Allgemeine* Zeitung, 29. März 1968.
565 Hierzu und zu dem folgenden CDU/CSU-Bundestagsfraktion, 26. März 1968, ACDP, VIII-001-1016/1.
566 Informationsgespräch, Landespressekonferenz Baden-Württemberg, 21. März 1968, ACDP, I-226-008.
567 Vgl. *Kaltefleiter*, Wechselspiel, S. 34.
568 Kiesinger vor der CDU/CSU-Bundestagsfraktion, 26. März 1968, ACDP, VIII-001-1016/1.
569 Koalitionsgespräch, 26. März 1968, ACDP, I-226-010; »SPD nimmt Kiesinger in Schutz«, *Frankfurter Rundschau*, 4. April 1968
570 Ebd., sowie die Notizen Barzels, »Koal«, 26. März 1968, BAK, Dep. Barzel, N 1371/75.
571 Interview Kiesingers, 21. März 1968, in: *DzD* V/2, 1968, S. 489f.
572 Vgl. handschriftl. Aufzeichnungen Guttenberg über Ausführungen von Bundesinnenminister Benda im Kabinett, 17. April 1968, BAK, N 1397/93/160ff.; zum Attentat und den Osterunruhen *Karl*, Dutschke, S. 208ff; *Chaussy*, Drei Leben, S. 246ff.; zu den Molotowcocktails ebd., S. 253.
573 Faksimile des Telegramms in *Reisner*, Briefe, S. 12.
574 Aufzeichnung von Carstens über das Koalitionsgespräch, 16. April 1968, ACDP, I-226-010; siehe auch den Vermerk von Schmoeckel, »Schutz der Bundesregierung bei Unruhen 1968«, 13. August 1984, ACDP, I-226-306.
575 Gespräch mit Friedrich Ruth, Bonn, 6. Juni 2002; »Geplantes Attentat auf Kiesinger ohne politischen Hintergrund«, *Stuttgarter Zeitung*, 25. April 1968.
576 Vgl. »Einer wird gewinnen«, *Spiegel*, Nr. 17, 22. April 1968, S. 29.
577 Stenographisches Protokoll, Pressegespräch im Bundeskanzleramt, 18. April 1968, ACDP, I-226-008.
578 *CDU-Bundesvorstand*, 1965-1969, Nr. 18, 10. Mai 1968, S. 880.
579 Vgl. *Baring*, Machtwechsel, S. 77; *Barzel*, Gewagtes Leben, S. 248.
580 Aufzeichnung über das Informationsgespräch im Bundeskanzleramt, 12. April 1968, ACDP, I-226-008.
581 Rundfunk- und Fernseherklärung zu dem Attentat auf den Studenten Rudi Dutschke, 13. April 1968, *Kiesinger*, Reden und Erklärungen 1968, S. 130f.
582 *Barzel*, Gewagtes Leben, S. 248.
583 Vgl. *Baring*, Machtwechsel, S. 70ff.; Barzel diente Baring als Quelle, dessen Studie *Machtwechsel* er bis in die Wortwahl hinein beeinflußt zu haben scheint. In seinen Erinnerungen zitiert Barzel nun seinerseits Baring, *Barzel*, Gewagtes Leben, S. 245, 258; die Aussage, daß er, Barzel, und Adenauer zu den »ganz, ganz wenigen in der Union« gehört hätten, »die spürten, daß Neues in der Luft lag«, wirkt, nach allem, was über die umwelt- und bildungspolitischen Aufbrüche der sechziger Jahre in Baden-Württemberg bekannt ist, überspitzt.
584 Vgl. *Dutschke*, Tagebücher 1963-1979, S. 52.

ANMERKUNGEN

885 »Journalisten fragen – Politiker antworten«, ZDF, 29. Juni 1967, 20.50 Uhr (Kopie in DB/PD).
586 CDU/CSU-Bundestagsfraktion, 28. Juni 1967, ACDP, VIII-001-1014/1.
587 Rede von Brigitte Zypries, 2. April 2004, www.bmj.bund.de/enid/0,0/mh.html.
588 »Personalien«, *Spiegel*, 15. April 1968.
589 Pressegespräch im Bundeskanzleramt, 18. April 1968, ACDP, I-226-008.
590 »Botschafter abberufen«, *Spiegel*, 6. Mai 1968, S. 72.
591 *Ruetz*, 1968, S. 209.
592 Interview mit dem WDR, 13. April 1968, *Kiesinger*, Reden und Interviews 1968, S. 132.
593 Gespräch zwischen Kiesinger, Nixon und Kissinger, 8. August 1969, AAPD, 1969/II, Nr. 259, S. 907.
594 Rede auf der 15. Bundestagung des EAK, 22. März 1969, Düsseldorf (Kopie in DB/PA).
595 »Kampflustig antwortete Kiesinger auf die Störungen«, *Welt*, 4. März 1968.
596 »Der Kanzler und die Ketzer von Konstanz«, *Welt*, 25. April 1968; »Bei Sonnenschein ist dieser Kanzler gut«, *Süddeutsche Zeitung*, 24. April 1968.
597 »Der Kanzler und die Ketzer von Konstanz«, *Welt*, 25. April 1968.
598 *Diehl*, Politik, S. 479.
599 »Da sind Dämonen am Werk«, *Spiegel*, 29. April 1968; Baduras Vater war einer der Mitreformer in der Askania, vgl. DHJ, S. 100.
600 »Der Kanzler und die Ketzer von Konstanz«, *Welt*, 25. April 1968; »Kiesinger diskutiert mit Konstanzer Studenten«, *Stuttgarter Zeitung*, 24. April 1968; »Auf Wahlreise mit Kiesinger«, *Neue Zürcher Zeitung*, 26. April 1968.
601 Hange an Kiesinger, 9. Oktober 1968, ACDP, VII-001-057/1.
602 Kiesinger vor der CDU/CSU-Bundestagsfraktion, 29. April 1968, ACDP, VIII-001-1016/1.
603 »Gestörte Wahlversammlungen«, CDU-Bundesgeschäftsstelle, Referat Öffentlichkeitsarbeit und Werbung, 19. September 1968, ACDP, VII-001-057/1; dort auch die folgenden Zitate.
604 Kiesinger in der CDU/CSU-Bundestagsfraktion, 29. April 1968, ACDP, VIII-001-1016/1.
605 »Gestörte Wahlversammlungen«, a.a.O. ACDP, VII-001-057/1.
606 Kiesinger im *CDU-Bundesvorstand*, 1965-1969, Nr. 18, 10. Mai 1968, S. 878f.
607 Besprechung der CDU/CSU-Minister, 17. April 1968, BAK, N 1397/93/161.
608 »Chancen und Möglichkeiten der Großen Koalition«, *Bulletin*, 7. Dezember 1967; »Linksradikale Aktivität an den Universitäten«, 4. Dezember 1967, ACDP, VII-001-1061/1.
609 Vgl. die Stellungnahme Kraskes zu einem Schreiben des Präsidenten der Westdeutschen Rektorenkonferenz an Kiesinger, 26. Oktober 1967, ACDP, VII-002-026/3.
610 Bericht zur Lage der Nation im geteilten Deutschland, 11. März 1968, *Kiesinger*, Große Koalition, S. 170.
611 Informationsgespräch mit der Landespressekonferenz Baden-Württemberg, 21. März 1968, ACDP, I-226-008.
612 Bericht zur Lage der Nation im geteilten Deutschland, 11. März 1968, *Kiesinger*, Große Koalition, S. 172.
613 Rede anläßlich des gemeinsamen Parteitages der vier baden-württembergischen Landesverbände der CDU, 2. März 1968, *Kiesinger*, Reden und Erklärungen 1968, S. 89.

614 Kiesinger vor der CDU/CSU-Bundestagsfraktion, 6. Februar 1968, VIII-001-1015/2; dies war eine gängige Argumentation in der Union vgl. *Schönbohm/Runge/Radunski*, Herausgeforderte Demokratie, S. 77ff.
615 Hintergrundgespräch mit der Landespressekonferenz Baden-Württemberg, 21. März 1968, ACDP, I-226-008.
616 Kiesinger vor der CDU/CSU-Bundestagsfraktion, 6. Februar 1968, VIII-001-1015/2.
617 Rede auf der 14. Bundestagung des EAK, 9. März 1968, *Kiesinger*, Große Koalition, S. 147f.
618 »Kennen Sie Kiesinger?«, *Welt am Sonntag*, 27. August, 3. September, 10. September, 17. September, 24. September, 1. Oktober, 8. Oktober, 15. Oktober, 22. Oktober 1967; siehe *Hoff*, Kiesinger.
619 »Kanzler-Reklame aus Steuergeldern«, *Frankfurter Rundschau*, 18. Dezember 1967; »Als unser Kanzler ein Lausbub war«, *Bremer Nachrichten*, 28. Dezember 1967.
620 So beklagte sich Ulbricht in einem Gespräch mit dem polnischen Außenminister Adam Rapacki und dem sowjetischen Vizeaußenminister Wladimir Semjonow, daß die DDR »die ganze Last des psychologischen Krieges« trage, Vermerk vom 15. September 1967, BAB, DY 30/J IV 2/202/76.
621 Vgl. »Information: Kanzler-Kandidat Kurt Georg Kiesinger«, 29. November 1966; »Maßnahme-Plan gegen Kiesinger«, 30. November 1966, BStU, MfS HA IX 11, AS 121/68; »Suchauftrag« Nr. 667/66; noch der »Arbeitsplan September-Dezember 1966« der Abteilung Agitation des Nationalrats vom 25. August 1966 sah keinerlei »Maßnahmen« gegen Kiesinger vor.
622 Vgl. Stercken an Schirmer, 20. April 1967, ACDP, I-226-253; zu den versuchten Kampagnen der DDR im Ausland Norden an Ulbricht, 5. Januar 1967, 10. Februar 1967, BAB, DY30/IV A2/2.028/14.
623 Dengler an Norden, 24. Oktober 1967, BAB, DY 30/IV A2/2.028/007.
624 Daß die DDR entsprechend kalkulierte, war der westdeutschen Seite klar, vgl. die Information einer BND-Quelle aus Ostberlin, wonach die Agitationsabteilung beim ZK der SED »dringend empfohlen habe«, westliche Broschüren wie die von Klarsfeld verfaßten Schriften »oder ähnliche Pamphlete aus dem Westen zu kopieren, anstatt mit eigenen Kommentaren aufzuwarten«, Juni 1968, BAK, N 1397/97/76.
625 Feist an Norden, 27. Januar 1967, SAPMO, DY 30/IV A2/2.028/007.
626 »Maßnahmeplan gegen die Kiesinger-Biographie in der ›Welt am Sonntag‹«, ebd.
627 *Klarsfeld*, Wherever They May Be, S. 23ff.; das Buch erschien erstmals 1972 in französischer Sprache; weder in den Stasi-Akten noch in den Akten der Staatlichen Archivverwaltung der DDR konnte ein Hinweis auf den Besuch Serge Klarfelds gefunden werden; die Broschüre »Die Wahrheit über Kurt Georg Kiesinger« wurde in 25.000 Exemplaren Klarsfeld kostenlos zur Verfügung gestellt, Information der Westabteilung für Norden, 2. Mai 1968, DY 30/IV A2/2.028/7.
628 *Klarsfeld*, Wherever They May Be, S. 14f., das folgende ebd.
629 *Klarsfeld*, Wahrheit, S. 5 (zit. wird nach der 2. Aufl. 1968).
630 *Klarsfeld*, Wherever They May Be, S. 9; das folgende ebd. (Übersetzung des Autors).
631 *Koenen*, Rotes Jahrzehnt, S. 95ff.
632 *Lepsius*, Erbe des Nationalsozialismus, S. 229ff.
633 Abgedruckt in: *Agitprop*, S. 27f.
634 Der *Spiegel* brachte die Abbildung mit Klarsfelds Zwischenruf erst im November 1968, nachdem Klarsfeld durch die »Ohrfeige« berühmt geworden war, vgl. »Ganz hübsch«, *Spiegel*, 11. November 1968.

635 »Zeuge Kiesinger«, *Frankfurter Rundschau*, 22. Februar 1968; »Fragen an Kiesinger«, *Zeit*, 1. März 1968.
636 »Die neuen Kriegsverbrecher-Prozesse und die Möglichkeiten wirksamer Dokumentations- und Argumentationshilfe«, Aufzeichnung von Ahrens, 12. August 1968, 13, ACDP, I-226-A-253.
637 Ahrens an Best, 13. September 1968, ebd.
638 Vgl. *Shafir*, Ambigous Relations, S. 265.
639 Gespräch zwischen Kiesinger und den Vertretern von B'nai B'rith, Weksler und Edelsberg, 17. Januar 1968, ACDP, I-226-288.
640 Vermerk von Carstens über das Koalitionsgespräch vom 4. April 1968, ACDP, I-226-010.
641 Aufzeichnung Guttenbergs über eine Besprechung mit der CSU-Spitze, o.D. (ca. Oktober 1968), BAK, N 1397/262/262ff.
642 *Weinke*, Verfolgung, S. 271.
643 Der § 220 StPO erlaubt der Verteidigung, auf eigene Kosten einen Zeugen zu laden.
644 Kempner an Kiesinger, 14. März 1968, ACDP, I-226-251.
645 Vgl. den Vermerk von Ruth, 8. April 1968 sowie Neusel an Grundschöttel, 9. April 1968, ACDP, I-226-253.
646 »Das Schwurgericht soll nach Bonn fahren«, *Frankfurter Allgemeine Zeitung*, 4. April 1968.
647 »Zum Mord-Prozeß ein Kanzler-Zeugnis«, *Süddeutsche Zeitung*, 5. Juli 1968.
648 Stenographisches Protokoll der Zeugenvernehmung Kiesingers, 4. Juli 1968, ACDP, I-226-252.
649 Diese Aussage wurde kaum aufgegriffen und spielte in weiteren Kontroversen keine Rolle, »Kiesingers Zeugenaussage im Frankfurter Judenmordprozeß«, *Neue Zürcher Zeitung*, 6. Juli 1968.
650 Ebd.; in der Mitschrift, die ein Informant für den DDR-Rechtsanwalt Friedrich Karl Kaul anfertigte, fehlen diese Passagen; das übersieht *Weineke*, Verfolgung, S. 457, FN 120; tatsächlich ist das im NL Kiesinger überlieferte offizielle Gerichtsprotokoll die ausführlichere, wörtliche Version; nur die DDR-Fassung vermittelt den Eindruck eines Kreuzverhörs, vgl. Bericht über die Vernehmung von Kiesinger, BAB, N2503/230/209ff.
651 S.o. Kap. II, Abschnitt »Das nationalsozialistische Europa«.
652 Vgl. »Herr Bundeskanzler, Sie sind entlassen«, *Bremer Nachrichten*, 6. Juli 1968; »Stummer Blick und müdes Achselzucken«, *Frankfurter Rundschau*, 6. Juli 1968.
653 So *Weineke*, Verfolgung, S. 277: »Die Rechtfertigungsrede Kiesinger, in der sich die alten Wahrnehmungs- und Deutungsmuster der Nachkriegsperiode ungebrochen fortsetzten, war letztlich nur ein besonders beredsames Beispiel dafür, daß alle historischen, politischen und ethischen Fragen, die die neue Welle von NS-Prozessen seit Ende der fünfziger Jahre aufgeworfen hatten, an einem Teil der bundesdeutschen Politik und Gesellschaft spurlos [sic!] vorbeigegangen waren. [...]. Während somit der Angeklagte von Kiesingers Aussagen sowohl juristisch als auch moralisch profitieren konnte, blieb es Kiesinger hingegen verwehrt, seinen erzwungenen Prozeßauftritt in eine vergangenheitspolitische Rehabilitierung umzumünzen. [...] Als zu plump erwies sich die Strategie, sich durch den bereits bewährten Hinweis auf die eigene Dissidenz gegen eine allzu scharfe und grobschlächtige antisemitische Propaganda aller weiterer Fragen nach individueller historischer und moralischer Verantwortung entledigen zu wollen. [...] Und

schließlich ging in dem am Rande verfolgten Bemühen, aus Gründen der Staatsräson weiterhin am Mythos der unangetasteten Integrität des Auswärtigen Amtes festhalten zu wollen, auch der letzte Rest an persönlicher Glaubwürdigkeit verloren.« Es ist nicht ersichtlich, worauf sich letztere Aussage stützt, da bei Kiesingers Verhör die Tätigkeit der Abteilung Deutschland und des Unterstaatssekretärs Luther zur Sprache kam.

654 »Der Bundeskanzler sagt als Zeuge aus«, *Frankfurter Allgemeine Zeitung*, 5. Juli 1968.
655 Siehe das Schreiben von Bausch an Wickert, 8. Dezember 1966, Privatarchiv Erwin Wickert, Oberwinter.
656 Wickert, Glückliche Augen, S. 248ff.
657 Langemann an Guttenberg, 27. Februar 1968 sowie am 28. Februar 1968, BAK, N 1397/096.
658 Langemann an Guttenberg, 29. März 1968, ebd.
659 Guttenberg an Kiesinger, 8. März 1968, ebd.
660 Vgl. die Aufgabenstellung des Gutachtens »Die Tätigkeit Kurt Georg Kiesingers als Mitarbeiter des Auswärtigen Amtes zwischen 1940 und 1945«, ACDP, I-226-253; zur Beauftragung Buchheims Aufzeichnung von Guttenberg, 14. Mai 1968, ebd; die folgenden Zitate ebd.
661 Kiesinger hatte diesen im April 1968 in Konstanz öffentlich geäußert, kurz darauf aber wieder verworfen, Vermerk Guttenbergs für Ruth, 21. April 1969, ACDP, I-226-253.
662 Aufzeichnung Grünewald für Carstens, 15. Juli 1968, ebd.
663 Beitrag von Grass an die SDR-Hörfunkreihe,»Offen gesagt« (März 1968), AsD, Willy-Brandt-Archiv, Parteivorsitzender, Bd. 8; ich danke Wilfried Mausbach für diesen Hinweis.
664 »Günter Grass an Propst Grüber«, *Rheinischer Merkur*, 16. Mai 1968.
665 Ebd.
666 *Klarsfeld*, Geschichte, S. 68, 75.
667 Aufzeichnung des Bundesamtes für Verfassungsschutz für Staatssekretär Gumbel (Innenministerium), 18. Dezember 1968, ACDP, I-226-252.
668 Telegramm des Bundespresseamts Berlin, 10. Mai 1968, ACDP, I-226-A-261; »Grass contra Kiesinger. Scharfe Angriffe gegen den Bundeskanzler in einer Veranstaltung der APO«, 11. Mai 1968.
669 Vgl. *Klarsfeld*, Wherever, S. 64ff.
670 *Rusinek*, Entdeckung, in: Schildt u.a., Dynamische Zeiten, S. 123, 143.
671 *Schmidtke*, Aufbruch, S. 157ff.
672 ZDF-Zeitzeugengespräch mit Albrecht Pünder, 20. Juli 1999 (im Besitz des Verfassers); zu Pünder Kap. II, »Resistenz und Kriegsende«.
673 »Ganz hübsch«, *Spiegel*, Nr. 36, 11. November 1968; »Die Frau, die den Kanzler schlug«, *Stern*, 24. November 1968.
674 Zeugenaussage von Gerald Dörp (Sicherheitsbeamter), 6. November 1968, Polizeipräsident in Berlin, ACDP, I-226-252.
675 *CDU-Bundesparteitag*, 1968, S. 402; die folgenden Zitate S. 412; 438f.
676 *Thamer*, NS-Vergangenheit, S. 50.
677 »Strafantrag nach langem Zögern«, *Frankfurter Neue Presse*, 9. November 1968; »Den Bundeskanzler mißhandelt«, *Spiegel*, 11. November 1968.
678 »Die Ohrfeige war ein politischer Akt«, *Spiegel*, 18. November 1968.
679 *Kohl*, Erinnerungen, 1930-1982, S. 241f.
680 Vgl. *Spiegel spezial* 1/2001, »Die Gegenwart der Vergangenheit«, S. 193.

ANMERKUNGEN

681 Das Foto beispielsweise in *Süddeutsche Zeitung*, 2. Dezember 1968.
682 Vgl. das Urteil in der Strafsache gegen Klarsfeld, 7. November 1968, Kopie in ACDP, I-226-252.
683 »Strafantrag nach langem Zögern«, *Frankfurter Neue Presse*, 9. November 1968; »Die APO hat ihre neue Märtyrerin. Nach dem Urteil ließ sich Beate Klarsfeld feiern«, *Neue Rhein-Neue Ruhr Zeitung*, 9. November 1968.
684 »Kiesinger in das Gesicht geschlagen«, *Welt*, 8. November 1968; »Kiesinger sollte in Brüssel am Reden gehindert werden«, *Stuttgarter Zeitung*, 14. November 1968; die belgischen Behörden verwiesen Klarsfeld darauf des Landes.
685 »Ohrfeige«, *Welt*, 9. November 1968.
686 »Ein Jahr Gefängnis?« *Frankfurter Allgemeine Zeitung*, 9. November 1968.
687 »Ich wollte den Prozeß«, *Neues Deutschland*, 9. November 1968.
688 »Die aufgewertete Kiesinger-Ohrfeige«, *Süddeutsche Zeitung*, 14. November 1968.
689 »Die böse Ohrfeige«, *Neue Rhein-Neue Ruhr Zeitung*, 9. November 1968.
690 »Lebhafte Diskussion um Ohrfeigen-Urteil«, *Hamburger Abendblatt*, 9. November 1968.
691 »Eine bittere Ohrfeige«, *Deutsches Allgemeines Sonntagsblatt*, 17. November 1968.
692 »Brief an einen Beleidigten«, *Stern*, 24. November 1968.
693 »Grass: Geschrei von Revolution stärkt die Reaktion«, *Westfälische Rundschau*, 25. November 1968.
694 »Böll: Ich war diese Blumen Beate Klarsfeld schuldig«, *General-Anzeiger Bonn*, 10. Januar 1969.
695 »Auf Wahrheitssuche mit Akten und Aktionen«, *Süddeutsche Zeitung*, 2. Dezember 1968.
696 *Klarsfeld*, Wahrheit, S. 7.
697 »Beate Klarsfeld auf Dokumentsuche nach Potsdam«, *Süddeutsche Zeitung*, 19. November 1968; »Das Schweigen durchbrechen«, *Bremer Nachrichten*, 13. Januar 1969.
698 »PG 2 633 930 an der Front«, *Zeit*, 22. August 1969; Diehl hielt die Dokumentation der Auseinandersetzung nicht wert: »Diehl über Kiesingers Weg ins frühere Auswärtige Amt«, *Welt*, 29. August 1969.
699 »Mein Mann ist leider verhindert ...«, *Spiegel*, 1. September 1969; »Beate Klarsfeld versucht es jetzt mit einem Buch«, *Frankfurter Neue Presse*, 22. August 1969.
700 »Zu diesem Buch«, Vorwort von Heinrich Böll, *Klarsfeld*, Geschichte, S. 7.
701 »Pro-Kiesinger-Dokumentation soll Ende des Jahres vorliegen«, *Frankfurter Rundschau*, 20. November 1968.
702 Guttenberg an Neusel, 9. Januar 1969, BAK, N 1397/94/137.
703 Vermerk von Guttenberg, 26. April 1969, ebd. 1397/94/26.
704 »Keine Kiesinger-Dokumentation«, *Frankfurter Rundschau*, 18. Juli 1969; »Keine Dokumentation über Kiesingers Rolle in der NS-Zeit«, *Süddeutsche Zeitung*, 19. Juli 1969.
705 »Jene Jahre«, *Spiegel*, 28. Juli 1969; vermutlich war Kiesinger mit Buchheims Darstellung unzufrieden, da sie ohne literarischen Anspruch Kiesingers Tätigkeiten nüchtern auflistete.
706 »Mein Mann ist leider verhindert ...«, *Spiegel*, 1. September 1969; »Beate Klarsfelds privater Feldzug«, *Zeit*, 25. April 1969.
707 Ebd.; »Peinlich«, *Ruhr-Nachrichten*, 26. August 1969; »Vier Monate für Beate Klarsfeld«, *Süddeutsche Zeitung*, 26. August 1969.
708 Beate Klarsfeld im Jubiläumsheft »50 Jahre Stern«, September 1998, www.stern.de/98/09/mag/jubilaeum/zeitzeuge.html.

709 »Verfahren gegen Beate Klarsfeld wegen Kiesinger-Ohrfeige eingestellt«, *Stuttgarter Zeitung*, 3. Oktober 1970; Beschluß des Kammergerichts vom 23. Dezember 1970, ACDP, I-226-252.
710 Rechtsanwalt Finkelnburg an Neusel, 29. Januar 1971, ACDP, I-226-252.
711 »Scharfe Kritik der Juden an Beate Klarsfeld«, *Bonner Rundschau*, 22. April 1971.
712 »Film-Fahndung in die deutsche Vergangenheit«, *Süddeutsche Zeitung*, 27. März 1971; »Husband of Beate Klarsfeld, Nazi Hunter, Arrested in Bonn«, *International Herald Tribune*, 4. Oktober 1972; »Verfolgen – für ein besseres Deutschland?« *Spiegel*, 1. Juli 1974.
713 »Initiative auf der Ebene der politischen Moral«, *Süddeutsche Zeitung*, 26. Februar 1972.
714 »Nazi Hunting is Their Life«, *New York Times* (Supplement), 3. November 1979; »Chronik der öffentlichen Angriffe auf Kurt Georg Kiesinger wegen seiner angeblichen Nazi-Vergangenheit«, ACDP, I-226-472.
715 »Die Ohrfeige und andere Kampagnen der Beate Klarsfeld«, Film von Luc Jochimsen und Lucas Maria Böhmer über Klarsfeld im Rahmen der Reihe »Rück-Sichten«, Erstsendung, ARD, 6. August 1987, 20.15 Uhr; vgl. das Schreiben von Schmoeckl an den Hessischen Rundfunk, 26. November 1986, ACDP, I-226-472.
716 Vgl. die Auszüge aus dem Transkript des Films, ACDP, I-226-472.
717 Vermerk von Schmoeckel, »Spielfilm über Beate Klarsfeld«, 27. November 1987, ACDP, I-226-472.
718 »Zum erstenmal in Bonner Kinos«, *General-Anzeiger Bonn*, 27. November 1987.
719 Vermerk Schmoeckels, »Spielfilm über Beate Klarsfeld«, 27. November 1987, ACDP, I-226-472.
720 »Lt. Herrn Diehl«, 20. August 1987, ACDP, I-226-472.
721 Für Einwirkungsversuche über die Rundfunkräte Vogel an Geißler, 17. August 1987, ACDP, I-226-472.
722 Erstsendung 18. April 1999, ZDF, 20.15 Uhr; siehe *Knopp, Kanzler*.
723 McGhee an Rusk, 1. April 1968, NA, RG 59, CFPF 1967-1969, Political and Defense, Box 2129, Fold 3.
724 Aufzeichnung von Guttenberg über ein Gespräch mit Ehmke, 29. Mai 1968, BAK, N 1397/91/197; danach hielt Ehmke die Einführung des Mehrheitswahlrechts *für 1969* doch noch für möglich.
725 CDU/CSU-Bundestagsfraktion, 7. Mai 1968, ACDP, VII-001-1016/2.
726 Informationsgespräch mit der Landespressekonferenz Baden-Württemberg, 21. März 1968, ACDP, I-226-008.
727 Ahlers an Kiesinger, 20. Juni 1968, ACDP, I-226-001.
728 Vgl. Brandt an Kiesinger, 6. Juni 1968, ACDP, I-226-001; schon im Herbst 1967 hatte eine vergleichbare Formel den Widerspruch Barzels und Kiesingers provoziert, vgl. die Aufzeichnung von Guttenberg, 22. September 1967 über ein Gespräch mit Barzel, BAK, N 1397/90/135.
729 Protokoll der SPD-Präsidiumssondersitzung, 29. April 1968, zit. nach *Schneider, Kompromiß*, S. 232f.
730 »Erfolge und Versäumnisse der Großen Koalition«, *Zeit*, 14. Juni 1968; Kiesinger vor der CDU/CSU-Bundestagsfraktion, 25. Juni 1968, ACDP, VIII-001-1016/2; »Kiesinger verteidigt CDU gegen Vorwürfe der SPD«, *Südwest-Presse*, 26. Juni 1968; »Der zweite Frühling«, *Frankfurter Neue Presse*, 26. Juni 1968.
731 Das US-Außenministerium hielt den Interviewkrieg denn auch für Wahlkampfgetöse, »Differences within West Germany's Grand Coalition«, Aufzeichnung von

ANMERKUNGEN

Thomas L. Hughes, 17. Mai 1968, NA, RG 59, CFPF 1967-1969, Political and Defensive, Box 2123, Fold 5.
732 Vermerk von Carstens für Kiesinger, 25. April 1968, BAK, B136/3751; vgl. die Analyse des Bonner CIA, 3. Mai 1968, LBJL, NSF, CF, Europe & USSR, Box 189.
733 Vgl. Blumenfeld vor der CDU/CSU-Bundestagsfraktion, 25. Juni 1968, ACDP, VIII-001-1016/2; *Kroegel*, Anfang, S. 230ff., spricht von einer reinen Propagandakampagne.
734 Lodge an Rusk, 21. Juni 1968, FRUS 1964-1968, Bd. XV, Nr. 276, S. 699; der Kommentar des Botschafters fiel entsprechend aus: »*The Chancellor's failure to be concrete on what he wanted us to be ›firm‹ about leads me to the view that he was ›making a record‹ – putting himself in a position to say that he had ›told‹ us*«; zur Ablehnung von Sanktionen Kiesinger vor der CDU/CSU-Bundestagsfraktion, 21. Juni 1968, ACDP, VIII-001-1016/2.
735 Erklärung vor dem Deutschen Bundestag, 20. Juni 1968, *Kiesinger*, Reden 1968, S. 195f.
736 Vgl. Bahr an Brandt, 19. August 1968, AAPD, 1968/II, Nr. 256, S. 1007, FN 14.
737 Vgl. Krone an Kiesinger, 6. Februar 1968, ACDP, I-226-005, wonach der NPT der UdSSR dazu diene, die BRD aus der NATO herauszulösen und »ein Mitspracherecht in den Angelegenheiten Westdeutschlands zu bekommen«.
738 Barzel an Kiesinger, 15. Februar 1968, ACDP, I-226-002; *Taschler*, Herausforderungen, S. 221.
739 Barzel an Kiesinger, 23. Februar 1968, ebd.
740 Guttenberg an Stücklen, 21. Februar 1968, BAK, N 1397/54/212; Krone, *Aufzeichungen*, S. 198, Eintrag vom 15. März 1968.
741 Aufzeichnung von Carstens über das Koalitionsgespräch, 7. März 1968, ACDP, I-226-010.
742 Carstens in einem Gespräch mit McGhee, 18. März 1968, BAK, B 136/3151.
743 Vgl. *Küntzel*, Bonn, S. 189ff.; *Bange*, Ostpolitik, S. 677ff.
744 Vgl. Kiesingers Hintergrundgespräch mit der Landespressekonferenz Baden-Württemberg, 21. März 1968, ACDP, I-226-008.
745 Aufzeichnung von Carstens über das Koalitionsgespräch, 4. April 1968, ACDP, I-226-010.
746 Ansprache zum 17. Juni 1968, *Kiesinger*, Reden 1968, S. 194; Aufzeichnung von Carstens über das Koalitionsgespräch, 18. Juni 1968, ACDP, I-226-010.
747 Sitzung des Präsidiums der CDU, 4. Juli 1968, ACDP, VII-001-057/1; Kiesinger war abwesend.
748 Bahr an Brandt, 6. August 1968, AAPD, 1968/II, Nr. 245, S. 967; schon McGhee zu Carstens, 18. März 1968, BAK B 136/3151; *Hinrichsen*, Ratgeber, S. 363; 369.
749 Brandt an Kiesinger, 15. Juli 1968, AAPD, 1968/II, Nr. 221, S. 869ff.
750 Gespräch zwischen Brandt und Debré, 20. Juli 1968, AAPD, 1968/II, Nr. 227, S. 900; siehe schon *Kroegel*, Anfang, S. 247; »Kiesinger und Brandt in Stuttgart«, Stuttgarter Zeitung, 18. Juli 1968.
751 Brandt an Kiesinger, 30. Juli 1968, ACDP, I-226-001.
752 Bahr an Brandt, 6. August 1968, AAPD, 1968/II, Nr. 245, S. 971.
753 Vgl. die Aufzeichnungen über Gespräche zwischen Strauß und Rostow, 23. Juli 1968, FRUS, 1964-1968, Bd. XV, Nr. 283, S. 728ff.; sowie Schröder und Johnson, 24. Juli 1968, ebd., Nr. 284, S. 731ff.; zur Haltung von Strauß/Schröder »Intelligence Note« von Thomas L. Hughes, 19. Juli 1968, LBJL, NSF, CF, Germany, vol. XV, Box 189; Rostow an Johnson, 24. Juli 1968, LBJL, NSF, Files of Edward R. Fried, Chron, May 2-July 31, 1968, Box 2.

754 So übereinstimmend *Kroegel*, Anfang, S. 249; *Hinrichsen*, Ratgeber, S. 370; *Küntzel*, Bombe, S. 190.
755 Kiesinger vor dem CDU-Bundesvorstand, Nr. 20, 2. September 1968, S. 1012.
756 Vgl. *Diehl*, Politik, S. 426f.; *Maizière*, Pflicht, S. 254; *Oppelland*, Schröder, S. 701f.; Grewe an Auswärtiges Amt, 14. Mai 1968, AAPD, 1968/I, Nr. 159, S. 597f.
757 *Guttenberg*, Fußnoten, S. 145; Kiesinger im Gespräch mit Löwe, 31. Januar 1978, ACDP, I-226-322; die Gegendarstellung bei *Brandt*, Erinnerungen, S. 220ff.; am 19. August schlug Bahr vor, Brandt solle sich mit Dubček treffen. Dieser Propagandacoup würde Kiesinger vor Neid erblassen lassen, AAPD, 1968/II, Nr. 256, S. 1005.
758 Erklärung von Ahlers auf der Bundespressekonferenz, 21. August 1968, DzD, V/II, S. 1103.
759 Gespräch zwischen Kiesinger und Cabot Lodge, 21. August 1968, AAPD, 1986/II, Nr. 262, S. 1030.
760 Gespräch zwischen Kiesinger und Zarapkin, 21. August 1968, ebd., Nr. 263, S. 1032ff.; dagegen die Kiesinger-kritische Interpretation durch *Schwarz*, Regierung Kiesinger, S. 177. Dieser habe sich als »noch furchtsamer erwiesen« als Adenauer nach dem Mauerbau.
761 Interview mit Kiesinger im Deutschen Fernsehen, 21. August 1968, DzD V/2, S. 1104ff.; Aufzeichnung von Guttenberg, 21. August 1968, BAK, N 1397/91/154.
762 Aufzeichnung von Carstens über das Koalitionsgespräch, 23. August 1968, ACDP, I-226-010; zu Schmidt vgl. *Soell*, Schmidt, S. 773; natürlich wußte Kiesinger von der französischen Reaktion.
763 Vgl. Wehner in der *Stuttgarter Zeitung*, 24. August 1968, DzD V/2, S. 1124f.; zu Wehners distanzierter Haltung Bahr an Brandt, 19. August 1968, AAPD 1968/II, Nr. 256, S. 1008.
764 Vgl. *Taschler*, Herausforderungen, S. 282; zur internationalen und deutschen Reaktion jetzt umfassend *Bange*, Ostpolitik, S. 184ff.
765 NSC Paper, »The United States, Europe, and the Czechoslovakia Crisis«, o.D. [ca. September 1968], FRUS, 1964-1968, Bd. 17, Nr. 92, S. 266; vgl. *Dobrynin*, In Confidence, S. 180ff.; *Schwartz*, Johnson, S. 216ff.
766 Cabinet Meeting, 22. August 1968, LBJL, Cabinet papers (Übersetzung des Autors).
767 *Schwarz*, Regierung Kiesinger, S. 178.
768 Rostow an Rusk, 20. Juli 1968, FRUS, 1964-1968, Bd. XVII, Nr. 67, S. 206ff. (Übersetzung des Autors).
769 Summary Notes, 590th NSC Meeting, 4. September 1968, LBJL, NSF, NSC Meetings, vol 5., tab. 72, Czech Crisis, Box 2.
770 *Maizière*, In der Pflicht, S. 300.
771 Informationsgespräch mit deutschen Journalisten, 22. August 1968, ACDP, I-226-008.
772 Aufzeichnung von Bahr, 1. Oktober 1968, AAPD, 1968/II, Nr. 322, S. 1272.
773 Rostow an Johnson, 2. September 1968, LBJL, NSF, C.F., Germany, Bd. 16, Box 189, #55; NSC Paper, a.a.O.
774 Gespräch zwischen Kiesinger und Cabot Lodge, 4. September 1968, AAPD, 1968/II, Nr. 280, S. 1081ff.
775 Gespräch zwischen Kiesinger und Zarapkin, 2. September 1968, AAPD, 1968/II, Nr. 277, S. 1069ff.
776 Vgl. *Diehl*, Politik, S. 432f.
777 *CDU-Bundesvorstand*, 1965-1969, Nr. 20, 2. September 1968, S. 1006; 1019; die folgenden Zitate ebd.

ANMERKUNGEN

778 Kiesingers Ausführungen erwecken nicht den Eindruck, daß er panisch auf Zarapkins Besuch reagierte, der erst wenige Stunden zurücklag; dagegen *Bange,* Ostpolitik, S. 253.
779 Der ursprüngliche Entwurf der Presseerklärung sowie die endgültige Fassung in ACDP, VII-001-104/2.
780 Handschriftliche Aufzeichnung von Guttenberg, »Führungskreis CSU Bad Reichenhall«, BAK, N 1397/94/261-271.
781 Vgl. *Geiger,* Atlantiker, S. 513.
782 Aufzeichnung Guttenbergs für Kiesinger, 18. September 1968, BAK, N 1397/91/135.
783 001-1017/1; die Spaltungsdrohung der CSU blieb 1968 verborgen, erst im Mai 1969 fand sich eine Andeutung im *Spiegel,* Nr. 21, 19. Mai 1969, »Herzog Doppelzunge«.
784 Kiesinger im *CDU-Bundesvorstand,* 1965-1969, Nr. 20, 2. September 1968, S. 1034; *Taschler,* Herausforderungen, S. 280f.; *Bischoff,* Strauß, S. 208.
785 Aufzeichnung von Bahr, 6. September 1968, AAPD, 1968/II, Nr. 284, S. 1098.
786 Blumenfeld an Kiesinger, 2. September 1968 sowie die Antwort von Guttenberg an Blumenfeld, 23. September 1968, BAK, B 136/6415; vgl. *Marcowitz,* Option, S. 288.
787 Vgl. Limbourg an Duckwitz und Lahr, 25. September 1968, AAPD, 1968/II, Nr. 310, S. 1196.
788 *Guttenberg,* Fußnoten, S. 147f.; *Seydoux,* Botschafter, S. 145.
789 Gespräch zwischen Kiesinger und de Gaulle, 27. September 1968, AAPD, 1968/II, Nr. 312, S. 1206; die folgenden Zitate ebd.
790 Deutsch-französische Konsultationsbesprechung, 27. September 1968, AAPD, 1968/II, Nr. 314, S. 1226.
791 Gespräch zwischen Kiesinger und Couve de Murville, 28. September 1968, AAPD, 1968/II, Nr. 316, S. 1237.
792 Gespräch zwischen Kiesinger und de Gaulle, 28. September 1968, AAPD, 1968/II, Nr. 218, S. 2151.
793 Vgl. Telegramm der CIA aus Bonn, 7. Oktober 1968, LBJL, NSF, CF, Germany, vol. XVI, #59a.
794 Gespräch zwischen Kiesinger und de Gaulle, 28. September 1968, a.a.O.
795 Informationsgespräch mit Bonner Vertretern deutscher Rundfunkanstalten (»*off the record*«), 5. Dezember 1968, ACDP, I-226-008.
796 Kiesinger vor der CDU/CSU-Bundestagsfraktion, 30. September 1968, ACDP, VIII-001-1017/1.
797 Aufzeichnung von Carstens über das Koalitionsgespräch, 1. Oktober 1968, ACDP, I-226-010.
798 Rostow an Johnson, 9. Oktober 1968, LBJL, NSF, CF, Germany, vol. XVI, #52.
799 Aufzeichnung von Bahr, 1. Oktober 1968, AAPD, 1968/II, Nr. 322, S. 1271f.
800 Informationsgespräch mit Robert Kleiman, *New York Times* (»*strictly background*«), 3. Oktober 1968, ACDP, I-226-008 (Übersetzung des Autors).
801 Ebd., siehe auch Brandt auf der Konferenz der deutschen Botschafter in Lateinamerika, Viña del Mar, 13. Oktober 1968, DzD V./2, S. 1384.
802 Vgl. Telegramm der CIA Bonn, 7. Oktober 1968, LBJL, NSF, CF, Germany, vol. XVI, #59a.
803 Kiesinger vor dem Kreßbronner Kreis, Aufzeichnung von Carstens, 15. Oktober 1968, ACDP, I-226-010.
804 Kiesinger vor der CDU/CSU-Bundestagsfraktion, 23. September 1968, ACDP, VIII-001-1017/1; ähnlich nach dem de Gaulle-Besuch in der Sitzung vom 30. September 1968.

805 Ebd., in diesen und in anderen Zusammenhängen verwies Kiesinger mehrfach auf *Adenauer*, Erinnerungen, Bd. 3, dessen Gespräche mit de Gaulle er im Vorfeld der deutsch-französischen Konsultationen noch einmal durchgearbeitet hatte; dort sowie in der Sitzung vom 30. September 1968 auch die folgende Zitate.
806 Vgl. *Besson*, Bonn, S. 42ff.
807 Kiesinger vor der CDU/CSU-Bundestagsfraktion, 23. September 1968, ACDP, VIII-001-1017/1.
808 Aufzeichnung von Kiesinger über eine Unterredung mit Brandt, 3. Oktober 1968, ACDP, I-226-009; Aufzeichnung von Bahr, 1. Oktober 1968, AAPD, 1968/II, Nr. 322, S. 1271.
809 Kiesinger im Gespräch mit deutschen Auslandskorrespondenten, 9. Oktober 1968, ACDP, I-226-008; abgemildert in der publizierten Fassung, *Kiesinger*, Reden 1968, S. 314.
810 Aufzeichnung von Bahr, 1. Oktober 1968, AAPD, 1968/II, Nr. 324, S. 1280.
811 *Niedhart*, Revisionistische Elemente, S. 239.
812 Gespräch Kiesingers mit deutschen Auslandskorrespondenten, 9. Oktober 1968, I-226-008.
813 Kiesinger vor der CDU/CSU-Bundestagsfraktion, 23. September 1968, ACDP, VIII-001-1017/1.
814 So eben Ahlers in seinen »off-the-record comments«, 7. Oktober 1968, CIA, Intelligence Information Cable, LBJL, NSF, CF, Germany, vol. XVI, #59a;
815 *Krone*, Aufzeichnungen, S. 200, Eintrag vom 28. Dezember 1968.
816 *Heck*, Die CDU und ihr Programm, S. 62.
817 Vermerk von Hange, Analyse der Konrad-Adenauer-Stiftung zum öffentlichen Meinungsbild, 19. Februar 1969, ACDP, VII-002-023/1; Kiesinger im CDU-Bundesvorstand, 16. Januar 1969, ACDP, VII-001-018/1.
818 »Kiesingers zwei Seelen«, *Frankfurter Neue Presse*, 6. November 1968.
819 Eröffnungsrede auf dem CDU-Bundesparteitag, 4. November 1968, *Kiesinger*, Reden 1968, S. 363; für eine neutrale Schilderung der Atmosphäre Hughes an Rusk, 6. Dezember 1968, NA, RG 59, CFPF 1967-1969, Political and Defense, Box 2123, Fold 2.
820 Ebd.; für eine ausführliche Analyse *Kroegel*, Anfang, S. 277.
821 »Zuviel Kanzler – zu wenig Parteichef«, *Stuttgarter Zeitung*, 6. November 1968.
822 »Der Berliner Parteitag der CDU 1968«, Vermerk von Schmoeckel, 10. Oktober 1984, ACDP, I-226-305.
823 Handschriftl. Notiz Barzels »Fraktionsvorstand«, 18. September 1968, BAK, N 1371/77.
824 Vgl. *Speich*, Hassel, S. 387.
825 *CDU-Bundesparteitag*, 1968, S. 121 (Kohl), 146f. (Barzel); vgl. *Taschler*, Herausforderungen, S. 337ff.; *Knorr*, Entscheidungsprozeß, S. 157f.; für farbige Details »Gleich jubeln«, *Spiegel*, Nr. 46, 11. November 1968.
826 Informationsdienst Wolfgang Pohle, 7. November 1968, BAK, N 1397/72/126-128.
827 Vgl. *Hildebrand*, Erhard, S. 390.
828 Brandt an Kiesinger, 7. August 1967, ACDP, I-226-001.
829 Tagebucheintrag vom 22. Juli 1968, I-028-073/1; Schmidt an Kiesinger, 22. Juli 1968, ACDP, I-226-007; zu den Versuchen Schauffs, Wehners u. a., Lübke zum Rücktritt zu bewegen *Morsey*, Lübke, S. 564ff.; siehe auch *Baring*, Machtwechsel, S. 50.
830 So aber »Lieber bürgerlich«, *Spiegel*, Nr. 20, 13. Mai 1968; siehe Vermerk von Ackermann für Barzel über ein Gespräch mit Kohl, 13. Mai 1968, BAK, N 1371/75.

ANMERKUNGEN

831 Kiesinger war klar, daß eine Unterstützung des SPD-Kandidaten innerparteilich Ärger bedeutete, Kiesinger an Dichgans, 9. Januar 1980, ACDP, I-226-355.
832 Vgl. *Baring*, Machtwechsel, S. 49f.
833 Aufzeichnung von Guttenberg, 14. August 1968, BAK, N 1397/94/283.
834 Vgl. *Dreher*, Kohl, S. 128; *Oppelland*, Schröder, S. 707.
835 Zur Rolle von Nannen, den Hildebrand einen »ebenso ambitiöse[n] und geschäftstüchtige[n] Pressemann« nennt, *Hildebrand*, Erhard, S. 346f.; Augstein wurde 1969 für die FDP in den Bundestag gewählt.
836 Vgl. *Weizsäcker*, Vier Zeiten, S. 198; *Kohl*, Erinnerungen, S. 246.
837 *Knorr*, Parlamentarischer Prozeß, S. 155.
838 *Baring*, Machtwechsel, S. 27f.
839 Vgl. Heck an Kuppe, 31. Mai 1967, ACDP, VII-001-060/2.
840 Vgl. Aufzeichnungen von Nuphaus, 14. November 1968 und Wieck, 12. November 1968, ACDP, I-483-009/1.
841 Vgl. *Taschler*, Herausforderungen, S. 349.
842 Kiesinger an Dichgans, 9. Januar 1980, ACDP, I-226-355.
843 Vermerk von Henning für Barzel, 12. November 1968, BAK, N 1371/79; zu Kohl Johnstone (Generalkonsul Frankfurt) an Rusk, 19. November 1968, NA, RG 59, CFPF, 1967-1969, Political and Defense, Box 2118, Fold 1.
844 Vermerk von Rasner für Barzel, 13. November 1968, ebd.; *Weizsäcker*, Vier Zeiten, S. 200f.; *Kohl*, Erinnerungen, S. 247; Kohl an Schröder, 13. November 1968, ACDP, I-483-009/1.
845 Vgl. Hughes an Rusk, 6. Dezember 1968, NARA, RG 59, CFPF 1967-1969, Political and Defense, Box 2123, Fold 2; am 11. November fand Weizsäcker im Elferrat, dem engeren Fraktionsvorstand, keinen Befürworter, handschriftliche Notiz von Barzel, BAK, N 1371/79.
846 Strauß vor dem CSU-Landesverband, 13. Dezember 1968, ACSP, LGF-V, ich danke Tim Geiger für den Hinweis auf diese Quelle.
847 »Sprache verloren«, *Spiegel*, Nr. 36, 11. November 1968; die Aussagen und die Chronologie dieses Artikels stimmen in vielen Punkten mit einer zusammenfassenden Notiz Barzels über die Präsidentschaftsfrage überein vgl. »Bundespräsident«, handschriftliche Stichworte, BAK, N 1371/79.
848 Weizsäcker an Barzel, 11. November 1968, ebd.
849 Ahlers an Kiesinger, 30. Oktober 1968, ACDP, I-226-001.
850 *Kroegel*, Anfang, S. 273 vermutet, daß Kiesinger auf den Sieg des SPD-Kandidaten Heinemann hoffte und deswegen für Weizsäcker eintrat; zu Kiesingers Präferenz für eine gemeinsame Lösung mit der SPD Hughes an Rusk, 6. Dezember 1968, NA, RG 59, CFPF 1967-1969, Political and Defense, Box 2123, Fold 2.
851 Notiz Barzels, »abends: RB, RStü, KGK«, 11. November 1968, BAK, N 1371/79.
852 Notiz Barzels, »15.11., 8.00 CDU-Präsidium«, ebd.
853 Vgl. die handschriftliche Notiz von Wieck über ein Gespräch mit Heck, ACDP, I-483-009/1.
854 Kiesinger an Dichgans, 9. Januar 1980, ACDP, I-226-355.
855 Ahlers an Kiesinger, 30. Dezember 1968, ACDP, I-226-001; Kiesinger reagierte in dieser Phase beleidigt auf Kritik; diese Erfahrung machte Anfang 1969 Scheufelen, dem Kiesinger sowohl sein Stuttgarter als auch sein Bonner Amt mit verdankte. Beide verstritten sich in wirtschafts- und währungspolitischen Fragen, wobei Kiesinger übel nahm, daß Scheufelen sein Verhalten gegenüber der FDP rügte. Erst

Kanzler der Grossen Koalition 1966–1969

geraume Zeit später führten beide eine klärende Aussprache, Gespräch mit *Klaus H. Scheufelen*, Oberlenningen, 21. November 2001.
856 Vgl. Hughes an Rusk, 6. Dezember 1968, NA, RG 59, CFPF 1967-1969, Political and Defense, Box 2123, Fold 2.
857 Kiesinger vor der CDU/CSU-Bundestagsfraktion, 28. November 1968, ACDP, VIII-001-1017/2.
858 Notiz von Henning für Barzel, 29. November 1968, BAK, N 1371/44; »Heftige Kritik der CDU/CSU an Kiesinger«, *Stuttgarter Zeitung*, 29. November 1968.
859 Ausführlich zu den Hintergründen demnächst *Bange*, Ostpolitik, S. 727ff.
860 Vgl. Brandt an Kiesinger, 4. Februar 1969, ACDP, I-226-001.
861 Vgl. Schmidt an Kiesinger, 20. Dezember 1968, ACDP, I-226-007.
862 Kiesinger im *CDU-Bundesvorstand*, 1965-1969, Nr. 24, 16. Januar 1969, S. 1317.
863 Wehner an Kiesinger, 1. Dezember 1968, zit. nach *Kroegel*, Anfang, S. 284.
864 Vgl. *Kroegel*, Anfang, S. 285ff.
865 Eine gründliche, diplomatiegeschichtliche Analyse der Passierscheinverhandlungen, aus dezidiert Kiesinger-kritischer Sicht und ohne adäquate Berücksichtigung der innerparteilichen Dimension bei *Bange*, Ostpolitik.
866 Aufzeichnung von Carstens über das Koalitionsgespräch vom 21. Februar, ACDP, I-226-010.
867 Gespräch zwischen Kiesinger und Zarapkin, 22. Februar 1969, AAPD, 1969/I, Nr. 74, S. 253.
868 Vgl. die Aufzeichnung von van Well, 24. Februar 1969, zit. in ebd., Nr. 75, S. 257, FN 4; daß Kiesinger sich am 22. März mit Schütz traf, geht aus der Zeittafel 1966-1969 hervor, ACDP, I-226-320.
869 Diehl im Gespräch mit Kroegel, *Kroegel*, Anfang, S. 294.
870 Gespräch zwischen Kiesinger und Zarapkin, 23. Februar 1969, AAPD, 1969/I, Nr. 75, S. 262.
871 Aufzeichnung des Ministerialdirektors Ruete, 26. Februar 1969, ebd., Nr. 82, S. 292; Schütz.
872 Allardt an Auswärtiges Amt, 27. Februar 1969, ebd., Nr. 85, S. 298f.
873 Wehner an Vogel, 27. Februar 1969, ACDP, I-226-286.
874 Neusel an Kiesinger, 2. März 1969, ACDP, I-226-310.
875 Rede Ulbrichts in Leipzig, 3. März 1969, AdG, 1969, S. 14529.
876 *Kroegel*, Anfang, S. 299ff.; *Schmoeckel/Kaiser*, Vergessene Regierung, S. 158; *Bange*, Ostpolitik, S. 431ff.
877 Vgl. die Zeittafel 1966-1969, ACDP, I-226-320; *Diehl*, Politik, S. 454.
878 Gespräch zwischen Kiesinger und Löwe, 31. Januar 1978, ACDP, I-226-322.
879 *Terjung*, Onkel, S. 186.
880 Aufzeichnung von Sahm, 7. März 1969, AAPD, 1969/I, Nr. 92, S. 332f.
881 Vermerk von Walter Leisler Kiep, 24. März 1969, BAK, N 1371/81; die folgenden Zitate ebd.
882 Daß Strauß den Kanzler »im Visier« hatte, machen die Erinnerungen seines persönlichen Referenten deutlich, *Voss*, Kanzler, S. 14ff.
883 Zu Heinemanns Interview vgl. *Hildebrand*, Erhard, S. 398f.
884 *Baring*, Machtwechsel, S. 121.
885 Streibl bzw. Kiesinger im CDU-Bundesvorstand, 1965-1969, Nr. 25, 6. März 1969, S. 1348; die folgenden Zitate ebd., S. 1344; 1351.
886 Zu Kiesingers Taktieren in der Verjährungsfrage jetzt *Miquel*, Ahnden, S. 320ff.; 346ff.

ANMERKUNGEN

887 »Die gezählten Tage des Kanzlers«, *Die Weltwoche* (Zürich), 30. Mai 1969.
888 »Brandt lädt das verblüffte Bonn zum Geburtstag des Kanzlers«, *Welt*, 21. April 1969; »SPD-Gläser für den Wein der CDU«, *Süddeutsche Zeitung*, 23. April 1969; »Wie zu Adenauers Zeiten«, *Frankfurter Allgemeine Zeitung*, 23. April 1969.
889 »Arbeit und Ärger. Der Kanzler der Großen Koalition wird 65 Jahre«, in: *Hamburger Abendblatt*, 5. April 1969; »Die Bürde des Vermittelns«, *Süddeutsche Zeitung*, 5. April 1969.
890 *Oberndörfer*, Kiesinger, in: *Kiesinger*, Große Koalition, S. 351.
891 »Die Ausgangslage für den Bundestagswahlkampf 1969«, ACDP, VII-001-104/2.
892 Vermerk von Hange für Kiesinger, 19. Februar 1969, ACDP, VII-001-23/1.
893 »Gegen die Gewalt«, Rede vom 22. Januar 1969, *Kiesinger*, Große Koalition, S. 272ff.; »Der Kanzler diskutierte mit den Zwischenrufern«, Bonner Nachrichten, 23. März 1969.
894 Vermerk von Hange für Kiesinger, 19. Februar 1969, ACDP, VII-001-23/1.
895 Zu Kiesingers Gespräch mit Scheel *Baring*, Machtwechsel, S. 98.
896 Vgl. *Kaltefleiter*, Wechselspiel, S. 59; Heck vor dem CDU-Bundesvorstand, ACDP, VII-001-018/3.
897 »Viel Lärm um die ›Anerkennung‹«, in: *Frankfurter Allgemeine Zeitung*, 22. April 1969.
898 Aufzeichnung von Bahr, 29. Mai 1969, AAPD, 1969/I, Nr. 180, S. 654.
899 *Taschler*, Herausforderungen, S. 375.
900 Kiesinger im Bundestag, DB/SB, 25. April 1969, 5. WP, 229. Sitzung, S. 12663ff.
901 Majonica vor der CDU/CSU-Bundestagsfraktion, 13. Mai 1969, ACDP, VIII-001-1019/1.
902 Marx an Kiesinger, 27. Mai 1969, ACDP, I-226-006.
903 Vgl. *Brandt*, Erinnerungen, S. 183f.; »Zwischen Null und eins«, *Spiegel*, Nr. 23, 2. Juni 1969; »Und sagte kein Wort«, *Spiegel*, Nr. 24, 9. Juni 1969.
904 »Grundsatzerklärung der Bundesregierung zur Deutschland- und Friedenspolitik«, 30. Mai 1969, *Meissner*, Ostpolitik, S. 355.
905 Vermerk von Rasner für Barzel, 31. Mai 1969, BAK, N 1371/82.
906 Vermerk von Carstens über das Koalitionsgespräch, 2./3. Juni 1969, ACDP, I-226-010.
907 *Merseburger*, Brandt, S. 549; *Brandt*, Erinnerungen, S. 184.
908 Vgl. *Ehmke*, Mittendrin, S. 74; *Kroegel*, Anfang, S. 315f.
909 *Bange*, Ostpolitik, S. 446ff.; *Taschler*, Herausforderungen, S. 380.
910 Zit. nach *Kroegel*, Anfang, S. 318.
911 Aufzeichnung Kiesingers über ein Gespräch mit Schiller, 4. Dezember 1968, ACDP, I-226-009.
912 Vermerk von Neusel über ein Gespräch Kiesingers mit Schiller, Schöllhorn und Emminger, 17. März 1969, ebd.; Tonbandprotokoll des Gesprächs zu währungspolitischen Lage, an dem u.a. Kiesinger, Schmücker, Barzel, Abs, Stücklen, Emminger und Strauß teilnahmen, 8. Mai 1969, ebd.
913 Schiller an Kiesinger, 29. Mai 1969, ACDP, I-226-007.
914 Barzel vor der CDU/CSU-Bundestagsfraktion, 13. Mai 1969, ACDP, VIII-001-1019/1.
915 *Kaltefleiter*, Wechselspiel, S. 69.
916 Vgl. *Schneider*, Kunst, passim; *Soell*, Schmidt, passim; *Barzel*, Gewagtes Leben, S. 245ff.

Elder Statesman 1969–1988

917 Interview Ahlers mit dem SFB, vgl. Ahlers an Barzel, BAK, N 1371/80.
918 Vgl. die bilanzierenden Kapitel von *Hildebrand*, Erhard; *Schmoeckel/Kaiser*, Vergessene Regierung; *Schönhoven*, Wendejahre; *Wolfrum*, Bundesrepublik.
919 *Rummel*, Koalition, S. 17.
920 »Bilanz des ersten Jahres«, *Zeit*, 1. Dezember 1967.
921 Vgl. »Vom Tisch, vom Tisch«, *Spiegel*, Nr. 37, 8. September 1969, mit einem Foto, das Kiesinger in der Pose des Wahlkämpfers mit erhobener Faust zeigt und der Unterschrift »Wahlkämpfer Kiesinger (in Essen): ›Ich sage nur China, China, China‹«. In der Essener Rede (*Kiesinger*, Große Koalition, S. 292-304) findet sich das apokryphe Zitat nicht; *Möller*, Tatort Politik, S. 348; ders., Genosse Generaldirektor, S. 403 legt nahe, daß das Diktum fiel, als Möller Kiesinger über seine Moskau-Reise mit Franke und Schmidt berichtete.
922 Vgl. Kiesingers Rede zur Wahlkampferöffnung in Nordrhein-Westfalen, Dortmund, 31. August 1969, ACDP, I-226-236; »Unter dem ehernen Gesetz der Geschichte«, *Welt*, 20. September 1969; »Der Kanzler kämpft mit derber Kraft«, *Süddeutsche Zeitung*, 22. September 1969; »›Halten Sie den Mund, wenn der Kanzler spricht‹«, *Frankfurter Rundschau*, 23. September 1969.
923 Brandt während eines Gesprächs zwischen Kiesinger und Nixon, 26. Februar 1969, AAPD, 1969/I, Nr. 81, S. 290; Gespräch zwischen Kiesinger und Zarapkin, 11. März 1969, AAPD, 1969/I, Nr. 96, S. 356ff.
924 Vgl. Klaiber an Kiesinger, 16. Juni 1978, *Oberndörfer*, Begegnungen, S. 363.
925 *CDU-Bundesvorstand*, 1965-1969, Nr. 24, 16. Januar 1969, S. 1331.

Elder Statesman 1969–1988

1 *Diehl*, Politik, S. 555.
2 So *Baring*, Machtwechsel, S. 112, der in der Wahlrechtsreform eines unter mehreren Motiven für die FDP sieht; auch *Scheel*, Erinnerungen; dagegen *Mende*, Wende, S. 296, 310.
3 Schlußansprache auf der EAK-Bundestagung, 22. März 1969, zit. in *Oppelland*, Schröder, S. 713.
4 »Die NPD ist ein ideales Werkzeug der SED«, *Welt*, 23. August 1969.
5 Vgl. *Oppelland*, Schröder, S. 713.
6 Vgl. *Scheel*, Erinnerungen, S. 151ff.; siehe *Baring*, Machtwechsel, S. 97; zum folgenden ebd., S. 148.
7 »Journalisten fragen, Politiker antworten«, ZDF, 25. September 1969, 21.40 Uhr, ACDP, I-226-314; die folgenden Zitate ebd.
8 »FDP hält Koalitionsfrage bis nach der Wahl offen«, *Stuttgarter Zeitung*, 26. September 1969.
9 Vgl. *Schmoeckel*, Vergessene Regierung, S. 115f.; »Unsinn raus«, *Spiegel*, 6. Oktober 1969.
10 Vgl. *Merseburger*, Brandt, S. 571.
11 Meldung der dpa um 20.50 Uhr, zit. in *Dexheimer*, Koalitionsverhandlungen, S. 103.
12 ZDF, 28. September 1969, 21.05 Uhr, ebd.
13 Heck im WDR, 28. September 1969, 20.10 Uhr, zit. ebd., S. 139.
14 Barzel im ZDF, 21.15 Uhr, ebd.; siehe auch »Großer Sprung«, *Spiegel*, 6. Oktober 1969, S. 28; *Möller*, Genosse Generaldirektor, S. 414.

Anmerkungen

15 Heck im ZDF, 21.26 Uhr, ebd., S. 139.
16 *Kohl*, Erinnerungen, 1930-1982, S. 262; *Guttenberg*, Fußnoten, S. 262; die anfängliche Skepsis seines Vaters bestätigt Peter Kiesinger, Gespräch in Karlsruhe, 6. Februar 2004.
17 *Guttenberg*, Fußnoten, S. 161.
18 *Kohl*, Erinnerungen 1930-1982, S. 265.
19 Kiesinger in der ARD, 28. September 1969, 23.15 Uhr, *Dexheimer*, Koalitionsverhandlungen, S. 140f.
20 Vgl. *Moeller*, Genosse Generaldirektor, S. 415f.
21 *Baring*, Machtwechsel, S. 167f.; übereinstimmend »Großer Sprung«, *Spiegel*, 6. Oktober 1969.
22 *Merseburger*, Brandt, S. 576.
23 *Diehl*, Politik, S. 478ff.
24 *Guttenberg*, Fußnoten, S. 162.
25 Vgl. *Möller*, Genosse Generaldirektor, S. 414; dort Äußerungen von Heck um 20.10 Uhr und Strauß um 21.05 Uhr.
26 Wehner meinte später, er habe sagen wollen, jetzt werde sich zeigen, ob die FDP eine Pendlerpartei bleiben wolle, *Kroegel*, Anfang, S. 327; Kiesinger an Dichgans, 9. Januar 1980, ACDP, I-226-293.
27 *Kroegel*, Anfang, S. 327.
28 *Baring*, Machtwechsel, S. 162f.; *Guttenberg*, Fußnoten, S. 161.
29 Schon am 24. April 1969 notierte sich Krone in sein Tagebuch: »Zwischen Kiesinger und Heck ist das Tischtuch zerrissen«; am 11. August: »Heck ist bitter und enttäuscht«, ACDP, I-028-076/2.
30 CDU-Bundesvorstandssitzung, 29. September 1969, ACDP, VII-001-018/5.
31 Vgl. *Kempski*, Macht, S. 145.
32 *Mende*, Wende, S. 309.
33 »Großer Sprung«, *Spiegel*, 6. Oktober 1969; »Die Christdemokraten setzen auf Zeitgewinn«, *Stuttgarter Zeitung*, 1. Oktober 1969.
34 Vgl. *Baring*, Machtwechsel, S. 159.
35 So Kohl im CDU-Bundesvorstand, 29. Oktober 1989, ACDP, VII-001-018/5.
36 *Mende*, Wende, S. 308.
37 »Großer Sprung«, *Spiegel*, 6. Oktober 1969.
38 *Mende*, Wende, S. 309f.
39 Er könne sich denken, meinte Kiesinger in der ZDF-Sendung »Bonner Perspektiven«, 6. Oktober 1969 (Kopie in DB/PD), daß es gelänge, in vier der fünf bevorstehenden Landtagswahlen »diese Partei herauszukatapultieren, die sich jetzt als Schlüsselfigur der Bundesrepublik betätigt«; *Schmoeckel/Kaiser*, Vergessene Regierung, S. 123f. gehen fälschlicherweise davon aus, daß die Bemerkung erst am 16. Oktober fiel, nachdem SPD und FDP die Koalitionsverhandlungen abgeschlossen hatten.
40 »Kiesinger sagt der FDP jetzt einen harten Kampf an«, *Welt*, 17. Oktober 1969.
41 Hierzu auch *Scheel*, Erinnerungen, S. 65ff.
42 Brandt an Kiesinger, 9. Oktober 1969, abgedruckt in *Brandt*, Berliner Ausgabe, Bd. 7, Nr. 32, S. 202f.; Der Brief wurde auch in die Festschrift zu Kiesingers 80. Geburtstag aufgenommen, *Oberndörfer*, Begegnungen, S. 424.
43 Dieses und die folgenden Zitate in CDU-Bundesvorstand, 28. Oktober 1969, ACDP, VII-001-18/9; sowie BT/SB, 6. WP, 5. Sitzung, 28. Oktober 1969.
44 Vgl. *Münkel*, Politiker-Image, S. 74.

Elder Statesman 1969–1988

45 Vgl. *Bracher/Jäger/Link*, Republik, S. 24f.; *Görtemaker*, Geschichte, S. 505; *Rödder*, Bundesrepublik, S. 31f.
46 BT/SB, 6. WP, 5. Sitzung, 28. Oktober 1969, S. 20ff.
47 Vgl. *Merseburger*, Brandt, S. 583.
48 Kiesinger im CDU-Bundesvorstand, 28. Oktober 1969, ACDP, VII-001-18/9.
49 DB/SB, 6. WP, 6. Sitzung, 29. Oktober 1969, S. 73ff.; das folgende Zitat ebd.
50 *Bracher/Jäger/Link*, Republik, S. 166f.; siehe Kiesingers Antwort auf Brandts »Bericht zur Lage der Nation im geteilten Deutschland«, DB/SB, 6. WP, 23. Sitzung, 15. Januar 1970, S. 854f.
51 Vgl. Brandts Regierungserklärung, DB/SB, 6. WP, 22. Sitzung, 14. Januar 1970, S. 840 mit *Kiesinger*, Große Koalition, S. 77ff. (Rede vom 17. Juni 1967).
52 *Mende*, Wende, S. 321.
53 Dazu *Grau*, Stufenweiser Abschied in: Buchstab u.a., Kiesinger, S. 531ff.; *Hacke*, Ost- und Deutschlandpolitik; *Tiggemann*, CDU/CSU.
54 DB/SB, 6. WP, 6. Sitzung, 29. Oktober 1969, S. 74.
55 »Für und wider Kiesinger«, *Frankfurter Neue Presse*, 10. November 1969.
56 »Oh Herr, was sollen wir tun?«, *Südwest-Presse*, 20. November 1969; hierzu und zu dem folgenden Kleinmann, Ich gehöre, in: Buchstab u.a., Kiesinger, S. 512.
57 »Kiesinger schmollt«, *Christ und Welt*, 13. Februar 1970; tatsächlich besaß Kiesinger protokollarisch den höheren Rang.
58 »Unperson«, *Spiegel*, 23. Februar 1970; »Arbeitnehmer ärgern Kiesinger«, *Frankfurter Rundschau*, 20. März 1970.
59 »Kiesinger ist nicht an allem schuld«, *Christ und Welt*, 20. März 1970; »Vorzeitiger Rücktritt«, *Welt der Arbeit*, 20. März 1970.
60 Vgl. *Kleinmann*, Geschichte der CDU, S. 322f.
61 Vgl. »Kiesinger und seine Nachfolger«, *Frankfurter Neue Presse*, 12. März 1970.
62 »Hat Kiesinger doch resigniert?«, *Frankfurter Neue Presse*, 12. März 1970; »CDU dementiert Rücktrittsabsicht Kiesingers«, *Welt*, 12. März 1970.
63 »Unklarheit über künftige CDU-Führung hält an«, *Stuttgarter Zeitung*, 14. September 1970.
64 »Der CDU-Vorsitzende geht mit dem Kanzler hart ins Gericht«, *Welt*, 18. Januar 1971.
65 »Parteifreunde drängen Kiesinger zum Verzicht auf CDU-Vorsitz«, *Welt*, 29. Januar 1971.
66 »Kandidat Kiesinger«, *Hamburger Abendblatt*, 22. Mai 1971.
67 *Bracher/Jäger/Link*, Republik, S. 56f.
68 »Kiesingers Drehbuch für den CDU-Krimi«, *Stuttgarter Zeitung*, 9. Juni 1971; Kiesinger-Interview im SDR, 20. Juni 1971, 18.40 Uhr (Kopie in DB/PA).
69 »Die Zeit der Mißdeutung sollte vorbei sein«, *Bayern-Kurier*, 10. Juli 1971.
70 »CDU-Chef nennt seinen Kronprinzen«, *Frankfurter Rundschau*, 21. August 1971.
71 Vgl. *Nothelfer*, Abgeordnete, in: Oberndörfer, Begegnungen, S. 470f.
72 DB/SB, 6. WP, 183. Sitzung, 27. April 1972, S. 10697ff.
73 Vgl. *Kohl*, Erinnerungen, S. 311f.
74 Zu Barzels Rücktritt vgl. *Bracher/Jäger/Link*, Republik, S. 102ff.
75 *Kraske*, Über Tocqueville, in: Oberndörfer, Begegnungen, S. 467f.
76 Vgl. das Interview mit Peter von Zahn, 9. Juli 1975, ACDP, I-226-322.
77 Vgl. *Carstens*, Zwei Wochen, in: Oberndörfer, Begegnungen, S. 459; weniger pronounciert *ders.*, Erinnerungen, S. 423f.
78 »Mehr Literat als eiserner Kanzler«, *Welt*, 4. Juni 1976.

Anmerkungen

79 Vgl. das Gesamtregister der Reden Kiesingers, NLK, I-226-209.
80 *Kroegel*, Anfang, S. 7; *Oberndörfer*, in: *Kiesinger*, Große Koalition, S. 323.
81 Vgl. *Kleinmann*, Kiesinger, S. 263.
82 »So war es«, *Bild am Sonntag*, 17. November bis 15. Dezember 1974, NLK, I-226-322.
83 DHJ, S. 11.
84 In der Vorbemerkung zu DHJ schreibt *Schmoeckel* als Herausgeber: »Er stellte an seinen eigenen Stil sehr hohe Anforderungen und hat seine vorhandenen Niederschriften wiederholt überarbeitet.«
85 DHJ, S. 169.
86 »Kiesingers dunkle Jahre«, *Zeit*, 8. September 1989.
87 »Schöne Bescherung für einen schönen Kopf«, *Zeit*, 30. April 1976.
88 »Knappes Votum für Kiesingerplatz«, *Stuttgarter Zeitung*, 27. Oktober 1993.
89 Vgl. *Gassert*, Politik, S. 53.
90 »Der Retter ist heute fast vergessen«, Südwest-Presse, 6. April 1974; »Streiter auf Distanz«, *Augsburger Allgemeine*, 5. April 1974; »Tocqueville und Toynbee als Weggefährten«, *Stuttgarter Zeitung*, 5. April 1974; »Der dritte Bundeskanzler«, *Frankfurter Allgemeine Zeitung*, 6. April 1974.
91 Wehner an Kiesinger, 31. März 1979, in: *Oberndörfer*, Begegnungen, S. 479.
92 Ansprache am 18. März 1988 in St. Eberhard, *Bulletin*, 23. März 1988, S. 341.

Verzeichnis der Abkürzungen

AA	Auswärtiges Amt
AAPD	Akten zur Auswärtigen Politik der Bundesrepublik Deutschland
ACDP	Archiv für Christlich-Demokratische Politik, St. Augustin
ADAP	Akten zur Deutschen Auswärtigen Politik (1918-1945)
AdO	Archives de l'Occupation, Colmar
BAB	Bundesarchiv Berlin
BAK	Bundesarchiv Koblenz
BDC	Berlin Document Center
BGBl.	Bundesgesetzblatt
BHE	Bund der Heimatvertriebenen und Entrechteten
BStU	Bundesbeauftragter für die Unterlagen der Staatssicherheit
CDU	Christlich-Demokratische Union Deutschlands
CSU	Christlich-Soziale Union
CV	Cartellverband der katholischen deutschen Studentenverbindungen
DB/DS	Deutscher Bundestag, Drucksachen
DB/PA	Deutscher Bundestag, Parlamentsarchiv
DB/PD	Deutscher Bundestag, Pressedokumentation
DB/SB	Verhandlungen des Deutschen Bundestages, Stenographische Berichte
DHJ	*Dunkle und Helle Jahre* (Kiesingers Erinnerungen)
DNVP	Deutschnationale Volkspartei
DUD	Deutschland-Union-Dienst
FDP	Freie Demokratische Partei
FRUS	Foreign Relations of the United States (Aktenedition)
GG	Geschichte und Gesellschaft
HStAS	Hauptstaatsarchiv Stuttgart
HZ	Historische Zeitschrift
Kult R	Kulturabteilung des Auswärtigen Amtes, Unterabteilung Rundfunk
KV	Kartellverband der katholischen deutschen Studentenvereine
LBJL	Lyndon Baines Johnson Library, Austin, Texas
LT/BW	Landtag von Baden-Württemberg, Stenographische Berichte
MLF	Multilateral Force (NATO-Atomstreitmacht)
NA	National Archives College-Park, Maryland
NATO	North Atlantic Treaty Organization
NL	Nachlaß
NSDAP	Nationalsozialistische Deutsche Arbeiterpartei
OMGUS	Office of Military Government-US (amerikanische Militärregierung)
PA/AA	Politisches Archiv des Auswärtigen Amtes, Berlin
»Promi«	Reichsministerium für Volksaufklärung und Propaganda
RMVP	Reichsministerium für Volksaufklärung und Propaganda
»Ru«	Rundfunkpolitische Abteilung des Auswärtigen Amtes
SPD	Sozialdemokratische Partei Deutschlands
VfZ	Vierteljahrshefte für Zeitgeschichte
WP	Wahlperiode

Quellen und Darstellungen

1. Ungedruckte Quellen

Archiv für Christlich-Demokratische Politik, St. Augustin (ACDP)
I-028 (NL Heinrich Krone); I-127 (NL Albert Sauer); I-157 (NL Kai-Uwe von Hassel); I-172 (NL Otto Lenz); I-226 (NL Kurt Georg Kiesinger); I-295 (NL Johann Baptist Gradl); I-349 (NL Ernst Majonica); I-400 (NL Hans Berger); I-483 (NL Gerhard Schröder); I-580 (NL Hans A. Schwarz-Liebermann von Wahlendorf); III-003 (Landes-/Bezirksverband Nordwürttemberg); III-004 (Landes-/Bezirksverband Nordbaden); III-009 (Landes-/Bezirksverband Württemberg-Hohenzollern); VII-001 (CDU-Bundesvorstand, Bundesausschuß, Präsidium); VII-002 (CDU-Bundesvorsitzende); VIII-001 (CDU/CSU-Bundestagsfraktion, Protokolle); VIII-006 (CDU/CSU-Bundestagsfraktion, Arbeitskreis V).

Bundesarchiv Berlin (BAB)
R 74 (Sonderdienst Seehaus); R 901 (Auswärtiges Amt, Rundfunkpolitische Abt.); DY 6 (Nationalrat der Nationalen Front); DY 30/J IV 2/202 (Büro Ulbricht); DY 30/IV A2/2.028 (Büro Prof. Albert Norden); DY 4090 (NL Otto Grotewohl); N 2503 (NL Friedrich Karl Kaul).

Bundesarchiv Koblenz (BAK)
B 136 (Bundeskanzleramt); B 145 (Bundespresseamt); N 1371 (Depositum Rainer Barzel); N 1397 (NL Karl Theodor Freiherr von und zu Guttenberg).

Bundesbeauftragter für die Unterlagen des Staatssicherheitsdienstes der ehemaligen Deutschen Demokratischen Republik (BStU)
AS 99/67 (Bundesregierung, 1966-1969); AS 121/68 (Kurt Georg Kiesinger); AS 153/68 (Dokumentation Reichssicherheitshauptamt); PA 6200 (Beate Klarsfeld).

Hauptstaatsarchiv Stuttgart (HStAS)
EA 1/105 (Staatsministerium, Protokolle des Ministerrates); EA 1/106 (Staatsministerium, Pressestelle, 1945-1969); EA 1/107 (Staatsministerium, Zeitungsdokumentationen); EA 1/151 (Staatsministerium, Personalakten); EA 1/921; EA 1/922; EA 1/923 (Staatsministerium, unverzeichnete Ablieferungen); P 12 (Reden und Aufsätze MP Kiesinger); Q 1/22 (NL Wolfgang Haußmann); Q 1/35 (NL Gebhard Müller).

Ministère des Affaires Étrangères, Direction des Archives, Bureau des Archives de l'Occupation Française en Allemagne et en Autriche, Colmar (AdO)
WH 1024 (Personalités: documentation, discours); WH 1103 (CDU); WH 1318 (Comptes rendus et réunions politiques, Kiesinger); WH 1398 (Campagne électorale et élections au Bundestag, Kiesinger); WH 1606 (Kiesinger, Kurt); WH 2525/1 (Partis politiques).

National Archives and Records Administration, College Park (NA)
RG 59 (Department of State); RG 60 (Department of Justice); RG 84 (Political Adviser to Germany); RG 165 (War Department, General and Special Staffs); RG 242 (BDC Directorate Files); RG 260 (OMGUS); RG 338 (7th Army).

GEDRUCKTE QUELLEN

Politisches Archiv des Auswärtigen Amtes, Berlin (PA/AA)
B 2 (Büro Staatssekretär); B 32 (Referat 305/II A 6, Staatsbesuche und Reisen prominenter Deutscher); B 150 (Dokumente für die Aktenedition »Akten zur Auswärtigen Politik der Bundesrepublik Deutschland«); Rep. IV (Personalia); R 67486, R67487, R 67488, R 67489 (Rundfunkpolitische Abteilung).

2. GEDRUCKTE QUELLEN

a) Schriften Kiesingers
Als Repetitor in Berlin 1933-1945, in: *Hans Jochen Vogel/Helmut Simon/Adalbert Podlech, Die Freiheit des Anderen. Festschrift für Martin Hirsch*, Baden-Baden 1981, S. 21-27.
Dunkle und helle Jahre. Erinnerungen 1904-1958, Hg. von *Reinhard Schmoeckel*, Stuttgart 1988.
Erlebnisse mit Konrad Adenauer, in: *Dieter Blumenwitz* u. a. (Hg.), Konrad Adenauer und seine Zeit. Politik und Persönlichkeit des ersten Bundeskanzlers, Bd. 1: Beiträge von Weg- und Zeitgenossen, Stuttgart 1976, S. 59-72.
Entspannung in Deutschland, Friede in Europa. Reden und Interviews 1967, Bonn 1968.
Entstehung und Aufgaben des Europarates, in: *Der Aufbau* (Zürich), Nr. 42, 26. Oktober 1956, S. 330-332.
Fügung und Verantwortung. Interview mit Hans Bausch. Festgabe des Landtages aus Anlaß des 80. Geburtstages von Bundeskanzler a.D. und Ministerpräsident a.D. Dr. h.c. Kurt Georg Kiesinger, Stuttgart 1984.
[Die] geistigen Grundlagen der wirtschaftlichen Entwicklung Württembergs, in: 125 Jahre Papierfabrik Scheufelen 1855-1980, Oberlenningen 1981, S. 28-47.
[Die] Große Koalition 1966-1969. Reden und Erklärungen des Bundeskanzlers, Hg. von *Dieter Oberndörfer*, Stuttgart 1979.
Ideen vom Ganzen. Reden und Betrachtungen, Tübingen 1964.
[Der] Kampf im Bundestag um den Südweststaat, in: *Max Gögler/Gregor Richter*, in Verbindung mit *Gebhard Müller* (Hg.), Das Land Württemberg-Hohenzollern 1945-1952. Darstellungen und Erinnerungen, Sigmaringen 1982, S. 405-424.
Reden und Interviews 1968, Bonn 1969.
Stationen 1949-1969, Tübingen 1969.
[Die] Wallfahrt zu Gott, Ebingen 1924.

b) Editionen, zeitgenössische Literatur, Erinnerungen
[*Adenauer, Konrad*], Adenauer. Briefe 1949-1951, bearb. von *Hans Peter Mensing*, Berlin 1985.
[*Adenauer, Konrad*], Adenauer. Briefe 1951-1953, bearb. von *Hans Peter Mensing*, Berlin 1987.
[*Adenauer, Konrad*], Adenauer. Briefe 1953-1955, bearb. von *Hans Peter Mensing*, Berlin 1995.
[*Adenauer, Konrad*], Adenauer-Heuss. Unter vier Augen. Gespräche aus den Gründerjahren, bearb. von *Hans Peter Mensing*, Berlin 1997.
[Aktion Demokratischer Forschritt] *ADF zum Fall Kiesinger*, Bonn 1969.
Adenauer, Konrad, Erinnerungen, Bd. 1, Stuttgart 1965.
Agitprop. Lyrik, Thesen, Berichte. Kollektivausgabe, hg.: *Fuhrmann, Hinrichsen, Hüfner, Kuhnke, Schütt, Wandrey*, Hamburg o.D. [1968].

Quellen und Darstellungen

Akten zur Auswärtigen Politik der Bundesrepublik Deutschland, Hg. von Hans-Peter Schwarz u. a., Bd. 1 und 2, 1966; Bd. 1-3, 1967, Bd. 1 und 2, 1968, München 1997-1999 (zit. als AAPD).

Angela und *Willi Paul Adams* (Hg.), Die Federalist-Artikel. Politische Theorie und Verfassungskommentar der amerikanischen Gründerväter, Paderborn u. a. 1994.

Der *Auswärtige Ausschuß des Deutschen Bundestages*. Sitzungsprotokolle 1949-1953, bearb. von Wolfgang Hölscher, Düsseldorf 1998.

Der *Auswärtige Ausschuß des Deutschen Bundestages*. Sitzungsprotokolle 1953-1957, bearb. von Wolfgang Hölscher, 2. Halbbde., Düsseldorf 2002.

Der *Auswärtige Ausschuß des Deutschen Bundestages*. Sitzungsprotokolle 1957-1961, bearb. von Joachim Wintzer, Düsseldorf 2004.

Barzel, Rainer, Ein gewagtes Leben. Erinnerungen, Stuttgart/Leipzig 2001.

Baukloh, Friedhelm, Der neue Bundeskanzler, in: Blätter für deutsche und internationale Politik 12, 1967, S. 35-47.

Barth, Herbert, Bonner Ostpolitik gegen Frieden und Sicherheit. Zur Ostpolitik des westdeutschen Imperialismus von Adenauer und Erhard bis zu Strauß/Kiesinger, (Ost-)Berlin 1969.

Bausch, Paul, Lebenserinnerungen und Bekenntnisse eines schwäbischen Abgeordneten, Korntal 1969.

Birrenbach, Kurt, Meine Sondermissionen. Rückblick auf zwei Jahrzehnte bundesdeutscher Außenpolitik. Düsseldorf/Wien 1984.

Blankenhorn, Herbert, Verständnis und Verständigung. Blätter eines politischen Tagebuchs 1949 bis 1979, Berlin 1980.

Blumenwitz, Dieter u. a. (Hg.), Konrad Adenauer und seine Zeit, Bd. 1: Beiträge von Weg- und Zeitgenossen, Stuttgart 1976.

Boelcke, Willi A. (Hg.), »Wollt Ihr den totalen Krieg?«. Die geheimen Goebbels-Konferenzen 1939-1943, Stuttgart 1967.

Brandt, Rut, Freundesland. Erinnerungen, Hamburg 2002.

Brandt, Willy, Begegnungen und Einsichten. Die Jahre 1960-1975, Hamburg 1976.

Brandt, Willy, Berliner Ausgabe, Bd. 7: Mehr Demokratie wagen. Innen- und Gesellschaftspolitik 1966-1974, bearb. von Wolther von Kieseritzky, Bonn 2001.

Brandt, Willy, Erinnerungen, Berlin/Frankfurt am Main 1989.

Carstens, Karl, Erinnerungen und Erfahrungen. Herausgegeben von Kai von Jena und Reinhard Schmoeckel, Boppard 1993.

[*CDU-Bundesvorstand, 1950-1953*] Adenauer: »Es muß alles neu gemacht werden«. Die Protokolle des CDU-Bundesvorstandes 1950-1953, bearb. von *Günter Buchstab*, Stuttgart 1986.

[*CDU-Bundesvorstand, 1953-1957*] Adenauer: »Wir haben wirklich etwas geschaffen«. Die Protokolle des CDU-Bundesvorstandes 1953-1957, bearb. von *Günter Buchstab*, Stuttgart 1990.

[*CDU-Bundesvorstand, 1957-1961*] Adenauer: »... um den Frieden zu gewinnen«. Die Protokolle des CDU-Bundesvorstandes 1957-1961, bearb. von *Günter Buchstab*, Düsseldorf 1994.

[*CDU-Bundesvorstand, 1961-1965*] Adenauer: »Stetigkeit in der Politik«. Die Protokolle des CDU-Bundesvorstandes 1961-1965, bearb. von *Günter Buchstab*, Düsseldorf 1998.

[*CDU-Bundesvorstand, 1965-1969*] Kiesinger: »Wir leben in einer veränderten Welt«. Die Protokolle des CDU-Bundesvorstandes 1965-1969, bearb. von *Günter Buchstab*, Düsseldorf 2005.

GEDRUCKTE QUELLEN

Christlich-Demokratische Union Deutschlands, 16. Bundesparteitag Berlin, 4.-7. 11. 1968. Niederschrift, Bonn 1968.
Die *CDU/CSU-Fraktion im Deutschen Bundestag*. Sitzungsprotokolle 1949-1953, bearb. von Helge Heidemeyer, Düsseldorf 1998.
Die *CDU/CSU-Fraktion im Deutschen Bundestag*. Sitzungsprotokolle 1953-1957, bearb. von Helge Heidemeyer, Düsseldorf 2003.
Die *CDU/CSU-Fraktion im Deutschen Bundestag*. Sitzungsprotokolle 1957-1961, bearb. von Reinhard Schiffers, Düsseldorf 2004.
Die *CDU/CSU-Fraktion im Deutschen Bundestag*. Sitzungsprotokolle 1961-1966, bearb. von Corinna Franz, Düsseldorf 2004.
Council of Europe, Consultative Assembly, Official Report of Debates, Strasburg 1950ff.
Couve de Murville, Maurice, Une Politique étrangère 1958-1969, Paris 1971.
Czaja, Herbert, Unterwegs zum kleinsten Deutschland? Mangel an Solidarität mit den Vertriebenen. Marginalien zu 50 Jahren Ostpolitik, Frankfurt am Main 1996.
Dahrendorf, Ralf, Arbeiterkinder an deutschen Universitäten, Tübingen 1965.
Dahrendorf, Ralf, Bildung ist Bürgerrecht. Plädoyer für eine aktive Bildungspolitik, Hamburg 1965.
Dahrendorf, Ralf, Gesellschaft und Demokratie in Deutschland, München 1965.
Dahrendorf, Ralf, Liberale und Andere. Porträts, Stuttgart 1994.
Dahrendorf, Ralf, Über die Universität Konstanz, in: Konstanzer Blätter für Hochschulfragen, Heft 13 (November 1966), S. 5ff.
Diehl, Günter, Zwischen Politik und Presse. Bonner Erinnerungen 1949-1969, Frankfurt am Main 1994.
Dokumente zur Deutschlandpolitik, Hg. vom Bundesministerium für innerdeutsche Beziehungen, Bonn 1984ff. (zit. als DzD).
Dokumente zur Gründung neuer Hochschulen. Anregungen des Wissenschaftsrates, Empfehlungen und Denkschriften auf Veranlassung von Ländern in der Bundesrepublik Deutschland in den Jahren 1960-1966, Hg. von Rolf Neuhaus, Wiesbaden 1968.
Ehmke, Horst, Mittendrin. Von der Großen Koalition zur Deutschen Einheit, Berlin 1994.
Empfehlungen des Wissenschaftsrates zum Ausbau wissenschaftlicher Einrichtungen, Teil 1: Wissenschaftliche Hochschulen, Tübingen 1960.
Eschenburg, Theodor, Letzten Endes meine ich doch. Erinnerungen 1933-1999, Berlin 2000.
Eschenburg, Theodor/Weise, Artur/Hommel, Hildebrecht, Reden anläßlich der Akademischen Feier der Baden-Württembergischen Rektorenkonferenz zum 60. Geburtstag des Ministerpräsidenten Kurt Georg Kiesinger am 7. April 1964 im Großen Senatssaal der Universität Tübinbgen, Tübingen 1964.
Flannery, Harry/Seger, Gerhart H., Which way Germany? New York 1968.
Gerstenmaier, Eugen, Streit und Friede hat seine Zeit. Ein Lebensbericht, Frankfurt am Main 1981.
Gerstner, Karl-Heinz, Sachlich, kritisch, optimistisch: Eine sonntägliche Lebensbetrachtung, Berlin 1999.
Goetzendorff, Günther, Das Wort hat der Abgeordnete ... Erinnerungen eines Parlamentariers der ersten Stunde, München 1989.
Guttenberg, Karl Theodor Freiherr zu, Fußnoten, Stuttgart 1971.
Haffner, Sebastian,, Germany: Jekyll & Hyde. 1939 – Deutschland von innen gesehen, Berlin 1996 [1940].
Haffner, Sebastian, Geschichte eines Deutschen. Die Erinnerungen 1914-1933, Stuttgart/ München 2000

Hahn, Wilhelm, Ich stehe dazu. Erinnerungen eines Kultusministers, Stuttgart 1981.
Hahn, Wilhelm, Der Ruf ist immer neu. Aus 200 Jahren der baltischen Theologenfamilie Hahn, Stuttgart 1993.
Hahn, Wilhelm/Kiesinger, Kurt Georg, Bewältigte Vergangenheit und Zukunft. Die politische Verantwortung junger Menschen, Konstanz 1966.
Harpprecht, Klaus, Moderator Germaniae. Ein Porträt Kurt Georg Kiesingers, in: Der Monat 222, 1967, S. 7-14.
Heck, Bruno, Adenauer und die Christlich-Demokratische Union Deutschland, in: Blumenwitz u. a., Konrad Adenauer und seine Zeit, Bd. 1, S. 186-203.
Heck, Bruno (Hg.), Die CDU und ihr Programm. Programme, Erklärungen, Entschließungen, Melle 1979.
Heide, Wolf von der, Der Vermittlungsausschuss. Praxis und Bewährung, in: DÖV 6, 1953.
Heimpel, Hermann, Probleme und Problematik der Hochschulreform, Göttingen 1956.
Helmle, Bruno, Universität und Stadt Konstanz, in: Sund/Timmermann, Auf den Weg gebracht, S. 63-67.
Hesse, Konrad, Der unitarische Bundesstaat, Karlsruhe 1962.
Heuss, Theodor, Erinnerungen 1905-1933, Tübingen 1963.
Heuss, Theodor, Tagebuchbriefe 1955/1963, Stuttgart 1970.
Hildebrandt, Jörg, Bevollmächtigt zum Brückenbau. Heinrich Grüber. Judenfreund und Trümmerpropst. Erinnerungen, Predigte, Berichte, Briefe, Leipzig 1991.
Ihlefeld, Heli, Kiesinger-Anekdoten, München 1967.
Jaspers, Karl, Das Doppelgesicht der Universitätsreform, in: Deutsche Universitätszeitung 3, 1960, S. 3-8.
Jaspers, Karl, Antwort. Zur Kritik meiner Schrift »Wohin treibt die Bundesrepublik?« München 1967.
Jaspers, Karl, Wohin treibt die Bundesrepublik? Tatsachen, Gefahren, Chancen, München 1966.
Der *Kampf um den Südweststaat*. Verhandlungen und Beschlüsse der gesetzgebenden Körperschaften des Bundes und des Bundesverfassungsgerichts, Hg. vom Institut für Staatslehre und Politik e.V. in Mainz, München 1952.
Der *Kampf um den Wehrbeitrag*, 3 Bde., Hg. vom Institut für Staatslehre und Politik e.V. Mainz, München 1953.
Kempski, Hans Ulrich, Um die Macht. Sternstunden und sonstige Abenteuer mit den Bonner Bundeskanzlern 1949 bis 1969, Berlin 1999.
Klarsfeld, Beate, Die Geschichte des PG 2 633 930 Kiesinger. Dokumentation mit einem Vorwort von Heinrich Böll, Darmstadt 1969.
Klarsfeld, Beate/Billig, Joseph, K. oder der subtile Faschismus. Mit einem Vorwort von Heinrich Böll, Berlin 1969.
Klarsfeld, Beate, Die Wahrheit über Kurt Georg Kiesinger. Leitender Nazi-Propagandist, o.D. [1967].
Klarsfeld, Beate, Wherever They May Be, New York 1972.
Kohl, Helmut, Erinnerungen 1930-1982, München 2004.
Kohl, Helmut (Hg.), Konrad Adenauer 1876/1976, Stuttgart/Zürich 1976.
Kordt, Erich, Nicht aus den Akten ... Die Wilhelmstraße in Frieden und Krieg. Erlebnisse, Begegnungen und Eindrücke 1928-1945, Stuttgart 1950.
Krone, Heinrich, Aufzeichnungen zur Deutschland- und Ostpolitik 1954-1969, in: Adenauer-Studien, Bd. 3: Untersuchungen und Dokumente zur Ostpolitik und Biographie, Hg. von Rudolf Morsey und Konrad Repgen, Mainz 1974, S. 134-201.

Gedruckte Quellen

Krone, Heinrich, Tagebücher, Bd. 1: 1945-1961; Bd. 2: 1961-1966, bearb. von Hans-Otto Kleinmann, Düsseldorf 1995-2003.
Kusterer, Hermann, Der Kanzler und der General, Stuttgart 1995.
Lenz, Otto, Im Zentrum der Macht. Das Tagebuch des Staatssekretärs Lenz 1951-1953, bearb. von Klaus Gotto, Hans-Otto Kleinmann und Reinhard Schreiner, Düsseldorf 1989.
Lücke, Paul: Ist Bonn doch Weimar? Der Kampf um das Mehrheitswahlrecht, Berlin 1968.
Osterheld, Horst, »Ich gehe nicht leichten Herzens...«. Adenauers letzte Kanzlerjahre. Ein dokumentarischer Bericht, Mainz 1986.
Pünder, Hermann, Von Preußen nach Europa. Lebenserinnerungen, Stuttgart 1968.
Maier, Reinhold, Erinnerungen 1948-1953, Tübingen 1966.
Maizière, Ulrich de, In der Pflicht. Lebensbericht eines deutschen Soldaten im 20. Jahrhundert, Herford 1989.
Mann, Golo, Erinnerungen und Gedanken. Eine Jugend in Deutschland. Frankfurt am Main 1991 [1986].
Meissner, Boris (Hg.), Die deutsche Ostpolitik 1961-1970. Kontinuität und Wandel, Köln 1970.
Mende, Erich, Die Neue Freiheit, 1945-1961, München 1984.
Mende, Erich, Von Wende zu Wende, 1962-1982, München 1986.
McGhee, John, At the Creation of a New Germany. From Adenauer to Brandt. An Ambassador's Account, New Haven 1989.
Meyers, Franz, gez. Dr. Meyers. Summe eines Lebens. Düsseldorf 1982.
Moeller, Alex, Genosse Generaldirektor, München/Zürich 1978.
Moeller, Alex, Tatort Politik, München/Zürich 1982.
Morsey, Rudolf (Hg.), Das »Ermächtigungsgesetz« vom 24. März 1933. Quellen zur Geschichte und Interpretation des »Gesetzes zur Behebung der Not von Volk und Reich«, Düsseldorf 1992.
Nationalrat der Nationalen Front des Demokratischen Deutschland, Dokumentationszentrum der Staatlichen Archivverwaltung der DDR (Hg.), Braunbuch. Kriegs- und Naziverbrecher in der Bundesrepublik und in Westberlin. Staat, Wirtschaft, Verwaltung, Armee, Justiz, Wissenschaft, 3., überarbeitete und erweiterte Aufl., (Ost)-Berlin 1968.
Nationalrat der Nationalen Front des Demokratischen Deutschland (Hg.), Vom Ribbentrop-Ministerium ins Amt des Bundeskanzlers. Dokumentation in Sachen Kiesinger, (Ost)-Berlin 1968.
Oberndörfer, Dieter (Hg.), Begegnungen mit Kurt Georg Kiesinger. Festgabe zum 80. Geburtstag, Stuttgart 1984.
Peyrefitte, Alain, C'était de Gaulle, Bd. 3: »Tout le monde a besoin d'une Franc qui marche«, Paris 2002.
Picht, Georg, Die deutsche Bildungskatastrophe. Analyse und Dokumente, Olten/Freiburg 1964.
Rosa, Renato de (Hg.), Karl Jaspers/K. H. Bauer. Briefwechsel 1945-1968, Berlin/Heidelberg/New York 1983.
Rommel, Manfred, Trotz allem heiter. Erinnerungen, Stuttgart 1998.
Rummel, Alois, Koalition mit Zufallschancen, in: ders., Die Große Koalition 1966-1969. Eine kritische Bestandsaufnahme. Freudenstadt 1969.
Rundel, Otto, Die ersten Schritte auf dem Weg zur Gründung der Universität Konstanz. Erinnerungen eines unmittelbar Beteiligten, in: Rudolf Leibinger/Horst Sund (Hg.), Zwischenbilanz. Festschrift für Lothar Späth anläßlich der Fertigstellung des Mischkreuzes der Universität Konstanz, Konstanz 1988, S. 159-166.

Quellen und Darstellungen

Sänger, Fritz (Hg.), Die Volksvertretung. Handbuch des Deutschen Bundestags, 1. Aufl. Stuttgart 1949.

Sauer, Paul (Bearb.), Die Entstehung des Bundeslandes Baden-Württemberg. Eine Dokumentation. Hg. vom Landtag von Baden-Württemberg in Verbindung mit dem Hauptstaatsarchiv Stuttgart, Ulm 1977.

Scheel, Walter, Erinnerungen und Einsichten, Stuttgart 2004.

Schelsky, Helmut, Einsamkeit und Freiheit. Idee und Gestalt der deutschen Universitäten und ihrer Reformen, Hamburg 1963.

Scheuner, Ulrich, Wandlungen im Föderalismus des Bundesrepublik, in: Die öffentliche Verwaltung 1966, S. 645ff.

Schiffers, Reinhard, (Bearb.), Grundlegung der Verfassungsgerichtsbarkeit. Das Gesetz über das Bundesverfassungsgericht vom 12. März 1951, Düsseldorf 1984.

Schmid, Carlo, Erinnerungen, Bern/München/Wien 1979.

Schmidt, Helmut, Weggefährten. Erinnerungen und Reflexionen, Berlin 1996.

Schmitt, Carl, Das Reichsgericht als Hüter der Verfassung, in: ders., Verfassungsrechtliche Aufsätze, Berlin 1959, S. 63-100 (Erstdruck 1929).

Schmitt, Carl, Der Führer schützt das Recht, in: Ursachen und Folgen. Vom deutschen Zusammenbruch 1918 und 1945 bis zur staatlichen Neuordnung in der Gegenwart, Bd. 10.: Das Dritte Reich. Die Errichtung des Führerstaates. Die Abwendung von dem System der kollektiven Sicherheit, Hg. Herbert Michaelis und Ernst Schraepler, Berlin o.D., S. 221-222.

Schmitt, Carl, Die geistesgeschichtliche Lage des heutigen Parlamentarismus, 6. Aufl., unveränd. Nachdr. der 1926 erschienenen 2. Aufl., Berlin 1985.

Schönbohm, Wulf/Runge, Jürgen Bernd/Radunski, Peter, Die herausgeforderte Demokratie. Deutschlands Studenten zwischen Reform und Revolution, Mainz 1968.

Schullze, Erich (Hg.), Gesetz zur Befreiung von Nationalsozialismus und Militarismus vom 5. März 1946, mit den Ausführungsvorschriften, der Anweisung für die Auswerter der Meldebögen und der Rangliste in mehrfarbiger Wiedergabe, 3., durchgesehene und erg. Aufl., München 1948.

Seydoux, François, Botschafter in Deutschland. Meine zweite Mission 1965 bis 1970, Frankfurt am Main 1978.

Shirer, William L., Berlin Diary. The Journal of a Foreign Correspondent 1934-1941, London 1941.

Statistisches Landesamt Baden-Württemberg (Hg.), Die Wahl zum Landtag von Baden-Württemberg am 15. Mai 1960. Endgültige Ergebnisse der Wahl in den Regierungsbezirken, Wahlkreisen sowie Gemeinden des Landes Baden-Württemberg mit einer textlichen Darstellung, Stuttgart 1960.

Storz, Gerhard, Zwischen Amt und Neigung. Ein Lebensbericht aus der Zeit nach 1945, Stuttgart 1976.

Strauß, Franz Josef, Die Erinnerungen, Berlin 1989.

Strauß, Franz Josef, Konrad Adenauer und sein Werk, in: Blumenwitz, Konrad Adenauer und seine Zeit, Bd. 1, S. 73-84.

Stücklen, Richard, Mit Humor und Augenmaß. Geschichten, Anekdoten und eine Enthüllung, Forchheim 2001.

Terjung, Knut (Hg.), Der Onkel. Herbert Wehner in Gespräch und Interviews, Hamburg 1986.

Voss, Friedrich, Den Kanzler im Visier. 20 Jahre mit Franz Josef Strauß, Mainz 1999.

Wehner, Herbert, Entscheidungen, in: Robert Schwebler/Walter Föhrenbach, Jahre der Wende. Festgabe für Alex Möller zum 65. Geburtstag, Karlsruhe 1968.

DARSTELLUNGEN

Weizsäcker, Richard von, Vier Zeiten. Erinnerungen, Vollständige Taschenbuchausgabe, Berlin 1999.
Wengst, Udo (Bearb.), Auftakt zur Ära Adenauer. Koalitionsverhandlungen und Regierungsbildung 1949, Düsseldorf 1985.
Wenke, Hans (Hg.), Eduard Spranger. Bildnis eines geistigen Menschen unserer Zeit. Zum 75. Geburtstag dargebracht von Freunden und Weggenossen, Heidelberg 1957.
Westdeutsche Rektorenkonferenz, Neugründung von Universitäten in a) Bremen und b) Konstanz, in: Westdeutsche Rektorenkonferenz. Empfehlungen, Entschließungen und Nachrichten, Stück 74/1959.
Wickert, Erwin, Die glücklichen Augen. Geschichten aus meinem Leben, Stuttgart/München 2001.
Wickert, Erwin, Mut und Übermut. Geschichten aus meinem Leben, 3. Aufl. Stuttgart 1992.
Zimmermann, Friedrich, Kabinettstücke. Politik mit Strauß und Kohl 1976-1991, München 1991.
Zundel, Rolf, Die Große Koalition – eine demokratische Todsünde? in: Rummel, Große Koalition, S. 29-45.

3. DARSTELLUNGEN

Albiez, Robert u.a. (Hg.), Der überspielte Volkswille. Die Badener im südwestdeutschen Neugliederungsgeschehen (1945-1970). Fakten und Dokumente, Baden-Baden 1992.
Angermund, Ralph, Deutsche Richterschaft 1919-1945. Krisenerfahrung, Illusion, politische Rechtsprechung, Frankfurt am Main 1990.
Aschmann, Birgit, »Treue Freunde...?« Westdeutschland und Spanien 1945-1963, Stuttgart 1999.
Ash, Timothy Garton, Im Namen Europas. Deutschland und der geteilte Kontinent, München 1993.
Atorf, Walter, Streifzug durch das Finanzressort, in: *Gögler/Richter*, Land Württemberg-Hohenzollern, S. 233-274.
Bange, Oliver, Ostpolitik und Détente in Europa. Die Anfänge 1966-1969, Habil. Mannheim 2005.
Bankier, David, The Germans and the Final Solution. Public Opinion under Nazism, Oxford 1992.
Bariety, Jacques, Die Französisch-sowjetische Annäherung. De Gaulles Reise nach Moskau im Jahre 1966 und die »Deutsche Frage«, in: *Peter R. Weilemann/Hanns Jürgen Küsters/Günter Buchstab* (Hg.), Macht und Zeitkritik. Festschrift für Hans-Peter Schwarz zum 65. Geburtstag, Paderborn 1999, S. 243-254.
Baring, Arnulf, Außenpolitik in Adenauers Kanzlerdemokratie. Bonns Beitrag zur Europäischen Verteidigungsgemeinschaft, München/Wien 1969.
Baring, Arnulf, unter Mitarbeit von Manfred Görtemaker, Machtwechsel. Die Ära Brandt-Scheel, Stuttgart 1982.
Baring, Arnulf, unter Mitarbeit von Bolko von Oetinger und Klaus Mayer, Sehr verehrter Herr Bundeskanzler! Heinrich Brentano im Briefwechsel mit Konrad Adenauer, 1949-1964, Hamburg 1974.
Bausinger, Hermann, Die bessere Hälfte. Von Badenern und Württembergern, Stuttgart/München 2002.
Baumann, Ansbert, Kurt Georg Kiesinger – Ein Freund Frankreichs? In: HPM 10, 2003, S. 225-253.

Quellen und Darstellungen

Becker, Ernst Wolfgang, Ermächtigung zum politischen Irrtum. Die Zustimmung zum Ermächtigungsgesetz 1933 und die Erinnerungspolitik im ersten baden-württembergischen Untersuchungsausschuß der Nachkriegszeit, Stuttgart 2001.

Becker, Winfried, Georg von Hertling, 1843-1919, Bd. 1: Jugend und Selbstfindung zwischen Romantik und Kulturkampf, Mainz 1981.

Bender, Peter, Die »Neue Ostpolitik« und ihre Folgen. Vom Mauerbau bis zur Vereinigung. 4. Aufl. München 1996.

Berghahn, Volker R./Friedrich, Paul J., Otto A. Friedrich, ein politischer Unternehmer. Sein Leben und seine Zeit, 1902-1975. Frankfurt/Main 1993.

Besier, Gerhard, Die Kirchen und das Dritte Reich. Spaltungen und Abwehrkämpfe 1934-1937, Berlin/München 2001.

Besson, Waldemar, Die Außenpolitik der Bundesrepublik. Erfahrungen und Maßstäbe, München 1970.

Bischoff, Detlef, Franz Josef Strauß, die CSU und die Außenpolitik. Konzeption und Realität am Beispiel der Großen Koalition, Meisenheim am Glan 1973.

Blasius, Rainer A., Erwin Wickert und die Friedensnote der Bundesregierung vom 25. März 1966, in: VfZ 43, 1995, S. 539-553.

Boelcke, Willi A., Die Macht des Radios. Weltpolitik und Auslandsrundfunk 1924-1976, Berlin 1977.

Bösch, Frank, Die Adenauer-CDU. Gründung, Aufstieg und Krise einer Erfolgspartei 1945-1969, Stuttgart/München 2001.

Bösch, Frank, Macht und Machtverlust. Die Geschichte der CDU, Stuttgart/München 2001.

Boveri, Margret, Der Verrat im 20. Jahrhundert, Bd. 1: Für und gegen die Nation. Das sichtbare Geschehen, Hamburg 1956.

Broszat, Martin, Resistenz und Widerstand. Eine Zwischenbilanz des Forschungsprojekts, in: ders. u.a. (Hg.), Bayern in der NS-Zeit. Soziale Lage und politisches Verhalten im Spiegel vertraulicher Berichte, Bd. 4, München/Wien 1981, S. 691-709.

Buchbender, Ortwin, Das tönende Erz. Deutsche Propaganda gegen die Rote Armee im Zweiten Weltkrieg, Stuttgart 1978.

Buchhaas, Dorothee, Die Volkspartei. Programmatische Entwicklung der CDU 1950-1973, Düsseldorf 1981.

Buchheim, Hans, Deutschlandpolitik 1949-1972. Der politisch-diplomatische Prozeß, Stuttgart 1984.

Buchstab, Günter, Geheimdiplomatie zwischen zwei bequemen Lösungen. Zur Ost- und Deutschlandpolitik Kiesingers, in: *Karl-Dietrich Bracher* u.a. (Hg.), Staat und Parteien. Festschrift für Rudolf Morsey zum 65. Geburtstag. Berlin 1992, S. 883-901.

Buchstab, Günter/Gassert, Philipp/Lang, Peter Thaddäus (Hg.), Kurt Georg Kiesinger 1904-1988. Von Ebingen ins Kanzleramt, Freiburg 2005.

Cardauns, Hermann, Fünfzig Jahre Kartell-Verband (1863-1913), Kempten/München 1913.

Chaussy, Ulrich, Die drei Leben des Rudi Dutschke. Eine Biographie, Berlin 1993.

Clemens, Gabriele, Martin Spahn und der Rechtskatholizismus in der Weimarer Republik, Mainz 1983.

Conze, Eckart, Dominanzanspruch und Partnerschaftsrhetorik. Die Bundesrepublik im Spannungsfeld von amerikanischer und französischer Politik 1945-1990, in: *Junker*, USA und Deutschland, Bd. 2, S. 88-99.

Conze, Vanessa, Das Europa der Deutschen. Ideen von Europa in Deutschland zwischen Reichstradition und Westorientierung (1920-1970), Phil. Diss. Tübingen 2001.

Cornides, Wilhelm, Die Weltmächte und Deutschland. Geschichte der jüngsten Vergangenheit, 1945-1955, Tübingen 1957.

DARSTELLUNGEN

Daum, Andreas W., Charisma und Vergemeinschaftung. Zur Westbindung der Deutschen im Kalten Krieg, in: *Manfred Berg/Philipp Gassert* (Hg.), Deutschland und die USA in der Internationalen Geschichte des 20. Jahrhunderts, Stuttgart 2004.
Denzler, Georg, Widerstand ist nicht das richtige Wort. Katholische Priester, Bischöfe und Theologen im Dritten Reich, Zürich 2003.
Dexheimer, Wolfgang F., Koalitionsverhandlungen in Bonn, 1961, 1965, 1969. Zur Willensbildung in Parteien und Fraktionen, Bonn 1973.
Doering-Manteuffel, Anselm, Die Bundesrepublik Deutschland in der Ära Adenauer. Außenpolitik und innere Entwicklung 1949-1963, Darmstadt, 2. Aufl. 1988.
Doering-Manteuffel, Anselm, Wie westlich sind die Deutschen? Amerikanisierung und Westernisierungim 20. Jahrhundert, Göttingen 1999.
Döscher, Hans-Jürgen, Das Auswärtige Amt im Dritten Reich. Diplomatie im Schatten der »Endlösung«, Berlin 1987.
Döscher, Hans-Jürgen, Verschworene Gesellschaft. Das Auswärtige Amt unter Adenauer zwischen Neubeginn und Kontinuität, Berlin 1995.
Dreher, Klaus, Helmut Kohl. Leben mit Macht, Stuttgart 1998.
Dubiel, Helmut, Niemand ist frei von der Geschichte. Die nationalsozialistische Herrschaft in den Debatten des Deutschen Bundestages, München 1999.
Echternkamp, Jörg, Arbeit am Mythos. Soldatengenerationen der Wehrmacht im Urteil der west- und ostdeutschen Nachkriegsgesellschaft, in: Naumann, Nachkrieg, S. 421-443.
Eibl, Franz, Politik der Bewegung. Gerhard Schröder als Außenminister 1961-1966, München 2001.
Eichhorn, Samuel Joachim, Der »Kreßbronner Kreis«. Koalitionsausschuß der Großen Koalition (1966-1969), Magisterarbeit Hamburg 2002.
Eilers, Rolf, Konfession und Lebenswelt. 75 Jahre Bund Neudeutschland 1919-1994, Mainz 1998.
Elvert, Jürgen, Mitteleuropa! Deutsche Pläne zur europäischen Neuordnung (1918-1945), Stuttgart 1999.
Ernst, Albrecht (Bearb.), Kurt Georg Kiesinger (1904-1988). Rechtslehrer, Ministerpräsident, Bundeskanzler. Katalog zur Ausstellung des Hauptstaatsarchivs Stuttgart, Stuttgart 2004.
Fallois, Immo von, Kalkül und Illusion. Der Machtkampf zwischen Reichswehr und SA während der Röhm-Krise 1934, Berlin 1994.
Falter, Jürgen W., Kontinuität und Neubeginn. Die Bundestagswahl 1949 zwischen Weimar und Bonn, in: PVS 22, 1981, S. 236, 263.
[*Feldkamp, Michael F.*], 150 Jahre Askania-Burgundia im Kartellverband Katholischer Deutscher Studentenvereine (KV) zu Berlin 1853-2003, Berlin 2004.
Fest, Joachim, Hitler. Eine Biographie, Frankfurt am Main 1973.
Feuchte, Paul, Kurt Georg Kiesinger, in: Ottnad, Baden-Württembergische Biographien, I, S. 176-186.
Feuchte, Paul, Gebhard Müller, in: Ottnad, Baden-Württembergische Biographien, II, S. 324-332.
Feuchte, Paul, Die Geburt des Konstanzer Universitätsplans und seine Durchsetzung in Wissenschaft und Politik, in: Sund/Timmermann, Auf den Weg gebracht, S. 39-53.
Feuchte, Paul, Verfassungsgeschichte von Baden-Württemberg, Stuttgart 1983.
Feuchte, Paul, Zum 100. Geburtstag von Kurt Georg Kiesinger, in: ZGO 152, 2004, S. 503-553.
Fischer, Per, Europarat und parlamentarische Außenpolitik, München 1962.

Quellen und Darstellungen

Forschbach, Edgar, Edgar J. Jung, ein konservativer Revolutionär, Pfullingen 1984.
Frei, Norbert (Hg.), Karrieren im Zwielicht. Hitlers Eliten, Frankfurt am Main/New York 2001.
Frei, Norbert, Vergangenheitspolitik. Die Anfänge der Bundesrepublik und das Problem der NS-Vergangenheit. München 1996.
Friedländer, Saul, Nazi Germany and the Jews, Bd. 1: The Years of Persecution, 1933-1939, New York 1997.
Friesenhahn, Ernst, Zur Legitimation und zum Scheitern der Weimarer Reichsverfassung, in: *Karl Dietrich Erdmann/Hagen Schulze* (Hg.), Weimar. Selbstpreisgabe einer Demokratie. Eine Bilanz heute, Düsseldorf 1980, S. 81-134.
Gassert, Philipp, Personalities and the Politics of European Integration: Kurt Georg Kiesinger and the Departure of Walter Hallstein, 1966/67, in: Wilfried Loth (Hg.), Crises and Compromises: The European Project 1963-1969, Baden-Baden/Brüssel 2001, S. 265-284.
Gassert, Philipp, Politik und Geist. Kurt Georg Kiesinger (1904-1988), in: *Ernst* (Bearb.), Kiesinger, S. 15-54.
Gassert, Philipp, »Wir müssen bewahren, was wir geschaffen haben, auch über eine kritische Zeit hinweg«: Kurt Georg Kiesinger, Frankreich, und das europäische Projekt, in: Mareike König/Matthias Schulz (Hg.), Die Bundesrepublik Deutschland und die europäische Einigung, 1949-2000. Politische Akteure, gesellschaftliche Kräfte und internationale Erfahrungen, Stuttgart 2004, S. 147-166.
Gayer, Kurt, Kurt Georg Kiesinger. Ministerpräsident von 1958-1966, in: *ders./Krämer, Heinz/Kempter, Georg F.* (Hg.), Die Villa Reitzenstein und ihre Herren. Die Geschichte des baden-württembergischen Regierungssitzes, Stuttgart, 2. Aufl. 1989, S. 187-206.
Gerlach, Christian, Hitlergegner bei der Heeresgruppe Mitte und die »verbrecherischen Befehle«, in: *Gerd R. Ueberschär* (Hg.), NS-Verbrechen und der militärische Widerstand gegen Hitler, Darmstadt 2000, S. 62-76.
Geyer, Martin, Verkehrte Welt. Revolution, Inflation und Moderne, München 1914-1921, Göttingen 1998.
Giordano, Ralph, Die zweite Schuld, oder: Von der Last, ein Deutscher zu sein, Hamburg 1997.
Gögler, Max/Richter, Gregor, Das Land Württemberg-Hohenzollern 1945-1952. Darstellungen und Erinnerungen, Sigmaringen 1982.
Golücke, Friedhelm (Hg.), Korporationen und Nationalsozialismus, o.J. (1995).
Görtemaker, Manfred, Geschichte der Bundesrepublik Deutschland. Von der Gründung bis zur Gegenwart, München 1999.
Gosewinkel, Dieter, Adolf Arndt. Die Wiederbegründung des Rechtsstaats aus dem Geist der Sozialdemokratie (1945-1961), Bonn 1991.
Gotto, Klaus/Repgen, Konrad (Hg.), Die Katholiken und das Dritte Reich, 3., erw. und überarbeitete Aufl., Mainz 1990.
Gotto, Klaus, Der Versuch einer Großen Koalition 1962, in: Dieter Blumenwitz u.a. (Hg.), Konrad Adenauer und seine Zeit. Politik und Persönlichkeit des ersten Bundeskanzlers, Bd. 2: Beiträge der Wissenschaft, Stuttgart 1976, S. 316-338.
Grabbe, Hans-Jürgen, Unionsparteien, Sozialdemokratie und Vereinigte Staaten von Amerika 1945-1966. Düsseldorf 1983.
Graml, Hermann, Die Legende von der verpassten Gelegenheit. Zur sowjetischen Notenkampagne des Jahres 1952, in: VfZ 29, 1981, S. 307-341.
Grass, Karl Martin, Edgar Jung, Papenkreis und Röhmkrise 1933/34, Phil. Diss. Heidelberg 1966.

DARSTELLUNGEN

Grau, Andreas, Gegen den Strom. Die Reaktion der CDU/CSU-Opposition auf die Ost- und Deutschlandpolitik der sozial-liberalen Koalition 1969-1973, Düsseldorf 2005.
Gray, William Glenn, Germany's Cold War. The Global Campaign to Isolate East Germany, 1949-1969, Chapel Hill/London 2003.
Greschat, Martin, Konfessionelle Spannungen in der Ära Adenauer, in: Thomas Sauer (Hg.), Katholiken und Protestanten in den Aufbaujahren der Bundesrepublik, Stuttgart 2000, 19-34.
Grosser, Alfred, Die Bonner Demokratie. Deutschland von draußen gesehen, Düsseldorf 1960.
Grosser, Alfred/Seifert, Jürgen, Die Spiegel-Affäre, 2 Bde., Olten 1966.
Gruchmann, Lothar, Erlebnisbericht Werner Pünders über die Ermordung Klauseners am 30. Juni 1934 und ihre Folgen, in: VfZ 19, 1971, S. 404-451.
Gruchmann, Lothar, Justiz im Dritten Reich. Anpassung und Unterwerfung in der Ära Gürtner, 3. verbesserte Aufl., München 2001.
Günther, Frieder, Denken vom Staat her. Die bundesrepublikanische Staatslehre zwischen Dezision und Integration 1949-1970, München 2004.
Hachmeister, Lutz, Schleyer. Eine deutsche Geschichte, München 2004.
Hacke, Christian (Hg.), Jakob Kaiser. Wir haben Brücke zu sein. Reden, Äußerungen und Aufsätze zur Deutschlandpolitik, Köln 1988.
Hacke, Christian, Die Ost- und Deutschlandpolitik der CDU/CSU. Wege und Irrwege der Opposition seit 1969, Köln 1975.
Hanrieder, Wolfgang, Deutschland, Europa, Amerika. Die Außenpolitik der Bundesrepublik Deutschland 1949-1994, 2. Aufl. Paderborn 1995.
Henke, Klaus-Dietmar, Die amerikanische Besetzung Deutschlands, München 1995.
Henning, Friedrich, Die Haußmanns. Die Rolle einer schwäbischen Familie in der deutschen Politik des 19. und 20. Jahrhunderts, Gerlingen 1988.
Hentschel, Volker, Ludwig Erhard. Ein Politikerleben, München 1996.
Henzler, Christoph, Fritz Schäffer (1945 – 1967). Eine biographische Studie zum ersten bayerischen Nachkriegs-Ministerpräsidenten und ersten Finanzminister der Bundesrepublik Deutschland, München 1994.
Herbert, Ulrich, Best. Biographische Studien über Radikalismus, Weltanschauung und Vernunft, 1903-1989, Bonn 1996.
Herbert, Ulrich, Legt die Plakate nieder, ihr Streiter für die Gerechtigkeit, in: Frankfurter Allgemeine Zeitung, 29. Januar 2001.
Herbert, Ulrich, Rückkehr in die Bürgerlichkeit? NS-Eliten in der Bundesrepublik, in: Bernd Weisbrod (Hg.), Rechtsradikalismus und politische Kultur. Die verzögerte Normalisierung in Niedersachsen in der Nachkriegszeit. Hannover 1995, 157-173.
Herbert, Ulrich (Hg.), Wandlungsprozesse in Westdeutschland. Belastung, Integration, Liberalisierung 1945-1980, Göttingen 2002.
Herf, Jeffrey, Reactionary Modernism. Technology, Culture, and Politics in Weimar and the Third Reich. Cambridge 1986.
Hermann, Lutz, Kurt Georg Kiesinger. Ein politisches Porträt, Freudenstadt 1969.
Heß, Jürgen C./Lehmann, Hartmut/Sellin, Volker, in Verbindung mit Detlef Junker und Eike Wolgast (Hg.), Heidelberg 1945, Stuttgart 1996.
Hildebrand, Klaus, Das Dritte Reich, 6. Aufl., München 2003.
Hildebrand, Klaus, Der provisorische Staat und das Ewige Frankreich – Die deutschfranzösischen Beziehungen 1963 bis 1969, in: *Schwarz*, Adenauer und Frankreich, S. 62-81.

Hildebrand, Klaus, Das vergangene Reich. Deutsche Außenpolitik von Bismarck bis Hitler, Stuttgart 1995.

Hildebrand, Klaus, Von Erhard zur Großen Koalition 1963-1969. Mit einem einleitenden Essay von *Karl Dietrich Bracher,* Stuttgart/Wiesbaden 1984.

Hochgeschwender, Michael, Freiheit in der Offensive. Der Kongreß für kulturelle Freiheit und die Deutschen, München 1998.

Hockerts, Hans Günter, Metamorphosen des Wohlfahrtsstaats, in: Martin Broszat (Hrsg.), Zäsuren nach 1945. Essays zur Periodisierung der deutschen Nachkriegsgeschichte, München 1990, S. 35-45.

Höfer, Werner (Hg.), Glück gehabt mit Präsidenten, Kanzlern und den Frauen, Stuttgart/Zürich 1976.

Hoff, Klaus, Kurt Georg Kiesinger. Die Geschichte seines Lebens, Berlin 1969.

Horn, Christa, Die Internierungs- und Arbeitslager in Bayern 1945-1952, Frankfurt am Main 1992.

Hüwel, Detlev, Karl Arnold. Eine politische Biographie, Düsseldorf 1980.

Jacobsen, Hans-Adolf, Nationalsozialistische Außenpolitik 1933-1938, Frankfurt am Main/Berlin 1968.

Junker, Detlef, Die Deutsche Zentrumspartei und Hitler 1932/33, Stuttgart 1969.

Junker, Detlef (Hg.), Die USA und Deutschland im Zeitalter des Kalten Krieges, 1945-1990, 2 Bde., Stuttgart/München 2001.

Junker, Detlef, Power and Mission. Was Amerika antreibt, Freiburg 2003.

Kaltefleiter, Werner u. a., Im Wechselspiel der Koalitionen. Eine Analyse der Bundestagswahl 1969, in: Verfassung und Verfassungswirklichkeit 5, 1970, S. 1-187.

Kappelt, Olaf, Braunbuch DDR. Nazis in der DDR, Berlin 1981.

Karl, Michaela, Rudi Dutschke. Revolutionär ohne Revolution, Frankfurt am Main 2003.

Kershaw, Ian, Hitler, 1889-1936. Stuttgart 1998.

Kershaw, Ian, Der Hitler-Mythos. Volksmeinung und Propaganda im Dritten Reich, Stuttgart 1980.

Kessl, Werner, Karl Gengler (1886-1974). Christlich-Demokratische Politik aus sozialer Verantwortung. Ein Lebensbild, Rottweil 1986.

Kielmannsegg, Peter Graf, Nach der Katastrophe. Eine Geschichte des geteilten Deutschland. Berlin 2000.

Kielmannsegg, Peter Graf, Lange Schatten. Vom Umgang der Deutschen mit der nationalsozialistischen Vergangenheit, Berlin 1989.

Kilian, Werner, Die Hallstein-Doktrin. Der diplomatische Krieg zwischen der BRD und der DDR. Aus den Akten der beiden deutschen Außenministerien, Berlin 2001.

Koenen, Gerd, Das rote Jahrzehnt. Unsere kleine deutsche Kulturrevolution, 1967-1977, Köln 2001.

Kleinmann, Hans-Otto, Kurt Georg Kiesinger (1904-1988), in: Jürgen Aretz/Rudolf Morsey/Anton Rauscher (Hg.), Zeitgeschichte in Lebensbildern. Band 7: Aus dem deutschen Katholizismus des 19. und 20. Jahrhunderts, Mainz 1994, 245-263.

Kleinmann, Hans-Otto, Kleine Geschichte der CDU 1945-1983, Hg. von Günter Buchstab, Stuttgart 1993.

Klek, Adolf, Hossinger Vorfahren von Kurt Georg Kiesinger, in: Heimatkundliche Blätter, Balingen, 49 Jg., Nr. 8, 31. August 2002.

Klemperer, Klemens von, Die verlassenen Verschwörer. Der deutsche Widerstand auf der Suche nach Verbündeten 1938-1945, Berlin 1994.

Klenke, Dietmar, »Freier Stau für Freie Bürger«. Die Geschichte der bundesdeutschen Verkehrspolitik, 1949-1994, Darmstadt 1995.

DARSTELLUNGEN

Kleßmann, Christoph, Zwei Staaten, eine Nation. Deutsche Geschichte 1955-1970, Bonn 1998.
Klotzbach, Kurt, Der Weg zur Staatspartei. Programmatik, praktische Politik und Organisation der deutschen Sozialdemokratie 1945-1965, Berlin 1982.
Knopp, Guido, u. a. Holokaust, München 2000.
Knopp, Guido, u. a. Kanzler. Die Mächtigen der Republik, 3. Aufl., München 1999.
Knorr, Heribert, Der parlamentarische Entscheidungsprozeß während der Großen Koalition 1966 bis 1969. Struktur und Einfluß der Koalitionsfraktionen und ihr Verhältnis zur Regierung der Großen Koalition, Meisenheim am Glan 1975.
Koebner Thomas, Die Schuldfrage. Vergangenheitsverweigerung und Lebenslügen in der Diskussion 1945-1949, in: *ders./Sautermeister, Gert/Schneider, Sigrid* (Hg.), Deutschland nach Hitler. Zukunftspläne im Exil und in der Besatzungszeit 1939-1949, Opladen 1987, S. 301-329.
Koerfer, Daniel, Kampf ums Kanzleramt. Erhard und Adenauer, Stuttgart 1987.
Konstanzer, Eberhard, Die Entstehung des Landes Baden-Württemberg, Stuttgart 1969.
Koß, Siegfried/Löhr, Wolfgang (Hg.), Biographisches Lexikon des KV, 7 Bde., Köln 2000.
Kosthorst, Daniel, Brentano und die deutsche Einheit. Die Deutschland- und Ostpolitik im Kabinett Adenauer 1955-1961, Düsseldorf 1993.
Kraft, Michael, Der vergessene Kanzler, in: Die politische Meinung 35, 1990, Heft 248, S. 83-87.
Krause-Brewer, Fides, Kurt Georg Kiesinger. Der verhinderte Dichter, in: *Höfer*, Glück gehabt, S. 73-79.
Krieger, Wolfang, Franz Josef Strauß. Der barocke Demokrat aus Bayern, Göttingen/Zürich, 1995.
Krockow, Christian Graf von, Die Deutschen in ihrem Jahrhundert 1890-1990, Reinbek bei Hamburg 1990.
Kroegel, Dirk, Einen Anfang finden! Kurt Georg Kiesinger in der Außen- und Deutschlandpolitik der Großen Koalition. München 1997.
Kube, Alfred/Schnabel, Thomas (Hg.), Südwestdeutschland und die Entstehung des Grundgesetzes, Villingen-Schwenningen 1989.
Kuhlemann, Jens, Braune Kader. Ehemalige Nationalsozialisten in der Deutschen Wirtschaftskommission und der DDR-Regierung (1948-1957), Diss. Jena 2004.
Küpper, Jost, Die Kanzlerdemokratie. Voraussetzungen, Strukturen und Änderungen des Regierungsstils in der Ära Adenauer, Frankfurt am Main 1985.
Küppers, Heinrich, Adenauer und Altmeier im Fernsehstreit, 1958-1961, in: VfZ 35, 1987, S. 625-659.
Landesarchivdirektion Baden-Württemberg (Hg.), Das Land Baden-Württemberg. Amtliche Beschreibung seiner Kreise und Gemeinden, Bd. 1: Allgemeiner Teil, 2. Aufl., Stuttgart 1977.
Lappenküper, Ulrich, Die Deutsch-französische Beziehungen 1949-1963. Von der »Erbfeindschaft« zur »Entente élémentaire«, 2 Bde., München 2001.
Large, David Clay, Die deutsch-amerikanische Verteidigungspartnerschaft und die Sicherheit Europas, in: *Junker*, USA und Deutschland, Bd. 1, S. 325-336.
Laufer, Heinz, Verfassungsgerichtsbarkeit als politischer Prozeß. Studien zum Bundesverfassungsgericht der Bundesrepublik Deutschland, Tübingen 1968.
Lebzelter, Gisela, Die Stellung des »Centralvereins deutscher Staatsbürger jüdischen Glaubens« zur Machtergreifung, in: *Wolfgang Michalka* (Hg.), Die nationalsozialistische Machtergreifung, Paderborn u. a. 1984, S. 344-356.
Leugers-Scherzberg, August H., Die Wandlungen des Herbert Wehner. Von der Volksfront zur Großen Koalition, Berlin 2002.

Quellen und Darstellungen

Linsel, Knut, Charles de Gaulle und Deutschland, Sigmaringen 1998.

Lohmann, Martin, Aufbruch einer Jugend. Der Bund Neudeutschland von seiner Gründung bis zum Beginn des Dritten Reiches, Bonn 1998.

Löhr, Wolfang, Carl Sonnenschein (1876-1929), in: Jürgen Aretz/Rudolf Morsey/Anton Rauscher (Hg.), Zeitgeschichte in Lebensbildern, Bd. 4: Aus dem deutschen Katholizismus des 19. und 20. Jahrhunderts, Mainz 1980, S. 92-102.

Lommatzsch, Erik, Hans Globke und der Nationalsozialismus. Eine Skizze, in: HPM 10, 2003, S. 95-128.

Longerich, Peter, Propagandisten im Krieg. Die Presseabteilung des Auswärtigen Amtes unter Ribbentrop, München 1987.

Loth, Wilfried/Rusinek, Bernd-A. (Hg.), Verwandlungspolitik. NS-Eliten in der westdeutschen Nachkriegsgesellschaft, Frankfurt/New York 1998.

Lübbe, Hermann, Der Nationalsozialismus im Deutschen Nachkriegsbewußtsein, in: HZ 23, 1983, 579-599.

Lutz, Felix Philipp, Das Geschichtsbewußtsein der Deutschen. Grundlagen der politischen Kultur in Ost und West, Köln/Weimar/Wien 200-

Mallmann, Klaus-Michael/Paul, Gerhard, Resistenz oder loyale Widerwilligkeit? Anmerkungen zu einem umstrittenen Begriff, in: ZfG 41, 1993, S. 99-116.

Marcowitz, Reiner, Option für Paris? Unionsparteien, SPD und Charles de Gaulle 1958 bis 1969, München 1996.

Marx, Stefan, Franz Meyers 1908-2002. Eine politische Biographie, Essen 2003.

Matz, Klaus-Jürgen, Reinhold Maier (1889-1971). Eine politische Biographie, Düsseldorf 1989.

Maute, Wilhelm, Vergessene Ereignisse aus fünf Jahrhunderten zugetragen in der Stadt Ebingen, Tübingen 1999.

Merseburger, Peter, Willy Brandt, 1913-1992. Visionär und Realist, Stuttgart/München 2002.

Messerschmidt, Manfred, Verschwörer in Uniform. Der militärische Widerstand gegen Hitler und sein Regime, in: Bundeszentrale für politische Bildung (Hg.), Widerstand und Exil 1933-1945, Bonn, 3. Aufl 1989, S. 134-144.

Mensing, Peter (Bearb.), Adenauer im Dritten Reich, Berlin 1991 (Rhöndorfer Ausgabe).

Meinl, Susanne, Nationalsozialisten gegen Hitler. Die nationalrevolutionäre Opposition um Friedrich Wilhelm Heinz, Berlin 2000.

Metzler, Gabriele, Konzeptionen politischen Handelns von Adenauer bis Brandt. Politische Planung in der pluralistischen Gesellschaft, Paderborn u. a. 2004.

Michels, Helmut, Ideologie und Propaganda. Die Rolle von Joseph Goebbels in der nationalsozialistischen Außenpolitik bis 1939. Frankfurt am Main u. a. 1993.

Miquel, Marc von, Ahnden oder amnestieren? Westdeutsche Justiz und Vergangenheitspolitik in den sechziger Jahren, Göttingen 2004.

Morsey, Rudolf, Die Bundesrepublik Deutschland. Entstehung und Entwicklung bis 1969, 3. überarb. und erw. Aufl. München 1995.

Morsey, Rudolf, Die Vorbereitung der Großen Koalition von 1966. Unionspolitiker im Zusammenspiel mit Herbert Wehner seit 1962, in: Jürgen Kocka/Hans-Jürgen Puhle/Klaus Tenfelde (Hg.), Von der Arbeiterbewegung zum modernen Sozialstaat. Fschr. für Gerhard A. Ritter zum 65. Geburtstag, München 1994, S. 462-478.

Morsey, Rudolf, Heinrich Lübke. Eine politische Biographie. Paderborn 1996.

Morsey, Rudolf, Konrad Adenauer und der Deutsche Bundestag, in: *Hans Buchheim* (Hg.), Konrad Adenauer und der Deutsche Bundestag, Bonn 1986, S. 14-40 (Rhöndorfer Gespräche, Bd. 8).

DARSTELLUNGEN

Morsey, Rudolf, Die Deutsche Zentrumspartei, in: *Erich Matthias/ders.,* Das Ende der Parteien 1933, Düsseldorf 1960, S. 281-453.
Müggenburg, Günter, Marie-Luise Kiesinger. Immer eine Dame, in: *Höfer,* Glück gehabt, S. 81-85.
Muller, Jerzy, The Other God That Failed. Hans Freyer and the Deradicalization of German Conservatism. Princeton 1987.
Müller, Ulrich, Die Internierungslager in und um Ludwigsburg, in: Ludwigsburger Geschichtsblätter 45, 1991, S. 171-195.
Münkel, Daniela, Politiker-Image im Wahlkampf. Das Beispiel Willy Brandt: Vom deutschen Kennedy zum deutschen Helden, in: *Bernd Weisbrod* (Hg.), Die Politik der Öffentlichkeit – Die Öffentlichkeit der Politik. Politische Medialisierung in der Geschichte der Bundesrepublik, Göttingen 2003, S. 55-76.
Münkel, Daniela, Willy Brandt und die »Vierte Gewalt«. Politik und Massenmedien in den 50er bis 70er Jahren, Frankfurt am Main 2005.
Naumann, Klaus (Hg.), Nachkrieg in Deutschland, Hamburg 2001.
Neulen, Hans-Werner, Europa und das Dritte Reich. Einigungsbestrebungen im deutschen Machtbereich 1939-1945, München 1987.
Niclauß, Karlheinz, Kanzlerdemokratie. Bonner Regierungspraxis von Konrad Adenauer bis Helmut Kohl, Stuttgart u. a. 1988.
Niedhart, Gottfried, Revisionistische Elemente und die Initiierung friedlichen Wandels in der neuen Ostpolitik, in: GG 28, 2002, S. 233-266.
Niethammer, Lutz, Entnazifizierung in Bayern. Säuberung und Rehabilitierung unter amerikanischer Besatzung, Frankfurt am Main 1972.
Nolte, Paul, Die Ordnung der deutschen Gesellschaft. Selbstentwurf und Selbstbeschreibung im 20. Jahrhundert, München 2000.
Oppelland, Torsten, »Politik als christlicher Verantwortung«. Der Evangelische Arbeitskreis der CDU/CSU in der Ära Adenauer, in: Thomas Sauer (Hg.), Katholiken und Protestanten in den Aufbaujahren der Bundesrepublik, Stuttgart 2000, 35-64.
Oppelland, Torsten, Gerhard Schröder (1910-1989). Politik zwischen Staat, Partei und Konfession, Düsseldorf 2002.
Otto, Hans-Uwe/Sünker, Heinz (Hg.), Soziale Arbeit und Faschismus, Frankfurt 1989.
Pautsch, Ilse Dorothee, Im Sog der Entspannungspolitik. Die USA, das Teststopp-Abkommen und die Deutschland-Frage, in: Rainer A. Blasius (Hg.), Von Adenauer zu Erhard, München 1994, S. 118-153.
Petwaidic, Walter, Die autoritäre Anarchie, Hamburg 1946.
Peukert, Detlev, Die Weimarer Republik. Krisenjahre der klassischen Moderne, Frankfurt am Main 1987.
Plum, Jacqueline, Jugend und deutsch-französische Verständigung. Die Entstehung des deutsch-französischen Vertrages und die Gründung des deutsch-französischen Jugendwerkes, in: Francia 26/3, 1999, S. 77-108.
Potthoff, Heinrich, Im Schatten der Mauer. Deutschlandpolitik 1961 bis 1990, Berlin 1990.
Raberg, Frank, Gebhard Müller. Christ – Jurist – Politiker. Ein biografischer Abriss, in: Hauptstaatsarchiv Stuttgart (Hg.), Gebhard Müller. Christ – Jurist – Politiker. Katalog zur Wanderausstellung, Stuttgart 2000, S. 15-52.
Rauh-Kühne, Cornelia, Die Entnazifizierung und die deutsche Gesellschaft, in: Archiv für Sozialgeschichte 35, 1995, S. 35-70.
Rebmann, Kurt, Die verfassungsrechtliche Entwicklung des Landes Baden-Württemberg 1957 bis 1971. Zugleich ein Beitrag zur Rechtsvereinheitlichung im Bereich des öffentlichen Rechts, in: *Jahrbuch des öffentlichen Rechts,* N.F., 20, 1971, S. 169-240.

Quellen und Darstellungen

Reinert, Harri, Vermittlungsausschuss und Conference Committees. Ein Beitrag zur vergleichenden Lehre der Herrschaftssysteme, Heidelberg 1966.

Rödder, Andreas, Die Bundesrepublik Deutschland 1969-1990, München 2004.

Rössgen, Hans Jürgen, Die Auflösung der katholischen Studentenverbände im Dritten Reich, Bochum 1995.

Roth, Karl Heinz, Das Ende eines Mythos. Ludwig Erhard und der Übergang der deutschen Wirtschaft von der Annexions- zur Nachkriegsplanung (1939 bis 1945), Teil I.: 1939 bis 1943, in: 1999, 10, 1995, 53-93, Teil II.: 1943 bis 1945, in: 1999, 13, 1998, 92-123.

Rothfels, Hans, Die deutsche Opposition gegen Hitler, Frankfurt am Main 1958.

Ruetz, Michael, 1968. Ein Zeitalter wird besichtigt, Frankfurt am Main 1997.

Rundel, Otto, Kurt Georg Kiesinger. Sein Leben und sein politisches Wirken, Stuttgart 2006.

Sandkühler, Thomas (Hg.), Europäische Integration. Deutsche Hegemonialpolitik gegenüber Westeuropa 1920-1960, Göttingen 2002.

Schaab, Meinrad/Richter, Gregor, Baden-Württemberg und der Föderalismus in der Bundesrepublik Deutschland (1949-1989). Colloquium am 30. Mai 1989 in Erinnerung an die Gründung der Bundesrepublik Deutschland 1949, Stuttgart 1991.

Schiffers, Reinhard, Zwischen Bürgerfreiheit und Staatsschutz. Wiederherstellung und Neufassung des politischen Strafrechts in der Bundesrepublik Deutschland 1949-1951, Düsseldorf 1989.

Schildt, Axel, Ankunft im Westen. Ein Essay zur Erfolgsgeschichte der Bundesrepublik, Franfurt am Main 1999.

Schildt, Axel, Konservatismus in Deutschland. Von den Anfängen im 18. Jahrhundert bis zur Gegenwart, München 1998.

Schildt, Axel, Moderne Zeiten. Freizeit, Massenmedien und »Zeitgeist« in der Bundesrepublik der 50er Jahre. Hamburg 1995.

Schildt, Axel/Siegfried, Detlef /Lamners, Karl Christian, Dynamische Zeiten. Die 60er Jahre in den beiden deutschen Gesellschaften, Hamburg 2000.

Schindler, Peter (Bearb.), Datenhandbuch zur Geschichte des Deutschen Bundestages 1949 bis 1982, Baden-Baden, 3. Aufl. 1984.

Schmidtchen, Gerhard, Die befragte Nation. Über den Einfluß der Meinungsforschung auf die Politik, Freiburg 1959.

Schmoeckel, Reinhard/Kaiser, Bruno, Die vergessene Regierung. Die große Koalition 1966 bis 1969 und ihre langfristigen Wirkungen, Bonn 1991.

Schnabel, Thomas, Geschichte von Baden-Württemberg, 1951-2002, Stuttgart 2001.

Schneider, Andrea H., Die Kunst des Kompromisses. Helmut Schmidt und die Große Koalition 1966-1969, Paderborn 1999.

Schneider, Herbert, »Der Landtag von Baden-Württemberg seit 1952«, in: Landeszentrale für politische Bildung (Hg.), Von der Ständeversammlung zum demokratischen Parlament. Die Geschichte der Volksvertretungen in Baden-Württemberg, Stuttgart 1982, S. 296-334.

Schneider, Dieter Marc, Johannes Schauff (1902-1990). Migration und »Stabilitas« im Zeitalter der Totalitarismen, München 2001.

Scholtyseck, Joachim, Die Außenpolitik der DDR, München 2003.

Scholtyseck, Joachim, Robert Bosch und der liberale Widerstand gegen Hitler 1933-1945, München 1999.

Schönhoven, Klaus, Entscheidung für die Große Koalition. Die Sozialdemokratie in der Regierungskrise im Spätherbst 1966, in: Wolfram Pyta/Ludwig Richter (Hg.), Gestaltungskraft des Politischen. Fschr. für Eberhard Kolb, Berlin 1998, S. 379-397.

DARSTELLUNGEN

Schönhoven, Klaus, Wendejahre. Die Sozialdemokratie in der Zeit der Großen Koalition 1966-1969, Bonn 2004.
Schwartz, Thomas A., America's Germany. John J. McCloy and the Federal Republic of Germany, Cambridge, Mass., 1991.
Schwartz, Thomas A., Lyndon Johnson and Europe. In the Shadow of Vietnam, Cambridge, Mass. 2003.
Schwarz, Hans-Peter, Adenauer, Bd. 1: Der Aufstieg 1876-1952; Bd. 2: Der Staatsmann 1952-1957, Stuttgart 1986-1991.
Schwarz, Hans-Peter (Hg.), Adenauer und Frankreich. Die deutsch-französischen Beziehungen 1958 bis 1969, Bonn 1985 (Rhöndorfer Gespräche, Bd. 7).
Schwarz, Hans-Peter, Die Ära Adenauer. Gründerjahre der Republik, 1949-1957. Mit einem einleitenden Essay von Theodor Eschenburg, Stuttgart/Wiesbaden 1981.
Schwarz, Hans-Peter, Die Ära Adenauer. Epochenwechsel, 1957-1963. Mit einem einleitenden Essay von Johannes Gross, Stuttgart/Wiesbaden 1983.
Schwarz, Hans-Peter, Die ausgebliebene Katastrophe. Ein Problemskizze zur Geschichte der Bundesrepublik, in: Hermann Rudolph (Hg.), Den Staat denken, Berlin 1990, S. 151-174.
Schwarz, Hans-Peter, Die gezähmten Deutschen: Von der Machtversessenheit zur Machtvergessenheit, Stuttgart 1986.
Schwarz, Hans-Peter (Hg.), Die Legende von der verpaßten Gelegenheit. Die Stalin-Note vom 10. März 1952, Stuttgart/Zürich 1982 (Rhöndorfer Gespräche, Bd. 5).
Schwarz, Hans-Peter, Die Regierung Kiesinger und die Krise in der ČSSR, in: VfZ 47, 1999, S. 159-186.
Schwarz, Hans-Peter, Geschichtsschreibung und politisches Selbsverständnis. Die Geschichte der Bundesrepublik Deutschland – Herausforderung für die Forschung, in: APuZ B36, 1982, S. 3-16.
Seabury, Paul, Die Wilhelmstrasse. Geschichte der deutschen Diplomatie 1930-1945, Frankfurt am Main 1956.
Seifert, Karl-Heinz u. a., Grundgesetz für die Bundesrepublik Deutschland, 2. Aufl. Baden-Baden 1985.
Shafir, Shlomo, Ambigous Relations. The American Jewish Community and Germany Since 1945. Detroit 1999.
Smend, Rudolf aus Anlaß des 10jährigen Bestehens des BVerfG, in: *Bundesverfassungsgericht* (Hg.), Das Bundesverfassungsgericht 1951-1971, Karlsruhe 1971.
Soell, Hartmut, Fritz Erler – Eine politische Biographie. 2 Bde. Berlin/Bonn-Bad Godesberg 1976.
Soell, Hartmut, Fraktion und Parteiorganisation. Zur Willensbildung der SPD in den sechziger Jahren, in: PVS 10. 1968, S. 604-626.
Soell, Hartmut, Helmut Schmidt. Vernunft und Leidenschaft, Bd. 1, München 2003.
Spevack, Edmund, Allied Control and German Freedom: American Political and Ideological Influences on the Framing of the West German Basic Law. Münster 2002.
Steininger, Rolf u.a. (Hg.), Die doppelte Eindämmung. Europäische Sicherheit und deutsche Frage in den Fünfzigern, München 1993.
Steinkühler, Manfred, Der Deutsch-französische Vertrag von 1963. Entstehung, diplomatische Anwendung und politische Bedeutung in den Jahren von 1958 bis 1969, Berlin 2002.
Stenzel, Rudolf, Streiflichter auf das Werden, Wachsen, Vergehen und den Neubeginn der Askania und Burgundia in Berlin einschließlich der Stuttgarter Jahre von Burgundia, in: *Akademische Monatsblätter* 1954, S. 427-431.

Quellen und Darstellungen

[Stenzel, Rudolf], 125 Jahre Askania et Burgundia, Festschrift zum 125. Geburtstag der Katholischen Studentenvereine Askania et Burgundia im Kartellverband Katholischer Deutscher Studentenvereine, Berlin 1978.

Stettner, Walter, Ebingen. Die Geschichte einer württembergischen Stadt. Mit einem Beitrag von Jürgen Scheff, Sigmaringen 1986.

Strauß, Christof, Kriegsgefangenschaft und Internierung. Die Lager in Heilbronn-Bökkingen 1945-1947, Heilbronn 1998.

Sund, Horst/Timmermann, Manfred (Hg.), Auf den Weg gebracht. Idee und Wirklichkeit der Gründung der Universität Konstanz, Konstanz 1979

Süß, Winfried, »Wer aber denkt für das Ganze?« Aufstieg und Fall der ressortübergreifenden Planung im Bundeskanzleramt, in: *Matthias Frese/Julia Paulus/Karl Teppe* (Hg.), Demokratisierung und gesellschaftlicher Aufbruch. Die sechziger Jahre als Wendezeit der Bundesrepublik, Paderborn 2003.

Taschler, Daniela, Vor neuen Herausforderungen. Die außen- und deutschlandpolitische Debatte in der CDU/CSU-Bundestagsfraktion während der Großen Koalition (1966-1969), Düsseldorf 2001.

Thamer, Hans-Ulrich, Die NS-Vergangenheit im politischen Diskurs der 68er-Bewegung, in: Westfälische Forschungen 48, 1998, S. 39-53.

Thamer, Hans-Ulrich, Verführung und Gewalt. Deutschland 1933-1945, 3. Aufl., Berlin 1986.

Thierfelder, Jörg/Uffelmann, Uwe (Bearb.), Der Weg zum Südweststaat, Hg. von der Landeszentrale für politische Bildung, Karlsruhe 1991.

Tiggemann, Anselm, CDU/CSU und die Ost- und Deutschlandpolitik 1969-1972. Zur »Innenpolitik der Außenpolitik« der ersten Regierung Brandt/Scheel, Frankfurt am Main 1998.

Timmermann, Heinz, Im Vorfeld der neuen Ostpolitik, in: Osteuropa 21, 1971, S. 388-399.

Vinke, Hermann, Gustav Heinemann, Bornheim 1986.

Vogtmeier, Andreas, Egon Bahr und die deutsche Frage. Zur Entwicklung der sozialdemokratischen Ost- und Deutschlandpolitik vom Kriegsende bis zur Vereinigung. Bonn 1996.

Volkmann, Hans-Erich, Die innenpolitische Dimension Adenauerscher Sicherheitspolitik in der EVG-Phase, in: Militärgeschichtliches Forschungsamt (Hg.), Anfänge westdeutscher Sicherheitspolitik, 1945-1956, Bd. 2: Die EVG-Phase, München 1990, S. 235-604.

Vollnhals, Clemens, Entnazifizierung. Politische Säuberung und Rehabilitierung in den vier Besatzungszonen 1945-1949, München 1991.

Walter, Franz/Müller, Kay, Die Chefs des Kanzleramtes. Stille Elite in der Schaltzentrale des parlamentarischen Systems, in: Zeitschrift für Parlamentsfragen 3/2002, S. 474-500.

Weber, Petra, Carlo Schmid 1896-1979. Eine Biographie, München 1996.

Wehler, Hans-Ulrich, Deutsche Gesellschaftsgeschichte, Bd. 4: Vom Beginn des Ersten Weltkriegs bis zur Gründung der beiden deutschen Staaten 1914-1949, München 2003.

Weinacht, Paul-Ludwig (Hg.), Die CDU in Baden-Württemberg und ihre Geschichte, Stuttgart 1978.

Weinacht, Paul-Ludwig (Hg.), Gelb-rot-gelbe Regierungsjahre. Badische Politik nach 1945. Gedenkschrift zum 100. Geburtstag Leo Wohllebs (1888-1955), Sigmaringendorf 1988.

Weinke, Annette, Die Verfolgung von NS-Tätern im geteilten Deutschland. Vergangenheitsbewältigungen 1949-1969, oder: Eine deutsch-deutsche Beziehungsgeschichte im Kalten Krieg, Paderborn 2002.

DARSTELLUNGEN

Wengst, Udo, Staatsaufbau und Regierungspraxis. Zur Geschichte der Verfassungsorgane der Bundesrepublik Deutschland, Düsseldorf 1984.

Wengst, Udo, Thomas Dehler, 1897-1967. Eine politische Biographie, München 1997.

Wettig, Gerhard, Stalin und die deutsche Frage. Die Note vom 10. März 1952, in: Osteuropa 47, 1997, S. 1259-1273.

Wildt, Michael, Generation des Unbedingten. Das Führungskorps des Reichssicherheitshauptamtes, Hamburg 2002.

Winkler, Heinrich August, Der lange Weg nach Westen, Bd. 2: Deutsche Geschichte vom Dritten Reich bis zur Wiedervereinigung, München 2000.

Wintzen, René, Eine deutsche Erinnerung. Gespräche mit Heinrich Böll, Paris 1979.

Wirz, Ulrich, Karl Theodor von und zu Guttenberg und das Zustandekommen der Großen Koalition, Grub am Forst 1997.

Wolfrum, Edgar, Die Bundesrepublik Deutschland 1949-1990, Stuttgart 2005 (Gebhardt, Bd. 23).

Wolfrum, Edgar: Geschichtspolitik in der Bundesrepublik Deutschland. Der Weg zur bundesrepublikanischen Erinnerung 1948-1990, Darmstadt 1999.

Wolgast, Eike, Die Wahrnehmung des Dritten Reiches in der unmittelbaren Nachkriegszeit (1945/46), Heidelberg 2001.

Woller, Hans, Gesellschaft und Politik in der amerikanischen Besatzungszone. Die Region Ansbach und Fürth, München 1986.

Wolstenholme, Gordon (Hg.), Man and His Future. A Ciba Foundation Volume, London 1963.

[Zach], 100 Jahre Katholischer Studentenverein (KV) Askania Berlin 1853-1953, Berlin 1953.

Zeller, Thomas, Straße, Bahn, Panorama. Verkehrswege und Landschaftsveränderungen in Deutschland von 1930 bis 1990, Frankfurt am Main/New York 2002.

Ziebura, Gilbert, Die deutsch-französische Beziehungen seit 1945. Mythen und Realitäten, Pfullingen 1970.

Zimmermann, Hubert, Der Konflikt um die Kosten des Kalten Krieges. Besatzungskosten, Stationierungskosten, Devisenausgleich, in: *Junker*, Die USA und Deutschland, Bd. 1, S. 514-523.

Zitelmann, Rainer, Adenauers Gegner. Streiter für die Einheit, Erlangen 1991.

Personenregister

Abetz, Heinrich 105, 112f.
Abrassimow, Pjotr Andrejewitsch 598
Abs, Hermann Josef 40, 381, 710
Achenbach, Ernst 725
Adenauer, Konrad 14f., 17f., 60, 64, 110, 125, 207, 214f., 217-219, 221f., 225, 233, 235f., 244-259, 262, 271-274, 276-281, 284, 286-289, 291-298, 300f., 303-312, 314-324, 327, 330, 333, 342f., 350-352, 361, 364f., 367, 375-386, 388, 390, 399, 427, 448, 450, 453f., 458, 460f., 463, 465, 467-470, 479, 481, 483, 487, 496-498, 500f., 504, 508, 510, 513f., 520, 522, 525-529, 532f., 536, 542f., 546-549, 551-553, 558, 565f., 573, 584, 586, 593-596, 604, 608, 612f., 623, 651, 658f., 662, 668f., 679, 683, 686, 697, 699f., 715, 717, 724, 727-729, 731f., 736, 739, 750, 752
Adenauer, Kurt 64
Adorno, Eduard 330f., 365, 380, 387-390, 392f., 479, 688
Agnoli, Johannes 646f.
Ahlers, Conrad 382-384, 475, 484, 489, 501, 533-535, 539, 578, 586, 593, 616, 521, 661, 665, 675, 677f., 689f., 720-722
Ahlers, Heilwig 593
Ahrens, Hanns-Dietrich 143-145, 156-158, 166, 169, 637
Albertz, Heinrich 617
Albietz, Robert 349
Altmeier, Peter 215, 472

Amann, Karl 198
Amrehn, Franz 584, 649
Andreas, Willy 358
Andropow, Juri 559
Appel, Reinhard 620
Arndt, Adolf 238f., 240f., 275, 286, 314
Arndt, Jürgen 99, 101
Arnold, Karl 236, 244, 336
Aron, Raymond 460, 541
Auer, Margarete 55
Augstein, Rudolf 29, 157, 280, 291, 382-384, 494, 533, 562, 573, 686
Autenrieth, Heinz 374
Axen, Hermann 559

Baader, Andreas 141
Bach, Ernst 254
Bachmann, Josef 615, 617
Badura, Alois 624
Bahr, Egon 467, 503, 529, 534, 554-556, 558, 560, 562, 573, 580, 587, 594, 597-599, 602, 663, 667, 673, 677, 679-682, 692, 706f., 726
Bahr, Jutta 620
Bakunin, Michail 629
Bange, Oliver 695
Barbie, Klaus 657, 659
Baring, Arnulf 501, 618f., 688, 699
Barth, Landgerichtsdirektor 640
Baruch, Bernard Manasse 142
Barzel, Rainer 263, 301, 309, 390, 470, 476, 478-481, 485f., 492f., 495, 498f., 506f., 511, 514, 518, 523, 525, 529, 536, 548, 554, 566f., 569, 572, 574-580, 588, 590f., 604, 608, 610f., 613, 617-619, 625,

660-662, 665, 682, 684, 687-689, 691f., 702, 708, 711f., 720f., 724, 727f., 730, 733-735, 737-740, 753
Bauer, Karl Heinrich 9-12
Bauer, Leo 595-597, 599
Baukloh, Friedhelm 13
Bauknecht, Bernhard 210, 212, 215, 245, 269, 289
Bausch, Hans 328, 485, 641
Bausch, Paul 214, 246, 376
Bea, Augustin 351
Beck, Ludwig 150
Becker, Carl Heinrich 58
Becker, Carl J. 173
Beckerle, Adolph-Heinz 139, 637, 639
Behnken, Klaus 620
Benda, Ernst 578, 616
Bender, Peter 592
Benn, Gottfried 43
Bense, Max 374, 398
Bergengruen, Werner 151
Berger, Gottlob 145
Berger, Hans 383, 479, 483, 490, 499
Bergner, Elisabeth 69
Bernadotte, Graf Lennart 419
Besson, Waldemar 225, 405, 421, 423, 497, 540, 679
Best, Robert 169
Best, Werner 33, 35, 140, 157, 636
Bestgen, Leo 60
Bidault, Georges 283
Biedenkopf, Kurt 549
Billig, Joseph 655
Binder, Paul 52, 178, 190, 195, 197-199, 208, 214
Binder, Paul M. 52, 190
Birrenbach, Kurt 547, 549, 580
Bismarck, Otto von 49, 64, 77, 312, 516, 552

PERSONENREGISTER

Blank, Theodor 283f., 317, 385, 508, 533
Blasius, Mathias 98
Bleicher, Willi 372
Bloch, Ernst 398
Blüher, Hans 73
Blumenfeld, Erik 673
Bock, Lorenz 51, 70, 196, 199, 203
Bockelmann, Gisela 183
Boelcke, Willy A. 131
Böll, Heinrich 16, 148, 654-656
Böll, Maria 654
Bonhoeffer, Dietrich 159
Boothby, Sir Robert Lord Boothby of Buchan and Rattray Head 293
Borowinski, Pjotr 695-698
Bösch, Frank 17, 256, 258, 565
Bose, Herbert von 91
Boveri, Margret 168
Böx, Heinrich 236
Brandt, Karl 456
Brandt, Rut 503f.
Brandt, Willy 13f., 18, 69, 107, 280, 301, 202, 313, 368, 390, 402, 405, 410, 428, 436, 442, 448, 460, 467, 481, 491, 499, 502-507, 511, 513f., 517f., 520-524, 526, 529, 532, 537, 540f., 549, 553-556, 560-562, 564, 566, 568, 572-577, 579-581, 584f., 587, 592-602, 609f., 613f., 619, 631, 628, 647, 651, 658-665, 669, 675, 677, 679-681, 683, 685f., 689, 692-694, 696, 701, 703, 705-709, 711, 714f., 717-720, 724, 726-737, 751, 753f.
Brauksiepe, Aenne 524, 591
Braun, Otto 239
Brechenmacher, Josef Karlmann 44, 168

Bredereck, Heinz 418
Bredereck, Hellmut 540
Breitscheid, Rudolf 69
Brentano, Heinrich von 223, 225, 244, 249, 251, 255, 269, 273, 281, 283, 299f., 305f., 314-316, 320, 379-382, 385, 448
Breschnew, Leonid Iljitsch 560, 666, 697
Brown, Gordon 550
Brugman, Herbert John 169
Brüning, Heinrich 58, 68, 70f., 150, 225
Bucerius, Gerd 321
Buchheim, Hans 483, 540, 643f., 656
Burckhardt, Jacob 265
Bush, George W. 546
Bussche, Axel von dem 150f., 191
Butenandt, Adolf 359, 418, 425, 540

Carstens, Karl 14, 221, 528, 530, 534f., 537, 539, 549, 555, 578f., 614, 621, 639, 708, 720, 738-740
Cerff, Karl 153, 299, 472f.
Chandler, Douglas 169
Chruschtschow, Nikita Sergejewitsch 312, 662, 680f.
Churchill, Winston 276
Claudel, Paul 52, 201
Cline, Ray S. 601
Commager, Henry Steele 194
Conti, Tom 658
Conze, Eckart 458
Coreth, Arthur Killat von 522
Coudenhove-Kalergi, Richard 133
Couve de Murville, Maurice 541, 675
Cranko, John 374

Dahl, Arvid P. 174
Dahrendorf, Ralf 16f., 354, 397f., 405, 419, 421f., 435f., 438, 540, 688, 700, 718, 749, 752
Dallinger, Peter 478
Debré, Michel 664
Dehler, Thomas 296, 318-320, 322
Desai, Morarji 588
Dewey, John 173
Dichtel, Anton 329, 331f., 350f., 365f., 370, 387f., 479
Dieckhoff, Hans Heinrich 141f., 166
Diehl, Günter 19, 86, 97, 106f., 109f., 128, 133, 147, 149, 222, 226, 382f., 447, 475, 485-487, 489, 503f., 530, 532-536, 543, 553-555, 560, 564, 570, 574, 585-587, 594, 610, 642, 659, 668, 694, 717, 720f., 723
Diewerge, Wolfgang 125
Diez, Theopont 354f., 357
Doerries, Ernst Otto 143-145, 153, 155-158, 169, 184, 189, 488, 490, 640
Dollinger, Werner 307, 525, 673
Dönhoff, Marion Gräfin 714f.
Döring, Walter 377, 383
Döscher, Hans-Jürgen 139
Dreher, Klaus 479, 494
Drygalla, Eberhard 651-654
Duckwitz, Georg 696
Dufhues, Josef Hermann 390f., 477f., 524, 566, 607
Dulles, John Foster 668
Dutschke, Gretchen 616f.
Dutschke, Rudi 615-619, 623f., 628
Duve, Freimut 658
Duwe, Wilhelm 14, 140, 144, 157

887

Personenregister

Ebert, Friedrich 47
Eckardt, Felix von 257
Ehard, Hans 214
Ehlers, Hermann 245f., 272
Ehmke, Horst 405, 539, 568f., 572, 593, 660, 708, 755
Eichmann, Adolf 135, 474, 482, 642
Einsiedler, Albert 385
Einstein, Albert 75
Eisenhower, Dwight D. 456
Elisabeth II., Königin von England 401
Elvert, Jürgen 131
Ely, Samuel C. 169
Emerson, Ralph Waldo 291
Emmer, Willi 11
Emminger, Erich 60, 64
Emminger, Otmar 60f., 63, 710
Engels, Friedrich 732
Eppler, Erhard 22, 595
Erbe, Walter 367, 430, 441
Erhard, Ludwig 14, 18, 203, 205, 259, 269, 305f., 309, 320, 388, 405, 427f., 445, 447, 456, 465, 469f., 475-481, 483, 490, 492f., 496-501, 513, 515-517, 527, 529, 531-533, 535, 539, 541, 553, 556f., 565, 567, 570, 613, 669, 673, 677, 681f., 684f., 691, 702, 705, 717, 728, 731, 736f.
Erler, Fritz 262, 271, 278, 325, 336, 505
Ertl, Josef 719, 725
Erzberger, Matthias 35
Eschenburg, Theodor 77, 268, 384, 394f., 404, 418, 480
Etzel, Franz 250, 305
Eucken, Walter 371
Euler, August Martin 272

Fanfani, Amintore 597
Farny, Oskar 210, 328f., 331f., 337

Faulhaber, Kardinal Michael von 158f., 186
Fawcett, Farah 658
Feldkamp, Michael F. 65
Feller, Erwin 369
Feuchte, Paul 436, 441, 478
Fiedler, Eduard 337
Figl, Leopold 446
Filbinger, Hans 328f., 331f., 337, 351, 360, 370-372, 387, 389, 401, 411, 431, 441, 470, 528, 688
Finckenstein, Ulrich Graf von 70, 523, 623
Fischer, Johann Georg 49
Flannery, Harry 111
Fleck, Karl 24, 31
Flick, Ursula 220
Flimm, Jürgen 658
Föhr, Paul 272, 350f.
Ford, Henry 143
Fouchet, Christian 463f., 550
Franco Bahamonde, Francisco 448
Frank, Karl 337, 348, 355f., 402
Franke, Egon 595-597, 600, 708
Frei, Norbert 382
Freud, Sigmund 629
Freudenberg, Richard 269
Friedensburg, Ferdinand 248f., 251
Friedrich, Otto A. 488f.
Frings, Klaus 620
Fritzsche, Hans 129, 144, 156
Furler, Hans 302, 471
Fyfe, Sir Maxwell 282

Gaa, Lothar 402
Galluzzi, Carlo 595, 597, 599
Gandhi, Indira 589
Gandhi, Mohandas (Mahatma) 589
Gaulle, Charles de 19, 113, 148, 279, 400f.,

446, 448-451, 453f., 457-461, 463, 465-468, 476, 506, 516, 522, 541-546, 550-552, 560f., 612, 637, 658, 663, 667-669, 673-679, 681, 716, 755
Gaus, Günter 88
Gehlen, Arnold 414
Gehlen, Reinhard 595f.
Geibel, Immanuel 43
Geis, Erwin 638f.
Geißler, Heiner 263, 363, 390, 393, 472
Gengler, Karl 209, 212, 223, 269-271, 274
Genscher, Hans-Dietrich 499, 513, 689, 700, 723f.
George, Stefan 41, 43, 101
Gerstenmaier, Eugen 159, 221, 224, 246, 269, 281, 286f., 295-297, 301f., 309, 314, 318, 320-324, 379, 381, 386, 469, 471, 474, 477-480, 483, 485, 492-495, 498, 511-513, 516, 525, 638f., 668-670, 682, 692, 740, 751
Gerstner, Karl-Heinz 105f., 109, 149, 593
Gierke, Otto von 103
Gillars, Mildred 169
Glasmeier, Heinrich 121f.
Gleichauf, Robert 372, 375
Globke, Hans 13f., 253, 256, 258, 300, 306, 321, 385, 501, 513f., 520, 528, 536, 565
Gmelin, Hans 304
Goebbels, Joseph 70, 109, 115-120, 122-125, 129f., 138, 154-156, 179, 214, 294, 328, 334, 343, 472, 481f., 485, 631, 640, 642, 747
Goerdeler, Carl 150
Gönnewein, Otto 367
Gooch, Clyde C. 169
Goppel, Alfons 477, 673
Göring, Hermann 116, 156

888

Personenregister

Goßner, Johannes Evangelista 28
Gotto, Klaus 385
Graaf, Carlo 725
Gradl, Johann Baptist 250f., 254, 256
Gradmann, Wilhelm 338
Grass, Günter 16, 148, 487, 491, 501, 517-520, 614, 634, 644-647, 654, 754
Grimm, Genovefa 22-24, 39
Grimm, Josef 22-24
Grimme, Adolf 191
Gromyko, Andrei Andrejewitsch 680
Grosser, Alfred 237
Grotewohl, Otto 326
Grüber, Heinrich 474f., 478, 519, 656
Gruber, Karl 131
Grundmann, Konrad 567
Grzimek, Günther 213, 289
Güde, Max 486
Guevara, Che 618
Gumbel, Karl 514
Günther, Frieder 57
Günzler, Wilhelm 52, 56
Gurk, Franz 350f., 365, 387f., 479, 492
Guttenberg, Karl Theodor Freiherr von und zu 431, 448, 471f., 500-502, 522, 531-533, 535f., 541, 554, 571, 578, 586, 595f., 602, 604, 642f., 656, 662, 671-673, 684, 720, 723, 733

Haas, Willy 289, 392
Habermas, Jürgen 17, 397f.
Häfele, Hansjörg 472
Haffner, Sebastian 71f., 85
Hagmann, August 442
Hahn, Fritz-Gebhard von 139f., 636f., 641
Hahn, Johann Michael 28
Hahn, Wilhelm 371, 418, 431-433, 436, 438-440, 749

Hailer, Walter 308
Haller, Johannes 68
Haller, Johannes 49
Hallstein, Walter 287, 381, 472, 540, 543, 545
Hamilton, Alexander 265
Hamm-Brücher, Hildegard 438, 718
Hange, Franz 535
Hank, Konstatin 80, 83f.
Häring, Bernhard 22
Harpprecht, Klaus 457, 476, 521
Hase, Karl-Günther von 529, 533f., 667
Hassel, Kai-Uwe von 460, 514, 525, 534, 541, 549, 670, 727
Hauffler, Dr. 378
Hauptmann, Gerhart 44, 69
Haußmann, Conrad 27, 375f.
Haußmann, Wolfgang 27, 337, 367f., 375-379, 381, 388, 428-432, 441, 457, 470f., 473, 499, 700
Haux, Friedrich 41, 44-48, 50, 52, 56, 190
Heath, Edward 447, 729
Heck, Bruno 258f., 263, 295, 358, 362, 390, 477-480, 483, 500, 509, 514, 524, 534-537, 541, 566, 569f., 574, 576-578, 583, 587, 671, 684f., 687f., 698, 708, 720f., 723-725, 728, 736f., 739
Heckel, Bischof Theodor 158f.
Hedler, Wolfgang 229f.
Heide, Wolf von der 242
Heinemann, Gustav 14, 245f., 318-320, 322, 474, 525, 578, 618f., 621, 686f., 689f., 692f., 696-699, 703, 726, 731
Heller, Hermann 56f.
Helmle, Bruno 357

Henkels, Walter 225f., 243, 298, 573
Hennis, Wilhelm 478
Herbert, Ulrich 11, 33, 177
Herrmann, Franz 329f., 364
Hertling, Georg von 59f.
Herwarth, Hans von 191
Hess, Gerhard 418, 421, 540
Hesse, Konrad 395, 441
Heusinger, Adolf 571
Heuss, Theodor 14, 88, 214, 216-218, 272, 304, 306, 385, 412, 425, 471, 473, 519, 529, 685, 718
Hewel, Walter 132
Hilbert, Anton 246f., 269, 330, 351, 738
Hildebrand, Klaus 483, 685, 740
Himmler, Heinrich 116, 118, 145, 156
Hindenburg, Paul von 47, 64, 68, 70f., 90, 745
Hirsch, Martin 100f., 103, 656
Hitler, Adolf 11, 14, 33, 47, 67, 69f., 71f., 74f., 77-79, 82, 88-92, 95, 104, 108, 113, 115f., 118f., 121, 130, 132, 135, 137, 146, 148-150, 154-156, 159f., 206, 211, 243f., 253, 260f., 283, 285, 291, 323, 334f., 459, 472, 482, 485, 520f., 532, 544, 560, 633f., 644f., 655, 746
Höcherl, Hermann 319, 352, 524
Hochgeschwender, Michael 52
Hockerts, Hans Günter 517
Hofer, Andreas 38
Hoff, Klaus 172, 631f.
Höfler, Heinrich 309
Hofmannsthal, Hugo von 43
Hohlwegler, Ermin 337, 370
Hohmann, Karl 504

PERSONENREGISTER

Höhn, Reinhard 101
Höhne, Heinz 489
Hölderlin, Friedrich 48, 172, 291
Hölscher, Wolfgang 297
Holzapfel, Friedrich 247f., 251, 254
Honecker, Erich 559, 598
Hopf, Volkmar 530
Horlacher, Michael 298f.
Huber, Ernst Rudolf 101
Huber, Ludwig 477, 673
Humboldt, Wilhelm von 357, 414-416
Humphrey, Hubert 455, 677
Hunke, Heinrich 125
Huyn, Hans Graf 532

Iribarne, Manuel Fraga 448

Jakobsen, Frode 282
Jaeger, Richard 317, 322, 501f., 692
Jahn, Gerhard 577f., 708
Jansen, Karl-Heinz 655
Jaspers, Karl 9-13, 16, 43, 136, 178, 232, 256, 487, 631, 746
Jaumann, Anton 477, 494
Johannes XXIII., Papst 425, 466
John, Otto 236
Johnson, Lyndon B. 405, 465, 476, 489, 541, 547, 549f., 552, 601, 662, 666-668, 677, 755
Jung, Edgar J. 90
Jünger, Ernst 33
Junker, Detlef 458

Kaas, Ludwig 77
Kahn-Ackermann, Georg 464
Kaiser, Jakob 88, 236, 246-250, 252-256, 304, 481, 525, 567, 750
Kalinke, Margot 649
Kant, Immanuel 40, 55, 173

Katzer, Hans 522, 525, 567, 735
Keil, Wilhelm 34
Kempner, Robert M. W. 638
Kempski, Hans Ulrich 623, 627
Kennan, George F. 32, 466f.
Kennedy, John F. 405, 448-451, 453-455, 459, 484, 535, 547, 729, 731
Kershaw, Ian 102
Ketteler, Wilhelm Freiherr von 71, 79
Kiefner, Gotthilf 31
Kielmansegg, Peter Graf 192
Kiep, Walther Leisler 591, 696
Kiesinger, Christian 22, 24-28, 32, 35, 39, 44f., 48, 93, 138, 195
Kiesinger, Dominika geb. Grimm 22, 25
Kiesinger, Ernst 25, 34
Kiesinger, Johann Georg 22, 48
Kiesinger, Karl Christian 25
Kiesinger, Karoline 24f., 30, 35, 195
Kiesinger, Karoline Victoria 24f.
Kiesinger, Luise Emilie 25
Kiesinger, Maria 24
Kiesinger, Maria Anna 25
Kiesinger, Marie-Luise 47, 53-56, 58, 85, 101, 108, 149, 160, 163, 168, 175, 202, 290, 333, 527, 720
Kiesinger, Peter 56, 149, 160, 175, 192, 290, 720
Kiesinger, Viola s. Wentzel, Viola
Kiesinger, Wilhelm 25
Kissinger, Henry 451, 622, 715
Klaiber, Manfred 716
Klarsfeld, Arno 633, 651, 654

Klarsfeld, Beate 13f., 72, 85, 114, 256, 632f., 634-636, 639, 642, 644-647, 649-659, 725, 745-747, 754
Klarsfeld, Raissa 633f.
Klarsfeld, Serge 632-634, 651, 657f.
Klausener, Erich 91, 95, 150
Kleiner, Johann 69f.
Kleinmann, Hans-Otto 233
Klepsch, Egon 492, 670
Klett, Roderich 494
Kloten, Norbert 540
Knappstein, Karl Heinrich 488
Kneer, Karl 31
Knieper, Werner 530, 534, 539
Knochenhauer, Werner 123, 125
Knopp, Guido 73
Knorr, Heribert 593
Koch, Thilo 457
Koch-Weser, Erich 96
Koch-Weser, Volker 96
Koenen, Gerd 635f.
Kohl, Helmut 18, 20, 263, 386, 442, 477, 479, 493f., 567, 576, 605, 650, 673, 682, 684, 687-689, 700, 720f., 723-725, 728, 732, 735, 737f., 740, 743, 753
Köhler, Erich 245
Kohnstamm, Max 447
Koischwitz, Max Otto 134, 144, 157f., 169f.
Kopf, Hermann 224, 352
Kopf, Hinrich 241f.
Kortner, Fritz 69
Kossygin, Alexei Nikolajewitsch 544, 697
Köster, Adolf 110
Köster, Kajus 110, 121f., 183, 191, 225
Kramer, Gerhard 154f., 158, 187
Kraske, Konrad 739
Krause, Walter 365, 441, 608f.

890

Krautwig, Carl 683f.
Krippendorff, Ekkehard 646f.
Krockow, Christian Graf von 74
Kroegel, Dirk 693, 695, 724
Krone, Heinrich 253, 294, 299-302, 304-306, 317, 319-323, 330, 351, 376, 378-381, 385, 469, 471, 478, 481, 483, 500f., 514, 536f., 554, 566, 569, 580, 602, 604, 681f., 723, 739
Krüger, Hans-Hugo 149f., 152
Krüger, Werner 539
Krümmer, Ewald 124f., 166
Krupp von Bohlen und Halbach, Gustav 37
Kuby, Erich 497
Kühlmann-Stumm, Knut Freiherr von 688, 725
Kühn, Heinz 577, 722
Künsberg, Eberhard Freiherr von 121
Kunst, Hermann 514
Kunsti, Erich von 109
Kunze, Johannes 245
Kusterer, Hermann 458
Kustermann, Peter 401

Laforet, Wilhelm 191
Lahr, Rolf 534
Lammers, Aloys 60, 64f., 69
Lammers, Clemens 64-66
Lammers, Egbert 60-62, 64f., 68
Lammers, Hans Heinrich 123
Landenberger, Christian 46
Lang, Michael 646
Lang, Peter Thaddäus 41, 45
Lang-Kraucher, Luise 106, 131
Lauritzen, Lauritz 522, 525
Le Bon, Gustav 260
Leber, Georg 524, 574, 686, 689f., 708, 720, 723

Lehr, Robert 245, 271
Leibfried, Eugen 337, 370, 372
Leins, Hermann 425
Leiprecht, Karl Joseph 426
Leisner, Walter 540
Lemmer, Ernst 248f., 251, 253f., 256, 286, 580, 670f.
Lenin, Wladimir Iljitsch 204
Lenz, Otto 255, 257, 294-296, 300, 302
Lenze, Franz 590
Lepsius, M. Rainer 635
Leussink, Hans 418, 540
Leuze, Eduard 367, 429
Liebermann, Max 46
Lilienfeld, Georg von 110, 142f., 149, 169, 222, 295, 447, 449, 453f., 448, 538, 548
Lincoln, Abraham 193
Lindenberg, Udo 658
Lindrath, Hermann 306
Lindsay-Hogg, Michael 658
Lippmann, Walter 452
Lischka, Kurt 657, 659
Litt, Theodor 414
Lobmiller, Hans 191
Locher, Hubert 76
Locke, John 173
Lodge, Henry Cabot jr. 662
Logemann, Fritz 725
Longo, Luigi 595-597, 600
Löwenstein-Wertheim-Rosenberg, Franz Prinz zu 191
Lubbers, Heinz 249f., 258
Lübke, Heinrich 13f., 352, 381f., 384-386, 449, 471, 479f., 482, 486, 499f., 524, 552, 685, 687, 697, 723, 742
Lücke, Paul 385, 431, 478, 500, 511-513, 524, 578, 604-613, 616, 723
Lüders, Günther 477

Luther, Martin (Reformator) 23
Madison, James 265
Mahler, Horst 652
Maier, Reinhold 253, 264, 274, 328, 338f., 361, 366, 377f., 384, 401, 430f.
Mair, Kurt Alexander 117, 123f., 126f., 130-132, 153-156, 158-160, 179, 186fl, 189, 243
Maizière, Ulrich de 667
Majonica, Ernst 254, 380, 508, 574, 581, 589, 595, 707
Makowski von Grimm, Adolf 91f.
Makowski von Grimm, Ruth 91, 103
Mallmann, Klaus-Michael 747
Mann, Golo 34
Mann, Thomas 68f., 99, 101, 205
Mannheim, Karl 746
Mao Tse-tung 276, 620, 629
Marcuse, Herbert 624, 628f.
Marx, Karl 204, 207, 318, 410, 473, 475, 478, 488, 519, 629f.
Marx, Werner 549, 588, 707, 738
Marx, Wilhelm 47, 60, 62, 64, 78, 80, 745
Mattuschka, Graf 150
Mauz, Gerhard 157, 655
Mayer, Theodor 358
McCloy, John 225, 283, 547, 555
McCormack, John C. 455
McGhee, George 455, 489, 547, 561, 587, 665
Megerle, Karl 124, 126, 146
Mehnert, Klaus 318, 552
Meinecke, Friedrich 159, 173
Meinhof, Ulrike 141
Meissner, Boris 540
Melle, Friedrich Heinrich Otto 158

891

PERSONENREGISTER

Mende, Erich 362, 376-378, 385, 388, 469, 499, 513, 619, 686, 725-727, 734
Merkatz, Hans Joachim von 237, 239f.
Merkle, Hans 540
Merseburger, Peter 505, 596, 600, 709, 722
Meyer, Agnes 489
Meyer, Paul 334
Meyers, Franz 262, 433, 476
Mikat, Paul 432f.
Moeller van den Bruck, Arthur 68
Moersch, Karl 700
Mohl, Robert von 57
Moll, Josef 571f.
Möller, Alex 220, 329, 334f., 356, 359, 362f., 366, 368, 370, 388, 402, 416, 427, 491, 503, 578, 595, 614, 722, 726
Molotow, Wjatscheslaw Michailowitsch 314
Mommer, Karl 491, 521f.
Monnet, Jean 453, 468, 545
Montesquieu, Charles-Louis de Secondat, Baron de La Brède et de 173, 265, 393
Moosbrugger, Anton 39, 43, 46
Mössinger, Mario 150
Müggenburg, Günter 54, 503
Müller, Gebhard 33, 51, 196-201, 203, 207-210, 212-216, 222, 224, 243, 252, 254, 264, 266, 268f., 273f., 306, 308, 327-329, 331f., 334, 337-341, 343f., 348, 364, 371, 373, 379, 388f., 395, 401, 404, 408, 471, 519, 740
Müller, Hermann 58, 367, 429, 700, 719
Müller, Karl 301
Müller, Adolf (Remscheid) 649

Müller-Armack, Alfred 540
Müller-Hermann, Ernst 308
Munz, Eckart 442f.
Murphy, Robert 165
Mussolini 243f., 334f., 472, 482

Nachmann, Werner 488, 656
Nannen, Henri 573, 654, 686
Naumann, Klaus 284
Ne Win, General 589
Nebinger, Rolf 361
Neinhaus, Carl 372
Neuburger, Adalbert 39, 48, 50, 52
Neumayer, Fritz 240
Neurath, Konstantin Freiherr von 116, 128
Neusel, Hans 530f., 535, 537f., 584, 639, 708, 720f., 739
Neuwirth, Hans 502
Nevermann, Knut 621
Nevins, Allan 194
Niedhart, Gottfried 680
Niemöller, Martin 245f., 432
Niethammer, Lutz 162, 180
Nixon, Richard 672, 677, 715f., 720, 729, 755
Norden, Albert 485, 632
Nostitz, Oswalt von 75, 92

Oberländer, Theodor 13f., 482
Oberndörfer, Dieter 711, 740
Ohnesorg, Benno 552, 619
Ollenhauer, Erich 281, 310f., 314, 320, 323, 335, 385
Oppelland, Torsten 444, 571
Ortega y Gasset 204, 399f.
Osterheld, Horst 532

Pacelli, Eugenio s. Pius XII, Papst
Paetzold, Korvettenkapitän 109
Pahlewi, Mohammed Resa, Schah von Iran 552, 617, 628
Papen, Franz von 58, 71f., 90f., 116, 239
Pascal, Blaise 173, 406, 460, 629
Pätzoldt, Björn 621
Paul, Gerhard 747
Person, Hermann 411
Peters, Hans 56f.
Pfeiffer, Anton 244
Pferdmenges, Robert 221, 236, 248, 301
Pflimlin, Pierre 446
Philipp, Josef 48
Piazolo, Paul Harro 433
Picht, Georg 435f., 438, 749
Pius XII, Papst 62, 434
Pölnitz, Götz Freiherr von 79
Popitz, Johannes 150
Potthoff, Heinrich 562
Preysing, Konrad Kardinal Graf von 158
Pünder, Albrecht 95, 107, 149f., 152, 281, 294, 302, 647
Pünder, Hermann 150
Pünder, Werner 95

Raab, Julius 331
Raberg, Frank 197f.
Radbruch, Gustav 398
Raiser, Ludwig 418
Raskin, Adolf 120
Rasner, Willi 509, 578
Rathke, Arthur 671
Rauh-Kühne, Cornelia 177, 182
Reinhardt, Max 69, 597
Remarque, Erich Maria 33
Renner, Viktor 337, 410

Personenregister

Ribbentrop, Joachim von 108f., 116, 118f., 121-126, 128, 130, 141f., 145-147, 214, 282, 334, 472, 482, 531, 631, 638, 747
Rilke, Rainer Maria 43
Ritter, Karl 105
Robens, Alfred 292f.
Röder, Franz Josef 472, 479, 670
Röhm, Ernst 89-91
Rollmann, Dietrich-Wilhelm 511
Rombach, Otto 154
Rommel, Manfred 371f., 528, 530
Roosevelt, Franklin Delano 134, 141-143, 280, 406
Ross, Colin 146
Rostow, Walt W. 455, 662, 667, 677
Rousseau, Jean-Jacques 173, 193, 200, 204, 207, 234, 393, 397
Ruetz, Michael 621
Ruf, Sepp 527
Rühle, Gerd 106, 117f., 125, 127f., 131, 137, 139, 141, 145f., 159f., 166, 631
Rummel, Alois 713
Rundel, Otto 353, 359f., 385, 392, 451, 478, 528, 530
Rusinek, Bernd-A. 647
Rusk, Dean 601, 666, 669f.
Rust, Josef 529f.
Ruth, Frieder 535

Saragat, Guiseppe 597
Sauer, Albert 210
Savigny, Friedrich Carl von 71, 79f.
Schaetzel, J. Robert 455
Schäffer, Fritz 214, 253, 304f., 307, 327, 705
Schalast, Hans 638
Scharnberg, Hugo 247
Schäuble, Wolfgang 531
Schäufele, Hermann 350, 404

Schauff, Johannes 96, 500f., 595f., 600, 604, 606, 685, 723
Scheel, Walter 14, 499, 505, 594, 613, 615, 686, 588, 700f., 719, 721f., 725f., 732f., 735, 739, 757
Schelsky, Helmut 173, 418, 423
Scheufelen, Klaus H. 304, 307, 309, 327, 331-333, 362, 365f., 369, 375, 378-380, 387-389, 404, 470f., 476, 479f., 489, 492, 499
Scheuner, Ulrich 540
Schildt, Axel 476
Schiller, Karl 14, 505, 511, 514f., 517, 522, 525, 577, 662, 705f., 710f., 722, 725
Schilling-Bardeleben, Adolf 296f.
Schily, Otto 141
Schirmer, Hans Heinrich 106f., 109f., 119, 127f., 132, 137, 166, 219, 222, 226, 447, 475, 531, 557, 632
Schlageter, Albert Leo 38
Schlange-Schöningen, Hans 96, 224f.
Schleicher, Elisabeth von 91
Schleicher, Kurt von 58, 71, 91
Schleyer, Hanns-Martin 372
Schlosshan, Ricarda 73
Schlüter, Helmut 522
Schmalz, Erwin 236
Schmid, Carlo 196, 198, 203, 213, 262, 271, 280f., 302, 307, 314, 316, 323, 359, 504, 525, 614
Schmid, Joseph 202
Schmidt, Paul Otto 111
Schmidt, Helmut 14, 18, 137, 286, 322f., 499, 505f., 510f., 518, 523, 526, 534, 536, 542, 568f., 572f., 576-579, 583, 599f., 603,

608, 614, 661, 665, 690, 692, 706, 708f., 712, 720, 722, 726f.
Schmidt, Paul 146
Schmidtke, Michael A. 647
Schmidt-Wuppertal, Manfred 509, 512
Schmitt, Carl 57, 91, 101, 151, 173, 227, 238
Schmoeckel, Gisela 220
Schmoeckel, Reinhard 220f., 240, 695, 741
Schmücker, Kurt 323, 507, 513, 525
Schnabel, Franz 345f.
Schnabel, Reimund 13, 631, 633
Schneider, Barbara 55, 96, 175, 202
Schneider, Hermann 49
Schneider, Peter 53, 55f., 96, 175, 180, 189, 202, 657
Schnippenkoetter, Swidbert 548
Scholl, Hans 634
Scholl, Sophie 634
Schöneberg, Ferdinand von 70
Schönhoven, Klaus 511
Schöttle, Ventur 309
Schreiber, Hermann 624
Schreiber, Walther 255
Schrempp, Erhard 349
Schröder, Dieter 471
Schröder, Georg 601
Schröder, Gerhard (Außenminister) 13, 98, 191, 223, 252, 257, 286, 293, 301, 309, 317, 320, 381, 443, 445, 447f., 450, 455, 460, 464-466, 469f., 472, 478, 480f., 483, 485, 490-498, 508f., 513f., 522, 524f., 529, 532-535, 541, 549, 553f., 556, 56, 569-572, 576, 664, 670, 677, 681f., 684-691, 697, 702, 708, 713, 728, 737-740, 753

893

Schröder, Gerhard
 (Bundeskanzler) 141, 546
Schroeder, Herbert 163,
 179, 195, 197
Schröter, Richard 323
Schröter, Carl 251
Schulze-Boysen, Hartmut
 538
Schumacher, Kurt 209, 214,
 229, 277f., 281, 522, 594,
 734
Schuman, Robert 446
Schüttler, Josef 372
Schütz, Klaus 529, 694
Schwarz, Hans-Peter 279,
 304, 310, 467, 552, 666
Schwarz, Sepp 369
Schwarz, Thomas 195, 199,
 208
Schwarzhaupt, Elisabeth
 524
Schwarz-Liebermann von
 Wahlendorf, Hans-
 Albrecht 221, 295
Schwarzwälder, Ansgar 359,
 528
Schweitzer, Albert 413
Seabury, Paul 117
Seewald, Heinrich 656
Segre, Segio 595, 597, 599
Seidel, Hanns 305
Sethe, Paul 280
Seydoux, François 541
Shirer, William S. 111, 169
Shub, Anatole 486
Simpfendörfer, Wilhelm 331
Smend, Rudolf 17, 56f., 286,
 397f., 630, 749
Smithers, Peter 306
Soell, Hartmut 322, 325,
 576, 579, 603
Sölle, Horst 662
Sonnenhol, Gustav Adolf
 107, 133, 222, 475, 531
Sonnenschein, Carl 62-64,
 74
Spaak, Paul-Henri 292
Spahn, Franz Josef 65, 70,
 80

Spahn, Gert 222, 475, 490
Spahn, Martin 65f.
Späth, Lothar 309, 389
Speidel, Hans 571
Spengler, Oswald 715
Spielberg, Steven 291
Spranger, Eduard 108, 254,
 391f., 410
Spreng, Rudolf 457
Springer, Axel 573
Stalin, Jossif Wissariono-
 witsch 92, 132, 285
Stangl, Konrad 192f.
Stauffenberg, Claus Graf
 Schenk von 150, 155
Steiner, Julius 390
Steiner, Rudolf 40
Steiner, Ulrich 195
Stier, Hans Erich 248
Stingl, Josef 670
Stoltenberg, Gerhard 525,
 735
Stooß, Heinrich 365, 372
Stoph, Willi 557, 501, 558,
 577, 580f., 584, 586, 696,
 714, 755
Storz, Gerhard 337, 353, 355,
 367, 372-374, 411, 417f.,
 420, 432, 463
Strasser, Herbert 91
Straßer, Otto 89
Strauß, Franz Josef 215,
 257, 269, 283, 286, 294,
 300, 305-307, 309, 320,
 380-384, 386, 388, 442,
 448, 465, 469, 471,
 477-480, 493f., 496, 498,
 500, 502, 508-510, 512,
 518, 525, 533, 537, 541f.,
 547f., 569f., 576f., 595f.,
 602, 617, 619, 637, 663,
 672f., 682, 685, 687-689,
 692, 701f., 705f., 708,
 710f., 713f., 719, 723f.,
 732f., 735, 737, 740
Strauss, Walter 474, 488
Streibl, Max 699
Strobel, Käte 524
Strobel, Robert 308

Stücklen, Richard 305-307,
 576-578, 617, 673, 708,
 728

Tenhumberg, Heinrich 502
Tern, Jürgen 573
Teufel, Erwin 263, 429
Thadden, Adolf von 273
Thamer, Hans-Ulrich 90,
 649
Thielicke, Helmut 308
Tillmanns, Robert 161, 235,
 245, 255, 257f., 262, 284,
 294, 301
Timmler, Markus 111, 119,
 121, 126, 146
Tito, Josip 587f., 592
Tocqueville, Alexis de 53,
 173, 188, 194, 234, 265,
 393f., 398f., 460, 541
Todenhöfer, Gerhard
 Kreuzwendedich 124,
 135, 477, 480, 527
Trakl, Georg 43
Triepel, Heinrich 56f.
Trott zu Solz, Hans-Adam
 von 153
Twardowski, Fritz von 110,
 117, 257
Tyler, William R. 455

Ulbricht, Walter 326, 491,
 558-560, 586, 589, 592,
 662, 671, 692f., 695
Ulrich, Fritz 365

Valery, Paul 460, 541
Van Dam, Hendrik George
 488
Veit, Hermann 337, 362,
 370, 428, 455f.
Vogel, Rudolf 656
Vogel, Wolfgang 695

Wagner, Leo 495, 533, 578
Wagner, Wolfgang 481
Wahl, Eduard 224, 241, 433
Waldburg-Zeil, Alois Graf
 448

Personenregister

Washington, George 193
Wassmann, Hella 538, 741
Weber, Alfred 173
Weber, Max 30
Weber, Ulrich 401, 528
Wehler, Hans-Ulrich 94
Wehner, Herbert 69, 311, 313-317, 323, 336, 366, 378, 385, 431, 491, 499-507, 509-511, 513, 520f., 523f., 526, 532, 537, 541f., 558f., 563, 566f., 569, 574-576, 578f., 581, 593, 595, 598-603, 606f., 609f., 631, 660, 666, 677, 686, 690, 692f., 695f., 706, 708f., 720, 722-724, 726, 728, 734, 740, 743, 751, 753
Weiß, Franz 196, 210, 215, 269, 271
Weizsäcker, Carl Friedrich von 540
Weizsäcker, Richard von 116, 521, 530, 549, 670, 687-691, 739f., 743
Wels, Otto 519
Weng, Gerhard 389, 435
Wentzel, Cecilia 527, 742
Wentzel, Viola 56, 108, 149, 160, 175, 290, 418, 426, 447, 549, 741
Wentzel, Volkmar 426
Werber, Friedrich 337, 370

Wesemann, Fried 595
Westrick, Ludger 529, 531
Weyer, Willi 377
Weyermann, Dietrich 125
Wickert, Erwin 10-13, 19, 97f., 107, 447, 475, 485-487, 490, 522, 532, 553, 570, 574, 642
Wiechert, Ernst 101
Wienand, Karl 578
Wildenmann, Rudolf 540
Wildt, Michael 33, 746
Wilhelm I., Deutscher Kaiser 552
Wilhelm II., Deutscher Kaiser 34
Wilhelm II., König von Württemberg 34
Wilson, Harold 142, 729
Windelen, Heinrich 613
Winkelnkemper, Anton 120, 156
Winzer, Otto 592
Wirsing, Giselher 570, 572, 583
Wirth, Joseph 272
Wischnewski, Hans-Jürgen 525
Woerheide, Victor C. 157f., 169f.
Wohleb, Leo 271-274, 343
Wolf, Erik 103

Wolf, Ernst 98f., 101, 168, 183
Wolf, Martin 56
Wolfmann, Alfred 519
Wolfrum, Edgar 15
Woller, Hans 188
Wörner, Manfred 263, 472
Wuermeling, Franz-Josef 235, 255, 258, 261f., 294, 317
Württemberg, Philipp Albrecht Herzog von 426
Wurz, Camill 365, 372, 375, 428f.

Zahn, Peter von 457, 538
Zarapkin, Semjon K. 560, 665, 668f., 693-695
Zehender, Alfred 158
Zeitler, Klaus 195
Ziebura, Gilbert 540
Zimmer, Alois 251, 254
Zimmer, Hermann 389f.
Zimmermann, Friedrich 530, 673
Zinn, Georg-August 224, 240, 242
Zoglmann, Siegfried 509, 725
Zundel, Rolf 579
Züricher, Paul 343, 349
Zypries, Brigitte 620

BILDNACHWEIS

Text
Askania Berlin: 81
J. H. Darchinger, Bonn: 2
Haus der Geschichte, Bonn: 264, 556
Die Welt: 719

Bildteil
Bundesbildstelle, Bonn: 2, 6-11, 13
Der Spiegel: 12
Familienbesitz Kiesinger: 1, 3, 50., 14-16
Hauptstaatsarchiv Stuttgart: 4
Universität Konstanz: 5 u.